A HISTORY OF CHRISTIAN THOUGHT

基督教思想史

第1卷

[美国] 胡斯都·L. 冈察雷斯 著
陈泽民 孙汉书 司徒桐 莫如喜 陆俊杰 译
陈泽民 赵红军 许列民 校

译林出版社

图书在版编目（CIP）数据

基督教思想史/（美）冈察雷斯著；陈泽民等译.
—南京：译林出版社，2010.10（2024.11 重印）
ISBN 978-7-5447-0226-3

Ⅰ.①基… Ⅱ.①冈… ②陈… Ⅲ.①基督教史：思想史－世界 Ⅳ.①B979.1

中国版本图书馆 CIP 数据核字（2007）第 074707 号

著作权合同登记号 图字：10-2020-306 号

基督教思想史 ［美国］胡斯都·L. 冈察雷斯 / 著 陈泽民 孙汉书等 / 译

责任编辑 孙 峰 张海波
装帧设计 胡 苨
责任印制 董 虎

出版发行 译林出版社
地 址 南京市湖南路 1 号 A 楼
邮 箱 yilin@yilin.com
网 址 www.yilin.com
市场热线 025-86633278
排 版 南京展望文化发展有限公司
印 刷 江苏凤凰新华印务集团有限公司
开 本 960 毫米 × 652 毫米 1/16
印 张 83.75
版 次 2010 年 10 月第 1 版
印 次 2024 年 11 月第 7 次印刷
书 号 ISBN 978-7-5447-0226-3
定 价 188.00 元

译林版图书若有印装错误可向出版社调换。质量热线：025-83658316

《基督教思想史》是神学家冈察雷斯多年研究的成果和代表作，也是关于基督教思想研究的一部权威著作。

——丁光训

目录

序　言

《基督教思想史》是神学家冈察雷斯多年研究的成果和代表作，也是基督教思想研究的一部权威著作。作者在书中系统阐述了基督教的起源和发展，以及宗教改革直至20世纪的神学思想，着重分析了基督教各种教义和各种流派的实质和历史背景，以及其形成过程。其观点公允，分析客观，文字通俗，历来为教内外研究人员所称道。这本书为一些对神学没有太多了解的学生与读者提供了关于基督教思想史的基础知识和有关历史背景，有助于对基督教思想史的学术研究。

《基督教思想史》中文版于2002年8月由金陵协和神学院出版。当时翻译和出版这部书，主要是供国内和国外使用汉语的神学院校作教材，并作为教内外学术界研究基督教神学史、哲学史、文化史的参考用书。《基督教思想史》当年由金陵协和神学院出版发行，未在各地新华书店或其他发行机构销售。当时适逢我院建校五十周年校庆，将该书的出版作为校庆献礼，赠送给参加校庆活动的嘉宾、校友和在校同学。全国十几所神学院校用它作为教材。中文译本得到了各基督教研究机构、基督教界的好评，也得到了港澳基督教界与学术界以及海外华人的好评。第一次印刷6000册，已销售一空。近来有许多单位和读者来信要求再版。现由陈泽民、赵红军同工、许列民先生在第一版的基础上进行审阅，略加修订，由译林出版社出版，公开发行。

近十几年来，我国学术界对宗教问题的关注和讨论，比以前一个时期更加热烈和认真了。我在本书第一版“序言”中讲到当时有人根据马克思和列宁对宗教的某些论述所主张的“鸦片论”，现在似乎平息下来了；有更多的学者比较冷静、严肃、客观地从文化的角度看待宗教问题和基督教。在人文学科研究中宗教问题不再被视为禁区。一些大学和学术研究机构成立了宗教研究所或基督教研究中心。书店里出现了许多高质量的有关基督教研究的译著和原创性专著。没有硝烟，没有蒺藜，是在宽阔的知识原野上，在祥和的氛围中平心静气地展开心灵和思想的探索。本书的再版和发行，正是在这样的环境中，为学术界和广大读者提供翔实、丰富的信息和资料，也意味着金陵协和神学院的教学和研究工作将能进一步和学术界接轨并轨，绽开更灿烂的花朵，结出更丰硕的成果。

我乐于为它作序。

丁光训

2007 年 5 月

致汉语读者

金陵协和神学院陈泽民教授将这本书的中译本翻译经过和出版计划告诉我。我感到十分荣幸和欣慰。因为这意味着这本书正在完成它原先写作的初衷和目的。当初我写这部书，就怀有这样的一个信念，这就是：就在当今，和今后的几个世代中，基督教神学最具有创造力的新发展，将从我们称为"年轻的教会"中呈现出来。现在所写的这部思想史，也许多少能有助于诱发和培育基督教神学的新的洞察力和颖悟，既保存和发扬基督教丰富的思想遗产，又能忠于上帝把我们安排在其间的各种丰富多彩的文化传统。

其实这并不是什么新的事。回顾基督教神学的历史，那些最具有开创意义的重大发展，都不是产生在传统的中心旧址，而是在教会的一些边缘地区迸发出来的。就在《新约》里面，继《使徒行传》开头几章之后，最重要的神学思想发展，不是发生在耶路撒冷，而是在保罗向"外邦"传教的地区，因为正是在那里基督教的信仰和当时哲学思潮相接触和遭遇。后来，在使用拉丁语的世界中，罗马并不是基督教神学活动的主要中心——这个角色却由北非来扮演。再后，当南欧受到日耳曼蛮族"入侵"时，正是在那些刚接触到福音不久，或根本从来就没有听过福音的人们的地区，成为神学思想活动最有创新活力的舞台。在16世纪，维登堡大学本来是欧洲一所并不出名的新开办的学府，只是在马丁·路德贴出他的《九十五条论纲》之后才名噪一时。

其实这并不奇怪。基督教就其具有宣教性的本质而言，理所当然地是要把她所认为的真理向人们传讲，而不是停留在那些福音和文化已经融合无间的地区。恰恰相反，只有当福音在传讲过程中，遇到各种挑战，为要作新的有效的见证，要把基督教最基本的问题，作活泼的见证和有说服力的陈述（而不是像在一些古老的“成熟”的教会中心，对教义上细微末节的繁琐辩论），这样才具有一种迫切性、生命力和创造力。

要这样做并非轻而易举，毫无痛苦。看看保罗在宣教路途上所经历的争论，如大半部《新约圣经》所见证的。在这些争论中，有些人死抱住传统，固执不化，毫无新意，也不顾当前的新环境、新问题，不能应对新的情况。有的却从相反的方向，完全忘却了基督教传统中有价值的东西。在这两个极端中间，有可能产生出最能适时的新神学。这使我想起13世纪西欧教会不得不面对重新传进欧洲的亚里士多德哲学。当时，有的人坚持传统神学的所谓“正统”；有的却成为亚里士多德主义者，而实际上却是放弃了信仰。当时是托马斯·阿奎那和他的学生们，能够在这两个极端中间作出应对，为基督教会和后世找到新的出路。

在这些争论中，最重要的是要了解各种教义和各种神学流派的实质和历史背景，以及其形成的过程：既不能忽视它们，也不能盲目地崇拜它们。这样我们才能够找到或创造出一种既忠实于我们的信仰，又能够迎接和应对当前和未来的各种挑战。我相信在21世纪开始的时候，普世教会必能从中国教会的经验和神学中学到许多教益。

如果这部书能在这样的过程中作出一点哪怕是很微小的贡献，我就感到心满意足了。

愿上帝祝福中国的国家、人民和教会！

胡斯都·L.冈察雷斯

亚特兰大

2002年7月

译者的话

冈察雷斯所著的三卷本《基督教思想史》原用西班牙语写成，被作者在拉丁美洲多所大学及神学院教授基督教思想史时作为课本。后冈察雷斯受聘于美国亚特兰大埃默里大学，将该书译为英语，在美国出版，被美国和其他英语国家的多所大学及神学院广为采用，作为教授基督教思想史的教科书或进行该学科研究的主要参考书，出版后不断再版，极为畅销。1987年英语版第二版（修订版问世），至1992年，卷一已经重印了17次，卷二16次，卷三13次。三卷的内容涵盖了基督教两千年来的历史发展，从公元1世纪一直讲述到20世纪。全书条理清楚，观点中允，内容充实，思路开阔，行文流畅，颇具可读性。

冈察雷斯于1937年8月生于古巴，曾就读于古巴的联合神学院，后来在耶鲁大学先后获得硕士学位和哲学博士学位。他也是耶鲁大学获得历史神学博士学位者中年纪最小的一位。

冈察雷斯曾经在波多黎各福音派神学院、美国埃默里大学等多所学校任教，具有丰富的教学经验。同时，他也是西班牙语神学的积极倡导者，是具有新教背景的西班牙语神学家。他协助创办了第一个与拉丁美洲神学相关的学术刊物：Apuntes。此外，他还协助创建了多个西班牙语神学研究机构。

冈察雷斯除了丰富的教学经验以外，还是一个多产的作家，写作及出版的专著不少于50部。除了基督教历史神学著作外，他还撰写了多部关于《圣经》的研究著作。

冈察雷斯并不打算对基督教的神学历史做出新的解释，而是想让读者通过整段的基督教思想史来看到“上帝在基督教里正在使世人和他重新和好”这一信息。“……很可能，我们未来的历史学家将回顾我们的时代，并且将能够断言，在我们的神学场景几乎难以置信的复杂性中间——这种复杂性使我们困惑不解——一种跨越教派、阶级、民族、种族和性别的传统界线的团结正在发展，而且这种增长中的团结迹象，说明同以往的每一代那样，上帝又一次在利用教会来宣告基督教信仰最初的和中心的信息，即上帝在基督教里正在使世人和他重新和好。”（《基督教思想史》第三卷，“最后总的看法”。）

这部三卷本的著作，按时间顺序来叙述基督教两千年的思想发展。作者按时间顺序将基督教历史上出现的事件和人物有条不紊地组织起来。作者具有开阔的神学视野，对基督教的三大分支（天主教、新教和东正教）的介绍十分公允，并且按时间顺序分别加以叙述，以方便读者了解不同时期基督教主要的神学发展状况。作为生长于天主教背景下的新教神学家，作者具有普世合一主义的精神，对天主教也相当了解，但他对天主教神学的叙述却不带有个人成见，这一点难能可贵。

作者在写作和修订这部著作的过程中非常重视新的研究成果，并成功地吸纳了当代一些知名学者的最新研究成果，例如，W. Frend 关于多纳徒派的研究。这些新的研究成果的运用使得读者对一些问题有了新的认识，有的甚至修正了以前某些不公允的认识。

下面，简单地介绍一下这部书各卷的内容，以方便读者阅读。

第一卷，共 19 章，从基督教的起源到卡尔西顿会议（公元 1 世纪至公元 451 年），这一部分是古代部分，介绍了早期教会的几个重要教父的思想以及基督论与三位一体等教义的发展。本书最初被拉丁美洲多所神学院当做教科书使用，作为基督教思想史的总括性介绍，让即便是初次接触这一学科的学生也觉得它通俗易懂。作者以道成肉身的教义作为出发点来展开，从早期教父到爱仁纽这段时间主要是对道成肉身这一教义的发展的叙述，从德尔图良开始，叙述重点就转移到对三位一体教义的讨论上。

然而，正如任何一部基督教思想史不可能面面俱到，这部书也不例外，在后半部分的叙述里对教会、圣礼等阐释得不够详细。

第二卷，共 14 章，从奥古斯丁到宗教改革前夕（公元 5 世纪至公元 15 世纪末），这一部分主要讲述了中世纪神学思想的发展，介绍了伟大的神学家奥古斯丁以及中世纪经院哲学的发展状况。

在这一卷中，尽管作者用了三章的篇幅来介绍东方教会的神学，而在西方神学中的奥古斯丁的和亚里斯多德的传统神学上，作者则注入了更多的笔墨。

冈察雷斯为我们阐释了各派具有代表性的思想家的主要思想。为了使读者更容易理解主要的人物和重要的神学争论，他详细地介绍了人物的传记资料以及神学争论的历史背景。同时，冈察雷斯对各种神学争论所采取的立场相当客观。例如，在叙述奥古斯丁神学思想的过程中，作者较为详细地叙述了奥古斯丁的生平事迹，使得读者可以很好地理解奥古斯丁的神学思想，在阅读时又不至感到枯燥乏味。

从这一卷中，读者可以了解从伟大的思想家奥古斯丁时代到宗教改革前这一段时期里主要的思想家和主要的神学争论。

由于篇幅的缘故，作者不可能穷尽这一时期的所有思想家的思想，虽然总体看来，本书对各个神学派别的侧重比例基本上是令人满意的，但是，在处理如此庞杂的内容时，难免有一些内容的侧重点设置有欠合理，例如对威克里夫和胡斯的叙述过于简略。

第三卷，从宗教改革到 20 世纪（公元 16 世纪至公元 20 世纪）。

以16世纪的宗教改革为重点，主要介绍了路德、加尔文等主要宗教改革家的思想。其后介绍了路德派正统化神学和加尔文之后的改革宗的神学的发展以及个人宗教的虔诚主义。最后介绍了19世纪的新教神学、自伽利略到康德和黑格尔以来的哲学思想、第一次世界大战前的罗马天主教神学以及君斯坦丁陷落后的东方神学和20世纪的神学。

作为一部介绍两千年来基督教思想发展的专著，本书是一部不可多得的优秀读物。作者为我们提供了关于基督教思想历史和入门的基础知识与有关的历史背景，以便于对该学科进一步深入研习，并对这一领域的发展前景及在未来可能出现的多种神学思想有所了解。因此，这部书既适合一般读者，作为了解基督教思想发展的普及读物，也可以作为一些大学宗教系基督教专业的师生的扩展课外读物。此外，这部书在以时间顺序叙述的同时，突出了一些重要的人物与思想流派，因而既适合于按时序来阅读，也可以按人物或思想流派来分类查阅。

第一卷

从基督教的起源到卡尔西顿会议

英译本第二版序言

自从《基督教思想史》英文版第一卷于 1970 年出版，和第三卷 1975 年问世以来，已经过了十几个年头，并经历了十次印刷。我很高兴看到这部著作在许多大学和神学院受到广泛采用。许多同事通过个人通信和发表的书评对第一版提出一些建议和改进的意见，给我极大的支持和鼓舞。在准备本书的第二版出版时，我尽力吸收他们的有益的批评和建议。

我写这部书的目的和希望，是为那些对神学教育没有太多经验或根底的学生和读者们提供关于基督教思想史的入门基础知识和有关的历史背景，以便于他们在这一方面继续学习深造，并对这一学科在过去的岁月中所展现的丰富多彩的景象有所了解。因此我避免把一些纯属我个人观点和总论性的概述写进去。如果我那样做的话，可能我的同事和同行们会更有兴趣，但对我心目中的读者来说，恐怕用处不大。

新的版本中有不少改动的地方。大部分属于注明资料出处的参考书目方面，把近十几年来在这方面的学术研究新成果补充进去。也对正文里的具体内容上需要更改或补充的地方作了一些改动。有些部分不得不作了较大的改动或根本重写，特别是关于 19 世纪新教神学的那一章。根据几位书评者的建议,我又添写了一章当代神学。

从这部书第一版问世后,我注意到有两个因素对基督教思想史影响深远,但又很少受到人们足够的注意。第一,基督教神学在发展的过程中崇拜仪式和礼文,以及崇拜者集体的背景的关系。例如,对中世纪神学的理解,需要将当时的神学论文和讨论与修道院里的崇拜仪式和灵修日课的礼文联系起来。虽然在这部三卷本的思想史中我时常注意到这一点,但我承认在这一方面我还做得很不够,还应当进一步进行更深入和细致的研究,把这两个方面联结在一起,使其贯穿在整个基督教的历史中。

第二个问题是我比较关心的,即神学思想的内容和当时的社会经济处境的关系。在这三卷书中我比较注意到这个方面,并受到好些学者和神学家在这方面的影响,丰富了这本书第二版这方面的内容。但是为了保持本书原来的写作目的和计划,我没有在第二版中按照这个观点和领悟彻底改写这方面的内容。我希望另外再写一本书来讨论和叙述这个问题。现在我已经着手准备写两本书——一本是从社会经济观点来分析基督教思想史,另一本是从几种不同的流派和类型的神学来说明基督教神学和与之有关的问题发展。

在很大程度上,历史也是自传——或者可以说是作者自己的传记和序言。不管如何,我们对自己的认识,不论作为个人,或是作为信仰团体的一名成员,在很大程度上也决定于我们对我们所处其中的历史的理解。当这部历史的第二版付梓的时候,我如此祷祝:但愿其读者能从其中得到新的理解,并得到帮助,理解基督教社团的首要任务是什么:就是在我们所处的世界中保持信仰和顺服。

胡斯都·L.冈察雷斯

美国佐治亚州第卡特

1986年9月19日

英译本第一版序言

这本书的出版是必要的。当我在拉丁美洲教授神学院的学生时，我痛苦地意识到需要一本对基督教思想的历史有一个全面介绍的书，这样的书对初学者来说既易读易懂，同时又可以使他们初次接触到基督教思想的丰富多彩与流派纷繁。我就是在这一指导思想的支配下开始写作这本书的，因此我不是在原创意义上对基督教神学的历史进程提出新的解释。

英文版在某种意义上来说是全新的一本书。我从拉丁美洲知道和使用过此书的新教与天主教的同事那里收集了对此书的评论或建议，我把那些有明显改进的资料置入本书中。同时我也把此书译成英文，进一步的研究使我修正了一些观点，同时实际使用此书也使我感到尚有不够明晰之处。

至于这一卷的内容——三卷中的第一卷——我必须指出，为了清楚明了起见，我把在年代上本该属于这一卷的三个主题放在第二卷之中：奥古斯丁的神学，补赎礼的早期开端及后来进一步的发展，以及第一阶段之后的圣职形式和权威问题。对这三个主题读者将在这部《思想史》的第二卷中看到进一步的讨论——西班牙文的版本与这第一卷的英文版作了类似的处理。

根据阅读了此书西班牙文与英文原稿的学者们的一致建议，我决定把原来关于《新约圣经》的一章内容去掉。我希望这一举动能得到正确的理解，不是否认《新约圣经》的重要性，与此相反，是认为《新约圣经》研究的范围是如此的广阔，如此的重要，以至于需要独立的、特别的研究。

最后，我要说一些感激的话。如此众多的人对此书的贡献，使我几乎不能说这本书是我自己的工作。这一普通的作品能够写出来，是因为早期数以千计的无名修士与学者保留和抄写了原稿，创作和出版发行了古代的作品版本，做了大量各种主题的专门研究，他们所铺设的道路是我必须追寻的。其他一些人教导我所有历史研究的方法，以及古代与现代的语言文字并其他做此项事工所必须的工具。更具体地来说，罗兰·班顿博士(Dr. Roland H. Bainton)和大卫·怀特博士(Dr. David C. White)鼓励我写作此书。班顿博士为此书写了前言，大卫·怀特博士翻译了此书的一些部分。Mrs. Clara Sherman de Mercado 翻译了两章内容。Mrs. Ramonita Cortés de Brugueras 在出版阶段非常热情地打印与重新打印我的手稿。我将此书奉献给读者，希望能借此书帮助他们理解我自己认为作为我们传家宝式的信仰。如果能实现此目的，我将感到得到更丰厚的回报。我肯定帮助我写作此书的历代众多信徒都有如此的心愿。

胡斯都·L. 冈察雷斯

波多黎各 卡罗来纳

1969 年 7 月

前　言

有人问耶稣说，诫命中哪是第一要紧的呢。耶稣回答时引用了《旧约》的一节经文。他在引述时加上很有意义的一句话。他所引用的《旧约》文句是犹太教的中心思想。“以色列阿，你要听！耶和华我们上帝是独一的主。你要尽心、尽性、尽力爱耶和华你的上帝。”这节经文记载在《申命记》6 章 4 ~ 5 节。但是耶稣加上，“你要尽意爱主你的上帝。”（《马可福音》12 章 30 节）他所加的这一句也就是这本书之所以写作的理由（*raison d'être*）。基督教思想有着连续不断的历史，因为主号召他的门徒不但要尽心、尽力，还要尽意（用思想 mind）爱他们的上帝。

然而，即使主没有提出这个教训，他的门徒也不太可能不尽意，因为在当时所处的希腊罗马世界环境中，种种当务之急迫使他们要这样做。当时才智敏捷之士向基督徒提出须经深思熟虑、须有清晰概念才能回答的问题。基督徒拒绝把皇帝当做神加以崇拜。犹太人也是这样。他们拒绝的理由是显而易见的，也是和他们的信仰相一致的。这是基于基督引用的诫命，“以色列阿，你要听！耶和华我们上帝是独一的主。”又说，“你们不可随从别神。”犹太人不允许对耶和华以外任何神的崇拜。久而久之，他们就拒绝承认任何其他神的存在。首先他们不把任何人看成神。基督徒拒绝崇拜皇帝是因为这种崇拜是和唯独崇拜基督的诫命不相容的。异教徒会说，“你们为什么不肯把一个人当做神崇拜呢？难道你们的基督不是一个人吗？”如果基督徒回答说，“不，他是一位神。”异教徒会反驳说，“那么你们有两位神，你们为什么要责备我们崇拜多神呢？”因此，拒绝崇拜皇帝就必须有基督论（Christology）。

基督徒处身于异教徒世界中，汲取了一些埃及人的思想。就像以色列人从埃及逃出来时带走了一些埃及压迫者的神明，基督徒利用他们反对者的一些思想和思想方法来准备他们的回答。总的来说，基督徒在思想方面——这里指的是神学思想而不是哲学思想——是属于希腊哲学传统的。即使是像德尔图良那样的基督徒在谴责异教徒时，他们的敏锐推理方法也是继承了古典的传统。但是，犹太人在思想领域方面，却也有自己的历史背景。在犹太教教堂中没有圣坛，只有一张供念律法的桌子。这在古代世界中是很独特的。念完律法接着是讲解，因为律法要加以解释。教堂中的桌子既是教师的讲台，又是先知的讲道坛。犹太教教士身兼这两种身份，早期的教会很明显是效仿犹太教的教堂。

希伯来文化和希腊文化之间并没有绝对的区别。它们有足够的共同之处以便加以融合。在基督教出现之前，已有过这方面的尝试。在流行希腊语的亚历山大城，犹太人斐洛（Philo）是第一个把这两种文化结合起来的人。他这种既丰富又表现内在冲突的结合，影响了以后许多世纪的思想界。斐洛主要用柏拉图学说意义上的寓意释经法解释《旧约》，把犹太文化和希腊文化调和起来。基督徒其实比斐洛进步。虽然他们受到柏拉图学说的影响，基督徒笃信上帝在耶稣身上道成肉身的教义，坚决拒绝接受柏拉图学派贬损肉体为灵魂之敌的看法。

上帝在耶稣这个人身上的道成肉身是基督教和犹太教的另一个近似之处，也是和希腊的宗教观相异之处，因为犹太教和基督教都认为上帝在历史事件中对世人显示自己。永恒进入时间。道成肉身就是这种至关重要的事件。它发生在皇帝奥古斯都颁布法令，要全世界的人都要交税的时候。在这个时间道成了肉身。因此基督教总是必须和历史相联系。这也表明上帝在基督身上向世人显示自己。这是启示，是从上而来的启示。

然而，对希腊人来说，尽管人们可以看到显圣，虔诚的教徒体验到狂喜，对上帝的认识，却是从自然界和人类可见的东西中推论而得来的。斯多葛学说和亚里士多德学说的观点基本上就是这样。柏拉图学说也大体是这样。人看到影子就推想出他所看不见的东西。在这种情况下，启示，如果可以称之为启示，是来自下面。它不是赋予人的，而是探索的对象。它不是摩西在西奈山宣布律法那样的一种宣告，而是在对话中，人与人的思想交锋过程中体现出来。在这个过程中，各人原有的觉察可能会全部被取代，不需要有早已确定的立场，并且也没有作出任何只此一次的宣示。

基督教植根于历史，确认只此一次永远有效的启示。但这个启示还需要加以阐明。这个启示毕竟不是像在西奈山上发出的几条诫命，也不是拟好的一组命题。它是赋予在一个生命之中。即使是在第一世代，对这个生命意义的评价也各不相同，尽管基督教早期文献记载表现出出乎意料的一致性。基督教思想的历史是人们探索上帝在耶稣基督身上道成肉身的自我显示所蕴含的意义的记录。并且基督徒大体上愿意把希腊人的宗教见识看成是基督降临的准备，对认识基督有参考的价值。结果，基督教的整个历史中贯穿着过去和现在之间的矛盾，施授（the given）和探索之间的矛盾，在某种意义上赋予的启示和作为寻求目标的启示之间的矛盾，以及坚守信心和要获得的真理之间的矛盾。许多世纪来，基督教思想的发展并没有解决这些矛盾。但要寻求解决之道却不能不考虑这些矛盾。

这第一卷涉及早期历史。当时提出来的问题今天还有待我们解决。冈察雷斯博士很成功地抓住思想要点，并能剔除繁琐的细节和暂时性现象而使重点突出。他的解说清新简洁。他掌握阅读古代和现代著作的语言工具。他对最近的有关文献也有相当广泛的了解。我热情地把他的著作推荐给不同语言的读者。

罗兰·H.班顿

耶鲁大学

教会历史泰特斯·施继德讲座名誉教授

缩略语

ACW	*Ancient Christian Writers*
AkathKrcht	*Archiv für katholisches Kirchenrecht*
ANF	*The Ante-Nicene Fathers*
Ang	*Angelicum*
AnglThR	*Anglican Theological Review*
AnnTh	*L'Année Théologique*
Ant	*Antonianum*
AntCh	*Antike und Christentum*
Aug	*Augustinus*
Augm	*Augustinianum*
BAC	*Biblioteca de Autores Cristianos*
BLE	*Bulletin de Littérature Ecclésiastique*
BThAM	*Bulletin de Théologie Ancienne et Médiévale*
Byz	*Byzantion*
ByzZschr	*Byzantinische Zeitschrift*
BZNtW	*Beihefte zur Zeitschrift für die neutestamentliche Wissenschaft*

CAH	*Cambridge Ancient History*
CD	*La Ciudad de Dios*
CH	*Church History*
ChQR	*Church Quarterly Review*
CommVind	*Commentationes Vindobonenses*
CTM	*Concordia Theological Monthly*
DHGE	*Dictionnaire D'Histoire et de Géographie Ecclésiastiques*
DivThom	*Divus Thomas: Commentarium de Philosophia et Theologia*
DKvCh	*Das Konzil von Chalkedon: Geschichte und Gegenwart(ed.* Grillmeier und Bacht)
DomSt	*Dominican Studies*
DTC	*Dictionnaire de Théologie Catholique*
EphemTheolLovan	*Ephemerides Theologicae Lovanienses*
Est	*Estudios*
EstEcl	*Estudios Eclesiásticos*
ExpT	*The Expository Times*
GItFil	*Giornale Italiano di Filologia*
Greg	*Gregorianum*
GrOrthThR	*Greek Orthodox Theological Review*
HD	A. von Harnack, *History of Dogma*(New York: Russell & Russell, 1958)
HE	*Ecclesiastical History*(usually, that of Eusebius)
HJb	*Historisches Jahrbuch*
HTR	*Harvard Theological Review*
IDB	*The Interpreter's Dictionary of the Bible*

IER	*Irish Ecclesiastical Record*
IntkZtschr	*Internationale kirchliche Zeitschrift*
IrThQ	*The Irish Theological Quarterly*
JBL	*Journal of Biblical Literature*
JEH	*Journal of Ecclesiastical History*
JES	*Journal of Ecumenical Studies*
JQR	*Jewish Quarterly Review*
JRel	*The Journal of Religion*
JRelSt	*The Journal of Religious Studies*
JRH	*The Journal of Religious History*
JTS	*Journal of Theological Studies*
Kairos	*Kairos: Zeitschrift für Religionswissenschaft und Theologie*
KΛH	*Κληρονομ ία*
KuD	*Kerygma und Dogma*
Lat	*Latomus: Revue d'ÉtudesLatines*
LCL	*Loeb Classical Library*
LumVie	*Lumière et Vie*
MisMed	*Miscelanea Mediaevalia*
MScRel	*Mélanges de Science Religieuse*
MusHelv	*Museum Helveticum*
NAKgesch	*Nederlands Archief voor Kerkgeschiedenis*
NDid	*Nuovo Didaskaleion*
NedTheolTschr	*Nederlands Theologisch Tijdschrift*
NPNF	*The Nicene and Post-Nicene Fathers*
NRT	*Nouvelle Revue Théologique*

NT	*Novum Testamentum*
NTS	*New Testament Studies*
Numen	*Numen: International Review for the History of Religions*
OrCh	*Orientalia Christiana Periodica*
PG	*Patrologiae cursus completus... series Graeca* (ed. Migne)
PL	*Patrologiae cursus completus... series Latina* (ed. Migne)
PO	*Patrologia orientalis*
Prot	*Protestantesimo*
RAC	*Reallexikon für Antike und Christentum*
RelStRew	*Religious Studies Review*
RET	*Revista Española de Teología*
RevBénéd	*Revue Bénédictine*
RevBib	*Revue Biblique*
RevEtAug	*Revue des Etudes Augustiniennes*
RevEtGr	*Revue de Études Grecques*
RevScRel	*Revue des Sciences Religieuses*
RGG	*Die Religion in Geschichte und Gegenwart.* Dritte Auflage
RHE	*Revue d'Histoire Ecclésiastique*
RicRel	*Ricerche Religiose*
ROC	*Revue de l'orient Chrétien*
RScF	*Rassegna di Scienze Filosofiche*
RScPhTh	*Revue des Sciences Philosophiques et Théologiques*
RscRel	*Recherches de Science Religieuse*
RStFil	*Rivista Critica di Storia della Filosofia*
RThAM	*Recherches de Théologie Ancienne et Médiévale*

RUOtt	*Revue de L'université d'Ottawa*
SBAW	*Sitzungsberichte der bayrischen Akademie der Wissenschaften in München*
SC	*Sources Chrétiennes*
SCatt	*La Scuola Cattolica*
Sch	*Scholastik: Vierteljahrschrift für Theologie und Philosophie*
ScrVict	*Scriptorium Victoriense*
Sef	*Sefarad: Revista de la Escuela de Estudios Hebraicos*
SP	*Studia Patristica*
StCath	*Studia Catholica*
StTh	*Studia Theologica*
StVlad	*Saint Vladimir's Theological Quarterly*
Th	*Theology*
ThBl	*Theologische Blätter*
ThGl	*Theologie und Glaube*
ThLit	*Theologische Literaturzeitung*
ThPh	*Theologie und Philosophie*
ThR	*Theologische Revue*
ThSK	*Theologische Studien und Kritiken*
ThSt	*Theological Studies*
ThViat	*Theologia Viatorum*
ThZschr	*Theologishce Zeitschrift*
TIB	*The Interpreter's Bible*
TQ	*Theologische Quartalschrift*
TrthZschr	*Trierer theologische Zeitschrift*
VetTest	*Vetus Testamentum*

VieSpirit	*La Vie Spirituelle*
VigCh	*Vigiliae Christianae*
WuW	*Wissenschaft und Weisheit*
ZkT	*Zeitschrift für katholische Theologie*
ZntW	*Zeitschrift für die neutestamentliche Wissenschaft und die Kunde der älteren Kirche*
ZschrKgesch	*Zeitschrift für Kirchengeschichte*
ZTK	*Zeitschrift für Theologie und Kirche*

第一章　导　言

基督教思想史研究，由其所处理的资料的特殊性所决定，必然是一项神学研究工作。历史学家的任务，不仅是复述过去发生过的事；思想史家也不仅是复述前人的思想。历史学家的工作，首先必须对他所要处理的材料进行选择。这种选择的指导原则，是根据自己的决定来定的，而这种决定在一定程度上是带着主观性的。任何一部基督教思想史的作者，都不可能把米涅（Migne）所编纂的三百八十二本原始资料全部抄录进去——其实就连这些也只是12世纪以前的资料。在这些汗牛充栋的资料中，要采用哪些著作，为写这本书要研究哪些原始资料，都需要经过一番挑选的功夫。因此，每一部基督教思想史都必然是作者神学观点的反映。任何作者，如果认为他可以不受神学观点的影响，那不过是自欺之谈。

以哈纳克和尼格伦为例：这两位历史学者彼此相隔数十年，其神学观点也迥然不同。基督教思想历史学家，如何受不同神学前提的影响，写出了各具特点的历史，这就是例证。

阿道夫·冯·哈纳克（Adolph von Harnack）可以算是一位举世闻名
24 的教义史家，1886—1890年陆续发表他的巨著《教条史教程》（*Lehrbuch der Dogmengeschichte*）。他的神学观点导源于被他称为"最后的一位教父”的里奇尔。里奇尔(*Ritschl*)①的一贯主张是限制哲学卷入宗教的领域。他指出每当把玄学和宗教问题混在一起时,就产生种种曲解。在他看来,宗教最主要的特点是实践而不是思维。这并不是说应该把宗教看成完全是一种纯粹的主观经验。恰恰相反,他认为只有靠宗教所树立的道德价值,才能使一个人从那些作为人的自然生命特征的捆绑中解放出来。构成基督教信仰的,既不是教义,也不是什么神秘的感情,而是那些能够把一个人从他所在的苦难中拯救出来的道德价值。

从这样的神学前提出发,哈纳克不可避免地得出下述的结论。在他看来,基督教教条史所论述的,大部分是对基督教原本要义的否定的过程,这些要义只能从耶稣的道德教训中去寻找。对哈纳克来说,基督教的起点,与其说是耶稣其人,毋宁说是耶稣的教训。既然最初几个世纪全部教条的发展都是围绕着耶稣其人或他的“位格”,而不是他的教训②,那么福音的原来意思就必然受到越来越多的歪曲。因此,哈纳克写《教条史》的目的,是要说明:教条——特别是现今已被废弃的基督论教条——从来就不是福音的真正产物③。

尼格伦则从完全不同的前提出发。作为“伦德学派”(Lundensian Theology)的主要倡导者④,他认为基督教思想史家的任务是“主旨研究”(investigation of motifs)。其实这种研究的性质就是由它本身所特具的哲学和神学前提所决定的。举一个例来说,尼格伦认为基督教最实质性的 25

---

① 关于里奇尔神学的简要介绍可以参考 Hugh R. Mackintosh 的著作:*Types of Modern Theology: Schleiermacher to Barth* (New York: Scribner's,1937),pp. 138 ~ 180。

② 哈纳克把耶稣的教训总结为:(1)上帝的国及其来临;(2)上帝是父,人的灵魂有无限价值;(3)高超的公义和爱的诫命。参见 *Das Wesen des Christentums* (Leipzig: T. C. Hinrichs,1902),p. 33。

③ 参见 Joseph de Ghellinck, *Patristique et Moyen Age*, Vol. Ⅲ: *Compléments a l'étude de la Patristique* (Gembloux: J. Duculot,1948),pp. 1 ~ 102。

④ 可以进一步地阅读 Hugh R. Mackintosh 的 *Corrientes teológicas contemporáneas* (Buenos Aires: Methopress,1964),pp. 129 ~ 165。

主旨是“神圣的爱”(*agape*),而犹太教的主旨则是律法(*nomos*),两者是互相对立的。由于强调这种对立,尼格伦就不能恰当处理律法和福音的关系,这就不仅在神学上造成许多困难,而且也歪曲了历史。尼格伦笔下的路德,对于律法的态度,已经不如这位改教者原来对律法那样的重视了⑤。

至于一般传统的罗马天主教史学家,则倾向于用基督教思想史来强调说明基督教思想的连续性。正如第5世纪勒林斯的文森特所说的,只有“那些一向都在各地为全体信徒”所信奉的(*quod ubique quod semper, quod ab omnibus*)⑥,才能被认为是正统的信条。作者自己的神学观点和价值观,对材料的选择、补缀和陈述,都起着决定作用,而这些在读者看来,可能显得相当客观,因而使读者容易受蒙骗。

那么,本书的作者持有什么观点呢?这个问题提得有道理,也应该坦率地回答。这样更有利于读者提出不同的意见。

作者认为,处理基督教教义的发展,必须从一个特定的神学概念出发,就是基督的真理概念——这里讲的不是真理本身,而是真理的概念。这个真理的概念,就包含在“道成肉身”的教义之中。根据这项教义,当基督教的真理和具体的、有限的、暂时的(事物和思想)结合起来时,它不是消失了或被歪曲了。恰恰相反,正是当永恒和历史相结合,上帝成为肉
26 身,当一个特定的人在特定的情况下能够说,“我就是真理”时,真理——至少可以说那些传授给人类的真理——才彰示出来。

为了说明这种真理的概念,可以举出另外两种和它互不相容的观点,以资比较。这两种观点导致对耶稣基督其人所作出的不同的解释,不承

---

⑤ *Agape and Eros* (Philadelphia:Westminster Press,1956),pp. 681 ~ 741. 参见 Gustaf Wingren 的 *Theology in Conflict:Nygren, Barth, Bultmann*(Philadelphia:Muhlenberg Press,1958),pp. 85 ~ 107。

⑥ *Commonitorium* 2.3. 然而,这并不是说,在天主教神学家那里已经解决了这一教义发展的问题。相反,他们对于相关的问题已经有了许多有价值的研究,而且和新教神学家一样,他们的观点几乎是一样多种多样。

认“道成肉身”的教义。

第一种观点认为真理只能存在于永恒、持久和普遍之中，因此不可能在历史的、短暂的、个别的（事物或思想）表现出来。这种看法对古代希腊人曾发生过强大的吸引力，并通过希腊思想影响了整个西方文化。但是这种见解，尽管很具魅力，却导致否定“道成肉身”而得出所谓“幻影论”（Docetism）的学说（见第四章）。它虽然把耶稣基督作为一种永恒的、持久的，甚至是普遍的存在，但是却跟福音书所告诉我们的那位历史上的具体的人物完全不同。

第二种观点认为一切真理都是相对的。因此人间根本就没有什么绝对真理。这种真理观二三百年以来颇为流行。由于科学和历史研究的发展，我们认识到人类的一切知识都是相对的。这种观点虽然很有吸引力，但和基督教最根本的教义却不相容。（基督教坚称在耶稣基督这一历史事件中，人类直接触及了全部生命和历史的根本意义；这种遭遇在公元1世纪和在今天都是同样真切和实在的。）强调真理的相对性的观点，可以和古代伊便尼派（Ebionism）的基督论（见第五章）联系起来。该派虽认为耶稣是一个真正的历史上特定的人物，但和《福音书》所彰示的，作为全部生命和历史之主的基督却完全不同。这并不是说古代的伊便尼派（Ebionites）在哲学上是相对主义者，而是说现代这种真理观在某些方面和伊便尼派的基督论（Ebionite Christology）时常不谋而合。

面对着这两种对立的观点，基督教肯定真理既存在并隐藏于具体的、
历史的、特定的（事物）之中，同时，在一切的历史时刻，都永不失其真实 27
性。对于我们这些没有“按着肉体”见过耶稣，也没有体验过当初门徒亲覲耶稣的那种迫切感的人来说，仍然能从耶稣基督历史上的人性看到上帝的永恒之道。我们只能从他历史上的“道成肉身”来认识这个道，但我们知道这就是永恒之道，它过去，现在，直到将来都是我们“世世代代的避难所”。每逢我们称奉这位道成肉身之主的时刻，它便临到我们身上。

这种对真理与历史的关系的见解，是我们解释和评价基督教教义的

出发点。对于教义的真理，我们不能说：这便是永恒的、不变的真理，丝毫不带着任何历史相对主义的阴影和臆测。只有当通过各项教义能使教会感到必须面对面地绝对服从“上帝的话”（就是真理）的时刻，而且只有在这程度上才体现出某项教义就是真理。只有当这种情况发生时，该项教义才实实在在地可作为判断教会的生活和信仰的标准。如果不是这样，那么教义只不过是见证教会的过去的文件。至于这样的情况能否出现，不在于我们，也不在于教义的内涵特性，而是在于来自上面（上帝）的决定。

是不是所有的教义都是同等确实可信的呢？当然不是。而且，如果所谓确实可信意味着和“上帝的话”完全等同的意思，那么没有任何一项教义可以说是确实可信的⑦。教义是教会借着人的语言企图见证上帝的话的表现。在这种意义上说，教义是教会的宣告的一部分。正如讲道一样，只有当上帝把教义作为宣示他的话的工具时，才能成为“上帝的话”。但没有任何人为的努力能强使上帝用教义向人说话。

但是，既然上帝在耶稣基督里把他自己赐给人，并使他自己成为人的行动的对象，而且在《圣经》和圣礼中，以间接的方式，也让这同样的事发
28 生，这样我们就有可能对某一教义作出判断——当然这只是我们的判断，不是上帝的判断。只有从《圣经》中——《圣经》是“使徒和先知的根基”——才能找到判断教义的标准。

从另一方面讲，教义并不是自发形成的，也不是和世事毫无关系地直接从天而降。教义构成基督教思想的一部分，它是思想的产物，又成为后来的基督教思想的出发点。教义是在一种对抗某些主张或学说以捍卫那一时期的中心信仰免遭侵袭的灵性生活中，根据既定的崇拜仪式和习俗，经过长期的神学思考锻铸而成的；有时甚至还是一些政治阴谋的产物。况且，一项教义在什么时候又如何变成一个教条，基督徒们从来没有一致

⑦ 参见 Karl Barth, *Church Dogmatics* (Edinburgh: T. and T. Clark, 1936), 1: 306。

的看法。因此，我决定把这部书写成"基督教思想史"，而不是"教条史"。因为教条史一般着重对各项教义的规范性的陈述，而思想史则着重于说明教义的内容的由来及其如何形成被教会普遍接受的教义的过程。

至于本书内容的组织、排列和陈述方法方面，我着眼于把它写成一部神学研究的课本。基督教思想史家通常遵循两种不同的方法：一种是按历史年代来编排，另一种是按不同的主题叙述。既然作为基督教思想史入门，第二种方法显得不可取，对于不太熟谙这门学科的读者，这种方法可能容易造成混乱。因为每个主题下的材料常来自不同的历史时期。按年代编排当然可以避免这种混乱。但其缺点是不够强调每一主题下各种神学思想的连续性。因此我将以编年史为纲，同时又力求表现某些重要的神学主题发展的连贯性。

第二章　基督教的摇篮

29　根据保存在《路加福音》中的一个传说，基督教是在一个马槽中诞生的。人们时常喜欢用素静的色调来描绘这一情境。实际上那个马槽并不是一个远离险恶世界的安谧地方。恰恰相反，它是一个身处乱世的产物。耶稣的父母约瑟和马利亚，由于家乡的经济情况，并遵照远从罗马传来恺撒奥古斯都“叫天下人民都报名上册”(《路加福音》2 章 1 节)的命令，来到大卫之城。这次户口普查的目的是为了征收税款。可以说，耶稣所栖身的马槽实际上正处于一个到处都是动乱和哀怨的世界。

简单说来，基督教从开始就是这样的一个信息：她宣告上帝为了爱世人而降生尘世。基督教并不是一种讲论上帝本性的永恒而玄妙的教义，而是上帝自己化身为耶稣基督，亲临人间。基督教是“道成肉身”，因此是很具体的，而且存在于历史之中。

离开了世界，基督教就成为不可思议的东西。因此，我们应该首先简略地叙述基督教在其产生和发展之初时所处的世界。

犹太人的世界

基督教产生于巴勒斯坦的犹太人中。耶稣一生，直到他逝世，是一个生活在犹太人中的犹太人。他的思想和教训是在犹太人的世界观中形成的，他的门徒也是作为犹太人来接受这些思想。后来当保罗周游各地，向 30
“外邦人”传讲福音时，也时常先从“会堂”中的犹太人入手。因此，我们开始写基督教思想史，也应该先研究基督教产生时的犹太人的处境和思想。

巴勒斯坦令人羡慕的地理位置，给那些把它称为“应许之地”（Promised Land）的犹太人带来了不少的灾难。这个地方是古代从埃及通向亚述和从阿拉伯半岛通向小亚细亚的通商要道的交叉点①，一向都是在近东崛起的野心勃勃的大国必争之地。若干世纪间，埃及和亚述为争夺这一狭长地带进行了残酷的斗争。当巴比伦兴起并取代亚述之后，它从亚述手里接过巴勒斯坦，最后摧毁了耶路撒冷，并把一部分居民流放各地。后来波斯征服巴比伦，赛勒斯（Cyrus）允许被掳的犹太人回归故土，并将巴勒斯坦并入波斯帝国。亚历山大大帝在伊苏（Issus）战役中击败波斯军队，吞并波斯帝国，巴勒斯坦又归马其顿王朝（Macedonian）统治。公元前 323 年亚历山大病逝以后，又经过二十多年的混战，最后他的继承人巩固了他们的势力，可是后来亚历山大的将领所建立的两个主要王朝，托勒密王朝和塞琉古王朝（Ptolemies and Seleucids），为争夺巴勒斯坦及其周围地区，进行了一百多年的斗争。塞琉古终于占了上风，取得巴勒斯坦。当安条克·艾比腓尼（Antiochus Epiphanes）说叙利亚的神祇巴尔沙明（Baal-Shamin）就是亚威（Yahweh 汉语《圣经》译为耶和华，即犹太人的神的名称——译者）并强令犹太人崇拜巴尔沙明时，犹太人在玛迦比[Maccabees，或称哈斯摩尼（Hasmoneans）]家族的领导下发动了叛乱，结果取得了宗教上的自由；稍后，又趁叙利亚发生内讧的机会，获得政治上的独

① 参见 Georges A. Barrois 的《商业和贸易》，在 *The Interpreter's Dictionary of the Bible* 中的第四卷第 677～683 页；另见 Yohanan Aharoni 的 *The Land of the Bible: A Historical Geography* (Philadelphia: Westminster Press, 1967), pp. 39～57。

立。这种独立，在一个新的大国崛起时就马上消失。随着罗马的兴起，庞培（Pompey）于公元前 63 年占领耶路撒冷，践踏犹太人的圣殿，甚至闯入“至圣所”。从此巴勒斯坦又沦于罗马统治之下。正是在这时期，我们的主耶稣来到世间。

31 在罗马的统治下，犹太人最为乖舛难驭。这主要是因为他们所信奉的宗教具有强烈的排他性。除他们的“万军之主”以外，犹太人不承认有任何“别的神”。罗马对被其征服的各族，采取尊重民族习惯的政策，也尊重犹太人的宗教。因此在巴勒斯坦的犹太人中，有一些派系，特别是法利赛派，在政治上采取不抵抗主义，对罗马表示妥协。有几次罗马统治者干预了犹太人的宗教事务，结果引起骚乱和暴动，迫使罗马政府又恢复原来的宗教政策。在罗马的统治者中，虽然没有一个人能赢得犹太人的民心，但那些对犹太人较为谅解并尊重他们的宗教习俗的执政者，却也没有遭到坚决的反抗。因此，有些较为狡猾的总督便留心不在一般老百姓使用的小钱币上铸印罗马皇帝的头像，也不在圣城内炫示罗马帝国的很显眼而且强烈意味着偶像崇拜的国徽。②

他们没有坚决反抗是因为犹太人是一个信守“律法书”的民族。他们的“律法书”或“妥拉”（Torah）是犹太宗教和犹太民族的中心。“律法书”上说，“以色列阿，你要听！耶和华我们上帝是独一的主”（《申命记》6 章 4 节）。现在保留下来的“律法书”是犹太教的领袖为了将犹太民族的

---

② 关于这一时期的政治环境，可以参考如下著作：Stewart Perowne 的 *The Later Herods: The Political Background of the New Testament* (Nashville: Abingdon Press, 1958); Robert H. Pfeiffer 的 *History of New Testament Times, with an Introduction to the Apocrypha* (New York: Harper, 1949) 等。

许多传说、遗传、习俗统一起来,精心编纂和组织形成的。③

经过多年的流传,通过历次的爱国主义斗争,“律法”成为犹太民族的象征和精神支柱。随着先知运动的衰微,尤其是公元70年耶路撒冷圣 32
殿遭到毁坏以后,它成为犹太人宗教生活的中心。本来祭司们编纂“律法”,是作为管理人们日常生活和指导圣殿崇拜的法典,可是现在却出现了一个有别于祭司的新宗教职业阶级,并且人们在精神生活中所关心的主要是“律法”,而不再是圣殿。尽管“律法”着重的并不是具体的史实,而是历史的意义,但这并不意味着它是一部阐述教义的书。它主要的效用还是关于仪礼和实践方面。“律法”的编纂者并不是要说明神的属性,他们更注意的是应该用什么仪式来崇拜神。显然不能拿这样的“律法”在日常生活或崇拜中套用,以解决可能出现的每个具体问题。因此需要有人对“律法”进行研究和解释。根据这种需要,文士或律法师便作为一种新的宗教职业应运而生。

文士的职责是保存和解释“律法”。他们按不同的主张和倾向可以分成许多派别。他们为了要说明如何将“律法”应用于各种具体情况,曾编写和积累了大量的案例和注释资料,甚至达到异常繁琐芜杂的地步。关于这一方面吉纳贝尔(Guignebert)有一段话值得引述:

> 环绕着犹太人的“律法书”发展起来的决疑术……成了一座几乎无法穿越的茂密丛莽,只有略谙其中三昧者才能探寻其间崎岖的蹊径。如下述这些问题,只有通晓其中奥秘的内中人才能回答:吃了母鸡在安息日生下的鸡蛋,是否犯戒?在安息日是否可以把梯子架

---

③ 有兴趣的读者可以参阅以下著作:Arthur Weiser, *The Old Testament: Its Formation and Development* (New York: Association Press, 1961), pp. 70 ~ 142; Otto Eisfeldt, *The Old Testament: An Introduction* (New York: Harper, 1965), pp. 158 ~ 241。其他关于律法形成的理论可参考如下著作:Martin Noth, *The Old Testament: An Introduction* (Harper, 1965)以及 Georg Fohrer, *Introduction to the Old Testament* (Nashville: Abingdon Press, 1968)。

> 到鸽棚上去看看究竟是什么在里面引起骚动？将水从一个洁净的盛器注入不洁净的盆子，是否使水源受到玷污？如此等等。尤其烦琐的是许多关于安息日的规定，真是满途荆棘，每个小心翼翼的犹太人都要高度警惕并善于辨识，以免堕入陷阱。④

其所以会发展到这个地步，是因为人们对圣殿崇拜的仪式逐渐不感
33 兴趣，犹太宗教也逐步趋向于重视人的日常生活。法利赛派经过长期的斗争，逐渐凌驾于撒都该派之上；注重个人行为的宗教，也逐步取代了祭祀和仪式的宗教。时常有人认为这意味着本来很活泼生动的宗教生活的僵化，但事实并非如此。这一时期文士和律法师曾进行了大量的《圣经》注释工作。这些注释性的资料或文献，称为《圣经探诠》(*midrashim*)，其中具有法律色彩的教法部分，称为《律法探诠》(*midrash halakah*)，其他部分，包括历史纪事和道德修养的训诲，称为《纪事探诠》(*midrash haggada*)。⑤

后世对法利赛人曾有许多误解。这里应该为他们说几句公道话。事实上，《新约》之所以攻击法利赛人，并不是因为他们比其他犹太人更坏，而是因为他们是一些最好的犹太人，是在上帝面前人类的潜在品格的最高表现。由于《新约》对法利赛人的攻击使他们常被认为是一伙卑鄙的

---

④ Charles A. H. Guignebert, *The Jewish World in the Time of Jesus* (London: Kegan Paul, Trench, Trubner, 1939), p. 56.

⑤ 此外，*midrash halakah* 比通常人们想象的更具动态性。“*Halakah* 的主要特点在于它在形成的历史所有阶段和所有形式里都具有生命力，它有适应调整和演化的能力，它最基本的功用是在固定形式的摩西妥拉与变动的生活之间架起了桥梁。”R. Bloch, “Ecriture et Tradition dans le judaïsme”, *Cahiers Sioniens*, 8 (1954), 17.

伪善者。[6] 这不仅是对法利赛主义的不公，而且也是对《新约》的误解。[7]

其实恰恰和人们时常想象的相反，法利赛人强调个人宗教生活的重要性。因此比较保守的犹太人指责法利赛人是“革新派”，因为他们降低了律法的要求。当圣殿崇拜逐渐丧失其生命力的时候，法利赛人力图把律法作为人们日常宗教生活的指南和法规。这种信奉律法的主张给他们招惹了许多非议，同时也成为他们反对撒都该派的根本原因。但是必须指出，法利赛人并不是“律法主义者”，并不要求人们盲目或违心地服从《律法探诠》中的道德戒律或仪礼规条。他们所留下的著作，大量是属于 34
灵性修养和道德教训方面的论述——即上面说过的《纪事探诠》。

撒都该人是1世纪犹太人中的保守派。他们只承认成文的“律法”（即《摩西五经》）为他们的宗教权威，不承认从犹太人的传说中发展出来的口传的不成文的律法。因此他们不相信复活、来世以及后期犹太教中关于天使和魔鬼的种种传说，也反对预定论。[8] 在这些方面他们和法利赛派是针锋相对的。法利赛派对上述各种教义都笃信不疑。为此，在犹

---

⑥ E. Haenchen 在“Matthäus 23”，*ZTK*, 48（1951），38 ff. 里指出，这种对法利赛人的指责越来越强烈的原因是：正在兴起中的教会与犹太会堂之间的张力。

⑦ George Foot Moore, *Judaism in the First Centuries of the Christian Era*（Cambridge: Harvard University Press, 1954），1: 56～71; Robert T. Herford, *The Pharisees*（New York: Macmillan, 1924）; J. Z. Lauterbach, “The Pharisees and Their Teaching”, *Hebrew Union College Annual*, 6（1929），69～139; Louis Finkelstein, *The Pharisees: The Sociological Background of Their Faith*（Philadelphia: Jewish Publication Society of America, 1938）; William D. Davies, *Introduction to Pharisaism*（Philadelphia: Fortress Press, 1967）; Matthew Black, “Pharisees”, *IDB*, 3: 774～781; E. Rivkin, “Pharisaim and the Crisis of the Individual in the Craeco-Roman World”, *JQR*（1970～1971），27～52.

⑧ 我们必须注意，不要对撒都该人持不公正的态度。“撒都该人在历史的法庭上并没有机会为自己辩护，因为现存的资料无一足以证明，或者甚至可能是撒都该人的。我们对这一派别的认识只是依据《新约》的记述和塔尔木德（talmudic）文献，以及约瑟夫斯。其中前二者对撒都该人存有敌意，而约瑟夫斯对他们也不抱同情的态度。”Bernard J. Bamberger, “The Sadducees and the Belief in Angels”, *JBL*, 82（1963），433. 根据 Bamberger 的看法，撒都该人并没有否认天使的存在，但那只是在相对新近的《圣经》以外的文献中发现的那种复杂的天使学。

太人的《塔尔木德》(*Talmud*)中,撒都该派被贬称为“伊壁鸠鲁派”(Epicureans)。[9] 他们坚持以圣殿和圣殿崇拜为宗教的核心,不重视“会堂”和“会堂”中的宣教活动。[10] 因此,圣殿被毁后,撒都该派失去其依托,日渐衰微,便不足为奇。而法利赛派因为把着重点放在“律法”上,而不在圣殿上,自然不怎么受到这一历史事件的影响。

法利赛人力图使宗教和日常生活融合起来,这是和撒都该人不同的。虽然他们也以律法为宗教的中心,但撒都该人只承认成文的“律法”。而法利赛人除了信奉《摩西五经》以外,还十分重视口传的律法。这些口传的律法,是经过许多世纪的传说和补注逐渐积累形成的。通过这些口传的律法,可以将成文法应用于日常生活各种具体情况,并给犹太教带来一些创新。保守的撒都该人坚决反对任何口传的律法,而法利赛人则和文士们联合起来,力图捍卫和保存这些口传的遗产。

因此,法利赛人并不是一批伪善者。他们力图使宗教在日常生活中更具有实践的意义。也正因为这样,他们有时不免自认为比其他的犹太人更为高尚一点。

35 1世纪住在巴勒斯坦的犹太教徒,除法利赛人和撒都该人以外,还有许多不很为人所知的派别或团体。[11] 其中值得特别注意的是艾赛尼派(Essenes)。许多学者认为20世纪50年代后期在巴勒斯坦库姆兰(Qum-

---

⑨ Guignebert, *The Jewish World*, p. 162.

⑩ 关于犹太会堂的起源问题在学者们之中还存在着争议。传统的观点认为,犹太会堂是产生在犹太人被虏期间,用来代替圣殿的。而另一些人则提出了挑战,他们坚持认为,会堂产生的背景并不是严格的宗教意义的,而是作为古代人们地方性的集会场所。还有一些人认为会堂实际上是从大流散期间犹太人的圣殿崇拜中发展起来的。例如,公元前5世纪在埃及就存在着这种情况。参见 Isaiah Sonne, “Synagogue”, *IDB*, 4: 476~491。总之,在基督教崇拜的形成过程中,会堂起着重要的作用。关于后一观点,见 Clifford W. Dugmore, *The Influence of the Synagogue upon the Divine Office* (London: Faith Press, 1944)。

⑪ Erwin R. Goodenough 相当清楚地表明,甚至在巴勒斯坦也有拥有自己会堂的希腊化犹太人。参见 *Jewish Symbols in the Greco-Roman Period* (New York: Pantheon Books, 1965), 12: 185~186。

ran)地方发现的“死海古卷”,和艾赛尼派有密切关系。因此,我们对他们的情况,也了解得比其他派别更多些。[12]

艾赛尼派的成员大约有数千人。他们具有鲜明的末世论倾向,强调清规戒律。他们自认是“新约之民”。在他们看来,“新约”和“旧约”在本质上虽无大区别,但“新约”是“旧约”的顶点和完成。当“主的日子”来到时,“新约”的真谛才能完全为人所理解。他们认为先知的预言将在他们那个时代应验在他们身上。[13] 因此他们怀抱着一种末世迅速来临的殷切期待,相信不久将出现一个新耶路撒冷,并认为这就是以色列的复兴的实现。有三位重要的人物将在复兴以色列的事业中起关键作用,即“公义的导师”、“以色列的弥赛亚”和“亚伦的弥赛亚”。“公义的导师”已经来了,并完成了他的任务,这种任务现在由他们这些选民艾赛尼派继承下来。不久“以色列的弥赛亚”即将来临,他要向邪恶宣战,消灭邪恶。最终“亚伦的弥赛亚”将在新耶路撒冷掌权,统治一切。[14]

在艾赛尼派关于末世来临的想象中,选民所起的作用是一个重要的因素。因此他们强调必须严格遵守仪礼上有关洁净的戒律。为了不和不洁的人群、物类和风俗习惯接触,以免受到污染,他们避开城市和政治经济活动的中心,退隐到一些僻静的处所。“死海古卷”的发现地库姆兰就 36
是他们的聚居地之一。他们集结成一些像库姆兰一样的小社群,散布在巴勒斯坦各处。虽然他们并不都在这类社群中,由于他们热衷于严守清规戒律的生活,殷切地期待着末世的来临,他们对这种环境,趋之若鹜。因为只有退居在这种环境中,他们才能避开肮脏的尘世。在他们中间虽

⑫ 在“死海古卷”发现之前,我们对艾赛尼派的认识是通过下列几位的著作:Josephus (*War* 2: 8.2 ~ 13; *Ant.* 18.1.5), Philo (*Apology*,引自 Eusebius, *Praep. ev.* 8.11; *Every Good Man* 12.75 ~ 88), Pliny the Elder(*Nat. hist.* 5.15), Hippolytus (*Refutation* 9.27)。

⑬ 这就是先知研究成为库姆兰社团核心特点的原因,这一研究是辨别“那个时代的征兆”的工具。参见 Frederick F. Bruce, *Biblical Exegesis in the Qumran Texts* (London: Tyndale Press, 1960)。

⑭ Otto Betz,“Dead Sea Scrolls”,*IDB*, 1: 790 ~ 802.

没有明令禁止婚姻，但嫁娶一般被认为并不是好事。在日常生活中，他们强调严守戒律。犯戒者要受到由一百多人组成的公众法庭审讯，最严重的被处极刑。崇拜仪式有斋戒沐浴、早祷晨课和集体礼拜等。他们不参加耶路撒冷圣殿的崇拜，因为他们认为主持圣殿崇拜的祭司都是一些堕落的人。

"死海古卷"的发现，当初曾轰动一时，引起许多猜测，其中有些未免言过其实。但有一部分手稿的确为我们进一步了解 1 世纪的犹太教提供了许多有价值的资料。现在我们可以更有把握地了解和描述当时犹太人宗教生活的主要倾向。有些材料还可作为研究《旧约圣经》希伯来文文本的历史的佐证。[15] 此外，"死海古卷"的研究还有助于构建《新约圣经》中某些段落的背景。例如《马太福音》18 章 15 节以下的一段，似乎是起源于与艾赛尼派的宗教生活相类似的风俗。[16]

艾赛尼派是笃信启示论（apocalypticism）的众多犹太教信徒的一部分。启示论[17]是一种古老的宗教观和宇宙观，它可能起源于古波斯的拜
37 火教（Zoroastrianism，即袄教，或称琐罗亚斯德教）。在犹太人被流放期间和以后，渗入到犹太教教义中，此后又通过犹太教而传给基督教和伊斯兰教。启示论主张一种富有宗教色彩的宇宙二元论，认为善和恶两种势力要进行一场最后斗争，在现世已见其开端。现在世界是由恶的势力统治着，但在不久的将来，经过一场恶战之后，伴随着翻天覆地的灾变，上帝终

---

⑮ Frank L. Cross, "History of the Biblical Text in the Light of the Discoveries in the Judean Desert", *HTR*, 57 (1964), 281 ~ 299.

⑯ Helmer Ringgren, *The Faith of Qumran* (Philadelphia: Fortress Press, 1963), p. 249. 关于艾赛尼派与基督教之间的准确关系，学者们之间还存在着争议。参见 Krister Stendahl, *The Scrolls and the New Testament* (New York: Harper, 1957); Jean Daniélou, *The Dead Sea Scrolls and Primitive Christianity* (Baltimore: Helicon Press, 1958)。

⑰ Martin Rist, "Apocalypticism", *IDB*, 1: 157 ~ 161; P. D. Hanson, *The Dawn of Apocalyptic*, revised ed. (Philadelphia: Fortress, 1975); W. Schmithals, *The Apocalyptic Movement: Introduction and Interpretation* (Nashville: Abingdon, 1975).

将战胜邪恶，带来一个新的时代，并亲临在人数早已预定的选民中掌权。那时，那些备受迫害的信徒知道他们苦难的日子即将结束，得到慰藉而振作起来。犹太教的启示文学，最重要的有《但以理书》(*Daniel*)、《以诺前书》(*I Enoch*)，和《巴录启示录》(*Apocalypse of Baruch*)等。这些启示文学对早期基督教徒很有影响。《新约·启示录》就带有强烈的启示论色彩。笃信启示论的犹太人所常用的"人子"这个称呼，在《新约》中很早就用来作为耶稣的特称。

以上所述，可以作为耶稣时期在巴勒斯坦的犹太人各种派别及其主张的缩影。尽管他们派别很多，主张也不尽相同，但应该看到犹太教基本上是一个统一的宗教。他们都以律法、圣殿为中心，怀抱着末世论的期望。虽然法利赛和撒都该派关于圣殿在群众宗教生活中的地位或律法的范围等问题，各有不同的主张，但这不能掩盖一个基本事实：犹太人都把圣殿和律法作为犹太教的中心。在这一点上，各派间并没有直接的矛盾。不过由于法利赛人认为，虽然圣殿崇拜只能在耶路撒冷举行，但人们对律法的遵守，随处可以做到。在法利赛人这种主张的影响下，对律法的遵守在犹太人的宗教生活中逐渐凌驾于甚至代替了圣殿崇拜。因此，当公元70年圣殿被毁之后，犹太人的宗教重心仍然没有动摇。

另一方面，尽管1世纪巴勒斯坦的犹太教分裂为许多派别，但这并不意味着它已经衰退。恰恰相反，各种不同派别和不同解释的存在正好说明当时的犹太教是充满着活力的。还应该指出，所有这些派别都严格信奉犹太教的两个最根本的信念，即伦理一神论和对弥赛亚的末世论期望。38
以色列人很早就相信一位公义仁慈的上帝。由于上帝本身是公义的，因此他要求他的子民也必须公正圣洁，不仅在仪礼上，而且在社会关系上都应如此。尽管有许多派别，这种伦理一神论始终是犹太教的核心。还有一点，这个民族在历史上曾遭受多次无情打击，使他们不得不仰仗上帝的仁慈和正义，希望也因此成为犹太人宗教的中心支柱。虽然提法不同，他们都期待上帝把他们从政治上和道德上的灾难中拯救出来。这种得救的希望在不同的时期可以具有不尽相同的含义。有时是盼望弥赛亚的出现,有时又把希望寄托在一位被称为“人子”的神人身上。弥赛亚的期待时常和复兴大卫的国度连在一起。弥赛亚将复兴以色列国,并坐在大卫的宝座上执政为王,⑱但启示文学中常见的“人子”的形象,却代表着另一位比弥赛亚更具广泛意义的人物。他不是要在这个世界上建立大卫的统治,而是要开创一个新时代,一个新天地。“人子”不像弥赛亚,而是来自上界的神人(celestial being)。他将使死人复活,并施行最后的审判。⑲ 经过多年的流传,这两种倾向逐渐汇合在一起。到了1世纪,许多人认为弥赛亚的统治就是当时那个时代的末期,接着将由“人子”来建立新的时代。总之,犹太人始终是一个抱有希望的民族。因此,把他们的宗教说成一种纯粹的律法主义,是完全错误的。

39 犹太教还有另一个方面,后来成为基督教三一论教义的支柱之一。这便是关于智慧的观念。在拉比的犹太教中,“智慧”似乎还没有发展到位格化的程度。但正是在这个基础上,后来基督徒认为基督——或有些人认为圣灵——就是《旧约》中所说的“智慧”。⑳

当时犹太教并不只流传在巴勒斯坦。犹太人在美索不达米亚、埃及、叙利亚、小亚细亚以及罗马各地,都形成许多聚居的社群。这些犹太人,

---

⑱ Ernst Jenni,“Messiah, Jewish”, *IDB*, 3: 360~365; R. Meyer,“Eschatologie: Ⅲ, Im Judentum”, *RGG*, 2: 662~665; R. Meyer,“Messias; Ⅲ, Im nachbiblishen Judentum”, *RGG*, 4: 904~906.

⑲ “人子”一词最初出现在《但以理书》第七章中,后来发展为 *midrashim* 中的一个名称。根据“同观福音”传统,耶稣用这一名称来称他自己。我们对这一名称及其意义的解释一般沿用 Sigmund Mowinckel 著作里的论述,见 *He That Cometh* (Nashville: Abingdon Press, 1954), pp. 346~450。然而,Norman Perrin 认为“人子”一词并非1世纪犹太教的固定名称,而是基督徒社团将其变成了一个称谓,并应用到耶稣身上。见 *Rediscovering the Teachings of Jesus*(New York: Harper, 1967), pp. 164~181。另见 N. Perrin, *A Modern Pilgrimage in New Testament Christology* (Philadelphia: Fortress, 1974), pp. 133~141。

⑳ H. Jaeger,“The Patristic Conception of Wisdom in the Light of Biblical and Rabbinical Research”, *SP*, 4: 90~106.

和他们从“外邦人”(指血统上不属于犹太民族和本来不信犹太教的人——译者)中吸收加入犹太教的教徒,合称为散居的犹太教徒(Diaspora)。在1世纪的犹太教中,这是一个很重要的现象。[21] 对基督教的形成和早期的发展起了重要的作用。[22]

散居的犹太人并没有被居留地原有的民族所同化。他们自己形成一些与众隔离的群落,在当地民政当局管理下享有一定程度的自治权。像在埃及这些地方的散居犹太人聚居地,他们常集中住在城市的某一地区。这不是出于被迫,而是他们宁愿如此,以便选举自己的地方政权,设立会堂,学习“律法”。罗马帝国也给予他们某种法律上的认可,并制定一些尊重他们风俗习惯的法律,例如禁止在安息日强迫犹太人工作等。这样,这些犹太人的社群实际上成了一种“城中之城”,拥有自己的法律和行政机构。这并没有什么奇怪,而是当时在罗马帝国常见的。同时,这些犹太人虽然散居在帝国境内各地,但他们以“律法”和圣殿为纽带,仍然团结成为一个统一的民族。有些人虽终生从未踏上巴勒斯坦故土,但所有年满二十岁的成人,每年都为圣殿献上一笔捐款。此外,他们还把留居巴勒斯坦的犹太领导人奉为整个散居各处的犹太人的领袖,至少在理论上是 40
这样。甚至到公元70年圣殿被毁,耶路撒冷的犹太人被驱散,这些领袖的权力日渐削弱以后,仍然如此。[23]

住在巴勒斯坦的犹太人和散居的犹太人间,几乎从一开始就出现某些差异。其中最重要的是语言上的差异。不管是在巴勒斯坦或是散居各

㉑ 关于大流散期间的犹太教的一部好的著作:William W. Tarn, *Hellenistic Civilisation* (Cleveland: World, 1961), pp. 210 ~ 238。

㉒ Adolph von Harnack, *The Mission and Expansion of Christianity in the First Three Centuries* (New York: Harper, 1961), pp. 1 ~ 18; Kenneth Scott Latourette, *A History of the Expansion of Christianity* (New York: Harper, 1937 ~ 1944), 1: 31 ~ 43.

㉓ 然而,甚至在那时,公元69年逃离耶路撒冷的Johanan ben Kakpai设法组织了Council of Jabneh,这一组织成为犹太教的权威达数世纪之久,罗马帝国也认可其首领是罗马政权之下的所有犹太人的首领。与此同时,巴比伦的犹太人发展形成了他们自己的教级制度。

地，希伯来文的使用逐渐被废弃，因此他们感到对《圣经》原文的理解也越来越困难。可以想象，散居各地的犹太人比住在巴勒斯坦的犹太人的希伯来文忘记得更快些。起先，巴勒斯坦的犹太人通过口译，后来又用文字[24]，逐渐把《旧约》译成亚拉米文（Aramaic）。稍后，在散居各地的犹太人后裔中，由于希伯来文逐渐失传，当地的语言取而代之，其中主要是希腊语，因为这是当时官方和商业上日常使用的语言。在亚历山大城，犹太教在语言方面的希腊化可以说达到了顶点。这里是希腊文化的重要中心之一。住在亚历山大城的犹太人想使他们的宗教能被他们周围那些有教养的人所理解和接受。根据这种需要，便出现了称为“七十士本”的《旧约》希腊文译本（*Septuagint*）。[25]

根据一个古代的传说——约于公元前2世纪末这个传说第一次出现在《亚里士提亚斯书信》[26]（*Letter of Aristeas*）中——这部希腊文译本产生于埃及。当时托勒密二世腓拉德尔夫斯（Ptolemy Ⅱ Philadelphus，公元前
41 285—前247）从巴勒斯坦请来七十二位长老，代表以色列人的十二支派，每个支派六人，从事翻译犹太人的“律法”。后来，为提高这部译本的权威，这个传统变得越来越复杂离奇。据说这些长老们都是分开单独进行翻译的，最后把他们的译文集中比较，竟发现所有各种译本都完全相同，一字不差。因此它被称为《七十士本》（*Septuagint*），即《七十二长老译本》（*Interpretatio secundum septuaginta seniores*）的简称，习惯用罗马数字LXX作为代号。

撇开传说，从历史上说，这部称为LXX的希腊文《旧约》译本并不是

---

[24] 这些翻译被称为“Targums”，最近几年有大量的重要的学术性研究与进展。见 M. McNamara，“Targums”，*IDB*，supplementary vol.，pp. 856～861。

[25]《七十士本》的标准导论仍然是 Henry Barclay Swete 的 *An Introduction to the Old Testament in Greek*，2nd ed.（Cambridge：Cambridge University Press，1914）。

[26] Translated by H. T. Andrews in R. H. Charles，*The Apocrypha and Pseudoepigrapha of the Old Testament*（Oxford：Clarendon Press，1913），2：83～122.

一次译成,而是经过许多人的,长达一百多年的努力逐步完成的。翻译的目的和所采用的方法也各不相同。有的是逐字逐句直译,简直佶屈聱牙,难解其意;有的却过分自由,甚至与原文相去甚远。[27] 最初译成的是《五经》,很可能如传说所讲的,是托勒密二世在位时完成的,但其译文也极不统一,分明出自多人之手。其他各卷译成的时间较晚,到最后才编成《七十士本》,包括现在的《旧约圣经》全部和一部分《次经》。[28]

从好几个方面看来,LXX 具有很重要的价值。从事《旧约》经文考证的学者利用它来重新恢复希伯来文古本的原文。研究拉比释经法的人又
从中可以看到 LXX 的译者所采用的各种方法。对于我们来说,它可以为 42
研究新生的基督教的背景提供重要的资料。

LXX 对希腊化犹太人思想体系的形成也起了很重要的作用。要把古代希伯来人的概念转译出来,必须使用一些希腊词汇,而这些词汇往往含有一些意义,是希伯来思想原来所完全没有的。稍后的犹太释经家要理解希腊文《圣经》,就必须研究希腊古典时期的著作和后期希腊作品所用的词汇含义。此外,受过教育的异邦人能够通过 LXX 阅读《圣经》,并就《圣经》的意义和价值与犹太人展开讨论。犹太人为了要战胜他们的论

---

[27] 实际上,是否有一个标准的 LXX 译本仍然是一个悬而未决的问题。P. Kahle 提出一种理论,认为现存的各种 LXX 文本,是出于这样一个事实:实际上在基督教时代之初,原来并没有一个标准的 LXX,而是有几种不同的,常常是片段式的译文。除了"妥拉"之外,犹太人并没有尝试过要确立一个标准的文本。这项工作后来是由基督教会完成的。见 Ernst Würthwein, *The Text of the Old Testament* (Oxford: Basil Blackwell, 1957), pp. 43 ~46。

[28] LXX 中有几本书是不包括在旧约希伯来文正典《圣经》里的。传统的解释是亚历山大的犹太人比巴勒斯坦的犹太人更加灵活,这导致他们接受了一些在巴勒斯坦的犹太人中没有同等权威的书卷中的神圣默示。然而也有一种可能,这些书卷在巴勒斯坦具有伟大的权威,像在大流散的犹太人那里一样,他们最终把这些书卷排除在正典之外是因为它们会把人导向异端的解释。我们必须记住,希伯来正典是在公元 90 年才固定下来的。那时,基督徒引用希伯来的启示文学,使得这些作品受到犹太领袖的怀疑。见 Albert Carl Sundberg, "The Old Testament in the Early Church", *HTR*, 51 (1958), 205 ~225; Albert Carl Sundberg, *The Old Testament of the Early Church* (Cambridge: Harvard University Press, 1964)。进一步参考, S. P. Brock et al., eds., *A Classified Bibliography of the Septuagint* (Leiden: Brill, 1973)。

敌，就必须熟悉当时的哲学著作，并用这些哲学思想来论证《圣经》的优越性。他们甚至声称有些著名希腊哲学家的最精湛的思想是从《圣经》中剽窃来的。

在基督教早期历史中，LXX 起了难以估量的重要作用。最早的基督教作家，包括《新约》各卷几乎所有的作者在内，所用的《圣经》就是 LXX。[29] 由于早期基督徒几乎把 LXX 看成是基督教自己专用的经典，2 世纪有一个名叫阿居拉的犹太人认为有必要再另译一部供犹太教徒使用的希腊《旧约》译本。[30] 此外，LXX 是《新约》希腊文的模本，是研究《新约》希腊文的主要工具之一。“《新约》的白话希腊文（NT Koine）不只是 1 世纪时一个东方民族的希腊语；其中的宗教词汇，终究不是来自希腊世界，而是通过 LXX 希腊文这个媒介而得之于《旧约》的希伯来人的世界。”[31]

43 从 LXX 中还可以看到大流散时期的犹太人——尤其是住在亚历山大城的犹太人——的思想特征。当时他们热衷接受后期希腊文化。他们认为有必要证明：犹太人的文化并不是如同一般人所想象的那么粗野不文明，犹太的文化和真正的希腊思想是有着密切联系的。用公元前 1 世纪一位犹太作家亚历山大·波利希特尔（Alexander Polyhistor）和他所引述的作家为例：迪米特里乌斯（Demetrius，公元前 3 世纪）运用亚历山大学派隐喻法讲述犹太诸王的历史；尤波里莫斯（Eupolemus，公元前 2 世纪）

㉙《启示录》似乎是引用一个版本，与通常被称为 Theodotion 的版本非常相似。然而，那里引用的版本似乎不是 Theodotion，而是 Theodotion 以前修订过的一个较早些的版本，并且是用他的名字而命名。这就解释了 Theodotion 的文本与《启示录》里所引用的文本之间的相似性和差异性。

㉚ 阿居拉（Aquila）是来自本都（Pontus）的犹太教皈依者。一些古代的作者肯定他在皈依犹太教之前是个基督徒。总之，他于公元 130 年出版了他的《旧约》希腊文译本，这个译本不久在犹太人中就非常流行。也许是对基督徒使用 LXX 的一种反击，阿居拉的译本非常拘泥于文字。

㉛ John W. Wevers，“Septuagint”，*IDB*，4：277.

认为摩西创造了字母表，腓尼基人是从犹太人那里学来的，后来又把它传给希腊人；阿塔番奴斯（Artaphanus，公元前 3 世纪）甚至坚称亚伯拉罕把占星术传授给了埃及的法老，摩西创立埃及的艾比斯（Apis）和爱西斯教（Isis，古埃及拜牛教——译者）。公元前 2 世纪中叶有一位阿里斯托波罗斯（Aristobolus），曾写过一本《摩西律法诠释》（*Exegesis of the Law of Moses*），把希腊哲学中的精华全部都说成是得自犹太人的《圣经》。上面提过的《亚里士提亚斯书信》企图赋予 LXX 以神圣的权威。从这些例证就可以窥见分散各地的犹太人在后期希腊文化影响下的思想倾向和精神面貌。㉜

在这些力图把犹太人的传统与后期希腊文化调和起来的人物中，最突出的是与耶稣同时代的亚历山大城的斐洛（Philo of Alexandria）。他把犹太人的《圣经》阐释得和柏拉图“学园”派的哲学没有矛盾。在他看来，《圣经》的教训和柏拉图主义实际上是相同的，不过《圣经》使用的是寓言。聪明的诠释者的任务就是把《圣经》的寓言所包含的永恒真谛揭示
出来。斐洛指出，柏拉图和他的学园派学者，其年代远在摩西之后。可以 44
认为正因为他们学贯古今，也必然接触过犹太人的《圣经》，他们学说中的精华也正是从《圣经》得来的。㉝ 斐洛所处的学术环境对他的有利之

㉜ Moses Hadas, *Hellenistic Culture* (New York: Columbia University Press, 1959), pp. 83 ~ 104; Tarn, *Hellenistic Civilization*, pp. 233 ~ 235; E. R. Goodenough, *By Light, Light: The Mystic Gospel of Hellenistic Judaism*, rev. ed. (Amsterdam: Philo Press, 1969); M. Friedländer, *Geschichte der jüdischen Apologetik als Vorgeschichte des Christentums: Eine historisch-kritische Darstellung der Propaganda und Apologie im Alten Testament und in der hellenistischen Diaspora* (Amsterdam: Philo Press, 1973); M. Hengel, *Jews, Greeks, and Barbarians: Aspects of the Hellenization of Judaism in the pre-Christian Period* (Philadelphia: Fortress, 1980).

㉝ “斐洛把他取自外邦人的所有东西都说成是犹太教的：国王理论，柏拉图的形而上学，毕达哥拉斯的数论，希腊的宇宙论，神秘主义，伦理学，以及希腊化世界的心理学，他都认为是犹太教的。斐洛提到了希腊人从摩西那里学到的一些东西，而对他作为一个犹太人从外界的所得只字不提。”Erwin R. Goodenough, *An Introduction to Philo Judaeus*, 2nd ed. (New York: Barnes & Noble, 1963), p. 75.

处，是他可以利用当时盛行的寓意法来解释《圣经》中最艰涩难懂的部分。上面提过和 LXX 来源有关的《亚里士提亚斯书信》就使用过这种方法来解释《圣经》。下面我们还要提到，这种寓意释经法是基督教亚历山大学派的特征之一。斐洛采用这种方法，既可以肯定《圣经》的启示是绝对无讹的，同时，在遇到一些难以和柏拉图主义调协的段落时，又可以摆脱困境，自圆其说。㉞ 可以引述下面斐洛如何阐释上帝对亚当的诅咒的话，作为例证。

> “地必给你长出荆棘和蒺藜来”（《创世记》3 章 18 节）。不仅如此，从一个愚昧人的心灵，除了那些驱使他并使他受创伤的情欲之外，还能长出什么来呢？《圣经》用形象的笔法，采用荆棘这个名称……将各种情欲称为“蒺藜”或“三钩刺”，因为每种情欲都有三个方面，即情欲本身、引起情欲的因由和情欲的后果。例如：喜悦、可悦之事物、快感；欲望、所望之物、期愿；悲伤、可悲之事、伤感；惧怕、可怕之事、恐惧。㉟

用这种方法来解释《圣经》，有时的确颇实用，但这毕竟不是《圣经》
45 原义的解释，而只是为了使《圣经》在希腊化思想中更容易被理解和接受而已。应该指出，斐洛并不否定“律法”的历史真实性和字面上的意义——如果连这些都否定了，那就等于对犹太教的背叛。他所强调的是，除了字面的意义以外，“律法”还具有更深的寓意。㊱

㉞ 希腊人也用寓意解释法，以便给那些似乎不再可信的古代神话以新的意义。例如，Aphthonius 用寓意法解释 Daphne 和 Apollo 的神话，认为这是寓意了节制的美德。到基督教出现的时候，寓意法在某些圈子里也变成了解释 Homer 和 Hesiod 的惯用法，以此来指涉一些后来的哲学家所阐述的真理。Robert M. Grant, *The Earliest Lives of Jesus* (London: S. P. C. K., 1961), pp. 45 ~ 46.

㉟ *Legum allegoria* 3. 248 ~ 250 (*LCL*, Philo 1: 469 ~ 471).

㊱ *De migratione Abrahami* 89 ~ 91.

斐洛的上帝观是柏拉图美的理念和《旧约》中先祖和众先知的上帝观的混合物。在他看来，上帝是绝对超然的，在上帝和世界之间不存在任何直接的联系。而且上帝作为造化者，又是高于善与美的理念的。[37] 上帝是原发的存在，因此不存在于时空之中，而时空却存在于上帝里面。[38]

斐洛认为，既然上帝是绝对超然的，而且为了更加迎合柏拉图的学说，他还认为上帝是恬澹无情的，那么为要说明上帝和世界的关系，就需要有一些中介。[39] 最主要的中介是“逻格斯”或“道”。上帝在创造世界以前先创造了“逻格斯”。这个“逻格斯”既是上帝的形象，又是他造化的工具。万物的理念——按照柏拉图理念论的意义——都具备于“逻格斯”中，它实际上代替了柏拉图所说的“造物神”（demiurge）。此外，在斐洛的“逻格斯”学说中还掺杂着一些斯多葛主义的因素。他认为“逻格斯”就是万物赖以构成的“理性”。为要阐明“逻格斯”就是“造物神”，又是万物内在的“理性”这种双层作用，斐洛把“逻格斯”或“道”区别为“内在之道”和“表述之道”两种形式。[40] 这两者的区别相当于存在于思想中的语言和说出来的语言之间的区别。“内在之道”就是理念的世界，而“表述之道”或“外在之道”则相当于构成物质世界的形式的“理性”。[41]

应当指出，这种逻格斯的性质，和“第四福音”（即《新约·约翰福
音》——译者）中的“道”不同。斐洛所说的“逻格斯”既有别于上帝，又次 46
于上帝。它是基于肯定上帝是绝对超然的理论。根据斐洛的理论，神和世界没有任何直接关系。这些思想，是“第四福音”所完全没有的。（《约翰福音》开宗明义说，“道与上帝同在，道就是上帝”。）

---

[37] Harry A. Wolfson, *Philo: Foundations of Religious Philosophy in Judaism, Christianity, and Islam* (Cambridge: Harvard University Press, 1948), 1: 200～204.

[38] *De somniis* 1.117.

[39] 这就是斐洛思想中关于上帝与世界关系的传统解释。另一解释见 Wolfson, *Philo*, 1: 282～289。

[40] **λόγος ἐνδιάθετος** 和 **λόγος προφορικός**.

[41] *De vita Mosis* 2.127.

斐洛典型地按照柏拉图主义的思想，主张人的最终目的是“得见上帝”。人不可能理解上帝，因为“理解”意味着以某种方式而拥有。但是有限的人永远不能拥有那无限者。不过人却有可能通过某种直接的直觉“看见上帝”。在这种“看见上帝”的经验中，人超脱他自己而进入神秘的“入定”境界。[42]

这种“入定”的神秘经验，是一系列绵长而逐步上升的过程的顶点和目标。通过这种过程，人的灵魂得到净化。对每一个人来说，躯体是灵魂的稳定体，理性和感觉是互相对立的。所谓净化就是摆脱情欲，把灵魂从躯体的樊笼中解放出来。在这方面斐洛秉承斯多葛派所创立的以恬澹寡欲为人生目的的学说，但斯多葛派把这种情欲的消失当做一种道德修养，而斐洛则认为这是引到“入定”境界的途径。

虽然这些都是作为《圣经》的注释提出来的，但实际上其中许多并不符合《圣经》的原意。[43] 寓意法的缺点就在于此，它很容易导致曲解《圣经》的原意。下面我们将看到，2、3 世纪盛行于亚历山大的基督教神学，最大的弊端，也正在于此。

最后，在结束对 1 世纪犹太教的介绍以前，应该提到当时在犹太教中已出现的一些原始诺斯底倾向。这可以从《圣经探诠》中看出来。这些诺斯底倾向，是从启示文学中的二元论演化出来的。这些启示论的信徒
47 看到他们所殷切期待的结局终于没有来到，便转向一种超历史的拯救法以寻求慰藉。他们围绕着“上帝的宝座”进行一系列的冥思臆测，创造了一种所谓“宝座神秘主义”(throne-mysticism)。[44] 但是要确定犹太教中的这种诺斯底主义的真正源头，要确定究竟有哪些成分是从启示主义中土

---

[42] Wolfson, *Philo*, 2: 27 ~ 30.

[43] 这导致了 Erwin R. Goodenough, *By Light, Light* 宣称，斐洛的宗教是真正的神秘宗教，与巴勒斯坦的犹太教所持守和实践的信仰相距甚远。反对这一观点的，见 W. Völker, “Neue Wege der Philoforschung?” *ThBl*, 16 (1937), 297 ~ 301。

[44] Gershom G. Scholem, *Major Trends in Jewish Mysticism* (New York: Schoken Books, 1961), p. 44.

生土长的,还是要通过启示文学而追溯到波斯的二元论,以及要确定有哪些是受到外来的或基督教的影响,现在还很难作出结论。[45] 早期的犹太化诺斯底主义最著名的代表是 2 世纪的厄尔克赛(Elxai 或作 Elkesai 或 Elchasai)。在他身上可以看到明显的基督教的影响。[46] 无论如何,既然当时已存在着这种思辨神秘主义的派别,可以断定,1 世纪的犹太教并不是从古远的年代残留下来的僵化的遗物,而是一种富有生机的运动,而且还产生一些饶有兴趣的结果。

希腊罗马的世界

为了便于授课,我在前面先把犹太教从基督教所产生的希腊罗马世界的其他地区分开来叙述。实际上在公元 1 世纪,整个地中海盆地在政治上文化上出现了前所未有的统一。亚历山大大帝的征讨将希腊思想广传遐迩;其后罗马帝国又渐趋巩固,形成了一种促进帝国境内各民族统一的普遍性的文化,同时各地区还保留自己的重要特点。

在这时期,希腊思想发生了重大的变化。亚历山大的武功(公元前 334 ~ 前 323)既推动了这些变化,但从另一方面看,又应归功于这些变化。亚历山大以前,从荷马到亚里士多德的整个历史时期,希腊思想经历了一场深刻的变化。如果没有这种发展,公元前 4 世纪马其顿的征讨事业是不可想象的。古代的希腊思想是一种典型的贵族意识形态和种族主 48
义思想。一切非希腊民族都被下了"蛮族"的定义,因而是卑劣的。随着

[45] Robert M. Grant, *Gnosticism and Early Christianity* (New York: Columbia University Press, 1959), pp. 39 ~ 69,此书收集了大量的证据,证明诺斯底主义(Gnosticism)的主要特点在犹太教启示文献中都已经能够找到。而诺斯底主义正是兴起于犹太启示传统的失败。

[46] Hans J. Schoeps, *Theologie und Geschichte des Judenchristentums* (Tübingen: J. C. B. Mohr, 1949), pp. 325 ~ 334; Jean Daniélou, *The Theology of Jewish Christianity* (Chicago: Regnery, 1964), pp. 64 ~ 67. 关于 Elxai 的主要来源:Hippolytus, *Philos.* 9.8, 12; Eusebius, *HE*, 6.38; Epiphanius, *Pan.* 19; Theodoret, *Haer. fab. comp.* 2.7. See *infra*, pp. 125 ~ 126。

各部族和集团间日益频繁的交通和商业的发展，这种排他性逐渐减弱了。[47] 柏拉图既肯定一切的人都是自由的，但又认为在希腊人和蛮族之间存在着本质上的差别。亚历山大怀抱着将全人类都统一于一个单一的帝国和文化之中的愿望，把希腊思想的这种排他性大大缩小了。从他以后，希腊人只是在文化教养上而不是从种族上自认为优于其他蛮族。希腊哲学所关心的，不再是像柏拉图时代那样，讨论公民应如何参加怎样的生活。这种带有个人主义色彩的世界主义（Cosmopolitanism），正是后期希腊思想区别于古典希腊思想的标志之一。

但是亚历山大所征服的，并不是一些文化空白区。他所席卷的地方包括一些具有悠久文化的国家，像埃及、叙利亚、波斯和亚述。这些国家早在亚历山大以前就受到希腊文化的影响。被征服之后，当地原来的文化便被淹没，可是几个世纪以后，经过一番改造，又重新兴起，甚至超越其原来的疆域广为传播。

这种古代近东文化的复兴正好发生于基督教兴起的公元 1 世纪。因此，我们研究作为早期基督教背景的后期希腊文化时，既要看到后期希腊哲学的影响，同时也不应忽视某些正在向西方传播的东方宗教。除了这些文化和宗教的因素以外，还应考虑到罗马帝国这个政治和行政上的因素。

希腊哲学在亚历山大东征以后，发生了重大的变化。曾经当过亚历山大太傅的亚里士多德，已不那么受重视了，但也没有被完全忘记。逍遥
49 学派被提阿法拉司多斯（Theophrastus）和斯特拉图（Strato）继承下来。可是亚里士多德的形而上学在重要性上已屈居于植物学、音乐和其他学科之后。[48]

㊼ 这一过程的概要，见 Hadas, *Hellenistic Culture*, pp. 11 ~ 19。

㊽ Frederick C. Copleston, *A History of Philosophy*, Vol. Ⅰ: *Greece and Rome*, rev. ed. (Paramus, N. J.: The Paulist/Newman Press, 1959), pp. 369 ~ 371.

柏拉图的"学园"还继续存留着,直到公元529年才被查斯丁尼(Justinian)封闭。因此,柏拉图思想在后期希腊一直产生着重大影响。实际上他的影响远远超出他的"学园"以外。例如亚历山大城的博物馆,虽然是根据逍遥学派法勒罗斯的迪米特利乌斯(Demetrius of Phaleros)的建议而创立的,但不久柏拉图思想就在该馆占主导地位,而且该馆成为该派的主要堡垒。

因此可以说,后期希腊文化虽然没有完全摆脱亚里士多德的影响,可是溯源于苏格拉底的柏拉图学说对这一时期的哲学有更大的影响。但在某些方面,柏拉图主义也并不比亚里士多德主义更能顺应时代的潮流,特别是在对待政治形势方面。这一方面,柏拉图和亚里士多德的思想都是按照古代希腊城邦的模式塑造的。它们的目的,与其说是追求个人利益,毋宁说是寻求公共福利。虽然,所谓公共福利,说到底,尤其是对柏拉图来说,最终的目的还是个人的幸福。但从柏拉图和亚里士多德看来,一个个人,作为城邦的公民,在世界和社会上的地位,是或多或少有了保证的;他的宗教和道德义务也是由长期的传统所规定的。因此,人们尽可以自由地思索探讨,把伦理学作一种哲学来处理。可是到了亚历山大时期,出现了一种世界性的社会,个人被淹没在广大的世界中,各种神祇互相竞争,行为的准则受到新风尚的挑战。在这种情况下,需要有一种不仅是把人作为个人看待,而且能为人们提供日常生活准则的哲学。这样的一种哲学不能局限于古代城邦制度的格局,也不容许在希腊人与蛮族之间划
分严格的界限。在某一时期内,斯多葛派和伊壁鸠鲁派的学说似乎还能 50
满足这种需要。后来,随着对古代神祇信仰的崩溃,出现了要求用哲学来代替宗教的形势,正如在人类历史上时常见到的那样。因此,像新柏拉图主义那样的一些具有宗教色彩的哲学体系也就应运而生了。

在这里我们不可能详述整个古典希腊时期和后期希腊文化中的哲学。但必须指出各派哲学对基督教思想有过影响的一些重要因素。

在古代哲学家中,对早期基督教思想的发展影响最大的是柏拉图。

特别是他的两个世界论、不朽论、灵魂先在论、回忆认识论和关于善的理念等学说，对我们更为重要。[49]

有些基督教学者用柏拉图两个世界的学说来解释基督教神学中关于“世界”和关于“天和地”的教义。用柏拉图哲学可以论证我们周围的物质世界并不是最终的实体；在这以外还另有一些更有价值属于另一体系的实体。不难理解，这种学说对当时受迫害的教会是很有魅力的。有些基督徒由于接受这种学说，对现实的物质世界采取否定上帝创造的教义。尤其是因为在柏拉图的哲学中，带着从伦理上来区别这两个世界的倾向，认为可见的世界是邪恶的处所，只有理念的世界才是人类生活和道德所追求的目标，这就更加强了基督教某些派别中轻视尘世的倾向。

柏拉图的灵魂不朽论很早就受到基督徒的重视。他们企图从希腊哲学中寻找基督教关于来生的教义的依据。既然柏拉图都肯定灵魂是不朽的，那么异教徒又何必嘲弄基督教关于来生的信念呢？其实用这种论证来为基督教辩护的人，并没有认识到柏拉图思想体系中，来生并不是上帝的一种恩赐，而是人里面固有的神性自然发展的结果。柏拉图主张灵魂
51 永生和躯体永死，因为他认为只有灵魂才能永远存在。他不仅承认灵魂不朽，而且还可能承认灵魂的先在和轮回。这些主张都是基督教所没有的。可是在基督教思想家中，由于热衷引用柏拉图哲学来阐述他们的新的信仰，而把这些主张的一部分或全部都纳入他们教义体系中，也不乏其人。[50]

柏拉图的认识论立足于对感性知识的怀疑。他认为只靠感觉不可能达到真知。并不是感觉本身有什么问题，而是它所提供的知识仅限于物质世界，而不是理念。真实的知识只能是理念的认识，因此感觉就不足以

---

[49] Adam Fox, *Plato and the Christians* (London: SCM Press, 1957)，试图收集柏拉图的著作中那些对基督徒而言最有意思，也最有影响的章节。

[50] Oscar Cullmann, *Immortality of the Soul, or Resurrection of the Dead? The Witness of the New Testament* (New York: Macmillan, 1958).

作为达到真知的途径。柏拉图用回忆论来解决这个问题，因此就不得不肯定灵魂的先在。[51] 基督教的主流从来没有承认灵魂先在，因此当然也不接受这种回忆论的认识论；可是对感知的怀疑和不信任却在基督徒中很受欢迎。后来通过奥古斯丁的认识论，这种怀疑论在基督教思想中长期处于统治地位。

最后，柏拉图的“善的理念”对基督教上帝观的形成也有明显的影响。在《蒂迈欧篇》中，柏拉图提到世界是由一位神工巧匠或“造物神”创造的。这位“造物神”模仿“善的理念”的美，把形式赋予本来不具形式的质料。柏拉图是否把这种说法作为一种神话，我们可以不管，但对我们来说，重要的是这种说法对早期的基督教产生极大的影响。可以把《蒂迈欧篇》和《创世记》加以比较。这两部书有一个共同的主题。柏拉图把“善的理念”和“造物神”或创造宇宙的巧匠加以区别，将上帝和创造者判为 52
二者，这是《圣经》中所没有的。但这种思想却在一些神学家心中引起了深刻的反响。他们既主张上帝是淡漠不动情的，同时又坚持上帝对世界的能动作用。由于柏拉图的这种主张，和他的《对话》中所表露的一神论思想，后来有些基督教神学家常喜欢把柏拉图用以描绘“善的理念”的词语用来称述他们的上帝，例如说上帝是淡漠无情的、无限的、不可思议的、不可描述的，等等。

斯多葛主义对基督教思想发展的影响，仅次于柏拉图主义。其中重要的是关于逻格斯的理论、崇尚道德的主张和有关自然法的学说，这些都给基督教思想留下了深刻的印记。

根据斯多葛派的主张，宇宙是受逻格斯或“宇宙理性”所支配的。这个逻格斯不单是一种外在压力，而且是存在于万物本身结构中的理性。人的理性是宇宙理性的一部分，因此我们才具备知晓和理解的能力。一

[51] Francis M. Cornford, *Plato's Theory of Knowledge: The Thaetetus and the Sophist of Plato Translated with a Running Commentary* (London: Routledge & Kegan Paul, 1935).

切理性和能力都来源于并存在于这种称为“道种”(*Seminal logos*)的理性。逻格斯的概念起初并不包含什么玄妙的理论。后来和柏拉图思想相结合,才成为一种宗教哲学,像斐洛的学说那样。基督教“逻格斯”(或“道”)的教义,就是在这样的思想背景中发展起来的。[52]

在斯多葛派中,逻格斯的学说本来只是他们的道德哲学的一个组成部分。其之所以对某些基督教思想家产生了深刻的影响,正是因为它注重逻格斯学说。既然有一个宇宙理性,那么在一切万物间也必然有一种自然的秩序,而且最重要的,在人类生活中也一定存在着一种自然秩序。斯多葛派把这种秩序称为“自然法”,并认为所有的人心里都铭记着“自然法”。只要遵守这个法,便成为有德之人。[53] 起初,斯多葛主义似乎只是一种少数的精英集团的信念,因为他们把“智者”和“愚者”严格划分开来,其间的区别是固有的、永不改变的。[54] 后来这种区别逐渐松弛而变得
53 灵活了。当它和基督教接触时,斯多葛主义已成为当时帝国境内流传最广,最得人心的哲学体系之一。当基督教徒由于强调简朴生活而遭受嘲弄时,他们把斯多葛主义视为一种联盟者,尽管基督教那时还遭受当代最著名的斯多葛派代表人物马库斯·奥里利厄斯(Marcus Aurelius)皇帝的

---

[52] Wilhelm Kelber, *Die Logoslebre von Heralkit bis Origenes* (Stuttgart: Urachhaus, 1958), pp. 48~88.

[53] J. Stelzenberger, *Die Beziehungen der frühchristlichen Sittenlehre zur Ethik der Stoa: Eine moralgeschichtlich Studie* (Munich: M. Hueber, 1933); Felix Flückiger, *Geschichte des Naturrechtes*, Bd. I: *Altertum und Frühmittelater* (Zurich: Evangelischer Verlag, 1954), pp. 186~238; E. Galán y Gutierrez, *Jus naturae* (Valladolid: Meseta, 1954); Henri and Marcel Simon, *Die Alte Stoa und ihr Naturbegriff* (Berlin: Aufbau Verlag, 1956), pp. 53~73, 85~93; M. Spanneut, *Le Stoïcisme des Pères de l'Eglise: De Clément de Rome à Clément d'Alexandrie* (Paris: Éditions du Seuil, 1957); M. Spanneut, “La notion de nature des stoïciens aux pères de l'église”, *RThAM*, 37 (1970), 165~173. 关于斯多葛派对中世纪神学的影响,见 G. Verbeke, *The Presence of Stoicism in Medieval Thought* (Washington, D. C.: Catholic University of America, 1983)。

[54] Eduard Zeller, *The Stoics, Epicureans and Sceptics* (New York: Russell & Russell, 1962), pp. 268~277.

迫害。许多基督徒认为斯多葛主义关于自然法的理论也可以作为基督教伦理学的基础。这样,便在当时的最高道德准则和基督教教义之间架设起一道桥梁。不过,这么一来,人们不禁要问,那么,基督教的信息,究竟还有什么独特和崭新之处?

关于新柏拉图主义,我们将留到后面再讲,因为它是在公元 2 世纪才流行起来的。至于后期希腊哲学的其他派别,对基督教影响并不很大。伊壁鸠鲁派早在基督教出现以前就已失去其号召力;而且这两者相去太远,不易互相影响。[55] 怀疑主义学派虽然还未泯灭,但只是流行于少数人中,而且缺乏积极的思想,因此对其他流派也影响较小。亚里士多德哲学的逻辑学和关于"非被动的原始推动者"("prime unmoved mover")的学说,还是很有影响的,不过这些已被当时的柏拉图主义——又称中期柏拉图主义——所吸收。[56] 因此,可以说,亚里士多德对早期教会的影响,是通过像斐洛这样的一些具有柏拉图主义色彩的思想体系而起作用的。

应该看到,公元 1 世纪的文化特征之一,是哲学上的折衷主义,即对各派思想的某些内容兼收并蓄。各派哲学都互相影响,以至有时很难在它们中间划清界限,就连柏拉图派和斯多葛派这两个壁垒比较分明的学 54
派,在基督教诞生后的头几个世纪,也很难指出谁是单纯依附于某一派而没有吸收另一派的某些主张。奥古斯都时期在亚历山大城出现的"折衷学派"中,这种倾向表现得最为突出。其实远在这时期之前,各派哲学中就已经存在着这样的趋势。例如斯多葛派中有西顿的波伊丢斯(Boethus of Sidon,公元前 2 世纪)、柏拉图派中有拉利塞的斐洛(Philo of Larissa)和阿实基隆的安提阿哥斯(Antiochus of Ascalon,公元前 1 世纪)、亚里士多德派(Aristotelianism)中有盖伦(Galen,公元 2 世纪)。[57] 这种思想上的东

---

[55] Richard P. Jungkuntz,"Christian Approval of Epicureanism", *CH*, 31 (1962), 279 ~ 293.

[56] Copleston, *History*, 1: 451 ~ 456; Nicolás Abbagnano, *Historia de la filosofía* (Barcelona: Montanery Simón, S. A., 1955 ~ 1956), 1: 173 ~ 174.

[57] Abbagnano, *Historia*, 1: 164 ~ 171.

拼西凑的倾向还表现在当时的宗教上的调和主义中，这种调和主义把各种不同的宗教以及可以从宗教角度理解的各派哲学思想混合起来。这些我们将在稍后再做讨论。

在这一时期，只有极少数有条件的人研究纯哲学。在整个罗马帝国境内，一般受教育的人大多不过是涉猎一点语法和修辞学。他们所接触的各派哲学，也不过是从修辞学的练习中偶尔引用的一些有关哲学段落，或从一些礼赞汇编中读到的各家哲学著作的摘录。[58] 有些早期基督教作家虽然也被誉为“哲学家”，其实他们对古典哲学的知识也不过是从这些礼赞摘录中得来的。可以认为，缺乏对各派哲学的深刻研究，也助长了这一时期的折衷主义倾向。

要了解早期基督教发展的背景，不仅要懂得后期希腊哲学的各种流派，还应该知道当时人们信奉些什么宗教。最初基督徒接触到的并不是
55 荷马史诗中的奥林匹克宗教。早在亚历山大大帝东征以前，在希腊除了奥林匹克诸神以外，还有其他各种形式的“神秘宗教”，其中最典型的是伊留申(Eleusine)神秘教。这些教派的流行并不是希腊特有的现象，而是随着民族宗教的衰落，逐渐代之而兴起的一种宗教热情的普遍表现。[59]

民族宗教的特点，在于它具有一种集体性，以及民间崇拜的神祇与某一民族通常具有一种密切关系。因此，当一个民族和其他各族相混杂，经过同化而丧失其民族特点时，或在社会中个人相对于集体的独立性达到了某种程度时，民族宗教就难以继续保持下去。埃及丧失其民族独立之后，古代埃及宗教就不能保持它原有的面貌。同样，随着个人主义的日益

---

[58] Donald Lemen Clark, *Rhetoric in Graeco-Roman Education* (New York: Columbia University Press, 1957).

[59] 古代奥林匹克(Olympic)神明的衰微甚至在希腊文化黄金时代之前就开始了。色诺芬尼(Xenophanes)的嘲笑就见证了这一点，毕达哥拉斯尝试改革奥林匹克宗教也是如此。毫无疑问，柏拉图受到奥尔菲斯教(Orphism)的巨大影响；毕竟，奥尔菲斯(Orpheus)也混同于被视为奥林匹克神的狄奥尼索斯酒神。见 Francis M. Cornford, *From Religion to Philosophy: A Study in the Origins of Western Speculation* (New York: Harper, 1957)。

发展，古希腊的宗教也不能不发生变化。因此，与民族宗教很不相同的神秘宗教在后期希腊便泛滥起来。

很显然，古代的生殖仪式是许多神秘宗教的起源，这些生殖活动，常处于仪式的中心。甚至像所谓“粗犷的狄奥尼索斯酒神节”（“rustic Dionysiacs”），尽管它的起源难以追溯，还是保留着某些象征性的动作，使人想起最初狄奥尼索斯曾被作为一位生殖之神来供奉。[60]年复一年万物死而复苏的奇迹，四季的运转，埃及尼罗河的泛滥，都对神秘宗教的发生起过
重大的作用。神在冬天死了或引退了，但一到春天，又带着使万物蕃息的 56
珍贵礼品回到人间。于是产生了有关大自然死而复苏的神话，这些神话常和神的死生联系起来。在这基础上又产生个人可以和神同死同生的说法。

神秘宗教除了带有浓烈的神话色彩以外，还有一个重要特点。它与民族宗教不同，很强调个人的因素。加入神秘宗教不能凭家庭出身或血统关系，而必须由信者本人履行一种特殊的仪式入教。这种入教仪式对一切教外人都严守秘密，因此外人无法知晓其中的详情细节。我们只知道通过这种仪式，初入门的教徒自认为可以获得神性，具有神力，与神融合而永生不死。正是由于神秘宗教强调个人经验和严格保密，因此易于超越民族界限而自由扩散。例如埃及的伊西斯（Isis）和奥西里斯神（Osiris）曾传到西班牙；起源于弗吕家（Phrygian）的亚底斯和区伯列教（Attis and Cybele）流行远达罗马。[61] 入教者时常在不致泄密的限度内向人们讲述他们在教中所经历的感受。这样，更促使这些宗教逐步扩展，互相掺

---

[60] Angel Alvarez de Miranda, *Las religiones mistéricas* (Madrid: Revista de Occidente, 1961), pp. 79～80.

[61] 关于伊西斯（Isis）和奥西里斯（Osiris）神，见 E. A. Wallis Budge, *Osiris: The Egyptian Religion of Resurrection* (New Hyde Park, N. Y.: University Books, 1961); J. G. Griffiths, *The Origins of Osiris and His Cult* (Leiden: Brill, 1980)。关于亚底斯（Atti）和区伯列（Cybele）教以及它们对基督教的影响，见 P. Touilleux, *L'Apocalypse et les cultes de Domitien et de Cybèle* (Paris: Librairie Orientaliste Paul Geuthner, 1935); M. J. Vermaseren, *Cybele and Attis: The Myth and the Cult* (London: Thames and Hudson, 1977)。

和。

最后，应该指出，在这些神秘宗教中常流行一种集体进餐仪式，通过饮食使参与者摄取神质，共具神性。在色雷斯曾流传着一个教派，其信徒集体参加狩猎，然后举行狂饮宴——这可能是希腊狄奥尼索斯酒神节的滥觞[62]——他们如醉如狂地撕裂和吞噬还颤动着的野兽的尸体。[63] 他们
57 相信通过这种仪式可以摄取动物的生命活力。又如在古代的一些狂欢节（bacchanales）中，人们认为吸饮酒浆可以招致酒神巴克科斯（Bacchus）附身而长生不死。

我们不知道这些宗教的详细特点和秘密仪式。在我们看来，这些宗教可能显得很奇异，但对于后期希腊的信众却具有很大的魅力。[64] 特别是像米特拉教这样的一些教派，当时甚至成为基督教传教运动的劲敌。其所以能博取群众的欢迎，一般说来，可以用这种宗教的秘传特点来解释。在一个充满着个人主义和世界主义意识的时代，人们对强调集体的民族宗教感到不满，而神秘宗教则对所有不分种族的个人具有强烈的感染力，投合当时的潮流，因此能得以广泛流传。这些神秘宗教的主要特点使教外的人无法了解它们的真面目。虽然我们难以体会这些信徒在教中的真实感受。但我们至少可以理解，当时有不少人从这些宗教中找到了心灵的归宿。[65]

---

[62] 如此传统的观点是以古代的权威为基础。Henry Jeanmaire, *Dionysos: Historie du culte de Bacchus* (Paris: Gallimard, 1951)，提出了不同的见解，Dionysius 是原始的希腊式的，后来融入了 Thracia 的一些地方神明。

[63] Alvarez de Miranda, *Las religiones*, p. 89.

[64] Mithra 似乎起源于波斯：他常常被描述为光神。不像其他神秘的事物，Mithra 不包括女性神明。对 mithra 的崇拜曾经非常流行，尤其在那些前哨阵地的士兵当中，一段时间似乎是基督教强有力的对手。Franz V. M. Cumont, *The Mysteries of Mithra*, 2nd ed.，从 1902 年第 2 版法文版翻译而来（New York: Dover, 1956），此书仍然是关于 Mithraism 的最有价值的介绍性专著。

[65] 通过阅读 Lucius Apuleius 的 *Metamorphoses*（更多地被称为 *The Golden Ass*），就会对神秘的事物有更多的洞见。

至于神秘宗教和基督教之间存在着什么关系，学者间所见各异。20世纪初有些人认为所有各种神秘宗教都属于一个以一种共同的“神秘神学”为基础的统一体。基督教也是其中的一个流派，或是一种受神秘宗教影响很深的独特的宗教。[66] 根据当时一般学者的意见，基督教从神秘宗 58
教吸收了关于神的受难、死亡、复活等概念，基督教的洗礼、圣餐以至圣职制度等，还有许多其他细节，都起源于神秘宗教。但近数十年来经过对神秘宗教的进一步研究，几乎所有的学者都认为根本不存在什么共同的“神秘神学”——至少在1世纪是没有的。恰恰相反，几乎各种神秘宗教都互不相同，以至连“神秘神学”究竟指的是什么，也很难说清。而且神秘宗教是在公元2、3世纪以后才达到极盛时期，而且只是到那时大部分与基督教共同或相似的特点才出现。因此，与其说基督教曾受到神秘宗教的影响，还不如倒过来说，是基督教影响了神秘宗教。而且我们现在知道，在这时期，许多异教也曾力图模仿基督教这一具有活力的新生宗教的特点。当然，这并不是完全否认基督教也曾受到神秘宗教在某些方面的影响。例如基督教所重视的圣诞节，12月25日，这个日子原来就是米特拉教的重要节日。[67] 基督教把它定为基督的诞辰，是3世纪末或4世纪初的事。基督教在这么迟的时候才采取这一新的决定，是因为这时她本身的许多主要特征已经定型了，而神秘宗教也正是在这个时候达到鼎盛时

---

[66] Wilhelm Bousset, *Kyrios Christos* (Göttingen: Vandehoeck & Ruprecht, 1965); Alfred F. Loisy, *Les Mystères païens et le mystère chrétien* (Paris: Emile Nourry, 1919); R. Reitzenstein, *Die hellenistischen Mysterienreligionen* (Leipzig: B. G. Tübner, 1920); R. Reitzenstein, *Das iranische Erlösungsmysterium* (Bonn: Marcus und Weber, 1921).

[67] 从冬至开始，太阳经过六个月的亏蚀后再次开始转盈。这个节气常常与神秘事物和丰产的宗派信仰连在一起。在异族罗马，节期被认为是最重要的，与罗马皇帝崇拜和 Mithraism 连在一起。4世纪，基督徒借用了这一日期，其根据是基督是公义的太阳，具有医治的功效。Bernard Botte, *Los orígenes de la Navidad y de la Epifanía* (Madrid: Taurus, 1964), pp. 90 ~ 96. 然而，Roland H. Bainton, “The Origins of Epiphany”, in *Early and Medieval Christianity* (Boston: Beacon Press, 1962), pp. 22 ~ 38, 使我们想起1月6日是狄奥尼索斯(Dionysus，希腊酒神)的显现节，在2世纪甚至被认为是耶稣的降生日。

期,这一事实足以证明,如果说神秘宗教曾对基督教起过什么影响的话,这种影响也只是很肤浅的。

后期希腊宗教还有两个方面值得我们注意。这就是皇帝崇拜与调和主义。

皇帝崇拜并不起源于罗马,而是东方宗教侵入罗马的另一例证。古代埃及人崇拜法老,波斯人匍匐在他们的君王座前;希腊人崇奉他们的英
59 雄人物——这些都可以认为是罗马的皇帝崇拜的根源。当时整个地中海沿岸都融会在一种或多或少可以说是统一的文化中,各地风俗习惯通过交流而互相影响。亚历山大大帝征服东方,也接受各地臣民对其统治的崇敬,很自然被尊为神明。[68] 尤里乌·凯撒(Julius Caesar)和后来的马可·安东尼(Mark Antony),以及屋大维(Octavius)等,在埃及都被敬为神。不过罗马统治者对这种过分的做法采取比较慎重的态度。屋大维虽然在近东地区接受人们的崇拜,但在罗马和对罗马人,却只是以元首奥古斯都自居。[69] 在罗马,一个大人物只有死后才能称神——正如苇帕芗(Vespasian)在临终前所说的:“啊!我觉得我即将成为神明!”[70]而且,即使这是当时的习俗,也还是免不了受到批评。[71] 许多罗马贵族对此常持诘难态度,因为他们反对东方的风俗和宗教的入侵。同时,群众对这种皇帝崇拜也表示冷淡,因为这种仪礼不能满足他们精神生活的需要。由于这种种原因,皇帝崇拜在西方经历了许多年才逐渐确立。有些皇帝对这方面的重视远胜过臣民。[72] 总之,在希腊罗马世界中,这种崇拜始终没有成为群众宗教生活中的重要因素。它之所以成为罗马政府与新兴的基督教之间的矛盾焦点之一,那只不过是因为前者把它当做政治上是否效忠

---

[68] Roland H. Bainton, *Early Christianity*(New York: Van Nostrand, 1960), p.22.

[69] 奥古斯都是神圣的,但不是有神性的。参 Ovid, *Fast.*, 1.607~612。

[70] Suetonius, *De vita Caesarum* 8.23 (LCL, *Suet.* 2: 318).

[71] 参 Cicero, *Phil.* 1.6.31。

[72] Suetonius, *De vita* 4.22.

罗马的一个标志。

后期希腊文化还有另一个特点，就是宗教上的调和主义或混合主义(religious syncretism)。当时的地中海周围各地，在文化、商业以及政治上连成一片，必然导致各地区诸神的交流等同。有些人认为伊西斯(Isis)、阿佛洛狄忒(Aphrodite)和得墨忒耳(Demeter)是同神异名，也有人把宙斯(Zeus)和塞剌庇斯(Serapis)融合起来。神秘宗教本来就接近多神教，因 60
此，任何其他宗教的神祇，只要有些被认为有可取之处，都可加以采纳或承认。调和主义是后期希腊宗教的一个重要特点。各教派都以能够兼收并蓄，甚至包罗万象为争夺教徒的手段。这种宗教上的调和主义和哲学上的折衷主义是并行不背、相辅相成的，有时竟完全混同一体，难以区别。这种现象对于研究基督教思想史极为重要。只有看到这种背景，才能理解初期基督教在面临变成一种混合宗教的危险时，必须作出自己的抉择，保持其特色，既是何等重要，又是何等困难。

最后，谈到基督教的摇篮，就不能无视罗马帝国这一重要的因素。尽管罗马帝国对基督教长期进行迫害，但它在政治上的统一，交通的便利，却为基督教的扩展提供了必要的条件。帝国的优良行政组织和制度对教会的组织留下了深刻的印记。著名的罗马法典是教会法的楷模；甚至后来基督教拉丁神学的许多词汇，也来源于罗马法典。最后，罗马对新兴的基督教最重要的贡献，还在于其对实践、道德和人性的重视。西方神学偏重实践和伦理的特点，以及像奥古斯丁《忏悔录》(*Confessions*)那样对人性具有睿见的许多神学著作，都是起源于或奠基于罗马文化的这一特点。

正如上面讲过的，所有这一切都说明基督教的发生并不是一桩存在于真空中的孤立事件。它是“道成肉身”——是当时它所处的世界的产物。如果撇开这个世界，便无法理解它——正如离开了耶稣所寄托的肉身，也就无法理解基督一样。

第三章　使徒后期教父神学

61　除了《新约》正典所包括的各卷之外，现存基督教古籍中年代最早的，是“使徒后期教父”（Apostolic Fathers）著作。① 所以有这个称呼，是因为当时人认为这些人认识使徒，其中有些看来很有可能，但有些是猜想而已。“使徒后期教父”这个名称是17世纪才开始使用的，当时只包括五种著作，后来又加上三种。② 现在公认的“使徒后期教父”及其著作，一般指：罗马的克莱门特（Clement of Rome）、《十二使徒遗训》（*The Didache*）、安提阿的伊格内修斯（Ignatius of Antioch）、士每拿的波利卡普（Polycarp of Smyrna）、希拉波立的帕皮亚（Papias of Hierapolis）、《巴拿巴书信》（*Epistle of Barnabas*）、《赫马牧人书》（*Shepherd* of Hermas）和《致丢格拿都书》（*Epistle to Diognetus*）共八种。

除《致丢格拿都书》外，其余七种都是写给某些教会的信徒的，因此对我们了解当时的新生教会的生活和思想，都很有用。③ 人们从这些著

---

① 也有许多墓志铭和其他碑文。参 W. Wilpert, *La fede della Chiesa nascente secondo i monumenti dell'arte funeraria antica* (Vatican City: Pontif. Instituto di Archeologia Cristiana, 1938)。

② G. Jouassard, "Le groupement des Pères dits apostoliques", *MScRel*, 14(1957), 129～134.

③ 给 Diognetus 的信应该归入2世纪的护教士，在此不作讨论，而将在护教士一章中讨论。

作中可以窥见早期教会由于内部分裂、遭受迫害和与犹太教或异教发生 62
冲突所遭遇的种种问题。

这些作品的文体和格调很不一致。其中有书信、教规手册、圣经注释和神学论著,还有异象和预言的记录,以及基督教护教文等。这种体裁的多样化,对我们了解初期教会的各个侧面更有所帮助,因而也提高了这些著作的重要性。

罗马的克莱门特

在"使徒后期教父"著作中,第一部能够较准确地断定其年代的是罗马的克莱门特的《致哥林多人前书》(*First Epistle to the Corinthians*),又称《克莱门特前书》。④ 关于作者的生平,人们所知甚少,能够肯定的,⑤是

---

④ 保存在两份希腊文原手稿中,以及科普特文、叙利亚文及拉丁文的译稿中。见 Antonio Casamassa, *I Padri Apostolici* (Rome Facultas Theologica Pontificii Athenaei Lateranensis, 1938), pp. 39 ~ 40。

⑤ 关于克莱门特的事迹部分属于历史事实,部分属于传说。后来的基督徒赋予他的许多事都是他从未经历过的。Origen (*Comm. in Job*, 6.36), Eusebius (*HE*, 3.4, 15), Epiphanius (*Haer.* 27.6), 和 Jerome (*De viris illus* 15)肯定克莱门特就是与保罗一起在腓立比建立教会的那一位。这一传统的根据是《腓立比书》第四章第三节。然而,没有根据证明这里所提的"克莱门特"就是罗马的克莱门特。其他人还围绕他虚构了一系列现在被称为"伪克莱门特"文献的传奇故事。这一系列的虚构作品都以克莱门特为主要角色。其中有彼得的旅行、克莱门特皈依基督教、彼得和克莱门特与 Simon Magus 的斗争。这些作品中有宣称是彼得的 *Twenty Homilies* 以及十卷本的 *Recognitions*。*Twenty Homilies* 实际上似乎起源于犹太的诺斯底派。*Recognitions* 里讲述了克莱门特的家庭,曾经因环境而离散,后来由彼得聚集在一起。尽管这些文稿比 *Homilies* 更正统,但这也很有可能是由翻译者 Rufinus 修改的结果,因为 *Recognitions* 仅仅以它的拉丁文翻译形式存在,而 Rufinus 也公开承认他纠正了他在翻译过程中发现的错误。尽管 *Homilies* 和 *Recognitions* 有可能是从更早的一些资料取材,但是两者似乎都是在 4 世纪写成的。

也有人试图把罗马的克莱门特与 Titus Flavius Clemens 视为同一个人。后者是一个罗马执政官,于公元 95 年被他的亲戚罗马皇帝(Domitian)处死。由于 Flavius Clemens 曾经被指控为"无神论",也就是不拜诸神,并且接受了犹太人的习俗,因此,他相当可能是位基督徒。(关于他的死,见 Dio Cassius, *Hist. rom.* 67.14 与 Suetonius, *De vita Caes.* 8.15。)但是,似乎他与我们所知道的罗马主教克莱门特不是同一个人。另见 L. W. Barnard, "Clement of Rome and the Persecution of Domitian", *NTS*, 10 (1963 ~ 1964), 251 ~ 260。

他在 1 世纪末曾做过罗马主教,[6]约于公元 96 年他给在哥林多的教会写
63 了一封书信。这是他留下来的唯一可靠的著作。虽然没有什么理由足以怀疑这封信是克莱门特写的,但实际上这是在罗马的教会写给在哥林多的教会的一封信,[7]是教会对教会的公开信,而不是以罗马主教的名义写给另一个教会的公函。[8]

写信的原因一开头就交代得很清楚。它使我们想起《新约》保罗书信中所常提到的哥林多教会。那里的基督徒又发生了分歧。[9] 有些人采取一种叛逆的态度,使罗马的基督徒感到忧虑,因为"'卑鄙的'起来反对'正直的','声名狼藉的'反对'有美名的','冒昧的'反对'有智慧的',

⑥ 古代著作者对于从克莱门特依此而成为罗马主教的使徒传承的顺序有不同意见,艾雷尼厄斯(*Adv. Haer*. 3.3.3)认为克莱门特是彼得之后的第三位罗马主教,优西比乌(*HE* 3.4,15)和哲罗姆(*De viris illus*. 15)表示同意此说。圣奥古斯丁(Ep. 53.2),*Apostolic Constitutions* (7.46)以及其他一些资料(*Liberian Catalog* 与 Optatus, *De schis. donat*. 2.3)认为他是继彼得之后的第二位主教。最后,德尔图良(*De praes. haer*. 32)和伪克莱门特派(在称为 *Epistle of Clement to James* 里,介绍了 *Twenty Homilies*: *ANF*, 8: 218 ~ 222)认为克莱门特是彼得的直接继承者,也有其他一些作者接受此看法(Jerome, *Adv. Iovin*. 1.12 与 *In Isaiam* 52.13)。对此,有些人试图通过不同的解释来解决这一矛盾,其中 Epiphanius 认为克莱门特曾两次任罗马主教(*Haer*., 27.6)。现代的一些学者认为 1 世纪罗马没有形成君主式的主教制度,也就是说那时不止只有一位主教,而更像是有一个主教团或一群主教。根据这一理论,后来的作者习惯用君主式的主教制来思考,使主教的列表以年代顺序出现,这就使得克莱门特的准确位置在被猜想的顺序中发生混乱[E. Kohlmeyer, "Zur Ideologie des ältesten Papsttums: Sukzession und Tradition", *ThSK*, 103(1931),230 ~ 242; Stanley Lawrence Greenslade, "Scripture and Other Doctrinal Norms in Early Theories of the Ministry", *JTS*, 44(1943),162 ~ 176]。参 P. Burke, "The Monarchical Episcopate at the End of the First Century", *JES*, 7(1970),499 ~ 518; J. Fuellenbach, *Ecclesiastical Office and the Primacy of Rome*: *An Evalution of Recent Theological Discussion of First Clement* (Washington, D.C.: Catholic University of America, 1980)。

⑦ 这封书信中也许插入了由同一个作者写的两篇布道的片段。L. Lemarchand, "La composition de l'Epître de saint Clément aux Corinthiens", *RScRel*, 18 (1938), 448 ~ 457.

⑧ 问候语的开始是:"在罗马的上帝的教会向在哥林多的上帝的教会问安"(Robert M. Grant *et al.*, *The Apostolic Fathers*, 7 vols., Camden, N.J.: Thomas Nelson, 1964 ~ 1968, 2: 15)。

⑨ 可能是一群"唯灵论者"反对权威,为圣灵的自由辩护。P. Meinhold, "Geschehen und Deutung im ersten Clemensbrief", *ZschrKgesch*, 58 (1939), 82 ~ 129.

'年轻的'反对'年长的'"。[10]

这封信谈到的主要是些实际问题,例如导致分裂的恶行,和加强团结的美德等。至于其他神学上的问题,只是点滴地、肤浅地一带而过。

克莱门特从两个方面对这些叛逆者进行驳斥:一方面,他认为他们所作的不符合《旧约》的教训;另一方面,不符合斯多葛主义的宇宙自然和谐论。

他用简单的办法利用《旧约》进行辩驳时,他引述《旧约》历史中一些 64
著名人物,说明他们如何顺从、和蔼、谦虚。这一部分(包括第 9 章至第 19 章)的开头,读起来和《希伯来书》第 11 章有点相似:

> 正如以诺,因他的顺服而称为义;被接去而永不见死。挪亚因他的善行而称为信,使世界得以更新;因为主藉着他拯救那些平安进入方舟的活物。
>
> 被称为朋友的亚伯拉罕,因顺从上帝的话而称为信。他听命离开他的本土、亲属和父家,结果失去一小块土地,一个弱小的家族,和一个不大的家业,却承受了上帝的应许。[11]

另一方面,克莱门特还采纳斯多葛主义关于和谐(**ὁμόνοια**)的学说来发挥他的道德教训。他认为从一切被造之物中可以看出一种和谐关系,因为它来自上帝的本性,是上帝亲自把和谐设置在万物之中。上帝是宇宙的制作者(**δημιουργός**),但上帝的作为并不仅限于原始的创造,因为他同时也是统治万物的主(**δεσπότης**)。[12] 克莱门特把上帝称为"造物

---

[10] 3.3 (Grant, *The Apostolic Fathers*, 2: 21).

[11] 9.3 ~ 10.2; 11.1a; 12.1 (Grant, *The Apostolic Fathers*, 2: 30 ~ 32). 这或许可以说明,为什么有一个至少可以追溯到奥利金的传统,它会认为《希伯来书》是克莱门特写的(引自 Eusebius, *HE* 6.25.12 ~ 14)(另见 *HE* 3.38.1 ~ 4 与 Jerome, *De viris illus.* 15)原因。

[12] 20.11. 在此上帝被称为 **ὁ μέγος δημιοργὸς καὶ δεσπότης τῶν ἁπάντων**。

神”(demiurge),可能是按着柏拉图哲学来理解上帝和世界的关系,像是一位神工巧匠,利用本来存在的质料,模仿某种高于他本身的理念或模型而赋之以形式。但克莱门特对创造问题并未详加解释,因此很难断定他所用的“造物神”这一称号的确切含义。既然他把上帝称为“万物之主”,而且同时又把他和斯多葛主义的和谐结合起来,这就足以证明克莱门特
65 确实受到斯多葛主义天命论的影响。如果考虑到当时斯多葛主义正盛行于罗马,这也就没有什么奇怪了。此外,克莱门特的上帝观还含有很明显的三一论内容。在他的书信中有几处出现过三位一体的表述或套语。[13]

在基督论方面,克莱门特肯定救主的先在。他把《诗篇》作为基督通过圣灵所说的话来引述。[14] 耶稣按着肉体来说是雅各的后裔。[15] 此外,根据“亚历山大抄本”有一处尚可存疑的原文,他还把基督所经历的苦难称为“上帝的苦难”(sufferings of God)。[16]

在这封书信中我们第一次看到以“使徒统绪”(apostolic succession)作为教会圣职权威的根据的提法。[17] 使徒们在耶稣的启发之下,预料到教会将来需要有由明确制度产生的权威性领导。因此,他们指定某些圣徒作为他们的后继者。后来这些人指派某些神圣者做自己的继承人。到时候继承人又同样指派他们的继承人。这些领袖不是由教会的群众推选的,因此群众也不能废黜或罢免他们。克莱门特把这些负责领导教会事务的人称为“主教和执事”(bishops and deacons),[18]有时主教又称“长老”(presbyters)。[19] 显然,这时在主教和长老之间还没有明确划分固定的界

---

[13] 46.6; 58.2. 参 Jules Lebreton, *Histoire du dogme de la Trinité des origines au Concile de Nicée*, Vol. Ⅱ, *De Saint Clément à Saint Irenée* (Paris: Beauchesne, 1928), pp.249~281。

[14] 32.1.

[15] 32.2.

[16] 2.1(Alexandrine Codex).

[17] 44.1~4. 克莱门特在此用了性别明确的词“男人”。

[18] 42.4~5.

[19] 44.4~5.

限。

克莱门特在当时享有很高的声誉。因此很早就有人把一些著作说成是他的论著，以便借着他的威信加以传播。其中最早的有《克莱门特致哥林多人后书》。⑳ 这封书信实际上是一篇讲道录，大约作于公元150年。关于作书地点，学者间没有一致的看法。多数认为可能是哥林多或罗马。66
书的主旨是劝勉信徒当趁今生及时认罪悔改，因为到了来世就再也没有悔过的可能了。㉑

下面将讲到同一时期的另一部流传在罗马的著作《赫马牧人书》。该书也是以号召信徒悔过为主题。这可以证明，2世纪中叶罗马基督徒把忏悔作为其宗教生活的中心内容之一。㉒

关于忏悔（或称“告解”penance）的教义，《克莱门特后书》所述的和《赫马牧人书》大致相同，这里不详加讨论。此外，《后书》还讲到有关教会和基督论等教义，都是针对当时有人将肉体和灵性截然分开，两者互不相干的主张而展开的。《克莱门特后书》的作者这样说：

> 而且，你们中间切不可有人说，他的肉体不会受到审判，也不再复活。应该想一想：你们是在什么状态中得救的，是在什么状态中眼睛得以复明。难道不是体现在肉体吗？所以必须保护肉身，如同上帝的殿一样。因为你们是在肉身中蒙召的，就该在肉身中应召而来。既然拯救我们的主基督当初是从灵成为肉身的，并在肉身中呼召我们，同样，我们也将在肉身中承受我们的赏赐。㉓

---

⑳ 英文译本：*The Apostolic Fathers*, 2: 112～132。

㉑ 8.1～3.

㉒ “人们可以在《赫马牧人书》与这篇布道文之间发现，它们在关注基督徒生活与苦行赎罪方面是如此的一致，以致乐于认为 *Secunda Clementis* 一书与《赫马牧人书》即使不是同一位作者，至少也可以说有着相同的环境和时代。” Pierre Batiffol, *La littérature grecque*, 3rd ed. (Paris: V. Lecoffre, 1901), p. 64.

㉓ 9.1～5 (Grant, *The Apostolic Fathers*, 2: 120～121).

《后书》作者就是在强调肉体也具有属灵的意义的基础上来发挥他的教会观的。其中最显著的特点就是肯定教会的先在。

> 因此,弟兄们,只要我们遵行我们父上帝的旨意,我们就属于原
> 初的教会,即属灵的教会。她是先于日月被造的……不仅如此,书上
> 和众使徒都讲明,教会不属于现世,而是从起初就有的。因为教会是
> 属灵的……并在基督的肉身中表现出来,好让我们知道,如果有什么
> 67 人在肉身中保护教会,使她不致败坏,他将在圣灵中重又得到教会。
> 因为肉身是灵的摹本。凡是损坏摹本的,就不能再得到那原来的。
> 因此,弟兄们,这就是说,你们应保护那属肉体的,才能享有那属灵
> 的。如果我们认为肉身就是教会,灵就是基督,那么凡损害教会的
> 人,也就损害基督了。这样的人将不能在灵中承受基督。我们的肉
> 身能够享有这么丰富的生命,并得到永生,因为它和圣灵是密切相联
> 的。㉔

从上面引述的几段原文,可以看出作者的基督论似乎有些混乱。不过至少可以认为,作者对基督的神性和人性,无疑都是肯定的。至于基督和圣灵的关系,就讲得不大清楚了。也可以说,在这部著作中虽然已有很明确的道成肉身的教义,但其三一论则还是比较模糊的。㉕

㉔ 14.1, 5(Grant, *The Apostolic Fathers*, 2: 125～127). 参 G. Krüger,"Zu Ⅱ. Klem. 14, 2", *ZntW*, 31 (1932), 204～205; J. Beumer,"Die altchristliche Idee einer präexistierende Kirche und ihre theologische Auswertung", *WuW*, 9 (1942), 13～22, 讨论了前教会时期的概念与赫马及诺斯底主义的关系。

㉕ 这可能是由于还存在着一种涉及三位一体的位格问题的古代的方式。参 Jean Daniélou, "Trinité et angélologie dans la théologie judéo-chrétienne", *RScRel*, 45 (1957), 5～41; H. B. Bumpus, *The Christological Awareness of Clement of Rome and Its Sources* (Cambridge, Mass.: University Press, 1972)。

《十二使徒遗训》

《十二使徒遗训》(*The Didache*)无疑是在近代发现的最重要的文学名著之一。这部著作被湮没在古代旧书丛中已历一千多年,1875 年才在伊斯坦布尔(即君士坦丁堡)重被发现。除希腊文文本以外,还有一些拉丁文、阿拉伯文、科普特文、格鲁吉亚文和叙利亚文的译本残篇。1885 年全部资料出版问世后,许多学者进行了大量的研究工作。它的起源、作者和成书年代,曾引起许多争议。尤其是对成书年代,始终没有定论。有些人认为应定为公元 70 年耶路撒冷被毁以前,[26]也有主张稍晚的。[27] 总之,这部书有可能是作于 1 世纪末或 2 世纪初,但其中包括了一些更早的原 68
始材料。作书地点是距当时基督教传播中心稍远的叙利亚或巴勒斯坦的某一偏僻的地方。[28] 这可以说明和使徒有很大距离。也正是因为这一点,使研究者在确定其成书年代和地点时觉得异常困难。

《遗训》共有十六章,分为三个部分。第一部分(1: 1~6: 2)通常称为"两条道路文稿"。下面将讲到在所谓《巴拿巴书信》中也有和这相似的一个"文稿"。可能它本来是一个早于并独立于《遗训》和《巴拿巴书信》的材料,后来被这两部书的编者加以修改和采用。[29] 这个文稿讲到两条道路,即生命之道和死亡之道。凡爱上帝、爱邻舍、避恶就善、遵行基督

---

[26] Jean-Paul Audet, *La Didachè: Instructions des Apôtres* (Paris: J. Gabalda, 1958),此书认为 *Didache* 于公元 70 年形成的现在的形式是已经经过了其原作者的补充以及别人的一些篡改。

[27] Jean Colson, *L'évêque dans les communautés primitives* (Paris: Éditions du Cerf, 1951),讨论了关于 *Didache* 伪造早期作品的问题。

[28] Pella 似乎是一个好的提议,尽管不可能被证明。见 Alfred Adam,"Erwägungen zur Herkunft der Didache",*ZschrKgesch*, 68 (1957), 1~47。另一方面,*Didache* 可能是更为复杂的文件,包括许多的修订本,见 S. Giet, *L'énigme de la Didaché* (Paris: Éditions Ophrys, 1970)。

[29] 似乎可以肯定的是,"Document of the Two Ways"的背景可以在犹太教中找到,可能是在某种艾赛尼派变异中。见 Jean-Paul Audet,"Les affinités littéraires et doctrinales du'Manuel de discipline'",*RevBib*, 59 (1952), 219~238; 60 (1953), 41~82。

徒守则的，都是按生命之道行事。但死亡之道却受诅咒，凡依这道行事的人，都是不诚实、邪恶、虚伪和贪婪的。

第二部分（6: 3－10: 7）包括一系列有关圣礼的教导。第七章论述洗礼问题，规定通常应将全身浸入活水（江、河流水）中。但在极端缺水的情况下，也可用水淋浇受礼者的头部，奉父、子、圣灵的名连浇三次。这是最早提到施行洗礼时可不必用浸入式的文本。

> 关于洗礼问题。你们既已领受了上面的教训，就要依下述方法
> 69 施洗。要奉父、子、圣灵的名，在流水中施洗。但如没有流水，也可用别的水，如不能用冷水，也可用温水，如水量不够，也可在头上奉父、子、圣灵之名连浇三次。行礼以前，施洗者和受洗者都应和其他做得到的人一同禁食。尤其是受洗者更应事先禁食一二天。[30]

第八章从禁食和祷告这两件事将基督徒和“伪善者”（指犹太人）加以区别：伪善者每周第二天和第五天禁食，而基督徒则在另外两天禁食。至于祷告，基督徒每天都背诵“主祷文”三次，伪善者并不这样做。

第九、十、十四章的内容，自《遗训》发现以来一直在学者中引起争论。第九、十章提到一种称为“圣餐”（Eucharist，希腊文原义为感恩，基督教常用以指“圣餐礼”——译者）的聚餐式，其中虽只提到面包和酒，但参加聚餐的人都可以吃饱喝足。可是第十四章又讲到一种在“主日”举行的聚餐式，而且认为是一种“献祭”，在这种聚餐以前应举行忏悔式。问题在于：这几章所讲到的，究竟是指同一种仪式，还是两种不同的仪式，即前两章所讲的是指“爱筵”（*agape*），而第十四章所讲的才是严格意义上

---

[30] Grant, *The Apostolic Fathers*, 3: 163～164. 好的研究文章，见 W. Rordorf, “Le baptême selon la Didaché”, *Mélanges liturgiques offerts au R. P. Dom Bernard Botte* (Louvain: Abbaye du Mont César, 1972), pp. 499～510。

的“圣餐礼”。[31] 还有人主张另一种可能,即在某种场合中,可以在举行“爱筵”的同时,又守“圣餐礼”。

《遗训》的第三部分(第十一至十五章)实际上是一种教规手册。第
十一至十三章讨论假先知问题。真伪先知该怎样识别呢?《遗训》认为 70
可以凭行为来辨别真伪。如果自称先知的人向信徒要钱用,要信徒设筵请他们,言行不一致,那便是假先知,是“基督贩子”。[32] 可是真先知却应得到支持,全体信徒应当供奉他们。

第十四章又谈到“圣餐”问题。这里把它称为“献祭”,但似乎不是把基督当做祭品,而是将这种聚餐式作为基督徒的献祭在上帝面前供奉。第十五章讲到主教和执事都应由信徒公选,但对他们和先知的关系,却未加说明。最后,第十六章讲述世界末日和应如何为它做好准备等问题。

从基督教思想史的观点看来,《遗训》之所以重要,就在于从它可以看出,基督教神学很早就出现了道德主义的倾向。在某一时期内,似乎这仅仅表现于墨守教规,例如在如何区别基督徒与“伪善者”的问题上,只要看他们在哪一天禁食,或是否每日背诵“主祷文”三次。

另一方面,从研究基督教仪典史的角度来看,《遗训》也具有重要的意义,因为其中包括关于洗礼和圣餐礼的一些规定和说明。在洗礼方面,既认为在一般情况下正规的做法是采用浸入式,但又不排斥浇淋式。上面说过,这是提到可以使用这种方式施行洗礼的最早的记载。至于圣餐礼,《遗训》似乎证明在最初一个时期,在“爱筵”和“圣餐礼”之间还没有明确的区别。此外,第九章所提到的感恩祷告,似乎是袭用犹太教“祝圣

---

[31] F. E. Vokes, *The Riddle of the Didache* (London: S. P. C. K., 1938), p. 183, 提出如下解决问题的方案要点:“如下可能的解决方法:(1)在 *Didache* 的 9,10,14 章中描述了圣餐;(2)9 章和 10 章的爱筵和圣餐及 14 章的圣餐;(3)9 章和 10 章中的爱筵及 14 章的圣餐;(4)9 章和 10 章的在私人家中的圣餐及 14 章里的公开的主日圣餐;(5)9,10 和 14 章里爱筵与圣餐是一个还没有分开的圣礼时的基督徒礼仪聚餐。”参 Gregory Dix, *The Shape of the Liturgy* (London: Dacre Press, 1945), pp. 48 ~ 102。

[32] 11. 6,8 ~ 10;12. 5.

节”(Kedosh)的仪式。这说明基督教有许多仪礼可以一直追溯到古代犹太教的习俗和仪式。

71 关于教会组织制度的演变和发展,从《遗训》可以看出,从最初凭神授才能和威望树立领导权威的制度,逐渐转到教会等级制的确立,其间有一个过渡时期或发展的过程。从《遗训》可以看出,先知起初在教会中享有极高的威信。但是如何识别真伪先知和如何鉴定各种“神授恩赐”的真伪问题逐渐变得尖锐起来。后来在先知以下又现了主教和执事等职位。最后先知逐渐消失,代之而兴起的是一种等级分明的教会组织制度。

安提阿的伊格内修斯

从安提阿的伊格内修斯所写的七封书信可以看到2世纪初期教会的一般情况。这几封信像一道亮光,穿透那笼罩着早期教会的阴影,把散处在叙利亚和小亚细亚的教会照亮,让我们窥见那里的教会在一段为期约达两周的时间内的实际情况。

早在2世纪初,安提阿主教伊格内修斯被判在罗马帝国首都处死,[33]将被扔给野兽吞噬。在由罗马士兵押送首都途中他写了这七封信,四封是在士每拿写的,三封作于特罗亚。这些书信一直被保留下来。从这些书信可以看出,他虽然身陷囹圄,可是仍萦怀着教会大事。首先他怀念安

---

[33] 除了他的七封书信外,关于伊格内修斯生平的最原始的资料是:Polycarp, *Phil.* 9.1, 13.2; Irenaeus, *Adv. haer.* 5.28; Origen, *Prol. In Cant.*, *Hom. VI in Luc.*; Eusebius, *HE* 3.36。10世纪时产生了一个传说,说伊格内修斯就是耶稣曾经在《圣经》中作为例子的那个小孩子(太18: 2),这一传说没有根据,除了 *Theophorus*——bearer of God 这一称呼,这一称呼是伊格内修斯在他自己的书信中赋予他自己的,——被做了被动的解释,而被上帝拥有的人。至于使伊格内修斯与使徒们相关联的传承顺序,就像罗马的克莱门特一样模糊不清。Origen, *Hom.* Ⅵ *in Luc.*; Eusebius, *HE* 3.22, *Apostolic Constitutions* 7.46 对此问题尚未达成共识。可能安提阿与罗马一样,有一个主教团体,后来发展成为一个主教。如果是这样的话,这一演化在安提阿比在罗马更迅速。参 Jean Colson,“Aux origines de l'épiscopat: Tradition paulinienne et tradition johannique”, *Vie Spirit.*, Suppl. 3 (1949~1950), 137~169。

提阿教会,他曾在那里做过几年主教,可是那里现在群羊无牧,面临着外来的迫害和威胁,他就是受害者之一,内部又再现异端邪说,使基督教的真道有受歪曲的危险。其次,他想到罗马,在那里他将经受最后的考验: 72
究竟他是赢得殉道者的荣誉,还是将屈服在困乏和磔刑的面前?他又想到他路过的小亚细亚教会,那里需要安慰、鼓励和指导。他好久没有得到安提阿教会的消息,不知那里发生了什么事情。他担心到罗马后的种种可能的遭遇。那里的主内弟兄也许要把他从他在想象中已多次经历过的殉道的厄难中抢救出来;也许他自己在最后一刻会动摇退缩,不能坚持下去。他又为小亚细亚的教会担心,那里似乎出现了他在安提阿教会所遇到的问题的征候。所有这些都可以从他所写的这七封书信中看出来。

在士每拿,伊格内修斯写信给在马格内西亚、特拉勒斯、以弗所和罗马的教会。前面三个教会曾派遣代表接待他、安慰他,因此伊格内修斯写信向他们表示感谢,劝勉他们,坚定他们的信仰。马格内西亚的代表中有主教达马斯(Damas),还有两位长老和一位执事。特拉勒斯路途稍远,只派来主教波里比乌(Polybius)一人。以弗所教会却派来一个以主教阿尼西母——恐怕不是《新约》中的阿尼西母——为首的庞大代表团,[34]其中的一个成员是执事布尔胡斯(Burrhus),或为伊格内修斯的代笔人。至于罗马教会,情况有点不同,似乎那时伊格内修斯已得到消息,知道罗马教会有些人要设法营救他。但是他反对这个计划,因为他已暗下决心,期待着为道捐躯。因此他在给罗马信徒的信中,要求他们不要在上帝为他选定的道路上阻挡他,[35]让他能够效法上帝接受苦难。[36]

从特罗亚他写了三封信,一封给士每拿的教会,一封给那里的主教波利卡普(Polycarp),还有一封信给非拉铁非教会。这三封信的语调比前四 73

---

[34] John Knox, *Philemon among the Letters of Paul* (Chicago: Chicago University Press, 1935), pp. 50~56.

[35] *Rom.* 4.1~2.

[36] *Rom.* 6.3.

封乐观，因为他已接到从安提阿教会带来的消息，知道那里的信徒的善意并表示感谢，鼓励他们坚守信仰。在给士每拿主教波利卡普的信中，除了就如何履行主教职务等问题提出一些教诲外，还请他派人到叙利亚向安提阿教会表示祝贺，因为他们战胜了困难。最后，他祝贺非拉铁非教会，因为他们的主教品德高尚，同时又提醒他们要谨防“假师傅”（指在教会中以教师的身份传播谬误的教义——译者）。

伊格内修斯的这七封信，[37]既然是在这么短促的时间内，又是在充满着艰难险阻的情况下写的，当然不可能详细而有系统地表述他的神学思想。这些信主要是针对当时他最关切的问题而写的。如果在不同的环境中，他可能还会谈到别的一些问题。总之，在这些信中，作者最关心的是教会中出现各种邪说，和由此而引起的分裂。因此，他的主要目的是驳斥这些邪说，并强调以主教的权威为核心来加强教会的团结。

伊格内修斯要驳斥的，似乎有两种不同的谬论。[38] 一方面有人完全
74 否认耶稣基督肉身的真实性，[39]以至拒绝参加圣餐礼。[40] 这些人认为耶稣

㊲ 由于伊格内修斯的名声大噪，因此后来的著作者试图把他从来没有写过的一些作品归在他的名下。结果，中世纪出现了四封书信，试图表明伊格内修斯与童贞女马利亚之间有亲戚关系。这四封书信中，其中两封是伊格内修斯写给圣约翰的，一封是伊格内修斯写给马利亚的，一封是马利亚写给伊格内修斯的。真正的书信也有三种不同的文本，通常被称为：*recensio longior*，*recensio brevior*，*recensio brevissima*。学者们一般都认为 *recensio brevior* 是真的。*recesion longior* 包括七封真的，大量篡改了的书信，六封伪造的书信（Cassobolon 的马利亚给伊格内修斯的书信，伊格内修斯分别给马利亚、Tarseans、Philippians、Antiochenes、Heron 的书信）。*recensio brevissima* 是三封真的书信的摘要。

㊳ 一些学者宣称，在安提阿有一个单一的异端派别，这一异端混合了伊格内修斯在他的书信里似乎驳斥过的各种各样的教义。这一见解见 E. F. von der Goltz，*Ignatius von Antiochen als Christ und Theologe*（Leipzig：Hinrichs，1894），p. 81，n. 1。最近，Rudolf Bultmann 也持这种观点，见 *Theology of the New Testament*（New York：Scribner's，1951），1：171～172。然而，更多的学者认为，在安提阿有两派异端。参 Virginia Corwin，*St. Ignatius and Christianity in Antioch*（New Haven：Yale University Press，1960），pp. 52～65；Cyril Charles Richardson，*The Christianity of Ignatius of Antioch*（New York：Columbia University Press，1935），pp. 79～85。

㊴ *Tral*. 10. 1；*Smyr*. 2. 5.

㊵ Smyr. 7. 1.

是一位天神,和人世间的现实生活没有任何联系和接触。这一派吸收各种哲学和宗教传说,以这位天神为中心推想出一套理论。㊶ 另一方面,还有些人倾向于按着犹太教的看法,把基督作为犹太教的一位教师。这种犹太教不是像法利赛派所代表的那种宗教,而是像死海古卷所反映的艾赛尼派所信奉的犹太教。㊷ 这种人被称为"犹太化派",不过安提阿教会中的犹太化派,也把耶稣称为基督,而且不行割礼。㊸ 总之,伊格内修斯认为这些犹太化派的主张,和其他"假师傅"所传布的都同样是谬论邪说,都背离基督教信仰的要旨,因为他们都不承认上帝在耶稣基督里成为肉身。这样,伊格内修斯坚决反对幻影派(Docetists),㊹同时又反对犹太化派(Judaizers)。

伊格内修斯认为正是在基督论这一教义上,教会的信仰受到严重的威胁。因此,他断然反对幻影论。他强调耶稣基督确实是大卫的后裔;确实诞生为人;确实又吃又喝;确实在施洗约翰手下受过洗礼;确实被钉在十字架上;又确实从死里复活。㊺ "因为他为我们承担这一切苦难,是要使我们蒙救;正如他确实复活,他也确实受苦,而不是像有些不信的人所说的,只是装作受苦的样子——这些人就是装作(基督徒的)样子。他们现在是这样想的,将来也必如此;当他们卸下肉身的时候,就只留下邪灵。"㊻

此外,他还认为耶稣基督复活升天之后,仍然具有肉身,向人们显现,

㊶ *Tral.* 6 (Grant, *The Apostolic Fathers*, 4: 75 ~ 76):"因此,我规劝你,不是我而是以耶稣基督的慈爱劝你,只可使用基督徒的食粮,弃绝每一样陌生的植物,也就是异端邪说。因为他们把自己与耶稣基督相混合,伪造信仰,把致死的毒药与蜜酒混在一起提供给人。那些无知的人欣然领受,但结局却是死亡。"

㊷ *Mag.* 9 ~ 10; *Philad.* 6.1.

㊸ Corwin, *St. Ignatius*, pp. 57 ~ 64.

㊹ 关于"幻影派"一词的意义,见后面边码第 130 页。

㊺ *Symr.* 1.

㊻ *Smyr.* 2 (Grant, *The Apostolic Fathers*, 4: 115).

甚至比以前更加清晰。[47]

75 伊格内修斯并没有因为强调基督具有真实的人性而忽视他的神性。[48] 恰恰相反,他明确地称奉耶稣基督就是"我们的上帝",是神成为人。

> 有一位医生:
> 既有肉身,又是灵,
> 既被生,又非被生,
> 既是人,又是神,
> 既经历死亡,又是真生命,
> 曾(和我们一样)感受忧伤痛苦。
> 后来超脱一切忧伤痛苦,
> 就是我们的主耶稣基督。[49]

他认为耶稣基督是"完全超越时间的,是永恒的;不可见的,但为我们成为可见的;是不能触摸的,超脱一切忧伤痛苦的,但为我们感受忧伤痛苦"。[50]

至于在耶稣基督身上人性和神性如何能够统一起来,[51]或在基督的

---

[47] 同上,3.1。

[48] *Eph.*, *salut.*; 15.3; 18.2; *Rom.* 3.3; *Pol.* 8.3. 在 *Rom.* 6.3 里,伊格内修斯称基督为"我的神"。这一称呼中"神"的前面没有定冠词,在下列出处中都是如此,*Eph.* 1.1; 7.2; 19.3; *Tral.* 7.1; *Smyr.* 10.1. Von der Goltz 认为对这个称呼不可以作绝对意义的理解。见 *Ignatius*, pp.21~28。反对此观点的看法,见 M. Rackl, *Die Christologie des heiligen Ignatius von Antiochen* (Freiburg im Breisgau: Freiburger Theologische Studien, 1914), pp. 150~231。

[49] *Eph.* 7.2 (Grant, *The Apostolic Fathers*, 4: 38).

[50] *Pol.* 3.2 (Grant, *The Apostolic Fathers*, 4: 132).

[51] Rackl, *Christologie*, p.284.

神性和上帝的神性之间存在着什么关系，[52]伊格内修斯从未提出这一类的问题。他最关心的并不是由基督教信仰所引起的理论问题，而是强调上帝确实存在于历史上这位拿撒勒人耶稣的身上。

对基督的事工应如何理解，在这问题上，伊格内修斯比较接近于约翰，和保罗似稍有不同。在他看来，基督教教义的核心是上帝的启示。离
开了上帝通过基督的启示，是无法认识上帝的。上帝是静寂的，耶稣是来 76
自静寂的话语。静寂与话语的统一，就在于话语表达了静寂的实质。[53]因此，基督的事工首先就是启示。[54] 耶稣来到世间，与其说是为拯救世人脱离罪的捆绑，毋宁说是使我们认识上帝。在这一点上，伊格内修斯和保罗所主张的重点稍有不同。保罗认为罪是人类的大敌，使人类成为罪囚，因此得救首先就意味着从罪中解放出来。值得指出的是，在伊格内修斯的全部书信中，“罪”字只出现过一次。[55]

但是不应过分强调伊格内修斯和保罗在这一方面的差异。因为伊格内修斯所讲的启示，并不仅仅是一种对上帝的理智知识，而且是上帝的一种主动的作为，通过这种作为使人和上帝联合，因而把人从他的大敌中解放出来。在伊格内修斯看来，人的大敌就是死和分裂。人类的问题不单是一种凭理智的光照所能克服的愚昧，反之，伊格内修斯很重视魔鬼的作用。基督的事工，至少其中所包含的一部分，就是战胜魔鬼，并使信徒能分享战胜魔鬼的胜利果实。

---

[52] 伊格内修斯对耶稣基督神性的明确肯定导致一些解释者指责他是主张“父受难说”，此教义认为圣父和圣子是一体，因此，圣父在耶稣基督里也受难。这就是 E. Kroymann 在他介绍德尔图良的 *Adversus Praxeam*（Tübingen: Mohr, 1907）里的见解。反对此说的见，Rackl, *Christologie*, pp. 229 ~ 231。也许可以这样说，伊格内修斯关于这一问题没有讲述得很清楚。

[53] *Mag.* 8.1. 参 *Eph.* 19. 1。

[54] 根据 Corwin，见 *St. Ignatius*, pp. 116 ~ 153. 以及 Hans Werner Bartsch，见 *Gnostisches Gut und Gemeindetradition bei Ignatius von Antiochen*（Gütersloh: Werner, 1940）的解释，这是弱化了启示对于伊格内修斯的重要性。

[55] *Smyr.* 7.1. 动词“罪”出现在 *Eph.* 14.2.

既然上帝为了使永恒的生命成为新的而借着人形显现出来，一切魔法就被解除，邪恶的捆绑全都消逝；愚昧被废除，旧的国度被摧毁。上帝所筹划的就开始了。所以，万物都被搅乱了，因为他正准备彻底消灭死亡。[56]

77 伊格内修斯认为死亡和分裂是邪恶势力控制人类的工具；由于基督战胜那恶者，上帝就使我们在基督里得以克服死亡和分裂。因此，伊格内修斯反复强调，基督事工的效果之一，是为我们带来永生和团结，而这是通过教会和圣礼来完成的。

伊格内修斯认为教会是统一的，只有一个教会。他是最初使用“公教会”（catholic church）这个词的教父。[57] 他认为这种统一是由于耶稣基督亲自临在于教会之中，而不是由于基督徒彼此的和谐或友爱所造成的。但这并不意味着所谓统一只是一种纯粹属灵的事。恰恰相反，它还借着一种代表父上帝、基督和使徒的等级组织制度体现出来。“正如这样，所有的人都应当尊敬执事，如同尊敬基督一样；应当尊敬主教，因为他是父上帝的代表；应当尊敬众长老，如同尊敬上帝的公会和众使徒一样。因为如果离开了这些人任何组织都不能称为教会。”[58]

伊格内修斯很重视主教在地方教会中的地位。他的书信可以作为当

---

[56] *Eph.* 4.3 (Grant, *The Apostolic Fathers*, 4: 51).

[57] *Smyr.* 8.2. A. A. Garciadiego, *Katholike Ekklesia*: *El significado del epíteto "Católica" aplicado a "Iglesia" desde San Ignacio de Antioquía hasta Orígenes* (Mexico: Editorial Jus, 1953)认为，对伊格内修斯来说，“大公的”不是指世界范围的意义，而更是指“整个的”，以便与小教派的部分性相对立的。值得一提的是，伊格内修斯是目前已知的最早把这种新信仰称为“Christianity”——**Χριστιανισμός**（基督教）的。*Mag.* 10.1, 3; *Rom.* 3.3; *Philad* 6.1. 有意思的是，第一个称呼“基督教”的人正是最早把跟随耶稣的人称为“基督徒”的那个城市的主教（徒 11:26）。

[58] *Tral.* 3. 1 (Grant, *The Apostolic Fathers* 4: 73). 参 *Mag.* 6.1; *Tral.* 13; *Smyr.* 8.1。

时已存在单一主教制的最早的证据。[59] 如果没有主教，教会就不该采取任何行动。[60] 不顺从主教，就是不顺从上帝。[61] 不经主教同意，举行洗礼和圣餐礼都是非法的。[62] 伊格内修斯甚至主张连男女嫁娶也应当在主教的同意下才能举行。[63]

从属于父上帝、基督和使徒的教会，通过主教、长老和执事而统一起来，信徒就可以借着圣礼和基督合成一体。

教会不仅是一个人世间的组织。例如以弗所教会，就是上帝在万世之初早已命定的，要配受祝福的。[64] 但伊格内修斯毫不掩饰基督徒的弱 78
点。他深知信徒会发生分裂，也可能有各种卑劣的行为。但尽管如此，基督仍然确实临在于教会之中，甚至是临在于世人的卑劣之中。[65] 在教会的团结中，尤其是通过圣餐礼，信徒就和基督合成一体。

对于圣礼，伊格内修斯并没有提出什么系统的理论或说明。但毫无疑问，他对圣餐礼十分重视。他把它称为“耶稣基督的肉”，[66]是“永生的灵药，是一种解毒剂，能使人不致死亡而在基督耶稣里得享永生”。[67] 但

---

[59] *Romans* 是伊格内修斯唯一一封没有在其中提及主教及三级制教阶体制的书信。是因为这封书信的特殊性质，其目的不是为了劝诫或教导，而是要为让其殉道而辩护？或者因为罗马没有君主式的主教制度，一种如果属实那么伊格内修斯应该意识到的事实？考虑到资料的稀少，要明确地解答这些问题是不可能的。

[60] *Mag.* 7.1; *Tral.* 2.2; *Pol.* 4.1.

[61] *Eph.* 5.3.

[62] *Smyr.* 8.1.

[63] *Pol.* 5.2.

[64] *Eph.*, *salut.*

[65] “这就表明了他的信心，即真正的圣洁和荣耀之所在并不是存在于一些抽象的理想的教会，而是存在于一些地方性的教会，那些教会面临着他作为主教而非常了解的持续不断的困难。真正的教会存在于诸多教会之中，要将丑陋的、暂时的变成尊贵的和永恒的。因此，众教会不仅仅是人的机构，因为她们在实现神圣的目的，并且被神圣的荣耀所触及。”Corwin, *St. Ignatius*, p. 191.

[66] *Smyr.* 7.1.

[67] *Eph.* 20.2 (Grant, *The Apostolic Fathers*, 4: 53).

这不一定意味着他真的认为圣餐礼中的饼已确实成为基督的肉。[68] 因为他在别处曾把福音和信心也说成基督的肉,他只不过是强调基督和福音或他和圣餐是合而为一的。可是,从另一方面看,他也并不把圣餐礼仅作为基督教团结的一种表记而已。他认为在基督徒生活中,圣餐礼是必要的,不可缺少的,只有相信异端的人才不领受圣餐。[69] 信徒在圣餐中与基督合而为一,并和基督一同受难。[70] 在圣餐礼中"撒旦的权力遭到摧毁,他的破坏力被你们的信心和和谐所消灭"。[71]

那么伊格内修斯到底把圣餐礼看成是象征性的还是真实性的?这样提出问题是违反历史观点的。很可能他是受到神秘宗教的影响,认为圣
79 餐表示基督的受难,信徒在接受圣餐时,通过这种圣礼所代表的受难,与基督合而为一。

这样的理解是和伊格内修斯的洗礼观相符的。他认为基督徒接受基督曾受过的洗礼,分享了基督洗罪的能力。基督正是为此而受洗,通过他的受洗,使水净化,我们也借着这水洗涤我们的罪。[72]

伊格内修斯神学思想的根源是什么?他受到些什么影响?这个问题在学者间颇有争论。因为这个问题和有关原始基督教的一系列问题有密切联系。似乎可以肯定,伊格内修斯曾读过《马太福音》和保罗的《致哥林多人前书》。至于他是否接触过其他两本"同观福音"(指《马可福音》和《路加福音》——译者)和保罗的其他书信,却很难断定。[73]

很明显,伊格内修斯的思想和"第四福音"较为接近,而与使徒保罗

---

[68] *Tral.* 8.1; *Rom.* 7.3; *Philad.* 5.1.

[69] *Smyr.* 7.1.

[70] *Philad.* 4.

[71] *Eph.* 13.1 (Grant, *The Apostolic Fathers*, 4: 44).

[72] *Eph.* 18.2. 基督被膏立也是出于相似的理由:*Eph.* 17.1。

[73] Corwin, *St. Ignatius*, pp.66 ~ 68.

则有一定的距离。[74] 至于他和《新约》中约翰著作的作者究竟存在着什么关系,这个问题十分复杂。哲罗姆断言:伊格内修斯、波利卡普和帕皮亚都曾在以弗所作过约翰的门徒。[75] 但这一说法不一定可靠,因为其他早期作家都从未提到这事。[76] 而且从伊格内修斯写给波利卡普的书信中可以看出,他只在最近曾见过他一次,以前似乎并不认识他。[77] 不过,无论如何,伊格内修斯和约翰在神学思想上有密切的联系。至于两者之间的联系是属于什么性质的,学者的见解莫衷一是。有可能伊格内修斯曾读过"第四福音"和"约翰书信";也有另一种可能,是这二人属于同一个神学派系,而不是谁影响了谁。[78]

最后,还应该谈一谈伊格内修斯与诺斯底派和神秘宗教之间的关系 80
问题。基本上可以说,伊格内修斯没有受到诺斯底派的什么影响,只是有时偶尔使用诺斯底派所惯用的词汇,如上帝的"静寂"。[79] 至于他和神秘宗教有什么关系,就比较难以断定。因为许多有关神秘宗教的文献,其年代都较伊格内修斯为晚。要从他们的共同点中确定哪些是伊格内修斯得之于神秘宗教的,或哪些是基督教传给神秘宗教的,实际上颇为困难。[80] 无论如何,伊格内修斯强调信徒通过圣餐礼就确确实实与基督合成一体,同享胜利,从这一点看来,这位安提阿主教和神秘宗教之间,确实存在着一些共同之处。

---

[74] 同上,pp. 66 ~ 69; von der Goltz, *Ignatius von Antiochen*, pp. 178 ~ 196; Richardson, *The Christianity of Ignatius of Antioch*, pp. 60 ~ 67; Walter von Loewenich, *Das Johannes-Verständnis im zweiten Jahrhundert* (Giessen: A. Töpelmann, 1932)。

[75] *Chron. ad. an. Abr.* 2122 (引自 Casamassa, *I Padri*, p. 105).

[76] 见 *supra*, n. 32。

[77] *Pol.* 1.1.

[78] 见 Richardson, *The Christianity of Ignatius of Antioch*, pp. 68 ~ 75。

[79] 许多学者认为诺斯底主义对伊格内修斯的神学有非常大的影响。有关他们的基本论点的一个很好的概述,见 Corwin, *St. Ignatius*, pp. 11 ~ 13。然而,Corwin 的一个论点是,诺斯底主义对伊格内修斯的影响是相当表面的和负面的。

[80] 有关的文献目录,见 Corwin, *St. Ignatius*, p. 211, n. 20。

总之，我们可以这样说，伊格内修斯作为一个神学家，虽然没有对基督教教义在理论上作出什么重要的建树，也没有创立较为完整的思想体系，但他深刻体会到某些基本教义的重要性，并以深邃的眼光预见到这些教义的后果和影响。此外，他对教会组织制度和教牧工作表现了极大的热忱，在他面临殉道的时刻，他能够笃守信仰，忠贞不渝。他的书信可以列为古代基督教遗留下来的最丰富、最宝贵的文献之一。

士每拿的波利卡普

在使徒后期教父著作中，有一封是《圣波利卡普致腓立比人书》(*Epistle of Saint Polycarp to the Philippians*)。这是一部写有关伊格内修斯殉
道的书。[81] 有些学者认为这封书信原来是两封，后来被拼合成一封而流
81 传下来。按这种分析，现存的第十三、十四章是“前书”的一部分，其中提
到波利卡普根据腓立比教会的请示，答应把他所保存的伊格内修斯的几封书信寄给他们，同时向他们打听有关伊格内修斯及其同伴的消息。如果这一看法能成立的话，那么现存书信中的其余十二章，就是波利卡普后

---

[81] 波利卡普(Polycarp)为人所知不仅是借着他的书信、伊格内修斯写给他的一封信以及上面提到的那封信，而且也借着他的学生，后来成为高卢里昂主教的艾雷尼厄斯(*Adv. haer.* 3.3.4)。优西比乌还保存了艾雷尼厄斯写给罗马主教维克多(Victor)的一封信，里面记录了波利卡普与主教 Anicetus 大约在 155 年的一次会见，会见的目的是讨论当时正发生的有关复活节庆祝日期的问题(*HE* 5.24)。也有关于波利卡普殉道之后不久士每拿教会宣称关于此事所作的记录(Grant, *The Apostolic Fathers*, 5: 51～82)。其他一些资料是德尔图良(*De praes. haer.* 32)和哲罗姆(*De vir. illus.* 17)传下来的，后者取材于德尔图良和优西比乌。

从这些来源可以收集一些波利卡普的传记资料，波利卡普似乎是约翰——且不管是哪个约翰——的门徒，和他一起的还有帕皮亚(Papias)，伊格内修斯(见 *supra*, n.32)。2 世纪早期，当伊格内修斯殉道途中途经士每拿，波利卡普正是士每拿的主教。155 年，他去罗马，会见了 Anicetus 主教。当他返回士每拿后不久，可能在 156 年 2 月，波利卡普在此城遇难殉道。之前，他在这里牧养基督信徒已有数年。

来写的，而且也是寄给腓立比教会的。[82]

不管它是一封还是两封，值得我们注意的是，从这一文献可以看出，波利卡普的神学观点和伊格内修斯与“第四福音”的观点很相近，虽然其内容偏重于实际问题。波利卡普在思想上不如“第四福音”和伊格内修斯那么深刻，可是同样很强调基督具有真实的人性，[83]并把基督放在救赎论的中心地位。[84]

虽然这封书信在神学思想上并没有什么创见，也不那么深刻，[85]但它可以证明伊格内修斯的书信的真实性，因此具有一定的重要性。

在这里还应该提到《波利卡普殉道记》(*Martyrdom of Polycarp*)。在这一类的文献中，这是现存最古的资料。[86] 这个文件是在书中所述事件发生后不久由士每拿教会写给斐洛美伦(Philomelium)教会和“全体教会”的一封信。[87] 它的内容真切动人，措词诚挚，是一篇非常引人入胜的 82
记事文。不过从基督教思想史的观点看来，其所以有特别意义，是在于它最先讲到教会保存殉道者的遗体或遗物(relics of martyrs)的风俗。[88]而且它也有助于我们了解当时基督徒和异教徒间的矛盾的性质。这一点将在下一章讨论。

---

[82] 这是 P. N. Harrison 的论题，见 *Polycarp's Two Epistles to the Philippians* (Cambridge: Cambridge University Press, 1936)。其摘要见 pp. 15 ~ 19。通常为学者所接受，因为它解决了与十三章之间的矛盾，在那里，波利卡普问腓立比信徒关于伊格内修斯的消息；而文件的其他部分表明安提阿主教殉难是事实。

[83] *Philip.* 7.1.

[84] *Philip.* 8.1.

[85] 参 D. Ruiz Bueno in *Padres apostólicos* (*BAC*,65), p. 648。

[86] 即使是这个文献也是拉丁文译本。其希腊文原稿只留下了少数残片。

[87] 尽管可能有一些后来的篡改。见 Grant, *The Apostolic Fathers*, 5: 48 ~ 49。

[88] *Mart. Pol.* 28.2, 3.

希拉波利的帕皮亚

帕皮亚也曾做过约翰的门徒，后来成为希拉波利主教。[89] 他专门从事收集他听到的耶稣的语录和教训，编纂了一部《耶稣语录诠注》(*Exposition of the Sayings of the Lord*)，共五卷。现存的只是其中的一些片段，而且这些对基督教思想史也没有重大的价值。

古代基督教作家提到帕皮亚，时常是为了评论他的千禧年论(Chiliasm)思想，他认为基督返回人间以后，会在世上称王一千年。优西比乌引述他的这种思想，一般是为了反对他的千禧年论，可是艾雷尼厄斯却是为了要支持这一教义而引述他。帕皮亚关于千禧年的想象有时超越诗歌和幻想的界限。例如：

到那日子
每个葡萄园将长出
一万棵葡萄树，
每棵树将长出一万枝条，
每一条长出一万杈枝，
每一杈枝长出一万串果实，
每一串果实结出一万粒葡萄，
每粒葡萄可榨出二十五斛酒。
当一位圣徒握住一串葡萄时，
另一串葡萄将大声叫喊：
83 “请摘下我吧，我长得更美好。

---

[89] 提及帕皮亚的最古老的资料可以在艾雷尼厄斯(*Adv. Haer.* 5. 33. 4.)和优西比乌(*HE* 3.39)那里找到。尽管学者们把他放在不同时期里，但是他写作的年代很可能是2世纪早期。见E. Gutwenger, "Papias: Eine chronologische Studie", *ZkT*, 69 (1947), pp. 385～416。

为我的缘故赞美主！”[90]

近代学者重视《帕皮亚残篇》的研究，主要是因为其中提到《马太福音》和《马可福音》的作者。[91] 此外，它还提到在《新约》中有两位约翰，即使徒约翰和长老约翰。这些对《新约圣经》的历史考证有重要的意义。[92]

《巴拿巴书信》

这部著作的成书年代约为公元 135 年，写作地点可能是亚历山大城。[93] 它曾被某些早期教父收入《新约》正典。有些古代基督教作家认为它是《新约》所说的保罗的同伴巴拿巴所作，但可以断言，这是不可能的。[94]

《巴拿巴书信》是由两个部分组成的，其内容很不相同。第一部分（第 1 ~ 17 章）主要讲教义问题，第二部分（第 18 ~ 21 章）侧重讲教会的实际问题。

教义部分大多是用寓意法来解释《旧约》的经文。如何正确理解《旧约》，对希腊化犹太人来说曾经是很重要的问题。上面已经讲过，斐洛如何利用寓意法解释《旧约》，以便把他的新柏拉图主义和古代的典籍结合 84

[90] 这是在艾雷尼厄斯的著作中找到的片段（*Adv. haer.* 5.33.3）。翻译见 Grant, *The Apostolic Fathers*, 5: 95。关于希腊化文献中此种观点的资料，见 H. J. de Jonge, “**Βότρυς βοήσει**: The Age of Kronos and the Millenium in Papias of Hierapolis”, in M. J. Vermaseren, ed., *Studies in Hellenistic Religions* (Leiden: Brill, 1979), pp. 37 ~ 49。

[91] 残篇见优西比乌（*HE* 3.39.15 ~ 16）。

[92] 残篇见优西比乌（*HE* 3.39.4）。

[93] 这一文献的日期不能肯定，因为内在的证据相互矛盾。第四章使人觉得日期应该是第 1 世纪末期，而第十六章则似乎显示日期大约在 135 年左右。见 Ruiz Bueno, *Padres*, pp. 753 ~ 756; Grant, *The Apostolic Fathers*, 3: 42 ~ 43。

[94] 首先将此作归给巴拿巴（Barnabas）的人是亚历山大城的克莱门特，他同情其中的寓意释经法，因此一再引用：*Paid*, 2.10; *Strom.* 2.6, 7; 2.15; 2.18; 2.20; 5.8; 5.10。奥利金把它当做《圣经》来引用：*Comm. in Rom.* 1.18。

起来。同样，基督徒现在也必须处理《旧约》和《新约》在某些经文上的“矛盾”。不仅如此，由于基督教教会的出现，基督徒和犹太人之间发生了一系列的争执，其中大多牵涉到《旧约》的解释。[95] 因此，基督徒不得不寻找一种可以把《旧约》和《新约》贯通起来的方法。方法之一便是寓意释经法，借以将《旧约》中某些在基督徒，甚至在某些犹太教徒看来是难以接受的粗陋而原始的东西加以扬弃，而同时又保留其中的教训。这种寓意释经法在亚历山大城曾极为盛行。起初是在犹太人中（如斐洛），后来又流传于基督徒间，像这位托名的巴拿巴（又称“伪巴拿巴”）、克莱门特和奥利金等，后二人很重视伪《巴拿巴书信》，甚至把它列入《新约》正典。这也是其原因之一。现代一些学者认为该书作于亚历山大城，可能也是考虑到了这个因素。

可以举出下面的例子来说明《巴拿巴书信》作者如何运用这种寓意释经法。《旧约》禁吃猪肉（《申命记》14 章 8 节），按“伪巴拿巴”的解释，这一诫令的原意，是不要做像猪一样的人。因为这些人如同猪一样，饿了就跟着主人，吃饱就翻脸不理睬主人。[96] 又如关于割礼，他也用寓意法解释，认为割礼原来是指着人的耳朵和心灵说的，教人们应当聆听上帝的话语，相信上帝的应许。可是有一位邪恶的天使却教导犹太人按字面来理解这一诫命。[97] 这就是“伪巴拿巴”常用的解释《旧约》的方法。[98]

但这并不意味着《巴拿巴书信》根本否认《旧约》的历史真实性。《旧
85 约》中有大部分记述，在历史上是确实的。“伪巴拿巴”对这一点并不怀疑。不过他认为这些记载都被用来预示耶稣。例如把以撒作为燔祭

---

[95] 对此争论的回声可在下列“伪巴拿巴”的段落里听到：“不要像某些人那样，认为你的盟约是不可收回的而加重你的罪。其实它们已经完全失去……”（4.6，Grant，*The Apostolic Fathers*，3：89～90）

[96] 10.3.

[97] 9.4～5.

[98] 参 5.3；6.8～17；10.4～8；15.3～9。

(《创世记》22 章 1 - 8 节),[99]把公山羊送到旷野(《利未记》16 章 10 节),[100]摩西举起双臂,像十字架的形状(《出埃及记》17 章 11 ~ 12 节),[101]在旷野把蛇举起(《民数记》21 章 8 节;《约翰福音》3 章 14 节),这些都是一些形象的说法,[102]是耶稣基督及其救赎工作的"预表"(types)。[103] 这些记载在历史上虽然都实有其事,但其更深的意义则在于其预指基督。[104]

《书信》的第二部分重复我们在上面提到的《十二使徒遗训》中"两条道路"的内容。可以认为"伪巴拿巴"和《遗训》都引用原来就存在的"两条道路"的文稿。[105]

虽然"伪巴拿巴"(Pseudo-Barnabas)在教义方面着重的是《旧约》与基督教的关系问题,但也谈到一些别的神学问题。例如他肯定基督是先在的,而且参与上帝创造的事工。[106] 他说,"神子为这原故而成为肉身,使他能以成全那些迫死他的众先知的人的罪孽"[107]——意思是说,为了可以定犹太人的罪。基督临世是为要把自己向世人显现,因为世人在基督先在的荣耀中不能面见基督,正如世人不能正视太阳一样。[108] 此外,基督的

---

[99] 7.3.

[100] 7.6 ~ 11.

[101] 12.2 ~ 3.

[102] 12.5 ~ 7.

[103] "预表"(type)一词在注解的 99 ~ 102 里至少每段出现一次。

[104] "伪巴拿巴"在他关于割礼的解释上似乎犹豫不决,因为起初他告诉我们,上帝本来并不是要人对此咬文嚼字(见 *supra*, n.96),后来他又讲到亚伯拉罕为他家里的 318 人行割礼"在灵意上是预指耶稣"(9.7,Grant, *The Apostolic Fathers*, 3: 108),因为 318 这个词用希腊文字母的写法能够做这样的理解:十字架的记号(T),头两个字母是耶稣的名字(IH)。如此一来,就会发现在此是纯粹的寓意解经法的成分,人们因此也会认为对诫命的字面理解是由于坏的影响;而另一种解释则倾向于把诫命以及那个事件说成是真实的,而它们的真正意义在基督这一"预表"中找到。

[105] 见 *supra*,n.29。

[106] 5.5.

[107] 5.11.

[108] 5.10.

86 死，也是为了“使众列祖的应许得到应验”，为了“消灭死亡”，为了“把复活彰示出来”，也是为了表明“在他复活以后将施行审判”。[109]这场审判很快就将来到。[110]“伪巴拿巴”相信，既然上帝在六天中创造天地，而在上帝看来，千年如一日，因此，到了创世以后六千年完满时，上帝就将成全一切。[111]

《赫马牧人书》

在使徒后期教父著作中，《赫马牧人书》的篇幅最大，[112]内容也最广泛，约作于1世纪末至2世纪中。[113]作者曾在罗马教会任“先知”的职务。[114]书的内容包括他在这期间几个不同阶段的著作。他最关心的，是有些信徒缺乏宗教热情和奉献精神，尤其是关于信徒受洗入教后又再犯罪，该怎么处理的问题。当时有些信徒由于怕受迫害而变节叛教，可是后来又表示真诚悔改。赫马本人也曾由于对一位他所敬仰的贵妇动过欲念
87 而深感内疚。像这样的人还有什么希望吗？难道他们就永劫不复吗？如

---

[109] 5.6～7.

[110] 4.3; 21.3.

[111] 15.是否暗示了《伪巴拿巴》的千禧年的末世论？15.5,7 似乎是有这种意思，尽管他拒绝所有特别物质的东西，使得他的千禧年观点不同于帕皮亚的观点。见 Jean Daniélou，“La typologie millénariste de la semaine dans le christianisme primitif”，*VigCh* 2（1948），1～16。

[112] Herbert A. Musurillo，“The Need of a New Edition of Hermas”，*ThSt* 12（1951），382～387，列出了《牧人书》的不同手稿和不同版本并且讨论了它们的主要特点。

[113] 根据穆拉托利（Muratorian）正典，赫马是主教庇护（Pius）的一个弟兄。他是2世纪第五个十年的罗马主教。一些学者对此表示质疑，并且提出《牧人书》的年代比此要早。Stanistas Giet，*Hermas et les Pasteurs：Les trois auteurs du Pasteur d'Hermas*（Paris：Presses Universitaires de France，1963），提出一种理论：赫马可能是写了异象（vision）的那个人；后来第二个作者加上了现在的第九个寓言（parable）；最后第三个作者又补上了其他九个寓言和训诫（mandate）。说明此书是有多个作者，或者是由原作者做了一些补充，也许还有更晚的人做了一些篡改。

[114] A. V. Ström，*Der Hirt des Hermas. Allegorie oder Wirklichkeit*？（Uppsala：Wretmans Boktryckeri，1936），从心理学角度来看，对赫马的个性和灵感进行研究，得出了这样的结论：出现在《牧人书》中的传记资料是真实的，赫马也确实把自己当做受圣灵感动的先知。

果他们又蒙恩赦，有什么可以保证不再堕落呢？这些问题是赫马所写的五篇“异象”、十二篇“训诫”和十篇“寓言”的中心题旨。

五篇“异象”主要是为规劝信徒悔过自新，勉励他们在迫害面前要坚持信仰而作的。第一篇讲到他自己在异象中看到他从前的女主人罗大（Rhoda）入浴而动了欲念，因而抱疚自责。[115] 第三篇“塔的异象”是全书的中心，和后面的第九篇寓言互相呼应。它讲到赫马在异象中看见教会化身成为一位老年贵妇，把一个正在构筑中的塔指给他看。有六个青年人用石头造塔。石头是许多人从海底和地上各处运来的。从海底运来的石头全都可以用来造塔，但从地上各处运来的石头中，只有一部分可用，其余的却被扔在一边。贵妇向赫马解释，她自己就是教会，就是这塔；石是构成教会的信徒。好石头是那些操持圣洁的人；从海底带来的石头是为主受难的殉道者。扔在旁边的石头是犯罪又悔改的人们。它们被扔在塔的周围，因为以后还要用于塔的建造。还有一些石头抛掷时摔成碎块，因为他们是伪善者，不肯弃恶从善，不属于教会，也永远不能得救。

十二篇“训诫”综述基督徒的守则。[116] 赫马认为凡遵行这些的就得永生。在第四篇中，赫马明确指出，受洗以后如再犯罪，可以有一次悔过的机会，但如再次犯罪，就不能得蒙赦免。他说：“在那次庄严神圣的呼召之后，如果有什么人受魔鬼的试探而犯罪，还可以悔改一次。但如果一再犯了又悔，对这样的人就没有益处，因为他将难以得活。”[117]对赫马的这种“洗后悔罪论”曾有过几种不同的解释：一种是认为这表明赫马主张应严守教规，但同时又对脆弱的人性作了一点迁就；有人认为这是一位革新者号召教会恢复它原来的贞洁；也有人认为它说明赫马正期待着末世很快

---

[115] *Vis.* 1.1.1～2.1.

[116] 在大多数篇章的最后，都应许遵守的人“将与上帝同在”。

[117] *Mand*.4.3.6.（Grant, *The Apostolic Fathers*, 6: 72）.

就要来临,因此他相信以后再没有悔改的机会。[118] 不管我们采纳哪种解释,值得注意的是,按照《赫马牧人书》,只要罪人使用这第二次悔改的机会,以前所犯的任何罪行,不论大小轻重,都可以获赦。[119]

十篇寓言把“异象”和“训诫”中的教训归纳起来,并着重处理一些实际和道德上的问题。在第九篇寓言中,塔的异象再次出现,不过我们现在被告知,建塔的工作暂时停顿,好让罪人悔改。[120]

根据赫马的看法,基督教主要是一些必须遵守的道德教训。在赫马的宗教观中,看不到伊格内修斯那种深刻的神秘意识,也没有像《伪巴拿巴》那样的神学探索。由于这种从实际上对犯罪和赦罪问题的关心,赫马第一次在基督教思想史上提出,人的善行有可能超出上帝诫命所要求的限度,并因此而获得更大的荣耀。[121] 虽然他并没有提到可以将善功储积起来,也没有说到可以转让,不过可以认为后来罗马教会那种精细而复杂的补赎制度,其根源也许可追溯到赫马的这一主张。[122]

赫马称救主为“神子”,并认为他就是圣灵。[123] 先在的圣灵寓于救主(神子)身上,神子凡事顺从上帝的旨意,因而成为圣灵的伴侣。

---

[118] 见 B. Poschmann, *Poenitentia secunda: Die kirchliche Busse im ältesten Christentum bis Cyprian und Origenes* (Bonn: P. Hanstein, 1940); J. Hoh, “Die Busse im Pastor Hermae”, *TQ*, 111 (1930), 253~288; J. Hoh, *Die kirchliche Busse im* Ⅱ. *Jahrhundert* (Breslau: Müller und Seiffert, 1932); Serafino Prete, “Cristianesimo antico e riforma ortodossa: Note intorno al ‘Pastore’, di Erma (Ⅱ sec.)”, *Convivium* (1950), 114~128。

[119] *Vis.* 2.2.4.

[120] 这一寓言可能是在平行的异象之后的某个时候写的,寓言中建塔工作的中断这个事实反映出了在2世纪里末世论的期望逐渐降低。

[121] “人的善行如果超出上帝诫命所要求的限度,就能为自己获得更大的荣耀,在上帝面前的尊荣也会超过你本该有的。” *Parab.* 5.3.3. (Grant, *The Apostolic Fathers*, 6: 103)

[122] 然而,这其中到底有多少是我们已经在克莱门特那里看到的罗马实践精神的延续,又有多少是来自于犹太教的启示主义,仍然是一个悬而未决的问题。见 Erik Peterson, “*Die Begegnung* mit den Ungeheuer. Hermas, Visio IV”, *VigCh*, 8 (1954), 52~71; Erik Peterson, “Kritische Analyse der Ⅴ. Vision des Hermas”, *HJb* 77 (1958), 362~369。

[123] *Parab.* 9.1.1.

> 上帝使那先在的圣灵，就是那创造万物的，按着他所愿的住在肉身中。因此，圣灵所寄寓的肉身，就好好服事圣灵，行事为人敬虔纯正，不使圣灵蒙受玷污。正因他品行端庄，无可指责，凡事都和圣灵协作，又刚强勇敢，所以被拣选成为圣灵的同伴。因为他在地上承受圣灵的时候，不受玷污，所以肉身的行为就蒙上帝喜悦。因此上帝将子和众荣耀的天使一同接纳为谋士，使肉身在服事圣灵之后，也有一个居所，而不至像失去了他因服役所得的赏赐的样子。[124]

要把《牧人书》中论述教会的教训整理成一项完整的、系统化的学说
是很困难的。但毫无疑义，《牧人书》作者十分重视教会问题。正是那位
教会化身的贵妇向他讲解每个异象的意义。教会是先在的，[125]世界是为
她而造的。[126] 但这个先在的教会和面临着各种困难的罗马地方教会之
间，究竟存在着什么关系，作者并没有说明。关于教会组织的等级制度，
他也没有明确的主张。有一处他提到“使徒、主教、教师和执事”，[127]可是
在另一处他又说“那些主管教会的长老”。[128] 值得注意的是：这时已经到 90
了 2 世纪中叶，而书中却没有一字提到在罗马存在着由一位主教统治的
教会组织制度（单一主教制）。

这一时期的其他基督教文献

上面所讲的几种著作，常称为使徒后期教父著作。除此以外，属于这一时期的，还有几种文献，值得在这里略加介绍。其中有些自称是古代犹

---

[124] 同上，5.6.5～6（Grant, *The Apostolic Fathers*, 6: 107～108）。

[125] *Vis*. 2.4.1.

[126] 同上，1.1.6。

[127] 同上，3.5.1。

[128] 同上，2.4.3。

太教的典籍，但内容多属于预示基督的事工，因此被列入《旧约伪经》或“外传”(pseudepigrapha)。有些与基督教有关的“伪经”是在原有的犹太古籍的基础上经基督徒增改而成的。要把这些文献作为研究早期基督教思想史的资料，必须先确定其中基督徒增改部分的性质。此外，还有一些托名的使徒著作，一般被列入“新约外传”(apocryphal books of the New Testament)。

在《旧约伪经》中，和基督教有关的，最重要的有《以赛亚升天记》(*Ascension of Isaiah*)、《十二族长约书》(*Testament of Twelve Patriarchs*)和《以诺后书》(*Second Book of Enoch*)三种。

《以赛亚升天记》是由几个文稿合编而成的。其成书年代约为1世纪末至2世纪初，而作书地点可能是安提阿。[129] 其中最重要的一段讲到先知以赛亚被接升天，逐级上升到第七层天。在那里他看见上帝，“就是将称为耶稣的主基督”[130]和“灵的使者”。[131] 从这里可以看出作者有一种明确的三一论思想，虽然采用犹太人关于天使传说的词汇。[132] 这位“主”
91 从第七层天逐层下降，按照上帝的嘱咐，经过每一层时都化身为那一层的天使，因此没有被认出来。上帝对他说：

> 为要让这世界上的任何一个天使知道你和我同在，我就是七层天及其众天使的主。不要让他们知道你和我同在，直到我将诸天及其众天使和众光都召到第六层天来，好让你毁灭这世界的君王、使者

---

[129] 此书的组成包括：犹太人的《以赛亚的殉道》(*Martyrdom of Isaiah*)，基督教的《以赛亚的异象》(*Vision of Isaiah*)，还有简短的基督教的启示。《异象》可能是最后一部分，因为其时间是2世纪前半期。见 Eugène Tisserant, *Ascension d'Isaïe* (Paris: Letouzey et Ané, 1909), pp. 59 ~ 60。

[130] 10.7.

[131] 10.4.

[132] 参 J. Barbel, *Christos Angelos: Die Anschauung von Christus als Bote und Engel in der gelehrten und volkstümlichen Literatur des christlichen Altertums* (Bonn: P. Hanstein, 1941)。

和众神,以及他们所统治的世界。[133]

作者用一种带着明显的幻影论的笔调[134]描写耶稣的诞生、被钉十字架、复活、并披着人形到天上。他所经过的每一层天都充满着忧伤,因为从前主曾在那里经过,可是没有人认得他,也没有人敬拜他。最后他回到第七层天,坐在那"大荣耀"的右边,"圣灵的天使"坐在左边。[135]

《十二族长约书》大约成书于1世纪末,是由一个可能住在安提阿的基督徒编纂和增改而成的。编者显然和艾赛尼派有密切的关系。经增改后的这部书算是出于基督徒之手。但是作者可能曾收集当时流传在艾赛尼人中的某些"族长约书",增写一些带有基督教色彩的衍文。[136]《以诺后书》和《十二族长约书》相类似,成书年代和地点也可能相同。[137]

在这些被篡改过的犹太著作中,最重要的是《西比林神喻录》(*Sibylline Oracles*),其第五卷中由基督徒所加的衍文,属于使徒后期,而第六卷
和第七卷则可能是在2世纪中叶作于埃及的另一部基督教文稿。[138] 92

此外,还存在着大量的"新约外传"著作(指在《新约》正典以外,但据传与《新约》有密切关系的著名著作——译者),这里不能全加论述。但

[133] 10.11～12. 参 Ignatius, *Eph.* 19。

[134] 11.7～14.

[135] 11.32～33.

[136] Jean Daniélou, *The Theology of Jewish Christianity* (London: Darton, Longman & Todd, 1964), pp. 14～16. 英文翻译:*ANF* 8: 9～38; Robert Henry Charles, *The Apocrypha and Pseudoepigrapha of the Old Testament in English* (Oxford: Clarendon Press, 1913), 2: 296～367。

[137] Daniélou, *Theology*, p. 16. 英文翻译:Charles, *Apocrypha*, 2: 431～469。

[138] Daniélou, *Theology*, pp. 17～19. 见 Johannes Geffcken, *Komposition und Entstehungszeit der Oracula Sibyllina* (Leipzig: J. C. Hinrichs, 1902). 英文翻译:Milton S. Terry, *The Sibylline Oracles* (New York: Hunt & Eaton, 1890)。

其中较有可能属于这一时期的，有《彼得福音》（*Gosple of Peter*）、[139]《彼得启示录》（*Revelation of Peter*）、[140]《希伯来福音》（*Gospel according to the Hebrews*）[141]和《十二使徒书信》（*Epistle of the Twelve Apostles*）。[142] 前二种是1世纪末或2世纪初作于叙利亚。《希伯来福音》可能作于2世纪初，写作地点不详。《十二使徒书信》也属于2世纪初期，可能是在小亚细亚写的。[143]

虽然这些文稿成书的确切年代很难断定，而且语言隐晦，有时很不容易理解文义，但对研究这一时期的教会情况，了解使徒后期某些教父的神学思想，仍有一定参考价值。事实上这些著作并不属于某一特定的神学派别。不过根据它们的成书年代和写作地点，可以看到某一时期某个地区的教会中占主导地位的神学特点是什么，因此可以和属于同时同地的教父著作互相参照，作为佐证。

综　述

从上面对使徒后期教父的略述，可以看出基督教在那时已开始出现
93 某些不同的思想倾向或派别。下面我们还将研究这些派别如何进一步发展。此外，在这些分歧的背后，我们还注意到在他们之间也存在着一些重要的共同特点。

这些不同的倾向，基本上可以按地区来识别。首先是小亚细亚和叙

[139] 英文翻译：Montague Rhodes James, *The Apocryphal New Testament* (Oxford: Clarendon Press, 1953), pp. 90～94. 简短的介绍，希腊原文，西班牙译文：Aurelio de Santos Otero, *Los evangelios apócrifos BAC*, 148 (1956), 398～417。

[140] 埃塞俄比亚原文，希腊文残篇，法文译本：Sylvian Grébaut, "L'Apocalypse de Pierre", *ROC*, 5 (1910), 208ff. 与307ff。

[141] 希腊原文和拉丁原文的再现，西班牙文翻译：de Santos Otero, *Los evangelios*, pp. 37～50。

[142] 埃塞俄比亚原文与法文翻译：L. Guerrier, "L'Epître des Douze Apôtres", *PO*, 9: 143～326。

[143] 有关这些文献以及其他相似文献的写作日期和地点问题的综述，见 Daniélou, *Theology*, pp. 19～28。

利亚一带。这两处教会的神学思想后来又进一步分化。不过在使徒后期，相对罗马和亚历山大来说，这种分化还不十分明显，可以把它们作为一个统一的学派来处理。

小亚细亚学派的特点，可从《新约》中约翰的著作以及伊格内修斯、波利卡普、帕皮亚和其他几部托名著作看出来。根据这些著作，基督教主要不是一种道德教训，而是追求与救主合而为一，借以得到永生。因此，最重要的不只是要遵守某种伦理规范，而是与救主耶稣基督合而为一。因此伊格内修斯很重视圣餐礼，强调教会的团结和统一，因为他认为基督徒必须彼此团结一致才能达到与基督的合一。

叙利亚和小亚细亚的基督徒所受的外来影响，主要是各种神秘宗教、诺斯底主义和犹太教中的艾赛尼派。神秘宗教的影响主要表现在把圣餐礼作为与基督合而为一的表记或象征。诺斯底主义的影响主要是在它的启示论。此外，从《以赛亚升天记》中也可以看到一些资料，说明它对基督教的宇宙论和基督论也有一定的影响。伊格内修斯强调道成肉身的历史真实性。这从反面证明当时基督教已感受到诺斯底派幻影论的威胁。至于与犹太教的关系，主要是通过艾赛尼派而不是法利赛派的影响。当时在小亚细亚的基督教会中有某些特点，过去有些学者认为是受到神秘宗教的影响。现在看来，这些影响实际上恐怕是直接来自艾赛尼派的犹太人。

当时流行在罗马一带的基督教，属于另一种类型。从克莱门特的《致哥林多人前书》和《赫马牧人书》可以看出，这种基督教偏重于实践和伦理，甚至有发展为道德主义和教法主义的倾向。克莱门特和赫马最关心
的不是什么思辨神学，也不是神秘的联合，而是实践中的顺从。就赫马来 94
说，不管其原来的意向是什么，他对洗礼后悔罪的问题相当重视。后来在

西方教会发展起来的一整套繁琐的悔罪制度,[144]也许就是从这里开始的。赫马最先提到一种为保证得救所必须的善功以外的努力。从这意义看来,这种得救与其说是一种由于与基督联合而得到的上帝的恩赐,毋宁说是由于遵守上帝的诫命而从上帝领到的奖赏。这位上帝在基督里将他的仁慈展现出来。而耶稣是一位新律法的师傅,不是一个新纪元的开创者。

这种神学思想的发展,一方面是受到斯多葛主义的影响,另一方面则是罗马人崇尚实际精神的反映。克莱门特把和谐作为基督徒生活的基本要素加以强调,是受到斯多葛主义的影响。至于罗马人的崇实精神则随处都可见于克莱门特和赫马的全部著作中。

以亚历山大城为中心的基督教属于第三种类型。伪《巴拿巴书信》可以作为这一派最早的代表作。它的特点是带有浓厚的中期柏拉图主义和新柏拉图主义的色彩,并运用寓意法来解释《旧约》。它的根源可追溯到亚历山大城的犹太哲学家斐洛,以及以斐洛哲学为背景的《希伯来书信》。[145] 这一个教系派别把罗马教会对伦理的重视同思辨哲学结合起来。与上面两个派别相比,它对《旧约》所载的历史事实不太感兴趣。因此,《旧约》的历史真实性通过寓意的解释被冲淡了,犹太人的《圣经》被看成一种道德说教或关于基督的预言。也许正因为这种忽视历史的原故,这一派很少讲到耶稣在世的肉身生活。

对这一派影响最深的,是以斐洛为代表的带有犹太色彩的后期希腊文化。但是《西比林神喻录》第六卷和第七卷,虽然也可能作于亚历山大
95 城,并且和《巴拿巴书信》也有某些近似之处,却又具有一种很难归结为得之于斐洛的影响的启示文学的性质。

在这些著作中反映出来的教会组织和管理制度,是多种多样的。有

[144] Paul Galtier, *Aux origines du sacrement de pénitence* (Rome: Universitas Gregoriana, 1951), pp. 107 ~ 187.

[145] 见 *TIB*,11: 585.

些教父曾提到一种专一主教制,并强调由三种级别不同的领导人组成的阶层制。而在另一些教父中似乎看不出有这种主教制度。他们甚至在主教和长老之间还没有明确地加以任何区别。

上面所说这些派别和差异,并不意味着当时的教会在教义上没有其共同之处。实际上在好些重要的方面,这个新生的基督教已表现出一种明显的统一性。

例如在基督论上,所有的使徒后期教父都肯定基督的先在,以及其神性和人性。至于基督与父和圣灵的关系,除赫马还没有明确的说明外,其他所有教父都使用了某种三一论的表述,尽管其中有一些还是相当原始的。[146]

至于洗礼,所有的使徒后期教父都认为它具有一种洁净的能力。可是使徒保罗特别强调洗礼是死与复活的象征,这一点却似乎被忽视了。[147]这些教父都把圣餐礼作为基督教崇拜仪式的中心,但对于在圣餐礼中基督如何临在问题,以及关于设立圣餐礼的词句本身具有什么效能,却都未详细论述。

从这些作者对洗礼的解释,以及他们在神学上的一般主张,可以说他们和《新约》时期的基督教之间,尤其是和保罗之间,存在着某种距离。
尽管他们时常提到保罗和别的门徒,但在他们眼里,这个新生的宗教似乎 96
越来越成为一种新的律法。保罗所强调的借上帝的恩典而称义的教义,也逐步变成凭恩行义的教训。[148]

使徒后期教父对后来基督教思想发展的影响,也很不一致。有些教

---

[146] 赫马对三一论问题的理解与《十二族长约书》对此问题的理解相似,这不是由于个人的解释,而更像是运用犹太教的天使学来理解此问题的一种早期尝试的遗存。见 supra, 注 25 和注 131。

[147] André Benoit, *Le baptême chrétien au second siècle: La théologie des Pères* (Paris: Presses Universitaires de France, 1953).

[148] 参 E. Aleith, *Paulusverständnis in der alten Kirche* (Berlin: A. Töpelmann, 1937); W. Roslan, *Die Grundbegriffe der Gnade nach der Lebre der Apostolischen Väter* (Rettenburg: A. Bader, 1938); Thomas Forsyth Torrance, *The Doctrine of Grace in the Apostolic Fathers* (Grand Rapids: Eerdmans, 1959)。

父几乎完全不为后世基督教所知晓，但有的像赫马和“伪巴拿巴”，却曾一度被收入《新约》正典。对后世影响最深的，要算是克莱门特和伊格内修斯了。这可能是因为他们的神学相对来讲比别的教父更能超出犹太化基督徒的楷模，并摆脱他们所纠缠不休的一些争论，因此也就更有助于为后来的基督教神学开辟新的途径。[149]

[149] Robert M. Grant, "The Apostolic Fathers, First Thousand Years", *CH*, 31 (1962), 421 ~ 429.

第四章　希腊护教者

到了2世纪中叶，基督徒由于受到种种莫须有的指控而遭迫害，一些 97 基督教作家为此承担起护教的重任。虽然他们的著作多数在名义上是写给皇帝的，实际上却希望在受过教育的人中间得到广泛流传。这点非常重要。因为各地基督徒社群的命运如何，在很大程度上将取决于那里的公众舆论。罗马皇帝图拉真(Trajan)给小普利尼(Pliny the Younger)的一封信讲述了罗马帝国几乎在整个2世纪期间对基督教的政策。当局不要对基督徒区别对待，但如果有什么人控告他们，那就必须对他们施行惩罚。① 因此尽管伊格内修斯作为一个基督徒已经被定罪，而小亚细亚的基督徒还可以访问他，并且也没有因此而冒生命的危险。《波利卡普殉道记》中写道，控告这位士每拿主教，定他的罪，最后将他判刑的是群众。② 里昂和维也纳的教会在一封书信中谈到，他们教会的一些成员，由于信仰关系，于公元177年被处死的时候，在审讯中起决定作用的也是群众。③

护教者们认为要保卫基督教，就必须在抨击异教的同时，对投向基督 98

① Pliny, *Ep.* 10.97.

② *Mart. Pol.* 3.2; 12.2～13.1.

③ Eusebius, *HE* 5.1.7～8.

徒的种种诬蔑指控予以驳斥。他们没有把这些指控加以区分,不过可以说有两种,有些是纯属街头巷议,另一些则是针对基督教信仰和实践进行的较有思想内容的攻击。

当时流行的指控,一般源于有关基督徒的各种信念和风俗习惯的谣传。由于这些谣传,有人说基督徒犯有乱伦之罪,说他们吃小孩,崇拜祭司的生殖器官,说他们的神是一头钉在十字架上的驴,如此等等。这些谣传大多出于对基督徒生活习惯的严重误解。例如,基督徒举行爱筵(*agape* or love feast),却被谣传说成是一种宴乐纵欲活动,相传在狂饮大吃之后,熄灭灯光,与会者随即纵欲滥交。又如,基督徒举行圣餐礼,他们相信这时基督就在他们中间。这一信念连同若干关于耶稣降生的故事,成了另一种谣传的依据。这种谣传说基督徒用面粉撒在一个小孩身上,然后把他放在初入门的教徒面前,对他说这是一块面包,命令他把这块面包切开。当小孩流出血来的时候,基督徒就噬吃这小孩。新入门的教徒参与这件罪行,虽然不是出于自愿,但却已通过上述办法被牵连进去,他也只好被迫保持沉默。④

我们主要从米努修·费利克斯的《屋大维》(*Octavius* of Minucius Fe-
99 lix)和奥利金的《驳塞尔索》⑤(*Contra Celsum*)这些著作中知道那些较有思想内容的指控是什么。它们大多指责基督教师傅们的愚昧无知,大肆渲染他们不过是一些地地道道的不学无术之徒,是社会最底层的人物。基督徒只敢接近那些无知的妇孺和奴隶,因为他们知道自己这门“科学”是经不起有力驳斥的。⑥ 由于这些基督徒还对一位微不足道的神明顶礼

---

④ 尽管这些谣言在2世纪时就已经流传,而且可以在护教士的著作后面找到,这里的一连串指控取自米努修·费利克斯的《屋大维》。这是一部3世纪早期用拉丁文写的基督教护教著作,其中有一个异教徒列举了这些指控(*Octav.* 9)。参 Tertullian, *Apol.* 7。

⑤ Pierre de Labriolle, *La réaction païenne* (Paris: L'artisan du livre, 1950),此书详尽地研究了这些指控。

⑥ Minucius Felix, *Oct.* 5; Origen, *Contra Cel.* 3.50; 3.55.

膜拜，所以严格地说他们还不能算为无神论者，然而他们却不断纠缠于一些无关紧要的世俗事务。[7] 他们的福音书里矛盾百出，如果说其中的某些教义还有什么可取之处，也是从柏拉图和别的哲学家那里剽窃得来，然后又加以贬损的。[8] 如关于复活的荒唐说法就是其中一例，纯粹是对柏拉图的不朽论和灵魂轮回论的全面歪曲。[9] 此外，基督徒还是一些颠覆分子，他们反对国家，拒绝承认凯撒的神，还推卸他们应尽的公民义务，也不肯服兵役。[10]

2 世纪的希腊护教者所要对付的正是这样一些指控。对于那些流行的谣传，护教者们认为显然是出于离奇的想象，只需对它们予以否认，问题即可解决。[11] 但是要想击败这些较有思想内容的攻击，那就不是一件轻而易举的事，而是必须认真加以驳斥的。我们现在要进行研究的这些著作，正是护教者们出于这样的需要而创作的，也是他们第一次试图回答几个对于进一步发展基督教神学具有重要意义的问题。对于基督徒都是颠覆分子的指控，早期的护教者只是加以否认。他们指出基督徒为皇帝祷告。然而这却是一项最严重也是最终使他们身受迫害的指控。这是一项最难驳斥的指控。因为虽然基督徒并没有阴谋反对帝国当局，他们却确实不愿意在任何违背他们良心的事情上顺从当局。我们所知道关于基 100
督徒受迫害的情况，都是优西比乌（Eusebius）在他的叙述中加以渲染的。他力图说明教会和帝国不存在矛盾，因此一般人认为基督徒并没有颠覆帝国的活动，罗马帝国对基督徒的迫害基本上是个大错误。但事实真相也许不是那么简单。

⑦ Minucius Felix, *Oct.* 10.

⑧ Origen, *Contra Cel.* 6.1.

⑨ Origen, *Contra Cel.* 7.28.

⑩ Origen, *Contra Cel.* 8.68 ~ 69.

⑪ 对这些指控最详尽的否认，见 Athenagoras, *A Plea for the Christians*, 31 ~ 36。

亚里斯底德

优西比乌提到的夸达徒(Quadratus)护教篇似乎已经失传。[12] 留存下来的最早的护教者著作要算亚里斯底德写给哈德良(Hadrian)皇帝的护教著作,[13]写作时间是在公元 138 年之前。[14]

亚里斯底德首先就上帝的本性和世界问题作了简明的叙述。[15] 他说上帝是世界的原动者,他为人的原故创造了万物。这意味着凡敬畏上帝的人也应当尊重同仁。上帝没有名字,亚里斯底德把他说成是无始、无终、无成分的,等等。

序言之后,亚里斯底德进而把人类分为四个范畴:蛮人、希腊人、犹太人和基督徒。[16] 作者依次讲述了这四种人,指出蛮人和希腊人、犹太人一
101 样,都是信仰一种反理性的宗教。蛮人所造的各种神明需要受到人的保
护才能免于劫难。既是这样,又怎能指望这些神有什么力量去保护人

---

⑫ 请进一步阅读本章关于 *Letter to Diognetus* 的部分。

⑬ Eusebius, *HE* 4.3.3; Eusebius, *Chronica Ol.* 226. *Christus* 125. *Adr.* 8. 叙利亚文本和亚美尼亚文本的献词中包括哈德良这一名字。希腊文本里则没有,这一修改明显地是为了适合 *Legend of Barlaam and Joasaph* 的背景。见注 14。

⑭ 这一护教著作遗失了几个世纪,后来在 19 世纪后期在西奈的圣凯瑟琳修道院又重新发现了它的叙利亚文版本。其发现者 J. Rendel Harris,1893 年在剑桥 *Texts and Studies* 丛书中出版了此书。(I,1)在此前若干年(1878),一个亚美尼亚文的残篇在威尼斯出版(其拉丁文翻译可见 *BAC*, 116: 117 ~ 132)。借着这些发现,J. Armitage Robinson 可以确认著名的希腊文著作 *Legend of Barlaam and Joasaph* 中两章遗失的护教文的希腊文文本。他编辑的希腊文本可在同一卷 *Texts and Studies* 中看到。然而,叙利亚文本似乎比出现在 *Legend* 里的希腊文修改本更可信。不仅希腊文本自身似乎否认其忠实于原文本,而且亚美尼亚文本,甚至一些后来发现的希腊文残篇似乎都赞同叙利亚文本,而非 *Legend of Barlaam and Joasaph* 中的希腊文本。因此,我们将使用叙利亚文版本。

⑮ *Apol.* 1.

⑯ *Apol.* 2.1. 此处是根据叙利亚文和亚美尼亚文版本。希腊文本讲有三种人:异教徒、犹太人和基督徒。

呢？[17] 希腊人造的神与人相似，甚至比人更坏，因为他们犯奸淫，作恶多端。然后作者谈到犹太人。[18] 犹太人承认上帝是独一无二的，在这点上他们比蛮人和希腊人略显高明。不过犹太人所崇拜的实际上是天使以及他们自己的律法而不是上帝，所以他们也一样沦为偶像崇拜者。[19]

与这三种人相反，唯有基督徒找到了真理。他们代表一个新的国度，是一个具有神性的组合体。[20] 这个新型的族类具有优越于其他人的风俗习惯，它的成员之间以爱作纽带紧密相连。[21]

由于亚里斯底德是从这样的角度来陈述基督教，他很少谈到这个新国度所信的是什么。[22] 除已经论及的关于上帝的属性和基督徒怎样形成一个新国度这些问题之外，还值得注意的是这位护教者有着明显的末世观念。他认为世界将受到“可怕的审判，通过耶稣来施行，任何人都不能幸免”。[23] 目前，世界之所以还存在，是靠基督徒的祈祷。[24] 最后，亚里斯底德有一段文字表明儿童是无罪的。[25]

殉道者查斯丁

殉道者查斯丁无疑是 2 世纪希腊最重要的护教者。这不仅由于他的著述众多而广博，还因为他的护教思想具有的深度和独创性。查斯丁出

---

⑰ *Apol*. 3.2.

⑱ *Apol*. 8.1 ~ 13.8. 这段文章的中间谈的是希腊人，但是其中有对埃及宗教的驳斥，似乎与作者的辩论秩序不太吻合。（*Apol*. 12.）

⑲ *Apol*. 3.2.

⑳ *Apol*. 16.4.

㉑ *Apol*. 15.2 ~ 10.

㉒ 希腊文本试图对此进行修正，加上论耶稣，其生平及门徒以及论三位一体（15.1 ~ 3）。

㉓ *Apol*. 17.7.

㉔ *Apol*. 16.6.

㉕ *Apol*. 15.9. “当他们之中有人生了小孩时，他们就要赞美上帝；如果婴儿万一去世了，他们也要大大地赞美上帝，因为婴儿没有罪而离开世界。”

102 生于当时的夫拉维新城，亦即《圣经》中的示剑。[26] 他是一位道道地地的哲学家，只是在经历了一番理智的探讨之后他才找到了基督教。关于这段经历他在《与特利富的对话》(*Dialogue with Trypho*)中作了叙述。[27] 查斯丁皈依基督教后也并未放弃他哲学家的称号。他声明他在基督教里找到了真正的哲学。这也是他两部护教著作——应该说是一部著作的两个组成部分的主题。[28]

同护教学这类作品一样，查斯丁的护教著作也不是系统论述基督教信仰的论文。他的《护教文前篇》(*First Apology*)从一个简短的序言开始，接着就谈到理应如何扬弃传统糟粕，保存真谛。这点正是他这部著作的对象所必须做到的，他们是以智者和哲学家著称，基督徒不应仅仅因为有基督徒这个称号就加以定罪，定罪之前应当首先考虑一下这个名称的内涵意义是什么。这样要求是公平合理的。因此，有必要阐明"基督徒"这个称号真正指什么；基督徒同帝国之间、同良好风尚之间、同异教徒之间的关系是什么。这是《护教文前篇》总的论点，这个论点又以别的形式重复了几遍。此外，这部论著还为基督教的礼仪史和早期基督教异端史提供了若干有关数据资料。[29] 查斯丁的《护教文后篇》(*Second Apology*)集中论述了基督教与异教哲学的关系问题。

《与特利富的对话》的写作年代略晚于《护教篇》。这是查斯丁同一个名叫特利富(Trypho)的犹太人谈话的记录。谈话内容涉及如何正确解

---

[26] *I Apol.* 1. 一部优秀的综合性研究著作：E. F. Osborn, *Justin Martyr* (Tübingen: J. C. B. Mohr, 1973)。

[27] *Dial.* 2.3～8.2. 见 J. Champonnier, "Naissance de l'humanisme chrétien", *Bulletin de la Association G. Budé*, nouv. Sér., 3 (1947), 58～68。

[28] *II Apol.* 没有自己的标题，倒像是 *I Apol* 的附录。没有办法知道这两个文献的写作时间相隔多久。见 P. Keresztes, "The So-Called Second Apology of Justin", *Lat*, 20 (1965), 858～869。

[29] P. Keresztes, "The Literary Genre of Justin's First Apology", *VigCh*, 19 (1965), 99～110; Wolfgang Schmidt, "Die Textüberlieferung der Apologie des Justins", *ZntW*, 40 (1941), 87～138.

释《旧约圣经》的问题。[30]《对话》的开头部分是查斯丁对自己找到基督教 103
走过的道路所作的记述。其余部分是对犹太教那种《旧约圣经》释经法进行反驳，并为耶稣的神性和“新以色列”进行辩护。[31]

在进行保卫基督教的工作过程中，查斯丁面临着两个基本问题：一是基督教信仰同古典文化的关系问题；二是基督教信仰同《旧约》的关系问题。

查斯丁从他关于“逻格斯”或“道”的教义出发着手解决第一个问题，这当然不是他的创新，因为关于“道”的教义在希腊语言和后期希腊哲学中具有悠久的历史。在犹太基督教传统中，亚历山大城的斐洛早已向人们介绍过希腊哲学关于“道”的概念。“第四福音”也按照这个概念来理解救主耶稣具有神性而且是先在的这一教义。其实，查斯丁关于“道”的学说同斐洛十分接近，看来这是他的主要材料来源。[32]

查斯丁采用希腊哲学家中间流传甚广的一个理念，肯定人的一切认识都是“道”的产物。他认为，这“道”不仅是宇宙的理性规律，而且也就是“第四福音”序言中所说的先在的基督。查斯丁将这两种义合并起来，从而得出结论说：

> 人的每一个认识都是基督的恩赐，而且那些原先被认为是无神论者的人，只要按照理性规律来生活，他们就是基督徒。有如希腊人中的苏格拉底和赫拉克利特，还有别的像他们一样的人。又如“蛮人”中的亚伯拉罕、亚拿尼亚、阿撒利亚、玛西雅和以利亚以及许多其

---

[30] 也许就是犹太法典《塔尔木德》里的特利富。优西比乌（*HE* 4.18.6）说他是他那个时代最著名的犹太人。见 Marie Joseph Lagrange, *Saint Justin* (Paris: J. Gabalda, 1914), p.28。

[31] F. M. M. Sagnard, “Y-a-t-il un plan du ‘Dialogue avec Tryphon’?” *Mélanges Joseph de Ghellinck*, I (Gembloux: J. Duculot, 1951), 171～182; J. C. M. van Winden, *An Early Christian Philosopher: Justin Martyr's Dialogue with Trypho*, 1～9 章(Leiden: Brill, 1971)。

[32] 除了道成肉身之外，查斯丁与斐洛在他们关于逻格斯教义方面主要的不同点是查斯丁肯定道的位格本质。

他的人，我们在这里就不必一一赘述了。[33]

这些早期的“基督徒”只是“部分地”认识“道”。[34] 他们所认识的只
104 是“道”已经向他们启示出来的那些真理，[35]但是他们未能亲眼看见“道”本身。后来“道”成为肉身，于是基督徒就能够“完全地”认识“道”。[36] 基督徒看到了全貌，先人们只看到了局部。换句话说，查斯丁把那“作为种的道”（seminal logos）同“道种”（seeds of logos）区别开来。[37] 他借来斯多葛派的词汇而派它们以另外的用场。[38] 对于斯多葛派来说，“道种”是关于道德和宗教的普遍认识，早已为人所共知。而“作为种的道”则是理性，个人理性参与其中而对“道种”起作用，使“道种”获得发展。对于查斯丁来说，“道种”恰恰相反，既不是普遍性的，也不是自然存在的，而是“作为种的道”直接、单独行动的结果。而且，这些“道种”也不是人所能使之变得完善的基本认识。这是一些亮光，只有“道”能够把这些亮光引到臻善的地步。查斯丁所以采用了“道的局部”这样一个非哲学性的名词，原因就在于他认为只有“全部”才能使“局部”达到完全的地步。柏拉图得到的那部分“道”，永远不可能由柏拉图的思想来使之变得完全，因

㉝ *I Apol.* 46.3 ~ 4（*ANF*, 1: 178）.

㉞ *II* *Apol.* 10.2.

㉟ 根据查斯丁的看法，除了道的直接启示：希伯来《圣经》之外，希腊人利用了另一个知识的来源。柏拉图从中获得了他自己的某些知识，尽管他没能正确地理解它们（*I Apol.*, 44.8 ~ 10; 60）。

㊱ *II* *Apol.* 10.3.

㊲ *II* *Apol.* 7.3.

㊳ 一般而言，查斯丁的“柏拉图主义”实际上是他那个时代的中期柏拉图主义，已经包含了一些斯多葛派的成分。Carl Andresen, “Justin und der mittlere Platonismus”, *ZntW*, 44（1952 ~ 1953）, 157 ~ 195. 参 R. Joly, *Christianisme et philosophie*: *Études sur Justin et les apologistes grecs du deuxième siècle*（Brussels: Université de Bruxelles, 1973）。

为只有"道"亲自行动才能使这种认识达到完善的境界。[39] 哲学只包含有一部分的真理，而要把这一部分真理从包围着它的大量谬误中区别开来，单凭哲学本身是难以办到的。[40] 只有"道"才是真理，才是衡量一切真理的标准，只有"道"才配做鉴别真伪的依据。哲学家只是部分地认识的"道"，现在已为基督徒所完全认识。由于基督徒认识了成为肉身的真理，他们就能够说出哲学家的这个那个主张是真确的，或这个那个主张是谬误的。

概括起来说，查斯丁作为一个真正的中期柏拉图主义者和基督徒，从斯多葛学说中提取素材，然后把这些素材纳入他那基本上是柏拉图色彩的哲学里面。在这样做的时候，他一直坚信人只有通过成为肉身的"道"才有可能认识真理的全部。这正是查斯丁的思想独具奇异特点的所在，他一边带有明显的柏拉图思想色彩，一边又深深地打上"基督中心论"(Christocentric)的烙印。

查斯丁在他《与特利富的对话》一文中讨论了《旧约》与基督教信仰的关系问题。[41] 他认为《旧约》通过两种形式对《新约》进行预示。一种是用叙述事迹的方法指向《新约》的另一些事迹。另一种是用先知预言的

---

[39] 关于 *seminal logos* 与其 *seeds*，见 Jean Daniélou, *Message evangélique et culture hellénistique aux II e at III e siècles* (Paris: Desclée & Co., 1961), pp. 45 ~ 46; Ragnar Holte, "Logos Spermatikos: Christianity and Ancient Philosophy According to St. Justin's Apologies", *StTh*, 12 (1958), 109 ~ 168; Jan Hendrik Waszink, "Bemerkungen zu Justins Lehre vom Logos Spermatikos", *Mullus: Festschrift Theodore Klauser* (Münster: Aschendorff, 1964), pp. 380 ~ 390。

[40] 异教的错误不仅仅是由于他们只是部分地了解"道"，而且也是由于魔鬼们的影响，它们总是竭力想将人们领入邪恶与错谬。它们最喜欢的诡计之一就是瞎编神话和礼仪，而实际上这些是基督教教义和实践的拙劣模仿。*I Apol.* 54; 56; 58; 62.1 ~ 2; 64.4; *II Apol.* 4.3 ~ 4.

[41] L. W. Barnard, "The Old Testament and Judaism in the Writings of Justin Martyr", *VetTest*, 14 (1964), 395 ~ 406，表明查斯丁受的纯粹是希腊化模式的教育，他是通过基督教而认识《旧约圣经》的，而非反过来。然而，他关于犹太教的释经法和犹太传统的信息却是正确的。

方法来说出将在《新约》里应验的事情。[42] 前一种叫“预表”(types)或“象征”(figures)法[43],后一种叫“语录”(sayings)法[44]。

关于查斯丁所指的《旧约》中见证基督教信息的“语录”,我们在这里就不必多费唇舌了,因除少数外,这些“语录”就是流传在各种“约书”(*Testimonia*)中的先知预言经文录。[45]

“预表”远比“语录”重要,因为从这些“预表”中我们可以看到对早期教父神学具有重大影响的一种释经法的发展。根据这种预表释经法,《旧
106 约》中有些事件是预示着未来的另外一些事件的。于是查斯丁认为用逾越节羔羊的血来膏以色列人,这羔羊就是基督的“预表”,人可以因信基督借着他的血得蒙拯救。同样,作为燔祭而献上的羔羊预表基督的受难,因羔羊在火上焚烧的时候是十字架的形状。又如上帝通过耶路撒冷被毁灭这一事件已经亲自印证了《旧约》的诫命只是暂时的,犹太人现在已经不可能实现这些诫命了。[46]

不能把预表释经法(typological interpretation)同寓意法(allegory)混淆起来。在寓意法中,《旧约》的历史真实性应受到重视这一点,往往被一种新的神秘释义(mystical meaning)所掩盖而消失。“伪巴拿巴”(Pseudo-Barnabas)甚至说《旧约》字面释经法是出于那恶者的。[47] 查斯丁的预表论则认为,虽然经文喻意超越历史事实本身,但正是由于有历史事实,

---

[42] *Dial.* 114.1 (*ANF*, 1: 256):“因为圣灵有时使未来的预表发生,并且是清清楚楚的;有时他讲出将要发生的事,好像接着就要发生或已经发生一样。”

[43] **τύποι**.

[44] **λόγοι**.

[45] 见 Daniélou, *Message*, pp. 196 ~ 197。查斯丁对预言的运用,见 J. Gervais, “L'argument apologétique des prophéties messianiques selon saint Justin”, *RUOtt*, 13 (1943), section spéciale, 129 ~ 146, 193 ~ 208。

[46] *Dial.* 40. 1 ~ 3.

[47] 然而,正如已经讲的那样,“伪巴拿巴”也用预表解经法。

喻意才有所依托和寄寓。[48]

查斯丁是按照中期柏拉图主义的概念来理解哲学家和先知们所领略的"道"的。在他看来,上帝是完全超然的,除称做"父"之外没有别的名字。[49] 上帝为了要和世界交通联系而生了"道"。"道"的作用是充当父和(父的)被造物之间的中介。《旧约》大量记述了上帝给人的彰示。其实这些不是上帝的彰示,而是作为"父"的中介和启示者的"道"所作的彰示。[50] 因为即使是一个"头脑最不灵的人也不至于贸然认为兼做造物主和圣父的上帝竟然在抛弃了一切神圣的天物以后,会在一块小小的地球 107
上让人得以看见"。[51]由此出现某种倾向,试图把"父"和"道"区别开来,把前者说成是超然的、不变的;后者是内在的、可变的。还有一种倾向是把"父"和"道"说成他们仿佛是两个神,其中一个是绝对的,另一个是从属的。查斯丁甚至把"道"称做"另一位上帝"。[52] 不过,不能把这个理解为对基督教一神论的否定。因为按照查斯丁的看法,上帝和"道"是一个统一体,正如太阳和阳光是统一体一样。"正如他们所说的,地球上的阳光同天空中的太阳是不可分的,也是分不开的"。[53] 查斯丁分别从犹太教的天使学和中期柏拉图主义取来成分,然后将这两种成分加以合并,力图用这种方法来阐明圣父与圣子的关系。第一种成分使他强调上帝的统一

---

[48] 应该注意的是,查斯丁的预表论,不仅包括《旧约圣经》,而且包括整个的宇宙结构,因为对他来说十字架的"预表"无处不在。

[49] 关于查斯丁论上帝的超越,见 Goodenough, *Theology*, pp. 123 ~ 138。依 Goodenough 看来:希伯来人是从空间距离的角度来思维超越观念,希腊人是从永恒的角度来思维超越观念,而查斯丁则将两者结合起来。

[50] 见 B. Kominiak, *The Theophanies of the Old Testament in the Writings of St. Justin* (Washington: Catholic University of America Press, 1948); D. C. Trakellis, "The Pre-existence of Christ in the Writings of Justin Martyr: An Exegetical Study with Reference to the 'Humiliation and Exaltation' Christology", *HTR*, 66 (1974), 510。

[51] *Dial.* 60.2 (*ANF*, 1: 227).

[52] 同上,56.11。

[53] 同上,128.3(*ANF*,1: 264)。

性，并把“道”看做是这位独一上帝的一种“属性”或“神能”。第二种成分则使他强调上帝的超越性，把“道”看做一位次位的神明，在世界同那位只存在于绝对超然之中的至高上帝之间作桥梁。这两种神学思想成分之间所存在的矛盾，并非查斯丁一人所独具。这一情况也普遍存在于最初几个世纪的神学思想之内。下面我们将看到，只有经过长期艰苦的争执之后才有可能澄清这方面的基督教教义。[54]

从历史学看来，查斯丁神学思想的重要性不仅在于他对基督教信仰与异教哲学和《旧约》的关系问题所作的论述，还在于他保存了早期基督教的崇拜仪式，特别是洗礼[55]和圣餐的仪礼。[56] 关于圣餐问题，查斯丁肯
108 定在圣餐中分吃的食物是耶稣的血和肉；不过他同时又认为这食物能供人营养身体，就这个意义来说，它仍然是食物。

> 我们接受的不是普通的面包和酒，而是作为我们救主的耶稣基督的血和肉，为拯救我们，上帝的道成为肉身，使我们得知借着他的话祝祷过的食物就是那成为肉身的耶稣的血和肉，经过质变成为我们血肉之躯的营养。[57]

虽然查斯丁的护教文是用后期希腊哲学把基督教信仰阐述出来的，

---

[54] 尽管查斯丁没有详细阐述他关于圣灵的思想，然而，毫无疑问，他相信仅次于圣父与圣子的“第三者”的存在。见 *I Apol.* 60.6。

[55] *I Apol.* 61；*Dial.* 87～88. 查斯丁在洗礼与坚振礼之间作了区分吗？参 E. C. Ratcliff，“Justin Martyr and Confirmation”，*Th*，51（1948），133～139；P. Carrington，“Confirmation and St. Justin”，*Th*，52（1949），448～452。

[56] *I Apol.* 65，67. 见 H. B. Porter，“The Eucharistic Piety of Justin Martyr”，*AnglThR*，39（1957），24～33。

[57] *I Apol.* 66.2（*ANF*，1： 185）. J. Beran，“Quo sensu intelligenda sint verba Iustini Martyris **‘ὅση δύναμις αὐτῷ’** in I Apologia，N. 67”，*DivThom*，39（1936），46～55，根据 *I Apol.* 57.5，辩论说，查斯丁知道在圣餐献祭仪式上使用的一种特别的教士的权力。这是相当可疑的，因为文本也可以作另外的解释。

但这并不意味着他无视存在于基督教和哲学之间的距离。他特别强调关于道成肉身和死人复活的教义，由此可以清楚地看到，他对于基督教的主要特色的认识。以后我们将看到别的信奉基督教的所谓护教者是怎样企图把基督教从历史的、特定的、物质的论证纠缠中解脱出来。查斯丁并不是要否认道成肉身的教义，即便把它搁置一边也不愿意。相反，他把这条教义摆到他的护教文的中心位置上。另一方面，关于死后生命的教义也是异教徒讽刺的题目。在这些讥讽面前，有些基督徒就到柏拉图主义的不朽论那里去找根据。这样做虽然能赋予基督教以某种理性的外表，但它却混淆了希腊哲学的灵魂不朽论同基督教关于死人复活的教义。这种混淆很容易引发一系列的学说和价值论，其性质与其说是基督教的，不如说是柏拉图主义的。在复活这个问题上，查斯丁在柏拉图主义和基督教教义之间的那种近似性面前，仍旧没有被迷惑住。他坚信从本性上说灵 109
魂是不朽的，但基督徒所寄予希望的不是一般的不朽，而是死了以后还要复活。[58]

查斯丁的末世论，[59]不仅包括关于死人复活的教义，而且包括关于基督将以王者之荣再来世间，[60]在新耶路撒冷建立千年王国的教义。[61]

总之，从保存下来的查斯丁的著作中反映出来的神学，可以说是为希腊哲学和犹太教作出基督教式解释的一个尝试。固然二者在上帝的“计划”里都各有其地位，[62]但查斯丁并不因此就否认基督教的独特性而去投

---

[58] *Dial.* 5.1,3; 80.

[59] L. W. Barnard,“Justin Martyr's Eschatology”, *VigCh*, 19 (1965), 86～98.

[60] Jean Leclercq,“L'idée de la royauté du Christ dans l'oeuvre de saint Justin”, *AnnTh*, 7 (1946), 83～95.

[61] *Dial.* 80.5. 见 Oronzo Giordano,“S. Giustieno il millenarismo”, *Asprenas*, 10 (1962), 155～171。

[62] 上帝的计划(plan)、天命(dispensation)或**οἰκονομία**，这一术语是查斯丁从保罗那里得来的，是他思想里的基本观念，就好像在他的学生他提安以及后来的艾雷尼厄斯和德尔图良那里一样。

当时社会之所好。相反，他认为只有立足于基督教这个唯一的优越地位，才能对后期希腊哲学和犹太教作出正确中肯的判断。这样一来就牵涉到一个历史观的问题。这个历史观在查斯丁的作品中已初见端倪，[63]日后，别的神学家将在他的基础上继续加工，其中突出的一位是艾雷尼厄斯。假如后代的人能保存现已丢失的查斯丁某些著作，[64]现在只能从他现存著作中约略看出的他原有思想的全貌，就可以看得更加清楚。

他提安

他提安(Tatian)属于古代基督教人物之一。他仿佛被一堵黑暗之墙所包围，后人无法穿透而看到其真相。他提安出生于东方。他出生的地点，如果不是在亚述，至少也是在叙利亚。[65] 他在罗马皈依基督教这件
110 事，似乎是通过查斯丁的努力，因当时查斯丁正在罗马讲学。查斯丁殉道以后，他提安约于公元165年建立了自己的讲学中心。若干年后他离开罗马来到叙利亚。据传他在那里创立了一所异端学校。古代基督教学者一致同意，认为禁戒派(Encratites)是他提安创立的。但是关于他的异端

---

[63] B. Seeberg, "Die Geschichtstheologie des Justins des Märtyrers", *ZschrKgesch*, 58 (1938), 1～81; Antonio Quacquarelli, "La storia nella concezione di S. Giustino", *RScF*, 6 (1953), 323～339.

[64] Eusebius (*HE* 4.18)提及 *Against the Greeks*, *Refutation*, *On the Divine Monarchy*, *Psalter*, *On the Soul* 与 *Against Marcion* 等作品。查斯丁自己提到过 *Against all Heresies* (*I Apol.* 26)，以及他的流传于罗马(*II Apol.* 8.5)的 *Debate with Crescens* 笔记。使用上述某些标题的各种归在查斯丁名下的作品都不是真正的查斯丁的作品。Pierre Prigent, *Justin et l'Ancien Testament: L'argumentation scripturaire du traité de Justin contre toutes les hérésies comme source principale du Dialogue avec Tryphon et de la première Apologie* (Paris: Lecoffre J. Gabalda, 1964)，认为 *Against All Heresies* 中有些部分是在 *I Apol.* 与 *Dial.* 之后，与保存在 John of Damascus 那里的一些残篇一样。但是后面这些残篇或许应该归于 Melito 的名下，正如 Walter Delius 所认为的。见"Ps.-Justin: 'Über die Auferstehung,'" *ThViat*, 14 (1952), 181～204。

[65] 他提安自称生于亚述(*Address to the Greeks* 43)。但那时的亚述习惯上还包括东叙利亚(Eastern Syria)。

学，却很少为人所知。[66] 后来，大约 180 年，他提安就完全从历史上消失了。[67]

他提安在他的著作《向希腊人讲话》(*Address to the Greeks*)中试图告诉人们，他所称的“蛮人的宗教”要比希腊人的文化和宗教优越得多。他首先提醒希腊人注意，他们现在引以自豪的种种文明创新就是发源于这“蛮人宗教”的。此外，从人们谈论的许多轶事中可以清楚地看出希腊哲学家本身也是一些微不足道的人。他提安最后说，希腊宗教没有权利认为自己比“蛮人的宗教”高明，因为希腊人所拜的各种神祇只不过是一些供雕塑家作模特儿的放荡女人。关于这些神祇的种种传说也都说明他们本身也不是怎么值得仿效的。如果说所有这些都不足为由，那么，让希腊人记住，摩西比荷马早，从希腊古典时期的宗教里可能找到的任何好处，也不过是从《旧约》里抄袭来的。[68]

他提安就是在向希腊文明发动攻击的背景下对他称为基督教的“蛮人宗教”加以发挥的。自然，不能希望他提安在这样的背景下能对自己的神学有什么系统的阐述。不过有一点是明显的，那就是他的神学是以上 111
帝和上帝的“话”或“道”为中心的。这“道”来源于上帝，就像许多灯光从一个光源体点亮而无损于光源体本身一样。“道”创造世界，不是用先在

---

[66] 关于他提安的生平与禁戒派的主要资料有：Irenaeus, *Adv. Haer.* 1:28; Tertullian, *On Fasting* 15; Hippolytus, *Philos.* 2.8.10, 10.18; Clement of Alexandria, *Strom.* 3.12～13; Origen, *De orat.* 24; Eusebius, *HE* 4.18, 19。禁戒派禁止婚嫁，或许也禁止饮酒。其中某些资料断言禁戒派持守的基督论和上帝本身(Godhead)的教义与瓦伦斯提诺(Valentinus)和马吉昂(Marcion)这两人所持守的相似(关于此两人见下一章)。

[67] 除了他的 *Address to the Greeks* 之外，他提安编著了 *Diatessaron*，这是首次试图调和四本福音书，以及论文 *On animals*, *On demons*, *On Perfection according to the Savior*, *On Problems* 等。除了 *Diatessaron* 的翻译本之外，其余的著作均已佚失。

[68] 他提安的主要论题之一是摩西的年代在荷马之前，他试图通过各种年代表来说明此论点。简而言之，他断言“摩西比古代的英雄、战争与魔鬼都古老。我们更应该相信他而不是希腊人，就年代而言，摩西位于他们之前。希腊人则是把他的教义当做了源泉，而他们自己都没有意识到这一点。”(*Address*, 40; *ANF*, 2: 81)。

的质料进行创造，因为除上帝以外，没有任何东西是没有来源的。

> 上帝是始。但我们曾受教得知，“始”就是“道”的能力。宇宙的主自身是万物的必要基础（**ὑπόστασις**），在没有各种创造物之前，他是独自存在的。由于他是全能的，他自身是可见之物和不可见之物的必要基础，万物与他同在。“道”在上帝里面，借着“道能”（Logos-power[**διὰ λογικῆς δυνάμεως**]）与上帝一同存在。“道”按照上帝的旨意出现，他的出现不是徒然的，因为成为圣父的头生事工。我们认识他（“道”）是世界的起源。他的存在是通过参与上帝的本质，而不是通过脱离上帝的本质，因为割裂了的是从原来的本质分离开来，而通过参与而存在的，选定自己的作用，并不使他所由产生的圣父受损。正如许多火把可以由一个火炬点燃，但这头一个火炬的亮光并不因为点燃了别的许多火把而有所削弱。同样，“道”由圣父的“道能”出来，但并没有将那所由生他者的“道能”削去。例如我说话，你听见了，但并不因为这话传到了你，作为说话者的我就变成不能再说话（**λόγος**）了。而正是由于我的声音讲出话来，使你头脑里原先混乱的质料变得有了条理。“道”最初被生，“道”为自己创造了必要的质料，然后又生出世界。同样，我因模仿“道”得到再生，获得真理，正尽力使那与我同种的混乱质料变得有条理。由于质料与上帝不同，它不是没有起源的，也不是因无源而与上帝具相同能力的。它是被生的，但不是被人所生，而是被万物的制造者所生。[69]

112 在被造之物的范围内，人和天使一样享有自由，只是由于我们误用了自己的自由，从而产生了邪恶。

---

[69] *Address* 5 (*ANF*, 2: 67). Robert M. Grant, “Studies in the Apologists”, *HTR*, 51 (1958), 123 ~ 134，指出这种对逻格斯的理解方式是从语法和修辞方面考虑，而不是从哲学方面考虑。

> 我们的自由意志把我们毁了。我们原是自由的，现在却成了奴隶，我们通过犯罪而被卖了。上帝没有制造过邪恶，是我们自己显出恶来；不过我们既显出恶来，我们也能把它抛弃。[70]

人的灵魂不是不朽的，它与肉体同死，又与肉体一同复活去忍受永远的死。但是认识真理的人，他们的灵魂在肉体毁坏之后仍然继续活下去。[71]

雅典那哥拉

“哲学家”雅典那哥拉(Athenagoras)是和他提安同时代的人，不过他的精神气质和文体风格完全不属于查斯丁的门徒那一类型。人们对雅典那哥拉知之甚少，只是通过他的著作可以从他身上看到一种文雅而又热情的风度。他的文体虽不算古典的，却是所有2世纪基督教作者中最精练、最明朗和严谨的。他给后人留下了两部著作：《为基督徒呼吁》(*A Plea for the Christians*)和《论死人复活》(*On the Resurrection of the Dead*)。

《为基督徒呼吁》一书的开头是一篇简短的献词和导言。后来的学者们根据导言的内容确定写作年代约为公元177年。接着，雅典那哥拉针对攻击基督徒的三种主要指控进行反驳。这三种指控是：无神论、人肉宴(Thyestean banquets)和乱伦行为。他引述一系列诗人和哲学家关于上帝的论述来反驳对基督徒是无神论者这个指控，他说这些诗人和哲学家关于上帝的话和基督徒现在所说的差不多，他们并没有因此就成为无神论者。

下面的语录清楚地概括了雅典那哥拉论上帝和“道”的关系的教义：

---

[70] *Address* 11(*ANF*, 2: 70).

[71] 同上，13。

> 上帝之子就是圣父在理念上和实践上的“道”。因万物是按照
> 113 他的样式而造，也是由他所造，圣父和圣子是一位。由于圣子在父
> 里，父在子里，圣子与圣父在灵性上、理解上和理性上（**νοῦς καὶ λόγος**）同属一体，共具权能，所以圣子就是上帝的儿子。如果你们自认才智超人，要询问圣子是什么意思，我可以简单地说，圣子就是父的头一个创造体。他不是被造而存在的，[因起初就有上帝，他是永恒的心（**νοῦς**），他里面本来有“道”，由于他的永恒性而与“道”（**λογικός**）同在，]而是出来成为一切物质东西的理念和能够发动的能力。我们认为通过先知进行工作的圣灵是发自上帝，从上帝那里发射出来，又像一道阳光返回那里。当那些谈及上帝圣父，上帝圣子和圣灵的人，当那些表明他们的力量在于互相团结，他们的荣誉在于遵守秩序这样一些人被指控为无神论者的时候，谁能不为之感到惊讶。[72]

从这段文字里可以看到，雅典那哥拉关于“道”的学说和查斯丁相同，只不过雅典那哥拉比查斯丁更强调“道”和父的统一性。[73]

至于有关基督徒不道德的种种指控，雅典那哥拉是断然加以驳斥的。基督徒的道德观念比别人高超，这是显而易见的，谁能相信他们会犯人人都认为可憎的行为呢？基督徒绝不可能吃小孩，因为他们不但禁止杀人，就连堕胎也是禁止的。他们也不可能做乱伦的事，因为他们谴责对保持纯洁哪怕是一闪的错念，他们赞美童贞超过赞美生活的其他方面。

在《论死人复活》这篇论文中，雅典那哥拉力图说明肉体的复活是可

---

[72] *Plea* 10（*ANF*, 2: 133）.

[73] 参 *Plea* 24（*ANF* 2: 141）：“我们承认一上帝、一圣子逻格斯、一圣灵，联合与一本质（essence）——父、子、灵，因为子是聪明、理性，父是智慧，圣灵是放射物，是从火里放射出来的光。”

能的。他论证说，这是与上帝的本质相符的，也是人类本性所要求的。他认为死人复活同灵魂不灭之间并没有什么矛盾。相反，他确信前者是后 114
者的前提，因为当一个人的灵魂和他的肉体联合的时候，他才能够这样。[74]

关于哲学同神学的关系，雅典那哥拉所持的态度和查斯丁相似。查斯丁认为异教哲学中的真理具有一定的积极价值。雅典那哥拉在他的《呼吁》中也谈到，柏拉图对基督教上帝观的基本要点是有认识的。[75] 不过雅典那哥拉确认哲学家同基督徒之间的最大区别是：哲学家是遵循自己灵魂的推动，而基督徒则是听从上帝亲自给人的启示。[76] 哲学家们相互矛盾的原因也在这里，只是雅典那哥拉没有像后来一些护教者那样对这点加以强调。

安提阿的提阿非罗

安提阿主教提阿非罗（Theophilus）著有《献给欧托力加斯的三本书》（*Three Books to Autolycus*）。写作年代约为公元 180 年或略晚于公元 180 年。[77] 这几本书的目的是劝说他的朋友欧托力加斯信奉基督教为真理。不过他的作品的深度不及查斯丁，文风也不如雅典那哥拉。他对古典文

---

[74] *On the res.* 15.

[75] *Plea* 23.

[76] *Plea* 7.

[77] Eusebius, *HE* 4.24. 通过这一记述以及哲罗姆（*De viris illus.* 25），可以得知提阿非罗也写了 *Against the Heresy of Hermogenes*, *Againt Marcion*，一些问答式的作品以及《圣经》注释。这些著作都已佚失。Friedrich Loofs, *Theophilus von Antiochen Adversus Marcionem und die anderen theologischen Quellen bei Irenaeus*（Leipzig: Hinrichs, 1930），认为艾雷尼厄斯的资料之一，他称为 IGT，是提阿非罗的 *Against Marcion*。他的论点遭到 F. R. M. Hitchcock 的驳斥，见"Loofs' Asiatic Source（I. Q. A.）and the Pseudo-Justin De Resurrectione"，*ZnTW*, 36（1937），35 ~ 60；"Loofs' Theory of Theophilus of Antioch as a source of Irenaeus"，*JTS*, 38（1937），254 ~ 266。

化的认识似乎有点肤浅，他的基督教护教学也不够深刻。[78]

《献给欧托力加斯的三本书》中的第一本论及他的上帝观；第二本谈
115 到《旧约》释经法和诗人们的讹误之处；第三本阐述基督教道德的优越性。这里只谈谈提阿非罗关于上帝的本性和认识这个问题的看法，至于每本的内容就不在这里综述了。

按照提阿非罗的看法，只有灵魂能够认识上帝。欧托力加斯曾经要求提阿非罗把他的上帝指给他看。提阿非罗的回答是他必须先看看人——意思是，他的朋友先要洁净，因为这是得见上帝的先决条件。人的灵魂像一面镜子，镜子一定要明净才能反映出人的形象。[79]

只有灵魂洁净的人才能看见的这位上帝是三位一体的神。实际上，提阿非罗是第一位使用"三位一体"这个词语的基督教作家。[80] 提阿非罗和查斯丁、他提安、雅典那哥拉一样把三位一体的第二位称作道。斐洛曾把道区别为"内在的道"（immanent Word）和"表述的道"（expressed Word），提阿非罗把斐洛的这种区别介绍到基督教关于"道"的教义里去。"内在的道"是一向存在于上帝心里的道。"表述的道"是生于万物之先，在这个意义上说，道是"一切创造物中的初生者"。[81] 把这种区别介绍到基督教神学领域这件事意义十分重大，因为它很快就被一些最有影响的神学家所接受，并在后世的种种争论中起着重要作用。

赫米亚斯

赫米亚斯（Hermias）所写的《对异教哲学家的嘲讽》（*Mockery of the Pagan Philosophers*）一书通常被列入 2 世纪希腊护教者的著作之内。不

---

[78] *Padres Apologistas*, *BAC*, 116: 578.

[79] I *Ad Autol.* 2.

[80] **τριάς**（*Ad Autol.* 15）.

[81] *Ⅱ* *Ad Autol.* 22.

过，关于书的写作年代十分可疑。有些评论家认为属于2世纪，另外一些人却说不早于6世纪。[82] 赫米亚斯虽然有时被称作哲学家，但他的这部作品并不要求多少哲学知识，它仅具当时一般手册的水平。它完全缺乏文学风格，也没有对神学表示兴趣。作者很少提到他本人的基督教神学 116
观点，他主要讲述早期哲学家们互相矛盾的地方，以期表明他们中间没有一位是值得尊敬的。如果说在赫米亚斯这篇短短的作品里还有什么积极可取之处的话，那就是它证明了赫米亚斯作为一名早期基督教徒所具有的幽默感。

《致丢格拿都书》

当我们要研究另一位年代也不能确定的护教者的时候，情况就大不相同了。[83] 这就是《致丢格拿都书》（*The Epistle of Diognetus*）的不知名的作者，他的文体与同时代的其他基督教作者相比是很出色的。

如果这封书信的末两章也出自这位作者之手的话，那么这位不知名的基督教徒在全书短短的十二章里的确为这个新的宗教作了最优美而又杰出的辩护。[84] 作者没有像他提安或赫米亚斯那样走极端，《致丢格拿都书》在指出异教信仰愚蠢的同时，也谈到犹太风俗的毫无意义。作者以积

---

[82] 关于此问题的讨论，见 O. Bardenhewer, *Geschichte der altkirchlichen Literatur*; Erster Band: *Vom Ausgang des apostolischen Zeitalters bis zum Ende des zweiten Jahrhunderts* (Darmstadt: Wissenschaftliche Buchgesellschaft, 1962), pp. 326～328。

[83] 一些批评家把它的年代定为13世纪，甚至文艺复兴时期，但是如此晚的年代很不合适。有理由相信，我们这里的文件与我们在本章讨论的其他文献基本上是同时期的。Daniel Ruiz Bueno, *Padres Apostólicos*, *BAC*, 65: 818～820，概括了学者们在这方面的讨论。他自己认为 D. P. Andriesen 关于此问题的理论有一些价值，根据这个理论，该文献是 Quadratus 的遗失的护教作品（pp. 820～830）。F. Ogara, "Aristidis et epistolae ad Diognetum cum Theophilo Antiocheno cognatio", *Greg* 25 (1944), 74～102，主张它的作者是提阿非罗，但是并不很成功。

[84] 关于风格、用词以及内容的争论使得一些批评家认为它们是后来附加上去的。见 *SC*, 33: 219～240。

极简洁的笔调对基督教信仰的本质加以阐述,这种本质不是出于人而是出于那创造宇宙的上帝,正如基督教信众通过他们各自的生活所表明的那样。

基督徒区别于其他人的地方不在他们的国家,他们的语言,也不在他们所遵守的习俗。因为他们并没有自己的城镇,没有特殊的方言,也没有奇特的生活方式。他们所遵循的品行规范不是什么有研
117 究的人故意臆想出来的。他们也不像有些人那样宣布自己仅仅信守一些出于人的教义。基督徒按照各自的境况居住在希腊城镇和不文明的城镇里,在衣着、饭食和其他一般生活习惯上也都随俗。但他们却表现出一种奇妙的、公认为惊人的生活方式。他们居住在自己的国土上,但只是作为客旅。他们作为公民与别人共享着一切,却不像外国人一样忍受着一切。每一块外国土地对于他们都如同自己的乡土,而他们出生的每个地方又都是他们的客乡。别人全都结婚,他们也结婚生儿育女,但他们并不毁灭自己的后代。他们跟别人同桌吃饭,但并不跟别人同床睡觉。他们生活在肉体里,但并不随从情欲。他们度过世上岁月,但他们是天上的子民。他们服从规定的法律,却又在生活上超越法律的要求。他们爱所有人,却又被一切人所迫害。他们默默无闻却被定罪;他们被处于死,又恢复了生命。他们贫穷却使众人富足;他们一无所有却又样样丰富;他们受耻辱,却又在耻辱中得到荣耀。他们被诽谤,却理直气壮;他们被辱骂,却为辱骂他们的人祝福;他们被侮辱,却能以德报怨;他们行善,却被当做恶人受刑罚。当受刑的时候,他们喜乐,就像这能加快生命进程一样。犹太人攻击他们是外国人,希腊人也迫害他们;但是恨他们的人却找不到恨的理由。[85]

---

[85] *Ad Diog.* 5 (*ANF*, 1: 26~27).

撒狄的墨利托

有几篇早期基督教作家提到过的护教文已经丢失,[86]因此无从知道这些作品的神学内容是什么。不过撒狄的墨利托(Melito of Sardis)的情况有点不同,他的护教篇虽然已经失传,[87]但他的一篇布道文却保存了下来。[88] 这篇布道文综述了以色列民族的历史,特别强调《出埃及记》和逾 118
越节仪礼(pascal institution)的建立。作者采用预表释经法来说明全部以色列史,就是关于耶稣基督的预言。

> (是)他拯救我们脱离奴役获得自由,脱离黑暗进入光明,脱离压迫进入永恒的国度,使我们荣任新祭司职务,永做上帝选民。由于他的"逾越"我们得蒙救赎,他为众人多受苦难。在亚伯里他曾被杀,在以撒里他曾被绑,在雅各里他曾流落异乡,在约瑟里他曾被卖,在摩西里他曾被弃,在羔羊里他曾作牺牲,在大卫里他曾被追捕,在众先知里他曾受屈辱。[89]

---

[86] 根据 Eusebius (*HE* 4.3)的看法,第一篇护教文是 Quadratus 的。Aristo of Pella 写了第一篇驳斥犹太人的文章(*HE* 4.6; Origen, *Contra Cel.* 4.52)。Miltiades (*HE* 5.17)和 Apollinaris of Hierapolis (*HE* 4.27)写了支持基督教的护教文以及其他一些作品。关于其他人对 Melito 作品的应用,见 R. Cantalamessa, "Questioni melitoniane: Melitone e i latini; Melitone e i quartodecimani", *RStLet*, 6(1970), 245~267。

[87] Melito 是一位多产的作者,但是除了他的 *Paschal Homily* 之外,其他所有的著作都毁掉了。见 Eusebius, *HE* 4.26。

[88] 关于这篇布道文性质的非常有启发性的建议是由 **Παναγιώτης Κ. Χρηστοῦ** 提出的,**"Τὸ ἔργον τοῦ Μελίτωνος περὶ Πάσχα καὶ ἡ ἀκολοθία τοῦ Πάθους," ΚΛΗ**, 1 (1969), 65~77。

[89] *Paschal Hom.* 68~69 (trans. Campbell Bonner, *The Homily on the Passion by Bishop Melito of Sardis*, London: Christophers, 1940, p.176).

这篇布道文同我们学过的护教篇有所不同，它里面没有哲学概念，但它的神学观点同别的护教篇是一致的。基督是先在而又具神性的。由于作者过分强调这点，以至圣父与圣子之间的区别几乎被抹杀了。[90] 墨利托同查斯丁一样非常相信圣灵，不过他还没有建立起学说来论述圣父、圣子同圣灵的关系问题。最后，墨利托十分肯定基督既是神又是人。在他的布道文里他告诉我们说救主“从本性上就是神和人”。[91]

综　述

从使徒后期教父过渡到 2 世纪希腊护教者的过程中，我们接触到的是一种完全不同的气氛。我们现在看到的是基督教与所在地文化之间的
119 早期冲突，以及基督教思想家为解释二者之间的关系所作的种种努力。其中有些人相信异教哲学中存在着真理的火花，并且愿意承认这真理的火花是真实的。而另外一些人则认为基督教与希腊古典文化之间除争斗到底外别无其他关系。[92] 另一方面，基督教徒尽力使他们对基督教信仰的陈述易于为异教徒所理解。在这样做的时候，他们不得不使自己的思想系统化。因此可以说，护教者是基督教的第一批系统神学家。[93] 这些作家对基督教思想史的贡献恰恰在于他们为基督教神学系统化所承担的这个任务；同时也在于他们所创立的关于道的学说；这就为基督教信仰与

---

[90] “墨利托的神学，就如同这篇布道文中所表明的，受基督的神性和先在思想的支配……但是对基督的神性和先在的这一强调会自然地，甚至几乎不可避免地导致下列情况，即在天真的、不设防的言语中，父神与子神之间的位格区分会变得模糊不清。”Bonner, *The Homily*, pp. 27 ~ 28.

[91] *Paschal Hom.* 8. 他也讲到基督的“两个本质(**οὐσίαι**)”，对他来说“质”(substance)和“性”(nature)似乎是不可互换的。Bonner, *The Homily*, pp. 28 ~ 29.

[92] 然而，他们全都利用了古典文化，虽然有些人这样做不是心甘情愿的。见 G. L. Ellspermann, *The Attitude of the Early Christian Writers Toward Pagan Literature and Learning* (Washington: Catholic University of American Press, 1949)。

[93] “通过他们唯理智主义和排他性的理论，护教士们建立了哲学化的和教义式的基督教。”Harnack, *HD*, 2: 228.

古典文化之间进行对话开辟了道路。

不过,这件工作也带来一些风险,因为在阐明教会信仰的同时,也会引起早期基督教徒从未预料到的新问题。于是,道的学说连同它的全部哲学含义的发展,在若干年以后,就成为严重的神学争论的导因。从护教者身上已经能够看到查斯丁和墨利托的分歧:查斯丁确认“道”(the Word)是“另一位上帝”(another God),而墨利托则倾向于认为子就是父。界于他们二人之间的是提阿非罗。他把道区别为“内在之道”和“表述之道”,前者永远存在于父的心里,后者是创造的动力,后来在耶稣基督里成为肉身。

总之,护教者把基督教看做一种学说,不论是道德学说或是哲学学说。基督首先是一种新的道德学的教师,或者是真哲学的教师。但是在墨利托的布道文里,基督是作为死和恶势力的征服者出现的,而基督教是作为参与了这一胜利来加以陈述的。这就是说,护教者在向异教徒讲述基督的时候,他们只讲基督是教师、是启蒙者。但实际上,对于基督的救 120
赎事工,他们可能具有比保存下来的他们的著作里所能看到的更为广泛更加深刻的理解。

无论如何,护教者们对基督教的希腊化过程作出了贡献。他们在哲学面前的态度各不相同,如以查斯丁、雅典那哥拉和提阿非罗为一方与以赫米亚斯和他提安为另一方的两种态度就是对立的。即便是查斯丁和雅典那哥拉这样一些尽量利用哲学概念的护教者也始终把道成肉身、死人复活等不合希腊人口味的学说放在中心位置上。但尽管如此,我们还要说,来自后期希腊哲学的那种强调上帝的神圣不变性的上帝观,将长期成为基督教神学的包袱,给后世在三位一体论和基督观等方面的种种争论增加困难。

目前,威胁着教会内在生活的是另外一些问题。如果我们仅从希伯来精神与希腊思想有矛盾这一概念来解释这些问题,那是错误的。这些问题就是早期的异端。我们现在就来研究这些问题。

第五章　早期异端：挑战与回应

121 基督教会从产生之始就不得不与有关基督教信仰的各种解释进行斗争。这些解释在许多人看来，似乎危及基督教信仰的核心内容。基督教的皈依者来自多种不同的宗教和文化背景。可以想象，这势必影响这些人对基督教作出的解释。与此同时，其他宗教运动也在从基督教中汲取重要成分，并将之纳入它们的信仰体系之中。难道它们就可以这样称为基督教吗？真正的基督教与含有基督教成分，而事实上却是不同的宗教之间的界限究竟何在？很明显，我们不能先验地划出这个界限，因为那些最终被认定为异端派者并非活动于基督教社团之外，而是些自称基督徒并试图以其同代人可以理解的说法解释福音的人。再者，那些最终被宣布为正统派者也未能在所有问题上取得一致看法。所以，人们当时确实难以在这些人之间作出区分。这就产生出形形色色自诩为基督教正道的教义，而其中多数却似乎与某些传统基督教信仰的基本信条有矛盾之处，或者至少是摒弃这些信条。

我们可以从《新约》中看到这种教义分化现象的存在。《新约》的作
122 者们始终在设法结束这种局面。《加拉太书》、《歌罗西书》、所谓的约翰著作及《彼得前书》等，都反映出早期基督教徒对这些教义的反对。我们

已经看到，安提阿的伊格内修斯如何驳斥那些否认耶稣基督道成肉身的人。几年后，查斯丁再次攻击那些他所说的伪基督教师傅。其后，几乎所有的护教者都写下了反对异端派的著作，尽管这些著作没有能够保存下来。2 世纪期间，特别是 2 世纪下半叶，异端派教义的传播如此广泛，以至于在教会中激起强烈而广泛的反响。这必然要在基督教思想史上具有重要意义。因此，在讨论那些后来被教会认为伟大的正统卫道士们的神学思想之前，我们必须先简要地介绍他们所反对的那些教义。

犹太化基督教

原始教会所面临的第一个教义问题，就是它与犹太教的关系问题。对这个问题的逐步解决可见之于《使徒行传》和保罗书信。然而，有人却始终拒绝最终为绝大多数基督徒所接受了的保罗的解决方案。

我们很难对各个不同的犹太化运动所持教义的确切本质作出判断，也难以在它们之间作出区别。这种困难部分地是由于研究材料的稀少，也由于古代基督教作者早已对此感到困难，因为他们对这形形色色的团体及其教义似乎也感到迷惘。造成这种现象的原因，或许就在于这些基督徒当初尚未组成像教会那样规定明确的团体，而只是构成一个不断结合着的运动。

然而，为了明了起见，我们似乎可以在基督教与犹太教之间关系的基本问题上划分出几个层次。

首先要解决的是基督徒是否应当遵守《旧约》律法的问题。在这个 123
层次上，有些温和的犹化者，他们自己遵守律法，却不想强迫别人照做。也有一些较为极端者，他们不仅自己遵守律法，而且认为所有真正的基督徒都应当这样做。①

① Justin, *Dial.* 47.

在另一个层次上，有些犹太基督徒不仅肯定必须遵守《旧约》律法，而且称保罗为真正信仰的背叛者。他们认为，基督起初并非神子，只是由于他在遵守律法中表现出的美德而使他被上帝收为嗣子。这就是伊便尼派（Ebionites）的观点。该派似乎持续存在达数世纪之久。②

我们对伊便尼主义认识的来源除了有古代反对异端派的作者们提供的见证外，③还有伊便尼派的西玛库（Symmachus）的《旧约》译本，以及“伪克莱门特文献”（the Pseudo-Clementine Literature）。学者们相信，在构成这种文献的各种材料中，可以找到他们所谓的“彼得宣道”（the Preachings of Peter）的内容，它的神学观点与其他基督教作者所介绍的伊便尼信仰是一致的。因此，人们相信“彼得宣道”本质上即为伊便尼派的观点；因此，我们可以从中得到关于该派教义的直接依据。④

根据这些材料，我们可以发现伊便尼派的神学观点，至少可以发现其主要特点。看起来，伊便尼主义的起源与艾赛尼派犹太教是有联系的，因为它似乎从那种派别的犹太教中吸取了某些原则：反对杀牲献祭，主张从上帝而来的善恶两道并存，和其他一些次要细节。⑤

124 伊便尼派认为世上既有善道，也有恶道。后者为这个世代之主，而前者要在即将来临的世代中做君王。在此期间，善道还通过它的先知从几次道成肉身中来到世上给人们以启示。亚当、亚伯、以撒和耶稣都是善道道成肉身的先知。但从亚当之时起，善道每次道成肉身时，都有为恶道目

---

② “伊便尼”一词首先出现在艾雷尼厄斯那里，*Adv. Haer.* 1.26.2. 这一词的词源学上的起源通常可在希伯来文中“贫穷”一词那里找到。

③ Justin, *Dial.* 47; Irenaeus, *Adv. Haer.* 1.26; Origen, *Contra Cel.* 2.1, 3; 5.61, 65; Epiphanius, *Pan.* 29~30; Eusebius, *HE* 3.27; Hippolytus, *Philos.* 7. 34.

④ 不能把这一资料（*Kerygmata Petrou*）与亚历山大的克莱门特和奥利金均提到过的 *Kerygama Petrou* 混淆。后者明显地具有护教的特点，一些学者认为，2 世纪的一些护教士曾使用从它而来的一些材料。

⑤ Jean Daniélou, *The Theology of Jewish Christianity* (London: Darton, Longman & Todd, 1964), pp. 56~58, 提供了伊便尼主义与死海古卷之间有价值的比较。

的效劳的对手随伴而来。该隐、以实玛利和施洗约翰都是恶道，或谓阴律（fiminine principle）之表现。⑥

在这种思想体系中，耶稣首先是阳律（masculine principle）或善道（principle of good）的先知。此外，耶稣仅是位蒙上帝拣选以宣示其旨意的人。耶稣并非由童贞女所生，他只是在洗礼时从天上的天使得到他能够完成使命的权能。这项使命不在于拯救人类——这是个超出任何个人能力以外的工作——而在于呼召人们遵守阳律赐给的律法。事实上，律法是伊便尼派精神的核心。他们虽然不杀牲献祭，却强调行割礼和守安息日。⑦《旧约》律法中有关杀牲献祭的内容并非由上帝所定，而是在“阴律”的影响下被加进经典里的。⑧ 这就是伊皮凡尼乌（Epiphanius）所说，伊便尼派虽然严守律法，却又不完全接受《摩西五经》（*Pentateuch*）之原因所在。⑨

在耶稣与律法的关系问题上，伊便尼派坚持认为，耶稣来到这个世界不是为了取消律法，而是为了成全律法。耶稣对律法的成全绝不意味律法业已完结，不再具有约束力；相反，耶稣为大家树立了学习的楷模。而 125
保罗却宣扬耶稣已为所有人成全了律法的观点。因为他本人也是“阴律”的奴仆之一。⑩

可见，这种派别的犹太化基督教是艾赛尼派犹太教的一个变种，它们

---

⑥ *Hom*. 2. 15～17.

⑦ 上述观点摘要来自 Daniélou, *Theology*, pp. 63～64。

⑧ *Hom*. 2. 38.

⑨ *Pan*. 30. 18.

⑩ “伪克莱门特文献”（the Pseudo-Clementine Literature）没有直接攻击保罗，但是多次提及“敌人”或“敌对的人”，可能是指保罗。

之间的区别主要在于耶稣在神学中的作用问题。⑪

伊便尼主义从未形成一种流传广泛的教义。它似乎随着教会中异邦成分的日益增加和犹太人成分的逐渐减少而最终消失。但这不是说它没有对最初几个世纪中的教会构成挑战。恰恰相反,这里关系到耶稣基督的独特性问题。这种教义可能把耶稣说成只不过可以和古代犹太教中的人物并列。照这样讲,耶稣就再也不成其为唯一的独特者和中心者。他再也不是上帝的独生子,而仅仅是一系列先知中的一位。他再也不是救主,而只是上帝在这个世代中的作为的一个因素而已。

最后,在第三个层次上有着围绕基督教与犹太教之间关系而产生的争论,它不仅要求重新解释基督教,而且也要求重新解释犹太教。曾有一种可能与伊便尼派有密切联系,同时又受到诺斯底主义影响的犹太化基督教便是这种情况。

这种派别的犹太化基督教的主要代表人物可能是厄尔克赛(Elxai,又作 Elkesai,Elchasai)。此人生活在 2 世纪上半叶,但我们对他的生平却知之甚寡。⑫ 他的教义虽然受诺斯底主义影响很大,但仍明显地表现为伊
126 便尼派观点。他自称受到一位九十六米高的天使给他的启示,并以此作为其教义的基础。这位天使就是神子。在他之后还有一位同样高大的女性天使,这就是圣灵。

我们只能从一些语录的片断,以及其他攻击这种说法的基督教作者所提供的参考材料中了解厄尔克赛的启示内容。根据这些材料,可以得出这样的结论:厄尔克赛主义只是一种受到某些诺斯底主义影响(占星

---

⑪ 这是 Daniélou 的观点(见 *Theology*, pp. 55 ~ 64)。他在这方面追随的是 Oscar Cullmann,"Die neuentdeckten Qumrantexte und das Judenchristentum der Pseudo-Klementinen", in *Neutestamentliche Studien für R. Bultmann*, *BZNtW*, 21 (1954), 35 ~ 51。参 Joseph A. Fitzmeyer,"The Qumran Scrolls, the Ebionites, and Their Literature", in Krister Stendhal, ed., *The Scrolls and the New Testament*, pp. 208 ~ 231。

⑫ Hippolytus, *Philos.* 9. 8 ~ 12; Eusebius, *HE* 6. 38; Epiphanius, *Pan.* 19; Theodoret, *Haer. fab. Comp.* 2. 7.

术、数字命理学和二元论倾向）的伊便尼主义（坚持必须守律法和受割礼，耶稣只是个先知等）。[13] 它的主要根据地似乎是在东方，尤其是幼发拉底河以东，厄尔克赛可能就出生在那里。无论如何，这个派别尽管不大，却很重要，因为它可能对伊斯兰教的创始人穆罕默德也起过一些影响。

诺斯底主义

在诺斯底主义这个总名称之下包括了几个盛行于2世纪的宗教教义。它们的主要特点表现为综合主义。[14] 诺斯底派可以任意采纳被他们认为是有价值的教义，而不顾及其来源与背景。当他们了解到早期基督教，并体验到它的感染力时，他们就力图采纳基督教中那些对他们来说是极有价值的内容，使之成为他们自己体系的一部分。这一体系向反对这种做法的基督徒们提出挑战，他们必须证明诺斯底主义对基督教的曲解，并且说明为什么不应当把耶稣基督只当做诺斯底体系中的一个分子而已。[15]

---

⑬ 这一观点见，Hans Joachim Schoeps, *Theologie und Geschichte des Judenchristentums* (Tübingen: J. C. B. Mohr, 1949), pp. 325～334。参 Daniélou, *Theology*, pp. 64～67。然而，后者认为厄尔克赛派是受正统基督教影响的伊便尼派，而前者则断言伊便尼派与厄尔克赛派之间的差异源于诺斯底主义的影响。后一种观点在古代作者那里是更为一致的看法，但是我们必须承认现存的资料不足以对此下最终的定论。关于厄尔克赛派与诺斯底主义之间的关系，另见 Ethel Stefana Drower, "Adam and the Elkasaites", *SP* 4 (1961), 406～410。

⑭ Alexander Böhlig, "Synkretismus, Gnosis, Manichäismus", in *Koptische Kunst: Christentum am Nil* (Essen: Villa Hügel, 1963), pp. 42～47; M. Mazza, "Gnosticismo e sincretismo: Osservazioni in margine alla letteratura recente sulle origine gnostiche", *Helikon*, 5 (1965), 570～587。

⑮ 介绍诺斯底主义的最好的英文著作仍然是：Robert M. Grant, *Gnosticism and Early Christianity* (New York: Oxford University Press, 1960), 与 Hans Jonas, *The Gnostic Religion: The Message of the Alien God and the Beginning of Christianity* (Boston: Beacon Press, 1958)。一本着重介绍诺斯底主义具有诱惑力的原因并试图重新发现对正统基督徒的讽刺和谴责的背后的真正意义的著作是，E. Pagels, *The Gnostic Gospels* (New York: Random House, 1979)。另见，更具专业化的论著，B. Layton, ed., *The Recovery of Gnosticism: Proceedings of the International Conference on Gnosticism at Yale, March 28～31, 1978*, 2 vols. (Leiden: Brill, 1980～1981)。

127 学者们围绕诺斯底主义的起源问题有许多不同看法。也许因为诺斯底主义本身就具有的综合主义性质,这场争论可能永远不会有结果。诺斯底派采纳了波斯的二元论和东方的神秘主义,巴比伦的占星术,希腊的哲学和实际上流行于2世纪期间的各种教义。因此,哈纳克关于诺斯底主义是“一种十分希腊化的基督教”的说法,是不够准确的。确实,诺斯底主义中有强烈的希腊思想的影响,但同样确实的是,这仅仅是诺斯底派的教师们所汲取的许多来源之一而已。⑯

诺斯底主义中含有非常重要的臆测因素,它基本上是由各种数学思维(numerological speculations)体系构成。这使人们感到不能理解,诺斯底主义怎么会成为教会的有力对手的。诺斯底主义成为正统基督教之外的另一个具有吸引力的选择,这个事实首先是由于它的末世论影响。为了理解诺斯底主义的吸引力,人们就必须首先把它理解为一种得救的方式。亚历山大大帝东征带来世界主义(cosmopolitanism),其对立面是当时人们所持有的个人主义(individulism),这些人深感古代的民族宗教已不能满足其主观要求。由于这个缘故,基督教产生之初数世纪的特征,就表
128 现为寻求个人得救,和接踵而来的各种自称可以提供这种得救的宗教——除了基督教而外,还有神秘宗教和诺斯底主义。

---

⑯ 18世纪初期,关于诺斯底主义的起源问题有大量的争论。这一争论仅仅得出这样的结论:诺斯底主义不能理解为从一个单一的源头发展而来,它更像是各种宗教流派的混合。关于这一点,见 Eugène de Faye 的书目摘要, *Gnostiques et Gnosticisme: Etude critique des documents du Gnosticisme chrétien aux Ⅱe et Ⅲe siècles* (Paris: Librairie Orientaliste Paul Geuthner, 1925), pp. 499~540。之后,出现了研究诺斯底主义里的犹太教因素的高潮。见,Grant; *Gnosticism*; Gershom Gerhard Scholem, *Jewish Gnosticism, Merkabah Mysticism and Talmudic Tradition* (New York: Jewish Theological Seminary, 1960); Willen Cornelis van Unnik,“Die jüdische Komponente in der Entstehung der Gnosis”, *BigCh*, 15 (1961), 65~82; Hans-Martin Schenke,“Das Problem der Beziehung zwischen Judentum und Gnosis: Ist die Gnosis aus dem Judentum ableitbar?” *Kairos*, 7 (1965), 124~133; C. L. Albanese,“Inwardness: A Study of Some Gnostic Themes and their Relation to Early Christianity with Specific Reference to the Gospel According to Thomas”, *RThAM*, 43 (1976), 64~88。

因此，诺斯底主义首先是一种关于得救的教义。然而，这种得救的本质究竟是什么？[17] 诺斯底主义认为，精神因与物质事物结合而受到奴役，故得救在于使精神得到解放。人的身体和与肉体的灵魂同属物质世界，因为只有灵魂才能给身体以生命、愿望和感情。[18] 精神实际上不属于这个世界，它是神圣实体之一部分。诺斯底派常用神话学方法说明精神堕入这个世界而成为物质的囚犯。所以，必须把精神从囚禁中解放出来；这要通过知识或灵智（*gnosis*）才能实现——这就是诺斯底主义（Gnosticism）名称的由来。

这种知识不在于单纯的知晓，而是由永恒者的启示得到的一种神秘的觉悟。知识是对人类处境的理解，对我们的过去和未来的理解。这样，我们可以从物质世界的束缚下得到解放。但从另一方面看，由于我们与物质结合而受到奴役，我们不能依靠自己的力量认识永恒的真理，因此，必须由超在的精神世界派出一位使者，把解放的启示带给我们。这个使者表现出一切诺斯底体系的特性。在基督教诺斯底主义中，正是由耶稣来完成这个使命。[19]

然而，拯救的教义必须扎根于对人在宇宙中的地位的理解，这正是各种诺斯底体系中复杂的思辨结构所起的作用。如果说，人的精神受到物质的囚禁，那么，必然有一个造成这种状况的原因。诺斯底派企图从其思辨中说明这个原因。[20] 这种思辨有两个主要特征：派生性的二元论和数 129
字命理学（numerology）。许多学者把二元论强调为诺斯底主义的主要特

---

⑰ J. Zandee, "Gnostic Ideas on the Fall and Salvation", *Numen*, 11 (1964), 13 ~ 74.

⑱ 尽管应该指出，在许多诺斯底的体系中，灵魂的状况既不是始终如一的，也不是清清楚楚的。

⑲ 从各种诺斯底派的资料中收集的关于这一使者的参考资料，见 Jonas, *Gnostic Religion*, pp. 75 ~ 80。

⑳ 然而，诺斯底思辨中伊安（aeons）的漫长系列的重要性不仅仅在于它们是对我们现在处境的解释，而且也是对它的宗教描述。"这个宇宙结构的宗教意义在于这样一个思想，即介于这边与那边的所有事物都起着使人与上帝分离的作用，不仅仅是通过空间上的距离，而且也借着主动的恶魔的力量。"Jonas, *Gnostic Religion*, p. 43.

征之一,殊不知这种二元论不是根本的或始初的二元论,而是一种始初的一元之产物。[21] 诺斯底思辨以单一的永恒之道为其出发点,其他的道或者"伊安"(aeon)都是在一个由此开始向下运动的过程中产生出来的,直至(通常是通过一个较低级的伊安的失误)产生出物质世界。这样便形成物质与精神,或天上之物与地下之物间的派生性的二元。数学——希腊化思辨中较为普遍的特点——在各个层次的伊安生成过程中起着重要作用,因为伊安的产生通常要遵循某种数学模式。诺斯底派的宇宙论即以这种派生性的二元论和数字命理思辨的结合为出发点,并以居于绝对者和物质世界之间的伊安的复杂系列为其特征。这些事物常常被视为精神在向永恒回归的途中必须穿越的领域。

最后,诺斯底派伦理学的基础是它们的人论和宇宙论。倘若人里面有任何善性存在,那只能在他的精神中寻找,而人的身体本性却是恶。由此可以引出两个截然相反的结论:严厉约束身体而过禁欲生活,抑或身体之一切所作所为都无所谓,因为身体不能损坏精神的纯洁性,故可放纵身体任意而行。由于这个缘故,有些诺斯底教派在生活上持极端禁欲主义态度,而另一些诺斯底教派则持放荡纵欲的态度。[22]

多数基督徒感到,诺斯底观点与基督教主张的结合会在三个基本问
130 题上对他们的信仰造成威胁,即上帝创造世界和管理世界的教义,救赎论和基督论。

诺斯底主义反对传统的基督教创世论,因为它从物质世界中所见到的,不是永恒的上帝的事工,而是一个低级的、邪恶的或冒昧的实体所犯的错误而造成的结果。诺斯底派认为,这个世界上的事物非但毫无价值,甚至是邪恶的。在这方面,他们反对认为万物皆由上帝所造,上帝仍活动

---

[21] 这一点已得到了清楚的证明,见 Antonio Orbe, *Estudios valentinianos*, Vol. I, Pt. I, *Hacia la primera teología de la procesión del Verbo* (Rome: Apud Aedes Universitatis Gregorianae, 1958), pp. 203~285。

[22] 关于诺斯底的放荡态度,见 de Faye, *Gnostiques*, pp. 413~428。

在这个世界的历史之中这个犹太教——基督教传统的主流思想。

随着诺斯底主义与传统的基督教之间第一个分歧而来的是围绕救赎论而产生的分歧。诺斯底主义认为，得救就在于解放被囚禁在人体之中的神圣而不朽的精神。人体在救赎计划中发挥的作用纯属否定性的。与这种观点相反，绝大多数基督徒肯定得救也包括人的身体，上帝救人计划的最终实现不能没有人的肉体复活。[23]

最后，诺斯底派的二元论之运用于基督论导致极其严重的后果。如果说物质，首先是构成我们身体的物质，不是神意愿的产物，而是由反对这个意愿的某种别的道的产物，那么，物质和人的身体就不能做至高的启示的媒介。因此，使人认识上帝的基督就不可能以肉身来到这个世界。他的身体不可能是真正的肉体，只是肉体的形象而已。他的受难和死都不可能是真实的，因为难以想象一位至高的上帝会让自己屈从于邪恶和物质的破坏力量。这样，诺斯底派在基督论上就走向了所谓的幻影论（Docetism，源自希腊文，意为似乎或假设），我们在讨论安提阿的伊格内修斯的对手时已经接触过这种观点了。[24] 与此相反，绝大多数基督徒肯 131
定上帝救人的启示只能在拿撒勒人耶稣里面——在他的肉体、生活、受难、死和复活里面——才能找到。这就是为什么这样的基督徒不把诺斯底主义看成他们基督教信仰的另一种版本，而认为它是企图剥夺基督教信仰的核心信息。

虽然诺斯底主义有颇多派别，它们之间的关系也不明确，我们仍可以通过对其中体系的描述来说明诺斯底主义的一般特征。

我们对于诺斯底主义的认识来自他们的著作和古代基督教作者抨击

---

[23] 参 B. Layton, *The Gnostic Treatise on Resurrection from Nag Hammadi*, *Edited with Translation and Commentary*（Missoula, Mont.: Scholars Press, 1979）。

[24] 然而，诺斯底的幻影论因不同的派别而有细微的差异。见 A. Orbe, *Cristología gnóstica*, 2 vols.（Madrid: BAC, 1976）, 2: 380～412，作者表明，在诺斯底派当中只有相对来说极少的“绝对的幻影论者”。

他们的著作。然而在几十年前，诺斯底派的著作存留于世的数量似乎极其有限。学者们只好以反对诺斯底主义者著作中的说法为根据。很自然，这些反对诺斯底派著作的可信性程度始终构成一个悬而未决的问题。近年来大量的诺斯底派著作陆续为人们所发现，我们对于诺斯底主义的认识也因之而得到极大的充实和澄清。[25]

有一个以查斯丁为其第一倡导人的非常古老的传统认为，[26]行巫术的西门（Simon Magus）是诺斯底主义的创立者。[27] 然而历史事实似乎说明，不是由那位西门创立了这种类型的宗教，而在《使徒行传》第 8 章中，我们就已获得关于基督教与诺斯底主义最早一次冲突的记录。在西门居住的撒玛利亚城里有来自古代世界各地的居民，这就形成了最适合诸如
132 诺斯底主义那样的综合性教义滋生蔓延的环境。根据查斯丁和其他一些古代基督教作者的说法，行巫术的西门有许多追随者。他宣称他本人就是上帝，或者说他拥有上帝的权能，他的同伴海伦娜（Hellena）则是圣灵。《使徒行传》证实他曾作为一个基督徒受过洗。虽然没有别的事实说明

㉕ Jean Doresse, *The Secret Books of the Egyptian Gnostics*: *An Introduction to the Gnostic Coptic Manuscripts Discovered at Chenoboskion* (New York: Viking Press, 1960); Kendrick Grobel, ed., and trans., *The Gospel of Truth*: *A Valentinian Meditation on the Gospel* (Nashville: Abingdon Press, 1960); Johannes Leipoldt and Hans-Martin Schenke, *Koptisch-gnostiche Schriften aus den Papyruscodices von Nag Hamadi* (Hamburg: H. Reich, 1960); J. D. McCaughey, "The Nag Hammadi or Chenoboskion Library and the Study of Gnosticism", *JRH*, 1(1960), 61 ~ 71; Bertil Gärtner, *The Theology of the Gospel According to Thomas* (New York: Harper, 1961); Hans Jonas, "The Secret Books of the Egyptian Gnostics", *JRel*, 42 (1962), 267 ~ 273. 最容易获得的版本是 J. M. Robinson, ed., *The Nag Hammadi Library* (New York: Harper & Row, 1977)。

㉖ Justin, *I Apol.* 26. 另见，Pseudo-Clementine, pass.; Irenaeus, *Adv.* haer. 1. 23; Tertullian, *De anima* 34, 57; Ps.-Tertullian, *Adv. Omn. Haer.* 1; Hippolytus, *Philos.* 6. 2 ~ 15; Epiphanius, *Pan.* 21.2, 4。查斯丁看到在罗马矗立着萨宾人（the Sabine）的神明 Semo Sancus 的塑像，就以此断言罗马人立有 Simon Magus 的塑像。他的这一错误直到 1574 年罗马碑文出土以后才被发现。

㉗ Eizo Kikuchi, "A Type of Primitive Gnosticism Represented by Simon Magus", *JRelSt*, Vol. 36 (1962), no. 172.

他还剽窃过其他的基督教教义，但上述事例本身已足以说明诺斯底主义的综合主义精神。

行巫术的西门的门徒麦兰德(Menander)是个身份不明的人物，与其称他是基督徒，倒不如说他是个犹太教的诺斯底主义者更为恰当。据古代反对异端派的学者们说，[28]麦兰德如其师傅在他之前所行一样，也精于行巫术。他自称为救主，天上诸神差遣他为传授巫术仪式的使者。有了巫术，人就能战胜创造这个世界，并且使人遭受奴役的神灵。

塞林多(Cerinthus)可能是诺斯底派中第一个企图重新解释基督教福音者。[29] 他在1世纪末居住在以弗所。人们可从他的体系中见到诺斯底主义的特点：耶稣是人，是马利亚和约瑟的儿子，而基督是在耶稣受洗时降临在他身上的神。因此，塞林多不是严格意义上的幻影论者，尽管他在基督的神性和人性间作出截然的区别，以解决基督里神人二性合一的问题。作为一个使者，基督在完成了他来到人世的任务后就离开了耶稣，受难、死去和复活的只是耶稣，而基督本身是不可伤害的。根据传统的说法，塞林多在以弗所的主要对手是圣约翰，不论是指哪一位圣约翰。[30] 要 133
知道，《新约》中的《约翰一书》似乎就是针对塞林多写的。[31]

撒多尼勒(Satornilus，或 Saturninus)是麦兰德的门徒。[32] 他认为世界系由七位天使创造出来的，其中有一位就是犹太人的上帝。这些天使企图按至高的上帝形象进行创造，结果失败了，造出来的却是人类。于是至高的上帝为怜悯所动，将他永恒的实质赐一部分给被天使们创造出来的

---

[28] 似乎只有 Justin 的著作，*I Apol.* 26.56 中有关于他的第一手的信息。然而，de Faye 对他的存在表示极大的怀疑(*Gnostiques*, p.432)。

[29] Irenaeus, *Adv. haer.* 1. 26.1, 3.3.4; Eusebius *HE* 3.28, 7.25. 根据这个最近的文本，一些《新约圣经·启示录》的反对者宣称它是由塞林多(Cerinthus)所写。

[30] Eduard Schwartz, "Johannes und Kerinthos", in his *Gesammelte Schriften*, 5 (Berlin: W. de Gruyter und Co., 1963), 170 ~ 182.

[31] 见《约翰一书》2章22节；4章1~3节；5章1,5,20节。

[32] Justin, *Dial.* 35; Irenaeus, *Adv. Haer.* 1.24. 1 ~ 2; Hippolytus, *Philos.* 7.16.

人，以后他又派耶稣把摆脱物质奴役的方法交代给人。这些方法中最重要的似乎是节制性欲和遵循特别的饮食规定。

加波克拉特教派（Carpocratians）似乎产生于亚历山大里亚。据说，他们的导师加波克拉特（Carpocrates）于公元 130 年前后就住在那座城市中。[33] 在公元最初几个世纪中支配亚历山大里亚思想界的哲学学派是新柏拉图主义。我们已经看到这里的犹太教和基督教怎样受到这个哲学学派的强烈影响。加波克拉特教派同样也受到这个学派的影响，他们的诺斯底主义综合体系中不仅包含了某些基督教的因素，也包含其他一些本质上属于新柏拉图主义的因素。他们认为，世界是由一些低于圣父的精灵创造的。人们的灵魂先于他们的肉体存在，拯救只有通过对于那种先在的回忆来实现。未获得这种记忆能力者不能逃脱一系列的肉体轮回。耶稣是个人，是马利亚和约瑟的儿子；但他却是个完人，他明白无误地记住了他出生以前的存在状况，并将已被人们遗忘的永恒实在宣示给人。

134 亚历山大里亚也是公元 120—140 年间名噪一时的巴西里德（Basilides）活动的场所。[34] 他自称是使徒马提亚的弟子。他认为天上一切实在的根源是圣父，自圣父那里流溢出（emanate）由若干等级的神灵组成的 365 层天。创造这个世界的天使们，其中有一个为《旧约》的神，就住在最后一层天上。《旧约》的神拣选出一个民族，企图建立它对全世界的统治；别的天使们却阻止他那样做，由于所有的天使对于圣父的本质均无知

㉝ 有关 Carpocrates 及其儿子 Epiphanius 的故事是如此的具有传奇色彩，因此人们倾向于对这两个人的存在表示怀疑。此外，奥利金（*Contra Cel.* 5. 62）提到过“Harpocratians”教派。这导致学者提出加波克拉特教派（Carpocratians）的名称不是来自于他们的创立者，而是来源于埃及的神名 Horus-Carpocrates，以 Harpocrates 名义崇拜。见 H. Leisegang, *La Gnose* (Paris: Payot, 1951), pp. 176 ~ 184。主要的资料有：Irenaeus, *Adv. Haer.* 1. 25; Clement Alex., *Strom.* 3.2 ~ 18; Tertullian, *De anima* 35; Hippolytus, *Philos.* 7. 20; Eusebius, *HE* 4.7。

㉞ Frag. *Mural.*; Irenaeus, *Adv. Haer.* 1. 24; 2.35; Clement Alex., *Strom.* 2. 8; 3.1; 4.12, 24, 26; 5.1; Ps. -Tertullian, *Adv. omn. haer.* 1; Hippolytus, *Philos.* 7. 1 ~ 15; 10.10; Eusebius, *HE* 4.7. 见 Werner Foerster, “Das System des Basilides”, *NTS*, 9 (1962 ~ 1963), 233 ~ 255.

无识，他们与圣父之间隔着364层天，所以，他们的创造是极不完善的。但就在这不完善的创造中，仍然有一部分神的灵性囚禁在人的肉体里。为了解放那神圣的因素，圣父派出他的独生子。这个圣子并没有成为人，而只是看上去像人。他的使命是唤醒人们沉睡的灵性，以获得对于天上实在的回忆。他没有必要为了完成这个使命而受苦。因此，耶稣并没有被人钉死，只是古利奈人西门受难并死去。

最后，我们必须用几个段落谈论瓦伦斯提诺（Valentinus），他年青时也在亚历山大里亚住过一段时间。我们不知道他的神学观点形成于何处，或如何形成的。我们所知道的只是，将近2世纪中叶时他曾在罗马，公元155年前后在那里被赶出基督教会。瓦伦斯提诺在基督教思想史上地位重要，不仅是由于他的教义，也是因为我们可以通过他的事例，将正统基督教反异端派学者的见证与异端分子本人，或至少与该异端派的著作加以比较。也正是他，使得诺斯底主义从叙利亚和东方传到罗马，从那以后，西方基督教会便开始对诺斯底主义构成的威胁产生较为深刻的认识。

根据反异端派学者们的著作，[35]我们可以给瓦伦斯提诺的教义举出 135
以下的一个纲要：万物的永恒之道为混沌（Bythos）。他是不可理解，亦不可度量的。在他里面只是寂静（Sigē）。混沌在寂静中生成其他两样东西：心灵（Nous）和真理（Alētheia）。这样，混沌、寂静、心灵和真理构成了最初的世界"四元"（terad）。而心灵（阳性）与真理（阴性）的结合则产生出道（Logos）和生命（Zoē）。接着，从道和生命中又生出人（Anthrōpos）和教会（Ekklēsia），以至形成世界的"八元"（ogdoad）。然而，这还不是神的流溢过程的终结。由于最后两个对子或伊安力图以自身的繁衍来荣耀混沌，结果又产生出22样东西，10样出自道和生命，12样出自人和教会。

---

[35] Irenaeus, *Adv. Haer.* 1.1~93, 11; 2.14; Clement Alex., *Strom.* 2.8; 4.13; 5.1; Tertullian, *Adv. Valent.* Pass.; *Adv. Prax.* 8 Hippolytus, *Philos.* 6.12,24~32; 10.9; Eusebius, *HE* 4.11.

至此,由 30 个伊安排列成 15 个对子而形成的神圣的丰满(Pleroma),或称充实(Plenitude)便告完成。最后一个伊安是智慧(Sophia),[36]物质世界正是从她那里产生出来的。这发生于智慧企图超出自己能力的限度,去认识那只有心灵才能认识的混沌之时。这使智慧的情绪强烈激化,以致她在没有她的配偶参与情况下,生出了一种新的存在。这种新的存在由其出身状况决定了它是个“流产的胎儿”,因此,它在神的丰满中制造了混乱。最后,混沌决定造出两个新的伊安,基督和圣灵,以便在丰满中重建秩序。这个目标已经达到了,但名为阿卡穆特(Achamoth),智慧激情的产物却总是存在着的。十字架或谓限制,把阿卡穆特驱出丰满之外,并不许她再次回到丰满里来。伊安们出于帮助智慧的流产儿的意愿,造成一个新的伊安耶稣。在耶稣里面可以见到伊安们的充实。耶稣使阿卡穆特摆脱了欲念,欲念便成为物质;接着,耶稣又引领阿卡穆特去忏悔,魂魄便
136 从忏悔中产生;最后,耶稣赐给阿卡穆特天上的神智(*gnosis*),这种光亮便造成灵性。这三种因素——物质、魂魄和灵性——仍然存在于这个世界之中,只是这个世界的创造者对于第三个因素毫无知识。世界的创造者是智慧为了使物质和魂魄获得形式而造成的得缪哥(Demiurge)。然后,智慧自己把灵性的种子植入被得缪哥创造出来的人里面,待到种子成熟之时,基督便出现在耶稣这个人——不可将他与那位同名的伊安混为一谈——里面来救人。基督在耶稣受洗时降临在他的身上,并在他受难中离开了他。基督的使命是带来神智,通过它,真正属于丰满的人的灵性得以返回到丰满中去。

以上是反异端派学者们告诉我们的瓦诺提诺体系梗概。[37] 而在最近

---

[36] 智慧(Sophia)的神话有着悠久而复杂的历史。见 G. C. Stead, “The Valentinian Myth of Sophia”, *JTS*, 20 (1969), 75 ~ 104; G. W. McRae, “The Jewish Background of the Gnostic Sophia Myth”, *NT*, 12 (1970), 86 ~ 101。

[37] 然而,应该指出反异端学者们对一些细节问题持不同意见。上述内容追随了 Jonas 的重建,见:Jonas, *Gnostic Religion*, pp. 174 ~ 197。

发现的一份名为《真理的福音》(*Gospel of Truth*)的文献中,[38]我们也能见到那位诺斯底主义者(至少也是他的弟子们)的主张。艾雷尼厄斯说过,瓦伦斯提诺教派有一部《真理的福音》。[39] 看来我们完全有把握认为,这份新发现的文献就是艾雷尼厄斯所说的那部著作。[40] 但是,这部《真理的福音》与艾雷尼厄斯以及其他反异端派学者讲的瓦伦斯提诺神学有几点不相一致。对于这种矛盾现象有几种不同的解释:第一种理论认为反异端派学者的话不可信;第二种理论认为,《真理的福音》写成于瓦伦斯提诺与教会公开分裂以前,因而早于他的体系完全成熟之时;第三种理论的可能性最大,即基本上《真理的福音》和反异端派学者们的见证都是可信的,[41]而它们之间的差异可以用它们的目的不一来解释。这种理论认为, 137
反异端论学者们显然是出于驳倒诺斯底派的目的,所以突出了该派思想中最不合理的内容,而《真理的福音》则对得救的问题更感兴趣,这是诺斯底主义的主要兴趣所在,也是它之所以具有吸引力的原因所在。此外,《真理的福音》中还有一些宇宙论观点,离开了反异端论学者们的见证,我们就无法理解这些观点。

这似乎证实了我在前面说过的话:理解公元后最初几个世纪中诺斯底主义的强烈吸引力不能以它的宇宙论观点为基础,而要以它的得救教义和应许为基础。因此,基督教会的反异端派学者在用揭示诺斯底主义中最令人反感的内容的方法为教会服务的同时,却因掩盖了诺斯底主义作为一种使人得救的宗教所具有的那种巨大的精神吸引力,而有失于历

---

[38] Edited by Michel Malinine, Henri-Charles Puech, and Gilles Quispel, *Evangelium Veritatis* (Zürich: Rascher, 1956). 企图重建希腊文本的尝试,见 Jacques E. Ménard, *L'Evangile de Vérité* (Paris: Letouzey et Ané, 1962)。K. Grobel 作了英文翻译,见上面的注 25。

[39] *Adv. haer.* 3. 11.9.

[40] Hans Jonas, "*Evangelium Veritatis* and the Valentinian Speculation", *SP*, 6 (1962), 96 ~ 111, 为这种鉴定结论以及另一个观点辩护。那个观点认为《真理福音》和反异端学者作为瓦伦提诺的成熟教义的见证都是可信的。

[41] 也适当地允许反异端学者们在细节方面各持己见。

史记载的准确性。

另一方面，诺斯底主义也相当成功地适应了当时的综合主义精神的需要。每个诺斯底派的教师都视其方便而汲取别人的思想因素，他们的教派和学派之间如此地交错混杂，以至于现代的历史学家不得不承认，他们无法在各种诺斯底潮流间划出明确的界限。在学术上为历史学家制造难题的诺斯底主义，同样给2至3世纪的基督徒们提出了紧迫的问题，使他们感到他们的信仰不仅从猛烈的外来攻击中受到威胁，而且，甚至更为严重地，受到那些企图改变据信为基督教中极有价值的内容，并使之变成更易于当时人们所接受的教义的威胁。

马 吉 安

在早期基督教会面临的围绕其信息而产生的各种各样的解释中，最危险不过的是马吉安(Marcion)提出的观点。马吉安是锡诺普(Sinope)
138 人，住在彭都斯(Pontus)，其父为那里的主教。[42] 马吉安在离开彭都斯后前往小亚细亚，后来又到了罗马。可能在公元144年，[43]马吉安在罗马被驱逐出教会。于是，他就创立了马吉安派教会，此举使他成为正统基督教最危险的敌人。各个诺斯底派的师爷只不过创立出一些学派而已。马吉安却创立了一个与现存教会敌对的教会。马吉安派教会人数发展如此之快，以至于这场斗争的最终结局将是如何，竟然一度令人难以预料。虽然

---

[42] 主要的资料是 Tertullian, *Adv. Marc.* pass。另见：Justin, *I Apol.* 58; Irenaeus, *Adv. Haer.* 1.27; Clement Alex., *Strom.* 3.3; Origen, *Contra Cel.* 5. 54; 6.53, 74; *Comm. im Job.* 5.4; 10.4; Hippolytus, *Philos.* 7. 17～19; 10.15; Eusebius, *HE* 4.9;5.13。经典性的研究著作是，Adolph von Harnack, *Marcion: Das Evangelium vom fremden Gott* 再版 (Darmstadt: Wissenschaftliche Buchgesellschaft, 1960)。另见，R. J. Hoffmann, *Marcion and the Restitution of Christianity: An Essay on the Development of Radical Paulinist Theology in the Second Century* (Chico, Calif.: Scholars Press, 1984)。

[43] 关于此年代问题，见 Edwin Cyril Blackman, *Marcion and His Influence* (London: S. P. C. K., 1948), pp. 20～21。

马吉安主义在3世纪后开始衰落，很快在帝国西部消失，但在这以前它却确实构成一个挑战。

传统观点一直把马吉安说成诺斯底主义者。而教义史学大师哈纳克却反对这种意见。他认为马吉安是自成一派的思想家，因为他在一些观点上比诺斯底主义者更为准确地把握了基督教的基本主张。对于这个问题的最终裁定取决于如何理解“诺斯底派”。无疑，马吉安神学中有某些因素使之非常接近诺斯底主义，但他的神学中还有别的一些观点可以让历史学家单独地讨论他的思想，我就打算这么做。

马吉安神学中的二元论与诺斯底主义的二元论一样，都是在派生意义上的二元论。[44] 这个物质世界的统治者是律法和公义。与此相反，基督教福音，即上帝的福音的中心是恩典，上帝的爱就在于他甚至能赦免罪大恶极的罪人。因此，福音就是上帝的话，这位上帝最好被称为“他者”（the“other”）或“世外之神”（foreign god），他根本不同于统治这个世界的神。

统治着这个世界的神就是犹太人崇拜的神。正是这位神造出万物，且“看都是好的”。也正是他要求人们杀牲献祭，引领其子民打仗，并命 139
令将所有的居民斩尽杀绝。人们恰如其分地称这位神为“忌邪的神，恨我的，我必追讨他的罪，自父及子，直到三四代”（《出埃及记》20章5节）。

远远高于这位复仇的神之上，有一位“不为人所知晓的神”（unknown god），他就是爱。他与这个世界没有关系，而是位“世外之神”。造物的神是公义、残暴和好战的神，而这位至高的神却是爱、和平和无限善良的神。[45] 可能马吉安一开始曾断言造物神为邪恶的神，但后来也许是受到

㊹ 然而，没有阐述造物主与至高上帝之间关系的文本，因此那种认为马吉安的二元论不是原创，而是派生转述而来的说法只能建立在很可能是错误的推断之上。见 Orbe, *Hacia la primera teologia*, pp. 259～265。

㊺ Tertullian, *Adv. Marc.* 1.6.

诺斯底主义者塞尔多(Cerdo)的影响之故又改称为公义的神。[46] 因此,这两位之间的对立变成不在于善与恶,而在于爱与公义。

马吉安的二元论使他与诺斯底主义非常接近。恶的问题似乎是马吉安和主要的诺斯底派导师们所关注的首要问题。如同大多数诺斯底主义者一样,马吉安对物质,以及肉体,尤其是性欲,持否定的观点。如同大多数诺斯底主义者一样,马吉安愿意承认《旧约》中有一些真理,但只是较低级的神或道的启示。再者,关于位于造物神之上的"不为人所知晓的神"的观念亦非马吉安之首创,而似乎是从塞尔多、塞林多和巴西里德等人的教义那里搬过来的。

马吉安的这些与诺斯底主义有关联的观点,就使他的神学思想,也认为世界是不在至高上帝的管辖范围之内的。正因为这一点,德尔图良以其敏锐察觉对手教义弱点的特长,讽刺马吉安的至高上帝说,这位上帝叫人认识他自己花上了这么久的时间[47],而同时,连一棵极小的植物也还没有能够创造出来。[48]

不过,马吉安的神学也还有一些不同于诺斯底主义的方面。第一,马
140 吉安并不说他掌握有一种获得救恩的秘密知识。在他看来,他的学说,是根据审慎阅读保罗所传授的基督教道理而得出的。这些道理记载于保罗书信和《路加福音》,但应加以修订,以除去其中被插进去的犹太化的文段。保罗是一种全新道理的先驱,这种道理是先前从未被认识的上帝的启示。《旧约圣经》不是这位在耶稣基督里启示自己的上帝的话语。因而,在保罗书信中的那些引自《旧约圣经》的文段是后来加进去的。保罗的同伴路加所写的《路加福音》,也是同样的情况。这样,马吉安就制订

---

[46] 正如 Blackman 所坚持的观点,见 *Marcion*, pp. 66 ~ 71。

[47] *Adv. Marc.* 1.15.

[48] 同上,1.11。

了第一部《新约圣经》的正典。[49] 他的教义就以这些经卷的研究为基础，因为他并不自命为先知，也不说自己有什么神秘渊源的知识，只不过是一位基督教《圣经》的真实解释者。

第二，马吉安对于诺斯底主义极为重视的臆想或思维（speculative）不感兴趣。数字命理学（numerology）和星象学（astrology），在他的思想里也没有重要地位。他对于人类状况的认识，使他不会像诺斯底主义那样，搞那么一套没完没了的伊安（aeons）系列。

最后，他对于机构组织的兴趣，比诺斯底主义更大。所有诺斯底主义学者都建立学校。马吉安就建立教会。他这样建立教会，可能是基于这样一种认识，他认为他的学说并不是他个人所得到的启示，而是对基督教道理的正确解释，这些道理已经被一般教会掺了假。因而有必要建立一个新教会，恢复基督教道理的本来面目。马吉安建立这样一个教会，对总的教会来说，是一个更大的挑战。

但是，马吉安的学说之所以绝对不容于大多数教会领袖的原因，和诺
斯底主义不被容纳一样，是幻影主义的思想。马吉安和诺斯底主义一样， 141
认为基督不是真实的人。耶稣传记中的出生记述，是马吉安最不能接受的。如果救世主像一个孩子一样的出生，那么他就必然要在“造物主”的管辖之下，这样一来，就否定了福音的彻底崭新性。[50] 因此，马吉安主张，基督是在提庇留在位第十五年，以一个成年人的形象出现于人世的。不过，就现有的资料来看，还不足以断言，马吉安究竟是把基督的身体看作幻影，还是把它看成是用天上的物质造成的。

总而言之，可以说马吉安的学说是一种夸大了的保罗主义（Paulin-

---

[49] 马吉安对《新约》正典历史有着重要的意义，但是不必夸大其词。《圣经》正典的概念在基督徒中是很普遍的，他们不断地使用《旧约圣经》。某些使徒的作品受到了圣灵启示这一观念也不是新的概念。马吉安的贡献是把这些想法结合在一起——而一旦他拒绝《旧约圣经》，但又没有宣告任何秘密的启示或传统来取代它时，他就被迫这样做了。

[50] Blackman, *Marcion*, p. 100.

ism)。他自己编订的《新约圣经》,只包括保罗书信和《路加福音》,这说明,他认为基督教只能根据这位外邦使徒所传授的道理来理解。律法与福音对立,上帝恩典说,以及他的彻底基督中心主义,都说明马吉安比他同时代的人更加深刻理解了保罗的教训。前面早已谈过,在使徒时期教父时代就有一种倾向,要把基督教变成一种新道德学说,以致忽视保罗所强调的,上帝所赐白白的恩典。对此应予提醒,马吉安就是想这样做的。但是,极端地强调了保罗的教训与当时教会信仰之间的区别,以致他的某些观点就与保罗的教训相抵触,如两个上帝说,否定《旧约》的看法,以及他的幻影说。在律法主义威胁着整个教会的形势下,他号召人们对上帝的白白的恩典有一个新的觉悟,这是必要的,中肯的。但是,他否认上帝在以色列历史中的作为,对救恩的双重解释,使他遭受到教会如此严厉的攻击,以致他那些有积极意义的学说,也没有引起应有的重视。

孟他努主义

142 孟他努(Montanus)原来是一个异教的祭司,于公元155年前后受洗信奉了基督教。[51] 在他受洗后一些时候,他自称被圣灵充满,并在这基础上开始说预言。[52] 不久,有两个也说预言的妇女,百基拉(Priscilla)和马克西米拉(Maximilla),与他合作。这并不是独特的现象,在很多地区仍然允许有这种受圣灵之感而说预言的制度。与众不同的是,孟他努和他的同伴们的预言,宣称他们从圣灵接受了新的启示,因而开始了一个新的时

---

[51] 孟他努主义的主要资料是德尔图良有关孟他努主义的作品。另见,Epiphanius, *Pan.* 48~49; Eusebius, *HE* 5.14~19。

[52] 他在其言语中似乎宣称,他是保惠师一说不应作字面的理解,而更像是以上帝的名义说预言。无论如何,后来的孟他努主义者把孟他努当做是圣灵一样看待。见 Jaroslav Pelikan,"Montanism and Its Trinitarian Significance",*CH*, 25 (1956), 100~104。整篇文章的主题(pp. 99~109)——孟他努主义在三位一体教义发展中的意义不及通常所认为的那样重要是正确的。孟他努主义的贡献主要是引起了人们对圣灵的重视。

期。这一新的启示与《新约圣经》中的启示不矛盾，但更加重视严格的道德标准，和某些更详细的末世论叙述。

孟他努的道德法规是非常严格的，它实际是反对其他教会轻易饶恕犯罪的人，教会越来越适应世俗社会标准的做法。关于殉道问题，他反对那种传统的观点，即不必寻求殉道，只要不违背信仰在可能条件下可以逃避殉道的观点。至于结婚，并不完全是坏事，但不能看做一件很好的事，鳏寡都不允许再婚。[53]

这一法规是以末世就在眼前的希望为基础的，依照孟他努和他的两
个女先知的看法，启示时期就在他们身上结束，接着世界末日就到来。新 143
耶路撒冷就要建立在弗吕家的培浦泽镇上——而很多孟他努派的人都集
聚到那里，希望亲眼看到末日发生的种种重大事情。

孟他努和他的门徒，都是很好的组织者，他们并不感到在圣灵的新启示与良好的教会组织之间有什么矛盾。因此，他们很快就采纳了教阶机构，而且这样建立的教会，迅速发展到了整个小亚细亚，以后又发展到了罗马和北非。在北非他们可能得到了德尔图良的支持，而德尔图良无疑是当时最著名的拉丁语基督教会神学家。所以，我们不能认为孟他努主义反对过于严密的教会组织，而欣赏一种纯粹属灵的组织。再者，孟他努主义开始的时候，并不想提倡恢复说预言的做法。而实际是，孟他努和他的两个女先知，宣称他们接受了特殊的、最后的启示，因而不能指望先知的灵还要扩展到其他信徒身上，叫他们说预言。只是到了后来，一般的孟他努信徒，企图仿效他们的创始人，才宣称他们有说预言的恩赐。

其他基督徒反对孟他努主义的理由有二，在现实方面，孟他努主义削弱了现有教会机构，而这种教会机构对很多人来说，对于反对各种异端是

[53] Hans Lietzmann, *The Founding of the Church Universal* (New York: Scribner's, 1950), pp. 260 ~ 261，文中称早期的孟他努主义者拒绝婚姻。如果是这样的话，德尔图良反对婚姻必定反映了孟他努主义发展的后一阶段。

必不可少的。在神学方面，孟他努主义者宣称他们接受了新启示，这就危害了基督所赐的启示的至上权威。

神格唯一论

很多人转向诺斯底主义，是为了找到他们认为是纯真的基督教道理，但另外一些人，却希望借此弄清楚圣父，圣子和圣灵之间的关系问题。最早提到的所谓的神格唯一论，这个词原来的用意是保卫上帝的“唯一”（“Monarchy”）或整一，从而反对诺斯底主义和马吉安所提出的伊安多数
144 性和二神论。最早的一些神格唯一论者——他们因为反对逻格斯学说而被称为“反逻格斯派”（“alogoi”）——否认“第四福音”，认为它是塞林多（Cerinthus）所写的，而它的逻格斯学说，看来是用作诺斯底主义关于神格多位的各种观点的根据的。在反逻格斯者看来，基督的神性，无论如何也不能与圣父的神性有所区别，因为这种区别必然破坏了上帝神格的一体。[54]

在最初的，不知名的反逻格斯者之后，产生了两种彼此不相关的学说，这两种学说都是要捍卫神格一体的。这两种学说通常被称为动力和形相一格论（Dynamic and Modalistic Monarchianism）。

尽管“动力一格论”这个词不恰当，可是它传统的含义，指的是那种力图保证神格唯一，而主张基督的神格是没有位格的能力的学说，并且说这种能力是来自上帝的，而不是上帝自己。它被称为“动力的”，是因为这个希腊词“*dynamis*”的意思是“能力”或“力”，而且拿它来说明基督里面的那个不具位格的能力。最早持有这种学说的名人是提阿多徒斯（Theodotus），他反对把上帝的称号加给耶稣，因而“动力一格论”往往被

---

[54] Irenaeus, *Adv. haer.* 3.11; Epiphanius, *Pan.* 51.

称为“提阿多徒斯派”(Theodotians)。[55] 这个派别或学派——公元195年之后在罗马受到教会谴责——又为亚尔特门(Artemon)所继续,他试图用《圣经》,和他所说的被他同时代人所背弃的一种更早的传统,作为这个学说的基础。[56] 但是,它最主要的理论家是撒摩沙他的保罗(Paul of Samosata),其学说我们还要进一步研究。[57] 虽然“动力一格论”在13和14世纪有一些信徒,但没有造成实际的威胁。它的基督论与伊便尼派十分近似,把基督看做是比普通人略好一点就是了,这样就削弱了它在基督徒中的感染力。

然而,还有另外一种学说,同样是强调神格的整一,却对于基督的神 145
格不加任何限制。这一学说通常被称为“形相神格唯一论”(Modalist Monarchianism)——但应该指出,不要因为都用了神格唯一这个词,就认为这一学说与“动力一格论”有什么直接关连,其实二者是完全相反的。

“形相神格唯一论”不否认基督的完整神格,只是把基督与圣父认同。由于这样的认同,就意味着圣父也在基督里受了钉死之难,这种学说有时被称为“圣父受难说”(Patripassianism)。它最早的导师是士每拿的诺埃都(Noetus of Smyrna)[58]和帕克西亚(Praxeas)[59]。帕克西亚是一个没有名声的人,有人说他就是教皇加里斯都(Pope Callistus)。很早的时候,就有基督徒学者企图驳倒“形相神格唯一论”,但并没有能够打倒它。早在3世纪,就有了它最大的导师撒伯流(Sabellius),从而就有了撒伯流主

---

[55] 似乎有两个同名的人持守这一教义。第一个人似乎是2世纪后期从拜占庭来到罗马的。另一个是罗马人,或许就是第一个提阿多徒斯(Theodotus)的追随者。

[56] Eusebius, HE 5.28; Augustine, *Conf.* 7.19. 见 James Franklin Bethune-Baker, *An Introduction to the Early History of Christian Doctrine to the Time of the Council of Chalcedon* (London: Methuen & Co., 1903), pp. 99～100。

[57] Chap. X.

[58] Hippolytus, *Contra Noetum*, passim.

[59] Tertullian, *Adversus Praxeam*, passim. 见 Raniero Cantalamessa, “Prassea e l'eresia monarchiana”, *SCatt*, 90 (1962), 28～50。

义(Sabellianism)之称。我们不能确切地得知撒伯流自己的思想,[60]但他可能否认在神格中有任何区别,他把上帝称为“圣子—圣父”(*hyiopatōr*),并断言圣子和圣灵只不过是上帝为了救恩和启示而显现的一种形象,正如光线显现出了太阳一样。[61]

146 势所必然,这许多不同的学说,和各种探讨基督教信仰的努力,就成了2、3世纪神学大发展的挑战和起点,也是当时出色的神学家们的主要动力之一。不过,在我们对这些神学家进行研究之前,应该概述一下,整个教会对于威胁教会信仰的各种学说,所采取的一些批驳和斗争的措施。

迎 战

虽然2世纪的教会组织,还没有那么健全得能够作出迅速和最终的决定,可是全教会对于异端的反应,是出人意外地行动一致。的确有好几个不同的学派——以下的三章,我们就要研究三个不同神学流派的代表人物——但是,尽管有这些区别,整个地中海世界的正统基督教,都诉诸同样的一些手段以战胜异端。实际上,这些不同的手段,就是基本论据的实用和特殊的变换使用,借此反对各种异端,这一基本论据就是使徒权威。这个权威就是反异端手段所根据的决定性论据。这些反异端手段有《新约圣经》,信规(the rule of faith),信经(the creeds),以及对使徒统绪(apostolic succession)的重视。《新约圣经》不过被认为只是使徒们的著

---

[60] 非常遗憾,我们对他的真正教义所知甚少:我们对于其弟子所言有充分的了解。4世纪时权威提出了一个撒伯流主义的相当复杂的教义,其中在几个方面与安居拉的马塞勒斯(Marcellus of Ancyra)的观点很接近。E. Amann,“Monarchianisme”,*DTC*, 10: 2201~2202. 主要资料有:Hippolytus, *Philos.* 9.11~12; Epiphanius, *Pan.* 62, 69.7(其中在这个主题上引用了Arius);Athanasius, *Orat. contra Ar.* 3.4.36; Ps.-*Athanasius*, *Orat. contra Ar.* 4, 以分散的形式出现。

[61] 撒伯流或许不是在“面具”(mask)的意义上来使用“位格”(prosōpon)一词去谈论圣父、圣子、圣灵,而是把所有三者当做一个位格。到了后来,当很明显“位格”可以被理解为外在显现时,正统的神学家就指责那些论及三个位格(prosopa)的人为撒伯流主义。

作集，或者，至少是使徒们的同伴和门徒所写的使徒们的教训。信规是对使徒信仰的摘要和总括。信经是信徒在受洗时要接受的那些信仰条目——很重要的一点是终于形成了一种传说，据此，在这些信经之中，有一个最普遍的信经是使徒们编订的。使徒统绪的重要性，实际在于教会具有这样的统绪就能够确定什么是，什么不是使徒的教训。最后，以下三章要讨论的神学家，以及他们的大部分著作都是批判异端的，他们的任务
是说明和肯定使徒的信仰，而他们的各种论证和措施，都是为这个使命服 147
务的。

教会到了2世纪，由于异端的挑战，和人世趋势的正常发展，就走向一种确定的，更加一致的组织形式，因而就产生了普通所说的“古公教会”（“Old Catholic Church”）。这个古公教会的开始，突出再现于——不应夸大它与使徒时期和续使徒时期教会的区别——上述各种反异端手段中，其直接结果就是普遍地趋向于统一。因此我们有必要花一点时间，来研究一下这些手段的早期阶段的发展，以及它们与保持信仰纯洁斗争的关系。

我们在这里要讨论的第一种反异端手段，是强调使徒统绪。毫无疑问，使徒，以后是他们的门徒，在早期的基督徒中享有很高的权威。1世纪后期，罗马的克莱门特已经诉诸使徒统绪的权威，不过不是为反对异端，而是为了反对分裂。[62] 不多几年之后，安提阿的伊格内修斯，就是为了反对异端，说主教和长老都是基督和使徒的代表，以强调他们的权威。在这里，克莱门特诉诸使徒统绪，并没有提到独头主教制（monarchical episcopacy），而伊格内修斯诉诸主教权威，却没有提到统绪问题。到了异端冲击时，就使基督徒把使徒统绪和独头主教制这两种观念结合到一起，

---

[62] 其他同时代关于使徒权威发展的迹象，见《新约圣经》中的，弗2：20；启21：9～14。见G. Blum, *Tradition und Sukzession: Studium zum Normbegriff des Apostolischen von Paulus bis Irenaeus* (Berlin: Lutherisches Verlagshaus, 1963)。

从而强调主教是连接现在的教会与使徒时期教会之间不断的锁链。根据这个论点——这个论点很快就被接受为公认的教义——使徒就是真正信仰的受托人，他们把这些信仰传给他们的高足门徒，并且在他们所建立的
148 教会组织中，把他们立为接班人。使徒的这些门徒，又同样地对待他们自己的门徒，如此代代相传。所以，即使到了2世纪，也能指出一些教会，他们的主教是使徒的直接继承人。不过这样的教会只有很少几个，因为使徒没有设立很多教会，只有这很少的教会是信仰的受托人。但是，其他教会也是使徒的教会，因为他们的信仰和使徒设立的教会的信仰是一致的。

我们所概述的，可见于早期的反异端作家，如艾雷尼厄斯和德尔图良的著作。但是必须指出，当时对使徒统绪的认识，还没有把它看做是主教职权有效的一种必须条件。相反，有些主教有使徒统绪，其他主教就没有；可是他们的教会都是使徒教会，因为他们的信仰，与那些是使徒统绪的教会所保持下来的使徒信仰是一致的。以后，经过数世纪的发展，这个使徒统绪的学说，已经发展到了一种最初的倡导者永远都无法承认它的地步——每个圣职的授任，都必须声称是使徒统绪的直接接班人，才算有效。

《新约圣经》正典是教会用以反对异端的另一种手段。这个手段的特点是，异端派自己已经在用它，因为第一部《新约》正典是马吉安提供的。然而，教会可以采用马吉安关于订立一本《圣经》正典的看法，也就是一本用启示写成的基督教书本编成的经典。但是这样的书已经存在的概念，并不是来自马吉安。相反，基督教从一开始就把《旧约圣经》作为自己的《圣经》，并且在相当早的时期，就把一些基督教著作和《旧约圣经》一起作为《圣经》用。很自然，包括耶稣亲口教训的福音书，很快就与《旧约圣经》并列。关于这一点，殉道者查斯丁是见证人，他说在基督教礼拜中，人们选读先知们的著述，或“使徒们的回忆录”（memoirs of the apostles）——他这样称呼福音书。[63] 因而教会从马吉安所接受的，并不是

[63] *I Apol.* 57.3.

马吉安所提出的有《圣经》正典的概念，而是一种激发，从而着手判定哪 149
些基督教著作应该作为《圣经》的一部分。再者，需要有一个判定的过程以决定正典的内容，也不全是来自马吉安，其他异端也一直写一些书，自称是上帝的启示。这就有必要来判断哪些书应算为《圣经》，哪些书不应算为圣经。经过了好几个世纪，《新约圣经》才最后定形；不过，它的基本纲目，在2世纪后半期就已经确定下来了。此后，一般公认的《新约圣经》结构，包括"福音书"和"使徒著作"，这也许是仿照了马吉安的做法。虽然直到2世纪中期之后，《新约圣经》是否要包括"第四本福音书"这个问题仍有争议，从艾雷尼厄斯的热烈辩护就可以看出这种情况，[64]但是在此之后，大家都公认福音书包括四个方面的见证。[65] 这样把几种福音书都包括进去，很可能是为了表明，教会的信仰，不是像马吉安和别的异端所说的那样，以某一个使徒的见证作为基础。

关于"使徒"，即《使徒行传》和保罗书信，从它们"发表"（公开流传）之日起，就享有很高的威信。马吉安的《圣经》不包括《使徒行传》，可是包括保罗书信。保存到现在的此后所有的《圣经》目录，都包括了《使徒行传》和保罗书信。教牧书信（Pastoral Epistles），可能是为了驳斥异端，2世纪早期就编了进去，很快就把它算到了保罗书信之内。《希伯来书》，最初是在亚历山大城列入《圣经》的，其教义和总的观点，在这个城比其他地方更受欢迎。至于雅各、彼得、约翰，和犹大给教会的书信，被接受为《圣经》的情况，既不一致也不统一。最早普遍接受的似乎是《约翰一
书》。其他书信，有的目录里有，另外的目录里就没有。关于《启示录》的 150
情况也一样，因为教会里有人认为它是伪经，过了一段时间，才得以普遍接受，因为教会里有人对启示的看法，抱着怀疑态度——基督教成为罗马

[64] *Adv haer.* 3.11.8.

[65] 值得注意的是他提安的《四福音合参》（*Diatessaron*）。他试图提供统一的福音，使用四本正典福音书而不包括别的。

帝国国教之后有这样情况，是因为有人认为《启示录》的言语对罗马帝国太过严厉。

还有其他一些著作，虽然最后没有列入《新约圣经》，可是在某些地区和某一时期，也被认为是上帝的启示。例如克莱门特的《致哥林多人前书》，《克莱门特二书》，《巴拿巴书信》，《使徒遗训》，《赫马牧人书》，《保罗行传》，以及同时期的其他一些著作。

总之，我们感兴趣的还不是《圣经》正典史的本身，[66]而是这一历史怎样反映了基督教对异端的应战。《圣经》正典用了几个世纪才完成了它固定的形式，在公元 367 年之前，没有一本确实一致的，实际是正典《圣经》的目录。但是，正典《圣经》这个观点本身，在 2 世纪已经出现并坚定地建立了起来，为的是需要找到一些准则，来辨别哪些是“使徒的教义”（apostolic doctrine），哪些是许多异端自称是以某个使徒权威为基础的说法。

使徒统绪的确立和《新约》正典的确定，看起来是对传统的封闭，事实上却是一种开放的做法。许多异端派声称，他们得到某位使徒的秘密传说而取得权威，或者得到以某位使徒名字命名的一种福音而取得权威。然而整个教会坚持承认所有使徒的公开传言。这些传说是他们所有接班人都知道的，并有各种见证——福音书——为根据。这些福音书虽然不完全相同，对事关重大的根本问题却有共同的见解。另一方面，树立权威的过程，却又剥夺了某些人的选举权，尤其是妇女。[67]

151 然而，强调使徒统绪，和《新约》正典的形成，还不是判明一种教义是不是使徒的。使徒统绪能够保证一定程度的继承性，而且是一种很有价

---

[66] Frank W. Beare, “Canon of the NT”, *IDB*, 1: 520 ~ 532; Edgar J. Goodspeed, “The Canon of the New Testament”, *TIB*, 1: 63 ~ 71; L. Vischer, “Kanon: Ⅱ, Kirchengeschichtlich”, *RGG*, 3: 1119 ~ 1122.

[67] E. Pagels, “The Demiurge and His Archons: A Gnostic View of the Bishop and Presbyters?”, *HTR*, 69 (1976), 301 ~ 324; E. Pagels, *The Gnostic Gospels*, pp. 28 ~ 69.

值的准则，但它不包括正确教义的解释。另一方面，《新约圣经》是解释教义的，但它涉及的范围如此之广，又不那么系统，以致只靠它是不能迅速而明确地指出不正统的教义。因而需要有一个教会的系统的信仰大纲——这个大纲的性质是这样的，它可以用来清楚地判明，哪些是教会信仰，哪些是修改了或取代了教会信仰的各种学说。正是这种需要，就产生了信仰准则或“信规”的观点，而同时，信经的重要性也加强了，它是正统信仰的一种标准。

《新约圣经》正在成形的同时，罗马教会就在制订一个信式，这个信式，以后就成了我们现在《使徒信经》的核心，它通常被称为《古代罗马信经》(Ancient Roman Symbol)——其缩写是“R”。这个信经开始时不是一种肯定语气的信式，而是对学道友在受洗时提问的一系列问题。[68] 问题有三个，这是以最古的洗礼三重信式为根据的，而且，最初只限于向那些准备受洗的人提问是否相信圣父，圣子，和圣灵。

罗马教会很快就感到这种问题的使用越来越有必要，为的是保证新受洗的信徒的正统信仰。由于有关基督论的争议最多，所以就在第二个问题中加了几条，这样就产生了一个“洗礼信式”，这个信式与希坡律图在他的《使徒传统》(*Apostolic Tradition*，写于3世纪)中所引用的非常相似：

你相信全能的父上帝吗？ 152

你相信，由圣灵怀孕从马利亚所生，

在本丢彼拉多(Pontius Pilate)手下被钉十字架，死了，

并在第三天从死里复活，

---

[68] 关于原本的提问形式的R信式，我们在此追随的是John Norman Davidson Kelly, *Early Christian Creeds* (London: Longmans, Green & Co., 1950), pp. 100～130。但是我们并不同意他否认R信式的形成对于反异端的重要性。

又升到天上，

坐在圣父的右边，

将来要回来审判活人与死人的耶稣基督吗?

你相信圣灵、教会，和肉体复活吗?[69]

这个“洗礼信式”被用来巩固信仰，并作为训练学道友的问答书的基础。这样就建立了使用“传授和背诵信式”（*traditio et redditio symboli*）的制度，主教把这个信式或信经教给学道友，学道友就跟着背诵，作为坚信的表示。[70]

虽然我们在德尔图良的著作中已经看到，似乎有一个类似希坡律图所引用的信式，但是，我们通过安居拉的马塞勒斯（Marcellus of Ancyra）和阿奎雷亚的鲁非努（Rufinus of Aquileia）可以得知，[71]到了 4 世纪，古代罗马信式才开始作为一种肯定语气的信式来使用。基于马塞勒斯[72]和鲁非努的见证[73]，下列 4 世纪通用的古代罗马信式文本，必是重编的：

“我信全能的（*pantokratora*）父上帝；我信他的独生子。我们的主，基督耶稣，他为圣灵和童贞女马利亚所生，在本丢彼拉多手下被钉十字架，并埋葬了，第三天从死里复活，升天，坐在父的右边，将再来审判活人和死人；我信圣灵，圣教会，赦罪和肉体复活。[74]

153 可以清楚看出，从希坡律图到鲁非努和马塞勒斯这段时间的古代罗

---

[69] Kelly, *Creeds*, p. 114.

[70] 关于“信条”（symbol）一词作为信经的名称的起源问题，见 Kelly, *Creeds*, pp. 52 ~ 61。

[71] *De virg. vel*. 1. Note. 然而，在这一文本中关于圣灵的子句没有了。

[72] 引自 Epiphanius, *Pan.* 72. 3。

[73] *Comm. in symbolum*, *passim.*

[74] 本译文是从由 Arthur Cushman McGiffert 复原的希腊文和拉丁文翻译过来，见 *The Apostles' Creed: Its Origins, Its Purpose, and Its Historical Interpretation* (New York: Scribner's, 1925), pp. 42 ~ 43。

马信式内容，实际上没有任何变化——主要是加上了一句赦罪的话——而在文体上则从问答式改成了肯定式。在内容上没有多大变化这个事实，说明早在3世纪左右，古代罗马信式的核心已经成了一种既定的信式了。再者，根据希坡律图所具有的保守性格来说，他所引用的文本应是古老得多，而古代罗马信式的基本特性，在170或180年前后就已确定，这样说法并不过分。

关于古代罗马信式的结构，实际是古代洗礼三重问答的一个发展。[75]这个发展，特别在基督论问题上尤为显著，因为在2世纪，主教会议争论最多的，莫过于基督论问题。

古代罗马信式的反异端的目的——特别是反马吉安——可以就它一再否定诺斯底主义的和马吉安的观点，看得一清二楚。不能根据它所用的词句，在它所反对的这些异端存在之前就早已在使用这个事实，来否认它的目的是反对异端的。实际情况可能是这样，教会觉得要捍卫传统的使徒教训，就用传统的词句来驳斥异端的篡改。

第一句中，“圣父”和“全能”这两个词连起来使用是有意义的。在这里所用的一个希腊字——古代罗马信式的原文无疑是希腊文写的[76]——不但说明上帝大能的性质，说明上帝有能力做他任何想做的事，而且是“统治”一切的能力。意思就是说，治理我们所居住着的有形世界的上帝，也就是天父上帝，因而不能把世界分成两个，一个是上帝统治的属灵 154
世界，另一个是背离上帝旨意而存在的有形世界——以反对当时在罗马的马吉安和瓦伦斯提诺所主张的看法。

第二句，无疑也有明显的反异端目的。首先，“他的”这个所有格代词，[77]十分明确地把耶稣基督的父，与统辖世界的上帝完全等同了起

---

[75] 在这一发展中，很可能是先前的某个独立的基督论的信式被附加到了三一论信条的第二个子句上。

[76] **παντοκράτωρ**.

[77] **τὸν υἱὸν αὐτοῦ**.

来——这样的等同，马吉安是否认的。其次，用“童贞女”来修饰马利亚，是为了排除伊便尼派的观点的，也是用来说明耶稣是由一个女人所生，而且是一个特殊的女人——这样的学说是多数幻影派所不能接受的。提到本丢彼拉多，是为了确定基督被钉十字架和埋葬的日期，并借此强调它的历史性。最后，关于审判的一句话，是为了否定马吉安所主张的，《旧约》时期公义的上帝，有别于《新约》时期慈爱而宽恕的上帝。

论述圣灵的第三句，比“古罗马信式”更古老。可是肉体复活的提出，大概是有反异端目的的。诺斯底主义和马吉安都否认复活的教义，而宁愿说人的灵魂不死。

从2世纪后期开始，更多是在3世纪，基督教作家们一再提到“信规”。第一个用这个词的是艾雷尼厄斯。[78] 但不久之后，这个词也见于地中海另一边的亚历山大城的克莱门特（Clement of Alexandria）的著作中，[79]可见“信规”的观点已经流行了相当一些时间了。近代的一些学者，把这个“信规”看做是一些信经的雏形——或者各种信经的雏形。这种雏形信经的看法未必确切，因为这种“信规”，在这个作家和另外一个作家之间，就有所不同，甚至在同一个作家的不同著作中也有所不同，这就
155 很难叫人相信在这许多的不同内容的背后，会有一个既定的信规。这一情况，可以以德尔图良的实例说明，在他的著作中就有三篇不同的文章论述“信规”。[80] 其中的一篇的确很类似“古罗马信式”；但另外的两篇，就连原来的组织次序都不一样。这个事实说明，克莱门特虽然在古罗马信式中——或其他同类的信经中——看到了一个完备的信规纲要，可是这个准则还不完全与那种信经一样。因此，或许可以说，信规还不是一种必须照字背诵的定形的文本。而实际上是一种基督教基本道理的总纲，也许

---

[78] *Epideixis* 3.

[79] 参 Richard Patrick C. Hanson, *Tradition in the Early Church* (London: SCM Press, 1962), p.77。

[80] *Adv. Prax.* 2; *De praes.* 13; *De virg. vel.* 1.

特别强调那些异端所否认的道理。

这样把“信规”看做是对救恩基本历史事迹的一种多样化的概括，就可以来解释，为什么在帝国的不同地区内，其信仰准则基本上是相同的，而同时又带有各学派，甚至各个神学家的影响和倾向。例如，艾雷尼厄斯的做法是概述“信规”；德尔图良，就着重新律的教义（new law）；而奥利金则着重《圣经》各种含义之间的区别。[81]

如此看来，异端的挑战所引起的一系列反应，给教会将来的发展，带来了巨大的成果。信经，《新约圣经》，和使徒统绪，就是各种反应产物中的三项。[82] 也很可能，即使没有异端的挑战，这些成果终究也会产生的。不过，在 2 世纪中，基督徒们根据另外一些基督徒所否认的福音真理，去探索他们自己的信仰，这种努力，无疑就促进了这些新现象的发展。

另一方面，异端挑战所引起的另一个反应，也产生了重大效果：即神 156
学工作。有人试图提出比传统的教义更为合理的观点，这样，很多基督徒的思想和笔头，就受到了这一挑战的激发，因而，他们所写出的著作，其作用就比直接驳斥异端要深远得多了。

反异端作家在 2 世纪末和 3 世纪初盛极一时，他们就成了各神学流派的倡导人。在高卢有艾雷尼厄斯，他是小亚细亚人，是我们已经讨论过的，小亚细亚早期作家们的那一派神学的代表。在迦太基有德尔图良，虽然导源于艾雷尼厄斯，却也是一个我们在西方教会中已经看到过的，重视实用和道德的神学的倡导者。最后还有克莱门特和奥利金，他们的活动中心在亚历山大里亚，他们的神学则反映了那里的知识和文化氛围。

---

[81] Hanson, *Tradition*, pp. 91 ~ 92.

[82] 然而，应该指出，这里所讨论的反异端的手段不是各自独立的，而是互相纠正，互相补充的。例如，“信规”有时用来断定一本伪造的书是否是使徒所写，如果书里面的教义与信规不一致，那么书的作者就不是使徒。作为使徒继承者的主教的权威也用于驳斥异端对《圣经》的解释。因此，我们在此分别简要地讨论的这些各种的手段实际上在使用它们的人那里是一个有机统一的整体。

第六章　艾雷尼厄斯

157　2 世纪中，很多基督徒对于他们认为威胁他们信仰的各种神学进行了批判。像我们已经谈过的，查斯丁写了《反一切异端》(*Against All Heresies*)与《反马吉安》(*Against Marcion*)，安提阿的提阿非罗写了《反马吉安》(*Against Marcion*)与《反黑摩其尼》(*Against Hermogenes*)，所有这些著作，以及史学家优西比乌所提到的其他著作，都已丢失。因此，幸存的最早的反异端著作，其作者是里昂的艾雷尼厄斯。

关于艾雷尼厄斯的生平，知之甚少。大约公元 135 年，他生于小亚细亚——可能就是士每拿。在那里，他认识士每拿的波利卡普。不过，这位老年主教波利卡普殉道时，他一定还是个年轻人。以后，公元 170 年左右，他到了高卢，并定居里昂。这里有一个基督徒团体，其成员中也有一些是从小亚细亚迁居来的。公元 177 年，他已是这个团体的长老，受委托带了一封信去会见罗马教皇。当他完成任务回来时，得悉里昂主教波提诺(Pothinus)已经殉道，并且自己必将接任这个主教的职位。艾雷尼厄斯做了主教，领导此城的教会，向住在这一地区的凯尔特人传教，保护信徒不受异端的侵扰，并且努力保持教会的和平与团结。[①] 为了达到这后一个目的，即保持教会的和平与团结，他曾在罗马主教维克多(Victor)因举行复活节的日期不同，要与小亚细亚教会断绝关系的时候，就介入"逾越 158
节的争论"(Paschal controversy)。[②] 然而，艾雷尼厄斯在基督教思想史方面的重要作用，还是在于他的反异端斗争和巩固基督教信仰的努力。为此他写了他那两篇保留下来的著作。关于他的死，据说是为道殉难的，但详情不得知，可能死于公元 202 年，当时在里昂有大批基督徒被杀。

艾雷尼厄斯的两篇保留下来的作品是《痛斥与批驳所谓的神秘智慧》(*Denunciation and Refutation of the So-called Gnosis*)和《使徒教训释义》(*Demonstration of Apostolic Preaching*)，其他好几篇著作都已失落。[③]

《痛斥与批驳所谓的神秘智慧》一般都叫做《辟异端书》(*Adversus haereses*)，共有五卷，其希腊文版本已差不多完全丢失，但有一本完整的拉丁文译本，[④]和最后两卷的亚美尼亚文译本。[⑤]

《辟异端书》的第一卷，只是介绍诺斯底主义的学说，而"特别是多利买斯(Ptolemaeus)的门徒的学说"——多利买斯是瓦伦斯提诺(Valentinus)的学生。艾雷尼厄斯在这里的前提是，诺斯底主义是荒谬的，它的魅力是以这样一些虚构的奥秘为基础的，以至于只要把诺斯底主义的教训予以揭露，这本身就是对它的胜利。[⑥] 艾雷尼厄斯的这种揭露，把注意力更多地放到瓦伦斯提诺和他的门徒身上，对其他诺斯底主义倡导者则不

---

① Bertrand Hemmerdinger, "Saint Irénée évêque en Gaul ou en Galatie?" *RevEtGr*, 77 (1964) 291～292; Jean Colin, "Saint Irénée était-il évêque de Lyon?" *Lat*, 23 (1964), 81～85; Sante Rossi, "Ireneo fu vescovo di Lione", *GltFil*, 17 (1964), 239～254.

② Marcel Richard, "La lettre de saint Irénée au Pape Victor", *ZntW*, 56 (1965), 260～281.

③ 关于他的著作目录，见 Albert Houssiau, *La christologie de saint Irénée* (Louvain: Publications Universitaires, 1955), pp. 3～5。

④ 这个译本强调逐词逐句到了不顾拉丁语语法的程度，因此抄写者们作了许多修改的努力。

⑤ SC 出版的这个新版本最有价值的特征就是运用了这部亚美尼亚语译本。

⑥ 见卷一的前言和最后两段。

多加注意。但他也罗列了诺斯底主义的主要学者，并想找出他们之间彼此的关系。[7] 他所以要把注意力集中在瓦伦斯提诺的学说上，那是因为他的一个朋友着了多利买斯的诺斯底主义的迷，这才使他开始感到必须
159 提笔以伐之；不过，他总也认为，批判了一种诺斯底主义的学说，也就是批判了整个诺斯底主义，正如他说的，“为了知道海水是咸的，无需把海洋都喝下。”[8]

艾雷尼厄斯在第二卷里是根据常识来驳斥诺斯底主义的。他以严格的逻辑来攻击“普罗路马和伊安说”（doctrine of Pleroma and aeons），但也并不想用一种理论体系来取代之，而且不无幽默感。也像第一卷那样，大部分篇幅都用于批判瓦伦斯提诺，只是到了最后，他的批判才涉及到其他诺斯底主义的思想体系。[9]

最后，末了的三卷是根据《圣经》来批判诺斯底主义的。最初艾雷尼厄斯想把这一段包括在第二卷里，但他接下来觉得有必要分作三段来讨论这个题目。总的说来，他在这三卷中对《旧约圣经》的应用，是沿用了查斯丁的“预言”（prophecies）和“预表”（types）说。艾雷尼厄斯所攻击的那些学说，不是否认《旧约圣经》，就是用比喻法歪曲了它。这些学说扬言救赎绝对不是创造的一个继续，因而《旧约圣经》中的上帝，和那位至高的上帝，肯定是对立相反的。艾雷尼厄斯反对这些主张，力图证明《旧约圣经》的记载与《新约圣经》的记载之间的连续性——这样的努力就使他采用了近代学者们所说的预表解经法（typological exegesis）。[10]

关于艾雷尼厄斯写《辟异端书》的原创性问题，曾有过争论。有人曾

---

⑦ *Adv. haer.* 1.23 ~ 31.

⑧ 同上，2.19.8。

⑨ 关于他的辩论方法，见 Bruno Reynders，“La polémique de saint Irénée: Méthode et principes”，*RThAM* (1935)，5 ~ 27。

⑩ 例如，见 *Adv. haer*，4.20.7 ~ 25.3；*Epid.* 43 ~ 51。

试图把艾雷尼厄斯可能援引过的资料分离出来，以便看到他自己的贡献。[11] 由于在艾雷尼厄斯自己的著作之外，几乎完全没有另外的参考资料，那种试图就不那么有说服力了。[12] 然而，无论如何，艾雷尼厄斯并不 160
自命为有创造性的神学家，而只把自己看做一个教义的解说者，和反对异端的教义捍卫者。有某些实例，艾雷尼厄斯显然是引用了另外的文段作为他的论据。[13] 尽管如此，他仍然不失其神学的完整性，他并不是作为一个系统原理来引用这些文段，而只是在他的著作中一再提到某些观点和主题。

《使徒教训释义》一般简称《释义》(*Epideixis*)，是一本问答式的著作，但有些护教的格调。其目的不在于训练学道友，而是为了加强已经相信的人的信心。[14] 因为它不突出反诺斯底主义的辩论，因此比《辟异端书》更为系统化。即便如此，它仍然不是一个大胆创新的神学。艾雷尼厄斯只是一个解释他得自教会的教义的解释家，并不指望人家认为他是一个具有创造性的，或是理论性很强的神学家。

《释义》开始罗列了艾雷尼厄斯要加以阐述的信仰内容，先是系统地罗列(3～7 章)，然后是历史地罗列(8～42 章 a 节)，其他部分(42 章 b 节～97 章)是根据《圣经》来证明前面所阐述的信仰，最后是结论(98～100 章)，重申著作的目的。艾雷尼厄斯希望这一目的也成为读者的目的，那就是躲避非信徒，反对异端，并保卫正确信仰，从而成全救恩。

当我们阐述艾雷尼厄斯神学的时候，不要忘记了，我们所面对的不是

---

⑪ 这些尝试中最重要的，见 Friedrich Loofs, *Theophilus von Antiochien Adversus Marcionem und die anderen theologischen Quellen bei Irenaeus* (Leipzig: J. C. Hinrichs, 1930)。

⑫ F. R. M. Hitchcock, "Loofs' Theory of Theophilus of Antioch as a source of Irenaeus", *JTS*, 38 (1937), 254～266 中指出了 Loofs 研究的一些不足之处。

⑬ 一个清楚的例子是 *Adv. haer.* 3.22.1，正如同 Houssiau, *Christologie*, p.13 中所指出来的那样。在此艾雷尼厄斯用一个反伊便尼派(anti-Ebionite)的论点来证明基督是由一个童贞女所生，目的是为了反驳那些认为基督有属人来源的诺斯底派信徒。

⑭ 仅有一个亚美尼亚文版本被保存下来。有一个由 Joseph P. Smith 翻译的英译本(*ACW*,16)。

一个系统的神学家，他不是从几条理论原则引出所有的结论的。因此，我
161 们不要去找出这一神学主导的原则，最好是依照他《释义》的次序来处理：即从造物主开始，然后就探讨救恩的历史，一直到救恩的最后完成。

艾雷尼厄斯所认为的上帝是太初就有的上帝，并且从无中创造了万物。[15] 艾雷尼厄斯对创造极感兴趣，因为它对世界和人类具有极密切的关系。瓦伦斯提诺的诺斯底主义，以及当时流行的其他一些学说，想替上帝开脱由于创造了一个物质的和不完美的世界所负的责任。为此，诺斯底就造出了伊安学说，扬言在至高的神与创造世界的恶者之间，有一系列的伊安。马吉安也就是为了这个原因把上帝、耶稣基督的父，与世界的创造之主区分开来。艾雷尼厄斯反对这种主张，断然论定，而且一再重申，赐给我们救恩的上帝，就是我们的造物主上帝。[16]

万物都是上帝造的，任何东西如果违反上帝的旨意都不能存在。即使是魔鬼也是上帝造的，他现在的权力只不过是暂时的，有限的。就算是此时此地，仍然是上帝统管世界，而不是魔鬼统管世界。魔鬼能够背逆而且捣乱上帝创造的秩序，但仍然是上帝在统治着一切。[17]

上帝用两只“手”创造和管理世界：即圣子和圣灵。艾雷尼厄斯关于三位一体的论述，非常简单，以致历史学家不能就此得出这一教义的论断。艾雷尼厄斯故意回避了三一论的那些细节，而只是肯定了他从教父们那里听来的，上帝即圣父、圣子、圣灵，并没有讨论三者之间的关系。[18]在这里他运用了“道”的学说，以及他自己的比喻上帝的两只手。然而，他用“上帝的道”来论述圣子，并不是像查斯丁那样把它用来说明上帝与

---

⑮ *Adv. haer.* 2.10.

⑯ *Adv. haer*,4.6.2; 4.20.2.

⑰ 同上,5.24。

⑱ Antonio Orbe, *Hacia la primera teologia de la procesión del Verbo* (Rome: Gregorian University Press, 1958), pp. 114 ~ 143,宣称,艾雷尼厄斯从未肯定道的永恒创生,这是可取的。他的三位一体论是在“功能的”(economic)意义上的三位一体,是在上帝与世界的关系中发展的,而不是在其实质(或内在,immanent)的方面。

世界之间的一个中介,而是强调上帝与他的道之间的统一。这也就是比 162
喻为上帝的两只手的意义。诺斯底派和其他人想用道等中介把上帝和创造区分开来。艾雷尼厄斯却相反,他要强调上帝亲手从事创造的工作并引导历史。⑲

这个三位一体的上帝照他自己的形象创造人。⑳ 但是人本身并不是上帝的形象,这一形象是圣子,人是出于他而被他创造的。“他按照上帝的形象创造了人;而这‘形象’是上帝之子,人是照着他的形象创造的。”㉑ 因此,上帝的形象不是在我们身上可以找到的,而是我们成长的方向。上帝创造人像是用后来的道成肉身作楷模,我们要按照这个形象使我们的正义品质不断成长。就是为了能有这种成长,亚当和夏娃才被放在伊甸园。这个成长的观点,对于我们了解艾雷尼厄斯是很重要的。㉒ 照他看来,亚当和夏娃被造之始,就上帝对他们的要求来说,他们还不是完人,只不过在被创造之后,才有可能发展和成长到具有圣子的上帝形象。艾雷尼厄斯一点也不认为亚当和夏娃在乐园时所具有的原始人状态,赋有远远高于我们的能力。他认为亚当和夏娃只是上帝造人目的之开端。亚当和夏娃“像儿童”,他们的目标就是向着与上帝关系更近的方向成长。再
者,这种成长也不是靠亚当和夏娃自己的能力可以达到的,而实际是上帝 163
继续创造的一部分。㉓

作为上帝的具有成长目标的被造物,亚当和夏娃是自由的。这种自

---

⑲ Jean Mambrino,“Les *Deux Mains de Dieu* dans l'oeuvre de saint Irénée”, *NRT*, 79 (1957), 355 ~ 370.

⑳ Erik Peterson,“L'homme, image de Dieu chez saint Irénée”, *VieSpirit*, 100 (1959), 584 ~ 594.

㉑ *Epid.* 22 (ACW, 16: 61).

㉒ Charlotte Hörgal,“Die göttliche Erziehung des Menschen nach Irenäus”, *NDid*, 13 (1963), 1 ~ 28; *Adv. haer.* 4.33; 5.16. 参考 A. Orbe, *Antropología de San Ireneo* (Madrid: BAC, 1969), pp. 100 ~ 105。

㉓ *Epid.* 12. 参考 Gustaf Wingren, *Man and the Incarnation* (Philadelphia: Muhlenberg Press, 1959), pp. 26 ~ 38。

由不能从空想的角度来理解,它只是实现上帝目的的可能性。亚当的自由与上帝的无所不能毫无矛盾,而实际上前者是后者的结果和体现。[24]

然而,创造之后,撒旦和人就堕落了。[25] 天使和人一样也是上帝造的,不过没有一个成长的目标,一下子就把他们造成了完全成熟的。这一点就惹来了撒旦的忌妒,从而对亚当和夏娃进行诱骗。这并不是要人去反对这个创造的目标,而是要人加速实现上帝安排他将来要达到的目标,这样就打乱了上帝决定的次序。撒旦对人说:“你们要与上帝一样。”这是他肯定了上帝造人所指定的目标。但是,亚当和夏娃一旦屈从了这个诱骗,他们就破坏了上帝的计划,结果就成了罪与死的奴隶。

关于上帝的大能与魔鬼的能力之间的关系,我们已经提到过,这个题目必须给以坚持,这对理解艾雷尼厄斯的神学具有重大意义。上帝与魔鬼之间的对立不是虚构的。魔鬼是实实在在地反对上帝的计划,甚至千方百计地去推翻这些计划。尤有甚者,他确实能够取得无庸讳言的胜利。尽管是有限的,暂时的。当然,上帝最后是要胜利的。即使是现在,尽管魔鬼不遗余力地阻挠上帝的计划,还是上帝在统治着世界。上帝在制止魔鬼的斗争中,主宰着魔鬼所能使用的一切手段。最后,上帝的计划完成时,万物都降服于上帝,魔鬼就被除灭。而当前斗争正在继续,上帝应许了将来的胜利并不减弱当前斗争的真实性。

164 论到人,由堕落结果成了魔鬼的奴仆。在上帝与撒旦对垒的情况下,人必须投向一方,在乐园里亚当却倒向了撒旦。因此,人成了魔鬼的奴隶,这就是说,第一,他的成长中断了,第二,他被撒旦的罪与死这两个势

㉔ *Epid.* 11.

㉕ 同上,16。人类最初是作为婴孩受造的这一观念早先出现在安提阿的提阿非罗(Theophilus)那里,艾雷尼厄斯是得自于他(*Ad Autol.* 2. 25)。或者,也许这一观念在早期基督教神学里是一个相当普遍的观念,只是遗留下来的评说非常稀少。总之,艾雷尼厄斯在处理这一主题时并没有显得他是把学来的东西作为一种创新。参见 J. I. González Faus, *Creación y progreso en la teología de San Ireneo*(Barcelona: San Cugat del Valle, 1968)。

力控制着。

这里应予指出，把堕落看成是人的成长中断，这样的见解，与后世西方神学公认的见解十分不同。艾雷尼厄斯认为，堕落主要不是指人丧失其原来所具有的某些完美，而主要是指人中断了应有的成长。[26]

虽然罪与死是魔鬼用来使人屈服作他奴隶的两个手段，但是上帝能够利用这些极为罪恶的手段，来达到他自己的神圣目的。死起了限制人犯更大罪的作用，而罪奴的处境，又正好叫人得以认识上帝的良善，并因他的恩典赞美他。[27]

尽管人堕落了，上帝并没有因此抛弃他，却继续爱他。上帝一如既往地贯彻他一开始所设想的神圣计划。[28] 这个计划或方案（**οἰκονομία**）是一个整体，但它以互相连续的四个契约表现出来，而这四个契约以基督为终结。[29] 这四个契约依年代次序一个接着一个。第一个是亚当契约，直到洪水灭世；第二个是挪亚契约，直到出埃及；第三个是摩西契约，直到基督降生。第四个是基督契约，将持续到历史的告终。[30] 关于这四个契约，艾雷尼厄斯只阐述了他对后两个契约的主张，即关于律法和基督的学说。

律法是上帝作为他救赎计划的一部分而赐给人的，为的是约束人的 165
罪恶。遵守律法不是我们的最终目的。诚然，律法给人造成的被动为奴地位，与罪恶所造成的被动为奴地位不同且相反，但是，它较之人为了完成其被创造的目的所需要的自由，就差之千里了。因此，律法本身就预示

㉖ Wingren, *Man and the Incarnation*, pp. 50～63.

㉗ *Adv. haer.* 3. 23.6.

㉘ A. Verriele, "Le plan du salut d'après saint Irénée", *RevScRel*, 14 (1934), 493～524; K. Prümm, "Göttliche Plannung und menschliche Entwicklung nach Irenäus Adversus Haereses", *Sch*, 13 (1938), 206～224.

㉙ 见 André Benoit, *Saint Irénée: Introduction à l'étude de sa théologie* (Paris: Presses Universitaires de France, 1960), pp. 219～227，特别是他强调上帝神圣的 Oikonomia 的统一，以反对诺斯底主义。

㉚ *Adv. haer.* 3.11.8. 比较拉丁文本与现存的希腊文残篇。

着一个超过它自己的新约将要建立。律法不仅是一个法规，而且是个应许，因而它本身就意味着它的有效期是要终止的。然而，律法是上帝作为一个引人完成它旨意的手段而赐给人的，并且，他的旨意永不改变，所以律法是不能完全废除的。律法的核心——道德律，特别是“十诫”——我们仍应该遵守，但这样的遵守不同于律法当年有效时那样的遵守了。另一方面，那些古代的礼仪律的许多仪节，因基督的降生而已废除，因为这些节仪的目的就是为宣告救主而设立的。可见艾雷尼厄斯是强调《旧约》与《新约》之间的统一，认为《新约》是《旧约》的继续与实现，所以他反对那些主张《新约》与《旧约》完全对立的学说。㉛

艾雷尼厄斯神学的中心是基督。从创造到救赎，其间的相继性是以基督为基础的——大多数异端都否认这种相继性。创造人的上帝，就是那位在基督里赐人救恩的上帝。在基督里，人被造所依照的形象，和期望达到的形象，已经来到人间。这就是艾雷尼厄斯称作“复归元首”(recapitulation)的基督之功。㉜

“复归元首”是艾雷尼厄斯的基本学说之一，为了认识艾雷尼厄斯的
166 神学有必要认识它。㉝“复归元首”这个词，对古代作家们来说，㉞各有不同的含义，艾雷尼厄斯自己用这个词也不止一个意思。㉟ 但是艾雷尼厄斯认为用这个词的主要和特殊意义是，它用以说明作为新人类之首的基

㉛ Jean Daniélou, “Saint Irénée et les origines de la théologie de l'histoire”, *RScRel*, 34 (1947), 227 ~ 231.

㉜ *Recapitulatio*, ἀνακεφαλαίωσις.

㉝ Emmeran Scharl, *Recapitulatio mundi*: *Der Rekapitulationsbegriff des heiligen Irenäeus und seine Anwendung auf die Körperwelt* (Freiburg im Breisgau: Herder, 1941); R. Potter, “St. Irenaeus and Recapitulation”, *DomSt*, 3 (1951), 192 ~ 200.

㉞ 这一术语在基督教文学中的应用最早出现在《以弗所书》1 章 10 节。艾雷尼厄斯引用的查斯丁的文章中可能也出现这一术语；但是不可能断定这一引文在何处结束，因此也就不能断定出现的那个短语到底是查斯丁引文的一部分，这是艾雷尼厄斯的评论的一部分。

㉟ Houssiau, *Christologie*, pp. 216 ~ 224.

督的工作，是最好的方法。照字面解释，“复归元首”的意思是处于新首脑之下。这正是基督所作的。他成为新人类的首脑，就像犯罪的亚当是旧人类的首脑一样。

虽然上帝救赎人类计划从一开始就已经执行，但是，这个计划的最大和最终的表现，在于基督的以道成肉身为开端的，对万事的复归元首。在这之前，虽然应该肯定圣子也是在上帝的行为中有份的，但严格说来，那还不是复归元首。复归元首是对过去所发生的事给以总结和造极，而只有联系以前发生的事才能理解它。

就某种意义来说，基督的复归元首是一个新的起点，但它与以前发生的事密切相关。虽然道成肉身是世界历史中的一个新开端，但它与创造并不抵触，而实际是创造的继续和完成。基督是新亚当，而在他身上，重复了老亚当的历史，只不过其方向是相反的。在亚当里，人被造得像圣子，而在基督里，圣子是叫人类成了他自己。作为一个人，基督就是亚当如果没有因受试探而失去本来应该的那样。基督是一个新的起点，亚当所开始的那个起点已经把他自己葬送给了撒旦，而在基督这个新起点上，重新得以自由地向着圣子这个形象成长。根据这个理由，艾雷尼厄斯很强调亚当与基督之间的比照。亚当是从处女地创造出来的，基督是从童贞女马利亚来到世界的，人由于一个不顺服的女人堕落了，而另一个女人 167
的顺服成了人复原的根据；亚当在乐园里受试探，而耶稣在旷野里受试探；死是因为一棵树进入世界的，而十字架之树使我们得到生命。[36]

基督的复归元首说的另一个基本方面是基督对撒旦的胜利。艾雷尼厄斯认为，整个救赎历史就是上帝与魔鬼之间的斗争，而以上帝的最后得胜告终。亚当代表了全人类使自己成为魔鬼的奴隶，因而基督的复归元

[36] 这种罗列是无止境的。最好的文章是 Irenaeus, *Epid.* 31 ~ 34。见 J. T. Nielsen, *Adam and Christ in the Theology of Irenaeus of Lyon* (Assen: Van Gorcum, 1968); J. I. González Faus, *Carne de Dios: Significado salvador de la encarnación en la teología de san Ireneo* (Barcelona: Herder, 1969)。

首包括了对撒旦的降服,以及由此带给我们的解救。撒旦通过亚当使人类背离了上帝造他所根据的形象。而在耶稣身上,就是这个形象与人类结合了起来,因而撒旦的企图就此破灭。所以,基督的最初胜利不是他的复活而是道成肉身。上帝一旦与人结合,撒旦就遭到了第一次大败,这就决定了他最后的毁灭。

艾雷尼厄斯并没有讨论神性和人性在基督身上的合一,好像两者是相反的性。[37] 相反,创造人类是为了人类享有神人合一,而这种合一就在基督身上达到了最高目标。再者,在基督里的神和人,不能理解为两个"实质"和"性"。实际是这样的,在基督里,神性与人性联合是因为他是上帝对人讲的"道",并且也是人对于这"道"的响应。艾雷尼厄斯这样用动态概念而不用性质概念,也不把神性与人性相对立,是为了避免那种后来发生的激烈的基督论争论。

上帝的道成肉身于基督,只是他战胜罪恶的开始。基督的一生就是他的工作,即"复归元首",从现在开始,一直继续到完成。上帝之子与人结合之后,就必须像人那样生活,像人那样死。他在旷野受试探,是他对
168 撒旦另一个的决定性胜利,撒旦无法叫这个新亚当堕落。[38] 基督全部的生活与工作,度过了一个人的生命的整个历程。[39]基督拯救了早先沦为撒旦权势之奴的那种人类生涯。他的死与复活,是利用了死这个最可怕的罪恶武器,来战胜撒旦的王国。我们所期待的最后成功——那时万物都将降服于基督——必然是他对魔鬼的最后胜利。然而,从复活到最后成全之间,我们并不是生活在一个没有斗争的时期,千百年来一直在进行斗争,而实际上我们正是生活在这样一个时期,基督不断取得胜利,并领导我们迈向最后胜利的一天。

---

[37] Wingren, *Man and the Incarnation*, pp. 100 ~ 112.

[38] *Adv. haer.* 5. 21.2.

[39] 这似乎就是艾雷尼厄斯为什么更喜欢耶稣在世生活了五十年这一传统说法的原因。*Adv. haer.* 2.22.

教会在这个“复归元首”的工作中具有重要的作用。正如亚当是人类之首而使所有的人都犯了罪，整个教会因有基督为首而胜过了撒旦。虽然基督已经征服撒旦，以致恢复了人成长为圆满形象的可能性，但这种可能性只能在基督为首的身体里才能实现。教会就是基督的身体，就是在教会里，基督借着洗礼和圣餐推进他的“复归元首”工作，而人通过洗礼和圣餐礼就与基督联合。[40]

艾雷尼厄斯对于洗礼虽然没有像对圣餐礼那么重视，但他无疑是把洗礼看做是因圣父，圣子，圣灵的名而有基督徒生命的起点。洗礼就是“永生的印记”，并且也是“重生归于上帝，不再是可死之人的子孙，而是永生与万世之上帝的子孙”。[41]凭借洗礼，人就成了作为基督身体的新人类的一分子，并且分享这个作为新人之首的主基督的复活。

由于艾雷尼厄斯并不把《辟异端书》视作一本系统阐明基督教教义的书，所以他对圣餐的讨论只是为了批判异端，尤其是反驳他们对肉体和物质的轻视。因而我们看到的不是他的详细而系统的圣餐论。[42] 不过，我们可以根据《辟异端书》中的文段，得出有关这个问题的一些论断。[43] 照艾雷尼厄斯的看法，基督身体的各肢体借着圣餐就从他得到滋养，既已与他们的主联合，就能分享他的生命和血。信徒在喝酒，吃饼的时候，就从基督的身体和血中得到滋养，这是如此真实，我们可以信靠他的最后复活，因为我们所领受的身体和血是永生不朽的。[44] 再者，基督还借着圣餐

---

[40] G. Jossa, *Regno de Dio e Chiesa*: *Ricerche sulla concezione escatologica ed ecclesiologica dell'*Adversus haereses *di Ireneo di Lione* (Naples: M. D'Auria, 1970).

[41] *Epid.* 3 (*ACW*, 16: 49).

[42] 异常奇怪的是，尽管圣餐对艾雷尼厄斯来说似乎是重要的一件事，但是他没有在 *Epideixis* 中讨论。

[43] *Adv. haer.* 4. 18.4 ~5; 5.2.2 ~3. 这非常有争议的句子就出现在这些文本的第一篇中：“eucharistia ex duabus rebus constans, terrena et coeleste.”见 H. D. Simonin, “A propos d'un texte eucharistique de saint Irénée”, *RScPhTh*, 23 (1934), 281 ~292; Damien van den Eynde, “Eucharistia ex duabus rebus constans”, *Ant*, 15 (1940), 13 ~28。

[44] *Adv. haer.* 5. 2.3.

告诉我们，受造物是不应被轻视的，因为他自己拿了受造物饼与酒作为信徒的营养品。

另一方面，教会要真正成为基督的身体，它才能完成这个使人与基督联合的工作，因此，教会必须保持并传授正确教义，并且必须坚守这个身体的统一。所以艾雷尼厄斯愤怒地攻击他所认为的异端说，他们不仅威胁着被称作“教会”的这个组织，而且还威胁着基督工作的成果，因为他们传授谬误的教义，并分裂信徒的团结。因此，信徒应坚守他们已经领受的教义。根据这一点，艾雷尼厄斯提出了使徒统绪学说（doctrine of apostolic succession），[45]这在基督教开始的几个世纪中，是一个很有效的手段，而在后来就成了争论很多的一个题目。区别真理与谬误的标准是使徒所
170 传授的教义。如果像诺斯底主义所说的，使徒们有一些神秘的知识，那么他们就不可能只把他们的知识传授给他们所创立的教会的领袖，即长老，却不传给别人。当初，使徒们按立这些长老是因为认为他们可靠。照样，这些长老又把纯真教义传授给那些继承他们的人。所以，诺斯底主义者说他们有一种从某个使徒得到的神秘知识，纯属谎言。[46]

艾雷尼厄斯作为一个神学家，其重要性，远远大于上述简短论述所能显示的。艾雷尼厄斯的神学，是以《圣经》和教会的教义为基础，而不以

---

[45] Henri Holstein, “La tradition des Apôtres chez saint Irénée”, *RScRel*, 36 (1949), 229～270; Einar Molland, “Irenaeus of Lugdunum and the Apostolic Succession”, *JEH*, 1 (1950), 12～28.

[46] *Adv. haer.* 3.3. 这一章的第二段其中提到了罗马，这段文字学者们在过去和现在都有争论。似乎可以肯定地说，这些文本含糊不清，关于它对于罗马首席问题的意义似乎难以得出最终的结论。关于这一主题的诸多研究中，有 H. Katsenmeyer, “Petrus, der Primat, die Kirche in den auf uns gekommenen Schriften des Bischofs Irenäus von Lyon, der ‘Widerlegung und Abwehr der falschen Gnosis’ und der ‘Darlegung der apostolischen Verkündigung’”, *IntkZtschr*, 56 (1948), 12～28, 82～88; Jean Colson, “L’union des évêques et L’évêque de Rome aux deux premiers siècles de l’Église”, *VieSpirit*, Suppl. 4 (1950), pp. 181～205; Dominique J. Unger, “St. Irenaeus and the Roman Primacy”, *ThSt*, 13 (1952), 359～418. D. Unger, “St. Irenaeus and the Roman Primacy”, *Laurentianum*, 16 (1975), 431～445, 此文章中有关于这一主题进一步的参考书目。

他人的见解为基础的,所以他的神学一再成为神学更新的渊源。[47] 根据他的导源于上帝计划和基督复归元首工作学说,而有了广阔宇宙观点,所以说他是第一个探讨神学历史观的学者。[48] 因为他所处的历史阶段,是在使徒们的直接继承人与 3 ~4 世纪教会之间,这就使他被置于基督教思想史上的重要地位。然而,最重要的是他坚持主张基督教的独一性和普世性,这就使他成了不朽的伟大神学家之一。

---

[47] 见 L. S. Thornton,"St. Irenaeus and Contemporary Theology",*SP*, 2 (1957), 317 ~327。

[48] 我的朋友和以前的学生 Luis N. Rivera 在耶鲁(1970 年)的博士论文里显示了诺斯底派神学关于上帝、人、耶稣基督以及教会的不合的倾向,怎样导致了艾雷尼厄斯对上帝、人、耶稣基督与教会的统一性的深刻的理解,而这种统一性与真理的辩证关系是艾雷尼厄斯神学的基础。艾雷尼厄斯关于历史的理解与他对《圣经》的解释有紧密的关联,他因此而使用了大量的预表法(typology)。实际上,预表法本身是基于对历史的理解。关于艾雷尼厄斯对《圣经》的应用,见 A. Orbe, *Parábolas evangélicas en San Ireneo*, 2 vols. (Madrid: BAC, 1972)。

第七章　德尔图良

说来颇为有趣，拉丁基督教著作不是出于罗马，而是北非。虽然最古老的基督教著作之一，克莱门特的《致哥林多人前书》是出自罗马，但它是用希腊文写的。有好几个世纪，拉丁基督教思想的中心是北非而不是罗马。西方教会的神学词汇的基本体式是在这里形成的。初期几个世纪的著名拉丁基督教作家，都曾在这里盛极一时——诸如德尔图良、西普里安、奥古斯丁以及其他名人。①

有人曾把德尔图良看做为《民法大全》(*Corpus Iuris Civilis*)中提到的那个同名的律师，但这种观点难以断定。但是，德尔图良的确在罗马住了不少年，而在四十岁左右时，相信了基督教之后又回到迦太基，这是他公元 150 年出生的地方。在这里他写了大量的著作，来维护他新接受的信仰，借以抵挡迫害这一信仰的人，并驳斥那些看来是歪曲了这信仰的人。

---

① 尽管北非的基督教通常被认为是从罗马传来的，然而，有理由相信它来自于别的地方。有一种可能是，北非的教会最初是由从东方来的基督徒建立的，后来的发展更接近于罗马。W. Telfer，"The Origins of Christianity in Africa"，*SP*，4： 512～517. 参 E. Buoniauti，Ⅱ *cristianesimo nell'Africa romana*（Bari：Laterza，1928）。另见 G. Quispel，"African Christianity before Tertullian，in W. den Boer et al.，eds.，*Romanitas et Christianitas*（Amsterdam：North Holland Publishing Company，1973），pp. 275～279。

然而,在3世纪初——可能是公元207年——他由于接受孟他努主义就 172
脱离了非洲教会。他为什么采取这一步骤,还不十分清楚。不过,孟他努主义似乎体现了他那种反对日益增长的教阶权力和处理悔罪不严的精神。孟他努主义在这一方面,感动了坚持道德严谨的德尔图良。②

他相信基督教之后,为了向异教人传讲他的新信仰,写了好几篇著作。③ 其中最重要的是他写于公元197年的《护教文》——《斥异教徒基督教的辩护文》(*Apologeticus adversus gentes pro christianis*)。在这篇文章中,德尔图良用以为基督教辩护的方法,很容易叫人想到他原来是个律师。举例来说,论到图拉真(Trajan)写给普利尼的那封著名的信,信中命令普利尼对那些被控带到他面前的基督徒予以定罪,而不要捉拿那些被控告的人,德尔图良写道:

> "啊,好一个拙劣的判决——一个迫于形势的自相矛盾。既把他们看做无罪而禁止追捕,又把他们视为罪人下令惩罚。这是既宽宏又残酷;既是饶恕又是惩罚。啊,法官啊,为什么对你自己玩这个规避把戏?如果你要判罪,那么何以又不追查;如果你不要追查,那么何以又不宽恕呢?"④

---

② H. von Campenhausen. "Urchristentum und Tradition bei Tertullian", *ThBl*, 8 (1929), 193~200; M. S. Enslin, "Puritan of Carthage", *JRel*, 27 (1947), 197~212; Heinrich Karpp, *Schrift und Geist bei Tertullian* (Gütersloh: C. Bertelsmann, 1955); W. Bender, *Die Lehre über den Heiligen Geist bei Tertullian* (Munich: M. Hueber, 1961); 参 Jerome, *De viris illus.* 53. 关于德尔图良的生平和背景,见 T. D. Barnes, *Tertullian: A Historical and Literary Study* (Oxford: Clarendon, 1971)。他关于圣灵与教会的观点使他成为孟他努主义者,见 C. Moreschini, "Tradizione e innovazione nella pneumatologia di Tertulliano", *Augm*, 20 (1980), 633~644; V. Grossi, "Istituzione e Spirito in Tertulliano: De praescriptione; De pudicitia", *Augm*, 20(1980), 645~654。他对《圣经》的应用,见 J. E. L. van der Geest, *Le Christ et l'Ancien Testament chez Tertullien: Recherche terminologique* (Nijmegen: Dekker and van de Veg, 1972)。

③ J. Lortz, *Tertullian als Apologet.* 2 vols. (Münster: Aschendorff, 1927~1928).

④ *Apol.* 2 (*ANF*, 3: 19).

德尔图良在这篇护教文之外，还写了其他一些著作，反映了一些当时迫害基督徒的情况，以及基督徒对待迫害的态度。其中值得一提的是，
173《致异教徒》(*To the Gentles*)，《灵魂的证据》(*Testimony of the Soul*)以及《致殉道者》(*To the Martyrs*)，这是极为动人的反映早期基督徒英雄精神的文章。以上这些文章都是德尔图良加入孟他努派以前写的。

另一方面，他还写了很多反对各种异端的辩论文章，反映着德尔图良对于神学争论的志趣。他的《反异端法规》(*Prescription Against Heretics*)这篇文章，等我们研究德尔图良神学时还要讨论。同样还有他的《斥帕克西亚》(*Against Praxeas*)，他的《斥马吉安》(*Against Marcion*)五卷，是历史学家们了解马吉安的主要资料。此外，德尔图良也写了些一般性的文章，来反对黑摩其尼(Hermogenes)、瓦伦斯提安(Valentinians)、诺斯底主义和幻影说。所有这些著作，对基督教思想史都具有极其重要的意义，不仅是研究德尔图良神学的原始资料，而且也是研究有关2世纪末、3世纪初的神学争论的原始资料。

最后，再提一下，德尔图良还写了不少有关道德和实用性的著作。其中有些是他成为孟他努主义者以前写的，如《论补赎》(*On Penance*)，《论忍耐》(*On Patience*)以及《致其夫人》(*To His Wife*)。其他一些是用孟他努主义观点著述的，如《论一夫一妻制》(*On Monogamy*)，《论禁食》(*On Fasting*)，《论谦卑》(*On Modesty*)以及《贞洁劝勉》(*Exhortation to Chastity*)。这些文章都反映着德尔图良道德严谨的精神。可想而知，这种精神在他孟他努主义观点的著述中，表现得更加明显。无论怎样，这许多文献，对于了解德尔图良时期的基督徒道德生活和崇拜制度，提供了极为重要的资料。历史家们如果想要写基督教崇拜仪式发展史和基督教习俗史，德尔图良的著作无疑是难以估价的重要资料。然而我们在这里有兴趣的还是他的神学，特别是他那些承袭于早期思想家的某些神学观点，以及他也预先提出的那些将来的神学观点。

德尔图良继承基督徒传统。他可能受过的一些法律训练以及他的哲学学识，很可能都是他的神学思想的根源。但是，他的神学大部分无疑是来自基督教传统，如希腊护教士的，艾雷尼厄斯的，以及赫马的思想都为德尔图良所吸收。谈到德尔图良的法律学识，他完全没有丢掉它：他的辩 174
论与其说是使人信服，不如说是压倒对方；当他被对手逼得似乎走投无路时，他就采用辩术解围；对他来说，福音就是新法律；他为基督教辩护的论证，实际就是法律的论证；他驳斥异端的论据也是一样；而且有学者认为他的三位一体论学说，就是用法律词句来说明的。最后一点，尽管德尔图良明白地，反复地表示反对哲学在信仰问题上的渗入，⑤但实际上——也许他不自觉——他自己经常受到斯多葛主义的影响，⑥甚至他对塞尼卡(Seneca)的评价是很高的，而这一点，与他一贯反对异教哲学观点的态度几乎是自相矛盾的。⑦

德尔图良最突出的特点就是，他是一个注重实践和实际的思想家。他没有一部新作品仅仅是出于写作和思辨的乐趣，而是都有其特定的和实际的目的。在他的这些著作中，最能代表他的思想的是《反异端法规》，以后我们就简称为《法规》。

根据罗马的法律制度，法规所指，不是有关法庭审讯的案件内容，而是有关案件审讯的程序本身。这就是说，法规往往被用于因对方不合程序法而提出停止继续审讯的要求。⑧ 所以，德尔图良写这篇《反异端法规》，

---

⑤ A. Labhart, "Tertullien et la philosophie ou la recherche d'une 'position pure'", *MusHelv*, 7 (1950), 159 ~ 180.

⑥ C. de L. Shortt, *The Influence of Philosophy on the Mind of Tertullian* (London: Elliot Stock, 1933); F. Seyr, "Die Seelen-und Erkenntnislehre Tertullians und die Stoa", *CommVind*, 3 (1937), 51 ~ 74.

⑦ *De anima*, 20.

⑧ 见 J. L. Allie, "Nature de la prescription ou des prescriptions dans le de praescriptione." *RUOtt*, section spéciale, 6 (1937), 211 ~ 225, 7 (1938), 16 ~ 28; J. K. Stirnimann, *Die Praescriptio Tertullians im Lichte des römischen Rechts und der Theologie* (Fribourg, Switzerland: Paulus Verlag, 1949)。

并不是讨论异端学说本身，而是试图剥夺他们和正统信仰辩论的权利。

《法规》的前七章是一般地谈论异端，指出不必为出现异端感到惊
175 讶，因为《新约圣经》已经预言它将到来，而信徒看到这是《圣经》的应验时，它反而起了加强信徒信心的作用。无论怎样，异端不是来自信仰而是出自哲学。它们就是古代哲学家们的谬误代换了信仰的准则，因为哲学家以及异端也提到了关于罪恶和人类起源的问题。由于哲学与天启的混杂，就导致了异端的不信，因为，"雅典与耶路撒冷有什么相干？学园与教会，异端与基督徒有什么相同？"⑨

这一段以及下面引自他的《论基督肉体》(*On the Flesh of Christ*)一文中的一段引文，成了德尔图良被指控为反理性的主要原因：

> "上帝的儿子被钉十字架；我不以此……为耻。而上帝的儿子死了；正因为这是荒谬的，却无论如何是应该相信的。并且他被埋葬了，又复活了；正因为这是不可能的，这事实却是确凿的。"⑩

但是，实际上德尔图良并不是一个盲目的非理性主义者。他的的确确相信，有那样一些令人惊奇以致无法理解的事情，例如钉死于十字架或洗礼的能力，就是这样。但这并不是说信仰总要以理性无能为力作为基础⑪。而他实际是这样想的：过度的思考和推理，就会走得离题太远；而

---

⑨ *De praes. Haer.* 7 (*ANF*, 3: 246).

⑩ *De carne Christi*, 5 (*ANF*, 3: 525). 另见 *De bapt.* 2, 以及 B. Leening 的评论注释，"Note on the Reading in Tertullian's *de Baptismo*, 'Credo quia non credunt'", *Greg*, 14 (1933), 423～431。

⑪ Etienne Gilson, *La philosophie au moyen âge* (Paris: Payot, 1944), pp.97～98; F. Refoulé, "Tertullien et la philosophie", *RevScRel*, 30 (1956), 42～45; Vianney Décarie, "Le paradoxe de Tertullien", *VigCh*, 15 (1961), 23～31; J. L. González, "Athens and Jerusalem Revisited: Reason and Authority in Tertullian", *CH*, 43 (1974), 17～25. 有关他对文化的态度，见 R. D. Sider, *Ancient Rhetoric and the Art of Tertullian* (Oxford: University Press, 1971); D. E. Groh, "Tertullian's Polemic against Social Co-optation", *CH*, 40 (1971), 7～14; J. C. Fredouille, *Tertullien et la conversion de la culture antique* (Paris: Études augustiniennes, 1972)。

上帝的现实的天启，对基督徒才是重要的。这一点，可见于下面的一段话，是他用来驳斥帕克西亚的谬论：圣父由于无所不能就变成了圣子，而说的：

> “然而，我们不能因为他能做一切，而设想他实际已做了他所没有做的事。我们应该探讨上帝是不是真做了这事。上帝如果愿意的话，早就给人插上了翅膀可以像大鸢一样飞翔，然而我们不能因为他能做到，就得结论说他已经做了。上帝完全可能一下子就消灭了帕克西亚和一切异端；然而就不能因为他能这样做，就得出结论说已经这样做了。因为有大鸢和异端是必然的；圣父被钉十字架那也是必然的。”⑫ 176

《法规》讨论谬误的七章之后，接着另外的七章是讨论真理的性质。基督教真理，是一种一旦发觉之后就无须多问的真理。这种真理是靠耶稣基督完整地、一次性地赐给教会的，而信徒的责任只要接受就行了，用不着多余的惊疑，因这样只能导向偏差。

《法规》论据的核心在第十五章。德尔图良在这里指出，以《圣经》为基础与异端进行的任何讨论都是不合宜的，因为异端对《圣经》经文无权享用。从这个论点开始，就展开了本书的真正论证，主张《圣经》是属于教会的，只有教会才能运用它。《圣经》以及真正的教义——信仰法则的总纲——是使徒传授给他们继承人的，而这些继承人又传给他们自己的合法继承人，而教会就能证明她自己享有这一遗产的权利。在哥林多、腓立比、帖撒罗尼迦、以弗所、士每拿和罗马的教会，都是使徒建立的，而且能够证明现在的主教与使徒之间有着连续的统绪。所有这些教会都传授同样的教义，即使那些不是使徒设立的教会，由于他们的教义与使徒教会

⑫ *Adv. Prax.* 10 (*ANF*, 3: 605).

相同，也就是使徒教会了。⑬ 正统教会能够证明这种统绪和这种统一的教义，以此为基础，教会有权把《圣经》作为他们不可分割的遗产。异端
177 就做不到这一点，他们是些妄自尊大者，传授的是新教义。因此，他们无权拿《圣经》作依据。德尔图良在这里使用了《长期使用法规》(*praescriptio longi temporis*)，根据这种法规对某财产的使用期限予以延长，从而给予使用者以合法权利。这样根据这类的法规，唯独一直在运用《圣经》的教会，现在才有使用并解释它的权利。

德尔图良的论证，最后以压倒的优势取胜。如果异端无权使用《圣经》，那么对他们来说，想通过与正统信仰派的讨论，以便引导正统派背离真正的信仰，这将是不可能的。"法规"是绝对的：异端被排除于任何讨论之外，唯有正统的和使徒的教会才有权决定什么是基督教教义，什么不是基督教教义。⑭

德尔图良为使徒教会的权威及其独有的解释《圣经》的特权辩护，为此而写了这篇文章。然而，此后不久，他就脱离了这些教会，做了一个孟他努主义者。但这并不是背离了正统信仰。不过德尔图良现在觉得，他有必要采用的反异端论证正是"法规"所不包括的。一旦否认了使徒教会的最高权威，"法规"就失去了它的一切权力，那就必须采取另外的手段来反对异端。⑮ 这就是德尔图良写了许多极为重要的著作的原因之一，其中，《斥帕克西亚》就是一例。

---

⑬ *De praes. haer.* 32.

⑭ 在德尔图良神学框架中罗马的准确地位有各种不同的解释。参 H. Koch，"Zu Tertullian *De pudicitia* 21，9 ff."，*ZntW*，31 (1932)，68～72；W. Köhler，"Omnis ecclesia Petri propinqua"，*ZntW*，31 (1932)，60～67. H. Stoeckius，"Ecclesia Petri propinqua：Eine kirchengeschichtliche Untersuchung der Primatsfrage bei Tertullian"，*AkathKrcht*，117 (1937)，24～126；Berthold Altander，"Omnis ecclesia Petri propinqua"，*ThR*，38 (1939)，129～138。这一讨论的中心文章是 *De pudicitia* 21.9。

⑮ 在 *De praes. haer.* 44 里，德尔图良已经许诺要进一步驳斥各种异端。但是，如果人们认真地对待他的"法规"，那么在他成为孟他努派信徒之后，这些驳斥将不会是广泛的和详尽的。

关于帕克西亚,我们一无所知,也许他来自小亚细亚,在那里,他研究了神格唯一论和孟他努主义,他却接受了前者,否定了后者。他来到罗 178 马,就颇受欢迎,接着就在这城里插手反对孟他努主义的辩论,并广为传播神格唯一论。就是因为这缘故,德尔图良说帕克西亚"在罗马为魔鬼主义立了双重功劳:既驱逐了真理,迎来了异端,又赶走了保惠师圣灵,把圣父钉了十字架"。⑯

德尔图良的《斥帕克西亚》一文的重要意义,在于其中的专用字句和名词,成了几世纪之后公认的神学术语的先导。关于三位一体和基督论的术语就是这样的。

德尔图良为了反驳帕克西亚,使用了当时的法律术语来论述他的三位一体论论点。⑰ 他认为,帕克西亚断定,父与子如有区别,那就破坏了上帝的神格唯一性,但他却不懂得神格唯一论,并不是说神格必须为一位所有。⑱ 帕克西亚及其信徒们所用的"唯一"("monarchy")这个词的意思是,寡头政权的政府,这并不排斥国王可以有儿子,而随意由他儿子管理政府——德尔图良称其为神圣的"结构"("economy")。再者,如果父亲愿意,儿子可以分管王国,并不有损它的统一。所以,这完全不是像那些

---

⑯ *Adv. prax.* 1 (*ANF*, 3: 597). 至于是否真的存在帕克西亚这个人还有一些怀疑。这一名字也许是德尔图良用来指涉士每拿的诺威都(Noetus of Smyrna)或者罗马的加里斯都(Callistus of Rome)时的托名。

⑰ 并非所有的学者都赞成法律术语对于正确解释德尔图良的重要性。Hans Rheinfelder, *Das Wort "Persona": Geschichte seiner Bedeutungen mit besonderer Berück sichtigung des französischen und italienischen Mittelalters* (Halle: H. Niemeyer, 1928)遵循这一源自哈纳克的解释法。反对这种观点的,见 H. C. Dowdall, "The Word 'Person'", *ChQR*, 106 (1928), 229 ~ 264; Ernest Evans, "Tertullian's Theological Terminology", *ChQR*, 139 (1944 ~ 1945), 56 ~ 77. 另见 Th. L. Verhoeven, *Studiën over Tertullianus' Adversus Praxeam, voornamelijk betrekking hebbend op monarchia, oikonomia, probola in verband met de Triniteit. Proefschrift* (Amsterdam: Noord-Hollandsche Uitgevers Maatschappij, 1948)。

⑱ Antonio Quacquarelli, "L'antimonarchianesimo di Tertulliano nell 'Adversus Praxeam'", *RScF*, 3 (1950), 31 ~ 63; Th. Verhoeven, "*Monarchia* dans Tertullien, *Adversus Praxeam*", *VigCh*, 5 (1951), 43 ~ 48.

"我就不说他们是笨瓜和无知吧，也是太简单的人"所说的那样，神格唯一论就必须否认父与子有区别。[19]

但这还不足以驳倒帕克西亚，还有必要进一步说明，圣父、圣子、圣灵是一位上帝，但彼此又有区别。在这问题上，德尔图良再次诉诸他的法律
179 常识而新创了两个后世教会一直延用的术语：即："实质"（"substance"）和"位格"（"person"）。[20] 在这里的"实质"一词，不应以哲学含义来理解它，而是一种法律意义。就这里的上下文来看，"实质"指的是一个人所享有的财产，以及使用它的权利。对君主国来说，皇帝的实质就是他的帝国，而这就使得一个皇帝可以与他儿子分享他的实质——事实上在罗马帝国这是司空见惯的。另一点，"位格"一词，在这里指的是"法人"（"Legal person"），而不是一般的意思。即持有某一实质的人：可以几个人共有一个实质，也可以一个人有几个实质——这既是德尔图良的三位一体论的，也是他的基督论的核心。

在这样理解实质和位格的基础上，德尔图良断定圣父、圣子、圣灵是一体的，而无须否认他们之间的区别；三位共有一个单一不可分的实质，却丝毫无损于他们是不同的三位，

> "然而，所谓三位，不是指其身份，而是指其等级；不是有关其实质，而是有关其形态；不在其权能，而在其表现；就其同一实质，同一身份，并同一权能，那就是一位上帝；但就其等级、形式和表现，那就被称为圣父、圣子、圣灵。"[21]

但是，当我们想去探讨德尔图良用来说明上帝一体的词［身份（*sta-*

---

⑲ *Adv. Prax.* 3（*ANF*, 3: 598）.

⑳ 然而，正如注 17 所表明的那样，学者们关于这一点并未达成共识。

㉑ *Adv. Prax.* 2（*ANF*, 3: 598）.

tus)、实质(*substantia*)、权能(*potestas*)],以及说明其区别的词[等级(*gradus*),形态(*forma*),表现(*species*)]的实在含义时,就会感到这个似乎清楚的公式却有些含义模糊。“实质”(*substantia*)就有不同的意思,它可以指 180
人的本身或它的存在或人的食物,直到可以用来说明如前所说的那种法律的含义。“身份”(*status*)一词也是多义的,它可以指一个人的社会地位,但在法律惯例上就等于他的人格或权利。还有“权能”(*potestas*)一词,一般指的是做什么事情的外部能力,但也可以指一件事物的内在性质。所以,德尔图良对于上帝一体的说明,仍然是模棱两可的。他关于三位区别的论述,也是一样的情况。那么就可以这样来解释这段话:三位一体,可以说一体是基本的,而区别是次位的。或者说,这三位而一体,是基于他们三位都是一个上帝。

如果进一步研究德尔图良,就会清楚地看出,他为了强调三位一体论的三位之间的区别,甚至倾向于放弃三位的真正一体。在《斥帕克西亚》第9章中有这样的话,“圣父是全部实质,而圣子是这一整体所派生的和一部分”,[22]并且,圣父与圣子之间的区别,在于一个是不可见的,另一个是可见的。[23] 在《辟黑摩其尼》(*Against Hermogenes*)一文中,我们进一步看到,他主张圣子曾有一个不存在的期间。[24] 这样区别圣父与圣子的说法,在后世被视为非正统信仰。根据德尔图良的这些和另外一些文句,他被指控为圣子次位主义(subordinationism)。[25] 而他的思想的确是有这样的倾向。但我们不应忘记,他写《斥帕克西亚》的目的本身,就很自然地

---

[22] *Adv. Prax.* 9 (*PL*, 2: 164; *ANF*, 3: 603 ~ 604):“*Pater enim tota substantia est Filius vero derivatio totius et portio*”.

[23] 同上,14。

[24] *Adv. Herm.* 3 (*PL*, 2: 200):“*Fuit autem tempus cum et delictum et filius non fuit*”. 这要根据 *Adv. Prax.* 5 来理解,在那部作品中,德尔图良吸收了古代关于内在的道(他称为“*ratio*”)与言说的道(他称为“*sermo*”)之间的区别。第一个道永恒地呈现于上帝里;后者——也称为“子”或“智慧”——在创造之前被宣讲,以致万物能通过他而被造成(*Adv. Prax.* 6)。

[25] B. Piault,“Tertullien a-t-il été subordinatien?”, *RScPhTh*, 47 (1963), 181 ~ 204.

使他比起父与子的一体来,更加强调父与子的区别。再者,在德尔图良时181 代,还没有经过长期而激烈的争论,就不可能出现准确的论断,要求他持有这样的准确论断,那是不公道的。因此,他这种地道的圣子次位论,并不损害他对三位一体论的天才论述,而成了数世纪以来西方教会基本信条的先声。㉖

德尔图良主张的上帝的"安排"——*oeconomia*,是他三位一体论的另一个重要方面,*oeconomia* 这个词是希腊文的拉丁文"音译",而非"意译"。他认为上帝是独一的,"但根据我们称之为结构的安排"㉗:独一的上帝也有一位圣子。这种上帝的安排对于我们正确理解神性一格是必要的,因为是在这样的意义上,上帝是独一的。在这基础上,德尔图良的学说,以"有机一神论"(organic monotheism)为其特征。㉘ 也就是说,它是一种以有机关系来理解的一神论。也许,经过合理的探讨之后,可以认为,德尔图良这方面的三一论点,较之用实质、位格这类词来说明,其意义更为重要。㉙

德尔图良关于基督论的最可取的解说,也见于他的《斥帕克西亚》一文中,主要是一种反幻影说基督论。在他所有的著作中,可以清楚地看到,他旨在肯定基督身体的实在性。基督身体的真实存在,不仅是一种教义,而且是基督教救赎论的基本论点。㉚ 另一方面,为了反对"形相神格唯一论",他不能不意识到,必须肯定基督人性的实在,也要注意这种人性

㉖ 尽管德尔图良提出的"信式"的重要性常常被否认,但似乎已经被 J. Moingt 清楚地表明出来,见 *Théologie trinitaire de Tertullien*, 3 vols (Paris: Aubier, 1966)。

㉗ *Adv. Prax.* 2 (PL, 2: 156).

㉘ George L. Prestige, *God in Patristic Thought* (London: W. Heinemann, 1936), pp. 97 ~ 106. 参阅批评性的评论文章,见 Charles E. Raven, *JTS*, 39 (1938), 89 ~ 92。

㉙ Prestige, *God*, p. 111:"必须得出这样的结论:德尔图良和希坡律图提出圣三一论的永恒关系的陈述,这显然是教父神学中唯一的论点。"参 K. Wölfl, *Das Heilswirken Gottes durch den Sohn nach Tertullian* (Rome: Gregorian University Press, 1960)。

㉚ *De carne Chr.* 1, 宣称,异端否认基督的肉身的实在性是为了能拒绝复活的教义。

是怎样与救主之神性相关联的。这一点就是他在《斥帕克西亚》第 27 章
所讨论的主题。在解决这个问题时，他运用了他感到在讨论父子灵之间 182
的关系问题中十分得心应手的同样论据，那就是"实质"和"位格"这样的
词。

看来帕克西亚和他一派的人认为，圣父与圣子之间是可以加以区别的，但这种区别只能表现在耶稣基督身上：圣父是灵而称为基督；圣子是肉身而称为耶稣。德尔图良强调耶稣基督是整一的，借以反驳他们的看法，否认耶稣与基督之间有区别的可能性——他认为这种谬误的根源来自瓦伦斯提诺派。[31]

但是，这样还不足以驳倒帕克西亚的观点。还应该对正确的教义加以申述，"这就是我们必须探讨的论点：道是怎样成为肉身的——是变了形象，看上去似乎是肉身呢，还是真正使他自己有了肉身。"[32]德尔图良的答案是第二种意见，因为这样才能保持上帝的不变性。如果说道在基督里，为了与肉身相结合就改变了，那么在上帝和人之间就有了一种中介——一种既不是真上帝也不是真人的存在，也就是德尔图良所说的"中介"[（第三项）*tertium quid*]，所以，就像上帝是三位而只有一个实质那样，耶稣基督则有两个实质[33]——神性与人性——而二者都属一个位格。[34] 这种合一是这样的，即两性的实质特征——这两个词德尔图良都使用——完全保持原样，而且表现于基督的作为上。因此，在这些作为

---

[31] *Adv. Prax.* 27.

[32] 同上（*ANF*. 3: 623）。

[33] 这一教义来自墨利托，正如以上文章所讲的，见 Raniero Cantalamessa，"Tertullien et la formule christologique de Chalcédoine"，*SP*，9（1966），141～142。

[34] Cantalamessa，"Tertullien"，pp. 145～148，认为德尔图良没有在基督论意义上使用"位格"一词，而仅仅是在驳斥帕克西亚的教义——一个神圣的位格是基督，在耶稣里与肉身联合起来。这一解释者的结论是：德尔图良对基督论争论里最终使用"位格"一词没有贡献。事实很可能就是如此，因为他这方面的作品在其他拉丁神学家那里没有留下任何蛛丝马迹。而且奥古斯丁和西方教会使用这一术语与德尔图良也几乎完全无关。

上,我们可以看到上帝的大能——德尔图良就说是灵的大能[35]——以及人的特性——德尔图良就说是肉身的特性。

183 "神人二性的特征完全保存,一方面,神性在耶稣里所做的一切都是与神性相称的,如神迹,大能,和奇事等;另一方面,人性则表现于那些属于肉身的感情。[36]

这位耶稣基督是马利亚生的,她是童贞女孕育耶稣基督的,他确实是从她的子宫中生出来的。[37]

德尔图良神学的另一个重要方面,是他的灵魂遗传说(transmission of soul),和原罪(original sin)说,我们可以看出,其中既有他的斯多葛主义的观点,也有他对于西方神学的形成所产生的影响。德尔图良的斯多葛主义观点,使他认为灵魂像上帝那样是有形的存在。[38]接着他就主张人的灵魂是导源于父母的灵魂,正如人的身体是来自父母的身体一样。[39] 这一被称为"灵魂传殖说"的主张,正是德尔图良的理论基础,用以说明罪也和灵魂一样,是从父母传给子女的。[40] 这个论点,实在不是了解罪源的唯一途径,但是,在很大程度上,德尔图良的影响通过奥古斯丁的推进,就成了西方教会普遍的解释"原罪"的方法。到了中世纪,灵魂传殖说,由

㉟ 德尔图良有时用"灵"一词来指圣灵,而其他时候也用它来指基督的神性。

㊱ *Adv. Prax.* 27 (ANF, 3: 624). 参 *De carne Chr.* 5。

㊲ *De carne Chr.* 23. 参 J. A. De Aldama,"La virginidad *in partu* en la exégesis patrística",*Salmanticensis* 9 (1962), 113 ~ 153。他也断定基督有弟兄们。*De carne Chr.* 7.

㊳ 德尔图良的论文《论灵魂》(*On the Soul*)的主要资料是来自以弗所的医师苏拉奴(Soranus of Ephesus)。Heinrich Karpp "Sorans vier Bücher **περὶ ψυχῆς** und Tertullians Schrift *De anima*", *ZntW*, 33 (1934), 31 ~ 47; André Jean Festugieré, "La composition et l'esprit du *De anima* de Tertullien", *RScPhTh*, 33 (1949), 129 ~ 161.

㊴ *De anima* 27.

㊵ *De test. animae* 3; *De anima* 40.

于它的唯物的内容而被大多数神学家所抛弃，但原罪说依然作为遗产保留了下来。

德尔图良关于洗礼的一些论述，对于基督教崇拜节仪的发展史具有很重要的意义，因为他写的《论洗礼》（*On Baptism*）详细地记述了当时北 184
非如何施行这一圣礼的情况。他自己对于洗礼的效应的看法，带有现实主义精神，他以感叹的口气，在这篇《论洗礼》的文章的一开头就说："好福气啊，我们有这水的圣礼，在这圣礼中，我们原先的愚盲之罪得以洗净，以致我们被释放而能进入永生！"[41]

关于圣餐，他所谈到的，既不明确也不详细，而且他对圣餐的解说，究竟是真实的，还是象征的，也不得而知。[42] 不过，提出这样的问题可能是不符合他时代的提法。

德尔图良的著作，对基督教思想史具有极重要的意义。[43] 在德尔图

---

[41] *De baptismo* 1（*ANF*, 3: 669）. 另见 Robert E. Roberts, *The Theology of Tertullian*（London: Epworth Press, 1924）, pp. 191～198。

[42] F. R. M. Hitchcock, "Tertullian's Views on the Sacrament of the Lord's Supper", *ChQR*, 134（1942）, 21～36, 提出了各种可能的解释，尽管他本人倾向于用象征性的词语来理解德尔图良的圣餐理论。

[43] 德尔图良的神学中有三个方面在这一章里未作讨论，但是，作为对其思想的整体理解的重要点，它们也至少应该被提到。它们是：他的补赎理论；他的严格的道德规范以及他的末世论。关于补赎理论，见 J. Hoh, "Die Busse bei Tertullian", *ThGl*, 23（1931）, 625～638; C. Chartier, "L'excommunication ecclésiastique d'après les écrits de Tertullian", *Ant*, 10（1935）, 301～344, 499～536; C. B. Daly, "The Sacrament of Penance in Tertullian", *IER*, series V, 69（1947）, 693～707, 815～821; 70（1948）, 731～746, 832～848; 73（1950）, 156～169; G. Hallonsten, *Satisfactio bei Tertullian: Überprüfung einer Forschungstradition*（Malmo: GWK Gleerup, 1984）。关于德尔图良的道德规范，见 Th. Brandt, *Tertullians Ethik: Zur Erfassung der systematischen Grundanschauung*（Gütersloh: Bertelsmann, 1928）。关于他的末世论，见 Roberts, *The Theology*, pp. 203～218; H. Finé, *Die Terminologie der Jenseitsvorstellungen bei Tertullian*（Bonn: P. Hanstein, 1958）。

良开始写作时，虽然已经有了一些拉丁文基督教著作，[44]但这些著作还没有表达更为精细的神学观点的术语。至少就我们所知，还是德尔图良创
185 造了神学词汇。[45] 他在这一创造神学词汇的过程中，并不是只把希腊学者的词翻译过来，也不是仅仅用一些拉丁文《圣经》的词句[46]或法律用语，[47]而是把他自己的独特风格融汇到了他的词汇中去，并且借着这些词汇又融会到了整个拉丁神学。[48] 他的法学观实际是他周围的基督教的和异教环境的产物，这样的法学观进一步加强了拉丁基督教带有法学倾向的特点。[49] 他的一些说法——"基督徒的血是种子"，"雅典与耶路撒冷有什么相干？""灵魂天生就是基督教的"等等——都成了西方文化共同遗

㊹ 米努修·费利克斯（Minucius Felix），在此对他不作专门研究，他可能比德尔图良还早，下列著作持此观点：H. J. Baylis, *Minucius Felix and His Place among the Early Fathers of the Church* (London: S. P. C. K., 1928); F. Lavallée, "L'apologétique de L'Octavius", *Mélanges J. Saunier* (Lyon: Facultés catholiques, 1944); E. Paratore, "La questione Tertulliano-Minucio", *RicRel*, 18 (1947), 132 ~ 159; Gilles Quispel, "Anima naturaliter christiana", *Latomus*, 10 (1951), 163 ~ 169; S. Rossi, "*Feriae vindemiales e feriae judiciariae* a Roma (a proposito dell' *Octavius* di Minucio Felice)", *GltFil*, 15 (1962), 193 ~ 224。另一种观点，见 J. J. de Jong, *Apologetiek en Christendom in den Octavius van Minucius Felix* (Maastricht: Boosten en Stols, 1935); H. Diller, "In Sachen Tertullian-Minucius Felix", *Philologus*, 90 (1935), 98 ~ 114, 216 ~ 239; B. Axelson, *Das Prioritätsproblem Tertullian-Minucius Felix* (Lund: C. W. K. Gleerup, 1941)。

㊺ 他在这方面的工作并不在于创造新词语——尽管有这些创造的术语的列表，见 R. Braun, "*Deus Christianorum*": *Recherches sur le vocabulaire doctrinal de Tertullien* (Paris: Presses Universitaires de France, 1962), pp. 547 ~ 548——而更像是把已有的词语的神学使用方式固定下来。参 Franz Joseph Dölger, "Der Heiland", *AntCh*, 6 (1950), 241 ~ 272; J. Monigt, "Une étude du vocabulaire doctrinal de Tertullien", *RScRel*, 52 (1964), 248 ~ 260。

㊻ Christine Mohrmann, "Observations sur la langue et le style de Tertullien", *NDid*, 4 (1950 ~ 1951), 41 ~ 54.

㊼ A. Beck, *Römisches Recht bei Tertullian und Cyprian: Eine Studie zur frühen Kirchenrechtsgeschichte* (Halle: H. Niemeyer, 1930).

㊽ 关于后来的基督徒作家对他作品的直接使用，见 Gustave Bardy, "Tertullien", *DTC*, 15: 168 ~ 169。

㊾ 然而，对此观点的异议，见 E. Langstadt, "Some Observations on Tertullian's Legalism", *SP*, 6: 122 ~ 126, 文中指出，德尔图良的"律法"概念不像我们今天的那样严格，因此他的"律法的宗教"（legalistic religion）不像通常所描述的那样。

产的一部分。他关于使徒统绪,灵魂起源以及原罪的学说,在基督教思想的发展中留下了深刻的印记。他的三位一体论信式(trinitarian formula),在很大程度上是后世的三一论发展的先声,他的基督论也一样。尽管他的许多神学著作带有孟他努信仰的烙印,这完全无损于他的这些功绩。

第八章　亚历山大学派：克莱门特与奥利金

186　前两章我们研究的两个神学家，其思想在某些方面是不同的，但也确有好些是有关联的。现在我们开始讨论另一个神学思潮，它与前两派神学思想同时流行，但极为不同。这就是亚历山大派神学。

2 世纪末到 3 世纪初，亚历山大是帝国的主要城市之一。只有罗马和安提阿能在政治和经济上与它抗衡。而在文化事业的发展上，甚至比首都更为优越。在亚历山大大帝于公元前 332 年或 331 年建立此城之后仅仅二十五年，托勒密·索特(Ptolemy Soter)就以图书馆和博物馆把这个城市打扮得驰名各地。其图书馆的主管人都是世界最有名的学者，藏书达七十万卷，成了名震当代的知识宝库。博物馆就其名称就可以知道它是献给缪斯神(Muses)的，它相当于现在的高等学府，最出色的著作家、科学家和哲学家，济济一堂，在其中工作。亚历山大城因为有了这些机构，就成了一个著名的富有学术性的文化中心。①

187　另一方面，亚历山大城的地理位置，使得该城发展的学术思想具有特

---

① *CAH*, 7: 142～154; 12: 619～628. 另见，P. J. G. Gussen, *Het leven in Alexandriё volgens de cultuur-historische gegevens in de Paedagogus* (*boek* Ⅱ *en* Ⅲ) *van Clemens van Alexandriё* (Assen: Van Gorkum & Co. , 1956)。

殊的风格。最为重要的是，亚历山大的文化，正是世界所渴望的那种文化。埃及是古希腊人所崇敬的，他们在埃及这块神秘的土地上，看到了孕育着的潜在智慧。此外，东方各种各样的学说都集中到了亚历山大，形成了一个折衷的总体。前边的一章中曾谈到过，在基督教时代之前很久，就有很多犹太人住在该城，他们对他们的《圣经》的翻译，和对他们宗教的解说，都很显然地带有当地的特色。到亚历山大来的人，不仅有带着《圣经》的犹太人，还有带着天文学的巴比伦人，带着二元论的波斯人，以及许多其他带有各种不同而往往是混杂的神秘主义宗教的人士。

所有这些思潮，汇集并繁荣于亚历山大这样一个没有死板传统而相当新颖的城市，这就使它成为一个适应当时人们要求的那种思想的中心。我们已经指出，后期希腊哲学时期的特点是它的个人主义（individualism）和世界主义（cosmopolitanism）。而这与曾经以城市为中心的古希腊思想和宗教正相抵触。在这时代，个人主义很能引人倾听那种使人能够支配自己的生活并能得救的道理，不管他们如何理解得救。另一方面，世界主义对于当时的调和倾向提供了推动力，并准备蕴酿某些社会人士来接受折衷主义的学说。亚历山大正是由于许多不同思想流派的汇集，成了产生这种折衷主义学说最好的园地。因此，亚历山大到了 2 世纪末叶，就成了一个百家争鸣极其沸腾的地方，而所有这些学派都是折衷主义性质的：如巴西理德所持的诺斯底主义，安摩纽・撒卡斯（Ammonius Saccas）和普罗提诺（Plotinus）的新柏拉图主义，源于斐洛传统的希腊化犹太主义（Hellenistic Judaism），以及最令人感兴趣的克莱门特（Clement）和奥利金（Origen）的神秘的柏拉图主义的基督教（Platonist Christianity）。

我们已经研究过后期希腊化犹太主义，巴西理德的诺斯底主义以及 188
其他学说，我们现在简述一下普罗提诺的新柏拉图主义，这样，对于亚历山大基督教学派的学术背景，就可以有一个大概的了解。[②] 普罗提诺像当时的哲学家们一样，是一个折衷主义者，吸收了柏拉图和亚里士多德以及斯多葛派的思想。他的理论体系的开端，是一个不可言喻的，任何本质和一切名号都不能适用于他的“太一”(the One)。一切存在都来自这个绝对的超然者，但不是创造出来的，而只能用流出这样的隐喻加以说明。

> “十分清楚，一旦用这样的方式来表达上帝，创造就不能用一种意志行动来表达，那只是上帝本质上的一种变化。创造的发生是这样的，上帝在创造中仍然完全不动，既不决定什么也不同意什么，它是一种“流溢”(emanation)状况，就像光线在光体的周围发射一样，热在热物周围辐射一样，或是像一种东西的香气散出一样。[③]

这样的流溢，是从完美者出发的，流得越远就越不完美和多样化。最初是那个智慧者(**νοῦς**)，它兼有柏拉图的“得缪哥”(Demiurge)和斐洛的“逻格斯”(Logos)的形象。其次是“世界灵魂”，而人的灵魂是它的一部分。接下去，整套的等级万物就出现了，其最低一级，就是千变万化的物质世界。

在这样的体系中，人被说成是囚困于肉体中的灵魂，因此，我们的奋斗目标是挣脱肉体的束缚，上升到一种与那一位奇妙“太一”的合一，所
189 谓的魂游向外在的地步。

在这一章里，我们要研究，受到新柏拉图主义影响很多的克莱门特和奥利金的思想。这让我们看到，他们反对异端的方法与艾雷尼厄斯和德

---

② 十分清楚，这本书只能够包括普罗提诺新柏拉图主义(Neoplatonism of Plotinus)的最简明扼要的摘要。进一步的阅读，最好的简短的介绍仍然是 Émile Bréhier, *The Philosophy of Plotinus* (Chicago: University of Chicago Press, 1958)。

③ Nicolás Abbagnano, *Historia de la filosofía* (Barcelona: Montaner y Simón, 1955), 1: 178.

尔图良完全不同。④ 这也使他们的神学论述，较之护教或反对异端，其范围要宽阔得多。所以，本章——开头看来涉及的范围太广了——是我们历史的两个基本时期的转折点。一方面，克莱门特和奥利金都还活在教会受迫害时期，和诺斯底主义盛行时期——这就使他们的著作与我们刚刚讨论过的思想家们有关联。另一方面，他们的神学又不限于护教和辟异端，而是更深地向思辨的高度发展——这就使他们的努力成了一种新型的神学研究的开端，既有价值，也有危险。

叙述亚历山大学派的发展历史是很困难的。就传统的说法是，曾经有一个具体的机构，学者称它为“亚历山大教理学校”（Catechetical School of Alexandria）。这个机构不仅是为了训练那些准备受洗的人，也是为了进行高水平的哲学和神学教育的。更可靠的说法是，潘代诺（Pantaenus）——其生平我们知道的很少——曾在亚历山大办了一所私人学校，就像哲学家们经常办的那样，或者像查斯丁在罗马设立的那样。潘代诺死后，克莱门特继任该校校长。后来，克莱门特因瑟皮提母·瑟维如斯（Septimius Severus）皇帝的迫害，不得不离开亚历山大，他的学校可能就关闭了。以后，十八岁的奥利金承担了训练准备受洗教徒的职责。再后，可能他的声望渐高，而且能够满足许多愿意接受更高文化教育的人的要求，他就创办了一个新的，像潘代诺和克莱门特所办的那样较高水平的学校，至于问答班的责任，就交给了赫拉克勒（Heraclas）办理。⑤ 当然，我们这里所说的“亚历山大学派”这个词，就不是指一个具体的问答学校或高 190
级研究中心说的。它实际指的是神学学派或思潮，但不应忽视的是，潘代诺、克莱门特和奥利金所办的问答学校和高等学校，对这一学派的发展起了极大作用。

④ Harold Arthur Blair, “Two Reactions to Gnosticism”, *ChQR*, 152 (1951), 141 ~ 158.

⑤ Jean Daniélou, *Origen* (New York: Sheed & Ward, 1955), pp. 9 ~ 20; Manfred Hornschuh, “Das Leben des Origenes und die Entstehung der alexandrinischen Schule”, *ZschrKgesch*, 71 (1960), 1 ~ 25, 193 ~ 214.

亚历山大的克莱门特

因为潘代诺的著作——如果他确实写过一些作品的话——完全失传,所以克莱门特就成了我们这一章要研究的第一个神学家。

关于克莱门特的生平,我们知道得很少。他父母可能是异教徒,因为他少年时期就有异教信仰。他可能生于雅典,在这里受教育,并且一直生活到他归顺基督教。而后,他出走寻求真理,到了意大利、叙利亚和巴勒斯坦,直到他在亚历山大遇到了潘代诺,并发现可以从他那里得到自己心灵所渴慕的引路之光。他就跟他学习,以后又同他一起工作,大概于公元200年继承了他的职位。但不久,瑟皮提母·瑟维如斯的迫害使他离开了亚历山大,此后,他的生平事迹就更不易考查了。只知道他到过迦帕多西亚(Cappadocia)和安提阿,并死于公元211至216年之间。

克莱门特的著作,除了其后作者们所援引的片段之外,留给后代的共有五篇:《对异教徒的劝告》(*Exhortation to the Heathen*),《训诲者》(*The Instructor*),《杂记》(*The Stromata*),《谁是可以得救的财主?》(*Who Is the Rich Man That Shall Be Saved?*),以及《提阿多徒斯著述节录》(*Excerpts from Theodotus*),这份节录看来是克莱门特为了某种将来的规划而作的一系列笔记,对于研究他的神学并没有很多帮助,因为很不容易,有时甚至不可能,分清哪些是引自提阿多徒斯的,哪些是他自己的,当然也还有其他原因。

《谁是可以得救的财主?》不太受基督教思想史学家重视,主要因为这些史学家对基督教关于经济问题的教诲,一般不感兴趣。但是这篇讲
191 道却很重要,因为它见证越来越多的富有者加入基督教后,教会不得不做的一些调整。这篇著作也援引了一些人对过度聚敛财富的尖锐批评。克莱门特却辩称,如果我们记得财物是上帝创造的,不可以囤积,而是要与

人分享,就可能既富有又能得救。[6]

《对异教徒的劝告》——通常就称作《劝告》——是克莱门特计划要写的关于"道"的功能问题的三卷一套中的第一卷。"道"的功能有三,即劝告,引领和教导。因此,第一卷称为《劝告》(*Protreptikos*),那就是劝告者;第二卷是《训诲者》(*Paidagogos*);第三卷是《师傅》(*Didaskalos*)。[7]"道"作为一个劝告者,邀请人来走救恩之路,摈弃异教,这就是《对异教徒的劝告》这个主题,它用了十二章的篇幅来评击异教的谬误,劝告读者接受基督教信仰。不过,克莱门特在这样一篇护教性的著作中,还是对后期希腊文化表示欣赏,并断言真理在古代哲学家和诗人那里应该同样能够寻见。

《训诲者》是这三卷的第二卷,其目的是指引基督徒,使他们的行为符合更高的标准,尤其是使他们能克服私欲。

最后,《杂记》(*Stromata*)没有完成作者原来打算要写的关于"道"的师傅功能的目的,以致他的三卷计划没有成全,其中原因不得而知。通常有两种解释:一种是说克莱门特断定自己无力写一篇像他原来所打算的系统的文章;另一种说法是,《杂记》是克莱门特为了第三卷的写作所作 192
的一系列笔记,只是在死前没有来得及完成他的计划。[8] 无论怎样,这一著作,很明显不是任何一种系统的研究,而只是一份琐碎的杂记,或者就像一片花毯,许多思想之线都呈现在表面上,读者看了之后,会觉得为什么没有下文。克莱门特就是用这样的形式,几乎是完全没有次序和系统地来解说他学说的最主要的一些方面。

---

⑥ 同意此观点者,见 W. Wagner,"Lubricating the Camel: Clement of Alexandria on Wealth and the Wealthy", in W. Freitag, ed., *Festschrift: A Tribute to Dr. William Holdern* (Saskatoon: University of Saskatchewan, 1985), pp. 64 ~ 77。尽管我给出了克莱门特论文的传统英文标题,但更为字面的翻译应是"*Who Is The Rich Who Shall Be Saved?*"。

⑦ *Paid.* 1.1.

⑧ 对此问题的各种解答,见 J. Munck, *Untersuchungen über Klemens von Alexandrien* (Stuttgart: W. Kohlhammer, 1933), pp. 1 ~ 126。

克莱门特对基督教真理与希腊哲学真理的关系问题所持的观点，是我们总括克莱门特神学的最好的出发点。在这个问题上，克莱门特守旧地站在查斯丁和雅典那哥拉传统的一边，反对他提安和德尔图良的主张。

克莱门特并不怀疑希腊哲学中有真理，并且提出了两个不同的，又有些矛盾的解说，这两种解说以前的基督教作家也曾提过。有时他主张哲学家们的正确观点是从希伯来人那里得到的。⑨ 但他也主张，他们凭着上帝直接的作为而认识真理，就像犹太人接受律法那样。

> “譬如好多人画一艘船，不能说它成于好多原因，而是一个原因包括好多人，因每一个人就他自己来说，并不是这艘船画成的原因，而是跟别人一道画的。哲学也是一样。作为对真理的探索，哲学对真理的领悟有所贡献，但它不是领悟真理的原因，而只是和其他一些事物在一道的一个原因，是一个合作者，或者说是一个联合的原因。也就像一个人的幸福是好几个因素构成的，就如太阳、火、洗澡以及衣服，都是取暖的途径。所以，真理是一个，而对它的研讨却是多方面都有贡献的。但只有圣子才是发现它的。”⑩
>
> 因此，“创立两约（律法之约与哲学之约）的同一位上帝，就是把
> 193 希腊哲学赐给希腊人的恩赐者，就此，全能者就在希腊人中得到了荣耀。”⑪

这是克莱门特关于哲学真理与《圣经》真理的关系问题，以其所持的立场所作的解释的第二点。至于其他解释，也可能认为是个传统的观点，对于辩论颇有用处，也有些道理，不过对于希腊哲学的伟大性，持见却不

---

⑨ *Strom.* 1.25；5.14. 见 Thomas Finan，“Hellenism and Judeo-Christian History in Clement of Alexandria”，*IrThQ*，28（1961），83～114.

⑩ *Strom.* 1.20（*ANF*，2：323）.

⑪ *Strom.* 6.5（*ANF*，2：489）.

大公道。其论点是,因为真理只有一个,不管真理在何处找到,就是这个真理,而且必须承认其渊源也只有一个,就是上帝。

在这一点上,克莱门特比查斯丁更前进了一步。查斯丁在一定程度上肯定异教哲学的真理。他试图说明哲学家的高级理论是与《圣经》一致的;他甚至肯定哲学家的真理也是来自上帝的。克莱门特就认为,上帝把哲学赋予希腊人,与赐律法给犹太人,具有同样的目的,那就是起着一个使女的作用,把人们引向基督。[12] 再者,哲学就是上帝与希腊人订立的约,[13]而且——就像犹太人有他们的先知那样——根据这个约,上帝赐给了荷马,毕达哥拉斯,和柏拉图这样的人以灵感。[14] 真理只有一个而且都源于上帝。因此,基督徒能够而且应该从哲学中看到启示给他们的同一个真理的体现。如果有人担心这会引人误入迷途,那么,他对于真理能够战胜敌人的威力,就是缺乏信心。[15]

然而,这并不是说认识真理就用不着信心。诚然,哲学的研究总要立足于逻辑的论述。不过,即使是哲学家也不否认,赖以进行论述的第一级 194
原律是无法证明的。这些第一级的原律只能用意志性的态度来接受它,那就是用信心接受它。另一方面,要是说信心是知识的出发点,那也不全面;应该说信心也需要知识。信心并不仅仅是一个猜想,或武断,从而肯定那些原律的正确性。这种肯定是以知识为基础的。“因此,知识具有信心的特性,而信心,在一种神圣的彼此与交互的对应上,就具有了知识的特性。”[16]

---

⑫ *Strom.* 1.20.

⑬ *Strom.* 6.8.

⑭ *Strom.* 5.5, 14.

⑮ 实际上,查斯丁和克莱门特之间关于哲学与《圣经》的关系的不同观点是由他们不同的环境和目的所导致的。查斯丁为非信徒写作,他的目的是向他们显示基督教的合理性(rational)。克莱门特为信徒写作,他的目的是向他们显示哲学对基督徒生活的价值。

⑯ *Strom.* 2.4 (*ANF*, 2: 350). E. F. Osborn, *The Philosophy of Clement of Alexandria* (Cambridge: Cambridge University Press, 1957), pp. 113 ~ 174.

"知识是少不了信心的"这一事实,是克莱门特回答那些试图创立一种自立哲学的人所用的答辩的精髓。而同样是一个事实,"信心应是可理解的",是克莱门特批驳异端的精髓。那些异端就像人不能分辨真币与假币一样,因为他们没有具备判明是非所应有的知识。[17] 如果信心不是一种武断,而是借助于知识,那么,异端就没有真正的信心,因为他们的"信心"是基于他们自己的爱好,而不是以《圣经》为基础。

克莱门特从来不怀疑《圣经》是来自启示。他在这一点上的信念,表现在他从来不提出一种有关启示的学说。[18] 上帝在《圣经》中说话,至于上帝的话如何传给实际写《圣经》的人,那不是最重要的事。

真正重要的是上帝怎样在《圣经》中说话,因为,如果你相信《圣经》中字句的意思就是上帝的话,那么你的解释,就与那些认为《圣经》是上帝用隐喻或寓言说话的人的解释,大不相同。

195 克莱门特作为忠于释经传统的一员,就像斐洛的亚历山大犹太主义和巴拿巴书信一样,认为隐喻解经是释经学的重要方法之一。

> "《圣经》用隐喻是有多方面的原因的。首先,叫我们追求探索,并不断注意寻求其中的救恩教训。其次,它不那么容易叫所有的人都能看懂,免得他们因误解了圣灵所宣告的救恩而受害。总之,预言中上帝的奥秘是用隐喻掩盖的——是留着给那些蒙选之人的,根据他们的信心,有选择地使他们能理解,《圣经》的文体就是比喻式的。"[19]

然而,我们不应该夸大克莱门特对隐喻解经法的偏爱,因为他并不像

---

[17] *Strom.* 2.4. 参 *Strom.* 7.17,在那里,异端被说成是伪造的钥匙,不许他们进入到真理之中。

[18] Claude Mondésert, *Clément d'Alexandrie: Introduction à l'étude de sa pensée religieuse à partir de l'Ecriture* (Paris: Aubier, 1944), p. 83.

[19] *Strom.* 6.15 (*ANF*, 2: 509).

许多隐喻解经家那样否认《圣经》的历史意义。举例来说，那一本《巴拿巴书信》的作者认为，犹太人按照字义解释律法是一个坏天使教他们这么做的，而克莱门特却一再地说，《圣经》确确实实具有实在的历史意义。[20]因此，克劳德・蒙德萨特（Claude Mondésert）论到克莱门特时说："《圣经》对于他……是关于发生于历史中的启示的记载，是用具体的事实，和真实人的活动来叙述上帝对待世人的故事，以及上帝三番四次地插手世界历史的故事。"[21]

克莱门特为了同时保持《圣经》的历史意义，和隐喻释经的自由与深度，就提出了《圣经》多种含义的学说。这一学说的基础是典型的柏拉图式的整体宇宙观念。根据这一学说，这个世界的一切事物都是永恒真理的象征。[22] 世界上的事物都是真实的，但它最大的价值在于它是显示至 196
高实在世界的象征。同样，《圣经》经文的历史和字面意义是真实的，但它最高的价值在于把它作为象征或隐喻，来解释出宇宙更深远的真理。每一段经文，至少有两重意义，即字义和灵义。这就是克莱门特解释《圣经》的基本法则，但他有时也给灵义分出几种不同的等级。[23]

字义（literal sense）就是从经文直接看到的意思，用不着去探索什么隐藏的意思。这并不是说字面意义就总是来自于对经文作一种拘泥于字面的、简单的解释。这后一种解释称之为"第一意义"也许更加准确，以便与用寓意法发现的"更深意义"相对照。有时这样的第一意义与经文字面意义是一致的。《旧约》记载历史的经文就是这样。但也有时候第一意义并不是严格的字面的、简单的意义，如果照这样解释就会完全错误。在经文中的很多比喻（parables）、隐喻（metaphors）和寓意（allegories）就是如此。它们的第一意义并不是直接拘泥于字面的解释，而是他们所

---

⑳ *Strom.* 1.21; 2.19; 3.6; 6.3, 8; 7.3.

㉑ Mondésert, *Clément*, p. 87.

㉒ Mondésert, *Clément*, pp. 131 ~ 135.

㉓ 参 *Strom.* 1.26; 6.15; 7.16。

象征的意义。

经文的初级意义的确不是最高的,基督徒如果要获得信仰的更深领悟,是不能以此为满足的;但不是说这种"第一意义"是无关紧要的,可以把它抛到一边而背弃《圣经》真理。与此相反,"第一意义"正是这段经文其他意义的起点。特别是历史的和先知的《圣经》经文,如果否认了这些
197 经文的第一意义、字面意义,那简直就是否认了上帝的作为和应许。只有一个理由可以用来否定某段经文的字面意义,那就是,它所说的对上帝不配称。例如那些用拟人法词句来叙述上帝的经文,就必须明确地就其拟人法所寓意的更深真理来加以解释。㉔

每一段经文,都有它一个或更多的"更深意义",比它初级的、直接的意义更高深。这些都必须用隐喻解释法来发掘。上帝的伟大是不可计量的。如果以为某一段经文只有一方面的教训,那是愚昧的。上帝深厚的慈悲和怜悯,用同一段经文来叙述,既能叫最无知的人懂得,也能使极聪明的人理解,这是用不同的水平向他们说话,而足以适应信徒各种不同水平的理解力。因此,一个基督徒如果想攀登基督教这种哲理的更高楼层,就必须持之以恒地探索第一意义或字面意义后面的、更深的意义,也就是寓意的或灵意的解释。这样的意义,甚至可以通过好几种不同的、有意义的解释把它说出来。这种经文多义说是克莱门特的隐喻解经法的基点,因而也就是他神学著作的特点。然而我们应该记住,他不是滥用隐喻和不顾历史真理的人。克莱门特的隐喻释经,往往是有一定限度的,也就是遵循释经原则的,然而遗憾的是,人们可以指出一些不符合这种法则的例子。

上面我们已经讨论了这些释经原则的第一点:即隐喻释经一定不能背弃经文的原意,除非它的意思与公认的上帝的品德和尊严相抵触。因此,经文所涉及的历史事实不能抹杀。克莱门特虽然经常更多地注意较

㉔ *Strom.* 1.16.

高的经义，以致把它的历史意义抛弃在背后，但也有很多例子是把这两种不同的释义糅合在一起，使他的解经不是隐喻式的而是预表式的。[25] 举例来说，以撒的被献，既是不可否认的历史事件，也是预指耶稣基督被献 198
的一个象征或预表；而这两者之间的关联，在《创世记》的一些隐喻经文中是看不到的，而是存在于一些历史事件的记载或详叙中。

> “他（以撒）是亚伯拉罕的儿子，正像基督是上帝的儿子，并且作为救主被献，只是他没有像主那样被宰杀。以撒只是像主背木头十字架那样，背了献祭的柴。他象征性的笑，预示着救主将对我们这些借着他的宝血从堕落中得赎的人，赐以满足的快乐。以撒除了受难之外，一切都做了，这样把受难的重要工作留给上帝之道来完成，是正确的。还有，他不被宰杀，也是基督神性的一种比拟，因为耶稣在埋葬之后又复活，并没受什么伤害，以撒免于被献正是这样。[26]

克莱门特的第二个解经原则是以经解经。意思是说，经文主要是凭着它合宜的经文和直接的上下文来理解。[27] 但克莱门特以更宽阔的含义来理解这一释经原则，而且把隐喻释经法也包括了进去。他是这样运用这种释经原则的，先找一些有同样观点、同样事物、同样名称，甚至同样数目的经文，来考虑该段经文的隐喻含义，然后再把这个意思搬到他正在研究的这段经文上来。[28] 这样依靠《圣经》别处的不同经文，就会在某段经文中找到它本来没有的意思。很自然，由于克莱门特那个时代的《圣经》考证和历史研究的条件有限，它就使得这种释经方法走到了过分的地步。

---

[25] Daniélou, *Origen*, pp. 139 ~ 173，强调克莱门特释经的预表特点。另见，他的文章“Typologie et allégorie chez Clément d'Alexandrie”, *SP*, 4 (1959), 50 ~ 57。

[26] *Paid.* 1.5 (*ANF*, 2: 215).

[27] *Strom.* 3.11.

[28] Mondésert, *Clément*, p. 139.

但我们不要忘记，在这个释经原则中是想把寓意的解释，限制在《圣经》思想体系的范围内。举例来说，克莱门特运用这种原则的典型是他为了
199 解说《约翰福音》第六章中，耶稣告诉门徒必须吃他的肉喝他的血这件事，就引用《创世记》4 章 10 节，那里上帝对该隐说："你兄弟的血有声音从地里向我哀告。"据此断言，《圣经》中提到"血"，就是"道"的一个标志，因此，主耶稣所提到的血，无疑就是指"道"他自己。[29]

克莱门特的神学特色之一，在于他区别对待人们理解《圣经》的水平来自于他对《圣经》几个层次的含义的区分，他本人对哲学研究的爱好，以及他具有的柏拉图主义倾向。这一特色清楚地表现于，他把一般单纯的基督徒与"真智者"(the true gnostic)加以区别。克莱门特认为，在一切基督徒所共有的单纯信仰之上，一个人如果坚持寻求真理的修行，也还可以达到一种深悟永恒真理和超级"灵智"(gnosis)的境界，这种境界只是留给少数得天独厚的人。克莱门特是用这种"真智者"来抵制那些异端的"假智者"，这种真智者既有道德意义，也有理智性质。"与那些单纯相信而没有修行，倾心于外表礼拜的初信者不同，有的基督徒能看见上帝的奥秘，用心灵和悟性迎接上帝，以至与上帝相通。"[30]这不仅是一个寻得更深真理知识的问题，而且是过一种更超越的生活的问题。[31] 克莱门特经常论述一些人们达到这种"灵智"的途径，包括本人的灵感、隐喻释经、柏拉图式的辩证法以及他一再求助的秘密传统，但他没有说明其中的内在的关系。灵智的特性，内容以及传递的方法也难于断言。[32] 总之，突出的一点是，克莱门特的思想明显地带有贵族式和少数人秘传式的性质，因而
200 我们读他的著作时，应该知道他的著作，不反映亚历山大教会的神学，而

---

[29] *Paid.* 1.6.

[30] Reinhold Seeberg, *Textbook of the History of Doctrines* (Grand Rapids: Baker Book House, 1956), 1: 142.

[31] *Strom.* 4.21,23; 6.9, 10; 7.3, 7 ~ 15.

[32] *Strom.* 6.7.

只反映这城里的一小部分有特殊恩赐的基督徒的神学。

讨论了克莱门特的神学基本原则和特性之后，我们现在来讨论他的神学内容。在上帝论方面，他沿用了新柏拉图的学说，主张应该以否定词为主来说明上帝：上帝没有属性，他超出了实质的范畴，无法直接对他进行论述，因而不能给他下定义。㉝ 不过，除了这种明显的柏拉图主义性质的主张之外，他还有从基督教信仰而产生的论点：即三位一体。还有次于圣父的自始至终的永恒之"道"。㉞ 如上所述，"道"是一切知识的渊源，特别是有关上帝的知识的渊源。㉟ "道"也是万物的本原，因为"没有一样不是借着他造的"。虽然克莱门特只根据"第四福音"来肯定"道"与圣父同是永恒的，但在这一点上是带有某种柏拉图主义的，也就是作为在难以言喻的上帝之统一性(unity of God)与千头万绪的宇宙之间的中介。㊱ 这位一切知识和各个事物之原的"上帝之道"，已经化身为耶稣基督。㊲ 这样的道成肉身，成了他原先在犹太人和异邦人中所做的一切工作的顶峰。这样，他启示了希腊的哲学和犹太的律法，结果二者就像使女一样，把人引向道成肉身的基督面前。这就得出了一个完整的历史观，就如蒙德撒特所说的一种历史：

> "历史向前开展，直到一个最高的事件。而只有达到这一点，才 201
> 能开始它的新进程，但它本身免不了受到这个已经来到的，核心的重

㉝ Osborn, *Clement*, pp. 25 ~ 32.

㉞ *Strom.* 5.1. 克莱门特从未讲过道是与父神"本体相同"(*homoousios*)的。但是哈纳克认为，他或许知道这个词语是用来指称逻格斯与上帝及人类共同持有的本质共享的一种方式。(*HD*, 2: 352, n.2)另一方面，Photius 肯定克莱门特把圣子当做创造物中的一员(*Bibliotheca*, 109; *PG*, 103: 384)。

㉟ Erich Fascher, "Der Logos-Christus als göttlicher Lehrer bei Clement von Alexandrien", in *Studien zum Neuen Testament und zur Patristik* (Berlin: Akademie-Verlag, 1961), pp. 193 ~ 207.

㊱ Osborn, *Clement*, pp. 34 ~ 44.

㊲ *Exhort.* 11; *Paid.* 1: 74; *Strom.* 5.16.

大事件的影响。在这一转折点之后，历史不再是线性地和平面地发展了，而是永不背离那个出现的轴心，进行着巨大的螺旋式上升的发展。”[38]

然而，克莱门特对于道成肉身论虽然有很大贡献，但必须指出，他对道成肉身的理解，就德尔图良和艾雷尼厄斯的观点来看，还有很多不足之处。他认为“道”实在是有人性的，而基督无疑有人的身体和灵魂。[39] 但是，由于神性与人性的这种合一，以致人性的一些基本特征就丧失了。下面的一段引文，实际是克莱门特攻击幻影说的，可是他所引出的观点，却十分近似幻影说，而且其观点所根据的一些理由也就是使人接受这种幻影说的理由。

“论到救主的身体，如果以为这是需要不可少的滋养才能维持的身体，那是可笑的，因为他吃饭，并不是为了他那个用神能维持的身体，而只是为了不叫那些和他在一起的人对他有不同的看法。照这样，后来确有一些人设想他的外貌是个虚幻的形象。但是，对于任何的感情波动，无论是快乐和痛苦，他全然不动情，无所触及。”[40]

克莱门特没有提出一个明确的圣灵论。也许因为他已经把“道”看做信徒的光照者和启示者来看待，就使他难以把同样的职责再加给圣灵。
202 然而，这并不是说克莱门特不把圣灵与三位一体的另外两位区别开来——但他也没有用“位格”这个词，在有关这方面的论述中，克莱门特不知道这个词。在他看来，圣灵总是引人归向上帝的关联本原。无论怎

---

[38] Mondésert, *Clément*, p. 188.

[39] *Paid*. 1.2.

[40] *Strom*. 6.9 (*ANF*, 2: 496). 参 *Strom*. 3.7。

样，克莱门特对于上帝的三位一体性是给予肯定的，因为在他的著作中经常看到三位一体信式。[41]

这位三位一体的上帝是造物主。世界是上帝作为的一个成果。它不是上帝的流溢物，也不仅仅是对先在物质加以安排。[42] 创造是在时间之外发生的——克莱门特相信这种学说是有哲学和《圣经》的根据的。[43] 再者，创造不能与宇宙的维持混为一谈。克莱门特相信，上帝于太初创造万物，以后就不再创造了，而万物在起初就建立的自然规律下，从而得以维持和繁生。[44]

创造不仅包括人，和我们在其中生活的世界，也包括天使和其他天上的生灵。为了反映上帝用七天创造了宇宙，万物的基本结构都是七数的：第一级的天使是七个，行星是七个，昴星团（Pleiades）的星是七个，等等。[45] 这样，克莱门特就代表了相当一些基督教神学的特点，那就是受着柏拉图哲学的影响：探索宇宙结构的等级和数目，尤其是天上主人们的品级和数目。

关于人的学说，克莱门特的某些观点与艾雷尼厄斯近似。这两个学识不同的人能有这种情况，颇令人惊讶。克莱门特像艾雷尼厄斯一样，认为人被造之初，就像婴儿那样天真无罪，需要渐渐成长到完美无缺的地
步，以完成上帝造人的目的。[46] 人的堕落是由于他在上帝允许之先运用 203
了性功能，[47]结果就陷入了罪与死之中。然而，克莱门特与艾雷尼厄斯完全不同的一点是，他不认为亚当是人类之首，而只是我们每个人经历的一

[41] *Exhort.* 12；*Paid.* 1.42；3.12；*Strom.* 5.14.

[42] *Strom.* 5.14.

[43] *Strom.* 6.16.

[44] 由阿纳斯塔修斯·西奈塔（Anastasius Sinaita）保存在一个残篇里（q. 96）。英文翻译：*ANF*, 2：584。

[45] *Strom.* 6.17.

[46] *Strom.* 2.22.

[47] *Strom.* 3.17.

个象征。[48] 一个婴儿出生时并不受到“亚当的诅咒”。但我们终究都犯了罪，都变得像亚当一样，我们这就降服于魔鬼，就成了罪和死的奴隶。这并不是说人的自由就毁尽了。相反，当上帝借着“道”给人救恩信仰时，人就必须抉择是否接受，这就是运用他的自由。[49] 这种信心就是新生命的开端，克莱门特有时把这个开端说成是，人因犯罪而中断的成长过程得到了恢复，有时就说它是成圣（divinization）的一个过程。根据他自己的秘传兴趣，克莱门特认为信心必须伴以敬畏和盼望，从而引向爱，而最后达到“真的灵智”。究竟这一全部发展过程是在今生实现呢，还是一直延续到死后，这个问题，在克莱门特的著作中找不到清楚的答案。

然而，我们得注意，不要把克莱门特的救赎论说成是过分依靠个人之功，因为教会在救赎的过程中是重要的一部分。教会是信徒之母。[50] 只有在教会里，信徒才能得到光照和成圣，以至有一个“真的灵智”的生命。人借着洗礼进入教会，而借着圣餐得到滋养。洗礼是洗去罪的，就在举行此礼时，光照就开始了，这是信徒的生命之根。[51] 但克莱门特并不认为信
204 徒通过洗礼就得了完全的生命，而只是一个更长的，向着完美进程的起点。另一方面，圣餐对于信徒的滋养和分享上帝的永生，是有实效的，但这并不是说，饼实在就是基督的身体，酒就是基督的宝血。[52]

克莱门特神学的重要性，主要在于它以“道”的学说为主导。他以此说为桥梁，使异教哲学与《圣经》得以贯通。它成了整个历史的统一原则，特别是“新旧”二约的统一原则。“道”的光照和同在，是“真灵智”生命的基础。另一方面，我们也可以清楚地看到，正是这个“道”的学说，反

㊽ 见 John Norman Davidson Kelly, *Early Christian Doctrines* (London: A. & C. Black, 1960), p. 179。

㊾ 见 Osborn, *Clement*, p. 51。

㊿ *Paid.* 1.5.

51 *Paid.* 1.6.

52 *Paid.* 1.6. 尽管 Quasten 有相反的论点，克莱门特似乎并不认为圣餐是一种献祭。参 Johannes Quasten, *Patrology* (Paramus, N. J. : The Paulist / Newman Press, 1953), 2: 28～30。

映了后期希腊哲学与基督教传统之间解决不了的对抗：那就是在这一学说中，既有柏拉图的一些观点，又有取自《圣经》的观点，二者针锋相对的矛盾不得解决。正是这个矛盾，使克莱门特在基督教思想方面显得非常重要。“关于柏拉图主义与《圣经》教训，即希腊哲人与东方学者之间，以及人为探索与上帝启示之间的，非凡的对抗，克莱门特是第一个看到它的人。”[53]他打算在二者之间做调和工作而总是不成功，这也并不希奇。其实，他是这条新的，没有人走过的路的先行者。

此外，我们必须记住，《劝告》和《训诲者》的特殊目的，已经实现了这样一个程度，留给我们的只是一本称为《杂记》的，琐碎奇怪的材料集，而失去富有意义的《师傅》，使人倍加惋惜。

最后，克莱门特在基督教思想史方面也颇为重要的一点是，他能够把他的一些基本观点，特别是他这种神学的基本精神，传给他的学生奥利金，而奥利金又把它加以系统化，并建造成了一个堂皇的神学大厦。

奥利金

奥利金的父母都是基督徒，这一点与克莱门特不同。[54] 202 年，奥利 205
金的父亲在瑟维如斯逼迫基督教会期间殉道牺牲。当时，奥利金激励父亲宁死也不要叛教。奥利金的宗教热忱如此强烈，致使其母不得已将他的衣服收藏起来，以防他外出而被抓走。

年轻的奥利金在父亲死后不久便开始以教授文学和哲学为谋生手段。不久，亚历山大的基督教社团不能不考虑这样的问题，即它在逼迫期间失去了许多领导人物，以至于没有人来给要求接受洗礼前训练的人们教导基督教基本教义。当时，有些皈依了基督教的异教徒——一位名为

---

[53] Mondésert, *Clément*, p. 267.

[54] 关于奥利金生平的主要资料有：Eusebius（*HE* 6.），Pamphilus of Caesarea（他的 *Apologia* 的残篇），Gregory the Wonderworker（*Oratio*），Jerome（*De viris illus.* 54. 62）。

普鲁塔克(Plutarch)者及其兄弟,后来成为亚历山大主教的赫拉克勒——去找奥利金,并在基督教信仰方面向他求教。这样,为了满足将教会教训人们的使命继续开展下去的需要,迪米特利乌斯主教把这个任务交给克莱门特的弟子,当时年仅18岁的奥利金。奥利金本人的气质决定他以极大的热忱接受了这项义务。他不仅致力于深入的研究,而且还献身于他始终视为哲人生活重要内容的那种质朴的生活实践。

> 考虑到他不需要别人的帮助,这也是像他这样的人会有的想法,他在成名并独立生活后,就将其所有的古代文学书籍尽数出售给商人,无论其价值如何,唯以每日拿到四个奥伯尔(oboli 古希腊银币名——译者)为足。多年来,他抵御了各种年轻人的欲望对他的诱惑,一直过着哲人的生活。他在整个白天中要忍受许多教规戒律的束缚;而在夜晚,他还要以大部分时间潜心研究《圣经》,他尽量用哲
> 206 学家的生活方式约束自己,有时要遵守禁食的规定,还要限制睡眠时间。为了虔诚之故,他从不上床睡觉,而只是在地上一躺了事。[55]

奥利金从字面意义上接受福音书经文,“并有为天国的缘故自阉的”(《马太福音》19章12节——译者)。奥利金气质中的禁欲主义倾向也在这个事实中得到了极其冷酷的表现。他割去了自己的生殖器。这个举动影响深远,后来成为他与教会权威之间产生嫌隙的根源。尤其是主教迪米特利乌斯认为,奥利金自阉之举使他自己排除了接受圣职的可能性。[56]

与此同时,奥利金的声望却在日益增长。他的门徒很快增多到了他无法应付的地步。这时,他便将教育主教候选人的任务托付给他的学生

---

[55] Eusebius, *HE* 6.3 (*NPNF*, 2nd series, 1: 252).

[56] Richard Patrick Crosland Hanson,“Note on Origen's self-mutilation”, *VigCh*, 20 (1966), 81~82.

赫拉克勒,自己则集中精力指导那些要求学习更高深学问的学生。这样,奥利金便创立了一所新的、从事较高级学术研究的学园。这所学园与古代哲学家们,以及查斯丁、潘代诺等人设立的那些学园相类似。正是在这所学园中担任的教学工作,使得奥利金名噪一时,甚至异教徒也乐意听这位哲学大师讲课,包括阿拉伯的总督和当朝皇太后在内。

讲授神学并不一定要有神职身份,所以,奥利金在许多年中一直是个平信徒。而他最终受任神职一事却为他造出许多麻烦。其时,巴勒斯坦的一些主教请他在当地教会中为他们讲解《圣经》。奥利金认为,接受这次解释经典信息的机会是他义不容辞的职责。他欣然应邀前往。亚历山大主教迪米特利乌斯获悉此事后,便命令奥利金即刻返回亚历山大,因为平信徒不能在主教面前讲道。奥利金服从了主教的决定,此事遂告吹。207
但数年后,奥利金在赴安提阿的途中重到巴勒斯坦,当地主教们便再次邀请奥利金讲道。这次他们为他授任了神职。虽然此举的真正目的似乎并非反对迪米特利乌斯,但它却是个很不明智的做法。迪米特利乌斯一闻知巴勒斯坦主教们已为奥利金授任神职,就认为这是个冒犯自己权威的企图。此外,迪米特利乌斯还认为,奥利金的自阉行为使他永远不得接受神职。迪米特利乌斯的态度可能也包含某些妒忌的因素。接踵而来的是场长期的争论。其间,迪米特利乌斯在亚历山大召集的两次会议革除了奥利金的教籍,并褫夺其神职。与此同时,奥利金则居留在巴勒斯坦的该撒利亚城中。迪米特利乌斯死后,当年奥利金的门徒赫拉克勒继任亚历山大主教。他继续维持前任主教的决定。奥利金只得放弃返回故城的打算,终其余生在该撒利亚度过。但在那里建立了一个与他在亚历山大组织的学园相同的神学学校,并以将近二十年的光阴从事撰写神学著作和教授神学的工作。在此期间,他的声望还使他不得不时时中断教学与研究,应邀访问帝国的一些地区。

过去人们对奥利金在这些旅行中的活动知之甚寡。直至最近(1941年)在埃及发现的一些纸草文献在记载其他事件的同时,提及奥利金曾在阿拉伯与疑为“形相论”(Modalist)者的主教赫拉克利德(Heraclides)举行过公开辩论。[57] 那份文献的记载十分鲜明生动,无疑它根据的是比较直接的材料。现代的史学家从中可以明白无误地看出,奥利金的能力之大使他不仅能够驳倒异端论者,而且可以让他们心悦诚服。

最后,在长期从事教学并撰写出许多部著作以后,奥利金在他的一生中获得一个机会来实践他在父亲身上所期待和称赞的,并在其《殉道论》
208 (*Exhortation to Martyrdom*)中主张的那种生活理想。皇帝德西厄斯(Decius)在位期间基督徒受到一次大逼迫,这次逼迫与在图拉真给皮里纽的指示下达后发生的那种局部、零星的逼迫大不相同,那份指示规定惩罚受到控告的基督徒,但不要在无人指责情况下搜寻基督徒,而是在受指控之后加以惩罚。这次则是一场有组织、有计划的逼迫。每个公民必须向罗马众神献祭,必须拿到一份证明他献过祭的文件。拿不到这样的文件者可判处死刑。似乎下令发动逼迫的谕旨之意不在于消灭基督徒,而在于迫使他们放弃信仰。因此,那个时代殉道者的遭遇是长期监禁和拷打而不是处死。据优西比乌说,奥利金遭到若干天数的拷打,他的表现令人钦佩。[58]

史料中没有关于奥利金如何设法出狱的记载,但是有记载说他死于推罗城,可能是由于受刑之故,而当时他已将近 70 岁了。

奥利金的著作内容之广泛令人难以相信,其数量之多以至于我们甚至无法在这里用足够的篇幅来列举其全部目录。随着时间的流逝,他的极大多数著作已经佚失,但现存的一些作品残篇本身就足以给人留下深刻印象。伊皮凡尼乌(Epiphanius)说奥利金有六千部著作,但现存的目录

---

[57] Jean Schérer, *Entretien d'Origène avec Heraclide et les évêques ses collegues sur le Père, le Fils, et l'âme* (Le Caire: Societé Fouad I de Papyrologie, 1949).

[58] *HE* 6.39.

只有其中的八百部。[59] 就是这八百部著作中多数也已遗失。它们之中只有极少部分的希腊原文本保存了下来，余皆为各种可能与原文有所出入 209 的译本。[60] 因此，重新整理出奥利金的思想相当困难；而且假如不是现存的奥利金著作足以让史学家能够对其内容加以比较，剔除本来不属于奥利金本人的思想，而是来自各种译本中那些不确切的内容的话，或许这将成为一项完全不可能的工作。

要想了解奥利金的著作情况，人们就应当以他对《圣经》的研究为起点。奥利金常称自己为释经者，在这方面他确实付出了极大的努力。在能够反映奥利金这方面的著作中，人们应当记住他的《六种圣经对照》(*Hexapla*)，《经文注解》(*Scholia*)，《讲道集》(*Homolies*)，《圣经注疏》(*Commentaries*)。

在基督教历史上，《六种圣经对照》首次试图为学者们确定《圣经》原始版本的内容提供必要的知识。这部著作大部分章节现已散失。它用了六个竖栏把《旧约》的希伯来文本和希腊文直译本，以及当时流行的四种希腊文本：亚居拉译本、西玛库译本、《七十士本》和提阿多徒斯译本并列在一起。只要奥利金能够收集到任何其他的《圣经》文本，他就将之列为另外一栏，结果，《六种圣经对照》的某些章节(《诗篇》等)竟有九个竖栏之多。然而，奥利金并不满足于单纯的汇编工作，他以更多的精力仔细地比较了希伯来文本和《七十士本》，并用一系列符号注明其变化、省略和添加之处。

《经文注解》是给某些经文章节作简短的解释。这些章节特别难懂或是特别有趣。这本著作除几个片段外，全已遗失。

自然，奥利金的《讲道集》写成于他与迪米特利乌斯决裂之后。其大

---

[59] *Pan.* 64.63. Quoted by Adolph von Harnack, *Geschichte der altchristlichen Literatur*, I/1 (reprint, Leipzig: J. C. Hinrichs Verlag, 1958), 333.

[60] Vinzenz Buchheit, "Rufinus von Aquileja als Fälscher des Adamantiosdialogs", *ByzZschr*, 51 (1958), 314 ~ 328.

部分篇章虽已荡然无存,但现存的章节仍能体现奥利金的基本观点。《讲道集》是一部道德说教性的著作,在《圣经》注释中常见的那种思辨,显然不是他在这里要想说明的主题。

210 最后,奥利金在《圣经》注释中得到了充分的机会来施展释经方法和能力。存世的各篇注释虽不完整,但《马太福音注释》、《约翰福音注释》、《罗马人书注释》和《雅歌注释》的大部分章节却保留了下来。这些著作是我们能够认识奥利金释经法的主要依据,同样也是我们了解他的其他神学观点的重要线索。

除了上述释经著作外,漫长的岁月还侥幸为我们留下了奥利金的一篇护教文和一篇系统的论文以及其他一些次要著作,这些著作的实际意义使之在基督教思想史上的地位十分重要。

奥利金的护教文名为《驳塞尔索》(*Contra Celsum*)。塞尔索(Celsus)是个异教哲学家,若干年前他写了一部标题为《真道》(*The True Word*)的反基督教著作。[61] 这部著作不仅针对基督教徒的实践活动,而且主要针对这种新信仰的教义和《圣经》提出了尖刻的、论证详尽的攻击。这次攻击似乎未产生重大后果,因为奥利金本人在其友人兼保护人安布罗斯(Ambrose)请他撰写批驳文章以前,并不知道塞尔索这部著作。起初奥利金认为最好不要理睬塞尔索的攻击,但后来他还是决定接受安布罗斯的请求,写下了《驳塞尔索》。奥利金逐一驳斥了塞尔索的观点,故他的这部著作本身就缺乏内在的统一性。尽管如此,它仍不失为了解公元最初几个世纪基督教与异教斗争情况的一份重要史料。[62]

---

[61] Henry Chadwick, trans., *Origen: Contra Celsum* (Cambridge University Press, 1965); W. den Boer, *Celsus, de eerste bestrijder van het Christendom* (Groningen: P. Noordhoff, 1950); Carl Andresen, *Logos und Nomos: Die Polemik des Kelsos wider das Christentum* (Berlin: W. de Gruyter, 1955). 最后一位作者认为塞尔索是为了回应查斯丁。参 Quintino Cataudella, "Celso e gli apologeti cristiani", *NDid*, 1 (1947), 28 ~ 34。

[62] Pierre de Labriolle, *La réaction païenne* (Paris: L'Artisan du Livre, 1950), pp. 111 ~ 169.

最后是，奥利金系统性的大作，即所谓的《论原理》（*De Principiis*）。这将成为我们探讨奥利金思想的纲目。现在我们完全有理由认为，这部四卷本的著作系奥利金早年（约 220 年）所作。其多数章节仅在鲁非努 211
（Rufinus）的拉丁文译本中保留至今。鲁非努认为自己有责任修正奥利金的那些过于鲁莽的观点，[63]结果却给史学家制造了困难。因此，人们在阅读这部著作时必须时刻警惕鲁非努的改动，并且必须从奥利金的其他著作中寻找线索，帮助发现奥利金原本所要表达的意义。

探讨奥利金神学思想最好以他的释经方式为出发点，[64]因为释经始终是他的主要神学兴趣所在。他的大多数著作都是经典诠释，甚至在其系统性的论著《论原理》中，释经仍然是个中心内容。此外，一个以编辑《六种圣经对照》为终生事业的人，必然会对经文产生极大的兴趣和崇敬。

尽管奥利金在诠释经文过程中远非一个死抠文字的释经家，但他却坚信《圣经》的每个词语都具有字意灵感。[65]《圣经》中每个单词，甚至每个字母，都包含着神秘。[66] 这就是奥利金如此重视恢复《圣经》原来文本的原因所在。

然而，《圣经》的真正意义不能全部从字意的解释而来。相反，看起来极其荒谬的经文也是出于上帝的灵感这个事实却证明了“以灵性方式”解释《圣经》的必要性。由此产生了这样一种教义，即《圣经》的经文具有（或可能具有）三种互不相同，但又互为补充的意义：字面的（literal）

---

[63] 鲁非努自称这样做不是要修改奥利金的文本，而是要消除“异端信徒与恶毒的人”在其文本中制造的讹误。*Prol. ad. De princ.* （*ANF*, 3: 237 ~ 238）.

[64] Jean Daniélou, “Origène comme exégète de la Bible”, *SP*, 1 (1955), 280 ~ 290; José María Caballero Cuesta, *Orígenes intérprete de la Sagrada Escritura* (Burgos: Seminario Metropolitano, 1956); Rolf Goegler, *Zur Theologie des biblischen Wortes bei Origenes* (Düsseldorf: Patmos Verlag, 1963).

[65] Richard Patrick Crosland Hanson, *Allegory and Event: A Study of the Sources and Significance of Origen's Interpretation of Scripture* (London: SCM Press, 1959), p. 187.

[66] *Hom. in Ex.* 1.4.

或物体的(physical)意义,道德的(moral)或心理的(psychical)意义,理智的(intellectual)或灵性的(spiritual)意义。[67] 这就是著名的主张《圣经》具有多重意义的教义。显然,奥利金的这个观点系从克莱门特甚至从更早
212 的非基督教的释经家,如斐洛那里发展而来。[68] 然而,人们不能过于注重从字面上接受这个教义,因为奥利金并未将之作为释经的原则而时时加以贯彻。与此相反,人们难得见到他在哪篇经文的诠释中清楚地划分过其中的不同意思。奥利金坚持经文的多重意义说,他特别强调必须在字意背后寻找隐藏的灵性意义。但他却很少在经文的字面、道德和灵性意义三分论基础上,以系统的方式发展自己的释经学。而且,他在许多场合下仅从一段经文中就找出了若干的灵性意思,由此产生了一整套的寓意解释。

以上所说并非说明奥利金一贯否认或忽视《圣经》的字意。[69] 相反,正是坚持以字意和律法的方法解释《福音书》的经文,导致了他的自阉之举。他经常在用寓意释经法解释《新约》的神迹或《旧约》的历史材料的意义之前,先强调一番这些事件的历史实在性。

另一方面,他确信某些情况下人们必须放弃从字面上对经文意义的理解。每段经文都有其灵性意义,但不一定都能从字面上得到解释。例如,在为某些《利未记》法典做注解时,奥利金说,如果他不得不像犹太人那样解释它们并称之为上帝所赐的话,他将为此而感到羞愧。只从字面上做解释,人们就不能否认,某些人类制定的法典,如罗马人、雅典人和斯巴达人的法典,比《利未记》法典更为高级。但是如果人们从灵性上来解

---

[67] *De princ.* 4.11 ~ 13.

[68] 在这样划分《圣经》的多重意义的时候,奥利金是沿着斐洛的做法。他在各种人的要素与《圣经》的意义之间寻求平行结构。但是斐洛仅仅证明了两重意义:与身体相对应的物质以及与灵魂对应的精神。奥利金在这一背景下引进了人类学的三分法,这使得 Hanson 说他是"超过斐洛的斐洛"。*Allegory*, p. 237. 参 H. de Lubac, *Histoire et Esprit*: *L'intelligence de l'Ecriture d'après Origène* (Paris: Aubier, 1950), pp. 150 ~ 166。

[69] 参同上,p. 238。

释它们，“正如教会所教导的那样”，这就会非常清楚，《利未记》的法典确 213
实来自于神。一切都用字面意义加以解释是犹太教徒和马吉安派所犯的错误。[70]

奥利金似乎从斐洛那里接受了“道德”释经的观点。这种解释主要见于他的讲道文集，尽管要想将它与灵性释经法区别开来常常有些不大可能。[71] 通常，他总是为经文作出寓意解释，虽然其目的并不在于达到伟大的思辨高度，而在于为信仰者的道德与虔信生活提供引领。奥利金宣称，道德释经法的典范可见于使徒保罗对古代律令“牛在场上踹谷的时候，不可笼住它的嘴”（《哥林多前书》9 章 9 节——译者）的解释方式之中。保罗把这条律令与教会的实践生活联系起来，声明这段经文证实了使徒有权得到教会的支持，以此来说明这段经文的道德意义。[72]

然而，正是在《圣经》的灵性意义方面，奥利金获得一个施展其衷心喜爱的思辨才智的机会。这也是亚历山大的基督教、犹太教，甚至异教神学的典型特征。另一方面，灵性释经法也使他得以发现柏拉图派哲学与经典的信息之间所谓的联系点，而无须放弃他思想中的这两个极端，虽然他从未有意把古典传统与他所接受的经典教义对立起来加以捍卫。

当然我们应当指出，这种灵性释经法不一定总是严格意义的寓意释经法。相反，奥利金十分醉心于教会的生活和信仰，这使他倾向于由保罗、查斯丁等人创立的、历史悠久的预表论（typology）传统。这样，预表论便形成奥利金的灵性释经法的根本思想，人们在他的著作中可以发现像
将以撒的献祭作为基督受难的“预表”（type）或“形象”（figure），[73]或者割 214

---

[70] *In Lev. Hom.* 7.5.

[71] Hanson, *Allegory*, p. 243：“总的来看，‘道德的’意义在奥利金的解经中不是重要的部分，不是因为他没有机会从《圣经》文本中汲取教育性的和信仰性的教训，而是因为他发现在解释《圣经》的实践中不可能把‘道德的’意义与‘灵性的’意义区分开来，而且前者常常被后者吸收了。”Bardy，“Origène”，*DTC*, 11: 1008 也说，心灵的或道德的意义“是难以界定的”。

[72] *De princ.* 4.12.

[73] *In Gen. hom.* 8.8 ~ 9.

礼为洗礼的预表那样的传统观点。[74] 此外,正如但尼诺(Daniélou)所指出的那样,奥利金的预表论已超越了当时教会的认识水平,因为他将《新约》,甚至现实的教会也包括进预表形象的领域之中。所以,奥利金提出这样一种理论,它"把《旧约》解释为《新约》的形象,把《新约》解释为教会的形象,把教会解释为末世的形象,也就是说,一些相同的目的在救恩史的各个阶段上的类比(analogy)。"[75]

另一方面,这种预表论传统并不妨碍奥利金经常放弃经典的历史意义,转向使用寓意释经法为《圣经》以外的教义寻找经典根据。在这方面他做到了这样一种程度,以至于有些史学家感到可以把他的思想解释成一种仅仅与基督教沾了一点边的哲学体系。[76] 这种观点显然有些过分,但它可以提醒人们注意到随心所欲的寓意释经法所造成的危险,正如我们在奥利金那里所见到的那样。

要想列举奥利金在寓意释经过程中所遵循的原则是相当困难的,甚至是不可能的。我们至多只能说,首先,每段经文都有必须用寓意法才能发现的深奥秘密;其次,不能用不该讲的话论述上帝;第三,必须参照其他经文来解释各段经文;最后,任何与信仰规定相违背的观点都不能成立。

奥利金过度强调了每段经文必须参照其他经文作出解释的原则。克莱门特早已试图通过考察某个词汇或数目在其他经文中的意思来确定它在这段经文中的隐意。但奥利金却将这种研究方法发展成习惯性的做
215 法。他甚至要在十分清楚而简单的词汇中找出其隐意。汉逊(Hanson)编绘了一张表格,列举出一些奥利金自称在《圣经》语言中发现具有神秘意义的词汇:

---

[74] *Comm. in Rom.* 2.13.

[75] Jean Daniélou, *Message évangélique et culture hellénistique* (Paris: Desclée & Co., 1961), p. 254.

[76] Eugène de Faye, *Origène: Sa vie, son oeuvre, sa pensée*, 3 vols. (Paris: E. Leroux, 1923 ~ 1928).

> 在《圣经》中，“马”通常意为“声音”；“今天”意为“这个世代”；“酵”意为“教训”；“银子”和“号角”意为“道”；“云”……意为“圣洁者”；“脚”意为“我们人生道路的目的”；“水井”意为“《圣经》的教诲”；“麻布”意为“贞洁”；“大腿”意为“开始”；“未掺和的酒”意为“不幸”；“瓶子”意为“身体”；“秘密”和“财富”意为“理性”。[77]

尽管在一些场合中，经文对某一特殊词汇的正规用法可以给奥利金为之作出的特殊解释提供线索，然而在极大多数情况下，事实却让读者感到，这种理解个别词汇的方法依赖于解释者本人随心所欲的决定。正是在此基础上，汉逊为奥利金作出了带有夸张性质，然而又是公允的评价，他认为，奥利金“把《圣经》变成某种神圣的字谜，但又将指示谜底的种种线索深藏在自己心中”。[78]

另一方面，这个评价之所以有些夸张，是因为奥利金的神学中还有另外一个制约并指导着他的释经法的因素：教会信仰规则。正如前面所说，[79]“信规”不是个固定不变的准则，而主要是教会传统的教导和主张，它的内容随时随地可能产生某些细微的变化。例如，奥利金认为信仰规则应该包括《圣经》具有多重意义的教义，[80]而在艾雷尼厄斯和德尔图良的信规中却见不到这种观点。但无论怎样，信规总要肯定某些基本的教义，对此奥利金也不能随意否认。[81] 因此，信规使得他的神学（至少是部 216
分的）始终保持在教会传统教义范围之内。

信规之第一款就谈到上帝。奥利金认为，上帝的本质不能为人的理

---

[77] Hanson, *Allegory*, pp. 247 ~ 248.

[78] 同上，p. 248。

[79] Chap. V.

[80] *De princ.*, *praef.*, 8. 参 C. Bigg. *The Christian Platonists of Alexandria* (Oxford: The Clarendon Press, 1886), pp. 85 ~ 87。

[81] 尽管在 *Comm. in Job.* 13.16 里他似乎遵循一条不同的路线，他通常都是把信仰的原则作为教会权威的《圣经》解释。

智所领悟。上帝是无形的，不仅肉眼看不到，也不是人的理智所能觉察得到，因为没有哪个人的思想能把握上帝的本质。无论我们对上帝的认识多么完善，我们都必须记住，上帝远远高于我们的理智所能感受到的一切。[82] 上帝纯洁、理智的本质超乎一切关于事物的性质定义之上。[83]《圣经》用以描述上帝的拟人化语言只能从寓意角度理解，其目的是向我们说明上帝与创世，以及与人发生联系而借助的方法方面的一些情况。另一方面，如果人能够用接近字面意义的语言论述上帝的话，那也只能说上帝是唯一。[84] 与这个瞬息万变的世界的复多性截然相反的是绝对的单一性（这是当时柏拉图主义的典型观点），这就是上帝之存在的主要属性。

然而，这位不可言喻的"唯一"又是教会信规所说的三位一体的上帝。奥利金不仅知晓并经常使用"三位一体"术语，而且对三一论教义的发展有所贡献，在将近一个世纪以后震撼了教会的三一论争论中，他的神学成为人们的主要依据之一。[85]

根据当时确立的信仰规则，奥利金肯定上帝就是父、子和圣灵。但是，这种信仰规则在解释三者关系的问题上则允许有某些发挥的自由。正是在这点上，奥利金施展了他的首创性和思辨性的特长。

217 奥利金在论及父与子的关系时表现出两种趋势或意向，他能够使二者处于平衡状态，而他的追随者们后来却在这两点上分裂成完全敌对的两个派别。

第一种意向强调子的神性和永恒性，使子与圣父处于相等地位。因为，"谁……能想象或相信，圣父能够脱离这位'智慧'（指子——译者）而

---

[82] *De princ.* 1.1.5.

[83] *Contra Cels.* 7.38.

[84] *De princ.* 1.1.6.

[85] 参 Georg Kretschmar, *Studien zur frühchristlichen Trinitätstheologie* (Tübingen: J. C. B. Mohr, 1956)，他或许夸大了奥利金在三一论教义发展方面的重要性。

存在，哪怕是片刻工夫呢？”[86]设想曾经有段时间里子没有存在可能会导致人设想父在一段时间内也不作为父而存在，而这将犯下极大的错误。相反：

> 子确实由父而生，他的一切由父而来，然无开端，这不仅是指那种可以用时间度量的开端，甚至唯有心智本身所具有的思想能力，或者说纯粹的知性能力，也不能想象出这个开端。[87]

进而言之，这位神子不仅与父同样永生，甚至可以说，他“从本质上”，而非“通过分享”，具有神性。[88]

这种强调父子统一性的倾向，表现在奥利金拒绝用单纯流溢（mere emanation）说来解释子的产生问题的做法中。这种教义（为此奥利金可以在克莱门特那里找到某种支持）会使子的个性变为对神的本质的限制。[89] 因为这种理论主张神在本质上具有形体，所以奥利金驳斥了它。218
与此相反：

---

[86] *De princ.* 1.2.2.（*ANF*，4：246）.

[87] 同上。尽管此文本可以被视为是鲁非努试图使奥利金适合尼西亚后的正统信仰，仍然有几个不可否认的真正的文本支持这一观点。例如，*Comm. in Job.* 1.32；*Comm. in Rom.* 1.4.—“*non erat quando no erat*”。

[88] *In Psal.* 135.2（*PG*，12：1656）：**“ὁ δὲ Σωτὴρ οὐ κατὰ μετουσίαν ἀλλὰ κατ᾽ οὐσίαν ἐστὶ θεός.”**奥利金有可能知道并使用**ὁμοούσιος**来指圣父与圣子之间的关系。这一词语在他的 *Comm. in Matt.* 残篇里出现过四次，在该撒利亚的潘菲诺（Pamphilus of Caesara）的 *Apology* 里出现过一次。但是那些残篇也许是出于后来的人试图加强奥利金的威望，而使他与尼西亚会议一致的结果。另一方面，潘菲诺死于公元310年，因此他活不到阿利乌之争。他说，根据奥利金的观点“上帝之子生于同一上帝的实质（substance），也就是**ὁμοούσιος**，像父一样的相同实质；既不是受造物，也不是被收养的真儿子，而是在本质上由父自己所生的”。（*Apol. Pro. Origine* 5；*PG*，17：581.）

[89] 参 Maurice F. Wiles，“Eternal Generation”，*JBL*，79（1960），111～118；R. Arnou，“Le thème neoplatonicien de la contemplation créatrice chez Origène et chez S. Augustin”，*Greg*，13（1932），124～136。

> 我们必须小心，不可陷入荒谬，他们为自己炮制出流溢，以此来划分神的本质，他们尽量把圣父划向遥远的天际，因为对无形的存在者哪怕有一点怀疑，都不仅是对神不虔诚，而且标志着极大的愚蠢，要从物理上划分任何无形的本质，是一种最不理智的做法。因此，作为始于知性的意志所发出的一个行动，既不会从它之中割裂出一个部分，也不会与它隔开或分开，只能这样来想象父生子的方式。[90]

但是，奥利金的神学中还有强调父与子的区别的另一种倾向。奥利金确实拒绝在父子之间的差别下对子加以限制的定义，似乎子的本质只是父的本质的一个部分；与此同时，他也讲到了区别父与子的界限。这条界限就是上帝超乎一切人所能知晓的本质和定义以外。[91] 子是上帝的形象、上帝的名、上帝的脸。[92] 父是绝对的单一性；而在子里面则有着复多性，故他能与这个世界和人发生联系。这里，我们不能不赞同但尼诺的评论。[93] 但尼诺认为，奥利金在论及这些内容时遇到的主要困难（也是所有前尼西亚三一论神学的最大困难）就在于这种为区别父子界限而设立的
219 原则，造成一位绝对超在的神，与另一位能够同被造物发生联系，并同人对话的有限超在的位格神之间的对立。结果，子的神性受到损害。[94] 这种思想是一种典型的，受中期柏拉图主义或新柏拉图主义影响而产生的神学体系。在它之中，道成为不可言喻的单一性的与复多性的世界之间的一种中介性存在。

---

[90] *De Princ.* 1.2.6 (*ANF*, 4: 248).

[91] 奥利金用如此巨大尺度的形象的描述是不可能被理解的，而另一形象，如同前者，但较前者小，因此可以被人理解。*De princ.* 1.3.7.

[92] Henri Crouzel, *Théologie de l'Image de Dieu chez Origène* (Paris: Aubier, 1956), pp. 75 ~ 83.

[93] *Comm. in Job.* 1.20.

[94] *Message*, pp. 348 ~ 349.

在奥利金所有的三一论神学中都能见到这种使子比父稍许低级或神性稍逊的倾向。如果我们想到，当时最大的异端派为形相派的神格唯一论，它最终把父、子和圣灵看成同一位上帝在不同时间中的三种表现，那么，上述现象就不难理解了。很明显，形相论教义似乎为主教赫拉克利德所坚持，奥利金曾与他发生过一次争论。如前所说，近来已发现了有关这次争论的记载。在这次对话中，奥利金为了明确父子间的界限而走上肯定父与子为“两位上帝”的极端，尽管他承认父与子在“权柄”方面仍然为一。[95]

大多数奥利金的弟子未能将奥利金神学中这一未曾解决的矛盾思想保持下去，他们很快分裂为两派，一派强调子的真正神性及其与父的平等地位，另一派则企图使子成为一位从属性的存在者，以此区分子与父的界限。

奥利金坚持圣灵从父而来，[96]圣灵并非受造之物，因为他不具有时间上的开端，并且同父和子一样永恒。[97] 我们已经指出奥利金在论及子时面临的矛盾，在论述三位一体的第三位时，他又遇到同样的矛盾，虽然无疑，他相信圣灵必然具有神性。[98]

最后，奥利金相信三位一体的三位在与受造物的联系中有着不同的 220
作用和活动领域。一切受造物皆由父而来；在理性受造物中有子在工作；

---

[95] *Dial.* 124.

[96] *De princ.* 3.5.8.

[97] *De princ.* 1.3.4.

[98] 这可能是一个最佳的关注场合，要解释奥利金的三一论教义，主要困难之一是在于——正如在一个先行者那里所能遇到的——其术语词汇的不精确。后来有了精确含义的那些词语被奥利金用于各种的意义，并不总是确定它们在特定的和关键性的语境中的含义。这种情况就发生在 ousía 和 hypóstasis 以及其他词汇那里。该主题的进一步参考，见 Antonio Orbe, *Hacia la primera teología de la procesión del Verbo* (Rome: Gregorian University Press, 1958), pp. 431 ~ 452; Crouzel, *Théologie*, pp. 75 ~ 128。有关圣灵的详细的讨论，见 M. Garijo, “Vocabulario origeniano sobre el Espíritu Divino”, *ScrVict*, 10 (1964), 320 ~ 358。

而在神圣化的理性受造物中必定能见到圣灵的干预。[99]

奥利金的创世教义反映出他的神学受柏拉图主义影响的程度。他以一种静止的神格观为基础证明子永远为子,父必须永远为父。正是这种观点使得奥利金肯定创世也是永恒的,因为全能的创世主必须如此。[100]

另一方面,这种永恒创世论还受到奥利金的唯心主义思想的制约,因而奥利金所谓的"永恒创造"不是指有形世界的永恒创造。[101] 上帝起先创造的世界不是这由有形之物构成的世界,而是由纯粹的理智因子构成的世界。理智因子是上帝创世活动的最初领受者,正如他们最终将成为上帝救赎行动的对象那样。理智因子的创造方式决定着他们应不断思考的形象,亦即道,为其目的。然而,他们又享有自由,这使他们有可能放弃思考上帝的形象,而把目光转向复多。[102] 受造之物就其本质而言无所谓善恶,然而一旦利用或使用其自由之后,他们就有了善恶。[103]

在运用自由的过程中,一部分为上帝所创的理智因子的视线脱离了
221 上帝的形象,结果形成"魂"。[104] 然而他们并未因此而全部相同程度地陷入迷途。这就是理性之物之所以形形色色且按序形成等级结构之故。这种等级结构层次复杂,因为它包括了《圣经》讲到的一切天上的事物。但它基本上由三个层次构成:身体飘渺稀薄的天神,以血肉之躯堕入这个世界的我们人类,以及魔鬼,其身体之粗糙更甚于我们。[105]

对理性存在者起源问题的思索把奥利金引向一种双重创世论。他的

---

[99] *De princ.* 1.3.7.

[100] *De princ.* 1.3.10.

[101] *De princ.* 1.3.1.

[102] *De princ.* 1.8.3.

[103] *De princ.* 1.5.3 ~ 5.

[104] *De princ.* 2.8.3. 奥利金的这种主张的基础是假设 **ψυχή** 与 **ψυχέσθαι** 在词源学上是有关系的。

[105] *De princ.* 1.6.2 ~ 3.

这种观点是来自斐洛。[106] 他认为《创世记》中关于创世的两种不同记叙系两种不同的上帝创世过程的写照。前一个记叙了纯粹理智因子的创造过程。关于这些理智因子,《圣经》讲上帝把他们造成“男和女”。就是说,不是每一个有特定的性别,而是每一个都没有性别的差异。另一个创世记叙述的是有形世界的创造过程,创造它的目的是给堕落的灵性提供考验场所。上帝在这个世界上先造出男人的身体,接着又造出女人的身体,因而确定了两性的区别。[107]

我们在这个世界上正经历一个考验阶段。因此,我们可以运用自由,返回符合上帝意愿的目标的过程中,我们或许(因为奥利金只敢设想这样的可能性)必须经历一系列轮回转世,这将使我们得以在阶梯式的存在结构中由一个层次进入另一个层次。[108]

上帝有意恢复的那种始初统一性包括所有的理性存在者。魔鬼(甚至包括作为恶的原则,引起其他理智因子堕落的恶魔)也在上帝考虑之列,并将最终回到其原来境界,成为完全献身于以道为思考对象的理智因子。[109] 当然,这意味着地狱和审判不是永恒的。奥利金将之视为某些存 222
在者必须经历的净化过程,就像为克服疾病的发热一样。[110]

然而,我们必须继续开展与恶魔及其魔鬼的斗争,虽然恶魔最终会得救,但他现在仍是撒旦,他已下定决心尽他的可能把理性存在者(特别是人类的灵魂)摧毁在自己脚下。进而言之,因为我们都犯了罪(否则我们就不会来到这个世界),我们得服从恶魔。他用恶的势力统治着我们。[111]

再者,我们受束缚,我们的堕落使我们不能运用自由把我们从目前状

---

[106] Crouzel, *Théologie*, pp. 54 ~ 55.

[107] Crouzel, *Théologie*, pp. 148 ~ 153. 参 *Comm. in Rom.* 2. 13; *Comm. in Cant.*, prol。

[108] *De princ.* 1. 6. 3; 2. 11. 6.

[109] *De princ.* 1. 6. 1.

[110] *De princ.* 2. 10. 6.

[111] *De princ.* 1. 6. 3.

况中解救出来，回到理智因子的原来境界。为了克服这些困难，道才成了肉身。道成肉身的目的一方面是为了克服恶魔的势力；另一方面，是给人以得救所需要的光亮。基督就是恶魔的征服者和人们的光亮。[112]

上帝的道在成为肉身的过程中同一个未曾堕落的理智因子相结合，并通过它同一个与其他人的肉身一样，但来源全然不同的肉身结合起来。[113] 在说明道不仅同一个肉身，而且同一个受造的理智因子（尽管它未曾堕落，但本质上与人的魂相同）相结合时，奥利金领悟到基督之中不仅要有人类的肉体，而且要有人类的理智。以后我们将看到，一些稍晚的亚历山大学派神学家抛弃了这种观点。

基督里面的神性和人性是统一的，因此我们可以将符合后者的活动
223 和条件归因于前者，反之亦然。这就是"属性交流"（*communicatio idiomatum*）教义，它后来成为亚历山大学派的基督论的主要观点之一。奥利金坚持不能只从神性或只从人性角度理解基督。"如果它（人类理智因子）想到一位上帝，它就见到有死；如果它想到一个人，它就看到神在推翻了死亡的王国后从坟墓那里归来。"[114]神性和人性共存于一位存在者之内，虽然这是如何完成的却是最大的信仰神秘。

> 但这一切与他有关的奇异大能之事，都超越了人的尊崇范围，凡人的脆弱理解或感觉能力，是不足以理解或感觉到，一切有形及无形之物皆从中创造出来的尊严的神的大能，父的道，上帝的智慧，能局限于犹大出现的一个人里面；而且，上帝的智慧能够进入一个妇人腹中，成为婴儿出生，并像其他婴儿那样哭喊。[115]

---

⑫ Daniélou, *Origen*, p. 269; Marguerite Harl, *Origène et la fonction révelatrice du Verbe incarné*(Paris: Le Seuil, 1958).

⑬ *De princ.* 2.6.3～4.

⑭ *De princ.* 2.6.3.（*ANF*, 4: 281～282).

⑮ *De princ.* 2.6.2.

如前所说，神子成为肉身的目的在于使人脱离恶魔的势力，将得救之道路指示给人。基督以其一生，而尤其以其化成肉身和受死，取得击败恶魔的胜利。基督通过取得肉身而打入恶魔的领地，开始其通往胜利的事工。撒旦本人在基督之死中受到救世主表面上的软弱之欺，让救世主进入魔鬼王国的最阴暗处，基督在那里从死亡中打败了撒旦，重归胜利。从此，一切愿意跟随救主的死者都可以跟随他，因而逃离死亡及其主宰撒旦的魔爪。[116]

基督事工的另一基本内容就是将得救的道路指示给人。道成肉身是因为人不能凭借自己的努力，达到思考神的实在性的地步。而这一点则 224
是人得以返回其原初境界，成为与上帝交流的理性因子的必要条件。因此，基督除了是个胜利的救世主而外，还是个典范和给人以光亮者。在他里面，人见到上帝，并且见到他将怎样生活以得到拯救。[117]

奥利金的末世论与他的创世教义起着相互补充的作用。[118] 前面已经指出，他的创世教义受到柏拉图主义的影响，而他的末世论同样也受这种思想的影响。这是种纯粹灵性论的末世论，所有理智因子在末世中都将回到其与上帝和谐、交流的原初境界。但即便这种复原或诸灵最后复原（**ἀποκατάστασις**），[119]并非严格意义上的最后一次，因为在这个世界以后还会有许多其他的世界无止无境地接踵而来。由于理智因子是自由的，甚至在这个世界完结后亦将是自由的，因此可以想象，在这个世代中发生的事件还会再次发生，并再次出现物质世界和复原的过程。[120] 至此，奥利

[116] *Comm. in Matt.* 16.8.

[117] *Comm. in Rom.* 4.

[118] H. Cornélis, "Les fondements cosmologiques de l'eschatologie d'Origène", *RScPhTh*, 43 (1959), 32 ~ 80, 201 ~ 247.

[119] A. Méhat, "Apocatastase", *VigCh*, 10 (1956), 196 ~ 214; G. Müller, "Origenes und die Apokatastasis", *ThZschr*, 14 (1958), 174 ~ 190.

[120] *De princ.* 2.3.1.

金就完全让自己受到思辨嗜好的支配，讨论了那些即将来临的世界的本质，尽管他明确宣称，在这方面人们没有必要像听取他对信规的解释那样接受他的观点。[121] 正如斯多葛派相信的那样，那些世界将不会是我们现在所知晓的世界的简单重复。[122] 相反，它们将是不同的世界。我们不可能知道，它们将比现在的世界好一些抑或坏一些。[123] 无论如何，至少有一件事是奥利金能够绝对断言的，那就是基督已在这个世界上一劳永逸地受过苦难，在未来世界中他就没有必要再次受苦了。[124]

无论以上关于奥利金神学的探讨可能造成的印象如何，奥利金绝非
225 将自己置于教会生活和信仰之上，以得到自己思想自由的个人主义者。与此相反，每当他提出一种极其独特的个人见解时，他总要明确说明这是他个人之见，是信规所完全没有提到的。此外，奥利金承认教会和圣事在救恩计划中的作用。离开教会谁也不能得救[125]——虽然奥利金更注意于把这个教会解释成信仰的社团，而非教阶集团的统一性。圣事使那些接受了圣事的人成圣，而且基督在圣餐礼中完全实在地临在，[126]虽然另一方面，具有某些理智天赋的信仰者必须超越这种一般性的解释之上，看到圣事的象征意义。[127]

无疑奥利金是早期亚历山大学派的最伟大的神学家。他的极其大胆的思想给他引来了一大批对他抱有感激心情的门徒，同样也招惹了更多的人与他为敌。结果，先后在不同时间召开的各个会议都谴责了他所坚持的或据说是他所坚持的观点。奥利金的景仰者中有行异能的格列高利（Gregory the Wonderworker），传福音者彭多（the evangelizer Pontus），第一

[121] *De princ.* 2.3.7.

[122] *De princ.* 2.3.4.

[123] *De princ.* 2.3.4.

[124] *De princ.* 2.3.5（关于《希伯来书》9 章 26 节的权威）。

[125] *In Lib. Jesu Hom.* 3.5.

[126] *In Ex. Hom.* 13.3.

[127] *Comm. in Matt.* 11. 14.

位教会史学家该撒利亚的优西比乌(Eusebius of Caesarea)和继赫拉克勒之后任亚历山大主教的大狄奥尼修斯(Dionysius the Great)。他的思想还影响了东方教会的一些大神学家，如亚他那修(Athanasius)、大巴西勒(Basil the Great)、纳西盎撒的格列高利(Gregory of Nazianzus)、尼撒的格列高利(Gregory of Nyssa)等，以及某些西方的神学家，普瓦泰的希拉利(Hilary of Poitiers)和米兰的安布罗斯(Ambrose of Milan)。但这些教会知 377
名人士并未完全接受奥利金的神学，而且当他的大胆见解最初受到奥林普的美多迪乌(Methodius of Olympus)等神学家攻击，以及后来诸如553年查士丁尼在君士坦丁堡召集的那次会议的谴责时，他们也未表现出为之辩护的意向。

奥利金与克莱门特在神学上的根本区别或许就在于他的神学以神为 226
中心，而克莱门特将道的教义置于其神学的中心。对克莱门特来说，道是异教哲学与基督教的启示之间的联系点。这种观点构成克莱门特神学中的决定因素。另一方面，在奥利金那里似乎一切都围绕着三位一体的上帝，尤其是父旋转。结果，克莱门特特别强调道是给人以光亮者的教义，因而产生了一种极其危险的教义，一种只能为少数领受道的光亮者所接受的“灵智主义”或贵族式的基督教教义。这是克莱门特的观点造成的直接后果，它易于将基督教缩小成一种必须通过道的启迪才能让人接受的高级真理。奥利金不是以道的教义，而是以神为其出发点，这位神的主要特征更多的是由柏拉图主义，而非《圣经》所决定。这种观点带来一系列为许多基督徒感到难以接受的教义，如世界的永恒性，灵魂的先在和轮回转世，未来世界的存在和恶魔的最终得救等。

奥利金至少在两点上超过了克莱门特：他的神学体系的广泛性和连贯性，及其教义的大胆创新。第一点使他成为东方神学的主要源泉之一；第二点也正是东方神学感到有必要不断地谴责他的缘故。

当我们回顾这一章以及前面两章，我们就会了解，在使徒教父时代已能看出其早期发展的三派神学到此时已有进一步发展。按照我们的判

断，以艾雷尼厄斯为代表的一派是最早的一派。这派神学的许多内容也
可以从德尔图良和克莱门特的论著中找到。上帝创造万物，完成他的旨
意的过程，这个历史主题是这派神学的中心。相对来说，德尔图良的论著
227 强调神的律法，以及我们应当如何遵守这些律法。最后，亚历山大，尤其
是奥利金的论著，所强调的是按柏拉图学派传统所表达的真理。德尔图
良的神学在西方成为规范，而东方神学将从艾雷尼厄斯派和其他亚历山
大神学家那里吸取某些因素。在西方基督教历史的各个不同时期，一直
有人觉得德尔图良神学的限制性太多，因而把亚历山大派神学加以种种
修改而采纳。总的来说，艾雷尼厄斯派神学，几乎仅仅在某些崇拜仪式中
保存下来。近来，一些情况使得这派神学得以被重新发现，至少是它的某
些特点和见识重新被发现。然而，要更全面地比较这三派神学，并指出它
们与当代神学的关系，就必须留待将来。

第九章　3 世纪的西方神学

3 世纪的亚历山大神学与西方神学有着明显的不同。一般说来,它 228
们之间的不同之处与我们早在后使徒教父那里即已见到的那些不同基本一样:西方基督教的实践性与亚历山大教会的思辨性的对立;西方教会中斯多葛派的影响与希腊世界的柏拉图主义色彩的对立;亚历山大教会强调寓意释经法与罗马教会中律法主义倾向的对立,等等。这些对立(只要将《巴拿巴书信》与《克莱门特书信》,或将亚历山大的克莱门特与德尔图良加以比较,就不难见到它们的存在)在 3 世纪依然令人瞩目,这也是我们之所以在西方教会中找不到一个能够与奥利金的神学伦比的思辨性神学体系的原因之一。

这并不说,西方神学就没有意思或不重要。相反,3 世纪西方教会讨论的许多问题和采取的措施,对日后西方神学的发展至关紧要。其中多数与实践的而非思辨性的问题关系密切。即便如此,这些实践问题仍然是从神学角度加以处理。例如,西方教会在这段时间里以极大的精力讨论了罪的宽宥和教会的本质等问题,而这两者无论在实践中,抑或在神学上都很重要。

在此期间,西方教会的神学与文学的活动中心是罗马和北非,至此, 229

罗马教会涌现出其最初的两位大神学家:希坡律图(Hippolytus)和诺瓦替安(Novatian)——二者同为裂教分子,并都被罗马教会视为反教皇分子。另一方面,在北非,由德尔图良开创的传统继续发展。这个地区造就了一大批像米努修·费利克斯(Minucius Felix)、阿诺比乌(Arnobius)、西普里安(Cyprian)以及可称为古代教会最杰出的拉丁文体家的拉克坦西(Lactantius,尽管他生活在4世纪,但其基本思想仍属3世纪的范围)等著作家。在这许多著作家中,我们将只讨论那些在基督教思想史上地位极其重要的人物:希坡律图、诺瓦替安和西普里安。

罗马的希坡律图

我们对于希坡律图的生平知之甚少,[1]这是非常遗憾的事,因为有关这方面的知识对于确知希坡律图曾卷入进去的那场争论,以及他的神学本质都很有裨益。总之,希坡律图在3世纪初很受罗马基督徒的敬爱。甚至212年奥利金拜访罗马时还听过他的讲道。不久,以希坡律图为一方和以哲菲林努(Zephyrinus)与加里斯都(Callistus)为另一方之间产生了龃龉。看起来,这次磨擦是由一些个人事务,以及在三位一体和罪的宽宥等教义上的观点分歧而引起的。无论如何,当217年加里斯都继承哲菲林努的职务时,希坡律图拒绝承认他为主教,因而在罗马教会内导致出一场分裂,其间出现了两位对立的主教:加里斯都和希坡律图。希坡律图坚持反对加里斯都及其继任者,直至255年皇帝玛克西孟(Maximinus)逼迫教会期间,他和他的对头彭提安(Pontianus)同时被流放到撒丁岛。他们俩都在那里去世。传统认为,他们在生前已经好和。之后不久,罗马教会
230 本身也重归和好,他们的尸骨又被迁葬至罗马。从那时起,他们一直被尊为圣徒和殉道士。

---

① 最好的传记性研究或许是,R. Reutterer, *Der heilige Hippolytus* (Klagenfurt: S. Jörgal, 1947)。

希坡律图的多数著作现已散失。但残剩的那部分材料已足以让我们勾画出其神学的基本轮廓。[②] 希坡律图的神学受艾雷尼厄斯的影响极大。希坡律图从那位里昂主教那里不仅吸取了大量关于异端教义的精彩论述，而且也吸取了异端派由哲学衍生而来的观点。希坡律图与艾雷尼厄斯一样，一般都以预表论方法解释《旧约》。复归元首（recapitulation）教义在希坡律图思想中地位之重要，至少与它在艾雷尼厄斯思想中的地位不相上下。最后，根据希坡律图的末世论所具有的千禧年主义特征，我们完全可以将希坡律图归入起源于小亚西亚的后使徒教父和艾雷尼厄斯的传统思想路线之中。

这里，希坡律图的神学中有两点对于我们来说具有特别意义：道德严峻主义（moral rigorism）及三位一体教义。

希坡律图的道德严峻主义相当重要，它引起了希坡律图与加里斯都的争论。在任何重新编写的教会忏悔制度发展的著作中，这场争论所涉及的问题都是需要重点论述的对象之一。教会在其形成之初就有这样一种普遍看法，正如我们在《赫马牧人书》中所见到的那样，认为信徒在洗 231
礼时进行忏悔之后，还可以自行忏悔以赦免受洗后所犯之罪。这种活动通常表现为公开忏悔所犯之罪，然后经历一段时间的补赎与绝罚，最后通

② 这些作品中，对我们来说最重要的是：*Philosophumena*, *Against All Heresies*, *On the Antichrist*, *Against Noetus*，以及对研究教会体制很重要的 *Apostolic Tradition*。一些学者认为 *Philosophumena* 与 *Against Noetus* 之间有如此的差异，它们不会是同一作者所写。在 Marcel Richard, "Comput et chronographie chez saint Hippolyte", *MScRel*, 7 (1950), 237～268; 8 (1951), 19～50 里，作者坚持的是 *Philosophumena* 的真实性，而不是 *Against Noetus* 的真实性。相反的观点认为 *Against Noetus* 是真实的，而 *Philosophumena* 不是真实的，此观点的持守者是 Pierre Nautin, *Hippolyte: Contre les hérésies, Fragment. Étude et édition critique* (Paris: Éditions du Cerf, 1949)。最后，它们二者的真实性也同时被大量的学者所认可，其中有 Gustave Bardy, "L'énigme d'Hippolyte", *MScRel*, 5 (1948), 63～68。我们在此将不讨论 *Apostolic Tradition* 的内容。有一个好的摘要，见 J. Quasten, *Patrology*, 2: 180～194。在此还应该加上一本优秀的参考书目，见 Bernard Botte, *La Tradition apostolique de saint Hippolyte: Essai de reconstitution* (Münster, Aschendorff, 1963)。

过正式仪式而恢复教籍。但这种活动并不适用于基督徒眼中的那些日常小罪。除了祈祷和忏悔外，不存在其他的忏悔制度来赦免此类罪过。另一方面，2 世纪末至 3 世纪初还有一种普遍观点，认为教会既不能，也不应该赦免犯有杀人、通奸或背教之罪者。这不仅是希坡律图的观点，也是德尔图良和奥利金的观点。

自然，为了保持教会的道德力量而否认某些罪过可得赦免，就是否认了爱和宽容的精神，而这正是福音的特点所在。因此，这种观点必然很快地在希望不惜以一切代价保持教会道德纯洁的人们，与坚持不惜冒着道德松懈的危险也要遵循福音之爱的人们之间引起一场冲突。这就是加里斯都与希坡律图争论的基本问题之一。

可能加里斯都的确敢于宽宥犯有通奸罪的人，并允许恢复他们的教籍。我们无法了解加里斯都本人的动机如何，因为希坡律图关于加里斯都个性的记载令人难以置信。[③] 不管怎样，加里斯都曾援用麦子与稗子的比喻，和挪亚方舟中有洁净不洁净的动物的例子为自己论证。[④] 但是从另一个神学角度考虑问题，甚至夹有个人因素而怀疑加里斯都和希坡律图，则认为这是个不能容忍的企图松懈教会生活的行为。

希坡律图虽然坚持道德严峻主义，但他却不反对在教会中慢慢发展形成的忏悔制度。相反，他自称他并非反对这种传统制度，而是反对加里
232 斯都的随意创新。忏悔制度本身在希坡律图心目中是基督教的一个基本组成部分——在这个制度中就包括了主教赦免罪过的权能。[⑤] 因此，这个争论与教会是否有赦罪之权无关，而仅仅关系到行使这项权力的范围及方法。

三位一体教义是加里斯都与希坡律图争论的另一个焦点。我们已看

---

③ *Philos.* 9.7.

④ *Philos.* 9.7.

⑤ E. Amann, "Pénitence", *DTC*, 12: 766.

到，德尔图良是在同某一位住在罗马的帕克西亚（Praxeas）的形相神格唯一论（Modalistic Monarchianism）的斗争中形成了自己的三位一体教义的。而希坡律图的三位一体教义则形成于他同以士每拿的诺埃都和撒伯流的斗争之中。诺埃都是个形相论者。据希坡律图记载，诺埃都“声称基督为圣父本身，圣父自己降生为人，受难并死去”。⑥而撒伯流为形相论所作的辩护使这种观点被冠以“撒伯流主义”之称。⑦

加里斯都对这个教义所持观点并不很清楚。如果希坡律图关于这位罗马主教教义的记载不是虚构的话，那么加里斯都的观点则非常接近于神格唯一论。据希坡律图云，加里斯都断言：

> 逻格斯本身即是圣子，也是圣父；他虽然有不同称呼，但实际上只是不可分割的一个灵。他还坚持圣父与圣子并非两个位格，而只是同一个位格，天上与地下万物都为圣灵所充满。他肯定在童贞女中取得肉身的圣灵与圣父毫无二致，是同一个上帝。他还说，这就是救主所宣告的：“我在父里面，父在我里面，你不信吗？”（《约翰福音》 233
> 14章10节——译者）人们所见到的人视为圣子，而在圣子里面的圣灵就是圣父。⑧

倘若加里斯都的教义确实如此，那么，希坡律图将这种教义与诺埃都及撒伯流的教义相提并论的做法是完全正确的，尽管加里斯都小心翼翼地绝口不言父在子里面受难，但却讲了父与子一同受难。他企图以这种

---

⑥ *Ag. Noetus* 1 (*ANF*, 5: 223).

⑦ 撒伯流的准确的教义不得而知。有可能他对形相论（Modalism）的唯一的重要贡献，也就是在以前仅仅涉及圣父和圣子的体系中包括了圣灵。其他一些文本似乎显示他也加上了对上帝本体（Godhead）的更为复杂的理解；但是所有这些文本都相当晚，不可能知道它们有多少成分是值得信任的。

⑧ *Philos.* 9.7 (*ANF*, 5: 130). 在后来的加里斯都的引文里，**πρόσωπον**（面、面具、位格）首次出现在三位一体的讨论里，尽管其尚未具有后来所发展的专业含义。

说法避免陷入圣父受难论，但他仍然把上帝的统一性突出到上帝的三个位格无可区别的地步，他之所谓子只是指基督的人性而言。

正是在反对诺埃都（Noetus）与撒伯流明确的形相论，以及加里斯都不甚明确的教义的斗争中，希坡律图发展了自己的三一论神学。在此过程中，他运用了他从德尔图良的《驳帕克西亚》（*Against Praxeas*）中找到的已被采用的方法。在反对形相论的斗争中，希坡律图一如其前人那样过分强调了上帝三个位格的区别，致使他难以表达三位的神圣统一。因此，他与早先的德尔图良一样，似乎把道看成了一位次等的神，结果为加里斯都攻击他为二神论提供了可乘之机。

希坡律图的次位论思想通过所谓道之产生有赖于父的旨意，甚至有赖于父创世之目的的这种说法得到极为清晰的表现。⑨ 希坡律图将护教者们对于道的理解及其次位论倾向接收过来，再三指出隐藏于内的和表现在外的两个道之间的区别。⑩ 但是，这毕竟是个有限的次位论。因为
234 希坡律图本人坚决反对查斯丁，以及奥利金所谓的“两个上帝”论。⑪ 他的教义绝非否认道的神性，相反他明确肯定这一点，尽管他否认与上帝不同的道是永存的观点。

要想理解所有的这一切，就必须像理解德尔图良那样，着眼于神的“功用”（economy）。根据这种观点，“我们别无他法，只能通过相信父、子和圣灵来想到一个上帝。”⑫这里也明显地表现出德尔图良的影响。德尔图良也是从一个通过自身“功能”而成为三者的有机的统一来理解上帝三个位格关系的。

希坡律图的基督论也紧跟德尔图良开创的路线。对于他和非洲的神

---

⑨ *Ag. Noetus* 10.

⑩ *Philos.* 10. 29. 参 Bernard Capelle，“Le Logos, Fils de Dieu, dans la théologie d'Hippolyte”, *RThAM*, 9 (1937), 109 ~ 124。

⑪ *Ag. Noetus* 8, 14.

⑫ *Ag. Noetus* 14 (*ANF*, 5: 228).

学家们来说,耶稣基督里面神性与人性的结合是"两种本性"的结合,其中每种本性都保持了原有的属性。

> 他(耶稣基督)通过在肉身中使本当属神之物成圣,表明他具有自己根据确实、突出而且自然的存在创造的事物所具有的两种本质。我是指神性和人性而言,(并表现出自己)在同一个活动之中,也就是说,在同一自然属性之中同时具有两种实在性,并可被理解为既是无限的上帝又是有限的人,同时具有两种完善的本质;由此可知,它们的区别总是根据各自本质而决定的。⑬

希坡律图在罗马所处的地理位置恰好在里昂的艾雷尼厄斯与迦太基的德尔图良之间。他仍用希腊文写作,其神学的基本框架与艾雷尼厄斯的神学框架保持同一。但他常从德尔图良那里理解艾雷尼厄斯的著作。当他遇到某些特别重要的问题时,如恢复犯罪者的教籍,上帝论和基督论教义等问题,他的观点在这位非洲博士与那位里昂主教之间,更接近前 235
者。因此他像是一条长链条的一个环节,起着保存德尔图良思想影响的作用,而自己的名声却越来越被埋没。

诺瓦替安

人们对诺瓦替安(Novatian)的生平知之甚少。这个事实,可以使我们回想到在 3 世纪西方教会中恢复背教者教籍问题所具有的重要性。我们已经指出,这个问题是加里斯都与希坡律图争论的因素之一。现在就诺瓦替安的情况来说,仍是这个问题导致他与业已确立的公教会分裂,因而在罗马教会中造成新的分裂。同希坡律图的情况类似,我们无法判断,这

---

⑬ *Ag. Ber. and Hel.* 1 (*ANF*, 5: 231).

个争论中的个人因素和神学因素比较而言何者更为重要。[14] 无论怎样，事实却是只要出现了裂教，人们总要讨论恢复叛教者的教籍问题，尽管诺瓦替安的态度在分裂之前可能有所不同。

这次争论的问题与犯有淫乱罪无关——在那场争论中加里斯都及其追随者已胜利了——而主要关系到那些在受迫害期间叛教的人。这次还是主教科尼流(Cornelius)与罗马教会的当权者们倾向于宽宥犯罪者，诺瓦替安反对这种意见，他的态度与30年前的希坡律图相同。[15] 就像前一次的情况一样，与其说是场关于忏悔、补赎与赦罪的本质问题的争辩，不如说是个关于忏悔、补赎与赦罪范围问题的讨论。事实上这次分裂本身对诺瓦替安神学的影响很小，这种影响却多半可从他对教会圣洁性的强调中反映出来。[16]

236 从教义观点看，诺瓦替安因著有《论三位一体》(*On the Trinity*)而具有重要地位。[17] 他在这篇文章中试图证明神子的神性，及其与父的区别。耶稣基督既是人，又是神；作为人，他被称为人子，作为神，他则被称为神子。[18] 基督的神性对于救赎论是必不可少的：既然永生是"神性所结出的果子"(the fruit of divinity)，而基督的目的就是将永生赐给人，因此，基督必然是神。"因此，他是赐给永远救恩的神，人既然不能依靠自己永久地保有这种救恩，因而也就不能提供这种救恩给别人。"[19]这位救主上帝是子，他从起初就与上帝共同，他是上帝凭借自己的意志，通过父子之间"属

---

[14] 以西普里安的 *Ep.* 30；5.4 为基础。

[15] 也与德尔图良一样。参 C. B. Daly, "Novatian and Tertullian. A Chapter in the History of Puritanism", *IrThQ*, 19 (1952), 33 ~ 43。

[16] 参 *De trin.* 29。

[17] V. Loi, *Novaziano: La Trinità: Introduzione, testo critico, traduzione, commento, glossario e indici* (Turin: Società Editrice Internazionale, 1975). 参 R. J. De Simone, *The Treatise of Cyprian the Roman Presbyter on the Trinity: A Study of the Text and the Doctrine* (Rome: Institutum Patristicum Augustinianum, 1970)。

[18] *De trin.* 11.

[19] *De trin.* 15 (*ANF*, 5: 625).

性交流”的方式在时间开始之前所生的。[20] 神子与人子在基督里面合为一体。这种包含“两种本性”的统一，就是神子在取得肉身时变成人子，人子则通过接受道而成为神子。[21]

然而，诺瓦替安这篇论文的主要目的倒不在于论证子即为神，及这种神性就在基督里面，而是要以证明子与父的不同来反对撒伯流主义。这一点使得他如此强调子的从属地位，以至于有人将他视为阿利乌主义的前驱。诺瓦替安的这种次位论倾向开始于他对父与子的区分：父是不变的、没有感情（或受苦）的，而子则能够与人、世界及世上各样事件建立联系。[22] 因此，《创世记》所谓上帝到地上看见巴别塔，搅乱人的语言，并非指不存在于任何地点的父，而是指子而言。[23] 亚伯拉罕所见到的上帝不 237
是无形的父，而是子。[24] 所谓上帝以神人形象出现在雅各面前，这也不是父，而是子通过神人在讲话。[25]

子由父而生成。尽管这个过程本质上不同于上帝创造万物的过程，但其中仍有“某种意义”（仅仅是逻辑上的意义吗?）即父先于子存在。[26] 子的开端在于父——诺瓦替安以此避免二神论，如果他肯定了子有其独立于父的开端，那他就会陷入二神论。倘若有两个“非生成”者存在，就会有两个神。[27] 但是，诺瓦替安似乎没有肯定子的永恒生成过程，也未肯定他作为上帝里面的第二个位格而永存。相反，子或者道永恒地存在于

⑳ *De trin.* 31.

㉑ *De trin.* 23.

㉒ *De trin.* 17.

㉓ *De trin.* 17.

㉔ *De trin.* 18.

㉕ *De trin.* 19. 正是这些段落与第 20 章导致了对诺瓦替安的一个解释：据此，他相信圣子是一个天使般的存在，不是神性的（divine）：Felix Scheidweiler，“Novatian und die Engelchristologie”，*ZschrKgesch*，66（1954～1955），126～139。除此之外，见 J. Barbel，“Zur ‘Engelchristologie’ bei Novatian”，*TrthZschr*，67（1958），96～105。

㉖ *De trin.* 31.

㉗ 同上。

父里面，直至父的意志活动使子与父并存。看起来，我们又一次碰到隐藏于内的与表现在外的道的区别。㉘

诺瓦替安在驳斥撒伯流时，㉙就像早先德尔图良驳斥帕克西亚一样，特别强调区分父与子，致使后者处于“低于父”或“次于父”的地位。㉚ 这当然不是说他否认子的神性。至于圣灵，诺瓦替安的观点总是：圣灵就是
238 上帝。但诺瓦替安论述圣灵之为独立位格的唯一方式，就是使之不仅低于父，而且低于子。如果说圣灵从基督那里接受了他要向人们宣告事物，那就是说：“基督大于圣灵，因为圣灵只有次于基督才能接受基督的话。”㉛

简言之，诺瓦替安在基督教思想史中的意义，在于他代表了3世纪西方教义和教会两方面的发展状况。一方面，他卷入了随着忏悔制度的发展而必然产生的争辩之中，这是西方教会在3世纪大部分时间中集中讨论的问题。另一方面，他表明了德尔图良对西方三一论神学的影响。

由诺瓦替安造成的分裂局面在他去世后仍未愈合，他这一派后来传到东方，在那里与一些具有孟他努主义倾向的团体合为一体。

迦太基的西普里安

北非教会在德尔图良与奥古斯丁之间出现的最杰出者当属迦太基的

㉘ 同上。

㉙ 见 G. Keilbach, “Divinitas filii ejusque patri subordinatio in Novatiani libro de Trinitate”, *Bogoslovska Smotra*, 21 (1933), 193 ~ 224。另一种解释认为诺瓦替安在两种立场间摇摆不定：M. Simonetti, “Alcune osservazioni sul ‘De Trinitate’ di Novaziano”, *Studi in onore di Angelo Monteverdi* (Modena: Societá Tipografica Editrice, 1959), 2: 771 ~ 783。

㉚ *De trin.* 27.

㉛ *De trin.* 16 (ANF, 5: 625).

西普里安(Cyprian of Carthage)。[32] 他于3世纪初出生于富有的异教徒家庭,直到近40岁时才皈依基督教。他在受洗之后便放弃了他已有相当造诣的修辞学,过着简朴的生活。他将财产尽数出售以周济穷人,自己则身体力行贞洁的生活原则。公元248或249年,他在群众的拥戴下当选为迦太基主教。起初他想以逃跑来回避这项义务,但后来他将选举结果当做上帝的旨意而接受了它,从而开始其一生中的新阶段。

他作为主教只做了九年,然而在这短暂的时间里,他却做了大量的教牧工作。他的著作多数论述实践问题,因为它们都是他在行使主教职权解决具体问题时写成的。他的神学明显地受到他称为"师傅"的德尔图 239
良的影响。西普里安同德尔图良一样,甚至更主要地是出于他的教牧义务,十分注意道德、实践和教规等问题。而且,他的某些著作仅仅是德尔图良著作的修订本和注释本,如《论处女的服饰》(*On the Dress of Virgins*)、《论主祷文》(*On the Lord's Prayer*)、《论偶像之空虚》(*On the Vanity of Idols*)、《论忍耐的优越性》(*On the Advantage of Patience*),等等。

250年初德西厄斯(Decius)的逼迫,结束了基督教会长达半世纪的相对和平时期。[33] 在此期间,西普里安逃出迦太基躲了起来。由于此次逼迫的政策不仅强迫所有人都要持有已向罗马诸神献祭的证书,而且以打击教会领袖为主要目标,故西普里安认为自己的责任就是隐匿地下,以免给教会增加更多的困难。他在逃亡中仍通过大量的通信继续指导教会的生活。他的这个决定大受批评,批评的人包括罗马教牧人员。这些人在逼迫期间失去了自己的主教,便写信要西普里安为他的态度作出解释。

---

[32] 最好的全面研究著作,见 J. Ludwig, *Der heilige Märtyrerbischof Cyprian von Karthago: Ein kulturgeschichtliches und theologisches Zeitbild aus der afrikanischen Kirche des 3. Jahrhunderts* (Munich: K. Zink, 1951)。

[33] Charles Saumage, "La persécution de Dèce en Afrique d'après la correspondance de S. Cyprien", *Byz*, 32 (1962), 1~29; C. Saumage, *Saint Cyprien, évêque de Carthage, "pape" d'Afrique (248~258): Contribution à l'étude des 'ppersécutions' de Dèce et de Valérien* (Paris: Centre National de Recherche Scientifique, 1975).

他回答说，他如果出现在迦太基只能为教会带来更多的苦难，而他绝未放弃履行其教牧职责。[34]

这场风暴终于平息了，251 年初西普里安又回到其信众之中。这时，他遇到了恢复背教者的教籍问题。这个问题甚至在逼迫尚未结束之前即已产生。这次逼迫不仅是教会有史以来所遇到的最全面、最严重的一次，而且是在一段相对和平时期之后出人意料地爆发起来的。当规定所有帝国居民必须向罗马诸神献祭，并且必须获得已经献祭证书的皇帝谕旨颁发之时，许多人在惊慌失措之中被带进异教神殿。有些人是后来在友人与亲属施加压力的情况下屈服的，另一些人则以假证书逃避殉道。不久，
240 甚至早在那次逼迫结束以前，这批人中的大多数就表示出重归教会的愿望。西普里安认为，他们应当得到这种机会，但应符合正式教规并经过适当的程序，而且决定权应当归主教掌握。[35] 有一批忏悔者反对此项政策，这些人在逼迫期间所表现出的勇气给他们以巨大的道德影响。他们要求允许曾经失足、现又要求忏悔者立即恢复教会生活。一些始终反对西普里安当选主教的老年人也站在忏悔者一边。这样，恢复失足者教籍的问题便导致了分裂——正如在罗马由诺瓦替安带领下出现的情况一样。

面临这种局面，西普里安召集了一次约有 60 位主教出席的会议。为了让会议以及教会的其他人了解自己的观点，西普里安写出两篇论文：《论教会的统一》（*On the Unity of Church*）和《论背教者》（*On the Lapsed*）。这两篇文章是理解西普里安教会观的基本文献，我们在下文中还要提到它们。我们完全可以将西普里安对于背教者的见解归结如下：拒绝补赎者不能得到宽宥，即使是生命垂危者也不行。购买献祭证书者可立即恢复教会生活。失足者应以其余生作为补赎，他们可在临终前或在另一场

---

[34] *Ep.* 14.

[35] J. J. Thierry, "Het conflict tussen martelaar en priester in de jonge kerk van Afrika", *NAKgesch*, n. s. 42 (1957), 63 ~ 77.

逼迫中证明其忏悔的真实本质后恢复教会生活。最后，失足的教牧人员应当褫夺职务。另一方面，在关于这次分裂的处理上，西普里安建议革除其追随者的教籍。会议在这两个问题上都采纳了这位迦太基主教的建议，因而结束了这场争辩——尽管此次分裂又持续了一段时间，而且后来因与罗马的诺瓦替安派结盟而一度助长其势。

另外两个问题也为西普里安发挥其神学观点提供了机会：公元250 241
年流行的一次瘟疫和关于洗礼问题的争论。

正当瘟疫在北非流行之时，有个名叫德米特利亚鲁（Demetrianus）的异教徒指责基督徒应当对这种传染病负责。他宣称，这是诸神降下来的惩罚。西普里安在一篇简短而尖锐的文章《致德米特里亚鲁》中对这种攻击加以反驳，同时他也给信徒们写了《论死亡》（*On Mortality*）和《论善功与施舍》（*On Works and Alms*），力图帮助他们正确对待死亡，并开展当务之急的慈善事业。

关于洗礼的争论涉及由异端派主持的洗礼是否有效，以及要不要为皈依的异端派重行洗礼的问题。处理此类事务的习俗在帝国的各地区有所不同：北非和小亚细亚习惯于为已在异端派手下受过洗的人重行洗礼，而罗马则承认以前的受洗有效，皈依的异端派不必再次受洗。有人注意到这种不同，并就此向西普里安请教。这位迦太基主教宣称，他赞成北非为皈依的异端派重施洗礼的做法。以后他又在相继的两次非洲主教会议上获得支持。[36] 罗马主教斯蒂芬（Stephen）得悉非洲主教们的决定以后决心干预此事。[37] 他写了一封书函，敦促非洲主教们照罗马习俗做，承认异端派施洗的有效性。以后的争论旷日持久，斯蒂芬甚至以断绝与非洲教会的联系来威胁西普里安。但这位罗马主教未及将此付诸行动便已去

㊱ 争论的经过可通过西普里安的 *Epistles* 了解到，尤其是：*Ep.* 72，教皇斯蒂芬被告知非洲宗教会议的决定；*Ep.* 74，奚普里对斯蒂芬态度的回应；*Ep.* 75，主教 Firmilian of Caesarea 支持西普里安的立场。

㊲ 参 *Ep.* 67，68。

世，一年后他的迦太基对头也以身殉道。这场争论就这样收场了，但罗马
242 教会仍在某方面继续发挥其影响，4 世纪初非洲教会也采纳了承认异端
派施洗有效的习俗，但我们已无法弄清这个变革是于何时开始的。

我之所以花费很多时间总结西普里安与分裂派及与罗马的争论，这只是因为它们构成西普里安发展其教会教义的背景，而这种教义正是他对基督教思想史的主要贡献所在。[38] 虽然艾雷尼厄斯和德尔图良曾经强调教会和使徒统绪的重要性以反对异端派，克莱门特和奥利金甚至认为教会在救恩计划中处于至关紧要的地位，但他们都未致力于发展有关教会的完整教义。西普里安本人也未系统地论述这个教义，但他的争论观点及因此写成的文章却使得教会教义初具轮廓，这对于该种教义今后的发展具有十分重要的意义。

西普里安将教会视为必不可少的救恩方舟。[39] 正如挪亚时代谁也不
能身处方舟之外而得救那样，现在也只有在教会内能够得救。“教会之外
无救法”，[40]而且“不以教会作其母亲的人就不能以上帝作其父亲”。[41] 这
就是西普里安之所以对由异端派或分裂分子施行洗礼持强硬态度的原因
所在。如果这些人不属于教会，并且没有以任何形式参加教会，他们社团
之中就不会有救法、圣灵的指引、真正的圣餐礼和真正的洗礼。宣布人们
的洗礼有效，就应当承认他们的组织为有效的教会。因此，我们必然要肯
243 定，异端派和分裂派之一切行为，包括他们的施洗在内，都不是基督的，而
是反基督的事工。[42] 但是，我们如何看待分裂分子中有好人的问题呢？

---

[38] Günter Klein，“Die hermeneutische Struktur des Kirchengedankens bei Cyprian”，*ZschrKgesch*，68 (1957)，48～68.

[39] *De unit. eccl.* 6.

[40] *Ep.* 73.21.

[41] *De unit. eccl.* 6 (*ANF*，5：423)．参 J. C. Plumpe，“Ecclesia Mater”，*Transactions and Proceedings of the Amer. Philol. Assoc.*，70 (1939)，535～555。

[42] *Ep.* 70.

> 没有这样的好人，因为没有人认为好人会离开教会。风不能吹走麦子，飓风也不能拔起扎根于坚土中的树。轻的麦秆微风就能吹走，瘦小的树苗旋风刚起就被刮倒。[43]

对这样一个唯一提供救法的教会应当如何下定义并辨别其真伪呢？西普里安认为，这是个信奉真理与统一的教会。西普里安虽然认为真理是教会的本质特征之一，但他在同分裂派斗争的过程中却特别强调了统一。进而甚者，他认为真理离不开统一，因为一切真理的基础是爱，而没有统一就谈不上爱。

教会的统一就在主教团里面。主教是使徒的接班人，他们从使徒那里继承的权柄与基督赐给使徒们的权柄一样。[44] 主教在教会里面，教会也在主教里面，没有主教便没有教会。主教团只有一个，但它不是要全体主教服从于一个“主教们的主教”那种性质的教阶组织，而是由于每一位主教体现出主教团体的整体性。“主教团是一个，它的每一部分都由代表整体的每一个成员组成。[45]

因此，各位主教应当代表单一的教职机构独立地管理他的教区——
西普里安在这里对各种实践活动和习俗表现了高度的宽容和灵活性。尽 244
管主教团的统一性就在于主教们应当在重要问题上互相请教，但是哪位主教都无权支配其他主教。这种联邦式的(federated)主教团观念，对于理解西普里安对待罗马教座的态度极为重要。

---

[43] *De unit. eccl.* 9 (*ANF*, 5: 424).

[44] *Ep.* 33.

[45] *De unit. eccl.* 5(*ANF*, 5: 423). 拉丁文说：“Episcopatus unus est, cujus a singulis in solidum pars tenetur”(*PL*, 4: 516)。其意义可理解为每一位主教掌管主教团的一部分。P. Schepens,“Saint Cyprien, Episcopatus unus est cuius a singulis pars in solidum tenetur (De unitate Ecclesiae, V)”, *RScRel*, 35 (1948) 288～289. 但也可以这么理解：主教团的权威是不可分割的，然而每一位主教都分享这一权威。Maurice Bévenot,“In solidum and St. Cyprian: a Correction”, *JTS*, new series, 6 (1955), 244～248.

一方面，西普里安高举彼得在使徒中的首席地位，以及罗马教会在普世教会中的重要地位。彼得在去该撒利亚的路上认耶稣为基督，以及主再三叮嘱彼得"喂养我的羊"，这些都表明彼得是使徒统一的起源。其他使徒有着与彼得一样的尊荣和权柄，但彼得却是第一个接受这种权柄者，很明显这是为了让他成为统一的原则。[46] 由于这个缘故及其现实的重要地位，罗马教会及其主教在基督教会中享有某种优先权。罗马教会是"构成教牧界统一根源的首要教会"。[47]

另一方面，西普里安不认为罗马主教对他的教区内部拥有裁决权。[48] 正如彼得尽管优先于其他使徒，但其权柄并不比其他使徒更高一样，罗马的优先权也不表明它有高于其他教会的权柄。当教皇斯蒂芬企图干预非洲教会的决定时，西普里安的回答非常明确：

> 因为彼得后来在保罗为割礼与自己争辩时既没有蛮横要求什么，也没有骄傲地专擅什么，而他却是第一个蒙主拣选者，主在他身上建立了教会，所以说，彼得有首席地位，新皈依的教徒及接下来者应当服从他。[49]

---

[46] *De unit. eccl.* 4. 关于这一章节存在着文本上的问题：有两个文本存在。较短的文本清楚地断言罗马的首要地位，而较长的文本则不然。学者们仍在争论是否两个文本都是西普里安的，如果是，哪一个更早。参 M. Bévenot, *De Lapsis and De Ecclesia Catholicae Unitate: Text and Translation* (Oxford: Clarendon, 1971)。在下面的文章中有反对较短文本的深刻的讨论，见 J. Le Moyne, "Saint Cyprien est-il bien l'auteur de la rédaction brève du 'De unitate' chapitre 4?", *RevBénéd*, 63 (1953), 70～105。但是下一著作认为两文本均是西普里安的作品，而较短的文本是原创的，见 G. S. M. Walker, *The Churchmanship of St. Cyprian* (London: Lutterworth Press, 1968)。

[47] *Ep.* 54. 14 (*ANF*, 5: 344).

[48] 关于此主题最好的研究，见 Bernhard Poschmann, *Ecclesia principalis: Ein kritischer Beitrag zur Frage des Primats bei Cyprian* (Breslau: O. Borgmeyer, 1933)。另见 A. Memoustier, "Episcopat et union à Rome selon saint Cyprien", *RScRel*, 52 (1964), 337～369。

[49] *Ep.* 71. 3 (*ANF*, 5: 377).

因此,西普里安主张联邦式的主教制(federated episcopacy),其中各 245
位主教都有一定的自治权,虽然他还必须听取其他主教友好的意见,并且必须服从教会会议的决定。西普里安本人治理非洲教会的方法正体现了这种主教自治的主张。每当他必须作出可能影响到其同工的决定之时,他总是请他们来举行会议。[50] 就在一次这样的会议通过的法规之中,我们可以看到下面一段明确反对一位罗马主教企图将罗马习俗强加给非洲的论述。

> 我们中间无人可将自己封为主教们的主教,我们也没有用专横的威胁逼迫同工必须服从自己;因为每一位主教在其自由和职权范围以内,都有自己正当的审判权力,他不能审判别的主教,别的主教也不能审判他。让我们一起等待主耶稣基督的审判吧,他是唯一有权拣选我们治理他的教会,并对我们在教会里的行为加以审判者。[51]

总之,教会的统一性就在主教团里面,主教团就像一份共同财产一样为所有主教所分享。统一性并非某种加在真理之上的事物,它只是基督教真理的一个核心组成部分,因此,没有统一性就没有真理。离开了这种统一性就失去了救法。离开了它就无所谓洗礼、圣餐礼和真正的殉道。但这种统一不在于服从一个"主教们的主教",而是共同的信心、爱以及所有主教之间的交流。

这样,我们就结束了我们对3世纪西方神学仓促的一瞥。我们没有把当时的神学家统统研究到,也没有把研究对象们的全部思想统统探讨一遍。但这里所提供的材料已足以说明,西方教会倾向于解决实践的问 246
题。西方教会所讨论的最抽象的问题就是三位一体教义——而这里所说

---

[50] 见 P. R. Amidon,"The Procedure of St. Cyprian's Synods",*VigCh*, 4 (1983), 328~339。

[51] *Conc. Carth. Sub Cypriano* Ⅶ, *proemium* (*ANF*, 5: 565).

的基本上重复了我们在德尔图良那里已经见到的内容。此外还有其他一些诸如恢复失足者的教会生活、异端派施洗的效用等问题。而讨论这些很大程度上具有实践意义的问题，则为圣奥古斯丁时代之前西方教会普遍接受的教会教义的兴起提供了条件。

第十章　奥利金之后的东方神学

奥利金留给东方神学(Eastern Theology)的痕迹始终没有磨灭。在往 247
后的一些世纪中,这位希腊神学家中最伟大者,在相差甚远的程度上,表现出自己的影响。尽管他的神学再三遭到谴责,但仍阻止不了人们阅读他的著作,更阻止不了他的某些神学观点广为流传。

3 世纪东方神学的特点之一就是奥利金在神学领域中占统治地位。当时最杰出的神学家都是他的门人。有些人虽不是奥利金直接的门人,但他们之所以出名,也只是因为他们反对了这位大师之故。当时主要的神学流派实际上都只是奥利金主义的支派而已。而每当一种完全独立的神学思想兴起之时,立即就有奥利金主义者对之加以攻击,并最终总能成功地使之广受谴责,撒摩沙他的保罗(Paul of Samosata)的情况便是一例。

奥利金去世以后,曾隶属并曾推动其向前的那种神学传统,不仅在亚历山大,而且在该撒利亚及有奥利金门人居住的其他东方地区继续发展着。在亚历山大,潘代诺、克莱门特和奥利金的传统为赫拉克勒(Heraclas)、大狄奥尼修斯(Dionysius the Great)、提奥格诺斯特(Theognostus)和庇里乌(Pierius)等人所继承。虽然这些亚历山大神学家的著作现仅有残篇存世,但他们却为发展一个将在 4 世纪初再度崭露头角的传统作出了

248 贡献。在该撒利亚，曾在亚历山大受教于庇里乌，后担任该撒利亚主教的潘菲诺(Pamphilus)保留并扩建了奥利金的图书馆。这就是另一位奥利金主义者，潘菲诺的弟子，该撒利亚的优西比乌(Eusebius of Caesarea)得以写成其著名而极有价值的《教会史》的一个主要原因。在帝国其他地区还有号称"行奇迹者"的新该撒利亚的格列高利(Gregory of Neocaesarea)和安提阿的路济安(Lucian of Antioch)等一批杰出的奥利金主义者。他们的工作卓有成效。在本章结束以前，我们将有机会谈到这一点。

然而，在论及3世纪奥利金主义内部出现的各种趋势之前，我们必须先对当时唯一完全独立于奥利金主义的重要神学撒摩沙他的保罗做一番探讨，接着再讨论以奥林普的美多迪乌(Methodius of Olympus)为代表的反对奥利金主义的观点。

撒摩沙他的保罗

撒摩沙他的保罗约于公元260年前后当选为安提阿主教。他还拥有*ducenarius*的衔头，成为该叙利亚地区的最高公职官员。[①] 不久在安提阿的基督徒对他的行为进行抗议。他被指控滥用职权，并讲究排场。还说他每去一个地方总有一些女人伴随。有些人指责他允许这些女人在教堂中歌唱。无论如何，最厉害的指控，如果是事实的话，是说他不允许人们歌唱赞美基督。[②]

除此而外，他还被指控为异端派。看起来保罗把神格唯一论(Monarchianist)的倾向与另一种嗣子论(adoptionist)思潮结合在一起，从而提出
249 一种所谓"动力神格唯一论"(Dynamic Monarchianism)——这是个不那么

---

① 这不是对他生平的传统理解。通常认为他是女王Zenobia of Palmyra手下的政府官员，他利用他对女王的影响压制教会中与他的政策和教义不一致的因素。见F. W. Norris，"Paul of Samosata: *procurator ducenarius*"，*JTS*, new series, 35 (1984), 50~70。

② 见Gustave Bardy, *Paul de Samosate: Etude historique* (Louvain: Spicilegium Sacrum Lovaniense, 1929), pp. 264~273。

准确的术语。

保罗神学的主要旨趣在于论证基督教一神论。犹太人在安提阿是相当有力的少数派,甚至巴尔米拉(Palmyra)总的宗教潮流也明显地在向神格一位论演变。基督教本身在同异教的争论中也坚持只存在一位上帝的观点。这一切都使得保罗强调上帝的统一性,甚至以牺牲父、子和圣灵的区别为其代价。

当然,保罗没有采用形相论的说法,称父、子和圣灵是上帝显现自己的三种形相。相反,他企图以断言只有父为上帝的方式在父与子之间划出明显的界限,以坚持神格一位论。然而,我们却无法根据现存的残篇看出保罗关于圣灵的想法如何。③

子不是上帝,也不是上帝的道或智慧。进一步讲,子只在道成肉身之后,在马利亚由圣灵感孕怀了基督之后才存在。④ 当然,保罗在道与子之间作出这种区别还不足以被谴责为异端派。其他神学家常用这种方法区分先于道成肉身的道与道成肉身的子。保罗之所以遭到攻击,是因为他不承认道不仅仅是未曾说出的隐藏于上帝理性之内的某种实存的某一位。

保罗的基督论不是严格意义的"嗣子论",因为圣灵感孕和童贞女受胎——这些是他所肯定的⑤——说明耶稣自诞生之始就是上帝的儿子。但这种教义中确实有嗣子论倾向,如耶稣基督之为子并非必不可少—— 250
这不是永恒的子或道成了肉身——而是由上帝的"旨意"或"预定"而造就的。

在耶稣里面住着智慧或上帝之道。然而,既然这种道只不过是上帝的理性(reason)或目的(purpose),既然这种道也曾住在摩西和众先知里

③ 参 Bardy, *Paul*, pp. 443 ~ 448。

④ 因此,马利亚没有生下"道",而是生了"圣子", *fragm.* 26 (Bardy, *Paul*, p. 56)。

⑤ *Fragm.* 37 (Bardy, *Paul*, p. 63).

面，那么，上帝之临在耶稣里面只在量上不同于它之临在其他人，或它之可能临在其他人。耶稣也就不能成为神，而只能是“来自下面者”。[6] 耶稣与道的合一仅仅是道德的合一，[7]道以这种方式住在耶稣里面，“如同住在圣殿中一样”。[8]

由于这种道或智慧绝不是次于父而存在者，它只是父的能力或**δύναμις**，因此，这种教义通常称为“动力神格唯一论”（Dynamic Monarchianism），以区别于形相神格唯一论。在后者那里，道与父等同，故存在于耶稣基督里的神性就是父本身，故此种教义又称“圣父受难论”（Patripassianism）。与此相反，撒摩沙他的保罗则在上帝之道或智慧住在耶稣里面的意义上肯定上帝在基督里面。对于形相论者，耶稣基督就是上帝；而对于保罗，他只是个“纯粹的人”（pure man）。[9]

另一方面，我们应当将撒摩沙他的保罗的教义与我们在德尔图良、希坡律图甚至奥利金那里见到的次位论倾向（subordinationist tendency）作出区别。极端的次位论将子——在明确地加以讨论时，还应当包括圣灵——说成次于上帝的存在，但又与上帝不同，并具有相对独立性，以此捍卫上帝的统一性。保罗则否认任何更高的存在（无论其与父如何不同）在耶稣里成为肉身，以捍卫上帝的统一性。这可能就是他使用“同质的”（**ὁμοούσιος**）一词的背景，而这正是被他的反对者们认为应当加以谴责的。

251 这样，保罗的神学至少要在上帝论和基督论两点上，不得不与奥利金主义者的神学，甚至与其他东方神学家的神学发生冲突。他否认了道作为次于父的位格而存在，特别是他否认了耶稣基督里面道与人性真正的

---

⑥ Eusebius, *HE* 7.30.11.

⑦ 这是 Bardy 的结论（*Paul*, p.466）：“简而言之，保罗认为智慧与耶稣之间仅仅是道德合一。”

⑧ *Fragm.* 25,27（Bardy, *Paul*, pp. 54,57）. 这种把基督的人性当做“圣殿”的讲法应该是此后一段时间的安提阿基督论的特点。

⑨ Pamphilus, *Apol.* 5; Eusebius, *HE* 5.28.1～2.

结合,这只能引起教会领袖们甚至许多安提阿平信徒的愤慨。

不久,邻近地区的主教们便开始收到许多来信,控告这位安提阿主教的行为不端及信仰不正统。那座城市的基督徒们对其主教的态度和主张极为担心,结果出现了分裂。面临这种局面,大数的主教赫伦努(Hellenus)于公元 264 年在安提阿召集了一次会议。一批著名的奥利金主义者出席了这次会议。不出所料,这些人与撒摩沙他的主教冲突起来。保罗的辩词使这次会议不能确定其谬误的性质;但他还是允诺修改自己的观点,并采用已成为当时教会传统教义的观点。有了这样一个诺言,主教们就在讨论了其他问题后登上归程。

但问题并没有就此罢了,不久就有消息说保罗仍在传授他已允诺放弃的那种教义,因此有必要再召集一次会议。此次会议进行了长时间的辩论。在奥利金主义者马尔希翁(Malchion)历数这位安提阿主教神学之弊端之后,会议决定撤销他的主教职务。但到此时,保罗仍仗着齐诺比亚(Zenobia)的支持拒不接受这个处分,并把持主教席位和世俗官职不放。直到 272 年皇帝奥里利安(Aurelian)在击败齐诺比亚并与意大利诸主教商量之后,才强制执行了会议决定。

第二次安提阿会议在基督教思想史上有一定重要意义,因为它谴责了道与父"同质的"教义。看来,撒摩沙他的保罗使用这个术语的目的,
是要反对道本身具有其实体的存在。当公元 325 年的尼西亚会议再度使 252
用同一个术语(尽管意义完全两样)时,许多人怀疑这次大会是否又回到了撒摩沙他的保罗的古老教义。[10]

---

⑩ 见 R. L. Sample,"The Christology of the Council of Antioch (268 CE) Reconsidered",*CH*, 48 (1979), 18 ~ 26; H. C. Brennecke,"Zum Prozess gegen Paul von Samosata: Die Frage nach der Verurteilung des Homousios",*ZntW*, 75 (1984), 270 ~ 290。

奥林普的美多迪乌

虽然对撒摩沙他的保罗的谴责和处分有着不可否认的政治意义，但它却标志了东方神学中最后一个独立于奥利金的影响，且具有重要意义的神学体系的终结。从此以后(3～4世纪期间)，尽管不断有人攻击奥利金及其追随者，但这些人本身仍表现出那位亚历山大大师的影响，奥林普的美多迪乌(Methodius of Olympus)便是这种情况的典型例子。

我们对美多迪乌的生平了解很少。我们称他为“奥林普的”唯一理由是有一种比较可靠的传统说法，说他曾在那座城市做过主教。据说，他于公元311年殉道而死。当然这种传说也值得怀疑。无可置疑的是，他强烈地主张禁欲主义，他十分重视守独身，这一点可从他的对话集《座谈会》(*Symposium*)之中看出来。他的著作的希腊文本被完整保存至今的唯有这本《座谈会》。

尽管美多迪乌曾一度敬仰并追随过奥利金，但他的多数著作却表明，他是那位亚历山大大师的反对者。可能这种反对本身即是我们对他生平知之甚少的理由，因为历史学家优西比乌本人就是热情敬仰奥利金的人，他认为不值得将美多迪乌收入其《教会史》中。无论怎样，即便在反对奥利金时，美多迪乌也表现出他无法完全摆脱他所受到的影响。因此，他同奥利金一样运用了柏拉图的哲学(他力图模仿柏拉图的对话方法写作)，一样以柏拉图主义的语言论述上帝，一样用次位论的方法谈论三位一体(尽管他不否认子的永在)。

253 美多迪乌反对奥利金的有四点：世界的永恒性，灵魂的先在，灵性论的末世论(spiritualistic eschatology)，以及寓意释经法(allegorical exegesis)。他在攻击所有这些教义时的立足点，就是我们在墨利托、帕皮亚和艾雷尼厄斯那里遇到的那种神学传统的典型观点。美多迪乌如其前人所行一般，赞成用预表论解释《旧约》，主张千禧年论的末世论，主张用“复归元首”(recapitulation)或用将亚当与基督的事工对应起来的方法解释救恩历史。但在这种方法中仍可清楚地见到奥利金的影响。美多迪乌在攻击那位亚历山大大师滥用寓意释经法的同时,本人却陶醉于用毫无二致的寓意法解释另一些经文。从他运用理性来反对奥利金的理性主义的做法中,我们也可以见到奥利金的影响。

为了说明美多迪乌驳斥奥利金教义的方法,有必要将他反对世界永存教义的论点做个小结。我们可以在阜丢斯(Photius)保存下来的一份残篇中见到这个论点。如上所述,奥利金肯定上帝是永恒的创造者,创世本身也必定是永恒的。美多迪乌指出,依赖性只能构成不完善性,因此,完善的事物必定是完全独立的。因而,上帝作为创世主的本性不能依赖于创世,因为这将会否认神的独立性,也就否认神的完善性。结论是,“我们断断不能接受那些凭上帝治理并创造的事物而称上帝为全能者和创世主的人的弥天大罪。”⑪而且,既然这就是奥利金教义的基础,因此他也不能接受奥利金的世界永恒说。

但在论到那个将在4世纪占据舞台中心的问题,亦即三位一体教义问题时,美多迪乌的主张,却和奥利金的观点一样不那么明确。他也像奥
利金那样认为,父、子和圣灵之间没有实在的区别。美多迪乌虽未否认三 254
个位格的永存,但他仍以次位论的方式表述了三位之间的区别。“因此,在父这个无始之始,道成为万物之始,万物皆从他而成。”⑫

奥利金派神学

我们对奥利金主义在其创始人刚去世不久那段时间的发展情况知道得很少。虽然奥利金主义者,该撒利亚的优西比乌对3世纪和4世纪初

---

⑪ *Fragm.* from Photius, *Bib. con.* 235 (*PG*, 103: 1144). 见 L. G. Patterson, “The Creation of the World in Methodius' Symposium”, *SP*, 9 (1966), 240～250。

⑫ 同上(*PG*, 103: 1148)。

的某些重要的奥利金主义者做了大量记载，但它们多属传记性质的资料，对于我们了解当时的神学动态助益甚微。另一方面，有些后人的著作中却有一些提到关于3世纪神学家的资料以至语录。这些材料对于基督教思想史极有价值，因为人们依据它们便能够重新看到从奥利金到阿利乌危机这段时间中神学发展的状况。但是我们不能忘记，显然由于这些参考资料写于阿利乌的问题业已提出之后，即写于三一教义已成为神学讨论的中心问题之时，因此我们不能将这些4世纪作者们的见证，看成是对其前人的公正叙述，这不仅是因为现存的参考资料和文献记录可能被人篡改歪曲，而且是因为4世纪的争辩对引用3世纪材料的取舍也有影响，因而使后来的史学家对自奥利金到4世纪最初十年的神学活动无法窥其全貌。因此，在研究3世纪的奥利金派神学时，人们常感到自己被迫将注
255 意力集中在三一论问题，特别是父与子的关系问题上面。然而我们必须牢记，在我们手头的微不足道的材料背后必定有着大量的神学活动，不仅关系到三一论问题，而且关系到释经学、人论、圣礼论，等等。

为了说明奥利金之后的神学发展过程，我们将简略地探讨三位当时最杰出的奥利金主义者的思想：新该撒利亚的格列高利（Gregory of Neocaesarea），亚历山大的狄奥尼修斯（Dionysius of Alexandria）和安提阿的路济安（Lucian of Antioch）。

格列高利出身于本都境内新该撒利亚城一豪门望族。他的真名为狄奥多尔（Theodore），在皈依基督教并接受洗礼后改名格列高利（Gregory）。他是在巴勒斯坦的该撒利亚受教于奥利金之后皈依的。他在该城向那位神学大师学习了基督教信仰的神秘之后便回到自己的家乡，并最终担任了新该撒利亚的主教。据说他曾行过许多神迹，以至于以“行奇迹的格列高利”而著称。据说他当主教之时全城只有十七个基督徒，而由于他努力传播福音之故，在他去世之时全城只有十七个异教徒。他以新该撒利亚主教的身份，出席了为反对撒摩沙他的保罗而在安提阿举行的第一次会议。

现存篇幅最长的格列高利著作是他的《写给奥利金的颂歌》(*Panegyric to Origen*),这部著作对于研究奥利金的教学方法极有价值。但这里更使我们感兴趣的,则是在尼撒的格列高利(Gregory of Nyssa)撰写的格列高利传记中保存的一份信纲。

> 只有一位上帝,他是生命的道之父,这道是他发出的智慧、能力
> 和永恒的形象;他是尽善之子的尽善之父,唯一独生子的父。只有一
> 位主,他是唯一的唯一,上帝的上帝,神的形象和真相,大能的道,洞
> 悉万物本来的智慧,完成全部创世的能力,真正父亲的真正儿子,无
> 形的无形,不灭的不灭,不死的不死,永恒的永恒。只有一位圣灵,他
> 由上帝而来,从子得到显现,让人们知晓:他是子的形象,尽善者的尽 256
> 善形象,他是生命,众生的原因,他是圣洁的源泉,他是神圣,是成圣
> 的提供者和引导者,在他里面体现了在一切之上又在一切之中的圣
> 父,和贯穿一切的子。只有一个尽善的三位一体,就在尊荣、永恒和
> 威严之中,既不可分也不可离。因此三位之中既无受造者亦无主从
> 之分,更没有先后之别,如同它在原先没有,后来才被造出那样。因
> 此子不缺乏父,圣灵也不缺乏子,没有区别也没有变化,同一个三位
> 一体永恒地存在。⑬

这份信经强调了子的永恒神性,却未提及子与父的区别,只说到它必然不是一个无形者和另一个有形者,一个不灭者与另一个可灭者的区别,或任何此类使一个的神性低于另一个的说法。我们无法知道这份信经的写作动机,但它无疑是反映了奥利金神学的两个内容之一。那位亚历山大的教师肯定子的永恒及其次于父,格列高利接受了这个教义的前一个内容,而将后一个内容丢在一边。一些奥利金的追随者的这种倾向被称

---

⑬ *ANF*, 6: 7.“让人们知道”一语或许是后来加上的。

为“右翼奥利金主义”,此称呼相当不准确,但却相当有用。

另一方面,某些奥利金主义者强调了这位大师的次位论思想。这些人被称为“左翼奥利金主义者”(left-wing Origenism),此称呼也不准确。他们多数是些对抹煞三个位格区别的撒伯流主义感到担心的人。这些神学家们认为,次位论是明确区别父与子,因而也是摧毁各种形相主义的方便手段。我们将以亚历山大的狄奥尼修斯与安提阿的路济安为例,讨论这些人的思想。

亚历山大的狄奥尼修斯(又称“大狄尼西”)为奥利金最杰出的门人
257 之一。他接替赫拉克勒担任亚历山大主教和该城教理学校的校督。在德西厄斯和瓦勒里安(Valerian)迫害期间,他曾被迫流亡,但两次流亡之后仍恢复了主教职务,并担任此职直至公元 264 年去世。他的著作必定很多,但都已散失,只有少数保留了下来,且有幸为后世作者乐于引用。在这些残篇中,最有意义的是那些讲到他与罗马的狄奥尼修斯通信的材料,因为它们说明了一个面临撒伯流主义威胁的奥利金主义者,是如何走向“左翼奥利金主义”,并把父与子的区别强调到引起其信众反感的地步的。

根据某些后世作者记载,[14]亚历山大的狄奥尼修斯出于对极端的撒伯流主义的恐惧,在其讲道中使用了一些企图强调父子区别的语句和例子,其中有一些似乎把子说成了被造物。因此,狄奥尼修斯肯定,子在一段时间里是不存在的,子与父不同质。他还引用主的话:“我是真葡萄树,我父是栽培的人。”证明父与子的不同,说他们的关系与栽培者和葡萄树之间,或一条船与造船人之间存在的关系一样。

---

⑭ 最重要的是 Eusebius, *HE*, 7; *Praep. evang.* 7. 9; 14. 23 ~ 27; Athanasius, *De sententia Dionysii.* 见 E. Boularand, “Denys d'Alexandrie et Arius”, *BLE*, 67 (1966), 162 ~ 169; L. Abramowski, “Dionys von Rom und Dionys von Alexandrien in den arianischen Streitigkeiten des 4ten Jahrhunderts”, *ZschrKgesch*, 93 (1982), 240 ~ 272; M. van Esbroeck, “Nouveaux fragments arméniens de Denys d'Alexandrie”, *OrCh*, 50 (1984), 18 ~ 42。

亚历山大的一些基督徒对其主教的教义产生疑惑，遂决定写信给也叫狄奥尼修斯的罗马主教，寻求他的意见。罗马的狄奥尼修斯召集了一次会议谴责了似为亚历山大的狄奥尼修斯所持的观点。这位罗马主教还写信要亚历山大的狄奥尼修斯澄清自己的立场。[15]

这位亚历大主教在四卷本的《驳斥与辩白》(*Refutaion and Apology*)中做了答复。这部著作现已散失，但少数残篇却保存了下来。我们可以根据这些残篇概述这个答复的内容。他首先申明，对他的指控是断章取 258
义，因为他还用过其他一些可以说明他并未将子仅仅视为受造物的经文和例子。如，其中有个例子讲到由光源点燃的光，被点燃的光与光源不同，但又具共同的本质。至于“同质”[consubstantial (*homoousios*)]一词，他倒是愿意按照他的罗马同工所解释的意义接受的，但他又指出这是《圣经》中所没有的词。无论怎样也不能把它理解为对存在三个不同位格的否定，因为上帝的三重本性必须得到肯定。简而言之，狄奥尼修斯的结论是：“我们将一扩展为不可分割的三，同样将三不折不扣地集中为一。”

两位主教之间的通信不仅证明了撒伯流主义的威胁可能会导致“左翼奥利金主义”，而且证明了由于东西方使用不同语言而造成的困难。西方教会自德尔图良时代起，普遍使用“本质”(substance)说明父、子和圣灵的共同神性，用“位格”(person)说明三位中的一位。在试图跨越语言障碍时，人们自然会将 *persona*(位格)译成不仅有“位格”，而且有“面目”或“面具”之意的 *prósopon*。因此，东方基督徒可能会在西方神学中察觉到不能接受的形相论倾向。另一方面，东方教会所用术语的不确定性更甚于西方，其中的 *ousia*(本质)与 *hypostasis*(实体)同样具有模棱两可的意思。*ousia* 可作某事物之特有性质解，亦可作若干不同事物之共同性质

---

⑮ Quoted by James Franklin Bethune-Baker, *An Introduction to the Early History of Christian Thought* (reprint, London: Methuen & Co., 1958), p. 115. 这一著作里包含了两个狄奥尼修斯之间的信件的一份很好的摘要：pp. 113 ~ 118。

解。*Hypostasis* 亦同样如此。因此，像亚历山大的狄奥尼修斯这样的东方
259 神学家在讲到三个 *hypostases* 时，他肯定没有将此术语译成拉丁文以后的那种意思，即在三位一体的三位之间作出区别的意思。这种混乱现象因 *ousia* 和 *hypostasis* 都可以译成拉丁文的 *substantia* 而进一步加剧了。因此，像罗马狄奥尼修斯这样的（西方）神学家听说东方的同道谈论三个 *hypostases* 时，必然会将之解释为三神论的术语，或至少认为它是一种不可容忍的次位论说法。从亚历山大主教与罗马主教的通信中表现出来的这些困难，是东西方教会之间交流的一个障碍。直到 4 世纪末，经过长期激烈的争辩后，这些基本术语的含混意义才得到澄清。

最后有必要讲讲一个影响巨大的奥利金主义者：安提阿的路济安。我们不可能叙述其生平经历，因为关于他的材料矛盾百出。在安提阿曾有一位名为路济安的人，他是撒摩沙他的保罗的追随者，并因此之故连续被三任主教摒弃于教会之外。[16] 还有一位路济安在安提阿领导了一个学派，其门徒后来成为阿利乌主义的主要领袖——这批人自称“路济安派伙伴”（Collucianists）。[17] 这两者到底是不是同一个人，学者们有些争论。这关系到如何解释阿利乌主义（Arianism）的问题（我们将在下一章讨论阿利乌主义）。[18] 传统的解说认为，阿利乌（Arius）及其教义出于路济安传授给他的撒摩沙他的保罗之教义。这种解说受到认为阿利乌主义乃出于
260 奥利金而非出于保罗的人的挑战。这事实上是一种极端的“左翼奥利金主义”。然而新近对阿利乌及其教义的研究所提出的另一种解说甚具说服力。两个路济安之争因而已基本平息。

---

⑯ Alexander of Alexandria, quoted by Theodoret, *HE* 1.4.36.

⑰ Epiphanius, *Pan.* 69.6.

⑱ 关于两个路济安的论点的简明叙述，见 F. Loofs, *Paulus von Samosata: Eine Untersuchung zur altkirchlichen Literatur-und Dogmengeschichte* (Leipzig: J. C. Hinrichs, 1924)。另一方面，见 Bardy, *Paul*, pp. 375 ~ 385。关于我提到的阿利乌的重新解释是，R. G. Gregg and D. E. Groh, *Early Arianism: A View of Salvation* (Philadelphia: Fortress, 1981)，这一重新解释促使我在接下来的章节中作了相当重要的修改。

阿利乌派的导师安提阿的路济安在该城创立了一个学派。这个学派不久便与亚历山大学派对立起来。虽然从各种意义讲,路济安都应当属于奥利金主义者,但他却反对亚历山大人的寓意释经法。他在安提阿开创了用历史和语法的方法研究《圣经》的先河。这种方法使得人们难以根据个人好恶随意解释经文。它虽使神学的工作更加困难,却也有一大好处,甚至 4 世纪面临当时种种异端的亚历山大教师们也被迫放弃寓意释经法,采纳其他更具严密性和科学性的方法来解释经典。这种历史和语法的释经法后来成为安提阿学派的特点。看来,它在路济安编纂的希腊文本《圣经》中已经形成,主要问题只在于如何明确表述。[19]

然而,路济安在基督教思想史上的重要性不完全在于他对释经法的贡献,更重要的是他的缺乏可靠材料记载的神学思想:他的三一论教义。[20] 阿利乌争辩是在他去世几年后爆发的,而阿利乌派的领袖全是他往日的门徒,并且自称“路济安伙伴派”。阿利乌、尼可米底亚的优西比乌(Eusebius of Nicomedia)、尼西亚的提奥格尼(Theognis of Nicea)、卡尔西顿的马利(Maris of Chalcedon)、安提阿的利昂提乌(Leontius of Antioch)及诡辩家埃斯德利乌(Asterius the Sophist)都是路济安的门徒。

---

⑲ Bardy, *Paul*, pp. 381 ~382.

⑳ 出现在 Socrates, *HE* 2.10; Athanasius, *Ep. de synodis* 23 里面的,被归于他名下的信经,不能肯定就是他的,而且很可能还被篡改了(Philostorgius, *HE* 2.14)。但是,即使它是路济安神学的真实见证,也不能改变我们对他神学的总的认识。参 Gustave Bardy, *Recherches sur saint Lucien d'Antioche et son école* (Paris: G. Beauchesne et ses fils, 1936), pp. 119 ff。

第十一章　阿利乌争辩与尼西亚会议

261　4 世纪为基督教教会史上新纪元的开始，因而也是基督教思想史新纪元的开始。君士坦丁使多受逼迫的教会变成被宽容的教会，后来——特别是君士坦丁堡建成后——又使之成为受国家支持的教会。这些新情况所造成的直接后果之一，就表现在 4 世纪是重要的教会教父们活动的时代，因为以前用于培养殉道精神和驳斥异端的精力，现已用于其他活动之中。这就是 4 世纪不仅产生了最重要的一批教会教父：其中有亚他那修（Athanasius）、迦帕多西亚三杰（Cappadocians）、哲罗姆（Jerome）、安布罗斯（Ambrose）和奥古斯丁（Augustine）等，而且产生了第一个基督教史学家该撒利亚的优西比乌（Eusebius of Caesarea）的原因之一。其他一些基督徒因现已不可能再在国家统治者手下殉道，便投身修道运动以代替殉道。因此，数以千计的隐修士在 4 世纪里拥向埃及的荒漠。①

在此之前仅限于墓葬及其他小规模表现手段的基督教艺术，现已成

---

① J. M. Besse, *Les moines d'orient antérieurs au concile de Chaldédoine* (Paris: Oudin, 1900); Ph. Gobillot, "Les origines du monachisme chrétien et l'ancienne religion de L'Egypte", *RScRel*, 10 (1920), 303 ~ 354; 11 (1921), 29 ~ 86, 168 ~ 213, 328 ~ 361; 12 (1922), 41 ~ 68; Karl Heussi, *Ursprung des Mönchtums* (Tübingen: J. C. B. Mohr, 1936).

为胜利的艺术，并不断将其主题集中于表现天地之主基督身上。[②] 过去一直较为简朴的圣礼，现在则由于在基督与皇帝之间确定了相应的关系 262
而开始采用帝国宫廷使用的方法。[③] 建筑术此时则表现在建造能够适应圣礼发展的要求。[④]

这些新情况也有其消极的后果。首先，大批群众的迅速皈依不可避免地影响到信仰的深度及教会的道德生活。其次，皇帝的保护，使有权势的人容易通过加入教会以便在信徒当中巩固并发挥他们的势力。最后，皇帝提供的保护，固然使基督徒们得以将其神学发展到前所不能的程度，但这也意味着皇帝可能对一种或另一种神学观点表示谴责或拥护，因而使神学争辩带有前所未有的政治因素。这正是阿利乌争辩中出现的情形。

阿利乌是亚历山大教会的一位有名望的教长（presbyter）。他在耶稣神性问题上，和他的主教亚历山大发生龃龉。亚历山大是一位"右翼奥利金主义者"，他认为在耶稣里道成肉身的道，要不惜任何代价加以保存。阿利乌的看法却被认为不大一样。

一方面，阿利乌被视为曾在谴责撒摩沙他的保罗的过程中发挥作用的那些奥利金主义者的后继者。根据这种解释，阿利乌主义的出发点是绝对的一神论，因而子不可能由父流溢而出，也不可能由一部分父的质形成，或另一种与父相似的存在，因为这三种可能性之任何一种都将否认上帝的非物质性或他的统一性，子不可能没有起初，否则他就成了父的兄

---

② 参 Louis Bréhier, *L'art chrétien* (Paris: H. Laurens, 1928), pp. 53 ~ 59。

③ 参 Gregory Dix, *The Shape of the Liturgy* (Glasgow: Dacre Press, 1945), pp. 303 ~ 396。

④ 然而，这并不意味着更早时候的基督徒没有教会，或者长方形基督教堂是君斯坦丁时期的创造。参 J. G. Davies, *The Origin and Development of Early Christian Church Architecture* (London: SCM Press, 1952), pp. 12 ~ 50。

263 弟，而非其子。[5] 因此，子有起初，因为父从无中创造而来。[6] 在这个创造活动之前，子是不存在的，因而断言上帝永远为父是错误的。[7] 然而，这种观点没有否认上帝里面始终有道或内在的理性之意，只不过这个道或上帝的理性与后来被造成的子不同罢了。[8] 因此，人们只有在将作为上帝的理性而永存的道，与“万物中首生的”道加以区别的基础上，才能正确地谈论子是上帝的智慧或上帝的道。虽然万物皆由子所造，但子本身却为上帝所造，因而子仍是受造者，而非严格意义上的神。[9]

另一种解释却认为，阿利乌和他的追随者是要保卫他们眼看受亚历山大及其支持者威胁的救恩论。根据这种解释，阿利乌和他的路济安派伙伴们（fellow Lucianists）所关注的是，耶稣应是真正的人，他的神性应从旨意上而不是质上加以说明，也就是说，信徒可以加以模仿和重演。[10] 在这个意义上，阿利乌所最关注的是，救主应是可以加以模仿的。对阿利乌来说，子之成为子是由于继嗣。这一点是重要的，所以我们可以追随他而同样被继嗣。因此，“阿利乌典范的核心是一个完美的受造者，他的本性永远具受造性，他的地位永远从属而依靠父的旨意。”[11]这个典范较难用以解释后期的阿利乌主义，然而看来早期的阿利乌主义的中心思想，和早先撒摩沙他的保罗力图保卫救主的人性的论点是一致的。这也说明为什
264 么阿利乌主义从一开始就被解释成是撒摩沙他的保罗的教义和思想的继

---

⑤ Reinhold Seeberg, *Text-Book of the History of Doctrines* (Grand Rapids: Baker Book House, 1952), 1: 202～203.

⑥ Epiphanius, *Pan.* 69.6.

⑦ Athanasius, *Contra Arr.* Orat. 1.2.5.

⑧ 同上。

⑨ 同上。

⑩ Gregg 和 Groh 所作的研究（见 *Early Arianism*）使这一点最具说服力。

⑪ 同上，p.24。

续。[12] 而且,如果我们把早期的阿利乌主义解释成是对基督事工的一种特定的了解,而非对其神性的思考,我们就可以了解阿利乌主义对亚历山大群众的吸引力。这种吸引力通常只能用阿利乌本人所享的盛望加以解释。

无论如何,[13]当被问及在耶稣里面道的化身是具有神性,或是为神所领养,阿利乌及其追随者的回答是后者。正是在这个时候,亚历山大及其支持者认为阿利乌主义是不能接受的,他们所强调的看来不是阿利乌关于救恩和子所作的救赎事工的见解,而是他所说关于子不完全也不永远具有神性的话。我们从阿利乌主义的一位坚决反对者的论著中抄录的一段话,可以概括说明关于阿利乌主义争论的中心要点:

> 上帝在其本身之中,是任何人都不可言喻的。上帝没有任何第二者与自己平等或相似,或共享尊荣,我们称他为非生成的,是因为他在本性上为生成的。我们赞颂他为无起初者,是因为他有起初。我们尊崇他为永存者,是因为他存在于时间之中。那位无起初者使子成为一切受造物的起初,并选他作为自己的嗣子必提高他的地位。

---

[12] 似乎最早宣称阿利乌(Arius)与撒摩沙他的保罗(Paul of Samosata)之间有一种关系的是亚历山大城的亚历山大,他是在一封致君士坦丁的亚历山大的信中提及此事,该信由 Theodoret 保存下来, *HE* 1.3。关于这一解释的主要困难是,保罗似乎没有讲过逻格斯或上帝的道在一切创造之前被创造,而现在在耶稣里成肉身。因此,学者们通常把亚历山大的解释视为下列情况的又一事例,在这种情况下,对手的教义常常被与某个早先的异端的教义联系起来,以此来败坏其名声。当然,亚历山大也许也是正确的,但不是在这个意义上,即认为阿利乌对上帝本体(Godhead)的理解与保罗的理解是一样的;而倒是在下面的意义上,即他的救赎论的关注基本上是相同的,他寻求用对圣子的不同理解来维护它的。

[13] 第三个关于阿利乌主义起源的提示,见 A. Grillmeier, *Christ in Christian Tradition* (New York: Sheed and Ward, 1965), pp. 189～192。根据 Grillmeier 的看法,在逻格斯—肉身(Logos-sarx)框架里(见下面第 16 章)理解道成肉身的教义是阿利乌主义的起点。我发现他的论证是不足以令人信服的。对阿利乌主义新近的解释,见 J. T. Leinhard,"Recent Studies in Arianism", *RelStRev*, 8 (1982), 330～337; C. Kannengiesser,"Arius and Arians", *ThSt*, 44 (1983), 456～475。

> 他不具有任何上帝特有的性质，因为他不等同于上帝，不，没有人能
> 265 在本质上等同于上帝。上帝是智慧的，他是智慧之师。我们完全可以证明上帝是一切存在者所看不见的，无论是经过子创造出来的存在，或是子本身，都见不到上帝。我要说明子是怎样看见那不可见的上帝的，子依靠上帝洞悉万物的能力，在其自身范围之中不断地见到了父，这是合法的行为。因此，三位是存在的，但不在同等的尊荣之中。互不混淆是三位的本性。其中有一位比其他两位更为尊荣。父在质上与子不同，因为他没有起初。记住，第一位是始终存在的，而另两位在其未生之前是不存在的。……简言之，上帝是他的子所不可言喻的。因为只有上帝自己知道自己，而这是不可用言语表达的。因此子也不知道有所谓领会可言，因为子本身不能考察那自有的上帝。因为子不知道他自己的本质如何。因为，作为子，他实际上是凭父的旨意而存在。有什么理由能够认为由父而生的子可以通过领会去认识他自己的父呢？很明显，有起初者想理解那无起初者，或把握这种观念，是绝无可能的。⑭

虽然这段语录听起来像是抽象的思考，阿利乌的主张并没有得到亚历山大人民的支持。阿利乌的支持者在街上吟诵，“子曾一时没有。”同时亚历山大主教运用手中一切手段，攻击阿利乌的教义。经过一系列不必在此赘述的事件以后，亚历山大主教召集了一次有近百名埃及主教参加的会议。会议谴责了阿利乌并夺其教职。然而，阿利乌没有认输。他写信给他的“路济安派伙伴们”，取得他们的支持，特别是得到影响最大的尼可米底亚的优西比乌给予的支持。优西比乌不顾亚历山大主教的抗议，在自己的主教区里接纳阿利乌，并为之提供庇护。这样，这场争论便成为可能波及整个教会的一次分裂。

---

⑭ Athanasius, *De syn.* 15 (*NPNF*, 2nd series, 4: 457 ~458).

关于这些事件的消息传到君士坦丁耳中。这位皇帝本来希望基督教能成为“帝国的中坚”,而且他早就感到有必要亲自干预北非教会的多纳 266 徒分裂派(Donatist schism)的问题。此次新的分裂威胁其中涉及到他不能理解的神学问题,这使他感到沮丧。因此,他决定派他的宗教顾问,科尔多瓦的何西乌主教(Bishop Hosius of Cordova)携带一封皇帝书信前往该地要求交战的两派和平解决争端。当何西乌告诉他,此次纠纷原因复杂,不可能仅仅通过和解途径就能解决,君士坦丁便决定召开一次主教会议,它将不仅处理阿利乌的问题,而且还要解决其他几个需要得到一致意见的问题。⑮

会议于公元325年在比廷尼亚(Bythinia)的尼西亚(Nicea)召开。三百多名主教出席了会议。在这些主教看来,这次在皇帝的保护下,全体主教参加的大会,简直是个真正的神迹,因为很多人对往日受到的逼迫仍记忆犹新。⑯

出席会议的主教中,只有少部分人对将要讨论的主要问题持有坚定的看法。一方面,一小群以尼可米底亚的优西比乌为首的“路济安派伙伴们”(因阿利乌不是主教,故不是会议成员),起初似乎认为可以轻易得到多数人的支持。另一方面,以亚历山大里亚的亚历山大为首的另一小部分人,其中当然包括一些倾向于神格唯一论的主教,一心要谴责阿利乌主义。而大多数主教似乎对所面临的问题的重要性缺乏理解,他们对撒伯流主义尚心有余悸,故不愿用激烈的词句谴责次位论。此外,皇帝对帝国统一的关心甚于其对上帝的统一的关心,因而倾向于找到一个能为最大 267
多数人所接受的信纲。

---

⑮ 对这些事件的概述不过是对尼西亚会议的一个引子。更详尽的叙述可以在各种教会历史著作中找到。然而,一个有一定重要意义的论点没有出现在许多教会历史著作中的,但可以在下面文章中见到,见 Henry Chadwick,“Ossius of Cordova and the Presidency of the Council of Antioch, 325”, *JTS*, n. s. 9 (1958), 292 ~ 304

⑯ Eusebius, *Vita Const.* 3.7.

我们不清楚他们讨论的确切经过。显然，尼可米底亚的优西比乌就他的教义和包括阿利乌在内的路济安派伙伴们的教义发表了一项声明。看来他为子的次位论辩解。很明显，许多在场的人都被激怒了，从那时起阿利乌就输定了。⑰ 后来有些人试图用《圣经》里的术语起草一份文件，明确宣称子是非受造者。然而阿利乌派对各段经文都有与这些人的看法对立的其他解释。⑱ 这时皇帝开始干预了，他建议信经中可以收用"同质"（*homoousios*）一词，以说明子的神性。⑲ 皇帝可能是在听取了科尔多瓦的何西乌的建议后，作出这个决定的。⑳ 会议接到皇帝的指令后，便要求几位公认的反阿利乌主义者起草一份信仰宣言，结果形成下列由会议通过的信经：

> 我信独一上帝全能的父，创造有形无形的万物之主。
>
> 我信独一主耶稣基督，上帝的子，为父所独生，即由父的质而生，从神出来的神，从光出来的光，从真神出来的真神，受生的，不是被造的，与父同体（质）的，天上和地上的万物都是借着他受造的。主为要拯救我们世人，降临取着肉身并成为人，为我们被害，第三日复活升天，将来必降临，审判活人死人。
>
> 我信圣灵。
>
> 至于那一般人，说他（基督）曾一时没有，在他降生之先还没有
> 268 他，他自无中而生，或以他具有别种的体质，或以上帝的儿子是被造的，或以他为可改变的，大公教会，宣布他们为可诅咒的。㉑

---

⑰ Theodoret, *HE* 1.8.1, 5.

⑱ Athanasius, *De decret.* 5.19 ~ 20.

⑲ Eusebius, *Ep. ad Caesar.* 4.

⑳ Heinz Kraft, "**Ομοούσιοξ**", *ZschrKgesch*, 66 (1954 ~ 1955), 1 ~ 24.

㉑ John Norman Davidson Kelly, *Early Christian Creeds* (London: Longmans, Green & Co., 1950), pp. 215 ~ 216. 关于《尼西亚信经》的原始资料及各种不同的文本，见 Ignacio Ortiz de Urbina, *El símbolo niceno* (Madrid: Consejo superior de investigaciones científicas, 1947), pp. 8 ~ 22。

关于这份信经由来的传统说法是，它系根据该撒利亚的优西比乌早先在会上宣读的一个信条修订而成的。然而，这种说法与事实出入太大，实际更为可能的是，它是以过去在叙利亚和巴勒斯坦地区的一份信经为基础，插进一些典型的反阿利乌主义的字句而形成的。[22]

无论如何，尼西亚会议通过的这份信经的主要意义就在以下这两句“即由父的质而生和从真神出来的真神，受生的，不是被造的，与父同质的”。我们还应当注意到，“为拯救我们”这句话是这份信经的中心内容。这一句话的前一段强调子的永恒性，下面一段谈到他道成肉身、受难和复活。因此，尼西亚信经清楚地表明，由于附在信经之后的诅咒文，这份信经不可能用阿利乌主义的观点来解释。从这些话中可见，信经的宗旨是不给阿利乌主义以存身之地，此后这种观点必然被视为异端邪说。

但是，出席尼西亚会议的主教们对这份刚由他们通过并将成为普世教会的信经文献会如何解释呢？这是难以了解的。但我们完全可以想象，赞成这个信条的人们将根据各自的神学传统，用不同方法对它加以解释。

首先，对于极少数代表西方教会参加会议的主教（但他们通过科尔多瓦的何西乌表现出的影响却很大）来说，“同质”一词一定是西方自德尔 269
图良时代起一直使用的传统教义“本体统一”的近似译名。显然，这就是西方教会解释尼西亚信条的传统方法。这种解释无论怎样正统，都与当时所争论的问题的历史实在性不相一致，因为当时要解决的主要问题是子的神性，而非父子的统一性问题。

其次，有些东方主教用类似的方法解释“同质”一词，认为它不仅肯定了子的神性，而且肯定了父子的绝对统一——一种没有根本区别的统一性。其中，我们要讲到安提阿的优斯塔提乌（Eustathius of Antioch）和

---

[22] Kelly, *Creeds*, pp. 211 ~ 230.

安居拉的马塞勒斯(Marcellus of Ancyra),两者在尼西亚谴责阿利乌主义过程中都发挥了重要作用。优斯塔提乌及马塞勒斯同属奥利金派思辨神学的反对者。优斯塔提乌更接近于撒摩沙他的保罗的传统,尽管他小心翼翼地避免过分简化自己的神学,以免被指责为保罗异端派,或否认救主的根本神性。但他确实跟随保罗的路线,形成一种与撒伯流及其追随者不同的神格唯一论,一种起源古老,并且可能受到犹太教对基督教教义的批判影响的神格唯一论。虽然人们对优斯塔提乌的三一论教义知道不多,但很明显,他认为"同质"说明了这样一种统一性,即三位一体的三位不能分别存在。[23]

马塞勒斯的教义较为著名。这位安居拉主教认为,上帝是一个,上帝不是以先后相继的三个启示阶段,而是以其活动的三种方式,让人知道他是父、子和圣灵。但是,马塞勒斯不愿意超出三一论的范围去谈论启示的
270 目的,也不愿意论述三个位格中各位的位格或个体的特性问题。[24] 正如我们所预料的那样,这种只坚持上帝的统一性而不强调神的三位一体的观点,终使优斯塔提乌和马塞勒斯被人们怀疑为撒伯流主义者。[25]

第三,少数亚历山大的追随者们抱着要求谴责阿利乌主义的坚定目标参加了此次会议,他们倾向于将"同质"信条解释为对子的永恒性和神性的肯定,这两性问题正是阿利乌与"右翼奥利金主义者"斗争的焦点。他们认为,这个信条虽没有他们期待的那样明确,但它总归明确地否认了任何称子为受造者的企图。

第四,绝大多数主教对撒伯流主义的惧怕,胜过其对阿利乌主义的惧怕。构成会议主体的这批人之所以接受《尼西亚信经》并在其上签名,首

㉓ Robert V. Sellers, *Eustathius of Antioch and His Place in the Early History of Christian Doctrine* (Cambridge: Cambridge University Press, 1928), pp. 88~93.

㉔ Marie-Dominique Chenu, "Marcel d'Ancyre", *DTC*, 9: 1993~1998, 讨论了马塞勒斯理解"同质"(homoousios)的方式。

㉕ 参 Sellers, *Eustathius*, p. 98。

先是因为尼可米底亚的优西比乌的发言对他们造成的震撼，其次是由于皇帝的赫赫威势，第三是因为存在着一种可能性，不将“同质”解释为对上帝绝对的本体统一性的肯定，而仅仅将之解释为对子的神性的肯定。

最后，阿利乌派以不同方法解释这个信经，并对之采取不同的态度。多数人在放逐的威胁下，在信经及其后的诅咒文上签了名，同时又试图找到一种不必违背皇帝的意愿，也不需违背自己良心的方法解释这份文件。另一些人接受了信经，却拒绝在诅咒上签名，同时还有两人绝对拒绝签署信经。根据皇帝的法令，凡未在全部文件上签名者均遭到放逐，阿利乌的书籍也被烧掉了。

对于皇帝本人而言，我们无法猜测他建议采用“同质”一词的用意如
何。看来，他认为这个词可以结束对父和子的实质问题的进一步思考，因 271
而可以结束这场他并不理解，但又威胁着帝国统一的艰苦论战。

总之，我们可以断言，尼西亚信条中有很多模糊之处。信经的主要目的是要肯定子的神性，但它也可被解释为对神的统一性的肯定。由于这一点，再加上《尼西亚信经》对父、子和圣灵的区别只字未提，不久就有人怀疑信经是对撒伯流主义的让步。这为我们解释了一个问题，即尽管尼西亚会议谴责了阿利乌主义，但这个谴责却未能将阿利乌主义赶出教会，这场争论又持续了五十多年，直到教会最后明确谴责阿利乌主义方告结束。

第十二章　尼西亚会议后的阿利乌争辩

272　尼西亚会议虽然谴责了阿利乌主义，但却未能结束争辩。这场争辩在尼西亚会议之后又持续了五十多年。这一方面是由于某些主教对尼西亚信条持怀疑态度，另一方面则是因为帝国政策有时变化之故，这一点在君士坦丁皈依以后即成为每次神学争辩中的重要因素。主教们对尼西亚决议的不满是可以料想的。当尼西亚会议正在举行之时，其主要问题是由尼可米底亚的优西比乌提出来的阿利乌主义，出席会议的主教们感到应当接受一份谴责阿利乌主义而不提及撒伯流主义的信条。但等他们回到各自教会后才发现，那里的阿利乌主义尚未构成威胁，而他们却不断面临撒伯流主义的挑战。于是，主教们开始怀疑会议的决议是否明智了。

此外，许多代表不同利益的人在尼西亚为反对阿利乌主义而站在一起，其中有亚历山大的右翼奥利金主义，安提阿和小亚细亚的一些反奥利金主义的团体，和注重实践、反对思辨的西方教会。这种联盟的形成从其对于阿利乌主义态度看是可以理解的，但它在阿利乌派领袖采取各个击破政策时，就无法保持其统一战线。

273　另一方面，君士坦丁企图以下令放逐阿利乌及其追随者来表明他对尼西亚会议的支持，结果树立了一个不好的先例：此后每当神学争论未能取得一致意见,甚至根本不须进行争论,人们总可以运用政治力量使自己的对手遭到放逐处分。由于君士坦丁的政策具有摇摆性,他时而支持尼西亚派,时而又采取反对它的行动。特别是由于帝国当局的政策在君士坦丁死后缺乏连贯性,4 世纪中(尤其是在东方)出现了许多极其复杂多变的观点和各种同盟。尽管尼西亚会议的捍卫者及反对者都曾经使用政治权力和谄媚奉承的方法,但阿利乌派(特别是尼可米底亚的优西比乌)人士无疑最长于此道。

君士坦丁的教会政策主要在于使教会成为“帝国的中坚”。由于这一点,同时也由于他无法理解敏感的神学争辩所具有的重要性,他很快便对那些以强硬的态度坚持其神学观点者大为恼火,并反对他们且加以制裁。这就是他在尼西亚会议之后放逐阿利乌和所有拒绝签署《尼西亚信经》者的缘由。尼可米底亚的优西比乌也因同样的原因在数月之后遭到放逐。君士坦丁希望通过剪除此类极端观点,加强他认为已由尼西亚会议确立的和平局面。

尼西亚会议的捍卫者在一段时间内(大约五年)保持战胜者的优势地位。三个主要主教教座:罗马、亚历山大、安提阿,都掌握在坚决支持《尼西亚信经》和决定的主教手中,同时,科尔多瓦的何西乌一直是皇帝的顾问之一。但这种局面未能长久维持下去。阿利乌很快便采取了一种表面上似乎是和解的观点,并使得皇帝相信,反阿利乌派是由顽固抗命者组成的。他们还说服了一些较为保守的主教,使他们相信尼西亚信条是对撒伯流主义作出的无理让步。

尼可米底亚的优西比乌被放逐的时间并不长,因为他很快就意识到
自己宣传阿利乌主义最极端的结论,是个战略上的失误。他在同君士坦 274
丁和好以后,又回到这位皇帝避暑之地尼可米底亚担任主教,并着手争取宫廷以至君士坦丁本人的好感。阿利乌也写信给皇帝,声称愿意接受与其他教会人士达成的妥协。君士坦丁有鉴于此,便同意阿利乌从放逐地返回原来的居所,一段时间后,皇帝命令君士坦丁堡的亚历山大恢复阿利

乌的教籍。亚历山大认为这种做法是渎神的行为，当他正在犹豫如何处理之时，阿利乌却已去世，遂解决了这个难题。

尼西亚会议结束后一段时间中，阿利乌派并未攻击这次大会的决定，因为君士坦丁仍然以之为荣。阿利乌派主要是组织力量，攻击支持尼西亚信条的主要人物。

亚历山大的亚历山大主教死于328年，他的主要助手、曾出席尼西亚会议的亚他那修继任主教。亚他那修继承了亚历山大主教的神学路线，不久便以尼西亚信仰的重要捍卫者著称于世。因此，阿利乌派在东方的主要对手是安提阿的幼斯塔提乌、安居拉的马赛勒斯和亚历山大的亚他那修。正是针对这样一些人，尼可米底亚的优西比乌发动了一系列的人身攻击。尽管这些攻击常常以道德或教规的指控为掩饰，但优西比乌的主要目标乃是尼西亚会议的决定。

最初遭遇厄运的是安提阿的幼斯塔提乌。公元330年（即尼西亚会议结束后的第五年），尼可米底亚的优西比乌以通奸、专制、异端派罪名使幼斯塔提乌遭到谴责。在安提阿召开的一次审判幼斯塔提乌的会上，一位怀抱婴儿的妇人称他是这个孩子的父亲。尽管没有进一步的证据支持这位妇人的证词，会议（因为它早已决计谴责这位主教）仍然接受了她的陈述，而未作任何进一步的询问。控告担任安提阿这样重要的教座的主
275 教有专制行为很容易取得佐证，因为他必须经常要阻止各种不同的意见。最后，主要的指控（异端罪名）系以幼斯塔提乌对上帝的统一性的强调为依据，这一点使他被疑为撒伯流主义者。会议因为他肯定父子同质，而未以明确的方式说清父子的区别，判他为撒伯流主义者。这样的指控更容易得到证实，因为他不仅参与了同阿利乌派的神学争辩，而且也同该撒利亚的优西比乌这样的温和右派奥利金主义者有过争辩。幼斯塔提乌在这些争辩中攻击了对方的次位论。结果，他轻易地遭到谴责和放逐。他向皇帝发出的呼吁也没有任何作用，因为尼可米底亚的优西比乌等人还控告他曾以不敬的语言议论皇帝的母亲。幼斯塔提乌因而被放逐到色雷

斯，他在那里写了几篇反对阿利乌的著作后不久就去世了。但他的历史并未就此结束，他在安提阿的追随者们拒绝承认这种谴责，更不接受继任主教的任命。因而造成一次延续多年的分裂，加剧了东方教会的动荡局势。而所谓幼斯塔提乌的“私生子”的母亲在临终前终于承认，她的证词是受这位主教的敌人收买而作的。①

比幼斯塔提乌更令人畏惧的是亚他那修，现任亚历山大主教。这个主教教座的重要地位，它作为一个神学活动中心而拥有的传统威望，以及它与西方教会的紧密联系，都足以使其主教成为一个可怕的敌人。而现在担任该教区主教职务者又使之增加了一个个人因素，即他在任何时候都堪称最伟大的教会人士之一。亚他那修是个孜孜不倦的反阿利乌主义者，他知道应当怎样攻击敌人。此外，他明确地把握了基督教的主要真理，而且具有区别主次问题的过人能力，关于这一点将在下一章中详加论 276
述。由于这些原因，他多年来一直是尼西亚信仰的重要捍卫者，并成为尼可米底亚的优西比乌和阿利乌党人的主要攻击目标。②

早在公元 331 年，亚他那修就不得不在皇帝面前，针对他的敌人炮制的罪名为自己作出辩护。当时，他尚能使君士坦丁相信这些指控皆属莫须有。但是，一贯遵循保持教会内部和平政策的皇帝不想对像亚他那修这样坚强的人物持怀柔态度。因此，数年后在推罗由尼可米底亚的优西比乌领导召开的一次会议以同样的罪名谴责亚他那修，并褫夺其主教职

---

① 关于幼斯塔提乌衰败的故事，有丰富的参考资料，见 Sellers, *Eustathius*, pp. 39～59。关于这一事件的日期，见 R. P. C. Hanson, “The Fate of Eustathius of Antioch”, *ZschrKgesch*, 95 (1984), 171～179。关于他的神学，除了 Sellers 的介绍外，另见 M. Spanneut, “Eustathe d'Antioch exégète”, *SP*, 7 (1966), 549～559。

② 关于亚他那修的生平及其时代的事变，见 Hans Lietzmann, *A History of the Early Church*, Vols. Ⅲ-Ⅳ (London: Lutterworth Press, 1950～1951)。另见 F. L. Cross, *The Study of St. Athanasius* (Oxford: Clarendon, 1945); J. Pelikan, *The Light of the World: A Basic Image in Early Christian Thought* (New York: Harper, 1962)。参 M. Tetz, “Zur Biographie des Athanasius von Alexandrien”, *ZschrKgesch*, 90 (1979), 304～334。有深刻见解的研究著作，见 E. P. Meijering, *Orthodoxy and Platonism in Athanasius: Synthesis or Antithesis?* (Leiden: E. J. Brill, 1968)。

务之时，皇帝根本无意反对会议的决定。相反，他试图寻觅放逐亚他那修的借口，而无须将他原先已宣布为子虚乌有的罪名再次肯定为事实。一项新的指控提供了这个借口，即亚他那修曾图谋阻止将粮食从亚历山大运到罗马。结果，亚他那修离开了主教教廷，开始其一系列放逐生涯的首次旅程。但他坚信，他必须捍卫尼西亚信仰，遂利用放逐之机拜访西方教会，并建立了日后被证明极其有用的联系。

对于另一位采取坚决、积极反阿利乌主义立场的东方主教，安居拉的马塞勒斯，欲加谴责则毫不困难，因为他明确地倾向于神格唯一论。公元336年，即阿利乌去世的那一年，马塞勒斯在君士坦丁堡的一次会议上因"主张撒摩沙他的保罗的教义"而受到谴责和削职处分。皇帝也宣布放逐他。马塞勒斯同样到了西方，后在那里接触了罗马的尤里乌(Julius of
277 Rome)和二次遭到放逐的亚历山大主教亚他那修。然而，亚他那修本人并未因得到一个如此接近神格唯一论的人的支持而感到宽慰。他在一部著作中未加点名地批评了这位安居拉的前主教。③

总之，从330年起，到七年后君士坦丁去世的这段时间中，尼西亚"大会"的捍卫者们屡次败北。皇帝的主要兴趣是政治，而非神学。而且，这一点又与尼可米底亚的优西比乌的政治才能相配合，使阿利乌主义占据上风。再加上某些主要的《尼西亚信经》捍卫者无法证明其观点与撒伯流主义的区别，因而使局势格外复杂。同时，阿利乌派则避免公开攻击君士坦丁召集的尼西亚会议。当时标志着尼西亚派最终失败的是君士坦丁在临终前，接受尼可米底亚的优西比乌为他施行的洗礼，尽管这主要是象征意义的，而非真正的最终失败。

君士坦丁死后由他的三个儿子继位。他们是君士坦丁二世(Constantine Ⅱ)，康士坦斯(Constans)，康士坦提乌(Constantius)。东方帝国由康士坦提乌统治，他的两个兄弟分治西方帝国，康士坦斯得到意大利和伊里

③ *Or. Contra Arianos* 4.

利亚地区,君士坦丁二世则分得高卢和北非。

起初,这种新的政治局势似乎对尼西亚派有利,因为君士坦丁二世得知其父去世的音信后发布的第一批敕令中,有一份命令给亚他那修恢复亚历山大主教职务。其他被放逐者亦获准返回,其中也有安居拉的马赛勒斯。

但不久,人们就看出,继承了东方帝国统治权的康士坦提乌决心做阿利乌主义的保护人,以及阿利乌主义的领袖,现任君士坦丁堡主教,尼可米底亚的优西比乌的保护人。康士坦提乌采取这项政策的动机何在现已无法知晓。但看起来,且不论这项决定中可能有某种神学信念在起作用,他只是想使自己首都的主教地位高于其他主教,特别是高于安提阿和亚历山大的主教。由于从幼斯塔提乌被削职起,安提阿教会已为优西比乌 278
党人所控制,因而现在只需要使亚历山大教会也让他们控制。此外,康士坦提乌不能指望与两个统治西方帝国的兄弟长期相安。在这种情况下,他需要有一个统一于一种教义之下,并在一定程度上听命于他的东方教会。这样,在优西比乌与康士坦提乌之间便形成一种同盟关系,阿利乌派在东方再次占了上风。

在西方,阿利乌主义从未找到扎根的机会,因为那里没有像东方那样对撒伯流主义的畏惧,"一体三位"的信条已成为习惯用语。至少,这个信条的前半部分与尼西亚信条是一致的。但两位西方皇帝之间的关系并非完全融洽,后终导致一场战争,一直持续到公元 340 年君士坦丁二世去世方告结束。西方统治者之间的战争削弱了西方对东方的影响,因此,康士坦提乌得以放手执行其支持阿利乌派和限制尼西亚派的政策。公元 339 年,亚他那修再次遭放逐离开亚历山大,这次他去了罗马。

君士坦丁二世去世后,西方帝国在康士坦斯统治下得到统一,康士坦提乌被迫顺从其兄弟的意见,放宽了自己的政策。尼西亚的捍卫者们因此获得短期的缓和,亚他那修也获准于 346 年回到亚历山大。然而,康士坦提乌并未放弃支持阿利乌派的政策,而只是在康士坦斯和西方的影响下使之略为温和一些罢了。

在这段政治局势动荡不定的时间里，阿利乌派不仅通过攻击尼西亚信条的捍卫者们来削弱尼西亚会议的影响，而且写出一系列有希望取代《尼西亚信经》的其他信经。因此，在 345 年一次安提阿会议（所谓“奉献会议”，Council of the Dedication）上提出了四个不同的信经。

看来，阿利乌派的势力正在与日俱增。350 年康士坦斯死后，康士坦
279 提乌成为整个罗马帝国的绝对君主。这时，有三位不仅以保守的反撒伯流派观点，而且以坚定的阿利乌派观点反对尼西亚会议的主教，乌尔撒西乌（Ursacius），瓦伦斯（Valens），和格尔密尼乌（Germinius），担任了皇帝的贴身顾问。五年后，这些阿利乌派顾问将一份明确宣称子低于父的信条推荐给皇帝。这份信经为后人称做“渎神信条”（the Blasphemy of Sirmium）。以下为这份信条的部分内容：

> 既然有些人，或许多人，对质的问题，即希腊文所谓**οὐσία**，感到困惑不解，无法比较准确地理解何以谓之“同质”（**ὁμοούσιον**），何以谓之“类质”（**ὁμοιούσιον**），那就完全不该使用这些概念。更不应该对它们加以任何探讨，因为《圣经》中未有提及它们，它们已超越了人的理解能力，任何人都不能宣告子的降生，经上写道，“谁来宣告他的降生？”显然只有父知道他怎样生子，子知道父怎样生他。无疑，父更伟大。没有人能怀疑，父在尊荣、职份、光彩、尊严以及在为父的名分上大于子，子自己就证明“那差我来的比我更大”。没有人会忽略这条公教教义：父子为两位，父更伟大，子与万物一同从属于父，父使万物从属于子，父无起初，且无形、不死、不灭，子则为父所生，是上帝的上帝，光的光，除父而外，无人知晓子的出生。④

---

④ Hilary, *De syn.* 11（*NPNF*, 2nd series, 9: 6 ~ 7）. 参 Athanasius, *De syn.* 28（*NPNF*, 2nd series, 4: 466）。

当然，禁止一切关于“质”（*ousia*）或“体”（*substantia*）的讨论，就等于谴责了尼西亚会议。这表明，阿利乌派开始认为自己的力量已强大到足以发动正面进攻了。皇帝支持这份信条，他甚至不仅试图在“同质”信经 280 从未普遍流行的东方教会中，而且试图在已将“其质统一”说作为传统教义的西方教会中，强制执行这个信条。他所使用的方法极其粗暴，以至于年事已高的科尔多瓦的何西乌，⑤及教皇利伯里乌（Liberius）也屈从了皇帝的命令，⑥在这份“渎神信条”上签署了名字。

当时，阿利乌派认为他们已大获全胜，然而，这正是他们犯下的致命错误。虽然《尼西亚信经》从未得到普及，但阿利乌主义亦同样如此。早先的尼可米底亚的优西比乌，以及后来的乌尔撒西乌、瓦伦斯之所以能轻而易举地反对尼西亚会议，其主要原因应归于多数东方主教对撒伯流主义的畏惧，而不是他们具有真正的阿利乌派思想，亚他那修所谓的“阿利乌派”中多数不是真正的阿利乌主义者，他们一旦知道把基督说成受造者

⑤ 有各种尝试想要澄清对何西乌的这一指控：H. Yaven, *Osio, obispo de Córdoba*（Barcelona: Editorial Labor, 1945）; Ramón Serratosa, “Algo más sobre Osio de Córdoba”, *Est*, 13（1957）, 65 ~ 84; Ursicino Domínguez Del Val, “*Osio de Córdoba*”, *RET*, 18（1958）, 141 ~ 165, 261 ~ 281; Bernardino Llorca, “El problema de la caída de Osio de Córdoba”, *EstEcl*, 33（1959）, 39 ~ 56。但是似乎很清楚，他确实接受了 Sirmium 的信条，尽管有可能是在极端强迫的情况下。关于这一主题的最好的英文著作，见 V. C. De Clerq, *Ossius of Cordova: A Contribution to the History of the Constantinian Period*（Washington: Catholic University of America Press, 1954）。进一步的参考资料，见 Ursicino Domínguez Del Val, “La bibliografía de los últimos tiempos sobre Osio de Córdoba”, *CD*, 171（1958）, 485 ~ 489; G. S. M. Walker, “Ossius of Cordova and the Nicene Faith”, *SP*, 9（1966）, 316 ~ 320。

⑥ 在利伯里乌事件中，也有人试图否认他签署了 Sirmium 信条。这一观点，见 F. S. Blanes, *La cuestión de Osio, obispo de Córdoba, y de Liberio, obispo de Roma*（Madrid; Espasa Calpe, 1928）。除此之外，见 Monald Goemans, “L'exil du pape Libère”, *Mélanges offerts à Mademoiselle Christine Mohrmann*（Utrecht: Spectrum, 1963）, pp. 184 ~ 189。另见，J. Herrmann, “Ein Streitgespräch mit verfahrenschlechtichen Argumenten zwischen Kaiser Konstantius und Bischof Liberius”, in *Festschrift für Hans Liermann*（Erlangen: Universitätsbund, 1964）, pp. 77 ~ 86。

会对教会传统教义构成真正的威胁后，就会起来反对阿利乌主义。因此，随着阿利乌主义在康斯坦斯死后在政治上日益得势，反尼西亚派人士中的各种观点也日趋明朗。到4世纪中期，在“同质”信条的反对者中至少可以区分出三种潮流，分别可称为“不像派”（*anomoean*）、“相似派”（*homoean*）和“类质派”（*homoiousian*）。

281 不像派（得名于希腊文**ἀνόμοιος**，意为不像）是极端的阿利乌派，他们肯定子“在任何方面都不像父”。子与父不是同质（*homoousios*），也不是类质（*homoiou - sios*），而属于不同的质。子并非由于他的质而被称为上帝的，而是因为他享有上帝的权能或参与了上帝的活动。[7] 在严格意义上讲，唯有父堪称上帝，因为上帝在本质上应为非生成的（*agennetos*），且无起初（*agenetos*），而子则在父里面有其起初。子是“非生成者所生”，“非受造者所造”，“非受制者所制”。[8] 持这种极端理性主义[9]观点的代表人物有艾提乌（Aetius）[10]和幼诺密乌（Eunomius）[11]。

相似派（得名于希腊文**ὅμοιος**，意为相似）又以“政治阿利乌派”著称。他们认为，父子之间的关系为相似关系。但他们从未对这种关系的含义加以明确规定。如同两个相似但又不同的事物那样，这种观点在不同情况下可以作出不同的理解。然而，该派的领袖，如乌尔撒西乌和瓦伦斯这样的人物，是坚定的阿利乌派人士。只要形势允许，他们总是毫不犹豫地

---

⑦ “不像派”（*anomoeans*）在这一点上发展了原始的阿利乌教义。参 X. Le Bachelet, “Anoméens”, *DTC*, 1: 1324 ~ 1325; John Norman Davidson Kelly, Early *Christian Doctrine* (London: A. & C. Black, 1960), p. 249。

⑧ Eunomius, *Apol.* 28 (*PG*, 30: 868).

⑨ Gregory of Nyssa 指责他们根据亚里士多德的范畴来构想上帝。*Contr. Eunom.* 1.12.

⑩ 见 Epiphanius, *Pan.* 76 中所列举的艾提乌（Aetius）的47个论点。

⑪ 他的 *Apologia* 可以在 *PG*, 30: 835 ~ 868 中找到。因为他的影响，不像派（*Anomoeans*）有时也被称为“幼诺密乌派（Eunomians）。”

支持不像派,[12]他们竭力想回避"同质"的问题,因为这个问题将迫使他们对父子间相似性的特征加以规定。或许这就是前面所讲到的乌尔撒西乌和瓦伦斯劝说康斯坦丁下令禁止讨论父子同质或类质的问题,以及该派有意回避这种讨论的原因所在。[13]

类质派(得名于希腊文**ὁμοιούσιος**,意为本体相像),有时被误作"半 282 阿利乌主义"。[14] 他们继承了前人对《尼西亚信经》的疑虑,不是由于信经对阿利乌主义的谴责,而是担心它为撒伯流主义敞开大门。该派在"渎神信条"问世后出现了一批较为温和的神学家。这批人感到有必要在反对撒伯流主义的同时,也要反对阿利乌主义。"渎神信条"断言子在本体上与父不同,父子关系不能用"同质",甚至也不能用"类质"来说明。这是"类质"一词首次出现在现存的文献之中,但文献对之加以攻击的事实却说明,某些神学家早已开始采用该词,以避免与撒伯流主义和阿利乌主义混为一谈。不管怎么讲,"渎神信条"问世以后,就出现了一个在安居拉的巴西勒(Basil of Ancyra)领导下的通常称做类质派的团体。类质派中除巴西勒外,我们还应当提及耶路撒冷的西里尔(Cyril of Jerusalem)和安提阿的梅勒提乌(Meletius of Antioch)。他们既反对阿利乌派,也反对尼西亚派。但后来他们逐渐清楚了,至少从本意上,他们与捍卫同质说的人们在观点上是一致的。

作为定义明确的类质派团体形成于公元 358 年。那时,由巴西勒在安居拉主持的一次会议提出了第一份类质派的信条。[15] 从这份信条中可看出占多数派地位的保守分子对"渎神信条"的反对态度。它肯定了父

---

⑫ 尽管,有时他们也乐于谴责更为极端形式的阿利乌主义。参 Athanasius, *Apol. Contra Arian.* 58。

⑬ 可以在"Macrostich confession"或"long-lined confession"里见到,引自 Athanasius, *De syn.* 26 与 359 年和 360 年的信经。见 Theodoret, *HE* 2.21; Athanasius, *De syn.* 30。

⑭ Epiphanius, *Pan.* 73.

⑮ Quoted by Epiphanius, *Pan.* 73.3, 11. 见 J. Gummerus, *Die homöusianische Partei bis zum Tode des Konstantinus* (Leipzig: A. Deichert, 1900).

子本体类似的范畴。这种类似就在于,在论及创世主与受造物的区别时,既要承认子明显地在父之后,但又不同于受造物。然而,这并非主张子与
283 父的完全同一,因为他们的“质”(*ousiai*)并非一个,而是两个。类质派得到了康士坦提乌的首肯而获得一次大胜,康士坦提乌可能是想寻找一条中间道路,以便在一定程度上统一处在分裂状况下的帝国。[16]

这场争论中缺乏明白无误的术语,因此,构成了企图明确父子关系的4世纪教会所面临的困难之一。西方教会已经形成一套较为固定的术语。它以“本体”说明父子共同的神性,而以“位格”说明父、子、圣灵的个性。另一方面东方教会中则没有这样明确、固定的术语。在东方神学家看来,*ousia*(本体)和 *hypostasis*(实体)只是同义词,《尼西亚信经》之后附加的诅咒文就是这样使用这些术语的,而且,拉丁文 *persona*(位格)也无法译成贴切的希腊文术语,因为希腊文中的 *prosopon*(位格、面目、面具)也可用撒伯流主义的观点加以解释。因此,当尼西亚派大谈独一 *ousia*(本体)时,多数东方主教认为这只是撒伯流主义的老调重弹。而当较为保守的主教们(这次系类质派人士)言及 *ousiai*(本体)的二重性时,尼西亚派则认为它只是种新型的阿利乌主义。

康士坦提乌死后,叛教者尤里安(Julian the Apostate)继任皇帝。尤里安本人是个异教徒,且对神学争论不感兴趣。这便去掉了神学争论中的政治影响,各神学派别为了获胜就不得不主要依靠神学手段。而当时的情形却正如前一段落中所叙述的那样。

就在这个关键时刻,亚他那修采取了一个决定性的步骤,[17]从而导致尼西亚信仰获得最终胜利:公元 362 年在亚历山大召开的一次会议宣布,用词方面的差异并不重要,只要其含义同一即可。因此,“三个 *hypostases*(实体)”及与之对立的“一个 *hypostasis*”都可以得到承认,只要前者不被

[16] Sozomen, *HE* 4.13.

[17] 然而,这一步骤他从 359 年就已经开始铺垫。参 *De syn.* 41.67,76。

解释为三神论的依据，后者不被视为一种撒伯流主义即行。[18] 有了这样 284
一个决定，尼西亚派便为与持保守观点的多数派结成同盟敞开了大门。现在剩下的只是个明确各种术语含义的过程，用以达到一个可以得到普遍承认的信条，及必然接踵而来的对阿利乌主义的明确谴责。

公元362年的亚历山大会议的重要性不止于它的和解精神，而且表现在它关于圣灵的观点上。阿利乌主义在反对道之绝对神性的同时，对圣灵也得出了相同的结论。然而，出席尼西亚会议的主教们把他们的注意力全部集中到这场争论中的关键之点：道的神性问题之上，而对圣灵的问题未加重视，仅保留了“并且在圣灵里面”一句短语。故尼西亚会议并没有讨论完整的三一论问题。而在尼西亚会议到362年亚历山大会议之间的年代中，有些主教在试图弄清所要讨论的问题的过程中，以较多精力论述了圣灵及其神性的问题。进一步讲，围绕子的神性问题开展的长期争辩，促使大多数神学家感到有必要以某种方式肯定子的神性；而论到圣灵时，情况则有所不同，因为过去从未就这个问题进行充分的讨论。因此，某些神学家，如塞巴斯特的幼斯塔提乌（Eustathius of Sebaste）和尼可米底亚的马拉松（Marathon of Nicomedia）等人，[19]愿意肯定子与父同质，却不愿承认圣灵与父子同质。[20] 与这种观点相反，362年的会议虽在用词问题上持灵活态度，却从所谓“马其顿派”（Macedonians）和“反圣灵派”（Pneumatomachians）神学思想中看出一个绝对不能接受的谬误。结果，
会议谴责了阿利乌主义和与之相似的将圣灵视为受造者的观点。[21] 这次 285

---

⑱ *Tom. ad Ant.* 5,6.

⑲ 尽管这一团体后来被按照 Macedonius of Constantinople 这一称呼而被叫做“Macedonian”，但是没有证据显示他实际上坚持这一教义。

⑳ 在埃及，一个被亚他那修称为 Tropicists 的团体明确地坚持圣灵与圣父是“不同质”。Athanasius, *Ep. ad Serap.* 1.2.

㉑ *Tom. ad Ant.* 3 (*NPNF*, 2nd series, 4: 484)：“诅咒阿利乌派异端，承认尼西亚圣教父的信仰，也诅咒那些认为圣灵是受造物并与基督的本质相异的人。因为这的确是要完全地抛弃可憎的阿利乌异端，拒绝分离圣三位一体，或者把三位一体中任一部分当做受造物。”

会议以此为三一论教义的最终确立铺平了道路，因为它既为严格的尼西亚派与保守的类质派结盟做了准备工作，也扩大了讨论范围，以至于将圣灵的问题也包括进来。

从那时起，阿利乌派就开始走向溃败的道路。尽管尤里安不久以后再次放逐亚他那修，瓦伦斯也放逐过亚他那修，但这两次短期的放逐已阻挡不住尼西亚派的迅速胜利。363 年在安提阿召开的一次会议宣布支持《尼西亚信经》，将 *homoousios*（同质）一词解释为子在本质上像父，并称其唯一目的就是要谴责阿利乌异端派，因为它使子成为受造者。参加这次会议的主教们在致皇帝约维安（Jovian）的一封信中指出：

> 我们为了不至于和真理教义的掺假者为伍，谨在此向虔敬的陛下您奏明，我们拥护并坚决主张此前在尼西亚举行的神圣会议上所通过的信仰。特别是由于被某些人认为是标新立异和不恰当的同质（*homoousios*）一词已经得到教父们明智的解释，用以说明子由父之本质所生，且在本质上与父相像。断然不可从这种不可言喻的生成过程中领会任何情欲的成分。教父们亦未从一般的希腊文意义上采用了本质（*ousia*），即“本体”一词。采用它的目的，是要推翻阿利乌胆敢以不虔诚的语气断言基督之为何者的观点，即基督是用“不存在的”事物造成的。[22]

这样，我们在安提阿也见到了同质派与类质派之间和解的精神，这种
286 精神在一年以前即已出现在亚历山大了。从公元 362 年到公元 382 年之间一系列的会议和主教决议都同样体现了这种精神。

尤为甚者，尤里安短期的统治（361 – 363）是帝国关于这次争辩所取政策的一个转折点。尤里安之前支持过阿利乌主义的几位皇帝（一定意

---

[22] Socrates, *HE* 3.25 (*NPNF*, 2nd series, 2: 95). 参 Sozomen, *HE* 6.4。

义上也包括君士坦丁大帝，他的儿子，相当明显地支持阿利乌派的康斯坦提乌）都是很强大的皇帝；而支持尼西亚派的几位皇帝却只统治着西部帝国，远离争辩的中心，并显然不如其对立面有力。而在尤里安短暂的异教反动时期过后即位的几位皇帝或是亲尼西亚派的，或至少是不支持阿利乌主义的。唯一例外者是瓦伦斯提安二世（Valentinian Ⅱ）。他经其母后尤斯蒂娜（Justina）劝说，在阿利乌派已经失败的情况下仍给它以支持。但处于另一极端地位的有狄奥多西（Theodosius）。他无疑是 4 世纪下半叶最有权势的皇帝。他支持尼西亚派，并召集了标志着阿利乌主义最终受到谴责的君士坦丁堡会议。

在神学领域中，同质派与类质派的同盟，即严格的尼西亚与保守的多数派的同盟，愈加紧密而强大。公元 362 年的会议只是为形成和加强此种同盟而采取的一系列步骤的起点。其中最重要的是亚他那修与类质派领袖巴西勒的相互通信。因此，亚他那修在其晚年已见到最终解决这场争辩的开端。

然而，只有另一代人才能提出一个可以使多数主教和神学家取得协议的信条。在这个新一代的新尼西亚派中，以“迦帕多西亚三杰”（Three Great Cappadocians）为其主要代表人物：该撒利亚的巴西勒（Basil of Caesarea）、尼撒的格列高利（Gregory of Nyssa）和纳西盎撒的格利高利（Gregory of Nazianzus）。这三位神学家地位之重要，致使我们不得不以一个单独章节专门论述（第十四章）。但在这里，我们可以概述一下他们对尼西亚派最终获胜所作的贡献。

公元 362 年的亚历山大会议已经指出了论及父子和圣灵关系的术语
中存在的混乱现象。但它只能对这样的术语问题提供积极的解决办法。287
会议清楚地看出 *hypostasis*（实体）一词词义模糊，说“一个 *hypostasis*”和说“三个 *hypostases*”都不错，因为同一个术语在两个短语中具有不同的意义。但会议只是肯定从某种意义讲上帝里面只有一个 *hypostasis*，而从另一种意义讲，上帝里面有三个 *hypostases*，除此而外，别无良方。

迦帕多西亚三杰以对上帝里面的统一和差异作出更为明确的定义，及寻求一种能够表述在这个问题上的两个极端的术语，作为自己肩负的责任。他们的解决方法以 *ousia* 和 *hypostasis* 两个术语间的区别为其基础。在哲学著作中，甚至在尼西亚会议决议之中，这两个术语都被当做同义词，而且二者通常都被译成拉丁文的 *substantia*。但它们的意义都不明确，因为它们既表述某一事物之个性，也表述同一类事物所共有的本质。[23] 迦帕多西亚三杰在这两个术语中作出区别，保留用 *hypostasis* 说明某一事物个性和用 *ousia* 说明某一事物所共有的本质的做法，继而肯定上帝里面有三个 *hypostases*，而只有一个本质，换言之，在一个神性之中有三个个性。[24]

这个信条在西方人看来相当糊涂。西方人习惯于用德尔图良的方法解释这个问题，即：一个本体（substance）、三个位格（persons）。西方神学家认为，承认神有三个 *hypostases* 似乎意味着神有三个本体，因此就有三个神。但迦帕多西亚三杰所作的努力，包括其信条中所谓的 *ousia* 统一，终为西方教会所接受。

哈纳克和其他一些基督教教义史学家们指责迦帕多西亚三杰歪曲了
288 尼西亚教义。[25] 他们认为，这三位神学家没有肯定主张上帝统一性的尼西亚教义，而肯定了神有一共同本性，三个实体的说法。这种批评至少有两点必须予以纠正。首先它设定，出席尼西亚会议的主教们最关心的问题就是要肯定上帝的统一性。但对这次会议作出这样的解释是错误的。虽然一些出席尼西亚会议的主教确实将同质说视为对神的统一性的肯定，但大多却以它作为对子的神性的肯定，足以驳斥阿利乌及其“路济安伙伴派”（fellow Lucianists）的教义。其次，批评迦帕多西亚三杰三一论的

---

[23] 例如，Basil, *Ep*. 236.6。

[24] 他们对这一信条解释的一些具体例子将在第十四章那里看到，这一章是专门讨论迦帕多西亚三杰的。

[25] Harnack, *HD*, 4: 84～88.

人们的错误在于他们忘了这一点,以柏拉图主义为其思想前提的迦帕多西亚三杰完全承认,许多个体所共有的共同本质比各个个体的特殊个性更为真实。因此,将“三个 *hypostases*、一个 *ousia*”信条解释成一种三神论和对尼西亚信仰的背叛是错误的。

皇帝狄奥多西(Emperor Theodosius)于381年在君士坦丁堡召集一次大会(此次会议后称“第二次大公会议”)之时,[26]便是迦帕多西亚三杰的信条获胜之日。尽管此次会议没有西方主教出席,但东方各地却有大量代表到会,过后不久,西方教会也接受了会议在教义方面的决定。聚集在君士坦丁堡的主教们未形成新的信经,而只是重新肯定了《尼西亚信经》。[27] 他们还谴责了阿利乌主义,不仅谴责了最初的阿利乌主义,而且谴责了它的新分枝:不像派(*anomoean*)、相似派(*homoean*)、反圣灵派(*pneumatomachian*)和阿波利拿流主义(Apollinarianism)。[28]

由于君士坦丁堡所采取的行动,阿利乌主义不再构成神学讨论中的 289
重要因素。然而,这还不是此种教义的终结,因为它早已广泛地传入蛮族之中,[29]在后来的数个世纪中,当蛮族人入侵西部帝国时,他们也带来了阿利乌派信仰。北非的汪达尔人(Vandals),西班牙的维西哥特人(Visigoths),以及意大利的伦巴德人(Lombards),先后建立了阿利乌派的王国。在入侵西部帝国的各民族中,唯一未皈向阿利乌主义,而皈向了正统基督教的是法兰克人(Franks)。结果,从前一直未真正受到阿利乌主义挑战

㉖ 见 P. K. Chrestou,“The Ecumenical Character of the First Synod of Constantinople, 381”, *GrOrthThR*, 27 (1982), 359 ~ 374。

㉗ 有大量讨论关于君士坦丁堡信经及其与尼西亚信经和381年公会议关系的文章。如果公会议确实公布了君士坦丁堡信经,那么它可能既不是创作了信经,也不是把它作为尼西亚信条的替代信经提出来的。

㉘ 关于基督论的教义将在第十六章中讨论。

㉙ H. E. Griesecke, *Die Ostgermanen und der Arianismus* (Leipzig: B. G. Teubner, 1939).

的西方教会，[30]现在不得不面临艰苦的奋斗。然而，在这场交锋中，神学并未发挥主要作用。多数情况下，总是强者将自己的信仰硬加给弱者，文明程度较高的民族征服了其征服者。先是信奉阿利乌教义的蛮族人迫害其占领地上的正统基督教徒。但不久，他们便力求吸收被征服者的文化成果，同时也吸收了被征服者的尼西亚信仰，结果，一个又一个阿利乌派王国变成信奉正统派教义的王国。在这个过程中发挥了作用的另一个因素则是法兰克人势力的增强，因为信奉阿利乌主义的邻国被迫追随这个迅速强大的帝国所奉行的信仰。

阿利乌派失败的原因既在于其对手在才智上占据了上风，也在于西方教会在旷日持久的争辩中始终支持尼西亚派；更在于阿利乌派内部不断在一些细小的问题上产生分化，而其对手却趋于统一并形成越来越广泛的同盟。但是，我们从阿利乌主义本质之内也可看到必然失败的一个主要原因。阿利乌主义可被视为将一种崇拜引入基督教的一种尝试，这种崇拜的对象不是具有绝对性质的上帝本身，而只是在相对意义上神的
290 存在。但是，基督教徒的普遍意识强烈地反对这种对救世主的神性作出的有限理解。每当阿利乌派以极端形式表达其教义时，出现的情况都清楚地证明了这一点。尼西亚信仰虽在理性上不如阿利乌派那样严格，而且它还用了半个多世纪时间来澄清其确切含义，但它能够以更明确干脆的方式确证基督教之基本教义，“上帝在基督里面使世界与他自己和好”。

---

[30] Gustave Bardy，“L'Occident et les documents de la controverse arienne”，*RevScRel*，20（1940），28～63，探索了关于阿利乌派争论的文献是如何进入西方的。

第十三章　亚他那修的神学

当代最杰出的一位教父学者在讲到亚他那修(Athanasius)时说:“4 291
世纪的信条史与亚他那修的生平经历完全同一。”①事实上,亚他那修的生平与事工与4世纪神学讨论的发展关系十分密切,以至于不讲到亚他那修,就无法论述这段时间中的神学发展。他已经成为尼西亚信仰的代表,他的多次放逐与返回成为指示各个时期中教义及政治风向的风向标。这就是前一章在论述尼西亚会议之后阿利乌争辩的同时,也概述了亚他那修生平传记的缘故。我们不必再赘述这段历史。我们有足够的理由可以说明,亚他那修无疑为担任古代亚历山大教座的最杰出的主教,同样也是他那个时代中最伟大的神学家。本章的目的并非重复前面已经记叙了的关于这位著名教会人士的生平材料,而只想说明这位神学大师最关心的、并使他卷入与阿利乌派艰苦斗争的问题所在,且概述其神学思想中的一些主要内容。

亚他那修是个牧师,而不是个系统的或思辨的思想家。这并不意味
着他的思想没有规则,或缺乏系统性,而是说明他的事工和神学是针对各 292

① Johannes Quasten, *Patrology* (Utrecht: Spectrum Publishers, 1960), 3: 66.

个时期的需要而形成的,而不是以构造某种思想体系为基础。因此,若想找出他的任何一部著作以展示其神学全貌,注定是徒劳的。他的著作涉及教会牧养、神学争论、经典诠释等问题,其中甚至还有一部自传性的著作;但他的任何著作都不是在追求精神享受或满足某种好奇心的驱使下写成的。他最早的一部著作现常作为两篇论文发行:《反异教论》(*Against the Heathen*)及《论道成肉身》(*On the Incarnation*)。这两篇文章可能写成于阿利乌争辩开始之前;②其中(尤其在第二篇文章之中)已能见到后来成为他与阿利乌派争论之起点的几条神学原则。在他论述神学问题的其他一些著作中,还应当提及《反阿利乌派的言论》(*Discourses against the Arians*)、《驳阿利乌派的道成肉身观》(*On the Incarnation against the Arians*)、《驳阿利乌派的护教文》(*Apology against the Arians*)、《阿利乌派历史》(*History of the Arians*),和《致撒拉庇翁的四封书信》(*Four Epistles to Serapion*)。另一方面,他撰写的《圣安东尼传》(*Life of Saint Anthony*)虽与教义问题基本无关,③但对修道主义运动的发展和普及产生了极大的影响,因为这部著作使得安东尼的苦修事迹得到了广泛的流传。

亚他那修神学对宗教问题的关注,甚于其对本质上纯属思辨问题的关注。很明显,这种旨趣上的差异使亚他那修离开了奥利金学派,而在他之前,担任亚历山大主教的人们多属这个学派。然而,亚他那修的三位一体教义,可能他自己尚未意识到这一点,却受到当时在亚历山大教会团体

---

② E. Schwartz,"Der sogenannte *Sermo maior de fide* des Athanasius",*SBAW*, 41 (1925), 44 ~ 46,将此著作的时间推后(公元 335 ~ 337 年),但是他的这一论点没有得到普遍的接受。在两个现存的校订本中,较长的一个似乎是原作。较短的校订本很可能也是亚他那修的,但或许是另一部的修订本。参 C. Kannengiesser,"Les différentes recensions du traité ' De incarnatione Verbi' de S. Athanase",*SP*, 7 (1966), 221 ~ 229。

③ Gregg and Groh, *Early Arianism*, pp. 131 ~ 159, 书中作者认为,亚他那修写作《圣安东尼传》(*Life of Saint Anthony*)是为了要给尼西亚事业提供这个杰出人物的支持。我发现,他们重新解释早期阿利乌主义的总体情况是很有启发性的,但是他们对于《圣安东尼传》的特定问题所作的论证,却并不具有同等的说服力。

中盛行的那种左翼奥利金主义的影响。

亚他那修神学的内容经常与奥利金的神学十分接近，但他所采用的 293
方法则与那位古代亚历山大的神学家截然不同，因为他的旨趣主要表现在实践和宗教方面，而非思辨或学术方面。这并非说他只讨论实际问题，而将教义问题置之不理，而是说他总是力图从各个教义问题中寻求其宗教意义。

这种宗教意义只能从各个教义中所包含的那些构成基督教核心信仰的基本原则中去寻觅。一种教义之为真理或谬误，只能以其表现基督教宗教原则的程度及方式作为判断的依据。亚他那修认为，这种原则基本上有两条：一神论和基督教的救恩教义。

甚至早在阿利乌争辩兴起之前，亚他那修就考虑到了上帝的本性及人如何认识上帝的问题。这一点可见于他的早期论著：《反异教论》和《论道成肉身》。

在《反异教论》中，亚他那修以类似于古代护教者的方式驳斥了异教的多神论，随后就讨论了人认识上帝的方式。这种方式基本上分为两个方面：心灵和自然。

人可以通过心灵认识上帝，因为“上帝虽在一切之上，但通向上帝的道路却并不遥远，甚至不在我们之外，而就在我们之中，我们自己就能找到这条道路”。④每个人都站在这条心灵的道路上，但一些人却拒绝沿着它前进。我们可以从研究心灵中推论上帝本性的一些内容。心灵无形而不死，这一点使心灵高于一切有形会死的事物。⑤ 因此，异教徒崇拜的偶像因是有形、会灭之物，而绝对非神，甚至比造成它们的人还要低级。⑥真正的上帝像心灵一般，是无形、永恒的。心灵凭借其本质，可以得见上

---

④ *Contra gentes* 30.1.

⑤ *Contra gentes* 33.4.

⑥ *Contra gentes* 34.2.

294 帝，但罪恶却使之失却了这种能力。心灵是根据神的形象造成，它被设计成一面镜子，上帝之道所构成的形象可在它里面放射光芒。然而，罪恶却使这面镜子晦暗不清，因而不预先给它清洗一番就无法在它里面见到上帝之道。[7] 这种观点来自柏拉图主义，自奥利金起即成为亚历山大神学传统的部分内容。

另一方面，人还可以从上帝创世中认识上帝。创世“像是书写的文字，以其秩序与和谐，大声宣称其主和创造者。”[8]上帝为了让人认识自己而创造了世界，由于上帝在本质上是无形的、不可理解的，因此，他在我们周围设立宇宙，让我们可通过其事工来认识上帝。[9] 人可以从对这个宇宙的观察之中，推论出上帝的存在。[10]

宇宙的秩序井然不仅说明了上帝的存在，而且说明上帝只有一个。如果上帝不止一个，那么，宇宙中到处可见的统一的目的性便成为不可思议之物。“多个君王统治等于没有君王统治。”[11]在宇宙的秩序之中，对立的事物处于平衡状态，且分布得如此美妙，说明它们必定来自唯一的渊源。这个渊源便是基督教的上帝。[12] 与此相反，异教的神祇表现出其软弱无能，因为他们要由几个神一道来创造和统治一个世界。[13]

最后，自然中蕴藏的秩序和理性说明，上帝凭借其理性，智慧或道创造并统治了这个世界。[14] 不应将这个道理解成斯多葛派所谓的逻格斯，那是种非位格的原则，其本身不过是自然秩序而已。统治着这个世界的上帝之道，是充满生命力的上帝逻格斯。也就是说，道即上帝自身。这个

---

⑦ *Contra gentes* 34.3.

⑧ *Contra gentes* 34.4 (*NPNF*, 2nd series, 4: 22).

⑨ *Contra gentes* 35.1.

⑩ *Contra gentes* 35.4 ~36.1.

⑪ *Contra gentes* 38.3 (*NPNF*, 2nd series, 4: 24).

⑫ *Contra gentes* 38.4.

⑬ *Contra gentes* 39.2.

⑭ *Contra gentes* 40.2 ~3.

逻格斯或道，不是种单纯的声音，就像人所说的话那样，而是父的永不更改的形象。他是独一和唯一受生的上帝。这个道参与了创造万物，因为 295
万物皆从无中造成，如果不是道始终保持着它们的存在，它们就会复归于无。因此，道是宇宙秩序的最大支撑者和渊源。他管理并统治了构成世界的相互对立的原则：冷和热，空气和水，等等。因此，它们和谐共处，而不消灭对方。

> 但我所谓的道，不是指一切受造物中包含并固有的，通常为某些人称做孕育万物的原则。这种原则没有灵魂和理性，或思想的能力，而只能通过外在的技艺，根据施展这种技艺者的熟练程度进行工作；也不是指属于理性存在者，由音节构成并以空气为其表达的工具。我所谓的道，是指至善的上帝，宇宙的上帝发出的活生生的、大能的道；自身即为上帝的道；这个与一切受造之物及一切创造皆不相同的道，是至善的父之唯一自有永有的道；他凭借自己的恩典治理并照亮了这个宇宙。因为他是至善之父的至善之道，所以，他造成了万物的秩序，使一切对立的事物结合成一个和谐的秩序。他是上帝的权能和上帝的智慧，他凭借着自己的意愿使天空旋转，让大地悬空并保持平衡。由于他的光亮，太阳才照耀着大地，月亮定期放光。由于他的理性，水被置于云中，雨露滋润大地，海水不乱泛滥，地上长出青草，并被各种植物所覆盖。⑮

这段话表明，亚他那修可能早在卷入阿利乌争辩之前，就形成了一种不仅不同于阿利乌派，而且不同于许多前辈神学家所持的道的教义。在亚他那修之前，许多神学家倾向于以绝对的上帝与一次位神祇的对照为
基础，在父和道之间划分界限，如克莱门特曾认为，父永远不变并不可认 296

⑮ *Contra gentes* 40.4～5(*NPNF*, 2nd series, 4: 25～26).

识，而人的肉眼却可从子所反射出来的光认识他。正如亚他那修在同阿利乌派争辩的过程中指出的那样，这种观点终将使道成为从属性的神，因而与基督教的一神论绝对不能相容。另一方面，我们将在后面讲到，亚他那修深信，救主必是上帝。因此，除去在最严格的意义上承认道即是上帝外，丝毫没有变通余地。这种观点将在阿利乌争辩过程中逐步明确，但在现存亚他那修最早写成的著作中已可见其端倪。

《反异教论》说明亚他那修如何以基督教一神论为主要柱梁之一，构造出他的神学大厦，而那部著作的第二部分，通常称为《论道成肉身》，却说明了亚他那修神学赖以确立的另一根柱梁：救恩教义。

亚他那修认为，人所需要的拯救是个伴随着创世活动的持续过程，因为这实际上是对堕落的人进行的再创造过程。[16] 无比仁慈的上帝在造人之时，并不希望这种从无中造成的受造物复归于无。为了避免那种结局，上帝根据自己的形象，亦即根据他的道，创造了人。因此，人通过与道的沟通，也能够分享存在与理性。故人在本性中虽然有死，但他在受造之时即已得到不死的恩赐，人只要充分地思考自己由之而来的上帝的形象，便可获得永生。[17]

但人却犯了罪，并放弃了上帝的形象，此后便成为死亡魔爪下的囚犯。[18] 因此，罪不只是人过去犯错，而现在必须纠正的一种过失；也不是
297 现在非还不可的债务；甚至不是说人忘了通向上帝的道路，现在必须回忆出这条路来。罪主要是在创造过程中加入了一种使人走向毁灭的分解因素，因而只能通过新的创造事工来驱除罪恶。

由这一点引出亚他那修救恩教义的核心内容：只有上帝能够救人。[19]

---

⑯ *De incar.* 7.5.

⑰ *De incar.* 3.3～4. 参 Régis Bernard, *L'image de Dieu d'après St. Athanase* (Paris: Aubier, 1952), pp. 21～56。

⑱ *De incar.* 6.1～2.

⑲ *De incar.* 7.

如果我们所需要的救恩实际上是个新的创世,那就只能由创世主为我们造就这一切。此外,由于我们所失去的永生本来有赖于按照上帝的形象生存,即一种与上帝之存在类似的存在方式,因此,我们现在所需要的救恩就是一种神化(**θεοποίησις**)。[20] 这同样要求救主即是上帝,因为只有他能将与他的存在类似的存在赐给我们。

以上观点系列引自可能写成于阿利乌争辩爆发之前的亚他那修的著作,而他后来的著作则表明,他如何在上述观点引领下形成自己反对阿利乌派的论点。

现在,让我们看看亚他那修所提出的一些论点讲了些什么。

阿利乌派认为道在本体上与父不同,主张从绝对意义上讲,道非上帝,因而摧毁了基督教一神论,把我们引向异教的多神论。[21] 如果子不以某种方式分享父的神性,以至于我们可以称父子为一个上帝,如果我们在同一时间中崇拜子,正如教会一贯所行那样,基督徒们就没有点滴理由去谴责多神论,因为他们事实上也在实践着多神论。

此外,将道视为世界与完全超在的上帝之间的中介者的教义也未解决这里所提出的问题,因为如此说法必然在上帝与道之间,以及道与创世之间再设立其他的中介者,这只能使所要解决的难题无限增加。那种以上帝的绝对超在为其出发点,而置上帝的内在不顾的教义,[22]实际上是使上帝与世界的关系问题成为不可解决的难题。把道引入这种模式的做法 298
不能克服内中的困难,而只是拖延之计。

同样,如果子是变化的,是上帝旨意造成的一种行动之果,子本身不具有神性,我们就无法通过子去认识那不变的父。如果说,子将父的启示

---

⑳ *De incar.* 54.3 (*NPNF*, 2nd series, 4: 65). 参 D. Ritschl, *Athanasius*: *Versuch einer Interpretation* (Zurich: *EVZ*, 1964), pp.36~59。

㉑ *Ad. episc. Aegypti* 14; *Or. Contra Ar.* 1.8; 2.23; 3.8; 3.15~16; *De syn.* 50; *Ep. lx ad. Adel.* 3.

㉒ *Or. Contra. Ar.* 2.26.

给了我们,那不是因为他低于父,而是由于他像父之故。[23]

尤为甚者,阿利乌派关于道的教义摧毁了救恩的可能性,因为一个不是上帝的存在者根本不可能恢复创世。[24] 如果上帝是创世主,他就必定是救世主。

最后,由于神使人神化是救世主事工之一部分,而且只有上帝能够做到这一点,因此救世主必然是上帝。[25]

总之,亚他那修憎恶阿利乌派的原因有两点:首先,阿利乌派接近多神论,其次,该派认为救恩来自一个受造者。结果很明显,亚他那修之反对阿利乌派,并非由于该派攻击或否认他的神学中的某些观点,而是由于该派教义与他的信仰赖以建立的(甚至在争辩之前即已如此)两大支柱水火不相容。[26]

现在,我们要撇开阿利乌争辩,去讨论亚他那修神学中另一个重要方向。

亚他那修的三一论教义再次给人以恰当与完美的感受,这使得他成为历史上最伟大的神学家之一。他承认上帝的超在,但这不能被解释成
299 上帝不能与他的受造者发生直接联系。[27] 上帝虽远离世界并存在于世界之上,但他却在创世事工本身之中建立了保持世界的存在而与之不断地发生关系。这种上帝与世界联系的观念十分重要,因为这样就没有必要在上帝与世界之间设立一个中介性的道。那些肯定上帝绝对超在的人使

---

[23] *Or. Contra. Ar.* 1.35.

[24] *Or. Contra. Ar.* 2.14.

[25] *Or. Contra. Ar.* 2.70.

[26] 毫无疑问,亚他那修引用的论据中,有些他只是简单地运用了后期的阿利乌分子运用过的同一种逻辑。他引用的奥利金的论据就是如此。如果子不是永恒的,父也不会是永恒的。但是这个最终会导向创造物的永恒性的论点在亚他那修那里并不占有核心地位。他只是运用这个或其他类似的论点,来给一个无论如何都是建立在更坚实基础上的教义予以众多的额外支持。关于亚他那修的论证的总体介绍,见 Samuel Laeuchli,"The Case of Athanasius against Arius",*CTM*, 30 (1959), 403 ~420。

[27] Or. *Contra. Ar.* 2.25; *De decretis* 7.

道成为绝对的上帝与变化无常的世界之间的中介者，一个从属性的神。亚他那修则通过借以理解上帝与世界之间关系的方式肯定，道或子是真正、永恒的上帝，并断言这不影响道与受造物的关系。

这个上帝是三重性的，他以父、子和圣灵的形式出现。亚他那修以积极的方式为三一论教义的发展作出了贡献，他之坚持子的神性构成这条教义是在发展中最终战胜其大敌之一阿利乌主义的一个主要因素。但是，反对阿利乌主义的斗争本身却使亚他那修将注意力集中于父与子的关系问题之上，以至忽略了讨论圣灵的问题。后来，反圣灵派逐渐兴起，该派承认子的神性，却否认圣灵为神。亚他那修就此进一步发展了他的三一论教义，肯定圣灵也具有同父一样的本质。[28]

亚他那修三一论神学的主要弱点在于缺乏一套固定的术语，以表明三位一体之中的多个与一个的关系。亚他那修领会确定这种术语的紧迫感，这一点可见于 362 年的亚历山大会议。他本人从未提出这类术语，而将这个任务留给迦帕多西亚三杰去完成。他在这个问题上，如同在他的其他神学著作中一样，表现出他是个具有敏锐的宗教感受，但对正规的思想系统化却没有兴趣或天赋的人。没有亚他那修，迦帕多西亚三杰的事 300
工就不可能进行。而没有迦帕多西亚三杰，亚他那修的事工也不可能取得最终结果。

在论及道与耶稣的人性关系时，亚他那修的基督论与阿利乌之所见基本相似，实际上这两位神学家都可作为 4 世纪亚历山大神学家中流行的那种基督论的代表人物。[29] 亚他那修和阿利乌在道的神性问题上是对立的，但他们却以相似的方式解释道与人性的结合。亚他那修承认道与肉身结合，但他的著作在有关这部分内容的上下文中，却没有明确肯定

---

[28] 这可以在我早已提及过的他的书信 *Four Letters to Serapion* 中找到。

[29] 阿利乌是否真的有意识地坚持在耶稣里没有人的灵魂的说法，这还有一些疑问。这将在另外一章中讨论（见第十六章，注 1）。

"肉身"一词是指身体和魂。看来,亚他那修以耶稣里面没有人的魂,而道取代了魂的位置作为一种定论。[30] 这种教义后来被称为"阿波利拿流主义"(*Apollinarianism*),我们将在另一章中讨论这种观点。381 年的君士坦丁堡会议也谴责了这种教义,虽然亚他那修似乎对此尚未有所察觉,[31] 这样解释耶稣基督的位格与他自己的救赎论原则是互相矛盾的,因为(如同迦帕多西亚三杰后来指出的那样)道接受人性的目的是使人性脱离罪,
301 而且由于魂魄也被卷入罪中,所以道必须也接受它,从而使之得到解救。

与此相同,亚他那修强调基督里面神人二性结合的方式,亦为亚历山大神学的典型观点。在这种结合之中,神性成为耶稣基督一切活动的主题。这种结合是明白无误的,它与《旧约》所谓上帝的话临到某个人的那种情况完全不同。[32] 在基督里面,肉身成为道的工具,肉身与道的结合就在于,凡用来说明其中任何一方面的正确观点都可以用来说明其另一个方面。[33] 这是典型的亚历山大派教义,通常称为"属性交流"(communicatio idiomatum)。例如,亚他那修断言,崇拜耶稣其人的做法是完全得当的,尽管崇拜的对象只能是上帝。

---

[30] Marcel Richard,"Saint Athanase et la psychologie du Christ selon les Ariens",*MScRel*,(1947),5~54. 反对这一观点的,见 Aloys Grillmeier, *Christ in Christian Tradition*: *From the Apostolic Age to Chalcedon* (New York: Sheed & Ward, 1965), pp. 193~219, 书中试图证明,尽管对亚他那修来说,基督的灵魂不是"神学的因素"(theological factor),但在它真的存在的意义上,它确实是一个"身体的因素"(physical factor)。然而,这一论点似乎不能令人信服。参考 G. C. Stead, "The Scriptures and the Soul of Christ in Athanasius",*VigCh*, 36 (1982), 233~250; R. Lorenz, "Die Christusseele im Arianischen Streit: Nebst einigen Bemerkungen zur Quellenkritik des Arius und zur Glaubwürdigkeit des Athanasius",*ZschrKgesch*, 94 (1983), 1~51。

[31] 在下列非常含糊不清的语句中,似乎有一种迹象表明他在稍后的一个时候已经意识到了这个问题。但这些语句仍然没有清楚表明,耶稣是否有人的灵魂,或者还是道在他之中行使了灵魂的功能:"救赎主既不是没有灵魂的身体,也不是没有感觉或智力,因为这样是不可能,当上主为我们成为人时,他的身体却会没有智力;同样不可能的是,道自身实施的救赎不仅救赎身体,而是会也救赎灵魂。"(*Tom. ad Ant.* 7; *NPNF*, 2nd series, 4: 485.)参考 *Ep. ad Epic.* 7。

[32] *Or. Contra Ar.* 3.31..

[33] Or. Contra Ar. 31~32..

> 我们不崇拜受造者。千万不能有这种思想。因为这种谬误系异教徒和阿利乌派的观点。但是我们崇拜创世的主,道成肉身者,上帝的道。因为这个肉身本身虽然仍是受造世界之一个部分,但它却已成为上帝的身体。我们不在这样的结合之中区分身体和道,而为身体的缘故崇拜身体。我们在崇拜道时,也不将道与肉身分开。我们知道,如前所述,"成为肉身的道"在进入肉身之后,我们还是承认他为上帝。[34]

因此,亚他那修肯定马利亚为神的母亲(**θεοτόκος**)。[35] 这也是种典型的亚历山大派教义,并在5世纪时成为激烈争辩的中心议题。亚他那修相信,作为耶稣基督里面神人两性不可分割的统一,以及由此造成的"属性交流"的明显后果就在于,马利亚必然得到如此称呼。否认马利亚为神的母亲,就等于否认神由马利亚所生,因而否认了道成肉身。 302

总之,亚他那修是个典型的亚历山大派神学家,尽管他摆脱了过度思辨的特点。而这一点恰好是亚历山大神学传统的最大弱点。亚他那修放弃了亚历山大派的思辨方法,代之以某些基督教的基本原则,以它们作为判断其他教义的标准。这些原则就是基督教一神论和救恩教义,它们构成亚他那修反对阿利乌主义的基础。

然而,亚他那修的旨趣及其理智天赋虽使他得以比别人更为明确地证明了阿利乌主义为何不能被教会所接受,但这也使他未能提出一个信条,用以联合一切厌恶阿利乌主义的人。这一点将是迦帕多西亚三杰所面临的任务,现在我们要论述他们的思想了。

---

[34] Ep. lx ad Adelph. 3 (NPNF, 2*nd series*, 4: 575).

[35] Or. contra Ar. 3. 14.

第十四章　迦帕多西亚三杰

303 这是三位主教和神学家的统称，他们在4世纪下半叶时在神学领域中居于首要地位。他们是被称为“大”巴西勒(Basil)，在迦帕多西亚(Cappadocia)任该撒利亚(Caesarea)的主教；他的弟弟，最终在小城尼撒(Nyssa)担任主教的格列高利(Gregory)；及兄弟俩共同的朋友纳西盎撒的格列高利(Gregory of Nazianzus)，他曾短期担任君士坦丁堡的牧首。这三位朋友为尼西亚信仰的取胜而紧密合作，故他们的三一论教义实际上应为三人共同的观点。这不是说他们在其他一切问题上意见总是一致的，因此，我们才有必要将三人分开单独研究，同时又将他们收入一章论述，以示其统一性。

虽然通常只说迦帕多西亚三杰，却还有我们所知甚少的第四位。她对三杰中的两杰的影响值得一提。[1] 她就是巴西勒和尼撒的格列高利的姐妹玛克利娜(Macrina)。就是她引领巴西勒不再醉心于自己的智慧和
304 声望，而从事他后来的生涯。而且，尼撒的格列高利将她称为“导师”，并且看来他认为他的读者们理所当然知道她是谁。不幸的是，我们对她所

---

① 我只知道一份有关 Macrina 的简短研究：P. Wilson-Kastner, “Macrina: Virgin and Teacher”, *Andrews University Seminary Studies*, 17 (1979), 110～117。

知甚少，无法论述她的教义学说。② 但是我们应当在此提到她，好让我们记得，在教会的“教父”之中，还有教母。

巴西勒（Basil，300？～379）在三人中为年长者，也是成就最突出者。他出身于比较富裕的家庭，自幼便在一个以基督教信仰为中心的家庭中经历了热情的宗教生活。他的姐姐玛克利娜过着苦修生活，这一点给年幼的巴西勒心灵留下了印痕。他的两位兄弟，格列高利和彼得，最终都当了主教，前者为尼撒主教，后者为塞巴斯特主教。巴西勒本人受过良好的教育，先在附近的该撒利亚，后赴君士坦丁堡及雅典求学。

就是在该撒利亚学习期间，巴西勒遇到未来的纳西盎撒主教，并将成为他终生朋友和合作者的青年人格列高利。后来，他们在雅典再次相会，并在那里发展了他们的亲切友谊。

纳西盎撒的格列高利（Gregory of Nazianzus，329？～389？）在个性方面与其友人巴西勒极为不同。巴西勒胆量过人且十分稳重，有时甚至相当顽固。而格列高利却与之相反，非常敏感，有时甚至相当软弱。因此，格列高利一生都在静修中度过，偶尔也积极参加教会的活动。巴西勒与他的朋友一样热衷于静修生活（甚至超过他的朋友），但一旦他承担了主教的任务之后，他再不像格列高利那样，放弃这些义务。格列高利的才能也与巴西勒不同：巴西勒是个管理家和政治家，而格列高利则是个雄辩的讲演大师。

迦帕多西亚三杰中的第三位，尼撒的格列高利（Gregory of Nyssa， 305

② 尼撒的格列高利（Gregory of Nyssa）除了写有 *Life of Macrina* 之外，还写了 *On the Soul and the Resurrection* 的对话（英文翻译：*NPNF*，2nd series，5：430～468）。在这一对话中，格列高利扮演谈话者的角色，而玛克利娜扮演教师的角色。因此，要断定多少是属于玛克利娜的教训，多少是属于格列高利的教训就相当困难。然而至少有一个例子，格列高利曾用其他的名字（他的已故的兄弟巴西勒的名字）写作，并且尊重与他的观点不同的那个人的观点（见下面的注36）。因而，把 *On the Soul and the Resurrection* 与格列高利的其他作品比较，看看能否从玛克利娜的其他教训中分离出什么，这应该是一项有希望的努力。Quasten，*Patrology*，3：261，没有进一步的确切证据就断言，格列高利以她之口说出的观点理所当然地就是他自己的观点。

335? ~394?)系巴西勒之弟。他也曾学过修辞学,并担任过主教,但他的主要才能却不在于为一个布道家或组织家,他在三杰中主要是个杰出的神秘主义者。我们将会看到,他的神学天赋,特别是他的系统性论著远远超过他的那两位同工兼朋友。

该撒利亚的巴西勒

巴西勒从未单从兴趣出发去从事专门的神学研究工作。因此,他从未在哪部著作中试图以系统的方式阐述整个基督教教义。相反,他的全部著作都明确地以驳斥当时的种种谬误为目的,特别是批判阿利乌派和反圣灵派的观点。正是在这种目的的支使下,他写下两部极为重要的著作:《驳幼诺密乌》(*Against Eunomius*)和《论圣灵》(*On the Holy Spirit*)。前者系对阿利乌派分子幼诺米乌所持"不像派"(Anomoeans)观点的批驳,后者则捍卫了"荣耀颂","荣耀归于父与子,也归于圣灵"。

幼诺密乌的观点[3]以上帝的绝对性与子的相对性的对比为基础。幼诺密乌认为,神的本性是非受生的(**ἀγέννετος**),[4]神不能生出一个分享其非生成性者。[5] 而子是受生的(**γέννημα**),[6]故非严格意义上的上帝。因为上帝并未将自己的本质传授给子。[7]

巴西勒的回答是:上帝的本质不能仅仅归结为非受生性。非受生性(**ἀγεννησία**)就像不可见或不朽一样,是个否定性的命题。而本质
306 (**οὐσία**)却不能是否定,而应该是肯定上帝当为如何,人若从否定的属性中寻求认识上帝就会完全发疯了。[8] 然而,很明显这就是幼诺密乌在

---

③ 他的论文可在 *PG*, 30: 837 ~868 中找到。

④ *Apol.* 7 ~8.

⑤ *Apol.* 9.

⑥ *Apol.* 12.

⑦ *Apol.* 28.

⑧ *Adv. Eun.* 1.10.

肯定上帝的本质即为非受生性时所采用的方法。[9]

另一方面，巴西勒认为，幼诺密乌的论点系根据具有肉身的人的情况而错误地推测神的本性，因而断定受生只适用于物质存在的属性，与神毫无联系，因此，作为受生的子不是上帝。巴西勒反驳道，有生和有死的存在者的产生系通过感性活动而来，但在上帝那里，情况却完全两样。每当论及神的本性时，人们必须想到与上帝般配的生成方式，即“没有痛苦、没有分娩、没有分离、没有时间”的生成。[10]

幼诺密乌从区分非受生的父与受生的子出发提出另一种观点，旨在论证阿利乌所谓曾有一段时间里没有子的说法。这个观点本身十分简单：子不能先于父生他以前存在，因为已经存在的事物则不需要被他者所生。[11]

巴西勒反对这种观点，指出幼诺密乌将永恒与非受生性混为一谈。他认为，后者系指自成自因者，而永恒却说明存在着不受时间的限制。因此，肯定子是受生的和永恒的或说他永恒地受生，没有任何矛盾之处。[12] 倘若有人要求获得更为明确的逻辑论证，巴西勒便以人的理性不能理解关于永恒出生的教义作为回答。但这一点并不使我们感到惊讶。

> 不要问我：这种出生是什么，它是哪种出生，它是怎样发生的？
> 这种出生的方式是不可言喻、不可理解的，而我们却仍然要在父和子 307
> 的基础上构造我们的信仰。因为，如果我们凭自己的理智判断一切，
> 并断言凡不能为我们所理解的皆为不可能之事，那么信仰就没有了，
> 希望的报赏也没有了。[13]

---

⑨ *Adv. Eun.* 11.

⑩ *Adv. Eun.* 2.16 (*PG*, 29: 604).

⑪ *Adv. Eun.* 2.14.

⑫ 参 *NPNF*, 2nd series, 8: xxxvi-xxxvii。

⑬ *Adv. Eun.* 2.24 (PG, 29: 625～628).

巴西勒在所有这一切观点中都未超出亚他那修及早些时候尼西亚派人士的见解。或许还有所遗漏，因为他抛弃了构成亚他那修神学基础的救赎论宗旨，而以纯粹逻辑论证及某种程度的信仰主义作为捍卫尼西亚信仰的基础。

但另一方面，巴西勒的逻辑学旨趣虽不如其兄弟尼撒的格列高利那样强烈，但它却引导着他首次肯定并捍卫了终将明确结束三位一体教义争辩的信条：一个本质（*ousia*）三个实体（*hypostases*）。巴西勒认为，这两个术语意义不同，因此不能不加区分地用以论述神格。[14] 从以下一段话中可看清他用这个区别所要表达的意思：

> 本质（**οὐσία**）和实体（**ὑποστάσις**）之间的区别即为普遍与特殊的区别，举例来说，正如动物与人的区别一样。因此，在论到神格时，我们承认他具有一个本质或本体，而不允许用其他的存在定义来论述神。但我们也承认他具有特殊的实体，以使我们关于父、子和圣灵的观念不致混淆而明白无误。我们如果对这些独立的特性，即为父、为子和使人成圣，没有确切的感知，而只是根据一般的存在观念构成我们的上帝观，那么，我们就无法有力地说明我们的信仰。因此，我
> 308 们必须在普遍之中加进特殊，以接受我们的信仰。神格是普遍性，为父则是特殊性。故我们必须结合二者，并且说："我信上帝圣父。"在相信子时亦当循此过程，我们必须将特殊性与普遍性结合在一起，并且说："我信上帝圣子。"在论到圣灵时，我们也必须用与前两句相同的语言说："我们信上帝圣灵。"这样便形成如此结局，即我们以相信

---

[14] 关于 *ousia* 和 *hypostasis* 之间的区别的最详尽的解释，可见 *EP*. 38。然而，由于对这一封信的真实性有一些怀疑，我们在此将使用其他文本。关于这一术语与拉丁文术语的关系，见 A. de Halleux，"'Hypostase' et 'persone' dans la formation du dogme trinitaire (ca. 375 ~ 381)"，*RHE*，79 (1984)，213 ~ 269，625 ~ 670。

> 一个神格而成功地保持了上帝的统一性，并以相信各个位格的特殊性质而在三位中作出区分。另一方面，那些识别本质或实体者不得不只承认三个位格，而且在他们讲到三个实体之时，却犹豫不决，他们已注定要犯撒伯流那样的错误。[15]

该撒利亚的巴西勒对三一论教义发展作出的这一贡献，后来为纳西盎撒的格列高利和尼撒的格列高利所接受，而且使之获得最终胜利。

巴西勒还从另一方面对三一论教义的发展作出了贡献。他比以往的神学家更多地关注圣灵的问题。我们已经指出，尼西亚会议只用一个短语论到圣灵。亚他那修本人在反圣灵派将此问题提到桌面上之前，也很少顾及到它。到巴西勒时，反圣灵派已形成强大的势力，当时有人似乎愿意放弃阿利乌派关于子的观点，但又坚持阿利乌派关于圣灵的主张。因此，不在一定程度上确定圣灵的本质，就无法驳倒阿利乌派。这就是巴西勒在三册《驳幼诺密乌》中的最后一册，[16]及其论文《论圣灵》中力求证明圣灵与父和子本体同一的原因所在。[17] 解决这个问题的紧迫性可用这点
事实作为证明：除了迦帕多西亚三杰外，当时其他一些教会的重要领袖们 309
也感到有必要撰文论述圣灵的问题。这些人中间值得一提的有伊科纽姆的安菲罗奇乌（Amphilochius of Iconium，巴西勒的论文正是写给他的），瞎子第迪目（Didymus the Blind）和米兰的安布罗斯（Ambrose of Milan）。

了解到当时的局势后，人们不禁会感到惊奇，即巴西勒在供发表编写的论文中回避了对圣灵神性的强调，而他对这一点极其明确的肯定却出

---

⑮ *Ep.* 236.6（*NPNF*, 2nd series, 8: 278）. 参 *Ep*, 214.4。巴西勒对撒伯流主义的反对，见 *Ep.* 210.5。

⑯ 第四册和第五册不是他的。

⑰ Hermann Dörries, *Der Beitrag des Basilius zum Abschluss des trinitarischen Dogmas*（Göttingen: Abhandlungen der Akad. d. Wiss., 1956）; S. de Boer, "Basilius de Grote en de 'homoousie' vom Hl. Geest", *NedTheolTschr*, 18（1964）, 372～380.

现在他的书信之中。[18] 解释这种现象的原因可能是巴西勒希望说服，而非击溃其论敌，他企图引导他们自己承认圣灵的神性，而不希望惹怒他们。[19] 然而，这不能说明他在圣灵的神性问题上态度暧昧，也不能说明他在持反对意见者面前隐瞒了自己的见解。相反，巴西勒在他的第三本书《驳幼诺密乌》及《论圣灵》中肯定，并力求证明圣灵的神性。但他的肯定和论证始终很克制，似乎他唯恐激怒那些用心良善，但尚未接受圣灵为神的人们。这种教会牧养的旨趣，同样表现在巴西勒为在崇拜中引导其会众相信圣灵的神性，而改动该撒利亚的圣礼中《荣耀颂》所采用的方式之中。古代的《荣耀颂》是"荣耀通过子在圣灵里面归于父"。巴西勒的《荣耀颂》则是"荣耀归于父与子，也归于圣灵"。当他为此更改而遭到批评之时，他便写出《论圣灵》，说明他所修订的《荣耀颂》是可以接受的，并证明了圣灵的神性，但未称之为"上帝"。这种言不尽意的做法应当这样来理解，因为他当时面临着某些阿利乌派分子，这些人正期待这位该撒利亚主教说出一句经不起推敲的话，以控告他为异端，并企图夺取其地位重要的主教教座。

310 这就是巴西勒为什么在其专题论文中没有明确地肯定圣灵的神性，而代之以驳斥主张圣灵为受造者的教义之故。尽管如此，细心的读者看过这篇论文后，必然得出他相信圣灵为神的结论。这个结论可以从他在范畴上明确肯定圣灵的神性的书信中得到充分的证明。不管怎样，巴西勒否认圣灵为受造物，并肯定其为崇拜对象，这已经排斥了反圣灵派的观点。

> 再者，圣灵是一位，我们单独地称呼他，使他通过唯一的子与唯一的父联系在一起，并通过他本身构成值得人们崇拜和祝福的三位

---

[18] Quasten, *Patrology* (Utrecht: Spectrum Publishers, 1960), 13: 231～233.

[19] 亚他那修和纳西盎撒的格列高利的理解至少就是如此。见 Quasten, *Patrology*, 3: 231～232。

> 一体。他未列身于创世的复多之中，而为人单独地提到，这个事实足以证明他与父和子的密切关系；他不是许多中的一个，而是唯一的。因而他离受造的自然相去甚远，正如理性要求单一远离复合及复多的物体一样，他与父和子明智的统一，正如一个单元与另一个单元有亲缘关系一样。[20]

这样，巴西勒便以坚持圣灵的位格（这实际上是一切当时主要的神学家反对反圣灵派的共同观点），为促使大家把注意力从阿利乌问题转向完整的三一论问题作出了贡献。在那以前，人们关注的问题主要是父与子的关系问题。而现在，人们已开始注意到圣灵在三位一体中的地位问题。这决非标新立异。尼西亚会议本身即已肯定了对圣灵的信仰，亚他那修弄清了反圣灵派教义后也毫不犹豫地对之加以谴责。巴西勒的论文是个里程碑，它明确地将圣灵的问题引入阿利乌争辩之中。

最后，我们还必须讲到巴西勒作为圣礼学者及修道主义的组织者的
重要地位。作为他在圣礼制订方面活动的一个证据，“巴西勒的圣礼” 311
（Liturgy of Saint Basil）现仍为希腊正教会在大斋节期间所采用，其基本内容似乎出自巴西勒本人手笔。另一方面，有些论述修道生活组织法规的著作也被归在巴西勒的名下。其中部分著作确为巴西勒所作，有些则可能经过他人的删改，另一些则根本不是他的作品。

纳西盎撒的格列高利

巴西勒是迦帕多西亚三杰中的组织者和外交家，而纳西盎撒的格列高利则是讲演家和诗人。他为人平和，具有高度的美学素养，始终倾心于寺院的静修生活，并实际上多次设法过那样的生活。但在教会面临激烈

[20] *De Sp. Sancto* 45（*NPNF* 2nd series, 8: 28）.

斗争之时,他的义务感又引导他牺牲个人的宁静生活,接受了主教的义务。㉑ 正因如此,他从未表现出他的朋友巴西勒那样的魄力,但他却知道如何施展其文学才能来为正统派事业服务。这就是他最好的神学作品不在其系统性的论文之中,而见于其讲章、诗歌及书信里面的原因。格列高利的讲章表现出高度的修辞学水平,它们不仅在文字上美妙至极,而且讨论了最最困难的神学和伦理学的问题。他的诗歌虽算不上希腊文字中罕见的珍宝,但确实表现出精练的艺术意味,其中多数具有神学特点。最后,他的书信堪称典范,以至于格列高利本人在一个称羡其书信的文体及
312 内容的亲戚的再三劝说下,决定公开发表这些书信。他在一些书信中讨论了神学问题,特别是与基督论有关的问题。他在这些问题上观点明确,目光深远,后来的以弗所和卡尔西顿会议均采纳了他的见解。㉒

这里最使我们感兴趣的,是他对尼西亚信仰的最终获胜所作的贡献。我们将以阐述他的三一论教义作为起点。同巴西勒的情况一样,格列高利在神学上最大的敌人是阿利乌派(特别是幼诺密乌及其不像派),和反圣灵派。他们是他在讲章、书信、诗歌中,特别是在通常称为“神学讲演”的五篇讲道文中所攻击的对象。㉓

“神学讲演”(*Theological Orations*)的第一篇论述了神学研究和讨论的基本原则。格列高利在此处攻击了阿利乌不分时间场合执意与人辩论

㉑ 这些情节中的第一个就是格列高利放弃了他个人的宁静生活去服务教会。当时格列高利的父亲要他与纳西盎撒的教会领导阶层合作,格列高利逃避了,后来写了《逃走的辩护》,在文中他承认:“我被击败了,而且承认自己的失败。”(*NPNF*, 2nd series, 7: 204)教义文献中几乎再无其他作品能为其作者的人格提供更清晰的洞见。关于格列高利,见 R R. Reuther, *Gregory of Nazianzus: Rhetor and Philosopher* (Oxford: Clarendon, 1969); D. F. Windom, *The Dynamic of Salvation: A Study in Gregory of Nazianzus* (Philadelphia: Philadelphia Patristic Foundation, 1979)。

㉒ 见第十六章格列高利的基督论。

㉓ *NPNF*, *2nd series*, 7: 284~328.

的做法。[24] 神学讨论只能涉及我们的思想能够把握的问题，并必须以思想所能理解的限度为界。[25] 进而言之，这些问题不应当由所有的人都来讨论，这不仅是因为有人缺乏理解所讨论问题的必要知识，更因为难得有人具有正确理解这些语言的必备修养。仅有理智尚不足成为真正的神学家。因此，必须“在神学上琢磨自我，使之美如雕像一般”。[26]不能形成此种必备的修养者就不必勉强自己去讨论上帝本性的问题，而应将其旨趣限制在诸如世界、物质、灵魂等较低级的问题上。[27]

“神学讲演”的第三[28]和第四论到子的问题。这里，格列高利直接驳 313
斥了我们在讨论巴西勒时即已介绍了的幼诺密乌的论点。幼诺密乌的许多论点都是由“二难推理”构成，目的是要说明尼西亚教义在逻辑上不能成立。格列高利逐一驳斥了各种“二难推理”中包含的谬误。例如，不像派提出这样一个“二难推理”：如果说父生子，那么他或是自愿地，或是不自愿地成就了这件事。父如果不是自愿地生了子，而是有某种其他势力迫使他这样做，这就必然证明有一种高于父的力量存在。如果相反，父自愿地生了子，那么，子只是父的意愿之子，而非父之子。[29] 格列高利指出，他的敌人企图捆住他的手脚，而他们使用的绳索却十分细弱。胆敢如此

---

[24] *Or.* 27.3 (*NPNF*, 2nd series, 7: 285)：“我的朋友，不是每一个人，都适合对上帝进行哲学化讨论；不是每一个人；其主题不是如此的廉价或低下；我还要加上，不是在每一个听众面前，也不是在所有时间里和与所有的观点上，而只是在特点的场合，在特定的人面前，并且在一定的范围内。”见 S. P. Tsichlis, “The Nature of Theology in the ‘Theological Orations’ of St. Gregory of Nazianzus”, *Diakonia*, 16 (1981), 238 ~ 246。

[25] *Or.* 4.

[26] *Or.* 7 (*NPNF*, 2nd series, 7: 287).

[27] *Or.* 9.

[28] “神学讲演”(*Theological Oration*)的第二篇试图通过揭示神学家与思想对象间的距离，以及相应的正确思维上帝的不可能性，来进一步强化神学探索中的谦卑。我们人与人之间的距离，无论怎样夸大，与其与上帝间的距离相比，还是非常的接近(Or. 28.3)。柏拉图的错误，是他宣称思考上帝是困难的，不可能用语言来表达神圣的事物，因为真理是不可能表述的，思想上帝更无可能(同上，4)。一位可被人理解的上帝必然是有限的上帝(同上，6)。

[29] *Or.* 29.6.

妄论神的生成的不像派应当用同样的问题问问他们自己是怎样出生的。他们的父亲是自愿抑或不自愿地生了他们？显然肯定不是不自愿的，因为谁也未强迫他们生子。如果不像派分子主张其父自愿生出来的，那么，他们便是意愿之子，而非其父之子！这样，格列高利便证明了幼诺密乌所设想的那个“二难推理”，只不过是“几个音节”，即毫无意义的词汇。不管怎样，上帝如何生子倘若能为我们这些对自己如何出生尚不能理解的人所理解，那就“毫无伟大可言”了。因此，“讨论在起初受生者先于或晚于其出生而存在的问题是愚蠢的行为。”[30]

然而，格列高利论点的核心却在于他坚信，“父”、“子”及“圣灵”等是
314 相关的术语。他的论敌提出下面的“二难推理”：“父”这个术语必须只能指一种本质或一个行动；如果它指的是本质，子就不能“与父同质”（*homoousios*）；如果相反，它指的是一个行动，这个行动就只能是上帝创世的行动，故子是受造者。格列高利对这个论点的驳斥是，“父”既不是指一种本质，也不指一个行动，而是说明了一种关系：父子之间的本质交流的关系。[31] 这一点引导着格列高利以较多的精力讨论了神的三个位格之间的关系问题，这是他对三位一体教义的发展作出的最大贡献。

格列高利在“神学讲演”的第五篇中讨论了圣灵的问题。他在此处明确肯定，圣灵即为上帝，应将一切神所具有的属性都归给圣灵。

> 如果曾经有段时间里父未存在，那就是说子在这段时间里也不存在。如果曾经有段时间里子不存在，那就是说这段时间里也没有圣灵。如果其中有一位从起初就存在了，那么三位在起初都已同时存在。[32]

---

[30] *Or.* 9 (*NPNF*, 2nd series, 7: 304).

[31] *Or.* 16.

[32] *Or.* 31.4 (*NPNF*, 2nd series, 7: 318).

然而,格列高利的教义超出巴西勒的教义之处并非对圣灵神性的肯定(这一点巴西勒完全赞同,只不过他或许未像他的朋友那样公开说明罢了),而是三位一体中三位的关系。那种企图以各自的属性区分父、子和圣灵的做法,将绝对超在的父与可以与世界发生关系的子或道截然分开,这就必然导致次位论观点,并最终走向阿利乌主义。亚他那修深深知晓这一点,因此坚决而明确地再三否定任何以父比子距创世更为遥远的方式理解父的超在性的企图。强调父子同等超在只能摧毁阿利乌主义的一个基本观点,它却无法说明尼西亚教义与撒伯流主义的不同。这一点是 315
迦帕多西亚三杰的一项重要任务。格列高利所采用的研究方法,使他得以在三位一体内三个神格的内在关系基础之上,解决了这个问题。

格列高利认为,三位一体中三个位格间唯一可以确定的区别就在于如何论述各个位格的来源。这些区别与实体或本性毫不相关,而只涉及各个位格的渊源。

> 当我讲到上帝时,你们的心中必定被一道闪光和三条闪光所照亮。在个性或特性,如有人愿意的话亦可称之为位格(**πρόσωπα**)里面的三位,我们不愿在名称问题上争论不休,只要这些音节表达了同一个意思就行;但从实体角度看却为一个,即神格。因为他们被毫无区别所区别,如果我能这样讲的话;并且他们在区别中加上合一。因为神格系三位里面的一个,三位是一个,神格即在这一个里面,或更准确地讲,这一个即在神格里面。我们将去掉过分与不足的说法,既不使合一成为混淆,也不把区别视为分开。我们对撒伯流的混淆和对阿利乌的区分采取同样远离态度,这两种观点是截然相反的罪恶之见,但又具有共同的邪恶。有什么必要以异端的观点将上帝混为一谈,或分成不同的等级呢?
>
> 对于我们来说,只有一位上帝圣父,一切事物都属于他;只有一位主耶稣基督,一切事物都靠他;只有一位圣灵,一切事物在他的里

> 面；而这一切词汇，属于他，靠他，在他里面，丝毫没有本质区别之意……而是说明了唯一且不可混淆的本质的各个位格所具有的特征……圣父是父，并且是无起源的，因为他不属于任何他者；圣子是子，但不是无起源的，因为他属于父。但如果你们以现世的意义理解起源，那么子也是无起源的，因为他是时间的创造者，且不受时间管辖。圣灵是真正的灵，他确实来自于父，但与子的生成方式不同，因为这不是靠生成，而是“出来的”……父绝不因为他生了什么而不再是非
> 316 生成者，子也不会因为他属于非生成者而不再是生成的（那怎么可能呢？），圣灵亦不会因他是“出来的”，或因他是上帝而变成父或子。[33]

格列高利在这段文字中为起源确立的三种特征，很快为东方和西方的教会所接受，作为表述三位一体中存在的区别的方式：父的特征在于他是非生成的；子的特征在他是生成的；圣灵的特征在于他是出来的。[34] 格列高利正是以这些术语，为迦帕多西亚三杰的典型信条：一个 *ousia*（本质）、三个 *hypostases*（实体），增加了新的内涵。

格列高利不仅以其三一论的主张，并且以其基督论论证，为教义的发展作出了贡献。他在专门反对阿波利拿流（我们在前面的章节已讲到此人，而他的教义则将在后面的章节中讨论）教义过程中提出的信条，后被作为解决基督论争端的方法而为人们所采纳。然而，本章的主要论题是三一论教义，而且我们还未讲到基督论争辩所涉及的问题，故关于格列高利基督论的讨论将推迟到以后，在第十六章中再来谈论这个问题。

尼撒的格列高利

作为教会管理者，尼撒的格列高利并不具有多大的才能。致使其兄

㉝ *Or.* 39.11.12 (*NPNF*, 2nd series, 7: 355 ~ 356).

㉞ *Or.* 29.2.

该撒利亚的主教巴西勒感到伤心失望。作为讲演家和作家，格列高利从未到达纳西盎撒的那位与他同名者的高度。但作为一个神学家和神秘经验的鼓吹者，他却远远超过了多数与他同时的东方教会人士。然而，我们不该忘记，迦帕多西亚三杰的事工有紧密合作和相互影响的关系，格列高 317
利能够有此成就，与他的两位朋友给予的合作是分不开的。

尼撒的格列高利比其他两位迦帕多西亚神学家更善于利用异教的哲学。[35] 他经常阅读奥利金的著作，并赞成那位亚历山大大师关于哲学对神学研究有益的见解。但他比奥利金更清楚地意识到哲学会给神学造成的危害。

格列高利像奥利金那样经常以寓意法解释《圣经》。[36] 这一点在他的神秘主义著作中表现得更为明显，他将各种人物及历史事件都说成升天的神秘旅途中各个不同的阶段。[37] 当然即使在这类著作中，格列高利也从未忘却《圣经》启示中的历史性。[38]

但奥利金对格列高利造成的影响远不止释经原则一个方面。格列高利的气质和旨趣都与奥利金类似，因此他以那位亚历山大人的著作作为自己神学原则的不尽源泉。他同奥利金一样，以理智自由的教义作为基础来构造自己的神学体系，并把自由强调到了危及恩典教义的地步。[39]

㉟ 参 Quasten, *Patrology*, 3: 283～285; Hermann Dörries, "Griechentum und Christentum bei Gregor von Nyssa", *ThLit*, 88 (1963), 569～582。

㊱ 在所有格列高利的作品中，寓意解经法是极为重要的，除了他的 *Commentary on the Six Days of Creation and On the Creation of Man* 之外。在这两部作品中，格列高利试图完成他已故的兄弟巴西勒关于创造的著作。正如同巴西勒所清楚声明(*PG*,29: 188)他将不采用寓意释经方法，格列高利也追随了相同的路线。

㊲ 格列高利对寓意法的最好解释与辩护可在他为 *Homilies on the Song of Songs* 所作的序言中看到(ed. Jaeger, 6: 3～13)。

㊳ 例如，在他的论文 *On the Life of Moses* 里，格列高利首先讲述生平故事，接着就转到神秘的解释方面。

㊴ *De virgin*. 46; *De hom*. op. 44; *In Cant. Hom*. 2.44 (**αὐτεξούσιος χάρις**).

罪恶源于受造的理智者的自由，而不是来自一个独立的否定性原则。[40]罪恶又作为一种缺乏，一种否定性而存在，它并非存在的本质。因此，罪恶不是永恒的，当上帝将要“充满一切”之日到来之时，罪恶便不再存在，犯罪者亦将得救。

另一方面，格列高利也不盲从奥利金。相反，他接受了奥利金的原
318 则，并将之运用到他的时代背景之中，而这时神学发展已到了必须修正奥利金的某些观点的地步。

从灵魂先在教义中，可以看到奥利金与格列高利之间这种双重关系的一个范例。奥利金肯定灵魂虽为受造物，但从起初即已存在，故不曾有过没有灵魂的时间。奥利金在说出这种观点时，表现出他尚未想到基督教创世教义与新柏拉图主义流溢教义之间的差别问题。后来，特别是关于阿利乌争辩的期间，神学家们开始较多地考虑了“受造物”一词的含义，并得出结论，受造物不可能是永恒的。因此，格列高利宣称，灵魂只在上帝的思想中先在。[41]

另一方面，格列高利在某些观点上比奥利金更具有唯心主义色彩。例如，他断言从严格的意义上讲，只有理智的受造物和上帝算得上实体，物体只是重量、颜色、形状、广度等性质和观念的复合。

> 另一方面，有形世界的创造必然被列入与神毫无共同之处的那类特性之中；但它却给理性造成了这个极其困难的问题；即，理性无法知晓如何从无形之物中产生出有形之物，如何从不可摸不可及之中产生了坚硬的固体，如何从无限之中产生了有限的事物，如何从没有大小比例的事物中产生了可用某种尺度丈量的事物，并且由此形成了量的概念，以及在各个单一物体中出现的种种类似现象。关于

---

[40] *Or. Cat.* 6; *De beat.* 5.44.

[41] *De hom. op.* 28; *De an. et res.*

> 这一切我们只能这样讲：这些我们认为具有物体属性的事物中，没有
> 一个是物体，它不是形状，不是颜色，不是重量，不是广度，不是数量，
> 也不是其他修饰性概念；但它们又都是范畴；正是这些范畴的相互结
> 合，才构成物体。那么可见，使一特殊物体成其完整的各种规定性不
> 能凭感觉，而只能靠思想来把握，而神是个思想着的存在者，那么，这 319
> 样的思想性存在者造就出那些可以思议之物，其相互结合便**为我们**
> 构成那种物体的本质，这又有何难处呢？[42]

因此，尼撒的格列高利同奥利金一样，是个难以评价的神学家，因为人们往往只注意到他的思想与新柏拉图主义范畴过分地接近，而不能公正地看到他真正的神学观点所在，以及对澄清三一论教义作出的贡献。

尽管我们难以确定，格列高利的三一论教义中哪些是他自己的创见，哪些是源自其兄弟兼师长巴西勒（这个困难还因现已绝对无法判断在他俩中谁是某些十分重要的著作的作者而更加复杂），但至少我们仍然可以阐述格列高利的三一论教义，并说明他的新柏拉图主义信念及旨趣如何帮助他解决了其同代人所面临的难题，且比他们获得更多的成就。

为了阐述格列高利的三一论教义，我们可以以他的两篇论文《论神圣的三位一体》（*On the Holy Trinity*）[43]和《论不是三个上帝》（*On Not Three Gods*）[44]作为线索，当然，我们还不时地要引用他的《驳幼诺密乌》（*Against Eunomius*），[45]他在这篇文章中企图继续其亡兄巴西勒的未竟之业。

格列高利在《论不是三个上帝》中回答了亚伯拉比乌（Ablabius）提出的问题：我们在讲到彼得、雅各和约翰时，认为他们是具有相同本性的三

---

[42] *De an. et res.* （*NPNF*, 2nd series, 5: 458）.

[43] Ed. Jaeger, Ⅲ/Ⅰ, 3～16; *NPNF*, 2nd series, 5: 326～330.

[44] Ed. Jaeger, Ⅲ/Ⅰ, 37～57; *NPNF*, 2nd series, 5: 331～336.

[45] Ed. Jaeger, Ⅰ/Ⅱ; *NPNF*, 2nd series, 5: 33～314.

个人，为什么我们不能用相同的语言去论述三位一体中的三个位格，称他们为三个神呢？格列高利答道：我们在讲彼得、雅各和约翰是“三个人”时，我们的说法很不准确，这是自己受到讲话习惯的支配而造成的。实际上，人的本质只有一个，在彼得里面的人与在约翰里面的人是同一个人。
320 当然，这种解释直接来自格列高利所接受的柏拉图主义传统，而无论其对于尚不惯于用此种方式思考问题的人们来说是多么新奇。

由这一点出发，格列高利继续说明，虽然人们在谈论彼得、雅各和约翰的人性时所采用的不准确论述方法是可以接受的，若将此种谬误延用到讨论上帝本性时，便产生灾难性的后果。否认彼得和雅各本质统一还只是个哲学谬误，而否认上帝的统一性却是对神的不敬。格列高利在另一篇论文中进一步宣称：[46]这就是否认耶稣基督为神的人们不敬的明显表现。如果他们尊崇(adore)耶稣基督，那他们自己的逻辑前提便证明了他们对神的不敬，因为他们崇拜(worship)的对象不是真正的神。如果他们不崇拜耶稣基督，那他们就是拒绝崇拜基督的犹太人。

进而言之，人们可能谈论复数的人，而不会主张数个神还有另一个原因：不同的人在行动上具有多样性，而且有着个人特点，而三位神格之所行对这三者来说却是共同的。

> 因此，既然人们在从事同一工作时各人所行不同，因而应当称之为复多，因为各人都依其行为之特征而与周围的他人截然不同。而论及上帝的本性时，我们却从未听说父曾在没有子参与的情况下单独地做某件事，或子曾脱离圣灵行事；相反，根据我们对之产生的不同观念而命名的、由上帝通向创世的一切行动，都通过了子，并在圣灵里面得到完全。由于这个缘故，由各次行动派生的名称并不因为完成这个行动者的数量便可分割开来，因为涉及某事的行动并非孤

[46] *Ad Simplicium de fide* (Ed. Jaeger, Ⅲ/Ⅰ, 61～67; *NPNF*, 2nd series, 5: 337～339).

> 立独特的，无论是上帝对我们赐恩的行动，抑或他管理和构造宇宙的行动，都来自三位，而行动本身则不是三个。[47]

有人可能以“神性”不是行动而是种本质的观点来非难格列高利。321
格列高利驳斥了这种非难，声称“神性”只是个名称，上帝的本质不能受任何名称的约束，故“神性”也不能描绘出他的面貌。[48]

由上面引述的章节中可明确见到，三位神格之间的区别不能建立在他们外在联系的基础之上。格列高利又说，这种区别也不能以次位论，即在三位的权能或尊荣之间划分差别的观点为依据。因此，唯一能够确定的区别必然要建立在三位一体的内在联系之上。

> 然而，如果有人挑剔我们的观点，说不承认本质有别便会导致将三个位格混为一谈，对此我们将这样回答：我们承认三位在本质特征方面的一致，但在考虑到原因，及由原因而造成的结果时，我们并不否认其中的区别，我们只在这一点上理解一个位格与其他位格的区别；根据我们的信仰，我们承认一个位格是原因，而另一个则来自原因；同样，我们在来自原因的位格中承认另一种差别。因为其中一个位格直接来自第一原因，而另一个则由直接来自第一原因的位格而来；因此，构成唯一独生者的属性无疑就在子里面，子的插入捍卫了作为唯一独生者的属性，然并未因其本质与父相同而割裂了他与圣灵的关系。[49]

格列高利的基督论不如与他同名的纳西盎撒人那么深奥。但他在反

㊼ *Quod non sint tres dei* (*NPNF*, 2nd series, 5: 334). 参 Ed. Jaeger, Ⅲ/Ⅰ, 47 ~ 48。

㊽ 同上。

㊾ 同上（*NPNF*, 2nd series, 5: 336）。参 Ed. Jaeger, Ⅲ/Ⅰ, 55 ~ 56。

对阿波利拿流的过程中同样捍卫了基督人性完全的教义。[50] 另一方面，尽管神人两性的区别并未因道成肉身而消失，然而这两性的结合却是一种“属性交流”(*conmunicatio idionatum*)，即一种本质的属性传给了另一
322 种本质。这就是格列高利不仅承认马利亚为“耶稣其人之母”，并且断言她为“神的母亲”之原因所在。[51] 而这在当时已成为习惯称呼。然而，格列高利肯定马利亚生过耶稣后仍为童贞女，“因为那种分娩无需破坏童贞”的观点中，却有一定程度的观念论和幻影论倾向。[52]

最后，尽管这不是本章所要论述的重点，我们还是应当简单地提到格列高利的神秘主义神学。[53] 他的神秘主义属典型的新柏拉图主义观点，主张灵魂在一系列前后相继的净化和上升的层次中，在持续永恒的进步中得到发展。格列高利神学中这方面的思想对一位无名作者的影响甚大，其著作后以亚略巴古的狄奥尼修斯(Dionysius of Areopagite)的名义发表。格列高利的思想通过这位作者传入中世纪的神秘主义，这个问题将在这部书的第二卷中得到讨论。

结　论

迦帕多西亚三杰除了在教会生活的其他领域中的巨大成就(巴西勒之于圣礼和教会管理，纳西盎撒的格列高利之于修辞学和诗歌，尼撒的格列高利之于神秘主义)外，其主要事工便在于澄清、规定并捍卫了三一论教义。他们在战胜阿利乌主义及反圣灵派的过程中发挥了重要作用。巴西勒为其他两人的事工奠定了基础，并且通过圣礼方面的创新彰示了三一论教义。纳西盎撒的格列高利以其第一流的语言才能捍卫尼西亚信

---

[50] 见第十六章。

[51] *Ep.* 3.24 (*Ep.* 17 in *NPNF*).

[52] *De virg.* 19 (Ed. Jaeger, Ⅷ/Ⅰ, 323 ~ 324; *NPNF*, 2nd series, 5: 365).

[53] 见 Jean Daniélou, *Platonisme et théologie mystique: Doctrine spirituelle de saint Grégoire de Nysse* (Paris: Aubier, 1944)。

仰，并像阿利乌派过去所行的那样，编写赞美诗以普及尼西亚教义。尼撒 323
的格列高利则在巴西勒和纳西盎撒的格列高利的基础之上构造自己的学说，使他们的教义在表述明确和逻辑连贯性方面大大前进了一步。

人们可能会问，这些迦帕多西亚人是否真正忠于尼西亚信仰，或完全相反，他们自称为捍卫和阐述尼西亚教义而提出的三一论教义，实际上是否放弃了参加尼西亚大会的主教们的初衷。

有些基督教思想史学者主张并维护后一种思潮，他们认为“古代尼西亚派”与“新尼西亚派”之间有明显区别。其中一位史学家便是哈纳克，他认为迦帕多西亚三杰的信条表面上采用尼西亚信经的方式，实质却体现了古代“父子类质派”（*homoiousios*）的教义，即认为父子的本质不一，但类似。因此，哈纳克断然宣称：“不是‘父子同质论’最终取得胜利，相反，是采纳了与‘父子同质　’一致术语的父子类质派教义取得了最后的胜利。”㊴

无疑，我们有足够的理由可以证实“古代”和“新”尼西亚派之间的差别。出席尼西亚会议的人们中有许多人并不理解他们所要讨论的问题，而在谴责阿利乌及其追随者的人们中有些实际上是神格唯一论者，他们自己的教义后来也遭到谴责。另一方面，如果我们用“古代尼西亚派”称呼接下来聚集在亚他那修身边的那个团体，那么无疑，他们同迦帕多西亚三杰有着很大的不同。但我们不能将这些差异夸大成实际上并不存在的对立。

亚他那修与迦帕多西亚三杰之间的不同，有些当归于其历史背景不同之故，另一些则应归于其神学方法的差异。亚他那修和迦帕多西亚三杰面临的敌手虽然都是阿利乌派，但却是些不同的阿利乌派。亚他那修 324
同阿利乌主义斗争时，它的最终结果尚未表现出来，故有必要通过证明其对于基督教信仰造成的否定性后果，驳斥谴责这种教义。另一方面，迦帕

㊴ *HD*, 4: 82.

多西亚三杰反对的是业已成熟的阿利乌主义，其后果已为人们所尽知。因此，他们的主要任务不在于发现阿利乌主义的后果，而是要驳斥这些后果并提出另一种教义。这样，“古代”与“新”尼西亚派之间的差距在很大程度上，应当以“古代阿利乌派”与“新阿利乌派”之间的差距为基础加以解释。

再者，迦帕多西亚三杰在神学方法论方面与亚他那修也有所不同。那位亚历山大主教总是从救赎论的后果出发去讨论一切有关子的神性的问题。迦帕多西亚三杰则倾向于运用逻辑和经典的论证，而没有持续、有意地将三位一体教义与救赎论联在一起。[55] 他们将所要讨论的问题视为基督教的根本教义，而不是从基督教救赎论出发。这场阿利乌争辩至此已近结束，迦帕多西亚三杰的任务主要是使教会的信仰系统化，并尽可能在逻辑上明确阐述这种信仰。或许这便成为我们之所以在尼撒的格列高利那里再次感受到似乎已为亚他那修所抛弃的那种奥利金主义气氛的原因之一。

但是，哈纳克在两代尼西亚派之间作出截然划分所要说明的思想并不止于这一点。他认为，迦帕多西亚三杰的信条是对尼西亚信仰的背叛。尼西亚会议肯定了父子在本体上的同一性。迦帕多西亚三杰［在肯定上帝里面有一种本质（*ousia*）和三个实体（*hypostases*）］及上帝的统一性与彼得、雅各和约翰的统一性相似的过程中，将上帝的统一性解释为属性交
325 流，因而在“父子同质”（*homoousios*）的外衣下，实际上重弹了“父子类质”派（*homoiousian*）教义的旧调。

哈纳克对迦帕多西亚三杰的事工作出如此评价，似乎有两点不能为人们所接受：它既未能正确解释尼西亚会议的决议，又错误地理解了迦帕多西亚三杰的教义。说到尼西亚会议，我们已经指出，它的意图并非宣布

---

[55] 然而，必须指出，当提到基督的人的灵魂问题时，情况就反过来了。亚他那修没有意识到救赎论问题已危若累卵，而迦帕多西亚三杰则把它放在讨论的中心位置上。

上帝的本质同一，而主要是肯定子的神性。至于迦帕多西亚三杰，对于他们将上帝的统一性类比为三个人之间的统一性的教义，我们只要记住，像尼撒的格列高利，考虑到他的哲学观点，会将彼得、雅各和约翰共有的人性看得比三个个体更为实在，那么，他们的上述教义与尼西亚信仰的距离也就不会像乍一看那么遥远。迦帕多西亚三杰的这个教义置身于柏拉图主义的唯实论的框架之中，因此，在我们现代的唯名论的背景中来解释它是不公允的。

第十五章　西方教会的三一论教义

326　阿利乌主义对西方教会的威胁，不及它对东方教会造成的威胁那样大。这似乎应当归于三个原因：拉丁教会的三一论教义传统；它对其他似乎较为紧迫而本质上更具实践性质的问题的关注；斯多葛主义的影响。第一个原因十分显然，我们只需记住，西方教会从德尔图良时代起即已形成其延传至今的三一论教义："一个本体、三个位格。"这一点，再加上西方拉丁教会重视实践的倾向，便足以阻止阿利乌争辩成为流传广泛的问题，像东方教会中的情形那样。最后，斯多葛主义在西方教会中是最为普遍的哲学，这个事实，可能对于西方教会避开某些为流行新柏拉图主义的东方教会所面临的危险方面贡献颇大。我们在前面的章节中业已看到，西方人士在三一论教义的讨论中主要关注的是驳斥形相论（Modalism）的问题，因而常倾向于次位论。但这一点从未发展成阿利乌主义那样的极端观点。这很可能，至少是部分的，是由于亚历山大神学及其对神的超在性的强调对西方教会影响极微之故。人们如果将上帝视为绝对超在的存在者，便会将道视为上帝与世界之间的中介，阿利乌就是这样认为的。因此，斯多葛派的影响，及其对于神的内在性的强调，促使西方教会免受阿利乌主义的侵扰。

但这并不说明阿利乌主义及三一论争辩没有渗透进西方教会。阿利 327
乌主义在一定时间、一定地点上仍有着明显的影响。康士坦提乌(Constantius)在位期间,整个西方教会都承受了皇帝为支持阿利乌主义而施加的压力,甚至教皇利伯里乌(Pope Liberius)及年事已高的科尔多瓦的何西乌(Hosius of Cordova),都曾被迫在与尼西亚信仰相对立的文献上签名。然而,即便在这个阶段中,阿利乌主义也只能在东西帝国的边界地区造成较大的影响。① 数年后,尤斯蒂娜(Justina)企图强行推广由其子瓦伦斯提安二世(Valentinian Ⅱ)统治的那部分国土中的基督教时,群众的反抗(在米兰的安布罗斯精明领导下)清楚地表明,阿利乌主义在西方教会中没有内在的活力。

尽管如此,西方教会却写成大量著作,力求思索由席卷东方教会的争辩而产生的各种问题。这种著作起初尚不出东方教会同类著作的谱线,其中有些几乎只是希腊文著作的修订译本。但西方教会慢慢形成了自己讨论和表达三一论教义的形式,这个发展过程在圣奥古斯丁的《论三位一体》(*On the Trinity*)中到达其顶点。

早在4世纪下半叶初期,普瓦泰的希拉利(Hilary of Poitiers)撰写了十二册《论三位一体》,明确反映了他在流放东方期间所感受到的种种影响。② 他对于三一论的讨论本身没有任何创见,它的重要性在于为拉丁世界提供了一部总结阿利乌争辩涉及的问题,以及支持尼西亚信仰的论

① M. Meslin, *Les Ariens d'Occident, 335～430* (Paris: Editions du Seuil, 1967), 尤其研究了沿多瑙河边境地区的阿利乌社团。

② 关于他被流放之前的文学和神学作品及其生涯的研究,见 J. Doignon, *Hilaire de Poitiers avant l'exil: Recherches sur la naissance, l'enseignement et l'épreuve d'une foi épiscopale en Gaule au milieu du Ⅳ^{e} siècle* (Paris: Études augustiniennes, 1971)。

著。③

意大利北部捍卫尼西亚信仰的伟大斗士圣安布罗斯对三一论教义也
328 没有什么新的贡献。他基本上是以非常精干的教会人士和布道家的身份捍卫了尼西亚信仰。而当皇帝格拉提安(Gratian)要求他编写一部论述圣灵的著作时,他便以巴西勒论述同一问题的著作为基础,写出一部几乎未加改动的意译本。④

另一位反对阿利乌主义的西方人士是撒丁岛(Sardinia)加拉利斯的卢齐佛尔(Lucifer of Calaris)。⑤ 他用大众化的拉丁语写成的著作,公开攻击皇帝康士坦提乌,甚至使用了冒犯皇帝的言词。有些反对教会当局允许前阿利乌派成员返回决定的人们在卢齐佛尔死后以他作为象征,遂被称做"卢齐佛尔派"(Luciferians)。该教派没有教义要旨,故存世不久,尽管它造就出一些有能力的教法师和作家,其中最值得提到的是艾尔维拉的格列高利(Gregory of Elvira),他著有一部《论反对阿利乌派的正统派信仰》(*On the Orthodox Faith Against the Arians*)。⑥

在5世纪初期,奥古斯丁使西方教会表现出它所能达到的深度及创见性。奥古斯丁的十五册《论三位一体》确定了西方三一论神学将要遵

---

③ Pierre Smulders, *La doctrine trinitaire de S. Hilaire de Poitiers* (Rome: Gregorian University Press, 1944); Jules Lebreton, "A propos de la doctrine Trinitaire de saint Hilaire de Poities", *RScRel*, 33 (1946), 484~489; P. Löffler, "Die Trinitätslehre des Bischofs Hilarius von Poitiers zwischen Ost und West", *ZschrKgesch*, 71 (1960), 26~36; C. F. A. Borchardt, *Hilary of Poitier's Role in the Arian Struggle* (Gravenhage: M. Nijhoff, 1966).

④ 参 Ludwig Herrmann, "Ambrosius von Mailand als Trinitätstheologe", *ZeitschrKgesch*, 69 (1958), 197~218, 作者主张,安布罗斯倾向于用本体类似(*homoiousian*)来理解三位一体。

⑤ 我所知的最为详尽的传记性著作,见 G. Cerretti, *Lucifero vescovo di Cagliari ed il suo*, "*Moriendum esse pro Filio Dei*" (Pisa: Nistri-Lischi, 1940)。关于他的三一论的教义,见 C. Zedda, "La dottrina trinitaria di Lucifero de Cagliari", *DivThom*, 52 (1949), 276~329。

⑥ 以下是对他的作品和神学的全面的介绍性作品:Angel Custodio Vega, "Una gran figura literaria española del siglo Ⅳ", *CD*, 156 (1944), 205~258; J. Collantes Lozano, *San Gregorio de Elvira: Estudio sobre su eclesiología* (Granada: Imp. F. Román Camacho, 1954; F. J. Buckley, *Christ and the Church According to Gregory of Elvira* (Rome: Gregorian University Press, 1964)。

循的道路，因而成为东西方三一论神学向不同方向发展的起点。所以，我们有必要在此对奥古斯丁的三一论神学加以讨论，尽管全面探讨他的神学将是这部《思想史》第二卷的主要任务之一。

无庸置疑，奥古斯丁将三一论教义当做信仰的基本内容之一。因此，他的《论三位一体》与前人所著不同，它未以证明子和圣灵的神性，或他们与父的本质统一为主要内容。奥古斯丁基本上以迦帕多西亚三杰的教义为基础构造自己的神学，尽管他对这三人的神学没有直接认识，而只是通过希拉利了解到一些主要思想。

奥古斯丁同迦帕多西亚三杰一样，明确宣称三位一体中各个位格[7] 329
的区别不在于其外在行动，而在于其内在联系。[8] 这种观点无意说明，将某个特别的行动与某个神格联系起来的说法，如人们肯定的“道成为肉身”的说法，不能成立或完全不正确。实际上这只是我们的词汇与思想有限，无法说明或理解三位一体如何作为整体在每件上帝的事工中运作，因此，我们把那些事工同某个神格联系起来。这就是中世纪神学家称为“运用论”(appropriations)的观点，[9]从下面圣奥古斯丁的一段话中可以看出他们这种评价的公允之处。

> 而我却要大胆陈述，父、子和圣灵属于同一本体的创世主上帝，全能的三位一体，不加分割地运作，但这一点不能被十分低级的受造者不加分割地完全体现出来，尤其不能为具有形体的受造者所表现，正如父、子和圣灵不能由我们的话而得名一样，我们的话当然是有形体的声音，它除了在单词间有正常的时间间隔而外，还明显地为单词的音节所占用的间断所分开。三者在他们寓身其中的本体里面就是

[7] 虽然奥古斯丁避免用“位格”一词来指三位一体。参 R. Boigelot，“Le mot ‘personne’ dans les écrits trinitaires de saint Augustin”，*NRT*，57 (1930)，5～16。

[8] José Morán，“Las relaciones divinas según San Augustín”，*Aug*，4 (1959)，33～72.

[9] A. Chollet，“Appropriations aux personnes de la Sainte Trinité”，*DTC*，1: 1708～1717.

> 一个，父、子和圣灵完全同一，既无时间上的运动，又高于全部受造者之上，没有时间和位置上的间隔，在任何时候都是同一个由永恒到永恒者，因其本身即为永恒，这一点不无真理和博爱。但父子和圣灵在我的话中却被分了开来，他们不能被同时称呼，也无法在有形的字母中占有其恰切的位置。而且，既然当我称呼我的记忆、理智和意志时，每个称呼都只以复多的方式与一个概念有关，但每个称呼却是由三者共同发出，因为三个称呼中没有哪个不是靠我的记忆、理智和意志所共同（即靠心灵整体）发出来的；因此三位一体共同地构成父的
> 330 声音、子的肉身和圣灵的鸽子，而这三件事物各自则以复多的方式与一个位格有关。由于这样的相似性，便可在一定程度上辨别三位一体中的区别，其本身虽不可分割，但却由有形的受造者的形象分别得到体现，三位一体的活动，在各个据称与体现父、子和圣灵有关的事物中，也不能以复多的方式被割裂开来。[10]

尽管奥古斯丁在讨论三一论教义时追随了希腊教会的神学家，但像迦帕多西亚三杰那样的神学家往往倾向于以位格或他们的差异为其出发点，并由此论述到本质的统一。而另一方面，奥古斯丁则以上帝本质统一为起点，进而论及位格间的区别。他从未全面理解迦帕多西亚三杰通过“实体”（*hypostasis*）一词所要表达的思想，他把他们所谓的“实体”译成了“本体”（*substantia*）。[11] 但是，他与希腊神学家们的分歧不单纯是在用词方面。他们之间的分歧主要在于奥古斯丁不允许位格之间的差异具有迦帕多西亚三杰所认为的那种重要地位。他对神的统一性及独一性的理解

---

⑩ *De Trin.* 4. 21. 30 (*NPNF*, 1st series 3: 85 ~ 86).

⑪ *De Trin.* 5. 8. 10 (*NPNF*, 1st series 3: 92)：“他们实际上也用了实体（*hypostasis*）一词；但是他们打算指出在本质（**οὐσία**）与实体（*hypostasis*）之间的一种差异，我不知道那是什么。结果，我们大部分用希腊语来处理这些的人都习惯于说，**μίαν οὐσίαν, τρεῖς ὑποστάσεις**，或者，用拉丁文，一个本质（one essence），三个本体（three substances）。”

方式使他拒绝任何把上帝说成"三重"存在者的企图,如同马里乌·维克多利鲁(Marius Victorinus)所行那样。维克多利鲁是已经皈依基督教的著名学者,他的其他方面仍受奥古斯丁的敬重。[12]

> 既然他(指上帝——译者)是个三位一体,那就不能将他想象为三重存在者,否则,单独的父或单独的子就会次于共同的父和子。虽然,实际上我们无法为单独的父或单独的子这样的说法找到依据,因为父与子,及子与父总是不可分割地在一起;不是说二者同为父,或同为子;而是因为他们始终处于相互联系之中,彼此不相分离。[13]

进而言之,甚至"位格"(*persona*)一词也只是表述那不可表述者的约 331
定俗成的方式。而在当时,这个术语已从悠久的传统得到某种特权,在西方的三一论中得到普遍采纳。"这样,我们除了承认这些术语是在需要以充足的理由反对异端派的伎俩或谬误时而产生的必要表述手段外,还会是什么呢?"[14]无论怎样,更准确的说法应是"关系",因为这正是人们在谈到不同的"位格"时所要表达的意思。

> 但是在上帝里面,没有哪一点可以被说成由偶然而来的,因为上帝里面的一切都是不变的;人们所说的一切,并未依据本体而言。因为据说这是处在与某个并非偶然生成的事物的联系之中,如父在与子的联系之中,及子在与父的联系之中;因为两者一个永远为父,另一个则永远为子:然又非"永远",这种关系始于子受生(*natus*)之时,故父因子从未停止为子而永远为父,然而由于子始终在受生,而从未

⑫ 参 Paul Henry,"The Adversus Arium of Marius Victorinus, the First Systematic Exposition of the Doctrine of the Trinity",*JTS*, n. s. 1 (1950), 42 ~ 55。

⑬ *De Trin.* 6.7.9 (*NPNF*, 1st series 3: 101).

⑭ *De Trin.* 7.4.9 (*NPNF*, 1st series 3: 110).

开始为子。但是，如果他曾在哪个时刻开始为子，或在哪个时刻停止为子，那他就可被称为由偶然事件而生的子。但是，如果父在其被称为父的过程中，系因与他自己的联系，而非与子的联系之故被称为父；而子在其被称为子的过程中，系因与他自己的联系，而非与父的联系之故被称为子；于是从本体上看，一个当称为父，另一个当称为子。但是因为父若无子便不能称为父，子若无父便不能称为子，这些说法便未从本体上考虑问题，因为他们各自都不是因为同自己的联系而得名，这些术语表明了他们的相互关系，并使他们彼此联系起来；然而这亦非由偶然事件造成，因为被称为父和被称为子的存在者对于他们来说同为永恒且不变的。因此，为父与为子固然不同，但其本体却无不同；因为他俩并非由其本体，而是由其相互联系而得到其称呼，但这种联系却非偶然，因为它是不变的。⑮

332 这种神的关系论构成了一个起点，由此奥古斯丁对三一论思想作出两大贡献：他的圣灵所从出的理论，及他的三位一体在受造者里面留下痕迹的教义。

以往的神学家感到难以表述子的出生和圣灵的由来之间存在的不同。阿利乌派便从这些困难中渔利。他们问到，既然子和圣灵都从父那里得以在世，怎么会一个称子而另一个不称子呢。奥古斯丁起初承认，自己对区别子的出生和圣灵的由来的正确途径无知。但他接下来又提出一种理论（后在西方普遍流行），称圣灵为存在于父子之间的爱的纽带。

因此无论怎样，圣灵对父和子来说总是共同的。但那种交流自身即是一种同质及同样永恒；如果可以贴切地称之为友谊的话，那就这样称呼吧；但更准确的称呼则应是爱。这也是一种本体，因为上帝

⑮ *De Trin.* 5.5.6 (*NPNF*, 1st series 3: 89).

> 是个本体，而且“上帝是爱”，经上就是这样写的。[16]

对圣灵由来作出如此理解，因它带来的后果而显得相当重要，因为中世纪东西方神学家就“和子”(*filioque*)句进行的争吵，盖源出于此。[17]

奥古斯丁对三一论思想的发展作出的另一个贡献，是他的三位一体痕迹论(*vestigia Trinitatis*)的理论，即从受造物里面见到三位一体的痕迹或标志。在一切受造物，特别是人的灵魂里面，人们都能见到创世主及其三位一体的本性所留下的印痕。这并非简单主张可以用某些合乎自然秩序的事物来解释或引证三一论教义(这种做法在以往的神学那里相当普遍)，而是说**一切事物**都因其为上帝所造这个事实而带有三位一体的印痕。这个教义后来为中世纪的神学家们系统地阐发，并就三位一体在其 333
所造之物里面留下的影子、痕迹、形象或相像等做详细的划分。[18] 然而奥古斯丁自己则将注意力集中在人身上，经文中称人是照三位一体的形象、按三位一体的样式造出来的——这就是《创世记》1 章 26 节之所以用复数形式：“我们要造人”的原因所在。[19]

虽然奥古斯丁曾使用多个不同的三项论(trilogies)来证明人类灵魂里面的三位一体痕迹，但最常见的，并且对后来整个基督教思想史具有较大影响的，则是他所列举的记忆、理解和意志。

> 于是，既然记忆、理解和意志三者并非三个生命，而是一个生命；不是三个思想，而是一个本体。被称为生命、思想和本体的记忆是在

---

⑯ *De Trin.* 6. 5. 7 (*NPNF*, 1st series 3: 100). 也许奥古斯丁的这一教义是来自 Marius Victorinus，对后者而言，圣灵像一个巨大的纽带。参 *PL*, 8: 1146。

⑰ *Infra*, 2: 127 ~ 130.

⑱ 例如，Saint Bonaventure 的 *Itinerarium mentis in Deum*。

⑲ 这一解释不是圣奥古斯丁的原创，它在更早时期的教义文献中是相当普遍的。参 Irenaeus, *Adv. haer. 4. proem.*; Tertullian, *De res. car.* 6; Novatian, *De Trin.* 17; 26。在更早时期的诺斯底派信徒中，流行用这个文本作为一些天使或权能参与了创造事工的证据。

> 关系到它自身时得到这样的称呼，但它被称为记忆，则是相对于某物而得名的。我应当用同样的方法论述理解和意志，因为它们都是相对于某物而被称做理解和意志的；但它们各自相对于自身却又是生命、思想和本质。由于这三者为一，表现为它们是一个生命，一个思想和一个本质；无论它们关于自身还有其他哪些不同的称呼，它们还是要被联系在一起，不是以复数的方式，而是用一个单数为其共同称呼。但是它们在相互关联之中又是三个；如果它们之间没有平等，不仅指彼此之间，而且指各自与三者组成的整体之间的平等，那它们当然不能相互包容，因为这不仅是指彼此的包容，而且指各自包容着三
> 334 者组成的整体。因为我记得我有记忆、理解和意志；我理解我在理解、意愿和记忆；我愿意我所意愿、记忆、和理解的；我把我全部的记忆、理解和意志记在一道。因为我记不住的记忆，便不在我的记忆之中；在记忆中，没有什么能与记忆相比拟的。因此我记住全部的记忆。[20]

这样，奥古斯丁便运用灵魂心理职能间的内在联系（这位希坡的主教无疑在心理学方面有着深刻的感受），尽可能地试图理解三位一体内部的内在联系。

总之，我们可以说，奥古斯丁至少在三个基本要点上为西方三一论神学的发展指出了道路：他对神的统一性高于其差异性的坚持；他的关于圣灵所从出的教义；他主张的三位一体痕迹论，特别是对人类心理活动领域产生影响的理论。[21]

这三点中的第一点虽然避开了其他神学家观点中的三神论，但又与

---

⑳ *De Trin.* 10. 11. 18（*NPNF*, 1st series 3： 142）.

㉑ 参 Michael Schmaus，"Das Fortwirken der augustinischen Trinitätspsychologie bis zur karolingischen Zeit"，*Vitae et veritati*： *Festgabe für Karl Adam*（Düsseldorf： Patmos-Verlag, 1956），44～56。

撒伯流主义非常接近。而早期保守的东方主教们恰恰担心《尼西亚信经》中的父子同质说(*homoousios*)会形成撒伯流主义的观点。

第二点在澄清西方教会的圣灵教义,并为之指明道路方面贡献巨大,其最重要的后果便是以后围绕"和子"句产生的争辩。

最后,这第三点对中世纪西方神学至为重要,并最终为企图通过思考上帝在受造物里面的印痕而表达上帝的神秘主义神学提供了基本结构。

当奥古斯丁埋头解决三一论问题之时,东方教会却开始被一个新的争辩题目:救主的位格(即基督位格论——译者),搅得无法安宁。到目前为止,人们所讨论的问题主要是子的神性问题。现在的主要问题将是耶稣基督里面的神性如何与人性发生联系。这就是我们现在必须讲到的基督论争辩的主要论题。

第十六章　基督论争辩的开始

335 我们先前探讨的争辩涉及到子的神性，及子的神性与父和与圣灵联系的方式等问题。一旦神学家们认为子的神性问题解决以后，他们便会给自己提出另一个问题：耶稣基督里面的神性和人性是如何发生联系的？

甚至从最初阶段的基督教思想开始，我们就看到对这个问题能够作出不同的回答。一方面，人们可能会肯定基督的神性而否认他的人性。这种解决问题的观点被称为幻影论。它曾受到极大多数基督徒的反对，因为它使至关紧要的道成肉身教义变成毫无意义的空话。另一方面，人们可能会肯定基督的人性，并将在他里面的上帝启示视为他的道德崇高造成的结果。这种观点可能由伊便尼派所主张。它同样不能满足断然肯定"上帝在基督里面"的极大多数基督徒在宗教情感方面的需要。

大多数基督徒采取了介于上述两种观点之间的立场，尽管有时倾向这一边或那一边。在某些场合下（如在撒摩沙他的保罗那里），有人会接
336 近这个或那个极端，因而遭到多数人的斥责。但在基督论方面较为正统的神学家们（伊格内修斯、艾雷尼厄斯、奥利金，甚至德尔图良），他们对耶稣基督里面的神人两性合一问题实际上也未形成明确的定义。

4 世纪时，特别是在阿利乌争辩的早期阶段中，神学家们过多地注意

了三一论问题，以至于顾不上仔细思考基督论本身的问题。如尽管阿利乌的基督论与西方自德尔图良时代便承认其为正统的基督论，以及与参加过尼西亚会议的某些主教（其中有安提阿的幼斯塔提乌）的基督论相去甚远，而《尼西亚信经》却未曾有一词反对这样的基督论。亚他那修本人虽是反对阿利乌主义的主要斗士，但他在基督论上却与阿利乌相当接近。[①] 当他们忙于争论救主神性问题之时，谁会去思考救主的神人两性关系呢？

但是，三一论争辩终将不可避免地引出基督论争辩。阿利乌派为了将逻格斯说成可发生变化的存在者，提出一种基督论来支持这种观点。[②] 因此，一旦后期尼西亚派神学家认真思考基督位格的问题，便认识到他们不仅要驳斥阿利乌派关于道的教义，而且必须驳斥他们的基督论观点。

不仅如此，各个基督教思想及教义的主要城市在漫长的岁月中，几乎都在没有明确意识的状况下，逐步习惯于以自己的典型方式构造出其基督论并解决有关的问题。这些主要城市包括西方教会、安提阿和亚历山大的教会。

西方教会基督论信条的基本要点在德尔图良时代即已确立。德尔图良早在尼西亚会议之前一个多世纪时便面临着基督双重本性及这两种
“实质”（德尔图良给它们的称呼）在一个位格里面合一的问题。他所提 337
出的解决方案虽然缺乏那种只有通过长期争辩才能获得的清晰明了，但比 4、5 世纪间别的许多建议显然高出一筹，因为德尔图良深知在坚持道的神性的同时，肯定包括理性灵魂在内的耶稣基督完整的人性所具有的

① 这不是说阿利乌或亚他那修在明确地否认基督有人的灵魂这一意义上有一种发展完全的基督论，而只是说，他们把这种否定当做是理所应当的。参 William P. Haugaard，“Arius：Twice a Heretic？”*CH*，29（1960），251～263。

② Aloys Grillmeier，*Christ in Christian Tradition*，pp. 190～192，竭力主张，在阿利乌主义那里的三一论思想与基督论思想的关系与这里所述的相反。对于该书作者而言，这个解释似乎不是对现存的文本的正确理解，尤其是因为亚他那修、阿波利拿流以及其他持有相似基督论的人刚好都是反阿利乌派的。

重要意义。③

德尔图良主张“在基督里面两种实质在一个位格中合一”的公式并未立即为西方神学家们所接受，他们多数追随他的“两种实质”的教义，但未采纳他关于“一个位格”的统一性观点。④ 然而，他们的基督论基本上还是德尔图良的基督论，包括坚持两种实质的实在性及二者以“属性交流”的方式合一。后来，迅速获得西方教会大师声望的奥古斯丁在基督论的意义上重新采用“位格”（*persona*）一词，因而将西方教会再次引向被人们遗忘了的德尔图良关于一个位格里面两个实质的教义。⑤ 西方教会由此形成一种介于主张基督里面神人两性混淆不分及主张两性截然有别的中间观点。结果，当基督论争辩席卷了东方教会之时，西方教会虽对之颇感兴趣，但却未深深卷入，因为这种争论在西方始终不是一个紧要的问题。当各派取得一致而停止争辩时，还是德尔图良的那个公式充当了联合各种不同理论的连结点。

东方的局势与西方的情况大不相同，那里的人们分成必然相互抵触的两个不同的基督论派别：安提阿学派和亚历山大学派。但我们决不能
338 将这两个学派与它们借以得名的两座城市完全等同起来；准确地讲，这主要是一场在以亚历山大为中心，但在安提阿城中亦有其代表人物，具有后期希腊化思想特色的神学，与以安提阿为中心，具有强烈的叙利亚因素，强调《福音书》记载的可靠性及耶稣真正人性的神学之间进行的论战。亚历山大的神学家实际上同属一个集团，而安提阿城及周围地区的神学家则分为两支：一支人追随亚历山大派，而另一支人则属典型的安提阿派。因此，安提阿城经常成为两派的论战场所，但安提阿派教义却从未侵入亚历山大城。

---

③ *De carne Christi* 13.

④ Tarsicius J. van Bavel, *Recherches sur la christologie de saint Augustin* (Fribourg, Switzerland: Editions Universitaires, 1954), p. 13.

⑤ 同上，p. 25 ~ 26。

这种分化趋势在3世纪中叶的安提阿业已形成。事实上,撒摩沙他的保罗与其对手的争辩只是一场大战中的一幕,这场大战终将在一个半世纪后的东方教会中造成分裂。

尽管撒摩沙他的保罗对叙利亚派的贡献不大,因为他过度地夸大了自己的观点,结果为马尔希翁和其他奥利金派成员谴责他提供了口实。但这并未终止叙利亚派传统在安提阿的流传。这样,以安提阿的幼斯塔提乌为首的叙利亚派在4世纪初再度控制了安提阿的主教席位,也就不足为奇了。保罗的历史在幼斯塔提乌身上再度重演;而奥利金在叙利亚的追随者们(这次是持阿利乌派观点的路济安派成员)在尼可米底亚的优西比乌帮助下,尽管这次的理由并不充足,又一次谴责并放逐了一位反对奥利金主义观点的叙利亚派主教。⑥

我们暂且先对幼斯塔提乌的基督论作一番探讨。⑦ 人们从这种基督论中可以发现那些后来使安提阿学派与亚历山大学派彻底决裂的基本特点。与撒摩沙他的保罗一样,幼斯塔提乌相信,人们在耶稣基督里面能够见到的神性并不具有位格——这个观点很快便为他在安提阿学派中的后继者所放弃。他有意捍卫基督人性的实在性,并试图以明确区分基督里 339
面的神人两性来达到这个目的,这就否定了神人两性的真正合一。这样,基督里面的神人两性合一便当归于人的意志与神通力合作之故,表现为前者的意愿始终与后者如一。此外,耶稣是真正的人,像其他人一样有人的肉身和灵魂,并曾实实在在地成长和发展。非位格的上帝的"智慧"临到基督里面,就像临到神殿一样,基督的位格只能是人的位格。

幼斯塔提乌的追随者们坚持这种强调基督两性的区别,及他有真正的人性的观点。在这些人当中,值得简单提到的有大数的迪奥道罗(Di-

---

⑥ 关于幼斯塔提乌的谴责见第十二章。

⑦ Robert V. Sellers, *Eustathius of Antioch and His Place in the Early History of Christian Doctrine* (Cambridge: Cambridge University Press, 1928), pp. 100～120.

odore of Tarsus）和莫普苏埃斯蒂亚的狄奥多尔（Theodore of Mopsuestia）。

大数的迪奥道罗是当时最重要的神学家之一，在他的门人中有莫普苏埃斯蒂亚的狄奥多尔和约翰·克利索斯托（John Chrysostom，又译金口约翰）这样大名鼎鼎的领导人物。他的论著被那些从其中发现有聂斯脱利主义端倪的人们所毁，现已遗失，只有少数残篇幸存于某些著作之中。[8] 尽管如此，我们还是可以知道，他的著作多数是对《圣经》的评注，迪奥道罗在这些著作中遵循由安提阿的路济安在该城确立的历史和语法释经法——与亚历山大的寓意法相去甚远。自然，迪奥道罗对于经典字意的强调使他（如同其他安提阿派神学家一样）更多地关注福音书所表现的历史上的耶稣。然而，在迪奥道罗时代（他卒于394年），耶稣基督神性具有位格性已是确定的说法，因此，迪奥道罗在这一点上与撒摩沙他的保罗以及安提阿的幼斯塔提乌有所不同。这反过来又牵出耶稣基督的神
340 性与人性的关系问题。迪奥道罗企图通过确定和强调神人两性的区别（属典型的安提阿派作风）来解决这个问题。[9] 道临到耶稣里面“就像临到神殿一样”，或“正如它临到《旧约》先知里面一样”，尽管这在耶稣那里是一种永久的合一。更为甚者，这不仅是居所（或神殿）与临到者的区别，而且是神子与大卫之子的区别（显然正是这种“两子”教义导致了他的著作身后被毁的事件）。[10]

看来，迪奥道罗似乎是由反对亚历山大派的基督论而达到这种强调

---

⑧ 最好的版本是：Abramowski，“Der theologische Nachlass des Diodor von Tarsus”，*ZntW*，42（1949），19～69。

⑨ 对迪奥道罗基督论的这个阐述当然是依赖于幸存下来的他的作品残篇的真实性。由于我们所得到的这些残篇是后来那些旨在证明迪奥道罗的非正统性的作者所引用的，因此，它们的意义总是有可能被损坏或改变成别的样子。然而，Francis A. Sullivan，*The Christology of Theodore of Mopsuestia*（Rome：Gregorian University Press，1956），pp. 172～181，已经提出理由，让人相信这些残篇中有大量是真实的。

⑩ 这也就是 M. Jugie 认为聂斯脱利主义的基本原则可以在迪奥道罗那里找到的理由：“La doctrine christologique de Diodore de Tarse d'après les fragments de ses oeuvres”，*Euntes Docete*，2（1949），171～191。

基督神性与人性有别的观点。我们已经接触过由亚他那修所代表的亚历山大派基督论，它将在本章后面记叙的阿波利拿流那里再次出现。亚历山大派基督论坚持将基督里面的神人两性合一视为真正的“属性交流”，即基督的人性所具有的属性亦可为道所具有。然而，亚历山大的神学家们在力图运用这条原则时，却肢解了耶稣基督的人性，即耶稣没有理性的人类灵魂。迪奥道罗从他那一方面看出了亚历山大派的谬误，但他似乎没有意识到承认“属性交流”的必要性。这使得他提出一种肯定道与人的合一，不仅仅是同人的肉身合一的基督论（这种观点最终将得到普遍承认）；[11]但他又提出一种极端的见解，在道和“被道据有的人”之间作出截然划分，因而排除了二者之间“属性交流”的可能性。[12]

莫普苏埃斯蒂亚的狄奥多尔的教义遵循了安提阿派的传统方法，故 341
与迪奥道罗的基督论十分相似，尽管他曾作出某些调整，以适应当时神学发展的要求（狄奥多尔比迪奥道罗晚 30 年去世）。进而言之，正如塞勒斯（Sellers）所说，“狄奥多尔的体系只不过全盘接受了幼斯塔提乌的原则，并对之加以修改以适应当时的教义思想。”[13]这不是说狄奥多尔的思想没有价值或创见性；相反，它使安提阿学派的神学研究达到了登峰造极的地步。

由于近来相继发现了一些以前不为人们所知的狄奥多尔的著作，结

---

⑪ 尽管有不同的解释，见 Grillmeier, *Christ*, pp. 260～270，但这是可以被肯定的。

⑫ Sullivan, *The Christology of Theodore*, pp. 118～189：“迪奥道罗实际上不仅抵制阿波利拿流派的错误，而且也反对他们正以自己的错误形式捍卫着的位格的统一。我们认为，迪奥道罗未能意识到以下两者的区别：而人的属性与作为他们的终极主格的取身之道之间的合法的谓项关系，以及人的属性通过阿波利拿流式的与人肉身的组合而归属为道的谓项。未能作出这样的区分，再加上有关道的神性的崇高概念，排除了人的属性与道之间任何的谓项关系。但是，如此一来，结果不外乎是否认了道成肉身的真实性。因为如果没有人的属性作为主格的道的谓语表述，那么人们就不能说道按着肉身是由童贞女马利亚所生，或者说道变成为人。”

⑬ Sellers, *Eustathius*, p. 117.

果使这位莫普苏埃斯蒂亚的主教成为大家研究和争议的对象。[14] 但我们
可以肯定,遵循安提阿学派往日传统的狄奥多尔对于基督两性区别的强
调远远甚于基督位格的统一。然而,狄奥多尔并未将此观点发展到极端,
而断言(就像他之前的迪奥道罗表面上所行那样)基督里面有两个子或
两位主。[15] 明确地讲,这里的据有者和被据有者之间有不可磨灭的差别;
但二者之间也有着不可磨灭的,永久的合一。这种神性与人性的区别和
342 合一观,使得狄奥多尔得以谈论"两种本性"在"一个位格"里面的合一,[16]
正如德尔图良以及后世一切正统基督徒所说的那样。但是,他把这个"位
格"理解为两性合一带来的结果,[17]而非三位一体中的第二个位格,在他
之内加上"被据有的人"的非位格本性。[18]

狄奥多尔与其前人幼斯塔提乌和迪奥道罗一样,以子临到耶稣基督里面来解释上帝住在他的里面。这种临到与上帝全在于世界之中不一样。上帝"因其本性和权能"临在于世界之中,而上帝临到耶稣基督里面是"因其施恩的意愿"。也就是在这种方式中,上帝临到圣徒及先知的里

⑭ 这些争论的主题是狄奥多尔的基督论与聂斯脱利的基督论之间的关系。直到最近,对于553年君士坦丁堡的第五次普世公会议的判断几乎一直没有怀疑。那个判断在聂斯脱利之前把狄奥多尔定为聂斯脱利主义者。新近发现的文本似乎证明,公会议使用的文本是被狄奥多尔的敌人篡改和歪曲过的。见,支持狄奥多尔为正统:Robert Devreesse, *Essai sur Théodore de Mopsueste* (Vatican City: Biblioteca Apostolica Vaticana, 1948);反对其正统性的:Francis A. Sullivan,"Some reactions to Devreesse's New Study of Theodore of Mopsuestia",*ThSt*, 12 (1951), 179~207 聂斯脱利真实的讲论使这个问题更加复杂了。

⑮ 尽管在有的文本里狄奥多尔建立了上主与大卫之子这种两极的说法,然而在其他的文本里他明确地否定"两个儿子"和"两位上主"。见 Quasten, *Patrology*, 3 (Utrecht: Spectrum, 1960), 415~416。

⑯ 最相关的文本,见 Devreesse, *Essai*, p. 115, n. 1。然而,应该说明的是,狄奥多尔更喜欢讲在一个"*prosopon*"里的联合,而不是在一个"*hypostasis*"里的联合。

⑰ Sullivan, *The Christology of Theodore*, p. 265; Richard A. Norris, *Manhood and Christ: A Study in the Christology of Theodore of Mopsuestia* (Oxford: Clarendon Press, 1963), pp. 228~233.

⑱ 正如将要进一步看到的那样,主要是通过亚历山大的西里尔(Cyril of Alexandria)。后者最终成为最通用的解释。

面。而耶稣基督的情况特殊，故有必要加上一点，即上帝临到他的里面“如同在一个儿子里面一样”。这位临到耶稣基督里面的上帝不是一种非位格的力量，相反，他是三位一体中的第二位，他因拥有人性之故而能够在神人两性之间建立绝对的和谐。[19] 不过，这种“联合”未从耶稣基督的人性中减去任何人的特点，因此，从伯利恒的少年到迦利利的教师之间经历了一段真正的发展过程——这是典型的安提阿派观点。[20]

狄奥多尔认为，被道“所据有的人”(“the human assumed” by the Word)继续是人类各种属性的主体，而这些属性不会传给道，唯有一种情况例外，即它们只能在“通过联系”而且是间接的绝对前提下传给道。[21]
真正的“属性交流”只能是种单向运动：道的属性传输给人，但反之却绝 343
无可能。[22]

这样，狄奥多尔虽然肯定耶稣基督里面的“位格统一性”，但又始终给人以一种印象，即他认为基督里面确实有着两个位格，而这两个配合如此默契，致使人们将二者视为一个整体。很有意味的是，狄奥多尔论述耶稣基督位格时所使用的术语是 *prosopon*，这个术语显然具有外在形象之含意，虽然并非绝对如此。就这一点而言，狄奥多尔的主张看起来有损于道成肉身的教义，尽管其程度不比亚历山大为强调基督之统一而牺牲其人

---

⑲ 根据狄奥多尔的道临在人里面所作的非常清楚的详细解释和讨论，见 Norris, *Manhood and Christ*, pp. 216～228。

⑳ 强调安提阿学派关于基督的发展这一主题，见 Robert V. Sellers, *Two Ancient Christologies: A Study in the Christological Thought of the Schools of Alexandria and Antioch in the Early History of Christian Doctrine* (London: S. P. C. K., 1954)。

㉑ 这是狄奥多尔(Theodore)关于“上帝之母”这一称号的立场的理解。他并未反对这一称号，但是他坚持认为，除非是在这样的条件下，这一称号才能够赋予马利亚，即人们必须意识到，仅仅是凭借着道与她所生之人的关系，她才真正是“人之母”和“上帝之母”。见，Norris, *Manhood and Christ*, pp. 215～216。

㉒ Sullivan, *The Christology of Theodore*, p.287.

性所造成的损害更大。[23]

简言之，较之亚历山大学者们所主张的“逻格斯—肉身”(Logos-flesh)基督论，我们完全可以用“逻格斯—人”(Logos-Human)基督论作为安提阿学派所持教义之典型特征。换言之，亚历山大的学者们，特别是4世纪的亚历山大学者们，十分乐于强调道与人的肉身之合一；而安提阿的学者们则深感以道与某位完人之合一为出发点的必要性。另一方面，安提阿人愿意在耶稣基督的位格统一性问题上作出一点让步，而亚历山大人则坚决主张，并且十分强调这种统一性，以致放弃了救主的人性那一面。

因此，亚历山大学派的基督论与安提阿学派的基督论相去甚远。带有新柏拉图主义倾向的亚历山大神学家(从克莱门特开始)相信，他们应当坚持道的不变性。即使这样会使耶稣之人性完全受到损害，也在所不惜。我们从克莱门特所谓基督没有人类情感的说法中已经看到某种幻影
344 论的倾向。奥利金虽然感到有必要谴责幻影论，但他仍然宣称，耶稣之身体构造与其他人完全不同。

这种观点在3、4世纪期间继续发展。这期间，由确证子以位格形式临在耶稣基督里面，以及同时还要明确子与人性合一的必要性，引出了“逻格斯—肉身”的基督论。根据这种观点，道所接纳的不是人性，而是人的肉身。尽管这种观点的第一个代表人物是老底嘉的阿波利拿流(Apollinaris of Laodicea)，但我们仍然应该提到几位可以为阿波利拿流引之为证的前驱者。

---

[23] 在我们离开狄奥多尔之前，有必要强调他作为释经家(exegete)的重要性。我们把注意力集中在他的基督论方面是因为我们这一章尤其关注这一问题，也是因为后来的人更注意狄奥多尔的基督论而非他的释经学著作。然而，他的门生称他为“解释家”(The Interpreter)——这一称号显示了他作为一位注释家的名望。见 L. Pirot, *L'oeuvre exégétique de Théodore de Mopsueste* (Rome: Pontificious Institutus Biblicus, 1913); Rowan Greer, *Theodore of Mopsuestia: Exegete and Theologian* (Philadelphia: Westminster Press, 1961), pp. 86 ~ 152; Devreesse, *Essai*, pp. 53 ~ 93。狄奥多尔作品的这个方面，以及他的基督论都表明他是一个典型的安提阿派。

例如，从我们手头关于马尔希翁（Malchion）以及其他一些曾在268年谴责撒摩沙他的保罗的奥利金派成员极其有限的材料来看，似乎可以说明他们的基督论当属“逻格斯—肉身”派观点。他们认为，“上帝之道在他里面，如同我们里面的内在的人一样。”[24]耶稣是个与别的人相同方式组成的存在者；正像人里面有肉身和灵魂那样，救主里面也有人的肉身和上帝的道。[25]

4世纪初，优西比乌和该撒利亚的潘菲诺埋头撰写其《为奥利金辩护》（*Apologia pro Origine*）之时，就有人因奥利金曾宣称耶稣有人的灵魂而批评那位伟大的亚历山大导师。面对这种批评，优西比乌和潘菲诺毅然指出，《圣经》提到过耶稣的灵魂问题。[26] 但优西比乌在阐发自己的基督论教义时却背离了奥利金的观点，他认为道就像灵魂驱使一般人的身体那样驱使着救主的身体。[27]

我们完全可以想象，这种基督论必将与安提阿学派的教义发生冲突。我们所拥有的关于这两种教义之首次冲突的记载，便是撒摩沙他的保罗与马尔希翁的那场争论。[28] 以后，正当阿利乌争辩拉开序幕之时，这两个 345
学派因安提阿的幼斯塔提乌受到尼可米底亚的优西比乌及其伙伴们（他们的基督论亦属亚历山大派观点）的谴责而再度冲突。不久，两派成员又一次进行了面对面的争论，不过这次是在哥林多。然而，这次争论的结局

[24] *Frag*. 30. 希腊文本见 Gustave Bardy, *Paul de Samosate* (Louvain: Spicilegium Sacrum Lovaniense, 1929), p. 59。然而，Bardy自己并没有把这一文本当做逻格斯—肉身（Logos-flesh）基督论的一个例证来解释（见本书英文版第481～488页）。

[25] *Frag*. 36, in *Paul de Samosate*, pp. 61～63.

[26] *Apol*. *Pro Orig*. 5.

[27] *De eccl*. *Theol*. 1.20.90. Quoted by Kelly, *Early Christian Doctrines*, p. 160.

[28] 见第十一章。

如何却不得而知,我们手中没有任何这方面的材料。㉙

不管怎么讲,4 世纪开始之时,以其典型形式表现出的亚历山大学派的基督论统治着神学领域。阿利乌和亚他那修,在其他方面虽各持己见,却都赞成逻格斯—肉身的基督论。

这种教义曾为阿利乌派成员引为道之可变性的论据。如果道能够与人的肉身构成如此紧密的结合,它就可以接受由肉身传来的感觉印象,那它怎么能是不变的呢?

显然,三一论问题必将引出基督论的问题,因为阿利乌的观点似乎想要证明道比上帝低了一等,而清除这种观点又是个重要的任务。而且,即使撇开阿利乌派观点不谈,任何明确肯定耶稣基督之神性的观点都不得不涉及这样一个问题,即这个神性通过什么途径与人性发生联系的问题。然而,尼西亚信仰最初的捍卫者们似乎没有意识到这一点。因此,认识到这个问题之意义的功誉及不幸统统落到了老底嘉的阿波利拿流身上:功誉是指由他的工作所证明的他的才思敏捷,神学见地精细入微,这一点使他能够将基督论问题放进他所讨论的范围之中;不幸是指他对基督论问题的回答没有他对这个问题的感受所得到的那么幸运。很快,他便遭到过去同他一道捍卫尼西亚教义的同伴们的谴责,这些人现在从他的观点中看到一种同阿利乌主义一样危险的东西。㉚

346 阿波利拿流于 4 世纪初出生于叙利亚的老底嘉城。他曾接受过完备

㉙ 这一主张的根据是 Athanasius,*Ep.* 59, *Ad Epictetum*。必须指出,这封书信不允许我们明确地断定在哥林多都能找到的这两种倾向的本质。Charles E. Raven, *Apollinarism: An Essay on the Christology of the Early Church* (Cambridge: Cambridge University Press, 1923), pp. 104ff., 书中把它们作为幻影派和伊便尼派的教训。另一方面,Sellers(*Two Ancient Christologies*, pp. 36 ~ 37)主张,我们在此遇到了亚历山大派的基督论与它的对手安提阿派基督论之间的会战。Seller 的论点令人信服。

㉚ 没有以阿波利拿流的名字幸存下来的作品。他的作品残篇存在于为反对他而撰写的著作中——如尼撒的格列高利的 *Antirrheticus*。除此之外,他的一些作品是在更为正统的神学家的名字下幸存下来的,如亚他那修,行异能的格列高利以及教皇尤里乌一世。

的教育,这使他得以成为一个老练的讲演家和不无幽默感的真正的学者。尼西亚会议之后的一段时间里,阿波利拿流曾与亚他那修和巴西勒友善相处,[31]后来他又被立为他所出生的那座城市的主教,并因反对阿利乌派的主教乔治(George)而颇具声誉。

阿波利拿流在努力驳斥阿利乌主义的过程中了解到,后期阿利乌派的几个基本观点之一便是基督论论证:假如道曾经与一个人的身体结合,而这个人身从本质上讲是可变的,那么道本身也一定是可变的。面对这种论证,他必须提出一种能够准确说明不变的道怎样能够同可变的人性结合起来的基督论。阿波利拿流施展其杰出的思辨才能来完成这个任务,但结果却是任何具有比较明确的神学见地的基督徒都要加以拒绝的一种教义,世称"阿波利拿流主义"。

另一方面,阿波利拿流在临近安提阿的老底嘉城中不仅是尼西亚信仰的重要捍卫者,而且也是反对古老的安提阿传统的亚历山大派神学观点的重要捍卫者。因此,他在攻击阿利乌的同时又十分谨慎地注意避免在基督论方面与安提阿人观点一致;避免采用他视之为悖谬的那种在耶稣基督里面区分神人二性的方式。结果,阿波利拿流的基督论尽管在肯定道之不变性(immutability)方面反对了阿利乌的基督论,但其基本结构仍与后者一样,因而仍属逻格斯—肉身类型的基督论。

阿波利拿流在构造其基督论时表现出两个基本意图:耶稣基督之人性完全(系反对安提阿学派的观点)和上帝之道的不可变性(系反对阿利

---

[31] 关于阿波利拿流与巴西勒之间的友谊学者们中间有一些争论。这主要是与巴西勒的书信中的四封书信的真实性有关,序列号是第 361 ~ 364 号(*PG*, 32: 1100 ~ 1108)。像 Loofs 与 Lietzmann 这样著名的历史学家否认这四封书信的真实性。但也有人提出了很有力的相反的论证,见 George L. Prestige, *St. Basil the Great and Apollinaris of Laodicea* (London: S. P. C. K., 1956)。上述通信,如果是真实的,进行之时,阿波利拿流不是被当做一个异端分子,而应是尼西亚信仰的拥护者。

347 乌派的观点)。[32] 第一点在阿波利拿流的这段话中特别明显:

> 作为上帝的道与作为人的耶稣并非两个不同的位格,而只是同一个位格,他就像先前从马利亚得到肉身而成为一个位格的圣子那样继续存在,因而使自己成为一个完全的、圣洁的和无罪的人,并且利用此独特身份来使人类得到重生,使全世界得到拯救。[33]

另一方面,阿波利拿流捍卫道之不可变性的意图可见于下列这段话中:

> 上帝在化为人的肉身之后仍保其特有的纯洁的大能,仍拥有不受自然及肉体情感辖制的心灵,并以神圣而无罪的方式控制着肉身及肉体的情感,他不仅不受死的权能所辖,而且要消灭死亡。[34]

阿波利拿流的基督论部分是由于反驳阿利乌主义的需要而形成的。这种基督论来自人身三分法假说,即人是由体、魂和灵三个部分组成的(据《帖撒罗尼迦前书》5 章 23 节所载)。当时人们以柏拉图对理性生物的不同成分提出的三分论观点来解释人性的三重结构。因此,人性由身体、魂魄和灵性或理性三个部分组成。根据这种划分法,魂魄只是赋予身体以生命的一个存活原则。因此,魂魄是非位格、无意识之物,而一切理性功能均被归之于灵性的名下,灵性遂成为位格性之所在。

㉜ 古代的历史学家从反阿利乌(anti-Arian)的观点出发解释阿波利拿流的基督论,然而,现代的历史学家倾向于强调他的思想中反安提阿学派(anti-Antiochene)的特点。最好的解释似乎是他既反对阿利乌派也反对安提阿学派,尽管更强调这后一种趋势。实际上,在幸存的阿波利拿流基督论的文件中没有提及 Eunomius 以及其他的阿利乌派领袖,倒是频繁地提及安提阿派的神学家。

㉝ Pseudo-Gregory the Wonderworker, *Conf. of Faith* 19 (*ANF*, 6: 45).

㉞ Pseudo-Gregory the Wonderworker, *Conf. of Faith* 19 (*ANF*, 6: 45). ,16(*ANF*, 6: 44).

阿波利拿流相信，以这种三重人性论为基础，他就可以说明道与基督里的人性相结合的方式，而丝毫无损于道之不可变性：在基督里，道占据 348
了灵性的位置，故基督里面的人的身体和魂魄与神的理性结合在一起。[35]阿波利拿流正是用这种方式捍卫了道的不可变性，而道在基督一生之中绝非消极之物，相反，它始终是个积极的因素。同时，他还解决了两种本性（神性和人性）如何在不形成一种新的本性前提下结合起来的问题。基督是人，因为他的身体和魂魄（或生命原则）是人的；但基督又是神，因为他的理性正是上帝的道。如果在基督里面是一个完全的人以其位格及理性与神子结合，那将意味着基督里有两个位格，因而否认了道成肉身的实在性，道成肉身正是指上帝在基督里面与人合一而言。[36] 阿波利拿流唯一有一条路可走，即摒除基督的人性，并去掉其理性部分，用道来取代之。

阿波利拿流认为，救主的统一性之于正确的基督论十分重要。为了说明这种统一性，他多次讲到基督只有"一性"。或许他是想用这种说法表明，正如人只有一个"本性"一样，基督也只能有一个本性，甚至在道成肉身后亦是如此，基督不能被分割为"人"和"道"两个部分。他有个极其典型的说法："只有一个本性的、作为道的上帝化成肉身。"由于收载这段话的著作过去被人们误认为出自亚他那修之手，因此，它被人们当做正统说法而流传了下来。"一性"信条可能曾经给一批正统派神学家造成了一定影响，甚至阿波利拿流遭到正式谴责以后，仍有人接受这种观点。而这个信条最终又将形成亚历山大学派和安提阿学派之间就基督论问题争论的一个新的争执点。

我们从阿波利拿流的主张中，便可对逻格斯—肉身类型的基督论作

㉟ 几乎没必要用文件来证明阿波利拿流教义的这一方面。然而，在下一著作里能够指出 74 和 151 残篇，Lietzmann，*Apollinaris von Laodicea und seine Schule*（Tübingen：J. C. B. Mohr，1904）。

㊱ 同上，fr. 92。

出较为贴切的结论，而阿波利拿流只不过是以自己的才智为这种理论提
349 供了精细的逻辑证明罢了。也正是因为这一点，再加上他作为尼西亚信仰捍卫者所赢得的声誉，使许多人不愿意攻击他。但是，当他的教义开始广为传播，并成为某一分裂团体之理论来源时，有些当时著名的主教，深信他的这些基督论有误，认为他们有义务站出来批判阿波利拿流，尽管他已是年迈之人。

总而言之，阿波利拿流及其一伙在东方和西方都遭到强烈的反对。我们可以说，这些反对意见都出自救赎论方面的考虑。在西方，阿波利拿流在教皇达马苏斯(Damasus，366－384)在位期间屡遭谴责，其中总不免涉及救赎论方面的因素。[37] 但真正感到全面否认阿波利拿流主张之必要性者，唯有东方的迦帕多西亚三杰。[38] 如前所述，亚他那修是在捍卫救恩教义动机的驱使下强烈反对阿利乌主义的。他虽然清楚地了解到否认子的真实神性对救赎论所产生的恶果，但他却不了解，否认耶稣基督之人类本性的基督论同样也要危害基督教的救赎论。[39] 迦帕多西亚三杰最早意识到阿波利拿流之基督论中隐藏的危险，这种基督论实际上只能是否认基督人性的实在性。而且，他们还表明，这样的基督论将会使他们所想象的基督教救恩教义毁于一旦。

如同极大多数希腊教父一样，迦帕多西亚三杰认为，神化教义是基督教救赎论中的根本内容之一。如亚他那修在附和艾雷尼厄斯之观点时说

[37] 例如，见下一著作中的罗马法第 382 条，Denzinger，*Enchiridion Symbolorum*，p.65。

[38] 试图反驳阿波利拿流的神学家决不是仅仅局限于迦帕多西亚三杰，对争论更完全的研究需要考虑谴责他的各种罗马会议，也要考虑 Epiphanius 与其他人的著作。我们在此的目的仅仅是为了显示导致谴责阿波利拿流的主要原因，为此，简要地提及由迦帕多西亚三杰提出的对阿波利拿流的拒斥应该是足够的了。

[39] 如上所述(第十三章注 30)，亚历山大 362 年的宗教会议未必就应该被理解为是对逻格斯—肉身基督论的背离。文本 *Ad Antioch.* 7 不是决定性的。最后，两篇归在亚他那修名下的论文，*Against Apollinaris* 是伪造的。

过:“他成为人,因此我们才可以成为神。”[40]神接纳人性之时,他的目的不仅是要分享人生,而更为重要的是让人得以分享神的生命。

据迦帕多西亚三杰看来,所有这些基本观点都让阿波利拿流给丢弃 350
了,因此必须尽可能地着重谴责阿波利拿流。

> 如果有人相信,他(指耶稣基督——译者)是个没有人的思想的人,那他就真正地失去了思想,并不配得到救恩。因为凡属他未接纳的,他就无法拯救,但凡与他之神体合一者都能得救。如果亚当只堕落了一半,那么基督接纳了他,其救恩也只施展了一半;然而,如果亚当的本性完全堕落了,那这个堕落了的本性就必须与被生的基督的本性完全地合一,并因此而全部得救。[41]

这些就是迦帕多西亚三杰主张的基本要点。它们还曾出现在一些反对阿波利拿流的著作之中。这些著作被误认为出于亚他那修之手。

虽然每种教义在基督论的辩论中都必须有其救恩的含意,这些说法都未能给解决阿波利拿流所提出的问题提供指导。而阿波利拿流本人的解决方法又不可取。那么,能不能找到一种既能满足阿波利拿流的要求,同时又符合迦帕多西亚三杰所提出的救赎论条件的解决办法呢?

实际上,虽然当时极大多数希腊神学家没有形成明确的基督论信纲,他们的基督论都接近于阿波利拿流的观点。因此,巴西勒最初批判阿波利拿流的罪名是分裂教会,而不是异端观点。[42]

---

[40] *Oratio de inc.* 54.

[41] Gregory of Nazianzus, *Ep. 101* (*NPNF*, 2nd series, 7: 440). 参 K. W. Wesche, “The Union of God and Man in Jesus Christ in the Thought of Gregory of Nazianzus”, *StVlad*, 28 (1984), 83 ~ 98。

[42] *Ep.* 263. 在这一封信中有一些异端的指控,但它们提及的是三一论教义和救赎论教义问题。关于基督论本身,Basil 指责阿波利拿流的仅是模糊与无用的沉思。

纳西盎撒的格列高利致克莱多尼乌(Cledonius)的两封书函曾经对阿波利拿流的基督论进行了严厉的批判,即便如此,他的基督论也不比他的对手更为高明。[43] 由于“道—肉身”类型的基督论的最终后果已经通过阿波利拿流的教义充分表现出来,故格列高利放弃了这种基督论,转而使用
351 “道—人”类型基督论的术语。[44] 这并不是说格列高利赞成安提阿学派关于耶稣基督具有完全实在的人性的观点。相反,格列高利在否认了阿波利拿流的基督论之后,便认为有必要肯定救主位格的中心是神性,因此救主的人性为其神性所吸收了。神人两性有如太阳与众星:众星虽能发光,但当太阳出山后星光便为日光吸收,所有的光成为一个光。[45]

尼撒的格列高利同样未能突破亚历山大学派的老框框,未能脱离以耶稣基督之神性为起点,并只将最高级的人性归于耶稣基督,以此适应出发点的那种传统说法。尼撒的格列高利与其纳西盎撒的同名人一样,否认“道—肉身”类型的基督论,并且讲到道与完全的人性合一的问题。但他又步其友人后尘,断言基督里面的神性与人性相互混和,致使后者为前者所吸收。他所列举的最为人知晓的例子是溶于大海之中的一滴醋:醋在滴入海中未曾失去其本性,同样,人性为神性所吸收后仍继续存在,尽管实际所剩的只是后者而已。[46] 然而,应该注意的是这一文本提及的是复活之后的基督。

迦帕多西亚三杰对阿波利拿流的谴责又受到多方面的批判,因为他们的基督论与那位老底嘉主教所见相差甚微。然而,我们只要将自己置于迦帕多西亚三杰所处的环境之中,就能够理解他们之所以认为自己在基督论方面与阿波利拿流有天渊之别的缘故。他们和绝大多数希腊教父一样,将人性的神化视为救恩之根本所在。道成为肉身,不仅为人性树立

---

[43] *Ep.* 101～102. 另见 *Ep.* 125;202。

[44] *Ep.* 102.

[45] *Ep.* 101.

[46] *Adv. Eunomium* 5.5.

了典范,或为人向上帝还了债,更主要的是粉碎了囚禁了我们的恶的势 352
力;同时,它又开辟了人性神化的道路。由于上帝接纳了人性,人性便得以成为神性。因此,迦帕多西亚三杰认为,最重要的是上帝在基督里面真正地接纳了人性,而非基督的人性是否与我们的人性一样,或具有同等程度的自由。因此,迦帕多西亚三杰不能接受阿波利拿流的教义。由于这个缘故,他们才会将基督里面的神人两性合一描述成人性消融于神性之中,同时又无损于他们所意识到的道成肉身之中的救赎论意义。

正是在迦帕多西亚三杰及其他神学家提出反对意见的基础上,381年在君士坦丁堡召开的一次会议(通常称第二次大公会议)谴责了阿波利拿流的基督论教义。

第十七章　聂斯脱利争辩与以弗所会议

353 否认阿波利拿流的观点绝非基督论问题的解决。迦帕多西亚三杰虽然相信,他们应当谴责那位年迈的老底嘉主教,但他们自己却未提供其他明确的答案。亚历山大学派的基督论因阿波利拿流之遭谴而受到一次沉重的打击,但它仍然在东方神学中盛行不衰,并且必然要与安提阿派的基督论继续抗争。更为甚者,谦卑受难之主的教会在整个5世纪里进一步被卷入荣誉权力的纷争之中,其激烈程度丝毫不亚于发生在拜占庭宫殿中的那一切。所有的基督教大主教座,包括罗马、亚历山大、安提阿和君士坦丁堡在内,都在为获得压倒其对手的优势地位而相互争斗,并且相继允许政治利益干预其神学立场。

为简述此种错综复杂的发展局势,我们不妨以公元428年年初,安提阿学派的聂斯脱利登上君士坦丁堡主教宝座之时,作为5世纪基督论争辩之始。即便聂斯脱利是个谨慎从事者,亚历山大学派与安提阿学派在
354 神学问题上由来已久的紧张关系,以及亚历山大不让帝国新都取代其地

位的决心，已足以制造难以应付的种种麻烦。① 可是，聂斯脱利并非小心翼翼者，结果本可局限在一定范围之内的麻烦，终于演变为悲剧性的形势。

导致这场争论爆发的导火索是聂斯脱利反对用“神的母亲”[“Bearer of God”(**θεοτόκος**)]来称呼马利亚。② 当时，这种称呼在绝大多数基督徒中十分流行；亚历山大的神学家们自亚历山大任主教之时起就已惯于使用这个称呼，并将其视为“属性交流”的必然结果。甚至莫普苏埃斯蒂亚的狄奥多尔也愿意承认它，只要人们正确解释其含义便罢。但聂斯脱利认为，用神的母亲一词称呼马利亚，会导致耶稣基督里面的神人二性混淆不清。在他看来，人们可以称马利亚为基督之母，但不能称她为神的母亲。

聂斯脱利的观点一经提出，很快就遭到别人的反对。亚历山大主教西里尔是该主教座权威的热忱捍卫者，而且是亚历山大学派基督论之衷心拥护者。他认为，聂斯脱利的观点否认了亚历山大学派关于救主位格统一性的原则，并且将反对聂斯脱利作为重新确立亚历山大主教座对君士坦丁堡主教座的权威之契机。因此，我们绝不能将西里尔仅仅看成教会中的政客，也不应将他视为纯属受神学动机驱使的神学家。

西里尔闻悉聂斯脱利反对使用“神的母亲”一词后，便立即召集所有能够助他一臂之力者，以通过对那位君士坦丁堡牧首的谴责。作为亚历

① 君士坦丁堡公会议的第三法规赋予“新罗马”在东方拥有与古罗马在西方拥有的相似的权威。这没有被罗马或亚历山大里亚所充分接受。当时，亚历山大里亚已经开始认为自己在东方是最重要的。结果，亚历山大里亚成为君士坦丁堡强有力的对手，尤其当后者的主教地位被一个安提阿学派倾向的人占据时。这一对立不仅可以在这一章与下一章所描述的斗争中看到，也可以在早些时候，Theophilus of Alexandria 与君士坦丁堡主教长约翰·克利索斯托的强烈的对抗中看到，404 年约翰·克利索斯托被罢免并被流放。

② 他这样做，并不是要引起争端，而是试图解决在君斯坦丁堡已经继续了一段时间的争论。当 Anastasius，他的牧师，攻击使用**θεοτόκος**时，聂斯脱利拒绝把他开除出教。后来，聂斯脱利自作了个著名的讲道，反对**θεοτόκος**的称呼。

山大牧首,西里尔拥有争取宫廷支持所需要的有力武器:金钱。亚历山大教廷在前后数百年间聚敛了巨额财富,这笔财富现在可以用来反对聂斯
355 脱利了。西里尔正是依靠它们,才赢得了一些对金钱,而不是对神学更感兴趣的达官要人们的支持。西里尔第二方面的援助来自罗马教座。自从君士坦丁堡会议宣布亚历山大的地位与罗马类似以后,亚历山大便得以与帝国古都结盟,反对新兴主教教座的争权举动。罗马教座支持亚历山大反对君士坦丁堡的倾向性,在聂斯脱利为一批受到西方教会谴责的贝拉基派成员提供避难所以后就日益明朗化了。[③] 由于这些缘故,以及说话中带有咄咄逼人的霸主腔调,聂斯脱利于公元 430 年 8 月在罗马召开的一次会议上受到谴责。此次会议的主持人是教皇塞里斯丁(Celestine)。最后,西里尔还得到埃及隐修士们的支持。这些隐修士们相信,亚历山大的观点即是正统派观点,而且,这批人自亚他那修时代起就始终坚定不移地捍卫着他们认定为信仰真谛的那些教义。

另一方面,聂斯脱利有安提阿的牧首约翰给他的支持。聂斯脱利本人的力量虽不及其亚历山大对手那样强大,但约翰却是个不可忽视的有力人物,这一点在这场争辩过程中已得到充分证明。

430 年的罗马会议指定西里尔为其在东方的代表,负责要求聂斯脱利改变观点。西里尔倒确实是给聂斯脱利写了信,要求他收回自己的观点;但西里尔在信中使用的语言却令人十分难堪,即使聂斯脱利生性温驯也难以接受信中的要求。西里尔在两度致信君士坦丁堡牧首后,又给他写了第三封信,信后附有十二条聂斯脱利必须接受的诅咒文。这些诅咒条文不仅谴责了聂斯脱利的观点,而且极力鼓吹亚历山大学派的神学见解,似乎唯有该派神学才是正统观点。[④] 这样,西里尔便有意将聂斯脱利

---

③ 关于贝拉基及其追随者的教义将在本书的第二卷中讨论。

④ 译文见 *NPNF*, 2nd series, 14: 206 ~ 218。原稿见 *PG*, 77: 119 与 August Hahn, *Bibliothek der Symbole und Glaubensregeln der alten Kirche*, 3rd ed. (Breslau: E. Morgenstern, 1897), pp. 312 ~ 316。

的失败说成是亚历山大学派神学战胜其安提阿对手的胜利。作为答复，356
聂斯脱利在复信中写下了十二条反对西里尔的诅咒文。[5]

这样的相互谴责在东方教会内部造成极大的困扰，致使瓦伦斯提安三世(Valentinian Ⅲ)和狄奥多西二世(Theodosius Ⅱ)两位皇帝决定，于公元431年6月7日在以弗所召开一次大公会议来解决这个问题。

到了预定的大会开始之日，聂斯脱利的支持者中只有为数不多的人赶到以弗所。而西里尔则和大批坚信必须谴责并放逐聂斯脱利的主教、隐修士们早已等候在那里了。以弗所当地主教孟农(Memnon)也是西里尔的支持者，他承担了煽动人们反对聂斯脱利的任务。6月22日，安提阿的约翰及其从人尚未到会，西里尔不顾78位主教和皇帝使节的抗议，决定召开大会。就在那天举行的一次几小时简短会议上，聂斯脱利遭到谴责和免职的处分，而他的陈述却根本未被听取。

安提阿的牧首约翰及其从人于四天后赶到以弗所。当他们得知会议决定后，他们便单独举行会议，并宣称他们举行的是真正的大公会议。这个会议谴责西里尔和孟农并罢免他们的职任。

在此同时，教皇代表也赶到了以弗所。他们加入了西里尔派的会议，批准了对聂斯脱利的谴责，并且将谴责的范围扩大至所有参加以约翰为首的对立会议的成员。为了回报罗马的支持，西里尔派会议还谴责了令教皇忧心忡忡的贝拉基异端派。

狄奥多西二世担心，如此混乱的局势将导致不可弥补的教会大分裂，因此下令将西里尔及聂斯脱利、约翰等逮捕入狱。西里尔很快表现出他的政客才干，他设法使皇帝在卡尔西顿召见两派的代表，以消除两派之间的龃龉。西里尔及其支持者们再次博得皇帝的宠爱，结果，聂斯脱利遭罢 357
免，被押往安提阿，同时又为君士坦丁堡指任了另一位新牧首。而西里尔本人则迅速回到亚历山大，在那里，即使皇帝想对他采取行动也无从下

---

⑤ Hahn, *Bibliothek*, pp. 316 ~ 318.

手。

然而，这样做并未结束此次争辩，因为有许多神学家认为，西里尔反对聂斯脱利的十二条诅咒文本身就有异端之见。[6] 这样，开始只关系到聂斯脱利的争辩，现在又涉及到西里尔自己了。罗马本身的基督论传统与亚历山大学派的基督论很不一致，西里尔的文献只能使它感到为难。甚至在埃及本土也有人批评西里尔，一些原来支持过西里尔的人们的行动有许多是不可取的。另一方面，安提阿的约翰和别的叙利亚主教断绝了与其他地区教会的相互往来，遂使分裂成为现实。

眼见得主教们自己已无法取得一致意见，皇帝便决计出面干预这场争辩。他委派亚里士特劳(Aristolaus)为使节，往返斡旋于安提阿与亚历山大之间。经过长期复杂的会谈，双方终于达成妥协。西里尔虽不需收回他的诅咒文，但他却对之重作解释，致使大家认为他事实上放弃了原来的观点。不仅如此，他还同意在一份以由安提阿的约翰主持的以弗所会议上提出的信经宣言为基础的信条上签名画押。[7] 另一方面，安提阿牧
358 首同意认可谴责和罢黜聂斯脱利的裁决。由于安提阿学派中有人拒绝接受这个裁决，约翰不得已也罢免了这些人的职位。聂斯脱利在安提阿的一所修道院中度过了四个年头。然而，他待在那里却使约翰感到诸多麻烦，并且对业已达成的不稳定的和平局势构成一种威胁。因此，他又被遣

---

[6] Robert V. Sellers, *The Council of Chalcedon* (London: S. P. C. K., 1953), pp. 8 ~ 9.

[7] "因此，我们承认主耶稣基督，上帝的独生子，完全的上帝和完全的人，有理性的灵魂与身体；按着他的神性为圣父在创世之前所生，按着他的人性为童贞女马利亚在末后所生，为了我们与我们的救赎；按着他的神性而与圣父是相同的本质，按着他的人性而与我们是同一本质；他是两性的联合；因此我们承认一基督、一圣子、一上主。根据不相混淆的联合这一教义，我们承认圣童贞女是上帝之母(**θεοτόκος**)，因为上帝道成为肉身并且成为人，从它的成胎就与他自己的殿(从她而来)联合。至于传福音者与使徒的论上主的话，我们知道神学家们把一些作一般的解释，指的是一个位格(**πρόσωπον**)，把其他的解释为分别指两个本性。他们把与神圣相关的理解为是指基督的神性，把较低的理解为是指他的人性。"译自希腊文本，见 Hahn, *Bibliothek*, pp. 215 ~ 216。

送至更加遥远的地区，先是佩特拉城(Petra)，后来又被送到利比亚(Libyan)沙漠中的一个绿洲。在那里他很快便为人们所遗忘，以致数年后的君士坦丁堡人对他的情况已一无所知。然而，他却一直活到卡尔西顿会议(Chalcedon,451 年)之后，并认为这次会议使他本人的教义得到辩白。他在晚年期间极力不使自己因流放远乡而默默无闻，并力图向世人证明，他的教义与聚集在卡尔西顿的教父们之所见完全一致，因而他是正确的。但这一切只不过是徒劳而已；聂斯脱利尽管还活着，但他却是属于过去时代的人，无论是在帝国的宫廷之中，抑或是教会生活的主要中心里面，都不会有人来听取他的恳求了。

聂斯脱利确实是异端派吗？换言之，他的教义是否确实否认了一些基督教信仰的基本原则？或者说，他之遭谴是因为他缺乏圆滑、西里尔的野心和政治才干？那些谴责他的人们是否正确地理解了他的教义？或者他们谴责他只是由于对他的思想加以歪曲丑化？学者们在这些问题上莫衷一是。而且，有些历史学家从晚些时候出现的问题的角度来解释聂斯脱利争端，这个倾向使得上述问题更加复杂化了。因此，有许多新教徒认为聂斯托利是新教思想的先驱，其根据仅在于他拒绝“神的母亲”一说。⑧

20 世纪初又有人依据新发现的资料开始研究聂斯脱利，这在很大程度上归功于卢佛斯(Loofs)，比顿—贝克(Bethune-Baker)和比狄安(Bedjan)等人的工作。卢佛斯于 1905 年出版新版的聂斯脱利著作残篇，其中收进了许多以前不为人所知晓的残篇。⑨ 比顿—贝克依据比狄安正在研 359
究的一部抄本，于 1908 年发表研究论文，企图肯定聂斯脱利的正统派地

⑧ 如此，已有一个 17 世纪的加尔文主义者写了一篇论文，题目为 *Disputatio de suppositat, in qua plurima hactenus inaudita de Nestorio tanquam orthodoxo et de Cyrillo Alexandrino aliisque episcopis in synodum coactis tanquam haereticis demonstrantur*。

⑨ *Nestoriana: die Fragmente des* 聂斯脱利 *gesammelt, untersucht und herausgegeben* (Halle: Max Niemeyer, 1905).

位。[10] 最后，比狄安于1910年发表了叙利亚文本的聂脱利著作：《赫拉克利德书》(*Book of Heraclides*)，[11]这部著作曾一度遗失。从那时起，学者们一直就聂斯脱利的神学思想展开争论，但始终未能对这种教义的确切本质形成一致定论。[12]

总而言之，这个争论的核心问题就在于，人们从聂斯脱利在《赫拉克利德书》中所说，与保留在他的对手著作之中看起来确实是其著作残篇中所说之间难以取得一致看法。试图为那位不幸的牧首作出辩护的人们认为，他的真实思想应当见于《赫拉克利德书》，而那些残篇则已被人歪曲或断章取义，其目的是为谴责聂斯脱利寻找合法依据。另一些人则认为，残篇和《赫拉克利德书》之间的不一致，是由于写作年代及当时形势的不同而造成的：残篇写于聂斯脱利自信力量强大，因而将坚决反对一切他以为异端的见解作为己任的年代中，而《赫拉克利德书》则系一个战败者力求证明命运对其不公正而写的辩白文。持这种观点的人指出：从残篇到
360 《赫拉克利德书》写作年代间隔了整整20年，这段时间足以使聂斯脱利反省到自己往日态度之愚蠢，并使他的思想趋于温和。此外，还有一些人认为，就是聂斯托利在其最后著作中所表现出的基督论，也与整个基督教

---

[10] 聂斯脱利 *and His Teaching: A Fresh Examination of His Teaching, with Special Reference to the Newly Recovered Apology of* 聂斯脱利 (Cambridge: University Press, 1908).

[11] 聂斯脱利：*Le Livre d'Héraclide de Damas* (Paris: 1910)。叙利亚文本的翻译可能始于6世纪。G. R. Driver 与 L. Hodgson 的英文版本是1925年出版的。

[12] 各种研究及结论的总结，见 Carl E. Braaten, "Modern Interpretations of 聂斯脱利", *CH*, 32 (1963), 251～267; Grillmeier, *Christ in Christian Tradition*, pp. 496～505。近来最好的研究：Luigi I. Scipioni, *Ricerche sulla cristologia del "Libro di Eraclide" di Nestorio: La formulazione teologica e il suo contesto filosofico* (Fribourg: Edizioni universitarie, 1956)，文中显示斯多葛主义(Stoicism)对聂斯脱利派的人论与基督论的影响；Luise Abramowski, *Untersuchungen zum Liber Heraclidis des* 聂斯脱利 (Louvain: Corpus scriptorum christianorum orientalium, 1963)，文中更多处理《赫拉克利德书》的文学结构，尽管她也讨论了此书的教训。Abramowski 提出此书的大部分不是聂斯脱利写的；然而她的论点受到了有力的驳斥，见 L. Scipioni, *Nestorio e il concilio de Efeso: Storia dogmatica e critica* (Milan: Vita e pensiero, 1974); Roberta C. Chesnut, "The Two Prosopa In 聂斯脱利' 'Bazaar of Heraclides,'" *JTS*, new series, 29 (1978), 392～409。

会的基督论不相一致。

看来,这三种解释各自都有一些正确的因素。一方面,西里尔及其从人在以弗所谴责的确实不是聂斯脱利的神学观点,而是加以丑化歪曲的观点。另一方面,聂斯脱利在争论趋于白热化时也的确过分夸张了自己的观点,他的一些弟子们似乎也以这种做法为荣,他们可以通过这种方法而从这位牧首的主张中引出十分极端的结论,聂斯脱利本人也未采取任何行动来澄清对于他的神学见解的种种歪曲。而当他遭到谴责、罢黜和流放时,他终于发现了自己的错误所在,但已为时过晚,来不及修补了。

要想弄懂聂斯脱利的基督论,必须首先确定他所使用的术语的含义,因为解释他的神学在很大程度上有赖于对"本性"(nature)、"实体"(*hypostasis*)、"位格"(*prosopon*)、"合一"(union)等语汇意义的理解。⑬

在《赫拉克利德书》中,"本性"(nature)一词常常与形容词"完全的"(complete)一起连用。在聂斯脱利看来,本性有完全与不完全之分。不完全的本性可以相互结合而构成新的本性,这也可以称做"本性合成"(natural composition)。例如,身体和灵魂即为不完全的本性。另一方面,人性则是完全的本性,因为它与别的完全本性合一(在基督那里就是与神性合一),不会形成新的本性。一种本性之所以完全,取决于由它的"个性"(distinctions)、"差异性"(differences)或"特征"(characeristics),不过这个词不能从距离的意义上,而应当从个性、特殊性的意义上理解,一种本性正是有了这种个性或特殊性,才具有规定性和可知性。

聂斯脱利在表述完全的本性之意时,常常使用"实体"一词。这种实 361
体并非与本性自身不同的另外一物,并非附加给本性的他物,而就是本性自身,只不过它是"完全的"。

聂斯脱利使用的"位格"(*prosopon*)一词[除了其通常所具有的"功能"(functon)和"人类个体"(human individual)之意而外]具有它在三一

⑬ 下面的部分大大依赖于 Scipioni, *Ricerche*, pp. 45 ~ 97。

论教义中含有的意义。[14] 圣父、圣子和圣灵是三个位格。然而，聂斯脱利对这个词汇的用法并不严谨，有时他肯定基督里面有两个位格，而在另一些场合下，他又说基督里面只有一个位格。因此，我们有必要弄清在讨论基督论问题时，聂斯脱利以不同的方式使用位格一词的确切含意。

在讲到耶稣基督里面有两个位格时，聂斯脱利是在"本性的位格"(natural prosopon)意义上使用该词的。他认为，本性的位格是一种本性的形式，是使该本性成为完全的种种属性和个性构成的总和，因此可以将之称为实体(hypostasis)。任何完全的本性都要通过其位格表现为可知的和与他者不同的本性。照此说法，在耶稣基督那里，假若他的神性和人性没有融合形成第三种本性，而是作为完全的本性继续存在，那么，这两种本性必定具有自身的位格。这样便形成了基督里面有两个位格的说法。

但是，该词在聂斯脱利那里还有另一层意义，即人们必须肯定基督里面只有一个位格。这个位格就是聂斯脱利称做"合一的位格"(prosopon of union)，"运行的位格"(prosopon of dispensation)，"共同的位格"(common prosopon)或"自愿的位格"(voluntary prosopon)。[15] 这个位格就是圣子的位格，它与三位一体中的第二位是同一的。[16] 上帝在耶稣基督里面将其神性与人性合一——但又丝毫无损于两种本性的位格，这两种本性的位格分别相当于在基督里面合为一体的两种"完全的本性"(complete natures)，或两个实体。

362 然而，最重要的是，聂斯脱利是在能动的意义上使用"位格"这个名

---

[14] 非常自然，尽管他更喜欢用 *prosopon* 一词，但他在三位一体论的背景下也用 *hypostasis* 一词。

[15] 参考资料见 Scipioni, *Ricerche*, pp. 59～60。

[16] 聂斯脱利确实否认这一"prosopon"就是道。但是这必须根据他对"子"(son)与"道"(word)这些词语的应用来予以理解。后者被用于三位一体的第二位；前者作为独特位格(prosopon)被用于那相同的一位。这一区别不是真正的区别，而只是概念上的区别，而且这并不是说，"子"仅仅在道成肉身之后才存在。

词。在这个意义上是不能加以静止的或有关本性的描述。耶稣具有神性的位格，指的是他以上帝的旨意为旨意，按上帝的做法去做，并且是上帝的真实启示。因此，对聂斯脱利而言，并不存在两个"本性"的问题，并不是像两个不同的东西在耶稣里面结合起来。道成肉身是能动的存在，是上帝的位格在有人性的耶稣身上的体现。⑰

那么，人们应当怎样看待神性与人性在基督里面的合一呢？首先，聂斯脱利相信有必要拒绝任何称此种合一为"本性的"或"实体的"合一的说法。根据他对这些词意的理解，本性的或实体的合一系指两种本性结合形成第三种本性而言。这是一种静止的、已完成的合一。倘若基督里面的两性合一就是如此，那么，人们就不该谈论什么合一，而应当谈论合一之**后果**才对。如果合一后的两种本性失去了它们的特性，那么，本性位格亦将消失，因而人们关于后生成的本性的一切说法都只能言及此一新的本性，而与其组成部分却绝不相关。更为甚者，只有两种不完全的本性才能以此种方式相互结合，而聂斯脱利相信，救主里面两性的完整性是一个绝对不能动摇的原则。因此，基督里面的合一不可能是两种本性变成一种本性那样的合一。实体合一论（聂斯脱利视其为本性合一的同义语），在聂斯脱利看来，只能是个诅咒。

> 在聂斯脱利心目中，本性合一是诸种本性的合一，这种过程始于诸种本性，止于一种本性，在位格里面的合一……则是诸种本性的合一，而非诸个位格的合一，这种过程始于位格，而非本性，止于位格，亦非本性。⑱

两种不同类型合一的根本区别在于，在"位格里面的"合一是能动性

⑰ 得到成功表述和精细表达的要点，见 Chesnut，"The Two Prosopa"。

⑱ Scipioni, *Ricerche*, p. 76.

363 的、不断更新的，就像一面镜中所映现的形象要更新要稳定，镜子才能映现真实的“位格”，而聂斯脱利认为，他的反对者所提出的（本性或实体的）合一是种混和的过程，其中各个本性原先具有的特性相互混杂，以至消失殆尽。

这种合一是“自愿的”——在聂斯脱利的教义中，这是项受到极其苛刻的批判的内容。这种说法并无主张合一纯为心理合一之意。根据聂斯脱利的理解，自愿合一的基本含意不是指此种合一为某项决定之结果而言，而是说明参加合一的诸本性未受外力干预而改变。本性的合一（即两个不完全的本性为构成第三种本性而发生的合一）是不自愿的，因为如此结合起来的诸本性失去了其原有性质。基督里面神性和人性的合一是自愿的，其缘故不在于这个合一之中包含着上帝收人为其嗣子的活动（这是聂斯脱利明确给予谴责的嗣子论教义），而在于神人两性的原有性质和区别在合一过程中未受外力干预而发生变化。进而言之，基督里面两性的合一是自愿的，这是就其产生于上帝的自由意志而言的，也是就人性的意志与神的意志相互一致而言的。然而，这不能说明，聂斯脱利相信此种合一直接可以解释成纯由神和人的意愿一致而形成的。

聂斯脱利在强调基督里面两种本性的完整，以及主张两种本性各具有位格的过程中走到这样的地步，致使他难以赋予两性的合一以实在的意义，尤其对那些持诸神静止“本性”观点的人，如他的反对者，更是如此。在他看来，这种合一主要是种“连接”，因而两种本性都保留了各自原有的、绝不可混淆的属性，而且积极参与在合一之中。因此，他绝无可能接受“属性交流”教义，而该教义在当时不仅流行于亚历山大学派的神学家之中，而且流行于西方的神学家之中，甚至在一定程度上流行于观点较为温和的安提阿学派的神学家中间。这就是他反对用神的母亲作为马利亚称号的基础。[19]

---

⑲ 参 *Book of Heraclides*, 129, 136, 244。另见，Loofs, *Nestoriana*, p. 252。

马利亚不是神的母亲,因为上帝不可能有母亲。受造物和造物主之 364
间的区别从根本上排斥了上帝有母亲的可能性。马利亚只是一个充当了神性的“工具”(instrument)或“圣殿”(temple)的人的母亲,而不是神性本身的母亲。马利亚是“人的母亲”,或更准确地讲,是“基督的母亲”,却不是神的母亲。如果不这样看,而是持相反的观点,就必然会“造成本性的混淆”,并将形成一种既非人性亦非神性的第三种本性,一种中介性的本性。

聂斯脱利观点中的有懈可击之处在于,他过分地强调了基督之神人两性的区别,以及他无法用足够有力的语言来论述这两种本性的合一。如果神人两性的关系就是人们在每一点上都可以而且必须区分二者,那又怎么能够说上帝就在我们中间呢?因此,聂斯脱利争辩的并不只是简单地关系到马利亚是否是神的母亲的问题,而且更主要的是关系到耶稣基督的位格和事工问题[20]——尽管对于聂斯脱利来说,他的其他神学观点引导着他去攻击在当时的崇拜和虔敬生活中已经具有牢固基础的、赋予马利亚的一项称呼,这是十分不幸的。

正是在反对聂斯脱利这种造成“分裂的”基督论过程中,西里尔发展形成了自己的基督论。西里尔在这场争辩开始以前所持的基督论与阿波利拿流之所见十分接近,因为他虽然赞成基督里面有人的魂魄,但此种魂魄却不具有基督论意义。

> 构成其(指西里尔——译者)基督论的基本思想是,人系投胎转世的灵性,因此,灵性不是要使自身与魂魄合一,而是要使自身同肉身合一,方能形成人。据此观点来看,魂魄在道成肉身过程中便不具

---

[20] 争论之后,聂斯脱利得出“属性交流”有正当位置的结论,至少在涉及到救赎的中心事件时是如此。因此,他在《赫拉克利德书》(118)中断言,借着道成肉身,上帝把死亡归给神圣的位格(divine prosopon),以便胜利可以归于人类。

任何意义。[21]

365 进而言之，西里尔之倾向于阿波利拿流还表现于，他从一些他以为是出自观点十分正统，但实际上却是阿波利拿流派人士所写的经文中找出一个公式："道成肉身的上帝的一种本性。"在阿波利拿流主义中，这个公式所要反对的是基督的人性完全。据称，基督的人性因没有魂魄，因而不能称做一种"本性"。这样，西里尔便因承认此信条为正统派传统内容，而使自己立足于很不牢靠的基础之上。

然而，聂斯脱利争辩，以及后来与安提阿的约翰进行的谈判，都迫使西里尔对自己的基督论教义详加论述并作出定义。

根据如此发展起来的西里尔基督论，神性和人性系以"位格合一"(hypostatic union)的形式在基督里面相互结合——"位格合一"可能是西里尔刚刚接触到的一个新术语，[22]后来它又成为正统派的标志。西里尔从阿波利拿流派关于"道成肉身的上帝的一种本性"角度来理解这样的合一。但这不能说明，他完全拒绝主张"两种本性"的人们所使用的术语。相反，他本人也时常讲到两种本性，不过他始终明确主张两性不可相互脱离。[23] 同样，他也时常说基督的人性是一种"实体"。[24] 但另一方面，"本性"、"实体"以及"位格"等都可以用来说明具有自身个体实在性的事物。[25] 西里尔正是在这层意义上理解"道成肉身的上帝的一种本性"信条的。从这个意义上讲，基督的人性不具备自己的实体或本性，因为它不是

---

[21] Jacques Liébaert, *La doctrine christologique de saint Cyrille d'Alexandrie avant la querelle nestorienne* (Lille: Facultés catholiques, 1951), p. 158.

[22] 参 Grillmeier, *Christ*, p. 412, n. 1。

[23] 一些文本被引用，见 Hubert du Manoir de Juaye, *Dogme et spiritualité chez saint Cyrille d'Alexandrie* (Paris: J. Vrin, 1944), pp. 126 ~ 128.

[24] 同上，pp. 129 ~ 130。

[25] 同上，pp. 131 ~ 132。

以自身的形式独立存在,而只存在于道的位格之中。[26]

有些史学家认为,西里尔肯定了道不是同某个个人,而是同整个人性
合一。[27] 这种说法主张,西里尔是在柏拉图主义的影响下采取以上观点 366
的。确实,他的著作似乎可以作为这种说法的佐证。[28] 但事实上,西里尔并未否认救主的人性具有个性的观点。在讲到主的人性没有其位格时,西里尔所希望的仅仅是指出它不能独立存在,它所赖以存在的根基在道之中。[29]

这种基督里面人两性"位格合一"的教义,构成了"属性交流"教义的基础。由于道就是救主人性的"实体"或赖以生存的根基,因此,一切关于这种人性的说法最终必须涉及到道。马利亚是神的母亲,这不仅是由于基督的神性在她里面开始存在(这或许是种荒谬的说法),而且是由于她是一个只能依靠与道合一而获得存在的人性的母亲,关于这个人性,人们必须承认,它的一切属性都当归于道。[30] 这就必须承认,上帝不仅由童贞女而生,而且还曾在迦利利行走,曾经受过难,并死去。[31]

对于聂斯脱利,西里尔从未设法确切领会他的想法。相反,他歪曲讽刺其对头的神学,然后对之大加挞伐。他认为,聂斯脱利没有就道临在基

㉖ 这个区别也应该是在这一意义上被理解:即联合之前的两性,之后成为一性。在理想的意义上,我们可以认为人的本性继续存在于其中;但是,事实上,在联合之后,这样的事从未发生过。

㉗ 这是 Harnack 的解释,见 *HD*,4:176:"西里尔的立场的真正特点是他明确拒绝一位个体的人出现在基督里,尽管他赋予了基督所有人性的成分。"

㉘ 参 du Manoir de Juaye, *Dogme*, pp. 263~264。另见 Cyril, *Ep.* 45.2。

㉙ 对西里尔基督论的这种解释的主要反对意见是根据这些文本。他在其中说道:"我们都在基督里",或"道借着一位而住在所有人里面"。但是对这一些文本的理解应该从西里尔关于人类的统一性的观点出发,这一观点导致了他作了关于亚当的一些类似的陈述——毫无疑问他认为亚当是一位个体的人。此外,如果西里尔坚持在基督里道与一般的人性联合的话,那么他的安提阿学派的对手们就会在这一点上猛烈攻击他,然而他们并没有这样做。

㉚ *Ep.* 1, 4, 17; *Quod sancta Virgo deipara sit et non Christipara*; *Quod beata Maria sit deipara.*

㉛ 见 Sellers, *Two Ancient Christologies*, p.88。

督里面的方式，以及圣灵临在《旧约》中众先知身上的方式作出区分。他
367 称聂斯脱利肯定基督只是个受上帝支持的人。他宣扬，聂斯脱利主张基督里面神人合一仅在耶稣诞生方告开始。简言之，他认为聂斯脱利是个观点与提阿多徒斯和撒摩沙他的保罗类似的嗣子论者。

事实上，西里尔的主张与聂斯脱利的观点同样也是有懈可击的。如果说聂斯脱利感到难以说明他如何去理解基督里面神人两性实在地合一问题，那么，西里尔（至少在早期阶段中）把救主的统一性强调到如此地步，以至于难以说清救主究竟在何种意义上确实、完全地为人的问题，并且回避不了人性被同它合一的道所吸收的说法。不过，西里尔是以基督论正统观点的主要捍卫者而流芳百世，而聂斯脱利却被列为基督教会史上大异端分子。西里尔的好运气在很大程度上应当归于他在与安提阿的约翰以及该派其他神学家谈判过程中被迫表现出来的温和态度。这一点反过来又使他澄清自己的教义，以反对其往日的同盟者，这批人也因为他在与安提阿学派言和过程中的温和态度转而反对他。尽管如此，西里尔始终强调救主的统一性高于一切神人两性的区别。他坚信，阿波利拿流派“道成肉身的上帝的一种本性”（one nature of God the Word incarnate）短句是严格的正统派观点，并在与此信条保持一致的前提下发展形成他的基督论。这就是基督论争辩的下一阶段中的基督一性派能够引用已故的西里尔为证的原因所在。

第十八章　卡尔西顿会议

公元 433 年的重新合一信条在亚历山大学派和安提阿学派就基督论 368
问题展开的长时间斗争过程中，只是一种短期休战。西里尔虽然在谴责聂斯脱利方面取得重大胜利，但其后的事实却证明了他必须以较为温和的方式宣传他本人对基督论问题的观点。正是这种温和态度使他接受了 433 年的合一信条。而且他在余生之中一直忠于此项信条。

但西里尔本人在同聂斯脱利斗争时却造成了一股难以控制的势力。他的许多往日同盟者一如既往地深信，真正的信仰要求承认救主只具有独一本性，任何接收安提阿学派两性教义之举就等于叛教，因此，他们拒绝承认 433 年的和约已是最后定局。①

另一方面，安提阿学派中也发生了类似情况。安提阿的约翰虽未曾放弃其比较极端的盟友认定的真正信仰（因为 433 年的信条肯定了救主的双重本性），但他却背叛了昔日的友人聂斯脱利。根据该派观点来看，

---

① 这一情形非常好的描述，见 Sellers, *Chalcedon*, pp. 22～29。参 P. -Th. Camelot，"De 聂斯脱利 à Eutychès：l'opposition de deux christologies"，*DKvCh*，1：213～242。

369 聂斯脱利所犯的罪过只不过是攻击了混淆神人两性的谬误而已。[2]

这种局势决定了433年所取得的十分脆弱的平衡不能长期维持下去。只要形势许可,战火还将再度燃起。这就是444年狄奥斯科鲁(Dioscorus)继西里尔之后任亚历山大牧首之职时所发生的情况。

狄奥斯科鲁在为他坚信的正统信仰而斗争所表现的热忱方面,和在使用一切可利用的手段为其事业争取最终胜利方面,都远远超过他的前任。他认为,433年的合一信条是异端派战胜了真正的信仰,也是该享有东方教会首席地位的、古老的亚历山大主教座所蒙受的一个耻辱。

狄奥斯科鲁继承西里尔的职位之时,形势似乎对发动一场最终击败安提阿学派的基督论,并使安提阿主教座蒙羞的斗争相当有利。在那座古老的叙利亚城市(指安提阿——译者)里,主教的宝座已为多姆努(Domnus)所据。多姆努于441年继任约翰的职位,他对隐修生活的兴趣远在积极参与教会事务之上。因此,他将管理其主教区的事务托付给赛勒斯的狄奥多莱(Theodoret of Cyrus)。狄奥多莱因博学多才而受到许多人的敬重,但他也因与聂斯脱利过往甚密而遭到很多人怀疑。这样,安提阿主教及其同人便处在易受攻击的位置上。此外,政治条件对狄奥斯科鲁也很有利。狄奥多西二世因年老体弱而无力掌权,因而实际上将国家事务交给掌礼大臣克里撒费乌(Chrysaphius)处理,这是位容易接受亚历山大黄金引诱的人。最后,狄奥斯科鲁还受到遍布东方各地(甚至包括安提阿城在内)的修道士们的支持,这批人正在寻求一次捍卫纯正的信仰、反对异端派的机会。

狄奥多莱在安提阿的活动为狄奥斯科鲁发起进攻提供了机会。狄奥多莱曾禁止某位名叫伯拉纠(Pelagius,注意不要与那位提出"伯拉纠主

② 虽然安提阿学派中的一些成员乐于声明西里尔的正统性,但是不谴责聂斯脱利,其他一些人则更进一步,宣布西里尔是异端,约翰则由于同意与他重新联合而背离了真正的信仰。见Sellers, *Chalcedon*, pp. 20~22。

义”的同名修道士混为一谈）的人讲授神学，因为此人的教义与当时多数 370
安提阿学派神学家的观点相抵触。随后，狄奥多莱又写出通常称为《伊拉尼斯特书》（*Eranistes*）的三篇对话录，捍卫了两性论教义。这部著作观点温和，态度恭谨；但无疑，它也含有作者对“混淆”基督两性者所持的看法。

狄奥斯科鲁从狄奥多莱的活动中看出了安提阿学派的薄弱环节。他让克里撒费乌说服皇帝颁布一项“反对聂斯脱利派”的通谕，但其矛头实际上是指着安提阿学派的基督论而来。完全不出预料之外，这份通谕在安提阿引起的惊惶失措如此强烈，致使自那时起狄奥斯科鲁便可轻而易举地宣称狄奥多莱及其同伴们为不法分子。结果，皇帝命令狄奥多莱待在赛勒斯，不准他继续扰乱其会众的宁静和从事其他活动。狄奥多莱在赛勒斯力图通过著作继续其工作；但是，狄奥斯科鲁显然已成功地限制了这位最重要的安提阿神学家有生之年的活动领域。

事情完全可以就此完结，但狄奥斯科鲁决计要让亚历山大彻底打败安提阿，因此，他决心利用欧迪奇（Eutyches）一案来实现自己的目的。欧迪奇是君士坦丁堡的修道士，他因为是克里撒费乌的教父而受到当地许多人的赞扬和多数人的尊敬。在教义方面，他是聂斯脱利主义和一切与之接近的教义的坚决反对者；但他却未以明确的语言述说自己的基督论。

公元448年在君士坦丁堡举行的一次地方宗教会议上，欧迪奇被多芮里亚的优西比乌（Eusebius of Dorilea）指控为异端。优西比乌素以反对异端派的热忱出名，他热忱到了如此地步，以至于一些支持他的神学家也认为他的态度过于好战了。优西比乌攻击欧迪奇的依据是，这位修道士拒绝承认433年的合一信条，而此信条已经由聚集在君士坦丁堡的主教
们确认为标准的正统观点。事实上，否认433年信条效用问题的并非欧 371
迪奇一人，他的许多东方同道都不愿意承认那份信条中含有的两性论教义，但欧迪奇可能是依仗克里撒费乌和狄奥斯科鲁的撑腰，故而公开反对433年的协议。

经过两派人士长期明争暗斗之后，欧迪奇终于出席了君士坦丁堡会议，不过他是在士兵和宫廷官员们簇拥之下来参加会议的（或许是要让到会的主教们知道，他们面临的是位重要人物）。看起来，他还不清楚自己只是狄奥斯科鲁策略中的一个走卒而已。狄奥斯科鲁似乎已使皇帝使节确信欧迪奇遭到谴责的消息。在这次谴责以后，狄奥斯科鲁便可以成为欧迪奇事业的积极斗士，而欧迪奇恢复元气后还可以给其敌人以同样的致命一击。正如狄奥斯科鲁所期待的那样，欧迪奇在君士坦丁堡会议上受到了谴责。

我们难以弄清欧迪奇教义的确切内容。[③] 他拒绝承认“与我们同质”（consubstantial to us）和“道成肉身后具有两种本性”（two natures after the incarnation）等信条（二者均摘自 433 年的合一信条），尽管他愿意承认救主“在合一之前属于两种本性”（of two natures before the union）。据后人讲，他曾说基督的人身系从天上降临到人间来的。但这似乎是言过其实了。欧迪奇的主张倒可能是这样的，即基督的身体由于道成肉身之故而得到神化，因而再也不是“与我们同质”的身体了。无论怎么讲，欧迪奇无疑是（如同教皇利奥所说）“粗心大意并且特别无知的人”，[④]他对西里尔作出的解释（他自称以西里尔观点为其神学基础）也相当肤浅。他对聂斯脱利的解释也同样浅薄，因而他可以从一切肯定基督里面有两性的说法中找到“聂斯脱利主义”（Nestorianism）。他把西里尔和聂斯脱利的名字当做标签，硬贴在这两位神学家从未主张过的教义之上，结果却使他自己的名字成为一种他从未持有的教义——欧迪奇主义（Eutychianism）的标志，这或许是恰当的说法。

372 欧迪奇在君士坦丁堡会议上遭谴之后便向各大主教座的主教们提出

---

③ 见 A. van Roey，“Eutychès”，*DHGE*，16：87～91；Camelot，“De 聂斯脱利 à Eutychès”，pp. 235～242。

④ *Ep*. 28. 1（*NPNF*，2nd series，12：38）.

申诉,其中也包括罗马的主教利奥在内。另一方面,审判欧迪奇的主持人、君士坦丁堡的牧首佛拉维安(Flavian)也致信罗马说明情况。这可能正是狄奥斯科鲁所希望的,因为现在争端已由区域范围发展至普世范围,这就有足够的理由来召开一次大公会议。而对于狄奥斯科鲁来说,这样的会议是不难驾驭的。如果这个会议赦去了欧迪奇受到的处分,并且谴责了曾经审判过他的那批人,那就将成为狄奥斯科鲁和亚历山大主教座的一次巨大胜利。与此同时,为了证明召开大公会议的必要性,狄奥斯科鲁有意拒绝在君士坦丁堡举行宗教会议的决定,并且为欧迪奇提供联系。

最后,皇帝于公元449年在以弗所(Ephesus)召集一次大公会议。大约130多位主教出席了此次会议。会议从开始之时就已十分明朗,狄奥斯科鲁(皇帝指定他主持这次会议)不愿意就自己的纲领作出半点让步。出乎狄奥斯科鲁预料之外的是,罗马采取对立的态度,因为教皇利奥写给君士坦丁堡的佛拉维安一封牧函[通常称为《大函》(*Tome*)],表示支持对欧迪奇的谴责。《大函》尽管在语调上颇委婉,但它却明确声称,欧迪奇之遭谴完全正确,同时它也表明了利奥本人的基督论观点。这位教皇认为,应该将欧迪奇视做属于“昭著的谬误师傅之行列,因为他们从来不是真理的门徒”。[5]欧迪奇的主要谬误,在于他否认救主与人性同质,而道成肉身的尊荣并未消灭基督的人性。“正如上帝没有因为表现出怜悯而发生变化那样,人(性)也不会被尊严所吞没。”[6]相反,两种本性间的区别即使在合一以后还将必然存在。

> 因此,在无损于合一在一个位格里面的各个本性和本体的特性 373
> 的前提下,尊严担当起谦卑,强大担当起弱小,永生担当起有死:为了

---

⑤ *Ep.* 28. 1 (*NPNF*, 2nd series, 12: 38).

⑥ *Ep.* 28. 4 (*NPNF*, 2nd series, 12: 40). 这就是利奥(Leo)为什么不能接受欧迪奇的“道成肉身之前的两性,与联合之后的一性”的教义的原因。这将意味着人性被神性所吸收(同上,6)。

给我们的处境偿付赎金，神圣而不可冒犯的本性与具有可能性的本性合为一体……这样便从真正的、完完全全的人性里诞生了真正的神，这位神既在其自身里面保持完全，又在我们里面保持完全。⑦……道发挥当属于道的作用，肉身履行当属于肉身的职责。二者之中一个闪耀着神迹的光辉，另一个屈从于伤害。如同道时时刻刻都在享有与其圣父同等的荣耀一样，肉身也绝未超出我们的本性范围之外。⑧

然而这段话不能说明利奥"分裂"了两种本性，就像聂斯脱利被指控的做法那样，因为利奥明白地肯定基督里面只有一个位格，并认为应当不断地肯定这种位格统一性。"因为我们必须再三重复，那同一者既是真正的神子，又是真正的人子。"⑨

利奥在这个阐述基督论教义的过程中没有提出什么标新立异之见，也没有创立新学说的企求。相反，他所使用的信条就是德尔图良两个半世纪以前所使用的那个信条，尽管德尔图良确实只是偶然提到"一个位格"，而安布罗斯、哲罗姆以及利奥之前不久的奥古斯丁等确实也花费了许多精力，想在西方教会里总结出一个其基本思想已为德尔图良论述过的信条。⑩

这样，古代基督教会的三大基督论流派：亚历山大学派、安提阿学派

---

⑦ 同上，3（*NPNF*, 2nd series, 12: 40）。注意"性"（nature）和"质"（substance）是作为同义词来使用的，如同更早期的德尔图良所作的那样。

⑧ 同上，4（*NPNF*, 2nd series, 12: 40～41）。

⑨ 同上（*NPNF*, 2nd series, 12: 40～41）。利奥《大函》的出色的分析，见 U. Domínguez del Val, "S. León Magno y el 'Tomus ad Flavianum'", *Helmantica*, 13（1962）, 193～233。另见，B. Studer, "Consubstantialis Patri-Consubstantialis Matri: Une antithèse christologique chez Léon le Grand", *RevEtAug*, 18（1972）, 87～115。

⑩ 见 Tarsicius J. van Bavel, *Recherches sur la christologie de saint Augustin: L'humain et le divin dans le Christ d'après saint Augustin*（Fribourg, Switzerland: Éditions universitaires, 1954）, pp. 176～180。

和西方教会派,便因围绕欧迪奇而产生的争辩发生直接接触。三大派别都赞成有必要肯定耶稣基督里面的神人两性合一,但它们在这个合一是如何实现的问题上莫衷一是。

亚历山大学派有着自己悠久的传统,该派神学家们(此处当舍去奥利 374
金不言)一直试图通过宣扬逻格斯—肉身(Logos-flesh)类型的基督论教义,来形成合一的信条。此种教义在阿波利拿流那里引出其必然结论,故而自那时起就不再有哪位正统的神学家有意支持它了。但当时还有一批出自阿波利拿流派人士之手,而又被归入某些正统派神学家(特别是亚他那修)名下的著作流传于世,因此,亚历山大学派仍在寻求与阿波利拿流观点类似的解决答案。5 世纪期间最普遍的观点则是西里尔的教义,这种教义主张实体(hypostasis)合一及基督里面没有人性实体等说法。不过,西里尔的一些继承人从他的教义中看到了"分裂两种本性"的危险倾向,因而回到古人关于救主单一本性的观点上去。由于西里尔威望很高,并且他肯定了基督曾"属于两种本性",这里的难题当然要得到解决,因此,亚历山大学派便通过"道成肉身以前属于两种本性,道成肉身后只有一种本性"的信条来完成这个任务。这就是说,基督曾经是真正的人和神,但这里的区别只能在理智的水平上才能划分("在道成肉身之前"),因为"道成肉身以后"人性便为神性所吸收,致使人们不可能再去讨论其人性如何的问题。

安提阿学派的神学家们以救主人性的实在性为其出发点,尽管他们在撒摩沙他的保罗和幼斯塔提乌两起事件之后开始意识到肯定救主位格之神性的必要性问题。更为甚者,聂斯脱利遭谴之后,安提阿学派人士普遍体会到否认"属性交流"实际上就是否认道成肉身,因而也是否认耶稣基督的救恩事工。因此,他们愿意承认基督里面神人两性的这种合一就表示,真正的"属性交流"能够产生。但他们不愿接受"混淆"神性和人性,致使后者丧失其原来特性的教义。

最后,西方神学家的立足点是经过安布罗斯、哲罗姆和奥古斯丁等人

375 总结归纳的古代德尔图良信条。由于西方人士日益感到，应当从替人向上帝偿还欠债的角度理解基督的救恩事工（这种说法后来成为基督事工的典型形式），因此，人们必须承认，救主必然是能够使此项事工得以完成者。这就要求基督里面要有神性和人性的合一，但它又不要求对此合一作出格外的理解。因此只要重申那古人的信条，不过同时还要说明，其中绝无救主的人性为其神性所吸收之意。这就是利奥在其《大函》中所要表达的思想。

上述三大基督论派别相逢于449年的以弗所大公会议上。此次会议的结果，在第一次会议之前，就可以预料。狄奥斯科鲁有克里撒费乌为他撑腰，并通过克里撒费乌而获得皇帝本人的支持。而且他还聚集了为数众多的一批主教和狂热的修道士，这些人决心不惜一切代价来为“纯正的信仰”赢得胜利。安提阿学派观点最有能力的捍卫者、赛勒斯的狄奥多莱，被皇帝禁止参加此次公会议。最后，根据会议开幕前两天颁布的一项敕令，皇帝指派狄奥斯科鲁主持大会，并授权给他，允许他禁止任何企图对由尼西亚会议（325年）和以弗所会议（431年）宣布的信仰内容进行增删活动者的发言。[11]

在这种条件下，449年的以弗所会议只能成为利奥接下来称它的那样，是次“强盗会议”（a robbers' synod）。[12] 会议不顾佛拉维安和教皇代表的抗议，始终没有宣读利奥的《大函》。佛拉维安可能在会上受到粗暴对待，因而几天后便溘然长逝。第一个对欧迪奇进行指控的多芮里亚的优西比乌，因为宣传“合一以后的两种本性”教义而遭到谴责和放逐。欧迪
376 奇被宣布为完全的正统派。一些先前谴责过他的主教现在又改变主张，并且反过来诅咒那些谴责欧迪奇的人。其次，此次会议承担了谴责和放

---

[11] 公元431年的以弗所会议禁止任何人“主张、书写或组合不同的信仰，除了尼西亚的圣教父在圣灵的召集下所提出来的”。这就是人们所知道的“以弗所法典”，这也是皇帝法令以及后来的对卡尔西顿所采取步骤的大部分反对的基础。

[12] *Ep.* 95.2：“*in illo ephesino non iudicio sed latrocinio.*”

逐安提阿学派基督论主要代表人物的任务，其中包括安提阿的多姆努、赛勒斯的狄奥多莱和埃德萨的伊巴斯（Ibas of Edessa）。[13] 最后，会议颁布教令，规定今后只有不相信聂斯脱利及其同伙的教义者方可被按立为神职人员。这样，无论是在神学方面，或是在政治方面，亚历山大最后战胜安提阿似乎已是定局。

然而，教皇利奥是不愿屈从一个被他称为强盗集会的会议所通过的教令和决定的。不久他就收到佛拉维安、狄奥多莱和多芮里亚的优西比乌的来信。此外，他又从作为教皇使团成员出席大会的执事希拉利乌（Hilarius）那里，闻知有关会议种种做法的直接消息。利奥立即采取行动，发动一场反对以弗所会议所作所为的斗争。他写信给主教们、修道士们、政治家们，以及皇室成员。但他的一切努力都成为一场徒劳。皇帝和其手下掌权者不愿意再次开展不久前已为此事召开过以弗所大公会议的讨论。

“强盗会议”后一年不到，皇帝不慎落马摔死，遂使形势发生了根本变化。皇帝的妹妹帕尔切莉娅（Pulcheria）和她的丈夫马尔西安（Marcian）继任皇帝。帕尔切莉娅始终是教皇利奥寄希望最大的对象之一——事实上，她之所以在其兄弟执政期间被逐出宫廷的原因之一就是她反对狄奥斯科鲁和克里撒费乌。[14] 现在轮到她和丈夫着手取消不久前召开的以弗所会议所采取的行动了。不久，被狄奥斯科鲁放逐的主教们纷纷返回各自的职守；佛拉维安的遗骸被以隆重的礼节移葬进使徒大教堂；过去曾经追随狄奥斯科鲁的新任君士坦丁堡主教，现在宣布拥护利奥 377
的《大函》；在各行省中，许多人相继仿效这位京都主教行事；最后，两位皇帝决定于公元 451 年 5 月在尼西亚召集主教们举行一次新的会议。

---

[13] 伊巴斯（Ibas）对后来基督教神学发展有重要意义，因为他是解释 Nisibis 派所谓的聂斯脱利主义与波斯基督教的聂斯脱利主义的纽带之一。然而，伊巴斯自己不是聂斯脱利主义者，尽管有 449 年公会议对他所作出的决议。

[14] 见 Paul Goubert，“Le rôle de Saint Pulchérie et de l'eunuque Chrysaphios”，*DKvCH*，1： 303～321。

由于某些实际原因，这次会议（通常称为第四次大公会议，但所谓聂斯脱利派和基督一性论派却不承认它）最后在卡尔西顿举行。[15] 520 名主教（迄至当时为止，这是出席人数最多的一次会议）在圣幼费米亚大堂（Basilica of Saint Euphemia）举行集会，[16]此外还有由 18 个人组成的皇家使团出席了会议。

会议接受了教皇使团的要求，首先讨论狄奥斯科鲁和 449 年会议的问题。会上宣读并讨论了以弗所会议的法令文献。文献宣读完毕时，几个参加那次会议的主教当众忏悔，承认自己因受到威胁和由于惧怕而被人利用了，还有些人则称自己当时被弄糊涂了。狄奥斯科鲁仍坚持己见，肯定基督曾“属于两种本性”，但不是“具有两种本性”，这就是佛拉维安、多姆努、伊巴斯和其他人被放逐的原因。结果是狄奥斯科鲁遭到谴责、放逐和流放的处分。不久以后他便在流亡中死去。狄奥斯科鲁受到基督一性论者的尊敬，并且被他们视为捍卫真正信仰的斗士；而正统派却几乎忘却了他，他们认为，狄奥斯科鲁只不过是个运用其主教座的权威和影响将自己的教义强加给他人的狂热分子。他在“强盗会议”上的追随者们在忏悔了先前的错误之后得到宽宥。最后，在 449 年被狄奥斯科鲁及其追随者放逐的主教们又回到各自的教座，唯有安提阿的多姆努除外，他宁愿继续过隐修生活，而不愿再度承担主教的任务。

378 会议在起草认信文时遇到一些周折。第三次大公会议（以弗所会议，431 年）通过的第七条教法宣称，任何人都不得编订或提倡与尼西亚精神不同的信仰条文。许多人将此视为不得编写新信经的禁令，因而反对由卡尔西顿会议通过新的教义信条。持这种反对意见者最后在皇帝的压力下放弃了自己的主张，同时也是因为事实显然已证明，《尼西亚信经》还

---

⑮ 见 Seller, *Chalcedon*, pp. 254 ~ 301; Monald Goemans, “Chalkedon als ‘Allegemeines Konzil’”, *DKvCH*, 1: 251 ~ 289。

⑯ 见 Evagrius, *HE* 2.3。另见，Alfons M. Schneider, “Sankt Euphemia und das Konzil von Chalkedon”, *DKvCh*, 1: 291 ~ 302。

不足以结束眼前的争辩，因为争辩的双方都表示愿意接受《尼西亚信经》，并各自依之为据。

会议在西里尔和利奥的意见分歧中遇到另一个难题。西里尔始终强调“上帝之道化成肉身的一个本性”，因而对在基督里面相应于其神性的部分和相应于其人性的部分作出过于明确划分的人一直持怀疑态度。在两种本性问题上，西里尔认为可以谈论“道成肉身”之前的两种本性，甚至还说过基督属于两种本性，但绝口不言基督存在于两种本性之中。与此相反，利奥的《大函》则肯定，合一以后的基督里面有着两种本性，人们可以分辨基督的人性和神性，因此可将某些性质归于一种本性，而将其他一些性质归于另一种本性，尽管“属性交流”是不能忽略的，否则道成肉身就不具任何意义了。[17] 人们只要不把“属于两种本性”理解成双重本性只存在某个观念的时间里，即“道成肉身之前”，而在耶稣基督实际位格里面，即“道成肉身之后”，则只有一种本性，那么，上述两种信条便完全可以互相一致。这正是欧迪奇在君士坦丁堡会议上坚持的观点，结果他在那次会议上受到了谴责。449 年的以弗所会议所宣布的也是这种观点。由于这个缘故，西方教会的代表和一些安提阿学派人士虽然承认西 379
里尔的权威和正统地位，但又认为他的“属于两种本性”信条不够说明问题，因而主张“在两种本性之中”的教义。[18]

此处没有必要讨论会议所经历的长时间争论的细节。[19] 不过会议最终还是写成一份信条，即流传给后人的《卡尔西顿信仰宣告》(*Definition of Faith*)。

---

⑰ 见 Paul Galtier, “Saint Cyrille d'Alexandrie et Saint Léon le Grand à Chalcédoine”, *DKvCh*, 1:345～387。

⑱ 一些极端的安提阿学派的人更进一步，主张“两性”的信条与阿波利拿流信条的“道成肉身的上帝的一种本性”是相同意义，应该受谴责。

⑲ 见 Sellers, *Chalcedon*, pp. 103～123。

> 我们随诸圣教父之后，异口同声地承认，主耶稣基督是一位完全的神。在神性中他是完全的，在人性中他也是完全的。是真神又是真人，有人的灵魂和身体。以神性言，他与父同体(质)。以人性言，他与我等同体(质)。在一切事上，除了罪恶，与我等相同。以神性言，在万世之先，由父而生，后来为我等人类的拯救，以人性言，由童女马利亚即神之母而生。
>
> 这一位基督，神之独生子，具有二性，[20]这二性不紊乱，不交换，不分开，不离别。二性之特点，不因相合而丢失，但各性之特点，反因一位中之相合而保存于一位(*prosopon*)和一实体(*hypostasis*)中——不是分开的，或离别成为二位，而是同一位子，是独生的。神圣之道，主耶稣基督，如古代先知所言者，如主耶稣所教者，如信经的教父所传者。[21]

出席卡尔西顿会议的主教们在编写和通过这份信式，以及在认可利奥的《大函》和西里尔的教牧书函的过程中，并不以为自己在破坏有关不得提出违反尼西亚信仰的教义的以弗所禁令。相反，他们将《卡尔西顿信仰宣告》视作尼西亚信仰的补充，尽管他们把尼西亚信仰同那次大公会议
380 之后出现的争辩联系在一起。教会的信经仍将是《尼西亚信经》，不过现在要用《卡尔西顿信仰宣告》对之重做解释。宣告不仅谴责了“混淆”救主两种本性的欧迪奇之流，同时也谴责了“分裂”救主本性的聂脱斯利之流。西里尔和欧迪奇使用的“属于两种本性”一说没有受到明确谴责，尽管会议拒绝了欧迪奇对此说法的理解方式。同样，“在两种本性之中”虽

---

[20] 一些希腊文手稿说“两性组成的”(of two natures)。但是大多数希腊文手稿以及所有的古版本中是“具有两性”(in two natures)，毫无疑问，它们是正确的。

[21] 翻译来自 Sellers, *Chalcedon*, pp. 210～211。希腊文本容易理解的见 *DKvCh*, 1: 389～390。

然得到大会的承认，但聂斯脱利对此说法的观点却遭到明确的反对。[22]

皇帝马尔西安和帕尔切莉娅召开此次公会议的目的看来已经实现。会议在谴责了各种极端的观点和先前的异端派之后，又达成了一份得到极大多数主教赞同的信条。然而，会议所取得的一致性更多的是表面现象，其实际情况并非如此。事实说明，会议结束后不久便出现了不愿接受《信仰宣告》的少数派意见。因此一些持异议的派别兴起，他们身处主流教会之外，至少流传到20世纪。而且，即便在承认卡尔西顿会议精神的人们当中，也在《信仰宣告》的解释方式上存在着不同意见。这些意见分歧时时引出激烈的争吵。罗马本身在破坏此次会议的权威性方面也发挥了作用，它拒绝接受会议的第二十八条教规，该教规允许君士坦丁堡主教座可以享受与罗马主教座“同等的特权”。结果，基督论争辩又持续了几个世纪。不过，关于后来基督论争辩的情况应该留给这部《思想史》的下一卷来论述。

㉒ 尽管那时在流放中的聂斯脱利声称，卡尔西顿会议上谴责极端的亚历山大派的基督论刚好证明了他的正确。

第十九章　坚持使徒传统抑或背教？①

381 看来，一切迹象都表明，主教们在离开圣幼费米亚（Saint Euphemia）教堂大殿时，深信自己是忠于使徒的信仰的。然而，他们的这种想法正确吗？难道人们不可以将从圣灵降临之日到卡尔西顿会议之时的基督教思想发展史视为莫大的，尽管是不自觉的，为虚妄的哲学和教义细节之故而放弃了最初的福音的背教过程吗？这个最初为犹太人的信息是否已经希腊化到如此地步，以至于它已不再是犹太人的信息了？情况或许就是如此。不过，这里我们必须要讨论某些因素。这些因素将要证明，这其中涉及的问题比初看上去要复杂得多。

首先，如果说基督教就是道成肉身的信息，即通过成为我们众人之一而来到这个世界的神的信息，那么，怎么能因为它通过自身的希腊化而进入希腊世界的缘故去指责它呢？如果不是这样，它就会成为死板板的，非道成肉身的基督教，那样或许可以保持其最初形式，但它也就会因此而无法进入周围的世界了。

其次，如果我们能认识到基督教神学在其发展过程中所面临的种种

① 本章英语题目为：Apostolic or Apostate？二字均以“Apost-”开始，意为：“是否忠于传统？抑或叛教？”——译者

危险,那就必然会得出第二个看法。希腊文化不仅是一种普遍的文化态度,它还有着能够对基督教信守其最初信息造成威胁的内容。古典希腊哲学是导致希腊文化思想形成的一个重要因素,这是一种基本上以静止 382
的眼光理解存在的哲学。当基督教徒开始称上帝为"不受动的最初推动者"("Prime unmoved mover")时,这将对他们关于上帝与历史的关系,以及上帝在耶稣基督里面成为历史的组成部分等等的理解产生何种影响呢?

当基督徒们开始把上帝定义为对一切人的性质的否定时,他们又怎么能够肯定被给以这种定义的上帝可以成为人呢?这样,基督教思想在其发展过程中所遇到的大量难题,都是由于试图将最初的犹太教——基督教传统关于上帝的说法,与通过被希腊传统称为理性者而获得的关于上帝的知识相互调和而造成的后果。当然,这里关于理性的观点并非对理性的唯一可能的理解。

最后,人们必须问,4 世纪初期开始的"君士坦丁化"(Constantinization)影响基督教思想的发展到何等程度。时常受迫害而又没有政治势力的早先几代教会,比起本册结束时所提到受帝国势力支持而常屈从帝国的教会,存在着极大的不同。只要从公元 449 年召开的"强盗会议"和两年后举行的卡尔西顿会议之间所发生的事件中,就可以清楚地看出,形势的变化如何影响基督教思想的发展。而且,甚至在权力对神学的明显影响之外(在本书接下去的两卷中有更多这方面的例子),还有研究神学者的社会观点的变化对神学所产生的较为微妙的影响。许多世纪以来,神学家以及一般的教会对社会、政治和经济所持的态度如何影响对福音的解释,还没有加以研究。因此,我们只能在此提醒读者对这些问题加以注意,并允诺将来会做这种研究。

同时,在对卡尔西顿会议之前的基督教思想发展做了一个概括性的评价之后,可以肯定无疑地说,这种发展是基督教的希腊化。这种希腊化不仅是对形式问题或术语而言,也是对基督教本质的理解。如果其他较

383 为理想的哲学解释基督教或可避免所产生的问题，但是很难想象在当时知识界的气氛中，能真正有基督教思想得以长期遵循的其他哲学解释。而且，虽然对基督教做了希腊化的理解，基督教教义的总发展本能地排斥了希腊化的某些极端思潮，也排斥了可能否定基督教信仰中上帝在基督之中与世人得到和解这个基督教基本信条的其他影响。

附　录

进一步阅读书目

现在读者手中的这套书是作为基督教思想史的入门读物，因此不能代替原始资料的阅读。下面所列举的资料应该和此卷书的相应章节一起阅读。下面这个附录将为读者列出一些阅读资料。

有大量的基督教作品译成英文。首先，应该提到的是10卷本的《尼西亚会议前教父文集》(*The Ante-Nicene Fathers*, *ANF*)与28卷本的《尼西亚会议及其后教父文集》(*The Nicene and Post-Nicene Fathers*, *NPNF*)。这些资料集是上个世纪翻译成英文的，而英语译文有不便于表达原作的地方。另一方面，感谢Wm. B. Eerdmans Publishing Company (Grand Rapids, Mich.)重印这些文集，使得读者可以很容易地在图书馆中找到，并可以很便宜地买到这些书。它们相当全面且具有代表性。当然，在它们出版以后才发现的作品尚未收入其中。由Newman Press (Westminster, Md.)出版的系列著作*Ancient Christian Writers* (*ACW*)，收入了整部著作的优秀译文。由Westminster Press (Philadelphia)出版的*Library of Christian*

Classics（*LCC*）系列，是一部精选集，有相当长的节选文章，有时甚至选择整部作品。

虽然，我给读者推荐了较长的节选性文章或整部作品供读者阅读理解。我也要给读者提供包括一些较短文章的选集。这样的选集有：Hugh T. Kerr, *Readings in Christian Thought* (Nashville: Abingdon, 1966)；Colman J. Barry, *Reading in Church History*, 3 vols. (Westminster, Md.: Newman, 1966)；Henry Bettenson, *The Early Christian Fathers* (London: Oxford University, 1956)；Henry Bettenson, *The Later Christian Fathers* (London: Oxford University, 1970)。有时，应该提及其他翻译和选集。

下面提出一些最基本的资料作为这一卷书的补充：

Ⅰ. 使徒后期教父（第三章）

A. 伊格内修斯（Ignatius），*Epistle to the Ephesians*

1. *ANF*, 1: 49 ~ 58（这一作品包括两个版本。在左边一栏较短的版本是原稿。）
2. *ACW*, 1: 60 ~ 68
3. *LCC*, 1: 87 ~ 93
4. Barry, 1: 21 ~ 23（选集）
5. Bettenson, *Early*..., pp. 54 ~ 57（选集）

B. 十二使徒遗训（*Didache*）

1. *ACW*, 6: 3 ~ 25
2. *LCC*, 1: 161 ~ 170
3. Barry, 1: 25 ~ 28（选集）
4. Bettenson, *Early*..., pp. 69 ~ 72（选集）

Ⅱ. 护教士（第四章）：殉道士查斯丁（Justin Martyr），*I Apology*, 1 ~ 17, 44 ~ 46

1. *ANF*, 1: 163 ~ 168, 177 ~ 178
2. Kerr, pp. 20 ~ 25（几乎是相同的选集）

3. Barry,1: 31 ~ 36(相似的选集)

4. Bettenson,*Early...*, pp. 80 ~ 87 (相似的选集)

Ⅲ. 诺斯底主义(Gnosticism,第五章):*The Gospel according to Thomas*

1. R. M. Grant and D. N. Freedman, *The Secret Sayings of Jesus* (London: Fontana Books, 1960), pp. 112 ~ 182 (既包括文本也包括连续不断的评注)

2. J. Doresse, *The Secret Books of the Egyptian Gnostics* (New York: Viking, 1960), pp. 455 ~ 470

Ⅳ. 艾雷尼厄斯(Irenaeus,第六章):*Against Heresies*, 3. 1 ~ 5,15 ~ 22

1. *ANF*, 1: 414 ~ 418, 439 ~ 455

2. Kerr, pp. 28 ~ 36 (另一选集)

3. Barry, 1: 44 ~ 46(非常短的节选)

Ⅴ. 德尔图良(Tertullian,第七章):

A. *Prescription against Heretics*

1. *LCC*, 5: 31 ~ 64

2. *ANF*, 3: 243 ~ 265

3. Kerr, pp. 37 ~ 42 (选集)

B. *On the Fl ~ esh of Christ*, 1 ~ 5

1. *ANF*, 3: 521 ~ 526

2. E. Evans, trans., *Tertullian's Treatise on the Incarnation* (London: spck, 1956), pp. 5 ~ 81

Ⅵ. 亚历山大学派(第八章):

A. 克莱门特(Clement), *Exhortation to the Heathen*, 10 ~ 11

1. *ANF*, 2: 197 ~ 206

2. G. W. Butterworth, trans., *Clement of Alexandria*, in Loeb Classical Library (Cambridge: Harvard University Press, 1953), pp. 197 ~ 251

B. 奥利金(Origen),*On First Principles*, 前言及1.1～6

1. *ANF*, 5: 239～262

2. G. W. Butterworth, trans., *Origen on First Principles* (London: SPCK, 1956), pp. 1～58

3. Barry, 1: 59～62 (前言)

4. Kerr, pp. 43～47 (另一选集)

Ⅶ. 西普里安(Cyprian,第九章):*On the Unity of the Church*

1. *LCC*, 5: 124～142

2. *ACW*, 25: 43～68

3. *ANF*, 5: 421～429

4. M. Bévenot, trans., *Cyprian De Lapsis and De Ecclesiae Catholicae Unitate* (Oxford: Clarendon Press, 1971), pp. 57～99

5. Barry, 1: 62～67 (选集)

Ⅷ. 三一论神学争论(第十章到第十五章)

A. 阿利乌(Arius)

1. *Letter to Eusebius of Nicomedia*

a. W. G. Rusch, ed., *The Trinitarian Controversy* (Philadelphia: Fortress, 1980), pp. 29～30

b. *LCC*, 3: 329～331

2. *Letter to Alexander of Alexandria*, in Rusch, pp. 31～32

B. 该撒利亚的优西比乌(Eusebius of Caesarea),*Letter to His Church*

1. Rusch, pp. 57～60

2. *LCC*, 3: 336～340

C. 亚他那修(Athanasius), *Orations against the Arians*, 1

1. Rusch, pp. 63～129

2. *NPNF*, 2nd series, 4: 306～343

D. 尼撒的格列高利(Gregory of Nyssa),*To Ablabius*

1. Rusch, pp. 149 ~ 161

2. *LCC*, 3: 256 ~ 267

3. *NPNF*, 2nd series, 5: 331 ~ 336

E. 奥古斯丁(Augustine), *On the Trinity*, 9

1. Rusch, pp. 163 ~ 179

2. *NPNF*, 1st series, 3: 125 ~ 133

3. *LCC*, 8: 57 ~ 71

4. W. J. Oates, ed., *Basic Writings of Saint Augustine*, 2 vols. (New York: Random House, 1948), 2: 789 ~ 803

Ⅸ. 基督论论争(第十六章到第十八章)

A. 聂斯脱利(Nestorius), *Letter to Celestine*: *LCC*, 3: 346 ~ 348

B. 亚历山大的西里尔(Cyril of Alexandria), Ⅲ *Letter* to 聂斯脱利: *LCC*, 3: 349 ~ 354

C. 大利奥(Leo the Great), *Dogmatic Epistle to Flavian* (*Tome*)

1. *LCC*, 3: 360 ~ 370

2. Barry, 1: 97 ~ 102

3. *NPNF*, 2nd series, 12: 38 ~ 43

4. Bettenson, *Later...*, pp. 278 ~ 280(选集)

索　引

全书人名、书名、术语等依英文字母排列。

英汉对照各条后的数字为英文原书页码，即中译本的边码。

A HISTORY OF CHRISTIAN THOUGHT

基督教思想史

第2卷

［美国］胡斯都·L. 冈察雷斯 著
陈泽民 孙汉书 司徒桐 莫如喜 陆俊杰 译
陈泽民 赵红军 许列民 校

译林出版社

图书在版编目（CIP）数据

基督教思想史／（美）冈察雷斯著；陈泽民等译.
—南京：译林出版社，2010.10（2024.11 重印）
ISBN 978-7-5447-0226-3

Ⅰ.①基… Ⅱ.①冈… ②陈… Ⅲ.①基督教史：思想史－世界 Ⅳ.①B979.1

中国版本图书馆 CIP 数据核字（2007）第 074707 号

著作权合同登记号 图字：10-2020-306 号

基督教思想史 ［美国］胡斯都·L. 冈察雷斯 ／ 著 陈泽民 孙汉书等 ／ 译

责任编辑 孙 峰 张海波
装帧设计 胡 苨
责任印制 董 虎

出版发行 译林出版社
地　　址 南京市湖南路 1 号 A 楼
邮　　箱 yilin@yilin.com
网　　址 www.yilin.com
市场热线 025-86633278
排　　版 南京展望文化发展有限公司
印　　刷 江苏凤凰新华印务集团有限公司
开　　本 960 毫米 × 652 毫米 1/16
印　　张 83.75
版　　次 2010 年 10 月第 1 版
印　　次 2024 年 11 月第 7 次印刷
书　　号 ISBN 978-7-5447-0226-3
定　　价 188.00 元

目录

英译本第一版序言

写一篇序言始终是一件颇费周折的事，因为作者清楚地知道，他在最后所写的东西，很可能是读者最先读到的东西。在这个特殊的情况下，这种颇费周折由于这样的事实而加剧了，即这是一套三卷的"第二卷的序言"，因而我很想把它当做一个机会，来总结我到目前为止所做的事情，并指出我打算怎样撰写第三卷。

然而，除了对第二卷的范围和编排做两点说明之外，我还是放弃了上述的想法。第一点说明是，正如我认为没有将奥古斯丁写进第一卷而把他放在第二卷的开头是恰当的那样，在这一卷中，我决定把基督教思想发展的历史只写到宗教改革前夕，而不包括宗教改革本身，也不对文艺复兴和人文主义详加讨论。这些主题将是这部《思想史》最后一卷的出发点。我必须做的第二点说明是，我在这里又一次试图把这部《思想史》写得更加全面，包括基督教所有的主要派别，因此把经常被忽略的东方教会的发展情况也写了进去。如果读者觉得把东方神学这样穿插进去，会割断叙述的连贯性，那很简单，他可以根据自己的兴趣，按另一种顺序去阅读论述东方和西方教会的各章。

最后，是关于致谢的话。这本书是在许多人的帮助下写成的，而我应该致谢的人又无法在这里一一列举，因此，我提到的几位，可作为所有那些我应该致谢的人的代表。耶鲁神学院和波多黎各福音神学院图书馆的管理员雷蒙德·P. 莫里斯博士和威尔玛·莫修尔德女士给了我极为热情和慷慨的帮助，前者在我利用一个休假年在耶鲁大学准备本书稿时给予帮助，后者曾为我提供数以百计的书刊以满足我研究的需要。神学教育基金会为本书的写作提供慷慨的资助，为此我也表示感谢。有好几位人士分担本书的打字，但承担最重的是雷蒙尼塔·C. 布鲁格罗斯夫人，她还打了全部的西班牙语手稿；还有F. 伊丽莎白·亚当斯女士和琼·B. 考德威尔夫人。我对他们表示感谢，不仅为了他们所做的工作，而且也为了他们对编写这部书的计划本身所表示的兴趣。

胡斯都·L. 冈察雷斯

埃默里大学

1971 年大斋期

第二卷

从奥古斯丁到宗教改革前夕

缩略语

ActHung	*Acta antiqua Academiae Scientiarum Hungaricae*
ACW	*Ancient Christian Writers*
AHDLMA	*Archives d'Histoire doctrinale et litéraire du Moyen Age*
AlAnd	*Al – Andalus*
AmBenRev	*American Benedictine Review*
AmEccRev	*American Ecclesiastical Review*
Ang	*Angelicum*
AnnTh	*L'Année Théologique*
AnnThAug	*L'Année Théologique Augustinienne*
AnSacTarr	*Analecta Sacra Tarraconensis*
Ant	*Antonianum*
ArchFrHist	*Archivum Franciscanum Historicum*
ArchPh	*Archives de Philosophie*
ARG	*Archiv für Reformationsgeschichte*
Aug	*Augustinus*
Auga	*Augustiniana*
Augm	*Augustinianum*

BAC	*Biblioteca de Autores Cristianos*
BibOr	*Bibliotheca Orientalis*
BijGesch	*Bijdragen tot de Geschiedenis*
BogSmotra	*Bogoslovska Smotra Ephemerides Theologicae*
BThAM	*Bulletin de Théologie Ancienne et Médiévale*
CD	*La Ciudad de Dios*
CECath	*Cahiers des Études Cathares*
CH	*Church History*
CienFe	*Ciencia y Fe*
CienTom	*Ciencia Tomista*
CollFranNeer	*Collectanea Franciscana Neerlandica*
CommSanct	*Communio Sanctorum*
CSCO	*Corpus Scriptorum Christianorum Orientalium*
CSEL	*Corpus Scriptorum Ecclesiaticorum Latinorum*
CuadEstGall	*Cuadernos de Estudios Gallegos*
CuadSalFil	*Cuadernos Salmantinos de Filosofía*
Denzinger	*Enchiridion Symbolorum Definitionum et Declarationum* (ed. Denzinger and Rahner), 31st edition, 1957
DHGE	*Dictionnaire d'Histoire et de Géographie Ecclésiastiques*
DissAbs	*Dissertation Abstracts*
DivThom	*Divus Thomas: Commentarium de Philosophia et Theologia*
DKvCh	*Das Konzil von Chalkedon: Geschichte und Gegenwart* (ed. Grillmeier und Bacht)
DomSt	*Dominican Studies*
DOP	*Dumbarton Oaks Papers*
DS	*Dictionnaire de Spiritualité*
DTC	*Dictionnaire de Théologie Catholique*

EchOr	*Échos d'Orient*
EncCatt	*Enciclopedia Cattolica*
EngHisRev	*English Historical Review*
EphemMar	*Ephemerides Mariologicae*
EstEcl	*Estudios Eclesiásticos*
EstFran	*Estudis Franciscans*
EstudiosFran	*Estudios Franciscanos*
EtAug	*Études Augustiniennes*
EtFran	*Études Franciscaines*
FrancSt	*Franciscan Studies*
FranzSt	*Franziskanische Studien*
FrFran	*La France Franciscaine*
GCFilIt	*Giornale Critico di Filosofia Italiana*
GM	*Giornale di Metafisica*
Greg	*Gregorianum*
GuL	*Geist und Leben*
HistZschr	*Historische Zeitschrift*
HorSem	*Horae Semiticae*
HTR	*Harvard Theological Review*
Hum	*Humanitas*
IntkZtschr	*Internationale kirchliche Zeitschrift*
JEH	*Journal of Ecclesiastical History*
JHP	*Journal of the History of Philosophy*

JKGSlav	*Jahrbücher für Kultur und Geschichte der Slaven*
JMedRenSt	*Journal of Medieval and Renaissance Studies*
JRel	*The Journal of Religion*
LCC	*Library of Christian Classics*
Mansi	*Sacrorum Conciliorum Nova et Amplissima Collectio* (ed. Mansi)
MedSt	*Mediaeval Studies*
MiscFranc	*Miscellanea Francescana*
ModSch	*Modern Schoolman*
Ms	*Manuscripta*
MSR	*Mélanges de Science Religieuse*
NedTheoLTschr	*Nederlands Theologisch Tijdschrift*
NSch	*The New Scholasticism*
OgE	*Ons geestelijk Erf*
OrChr	*Orientalia Christiana*
PatMed	*Patristica et Mediaevalia*
PG	*Patrologiae cursus completus... series Graeca* (ed. Migne)
PL	*Patrologiae cursus completus... series Latina* (ed. Migne)
PO	*Patrologia Orientalis*
RCHist	*Rivista Critica di Storia della Filosofia*
RelCult	*Religión y Cultura*
RET	*Revista Española de Teología*
RevAscMyst	*Revue d'Ascetique et de Mystique*
RevBened	*Revue Bénédictine*

RevEsp	*Revista de Espiritualidad*
RevEstGall	*Revista de Estudios Gallegos*
RevEtAug	*Revue des Études Augustiniennes*
RevStSl	*Revue des Études Slaves*
RevPhil	*Revue de Philosophie*
RevPhLouv	*Revue Philosophique de Louvain*
RevPortFil	*Revista Portuguesa de Filosofia*
RevUMad	*Revista de la Universidad de Madrid*
RFilNSc	*Revista di Filosofia Neoscolastica*
RHPhRel	*Revue d'Histoire et de Philosophie Religieuse*
RnsPh	*Revue néoscolastique de Philosophie*
RQH	*Revue des Questions Historiques*
RRosm	*Rivista Rosminiana*
RScPhTh	*Revue des Sciences Philosophiques et Théologiques*
RScRel	*Recherches de Science Religieuse*
RStLet	*Rivista di Storia e Letteratura Religiosa*
RThAM	*Recherches de Théologie Ancienne et Médiévale*
RThLouv	*Revue théologique de Louvain*

Sal	*Salmanticensis*
Sap	*Sapientia*
Sapza	*La Sapienza; Rivista di Filosofia e di Lettere*
SC	*Sources Chrétiennes*
Sch	*Scholastik: Vierteljahrschrift für Theologie und Philosophie*
SJT	*Scottish Journal of Theology*
SM	*Sacramentum Mundi*
Spec	*Speculum: A Journal of Medieval Studies*
StCath	*Studia Catholica*
StFran	*Studi Francescani*

StMed	*Studi Medievali*
SVNC	*Scriptorum Veterum Nova Collectio*
Theoria	*Theoria: Swedish Journal of Philosophy and Psychology*
ThGl	*Theologie und Glaube*
ThPhil	*Theologie und Philosophie*
ThR	*Theologische Revue*
TLztg	*Theologische Literaturzeitung*
TQ	*Theologische Quartalschrift*
Tut	*Tijdschr voor Theologie*
Viv	*Vivarium*
VyV	*Verdad y Vida*
Wuw	*Wissenschaft und Weisheit*
ZKT	*Zeitschrift für katholische Theologie*
ZschrKgesch	*Zeitschrift für Kirchengeschichte*
ZschrPhForsch	*Zeitschrift für Philosophische Forschung*

第一章　奥古斯丁的神学

上一卷写到公元 451 年,即卡尔西顿公会议的年代。但是,那一卷的 15
最后几章只论述在东方发生的基督论争论,而把三位一体争论以后西方神学的发展放在一边。现在我们必须回到西方,回到 4 世纪末和 5 世纪初,以便研究奥古斯丁的神学。

奥古斯丁标志着一个时代的结束和另一个时代的开始。他是最后一位古代基督教作家,又是中世纪神学的先驱者。古代神学的主要流派汇合在他身上,从他身上发展起来的不仅是中世纪的经院主义,而且还有 16 世纪的新教神学。

他的神学不是在抽象的苦思冥想中发展起来的,也不是为了要建立一个体系而发展起来的,而是在他一生所经历的各种争论的背景中形成的,所以最好是通过介绍他的生平来进入他的神学。①

---

① Eugène Portalié, *A Guide to the Thought of Saint Augustine* (Chicago:Regnery,1960); Gerald Bonner, *St. Augustine: Life and Controversies* (London:SCM Press, 1963); P. Brown, *Augustine of Hippo: A Biography* (London: Faber and Faber, 1967).

青年时期

16 奥古斯丁于公元354年生在北非的一个小城镇塔格斯特(Tagaste),他的母亲是基督教徒,父亲是异教徒。关于他的青年时期和他的信教经过,我们的主要根据是他的《忏悔录》(*Confessions*)。这是一部宗教性的自传,在这本书里他试图叙述,上帝怎样在他早年引导他一步步前进,尽管他是那么叛逆和不信。因此,这本书是古代一部难得的文学杰作,对于研究奥古斯丁一生的经历如何影响他的神学的形成,也是十分重要的资料。②

奥古斯丁住在塔格斯特,直到为了继续求学才搬到另一个城市。这促使他先到附近的玛道拉(Madaura),以后——当他十七岁的时候——到了迦太基(Carthage)。他在那里学习修辞学,同时过着放纵的生活,和一个情妇姘居,那人一年后给他生了一个独生子阿丢达都斯(Adeodatus)。奥古斯丁虽然生活放荡,但是继续研究修辞学,而且似乎成了该城最有口才的演说家之一。

正是在这个时候,奥古斯丁为了改进文风,便着手研究西塞罗的《百花园地》(Cicero's *Hortensius*)。他钻研这部著作,虽然只是为了追求词藻的华丽,可他却从中听到一个强有力的召唤,要他寻求真理。

> 在日常的学习中,我偶然见到一本西塞罗的著作。他的语言,但不是他的心,是众所共仰的,书名叫《百花园地》。这书的确使我的爱慕之心起了变化,使我转向您,我的主,祷告并使我另有所望,另有所求。对我说来一切奢望突然变得毫无价值,而且我怀着难以置信的满腔热忱,渴望得到智慧的永生。我要从此振作起来,以期归向于

② 关于《忏悔录》的历史真实性问题主要是围绕着有关奥古斯丁皈依的记述。见注15。

您。③

可是，这样的寻求真理，并没有引导年轻的奥古斯丁归向正统的基督 17
教信仰，却归向了摩尼教（Manichaeism）。

摩尼教

关于摩尼教的起源和教义，人们今天比在三十年前所了解的要正确得多，因为近来发现了摩尼教的几种重要文献，纠正了以前对这一教派的片面的和有些歪曲了的看法，这些看法是从基督教对它的争论和批驳中得来的。④

摩尼教的创始人摩尼（Mani），公元216年生于巴比伦（Babylon）。他的父亲可能是一个具有诺斯底主义（Gnostic）和禁欲主义倾向的小教派的成员。因而摩尼似乎是在这样一个社团里出生和成长起来的。他十二岁时得到了天启，叫他脱离他在其中成长起来的这个教派，不过十二年之后，一个新的天启使他变成一个新的“光明之教”（religion of light）的先知和使徒。他在波斯、美索不达米亚甚至印度传教之后，触犯了政府，被捕入狱，并且被戴上镣铐，以致不满一个月就死了。⑤ 有一个时期，他的信徒们分裂了，但公元282年前后，在一个名叫西星尼乌斯（Sisinius）的人的领导下又团结起来。在那期间，摩尼教开始向外扩展，东至印度和中

---

③ *Conf.* 3. 4. Trans. J. G. Pilkington (New York: Heritage Press, 1963), p. 33.

④ 正是由于此缘故，Ferdinand Christian Bauer 本来很优秀的研究著作，*Das Manichäische Religions-system*（重印自1831年的版本，Göttingen: Vandenhoek & Ruprecht, 1928）也需要根据更新近的学术成果来修正。见 L. J. R. Ort, *Mani: A Religio-Historical Description of His Personality* (Leiden: E. J. Brill, 1957); Henry-Charles Puech, *Le Manichéisme* (Paris: Civilisations du Sud, 1949)。本部分通篇采用 Puech 的年代表。

⑤ 广为流传的关于他被活活剥皮而死的说法似乎只是来自一些古代作家的想象。见 Puech, *Le Manichéisme*, pp. 54～57。

国，西至巴勒斯坦和埃及。不久，它的教徒已遍及地中海沿岸各地，并通过讽刺嘲弄正统基督教教义而赢得追随者。⑥

18 摩尼教教义因袭古代诺斯底教的模式（Gnostic pattern），试图通过天启，使我们知道我们神圣的起源，并使我们摆脱物质的束缚，从而为人类境遇的神秘之谜提供一个答案。根据这种教义，人的灵魂是神圣的实体的一部分，并且为了实现其命运，回到神圣的实体那里去。与此同时，人的灵魂遭受到难熬的痛苦，这种痛苦纯粹是人的灵魂在今生今世和恶的本原结合在一起所造成的。另一方面，善的本原已经由几位先知启示出来，其中最主要的先知是佛陀、琐罗亚斯德（Zoroaster）和耶稣。摩尼本人就是这些先知的光辉门第的一脉相传，虽然他是他们中间的最后一个。在他之前的先知只给人留下了不完全的和片面的天启，摩尼这时却将最终极的真理彰显出来，佛陀、琐罗亚斯德和耶稣为之作见证的正是这种真理。再者，摩尼就是圣灵保惠师的化身（incarnation of Paraclete），他所启示的不仅是一个宗教真理，而且是一种完备的科学，这种“科学”所包括的几乎完全是一系列有关世界起源及运转的神话。在这些神话里，占据舞台中心的是两个对立的本原的永不休止的斗争，这两个对立的本原叫做光明与黑暗（Light and Darkness）。但是，尽管这种所谓的“科学”具有神话的性质，它还是能够赢得奥古斯丁这样的人的想象与信服。

奥古斯丁始终不过是摩尼教的一个“旁听者”，似乎也从未打算加入“完人”的行列。⑦ 摩尼教根据善恶二元论（dualism），提倡这样一种摒弃

---

⑥ 摩尼教的这一迅速传播所产生的一个后果就是其内部的地区性差异。因此，详尽地研究摩尼教对奥古斯丁的影响必须从确定北非摩尼教的本质开始。见 J. Zeiller, “Les hérésies en Afrique entre la paix constantinienne et l'invasion vandle”, *Mélanges à la Mémoire de F. Martroye* (Paris: Société nationale des antiquaires de France, 1940), pp. 101 ~ 106; W. H. C. Frend, “The Gnostic Manichaean Tradition in Roman Africa”, *JEH*, 4 (1953), 13 ~ 26; L. H. Grondijs, “Numidian Manichaeism in Augustine's Time”, *Ned-TheolTschr*, 9 (1954 ~ 1955), 21 ~ 42; F. Decret, *Aspects du manichéisme dans l'Afrique romaine* (Paris: Études Augustiniennes, 1970)。

⑦ D. Roché, “Saint Augustine et les manichéens de son temps”, *CECath*, 1 (1949), 21 ~ 50.

情欲的伦理观，以致如果不做到几乎饿死的地步，就不可能遵循这种伦理观。为了克服这种困难，就在“旁听者”与“完人”之间作出区别。“旁听者”不必做到绝对禁欲，可以继续过着人类的普通生活，但必须参加摩尼教的礼拜仪式，接受其教义，为“光明教会”（Church of the Light）的活动提供捐献。这种旁听者所希望的，不是死后直接进入天堂，而是他们将轮回 19
转世而成为一个完备的信徒。另一方面，完人必须过一种绝对的自我克制生活，只能吃某些食物，因为人们相信，这些食物含有光的粒子，可以在吃的过程中保存光的粒子，从而吸收光的粒子。[8]

奥古斯丁就这样做了九年摩尼教的旁听者。[9] 这种教义之所以能吸引他，似乎是因为这种教义能够提供一种对宇宙的合理解释。摩尼教教徒不接受《旧约圣经》的大部分内容，而且由于奥古斯丁从来都不能接受他认为是犹太人《圣经》里的愚钝的东西，因此他在这里找到另一个理由来追随这样一种开明宗教。最后，奥古斯丁一直难于解决的一个问题，是如何将上帝的仁慈和良善与罪恶的存在协调起来，而现在这个问题似乎可以用这样的断言来解决，即永恒的本原不是单有一个，而是有两个，其中一个是恶，而另一个是善。

正如摩尼教的最有力之处是它自称它是严格理性的和科学的，它的最大弱点是它无力实现这一诺言。奥古斯丁在开始信奉摩尼教的时候，就有一些他的老师们不能解决的疑难。最初他相信，如果他带着这些疑难去请教摩尼教的一个真正伟大的教师，这些疑难就可以解决。同时，他把他的教导和他对摩尼教的研究同他所信服的占星术的推测结合在一起，直到他发现了确凿的证据，证明占星术不可靠为止。[10] 最后，当他有

---

⑧ Puech, *Le Manichéisme*, pp. 90 ~ 91. 在此书中指出，这就是奥古斯丁在放弃摩尼教之后嘲笑过的“通过肚腹得救”的教义。

⑨ *Conf.* 3. 11.

⑩ *Conf.* 4. 3. L. C. Ferrari, “Astronomy and Augustine's Break with the Manichees”, *RevEtAug* 19 (1973), 263 ~ 276.

机会见到摩尼教最著名的大师之一——米勒维斯的福斯都斯(Faustus of Milevis)——的时候,这一会见使他非常失望,以致对摩尼教失去了信心。

20 差不多整整九年,我怀着动摇不定的心情,成了他们的追随者,我一直殷切地盼望这位福斯都斯的到来。我偶然遇到的该教派的其他成员,每逢不能回答我提出的问题时,总是嘱咐我等待着他的到来,说将来和他谈话,这些问题以及我可能有的更大的难题,都将很顺利地和充分地得到解决。当他终于来到的时候,我发现他讲得很动听,但他所讲的和别人讲的完全一样,只不过讲得更流利些,用词更美些。但是,为我斟酒的人如果不能给我一杯我所渴求的更美的酒,他的优雅举止对我又有什么好处呢?这些类似的话我的耳朵已经听腻了;不能因为这些话表达得好些,对我就更有说服力;不能因为讲得口若悬河,就成了真理;也不能因为面容和蔼,言词流畅,就一定是神智聪慧。⑪

由于对摩尼教的失望以及对他的迦太基学生们的行为败坏的不满,奥古斯丁决定迁往罗马。在罗马他继续和摩尼教徒保持接触,虽然他不再相信他们的教义,而倾向于接受柏拉图学园派的怀疑主义。

我有点倾向于相信,那些被称为“学园派”(Academics)的哲学家们比其余的人更为明智,因为他们主张,我们应当怀疑一切,并断言人没有理解任何真理的能力。⑫

可是,他作为一位修辞学教师,要进一步发展他的前途,罗马也不是

---

⑪ *Conf.* 5.6 (trans. Pilkington, pp. 67 ~68).

⑫ *Conf.* 5.10 (trans. Pilkington, p. 74).

一个更合适的地方，因为他的学生们总是找些坏点子不交学费。因此，他决定到米兰碰碰运气，那里有个修辞学教师的空缺。正是在米兰，奥古斯丁成为一个新柏拉图主义者（Neoplatonist），后来，受了安布罗斯（Ambrose）主教和他的老师辛普立修（Simplician）的影响又成了基督徒。

新柏拉图主义

奥古斯丁读了他称作“柏拉图主义者”——大概是普罗提诺（Ploti- 21
nus）、波菲利（Porphyry）以及其他新柏拉图主义者——的著作，这使他不仅摆脱了怀疑主义，而且使他克服了阻碍他从理智上接受基督教信仰的两个主要障碍——上帝的无形无体和罪恶的存在。摩尼教以其对上帝的有形体的理解以及善恶二元论，对这些问题作了简单的解答，可是这类解答被证明是不足的。这时，新柏拉图主义向奥古斯丁提供了理解上帝的无形无体的手段，也提供了不必借助善恶二元论而解释罪恶的存在的方法。这就为他接受基督教信仰开辟了道路。在这些方面，新柏拉图主义对于奥古斯丁的思想产生了深刻的影响，以致他总是从新柏拉图主义的角度来理解上帝的无形无体和罪恶问题，这一点可以从下文中看出。

他 的 皈 依

奥古斯丁找到了新柏拉图主义之后不久，便皈依了基督教，这种皈依把理智成分和感情因素结合在一起。当奥古斯丁到达米兰时，米兰主教是安布罗斯。他是一个天赋聪慧、责任感坚定的人。奥古斯丁去听他讲道，并不是要听他讲道的内容，而是要研究他讲道的技巧。因此，他到安布罗斯那里去，不是像一个寻求真理的心灵痛苦的人，倒像一个行家到另一个同行那里去评头论足，或许是去学习一些技巧。然而，他很快就觉得，他聆听的不只是安布罗斯的讲话技巧，而且是他讲话的内容，特别是安布罗斯用寓意法解释（allergorical interpretation）《旧约圣经》，解决了早先阻碍奥古斯丁信仰的许多疑难。⑬

22 然而，这种新的对基督教信仰的意义的看法还不足以使奥古斯丁接受它。他在家乡时所认识的基督教是禁欲主义的，他所钦佩的新柏拉图主义哲学家们的道德观也是这样的。为了这些原因，他想，如果他接受了基督教信仰，即意味着，他要过一种他尚未做好准备的自我克制的生活。在理智上，他已下了决心，可是他的意志还拒绝依从理智。他的祈祷是："请赐给我贞洁和自制，但现在还不是时候。"

最后，奥古斯丁为两个事例所触动，而感到惭愧、失望，乃至皈依基督教，因为在这两个事例中别人表现得比他勇敢。第一个事例是马利乌·维克多里奴(Marius Victorinus)的事例。他是奥古斯丁非常钦佩的几本新柏拉图主义著作的拉丁文译者，他经过长时间的怀疑之后，在最近公开表白了他的基督教信仰。另一个事例是，有两个人读了《圣安东尼传》(*Life of Saint Anthony*)之后，决心抛弃尘世，献身上帝的事业。这两个事例如此打动了奥古斯丁的心，以致他对没能迈出最后一步感到失望，而跑到了一个花园里，扑倒在一棵无花果树下，呼喊：

> 还要等多久，还要等多久？明天，又再明天？为什么不是现在？为什么不在此时此刻就结束我的肮脏生涯？
>
> 我正这样说着，内心极度悔恨地痛哭着，这时候我忽然听见来自隔壁房子一个不知是男孩还是女孩的声音，唠叨着，重复着："拿起来读；拿起来读……"我把书抓起来，打开，默默地读着我第一眼看到的那一段——"不可荒宴醉酒，不可好色邪荡，不可争竞嫉妒；总要披戴主耶稣基督，不要为肉体安排，去放纵私欲。"我不愿意再读下去，也不必再读下去；因为当这句话结束的时候，仿佛给人安全感的一道亮

⑬ *Conf.* 5.14.

光忽然照进我的心，一切疑云顿时消逝。⑭

奥古斯丁的皈依的确切性质是什么呢？这个问题学者们自 19 世纪 23
末以来就一直在辩论。⑮ 问题在于：米兰花园里发生的皈依是真的促使奥古斯丁去接受教会和他母亲信奉的那种基督教信仰呢，还是促使他去接受新柏拉图主义哲学家们提倡的那种生活和信仰？正像已经说过的那样，主要就是在这一点上《忏悔录》的历史真实性受到了怀疑。这种怀疑是有充分理由的，因为尽管《忏悔录》给人的印象是，奥古斯丁在米兰花园里皈依了基督教信仰，可是他在这个体验之后不久写的作品，更带有新柏拉图主义的气味，而不是基督教的气味。奥古斯丁皈依之后，和一小群愿意在自我克制和沉思默想的生活方面追随他的人一起，引退到米兰郊区加西萨古（Cassiciacum）。在那里，他和他的同伴们进行了一系列的谈话，从而产生了“加西萨古对话”（Dialogue of Cassiciacum）——《反对学园派》（*Against the Academics*），《论幸福生活》（*On the Happy Life*），《论秩序》

⑭ *Conf.* 8.12（trans. Pilkington, pp. 140 ~ 141）.

⑮ 对这个争论的早期阶段的概述参见 Charles Boyer, *Christianisme et Néo-platonisme dans la formation de saint Augustin*（Rome: Officium libri catholici, 1953）。其他一些值得注意的著作如下：Karl Adam, *Die geistige Entwicklung des heiligen Augustinus*（Augsburg: Haas und Grabherr, 1931）；Pierre Paul Courcelle, *Recherches sur les Confessions de Saint Augustin*（Paris: E. de Boccard, 1950）；Romano Guardini, *Die Bekehrung des Aurelius Augustinus*（Munich: Kösel, 1950）；S. B. Femiano, *Reflessioni critiche sulla conversione di S. Agostino*（Naples: Istituto editoriale del Mezzogiorno, 1951）；A. Sizoo, “Augustinus' bekeerings-vehall als narratio”, *Ant*, 4（1954），240 ~ 257；G. Mathon, “Quand faut-il placer le retour d'Augustin à la foi catholique?” *RevETAug*, 1（1955），107 ~ 127；C. Vaca, “La experiencia religiosa en San Augustín”, *RevEsp* 14（1955），185 ~ 204；F. Bolgiani, *La conversione di S. Agostino a l' Ⅷ libro delle “Confessioni”*（Torino: Università, 1956），33 ~ 48；V. Capanaga, “San Agustín en nuestro tiempo: Problemas sobre la conversión”, *Aug*, 1（1956），33 ~ 48。关于米兰花园里的事件的一系列文章，参看，Cayré 和 Courcelle 出版的 *AnnTh*, 1951。关于奥古斯丁发展过程中更为广泛的问题，参见 A. W. Matthews, *The Development of St. Augustine from Neoplatonism to Christianity, 368 ~ 391A. D.*（*Washington: University Press of America*, 1980）。

(*On Order*),《独语》(*Soliloquies*)以及《论灵魂不朽》(*On the Immortality of the Soul*)。在这些著作中,奥古斯丁的兴趣似乎更多地在于哲学的思考,而不是在于教会教义的研究。再者,正是在这些写作中,可以最清楚地看到新柏拉图主义对于奥古斯丁思想的影响。有人可能要问,有没有可能,花园里发生的皈依在性质上确实是哲学方面的,而且奥古斯丁只是在后来才成为基督徒。这就是一些学者的结论。

24 其他人则捍卫传统的解释,强调奥古斯丁的皈依是决定性的。这个事件最好的解释或许是,奥古斯丁在青少年时期就了解基督教主要教义,对其中的大部分教义从来不曾真的怀疑过,因此,他阅读新柏拉图主义读物,听安布罗斯讲道以及和辛普立修讨论,所起的作用只是消除了阻碍他彻底接受基督教信仰的疑虑。然而,在他进行探索的年代里,他形成了一种新柏拉图主义的对真理的性质和对真正哲学家生活的理解,这就促使他把基督徒生活理解成为耶稣所提倡的自我克制和新柏拉图主义者所谓的"哲理生活"的一种结合。因此,在花园里所发生的事情,不是奥古斯丁决定接受基督教的这个或那个教义,而是找到了一种力量,使他能够克服一切困难,去过一种凝神思索的生活。这就是他母亲一直为之祈祷的;这也是他成为基督徒所需要的一切。从认识上说来,甚至在花园事件之前,他就是基督徒了,从那个时刻起,他将过一种他认为是人们指望基督徒过的生活——而且在这样做的时候,他将逐步地发展一种新柏拉图主义越来越少而基督教特色越来越多的神学。

在皈依基督教以及在加西萨古短暂隐居之后,奥古斯丁和他儿子以及一个朋友,回到了米兰,在那里他们接受了安布罗斯的洗礼。[16] 而后,他们和奥古斯丁的母亲一起启程去塔格斯特,但他的母亲在离开罗马之

[16] 关于在奥古斯丁接受洗礼时,奥古斯丁和安布罗斯受感动同唱 *Te Deum* 的这一传奇故事是没有任何根据的。此外,安布罗斯似乎对这位新入教者具有的伟大的恩赐也并不知晓。

后不久死于奥斯沙港口(Port of Ostia)。⑰ 奥古斯丁及其一行在罗马度过了几个月,⑱最后取道回非洲。在塔格斯特,奥古斯丁变卖了他从父母那 25
里继承的财产,把由此得来的钱大部分给了穷人,并决心和他的儿子以及一些朋友一起,过一种恬静的和隐居的生活,而把修道院的一些纪律同学习、默想以及讨论结合在一起。⑲

公元 391 年,奥古斯丁访问了希坡城(Hippo),希望说服一个朋友参加他在塔格斯特的修道院式团体。在访问期间,希坡主教瓦利流(Valerius)把他置于这样一个境地,以致他身不由己地被任命为牧师。这样,奥古斯丁就开始直接卷入教会生活,虽然他没有放弃他早期的修道生活倾向,并在希坡也组织了一个类似他在塔格斯特的那样的团体。⑳ 四年之后,在瓦利流的坚持下他被立为主教。㉑ 这件事以及瓦利流随后的去世,把主教管区的一切职责统统加到了他身上:讲道,主持圣礼,审理派系间

⑰ 奥古斯丁在他的母亲去世之前,曾经和他的母亲一起有着深层次的灵里团契的经历。他记载的其中一个经历,即所谓的奥斯帖(Ostia)异象(*Conf.* 9.10),成了现代学者中的一个争论的根源。因为传统上把它解释为是对神秘经验的记载,但这一解释引起了一些著名学者的异议,参见:E. Hendrikx, *Augustins Verhältnis zuur Mystik*: *Eine patristische Untersuchung* (Würzburg: Rita-Verlag, 1936)。这一争论的重要性在于奥古斯丁的多卷著作中似乎仅仅只有此处记载了他称为神秘经验的事。进一步可参考:J. Heitz, "Une question ouverte: La mystique de saint Augustin", *RHPhRel*, 45 (1965), 315 ~ 334; V. Zangara, "La visione di Ostia: Storia dell'indagine e della controversia", *RStLet*, 15(1979), 63 ~ 82。

⑱ 就在此时,奥古斯丁写了他的两本书:*On the Customs of the Catholic Church*, *On the Customs of the Manichees*,以及一篇论文 *On the Quantity of the Soul*。他也开始写 *On Free Will*, 尽管到后来才完成此书。

⑲ 在这一时期,奥古斯丁根据他和他不久就去世的儿子的对话写了一本书:*On the Teacher*。另外他还写了下列两本书:*On Genesis against Manichees* 与 *On the True Religion*。

⑳ 在他做牧师期间,他写了大量著作,其中一本是给一位被他引入摩尼教的朋友的(*On the Advantage of Believing*),还有一本是关于他与一个摩尼教教师辩论了两天的故事(*Debate with Fortunatus*)。也是在此期间,他完成了 *On Free Will*。

㉑ 奥古斯丁反对他自己被按立为主教,理由有二:一方面他怕会影响他的凝神思索的生活;另一方面他认为同一个教会不应该有两个主教。虽然奥古斯丁对此并不知晓。但是尼西亚公会议已经宣布一个教会不应该有两个主教,当人们努力地说服他,告诉他教会里有其他不止一个主教的情况时,他同意被封为主教,与瓦利流(Valerius)一起共事。

的分歧，施行和掌管赈济，管理教会基金和财产，教诲和关心教徒，等等。然而，奥古斯丁之所以写出了许多对基督教神学的发展具有重要意义的著作，是因为他卷入了一系列争论——主要是同摩尼教徒（Manichees）、多纳徒派（Donatists）和贝拉基派（Pelagians）的争论。

多纳徒派争论

26 奥古斯丁皈依后的生活，如邦纳（Bonner）所建议，可以分为三个时期：

> 大致说来，奥古斯丁作为基督教作家的生涯，可分为三个阶段。第一，他主要关注的是抨击和驳斥摩尼教徒。第二，他一心想的是多纳徒派的分裂分子；而第三，他关注的是贝拉基派。㉒

到目前为止所提到的大部分著作，不是论述静修生活，就是驳斥摩尼教徒。直到公元 405 年他写论文《论善的性质》（*On the Nature of the Good*）时为止，摩尼教问题成了他关注的主要事务。此后，他全神贯注于多纳徒派争论——虽然他的第一部论述多纳徒主义的著作是从公元 394 年开始的。

多纳徒主义（Donatism）㉓起源于公元 303～305 年罗马皇帝戴克里先（Diocletian）掀起的对基督徒的迫害事件。皇帝的敕令命令基督徒们把所有的《圣经》抄本交给地方官，这样就使基督徒们处于艰难境地。自古以来，大多数基督教教师都拒绝采取每一种可能促使当局变得更加严厉的行动。因此，他们几乎异口同声地劝告人们在遇到迫害时逃之夭夭，尽

㉒ Bonner, *St. Augustine*, p. 133.

㉓ 关于这一解释，我要大大地感激 W. H. C. Frend 的著作：*The Donatist Church: A Movement of Protest in Roman North Africa*（Oxford: Clarendon Press, 1956）。

管他们也坚持主张,如果最坏的事发生,每个基督徒都应该准备好放弃生命,而不是放弃信仰。那么,主教们,读经师们和一般的教徒们,在要求他们交出《圣经》时,他们应该怎么办呢?他们应当拒绝吗,即使这样做他们会激起当权者的怒火?放弃《圣经》是叛教行为吗?或者这只是审慎的行为,这种行为可以当做使整个教会免于受难的一种手段而被证明为合理?关于这些问题,没有一致的看法,也不可能有一致的看法,因为这些问题是在紧急的情况下突然出现的。有些教会领导人不仅交出了《圣 27
经》,也交出了花瓶和其他的教会物品;其他的人拒绝交出任何东西,他们因此而被逮捕,受刑,甚至被杀害;另外一些人采取了折中的办法,如逃走,躲藏,只交出他们手中的部分手稿,或甚至交出一些不是基督教《圣经》而是异端书籍的抄本给地方官。

这次迫害之后,对于那些放弃了《圣经》的主教们——常被称为以经换命者(*traditores*)——的权威,人们提出了疑问,对于被这样的主教们封立的另外那些主教,人们更是提出了疑问。有人主张,主教们交出了《圣经》,就完全丧失了他们的权威,因而他们应被废黜而由别人取代。根据这种观点,被堕落的以经换命者封立的其他那些主教,其封立也是无效的。与这样的立场相反,大多数北非的基督教领导人认为,一个主教的主教行为是否有效,不是取决于他本人的圣洁,而是取决于他自己的职责和他的受封为主教。因此,虽然那些在迫害中堕落的人应该补赎,但他们的圣职工作——包括他们封立其他主教的行动——仍然有效。实际上,这种争论带有很多社会的、种族的和政治的夹杂因素,而且主教们是否是坚定的这一问题并不总是最首要的。否则就不能解释一个不解的事实,那就是严格要求派——后来根据主教多纳徒的名字被称为"多纳徒派"——的几个领导人实际上是以经换命者。总之,这种分裂发展到了惊人的地步。君士坦丁以及其后的一连串皇帝都通过立法反对多纳徒主义;但是,不论绥靖措施,或是高压手段,都没能使这个裂痕愈合。多纳徒派的一个极端的团体——游行宣传派(*circumcelliones*)——竟然干出了打、砸、抢的勾当。奥古斯丁和其他几个主教试图采用各种措施来结束这种分裂。但是不管他们怎样努力，多纳徒主义至少继续存在到6世纪，也许最晚的甚至要存在到伊斯兰武力入侵北非的时候。

不过，我们在这里主要关心的，不是多纳徒主义的发展和最终的消
28 失，而是多纳徒主义的教义，奥古斯丁在驳斥其教义时怎样形成了他的神学，以及通过他又怎样形成了中世纪神学。在这方面有三个重要的基本争论点：教会性质，教会与国家的关系，以及圣礼。

多纳徒派的教会观强调教会的经验主义的圣洁。教会的每一个成员必须在此时此地是圣洁的——其所谓的圣洁往往不在于做多少善行，而在于过去遭受迫害时的表现。不圣洁的人为教会所不容。像西普里安（Cyprian）教导的在教会之外的圣礼一概无效那样，凡是不再属于真正教会的以经换命者所主持的圣职工作也一概无效。[24]

奥古斯丁在反对这种主张中发展了他的应当在有形教会与无形教会之间区分的观点，这种区分以后还要深入讨论。

教会与国家之间的关系这个问题是由游行宣传派的暴力和以后的蛮族入侵引起的。开始时，奥古斯丁认为，人们在灵性事物方面不应当使用武力来试图说服其他的人。这就是说，即使对于多纳徒派，大公主教们所能做的也只是驳斥其教义，从而试图说服他们回到更大的教会里来。但是，事实上多纳徒派本身使用武力阻止其成员回到教会，而且使用武力到了这样地步，以致奥古斯丁也终于同意国家进行干预，以抵销多纳徒派所用的武力。这样，帝国对多纳徒派所采取的暴力步骤，开始时就受到大多数非洲主教支持，终于也得到了奥古斯丁这个希坡主教的支持。[25]

这种情况以及蛮族入侵，促使奥古斯丁发展了有关正义战争的理论，

---

[24] G. G. Willis, *Saint Augustine and the Donatist Controversy* (London: S. P. C. K., 1950), pp. 117 ~ 118.

[25] *Ep.* 93.5.

这是他从西塞罗以及安布罗斯和其他人那里引申出来的。根据奥古斯丁的主张，如果战争是本着正义的目的——即建立和平——而进行的，如果 29
战争是由正当的当局领导的，如果甚至在杀戮之中也还存在着善良的动机，那么，战争就是正义的。[26]

至于圣礼，多纳徒派借助西普里安的权威而声称，圣礼只有在教会内举行的才有效。但他们进一步断言，只有那些生活圣洁的人才能主持有效的圣礼。自然，在这种情况下，圣洁也是在于人们面对迫害时的态度，而不是在于善行。总之，这里的关键问题是：圣礼是否有效。正是为了解决这个问题，奥古斯丁才提出了有效圣礼和正规圣礼之间的区分。只有那些在教会内按教会规定施行的圣礼才是正规的。但是，正像我们将要看到的那样，圣礼的有效性并不完全取决于其正规性。[27]

贝拉基主义

最后，有助于形成奥古斯丁的神学的最后的大争论是他反对贝拉基主义而进行的争论。这一争论也许是最重要的，因为它使得奥古斯丁有理由系统地阐述他的有关恩典和预定论的教义，而这两个教义对后世有极大的影响。

贝拉基(Pelagius)——贝拉基主义因其而得名——是不列颠群岛的

㉖ Roland H. Bainton, *Christian Attitudes Toward War and Peace* (Apex ed.; Nashville: Abingdon Press, 1960), pp. 91 ~ 93; Virgilio Giogianni, *Il concetto del diritto e dello stato in S. Agostino* (Padua: CEDAM, 1951), pp. 145 ~ 163.

㉗ 除了我们将要讨论奥古斯丁关于圣礼的教义之外，读者可以参考 Willis, *Saint Augustine*, pp. 154 ~ 168。奥古斯丁驳斥多纳徒派的主要著作是：*On the Unity of the Church*; *On Baptism Against the Donatists*; *Against Gaudentius*。

本地人。[28] 虽然他经常被认为是个修士，但无从确知。他的出生年月也
30 不详，[29]只知道他于公元405年在罗马首次与奥古斯丁的神学交锋，他强烈反对这种神学，因为这种神学使一切都依赖上帝的恩典，而似乎没有给人的努力和参与留下余地。奥古斯丁在他的《忏悔录》里曾说："上帝，您命令什么，就给予什么，您愿意要什么，就命令什么。"[30] 而贝拉基却容不得这样的清静无为主义。[31] 在这段插曲之后，史料中就找不到贝拉基的踪迹，直到四年之后，在罗马陷落前夕，才看到他和他的弟子兼朋友和使徒，克勒斯丢（Coelestius）取道去非洲。然后，他又从非洲去东方，而没有机会和奥古斯丁相遇。但是，被师傅留下来的克勒斯丢远非柔顺之辈，他后来在贝拉基争论中成了奥古斯丁的主要对手。

在巴勒斯坦，贝拉基能够博得一些主教的支持。但是在暴躁的哲罗姆（Jerome）身上找到了劲敌——我们在这部思想史里没有机会研究他，但他毫无疑问是4世纪和5世纪的杰出人物之一——哲罗姆从他在伯利恒的隐居处大声发难，将火与硫磺劈头盖脸地浇在贝拉基头上。奥尔柔修（Orosius）又加入了哲罗姆——后文还要提到奥尔柔修——以致贝拉基处于招架不了的境地。最后，经过一系列谴责贝拉基教义的非洲宗教会议，和几个经贝拉基努力而没有判他罪的东方宗教会议之后，这件事情到了罗马，在那里主教英诺森（Innocent）支持非洲主教们的立场而谴责了贝拉基。他的后继者左息末（Zosimus）曾一度支持贝拉基和克勒斯丢，但后来改变了想法而谴责了他们两人。此后，贝拉基主义在西方和东方渐渐

---

[28] 据我所知，关于贝拉基及其神学的最重要的研究著作有：Georges de Plinval, *Pélage: ses écrits sa vie et sa réforme* (Lausanne: Payot, 1943); John Ferguson, *Pelagius* (Cambridge: W. Heffer & Sons, 1956); Torgny Bohlin, *Die theologie des Pelagius and ihre Genesis* (Uppsala: Lundequist, 1957); S. Prete, *Pelagio e il pelagianismo* (Brescia: Morcelliana, 1961); G. Bonner, *Augustinian and Modern Research on Pelagianism* (Villanova: Augustinian Institute, 1972)。

[29] De Plinval, *Pélage*, pp. 102 ~ 103.

[30] *Conf.* 10.29.

[31] Augustine, *On the Gift of Perseverance*, 20.

失去地盘,并且终于在公元431年受到以弗所会议的谴责,这在这部《思想史》的第一卷里已经提到过。㉜

贝拉基的种种教义,我们可以直接从他的几本保存下来的著作中得知——有几本是用他自己名字发表的,其他是用一些正统作者的名字发 31
表的,还有就是他的对手们引用的他的著作的片断。他保存下来的主要著作有:《保罗书信注释》(*Exposition of the Pauline Epistles*)㉝以及他给教皇英诺森企图得到他的支持的《信仰书》(*Book of Faith*)㉞。

贝拉基神学似乎是反对摩尼教徒的道德命定论的。㉟ 摩尼教徒声称,善和恶是建立在永恒的本原的性质上,因而恶性不能行任何善,善性也不能做任何恶。正是为了反对这些主张,奥古斯丁写了他的论文《论自由意志》(*On Free Will*)。同样是为了反对这篇论文,贝拉基开展了他的神学战役。这样,奥古斯丁与贝拉基之间的不同在于:奥古斯丁尽管要捍卫自由,却不愿意放弃绝对需要恩典的论点;而贝拉基则认为,奥古斯丁的有关恩典的教义是对人的自由和责任的威胁。

从实际观点出发,贝拉基感兴趣的是,不让那些把自己的罪归咎于人性的弱点的人有任何借口。在反对这种人时,贝拉基断言,上帝造人时就给了人自由,而且这种自由是这样的,以致凭借这种自由,人人能够为善。不去犯罪的能力——*posse non peccare*——自从人性被创造以来,就存在于人性之中,而且不论是亚当的犯罪或是魔鬼本身,都不能毁坏这种能

㉜ 见边码第356页。

㉝ 此作品以几位古代基督徒作家的名义被保存下来。伊拉斯谟出版了这部作品并将其归在哲罗姆的名下。在 *PL*, 30: 645~902 中找到的就是这一版本。毫无疑问,此作品的真正作者是贝拉基。

㉞ 此作品常常归在哲罗姆或奥古斯丁的名下。见 *PL*,48: 488~491。可以被明智地归在贝拉基名下的完整书目,可见:de Plinval, *Pélage*, pp. 44~45。

㉟ 这是 Bohlin 的论点,见 *Die Theologie des Pelagius und ihre Genesis*。持反对观点的是 G. de Plinval,见"Points de vue récents sur la theologie de Pélage", *RScRel*, 46(1958),227~237。关于这一点,我们倾向于认同 Bohlin 的总论点,但是不能接受他的关于贝拉基把青年奥古斯丁作为其出发点的假设。

力。亚当的罪绝对不是全人类的罪，因为为了一个人的罪而把所有的人判为有罪是荒谬的和不公正的。亚当的罪也没有破坏他后代的那种能够不去犯罪的自由意志。确实，魔鬼的魔力是很强大的，但他不是强大得不能加以抵制。肉体也是强大的，而且肉体和灵魂进行斗争，但是上帝赐给
32 了我们征服肉体的能力。根据《旧约圣经》，是有一些善男善女过着完全圣洁的生活，这就是上述论点的证据。所以，我们每个人自己犯罪都是出自我们自己的自由意志，因而，儿童在受洗之前死去，是不会下地狱的，因为亚当的罪责不会落在他们肩上。

这就意味着，恩典不是得救所需要的吗？当然不是，因为贝拉基声称，有一种"原始的恩典"（original grace）或"创造天地的恩典"（grace of creation），这样的恩典赐给了所有的人。然而，这种"恩典"并不是上帝的一种特殊行动，而且德·普林瓦尔（de Plinval）说得对："这种恩典在某种程度上同我们赖以得到生存和智力的恩典混淆起来了。"[36] 似非而可能是的是，这种恩典是"自然的恩典"。

除了这种创造天地的恩典之外，贝拉基声称，有一种"启示的恩典"（grace of revelation）或"教导的恩典"（grace of teaching），这种恩典存在于上帝用来指出我们应当遵循的道路的那种启示里。这不是说，启示给了我们特殊的能力去服从上帝，因为肯定这样的事情将意味着，撇开了启示，我们就不可能行善。

最后，还有"宽恕的恩典"（grace of pardon）或"免罪的恩典"（grace of the remmission of sin）。这种恩典是上帝赐给那些——出于自己的自由意志——悔改，端正品行和改正以往恶行的人的。再者，这种恩典不影响人的意志，而只限于对罪的宽恕。

至于洗礼，贝拉基声称，婴儿无罪，因而不需要洗礼。再者，洗礼并不使人产生一种自由意志，来取代原先被罪奴役的意志。洗礼只是破除了

---

[36] *Pélage*, p. 237.

犯罪的习惯,并且号召信徒们运用自己的自由意志来建立新的生活。

最后,根据贝拉基的看法,保罗提到的预定论,不是上帝的最高谕令,人们由于这种谕令而被拯救或被谴责,而是上帝预先知道人的未来的抉择是什么。“预定(predestine)就等于预知(foreknow)。”[37]

至于克勒斯丢,贝拉基最著名的弟子和奥古斯丁的主要对手,他的教义只不过是把他的老师的那些教义加以阐明和夸大。奥古斯丁把他的教 33
义概括为如下九点:[38]

1. 亚当被创造成终有一死的凡人,因为不论他是否犯罪,他都要死去。
2. 亚当犯罪只害了他自己,而无损于全人类。
3. 不但是福音,而且还有律法,都引领人走向上帝的国。
4. 在基督的时代之前,有一些人一生不犯罪。
5. 新近生下来的婴儿其景况和亚当堕落之前一样。
6. 全人类并不是在亚当的死亡或堕落里才死去,也不是在基督的复活里才复活。
7. 如果我们有决心,我们能够过无罪的生活。
8. 未受洗礼的婴儿可以得永生。
9. 受了洗的富人,如果不放弃他们的财产,将没有任何功德,也不能承受上帝的国。

为了反对贝拉基和克勒斯丢的这些教义,奥古斯丁写出了他的一些最重要的作品,其中应该一提的有:《论精神实质和字面意义》(*On the Spirit and the Letter*),《论本性与恩典》(*On Nature and Grace*),《论原罪》(*On Original Sin*)。[39] 他还写了几部作品反对第二代贝拉基主义者艾克拉农的尤里安(Julian of Eclanum),在这些作品中他进一步发展了他的有

---

[37] *Ad Rom. exp.* 8.29:“Praedestinare est idem quod praescire”(引自 Ferguson, *Pelagius*, p. 138)。

[38] *De pecc. orig.* 11.

[39] 见 Portalié, *Guide to St. Augustine*, pp. 54 ~ 56。

关原罪、恩典和预定论的教义。

奥古斯丁在这些事物上的观点,很快就引起了反对,不仅受到了正规贝拉基派的反对,也受到了其他那些不愿意像奥古斯丁走得那么远和被给予了“半贝拉基派”这个不准确的称号的人的反对。由于在解说奥古斯丁的有关恩典和预定论的观点之前,不可能理解半贝拉基派的争论,因而把这一争论推迟到下一章再谈,这里这样说就够了。人们反对奥古斯
34 丁的观点,集中在法兰西南部,其领导人是约翰·卡西安(John Cassian)。虽然这一争论大部分发生在奥古斯丁死后,但奥古斯丁确实写了两篇论文回答所谓的半贝拉基派的非议:《论圣徒们的预定论》(*On the Predestination of the Saints*)和《论坚持不懈的天赋》(*On the Gift of Perseverance*)。

除了与这些争论有关的论文之外,奥古斯丁的另外四部作品也值得特别注意:《教义手册》(*The Enchiridion*)、《论圣三位一体的论文》(*Treatise on the Holy Trinity*)、《上帝之城》(*The City of God*)以及《收回声明》(*Retractations*)。

《教义手册》是应一个朋友的要求而写的,这个朋友希望有一本基督教信仰手册。它是一本对《信经》、《主祷文》和《十诫》的评注,是最好的奥古斯丁神学简介。

《论圣三位一体的论文》奥古斯丁用了十六年时间才写成,[40] 这在这部《思想史》第一卷里讨论三位一体教义的发展时已经论述过。

《上帝之城》的写作是由于罗马的沦陷,以及由于一些异教徒扬言,这场灾难是罗马背弃古代诸神而追随基督教上帝所招致的。为了回答这种论点,奥古斯丁提出了他的历史哲学。

最后,《收回声明》是奥古斯丁在接近晚年的时候写的。那时,他重读他早期的每一部著作之后,指出了那些他改变了看法的地方和那些不够清楚的地方。《收回声明》对于我们确定奥古斯丁诸著作的年代次序

---

[40] 见边码 328 ~ 334 页。

和了解他对神学研究的态度，是一部最有价值的文献。

知 识 论

现在我们必须转向奥古斯丁的神学。奥古斯丁的神学是其灵性历程的结果，也是他所参与的各种争论的结果。研究奥古斯丁的神学，看来最好是从他的认识论开始。

关于知识这个问题，奥古斯丁深为关心的有两个方面：知识是否是可 35
能的，如果是可能的，又是怎样得到的。

知识的可能性问题，是怀疑主义学园派提出来的。他们的主张一度对奥古斯丁很有吸引力。正是由于这个缘故，在奥古斯丁皈依基督教之后几乎马上就写了《反对学园派》(*Against the Academics*)这篇论文。他在驳斥学园派的论点时指出，虽然我们的感官所感觉到的只是一种现象，但我们至少能够肯定，我们感觉到了。[41] 再者，数学的真理和纯理性的真理，甚至适用于现象本身。[42] 末了，怀疑主义者的怀疑本身就是对他们自己的反驳，因为任何人怀疑，至少知道自己是在怀疑。[43] 因此，怀疑作为一个普遍的和绝对的原理是不能接受的，而知识肯定是可能的。

然而，仅仅驳倒那些否定知识的可能性的人是不够的，因为有必要说清楚知识是怎样得到的。这一问题对奥古斯丁来说有更大的困难，因为他感兴趣的不是“scientia”，即关于可感觉的和可消失的事物的知识，而是“智慧”(sapientia)，即关于永恒的和不变的现实事物的知识。奥古斯丁由于阅读柏拉图派的著述，而接受了有关一个可理解世界的教义，在这个可理解的世界里可以找到永恒的现实事物——不过奥古斯丁不像柏拉

---

[41] *Contra acad.* 3.11：“我没有见过一个有学问的人如何能驳倒讲下述话的人：我知道这对我似乎是白色的；我知道这使我的耳朵得到满足；我知道我喜欢这种气味；我知道这种味道是甜的；我知道我感觉这是寒冷的。”

[42] 同上：“三乘三等于九，可理解的数字的平方，必定是正确的，即使全人类的人都在打呼噜。”

[43] *De vera rel.* 39：“如果你没有理解我所讲的，就产生怀疑，然后看看，你是否不敢肯定你在怀疑。”

图那样认为这些实在存在于造物主之上，而是视其为神的头脑里的永恒的概念。那么这些概念怎么能够传送到人的头脑里呢？标准的柏拉图派的解决方法是，把认识解释成为灵魂所具有的对早先的生存的记忆。然而，奥古斯丁不能接受这种解答，因为他不愿意接受灵魂早已存在的理论。[44] 另外一个可能的解答是，把知识解释成为一种与生俱来的天赋，上
36 帝在创造灵魂的那个时刻，就把这种天赋赐给了灵魂。奥古斯丁可能在一段时期里倾向于这种说法。[45] 不过他最终的和特有的教义是有关光照（illumination）的教义。

> 因此，尊贵的哲学家柏拉图努力说服我们，人的灵魂甚至在它拥有肉体之前就早已存在，因此，正如人们所知道的，那些学到的东西不过是回忆而已，而不是进入头脑的新知识……但是，我们更应该相信，聪慧的头脑在本质上是这样形成的，它借助某种独一无二的无形之光，而看到了这样一些东西，它们按照造物主的安排，被附加在那些在自然状况下唯有依靠智力才能理解的事物之上；这就像肉眼凭借这身体之光而看见其附近的东西，而这种肉眼是生来就能接受和适应光照的。[46]

这就是说，虽然人的头脑无论是依靠它自己的能力或是通过感官的依据都不能认识永恒真理，但头脑可以依靠上帝的直接光照来接受那种知识。这并不意味着，头脑在神的本质里看到了永恒真理，[47] 也不是意味

---

[44] 在 *On Free Will*, 1.12 里，对灵魂可能先在的问题没有答案。后来，在 *On the Soul and Its Origin*，他拒绝接受这种思想，即人的灵魂在这个世界上是因为它们在先前的存在状态里已经犯了罪。

[45] *Soliloq*. 2.19；*De quant. an*. 20.

[46] *De Trim*. 12.15.24（*NPNF*, First Series, 3: 164）.

[47] 像 Malebranche 之类的哲学家就是这样解释奥古斯丁的。他们援引他的权威来支持本体论理论。然而，奥古斯丁本人否认了沉思上帝本质的可能性。

着，上帝光照了那些真理，使得头脑可以看见那些真理。[48] 而是上帝的“道”把对那些永恒地存在于上帝里的概念的认识放进了人的头脑里。[49]

这种光照论(theory of illumination)是后期奥古斯丁神学的特点，因而有必要指出这种理论所造成的种种疑难之一。这个疑难涉及到这种理论本身的新柏拉图主义起源，也涉及到这样一种紧张情况，当人们坚持有关上帝从无有之中创造天地万物的教义，而不是新柏拉图主义的有关流溢的教义的时候，便产生了这种紧张情况。普罗提诺教导说，灵魂在神的本质的流 37
溢中有其起源，因而灵魂本身是神性的。这样，假定灵魂能够或多或少地分享永恒的概念，就没有什么疑难了。但是，当人们像奥古斯丁那样设想，灵魂是一个被造物，并且认识必须建立在永恒地存在于上帝头脑里的概念上，那就产生一个问题，被创造的灵魂怎么能够具有神的真理呢？[50]

上　帝

奥古斯丁对真理的理解使他直接推论出上帝的存在。虽然他有时借助其他论据，但他常常以真理的存在为基础来探讨上帝存在的证据。[51]

---

[48] F. Copleston, *A History of Philosophy*, II (Westminster, Md.: The Newman Press, 1957), 62～67.

[49] Portalié, *Guide to St. Augustine*, pp. 110～114.

[50] É. Gilson, *The Christian Philosophy of St. Augustine* (New York: Random House, 1960), pp. 105～111; Cf. T. Alesanco, “Metafísica y gnoseología del mundo inteligible según San Augutín: En torno a la teoría agustiniana de la iluminación”, *Aug*, 13(1968), 9～36.

[51] 关于这一主题最好的研究著作见，F. Cayré, *Dieu présent dans la vie de l'esprit* (Bruges: Desclée de Brouwer, 1951)。根据 Cayré 的研究，奥古斯丁关于上帝存在的论据主要有七个：普遍的一致；世界的次序；世界的美好；存在的完美程度；受造物的可变性；人类灵魂对美的渴望；此外还有，设想存在一个高于人的意识的完美真理的需要。在此之前，Charles Boyer 已经以受造物的各种不同程度的完美为基础研究了神圣存在的论证。见：Charles Boyer, “La preuve de Dieu augustinienne”, *ArchPh*, 7 (1930), 357～395; M. Bordoy Torrents, “Antecedentes del argumento henológico en las obras de San Augustín”, *CD*, 153 (1941), 257～270。在另一篇论文中，[Boyer, “L'existenza di Dio secondo S. Augostio”, *RFilNSc*, 46(1954), 321～331]，Boyer 从对最高真理的需要以及对所有幸福之源的需要的角度探讨了奥古斯丁的论证，对于其以真理为出发点的论证的最佳导论性文本是他的 *De lib. arb.* 2.1～15。

根据这一论据,我们人的头脑看到了一些我们不能改变也不能怀疑的不变的真理,而这些真理的存在促使我们确信,必有一个完美的真理,这种完美的真理不是我们的头脑或者宇宙的一切头脑所能创造出来的。这个绝对的真理,更恰当地说,一切真理的基础,就是上帝。[52]

显然,上帝存在的这种证明,只是在这种证明所依据的柏拉图主义的预先假定里才是有效的。[53] 在这个论点中,有必要从理想事物移向现实
38 事物,这一步只能在哲学构思里迈出,这种哲学构思像柏拉图主义那样,包含有理想世界的客观现实。但是,人们必须加一句,奥古斯丁的目的,不是要“证明”严格意义上的上帝的存在,而是想指出,我们虽然是有限的和依附的存在物,但是如果我们不肯定在我们自己之上存在着一个无限的和不可缺少的实体,那我们就会陷入荒谬之中。[54] 这样,上帝的存在就是一个不可逃避的和显而易见的现实事物。[55]

这个上帝是永恒的,超越宇宙的,无限的和完美的。有如至高无上的光,正是通过上帝,一切认识才能产生。有如至高无上的善,上帝是人的意志应该力求达到的目标。然而,在一切有关上帝的讨论中,最吸引奥古斯丁的还是上帝的三位一体性。由于逻辑的需要,这一点已在这部《思想史》的第一卷里讨论过,这里就不再讨论了。[56]

---

[52] *De lib. arb.* 2.15.

[53] 这就是 Hessen 论文的观点,见 J. Hessen, *Augustinus Metaphysik der Erkenntnis* (Berlin: F. Dümmler, 1931);B. Kaelin, “St. Augustin und die Erkenntnis der Existenz Gottes”, *DivThom*, 14(1936), 331 ~352。关于奥古斯丁和托马斯在这一点上的根本不同之处,见:J. Barion, *Plotin und Augustinus: Untersuchungen zum Gottesproblem* (Berlin: Junker und Dünnhaupt, 1935)。

[54] F. Casado, “El ser (Dios) y el ser-no-ser (criatura) en la metafísica agustiniana”, *CD*, 170 (1957), 5 ~18.

[55] Portalié, *Guide to St. Augustine*, p.125.

[56] 见边码第 328 ~334 页。

创造天地

这个三位一体的上帝是一切存在的创造者。上帝从无有之中创造了宇宙,而不是从神的本体中或从永恒的物质中创造的。如果上帝是从神的本体中创造宇宙,那么,其结果将是神性的,而且将不是真正的创造物。[57] 另一方面,上帝不是从某些哲学家声称亘古以来就存在着的所谓无定形的物质中创造出世界。那种物质本身也是上帝从无有之中创造出来的。当《圣经》说"地是空虚混沌"的时候,《圣经》指的就是这种物质。而上帝也不是先造了物质,然后造了形体,而是同时创造物质和形体。[58]

在创造世界的过程中,上帝事先就知道一切将要被创造的东西。这不仅因为上帝预见到一切创造物,更因为一切事物已经永恒地存在于神的头脑里。这就是奥古斯丁的"模型样板说"(exemplarism),其根源可以 39
在普罗提诺那里找到,但模型样板说又和普罗提诺这个哲学家的教义大不相同——这种不同表明,奥古斯丁觉察到基督教与异教哲学之间的距离。根据普罗提诺的说法,这些模型样板的概念就是世界作为上帝的浑然一体的流出物的起源的起因。根据奥古斯丁这个基督教主教的说法,这些概念是在"道"之中——道是三位一体的第二位——而且这些概念只有通过上帝方面的自由决定才终于成了万物的起源。[59]

至于创造天地万物的次序,奥古斯丁自问,万物是一次造成呢(《智训》18 章 1 节),[60] 还是经过几个连续阶段造成的(《创世记》第一章)。为了解决这个问题,他引用了有关"种子的(或因果的)缘故"[seminal

---

[57] *Conf.* 13.7 (trans. Pilkington, p.232).

[58] *De Gen. ad litt.* 1.15:"无形的物质在时间上并不先于有形的物体。创造物体的物质与被造的物体是在同样的时间被创造的。"

[59] O. Perler, *Der Nus bei Plotin und das Verbum bei Augustinus als vorbildliche Ursache der Welt: Vergleichende Untersuchung* (Fribourg: Studia Friburgensia, 1931), *passim.*

[60] Copleston, *History*, 2: 76~77.

(causal) reasons]的概念,虽然大大地加了修改,但这个概念是从斯多葛派和新柏拉图主义传统中得来的。[61] 这些种子的缘故是发展规律,自从创造天地的第一天以来上帝就创造了发展规律,但这些规律只是在后来才趋于成熟,那时每个种子的缘故将产生某一物种的第一个成员——或几个成员,而后这个成员又根据其本身性能进行再生产。因此,万物是上帝在那第一天创造的,但万物只是在后来才表现为各种各样的物种,就像《创世记》所说的那样。[62] 无论如何,我们不能从字面意思来理解创造天地的六天,因为开始时还没有太阳或其他天体,无以确定白天和黑夜。关于这六天的确切含义,奥古斯丁曾提出了几个象征性的解释,这里我们就不讨论了。[63]

时　间

40 正如奥古斯丁本人在他《忏悔录》里指出的那样,[64] 有关创造天地的教义直接引起了有关时间的性质这个问题。[65] 这不是一个纯粹的形而上

---

[61] 关于这种理论的历史,见 F. J. Thonnard, "Razones seminales y formas substaciales", *Sap*, 6 (1951), 47 ~ 57;关于这种教义的范围,见 J. M. Brady, " St. Augustine's Theory of Seminal Reasons", *NSch*, 38 (1964), 141 ~ 158。

[62] 尽管现代的一些学者试图宣称此教义与进化论之间的类似,然而它们两者之间有巨大的不同之处。奥古斯丁没有讲一些物种是从其他物种中进化而来,而是通过种子缘由(seminal reasons)上帝创造出每一物种,就如同现在存在着的物种一样。见 A. Coccia, *La Créazione simultanea secondo S. Agostino* (Rome: Tipografia delle Mantellate, 1948); J. de Blic, " Le processus de la création d'après S. Augustin", *Mélanges offerts au R. P. Ferdinand Cavallera* (Toulouse: Institut Catholique, 1948),pp. 179 ~ 189。

[63] Portalié, *Guide to St. Augustine*, p. 142.

[64] *Conf.* 11.12.

[65] 关于这一论题的一部优秀的参考书目:R. Flórez, *Las dos dimensiones del hombre augustiniano* (Madrid:Ediciones Religión y Cultura, 1958), p. 122,n. 1;J. Guitton, *Le temps et l'éternité chez Plotin et saint Augustin* (Paris: Bovin, 1933);W. Verwiebe, *Welt und Zeit bei Augustin* (Leipzig: F. Meiner, 1933); J. Chaix-Ruy, *Saint Augustin: Temps et histoire* (Paris: Études augustiniennes, 1956);J. MacQuinn, *The Concept of Time in St. Augustine* (Washington: Catholic University, 1969)。

学的问题,而是一个关于存在的争论,因为正是在时间之中"永恒"来到我们这里。[66] 对他来说,那是永恒与时间之间的关系问题,是时间可能有个起头的问题,是创造天地的可能性问题。[67]

这里提出的问题,第一是时间本身的问题,第二是时间与创造天地之间的关系问题。至于第一个问题,奥古斯丁断言,根据灵魂的各种官能,时间是灵魂的"延伸"。过去作为既往已不复存在,但过去这时在那个"过去的现在"里仍然被给予了我们,那就是记忆。将来尚未存在,但将来在那个"将来的现在"里被给予了我们,那就是期望。只有现在直接呈现在眼前。一切其他的时间,由于出现在我们的灵魂里所以才被我们知道——过去作为记忆,将来作为期望。

至于时间与创造天地之间的关系,其争论点在于上帝是不是创造了时间。奥古斯丁相信,只有上帝创造了时间才是有道理的,否则就得宣称,不仅上帝是永恒的,而且时间也是永恒的。

> 因为上帝是一切时代的创始者和创造者,如果你上帝并未创造时代,哪能有不可计数的时代流逝呢?或者,那些不是由你创造的时间是什么时间呢?或者,如果时间未曾有过,那么时间又如何能流逝呢?因此,既然你是一切时间的创造者,如果在你创造天地之前就有
> 时间,为什么又说你曾无所事事呢?就你创造的时间本身来说,在你 41
> 创造时间之前,时间是不可能流逝的。[68]

---

[66] 根据 J. Chaix-Ruy,"Le problème de temps dans les Confessions et dans la Cité de Dieu", *GM*, 9 (1954), 431 ~440,一文中所指出的,奥古斯丁在《忏悔录》里提出了心理学上的时间问题,在《上帝之城》里提出了本体论上的时间问题。

[67] Flórez, *Dimensiones*, p. 124.

[68] *Conf.* 11.13 (trans. Pilkington, p. 214).

恶

有关创造天地的教义带来的另一个问题是有关恶的问题。[69] 这个争论点对奥古斯丁特别重要,因为摩尼教徒们提出的有关恶的教义,奥古斯丁完全不能接受。他们坚持绝对的二元论,其中有两个相等的永恒的本原——光明和黑暗——彼此斗争。奥古斯丁拒绝这种理论,因为它与基督教的一神论相矛盾,也因为它不合理。事实上,摩尼教的二元论把恶归因于善的本原——例如,善的本原受到恶的攻击——并把善归因于恶的本原——例如,恶的本原存在着而且是强有力的。任何绝对的二元论——那就是说,任何把两个永恒的对抗本原当做出发点的二元论,必然要陷入荒谬之中。因此,必须断言,一切存在着的东西都来源于上帝。

> 一切生命,不论大小;一切能力,不论大小;一切安全,不论大小;一切记忆,不论大小;一切德行,不论大小;一切理智,不论大小;一切安宁,不论大小;一切富有,不论大小;一切感觉,不论大小;一切光明,不论大小;一切和蔼,不论大小;一切标准,不论大小;一切美好,不论大小;一切平安,不论大小。以及任何其他可能发生的类似的事物,特别是那些贯穿于一切事物中的不管是灵性的还是有形的东西,每一尺寸,每一形态,每一种类,不论大小,都是来自上帝。[70]

那么,关于恶能说些什么呢?恶不是一种本性,恶不是“某种东西”,

---

[69] V. Capanaga, “En torno a la filosofía augustiniana: Teología de la acción: El mal en el mundo”, *RelCult*, 19 (1932), 5 ~ 17; R. Jolivet, “Le problème du mal chez saint Augustín”, *ArchPh*, 7 (1930), 253 ~ 356; S. Alvarez Turienzo, “Entre maniqueos y pelagianos: Iniciación al problema del mal en san Augustín”, *CD*, 166 (1954), 87 ~ 125; A. Escher di Stefano, *Il manicheismo in S. Agotino* (Padua: A. Milani, 1960).

[70] *De nat. boni* 13(*NPNF*, First Series, 4: 353).

恶不是一个创造物。恶只是善的否定。一切存在着的东西都是好的,因为每一个东西里都有某种"标准、美丽和条理"——*modus*, *sprcies et ordo*。[71] 那些"较好"的东西之所以是较好的,只是因为它们在较大的程度上具有这些属性。那些被我们称为"较差"的东西之所以是较差的,只是因为它们不具有同等程度的完善。但是,它们都是真正好的,因为一切东西都是上帝创造的,而且一切东西至少都有美好的存在。例如一只猴子,相对来说,它不"美",因为我们拿它的美和另一些具有更大程度的美的东西相比较。但是就确切的和正确的意义来说,一只猴子即使只具有它自己的物种的正常的美,也的确是美丽的。[72] 每一种自然物,仅仅由于它是自然物的这个事实,就是美好的。

尽管如此,恶不是理智虚构出来的,而是一个不可否认和不可逃避的现实事物。恶不是一种本性,而是本性的腐化。作为一个事物,作为一个实体,恶是不存在的;但是作为善的匮乏,它确实是存在着的。在这一点上,奥古斯丁追随了新柏拉图主义的榜样,对新柏拉图主义来说,恶并不存在于唯一上帝之外的另一个实体里,而只是存在于脱离了唯一上帝。

自由意志

恶是从哪里产生出来的呢? 恶是从某些被上帝赐给了理性的自由意志里产生出来的。在这些创造物之中有天使,其中有些已经堕落而被称为魔鬼。在这些创造物中也有人,人被给予了自由意志,并且用自由意志作恶。

这里又一次使奥古斯丁觉得不能不驳斥摩尼教徒们,他们声称,在人里面的善总是行善,而在人里面的恶总是作恶。奥古斯丁却宣称,没有生来就是邪恶的存在物之类的东西,一切存在物都是上帝创造的,而且是好

---

[71] *De nat. boni* 13(*NPNF*, First Series, 4: 353),3.

[72] 同上。

的。恶是善的腐化,其根源应归咎于这样一个存在物,这个存在物依其本身是善的,但这个存在物能够作恶。只有这样人们才能说,上帝是万物的
43 造物主,而不是恶的创始者。[73] 因而,奥古斯丁教导说,上帝把自由意志给了亚当和众天使。这种自由意志是好的,因为它来自上帝,并且是真正的理性动物的特性之一。但自由意志是一种“居间”(intermediate)的善,[74] 因为它能够决定做善事,也能决定做恶事。然而,这里还应该说清楚,自由意志使我们成了真正的人,而且它本身绝对不是坏的,而是上帝给人的上好的天赋,这种天赋能够转向坏的方面。

> 如果人是善的,而且如果他不是自己情愿就不能行为端正,那么他就必须有自由意志,因为没有自由意志,他就不能行为端正。他也由于有自由意志而犯罪,我们不能因此而以为,上帝给他自由意志是为这个目的。上帝为什么把自由意志赐给人,其充分的理由是,没有它,人就不能正当地生活。[75]

那么,是什么东西使自由意志偏离了善呢?不论这看来是多么没有道理,但只有一个可能的答案:那就是意志本身。意志的性质是这样的,以致人们不得不说,意志本身,而不是任何外部的作用或因素,作出它自己的抉择。

> 但在意愿之前,可能有什么意愿的起因吗?或者这个起因是一个意志,在那种情况下我们没有超越邪恶的意志的根子。或者这个起因不是一个意志,在那种情况下起因里没有罪。那么,或者意志就

[73] *De lib. arb.* 1.2.

[74] 同上,2.19。

[75] *De lib. arb.* ,2.1(*LCC*, 6: 135).

> 其本身来说是罪的第一起因，或者第一起因是没有罪的。总之，罪被正确地归咎于仅仅是那个犯罪者，除非犯罪者自愿犯罪，否则把罪归咎于他就不正确。[76]

原罪与堕落的人的本性

然而，人们必须指出，以上关于意志所说的话，只有在亚当堕落之前才是严格的真实的，[77]因为亚当的堕落如此地影响了其全部的后裔，以致 44
不能再说意志有完全的自由。注意这一点是很重要的，因为许多评论奥古斯丁的人——甚至早在4世纪——就声称，奥古斯丁是自相矛盾的，他在反驳摩尼教徒们时坚持自由意志，而在反对贝拉基时却否认自由意志。[78]

奥古斯丁接受并发展了这样一种理解，即原罪是亚当遗留给他后代的遗物。对于《圣经》的“在亚当里众人都死了”这句话的如上解释，当然不是基督教思想史里出现的唯一解释，但却是从德尔图良之后在拉丁神学里越来越普遍的一个解释。[79] 这在很大程度上是因为奥古斯丁支持了这一解释。

在堕落之前，亚当享有几种天赋，其中有我们已经叙述过的自由意

---

[76] 同上，3.17（*LCC*，6：200）。

[77] 同上，3.18。

[78] 在此不可能对奥古斯丁神学里关于自由意志和预定论之间关系的各种解释作一个简明扼要的概括。可以参考以下著作和文章：E. Tummers，“Augustinus en de vrije wil”，*Studiën*，113（1930），339～352；G. Capone-Braga，La concezione agostiniana della libertà（Padua：A. Draghi，1931）；G. Vranken，*Der göttliche Konkurs zum freien Willensakt des Menschen beim hl. Augustinus*（Rome：Herder，1943）；J. Ball，“Libre arbitre et liberté dans S. Augustin”，*AnnTb*，6（1945），368～382；E. Bailleux，“La liberté augustinienne et la grace”，*MSR*，19（1963），30～48；M. Huftier，“Libre arbitre，liberté et péché chez saint Augustin”，*RThAM*，33（1966），187～281。

[79] 参考第一卷边码第183页。

志，它给了亚当不去犯罪的力量（*posse non peccare*）以及去犯罪的力量（*posse peccare*）。亚当不曾具有坚持不懈的完备天赋，那就是不可能犯罪（*non posse peccare*）的天赋，但他确实具有能够坚持行善的天赋，即不去犯罪的力量。[80]

但堕落之后事情就不同了。亚当的罪在于他的骄傲和不信，这促使他错用了上帝种在伊甸园里的分别善恶的树。[81]（参看《旧约圣经·创世记》2 章 17 节）作为这种犯罪的结果，亚当失掉了永远存活的可能，失掉了他特有的知识，失掉了他不去犯罪的力量。堕落之后，他仍然是自由的，但他失掉了使他能够不去犯罪的恩赐，而且只是在去犯罪方面是自由的。

由于亚当的遗传，所有的人依本性都是处在和他们的第一个祖先一样的景况里。奥古斯丁追随德尔图良以来的传统而断言，原罪作为一种
45 遗传传递给了亚当的一切后代。[82] 但这里就提出了一些新的疑难，因为奥古斯丁这个希坡主教不愿意接受斯多葛派的唯物主义（Stoic materialism），[83] 这种唯物主义是德尔图良的教义所暗指的，而且这种唯物主义促使德尔图良这个早期的迦太基神学家把灵魂的遗传（transmission of the soul）——因而也是罪的遗传——说成是和父母的身体特征遗传给子女的那种方式相似的。因此，奥古斯丁倾向于拒绝“灵魂传殖说”（traducianism）——灵魂是由父母传给子女的教义——而支持“创造说”（creationism）——上帝直接为每个个人创造灵魂的教义。另一方面，创造说对理解原罪所造成的困难，又使奥古斯丁回到了灵魂传殖说。在这个问题

[80] *De correp. et grat.* 12.

[81] *De Gen. ad litt.* 11.5; *De nat. boni* 35.

[82] *Ench.* 35.

[83] *De Gen. ad litt.* 10.25.

上，他一生总是摇摆不定的。[84]

原罪这样包围了我们，以致我们成了“被诅咒的大众”，原罪的结果是使我们受到了死亡、无知和情欲的支配。[85] 情欲不应当简单地和性欲等同起来，虽然性欲就其具体形态来说，是情欲支配人性的最明显的实例。情欲是这样一种力量，这种力量促使我们不去考虑至高的上帝，而去考虑次要的和暂时的现实事物。性行为带有情欲的标记，因为堕落的人不把注意力从造物主身上移到创造物身上，就不能完成性行为。[86] 严格说来，情欲不是罪，虽然它可以被称为罪，因为它出自原罪，而且是每个具体罪行的根源。[87]

概括地说，堕落的人的本性只是在犯罪方面是自由的。“因此，我们 46
永远享有自由意志，但这个意志并不永远是善的。”[88] 这并不意味着，自由失去了它的意义，仿佛我们只能够选择某个特定的有罪的可供选择的事情。与此相反，我们有真正的自由在几种可供选择的事情中间进行选择，虽然由于我们作为受到情欲支配的罪人的处境，和由于我们作为这个“被诅咒的大众”的成员的处境，一切真正向我们敞开的可供选择的事情都是罪。不去犯罪的抉择并不存在。说堕落的人的本性有去犯罪的自由（*posse peccare*），而没有不去犯罪的自由（*posse non peccare*），意思就是上述这些。

---

[84] 相关文章的目录参见 Portalié, *Guide to St. Augustine*, pp. 150 ~ 151。也可参考 M. F. Sciacca, “L'origine dell'anima seconde Saint'Agostino”, *GM*, 9(1954)。这篇文章尽量站在一种中立的立场来解释奥古斯丁在这一问题上的犹豫不决。C. Riva, “Creazioniste e traducionista, S. Agostino?” *RRosm*, 50 (1956), 1 ~ 5。C. Riva 在他的文章里正好拒绝接受 Sciacca 的论点。另见，G. J. P. O'Daly, “Augustine on the Origin of Souls”, H. D. Blume and F. Mann, eds., *Platonismus und Christentum: Festschrift für Heinrich Dörries* (Münster: Aschendorff, 1983), pp. 184 ~ 191。

[85] *Ench.* 24 ~ 25. 无知和贪婪是堕落了的人和恶魔的共同命运，但是死亡不能支配后者。

[86] *De grat. Christi et pecc. orig.* 2.34. 在这一段里，奥古斯丁没有考虑到男人和女人生理上的差异，由此可见他把男性作为衡量标准的程度。

[87] *De div. quaest. ad Simpl.* 1.1.10.

[88] *De grat. et lib. arb.* 15.

恩典与预定论

如果我们所能做的一切都是有罪的，那么我们如何采取步骤，使我们从我们目前的状态转变到被救赎的状态，尤其是如果人们考虑到这样一个步骤不能被说成是罪的这一事实的话。答案是逃避不了的：靠我们自己，我们不可能采取这一步骤。这是奥古斯丁反驳贝拉基派的论战的焦点，也是他的有关恩典和预定论的教义的焦点。[89]

奥古斯丁在这件事情上的出发点是，如果没有恩典的助力，我们是不可能真正行善的。亚当能行善，因为他有这样的助力；但他由于犯了罪而失掉了这种助力，并且因此成为罪恶的奴隶。他的所有的后代都是在罪的奴役下来到人世间的，并因此无能力行真正的善。我们的意志被扭曲到如此地步，以致只有在去犯罪方面是自由的。因此，为了使我们能够采取步骤脱离我们目前的状态，而达到得救的状态，就必须有恩典在我们里面起作用。只有通过恩典，皈依才有可能。没有恩典，我们就不能，也不愿意接近上帝。再者，也正是恩典，使基督徒能够在皈依之后继续做善事。

47 因此，他独自运筹，以便我们能够立志；但是，当我们立志，而且如此立志而见诸行动的时候，他同我们合作。然而，没有他使我们立志或在我们的立志时给予合作，我们靠自己就不能做任何事情来实现虔敬的善行。[90]

---

[89] 关于这一主题的参考资料是相当丰富的。然而，最值得一提的有两本著作：G. Nygren, *Das Prädestinationsproblem in der Theologie Augustins*(Göttingen: Vandenhoeck & Ruprecht, 1956)；J. Chêne, *Théologie de saint Augustin: Grâce et prédestination* (Le Puy: Mappus, 1962)。

[90] *De grat. et lib. arb.* 17 (*NPNF*, First Series, 5: 458).

恩典是不可抗拒的。意志拒绝给予它的恩典是不可思议的，因为恩典在意志里起作用，引导它立志为善。这并不意味着，奥古斯丁忘记了或许放弃了他对自由意志的捍卫，因为恩典并不与自由抵触。恩典并不强迫我们作出一个违背自己意志的决定。实际是，上帝通过恩典提高意志，加强它并激励它，以致意志本身，在没有任何强迫的情况下，情愿向善。人救不了自己，也不是违背着自己的意志得救的。“不是只有上帝的恩典，也不是只有上帝，而是上帝的恩典连同上帝一起。”[91]恩典推动意志，但只有通过一种“软暴力”，这种软暴力以这样一种方式起作用，以致意志赞同这种软暴力。[92]

另一方面，人接受了第一恩典——正像后面将要说明的那样，第一恩典是随洗礼而来的——这个事实并不意味着，人已经达到了最后的顶峰。还必须继续守信至死，而这只有通过恩典的持守（Perseverance）才能做到，这也是恩典的一个效果，而且不取决于人的功德。[93] 这样，得救从头到尾都是恩典之功。

这就直接引起了预定论的问题。[94] 如果得救只有通过恩典才可能实现，如果恩典不取决于接受恩典的人的任何功德，那就是上帝用至高无上的自由和作为，来决定谁应该得到那不应得的恩赐。奥古斯丁关于预定 48
论的教义，不是从推测上帝的无所不知或无所不能的这种考虑出发的，而是从灵魂得救和存在主义的考虑出发的，试图肯定人的得救是人不应得的上帝之爱的结果。

根据奥古斯丁，预定一些人得救虽然是一个不可避免的神秘事物，但

[91] 同上，5。

[92] *Sermo* 131.

[93] *De dono persev.* 1.

[94] 实际上，奥古斯丁关于预定的教义不仅是从他的恩典教义而来的逻辑上的必然，而且，也是，并且最重要的是来自于他皈依的经历以及他对《圣经》的解释。然而，这一解释的逻辑次序并不应该给人这样一种印象，即奥古斯丁是一位热衷于严谨逻辑远胜于生存性真理的抽象思想家。

却是一个不可否认的事实。预定论是这样的：被拣选者的人数是固定的，不管教会怎样发展，要进入天国的人数总是一样的。[95] 另一方面，上帝并没有预定任何人去犯罪或被罚入地狱。被拣选者，是预定他们得救的上帝用至高无上的作为，把他们从“被诅咒的大众”即人类中拉了出来。那些被定罪的人继续待在这个“大众”之中，并不是上帝规定要这样，而是因为他们自己有罪。这样，奥古斯丁的教义不是试图把上帝的无所不知和人的自由调和起来，而是试图证实上帝在人的得救中的绝对至上。

奥古斯丁关于恩典和预定论的体系，曾引起了很长时期的争论——最初的争论开始于奥古斯丁在世时，这将在下一章里讨论。这里不能讨论其中的每一个争论，这些将在本《思想史》的合适地方加以讨论。然而应该指出，16世纪的新教改革派认为，奥古斯丁这个希坡主教是他们的教义的先驱者。在这一点上，他们一半正确，一半错误。无疑，奥古斯丁在人的得救方面强调上帝作为的优先性这一做法，以及他的有关预定论的大部分教义，和改革派的神学是一致的。奥古斯丁也强调信仰优先于善行。[96] 然而，另一方面，奥古斯丁和改革派不同，因为他的确认为，功德在得救中占有很重要的和必不可少的地位。虽然恩典不是根据功德而被给予的，但恩典在我们里面起着这样的作用，而使我们能够完成善行，善行的功德将引领我们走向最终的得救。[97]

49 最后，人们必须指出，奥古斯丁把恩典理解为注入到我们里面的上帝的能力或流体。对他来说，恩典不再是上帝方面的一种态度，而是上帝在我们里面起作用的那种方式。这种对恩典的理解在中世纪神学的发展中有两个重要的结果，第一，引起了有关恩典和圣灵之间的关系问题，因为把恩典设想成上帝在我们里面的一种力量，那么，恩典就似乎接受了某些

---

[95] *Sermones* 111, 251; *De correp. et grat.* 13.

[96] *De grat. et lib. arb.* 7.

[97] 同上，2。

在传统上被归于圣灵的功能。第二，同时也是为了试图解决奥古斯丁的有关恩典和预定论的教义所引起的一些问题，人们发展了一种有关恩典的体系，在其中各种各样的恩典被加以区分和归类，从而带来了奥古斯丁神学里所没有的刻板性。

教　会

上帝的恩典是通过圣礼，在教会的团契里，通过耶稣基督来到我们每个人身上的。奥古斯丁在西方基督论的发展中的影响，在本《思想史》的第一卷已经讨论过。[98] 因此，我们现在必须转到他的教会论，再转到他的有关圣礼的教义。

我们已经指出，奥古斯丁的教会论（ecclesiology）[99]是在反对多纳徒派的分裂的时候形成的。略早一些，米勒维斯的俄皮达徒（Optatus of Milevis）主教写了《论多纳徒派分裂的七本书》（*Seven Books on the Donatist Schism*），在其中他不仅抨击了多纳徒派的历史和做法，而且也用了他的第二本书的很大篇幅来详述真正大公教会的性质。为此目的，俄皮达徒发展了两个主要论点来说明，真正的教会正是多纳徒派所拒绝的教会：一个论点是关于教会扩散到全球各地，[100] 另一个论点是关于罗马主教从"众使徒之首"圣彼得那里继承使徒统绪。[101]

基本上，奥古斯丁追随了俄皮达徒，并在一定程度上追随了西普里 50
安。教会的大公性基本上在于：教会存在于全球各地。[102] 团结是爱的纽带，把所有那些属于基督的这唯一团体（指教会）的人都维系在一起；没

---

[98] 参见边码第 337 页。

[99] 据我所知，关于这一题目最好的研究作品是：F. Hofmann, *Der Kirchenbegriff des hl. Augustinus in seiner Entwicklung* (Munich: M. Hueber, 1933)。

[100] *De schis. Donat.* 2.1.

[101] 同上，2. 1~4。

[102] *De unitate eccl.* 3.（这一作品的作者不能肯定，但其神学无疑是奥古斯丁的。）

有爱，没有团结；同样，没有团结，也就没有爱，因而也就没有教会。[103] 教会的使徒权威是基于主教们的使徒统绪，在罗马有其缩影，在那里有可能指向从彼得开始的不间断的历代传承，即"整个教会的表式"（使徒统绪）。[104] 论到圣洁，奥古斯丁与西普里安一致，认为在今世不可能把麦子和稗子分开。教会是圣洁的，不是因为它的一切成员都过一种无罪的生活，而是因为它将在世代的末了臻于圣洁。同时，教会是稗子生长于好庄稼之中的一个"混杂的团体"，因此即使是被拣选者也不都是无罪的。[105]

这就把我们带到有形教会和无形教会之间的区别上面。有些评论奥古斯丁的人把这种区别强调到如此地步，以致他们忽视了奥古斯丁给予有组织的、有教政的和有形的教会的重要性。[106] 奥古斯丁谈到教会时，他通常指的是这个尘世的机构或混杂的团体。上帝把那些将被拯救的人召集到这个团体中来。通过教会的圣礼，被拣选者在信仰方面得到哺育。虽然如此，依然真实的是，这个尘世的教会和被拣选者的团体并不完全吻合——与圆满无缺的天国的教会并不完全吻合。尘世的教会还有糠秕在其中，并且还有若干被拣选者没有加入进来。因而产生了"无形教会"这个概念，这个概念有助于我们理解奥古斯丁的教会论，但是，要正确地理解奥古斯丁的教会论，还不能夸大这一概念。

圣　礼

51 奥古斯丁圣礼的理论是以变化不定为特点的，这种变化不定曾在早期神学家们那里出现过，而且在经院派作出分类和区分之前也没有消失。奥古斯丁虽然倾向于在比较准确的意思上用"圣礼"这个称号来专指洗

---

[103] 同上，4。

[104] *Ep.* 53.1.

[105] *Sermo* 88. 19.

[106] 可见的、教士的组织对奥古斯丁的重要意义，可清晰地见于 D. Zahringer, *Das kirchliche Priestertum nach dem heiligen Augustinus* (Paderborn: F. Schöningh, 1931)。

礼和圣餐，但他也毫不犹疑地把这同一个名词应用在种种礼仪和习惯做法上。[107] 这里只讨论洗礼和圣餐，虽然其他几个教会的习惯做法本来也可以包括在这些标题之下——其中有一些后来得到了"圣礼"的正式称号，而有一些始终没有得到。

奥古斯丁之所以要讨论洗礼，是因为多纳徒主义和贝拉基主义的双重原因。贝拉基派认为，婴儿无罪，不需要洗礼。然而，婴儿也可以接受洗礼，作为一种"助力"来克服肉体的作用。[108] 多纳徒派宣称，只有在他们的教会里洗礼才是有效的，而且把这种宣称建立在西普里安的权威上。[109]

在这一点上，奥古斯丁再度从俄皮达徒那里汲取材料，俄皮达徒在他的《论多纳徒派分裂的七本书》里提出了关于教会参与之外的洗礼的有效性问题，以及关于由不合格的人主持的圣礼的有效性的这个重大问题。至于后面这个问题，俄皮达徒断言，圣礼在其本身里有有效性，尽管主持人可能不合格。在洗礼中，有圣三位一体的参加，有受洗者的参加以及施洗者的参加。前两者是必要的，但这种礼仪的有效性不能说是取决于第三者，"因为是上帝在洗而不是人在洗"[110]。但另一方面，圣礼的有效性也确实取决于它在其中举行的那个团体，因为如果圣礼是在分裂派中间举行的，圣礼起作用就不是为了得救，而是为了定罪。[111] 无论怎样，重复 52
洗礼就是否定了信仰的独一无二性，基督的独一无二性和上帝的独一无二性。[112]

奥古斯丁和俄皮达徒一致，认为圣礼的有效性不受主持人道德缺陷

---

[107] C. Couturier, "*Sacramentum* et *mysterium* dans l'oeuvre de saint Augustin," in H. Rondet *et al.*, *Études augustiniennes*(Paris: F. Aubier, 1953), pp. 161 ~ 332.

[108] De Plinval, *Pélage*, p. 241.

[109] 参见本书第一卷边码第 247 ~ 248 页。

[110] *De schis. Donat.* 5. 4.

[111] 同上，5.3。

[112] 同上："如果你献身于另一种洗礼，那么你就献身于另一种信仰；如果你献身于另一种信仰，那么你就献身于另一位基督；如果你献身于另一位基督，那么你就献身于另一位上帝。"

的影响。[113] 这为了批驳多纳徒派的论点是必要的，多纳徒派声称，由于只有他们在受迫害时坚定不移，所以只有他们才有真正的圣礼。但是，由于奥古斯丁的和解精神，以及由于他的教牧的兴趣在于吸引而不在于推翻多纳徒派，所以他愿意背离俄皮达徒，而把某种有效性给予分裂派中间举行的圣礼。分裂派的确有其圣礼，但在公义和慈爱方面没有从圣礼那里得到好处。[114] 这就是为什么异教徒和分裂派回到教会时不必重新受洗，而只要接受按手礼就行了，这样他们就可以接受团结的结合力，而这是他们原来所没有的，因为他们的洗礼的性质不正规。这样，奥古斯丁就在洗礼的有效性和正规性之间作出了区别。

奥古斯丁的圣餐的教义曾被作了不同的解释。这些不同解释往往是因为人们试图通过晚期的种种定义和争论的透镜来研究奥古斯丁，[115] 但也有些解释是由于奥古斯丁谈到基督降临到圣餐里的时候用了不同的方法。[116] 毫无疑问，这一点在奥古斯丁思想里有某种模棱两可。但是，这种模棱两可不可能在现代的某种特定的对圣餐的理解的基础上用简单的调和方法来解决。毋宁说，在奥古斯丁思想里有两种对立的倾向在斗争着：
53 圣餐唯实论(eucharistic realism)，这种观点越来越普及，还有新柏拉图的唯灵主义(Neoplatonic spiritualism)，这种唯灵主义在早些时候曾促使奥利金和别人用唯灵主义的说法来解释圣餐。另一种可能性是说，奥古斯

---

[113] *Sermo* 99.13.

[114] Willis, *Saint Augustine*, pp. 154 ~ 160; J. P. Keleher, *Saint Augustine's Notion of Schism in the Donatist Controversy* (Mundelein, Illinois: Saint Mary of the Lake Seminary, 1961); E. Lamirande, *La situation ecclésiologique des Donatistes d'après saint Augustin* (Ottawa: Éditions de l'Université, 1972).

[115] A. von Harnack, *HD*, 5: 159，阐述了唯灵主义者的解释；与此相反的解释是 Portalié, *Guide to St. Augustine*, pp. 247 ~ 260。比较适中的解释见 K. Adam, "Zur Eucharistielehre des hl. Augustinus", *TQ*, 112 (1931), 490 ~ 535; L. J. Van der Lof, "Eucharistie et présence réelle selon S. Augustin", *RevEtAug*, 10 (1964), 295 ~ 304。

[116] J. N. D. Kelly, *Early Christian Doctrines*, 2nd ed. (London: A & C. Black, 1960), pp. 447 ~ 449，作者在此对比了奥古斯丁著作中的各种文本，做了很好的研究。

丁相信,领受圣餐的人确实领受了基督的身体和血,但并不是说实际地吃了它们,而是说在吃饼和酒的过程中,就成了基督的身体和血的分享者。

历史的意义

凭借圣礼来培养其信徒们的教会,不是在天上,而是像朝圣的香客那样在种种历史事件中斗争与生活。公元410年罗马的陷落震撼了地中海世界,这促使奥古斯丁就历史的意义进行思考并写作。这就是他的《上帝之城》这部著作的目的,其副标题是“反对异教徒”。在这里奥古斯丁区分了两种“城”或两种社会,各自有其不同的动机为动力。

> 相应地,两个城是由两种爱形成的:尘世的城是由爱自己形成的,甚至到了藐视上帝的地步;天国的城是由爱上帝形成的,甚至到了鄙视自己的地步。一句话,前者的城以己为荣,而后者的城则以上帝为荣。因为一个城从人那里寻求荣耀;但另一个城的最大荣耀是上帝,上帝是良心的见证。一个城因自己的荣耀而昂首挺胸;另一个城对它的上帝说:“你是我的荣耀,是你使我昂首挺胸。”在一个城里,归属该城的王子们和国民们是由嗜爱统治的人统治的;在另一个城里,王子们和庶民们在爱中彼此服务,后者服从,而前者为大家操心。一个城对自己的力量沾沾自喜,而以其统治者们本身为代表;另一个城对它的上帝说:“我的主啊,我爱你,你是我的力量。”[117]

很清楚,这两种爱,以及从这两种爱里产生出来的两个城市,是不相容的。不过,从亚当的最初堕落到历史的最后完成的这个期间,天国的城是这样存在于尘世上的,即“这两座城在这个世界上彼此混杂交织在一 54

[117] *De civ. Dei* 14.28 (*NPNF*, First Series, 2 ~ 282 ~ 283).

起，直到最后的审判把它们分离开”。[118] 同时，背叛上帝的城以及顺服并爱戴上帝的城，都继续着它们的历史进程，最后的结局则是前者被判罪，而后者得救。

那么，关于各个国家的历史发展过程，人们能够说些什么呢？罗马的陷落又怎么样呢，异教徒把罗马的陷落归咎于摈弃了古代诸神。根据奥古斯丁的前提得出的回答是：罗马以及其他帝国，作为尘世的城的表现方式，都是要归于灭亡的。如果它们曾经一度变得强大，那只是因为上帝要它们这样。拿罗马来说，上帝使它位于诸城之上，这样就有了传播福音所需要的和平，但一旦历史任务完成之后，罗马就因它自己的罪和拜邪神而陷落。这曾经是而且将永远是一切人间帝国的命运，直到历史的终结。因而，通过思考尘世的城的罪恶总是怎样受到上帝的惩罚，就可以在历史里找到意义，但是，首先是可以在上帝之城的永恒的命运里找到意义。

末世论

奥古斯丁的末世论多少有些因袭传统，虽然在他的末世论里有一些解释方面的难题，这些难题大概是这个事实造成的，奥古斯丁这个希坡主教并没有声称，在一些不可思议的事物上，他像后来一些基督教徒那样有把握。他的末世论总是蒙着神秘的面纱，因而他很少声称，他的观点超出了人们的一般见解。例如，奥古斯丁谈到一种火，那些死了而又没有准备好置身于上帝的荣耀之中的人，就得在这种火里补偿他们的罪。无疑，他在这里所指的就是通常说的“炼狱”（purgatory）。但是他在谈到这种可能
55 的情况时，总是模糊不清、吞吞吐吐，以致后来的解释者们找到一些经文，

---

[118] *De civ. Dei*，1.25。另见，M. F. Sciacca, *Interpretazione del concetto di storia di S. Agostino* (Tolentino: Edizione agostiniane, 1960); D. X. Burt, “St. Augustine's Evaluation of Civil Society”, *Augm*, 3(1963), 87~94；J. Lamotte, “But et adversaires de saint Augustin dans le ‘De civitate Dei’”，*Auga*, 11 (1961), 434~469。

这些经文好像对那种炼净之火有几种不同的看法。关于被救赎的人可以看见上帝，关于死人的灵魂在那里等候最后复活的地方，以及一般说来关于奥古斯丁的末世论的几个方面，都有这种类似的情况。[119] 能够知道神秘事物的界限在什么地方，是一个伟大的神学家的标志。

我们对于奥古斯丁神学的简介到此结束。他的神学在这样的程度上满足了人类存在和人类思维的需要，以致若干世纪以来，甚至直到今天，奥古斯丁一直是保罗之后基督教思想史中最有影响的思想家。

---

[119] 尽管他低调处理了奥古斯丁末世论的含糊其辞和不精确性，他确实也收录了一些可以证明这一点的文本。见 Portalié, *Guide to St. Augustine*, pp. 290～304。另见，P. Jay, "Saint Augustin et la doctrine de purgatoire", *RThAM*, 36 (1969), 17～30。

第二章　奥古斯丁之后的西方神学

56 奥古斯丁死时，汪达尔人(Vandal)的军队正在围攻希坡城。二十年前，罗马陷落的消息曾经震撼全世界。这些只是西部地中海区域的政治、社会、经济和宗教结构的根本变革的两个征兆。这个古老帝国已成过去，而被蛮族国家取而代之——虽然其中的不少国家仍然认为自己是罗马帝国的属国。

这个新的形势深深地影响着教会生活。这时就有必要让异教的入侵者皈依基督教。在蛮族有阿利乌派不是异教徒，因而那个似乎已经解决了的神学问题又被重新提了出来。在当时的混乱情况中，有创见的思想不大可能活跃起来。神学就成了一种编辑和评注，而不是思考和创新的工作。因此，这是一些次要人物的时代。不过，这些次要人物正朝着后来成了中世纪神学丰硕成果的东西迈出了第一步。①

① G. Bardy, "Lettrés chrétiens et civilization romaine à l'aube du moyen âge", *AnnTh*, 3 (1942), 424～462.

关于奥古斯丁神学的争论：恩典与预定论

正如所预期的那样，奥古斯丁的神学并不是立即被人们普遍接受，而 57
是首先成了长时期争论的题材，然后，他的神学权威才被普遍承认。有关奥古斯丁神学，最重要的争论涉及两个问题：关于恩典和预定论的问题，以及关于人的灵魂的性质问题。

在有关第一个问题的争论中，奥古斯丁教义的反对者，在传统上被称为半贝拉基派(semi-Pelagians)，虽然这个称号并不完全有道理。其实，所谓的半贝拉基派倒真是"半奥古斯丁派"(semi-Augustinians)。他们拒绝贝拉基的教义，而钦佩和尊敬奥古斯丁，只不过不愿意在奥古斯丁神学的极端论点上追随这位希坡主教。

对于奥古斯丁的恩典和预定论的教义，由他的门徒和追随者们组成的小圈子首先提出了疑问。他们中间有阿竹门图(Hadrumentum)的一些修士和一个叫瓦塔里斯(Vitalis)的人。② 后者向奥古斯丁提出了一种教义，说人所作的一切善都有赖于上帝的恩典，但是，走向得救的第一步，即接受恩典的第一步——*initium fidei*——则完全靠我们自己，上帝不加干预。奥古斯丁按照前一章里所阐述的同一方针③对此作出答复：恩典要真正成为恩典，就必须完全是人所不应得的。至于阿竹门图的修士们，他们的反对意见和瓦塔里斯的类似，奥古斯丁在他的著作《论恩典与自由意志》(*On Grace and Free Will*)和《论纠正与恩典》(*On Correction and Grace*)里对他们作了回答，这些著作的内容是前一章里解释过的那些内容，这里不再讨论。

---

② E. Amann, "Semi-Pélagiens", *DTC*, 14: 1796 ~ 1850. 这篇长长的论文为我讨论这一主题提供了基本的框架，然而在一些观点上我偏离了他的观点。另见，论述奥古斯丁和瓦塔里斯的文章，L. Moereels; "Sint Augustinus en het Probleem der voorkomende Gnade", *Ons Geloof*, 16 (1930), 193 ~ 209, 241 ~ 253, 449 ~ 461。

③ *Ep.* 217.

在高卢南部，特别是在马赛，反对奥古斯丁关于恩典和预定论的观点
58 的情绪最为强烈。④ 我们可以从奥古斯丁的两个捍卫者给他的两封信中直接得知这种反对的情况，这两个人是阿克维唐的普罗斯帕（Prosper of Aquitaine）和阿尔勒的希拉利（Hilary of Arles）。⑤ 我们也有一些著作是出自这个反对派的领袖们，例如，约翰·卡西安（John Cassian），勒林斯的文森特（Vincent of Lérins），和利兹的福斯都斯（Faustus of Riez）。

约翰·卡西安⑥是个修道士，在周游帝国东部地区之后来到马赛定居。据说，他在帝国东部地区时，曾作过约翰·克利索斯托（John Chrysostom，即金口约翰）的门徒，并在埃及修道士中间待过一段时间。他在马赛建立了两所修道院，并在这里写了他的三部主要著作：《论修道制度》（*On the Institution of Monasticism*），《灵修对谈录》（*Spiritual Discourses*），《论主的道成肉身，反对聂斯脱利》（*On the Incarnation of the Lord Against* 聂斯脱利）。在这些著作中，卡西安清楚地谴责了贝拉基，⑦ 但同时他回避了奥古斯丁的极端主张，可见于下列引文：

“他（上帝）一看见我们心里善良意志的苗头，他就启发、鼓励并

---

④ J. Chéné, "Les origines de las controverse semi-pélagienne", *AnnThAug*, 13 (1953), 56～109.

⑤ *Ep.* 225, 226. J. Chéné, "Le semi-pélagianisme du midi de la Gaule d'après les lettres de Prosper d'Aquitaine et d'Hiliare à saint Augustin", *RScRel*, 43 (1955), 321～341.

⑥ M. Olphe-Gaillard, "Cassian", *DS*, 2: 214～276; M. Cappuyns, "Cassien (Jean)", *DHGE*, 2: 1319～1348; O. Chadwick, *John Cassian: A Study in Primitive Monasticism* (Cambridge: University Press, 1950); F. Jalics, *La tradición en Juan Casiano* (Buenos Aires: Pontificia Universidad Santa María, 1966); D. J. MacQueen, "John Cassian on Grace and Free Will", *RThAM*, 44 (1977), 5～28; C. Tibiletti, "Giovanni Cassiano: Formazione e dottrina", *Augm*, 17 (1977), 355～380.

⑦ *De inc.* 5.2～3. 卡西安在此试图建立贝拉基主义和聂斯脱利之间的联系，而事实上除了二者均被以弗所公会议谴责过之外，再没有其他共同之处。参见，C. Smits, "Ephese en het Pelagianisme", *StCath*, 7 (1930), 446～456; M. Disdier, "Le pélagianisme au concile d'Ephese", *EchOr*, 34 (1931), 314～333。

推动善良意志奔向得救，促使他自己所栽种的东西或者他看到的**我们自己的努力所产生出**的东西成长起来。”[8]

这样的文章段落是巧妙地反奥古斯丁的，这就使奥古斯丁的教义不能全部被人接受，不仅在这些文章写出的时候和在反奥古斯丁运动的时候，情况是这样，而且甚至更晚些，当奥古斯丁的权威被普遍承认，但他被人们从卡西安之类的作者的角度来解释的时候，情况也是这样。[9]

勒林斯的文森特的攻击更加深刻。在他的著作《告诫》（*Commonitori-* 59
um）中，他并不直接攻击奥古斯丁，却用捍卫传统教义来反对不点名的“标新立异”，这显然是指奥古斯丁和他的门徒们。[10] 虽然他的著作在中世纪几乎是默默无闻的，[11]但还没有任何其他作者能像他那样清楚地阐述那些拥护教会教义的合法权威的论据。

根据文森特的说法，他的目的是：“叙述我们先辈所遗留给我们并存放在我们这里的那些东西，并且用叙述者的忠实而不是用创作家的假想来做这件事情。”[12]《圣经》是真正教义的基本来源。但是，因为《圣经》的意思很难看懂，而且可能有不同的解释，主曾赐下了口头传说，作为判断

---

⑧ *Coll.* 13.8.

⑨ 整个中世纪，人们都阅读卡西安的著作，并遵循其教训，在修道院中尤其是如此。而我们现在就要探讨的勒林斯的文森特的著作就不是这样了。J. C. Guy, *Jean Cassien: Vie et doctrine spirtuelle* (Paris: P. Lethielleux, 1961), pp. 60 ~ 61。

⑩ J. Madoz, *El concepto de la tradición en San Vicente de Lerins: Estudio histórico-crítico del "Commonitorio"* (Rome: Gregorian University, 1933), pp. 59 ~ 89; W. O'Connor, "Saint Vincent of Lerins and Saint Augustine: Was the *Commonitorium* of Saint Vincent of Lerins Intended as a Polemic Treatise Against Saint Augustine and His Doctrine on Predestination?" *Doctor Communis*, 16 (1963), 123 ~ 257.

⑪ 同上，p. 55。这仅仅只能归因于历史环境吗？还是因为中世纪对奥古斯丁的理解比通常所认为的更为清楚，因此他们意识到了 *Commonitorium* 里反奥古斯丁的语气？唯一记录了文森特的价值的古代文献是 Gennadius 的，他是又一个半贝拉基分子。参见，J. Madoz, "El Testimonio de Gennadio sobre S. Vicente de Lerins", *EstEcl*, 9 (1932), 484 ~ 502。

⑫ *Comm.* 1.

哪些是应该相信的东西的手段。

> 再者，在这个大公教会中我们应该弄清楚的是，高举那些在所有的地方被所有的人始终相信的东西（*quod ubique*, *quod semper*, *quod ab omnibus*）。[13]

文森特又借助异教历史中的具体事例来重述他的论点。虽然他没有点奥古斯丁的名，但很清楚，如果奥古斯丁这个非洲主教的预定论的教义不是在所有的地方被所有的人始终予以教导的，那就必须当做大公教会的信仰所不容的标新立异而予以拒绝。

60 利兹的福斯都斯是反奥古斯丁论点的最热心的解说者。[14] 在他的论文《论上帝的恩典与自由意志》（*On Grace of God and Free Will*）中，他为那种教义辩护，即信仰的第一步——*initium fidei*——有赖于人的自由。[15] 这种自由给了我们天然的能力去转向上帝，并且去寻求直到有了答案为止。“在上帝方面是慷慨的赐予，而在人方面则是执著的追求。”[16] 那些宣称人的自由意志只能犯罪而不能为善的人是错误的。[17] 基督为众人而死，[18] 这就是充分的依据，可据以拒绝奥古斯丁所理解的预定论的教义，并且可以断言，所谓的预定论只不过是上帝就其预知每个人将怎样运用

---

⑬ 同上，2。对这三重规律的精确意义的成功的研究著作是：J. Madoz, “El canon de Vicente de Lerins ‘*Id teneamus quod ubique, quod semper, quod ab omnibus creditum est*’”, *Greg*, 13 (1932), 32～74。

⑭ A. G. Elg, “In Faustum Reiensem adversaria”, *Eranos*, 42 (1944), 24～46; C. Tibiletti, “Libero arbitrio e grazia in Fausto di Reiz”, *Agum*, 19 (1979), 259～285.

⑮ J. Chéné, “Que signifiaient ‘initium fidei’ et ‘affectus credulitatis’ pour les Semi-pélagiens?” *RScRel*, 35 (1948), 566～588.

⑯ *De grat. Dei et lib. arb.* 1.7.

⑰ 同上，1.11。

⑱ 同上，1.16。

自由意志而作的判决，[19]总结如下：

> 我们站在“没有神秘的基督教”面前！这就是福斯都斯的书给我们留下的最后的印象。他公开地站在人的一边，主张归根结底一切事情都取决于人。因此，对于所有那些似乎是上帝在人的灵魂深处产生内在作用的东西，他都有恐惧的感觉。当然，恩典被承认了，但它不是在意志的核心处起作用，而是停留在其外围。[20]

为了反对这些不同的攻击，[21]奥古斯丁和他的门徒们坚持主张，信仰的第一步包括在上帝的恩典里，而这恩典是根据永恒的预定论赐给人的。已经提到过，奥古斯丁撰写的论文《论圣徒们的预定论》(*On the Predestination of the Saint*)和《论坚持不懈的天赋》(*On the Gift of Perseverance*)，就是为了反对卡西安的异议。然而，反对半贝拉基主义的奥古斯丁主义的主将是阿克维唐的普罗斯帕，他的主张可见于他的《给鲁菲努的论恩典和自由意志的信》(*Epistle to Refinus on Grace and Free Will*)，他的《致忘恩负义者的赞歌》(*Hymn on the Ungrateful*)——即那些“无恩典”的人——以 61
及大多数学者认为是出自他的手笔的《论全人类的神召》(*On the Vocation of All People*)。[22]

但是，普罗斯帕自己的辩护表现出了一种使奥古斯丁的一些最极端

⑲ 同上，2.2～3。

⑳ Amann，“Semi-Pélagiens”，1836.

㉑ 这里讨论的三个著作者仅仅是那些拒绝接受奥古斯丁关于恩典和预定教义中的这个或那个方面的大量神学家中的三个例证，尽管他们是其中最重要的。更加完整的讨论可以参考，Amann，“Semi-Pélagiens”。

㉒ *ACW*，14：6～9.

的教义趋于缓和的倾向。[23]

> 他最初是忠实的(直到432年前后),在半贝拉基派的攻击的冲击之下,他放弃了那种关于上帝的有限的救赎的意志的看法和那种关于预知罪恶之先就预定人下地狱的看法(432－435年);然后,由于罗马的影响……他把自由恩典的起因和无条件预定论的起因区分开,并且甚至写了一部作品《论全人类的神召》来赞同全人类得救。
>
> 这样,从奥古斯丁死的那一天开始,他的一些教导的选集就编成了,这选集后来由奥兰治会议批准(529年)。因此,人们可以说,教会在其历史上的任何时刻……都没有采纳这个"恩典大师"的全部教义。[24]

529年在奥兰治(Orange)召开的会议,一般被认为是半贝拉基派争论的结束,虽然毫无疑问半贝拉基主义甚至在那时之后仍然有追随者。再者,该会议本身虽然谴责了贝拉基主义以及半贝拉基派的一些主张,但只是采纳了一种冲淡了的形式的奥古斯丁主义。主要取材于奥古斯丁和

[23] 这就是 M. Cappuyns 的观点,参见其论文,"Le premier représentant de l'augustinisme médiéval: Prosper d'Aquitaine",*RThAM*, 1(1929) 309～337, 此文表明,普罗斯帕渐渐地偏离了奥古斯丁的极端论点。但这一观点被 L. Pelland 所拒绝,见 *Prosperi Aquitani doctrina de praedestinatione et voluntate Dei salvifica: De ejus in augustinismum influxu* (Montreal: Collegium Maximum Immaculatae Conceptionis, 1936)。然而,后一著作,仅仅试图通过这两位古代神学家都不知晓的后期经院主义的特点来协调奥古斯丁和普罗斯帕。另见,R. Lorenz,"Das Augustinismus Prospers von Aquitanien", *ZschrKgesch*, 73 (1962), 217～252。

[24] M. Cappuyns, in *BThAM*, 1 (1929～1932), 216.

普罗斯帕的著作而写成的奥兰治法规,[25]是中世纪怎么样研究奥古斯丁著作的一个良好范例——虽然人们应该指出,这些法规本身在中世纪大部分时期内是不为人所知的。

人们在奥兰治宣称,亚当的堕落使全人类败坏了,[26]而且人接受上帝 62
的恩典不是因为人要求得到恩典,而是反过来。[27] 根据这个宗教会议的说法,信仰的第一步——*initium fidei*——不在于人的本性,而在于上帝的恩典。[28] 自由意志靠它自己不能引领人去得到洗礼的恩典,[29]因为这种意志已被罪腐化,只有靠洗礼的恩典才能恢复。[30] 亚当由于自己的罪恶而抛弃他们的罪恶的状况。[31] 基督徒的坚韧不拔不是靠我们自己的意志的力量,而是靠赐给我们的圣灵。[32] 恩典不以功德为基础,[33]并且只有靠恩典我们才能端正品行,[34]因为我们自己所有的一切都是罪恶和痛苦。[35]

另一方面,这并不意味着,有人被预定去作恶——这种教义被这次会议判为非法。与此相反,所有那些受洗的人都可以在基督的帮助之下得

㉕ 见 M. Cappuyns, "L'origine des 'Capitula' d'Orange, 529," *RThAM*, 6(1934), 121 ~ 142。Fulgentius of Rupse 和 Caesarius of Arles 应该与普罗斯帕一起提到,即使是以缓和的形式,他们对奥古斯丁主义的最后胜利有贡献。在此附带地提一下,当人们讨论早期主张永久童贞,也许还有马利亚无原罪怀胎说的权威人物时,总要提到 Caesarius,因为他曾讲过"童贞女马利亚一直保持童女之躯,分娩前和分娩后均保持童贞,一直没有受到罪的玷污"(*Sermo* 249)。参见经典性的研究著作,A. Malnory,*Saint Césaire évêque d'Arles* (*503 ~ 543*),最早的于 1894 年出版,最近又再次重印(Geneva: Slatkine Reprints, 1978)。

㉖ Canon 2.

㉗ Canon 3.

㉘ Canon 5.

㉙ Canon 8.

㉚ Canon 13.

㉛ Canon 15.

㉜ Canon 17.

㉝ Canon 18.

㉞ Canon 20.

㉟ Canon 22.

救。[36]

说奥兰治会议是半贝拉基主义的胜利，那是不对的。相反，该会议明确地拒绝了有关人的信仰第一步的教义之类的典型的半贝拉基派教义。然而，该会议在其教义方面并不是真正的奥古斯丁派的，这也是事实。[37]
63 该会议完全没有提及——虽然有点默许——那种不是基于上帝预知人的未来的态度和行为而是基于上帝至高无上的决定的预定论，也没有提及不可抗拒的恩典。这里强调的反倒是洗礼时赐给人的那种恩典。《忏悔录》所讲的那种不知所措的和激动的体验被改变成了一个完整的恩典体系——这个过程或许是不可避免的，但却是不幸的。

关于奥古斯丁神学的争论：灵魂的性质

有一部分是由于新柏拉图主义的影响，奥古斯丁断言，灵魂是没有形体的。他这样主张就抛弃了德尔图良所建立的北非传统，从而引进了被许多人认为是基督教神学里标新立异的东西。[38] 如所预料，这种教义在那些不大愿意接受新柏拉图主义信条的小圈子里很快就遭到反对。由于半贝拉基派在这些小圈子里活动，所以发现他们中间有些人不仅在涉及恩典和预定论的事物上，而且在奥古斯丁对人的灵魂的理解上反对他，就不足为奇了。

在奥古斯丁的有关灵魂无形体的教义的主要反对者中间有利兹的福斯都斯，[39]在半贝拉基派争论中我们已经见过他。福斯都斯借助古代基

---

[36] *Pars 3. de pradest.*

[37] J. P. Redding, *The Influence of Saint Augustine on the Doctrine of the II Council of Orange Concerning Original Sin* (Washington: Catholic University of America Press, 1939).

[38] G. Mathon, "L'anthropologie chrétienne en Occident de saint Augustin à Jean Scot Erigène" (Unpublished thesis, Lille, 1964), *BThAM*, 9 (1962). 1396.

[39] F. Bisogne, *Fausto de Riez e la polemica sull'anima nei primordi della filosofia medievale* (Cava de'Tirreni: E. Coda, 1948).

督教作家们的权威,肯定灵魂是看不见的,但坚持灵魂是有形体的。[40] 只有上帝是无形体的,而所有的灵魂以及众天使都有形体,尽管这些形体比我们可见的形体微妙得多。提出相反的说法,那就是抹煞了造物主和被造物之间的区别,抹煞了无所不在并充满一切事物的上帝与局限于一定地点的灵魂之间的区别。

奥古斯丁的灵魂无形观点的主要辩护人是克劳提埃那斯·曼那特斯 64
(Claudianus Mamertus),[41] 他在他写的答复福斯都斯的论文《论灵魂的状况》(*On the Condition of the Soul*)里,[42] 一再借助古代哲学家们的权威来说明灵魂是无形体的。克劳提埃那斯的另一个论点是上帝在人里面的形象:如果上帝是无形体的,那么,相信有形体的被造物具有上帝的形象,就很荒唐。[43] 再者,一切物体都由四种元素构成,却没有一种能在灵魂里找到。[44]

稍晚些,马赛的根拿丢(Gennadius of Marseilles),一个我们不曾读过的半贝拉基派,重新提起了福斯都斯所说的只有上帝是无形体的论点。

> 除了上帝(那就是圣父、圣子和圣灵)之外,没有任何东西可以看做是无形体的,上帝被宣称为真正无形体的,因为他在一切地方并充满和完善一切事物;而他之所以不能被一切被造物看见,恰恰因为他是无形体的。[45]

---

[40] *Ep.* 3.

[41] 关于这一主题最好的研究专著见 E. L. Fortin, *Christianisme et culture philosphique au cinquième siècle: La querrelle de l'âme humaine en Occident* (Paris: Études Augustiniennes, 1959), pp. 75 ~ 110。比较简明的摘要可参见 E. Bréhier, *La filosofía en la Edad Media* (Mexico: Tipográfica Editorial Hispano-Americana, 1959). p. 13。

[42] 克劳提埃那斯断言他所驳斥的文章是以匿名的方式给他的。因此,他似乎不知道他所驳斥的人正是福斯都斯。

[43] *De cond. an.* 1.4.

[44] 同上,1.7 ~ 9。

[45] *De eccl. dogmat.* 11.

此后,由于新柏拉图主义通过奥古斯丁,马利乌·维克多里奴(Marius Victorinus),尼撒的格列高利(Gregory of Nyssa)和其他人的著作而影响越来越大,这一争论终于平息而最后消失了。[46] 到了加洛林王朝时代,这一争论又一度复燃,但这最后一次断言灵魂有形体的企图被伪狄奥尼修斯(Pseudo-Dionysius)的拉丁译本彻底挫败了,因为这个译本大大加强了新柏拉图主义在这个论点和其他论点上的影响。

65 在本节末了提一下,人们可以看到,那些倾向于强调人在得救工作中的能力与合作的人——即半贝拉基派——同时也最严格地反对在神学领域内运用哲学。另一方面,强调人不能把自己从罪里解救出来。奥古斯丁派,同时也最喜欢在神学探讨中运用哲学。这一点特别重要,因为在以后的世纪中——即 16 世纪和 20 世纪——有些人主张不但在得救方面,而且在真正认识上帝方面,都应当肯定人的脆弱, 因此,把哲学作为认识上帝的手段的这一概念,连同人能救自己的这一概念,必须统统加以拒绝。

奥尔柔修和普利西利安主义

4 世纪末,当奥古斯丁和安布罗斯还在世时,在西班牙兴起了一个通常被称为"普利西安主义"(Priscillianism)的运动,其创始人据说是阿维拉(Avila)的主教普利西利安(Priscillian)。普利西利安是否教导了那些

[46] 回应这一争论的最后一个值得一提的人物是 Licinianus of Cartagena,他试图在他的 *Epistle to Epiphanius* 里驳斥根拿丢(Gennadius)。但是他最多只是重复了 Claudianus 的观点。关于对于 Licinianus 的唯灵论观点的研究性著作,其中没有特别强调灵魂的非物质性,参见 J. A. Platero Ramos, *Liciniano de Cartagena y su doctrina espiritualista* (Oña: Colegio Máximo S. J. , 1946)。

被归于他的教义,仍然是个悬而未解的问题。[47] 不管怎样,他在马克西姆(Maximus)皇帝手下因不道德和巫术而被判处死刑。除此之外,几个古代作者——奥尔柔修、萨尔皮修·瑟维如斯(Orosius, Sulpitius Severus)、哲罗姆、达马苏斯(Damasus)、安布罗斯等等——宣称,他持有一种类似撒伯流主义(Sabellianism)的三位一体教义、摩尼教的二元论(Manichaean dualism)和一些幻影派(Docetic)观点。[48]

普利西利安死后,他的追随者们遍及西班牙各地和南部高卢。甚至 66
最晚到了 561 年,在布拉加(Braga)召开的一个宗教会议还认为有必要谴责他们,虽然到了那个时候一些相当荒谬的教义被堆在普利西利安的头上。[49]

保罗·奥尔柔修(Paul Orosius)作为普利西利安的对手而第一次出了名,因为他在公元 414 年走访了奥古斯丁,并送给了他一本《关于普利西利安派和奥利金派错误的告诫》(*Commonitorium of Errors of the Priscillianists and Origenists*)。但是,他对基督教思想史的主要贡献,不在于反

---

[47] J. A. Davids, *De Orosio et sancto Augustino Priscillianistarum adversaris: Commentatio historica et philologica* (The Hague: A. Govers, 1930); A. d'Alès, *Priscillien et l'Espagne chrétienne à la fin du IVe siècle* (Paris: G. Beauchesne, 1936); J. Pérez de Urbel, " La teología trinitaria en la contienda priscilianista", *RET*, 6 (1946), 589 ~ 606; J. M. Ramos y Loscertales, *Prisciliano: Gesta rerum* (Salamanca: Universidad de Salamanca, 1952); C. Torres, " Prisciliano: Doctor itinerante, brillante superficialidad", *RevEstGall*, 27 (1954), 75 ~ 89; R. López Caneda, " Prisciliano: Su ideología y su significado en la historia cultural de Galicia", *RevUMad*, 12 (1964), 629 ~ 631; J. Madoz, *Segundo decenio de estudios sobre patrística española* (Madrid: FAX, 1961), pp. 65 ~ 68; H. Chadwick, *Priscillian of Avila: The Occult and the Charismatic in the Early Church* (Oxford: Clarendon, 1976); P. M. Sáenz de Argadona, *Antropología de Prisciliano* (Santiago de Compostela: Instituto Teológico Compostelano, 1982). 他现存的著作(其作者身份存在大量争议)可以参考 *CSEL*, 18。

[48] 其中,似乎可以肯定普利西利安持守一种与撒伯流主义类似的三一论教义。说他持守那种非正统的基督论是很值得怀疑的。至于摩尼教的二元论,几乎可以肯定他是不支持的。

[49] Text in José Vives, ed., *Concilios visigóticos e hispano-romanos* (Mardrid: Consejo Superior de Investigaciones Científicas, 1963), pp. 65 ~ 69.

对普利西利安主义，而在于他对历史的解释，其观点可见于他的七本书《论历史，反对异教徒》（*On History Against the Pagans*）。这七本书是应奥古斯丁的要求而写来作为他的《上帝之城》（*City of God*）的补充的。[50] 在这一著作中，奥尔柔修纵览了人类全部历史，试图说明异教时代并不比基督教时期好，而是甚至更坏。他对历史的总的想法和奥古斯丁一样，但是，依照他的观点，基督在这样大的程度上是全部历史的目的，以致即使是给基督带来个人苦难的蛮族入侵，也应当被解释成为上帝提供的使入侵者皈依的手段：

> 如果把蛮族派到罗马境内的唯一目的，是在东方和西方各地，基督的教会将增添匈奴人（Huns）、色比人（Suevi）、汪达尔人（Vandals）、布根底人（Burgundians）以及其他许多民族的信徒，那就应该赞美和颂扬上帝的恩惠，因为这么多民族得到了真理的知识，而他们没有这一契机是不可能这样的，尽管这一契机给我们造成破坏。[51]

波伊丢斯与共相问题

曼留斯·托库塔斯·瑟维立努·波伊丢斯（Manlius Torcuatus Severinus Boethius）于5世纪末和6世纪初生活在东哥特人（Ostrogothic）的意大
67 利。[52] 他不但在罗马而且在雅典获得渊博的学识，并把那种使拉丁世界

---

[50] 最好的研究文章见 C. Torres，"Los siete libros de la Historia contra los paganos, de Paulo Orosio"，*CuadEstGall*, 3 (1948), 23 ~ 48。另见，H. J. Diesner，"Orosius und Augustinus"，*ActHung*, 2 (1963), 89 ~ 102；B. Lacroix, *Orose et ses idées* (Paris: J. Vrin, 1965)。

[51] *Historia* 7.41.

[52] 最好的全面的介绍参阅：H. M. Barrett, *Boethius: Some Aspects of His Times and Work* (Cambridge: The University Press, 1940)。另见，A. Crocco, *Introduzione a Boezio* (Naples: Liguori, 1975)；M. Gibson, ed., *Boethius: His Life, Thought and Influence* (Oxford: Basil Blackwell, 1981)。

熟悉希腊哲学遗产——尤其是柏拉图和亚里士多德的遗产——的工作作为己任。为此目的,他翻译了重要的古典著作,也写了这些著作评注。他因为写了《哲学的安慰》(*The Consolation of Philosophy*)这篇论文而大大出名,这是他在监狱里写的,有人在国王西奥多里克(King Theodoric)面前指控他有亲拜占庭的阴谋,因而国王把他投入监狱。他也写了一些神学的和理论的文章,如《论三位一体的合一性》(*On the Unity of the Trinity*),《论基督的位格与二性》(*On the Person and Two Natures of Christ*)以及《基督教信仰浅释》(*Brief Exposition of the Christian Faith*)。[53]

波伊丢斯对基督教思想史的重要性,不在于他是一个有创见的思想家——这一点他并不是。[54] 也不主要在于他是一个古代遗产的编辑者和组织者——这一点他确实是。[55] 他的重要性实际是在以下三个方面,他在这三个方面的影响在整个中世纪经常被人们感觉到。

第一,波伊丢斯讨论了和应用了"位格","实体","存在物"之类的名词以及对三位一体教义具有重要意义的名词,从而影响了后世的神学。[56]

---

[53] 尽管对于最后这篇论文的作者身份有怀疑,但是学者们倾向于认为是波伊丢斯。A. Hamman, *Patrologia cursus completus*: *Supplementum*, 3: 1279; L. M. de Rijk, "On the Chronology of Boethius' works on Logic", *Viv*, 2 (1964), 125 ~ 162. 关于 *Consolation*,见 J. Gruber, *Kommentar zu Boethius De Consolatione Philosophiae* (Berlin: W. de Gruyter, 1978); C. J. Starnes, "Boethius and the Development of Christian Humanism: The Theology of the 'Consolatio'", in L. Obertello, *Congresso internazionale de studi boeziani* (Rome: Herder, 1981), pp. 27 ~ 38。

[54] 关于波伊丢斯神学的概览,见 G. Chappuis, "la théologie de Boèce", *Congrès d'historie du christianisme* (Paris: Reider, 1928), 3: 15 ~ 40; R. Carton, "Le christianisme et l'augustinisme de Boèce", *RevPhil*, 30 (1930), 573 ~ 659。

[55] 关于他的总的影响,见 H. R. Patch, *The Tradition of Boethius*: *A Study of His Importance in Medieval Culture* (New York: Oxford University Press, 1935)。

[56] K. Bruder, *Die philosophischen Elemente in den Opuscula sacra des Boethius* (Leipzig: F. Meiner, 1928); M. Bergeron, "La structure du concept latin de personne", *Études d'histoire litteraire et doctrinale du XIIIe siècle* (Paris: J. Vrin, 1932); V. Schurr, *Die Trinitätslehre des Boethius im Lichte der "skythischen Kontroversen"* (Paderborn: F. Schöningh, 1935); J. Collins, "Progress and Problem in the Reassessment of Boethius", *ModSch*, 23 (1945), 1 ~ 23; M. Nédoncelle, "Les variations de Boèce sur la personne", *RScRel*, 29 (1955), 201 ~ 238.

其中,对后世神学最为重要的是他给“位格”定义:位格是具有理性者的
68 个别实体——*pessona est ronatonabilis naturae individua substantia*。中世纪一些最杰出的神学家用了很长的篇幅来阐明这个定义的意思以及这个定义对三一论和基督论的含义。

第二,波伊丢斯是中世纪最初几个世纪赖以知道古典哲学——特别是有关逻辑方面古典哲学——的渠道。[57]

第三,主要是通过波伊丢斯,中世纪才探讨了共相(universals)这个问题。在波伊丢斯对波菲利(Porphyry)的《序言》(*Isagoge*)——这是用来介绍亚里士多德的《知识概念》(*Categories*)——的评注里,波伊丢斯指出,波菲利提出了问题而没有进行讨论。问题在于:物种的种类是存在于它们本身之中呢,还是只存在于我们的头脑里。再者,如果种类和物种确实存在于它们本身之中——那就是说如果它们是真实的——那么人们就应该断定,它们是有形的或不是有形的,以及它们是存在于个别物体中或脱离个别物体而存在。简单地说,这就是共相的问题,这个问题整个中世纪一直在辩论。

所提出的问题在于:物种概念是不是起初的。如果物种概念是真实的,那么物种概念怎样和包括在物种概念里面的个体联系起来呢。比方说,“猫”的概念——这个概念包括了所有的猫——是不是真实的?如果这个概念不是真实的—— 那就是说,如果这个概念只是一个名称——那么,是什么东西使所有的猫成其为猫呢?另一方面,如果这个概念是真实的,那么,个体的猫怎样和“猫”的物种概念联系起来呢?而个体的真体又是什么呢?

这是中世纪的主要哲学问题之一。那些认为共相是真实的人被称为“唯实论者”(realist)。另一方面,那些断言共相只是名称而只有个体里

---

[57] E. Gilson, *History of Christian Philosophy in the Middle Ages* (New York: Random House, 1955), pp. 97~100.

才有实体的人被称为“唯名论者”(nominalists)。但是,在极端的唯实论者和激进的唯名论者的中间地带,有各种各样的中间观点,这在本思想史 69
叙述过程中还将见到。[58]

共相问题对神学有很大的重要性。例如,极端的唯实论很容易陷入泛神论(pantheism),但唯实论也能简化原罪的传递问题。或者唯实论也能支持这样一种对教会的理解,即教会是属天的实体,不依赖人来得到其权威。另一方面,极端的唯名论在论述认识论方面和解释原罪遗传方面存在着困难;而且唯名论倾向于把教会看成是信徒们的整体,教会当局从信徒们的整体那里得到它的权威。人们在中世纪基督教思想的发展中还将进一步看到这些不同的问题是怎样提出来的几个例子。

波伊丢斯本人在共相方面的主张是典型的柏拉图主义的。他认为共相和柏拉图的想法是相符的。然而,在波伊丢斯对《序言》——这是用来介绍亚里士多德——的评注里,波伊丢斯详述了亚里士多德的解决办法,因而不少中世纪的哲学家终于认为他在这个争论点上态度摇摆。[59] 他这种表面上的摇摆促使共相问题的争论继续下去。

迦修多儒

元老院议员夫拉维・马格那斯・奥热流・迦修多儒(Flavius Magnus

---

[58] 我没有像通常一样花整整一章的篇幅来介绍“共相(universals)”,原因有二,其一,这样会打乱我所订的基本上是以年代为基础的大纲;其二,也是最重要的,那就是会给人留下一个印象,使人感觉到共相问题是中世纪思想家的主要问题。尽管许多近代的历史都给人这样的一个印象,然而事实并非如此。尽管共相问题是理解中世纪哲学和神学的基础,但通常是根植于不同的神学家所关心的其他最重要的问题之中的。况且,已经有一篇关于在 Copleston 的这一争论过程的极好的概要性论述,见 Copleston, *History*, 2: 136 ~ 155。

[59] Gilson, *History*, pp. 99 ~ 100. 另见,J. J. E. Gracia, “Boethius and the Problem of Individuation in the ‘Commentaries on the Isagoge’”, in Obertello, *Congresso*, pp. 169 ~ 182。

Aurelius Cassiodorus)是波伊丢斯的同时代人,然而较他年轻一些。[60] 迦修
70 多儒在西奥多里克国王的宫廷里身居高位,他在那里充当阿利乌派哥特人和被征服的天主教徒之间的中间人——但这并不意味着,他对正统信仰有所犹豫。以后,他只是因为向往一种研究学问和沉思默想的生活,而辞退了他的职位,隐退到维发利亚(Vivarium),不久就在那里成了一个兴旺的修道社团的领袖。最后,他又辞退这个职务,而作为一个普通修士度过余生,他的圣洁和博学受到广泛的推崇。

迦修多儒是学问渊博的人,但不是有创见的思想家。他除了把他认为是古典文化里最好的东西收集在几部世俗作品里之外,还写了一些宗教论文,其中最杰出的是《论灵魂》(*On the Soul*)。他在这篇论文里表现出他是奥古斯丁和克劳提埃那斯·曼那特斯的门徒——虽然注意到这一点是有趣的,即这篇论文的心平气和的和促成和解的口气说明,争论已经结束,而且奥古斯丁的主张已被普遍接受。迦修多儒写的对《诗篇》的评注和对《新约圣经》几卷书的评注表明,他继承了寓意解经法传统。在他的《三重历史》(*Tripartite History*)里,他满足于编辑和组织一些摘自苏格拉底(Socrates)和狄奥多莱(Theodoret)历史著作的资料。这些历史著作是他的一个朋友从希腊文译成拉丁文的。但是,迦修多儒在中世纪最有影响的著作,是两部头的《宗教学问和世俗学问的体制》(*Institutions of Divine and Secular Letters*)。这一著作是古代宗教知识和世俗知识的总结,是中世纪教育所依据的模型,也是中世纪赖以继承古代遗产的主要渠道之一。

[60] A. van de Vyrer, "Cassiodore et son oeuvre", *Speculum*, 6(1931), 244 ~ 292;J. J. van den Besselaar, *Cassiodorus Senator: Leven en werken van een staatsman en monnik uit de zesde eeuw* (Haarlem: J. H. Gottmer, 1950); G. Bardy, "Cassiodore et la fin du monde ancien", *AnnTh*, 6(1945), 383 ~ 425; M. L. W. Laistner, "The Value and Influence of Cassiodorus' *Ecclesiastical History*", *HTR*, 41 (1948), 51 ~ 57; R. Sclieben, *Cassiodors Psalmenexegese* (Dissertation revued in *TLztg*, 96, 1971, pp. 794 ~ 796).

迦修多儒同波伊丢斯和大格列高利(Gregory the Great)一样,享有拯救希腊罗马文化与文学于危亡的荣誉。

> 他被正确地宣布为6世纪的科学的英雄和重建者。他在维发利
> 亚的隐居地,在宗教生活与学术生活相结合方面,树立了第一个极为
> 光辉的典范……修道院的图书馆和学校,在蛮族风暴中成了学术的 71
> 避难所,这就是迦修多儒的首创精神所带来的结果,是这位维发利亚
> 修道院长遗留给整个修道团体的遗产。[61]

大格列高利

在古代和中世纪之间充当桥梁的那些人之中,教皇格列高利无疑是一个最出色的人物。他于公元590~604年担任罗马教皇,后代的人给他加上了"大"的尊称,[62]他在传统上被视为教会四博士之一。[63] 大格列高利的重要性涉及到各种各样的领域:就礼拜仪式的历史来说,他是重要的,因为他对格列高利颂调有影响,也对礼拜的其他各个方面有影响;就教会法规的历史来说,他是很重要的,因为他的一些书信说明了6世纪末和7世纪初教会法规的发展情况;就传教历史来说,他是重要的,因为他启发奥古斯丁到英国去传教;就修道生活的历史来说,人们不能不注意到

---

[61] P. Grodet, "Cassiodore", *DTC*, 2: 1833.

[62] 这一尊称似乎是由他的传记作者John the Deacon首次赋予他的,见*Vita S. Greg.* 4. 61。关于大格列高利的生平和思想较好的著作见下:C. Dagens, *Saint Grégorie le Grand: Culture et expérience chrétiennes* (Paris: Études augustiniennes, 1977); J. Richards, *Consul of God: The Life and Times of Gregory the Great* (London: Routledge and Kegan Paul, 1980); G. R. Evans, *The Thought of Gregory the Great* (Cambridge: University Press, 1986)。

[63] 正是8世纪的尊敬的比德(Venerable Bede)首次把格列高利、安布罗斯、哲罗姆和奥古斯丁列在一起。

他对中世纪苦修主义的影响；讲道的历史记录表明，他的有关《以西结书》和福音书的讲稿，后世最喜欢阅读和仿效。

大格列高利对基督教思想史的重要性，不在于他的有创见——他没有什么创见——而在于他对中世纪神学的影响，以及他所充当的过滤器作用，中世纪神学就是通过这个过滤器来阅读奥古斯丁的著作的。他的思想，至少在表达方式上，是奥古斯丁派的。然而，人们在阅读了奥古斯丁的著作之后再阅读他的著作，就不能不感到他们之间存在着很大的差别。

72 大格列高利的几乎每一点都在奥古斯丁的教导里有其根源，但很少有任何一点真正是奥古斯丁的。奥古斯丁里的非奥古斯丁的东西成了格列高利这个半奥古斯丁派的重要的组成部分。奥古斯丁的基本精神消失了，而迷信占了上风。一切都是更粗糙，更僵化，更中庸。主要动机不是要从上帝那里找到安息以享有内心的平安，而是由于害怕不安定而投靠教会组织以寻求安全。[64]

这并不是说，大格列高利企图篡改或甚至削弱奥古斯丁的精神。相反，他深信自己是奥古斯丁这个希坡主教的忠实解释者——中世纪人士也这样看他。关键是大格列高利和奥古斯丁的时代不同了。新时代是黑暗的——是如此黑暗，以致大格列高利这位罗马主教深信，他是生活在世界末日。[65] 在瘟疫、野蛮和无知的包围下，大格列高利力图维持治安、和平与文化；但他只是在付出随波逐流这一代价后才做到这一点的。因此，重要的是，我们不能责怪他这个人，而应该根据他所处的历史背景来了解他，并指出他的作品对后世神学的重要性。

---

[64] Seeberg, *Text-book*, 2: 26.

[65] *Hom. in Evang.* 1.1.1.

在大格列高利有关上帝、三位一体和耶稣基督位格的教义里，大格列高利完全是正统和因袭传统的。他认为最初的四次会议的权威和四福音书的权威相等。[66] 他的关于灵魂的教义也是这样，他遵循奥古斯丁的主张，说灵魂是无形体的，并且不同意灵魂创造说或传殖说。

在大格列高利的有关恩典和预定论的教义里，大格列高利摈弃了奥古斯丁学说，而主张上帝预定"那些他称为被拣选者的人将得救，因为他知道他们将坚持信仰和善行"。[67] 再者，不是像奥古斯丁这个希坡主教说的那样，恩典不是不可抗拒的。[68]

大格列高利的奥古斯丁主义是被大大地冲淡了的，而且受到了约 73
翰·卡西安之类的作者们的影响，这一点可清楚地见于大格列高利这个罗马主教强调赎罪的修行和补赎的这一做法。我们不能在这里讨论修行的具体做法的发展。[69] 这样说就够了：大格列高利把忏悔、认罪和补赎看做是修行的基本组成部分。[70] 解罪礼只不过是进一步证实上帝已经给予的宽恕，但这并不是说，信徒可以忽视他们的牧师所具有的行解罪礼的权威。[71]

对于罪的补赎，不仅要在今世实行。那些死了以后还有小罪负担的人，将在炼狱里受"火"的炼净[72]——这个教义是奥古斯丁提出并为格列高利所肯定的。

弥撒作为一种献祭——这个教义可能也是从奥古斯丁的一些文章里

---

[66] *Ep.* 1.25.

[67] *In Ezech. hom.* 1.9.8.

[68] *Mor.* 30.1.5.

[69] 见边码第 137 ~ 139 页。

[70] "*Convertio mentis, confessio oris, et vindicta peccati*"（*I Reg.* 6.2.33; *PL*, 79: 439）. 格列高利的这一著作一般被认为是伪造的，然而，却似乎是真实的。见 P. Verbraken, "Saint Gregoire sur le premier livre des Rois", *RevBénéd*, 66（1956）, 159 ~ 217。

[71] *Hom. in Evang.* 2.26.6.

[72] *Dial.* 4.39.

搜集来的,虽然在解释这些文章方面或许有些牵强附会——是格列高利赏识的另一个教义。[73] 基督在其中重新被献的这种献祭,不仅对活着的人有益,而且甚至对那些还在炼狱里的灵魂也有益。[74]

最后,人们必须说,大格列高利是一个讲神迹和讲天使、魔鬼的大师。他的《对话》(*Dialogues*)事实上是把那些被认为是各种各样的圣徒所有的奇迹当做真事而编成的文集。大格列高利对于这类神迹奇事的基本态度可见于他的另一著作:“神迹奇事只能用信仰去相信它们,而不能用理智去研究它们;因为如果理智能够说明它们,那它们就不再是神奇的了。”[75] 至于天使们和魔鬼们,[76] 格列高利声称,他知道得如此之多,如此
74 详细,以致一些后世的读者得出结论说,他亲身得到了灵感。天使们分为九个等级,各有其特定职责。魔鬼们——堕落的天使们——破坏和平并阻碍天使们和基督徒们的工作。

总而言之,格列高利是一个标志,说明在政治和理性没落的时代,人们怎样使奥古斯丁神学在两个主要方面适应民众的信仰:其一是在恩典和预定论的教义方面放宽了原来的极端主张,其二是给一些迷信的信仰和做法留出了余地。

同时期的其他作者们

努西亚的本尼狄克(Benedict of Nursia)是波伊丢斯和迦修多儒的同时代人。他对于基督教会的后期发展是很重要的,因为他的《规章》(*Rule*)对西方修道生活的形成影响很大。由于中世纪很大一部分神学是在修道院中发展和写成的,因而总是存在着本尼狄克的影响,尽管他的影

---

[73] *Dial.* 4.58(引自 Seeberg, *Text-book*, 2: 25)。

[74] *Dial.* 4. 55.

[75] *Mor. in Iob* 6.15.

[76] L. Kurz, *Gregors des Grossen Lehre von den Engeln* (Rottenburg: A Bader, 1938).

响更多地涉及到实际的和禁欲的修道院生活，而不是涉及到神学本身。虽然我们在随后的篇幅里不讨论“修道神学”本身，但读者应当意识到，大部分中世纪神学实际上是修道神学。因此，虽然本尼狄克不是基督教会的最多产的作者之一，但他对中世纪基督教生活和思想的影响是很显著的。[77]

布拉加的马丁（Martin of Braga）也一样，他由于在斯威（Suevi）比他在色比人中间的传道工作而出名，虽然他对于后期修道制度的影响较之本尼狄克而言是次要的。

最后，赛维尔的依西多尔（Isidore of Seville）是大格列高利的同时代 75
人，他由于他的《词源》（*Etymologies*）而很有影响。依西多尔的著作具有百科全书的性质，概括了他的时代的一切学识，从文法、修辞到神学，也有地理、历史甚至各种珍禽怪兽。这本包罗万象的知识手册在中世纪非常受欢迎，而且没有一个重要的作者不引用它。自然，由于其时代背景，依西多尔并不比格列高利更有创见。

> 在《圣经》、教义、道德、纪律和礼拜仪式方面，圣依西多尔总结了他的时代的学识。但他给我们的不是他自己的思想，而是其他的人的思想。他满足于发出传统的回音，他细心地收集并重现那些传

---

[77] 关于本尼狄克的参考书目是非常多的。B. Jaspert, “Regula Magistri—Regula Benedicti: Bibliographie ihrer Erforschung 1938 ~ 1970”, *Studia Monastica*, 13 (1971), 129 ~ 171; B. Jaspert, *Bibliographie der Regula Benedicti, 1930 ~ 1980* (Hildesheim: Gerstenberg, 1983); J. D. Broekaert, *Bibliographie de la Règel de Saint Benoît* (Rome: Editrice Anselmiana, 1980); S. Campbell, ed., *International Symposium in Honor of the Fifteeth Centenary of the Birth of Saint Benedict (1980: Rome: Italy)* (Kalamzoo: Cistercian Publications, 1983). 对我们来说，可以参考以下简要的评论性文章。见 M. C. Kilzer, “The Place of Saint Benedict in the Western Philosophical Tradition”, *American Benedictine Review*, 25 (1974), 174 ~ 199。

统的见证。[78]

"传统的回音"——这就是我们这一章所研究的一些作者的工作。和各种回音一样,传统的回音缺乏原来的声音的音色;其音调是严肃的,甚至是空阔的。但人们不应忘记,主要是通过他们的工作,中世纪才能够听到古代遥远的声音。[79]

---

[78] B. Bareille, "Isidore de Séville", *DTC*, 8: 107. 关于依西多尔也可以参考以下著作:M. C. Díaz, *Isidoriana* (León: Centro de estudios "San Isidoro", 1961); H. J. Diesner "Kirche, Papsttum und Zeitgeschichte bei Isidore de Séville", *TLztg*, 96 (1971), 81 ~ 90; H. J. Diesner, *Isidor von Sevilla und das Westgotische Spanien* (Trier: Spee-Verlag, 1978)。最好的全面的著作见,J. Fontaine, *Isidore de Séville et la culture classique dans l'Espagne wisigothique*, 3 vols. (Paris: Études augustiniennes, 1979 ~ 1983)。

[79] 关于古典文明在中世纪的传播这整个主题,可以参考:R. R. Bolgar, ed., *Classical Infuences on European Culture, A. D. 500 ~ 1500* (Cambridge: University Press, 1971); P. Riché, *Education and Culture in the Barbarian West, Sixth through Eighth Centuries* (Columbia: University of South Carolina, 1976)。

第三章　第四次与第六次普世大公会议之间的东方神学

本《思想史》第一卷是以基督论争论及卡尔西顿会议为结尾的。为了叙述的连贯性，在东方正在进行基督论争论时，我们不得不把西方神学的过程搁置一边。这就使我们在本卷的开头，回过头来讨论年代早于卡尔西顿会议的奥古斯丁神学，并接着讨论了中世纪前几个世纪的源于奥古斯丁的一些神学思想。现在我们必须回到上卷结尾所留下的东方神学。 76

基督论争论的继续

卡尔西顿的《信仰宣告》(*Definition of Faith*)并没有结束东方的基督论争论。确实，西方满足于对这样一个信式的正式批准，这个信式同那个可以在德尔图良和奥古斯丁那里以及在利奥的《大函》(*Tome*)那里找到的信式非常近似。同样确实的是，那些与以弗所的"强盗会议"(Robbers' Synod)有密切关系的人——狄奥斯科鲁(Dioscorus)和欧迪奇(Eutyches)——都被放逐了。但是，有很多东方基督徒感到，肯定基督有两性 77
这一信式，同西里尔(Cyril)的另一信式——这种信式是西里尔无意中从阿波利拿流派(Apollianarian)那里得来的——明显抵触，西里尔的这另一信式是"上帝之道的成为肉身的一性"。正是在这些基督徒当中首先掀起了对卡尔西顿会议的反对。

大多数对卡尔西顿的定义感到不安的人，实际上不是反对该会议所主张的教义，而是反对“具有二性”（“in two natures”）的信式。他们的主张就是朱治（Jugie）所说的“词语上的基督一性论”（verbal monophysism），[①]因为他们实际上是正统的信徒，反对那些被认为是欧迪奇所有的教义，并且承认基督既与上帝同性又与我们同性。这些“词语上的基督一性论者”观点的主要解说者是安提阿的瑟维如斯（Severus of Antioch），因而他们常常被称为“瑟维如斯派”（Severians）。[②]

从基督论的观点来看，瑟维如斯最重要的著作是《爱真理的人》（*The Lover of Truth*），其目的是为了驳斥西里尔的语录集，人们编辑和出版这个语录集是为了在西里尔这个已故教长的著作里找到依据来支持基督二性论的教义。如所预期，瑟维如斯不费吹灰之力就指出，西里尔的教义，和聂斯脱利的教义相反，是“上帝之道的成为肉身的一性”的教义。[③]

瑟维如斯明确肯定基督的真实的和完全的人性以及真实的和完全的神性，但他坚持说这两个性合并成了一个性，“基督具有和我们一样的血肉，并为童贞女神之母所生”。[④] 还有：

> 他永远具有和生他的上帝同样的性质，他甘心降临人间并变得具有和他母亲同样的性质。因此，他本是神，变成了人；他使自己成

---

① M. Jugie, “Monophysisme”, *DTC*, 10: 2217. 另见，R. C. Chesnut, *Three Monophysite Theologians: Severus of Antioch, Philoxenus of Mabbeg and Jacob of Sarug* (London: Oxford University Press, 1976); W. A. Wigram, *The Separation of the Monophysites* (New York: AMS Press, 1978); W. H. C. Frend, *The Rise of the Monophysite Movement: Chapters in the History of the Church in the Fifth and Sixth Centuries* (Cambridge: University Press, 1979)。

② 他的最重要的作品已经用叙利亚语编辑出版，并附有拉丁文或法文翻译。见 *CSCO*，91～94，101，102，133，134。

③ *CSCO*，133: 283.

④ 同上，231。

> 了他本来不是的人，同时依然是他本来就是的神，而没有任何变化。78
> 因为他在他所成为的肉身之中没有丧失他的神性，而其身体没有丧失其有形的特性。[5]

这些词语上的基督一性论者反对卡尔西顿信式，是基于他们对“性”(**φύσις**)这个词的理解，他们把“性”和“位”(hypostasis)视为同义词。[6]因此，他们认为，卡尔西顿那样的信式里有矛盾，并且向聂斯脱利主义开了方便之门，因为卡尔西顿信式在两性之间作出了区分，同时又声称两性在于一个单一的位格里。再者，这些词语上的基督一性论者中的许多人，只是一些想要保留西里尔提出的“一性”信式的保守派——尽管西里尔自己也曾愿意使用“两性”这个信式，只要不按照聂斯脱利的方式来解释这个信式就行。[7]

总之，反对卡尔西顿信式发展到这样的地步，以致威胁到帝国的统一。因此，好几个皇帝对此进行了干预，并试图用调和的信式或改换卡尔西顿的定义来解决这个问题。[8] 但是，这种用政治力量来解决神学纠纷的企图，其最终结果是使人们的怒气达到了新的高度，而且作为措辞问题而开始的这件事情，终于成了不可挽救的分裂，同时还导致了荒诞无稽的讨论。

第一个试图把卡尔西顿会议放在一边以便吸引那些反对二性论信式的人的皇帝，是篡位者巴西里司克斯(Basiliscus)。他于公元 476 年颁布

---

⑤ J. Lebon, *Le monophysisme Severien* (Louvain, 1909), pp. 206～207; Jugie, “Monophysisme”, 2221.

⑥ 这些作品的希腊文原作大多已失传，这里的观点是立足于对现存的叙利亚文本的推测性重译之上，试图发现一些原来使用的术语。然而，像出现在 *CSCO* 133. 230～231 里的文本几乎是没有什么可怀疑的。

⑦ 这一派中的其他两个神学家 Timothy Aelurus 和 Peter the Fuller 在此就不能予以讨论了。但后者将在本章的另一个场景中再度出现。

⑧ R. Haacke, “Die kaiserliche Politik in den Auseinander setzungen um Chalkendon”, *DKvCh*, 2: 95～177.

了一项“谕令”(*Encyclion*),[9] 取消卡尔西顿会议的决定,并召开一新的会
79 议。但是,他在政治上的垮台和被他推翻的芝诺(Zeno)皇帝的重新上台,使得上述计划终于告吹。

以后芝诺自己也试图解决这个削弱帝国的神学分歧。为此目的,他并没有追随巴西里司克斯的榜样,即他没有公开否定卡尔西顿会议,而是发布一个“团结敕令”(Edict of Union 或 *Henoticon*,公元 482 年)。[10] 这个“团结敕令”是他在君士坦丁堡主教阿开喜阿斯(Acacius)的合作下准备的。由于阿开喜阿斯坚决反对巴西里司克斯的“谕令”以及主持了一个贬斥被认为是一性论者的漂布工彼得的宗教会议,而证明了他在历史上的正统态度,[11] 因而芝诺希望他的努力能够很好地被卡尔西顿正统派接受。

但芝诺的努力一点也不比巴西里司克斯更成功。他的“团结敕令”实际是忠实地重现了词语上的基督一性论,但没有试图表明卡尔西顿定义和该界定的反对者之间存在着的障碍是措辞方面的。相反,这个敕令甚至天真地企图恢复卡尔西顿会议之前的形势。例如,这个皇帝宣称,任何人不得接受不同于上帝启示的,经尼西亚会议(Nicea,325 年)阐述的,并经君士坦丁堡会议(Constantinople,381 年)重申的信仰。此外,他重申了西里尔反对聂斯脱利派的十二条著名的谴责。最后,他谴责了任何敢于对“无论是卡尔西顿,或者是任何其他会议”有其他想法的人。[12]

很可能芝诺和阿开喜阿斯原本并不是要反对卡尔西顿的决定,而只是试图通过超越其决定尚有争议的卡尔西顿会议,来团结见解不同的基

---

⑨ *PG*, 86: 2600 - 2604.

⑩ *PG*,86: 2620 ~ 2625.

⑪ Peter the Fuller 被指控为通过在《三一颂》里加上“他为我们被钉”而把《三一颂》欧迪奇化。反对他的人认为这暗示了上帝受难,因此指控他为“父受难派”。这一形式变得很流行,现在在一些东方的教会里仍然使用,Peter 运用这一表述只是为了表达道成肉身的真实性。只有通过“属性相通”教义,人们才可以说道被钉十字架。因此,Peter 的“父受难说”与他的基督一性论一样,都只是词语上的表述而已。

⑫ *PG*,86: 2624.

督徒，以达到与公元433年的“重新团结信式”类似的妥协。但是，他们的行动的最终结果是，不仅在有关卡尔西顿会议方面，而且在有关“团结敕令”方面，都加深了分裂。 80

另一方面，芝诺的敕令导致了罗马教廷和东方教会之间的分裂。虽然“团结敕令”没有公开谴责卡尔西顿会议，但该敕令的确倾向于贬低卡尔西顿会议和利奥《大函》(*Tome*)的权威。该敕令对二性论信式甚至只字未提。许多一性论的神学家们迫不及待地表示支持这个敕令，就说明了这个敕令为一性论开了方便之门。此外，教皇宣称，皇帝无权在教义问题上判断是非。[13] 因此，整个西方在教皇领导下，一致反对“团结敕令”。因为阿开喜阿斯坚决支持皇帝的敕令——也因为亚历山大主教继位引起的磨擦——教皇费利克斯(Pope Felix)开除了阿开喜阿斯的教籍，并宣布废黜他的主教职。由于教皇没有办法使废黜成为事实，结果东西方之间就分裂了，西方历史学家们往往称之为“阿开喜阿斯分裂”(Schism of Acacius,484－519年)。

这一分裂持续到它的主要当事人死后，甚至持续到他们的直接继承人死后，直到公元519年为止，那时经过皇帝查斯丁(Justin)和教皇荷尔米司达斯(Hormisdas)之间的一系列协商，东西方两教会终于恢复交往。由于查斯丁有兴趣重新建立和西方教会的关系，所以新订的重新团结的信式对罗马来说是一个胜利，因为君士坦丁堡满足了罗马的一切要求：肯定卡尔西顿会议与利奥《大函》；谴责聂斯脱利、欧迪奇、狄奥斯科鲁、阿开喜阿斯和他们的追随者；并对所有因不赞成“团结敕令”而被贬斥的正统教会领导人一律予以平反。

另一方面，在一性论者们本身中间也感到了“团结敕令”的分裂的影响。

---

⑬ 尽管实际上这些仅仅只是词语上的一性论者。见 Jugie，“Monophysisme”，2221。这些人中最引人注目的是亚历山大的教长 Peter，教皇 Felix III 不愿意承认他，但是他得到了 Acacius 的支持。

在埃及，那些坚持明确谴责卡尔西顿的群众的狂热，促使他们同那些
81 满足于“团结敕令”的教长们脱离关系，并且创立了一个新教派，这个教派没有等级制度而被称为“无首派”（the acephaloi），这一教派继续存在到17世纪。[14] 和他们对立的“团结敕令派”得到皇帝的宠爱，因此占据了一些最重要的主教教座。

再者，“团结敕令”也使得词语上的一性论者或瑟维如斯派同真正的一性论者最后分裂。已经谈到过，瑟维如斯虽然反对卡尔西顿信式，但他的基督论基本上是正统的，因为他坚信基督有完全的和真正的人性。从瑟维如斯的这种教义引申出来的是，基督的身体作为身体是可能腐朽的。正是在这一点上，以瑟维如斯及其追随者为一方和以真正的一性论者为另一方之间首次发生了争论。后者在哈利加纳苏的尤里安（Julian of Halicarnassus）领导下宣称，基督的身体就其本性来说是不可能腐朽的，而坚持相反观点就是“可朽之物的崇拜”（phthartolatry）。基督的确在十字架上受过苦；但这不是因为他身体的天然可朽性，而是因为他自己为了救赎而作出特殊的让步。[15] 瑟维如斯派反对他们而主张成为肉身这件事，严格地说，需要基督的身体的天然的可朽性，否认这种可朽性就是伪装的幻影说，因为这个缘故，他们把尤里安及其追随者称为“幻影派的不可朽论者”（Aphthartodocetists）。尤里安的一些追随者为了回击，就借助纯粹的欧迪奇主义（Eutychianism）而提出，基督的身体不是被造的——因而他们也被称为“非被造论者”（aktistits）。[16]

后来，瑟维如斯派本身发生了分裂。他们中间有些人——“不可知论者”（agnosticists）——把瑟维如斯应用在基督的身体上的同一些原理应
82 用在基督的灵魂上，因而得出结论说，耶稣作为一个人，有某些事物是不

⑭ S. Vailhe, “Acéphales”, *DHGE*, 1: 282～288.

⑮ 这就是 Leontius of Byzantium 的观点，*Contra nest. et eutych.* 2（*PG*, 86: 1333）。另见 M. Jugie, “Aphthartodocètes”, *DHGE*, 3: 946。

⑯ 那就是“non-creationists”。在主教 Gaianos 之后他们也被称为“phantasiasts”和“Gaianites”。

知道的——特别是，用他自己的话说，他不知道审判之日。另一方面，一些瑟维如斯派在尼奥布的斯蒂芬(Stephen of Niobe)的领导之下——因而被称为“尼奥布派”(Niobites)——由于种种事件而转移到尤里安及其追随者的立场上，并且终于加入他们。[17]

以上就是“团结敕令”引起的斗争和讨论里的一性论的故事。然而，为了不让人们对于一直存在到20世纪的所谓的一性论教会的神学有一个错误的认识，应该指出，一性论的所有的极端教派都在一个很短的时期内消失了，而现在所谓的一性论教会的基督论，更近于词语上的一性论而不是近于真正的一性论。

“阿开喜阿斯分裂”刚一解决，“团结敕令”刚一撤销，另一个基督论争论又点燃起来。现在的争论点是，断言“三位一体中的一位受难”是否正确，因此，基督教思想史中的这一插曲，通常被称为“神受难的争论”(theopaschite controversy)。[18] 由于神受难说的主要提倡者是来自大月氏(Scythia)的修士，因而也叫做“大月氏修士争论”(controversy of the Scythian monks)。实际上，这一争论只不过是安提阿式的“可分的”(divisive)基督论同传统上和亚历山大联系起来的“统一的”(unitive)基督论之间的重新交锋。大月氏修士们担心，在“团结敕令”撤销之后，“可分的”基督论看来要抬头，就开始用“三位一体的一位受难”的这一提法作为他们的正统做法的口号和尺度。他们这样做是在强调“属性交流”(*communicatio idiomatum*)，而这一点成了“统一的”基督论的主要传统着重点之一。
实际上，聂斯脱利争论和神受难争论是类似的，因为二者的争论点是， 83
人性的属性可不可能归于上帝之道。聂斯脱利争论的焦点在于基督成为肉身，神受难争论的焦点在于基督受难。但基督论问题基本上是一

---

[17] 词语上的一性论者中间也有一些争论，原因是有人试图使基督论的术语适用于三一论问题。见 Jugie，“Monophysisme”，2243～2249。

[18] E. Amann，“Théopaschite (controverse)”，*DTC*，15: 505～512.

样的。

大月氏修士们有一个长久的传统来作为他们主张的依据，这个传统始于安提阿的伊格内修斯（Ignatius of Antioch），他曾说过“我的神的受难”，继而有漂布工彼得（Peter the Fuller），他在“三一颂”（*Trisagion*）里加上一句“他为我们而被钉在十字架上”。

总之，在6世纪初查斯丁做皇帝时，随着“阿开喜阿斯分裂”的结束而来的卡尔西顿的反作用，这一群修士掀起了一场运动，要把“三位一体的一位受难”这一信式当做教会正式教义的一部分。他们得到了瓦塔里斯（Vitalis）将军的支持，而瓦塔里斯曾帮助查斯丁登上皇位，因而很有权势。但是，他们的观点在君士坦丁堡的一些小圈子里没有很好地被接受，君士坦丁堡担心，他们坚持一个特殊的信式，将引起新的分裂，并且将使人们有机会重新起来反对卡尔西顿。他们随后到了罗马，想在那里得到教皇荷尔米司达斯的支持。但是，虽然受到了来自君士坦丁堡的压力，但教皇拒绝支持这些大月氏修士。

这个问题持续到查斯丁去世和查士丁尼（Justinian）继位。查士丁尼的伟大理想是重建帝国失去的统一。为此目的，他派遣他的将领们到北非；为此目的，他在意大利采取了外交攻势；为此目的，他让人汇编和整理罗马法律的法典；为此目的，教会的团结是绝对需要的。

正是由于这个原因，查士丁尼迫切希望解决这个分裂他的帝国的基督论争论。他认为达到这个目的最好办法是，对那些反对卡尔西顿决议
84 的人作一些让步，只是不要过分让步以致脱离了捍卫卡尔西顿信式的群众。正像在他之前和之后的许多其他事例一样，查士丁尼的这些带有皇帝权力和强制印记的努力，只是促成群情鼎沸并给争论火上浇油。加之皇后提阿多拉（Theodora）公开支持瑟维如斯的一性论，促使她丈夫越来越离开卡尔西顿正统信仰，其最终结果是政府当局与教会当局之间的关系日益紧张。

最初，查士丁尼对一性论者是苛刻的。但他很快就觉得，这样的政策

不明智，并决定召开一个有卡尔西顿捍卫者与其反对者参加的会议，以求解决他们之间的分歧。这个被称为“矛盾会议”（Contradictory Conference）的会议只是导致了神受难争论的复燃，并引起了“三章争论”（controversy of the Three Chapters）。

神受难争论在“矛盾会议”上复燃，因为反对卡尔西顿会议的人，坚持接受“三位一体的一位受难”这一信式。查士丁尼认为，那些反对这一信式的人过分褊狭，因而用他的权威要求教皇——当时是约翰二世——支持这一信式。这样，传统上与亚历山大这个名字联系在一起的“统一的”基督论，就给了相反的安提阿的趋向一个狠狠的打击，而安提阿派的趋向当时是少数，正在力求提出基督成为肉身的那个人是完全真实的。

一个更大的打击随之到来。这就是“三章争论”以及这一争论在第五次普世大公会议上达到高潮。“三章”是争论过程中产生的一个简称，指的是莫普苏埃斯蒂亚的狄奥多尔（Theodore of Mopsuestia）、赛勒斯的狄奥多莱（Theodoret of Cyrus）和埃德萨的依巴斯（Ibas of Edessa）的著作——有时是指他们本人。上一卷里已经说过，他们是安提阿派基督论的主要教师。在一定程度上，“三章”的争论是“矛盾会议”的产物，在这次会议上事情很清楚，所谓的一性论者——他们的大多数人实际上只是词语上的一性论者——反对的不是卡尔西顿宗教会议，而是作为该会议 85
的决议的背景的安提阿派神学家们的著作里的基督论。[19] 这样就使查士丁尼想到，如果不谴责卡尔西顿会议本身以保留它的威望，而只谴责拼凑成“三章”的安提阿派三大神学家的著作，就有可能达成妥协。查士丁尼下了两道敕令谴责“三章”。在这件事情上，他得到了当时最杰出的神学家拜占庭的利昂提乌（Leontius of Byzantium）的支持，关于利昂提乌我们

[19] 关于“三章”在早期基督论争论中的重要性，参见：H. M. Diepen, *Les Trois Chapitres au Concile de Chalcédoine: Une étude de la christologie de l'Anatolie ancienne* (Oosterhout, Pays-Bas: Ed. de Saint-Michel, 1958)。

以后还要研究。再者，皇帝的权力很大，以致君士坦丁堡、亚历山大和安提阿的教长们一个接着一个在皇帝敕令上签了字，尽管他们每个人都是处在压力下，而且非常怀疑自己所采取的这一步骤。

西方的反应接踵而来。在西方，对“三章”的谴责似乎只是公开拒绝卡尔西顿会议的前奏。但教皇维基利亚斯（Vigilius）因为是在皇后提阿多拉和查士丁尼的将军贝利撒留（Belisarius）的支持下取得教皇职位的，就无力抗拒查士丁尼的意旨。[20] 他把皇帝的命令下到了君士坦丁堡，犹豫了一番之后，终于在公元 548 年在他的《指示》（*Iudicatum*）里谴责了“三章”。这在西方主教们中间——特别是北非主教们中间引起了那么大的反应，以致那几个早先在敕令上签了字的东方教长，现在也敢于撤回他们的支持。教皇自己也撤销了他的《指示》，并向查士丁尼建议，为了达到所寻求的团结，最好召开一个西方主教们的会议，并且在那里谴责“三章”。但是西方的反对如此之甚，以致查士丁尼终于放弃了把西方主教们召集在一个宗教会议里的打算，而代之以重申对“三章”的谴责（公
86 元 551 年）。在这个新敕令中，查士丁尼把他的主张建立在拜占庭的利昂提乌的神学上，而谴责聂斯脱利派也谴责一性论者。查士丁尼所指的“聂斯脱利派”不仅是那些说马利亚不是“神之母”（*theotokos*）的人，而且是那些敢于主张“道”成了“人”的人，仿佛这个“人”所以离开道而存在或预先存在。这样，除了聂斯脱利本人之外，查士丁尼把狄奥多尔、狄奥多莱和伊巴斯——即著名的“三章”——都包括在这些聂斯脱利派中间。至于那些受到 551 年敕令谴责的一性论者，他们只是真正的和极端的一性论者，即那些把基督的神性和人性混淆到如此地步以致人性被遮掩了的人。简言之，对安提阿派基督论的各种形式都给予谴责，而对亚历山大派基督

[20] 关于这位可悲的教皇维基利阿斯（Vigilius）的简明的叙述，见 E. Amann，“Vigile”，*DTC*，15：2994～3005。关于他参与“三章”争论的事，见同一作者的作品，“Trois-Chapitres（affaire des）”，*DTC*，15：1868～1924，尤其是 1888～1911。

论只否定其最极端的形式。

人们反对查士丁尼的新敕令是如此强烈，以致他终于决定召开一次大会，希望这次会议把教会的认可添加到他的政治权威上。这次会议于553年5月在君士坦丁堡举行，查士丁尼确保，所有出席的主教们都赞成谴责“三章”，或至少是可能同意皇帝意愿的。[21]

与此同时，维基利亚斯恢复了他的镇静，并拒绝接受政府当局在纯属神学的事务上的决定。他研究了有关的争论点之后，于553年5月14日发表了他的《会章》(*Constitutum*)，[22] 当时会议正在君士坦丁堡举行——这位教皇也在场，因为皇帝要他前来首都。《会章》是一个十分审慎的文件，在其中维基利亚斯研究了“三章”里所涉及的各种争论点。就莫普苏埃斯蒂亚的狄奥多尔来说，维基利亚斯愿意谴责某些似乎是从他著作中得来的观点；但他不愿意谴责，也不许任何人谴责，一个在同教会交往中死去的主教，因为用西里尔——一性论者把他看做是正统化的伟大捍卫 87
者——的话来说：“辱骂死者，罪莫大焉”。至于“三章”涉及的第二个作者赛勒斯的狄奥多莱，他不应该被谴责，因为在卡尔西顿会议上他诅咒过聂斯脱利，而且出席会议的主教宣称他是正统的。任何人谴责狄奥多莱就是谴责宽恕了他的卡尔西顿会议。尽管如此，某些被认为是这个已故的赛勒斯主教所有的观点应予谴责——而且维基利亚斯确实宣布这些观点应受诅咒，虽然没有肯定这些观点确是出自狄奥多莱的手笔。最后，包括在“三章”里的埃德萨的依巴斯的书信，在卡尔西顿会议上曾由教父们宣读并接受，因而谁要谴责他的书信，就不得不谴责那次宗教会议。所以维基利亚斯最后说，对于“三章”的正统性的讨论应该停止，而且人人都应该像现在的《会章》所指出的那样服从罗马教廷的权威，这一《会章》取消了以前可能说过的一切相反的话，包括教皇于公元548年提出的那个

---

[21] Haacke, “Die kaiserliche Politik”, pp. 170 ~ 171.

[22] *Mansi*, 9. 61 ~ 106; 69: 67 ~ 114.

《指示》本身。

正当维基利亚斯草拟并发表他的《会章》的时候，查士丁尼召开的那个会议正在君士坦丁堡举行。这次会议一般称为第五次普世大公会议。从开头就很清楚，该会将谴责“三章”并遵循查士丁尼政策的总方针。关于“三章”，该大公会议的决定如下：莫普苏埃斯蒂亚的狄奥多尔连同他的教导，应予谴责；狄奥多莱作为个人不被谴责，但他的教导被否定；依巴斯的书信被宣布为异端，但不可与卡尔西顿会议相抵触。[23] 该会议又根据查士丁尼的指示谴责了奥利金，他被认为是很多异端思想的根源。

维基利亚斯有半年多的时间拒绝接受这个大公会议的决定。但最后
88 在皇帝的极大压力下发表了他的第二个《指示》(*Iudicatum*)，[24] 其中他在尽力自圆其说的同时，却无可奈何地屈从了皇帝的意旨。[25] 这引起了西方强烈的反响，以致造成了数起分裂，经过了好几年才得以解决。[26]

我们即将研究的该时期基督论争论的一个较次要的，也是最后一个插曲，发生在 7 世纪。这就是“基督意志唯一论”(monothelite)的争论，以及它的序幕“神恩独作说”(monergism)。在这个新的辩论中，像以前一样，政治的考虑起着重要的作用。当时拜占庭帝国与波斯交战，在这场冲突期间，住在叙利亚和埃及的拜占庭臣民的深切不满是有目共睹的。因为恰恰是在这两个地区，瑟维如斯的一性论发展相当有力，所以似乎有必要作出新的努力来争取一性论者的归顺。这似乎是君士坦丁堡教长塞基阿斯(Sergius of Constantinople)的出发点，他是“神恩独作说”的提倡者，

---

[23] 这是通过一个诡计来实现的，即声称在卡尔西顿会议上宣读的 Ibas 的书信是另外一封。

[24] *Mansi*, 9: 457 ~ 488.

[25] Vigilius 在此使用了与大公会议一样的诡计，即声称在卡尔西顿会议上宣读的是另一封书信。Theodoret 立刻就受到了谴责，至于 Theodoret，则只是谴责了他的教义，而非其个人，因为他在卡尔西顿会议上已经放弃了他的主张。

[26] Amann, “Trois-Chapitres”, 1911 ~ 1924. 当 Pelagius 继任 Vigilius 之后，罗马就改变了立场，甚至当 Pelagius 还只是执事时，他就坚决地为“三章”辩护，可以参见他的论文，*In defensione Trium Capitulorum*。

后来又是“基督意志唯一论”的提倡者。[27]

为了使卡尔西顿派同瑟维如斯派的一性论者和解，塞基阿斯提出了
“一能”(**μία ἐνεργεία**)信式，试图把这个信式与“二性”(two natures)信式
联系在一起。这就是，他接受卡尔西顿会议的基督论，但是为了争取瑟维
如斯派，他提出了一个比卡尔西顿的仅仅是“位格”(hypostasis)更得力的
提法，来肯定基督的统一性。这个“一能”的意思是：正如基督里有一个单
一的位格，救世主的所有活动都归属于这个位格那样，也应该有活动的一
个单一的推动力，道的推动力，来为他的人性和神性服务。因而得出了
“一个单一的位格的能力”的这个比较准确的信式。[28] 塞基阿斯提出的建 89
议很受皇帝赫拉克利乌斯(Heraclius)的欢迎，他很希望他国内的不同神
学派别言归于好，而且他一定是很高兴听到亚历山大新教长能利用“神恩
独作说”的信式在他的城里使正统派与一性论者重新和好。

然而，卡尔西顿会议的支持者们极力反对神恩独作说。这个反对派的发言人是耶路撒冷的索夫隆努(Sophronius of Jerusalem)，[29] 他攻击“神恩独作说”如此激烈和尖锐，以致塞基阿斯决定撤销他的提议，并于公元634 年禁止使用“一能”信式以及与其相反的“二能”(two energies)信式。

塞基阿斯又提出基督意志唯一论来代替神恩独作说，就是说在基督里只有一个单一的意志。对这个信式的确切含义曾有过许多议论，由于这个信式的不准确和表面上的多变，所以有一个学者说基督意志唯一论是“变色龙似的异端”(the chameleon heresy)。[30] 无论如何，塞基阿斯能够把教皇霍诺里厄斯(Honorius)拉到了支持他的新信式的一边，而且皇帝

---

[27] 虽然不常提及，但是也许 Theodore of Pharan 比 Sergius 还早。见 W. Elert, *Der Ausgang der altkirchlichen Christologie: Eine Untersuchung über Theodor von Pharan und seine Zeit als Einführung in die alte Dogmengeschichte* (Berlin: Lutherisches Verlagshaus, 1957)。

[28] M. Jugie, “Monothélisme”, *DTC*, 10: 2317.

[29] *Ep. syn. ad Serg.*

[30] Jugie, “Monothélisme”, 2307.

赫拉克利乌斯于公元638年颁布了塞基阿斯的《文告》(*Ecthesis*),他在其中再度禁止有关耶稣基督里的“能力”的单一性或双重性的任何讨论,同时肯定救世主有一个“单一的意志”(a single *thelema*),因而得出基督意志唯一论的这一名称。

这个新信式很快就遭到了反对。被称为“宣信者”的克利索普勒的马克西姆(Maximus of Chrysopolis,本章对他还要研究)主张,活动的“能力”或推动力以及意志,都附属于性—— 而不附属于位或位格。因此,人们必须承认,在救世主里面,不是有“一个单一的位格的能力”(a single hypostatic energy)或“一个单一的位格的意志”(a single hypostatic will),而是有“两个性的能力和两个性的意志”。这种对基督意志唯一论的反
90 对,很快就有不少主教甚至教皇参加,最后康士坦斯二世(Constans II)下令禁止对这件事情的一切讨论。[31]

康士坦斯下令之后不久,政治形势大大改变,致使拜占庭的皇帝们不再热衷于争取一性论者的支持。这个变化的直接原因是,阿拉伯人在征服叙利亚和埃及的时候,从拜占庭帝国夺走了两个最普遍反对卡尔西顿会议的地区。结果,皇帝们变得更倾向于肯定卡尔西顿正统化,这种做法集中在他们还能统治的领土上。

这个争论最后在681年的君士坦丁堡会议上得到了解决,这次会议一般称为第六次普世大公会议。[32] 会上基督意志唯一论及其捍卫者被谴责,塞基阿斯和霍诺里厄斯也同样被谴责——这个事实在几个世纪之后在讨论教皇无误的时候又提了出来。[33] 在积极方面,该会议宣布赞成在救世主里面有“两个性的意志”的教义,那就是,一个意志附属于卡尔西顿会议所宣布的二性中的每一性。

---

[31] *Mansi*, 10: 777 ~ 778.

[32] 同上, 11:190 ~ 922。

[33] G. Kreuzer, *Die Honoriusfrage im Mittelalter und in der Neuzeit* (Stuttgart: A. Hiersemann, 1975).

这样就结束了教义发展和澄清的漫长过程,这一过程至少开始于三个世纪之前。其结果是,否定一切极端的主张,明确断言耶稣基督是完全的和真实的人,也是完全和真实的神,可是又声称这两个性紧密地结合在一个单一的位格里。在这一过程中,《新约圣经》中的历史上的和爱世人的耶稣被撇到了一边,而救世主成了人们推敲和争论的对象;他现在被人们用一些《新约圣经》中所没有的字眼来叙述——如“位格”(hypostasis)、“性”(nature)、“能力”(energy)等;他不再是信徒们的救世主和历史的救世主,而是人们讨论的呆板对象。但人们不禁要问,信徒们一旦开始用他们最优良的智能来探讨基督教信仰的最大奥妙,教会有没有任何其他道 91
路可走呢?我们所讨论的六次大公会议所走的道路,确实是设法否定一切试图把信仰理性化的简单做法,并指出了基督成为肉身是不可理解的奥秘。

哲学与神学

基督教在东方较之在西方更是希腊哲学的继承者。东方仍然使用着和古代哲学家们基本上相同的语言,仅仅这个事实就足以解释,为什么当西方除了通过柏拉图和亚里士多德的解释者之外,同他们没有什么接触的时候,东方仍然在研究他们。再者,直到阿拉伯人入侵为止,在我们正在研究的这段时期即将告终时,东方相对说来没有什么侵扰和严重的动乱。雅典的“学园”能够照旧开办,直到529年才被皇帝下令封闭。亚历山大依然像它在克莱门特和奥利金的时代那样继续进行文化教育。安提阿和迦萨(Gaza)同亚历山大争夺文化优势。与此同时,新兴的君士坦丁堡也即将同它们并驾齐驱。

在这样活跃的文化动态中,哲学与神学之间的关系问题一再被提出,那是很自然的。在我们正在研究的这段时期内,这个问题是从三个方面发生的:

第一,某些基督教教义的真实性问题被提出了,这些教义是否与哲学思想一致的问题也被提出了。这里所讨论的这些问题,和以前一样,是有关创造天地的教义和有关复活的教义。这方面的最杰出的思想家是“加扎三贤”(three Gazans)——加扎的以尼雅(Aeneas)、密提利尼的撒迦利亚(Zacharias of Mytilene)和迦萨的普罗科彼阿斯(Procopius)——以及亚历山大派哲学家约翰·非罗普努(John Philoponus)。

第二,新柏拉图神秘主义同基督教生活和教义之间的关系问题被提出了。正是在这个背景里,我们将在下一节研究伪狄奥尼修斯思想。

92 最后,提出的问题是,怎样用一般的希腊哲学和希腊哲学的专门术语来解决神学争论点,尤其是基督论领域里的争论点。在这个题目中,我们将在另外两节里研究拜占庭的利昂提乌和宣信者马克西姆。

创造天地的问题和救赎的问题在密提利尼的撒迦利亚和他的弟兄迦萨的普罗科彼阿斯的著作里提出来,也在他们的共同的朋友加扎的以尼雅的著作和亚历山大的约翰·非罗普努的著作里提出来。[34] 他们认为,基督教关于创造天地的教义与关于世界永恒的古典教导相抵触。以尼雅在他的对话《提阿法斯多》(*Theophrastus*)里断言,整个感觉得到的世界,甚至包括诸天体,都是被造的和有终局的。普罗科彼阿斯驳斥世界永恒的教义,断言可变的东西不可能是永恒的。[35] 撒迦利亚写了一篇完整的对话——《安摩纽斯》(*Ammonius*)——来驳斥世界永恒说。[36] 他争论说,上帝虽是永恒的,这并不能说创造物就必然是永恒的,正如一个医生没有病人仍然是医生一样。[37] 约翰·非罗普努在他的论文《论世界的创造》(*On the Creation of the World*)和《论世界的永恒》(*On the Eternity of the*

---

[34] 这一段内容参考,B. Tatakis, *Filosofía Bizantina* (Buenos Aires: Sudamericana, 1952), pp. 33~60。

[35] *PG*,85: 961.

[36] *PG*,87: 29.

[37] *PG*,85: 1068.

World)中也以类似的方式讨论了这个问题。

另一方面,以尼雅在他的《提阿法斯多》中讨论了身体复活与灵魂不死之间的关系问题。这里,他断言,灵魂虽然是一个被造物,却是不死的。灵魂的自由意志最清楚地表明了其不死的性质,而且灵魂能够使人性转向神圣化(divinization)。身体在目前是终有一死的,但末日仍将复活并永远与灵魂结合,那时就成了不死的。在这一点上,以尼雅与约翰·非罗普努不同,非罗普努否认身体复活,㊳并且由于这个观点而受到几个神学家的攻击。

狄奥尼修斯

在我们正在研究的这一时期中,最有影响的东方神学家,无疑是那位 93
以"亚略巴古的狄奥尼修斯"(Dionysius the Areopagite)的笔名发表其著作的学者。几个世纪以来,他的著作被认为是出自保罗的门徒的手笔,而这使得他的著作具有了仅次于《新约圣经》的权威。由于这些著作提出了基本上是新柏拉图主义的整套世界观,所以这些著作大大地助长了新柏拉图主义对基督教神学的影响。

虽然不可能知道这个假狄奥尼修斯是谁,但是,他可能生活在叙利亚或其附近地区,直到5世纪末。他的著作是:《论天宫等级组织》(*On the Celestial Hierarchy*)、《论教会等级组织》(*On the Ecclesiastical Hierarchy*)、《论诸圣名》(*On the Divine Names*)、《神秘神学》(*Mystical Theology*)及十封《书信》(*Epistles*)。

伪狄奥尼修斯以典型的新柏拉图方式把世界设想成一个等级结构,在其中一切事物都来自上帝和归于上帝,虽然各自按照其在等级结构中

㊳ 在他失传的著作 *On the resurrection* 里。见 Photius, *Bib.* 31 ~ 32。

的地位而在不同程度上来自上帝和归于上帝。[39] 上帝是绝对意义上的“一”；上帝完全不是任何事物，而一切存在着的事物都从上帝那里得到其存在。上帝作为上帝是不可知的，虽然万物都显示出上帝和归于上帝。

从这个无法表达的“一”开始，一切有理性的东西——我们的作者似乎只对理性世界感兴趣——都按等级排列。

在天上，天使分为三个等级，每一等级有三个级别，因而共九个级组。第一级包括撒拉弗（seraphim），基路伯（cherubim）和有位的。继他们之后
94 的是主治的，有德的和有能的。最后，较低的一级是掌权的，天使长和天使。正是通过这个等级结构，上帝倾注他的光，普照大地并统治各族人民。每个国家有一个天使，上帝的天命通过这个天使对这个国家起作用。这种等级组织看来很复杂，但它并不是屹立在上帝和万物之间的障碍，而是低级存在物——包括人类——赖以得到上帝恩赐的渠道。

在地上，在基督降临之前，有法律的等级制统治着。这种等级制度是摩西建立的，它的职能——正像这一体系中的其他每一个等级制的职能一样——是把人们引向上帝。但伪狄奥尼修斯对这一等级制未作详述。总之，它被教会等级制取代了。

教会等级制是由两个基本等级组成的，而每一等级又分为三个级别。[40] 首先是教职等级，由主教、祭司和执事组成三重等级。其次是信徒等级，也分为三等——修士、虔诚信徒和那些不能和信徒一起参加圣餐的人，即学道友、被鬼附的和悔罪者。我们的作者在这里暂时放弃了他的纯理论的原则，以便比较恰当地描绘教会的实际情况。依照严格的等级原

---

[39] R. Roques, *L'univers dionysien: Structure hierarchique du monde selon le Pseudo-Denys* (Paris: Aubier, 1954); J. Vanneste, *Le mystère de Dieu: Essai sur la structure rationelle de la doctrine mystique de Pseudo-Denys l'Aréopagite* (Bruges: Desclée de Brouwer, 1959); B. Brons, *Gott und die Seienden: Untersuchungen zum Verhältnis von Neuplatonischer Metaphysik und christlicher Tradition bei Dionysius Areopagita* (Göttingen: Vandenhoeck und Ruprecht, 1976).

[40] D. Rutledge, *Cosmic Theology: The Ecclesiastical Hierarchy of pseudo-Denys: An Introduction* (London: Routledge and Kegan Paul, 1964).

则,任何一级必须通过顶头的上级才能与上帝相通。这在教会等级中并不总是这样。例如,主教给信徒行坚信礼,就用不着通过祭司和执事,而是直接施行。

宇宙的整个等级结构的目的,在于使一切理性得以神化(deification),理性者可以通过各个较高的等级走向上帝。正是这一点上,伪狄奥尼修斯介绍了有关三法的教义,它对后世的神秘主义有很大的影响。这三种方法或三个神秘阶段是:炼净或净化阶段,在其中灵魂得以除去污浊;光照阶段,在那里灵魂接受上帝的亮光;联合阶段,在其中灵魂在一种出神的幻象中与上帝结合——因为上帝是绝对超越宇宙的,所以这种幻象不是 95
“可理解的”(comprehensive),而是“直觉的”(intuitive)。[41] 灵魂在进行这三个方法的时候,得到了各等级组织的协助。各等级组织是通过圣礼来这样做的,虽然在这里的含义颇广,不仅包括洗礼、圣餐礼和圣职封立礼之类的事物,而且包括来自上帝的各等级组织用来反映上帝的全部过程。

如果这就是伪狄奥尼修斯的全部思想,那就很难说他是一个基督徒。但是,基督在各等级组织的全部活动和结构确实有角色可以扮演。[42] 道,三位一体中的一位,[43]成了肉身,因而在这个位格里神性和人性的二“性”或“本质”就汇合在一起。[44] 然而,人们在这些著作中找不到这样的主张,即这二性存在于成了肉身的道之中。相反,给人的印象是,人性被这样吸收进神性,以致道成肉身之后,人们不再能够谈论救世主的人性。按照亚历山大派的格式,“属性交流”(*communicatio idiomatum*)被推演到了极端。神恩独作信式“一个神人之能”被采用。[45] 因此,伪狄奥尼修斯被指

---

[41] W. Völker, *Kontemplation and Ekstase bei pseudo-Dionysius Areopagita* (Wiesbaden: Steiner, 1958), pp. 197 ~ 210.

[42] P. Chevallier, *Jésus-Christ dans les oeuvres du pseudo-Denys* (Paris: Plon, 1951).

[43] 他的三一论教义在此不能进行讨论,其摘要见 *De div. nom.* 2。

[44] 关于基督论的简短陈述,见 *Ecc. hier.* 3。

[45] J. Marić, “Pseudo-Dionysii Areopagite formula christologica celeberrina theandrica”, *BogSmotra*, 20 (1932), 105 ~ 173.

责为基督一性论。如果这种指责是说伪狄奥尼修斯完全否认基督里人性的存在,那么这种指责是不对的。但是,如果这种指责只是说,他的基督论近似词语上的一性论者的基督论,或甚至近似于真正而缓和的一性论,那么人们就不能不承认,这样的怀疑是有根据的。

基督是天上以及教会等级组织的元首。像上帝一样,基督是整个天上等级组织的存在和光明的根源,也是它的认识的对象。通过成为肉身,
96 他是教会等级组织的元首,不仅是一切存在和光照的根源和一切祷念的对象,而且是这一等级组织的直接建立者。因而,成为肉身的道在伪狄奥尼修斯著述中一再出现。但是,人们要问,这个只通过等级秩序与人相通的道,是否和曾经作为一个人生活在我们中间的耶稣很相似。

不管这个问题的答案如何,事实是,伪狄奥尼修斯有广泛的影响。他的原著是用希腊文写的,6 世纪译为叙利亚文,8 世纪译为亚美尼亚文,9 世纪译为拉丁文。自此而后乃至整个中世纪,西方总是把他当做保罗信息的忠实解释者而引用。

拜占庭的利昂提乌

拜占庭的利昂提乌(Leontius)修士是查士丁尼当政期间最杰出的神学家,[46]他曾代表卡尔西顿会议派参加了“矛盾会议”,而且也许是掀起“神受难争论”的大月氏修士中的一位。[47] 如果我们把几本可疑的著作和明显是伪造的其他著作除掉,保存下来的利昂提乌名下的著作有三部:《斥聂斯脱利派与欧迪奇派》(*Against the Nestorians and the Eutychians*)的三本书,《斥瑟维如斯三十章》(*Thirty Chapter Against Severus*),以及《瑟维

---

[46] V. Grumel, “Léonce de Byzance”, *DTC*, 9: 400 ~426;优秀的专著有:J. P. Junglas, *Leontius von Byzanz: Studien zu seinen Schriften, Quellen und Anschauungen* (Paderborn: F. Schöningh, 1908); D. B. Evans, *Leontius of Byzantium: An Origenist Christology* (Dumbarton Oaks: Center for Byzantine Studies, 1970)。

[47] 我说“也许”是因为“利昂提乌”是一个非常通用的名字,不可能知道在文献中提到的,叫这个名字的人中到底有几个与作为神学家的拜占庭的利昂提乌是同一个人。

如斯论据之解答》(*Solutions to the Arguments of Severus*)。

在他的第一本书《斥聂斯脱利派和欧迪奇派》的开头,利昂提乌着手确定"位格"(hypostasis)和"本质"(essence)或"本性"(nature)之间的区别关系。[48] 他声称,这一点很重要,因为各种异端的三一论和基督论,就是从曲解这些名词的含义产生出来的。这样,聂斯脱利主义以二性为其出发点,并且得出结论说,基督里有两个位格,而欧迪奇派则从成为肉身 97
的道的单一位格开始,并且否认他的双重本性。通过提出基督里发生的结合的这两个名词的正确含义,就可以驳斥这两个异端,并使正统信仰发扬光大。

"本质"或"本性"为一方与"位格"为另一方之间的主要区别在于,本质是使一件东西属于一个种类的,而位格是使一件东西具有其个性的。因而,每一个位格有一个本质,每一个本质为了存在而需要有一个位格;但是二者之间有一个区别,因而位格总是有一个本性或本质,而反过来就不总是这样。

两种实物的结合有三种形式。第一,两种实物是并列结合,所以有两个本性和两个位格。这就是聂斯脱利派所说的"精神上的结合"。第二,两件东西如此结合,以致它们的本性之间的区别消失了,而出现了第三个本性。这就是欧迪奇派的教义。最后,两件东西可以如此结合,其各自的本性存在于同一的位格之中,火焰与燃烧物就是这样结合的;火焰有它自己的本性,燃烧物有它另外的本性,但二者存在于一个位格里,称之为火。身体与灵魂的结合也是这样;各有其自己的本性,但只要它们结合在一起,它们就有一个单一的位格,称之为人,因而灵魂的和身体的一切作为都归于这一个人。在这第三种结合中,两个性的每个性可以单独存在;但是,只要结合持续下去,二者就存在于一个单一的位格之中。基督里发生的结合就是这种类型的,其人性存在于其神性的位格之中。要更好地理

[48] *PG*,86: 1273.

98 解这一点，可以把位格和存在于位格中的（enhypostaton）加以区别，也就是说把实体本身和存在于实体中的东西加以区别。这样，基督的位格就是永恒之道的位格，而在这个位格之中存在着神性和人性。根据这个理由，我们可以说，在基督里有一个“包含在位格中的结合”（enhypostatic union）。

在这样的结合中，两个性来到一起并不失掉它们各自的特性。根据这一点，利昂提乌反对“基督肉体不朽论”（Aphthartodocetism），这种不朽认为，基督的肉体由于与神性相结合，所以是不能受苦的和不能朽坏的，除非在特殊情况下，他甘心屈从而使身体受苦或朽坏。利昂提乌认为这种观点导致构成一个中间性，而这个中间性与凑在一起形成结合的二性完全不同——即拉丁神学所说的“第三项”（*tertium quid*）。

另一方面，这也不否认属性交流（*communicatio idiomatum*）。只是人们应该记住，在这种交流里，这一性的属性不是运用到另一性上去，而是二性的属性都运用到它们的共同的位格上。这样，说神是马利亚生的，因而马利亚是神之母，是正确的。[49] 在这整个基督论的发展过程中，利昂提乌利用了三个主要来源：亚里士多德的逻辑，柏拉图的人类学——这种人类学早些时候被掺和到教会的口头传说里——以及迦帕多西亚派关于“本质”（*ousia*）和“位格”（*hypostasis*）的阐述。他把其中的各种成分撮合成一个综合体，这样就对卡尔西顿基督论在拜占庭帝国取得最后胜利作出了贡献。

宣信者马克西姆

克利索普勒的马克西姆，一般被称为“宣信者”（the confessor）。他先是神恩独作说（monergism）的，而后又是基督意志唯一论（monothelism）的主要反对者。马克西姆和耶路撒冷的索夫隆努，以及阿纳塔修·西奈塔（Anastasius Sinaita）一起，在7世纪的历次争论中捍卫了卡尔西顿信仰。

---

[49] 附带一提的是，利昂提乌竭力捍卫马利亚的纯洁性，宣称耶稣的降生对马利亚的处女之身没有产生任何影响。这一说法不久将在西方引起争论。

他也由于他的禁欲苦修主义著作而出名，这些著作在东方修道院的小圈子里被广泛阅读。

从基督教思想史的角度来看，马克西姆由于他的基督论而显得特别 99
重要，他的基督论是建立在拜占庭的利昂提乌的基础上，而且是在反对神恩独作说的基督意志唯一论的过程中发展起来的。[50] 为了反对神恩独作说，马克西姆宣称，活动的“能力”或推动力和本性有关，而不是和位格有关。三位一体就是这样，三位一体里只有一种活动，因为只有一个本质或本性。本性决定了活动的推动力，尽管位格作为个性的推动力，也可能使那种活动具有形态和特点。因此，由于基督里有两个性，他就必然有两个活动的推动力，而神恩独作说应予否定。

马克西姆驳斥基督意志唯一论的依据是，“本性意志”（natural will）——就是出自本性的意志——和“理性意志”（will of the reason）之间的区别。前者是本性谋求自己的好处的倾向。后者是在认识、思考以及决断的基础上发展起来的意志。前者存在于每个本性之中，因而人们应该承认，基督有两个意志——人性意志和神性意志。然而，这并不是说，基督可以在同一个时候作出互相矛盾的决定，因为本性意志总是服从于理性意志。因此，两个本性意志不会在一个决定中相互抵触，而只在它们的倾向方面有矛盾——例如客西马尼园里的情况（《马太福音》26 章 36 节）。基督虽然有人性意志，但他不可能犯罪，因为他的理性意志总是根据他作为上帝之道的无所不知的理性作出每一决定。人性欲望是人性意志的正常结果，人性欲望不会左右基督，而是受到高于它的理性意志的支配。

总之，在卡尔西顿会议（公元 451 年）与君士坦丁堡第三次会议（公

[50] V. Grumel, “Maxime de Chrysopolis”, *DTC*, 10: 448～459; L. Thunberg, *Microcosm and Mediator: The Theological Anthropology of Maximus the Confessor* (Lund: C. W. G. Gleerup, 1965); F. Heinzer, *Gottes Sohn als Mensch: Die Struktur des Menschseins Christi bei Maximus Confessor* (Freiburg, Schweiz: Universitätsverlag, 1980); P. Piret, *Le Christ et la Trinité selon Maxime le Confesseur* (Paris: Beauchesne, 1983).

100 元680－681年)之间的年代里,东方的有创新的神学活动要比西方多得多。但是这些神学探讨都是一些专门问题,都是一些无足轻重的事物,因而,东方神学思想的创新似乎也是日薄西山。当我们重新插述西方神学之后,再回到东方时,将证明情况正是如此,我们会发现:教父神学的一些主要中心处在穆斯林统治之下,聂斯脱利派和一性论者力争存在下去,正统教会服从皇权,而神学几乎只是重复和讨论古代的文本和信式。

聂斯脱利派神学的发展

在我们正在研究的这段时期内,并不是所有的基督徒都接受以弗所会议和卡尔西顿会议关于基督论的决定。我们已经看到,卡尔西顿会议的权威在很长时期内受到怀疑,甚至在希腊教会范围内也受到怀疑。我们有必要用几个段落来讨论那些拒绝接受以弗所会议权威并坚持“二位格”的基督论信式的人。这些基督徒被迫到罗马帝国境外定居,而且终于在波斯教会中占支配地位。这就是为什么波斯教会被称为“聂斯脱利派”,虽然该教会本身并不接受这个称号。讨论了这些基督徒之后,再用另外一节来讨论那个相反的极端,即那些拒绝接受“二性”信式以致与那些接受这个信式并以这个信式为正统的尺度的基督徒决裂的人。

以弗所公会议对聂斯脱利的谴责,以及公元433年的重新结合信式,使得安提阿派基督论的极端主张没有立足之地。卡尔西顿公会议被看成是对安提阿温和派的平反。但是,后来人们对卡尔西顿公会议所作的解释,终于在公元533年导致对“三章”的谴责,因而再度使亚历山大派基督
101 论占了上风。结果,那些依然捍卫安提阿基督论的人越来越远离教会的其余部分,并且终于成立了一个独立的教派,其他的基督徒把它叫做“聂斯脱利派”,其主要势力在波斯及其周围。

甚至在聂斯脱利被谴责之前,安提阿派基督论就在波斯帝国西部地区的基督徒边境城镇中流行。在一段时间内,埃德萨的依巴斯是这个新

兴的波斯神学学派的中心人物，他是聂斯脱利的朋友，是被谴责的“三章”的一员。后来，当反对安提阿派基督论的势头达到了极点，皇帝芝诺于公元489年关闭了埃德萨(Edessa)的学校时，学校的主要教员只好越过边界定居于尼西比(Nisibis)，在那里依巴斯(Ibas)早先的门徒巴尔索马斯(Barsumas)主教创立了一个神学院。主要是通过这所神学院的影响，安提阿派基督论，往往是极端形式的安提阿派基督论，传播到了波斯帝国各地，甚至越过了其东部边界。

政治形势也助长了这个过程，因为政治形势导致了波斯基督徒与罗马帝国境内基督徒之间的日益增长的隔阂。波斯与罗马两大强国之间由来已久的竞争使波斯的统治者们怀疑那些在宗教事务上似乎和波斯传统敌人一致的臣民的忠顺。因此，他们乐于看到他们的基督徒臣民和教会其余部分之间日益增长的神学分歧。同时，很多波斯基督徒为了让人们相信他们忠于政府，也就愿意强调他们同罗马基督徒的分歧。这种逐步升级的紧张情势终于导致了公开决裂，那时波斯教长巴巴依召开了两次会议(公元498年和499年)来拒绝卡尔西顿会议提出的基督论，并宣布波斯基督教独立于教会其余部分。[51]

这个聂斯脱利派教会的第一个杰出的神学家是拿尔西斯(Narses，
Narsai)。他在巴巴依(Babai)作教长时名噪一时。拿尔西斯于尼西比在 102
巴尔索马斯手下工作了几年之后，就成了那个学校的校长，并且担任这个职务直到他于公元507年去世。他的保存下来的著作大都是讲道稿和赞美诗。[52] 这些赞美诗为他赢得了“圣灵的竖琴”的称号，这个称号是一个

[51] A. R. Vine, *The Nestorian Churches* (London: Independent Press, 1937), pp. 37～52.

[52] 古代的两位编年史家断言，Narses也写了一些《旧约圣经》的评注。但是如果这些评注真的存在过的话，也已经失传了，而且没有发现其他的作者引用过任何他们的评注。R. H. Connolly, ed., *The Liturgical Homilies of Narsai* (Cambridge: University Press, 1909; reprint, Kraus, 1967); F. G. McLeod, *Narsai's Metrical Homilies on the Nativity, Epiphany, Passion, Resurrection and Ascension* (Turnhout: Brepols, 1979).

聂斯脱利派的年代史编者给他的。而雅各派的一性论者却叫他“麻风病患者拿尔西斯”。

拿尔西斯的主要基督论信式是“二性(*kyane*),二位格(*knume*),和一个形象或仪表(*parsufa*)”。这一信式的含义的关键在于:对“位格”和“形象”这两个词如何理解。在本思想史的不同地方,我们曾指出“位格”这个词含义不明确,而其叙利亚文的对应词也是同样不明确。至于“*parsufa*”,它相当于希腊文“*prosopon*”,因而它指的是人,也指这个人的形象。拿尔西斯的著作对这最后一点却很明确:形象——这个词儿说明两个性和两个位格的结合——不相当于我们的“人”,而是相当于那个人的仪表或形象。拿尔西斯非常注意不混淆基督的人性和道的神性。马利亚生的是作为人的耶稣,毫无疑问他因道而成圣,但他与道的结合不是达到这么一种程度,以致人们可以说,道本身是马利亚生的,或者说她是“神之母”。拿尔西斯为了给这些教义找根据,一再引用安提阿派大师们的话,诸如大数的迪奥道罗(Diodore of Tarsus),莫普苏埃斯蒂亚的狄奥多尔,和聂斯脱利。

在阿拉伯人征服之前,另一位杰出的神学家是大巴巴依(Babai the Great),他在7世纪初期名噪一时——虽然一直没有做教长——实际上他领导他的教会直到他于公元628年去世。他遗存著作中最重要的有《论合一之书》(*Book on the Union*)和一本简短的《神学小品》(*Theological*
103 *Opuscle*)。[53] 他研究神学的主要原因是为了驳斥雅各派(Jacobite)的一性论,一性论在操叙利亚语的居民中有很多追随者,其次是为了反对亨那的分裂(Schism of Henana),亨那企图把波斯基督论拉近卡尔西顿基督论。

巴巴依的基督论遵循了他经常引用的早期安提阿大师们的总的方针。像他们一样,他断言,道寓居在人里面“像寓居在神殿里面一样”。[54]

---

[53] 用最早的叙利亚文编辑,并附有 A. Vaschalde 的拉丁文译文,*CSCO*,79~80。

[54] *Lib. de unione* (*CSCO*, 79: 236,245).

他的基督论的基本体式追随了拿尔西斯的体式，把结合的程度只放到“形象”(*parsufa*)这个水平上，[55]虽然就他来说，这个词不能理解成仅仅是形象或仪表，而是要像聂斯脱利理解“形象结合”(prosopon of union)那样来理解这个词的含义。[56] 和所有的聂斯脱利派一样，他拒绝根据人里面发生的身体和灵魂的位格结合来理解基督里二性的结合。[57] 另一方面，他明确否认像大数的迪奥道罗那样谈论“二性”的可能性，[58] 而且虽然不用“属性交流”(communication of properties)这样的说法，但他确实断言，在某些场合里道成肉身的二性之间有“名称的交换”(exchange of names)。[59] 事情很清楚，在波斯教会绝对独立于希腊基督教之后，特别是拜占庭帝国开始衰落之后，聂斯脱利派不再感到有必要继续表示他们与希腊正教的不合，而就此渐渐接近卡尔西顿会议所表达的一般观点，虽然他们始终没有放弃传统的安提阿派信式。

巴巴依逝世后不久，阿拉伯的入侵结束了波斯的独立，从而开始了聂斯脱利派教会的历史的新纪元。

一性论的扩展

我们已经讨论过一性论所采取的各种形式，这里只需概述一下它在 104
阿拉伯人征服之前的年代里的扩展情况就行了，这样，本《思想史》以后再回到东方的时候，读者们发现东方世界的不同部分有几个一性论教会，也就不会大惊小怪了。

这个通常被称为“一性论”的教义代表了极端的亚历山大派基督论对卡尔西顿会议的否定。这个教义在亚历山大和埃及各地很流行。在狄

---

55 同上，124。

56 *History*，1：361～362.

57 *Opusc.*（*CSCO*，79：291～307）.

58 *Lib. de unione*（*CSCO*，79：152～160）. 关于 Diodore 见 *History* 1：339～340。

59 E. Herman，“Babai le Grand”，*DHGE*，6：12.

奥斯科鲁(Dioscorus)被谴责之后,很多人认为他是政治原因的殉难者,这件事情加上几个皇帝的各种反对埃及不同政见者的行动,促使很多人把一性论看成是反对皇帝和反对君士坦丁堡政府的象征。因而一性论在使用科普特语的土著居民中较之在上层的使用希腊语的阶层中更普遍。经过各种分裂和其他类似的紧张迹象之后,在阿拉伯人的征服结束了拜占庭对埃及的统治的时候,最后的分裂终于到来。此后,大多数埃及基督教拒绝卡尔西顿信条,并组成了科普特教会,而少数继续忠于卡尔西顿权威的人被称为“皇帝派”(Melchite)。由于埃塞俄比亚基督教与埃及关系密切,埃塞俄比亚教会也成了一性论教会。

如本《思想史》第一卷指出的那样,安提阿虽然是反对亚历山大基督论的中心,但在叙利亚境内总有些人坚持合一基督论。因此,也有一定程度的反卡尔西顿会议决定的活动。雅各·巴拉达优斯(Jacob Baradaeus,公元578年去世)把一性论教义传播到叙利亚各地,进而传播到波斯。因此,操叙利亚语的一性论教派被称为雅各派教会。

最后,亚美尼亚基督教也遵循一性论路线。这主要是因为卡尔西顿
105 会议开会时,大部分亚美尼亚是在波斯统治之下,因而亚美尼亚教会没有
代表参加这个会议。这种情况加上别的原因造成的摩擦,致使亚美尼亚教会和卡尔西顿基督教之间的裂痕越来越大。最后,在公元491年亚美尼亚基督教领袖强烈谴责了利奥《大函》,因为它表达了传统的拉丁基督论,而且也是卡尔西顿《宣告》的真正基础。[60]

伊斯兰教的兴起

7世纪目睹了人类全部历史最突出的宗教和政治现象之一的开

---

[60] K. Sarkissian, *The Council of Chalcedon and the Armenian Church* (London: S. P. C. K.: 1965); L. Frivold, *The Incarnation: A Study of the Doctrine of the Incarnation in the 5th and 6th Centuries* (Oslo: Universitetsforlaget, 1981).

端——伊斯兰教的诞生。一小群半游牧部落,为一种难以置信的宗教热情所驱使,并且在某种程度上使他们所征服的人民产生同样的感情,竟然能够变成一个强大的国家,以致摧毁和取代了波斯帝国,征服了拜占庭的大多数亚洲领土——包括安提阿和耶路撒冷这样的城市——入侵非洲,其兵力横扫非洲整个北海岸,又跨过伊比利亚半岛,消灭了西哥特人的王国,最后翻越比利牛斯山脉,威胁到新兴的法兰克人的王国。

这种几乎是难以相信的挺进得到了很多被征服地区的各种政治、宗教和社会派别的帮助。例如,叙利亚的一性论和聂斯脱利主义,埃及的一性论,以及非洲的多纳徒主义的残余,都为伊斯兰教开道,很多人把伊斯兰教徒看成是上帝为了惩罚拜占庭帝国而兴起的正义之师。

在伊斯兰教征服的地方,基督教受到了伊斯兰教的毁灭性的冲击。在一些地区,教会终于完全消灭。在其他地区,教会力争存在下去,但在 106
这个过程中,变成了小的保守的孤岛,其最大的努力只限于保留对已逝往事的回忆。

另一方面,伊斯兰教本身产生了伟大的文化,部分是继承了它所征服的民族的文化,但带有它自己的极其独特的特点。在欧洲基督教黑暗时期,伊斯兰教文化无疑比西方基督教先进得多,精彩得多。在这种文化中,出现了一些伟大的思想家,他们中间有些人——著名的有阿威罗伊(Averroës)——终于使人们感觉到他们对基督教神学的影响。但这些事态发展属于本《思想史》另外一部分。

第四章　加洛林时期的复兴

107 加洛林(Carolingian)帝国的短暂光辉有如一个火花闪烁于中世纪初期的黑暗时代。查理·马特(Charles Martel)和丕平(Pippin)的胜利,后来由查理曼(Charlemagne)加以巩固和扩大,在西欧创造了一个相对安静和稳定的中心,因而使人们有可能从事研究、思考和著书立说。虽然查理曼并不是一个学者,他却关心他的王国的文化和精神生活的发展,并力图吸引当时最有学问的人到他的王国里来。

这类学者的主要来源是英伦三岛,这里的修道院,在大格列高利及其同时代人去世之后,成了古典文化的主要宝库。① 在这些修道院里,不但用拉丁文而且也用希腊文研究古代基督教著作。他们的最重要的学者——查理曼时代之前一个世纪——是以"可尊敬的"而驰名的比德(Bede),他著有一些关于文法,《圣经》注释,讲道和诗的作品,以及他的著名的《英吉利教会史》(*Ecclesiastical History of the English Peoples*)。比
108 德及其同事们所代表的传统,在古代文化和加洛林帝国的神学与哲学的觉醒之间,起了桥梁作用。

---

① J. Décarreaux, *Moines et monastères à l'époque de Charlemagne* (Paris: J. Taillandier, 1980).

查理曼吸引到他的王国里来的最杰出的学者是约克的阿尔昆(Alcuin of York),他对于王国的整个教育制度的建立起了重要作用,并参加了当时的神学辩论。其他重要学者有:奥尔良的提阿丢尔夫(Theodulf of Orleans),阿奎利亚的保利努(Paulinus of Aquileia),和里昂的阿哥伯尔德(Agobard of Lyon)。

加洛林时期的复兴是比较短暂的,作为其背景的加洛林帝国也是这样。在查理曼统治下——8 世纪末和 9 世纪初——查理 · 马特和丕平撒下的种子, 已开始发芽,到了秃头查理(Charles the Bald)统治的时候——他死于公元 877 年——收到了最后的硕果。尔后,西方基督教又被一个新的文化黑暗时期所笼罩,直到 11 和 12 世纪带来新的复兴为止。

在神学领域内,加洛林时期的复兴并没有产生出能与教父时代或后来 13 世纪的思想家媲美的思想家。只有一个体系包罗甚广,值得一提——那就是约翰 · 司各脱 · 埃里杰纳(John Scotus Erigena)的体系,而他与其说是神学家,毋宁说是哲学家。然而,加洛林时期却有极多的神学活动,不过,这些神学活动不是致力于重要神学体系的发展,而是致力于基督教教义某些特定论点的各种争论——基督论,预定论,马利亚的贞洁以及圣餐。另一方面,和东方建立了新的接触,因而产生了东西方教会都卷入其中的两个问题——圣像问题和“和子”句(*Filioque*)问题。

上面这一段为本章提供了一个大纲。我们首先讨论加洛林时期在西方发生的各种争论。然后我们将转向“和子”句问题,而把使用圣像引起的争论留到东方神学的框框里讨论,这个争论在那里可以理解得最清楚。将用单独的一节来讨论约翰 · 司各脱 · 埃里杰纳。最后,我们将着手处 109
理两件事情是我们在第一卷里留下来的,而且在这里加以考虑似乎较为明智——即补赎制度和教职等级制的发展。

基督论问题：嗣子论

依年代次序,加洛林时代发生的各种争论的第一个是基督论方面的,而且以西班牙为中心，虽然最后来自法兰克人王国的几位神学家以及罗马教廷也卷入其中。这次争论和许多其他教会辩论一样，政治事务是其中的一个重要因素。西班牙的基督徒们正开始从穆斯林手里重新夺回这个半岛。在这场重新夺回的战争中，法兰克王国起着重要的作用，因为它是在比利牛斯山地区抗拒摩尔人的主要力量。但是，在西班牙也有很多“马萨拉布兹”(Mozarabs)——生活在穆斯林统治下的基督徒——他们不愿意和法兰克人的政治野心掺杂在一起。因而他们坚持他的“马萨拉布兹”礼拜仪式(Mozarabic liturgy)，也不怎么关心使他们的神学与西欧其余地区占统治地位的神学协调一致。这样，很有必要注意，后来被称为“嗣子论”的第一个提倡者，是托利多的埃利潘都(Elipandus of Toledo)。他生活在穆斯林的统治之下，用“马萨拉布兹”礼拜仪式中的某些词句来支持他的主张，而且似乎从未放弃他的主张。然而，争论的中心人物不是埃利潘都，而是乌格尔的费利克斯(Felix of Urgel)主教，他的主教教区恰恰在当时法兰克人和摩尔人争夺的边界上。费利克斯总是在法兰克人的压力之下一再放弃他的主张。当他重新回到原来的嗣子论立场上时，他逃到摩尔人中间去避难。最后，当查理曼强迫他再次收回他的主张时，他就再也不能回到乌格尔，因为在那里他会感受到“马萨拉布兹”气氛的存在和压力。这些事实说明政治因素在什么程度上掺杂到这个争论中去。

嗣子论问题是托利多的主教埃利潘都(Elipandus)为了反对某个名叫
110 米吉丢(Migetius)的人的撒伯流派倾向而提出的。[2] 这一争论的历史发展细节姑且不谈，[3]人们可以说，埃利潘都在尽力驳斥撒伯流主义的时候，虽然并不真的需要这样做，但仍然提出了这样一种基督论，在其中，他在按基督的神性来看他和圣父的父子关系与按基督的人性来看他和圣父

② 如果埃利潘都可信的话，米吉丢曾宣称父是大卫，子是耶稣，圣灵是保罗。*Ep. i ad Mig.* 3.

③ 关于这样的细节，参见 E. Amann, *L'époque carolingienne* (Vol. 6 of Fliche and Martin, *Histoire de l'Eglise*, Paris: Bloud et Gay, 1934), pp. 129 ~ 152。

的父子关系之间作出了区分。第一种父子关系是恰当的和自然的，而第二种父子关系是“嗣子”和恩典的父子关系。

费利克斯，乌格尔的主教，接着就为埃利潘都的主张辩护。由于费利克斯是一位更有才干的神学家，嗣子论很快就和他联系在一起，因此被称为“费利克斯的异端”。

埃利潘都和费利克斯遭到了激烈的反对。领导这个反对派的在西班牙有利班那的比都（Beatus of Liebana），而在比利牛斯山脉之外，加入这种反对的有约克的阿尔昆，阿奎莱亚的保利努，以及教皇哈德良一世（Hadrian I）和利奥三世（Leo III），也有几个宗教会议（公元794年的法兰克福会议和公元798年的罗马会议），还有查理曼本人。结果，费利克斯一再被迫放弃他的主张，但他至少有一次重新坚持自己原来的立场，而终于被阻止不得回到他的主教管区。他于818年在里昂去世。至于埃利潘都，大概由于查理曼对他鞭长莫及，他终其一生都保持着他的主教教座和教义。

为什么有如此多的重要人物卷进了这一争论呢，其中所涉及的纯粹的政治利益我们已经谈过，这里无需赘述。但是，神学家们中间也有一种担心，他们认为，嗣子论是聂斯脱利主义的新翻版。

利班那的比都在写给埃利潘都的一封信里清楚地表明，使他极为不
安的是，他在这位托利多主教那里发现有分裂基督位格的倾向。比都评
论彼得认主与主的回答这一段《圣经》（《马太福音》16章16～17节——
译者）时声称，使人能够认定“你是基督，是永生神的儿子”的，是来自天 111
上的父的指示，而不是来自属肉和血的指示，就会使人认为“就人性而言
你是被收养的，就神性而言你是永生神的儿子”。④ 只有一位上帝之子，
而他是不能被分开的。

④ *Ad Elip. ep.* 1.3～4.

> 如果童贞女马利亚所生的耶稣不是上帝的儿子,谁是呢?这个名字是天使向这位童贞女宣布的,他说:“你要给他起名叫耶稣,他要为大,称为‘至高者的儿子’”。如果你(埃利潘都)所说的是对的,那么天使必是这么说:耶稣就其人性而言将被称为至高者的养子,而就其神性而言不是养子。
>
> 上帝之子自己也必是这样说:“上帝爱世人,甚至将他的养子赐给他们,叫一切信他的不至灭亡”(参考《约翰福音》3章16节……甚至将他的独生子赐给他们……——译者)。这种统一是这样的,以致不信的人只能看到他们所钉死在十字架上的他里面的人,他们把他作为一个人钉死的;他们钉死了上帝的儿子;他们钉死了上帝。我们的上帝为我们被钉十字架。⑤

可以看出,比都强调救世主的统一,以及他的二性的属性交流——*communicatio idiomatum*。因而,嗣子论在救世主成为上帝之子的两种方式之间作出的区别必须加以拒绝。简单地说,这里的情况和几世纪之前亚历山大基督论与安提阿基督论冲突时的情况是类似的。埃利潘都和费利克斯强调基督神、人二性之间的区别,旨在保持其人性之完整。比都和其他反对嗣子论的人担心,这种教义将如此分裂救世主的位格,以致失去道成肉身的真实性。这就是为什么他们指责嗣子论者最后必导致聂斯脱利主义。

这样指责实事求是吗?嗣子论的领导人一再否认这一点,而且坚持
112 谴责聂斯脱利主义。另一方面,他们的对手们始终认为,嗣子论导致聂斯脱利主义。也许两方面的说法都有一定的道理。嗣子论神学家们,就其承认“属性交流”并肯定马利亚是神之母来说,就不是聂斯脱利派。然而,他们主张基督成为上帝之子有两种方式,他们就接近于“二子”的教

---

⑤ *Ad Elip. ep.* ,1.8.

义，而“二子”的教义是一些早期安提阿派神学家的典型言论，而且终于导致聂斯脱利主义。

嗣子论的争论没有得出什么重要结果就告终了。埃利潘都的费利克斯死后，很少有人愿意继续讨论这件事情。⑥

关于预定论的争议

加洛林时期最为激烈的争论之一是关于预定论的教义。虽然当时的大多数伟大的神学家都投入了这场争论——拉巴努斯·摩里乌斯（Rabanus Maurus），科尔贝的拉特兰努（Ratramnus of Corbie），塞尔维塔斯·流巴斯（Servatus Lupus），特尔瓦的普顿丢（Prudentius of Troyes），里昂的弗罗如（Florus of Lyon），约翰·司各脱·厄利哲那——但争论的起源是奥尔巴斯（Orbais）的修士哥特沙勒克（Gottschalk 或 Gottescalc）为一方和修道院长拉巴努斯·摩里乌斯和兰斯大主教兴克马尔（Archbishop Hincmar of Reims）为另一方之间的长期而痛苦的对抗。

哥特沙勒克还是孩提的时候就被他的父亲萨克森尼的伯诺伯爵（Count Berno of Saxony）送进了弗尔达（Fulda）修道院。因为他本人不同意这样做，以后他就要求准许他离开修道院。但是，弗尔达的修道院长拉巴努斯·摩里乌斯不准，对这位不幸的修士作出的唯一让步，允许他转到科尔贝的修道院，以后又转到奥尔巴斯的修道院。这些事件的直接后果是拉巴努斯·摩里乌斯和哥特沙勒克之间的持久的敌意。

几年之后，当拉巴努斯听到他从前的这位修士关于预定论的教义时，
就写了一篇论文反对他，题目是《论预知和预定论，并论自由意志》（*On* 113

⑥ 加洛林王朝时期最后一个讨论这一问题的重要作家是 Agobard of Lyon，他在已故的 Felix 文章中发现了一些证据，证明那个人们以为已经放弃了其嗣子论观点的西班牙主教仍然暗中持守着它们。他然后就给虔诚路易（Louis the Pious）写了一篇论文，*Against the teaching of Filex of Urgel*（*PL*，104：29～70）。

Foreknowledge and Predestination, and on Free Will)，这之后他采取了一系列反对哥特沙勒克的具体行动。结果，哥特沙勒克被关押，并被关交利姆斯的兴克马尔，因为奥尔巴斯修道院在他管辖之下。⑦ 兴克马尔对他施以当众鞭笞之刑，直至哥特沙勒克同意把他的著作烧掉。之后他被囚于修道院里，这位不幸的修士就利用狱中余生著书攻击兴克马尔，结果惨遭虐待，以致最后失去了理智。

哥特沙勒克的预定论的教义是从大量阅读奥古斯丁、安布罗斯、格列高利、普罗斯帕、弗勒根丢（Fulgentius）以及其他人的著作那里得来的。人们必须替他说句好话，即他确实比他的对手们更清楚地理解奥古斯丁的预定论的教义。但人们必须加上一句，他对预定论的理解和阐述的态度，已是严格到了超出人情的地步。他不是像奥古斯丁这位希坡主教那样，在预定论的教义里高唱感恩的歌，而是被迷了心窍，有时似乎对被摈弃者的受谴责幸灾乐祸。上帝预定了天使和被拣选者得救，也预定了魔鬼和被摈弃者受谴责。⑧ 而在我们的境况中，自由意志已败坏到不能再为善的地步。⑨ 基督不是为所有的人而死，而是只为被拣选者而死。⑩ 所有这些只是严格的奥古斯丁主义，这种奥古斯丁主义在哥特沙勒克高兴地确信兴克马尔将列入被摈弃者行列的这类事例里失去了奥古斯丁的音

---

⑦ Gottschalk 不仅被指控为异端，而且被指控为流浪修士。他离开了他的修道院去罗马朝圣，似乎继续旅行，远至巴尔干半岛（Balkans），甚至保加利亚（Bulgaria）。9 世纪时，教会的当权者试图终止许多修士流浪的习惯。关于 Hincmar，见里程碑式的著作，J. Devisse, *Hincmar archevêque de Reims, 845 ~ 882*, 3 vols.（Geneva: Librairie Droz, 1976）。关于他与 Rabanus Maurus 的关系参考，R. Kottje, "Zu den Beziehungen zwischen Hinkmar von Reims und Hrabanus Maurus", in M. Gilbson and J. Nelson, eds., *Charles the Bald: Court and Kingdom*（Oxford: B. A. R., 1981）, pp. 255 ~ 263。

⑧ *Conf. brev.*（D. C Lambot, ed., *Oeuvres théologiques et grammaticales de Godescalc d'Orbais* [Louvain: Specilegium sacrum Lovaniense, 1945], p. 52.）

⑨ *De praedest.* 18（Lambot, p. 253）.

⑩ *De praedest.* 18（Lambot, p. 249）.

调。⑪

另一方面,拉巴努斯·摩里乌斯的论文说明,他不理解或不愿意理解奥古斯丁的教义,尽管他口头上说他的主张是建立在这位希坡主教的权威上。拉巴努斯把预定论降低到神的预知的水平上,上帝根据预知而知道谁将得救,谁将拒绝所提供的得救。按照拉巴努斯的说法,只有这样,人们才能避免把人犯罪的原因归咎于上帝,也只有这样,人们才能说,上帝的审判是公正的,因为上帝怎么能够公正地谴责他预先要发生的事情呢?⑫ 简言之,拉巴努斯不知不觉之中只是阐述了几个世纪以前奥古斯丁的对手们所持的同样的论据和观点。 114

但是,兴克马尔却成了哥特沙勒克的最大敌手,他反对这位不幸的修士反对得实在太过分了,以致他自己遭到其他一些持较温和观点的人的攻击。事实上,兴克马尔的狂热达到如此地步,以致哥特沙勒克很快就退居次要地位,而兴克马尔这个利姆斯的大主教却成了争论的中心人物。

兴克马尔在这方面迈出的第一步是写一篇简短的论文阐述预定论。这里,他不同于拉巴努斯的是,对预知和预定加以区别;但他坚持在得救过程中有人的意志参与,并坚持上帝普度众生的意愿是全人类都被拯救。⑬ 这位利姆斯的大主教写了信,同这篇论文一起寄给几位杰出的神学家,希望他们给予支持。

兴克马尔寄给各位神学家的信,没有得到预期的效果。他指望得到特尔瓦的普顿丢和塞尔维塔斯·流巴斯的帮助,但他们公开拒绝他的教义,并且赞成双重预定论,主张上帝拯救世人的意愿只限于被拣选者,基

---

⑪ *De trina deit* (Lambot, pp. 97 ~ 98). 有两部好的研究著作:K. Vielhaber, *Gottschalk der Sachse* (Bonn: L. Röhrscheid, 1956); L. R. Gustavsson, "Gottschalk Reconsidered: A Study of His Thought as It Bears on His Notion of Predestination" (Unpublished doctoral dissertation, Yale, 1964)。

⑫ *De praedest.*

⑬ Amann, *L'époque carolingienne*, p. 326; Gundlach, "Ad reclusos et simplices", *ZschrKgesch*, 10 (1889), 258 ~ 309.

督的死并不是为所有的人,而是为很多人。[14] 科尔贝很有学识的修士拉特兰努是一个经常研究奥古斯丁著作的人,他写了一篇论文《论预定论》
115 (*On Predestination*)致秃头查理,在其中他也拒绝兴克马尔的观点。[15] 更加糟糕的是,那位通过指责哥特沙勒克而开始了这场争论的拉巴努斯·摩里乌斯竟然退出了这场争论。

拉特兰努的论文有上下两卷,严格地追随了奥古斯丁的教义,而且除奥古斯丁之外,还大量引用格列高利、普罗斯帕、弗勒根丢以及其他人的著作来加强他的论据。按照拉特兰努的说法,整个人类只不过是一群沉沦之众。由于罪的缘故,人类已陷入邪恶和败坏,即使我们作出最大的努力也无法摆脱这种状况。上帝出于大慈大悲,从这一群沉沦之众中拣选了一些人予以拯救,并赐予恩典,没有这种恩典,人是不可能有任何善行的。至于其他的人,上帝已经预定他们将被罚入地狱。但这并不意味着上帝预定人去犯罪,而是预定一些人要受到罪有应得的惩处,人既有其罪必受其惩。

这种没有料到的事态发展,迫使兴克马尔另外求援,为此他就去找约翰·司各脱·厄利哲那。厄利哲那比较精通的是逻辑学和哲学,而不是教义的争论点。这一点可从他应兴克马尔的要求而写的论文《论预定论》里看出来,他在文中虽然一再求助于《圣经》和一些古代基督教作家,但十分清楚,归根结蒂一切事物都必须由理性来裁决。事实上,他在第一章里就几乎肯定了这一点,在其中他试图表明,哲学的推理对于神学是适用的,进而断言"真正的哲学就是真正的宗教,反之亦然,真正的宗教就是

---

⑭ Prudentius, *Epistola ad Hincmarum et Pardulum* (*PL*, 115: 971 ~ 1010); Servatus, *De tribus quaestionibus* (*PL*, 119: 621 ~ 648).

⑮ Ratramnus 早期曾经写过一封"致我的朋友"的信函,也就是写给 Gottschalk 的信,但是此信已经失传。

真正的哲学”。⑯ 他的这种探讨方法决定了他的很多论据的性质，而这些论据只不过是逻辑学的练习。例如，他试图从上帝的绝对单纯来证明双 116
重预定是不可能的，其结果是一个颇为有趣但不大有说服力的论点。⑰虽然厄利哲那发表他的论文的真诚的目的似乎是要支持兴克马尔反对哥特沙勒克和拉特兰努，但他的唯理主义促使他提出了一些他的大多数同时代人不能接受的观点，以致他对这种辩论作出的贡献只不过加深了裂痕。他有关地狱的论述就是这种情况，其实他完全没有必要在他的论文的最后一章里介绍这个问题。兴克马尔意识到他求助于厄利哲那是一个错误，并且不接受“十九章”的教义——“十九章”是他对厄利哲那的著作的称呼。其实，厄利哲那本人可能觉察到，他最好不卷入这场争论，就决定不再讨论预定论的问题。

可是，厄利哲那的论文引起了这么大的注意，以致争论转移到了他的观点上，并转移到了兴克马尔的教义和行动上。特尔瓦的普顿丢写了一篇长文《论预定论，斥约翰·司各脱》（*On Predestinaton Against John Scotus*），明白地反对用哲学方法来解决神学问题。与此相反，任何神学讨论的衡量标准，必须是《圣经》的权威，以及历次教会会议的文告和古代教会的著作。普顿丢接着就借助奥古斯丁和其他人的权威，逐条驳斥厄利哲那的论据。关于预定论，他指出，其焦点是奥古斯丁的“被诅咒的大众”的教义，而且被拣选者的预定和被摈弃者的预定，都是从那个教义里面来的。因此，他的主张和哥特沙勒克的主张是十分相似的，但是，或许为了避免与利姆斯那位有权势的大主教发生摩擦，他始终没有公开支持这位不幸的修士。

对厄利哲那的论文的另一个强烈反应是来自里昂的弗罗如，他写了

---

⑯ *De praedest.* 1 (*PL*, 122: 358). 参考，M. Cristiani, “ La notion de loi dans le ‘ De praedestinatione’ de Jean Scot”, *StMed*, III, 17 (1976), 81 ~ 114。

⑰ 同上，2 (*PL*, 122: 360)。

一本《里昂教会反对约翰·司各脱错误界定之书》(*Book of the Church of*
117 *Lyon Against the Erroneous Definitions of John Scotus*)。[18] 在这里他采取了和普顿丢基本上相同的神学主张,肯定被诅咒大众和双重预定的教义。但他更进一步,提出了有关兴克马尔对待哥特沙勒克的做法是否公正的若干问题。如果哥特沙勒克的教义果真威胁到教会的和平与信徒的灵魂,那么兴克马尔就应该把争论提交到全国教会会议上。

弗罗如的这一著作,是以极为古老的里昂教会的名义写的,这就迫使兴克马尔不得不改变策略。他在神学辩论的战场上败下阵来之后,就转而寻求秃头查理的支持。在一次会议之后——会上由于害怕兴克马尔的见解被否定而没有把他的见解拿出来讨论——国王就把一群他可以信赖的主教召集在一起,这些主教撰写了《开伊尔兹的四章》(*Four Chapters of Quierzy*),用以明白地肯定兴克马尔的主张是唯一正确的主张。

此后,这一争论就成了利姆斯和里昂两个强大的主教教座之间的对峙。长长的一系列的会议和论文,有时支持争论的这一方,有时支持争论的另一方,直到公元 860 年,秃头查理和洛泰尔二世(Lothair Ⅱ)在图察(Thuzey)联合主持了一个宗教会议,公布了一个折中的和模棱两可的主张。这个主张没有解决这场争论,但这个主张被大家普遍接受,这说明双方对这种无结果的辩论已经感到厌倦。

至于哥特沙勒克,尽管他多次试图让罗马为他的事情进行干预——特别是在兴克马尔与教皇尼古拉一世(Nicolas Ⅰ)之间关系紧张时期——却一筹莫展地被继续囚在修道院中直到死去。

---

[18] *PL*, 119: 101 ~250. 尽管是以里昂教会的名义写的,但是几乎可以肯定其真实作者是 Florus。似乎很清楚的是,里昂当时的大主教 Amolo 不可能写此文章,因为他的态度比这篇文章更为调和。

关于马利亚童贞问题的争论

这一场简短的争论是这样开始的，那位我们在预定论争论中已经谈到的科尔贝的拉特兰努听说，在日耳曼流传一种教义，说耶稣不是按自然规律由马利亚生出的，而是按一种神秘的和奇迹的方式从童贞女的子宫中冒出的。拉特兰努声称，这种教义是魔鬼的一种新阴谋，魔鬼总是企图 118
毒害信徒们的信仰。这样一种对耶稣诞生的理解——“不是生出的，而是冒出的”——就必然导致基督幻影说。[19]

为了反对这些不知是什么大师提出的教义，拉特兰努声称，耶稣是按自然方式由马利亚生出的，而且这丝毫也不玷污这位救世主，也无损于他母亲的贞洁。说救世主生自“母腹”(pervulvam)完全无妨，因为《创世记》清楚地肯定，上帝创造的一切都是好的。这就是为什么亚当和夏娃都赤身露体而不觉得羞耻。由于我们是堕落的人，无疑我们里面有了肉体的邪恶之律，以致我们感到羞耻。但是，就救世主的情况来说，圣灵的净化作用不仅包括了他的被孕育，而且也包括了他的出生。[20] 然而，人们应该注意，这并不是说，拉特兰努否认马利亚自始至终的贞洁。与此相反，她“在生育之前，生育之中，生育之后”都是一个童贞女。这是应该相信的，因为“这样设想是讲不通的：使一切污浊的东西得以恢复原状的救世主的出生，竟然使没有被污浊的东西变成污浊的”。[21] 因此，耶稣是出生于“自然之门”(“by the natural door”)但没有损害其贞洁的完整性，如果这样的事情难以置信，那么，说耶稣是通过其他什么方式出生的而无损于他的母亲，那就更加难以置信。[22]

---

[19] *De eo quod Chr. De Virg. natus est* 1.

[20] 同上，3。

[21] 同上，2（*PL*, 121: 84）。

[22] 似乎在德国有一些人坚持耶稣是从马利亚的肋旁生出来的，而另一些人认为耶稣则是从马利亚的肾脏部位生出来的，等等。

不出预料，拉特兰努的著作引起了那些从来没有这样明确地提出这类问题的虔诚人物的反感和重视。有若干修女要求科尔贝的前任修道院院长帕斯迦修·拉德贝尔都(Paschasius Radbertus)来澄清这件事情。作为答复，他写了上下两卷的论文《论圣灵感孕》(*On the Virgin Birth*)，驳斥拉特兰努的主张。拉德贝尔都指出，讨论的问题不在于马利亚的自始至终的贞洁(Perpetual virginity)——这一点拉特兰努是会肯定的——而在
119 于怎样在生耶稣的时候仍保留着童贞。他的驳斥直指拉特兰努的要害论据：的确，一切被造之物都是好的，但《创世记》清楚地断言，我们所知道的生儿育女是人类犯罪的结果。所以，人们试图把马利亚生子情况与其他妇女生子的一般情况相提并论，就大错特错了。[23] 实际上，耶稣“就像他在门徒关着门就来到他们中间那样，在母腹关闭着就来到了人间”。[24] 这就是说，耶稣的出生确确实实是奇迹，别无他解。

争论似乎就此告终。晚些时候，利姆斯的兴克马尔也曾顺便提起过，耶稣由马利亚生出与其他儿童的出生是不同的。[25] 但是这个问题并没有进一步讨论下去。

圣餐的争论

这一争论的发生，[26] 是由于秃头查理向拉特兰努提出了一个关于圣

㉓ *De partu Virg.* 1 (*PL*, 120: 1368 ~ 1369). 一些最重要的文章被收集在一起，见 S. Bonano, “The Divine Maternity and the Eucharistic Body in the Doctrine of Paschasius Radbertus”, *EphemMar*, 1 (1951), 379 ~ 394。另见，J. M. Canal, “La virginidad de María según Ratramno y Radberto, monjes de Corbie”, *Marianum*, 30 (1968), 53 ~ 160; R. Maloy, “A Correction in the Text of a Recent Edition of Paschasius Radbertus' ‘De partu sanctae Mariae’”, *Marianum*, 33 (1971), 224 ~ 225。

㉔ *De partu Virg.* 1.

㉕ *De div. Lot et Tet.* 12.

㉖ 即，除了 Amalarius 的早期的论文，该论文似乎并没有引发大量的争论。见 S. Simonis, “Doctrina eucharistica Amalarii Metensis”, *Ant*, 8 (1933), 3 ~ 48。

餐的双重问题:第一,圣餐中的基督的身体和血的存在是这样的,以致只能用信心之眼——*in mysterio*——才能看见呢,还是,与此相反,真实——*in veritate*——到这样的程度,以致我们肉眼看见的实际上就是基督的身体和血;第二,存在于圣餐中基督的身体是否就是那个“马利亚生的,受了苦的,死了的,埋葬了的,又升到天上坐在天父的右边的”基督的身体。[27] 国王的问题是由于他读了帕斯迦修·拉德贝尔都呈交给他的一篇论文引起的,题目是《论主的身体和血》(*On the Body and the Blood of the Lord*)。[28] 帕斯迦修在这篇文章里用现实主义的措词来解释基督在圣餐里的存在。在祝圣之后,圣餐的饼和酒就成了基督的肉体和血了,就是马利 120
亚所生的同一个肉体,这个肉体受苦之后又起死回生。[29] 这一身体和血在正常的情况下只能用信心之眼才能看见;但是,有时对于那些极其爱主的人给予特殊照顾,他们能够看见血和肉的真面目。[30] 帕斯迦修也把圣餐理解成为基督被献的重复,因而举行圣餐时,救世主就再次受苦和受死。[31]

毫无疑问,帕斯迦修·拉德贝尔都是在表达当时的许多虔诚人士的感情。但他的论点对他的同时代人中间那些在奥古斯丁的唯灵主义传统里成长起来的最好的神学家来说却是不合口味的。其中的一个神学家就是拉特兰努。

㉗ Ratramnus, *De corp et sang. Dom.* 5 (ed. J. N. B. van den Brink [Amsterdam: Noord-Hollandse Uitgevers Mij., 1954], p. 34).

㉘ J. van Opdenbosch, “De eucharistieleer de Nederlanden ten tijde der Karlingers”, *OgE* (1944), 1:7~34; 2: 9~38 (1945); 1: 7~92.

㉙ Paschasius, *De corp. et sang. Dom.* 1.2.

㉚ 整个十四章用一系列长长的神奇的叙述来证明这一点。

㉛ *De corp. et sang. Dom.* 9.1.

拉特兰努的论文用了和帕斯迦修一样的标题《论主的身体和血》。[32] 在这里拉特兰努回答了国王提出的两个问题，不过他是这样回答的，以致他的论文在后世引起了许多讨论。[33] 对于第一个问题，他回答说，圣餐中的基督的存在不是“真实的”，而只是“象征的”。[34] 但这并不是说，他否认基督的身体在圣餐里的真正的存在。对他来说，“真实地”存在着的东西与“象征地”存在着的东西之间的不同在于，前者可以通过肉体的感官“从外部”察觉到，象征地存在着的东西只能用信心之眼才能看到。虽然
121 “真实”更加直接地与认识对象关联着，但真实地存在着的东西并不比象征地存在着的东西更真实一些，因为“象征”是存在于“象征”背后的实物的一种遮着面纱的表现。[35] 所以，基督的确是在圣餐之中，不过不是这样在圣餐中，以致可以肉眼看见他。实际上这就是国王查理所要问的，或许是因为他在帕斯迦修·拉德贝尔都的论文中看到了那些神奇叙述。

对于国王提出的第二个问题，拉特兰努回答说，存在于圣餐中的基督的身体，因为后者这个身体现在是在天父的右边，是看得见的，而在圣餐中的基督身体是看不见的。圣餐里的基督的身体的存在是属灵的，而信徒分享圣餐中的基督的身体也是属灵的。这并不是说，拉特兰努把圣餐理解成为仅仅是一种纪念仪式。与此相反，基督确实是在圣餐的饼和酒

㉜ 参考上面注 26。关于他的教义见：J. F. Fahey, *The Eucharistic Teaching of Ratramn of Corbie* (Mundelein, Illinois: Saint Mary of the Lake Seminary, 1952); A. Béraudy, *L'enseignement eucharistique de Ratramne, moine de Corbie an IXeme siècle, dans le De Corpore et sanguine domini* (Lyon, doctoral thesis, 1953); A. Béraudy, "Les catègories de pensée de Ratramne dans son enseignement eucharistique", in *Volume du XIIIe centenaire, Corbie, abbaye royale* (Lille: Facultés catholiques, 1963), pp. 157 ~ 180。

㉝ 在 11 世纪里，这一论文（当时认为是 John Scotus Erigena 所写）在 Berengar 与 Lanfranc 之间展开的争论中起到了重要的作用。几个世纪以后，一些新教徒用这一论文来支持他们的圣餐教义。结果，这一论文被收在《禁书目录》里。后来，19 世纪才开始对这一论文进行客观研究。

㉞ Ratramnus, *De corp. et sang. Dom.* 49 (ed. van den Brink, p. 46).

㉟ 关于这些以及其他相关术语的意义的很好的研究，见，Béraudy, *L'enseignement*, pp. 43 ~ 95。

之中，不过是以属灵的方式处在其中，肉体感官是不能理解的。[36]

拉特兰努的论文没有动摇帕斯迦修·拉德贝尔都，他仍坚持他的主张，同时还加以阐明，以免由此引申出过激的说法。在评论《马太福音》（《马太福音》26章26～28节——译者）的时候，他谈到了耶稣设立圣餐所说的话，他攻击那些断言在圣餐里是“肉体的机能而不是肉体；血的机能而不是血；是象征而不是实体；是影子而不是身体”的人。[37] 这些人应该受到基督本人的指正，因为他说：“这是我的身体”，并驳斥那些声称圣餐中的身体不是钉死在十字架上的身体的人，因为他在进一步描写他正在递给他的门徒们的东西时说：“这是我的身体，为你们舍的”——也就是说，是同一个身体，不是另一个。[38] 在这一点上，帕斯迦修·拉德贝尔都始终是坚定的，这可见于这样一个事实，几年之后，当一个有些相信拉特兰努的论文的修士请求帕斯迦修·拉德贝尔都进一步阐明这件事情时，122
他干脆重复了原来的论据，并加上了一大串教父的语录。[39]

哥特沙勒克也从荷特维里尔（Hautvilliers）的修道院的囚牢里参与了这一辩论。[40] 在一篇大量引用奥古斯丁的语录和思想的简短的论文中，他反对把圣餐中的身体和历史上的基督的身体等同起来，尤其反对帕斯迦修·拉德贝尔都把圣餐说成是基督在其中重新受苦的献祭。圣餐中所有的是一种神秘的存在，这种存在是拉德贝尔都试图使用的准确措词所不能表达的，不过这种存在的核心是在信徒里起作用的“道的大能”。

拉巴努斯·摩里乌斯——就是那个在兴克马尔面前指控哥特沙勒克的人——也参与了这一争论，虽然这时站到了哥特沙勒克和拉特兰努的

---

[36] *L'enseignement*, pp. 176～227，他的这些结论我没有接受。

[37] *In Matt. Evang.* 9.26（*PL*,120：890）.

[38] 同上。

[39] *Ep. ad Frudegardum*（*PL*, 120：1351～1366）.

[40] 即，如果接受了G. Morin的观点，见“Gottschalk retrouvé”，*RevBened*, 43（1931），303～312，那么就是说，*Dicta cuiusdam sapientis de corpore et sanguine Domini*（*PL*, 92：1510～1518）是Gottschalk的作品。

一边，而反对帕斯迦修·拉德贝尔都。他的有关这个题目的著作已经失传。[41] 约翰·司各脱·厄利哲那采取了同拉特兰努、哥特沙勒克，也许还有拉巴努斯·摩里乌斯类似的立场。[42] 然而，厄利哲那没有积极投入辩论，只是助阵而已。[43]

尽管有这么广泛的反对意见，但对于基督在圣餐中存在的实在论解释，终于成了大家共同的观点。9 世纪末，哈伯斯达的海姆（Haymo of Halberstadt）主教写了一篇简短论文，谈到了饼和酒化质成为基督的肉和血。[44]

123 > 如果在信徒们的头脑里，对于放在圣桌上的饼和酒的实质，经过祭司的神秘职能和恩典的作用而变成基督的身体和血，抱有任何怀疑，那就是一种邪恶的愚妄，因为上帝是通过他的神圣的恩典和神秘的能力做这件事情的。所以我们相信并笃信地承认和坚持，正像已经说过的那样，由于神的能力的作用，饼和酒的实质已经化质为另一种实质，即血与肉。因为正像神的理智的无所不能按照其意志从无中造有并不是不可能的那样，神的无所不能把被造物的性质改变成其所要的任何东西也不是不可能的。因为如果上帝的无所不能能从

㊶ 如果事实上 G. Morin（见注 39）是正确的。一些人把 *Dicta* 归给 Rabanus，认为这就是他的已失传的论圣餐作品。

㊷ *Exp. Super. Ierarch. cael.* 1.

㊸ 在此，有关历史的事实也有一些疑问。一些中世纪的作者提到过 Scotus 的一本论圣餐的书。然而，这样的书似乎不曾存在过，之所以产生这种差错很可能是误把别的作者（最有可能的是 Ratramnus）的文章认为是 Scotus Erigena 的作品的结果。见 M. Cappuyns, *Jean Scot Erigène: Sa vie, son oeuvre, sa pensée*（Bruxelles: Éditions "Culture et Civilisation", 1964），pp. 88 ~ 91。

㊹ 关于 Haymo 作品的作者身份十分复杂。一些传统上认为是 Haymo of Halberstadt 所写的作品可能是出自他同时代的 Haymo of Auxerre 之手。总之，重要的是，9 世纪时有一个人（Haymo of Halbertstadt 或与其同名的 Auxerre）就持守着本文所阐述的观点。必须附带一提的是，这一论文也可能是 11 世纪的作者 Haymo of Hirschau 或 Haymo of Telleia 所写，尽管这一观点仅有的论据就是文章中提出的圣餐论教义中看似真实的年代错误。

无中造有，那就没有什么不可能从一些东西中造出另一些东西来。因此，那位看不见的祭司，用他奇妙之能，把他的所见的被造物变成了他的血和肉的实质。不过，虽然其实质的性质完全变成了基督的身体和血，但在领受圣餐的奇迹中，这个身体和血仍然保留着饼和酒的色味。㊺

这段引文包括了后世有关变质说教义的全部基本要旨，虽然其表达的用词和后来大家普遍接受的用词不完全相同。

关于灵魂的争论

在加洛林时代发生的许多争论中，有两个是关于灵魂的争论——一个是它的无形体性（incorporeity），另一个是它的个体性（individuality）。

灵魂的无形体性这个问题在加洛林复兴时期曾在几个场合里被提出，㊻但只是在9世纪中期在秃头查理执政时才发生了简短的，但却是公开的争论。这个神学辩论的一方是科尔贝的拉特兰努，另一方是来自利姆斯的一个匿名作者，很可能就是大主教兴克马尔。㊼ 拉特兰努应一位 124
政府官员的要求，写了一篇关于这个题目的论文，他在其中声称，灵魂是无形体的，因而不受肉体的约束。㊽ 国王读了这篇论文之后，就向来自利姆斯的智者（兴克马尔）提出了一系列关于灵魂的问题，智者用一篇简短的作品予以解答，㊾ 在其中他驳斥了拉特兰努的主张。与之相反，灵魂是

㊺ Haymo, *De corp. et sang. Dom* (*PL*, 118: 815 ~ 816).

㊻ 在 Charlemagne 统治期间，Alcuin 就这一主题写过论文（*PL*, 101: 639 ~ 647），在 Lothair 一世统治下，Maurus 也写了这样的文章（*PL*, 110: 1110 ~ 1120）。

㊼ Cappuyns, *Jean Scot Erigène*, p. 93 n. 1.

㊽ A. Wilmart, "L'opuscule inédit de Ratramne sur la nature de l'âme", *RevBened*, 43 (1931), 207 ~ 223.

㊾ *De div. et mult. an. rat* (*PL*, 125: 933 ~ 940).

拴在身体上的。但这不是说灵魂受身体的限制，因为灵魂通过它的知识可以超越身体的范围。这场简单的辩论就到此为止，这场辩论没有什么意义，只是表明奥古斯丁灵魂无形体的教义又一次被提出来辩论。

灵魂个体性这个问题就重要得多了，因为一个人的有知觉的生命在死后能否存在，就是取决于灵魂的个体性。某个叫马迦流（Macarius）的人——人们只知他是爱尔兰人[50]——提出了一个全体灵魂的理论，而个体灵魂分有全体灵魂的一部分。一个来自博韦（Beauvais）的修士受了马迦流的启发，写了一篇论文为这个观点辩护。博韦的主教奥多（Odo）要求拉特兰努驳斥这个修士。拉特兰努这位科尔贝的智者只是写了一个简短的答辩，说这个“狂妄的青年”的见解不值得注意。这个匿名的青年修士，由于拉特兰努的答辩，便坚持自己的立场并提出一些论点，试图反驳对手的观点。拉特兰努接着又以一本“小书”给予答辩。最后，拉特兰努针对这位年轻人的新的答辩和反驳，决定写一篇《给博韦的奥多关于灵魂的论文》（*Treatise on the Soul to Odo of Beauvais*）。所有这些著作都已遗失，只有最后一本，是在较晚的年代才发现和出版的。[51] 通过这一论文我
125 们才弄清楚了这场争论的过程，以及拉特兰努的对手的见解和他自己的主张。[52] 这一争论的历史背景是这样的：在奥古斯丁的一段颇为费解的文章里，这位希坡的主教讨论了灵魂数目的问题，但没有得出明确的结论。马迦流和他的那位在博韦的匿名门徒，就根据这段文章来证明灵魂既是一个又是多样的。他们在新柏拉图主义的唯实论框架里来解释奥古斯丁，声称有一个共相的灵魂，而且我们的个体灵魂只是通过参与这个共

---

[50] 根据他是爱尔兰人以及他的一些观点，一些学者认为 Macarius 也许就是 John Scotus Erigena。他更有可能像是 Erigena 的门徒。

[51] D. C. Lambot, ed., *Ratramne de Corbie*: *Liber de anima da Odonem Bellovacensem* (Namur: Godenne, 1952).

[52] P. Delhaye 对这一论文作了比较细致的研究，见，P. Delhaye, *Une controverse sur l'âme au* Ⅸ^{e} *siècle* (Namur: Centre d'études médiévales, 1950)。

相的灵魂才存在着。这样,就形成了哲学唯实论被应用到灵魂数目这个问题时会造成何种结果的争端,并且也可以理解成为有关共相(universals)的长期辩论中的又一篇章。

拉特兰努的反驳,虽然声称在形式上是依据奥古斯丁的那段文章,但实际上是建立在他本人有关共相的主张上,也是建立在他想要保护人的个体性的兴趣上。拉特兰努并没有按照特定的东西是真实的那同一个意思把共相设想成真实的实体。共相是些概念,而且只是作为概念才是真实的,因此,个体的现实存在不能简单地放在共相上。拉特兰努就是从这种主张出发来解释奥古斯丁的。因此,当奥古斯丁谈到单数的灵魂时,他不是指存在于个别灵魂之上和之外的一个全体灵魂,而是指灵魂的概念——一个真实的概念,但不比个体灵魂更为真实,而且在超自然方面也不是先于个体灵魂。

加洛林时期西方的其他争论

加洛林复兴时期,神学活动极其紧张,有关三位一体的一些争论点被提出来辩论是在所难免的。就某种意义来说,我们已经讨论过的"嗣子论"就是这些争论点之一。我们即将讨论的"和子"(*Filioque*)的问题也是如此。

另一个这类三位一体的争论是哥特沙勒克与兴克马尔之间关于三神(*trina deitas*)信式的争论。这个信式是在一个古代的赞美诗中发现的。126
兴克马尔认为它是阿利乌派的,就让人把它删掉:神是一位,如果肯定相反的情况,就是在三位一体的各位之间夸大其区分,那就是阿利乌主义的典型做法。哥特沙勒克和拉特兰努在答复这一点时,引用了一系列教父著作,来证明这一被删掉的短句的正统性,并指控兴克马尔有撒伯流主义:如果否认神是三位一体的,就是撒伯流主义的典型做法,犯了在神的各位之间加以混淆的错误。兴克马尔发现自己卷进了一场超出他的学识能力的争论，就做了两手准备：在写出《论神非三而一》（*On the Divinity Being One, and Not Triune*）的大篇文章的同时，利用他的政治权势来获取正在亚亨（Aachen）举行的一次教会会议（公元 853 年）的支持。就我们所知，这场争论就此结束了，虽然一段时间之后兴克马尔的若干追随者仍在反对三神信式。总之，兴克马尔未能让人把这一短句从礼拜仪式中删掉。

虔诚的路易（Louis the Pious）当政时，关于《圣经》的文体（Style of Scripture）问题，在图尔的夫雷德吉撒斯（Fredegisus of Tours）和里昂的阿哥伯尔德之间发生了争论。阿哥伯尔德声称，使徒们和其他《圣经》作者们使用了简朴的语言，有时甚至使用了不正确的语法，以便使读者易懂。夫雷德吉撒斯对这样的见解感到厌恶，挺身出来为使徒们辩护。阿哥伯尔德用一本简短的《反对夫雷德吉撒斯之书》（*Book Against Fredegisus*）做了答复，他在书中坚持说，《圣经》的权威并不在于夫雷德吉撒斯所维护的文法上的正确无误，并宣称使徒们以及《旧约圣经》中的先祖们、士师们和帝王们，都是一些低微的人，他们从来不会自称在文法上是正确无误的。再者，如果从人的观点来看，《圣经》的文法并不总是正确的，其理由是，《圣经》的目的是要迁就我们，而不是只顾用高水平的语言向我们宣讲，以致我们听不懂。[53]

127 最后，在加洛林时期，有一个关于得救的人怎样能看见上帝的辩论。[54] 在 9 世纪前半叶虔诚的路易当政时，关于这个问题，有人请教某个名叫肯帝德斯（Candidus）的人，他回答说只有纯洁的灵魂才能看见上帝，因为上帝对于肉体以及不纯洁的灵魂都是不可见的。[55] 过了些时候，哥特沙勒克也就同一个问题广泛求教，并提出了自己的见解，认为复活的身

---

[53] *Lib adv. Fred.* 7.

[54] M. Cappuyns, "Note sure le problème de la vision béatifique au Ⅸ^{e} siècle", *RThAm*, 1 (1929), 98 ~ 107.

[55] *PL*, 106: 103 ~ 108.

体将这样成为属灵的,以致其眼睛将能看见上帝。[56] 塞尔维塔斯·流巴斯劝告他,在那些上帝还不愿意在今世启示我们的神秘事物面前要更加审慎,并提出,无论怎样,这种使人欢乐的显圣通过心灵之眼是可以看到的。[57] 兴克马尔没有放过这一攻击哥特沙勒克的机会,因此有几次提出这个争论点。[58] 约翰·司各脱·厄利哲那遵循他自己的哲学主张,把这一讨论带到另一个水平上,而否定被造物可以看见上帝的实体的可能性,不管是用肉体之眼还是用心灵之眼。至于复活的身体,司各脱声称,它将是纯粹属灵的,因而我们享受这种使人欢乐的会见,将是在灵界里——这一会见在任何情况下只能看见上帝的形象,而他那不可接近的荣耀,是永远不能看见的。[59]

如所预料,这一争论没有得出明确的结论。不过,这有助于用例子说明对那些不可思议的事物进行无聊的推测在加洛林复兴时期是风靡一时的。[60]

“和子”

尼西亚—君士坦丁堡信经提到圣灵时,只是说“他来自圣父”,这并不能理解成为否认圣灵也可能来自圣子,因为4世纪时这个问题没有引 128
起辩论,而那些在君士坦丁堡开会的主教们也没有必要说明圣灵的由来。再者,东方和西方传统上都相信,圣子在圣灵的由来中是有作用的,虽然西方的最通行的信式中都是说,圣灵来自“圣父和圣子”,而东方是说圣灵“通过圣子来自圣父”。

---

[56] *Ep. ad Ratramnum.*

[57] *Ep. xxx, Ad Gotteschalcum mon.*

[58] Cappuyns, “Note”, n. 13, 25, 26.

[59] 同上,pp. 105 ~ 106。

[60] Cappuyns 也指出,这一争论表明了加洛林王朝时人们对奥古斯丁着迷的方式(同上,pp. 106 ~ 107)。事实上,人们争论的就是奥古斯丁在不同时期所表述的不同观点怎样才能协调一致。

在西方，有人在信经里插进了“和子”的信式——*Filioque*——借以肯定圣灵的双重的由来，这样就是说“他来自圣父和圣子”。[61] 虽然这样插进字句起因不详，但似乎先在西班牙流行，[62]继而传到高卢和其他西方教会。查理曼当政时期，法兰克人和拜占庭人之间关系紧张，“和子”问题成了长期争论的根源——也成了争论的借口。在《加洛林文献》(*Caroline Books*)(公元794年)中，人们声称，那个说圣灵“通过圣子来自圣父”的极其古老的东方信式是不正统的。在亚亨的宫廷教堂里人们习惯唱的信经中添加有“和子”这个字句。[63] 争论是这样爆发的：有一些拉丁修士从耶路撒冷去访问皇家教堂，然后带着这种新版本的信经回到了该圣城——或者是，为了要挑起辩论，一些拜占庭人声称，拉丁人带回了修改了的第一版本的信经。不出预料，他们受到了东方基督徒们的坚决抵制，东方基督徒们指责他们是异端和标新立异。公元809年在亚亨召开的一次教会会议上，法兰克人的主教们宣布，希腊信式是异端，而且必须承认
129 圣灵“来自圣父和圣子”。在采取这一行动中，他们自称得到了几个“拉丁教父”的支持。后来，若干加洛林神学家就这个问题写了文章，维护西方的主张——他们是约克的阿尔昆，[64] 奥尔良的提阿丢尔夫，[65]科尔贝的拉特兰努，[66] 以及巴黎的以尼雅。[67] 在这个时候，教皇利奥三世拒绝接受信经里的任何插入语，而避免了同东方不可避免的决裂。因而，他避免了罗马与君士坦丁堡之间的直接交锋。然而他的行动不足以阻止整个拉丁

---

[61] 这里对这一争论的过程只能作一个简洁的概括性说明。一篇出色的叙述，见 Amann，*L'époque carolingienne*，pp. 173～184。

[62] 古代西班牙的几次公会议肯定圣灵的双重由来。Ildefonsus of Toledo 也是如此，参见其著述：*De virg. perp. S. Mariae*（*PL*，96：104）。

[63] Charlemagne 自己对此问题也很有兴趣。见 W. von den Steinen，“Karl der Grosse und die *Libri Carolini*”，*Neues Archiv*，49（1932），207～280。

[64] *De proc. Spiritus Sancti*（*PL*，101：63～84）.

[65] *De Spiritu Sancto*（*PL*，105：239～276）. 这只是教父文献集成。

[66] *Contra Grace. opposita*（*PL*，121：225～346）.

[67] *Lib adv. Graecos*（*PL*，121：685～762）.

教会把“和子”这个字句包括在信经里。早在公元867年,在阜丢斯(Photius)分裂期间,“和子”问题成了使东方脱离西方的主要因素之一。而后,这个问题就一直是基督徒团结的障碍。

这一争论涉及到两种不同的争论点。[68] 一方面,插进字句这种做法本身的正统性受到了怀疑。另一方面,引起辩论的是,后期的宗教会议或其他教会当局有没有权力更改或插句于被认为是在尼西亚和君士坦丁堡制定的古代信经。很少有神学家能在这二者之间判明是非——只有教皇利奥三世例外。因为这二者的混淆不清,大多数西方神学家力图表明“也来自圣子”教义的正统性和必要性,而大多数东方神学家则力图表明信经是不能插进字句的。这样,微不足道的分歧就被大肆渲染,而且对方的主张总是被歪曲丑化。

然而,有某一个神学争论点是相持不下的。这就是对于三位一体中的三位之间的关系问题,东方神学家们传统上的理解方法与西方神学家们传统上的理解方法之间的分歧——东方是步迦帕多西亚派的后尘,而 130
西方则是步奥古斯丁的后尘。

东方神学的出发点是必须肯定三位一体的独一起源。上帝的存在只能是一个来源,而这个来源必须是圣父。那人们就不能说圣灵也来自圣子吗?当然不能按照圣灵来自圣父的那个意义来说,因为圣父是圣灵的存在的最终来源,而圣子就不是。因而得出了“通过圣子来自圣父”的信式。另一方面,西方神学家们把圣灵看做是使圣父与圣子结合起来的爱。因为这是彼此之爱,人们就必须说圣灵“来自圣父和圣子”。这并不是说,存在有两个最终来源,因为圣子并不是他自己的来源,而是圣父所生。

总之,这一争论始终得不到解决,而且许多世纪以来,总是阻碍着基督教教会的两个分支之间的重归于好。

---

[68] U. Küry, “Die Bedeutung des Filioque-Streites für den Gottesbegriff der abendlaendischen und der morgenlaendischen Kirche”, *IntkZtschr*, 33 (1943), 1 ~ 19.

这个争论的一个副产品是，西方的教皇和其他的人重新使用古老的《罗马信经》，因为他们希望通过使用一个有别于尼西亚的信经来避免冲突。部分是作为这一政策的结果，古老的《罗马信经》——现在被称为《使徒信经》——终于成了西方的最流行的信经。

约翰·司各脱·厄利哲那

约翰·司各脱·厄利哲那(John Scotus Erigena)是加洛林复兴时期最出色的人物。他是爱尔兰人，[69] 于 9 世纪前半叶来到了法兰克人的王
131 国。[70] 他进了秃头查理的宫廷，并享有很大的威望。我们曾谈到过，兴克马尔要求他参与有关预定论的争论。他参加那次争论的过程，很能说明他在那个时期中所处的地位：人人都因他的博学而尊敬他。然而，由于他热爱和遵循希腊哲学，以致他的主张不完全合乎正统，所以人们对他半信半疑。因此，尽管有很多人拿他作为自己的神学事业的学识和思想泉源，却没有人成为他的追随者。在随后的三个世纪中，他的著作经常被人引用，虽然那些引用的人往往提醒读者警惕他的神学思想。13 世纪初期，他的主要著作《论自然的区分》(*On the Division of Nature*)，似乎是支持本那的阿玛勒瑞克(Amalric of Bena)的异端的，因而受到谴责。然而，由于他的伪狄奥尼修斯译本被普遍采用，他的影响继续留在人间。

---

[69] 他的名字"Scotus"和"Erigena"或"Eriugena"也是爱尔兰人的。爱尔兰也被称为 Scotia 和 Erin 以及 Hibernia。然而自 17 世纪开始，"Scotus Erigena"这个重复的名字通常就被用在他身上了。M. Dal Pra, *Scoto Eriugena* (Milan: Bocca, 1951), p. 10。除了上面所引用的 Cappuyns 的作品外(注 43)，也可参考下列有益的作品：J. J. O'Meara and L. Bieler, eds., *The Mind of Erigena: Papers of a Colloquium* (Dublin: Irish University Press, 1973); C. Allegro, *Giovanni Scoto Eriugena*, 2 vols. (Rome: Città Nuova Editrice, 1974, 1976)。关于早期思想家对 Erigena 的影响见 W. Beierwalters, ed., *Eriugena: Studien zu seinen Quellen* (Heidelberg: C. Winter, 1980)。

[70] 他离开爱尔兰的缘由不得而知。他也许是在丹麦人入侵之前逃走的，或许是被 Charles the Bald 召见入宫。无论如何，那时爱尔兰人是出了名的喜欢周游世界。Cappuyns, *Erigène*, pp. 56～58.

厄利哲那的大部分文字工作都是翻译早期东方神学家们的著作。由于希腊文在西方被漠视和被摈弃,这种翻译工作就显得特别有价值。除了伪狄奥尼修斯译本之外,厄利哲那还翻译了宣信者马克西姆、尼撒的格列高利,也许还有伊皮凡尼乌(Epiphanius)等的著作。而且,他的最重要的原著也都保存下来了。[71]

厄利哲那继承了亚历山大的克莱门特,奥利金,和伪狄奥尼修斯的传统。他的哲学是有高度推测能力的哲学,在其中辩证法和立论明确的艺术是最重要的,而且在其中一切事物都包括在上帝和宇宙的广阔视野里。

按照厄利哲那的看法,自然界包括一切存在着的东西和一切不存在着的东西。[72]“不存在”可以有几种不同的理解。首先,一切超过头脑和感官的能力的东西都是不存在的。就这个意义来说,本质就是不存在的,
因为我们只能领会和理解偶然事物,而从来都不能领会和理解偶然事物 132
背后的本质。第二,每一种高于自然界中某一要素的东西,就同这个特定要素的关系来说,是不存在的,因为我们不能知道那个处在这个特定要素之上的东西。因而,有些东西从宇宙等级制的高级成员的观点来看可能是存在的,而从低级成员的观点来看就是不存在的。第三,那些仅仅以潜能形式存在的东西,是不存在的。第四,那些受时间和空间限制因而可变可迁的东西是不存在的。最后,人作为罪人,由于我们脱离了上帝,是不存在的。[73] 这些各种类型的不存在是不同的,某些东西就某种特定意义来说可能是存在的,就另一种意义来说是不存在的。

另一方面,自然力可以分为四类:一是进行创造而自己不是被造的自

---

[71] 其中大多数作品被收集在 *PL*, 122: 441 ~ 1022 里。参见 I. P. Sheldon-Williams, “A List of the Works Doubtfully or Wrongly Attributed to Johannes Scottus Erigena”, *JEH*, 15 (1964), 76 ~ 98。有一个关于其体系的摘要,见 J. E. Manieres,“ Les articulations majeures dans le système de Jean Scot Erigène”, *MSR*, 20 (1963), 20 ~ 38。

[72] *De div. nat.* 1.2.

[73] 同上,1.3 ~ 7。

然力，二是自己是被造的而也进行创造的自然力，三是自己是被造的又不进行创造的自然力，四是现在不进行创造也不是被造的自然力。[74] 第一和第四分类相当于一个单一的真体——上帝。这两者之间的区别只在于我们的理解，因为第一分类是把上帝理解为万物的起源，而第四分类是把上帝理解为万物的归宿。第二分类包括万物的原始起因。第三分类包括所有那些短暂存在之物。厄利哲那的著作《论自然的区分》就是按照这个大纲的，前三分类各用了一卷，而第四分类用了两卷。在我们讨论他的思想时，也用这个大纲。

上帝，不是被造的而是进行创造的自然力，是超越我们的头脑的一切局限性的。因而，我们只能以自相矛盾的方式谈论上帝，既肯定又否定我们的每一种说法——这是约翰·司各脱取自伪狄奥尼修斯的一个教义。肯定总是要象征性地加以理解，而否定总是要如实地加以理解。举例来说，上帝是本质；但也不是本质，而是多于本质。这种截然相反可以用一句话来总结，即上帝是超本质的——一种其本身中包含有否定的肯定。[75]

严格地讲，上帝是不可知的。《圣经》中有关上帝的慈爱、怜悯、愤怒等等的所有论断，都不应照字义来理解，而只能当做比喻来理解，如保罗
133 的名言所说，“我是用奶喂你们，没有用饭喂你们”（《新约圣经·哥林多前书》3 章 2 节——译者）。因为《圣经》是给一些思想简单的人看的，所以才使用这种比喻的语言。实际上，上帝是不可知的，不仅对被造之物是如此，甚至对他自己也是如此。知识就意味着定义，而定义就意味着界限。由于上帝是没有界限的，上帝是不可知的。所以上帝不知道自己。不过，这种神的无知，不同于我们的无知，而是一种大大高于最高知识的超无知。[76]

---

[74] 同上，1.1。

[75] *De div. nat.* 1.14.

[76] 同上，1.28。

人们所能断言的神的基本属性是，上帝是三位一体的。在这里厄利哲那只是追随了早期就明确的正统教义。对于也“来自圣子”，司各脱没有公开反对把它列入信经，[77]虽然确实是倾向于肯定，圣灵通过圣子来自圣父。[78]

这种不是被造的而又进行创造的自然力，是诸原始起因的来源，而原始起因反过来又是被造的并且进行创造的自然力。这些原始起因是永恒的——整个天地万物确实如此。天地万物是永恒的，因为要不然天地万物对上帝来说就是偶然的，但上帝是没有偶然性的。换言之，上帝的永恒和不变要求天地万物是永恒的。[79] 上帝先于天地万物，不是按时间的先后次序——因为上帝不在时间之内——而是按存在的先后次序。上帝是天地万物存在的根源。

上帝的三位一体性在整个天地万物之中表现出来，因为每个被造物都表明，上帝存在着，上帝是智慧的，上帝活着。[80] 圣父是万物存在的根源，圣子是万物在其中被造出的智慧，而圣灵则是宇宙秩序的来源。[81]

上帝是从无有中创造万物的——包括原始起因在内。这种“无有”
并不是绝对无有，全部虚无，而是上帝，他是不存在的，因而他可以被称为 134
“无有”。那么，“从无有中创造”（*creatio ex nihilo*）就变成了“从上帝中创造”（*creatio ex Deo*）。[82] 原始起因是天地万物的首项，是第二大分类的自然力，原始起因存在于道中，圣父自太古以来就把原始起因置于道中。[83]司各脱遵循了其他具有新柏拉图主义倾向的基督徒们早已开辟的途径而声称，存在于道中的原始起因是一切短暂的被造物的原型。原始起因是

---

[77] 同上，2.33，他用反讽的语气来论述。对此将抱着一种嘲讽的态度。

[78] 同上，2.31。

[79] 同上，3.8。

[80] 同上，1.13。

[81] 同上，2.21。

[82] *De div. nat.* 3.5，19.

[83] 同上，2.2。

永恒的，而个别的被造物则将消失。正是由于原始起因的存在，因而人们必须说，天地万物是永恒的。天地万物的永恒可见于原始起因之中，因而也就可见于道之中，而圣灵就在道中掌握这些起因并把它们分配到历史上的个别被造之物中去。[84]

第三分类的自然力，即被创造而不进行创造的自然力，是从三位一体对原始起因的这种作用中产生的。这一级的天地万物是一下子就出现的，而不是分阶段出现的；《创世记》一步一步地记载创造天地，只是为了叙述明确，不然就会模糊不清，正如我们用按部就班的话表达实际上是瞬间的思想那样。[85]

这第三级的自然力就是我们通常所说的“天地万物”，就是那些存在于时间和空间之内的东西。物质的东西实际上是非物质的质的结合体。纯粹无形的东西是不存在的——就它是不可知的这个意思来说是不存在的。简言之，有形物是由无形物的聚集成群而形成的。这就是四种要素——火、气、水和土——的起源。[86] 一切物体都是由这四种要素的特性的各种结合而形成的。除此之外，这第三级的自然力还包括有直接来自原始起因的精灵。

所有这些不进行创造的被造物都显示着那个不是被造的而进行创造的
135 的自然力，即上帝。因而，厄利哲那称这些被造物为“上帝的显现”（“theophanies”）。在这些之中，当然，他最注意的是人。[87]

严格地讲，人的本质不是存在于个别的人，而是存在于造物主头脑中

---

[84] *De div. nat.* 2.30.

[85] 同上，3.31。

[86] 同上，1.58。

[87] 在他对 Pseudo-Dionysius 的 *Celestial Hierarchy* 的评注里，Erigena 确实对天使进行了详尽的讨论。然而，由于篇幅所限，他的观点不能在此总结。另一方面，他的观点无论如何也没有什么原创性。关于他对“上帝的显现”的理解，见 T. Gregory，“Nota sulla dottrina delle ‘teofanie’ in Giovanni Scoto Eriugena”，*StMed*，III，4（1963），75～91。

有关人的概念。[88] 创造天地最初的目的并不包括可朽物,而只下降到最低级的属灵物,即人,而人被设计成只有一个灵性身体。[89] 由于亚当的堕落,腐败就进入了宇宙。因为全人类的意志都在亚当里面,所以我们因亚当的罪而受惩罚,并不算不公道。[90] 这种罪在于只顾自己而不顾造物主,这种罪的发生和创造天地是同时的,[91] 所以,宇宙从它一开始的那一刹那就已经是腐败的。[92] 我们所知道的人的身体是这个堕落的天地万物的一部分。[93] 人类里面存在着男女两性,情况也是这样。[94]

上帝在人里面的形象是多方面的,但上帝的形象首先是在灵魂里。灵魂存在于整个身体,正如上帝在万物中一样;灵魂并不局限于某一特定的肢体,正如上帝不局限于任何一个东西那样。灵魂知道自己存在着,但不知道它自己的本质——正如我们已谈过的,关于上帝也可以这样说。最后,灵魂反映着神的三位一体,因为尽管灵魂是单纯的,但灵魂也是智能,理性,和内在意识[95]——这种说法是厄利哲那从奥古斯丁和伪狄奥尼修斯那里得来并加以修改的。但是,由于整个天地万物都反映着造物主,所以上帝的形象也可以见于人的身体,因为人体存在着,活着,而且有知觉,这三方面是三位一体的一个影子。[96]

第四分类的自然力既不进行创造也不是被造的自然力。前面已经谈 136
到过,这第四分类和第一分类是相同的,虽然我们这时不是把上帝当做万物的根源,而是当做万物正在移向的终点。整个天地万物在一个最后复

[88] *De div. nat.* 4.7.

[89] 同上,2.23。

[90] *De praedest.* 16.3.

[91] *De div. nat.* 4.15.

[92] Cappuyns, *Erigène*, pp.358 ~ 359.

[93] *De div. nat.* 2.25.

[94] 同上,2.26。

[95] 同上,4.11。

[96] 同上,4.16。

原的伟大过程中回归到造物主那里——即古希腊的有关复原(或万物复归于元首基督——译者,*apokatastasis*)的教义。这一复归以基督的复活为开端,在基督的复活中罪的后果已被消灭。举例来说,复活的基督里没有男女的性别,至于他来到门徒们中间还是男人的模样,唯一的原因是怕门徒们不认识他。[97]

经过一系列的阶段,万物都将归向上帝。虽然这意味着腐败的身体的消失,但甚至那些这时存在于这些腐败的身体中的东西也将归向上帝;因为它们的存在是属灵的,所以它们将复原。[98] 每件东西都将被提高一步,直到万物都回归上帝,而上帝就成为"一切的一切"。

到这里,厄利哲那的宏大轮回说(Vast cycle)即告终结。他之所以被很多人敬仰的理由是很清楚的。他之所以也被人斜眼看待的理由同样是清楚的,主要有三点。

厄利哲那的教义受到怀疑的第一点,涉及到上帝与创造物之间的关系。尽管厄利哲那一再试图表白他与泛神论是如何不同,但他的哲学给人留下的印象是,只有一个单一的真体,即上帝。这位上帝并没有创造什么其他的真体,只是创造了他自己存在的各种各样的表现。换言之,在厄利哲那的思想里,创造和流溢之间没有什么明确的区别。这就是为什么几个世纪之后,本那的阿玛勒瑞克认为,他可以从《论自然力的划分》一文中为自己的教义找到根据。

第二,基督其人在厄利哲那的种种推测中只有很次要的作用。他确
137 实是把原始起因置于道之中,但是很难看出道与历史上的耶稣之间有什么关系。他的基督论信式也确实是完全符合正统的;但他讨论耶稣其人的那种方式确实说明有幻影说的倾向——例如,他关于复活的主的性别的叙述。

---

[97] 同上,2.10。

[98] 同上,5.25。

最后,厄利哲那把地狱的折磨理解为一种比喻,并声称这些折磨存在于一个邪恶的良心的痛苦之中。[99] 在他那个时代,这样的主张是大多数人所不能接受的。

由于这些原因,尽管厄利哲那的思想纵横驰骋,但他在中世纪的影响并不是如所预期的那么大。加之,随着他的保护人秃头查理的驾崩而来的黑暗时代,造成了那样一种气氛,以致不可能追随他那有如万马奔腾的思绪。因而,那些说他是经院主义鼻祖的人只是夸大其词而已。他的重要性,倒是在于他是一个独特的思想家,在于他那给人深刻印象的宏伟思想体系;而他对后世的影响,主要在于他把早期的东方神学介绍给了中世纪的西方。[100]

个人补赎的事态发展

在本《思想史》的第一卷里,我们曾屡次看到,受洗之后犯的罪给初建的教会带来了严重的问题。对这种罪应该怎样办呢?当然不能对这种罪置之不理,但也不能用重洗的办法来洗净信徒的罪。因此,有些人就把洗礼推迟到成年时期,也就是过了青年的孟浪之后。例如,君士坦丁——和很多别人一样——是在临终的榻上受洗的。但是,这种做法歪曲了洗礼的原意,洗礼是一种仪式,表示一个人加入和参与了基督的团体。另一种办法就是拿殉道作为“第二次洗礼”。但这只有在受迫害时期才能得 138
到。最后,第三种办法是用悔罪和补赎来洗除受洗之后所犯的罪。这就是教会苦行赎罪制度的起源。

虽然在教父时期,对于哪些罪可以得赦和如何得赦这个问题,曾有几

[99] *De div. nat.* 5.29.

[100] P. O. Kristeller, “The Historical Position of Johannes Scottus Erigena”, in J. J. O’Meara and B. Naumann, eds., *Latin Script and Letters A. D. 400 ~ 900* (Leiden: Brill, 1976), pp. 156 ~ 164; P. Lucenti, *Platonismo medievale: Contributi per la storia dell’eriugenismo*, 2nd ed. (Florence: La Nouva Italia, 1980).

次辩论，[101]但有两点是大家都一致的：补赎必须公开举行，而且不得重复。到了4世纪，大家也都公认，一切罪都能通过补赎得赦。[102]

补赎是公开的，并不是说要求当众认罪，而是说对犯罪者公开开除教籍，并再次公开接纳入教会。认罪一事是秘密进行的，一般是在主教面前认罪。在这期间，罪人就成了一个悔罪者，穿一种特别的外套，坐在教堂的特定地段内。当他得以重新被接纳时——这经常是在一个长期的补赎之后，但也因地而异——他知道，如果重新犯罪，就不得求助于第二次补赎。很自然，这种严格要求只适用于重大的罪行。信徒的小罪可以通过日常的补赎——禁食，祈祷，和济贫——来洗除。

然而，这种补赎制并不足以解决受洗后犯罪所造成的问题。这种办法的确给犯罪者提供了第二次机会，借以减轻其处境的压力。但补赎不得重复这一事实，不久之后就造成了和早期对待洗礼那样的类似做法——为了保证自己得救，往往把补赎往后拖延，以致把补赎和人的临终联系在一起。另一个事态发展是，隐居于修道院成了被承认的补赎行为——在墨洛温王朝（Merovingian）时期，这反过来又引起了把犯罪者和甚至触犯当局者强行关进修道院的做法。

与此同时，凯尔特教会形成了他们自己的独特的和独立的补赎形式。
139 在这里，补赎只要是必需的就可以重复举行。因而，补赎不仅用于大罪，也用于小罪。并且，那种主教主持的正式的，严肃的开除教籍的仪式，被代之以祭司主持的私下的，依然是正式的，不过不那么严肃的仪式。这样，补赎本来是很特殊的事情，而现在就成了很一般的事情了，本来是留到临死时才举行的仪式，而今成了与日常生活相关的经常举行的仪式。[103]

6世纪末，欧洲大陆的教会当局仍然对凯尔特的做法皱紧眉头。[104] 但

---

[101] I: 231～232，235.

[102] Council of Nicea, canon 13.

[103] K. Rahner, "Penance", *SM*, 4: 395.

[104] Council III of Toledo (A. D. 589), canon 11.

在7和8世纪,凯尔特的游行布道者们把这套做法首先引入了高卢和西班牙,[105]而后是介绍给了整个拉丁教会。所以,现代的补赎方法到加洛林复兴时期就已经具备了其主要的特点。[106]

教皇权力的增长

在第一卷末尾,在论述那些导致卡尔西顿会议的复杂事件时,我们看到,教皇是无力抵制皇帝意愿的。确实如此,在公元449年的所谓强盗会议上,连利奥《大函》都不能宣读,因为它与皇帝的政策不协调。当卡尔西顿会议终于召开时,只是因为新皇帝要宣读,所以才能宣读。

这种情况在西方很快就改变了。帝国的中心这时是在君士坦丁堡。君士坦丁堡自称不但在政治方面,而且在宗教方面都是新罗马。针对这种情况,罗马教会当局声称,罗马教会至上——这就事实而论(*de facto*)是从该城的政治至上里产生出来的——就法统而论(*de jure*)是根据主对彼得所说的话,而教皇是彼得的代理人。这种紧张局面是可以理解的,因 140
为君士坦丁堡的历任皇帝——他们本人往往都是虔诚的——都把他们的使命设想为是上帝赋予他们的。他们是上帝封立来统治宇宙的。因而,他们高于教会当局——他们在同君士坦丁堡教长们打交道中一再证明了这一事实—— 因为教长们要求皇帝给予保护。反过来,教会当局应当支持皇帝的权力和行动。但是西方的情况就完全两样。在那里,像安布罗斯这样的领导人就坚持说,皇帝是教会的一员,而不能高于教会。[107] 西奥多修斯(Theodosius)——他不止一次不得不屈从教会权威——当政之后,

---

[105] S. Gonzúlez, "Tres maneras de penitencia: la disciplina penitencial de la Iglesia española desde el siglo V al siglo VIII", *RET*, 1 (1940 ~ 1941), 985 ~ 1019.

[106] B. Poschmann, "Das christliche Altertum und die kirchliche Privatbusse", *ZkT*, 64 (1930), 214 ~ 252; T. van Eupen, "De praktijk ven de boete in de Middeleeuwen", *TvT*, 2 (1962), 351 ~ 374; 3 (1963), 12 ~ 44.

[107] *Ep.* 21.36.

西方明显地缺少能干而有力的统治者。在蛮族入侵造成的动乱局面中，只有教会是相对稳定的机构。这样西方就成了抵制皇帝权力的中心，而东方则持相反的方针。这种情况的一个结果就是东西方之间的裂痕日益加剧。另一个结果就是教皇至上说的发展。

虽然我们在这里不能详细叙述这一学说的事态发展，但有三个情节可以说明这种事态发展：格拉修斯（Gelasius）与皇帝权威的冲突，大格列格利的主张与做法，以及查理曼的加冕。

格拉修斯作为教皇费利克斯三世的秘书，可能起草过一些信件，在其中费利克斯拒绝接受君士坦丁堡教长——在皇室支持下——自称有普世权威的做法。[108] 费利克斯本人当选为教皇时，因粗心大意而没有把这件事通知他的君士坦丁堡同僚，因而受到了教长和皇帝的谴责。然而，公开有冲突是在芝诺公布他的《团结敕令》的时候发生的。[109] 这里所争论的不
141 仅是卡尔西顿会议的基督论教义，而且还有皇帝干预和决定教义事务的权力问题。后面这一点，对格拉修斯来说，似乎至少和教义问题一样重要。按照格拉修斯的说法，皇帝确系上帝所任命，但这并不意味着他高于教会。他被封立来执行上帝的旨意，但他不能判断上帝的旨意是什么。因此，他的使命不是教导教会，而是求教于教会。[110] 他所有的只是权力，而“权威”则属于那些被上帝任命的人，那就是彼得及其继承人。[111] 基督是大家的王者和祭司，他的王者的职能由皇帝来执行，但是，他的祭司的

---

[108] W. Ullman, *The Growth of Papal Government in the Middles Ages: A Study in the Ideological Relation of Clerical to Lay Power* (London: Methuen & Co., 1955), p. 15. 另见，H. Fuhrmann, "Innovations théoriques et pratiques relatives au rôle du primat de Rome: Du haut moyen âge à la réforme grégorienne", *Concilium*, 64 (1971), 47 ~ 52。

[109] 见边码第 79 ~ 82 页。

[110] *Ep.* 10.9. 这些原则的具体应用在下文中可见一斑，见 O. Bertolini, "La dottrina gelasiana dei due poteri nella polemica per la successione nel regno de Lorena (869 ~ 870)", in *Mélanges Eugène Tisserant*, Vol. IV (Vatican City: Bibliotheca Apostolica Vaticana, 1964), pp. 35 ~ 58。

[111] *Ep.* 12.2.

权威交给了彼得及其继承人。但是,今生今世的目的在于使我们为来生来世作好准备,所以彼得的代理人有更高的职能。[112]

教皇大格列高利与君士坦丁堡发生冲突,是因为他拒绝承认该城教长有权自称为“普世教长”。事实上,这样一个称号同罗马教廷声称有统治教会的普世最高权力直接抵触。虽然这种教皇最高权力从来没有在东方行使过,而且格列高利也确实精明得足以意识到,只要君士坦丁堡是东方政治势力的中心,教皇最高权力就不能在东方行使,但他似乎也意识到,如果要保持罗马统治西方教会的权威,就不得不对君士坦丁堡教长的这种主张提出异议。因此,他抗议说,他的君士坦丁堡同僚无权称自己为普世教长。[113]

然而,格列高利对教皇权力增长的贡献,不是作为一个神学家,而是作为一个实际的行政工作者。在“太平罗马”(*pax romana*)的古代秩序已经崩溃,并且威胁着要使一切文化遗产和它一起同归于尽的时候,格列格利就把教会移进了这个历史所造成的真空之中,并使教会成为古代的价 142
值观念的继承者和保存者,同时也成为社会秩序的保卫者。因此在东方,在教会及其教职人员仍屈从于皇帝的时候,在西方,帝国已不复存在,而教会却接管了帝国的若干职能。

这一过程在公元800年圣诞节那一天达到高潮,当时教皇利奥三世把皇冠加在查理曼头上。然而,这个高潮对教皇权力来说也是一个不祥之兆。利奥本人出席了法庭,因为他发现有必要洗清自己,免受人们在这位有权势的法兰克人的国王面前的指控。虽然加洛林帝国是短命的,但皇权思想意识的复活,终于导致皇帝们与教皇们之间的剧烈冲突。作为结果,有关教皇权威的理论就进一步发展了。

---

[112] *Tract*. 4. 注意,教皇这时称自己是彼得的代理人,而不是基督的代理人。正如我们后来所看到的,Innocent III 使用“基督的代理人”(Vicar of Christ)这一称谓,以此来暗示他最高的权柄,不仅是在祭司等级中,而且在君王等级中也是如此。见 Ullman, *Papal Government*, p.26。

[113] *Reg*. 5.37.

第五章　黑暗时期

143　一个著名的罗马天主教历史学家，把 10 世纪称为“铅与铁的黑暗世纪”。① 这些字眼不仅可以恰当地用于 10 世纪，同样也可以用于 9 世纪后几十年，和 11 世纪的大部分时间。秃头查理死后，加洛林王朝成员的权势迅速衰落。加洛林古国各部分之间的自相残杀的战争——又加上诺曼底人（Normans），撒拉逊人（Saracens），和匈牙利人（Hungarians）的入侵——造成了一个持续的动乱局势。像过去一样，修道院力图保存一些过去的文化和学术。但是大多数修道院都在城墙的外边，因而容易遭到入侵者的洗劫，结果是许多珍贵的图书馆被摧毁。教会无力在这样的混乱中维持秩序，因为她自己也经历着困难的岁月。教皇们都是这个或那个当权者封立的，因而都是政治运动的傀儡。教皇被暗杀并不算奇闻，甚至已故的教皇们也有被他们的后继者审判和定罪的危险。② 10 世纪下半

---

① Baronius, quoted in R. García Villoslada, *Historia de la Iglesia Católica*, Vol. 2. *Edad Media*, *BAC*, 104: 131 ~ 132.

② 在通常被称为“Cadaveric Council”（A. D. 897）的这次会议上，教皇 Formosus 的尸体被当众审判和谴责。他们宣布他的教皇职位是无效的，他所发布的一切命令都是无效的。最后，他的圣袍被脱掉，手指被砍掉。这一切都是因为他所属的政治团体与他的后继者斯蒂芬六世所属的政治团体不同之故。

叶，竟有一个不到20岁的人戴上了皇冠和教皇冕，不仅把教皇职务变成 144
了政治野心的玩具，甚至也变成了他的青年人的奇思遐想的玩具。

萨克森尼家族(House of Saxony)登上皇位——奥托(Otto)于公元962年——之后，给政治事务带来了一定程度的安宁，但没有给教会带来安宁。尽管历届皇帝作出了一些努力，还是经常有好几个人自称是彼得的合法继承人。他们中间很多人只不过是皇帝或罗马某个派系的小爬虫。在奥托三世统治下，当奥利拉克的格伯特(Gerbert of Aurillac)作为西尔维斯特二世(Sylvester II，999～1000年)而占据教皇宝座时，才有了短期的安定并试图进行改革。但这个短时期过去之后，争吵，混乱，和腐败，重新包围了神圣罗马教廷。

夫兰哥尼亚家族(House of Franconia)的第一个康拉德二世(Conrad Ⅱ，1024～1039年)没有能够在罗马建立秩序。与此同时，在教会内部，一个改革运动正在发展着，最初和克吕尼(Cluny)的修道院改革运动结合在一起，后来和希尔德布兰德(Hildebrand)，宏伯特(Humbert)，图尔的布鲁诺(Bruno of Toul)，以及佛罗伦萨的格拉尔德(Gerard of Florence)这些人的名字联系在一起。最后，在亨利三世的支持下，这一派人占据了罗马教廷，把图尔的布鲁诺放在教皇宝座上，号称利奥九世(Leo IX，1049～1054年)。此后，经过一些短暂的中断，一个巨大的教会改革运动发展了起来，这个运动在希尔德布兰德用格列高利七世(Gregory Ⅶ)的名字担任教皇职务时(1073～1085年)达到了顶峰，从而为12世纪的伟大复兴布置了舞台。关于12世纪的复兴，我们将于下一章研究。

尽管时代是黑暗的，但神学和文学的活动并没有完全绝迹。这样的活动在几个修道院中心和一些教堂学校里继续下去，不过显然缺少独创性。

在9世纪，在加洛林帝国瓦解之际，这些文化中心里面，最重要的是奥舍尔(Auxerre)的圣泽(Saint Germain)修道院。正是在这里，奥舍尔的海瑞克(Heiric)名噪一时。他写了好几篇关于奥古斯丁著作的评注，在

其中厄利哲那的影响隐约可见，因为他追随了这位爱尔兰学者提出的划
145 分自然的方案。不过，也许是因为他阅读了波伊丢斯的著作，以致他拒绝厄利哲那的极端现实主义，并宣称事物的真实性在于它们的特有的实质。③

奥舍尔的热米纠(Remigius of Auxerre)是海瑞克的门徒，也是该教派最出色的思想家。他的一生说明了教堂学校日益增长的重要性，因为在公元893年应利姆斯的大主教的要求，他离开了修道院，当上了该城两所学校的教员。后来，由于类似的邀请，热米纠迁往巴黎。在那里他的门徒中就有奥多(Odo)，奥多是克吕尼宗教改革运动的未来的领导人。这样，热米纠的生涯表明，教堂学校怎样从修道院那里得到了大多数最初的和最好的教员，而后又怎样对修道生活的革新作出了贡献。像老师海瑞克一样，热米纠也写了奥古斯丁著作的评注。④ 他为波伊丢斯著作的评注(起初被认为是厄利哲那写的)为长长的一系列类似的评注定下了标准。在一些论点上，例如在共相问题上，厄利哲那的影响在热米纠身上比在海瑞克身上更为显著；但在其他论点上——特别是那些厄利哲那依从希腊的论点，例如他的关于“和子”的主张—— 热米纠就背离了厄利哲那。

关于更为传统的一些神学争论点，热米纠的看法可见于他对《创世记》和对《诗篇》的评注。⑤ 在这些评注中，他是用寓意解经法解释《圣经》的，因而有关创造天地之类的叙述是以隐隐约约的方式提到基督，福

---

③ E. Gilson, *History*, p. 614; E. Jeauneau, “Influences érigéniennes dans une homélie d'Héric d'Auxerre”, in J. J. O'Meara and L. Bieler, eds., *The Mind of Erigena* (Dublin: Irish University Press, 1973), pp. 114 ~ 124.

④ 由热米纠(Remigius)校补了M. Cappuyns的作品“Le plus ancient commentaire des ‘Opuscula sacra’ et son origine”, *RThAM*, 3(1931), 237 ~ 272. 关于他在他那个理性时代这一背景中的位置，见C. Leonardi, “Remigio d'Auxerre e l'eredità della scuola carolingia”, in *I classici nel Medioevo e nell'Umanesimo*, No. 42 (Genoa: Università 1975), pp. 271 ~ 288。

⑤ 还有一些现存的关于《雅歌》、十二小先知书与保罗书信的评注作品，它们被归于Remigius名下，但是也被归于Haymo of Halberstadt以及Haymo of Auxerre的名下。

音传道者和教会的。论到人，热米纠认为，上帝的形象是在人的理性里和不朽性里，与上帝的类似之处是在人原来的圣洁里和公正里。当亚当犯罪和堕落的时候，他就失去了像上帝之处，但没有失掉上帝的形象。热米 146
纠追随厄利哲那而声称，我们每一个人是反映宇宙的一个微型世界，因为人的灵魂遍及身体的每一个部分而不局限于任何一处，正如上帝存在于全世界而不局限于任何一处一样。[6]

10 世纪的神学

10 世纪最重要的神学著作有：托托那的格佐（Gezo of Tortona）写的《论主的身体和血的论文》（*Treatise of the Body and the Blood of the Lord*），律克瑟伊（或蒙提伦德）的阿德叟（Adso of Luxeuil）写的《论伪基督的论文》（*Treatise on the Antichrist*），以及维尔塞的阿托（Atto of Verceil）写的《圣保罗书信评注》（*Commentaries on Saint Paul*）。

格佐是一个修道院院长，读了帕斯迦修·拉德贝尔都（Paschasius Radbertus）关于圣餐的论文之后，受到启发而写了同样题目的论文。其著作的重要性并不在于它的独创性，而在于它的缺乏独创性，因为它说明了 10 世纪在什么程度上满足于重复古时的治学之道。另一个重要的特点是他怎样收集并叙述那些据说是和圣餐有关的最不可置信的神迹奇事。

阿德叟是当时最著名的学者之一，因而应邀在好几个教堂学校当教员。他的《论伪基督的论文》——有时被认为是阿尔昆写的——是从欧佛希（Oversea）写给路易四世（Louis IV）的遗孀的。阿德叟在这本书里，用有关伪基督的教义和那种说伪基督的许多牧师是世俗人的说法，来劝告皇后做人应公正、良善。不过，即使她屈从了伪基督的引诱，仍可告慰的是，伪基督被打败之后，救世主要留出四十天来让那些屈从引诱的人进

⑥ *In Gen.* 1: 37.

行补赎。⑦

阿托于公元924年成为维尔塞的主教,以后又成为法国洛泰尔二世
147 的宫廷大臣。他最重要的著作是《圣保罗书信评注》。它说明,尽管是在一个普遍无知和混乱的时期中也还有学识渊博的人,他们虽然没有多大的独创性,但也还能保存早先几个世纪的释经和学术的传统。人们也应注意,阿托声称,基督在圣餐中的存在是属灵的,而不是实际的。⑧

为了表明10世纪并不是全部黑暗和保守,在这里应当说一说文化活动的其他一些迹象。修女赫露丝维塔(Hrosvitha)大胆地模仿忒楞斯(Terence)的体裁编写了宗教剧本。克吕尼的一系列进行改革的修道院院长作为希望的征兆也应当提一提。还有,雷文纳的所谓的异端维勒格尔德(Willgard)也十分重要,他的事迹说明一个文化激流已在平静的水面之下奔驰着。如果维勒格尔德的时代的编年史是准确无误的话,那么,他是因为推崇古典作家们——特别是霍勒斯(Horace),弗吉尔(Virgil),和朱未那尔(Juvenal)——而被判罪的,他推崇他们到这样的地步,以致宣称他们是受上帝启示的,而且甚至是正确无误的,并宣称他自己有能力和他们直接交流。在他被判罪处死之后,在撒丁和西班牙仍可见到他的追随者。

---

⑦ *PL*, 101: 1298. R. Konard, *De ortu et tempore Antichristi: Antichristvorstellung und Geschichtsbild des Abtes Adso von Montier-en-Der* (Munich: M. Lassleben Kallmünz, 1964); M. Rangheri, "La 'Epistola as Gerbergam reginam de ortu et tempore Antichristi' di Adsone di Montier-en-Der e le sue fonti", *StMed*, III, 14 (1973), 677 ~ 732; D. Verhelst, "La préhistoire des conceptions d'Adson concernent l'Antichrist" *RThAM*, 40 (1973), 52 ~ 103; R. K. Emerson, " Antichrist as Anti-Saint: The Significance of Abbot Adso's 'Libellus de Antichristo'", *AmBenRev*, 30 (1979), 175 ~ 190.

⑧ A. J. MacDonald, *Berengar and the Reform of Sacramental Doctrine* (London: Longmans, Green & Co., 1930), p. 245. S. F. Temple, "Atto of Vercelli: Church, State and Society in the Tenth Century", *Dissertation Abstracts*, 31 (1970 ~ 1971), 1715.

11 世纪：奥利拉克的格伯特和沙特尔的弗勒贝特

12 世纪的新生活在 11 世纪中已略见端倪。11 世纪初，奥利拉克的学者格伯特当了罗马教皇，号称西尔维斯特二世。几年之后，他的门徒弗勒贝特（Fulbert）当了沙特尔（Chartres）的主教，他在这里开创了一个学术研究的传统，这个传统将在一个世纪之后开花结果。11 世纪下半叶，改革派终于在教会内掌了权——这一事件导致了政府当局与教会当局之间 148
的紧张关系。也是在这一时期，坎特伯雷的兰弗朗克（Lanfranc of Canterbury）和图尔的贝伦加尔（Berengar of Tours）之间的圣餐争论，说明神学研究再次成为活跃的和创新的努力目标。安瑟伦（Anselm），自 1093 年至 1109 年任坎特伯雷的大主教，就其著作与精神来说，可以恰当地说他是属于 12 世纪的人物。

格伯特，从某种意义来讲，是奥舍尔的热米纠传统的继承者，[9] 因为奥利拉克的修道院受到了克吕尼宗教改革的影响，而该宗教改革又受惠于热米纠的教导。另一个显示新开放性的开端的重要事实是，格伯特前往西班牙回来时把阿拉伯人的一些科学带给了基督教的欧洲。他的大多数学术著作产生于 972 年至 982 年间，当时他在兰斯（Reims）任教，其中很多东西都表明了他在西班牙学习时所受到的影响，因为他对数学问题极感兴趣。他的论文《论理性事物以及理智之运用》（*On the Rational and the Use of Reason*），表现了他的卓越的辩证才能，并且影响了 12 世纪提出共相问题的那种方式。

---

⑨ 关于他对他那个时代的知识领域的影响见，U. Lindgren, *Gerbert von Aurillac und das Quadrivium: Untersuchungen zur Bildung im Zeitalter der Ottonen* (Wiesbaden: F. Steiner, 1976)。

格伯特最出色的门徒是沙特尔的弗勒贝特(Fulbert of Chartres),[10]他闻名于整个高卢。几个与他有接触的人,以后都成了他们时代历史事件中的重要人物。但是,他最大的贡献并不在于他自己的神学著作,而在于他把沙特尔变成了一个文化中心,这个中心在12世纪变得很有影响。他最著名的门徒是图尔的贝伦加尔,可是贝伦加尔并不追随他的教义,而是反对,因而开始了11世纪最重要的神学争论。

由于贝伦加尔教义中有争议的两个主题是:信仰与理性之间的关系,和基督在圣餐中的存在的性质,因而我们有必要暂且停下来讨论一下弗
149 勒贝特的神学里的这两件事情。弗勒贝特宣称,信仰和理性都是上帝赐给的,因而两者都是好的和有用的。不过它们各有各的恰当的认识对象,正如各个身体感官各有各的恰当的感觉对象一样。上帝的高度奥秘就不是理性认识的恰当对象,而是信仰的对象。即使人的思想妄图提高到能看见上帝的奥秘,但思想的弱点是这样的,以致势必犯错。“上帝的奥秘之深度,并没有显示给人的智能(*humanae disputationi*),而是显示给信心之眼”。[11] 这些奥秘对得救来说是必需的,共有三个:三位一体,洗礼,和“生命的两件圣物,即包含着主的身体和血的两件圣物”。[12]

圣餐,和三位一体及洗礼一样,不是理性的适当的认识对象,而只是信心的对象。“圣餐的奥秘不是属地的,却是属天的;它不是给人推敲的,而是叫人赞扬的;它不应该招人争辩,而应该引起敬畏;……它不应该用肉体的想象力来判断,而应该用灵魂的直觉来领会。”[13]在圣餐中,基督的身体以这样一种方式真正存在于可见的饼和酒中,以致领受饼和酒的人

---

[10] 关于他的教学生涯尚有几点可疑之处。见 L. C. MacKinney, *Bishop Fulbert and Education at the School of Chartres* (Notre Dame, Ind.: University of Notre Dame Press, 1957), pp. 24~25。另见,F. Behrends, *The Letters and Poems of Fulbert of Chartres* (Oxford: Clarendon Press, 1976)。

[11] *Ep.* 5 (*PL*, 141: 196).

[12] *Ep.* 5 (*PL*, 141: 197).

[13] *Ep.* 5 (*PL*, 141: 201).

就是吃基督的身体。如果道已成为肉身，而且我们在圣餐中真正领受这个身体，那么人们必须承认，基督是自然而然地（*naturaliter*）在我们里面，因而我们就在上帝里面，因为圣父在基督里面，而基督又确实在我们里面。[14] 关于这是怎样实现的，弗勒贝特并没有使用变质说的明确的语言。他不是在基督身体的实质同饼酒的属性之间作出区别，而是在“外在实质”即饼和酒同“内在实质”即主的身体和血之间作出区别。这种内在实质，虽然是很真实的，虽然与吃喝外在实质直接有关，但也确实决定于领受者的内心气质，它包括“信的胃口”，“望的食道”，“爱的肠胃”。[15] 如果有什么人怀疑这样的教义，那就让他们记住，上帝既能从无有中创造万物，他就能更容易地把这些被造物变得价值更高而把基督身体的实质灌输（*transfundere*）到它们之中。[16]

图尔的贝伦加尔与坎特伯雷的兰弗朗克：圣餐的争论

图尔的贝伦加尔是弗勒贝特最有名的门徒，却持有完全不同于他老师的立场。贝伦加尔跟弗勒贝特学习和在图尔行医一些时间之后，当了该城的一位教师，最后，他的声誉如此之大，以致图尔成了法国的主要文化中心之一。

贝伦加尔不同于弗勒贝特以及他的大多数同时代人的地方，在于他在信仰事物上给予理性以更高的权威。据他的看法，上帝在人们里面的形象是在我们的理性里，一个人不去运用理性，那就是最愚昧和最讨厌的。[17] 因此，他就成了一个热诚钦佩厄利哲那的人，他发现厄利哲那的著

⑭ *Ep.* 5 (*PL*, 141: 201).

⑮ 同上。

⑯ *Ep.* 5 (*PL*, 141: 204).

⑰ *De sac. Coena* (ed. Vischer, Berlin, 1834), pp. 100～101.

作中经常谈到理性的权威。然而,他们二人用不同的方法去理解理性,因为厄利哲那认为,理性是通过存在于头脑中的永恒看不见的概念来进行活动的,而贝伦加尔却以感官作为他的出发点,并把理性应于感官所接受的资料。因此,对传统的神学观点来说,他对理性的运用,较之厄利哲那对理性的运用更加令人不安,而且促使兰弗朗克对他说:“你背弃了神的权威,却寄身于辩证法的篱下。”[18]这种对理性及其与感官体验的关系的看法,产生的另一个结果是,虽然贝伦加尔似乎没有直接关心共相问题,但在传统上被列入唯名论者——确实,他的圣餐教义以及他的强调感官资料的价值,都与唯名论者的主张极为一致。

151 促使贝伦加尔卷入圣餐争论的原因是:第一,他对厄利哲那的景仰;第二,他自己的理性主义倾向;最后,政治的和教会的阴谋诡计利用他作为种种野心的马前卒,而他本人并没有觉察到。争论开始时是关于拉特兰努的论文《论主的身体和血》的正统性的辩论,我们已经说过,这篇论文那时候是厄利哲那写的。贝伦加尔相信,它是厄利哲那这位可敬的爱尔兰学者写的,并拿它作为依据来教他的学生们“约翰·司各脱”的圣餐教义。当这篇论文的正统性问题被提出时,贝伦加尔就挺身出来捍卫其正统性。此后,这个争论点被广泛讨论,而其结果是贝伦加尔一再被谴责,这种谴责往往与那种目的在于使教会权威高于政府权威的阴谋相关联。[19] 有几次,贝伦加尔面对死亡或放弃主张两种选择,他就挑选后者,但危险一过去他又重新回到他原来的教义上。他在图尔外面的一个小岛上终其残年,但没有明确地放弃他的教义。[20]

这次圣餐争论开始的日期无法明确确定。一方面,可以肯定,基督怎

---

[18] *De corp. et sang*, *dom*. 7.

[19] 谴责他的两次最重要的宗教会议是 1059 年和 1080 年在罗马召开的。后一次会议在教皇格列高利七世在位期间。直到那时,教皇对贝伦加尔(Berengar)一直采取极其忍耐和理解的态度。

[20] 那种一再宣称他临终前终于接受了正统教义的说法是不足为信的。

样存在于圣餐中这个总是当时普遍关心的问题——我们已经看到,弗勒贝特曾就此写过文章。另一方面,最早的文献把贝伦加尔的名字与圣餐问题连在一起是在1048年前后。尔后,这样的文件就更多了,因此,人们可以万无一失地说,圣餐争论发生于11世纪下半叶初期。㉑

1048年的文献是沙特尔的主教休(Hugh)听到贝伦加尔关于圣餐的见解时写给贝伦加尔的一封信。㉒ 从这封信里可以清楚看到,贝伦加尔的教导有两方面引起他的同时代人的极大关注:他否认饼和酒已变质。他声称,基督只是"精神地"("intellectually")——即属灵地——存在于圣餐之中。休拒绝这些观点并告诉贝伦加尔,饼已不再是饼——它已真正变成基督的身体,尽管它仍保留着饼的味道。如果不是这样,那么圣餐里的所谓主的身体就没有真实的动力,而圣餐就没有价值了。㉓ 152

除了这封信之外,还有争论初期产生的几个其他的文献。㉔ 不过,这些文献的内容并不比休或其他早期作者所提到的内容更多。

贝伦加尔在罗马于1059年受到谴责之后,发表了一篇简单的论文,坚持他的原来的教义,于是这一争论更加扩大。由于这篇论文引起了兰弗朗克的答复,《论主的身体和血,驳贝伦加尔》(*On the Body and the*

㉑ 整个这一部分,我是遵循了 MacDonald 的年代表,*Berengar, passim.* 另见,J. de Montclos, *Lanfranc et Bérenger*: *La controverse eucharistique du* XIe siècle (Louvain: Spicilegium sacrum Lovaniense, 1971)。关于论争的早期阶段见,J. C. Didier, "Aux débuts de la controverse euchristique de XIe siècle: Hughes de Breteuil, évêque de Langres, et Bérenger de Tours", *MSR* special issue (1977), 82 ~ 97。

㉒ *PL*, 142: 1325 ~ 1334.

㉓ 同上,(*PL*, 142: 1327)。值得一提的,Hugh 甚至宣称,饼一旦变成基督的身体就不可毁坏了。

㉔ *Epistola berengarii ad Ascelinum* (*PL*, 150: 66); *Epistola Ascelini ad Berengarium* (*PL*, 150: 67 ~ 68); Adelmanus, *Ad Berengarium epistola* (*PL*, 143: 1289 ~ 1296); Froland of Senlis, *Epistola ad Berengarium* (*PL*, 143: 1369 ~ 1372); Durand of Troarn, *De corpore et sanguine domini* (*PL*, 149: 1375 ~ 1424); Eusebius Bruno, *Epistola ad Berengarium magistrum de sacramento eucharistiae* (*PL*, 147: 1201 ~ 1224). 这最后一封信写于1059年罗马宗教会议之后。

Blood of the Lord Against Berengar)，也由于贝伦加尔答之以《论圣餐》(*On the Sacred Supper*)，这场争论就成了当时两个最大的神学家之间的直接对抗。如果按照严格的年代次序，我们应该分别讨论这三篇文章的每一篇，㉕但是为了简明起见，我们先阐述贝伦加尔的主张，然后再阐述兰弗朗克的主张。

贝伦加尔的对手们的圣餐教义里有两点，贝伦加尔认为是不能接受和荒谬的：认为饼和酒不复存在的这一想法，以及说马利亚所生的基督的身体确确实实在圣桌上的这一说法。

153 论到饼和酒在圣桌上的继续存在，贝伦加尔声称，即使是他的对手们也在不知不觉中承认了。当他们说，饼和酒就是基督的血肉时，他们实际上是在说，饼和酒仍然是某种东西——基督的身体和血。㉖ 再者，甚至在祝圣之后，饼和酒的色味依然俱在，这说明其实质也依然存在，因为属性不能离开它存在其中的实质。㉗

至于基督的身体确确实实存在于圣餐中，贝伦加尔断定这样的教义必然导致荒谬的结果。马利亚所生的基督的身体，现在在天上，人们不能说他的血肉有一部分在圣桌上，也不能说基督有众多的身体。㉘ 耶稣基督是一劳永逸地牺牲在十字架上，而举行圣餐是对这一牺牲的纪念。㉙总之，既不是饼升到了天上，也不是基督的身体降到了地上，因而饼仍然是饼，酒仍然是酒。㉚

然而，这并不是说贝伦加尔认为圣餐礼仅仅是对基督牺牲的一个纪念——教会的一种心理操练，用来使它自己回想起髑髅地事件(《路加福

㉕ MacDonald, *Berengar*, pp. 285 ~ 330.

㉖ *PL*, 150: 414; *De sac. coena*, p. 279.

㉗ *De sac. coena*, p. 171.

㉘ *De sac. coena*, pp. 198 ~ 199, 237.

㉙ *De sac. coena*, pp. 131, 272 ~ 273. Lanfranc 引用了 Augustine 的著述，以作为对相反观点的支持。*PL*, 150: 425。

㉚ *PL*, 150: 439.

音》23 章 33 节和《马太福音》27 章 33 节——译者)。与此相反,贝伦加尔强调圣餐是有效验的,并强调饼酒在继续存在的同时,它们却已成为在天上的主的身体的“圣物”——即标志。因此,虽然不是严格的意义上,但人们可以说,这圣物是主的身体和血。[31]

兰弗朗克与贝伦加尔之间关系紧张,其根源在于对教会权威各持不同的态度。[32] 兰弗朗克指责贝伦加尔重视辩证法有余,尊重教会权威不 154
足——可能就是这个原因,促使贝伦加尔在他的《论圣餐》一文中,罗列了很多《圣经》和教父的引语。然而,兰弗朗克自己也不反对用辩证法推理,因为在他自己的书里,他常常试图用逻辑学来反驳贝伦加尔。[33] 兰弗朗克的方法是利用推理及其形式结构——辩证法——但总是局限在《圣经》和教会传统所确定的正统化的框框里。[34] 虽然推理是好的,而且人们应该用它,但是,那些凭着信心得到的东西理智是无能达到的,只能够用谦虚和耐心来相信它。[35]

因此,兰弗朗克的圣餐教义与贝伦加尔的圣餐教义截然相反。基督的身体真正存在于圣餐里。这是通过祝圣后的饼与酒的真正变质而产生的,[36] 这样饼和酒就不再是饼和酒了。《圣经》和古代人之所以还称之为饼与酒,那只是象征的说法,因为这时摆在圣桌上的东西确实是一个象征,虽然不是基督的身体和血的象征,而是早先在那里的饼和酒的象征!![37]

---

[31] *PL*,150 ~ 423, 436; *De sac. coena*, p. 84.

[32] Lanfranc 在 Tours 听过 Berengar 的演讲。后来,在争论爆发之前,当 Berengar 写给 Lanfranc 的信被别人先收到时,恶劣的情绪就已经产生了。

[33] MacDonald, *Berengar*, pp. 291 ~ 292.

[34] *De corp, et sang. dom.* 17. 关于 Lanfranc 的生平和思想的一般性介绍著作,见,M. Gilson, *Lanfranc of Bec* (Oxford: Clarendon Press, 1978)。

[35] 同上,21。

[36] 同上,9。

[37] 同上,20。

麦克唐纳(MacDonald)指出,兰弗朗克有两点是自相矛盾的。[38] 第一点,他声称,在圣餐里物质的饼滋养人的身体,而基督的身体却滋养人的灵魂。[39] 一个不复存在的饼,怎么还能滋养人的身体呢?第二点在于双重断言,说圣餐中的基督的身体是在祝圣的一刹那才开始存在的,又说这个身体就是马利亚所生的那个身体。[40] 这两个看法显然是矛盾的。造成这种情况的原因是,兰弗朗克企图把奥古斯丁和帕斯迦修·拉德贝尔都二人的圣餐教义糅合在一起。

155 圣餐争论并没有随着贝伦加尔被谴责或甚至逝世而告终。除了几个反对辩证法的作家——例如彼得·达米安(Peter Damian),布劳维勒的武尔夫勒姆(Wolfelm of Brauweiler),以及劳唐巴赫的曼尼格尔德(Manegold of Lautenbach)——从极端保守的立场上攻击贝伦加尔之外,还有圣艾麦尔安的奥特罗(Otlo of Saint Emmeran),他再次坚持奥古斯丁的观点,并取得一定程度的成功。[41] 阿夫沙的吉特蒙(Guitmund of Aversa)运用逻辑推理来驳斥贝伦加尔——在这样做的时候,他对推理作出的让步比兰弗朗克作出的还要多。[42] 他的论文《论基督身体和血的真相》(*On the Truth of the Body and the Blood of Christ*),以上帝的无所不能为出发点,来驳斥贝伦加尔的论点。那个陈旧的论点,说上帝既能无中造有,就能把已有的东西变质,在这里再次出现。吉特蒙在圣餐神学中说,饼与酒在祝圣时发生变化是"物质上的"(substantial)而不是"实质上的"(essential),这一点也应当受到称赞。[43] 他的现实主义是这样的,以致他声称,经过祝圣的饼并没有在身体方面滋养吃饼的人。如果一个不称职祭司祝圣大量的饼,然

㊳ *Berengar*, pp. 294 ~ 295.

㊴ *De corp, et sang. dom.* 20.

㊵ 同上,18。

㊶ MacDonald, *Berengar*, pp. 331 ~ 340.

㊷ 同上,341。

㊸ MacDonald, *Berengar*, 344.

后说这些饼可以养生，而试图证明相反的情况，那么，这将是无济于事的，因为有三种可能性使这种证明无效。第一，由于祭司明显的不虔诚，饼和酒很可能没有真正被祝圣；第二，可以想象，魔鬼们把基督的身体又恢复回去成了饼，借以欺骗信徒；或者第三，天使们可能促成这种变化，以免圣餐被亵渎。[44]

虽然变质说在公元1251年之前还没有确定，但是，关于圣餐的实际的争论没有超出11世纪。12世纪论述圣餐的著作都公认，断言饼和酒变质成为基督的身体和血的教义，是唯一正统的教义。

发生于11世纪的圣餐争论在两点上是重要的。首先，它直接导致了 156
变质说的最后的公式化，因为它大大澄清了所涉及的种种争论点。其次，它有力地说明11世纪下半叶怎样为12世纪的复兴铺平道路。圣餐问题是在神学中运用推理的这个较大的争论点的一个特殊形式。贝伦加尔似乎把推理放在权威之上，彼得·达米安拒绝推理，兰弗朗克和吉特蒙试图把推理拴在权威的战车上，但是没有人能忽视推理。在12世纪，运用推理这个问题——很自然，还有推理的性质问题——成了神学辩论的首要问题。

另一方面，圣餐争论在本章内占了如此之大的篇幅，这一事实不应使读者认为，这是当时的神学论述的唯一主题。和教会东翼的日益紧张的关系促使红衣主教宏伯特之类的作者撰写论文反对希腊人。教会授职问题使几个神学家为之舞文弄墨。[45] 也是在这个世纪，在法兰西南部和西欧其他地区，卡特里派（Cathari）开始出现。[46] 这个世纪后期，贝伦加尔逝世前夕，一个名叫摩洛哥人撒姆耳（Samuel the Moroccan）的皈依的犹太

---

[44] *De corp. et sang. dom.* 2.

[45] 为了清楚起见，这两件事将在以后的章节中讨论。东西方教会不断紧张起来的关系将在接下来的东方神学里加以讨论。教会授职问题将放在12世纪的章节里讨论。

[46] 卡特里派（Cathari）或阿比尔派（Albigenses）在11世纪后期的欧洲已经出现，但直到12和13世纪才成为重要的因素。它们将放在以后的章节中进行讨论。

人，用阿拉伯文写了一本《论弥赛亚已来过之书》（*Book on the Past Coming of the Messiah*）。他在这本书里，主要是以《旧约圣经》经文为依据，试图证明耶稣是弥赛亚，犹太人没有接受他作为弥赛亚而犯了罪。由于这种罪，犹太人才被遣散到了世界各地。[47] 该书最后一章饶有趣味，因为作者引用《古兰经》的权威来为耶稣说好话。这是基督徒—犹太人—穆斯林联系交往的一个惊人的范例，而在不到十年之后，教皇乌尔班二世在"上帝愿意如此"的口号之下，把西欧的野心狂热地倾注到了圣地巴勒斯坦！

---

[47] Chapter 27（*PL*, 149: 365 ~368）.

第六章　12 世纪的复兴

12 世纪带来了基督教思想史的一个新纪元。① 当动乱和堕落席卷了 157
整个加洛林帝国时，曾一度中断了的神学觉醒，现在结出了硕果。教会不再处在一个强大帝国的阴影之下，而正在进行改革，并声称教皇的权力和权威高于皇帝的权力和权威。社会和经济的新条件，带来了商业的发展和城市的增多，这样就把神学活动中心从修道院挪到了城市的教堂学校（cathedral school），从而预示着 13 世纪那些伟大的大学的产生。

1099 这个年头，是 11 世纪的最后一年，也标志着乌尔班二世的逝世，耶路撒冷陷入第一次十字军之手，以及西班牙的熙德（Cid of Spain）之死。由这样一些事件开始的 12 世纪，是早期的哥特式建筑的世纪，浪漫的爱情的世纪，耶路撒冷的拉丁语王国的世纪，翻译者们的世纪——托莱多（Toledo）的翻译者把阿拉伯人的智慧介绍给了拉丁语世界——英王理查一世的世纪，以及克莱窝的圣伯纳德（Saint Bernard of Clairvaux）的世

---

① M. de Gandillac and E. Jeauneau, *Entretiens sur la Renaissance deu 12e siècle* (Paris: Mouton, 1968); M. D. Chenu, *Nature, Man and Society in the 12th Century: Essays on New Theological Perspectives in the Latin West* (Chicago: University Press, 1968); R. L. Benson et al., eds., *Renaissance and Renewal in the Twelfth Century* (Oxford: Clarendon, 1982).

纪。

先驱者：坎特伯雷的安瑟伦

158 然而,从基督教思想史的角度来看,这个世纪不是始于公元 1100 年,而是稍早一些,即贝克的安瑟伦(Anselm of Bec)——他以后成了坎特伯雷的大主教——拿起笔来开始他的伟大神学著作的日子。

安瑟伦生于比特蒙(Piedmont),但几年的朝圣历程加上兰弗朗克的名气,终于促使他到了诺曼底(Normandy)的贝克修道院。在此,他成了著名的教师,吸引着远方的一些门徒来求教。在贝克期间,他写了大部分的著作:《独语》(*Monologion*)、《讲述》(*Proslogion*)、《论文法家》(*On the Grammarian*),以及《关于道成肉身之书信》(*Epistle on the Incarnation of the Word*)。公元 1093 年他任坎特伯雷大主教。但是,他在好几个问题上,特别是在世俗授职问题上与国王有矛盾,并于 1097 年自动流放。在这三年流放期间,他写了《上帝为何变成人》(*Why God Became Man*),以及《论童贞女怀孕与原罪》(*On Virginal Conception and Original Sin*)和《论圣灵的由来》(*On the Procession of the Holy Spirit*)。然后,他回到坎特伯雷,三年之后又不得不再次离去作另一次流放。最后,在 1106 年,在他同政府当局的麻烦解决之后,他回到了他的主教教座,任职到他于 1109 年死去。他最后几年的主要神学著作是,《论预知、预定和恩典与自由意志的一致性》(*On the Agreement of Foreknowledge, Predestination, and Grace with Free Will*)。

安瑟伦的神学方法②在于，提出一个神学问题，然后，不是根据《圣经》或古代作家的权威，而是通过运用推理加以解决。他通常提出的问题的类型，不是纯理论问题，而是必须驳斥的一个异教徒或非信徒错误的主张。然后，他从这样一个异教徒或非信徒会接受的预先假定出发，来证明 159
正统的教义。乍一看来，这种方法给人的印象是，安瑟伦简直是一个极端的理性主义者。他的确是企图用理性来证明三位一体和道成肉身之类的教义，而后世的大多数神学家都认为，这类教义是超出人类理性范围的。但不应忘记，神学家安瑟伦永远是信徒安瑟伦，因而他早已相信他试图证明的东西。因此，他著书立说的目的，不是要通过推理进入信仰的境地，而只是要指出非信徒的错误，并且要丰富和加深安瑟伦自己的信仰。这个双重目的清楚地表现于他的《上帝为何变成人》：

> 那些要求（他写下他们从他那里听到的东西）的人之所以要求这样做，不是为了通过推理进入信仰的境地，而是为了对理解和默思他们所相信的东西感到高兴，也是为了尽可能作好准备，随时答复所有那些可能问我们为什么抱着希望的人。③

所以，安瑟伦神学的目的，不是好奇地探讨对上帝的奥秘，而是使信仰悟出它自己的道理。

---

② J. McIntyre, *St. Anselm and His Critics*: *A Reinterpretaion of the Cur Deus homo* (Edinburgh: Oliver & Boyd, 1954). 另见, W. Betzendörfer, "Glauben und Wissen bei Anselm von Canterbury", *ZschrKgesch*, 48 (1929), 354 ~ 370; A. M. Jacquin, "Les 'rationes necessariae' de Saint Anselme", in *Mélanges Mandonnet*, II (Paris: J. Vrin, 1930), 67 ~ 78; B. Geyer, "Zur Deutung von Anselms Cur Deus homo", *ThGl*, 34 (1942), 203 ~ 210; G. B. Phelan, *The Wisdom of Saint Anselm* (Latrobe, Pa.: Archabbey Press, 1960); R. Campbell, "Anselm's Theological Method", *SJT*, 32 (1979), 541 ~ 562。关于 Anselm 的一般性资料和参考书目也可参考从 1969 年起在法兰克福出版的期刊 *Analecta Anselmiana*。

③ *Cur Deus homo* 1.1.

> 主啊，我并不妄想得知你的无上崇高，因为我的知识一点也不配。但我确实希望懂得你的一点真理，即我诚心相信和热爱的真理。因为我不是设法理解，以便我相信；而是我相信，以便我理解。因为我也认为，"除非我相信，不然我就不理解。"④

根据这样的方法论，安瑟伦在他的《独语》中提出了上帝存在的问
160 题，并且不求助于《圣经》而试图证明这一存在——以及上帝的属性和三位一体的教义。⑤ 他的论点可以概括为一句话：如果事物有不同程度的良善，存在和价值，那么，这些——良善，存在和价值——就必然有可见事物之上和之外的一个单独存在物。例如拿存在来说，人们可以说事物存在着，因为它们参与存在，这就是说，它们不是靠自己生存，而是靠其他一个生存。这其他的一个就是存在本身。由于存在本身不能比一更多，⑥人们必须进一步说，那就是至高的存在或至高的善。⑦

安瑟伦本人对这个论点不满意，不是因为他认为这个论点不正确，而是因为这个论点太复杂，并且需要进一步做些解释。在长时期寻找一个比较简单的论点之后，他相信，他在《讲述》中所阐述的东西里找到了这个论点，这个论点后来被称作"本体论论证"。在《讲述》中，安瑟伦设法弄清楚，《旧约圣经 · 诗篇》第 14 篇为什么说愚顽人心里说没有上帝——也就是说，为什么这样的否认是愚顽。他的结论就是下面的论点，应予仔细阅读：

---

④ *Proslog.* 1 (trans. M. J. Charlesworth, *St. Anselm's Proslogion*, Oxford: Clarendon Press, 1965, p. 115).

⑤ *Monolog.* prologue. 参见，P. Gilbert, *Dire l'ineffable: Lecture du 'Monologion' de S. Anselme* (Paris: Lethielleux, 1984)。

⑥ 对这一论点的证明是，如此的几个存在物是不能以任何方式相区分开来，因为它们之中没有一个是缺乏其他存在物所具有的。由于那不可区分的是一，存在本身也只能是一。

⑦ Monolog. 1 ~ 14.

> 即使是愚顽人，他也不得不同意，某个没有可设想比它更大的东西存在于头脑里，因为当他听见它的时候，他就理解这一点，而理解的东西就是在头脑里。诚然，某个不可设想有比它更大的东西不能仅仅存在于头脑里，因为即使它只是存在于头脑里，那么，还可以认为它也存在于现实里，那就更加伟大了。所以，如果某个不可设想有比它更大的东西仅仅存在于头脑里，这个不可设想有比它更大的东西同那个可设想有比它更大的东西就是相同的了。但这显然是不可能的。因此，毫无疑问，某个不可设想有比它更大的东西既存在于头脑里，也存在于现实里。⑧

后来在这同一篇论文里，安瑟伦坚持这个论点，进而指出这个没有可 161
设想比它更大的东西就是造物主上帝。

> 主啊，我的上帝，你的存在如此之真实，你甚至不能被认为是不存在的。这是理所当然的，因为如果有什么理性之物能够设想有什么东西比你更好，那就是被造之物高过了其造物主，并评价其造物主——这纯属荒谬。事实上，除你之外，其他一切存在着的东西，都可以被认为是不存在的。⑨
>
> 诚然，任何人知道上帝是什么，就不能设想上帝不存在，即使他可能心里说，这没有任何（客观的）含义或有些特殊含义，因为上帝是某个没有可设想比它更大的存在者。任何人真正理解这一点，就清楚地理解，这同一个存在物是这样存在着，以致甚至在思想里，它也是不能不存在的。因此，任何人理解上帝这样存在着，就不能设想

⑧ *Proslog*. 2（trans. Charlesworth, p. 117）.

⑨ *Proslog*. 3（trans. Charlesworth, p. 119）.

他不存在。[10]

不出预料，这个论点不是没有任何疑问就被人欣然接受的。与此相反，它引起了热烈的哲学和神学辩论以及各种各样的解释。[11] 然而在这里，我们只能讨论这个论点当时是怎样被接受以及安瑟伦是怎样答复人们提出的反对意见的。《讲述》发表之后不久，马木蒂尔（Marmoutiers）的某个修士高尼罗（Gaunilo）发表了一篇短文《愚顽人的答辩》（*Defense the*
162 *Fool*）。文章在很多方面大大赞扬安瑟伦，[12] 但同时对他的关于上帝存在的论点提出了疑问。

高尼罗提出的反对意见有两个方面。第一，他不愿意承认，无神论者头脑里有某个没有可设想比它更大的东西的概念。第二，他反对安瑟伦从这种东西的概念转移到其存在上去的做法。关于第一点，高尼罗争辩说，“某个没有可设想比它更大的东西”的概念并没有真正存在于那个被认为有这个概念的人——即无神论者，这里称为愚顽人——的头脑里。

---

⑩ *Proslog*. 4（trans. Charlesworth, p. 121）.

⑪ 除了它对哲学史的重要意义外，由于诸如托马斯·阿奎那、笛卡尔、康德，以及黑格尔等人对它的讨论、重新解释与评价，这一论点还成了最近的大量研究的主题。在这些研究中有：K. Barth, *Fides quarens intellectum*: *Anselmus Beweis der Existenz Gottes im Zusammenhang seines theologischen Programms*（Munich: C. Kaiser, 1931）; A. Antweiler, “Anselmus von Canterbury, *Monologion* und *Proslogion*”, *Sch*, 8（1933）, 551 ~ 560; F. S. Schmitt, “Der ontologische Gottesbeweis Anselms”, *ThR*, 32（1933）, 217 ~ 223; E. Gilson, “Sens et nature de l’argument de saint Anselme”, *AHDLMA*, 9（1934）, 5 ~ 51; A. Kolping, *Anselms Proslogion-Beweis der Existenz Gottes im Zusammenhang seines spekulativen Programms fides quarens intellectum*（Bonn: P. Hanstein, 1939）; F. Spedalieri, “De intrinseca argumenti S. Anselmi vi et Natura”, *Greg*, 39（1948）, 204 ~ 212。对最近的讨论的优秀总结，见 A. C. McGill, “Recent Discussions of Anselm’s Argument”, in *The Many-faced Argument*（New York: Macmillan, 1967）; G. R. Evans, *Anselm and Talking about God*（Oxford: Clarendon Press, 1978）。然而，在这一长长的注释之后，我应该补充说明一下，对安瑟伦的论点仍在进行争论的绝大多数是哲学家和神学家。因为对于安瑟伦本人对这个问题的理解方式，历史学家们拥有普遍的共识。

⑫ *Pro insip*. 7.

愚顽人所理解的是,凑在一起构成这个概念的那些话——而在这个情况下,甚至这些话本身也是难于理解的。这个没有可设想高于它的东西就其本身来说,不能由人的头脑这样来理解,以致它是可以分析的,以便从其实质里得出结论。当愚顽人理解上帝的概念时,这并不是说知道上帝是什么——那是荒唐的——因而人们不可能从愚顽人头脑里的这种概念里得出任何结论。[13] 高尼罗提出的第二个反对意见是,一个东西的存在不能从它的完美无缺来加以证明。例如,假定有人持有一个尽可能完美的海岛的概念。这意味着这样一个海岛必然存在吗,因为如果它不存在,它就不像那些实际上存在着的海岛那样美好?当然不是。只有那些像说没有上帝的愚顽人一样愚昧的人才会提出这样的论点。[14]

安瑟伦在他的《反高尼罗之答辩》(*Defense Against Gaunilo*)里答复了这些反对意见。对于第一个反对意见,安瑟伦答复说,某个没有可设想高于它的东西确实是可以设想的,高尼罗本人的信仰就说明了这一点。这样,安瑟伦并没有真正面对高尼罗提出的反对意见。这个反对意见不是
上帝不能被设想,而是无神论者——愚顽人——把上帝设想成为由各种 163
各样的概念拼凑成的一个概念——即,愚顽人理解哪一些概念凑成了至高无上者的观念,但不相信这些概念能够适当地结合成一个。

高尼罗提出的第二个反对意见,驳斥了安瑟伦所没有说的东西。安瑟伦并没有声称,每一个东西被设想成其种类中的完善者就因此必然存在——如高尼罗的完美岛屿——而是说一个被设想成绝对完善的东西,也必须被设想成存在着的东西。高尼罗的海岛属于一个种类,而一个种类中的诸个体可能存在也可能不存在。完美的东西不属于这样一个种类。换言之,完美本身不能被认为是不存在的,因为这样完美就是不完美的完美了。

---

[13] *Pro insip.* 4.

[14] 同上,6。

很自然，安瑟伦的论点只是在某些不是被普遍接受的预先的框框里才是有效的。例如，他的论点预先假定存在是一个完美者，那个完美者是可以设想的，而且现实事物的结构符合思想的结构。但是尽管如此，他的论点没有被后世的很多出色的神学家和哲学家接受和应用。

安瑟伦在《独语》中，而后又在《讲述》中证明其存在的上帝是绝对单纯的。因此，上帝的属性不是非本质的属性，而是上帝的本质本身。[15] 上帝在每一个地点和时间里，[16]而不是在任何地点或时间里，[17] 因为一切时间和地点都是在上帝里。[18]

这位上帝也是三位一体的。[19] 安瑟伦认为，这一点可以用理性方法来证明是真实的，和他用来证明上帝存在的方法一样。我们不能在这里论述他在《独语》[20] 和《讲述》[21] 中引用的论点，但有必要讲一下他驳斥若
164 瑟林的教导而写的《论道成肉身之书信》，和他支持“和子”（*Filioque*）而写的《论圣灵的由来》。

孔皮埃涅的若瑟林（Roscelin of Compiégne）是一个坚决主张在神学研究中应用辩证法的人。虽然他的大多数著作都遗失了，但保存下来的《致阿伯拉尔之函》（*Epistle to Abelard*）以及各种写来反对他的著作，人们可以窥见其学说的梗概。不管12世纪及其各种评价若瑟林的人说了些什么，但他不是严格意义上的理性主义者。他愿意使自己的思想服从教会权威——至少是像安瑟伦那样愿意。若瑟林之所以与公认的教会当局

---

⑮ *Monolog.* 16 ~ 17；*Proslog.* 12.

⑯ *Monolog.* 20.

⑰ 同上，21。

⑱ 同上，22 ~ 24；*Proslog.* 19。

⑲ R. Perino, *La dottrina trinitaria di S. Anselmo nel quadro del suo metodo teologico e del suo concetto di Dio* (Rome: Herder, 1952)，此著作不仅讨论了 Anselm 的论证，而且也讨论了他与奥古斯丁的神学以及后来的神学在这一点上的关系。

⑳ *Monolog.* 29 ~ 65.

㉑ *Proslog.* 23.

有抵触，并不是因为他应用辩证法的推理，而是因为他在唯名主义的框框里应用辩证法的推理。他认为表达共相的话语只不过是“声音之风”，那就是说，这些话语没有涉及到存在于个别事物之外的现实事物。例如人类就其本身来说并不存在；存在的只是个别的人。这个论点运用到了三位一体教义的领域里，就形成了使他的同时代人震惊的信式。按照若瑟林的看法，理解三位一体的唯一方法，是依据三个实质，因为假定上帝里只有一个实质，那就会促使人们说，圣父就是圣子，圣子就是圣父。因此，谈论三个实质的希腊信式较之传统的拉丁信式更为恰当。

> 圣父的实质不是别的而是圣父，圣子的实质不是别的而是圣子，正如罗马城就是罗马，而被造物水就是水那样。这样，如圣父生育圣子那样，圣父的实质生育圣子的实质。因为有生育的实质和另一个被生育的实质，它们是不同的，而生育者与被生育者总是区别为几个，而不是一个东西。[22]

关于若瑟林的神学，能够相当有把握地叙述的实际上只有这些，因为其余的部分或者是遗失了，或者是被他的对手们歪曲得面目全非。但是 165
这已经足够说明他为什么被指控有三神主义了(tritheism)。在 1092 年的斯瓦松会议(Council of Soissons)上，若瑟林被召出席答辩，他谴责了三神主义——他这样做一点也不违心，因为他并不相信有三位上帝。然而他坚持原来的教义，以致继续遭到攻击，其中就有安瑟伦的攻击——这是我们在这里所关心的——以后又有彼得·阿伯拉尔(Peter Abelard)的攻击。

安瑟伦按照我们上面已经说过的方法试图驳斥若瑟林，他不以《圣经》为依据，因他的对手“或者是不相信《圣经》，或者是曲解《圣经》”，而

---

[22] *Ep. ad Abaelardum* (*PL*, 178: 366).

是"通过推理,试图用推理来为自己辩护"。不过,其目的不是要证明传统的三位一体教义的合理性,而是要指出若瑟林的信式必然导致荒谬后果。安瑟伦似乎满足于指出这些荒谬之处。但是,几个世纪之后,当人们阅读他的著作时,人们得到的总的印象是若瑟林和安瑟伦各谈各的而没有交锋。前者的唯名论和后者的唯实论是这样的,以致一个人认为是荒谬的,另一个人却认为是相当合理的,反之亦然。

安瑟伦在他的《论圣灵的由来》一文中,赞成拉丁教会的立场而反对东方教会的立场。[23] 安瑟伦忠实地依照他的神学研究方法,力图用推理来说明,圣灵来自圣父和圣子。可是,在这里他确实求助于《圣经》和正统三位一体教义,因为这些是他的对手们所接受的权威。

除了证明上帝存在的所谓的本体论论证之外,人们主要研究的和讨
166 论的安瑟伦的神学贡献是他的论文《上帝为何变成人》。[24] 他在文中试图说明道成肉身的必要性,虽然他也理所当然地用了原罪以及上帝的慈爱和公义之类的神学教义,可他再次以理性为基础来进行论述。

安瑟伦反对那种认为道成肉身和基督受难的目的是使我们摆脱魔鬼的奴役或者归还欠魔鬼的债的说法。道成肉身的目的确实是归还欠债,但不是还给魔鬼而是还给上帝。"每个犯罪的人必须把撤离上帝的荣誉归还给上帝,而这是每个犯罪的人欠上帝的苦行赎罪。"[25]上帝决不能在没有任何苦行赎罪的情况下赦免罪债,因为这将是向混乱投降。[26] 但另一方面,我们没有能力为我们的罪提供补偿,因为我们所能提供的只是为

㉓ 尽管相当简略,对此最好的研究是 M. Wilniewczye, *De processione Spiritus Sancti secundum sanctum Anselmum* (Vatican City: Vatican Press, 1957)。

㉔ 一个良好的参考书目以及对早先研究的频繁参照,见 K. Strijd, *Structuur en inhoud van Anselmus' "Cur Deus homo"* (Assen: van Gorcum, 1958)。另见,M. Corbin, "Nécessité et liberté: Sens et structure de l'argument du 'Cur Deus homo' d'Anselme de Cantorbéry", in C. Kannengiesser and Y. Marchasson, eds., *Humanisme et foi chrétienne* (Paris; Beauchesne, 1976), pp. 599 ~ 632。

㉕ *Cur Deus homo* 1.11.

㉖ 同上,1.12。

人公正,而这只是我们的本分而已。“当你给上帝你所欠他的什么东西时,即使你不曾犯过罪,你也不能认为这是偿还你的债务。”㉗因而,人们必须得出安瑟伦的交谈伙伴的结论:“我没有剩下什么东西可用以为罪补偿。”㉘当人们考虑到下面一段话时,这一困难就变得更大了:

> 你自己揣摩一下,人冒犯了上帝,因为人被魔鬼战胜而使上帝失去荣誉,但没有首先通过打败魔鬼而使上帝得到荣誉,人就同上帝重新和好,这不是有违上帝的荣誉吗。这种胜利必须是这样的……经过死亡的峡谷,他不犯任何罪而战胜魔鬼。但他是办不到的,因为作为原罪的结果,他成胎于罪中,出生于罪中。㉙

因此,必须向上帝补偿的人没有能力这样做。只有上帝能够提供足以弥补上帝的受损的荣誉的补偿。另一方面,只有一个人才能正当地为人的罪提供补偿。结果,“除了上帝之外没有任何人能够给予补偿,和除了人之外没有谁应该给予补偿,就必须由人神合一者来给予。”㉚ 167

安瑟伦的这篇论文是划时代的。虽然中世纪后期的大多数神学家对这篇论文不是亦步亦趋,但却从这篇论文的角度来解释基督的救赎工作。在他们之后,大多数西方神学家也遵循同一途径,虽然这样理解基督救赎世人的工作,并不是最古老的,也似乎不是《新约圣经》的矛头所向。

安瑟伦无疑是当时的最伟大的神学家。虽然他的神学著述是一系列专题文章,并不试图囊括全部基督教教义,但他成功地把推理应用在信仰问题上,而没有因此损害正统教义,这就为13世纪的伟大的经院主义者铺平了道路。其著作的内容对后世的神学的公式化作出了极大的贡献,

㉗ 同上,1.20。
㉘ *Cur Deus homo* 1.20.
㉙ 同上,1.23。
㉚ 同上,2.7。

而其著作的精神，既敢于创新又尊重权威，则产生了甚至更大的影响。安瑟伦为基督教思想开启了一个新的时期。

彼得·阿伯拉尔

在彼得·阿伯拉尔(Peter Abelard)身上，神学的复兴，教会的悲剧和浪漫的爱情以独一无二的戏剧方式汇集一处。[31] 他于公元1079年生于布列塔尼(Brittany)，早年聪颖异常。在从师于著名的唯名论者若瑟林之后，又做了盛波的威廉(William of Champeaux)的门徒，威廉是当时的唯
168 实论的主要旗手。但是阿伯拉尔觉得两位老师都不能令人满意，甚至扬言他在与威廉的辩论中获胜。他在战胜了他以前老师的基础上，开办了自己的独立讲座，企图以此与威廉的讲座对抗。但是他所扬言的获胜，实际是威廉的一些朋友加给他的有组织的迫害，以致他不得不从一个城市跑到另一个城市，终于来到了拉翁(Laon)，在这里他听了那时的著名的安瑟伦的讲学——不要把这个安瑟伦和坎特伯雷的安瑟伦混为一谈。阿伯拉尔觉得他很有口才但学问贫乏，因而决定组织自己的学校，开始讲解《以西结书》。据阿伯拉尔说，安瑟伦对他这种失礼的行为没有待之以宽宏大量，却对他这个自命不凡的对手加以迫害，结果倒是抬高了后者的声望。

阿伯拉尔从拉翁迁到巴黎，在这里，他成了一个著名的哲学和神学教

---

[31] 这里关于他的生平事迹的概要是依据他的 *Historia calamitatum*。关于这一著作可作为关于阿伯拉尔的生平的原始资料的价值，见，D. Visser,"Reality and Rhetoric in Abelard's 'Story of My Calamities'", in *Proceedings of the Patristic, Medieval and Renaissance Conference*, 3 (1978), 143 ~ 155; C. S. Jaeger, "The Prologue to the 'Historia Calamitatum' and the 'Authenticity Question'", *Euphorion*, 74 (1980), 1 ~ 15。关于阿伯拉尔的一般性介绍，见，*Peter Abelard: Proceedings of the International Conference, Louvain, May 10 ~ 13, 1971* (Louvain: University Press, 1974); R. Thomas, ed., *Petrus Abaelardus (1079 ~ 1142): Person, Werk und Wirkung* (Trier: Paulinus-Verlag, 1980)。

师。正是在这里,他遇上了赫洛伊斯(Heloise),秘密地结了婚并生了一个儿子。可是这个爱情故事是以悲剧告终的。这个年轻妇女的一些亲属认为阿伯拉尔玷污了他们家族的荣誉,就冲进他的住房,对他进行了阉割。赫洛伊斯从此做了修女,而阿伯拉尔则在圣德尼修道院披上袈裟。然而,这还不是阿伯拉尔后来称之为灾难的种种事件的结束。他不久就失宠于修道院当局,因为他宣称——他做得对——该修道院的创始人不可能是保罗的门徒狄奥尼修斯。他的三位一体教义是在和若瑟林对立的情况下搞出来的,但和他的对手的三位一体教义一样不被人们接受,而在1211年的斯瓦松会议上,他被迫把自己的论文《论上帝的一体与三位一体》(*On the Divine Unity and Trinity*)烧掉。由于身心俱伤,他决定退居荒野。

但是,甚至在他引退期间,他的名望,他的门徒和他的敌人都跟踪而来。不久,在他的周围发展起了一个社团,于是他建立了一所学校,献给"保惠师"。赫洛伊斯也跟着他来了,在她原来的情人帮助之下,建立了一所女修道院。这些新的成功很快就促成他的敌人们对他采取行动。克莱窝的伯纳德(Bernard of Clairvaux),是一个出名的神秘主义者和布道家,在整个欧洲有很大影响,他听到阿伯拉尔的教导,特别是听到他把推理应用在信仰的事物上时,极为反感。结果,在1141年,阿伯拉尔被叫到一个教会会议上,该会议不给他申辩机会,就断然谴责了摘自他的著作中 169
的几种主张。阿伯拉尔决定上诉教皇,但是,就在他准备呈交给教皇英诺森二世状文时,就听说教皇——可能由于伯纳德的插手——已重申了对他谴责。

最后,阿伯拉尔引退于克吕尼,受到了可尊敬的彼得(Peter the Venerable)的善待和礼遇。在这期间,他撰写了《信仰的表白》(*Profession of Faith*),表示出他的信仰完全符合正统。他死后,赫洛伊斯提出要求并得到允许,把他的遗体安葬在"保惠师"学校,在她终其余生的女修道院附近。

阿伯拉尔是一位多产的和有创见的著作家。在哲学领域内,他最重要的著作是《辩证法》(*Dialectics*)。他的《认识你自己》(*Know Thyself*)或《伦理学》(*Ethics*)提出了一种和大家极为不同的对原罪的看法。他的《一个哲学家、一个犹太人和一个基督徒之间的对话》(*Dialogue Between a Philosopher, a Jew, and a Christian*)是一篇有趣的护教文。他的《六天创造天地的解说》(*Exposition of the Hexameneron*)和他的《罗马人书评注》(*Commentary on Romans*)显示出他是一个有才能和有学问的释经家。但他的最重要的著作是《神学导论》(*Introduction to Theology*),《基督教神学》(*Christian Theology*),以及《是与否》(*Sic et non*)。

阿伯拉尔关于共相(universals)的学说,是讨论他的思想的很好的出发点。[32] 他在这方面的观点,是在反对他的两位老师盛波的威廉和若瑟林的过程中发展出来的。我们已经说过,威廉是唯实论的战士。照他的看法,共相是先于具体事物而存在的,并全部存在于每一个具体事物中。这种主张带来两个困难。第一,人们不得不肯定共相的无所不在。第二,这会促使人指出单一共相中的对立面。例如"动物",在"人"里面就是有理性的,在"马"里面就是无理性的。威廉为了避免这些和其他一些后果——这很可能是他的门徒阿伯拉尔指出的——就改变了他原来的主张
170 而宣称在同一种类中的不同个体里的本质,不是同样的本质,虽然它们不是"非不同的"——就是说,它们是类似的。这就像彼得的人性是一个,而约翰的人性是另一个,但它们是类似的。然而,这并没有解决难题,因为人们这时必须说清楚,两个现实事物之间,如果没有共同的东西,怎么能够类似呢——这就又回到原来的困难上,即怎样解释几个个体之间如何能有共同的东西。

---

[32] 关于阿伯拉尔的神学,见 D. Hayden, "Notes on the Aristotelian Dialectic in Theological Method", *Thomist*, 20 (1975), 383 ~ 418; L. Grane, *Peter Abelard: Philosóphie und Christentum im Mittelalter* (Göttingen: Vandenhoeck und Ruprecht, 1969); A. Crocco, *Antitradizione e metodologia filosofica in Abelardo* (Napoli: M. D'Auria, 1971)。关于他的释经方法见,E. M. Buytaert, "Abelard's Expositio in Hexaemeron", *Ant*, 43 (1968), 163 ~ 194。

阿伯拉尔的答案,虽然往往被认为与若瑟林的答案一样,实际上是不同的。阿伯拉尔说,共相是“名称的含义”。他的老师若瑟林曾说过它是“声音的发出或声音之风”。阿伯拉尔反对说,后面这个主张使得不可能解释,为什么以及如何可能断言,马是共相“动物”,而石头则不是。如果共相仅仅是声音,那就无所谓正确的或错误的断言。共相确实是些声音,可它们是有含义的声音。这些含义是哲学家们所关心的,而且这个难题不能用光是说共相里没有含义的这一说法来解决。问题的解决方法,在于意识到共相不是“诸事物”——就是说,除非加以抽象,它们不能靠其本身而存在。共相在这样一种方式里是起初的,这种方式同形态存在于实物里的方式类似——人们可以从实物里面抽象出形态,但离开实物,决不能真正得出形态。同样,共相可以从诸个体里面抽象出来——为了思考,人们必须这样做——但离开了诸具体的个别事物,决不能得出共相。这就是阿伯拉尔关于共相问题的主张,这个主张被称为“概念论”(Conceptualism),并且对后世颇有影响。[33]

除了共相问题之外,阿伯拉尔在另外三个方面作出的贡献,值得特别重视:《是与否》的神学方法,他关于基督救赎工作的教义,以及他的伦理学。

《是与否》这个标题本身就表明了这一著作的性质。它是一连串的
一百五十八个问题。对于这些问题,一些权威人士作出了肯定答案,其他 171
一些权威人士作出了否定答案。他在这一作品中,只限于并列引录这些似乎是互相矛盾的权威意见,而没有试图提出他自己的解答。考虑到当时的时代精神,人们可以很容易地理解,这样一部似乎是对《圣经》和古代作家的权威投下疑团的著作,是多么不受人欢迎。然而,阿伯拉尔的目

---

[33] 有一个关于阿伯拉尔“共相”(universals)理论的很好的研究,见,Gilson, *History*, pp. 155～160。我对这一主题的讨论得益于此的良多。另见,C. Wenin, “La signification des universaux chez Abélard”, *RevPhLouv*, 80 (1982), 414～448。

的似乎不是要否认教会权威,或指出《圣经》和一些“早期基督教著作家”犯错误了。他坚定地相信他所引用的《圣经》经文的权威。他的目的是要指出某些神学争论点里存在着的一些困难。阿伯拉尔似乎认为,有可能以这样一种方式来解释经文,以致可以表明这些经文的内在的一致性。他在这部著作的序言中就清楚说明,他只是要提醒读者们注意这样做的必要性。[34] 因此,这部著作虽然最初不被接受,但是后来对于基督教神学发展确实有很大影响,这些影响主要是和方法论有关,而不是和内容有关。经院主义神学家们响应了阿伯拉尔的挑战,并沿用了这样一种方法,即提出每个问题之后先列举一些权威意见,这些意见似乎导向一个答案,而后列举另外一些导向相反方向的权威意见。于是,神学家们的任务就是提出一个答案,并解决那些似乎反对这样一个答案的权威意见所引起的困难。这种方法是经院主义时期的特点之一,它的某些根源是来自阿伯拉尔。

后世的作者们把阿伯拉尔关于基督救赎工作的教义叫做“主观的”(subjective)或“道德的”(moral),而与此相反,他们把安瑟伦的教义叫做“客观的”(objective)或“法律的”(juridical)。虽然这些用词相当不准确,因而对安瑟伦和阿伯拉尔都不公道,可是这些用词确实有助于指出,这两
172 位神学家的观点之间存在着不可否认的差别。阿伯拉尔既拒绝那种认为基督是来还魔鬼债的传统观点,也拒绝安瑟伦那种说他是来还上帝债的理论。与这些观点相反,阿伯拉尔发展了这样一个理论,即基督救赎工作在于提供上帝之爱的口头的和事实的榜样和教导。这种榜样起着这样的作用,以致它感动人去爱上帝,而上帝反过来在这样的爱和复活之基督的

---

[34] M. Grabmann 出色地分析了这一序言,见 *Die Geschichte der scholastischen Methode*(Freiburg im Breisgau: Herder, 1910~1911), 2: 200~203。关于《是与否》(*Sic et non*)的方法见,A. Crocco, “Le cinque regole ermeneutiche del ‘Sic et Non’”, *RCHist*, 24 (1979), 452~458。

代祷的基础上宽恕了我们。[35]

阿伯拉尔的伦理学，不是围绕着行为本身，而是围绕着它的动机。这并不是说行为没有善恶之分；而是说，恶行的罪责在于它的动机，善行的功绩也是这样。如果一个人为了打鸟，无意中打死了他没有看见的人，他对这一行为没有罪责。再者，一个人对他不曾做过的事，那就更没有罪责。因而亚当传给他后代的，不是罪责而只是罪的处罚。这种处罚包括人类意志的败坏从而导致人做恶，但这种败坏就其本身来说不是罪。罪在于同意了内心的邪恶倾向。最后，阿伯拉尔主张，罪与罪的补偿是罪人与上帝之间的事情，因而认罪的效能不是使罪人得赦，而只是给他指出了如何赎罪的方向。[36]

很自然，这些大胆的教义吸引了许多热心的门生，也招来了甚至更多的无情的反对者。阿伯拉尔的主要对手是神秘主义者和布道家克莱窝的伯纳德。[37] 伯纳德的神秘主义与伪狄奥尼修斯的不同，在性质上不是柏 173
拉图主义的和纯理论的，而是以基督的仁慈和马利亚的受苦为中心。正

㉟ *Comm. ad Rom.* 2.3. 见 R. C. Weingart, *The Logic of Divine Love: A Critical Analysis of the Soteriology of Peter Abelard* (Oxford: Clarendon Press, 1970)。

㊱ P. L. Williams, *The Moral Philosophy of Peter Abelard* (Latham, Md.: University Press of America, 1980).

㊲ Bernard 是 12 世纪里出类拔萃的主导性人物之一，如果我们在此没有对他进行深入细致的讨论，那是由于他的神学大多数本质上是保守的，而且我们在此应该把注意力集中在那些正提出新思想的神学家身上。他对后世的影响也许就在于他给修道生活以新的推动力以及他献身于基督的仁爱。实际上，这种献身是 13 世纪许多伟大导师的共同品质，包括 St. Francis 和 Bonavnture。关于 Bernard 生平以及思想的两部基本的介绍性著作是：B. S. James, *Saint Bernard of Clairvaux: An Essay in Biography* (New York: Harper, 1957); G. R. Evans, *The Mind of St. Bernard of Claivaux* (Oxford: Clarendon Press, 1983)。另见，G. Díez Ramos, ed., *Obras competas de San Bernardo*, 2 vols., *BAC* 110 (1953), 130(1955)。涉及关于 Bernard 的以往的研究，L. Janavaschek, *Bibliographia bernardina* (Hildensheim: Georg Olms, 1959)。涉及他与阿伯拉尔关系的论著，E. F. Little, "Relations between St. Bernard and Abelard before 1139", in M. B. Pennington, ed., *Saint Bernard of Clairvaux: Studies Commemorating the Eighth Centenary of His Canonization* (Kalamazoo: Cistercian Publications, 1977), pp. 155 ~ 168; J. Verger and J. Jolivet, *Bernard-Abélard, ou le cloître et l'école* (Paris: Fayard-Mame, 1982)。

是他，作为克莱窝的修道院院长，领导了伟大的西多会(Cistercian)改革运动，这场运动涤荡了12世纪的修道生活。他是教皇们的朋友，是国王们伤脑筋的人物，又是第二次十字军的鼓动者。伯纳德也是一个打击异端的能手，这一点可见于他反对阿伯拉尔以及稍后反对拉波雷的吉勒伯(Gilbert de la Porrée)的行动中。

伯纳德这个歌颂基督的苦难和马利亚贞洁的诗人，这个与撒旦及其大军坚持斗争的战士，对阿伯拉尔这个大胆教师的态度，既不理解也不容忍，阿伯拉尔似乎把辩证法的推理应用于信仰的奥秘。他否认基督成为肉身是为了使我们摆脱我们自己的肉身的束缚，他说亚当的罪责并非也是我们的罪责，他声称那些钉基督于十字架上的人，如果是出于无知，他们就没有犯罪。他推翻了补赎的基础，在1121年已经因他的三位一体教义而受到了谴责。[38] 结果，1141年的会议处理阿伯拉尔案件时，伯纳德手上拿着一纸罪状目录，要求他的对手加以谴责。学者阿伯拉尔要求对这个目录进行讨论，但修士伯纳德责令他，除了低头认罪之外别无出路。阿伯拉尔在这样的抉择面前，决定听任自己由大会谴责并上告教皇，只落得发现罗马教廷也被伯纳德的阴影笼罩着。

导致阿伯拉尔被谴责的种种罪状的一个摘要，可以表明他的教义的哪些方面最使他的同时代人不安。我们把那些和三位一体教义有关的方面排除在外，因为在这一点上较之在其他任何一点上，他最受他的审判者
174 的歪曲，所以，“阿伯拉尔的三位一体的谬误”或许可能是谬误，但肯定不是他的谬误。下面是一部分受谴责的观点：

> 4. 基督成为肉身不是为了使我们摆脱魔鬼的枷锁。
>
> 6. 自由意志靠其本身就足以做一些善事。

---

[38] Bernard 在他的论文里列举了这些以及其他的错误，见 *Against the Errors of Peter Abelard* (*PL*, 182: 1053～1072)。

9. 我们从亚当那里接受的,不是他的罪责,而只是惩罚。

10. 钉死基督的人没有犯罪,因为他们不知道他们在做什么,凡是出于无知而做的事情,都无罪责。

12. 捆绑和释放之权(参见《马太福音》16 章 19 节和 18 章 18 节——译者)只赐给使徒们,而没有赐给他们的后继者。[39]

总之,阿伯拉尔的神学的最有特色的主张都受到了谴责。

然而,这无损于这位伟大学者的影响。反而,有充分的证据说明,在他被谴责的前后,很多著作家都延续着阿伯拉尔的传说,但往往是——特别是 1141 年之后——比较温和一些。[40]

"阿伯拉尔学派"日益受到圣维克多学派的影响,反之亦然。由此就发展出了这样一种神学研究方法,即在使用《圣经》和教父的权威以及在这基础上开展理性的探讨的同时,设法不超出正统化的范围。这就是阿伯拉尔门生们的理性的与革新的精神和维克多神学的传统主义相结合所产生的结果。最后,这种事态发展在一个人和一本书上——即彼得·伦巴德(Peter Lombard)和他的《格言四书》(*Four Books of Sentences*)——达到顶点。然而,为要了解他和他的重要性,有必要先谈一下圣维克多学派。

圣维克多学派

这一学派的创始人是盛波的威廉。他任教于巴黎的圣母院,直到他 175
与阿伯拉尔辩论之后为止,那时他引退到巴黎郊区,在圣维克多教堂附

---

[39] *Mansi*, 21: 568 ~ 569.

[40] *Summary of Christian Theology* (*PL*, 178: 1695 ~ 1758)一书的作者就是如此,人们曾经以为这个作者就是阿伯拉尔。阿伯拉尔的另一位匿名的追随者写了 *Sentences* of Florian。最后,也就是后来以亚历山大三世的名义占据了宗座(Holy See)地位的 Roland Bandinelli 也写了一部 *Sentences* 集成,尽管他没有盲从阿伯拉尔的每一个论点,但是他在一些争论问题上仍然支持他。

近。在那里他组织了一所修道学校，目的在于创立一种深深扎根于宗教生活中的神学。1113 年，威廉为了就任马恩河畔沙隆（Châlons-sur-Marne）的主教而离开了圣维克多，后来，就是他给克莱窝的伯纳德加封教职的。[41] 当他在几年后去世时，几乎所有认识他的人都尊敬和钦佩他——主要的例外就是阿伯拉尔，他除了自己之外，难得尊敬和钦佩什么人。

威廉像阿伯拉尔一样，曾师从孔皮埃涅的若瑟林和拉翁的安瑟伦。他对前者的反应是明确的：他反对若瑟林的唯名论而采纳了极端唯实论的主张。在他看来，存在于同一物种的每个个体里的是同一个本质，而构成个性的，只是加在每个特定事物里的本质上的属性的总和。阿伯拉尔指出了这种极端唯实论的后果，威廉在他的刺激下修正了自己的观点而声称，虽然诸特定事物里的本质不是相同的，但也不是不同的——那就是说，它们是类似的。已经谈过，这并没有解决问题，但这似乎是威廉的明确的主张。[42]

威廉在其神学里追随了他的老师拉翁的安瑟伦。虽然他的大部分著作都遗失了，[43] 但就其尚存的片断可以看出，他是一个温和的和正统的思想家，没有多大的思辨才华，但也不忌讳运用逻辑推理，以便分析和理解信仰的真理。

176 威廉虽是该学派的创始人，然而对其声誉作出最大贡献的是他的继

---

[41] J. Chatillon, "L'ecole de Saint-Victor: Guillaume, Hughes, Richard et les autres", *Communio*, 6 (1981), 63 ~ 76.

[42] Gilson, *History*, p. 626.

[43] 刊印在 *PL*, 163 中的著述中，仅有一部是真实的：*De sacramento altaris*（*PL*, 163: 1039 ~ 1040）。这一特殊作品之所以重要是因为，它是中世纪文本中最末期的作品之一，其中有证据可以证明，那时仍然为信徒提供圣餐的两个部分。19 世纪的后期，出版了 William 的其他两部作品：*De essentia et substantia Dei et de tribus eius personis* 与 *Sententiae vel quaestiones* 47。

承人圣维克多的休。[44] 休主张，科学的目的不是为了满足好奇心，而是为了引导人达到更高的人生，这就为圣维克多学派的特色奠定了基础。这一点可以清楚见于他为《论基督教信仰的奥秘》(*On the Sacraments of the Christian Faith*)所写的前言。文中断言，我们所有必需的知识无不紧扣创造天地和恢复原状。[45]

在这样的方案内——包括指向人生最终目标的整个历史观——休主张，一切知识都是引向认识上帝的途径的一部分。所有的科学都是有用处的和必需的，但其价值不在于它们本身，而在于它们有助于改进人的灵魂，以便使灵魂能够享受永福。

休的主要神学著作《论基督教信仰的奥秘》表明了他的神学很重视圣礼。圣礼是实质性的组成部分，它们"用形象代表，用仪式表明，和用圣洁化包含某种看不见的和属灵的恩典"。[46] 至于圣礼的数目，休没有说清楚，因为他把"圣礼"这个名称用于各种仪式，甚至用于信式；[47] 但另一方面，他主要注意以下几种：洗礼，婚礼，和授圣职礼。因此，休的著作是圣礼数目最后被限定为七个这一发展过程中的一个环节——这个发展过程在彼得·伦巴德那里达到顶点。圣餐在休的阐述中占中心地位，而他解释基督在圣餐里的存在，是用地道的现实主义措辞：

---

[44] 权威性的研究著作是，H. Baron, *Science et sagesse chez Hughes de Saint-Victor* (Paris: P. Lethielleux, 1957)。J. B. Schneyer, "Ergänzungen der Sermones und Miscellanea des Hugo von Sankt Viktor aus verschiedenen Handschriften", *RThAM*, 31(1964), 260 ~ 286; G. Zinn, "Hugh of St. Victor and the Ark of Noah: A New Look", *CH*, 40(1971) 261 ~ 272; R. Goy, *Die Überlieferung der Werke Hugos von St. Victor: Ein Beitrag zur Kommunicationsgeschichte des Mittelalters* (Stuttgart: Hiersemann, 1976); A. M. Piazzoni, "Il 'De unione spiritus et corporis' di Ugo di San Vittore", *StMed*, ser. 3, 21 (1980), 861 ~ 888; A. M. Piazzoni, "Ugo di San Vittore 'auctor' delle 'Sententiae de divinitate'", *StMed*, ser. 3, 23 (1982), 861 ~ 955.

[45] *De sacr. prol.* 2 ~ 3.

[46] 同上，1.9.2。

[47] 同上，2.9。

177 经过祝圣的话语，饼的真正实质和酒的真正实质变成了基督的身体和血，以致饼和酒只剩下了个外貌，而一种实质变成了另一种实质。[48]

但是，已经说过，所有这一切的目的在于引领默祷。在这里，休传授了伪狄奥尼修斯的新柏拉图主义的神秘主义，这种神秘主义步步晋升，最后达到不可言喻的福乐境地。这就是为什么休被恰当地称为神秘主义者。但这个称号意味着他往往被不公道地剥夺了神学家的称号。休既是一位神秘主义者，也是一位神学家，而正是这一点，使他对基督教思想史显得重要。在他的著作及其后继者的著作里，辩证学家和神秘主义者之间的由来已久的对立终于结束，而这种对立在贝伦加尔与兰弗朗克之间或阿伯拉尔与伯纳德之间的那类对抗里最为突出。神秘主义的虔诚与推理的运用的这种结合，将成为13世纪伟大的经院主义者的灵感。

休的后继者圣维克多的理查德（Richard of Saint Victor）是一个苏格兰人。他继续休的传统，把深思的神秘主义和理性的神学结合在一起。在他看来，知识分为三个等级：思想（*Cogitatio*），思考（*Meditatio*），沉思（*Contemplatio*）。第一个属于幻想，第二个属于推理，而第三个属于理智。思想是在地上爬行，因而是无效之功。思考是行走，是功与效的均等结合。沉思是飞跃，不用费劲就取得效果。三者都是好的，而三者是这样相连接着的，即人的头脑可以指导“思想”走到“思考”，并从“思考”继续前进到更高一级的“沉思”。[49] 在最后这个阶段，人的心就达到了上帝那里，但并不能理解神的实质——这是不可能的——而是在狂喜或“超然”里感到上帝的存在——即直觉形式的认识，在其中灵魂能够接受大于它自

---

[48] 同上，2.8.9。

[49] *Benj. major* 1.3～4.

己的能力的东西。[50]

理查德为了剖析他用信心所懂得的那些奥秘而使用推理的方法，可 178
见于他的《论三位一体》(*On the Trinity*)。这本书是为了反对拉波雷的吉勒伯而写的，在其中他试图根据爱的性质来说明三位一体教义是有说服力的。爱要求彼此的交往，因而需要有三位。[51]

圣维克多学派的后来的领导人戈提耶(Gautier)[52]和哥德夫利(Godfrey)，[53]没有继续该学派的早期的传统，却强调虔诚和信仰的重要性，并倾向于反对把推理应用于信仰的奥秘的任何尝试。

然而，有一些阿伯拉尔的门生把他们老师的神学同圣维克多学派的虔诚的和传统的精神结合起来。正是通过他们，而不是通过休和理查德的直接继承人，该学派才对 13 世纪产生影响。[54]

彼得·伦巴德

彼得，因其故乡而被称为"伦巴德"，他于公元 1130 年前后来到巴黎。在这里，他与圣维克多的学校关系密切，但不知道是在学校里任教师还是求学。几年之后，他就占据了对母院的神学讲座——就是盛波的威廉在引退到圣维克多之前所占据的那个讲座。他于 1148 年参加了在兰斯召开来考虑拉波雷的吉勒伯言论的会议。他于 1159 年被封立为巴黎的主

[50] 同上，8.8。

[51] 此处理查德(Richard)根据存在的不可表达性来定义"位格"。后来 Alexander of Hales 将会重新提及这个主题。

[52] *Contra quatuor labyrinthos Franciae* (*PL*, 199: 1129 ~ 1172). 他在此抨击的四个人是：Abelard, Peter Lombard, Peter of Poitiers, Gilbert de la Porrée。

[53] PL 中的残篇，见 *PL*, 196: 1417 ~ 1422. 稍后的修道院院长和圣维克多(Saint Victor)修道院一个副院长的信件(*PL*, 196: 1379 ~ 1418)，以及圣维克多的亚当的礼文(*PL*, 196: 1423 ~ 1543)。尽管它们对基督教思想史没有价值，然而它们对修道的虔诚和实践有重要意义。

[54] E. Luscombe, *The School of Peter Abelard: The Influence of Abelard's Thought in the Early Scholastic Period* (Cambridge: University Press, 1969).

教，而一年之后即逝世。他的《格言四书》（通常简称为《格言》），是 12 世纪神学活动的顶峰，也是 12 世纪留给 13 世纪的主要遗产。

这本《格言》并没有独特的创见。实际上，彼得·伦巴德是从一本匿名的《格言总结》以及其他几本著作中摘取了大部分的形式和内容。[55] 再
179 者，甚至把阿伯拉尔学派的见识与圣维克多学派的见识结合在一起，也不是彼得·伦巴德的首创，因为《格言总结》的作者已经这样做了。彼得·伦巴德著作的重要意义，不在于教义上的创见，而在于他避免了辩证论者和反辩证论者的极端立场，也在于他对每个神学争论点提供了大量的参考资料。他的《格言》不止是一本建设性的神学著作，而且编纂了权威们对各个神学专题的论述。但彼得·伦巴德不像阿伯拉尔在《是与否》里做的那样，没有到此为止，而是进一步提出他自己的意见。这些意见往往都是温和的，并且反映了当时公认的教义。然而在有些方面，他离开了一般所持守的观点。在其他一些地方，他又避免为似乎不够清楚的事下定论。起初，这种基本的正统与些微的大胆和含糊之间的混合使彼得的某些同时代人产生了疑虑，但是，正是这些情况，后来又使人们普遍称赞他的《格言》，视其为神学研究的导论。所有 13 世纪到 15 世纪的伟大教师——以及一些不那么伟大的教师——都评注过彼得·伦巴德的《格言》。从 13 世纪起，“格言教师”（Teacher of the Sentences）的头衔是教授产生过程中所必须经历的阶段之一，因此我们就有了波拿文图拉（Bonaventure）、托马斯（Thomas）、司各脱（Scotus）以及其他一些人的《格言评注》（*Commentaries on the Sentences*），它们都是在其作者神学活动的早期写成的。

因为在此不可能——单调的——详细说明彼得·伦巴德的整个神学。但无论如何他的神学算是 12 世纪最基本的普通教义，我们应该对

---

[55] *PL*, 175: 41 ~ 174. J. De Ghellinck, *Le mouvement théologique du* XIIe *siécle* (Bruges: De Tempel, 1948), pp. 197 ~ 203.

《格言四书》(*Four Books of Sentences*)作一个简明的概括,指出他所表述的一些论点在后世所引起的讨论。

卷一处理了上帝的一位与三位一体,再次详细说明了三位一体的教 180
义与神圣的属性。在这点上彼得·伦巴德的观点是足够传统的,几乎未引起后来的争论,除了他肯定数目上的"一"与"三"应用于上帝仅仅是在关系的意义上,[56]他也肯定存在于人们中间的博爱就是圣灵。[57]

卷二,以创造天地的教义开头,包括天使论,进而转到人论,以至恩典与罪的教义。本卷引起的主要讨论是有关天使的功绩问题,在此就不予讨论了。

卷三讲的是基督论,救赎,圣灵的德行和恩赐,以及诸诫命。正是在这里,彼得·伦巴德否认,耶稣基督作为一个人是"实有物"。[58] 这并不是像某些人所认为的,是一种隐蔽的幻影说。这反倒是想说明那种认为基督的人性是非实质的早期教义。这位格言大师的另一个受到后世一些神学家审议的观点是,他谈到了基督的一些自相矛盾的事——他死了而又没有死,他受苦了而又没有受苦,等等。[59]

卷四论述了圣礼和末世论。他的圣礼神学有几个方面引起了后世神学家们的疑问,[60] 但是,尽管如此,他对圣礼神学的发展起了决定性的影响,因为圣礼的数目确定为七个,主要是受到他的影响。

彼得·伦巴德的权威并不是一下子就建立起来的。[61] 他遭受的最激
烈的抨击,是其所谓的基督论的虚无主义,就是他那个"基督作为一个人, 181
不是实有物"的论点。这个论点是彼得·伦巴德直接因袭阿伯拉尔的,也

---

[56] *I Sent. dist.* 24.

[57] 同上,17。

[58] Ⅱ *Sent. dist.* 6.

[59] 同上,22。

[60] *PL*, 192: 963 ~ 964.

[61] J. de Ghellinck, "Pierre Lombard: luttes author du 'Livre des Sentences'", *DTC*, 12: 2002 ~ 2017. 此文概括了《格言》获得其受人尊敬的地位的过程。我就是遵循了他的大纲。

可见于罗兰·巴丹奈里(Roland Bandinelli)的《格言》。罗兰·巴丹奈里当时是罗马教皇,号称亚历山大三世。但到了1177年,亚历山大本人改变了对这个问题的看法,对阿伯拉尔和彼得·伦巴德的主张予以谴责。[62]如所预料,这就对彼得·伦巴德的《格言》的声望起了拆台的作用。不过与此同时,《格言》获得了巨大胜利。在巴黎,彼得·伦巴德的两个后继者,“贪食者”彼得(Peter the Devourer)——不是贪吃食物,而是贪食知识——和普瓦泰的彼得(Peter of Poitiers),继续着这位格言大师的传统;普瓦泰的彼得建立了制度,提供以评论伦巴德文本为基础的课程。这种制度普及到整个法兰西,而最后传播到了德国、英国和意大利。13世纪期间,拉波雷的吉勒伯的一些追随者——其中有菲欧瑞的约雅斤(Joachim of Fiore)——试图在第四届拉特兰会议上(公元1215年)谴责《格言》,这一企图不仅失败了,而且该会议反过来竟谴责了吉勒伯和约雅斤的三位一体教义——而这样做,一部分是采用了彼得·伦巴德的《格言》中的信式。

即使在托马斯的《神学大全》发表之后,彼得·伦巴德的《格言》依然是神学研究的主要课本,而只是到了近代,16世纪末和17世纪初,其地位才为托马斯的著作所取代。

12世纪的其他神学家和学派

12世纪初期,极端唯实论出了一个战士图尔内[或空布锐(Cambrai)]的奥多(Odo of Tournai)。这位神学家认为,唯名论,不管多么温和
182 都是异端,而他是用唯实论来说明,应当怎样理解原罪。[63] 在他看来,不

[62] 在此问题上反对彼得·伦巴德的主要神学家有:John of Cournailles(*PL*, 199: 1043~1086), Robert of Melun(in his own *Sentences*), Gerhoch of Reichersberg (works scattered in *PL* 193 and 194), and the anonymous author of the *Apologia de Verbo incarnto* (erroneously included among the works of Hugh of Saint Victor in *PL*, 177: 295~316)。

[63] *De pecc*, *orig*. (*PL*, 160: 1071~1102).

论是遗传说或是创造说，都不足以说明人的灵魂的起源。人类是一个单一的实在体，而每个个人只不过是存在于人类共相本质中的一组偶然的东西。因为在亚当之中有着全部人类的本质，所以一切人都分有堕落。确切地说，“在亚当里我们都犯了罪”。

唯实论也是沙特尔学派（school of Chartres）的主要特点之一。在这里柏拉图的影响很大，而且各种教师都想用柏拉图主义体系里的理性，来解释天启的信仰内容。这些教师都想用沙特尔的伯纳德（Bernard of Chartres），拉波雷的吉勒伯，沙特尔的提埃利（Thierry of Chartres），以及空撤斯的威廉（William of Conches）。[64] 他们的门生伯纳德·西尔维斯特（Bernard Sylvester）和阿拉斯的克雷姆包德（Clarembaud of Arras）也应算在这个学派里。沙特尔的伯纳德仅存的著作片断表明，他很想把柏拉图的《提迈欧篇》（*Timaeus*）的宇宙起源说与《旧约圣经》的《创世记》中的创世说协调起来。[65] 拉波雷的吉勒伯是个有才能的辩证学家，深受他的一些同时代人尊敬，但也受到另外一些人的猛烈攻击。他对于逻辑和形而上学特别专长。然而，他最著名的作品还是《波伊丢斯论三位一体之书的评注》（*Commentary on the Book on the Trinity of Beothius*），在这里，他把上帝

---

[64] H. E. Rodnite, *The Doctrine of the Trinity in Guillaume de Conches' Glosses on Macrobius: Texts and Studies* (Ann Arbor: University Microfilms, 1974); J. H. Newell, *The Dignity of Man in William of Conches and the School of Chartres in the Twelfth Century* (Ann Arbor: University Microfilms, 1978).

[65] Quoted by John of Salisbury, *Metalog*. 2. 17; 4. 35. 在其中第一个引证中约翰宣称，Bernard 及其学派试图与柏拉图和亚里士多德调和，但是它们“太迟了”。见，J. M. Parent, *La doctrine de la création dans l'école de Chartres* (Paris: J. Vrin, 1938)。另见，E. Jeauneau, “Nani gigantum humeris insidentes: Essai d'interprétation de Bernard de Chartres”, *Viv* 5 (1967), 78 ~ 99; W. Weatherbee, *Platonism and Poetry in the Twelfth Century: The Literary Influence of the School of Chartres* (*Princeton: University Press*, 1972); *E. Jeauneau*, Lectio philosophorum: Recherches sur l'école de Chartres (*Amsterdam: A. A. Hakkert*, 1973); *H. R. Lemay*, “*Platonism in the Twelfth-Century School of Chartres*”, *in* Acta: Center of Medieval and Early Renaissance Studies, 2 (1975) 45 ~ 52。

的本质和属性加以区别,声称属性不是永恒的。这样一个似乎是否认上帝绝对单纯的论点,在 1168 年的兰斯会议上受到了谴责。于是,吉勒伯放弃了这一论点,但他的一些门生始终不原谅那些攻击这个论点的人。
183 沙特尔的提埃利是伯纳德的弟兄,也想把《创世记》的创世故事和《提迈欧篇》连在一起。[66] 空撤斯的威廉也走这同样的道路,[67] 而伯纳德·西尔维斯特则试图通过诗句和比喻来做同样的事情。[68] 阿拉斯的克雷姆包德是沙特尔的提埃利的门生,也是圣维克多的休的门生。他把沙特尔学派的唯实论和圣维克多派的尊重正统性结合起来,从而想驳斥拉波雷的吉勒伯的三位一体教义。[69]

索尔兹伯里的约翰(John of Salisbury)与沙特尔及其学派有密切的关系。虽然他是英国人,却在法国读书,他的老师之中就有阿伯拉尔和空撤斯的威廉。当他做了沙特尔的主教时,他重新建立了他做学生时候把他同这个城市联系起来的那些旧关系。像沙特尔一些伟大的教师一样,约翰酷爱古典文学,也酷爱别致而华丽的风格。但与他们大不相同的是,对那些通过感官、理性或信仰而不能清楚知道的任何事物,都表示很大的怀疑。在他认为最好是不发表意见的争论点中,就有共相性质的问题,因为它超出了人的智力范围,所以无法解决。关于共相,我们所知道的只是,它是从许多个别事物中抽象出来的。但是不可能超越这一认识结论,去得知共相本身的本体论的性质。[70]

拉翁的安瑟伦是阿伯拉尔和盛波的威廉的老师,他留下了一本《格言》集,虽然不如彼得·伦巴德的格言那么有影响,可是无论如何为期更

---

[66] Gilson, *History*, pp. 145 ~ 148.

[67] Parent, *La doctrine de la création*, pp. 137 ~ 177.

[68] Gilson, *History*, p. 622.

[69] 同上,pp. 149 ~ 150。

[70] 同上,pp. 150 ~ 153。另见,E. Jeauneau, "Jean de Salisbury et la lecture des philosophes", *RevEtAug*, 29 (1983), 145 ~ 174。

早一些。那些传统上被认为是他写的《圣经》注释,[71] 大概是伪造的。

很多论圣餐的文章产生于整个拉丁语的欧洲。其中很少是具有创见的,不过这些论文的价值在于证明,变质说已被普遍接受,它虽然没有定 184 为信条,但大家都认为它是唯一的正统观点。[72]

在 11 世纪下半叶和整个 12 世纪,在神学家心目中变得突出的另一个问题是政权与教权之间的关系问题。当格列高利七世(Ggregory Ⅶ)与亨利四世(Henry IV)因为主教授职问题而公开冲突时,上述问题成了一个白热化的争论点。由于帝国和教廷之间的斗争持续于整个 12 世纪,因而就有很多有关教皇权威和皇帝权威的著作写出来了。[73] 在 5 世纪,教皇格拉修斯(Pope Gelasius)曾断言,二者的权力都是上帝赐的,而且各有各的职能,因而二者谁也不能高于谁。然而从那时以后,事实不仅表明权力之争是不可避免的,而且教会权威逐渐集中于教皇,因此发展出了一种理论,即一切主教都从属于教皇。这一理论是在 9 世纪中期写成的伪依西多尔教令(*Decretal* of Pseudo-Isidore)中加以认可的。看来这个教令包括两层目的,一是建立教会和国家相对的独立,二是强化教皇的权力,以便限制大主教的权力。10 世纪和 11 世纪上半叶,由于教皇制度的混乱局势,与国家就没有什么大的冲突。但到了 11 世纪末,改革派掌握了罗马教廷,教皇所持有的权威就不可避免地与民事统治者们——特别是皇帝们——的权威发生冲突。这些冲突具体发生在授职权的争论上,但实际上包括着其他政治和宗教的因素。委任主教的权力,对皇帝们来说是十分重要的,因为很多主教都是封建领主,他们对皇帝的效忠是不可忽视

---

[71] *PL*, 162: 1187 ~ 1586; V. J. Flint, "The 'School of Laon': A Reconsideration", *RThAM*, 43 (1976), 89 ~ 110; H. Santiago-Otero, "El conocimiento del alma de Cristo según las enseñanzas de Anselmo de Laón y de su escuela", *Sal*, 13 (1966), 61 ~ 79.

[72] MacDonald, *Berengar*, pp. 364 ~ 409.

[73] 我们在此只能作非常简洁的总结。A. J. Carlyle, *A History of Medieval Political Theory*, Vol. 4 (Edinburgh: Blackwood, 1932).

185 的。在改革派的领袖们看来，世俗权力对主教的委任，不论是根据经济的考虑，或是根据效忠的誓言，都是买卖圣职罪，应予废止。

格列高利七世由于他的改革热情以及深信上帝与他同在，就为他自己和教廷争取到了前所未有的权力。依他的看法，国家的设立只是为了控制人犯罪。因为教会是永恒的，而且其目的是信徒们最终的得救，所以教会的权威高于国家的权威。因此，教会的元首教皇，不但有权力和权威来委任主教，甚至可以废黜皇后和皇帝。

从格列高利的时代开始，有很多神学家，其中有些人较为温和，都为教皇高于皇帝的权威进行辩护——诸如红衣主教多伊斯得底特（Cardinal Deusdedit），康士坦斯的伯纳德（Bernard of Constance），奥格斯堡的霍诺里厄斯（Honorius of Ausburg）。其他的人，虽然也为教会和国家相对的权力辩护，但否认教皇有权废黜皇帝——诸如奥斯纳堡的盖伊（Guy of Osnaburg）和斐拉拉的盖伊（Guy of Ferrara）。最后，另外一些人采取了这样的立场，说皇帝是国家的也是教会的元首——卡提那的格列高利（Gregory of Catina）就持这样的观点。

在 12 世纪，圣伯纳德，圣维克多的休，和索尔兹伯里的约翰发展了一种理论，说“世俗的宝剑”属于帝王，而“属灵的宝剑”属于教会。是教会把世俗的宝剑给予帝王的，是教会设立国家的，所以，归根到底教会有最高的权威。这种理论形成的时候，正是一个改革派掌握着教廷，这种教义就给了这一改革派很大的权力；不过，后来后果是可悲的。

正当这些事态在欧洲其他地区发生时，在刚刚被基督教徒征服的托

莱多(Toledo)这个城市中,人们正在进行紧张的翻译工作。[74] 这一工作是 186
在托莱多的主教锐门(Raymund)的赞助下,由多明戈·冈察雷斯(Domingo González)和西班牙的约翰开始的,他们把阿维森纳(Avicenna),阿尔—加扎利(al-Ghazzali)和伊本·加比罗尔(Ibn Gabirol)的著作译成了拉丁文。他们也有自己的创作著述,其中具有明显的阿拉伯色彩。这样的活动吸引了其他一些翻译者来到西班牙,诸如克利摩那的格拉尔德(Gerard of Cremona),英国人艾尔弗雷德(Alfred),丹尼尔·德·莫利(Daniel de Morley),瑞廷斯的罗伯特(Robert of Retines),迈克尔·司各脱(Michael Scotus),和其他一些人。这些人把亚里士多德(Aristotle),欧几里德(Euclid),盖伦(Galen),希波克拉底(Hippocrates),阿维森纳(Avicenna),阿尔—法拉比(al-Farabi),和阿威罗伊(Averroës)的大量著作介绍给了拉丁语欧洲。这些著作的冲击使得整个中世纪神学大厦发生了动摇,从而开始了基督教思想史的一个新时期。不过,这样一些重大事件的讨论要留到本《思想史》的另外一章。

12 世纪的异端与分裂

12 世纪,和思想觉醒的每一个时期一样,出现了与大公教会的制度和教义格格不入的大量的布道家、教师和运动。其中某些运动远远地背离了传统的基督教信仰;另外一些运动只是为了寻求一种更深刻的宗教

---

[74] R. de Vaux, “La première entrée d’Averroës chez les Latins”, *RScPhTh*, 22 (1933), 193 ~ 234; H. Bédoret, “Les premiéres versions tolédanes de phiosophie: Oeuvres d’Avicenne”, *RnsPh*, 41, (1938), 374 ~ 400; D. A. Callus, “Gundissalinus’ *De anima* and the Problem of Substantial Form”, *NSch*, 13 (1939), 338 ~ 355; J. T. Muckle, (ed.), “The Treatise *De anima* of Dominicus Gundissalinus”, *MedSt*, 2 (1940), 23 ~ 103; M. Alonso, “Notas sobre los traductores toledanos Domingo Gundisalvo y Juan Hispano”, *AlAnd*, 8 (1943), 115 ~ 188; M. Alonso, “Traducciones del arcediano Domingo Gundisalvo”, *AlAnd*, 12 (1947), 295 ~ 338; M. Th. d’Alverny, “Notes sur les tranductions médiévales d’Avicenne”, *AHDLMA*, 19 (1952), 337 ~ 358; J. F. Rivera, “Nuevos datos sobre los traductores Gundisalvo y Juan Hispano”, *AlAnd* 31 (1966), 267 ~ 280.

生活，无须服从教会当局的管辖，而教会当局有时是不称职的，并且往往是漠不关心的。除了韦尔多派（Waldensians）运动之外，所有这些运动都遭到了同样的下场——受教会谴责，被当局迫害，并且最终消失。[75]

对于大多数这样的运动，我们只是通过它们的反对者的证言才能有一点了解，因此很难确定它们的教义的准确性质。那些数不清的小派别
187 尤其是这样，这些小派别的主要特点是，成员们必须绝对贫穷，而对其领导人更极其钦佩和尊敬。有一些这样的领导人，例如坦奎勒姆（Tanquelm）和斯泰拉的厄德（Eudes of Stella），甚至声称他们是上帝的儿子[76]。其他的人，尤其是彼得·布律伊（Peter Bruys），[77]似乎否认变质说，婴儿洗礼，以及为死人的礼拜。彼得的追随者，被称为彼得布律伊派（Petrobrussians），甚至在他们的老师被烧死在火刑柱上之后，还作为一派别继续存在。1139 年的第二次拉特兰会议（Lateran Council）谴责了他们，但尽管如此，他们在好几十年里一直没有消失。在米兰有某个叫休哥·斯波尔伦尼（Hugo Speroni）的人，通过学习《圣经》得出的结论，与后世新教徒所持的结论很相似。[78] 好几个这样教义不明确的运动之所以被谴责，大概是因为它们触犯了既定的制度，而不是因为它们的神学观点。

---

[75] C. Thouzellier, *Hérésie et hérétiques: Vaudois, Cathares, Patarins, Albigeois* (Rome: Edizioni di Storia e Letteratura, 1969); R. Manselli, *Studi sulle eresie del secolo XII* (Rome: Istituto storico italiano per il Medio Evo, 1975).

[76] *Mansi*, 21: 720. L. J. M. Philippen, "De hl. Norbertus en de strijd tegen het Tanchelmisme te Antwerpen", *BijGesch*, 25 (1934), 251 ~ 288.

[77] Peter the Venerable, *Tract. contra Petro-brussianos* (*PL*, 189: 723 ~ 850).

[78] I. da Milano, *L'eresia di Ugo Speroni nella confutazione del Maestri Vacario* (Vatican: Biblioteca Apostolica Vaticana, 1945). 这是 Vacarius 的版本和评注，*Contra multiplices et varios errores*，其中试图反驳 Speroni 的观点。似乎 Speroni 与 Vacarius 以前是朋友。

这些运动之中最出名和最持久的是韦尔多派的运动。[79] 彼得·韦尔多(Peter Waldo)是一个里昂商人,在听到圣爱莱撒斯(Saint Alexis)的传说之后,决心献身于贫穷生活的布道。不久,他召集了一伙为同样理想献身的追随者。当里昂的大主教吉查德(Guichard)禁止他们讲道时,彼得及其追随者就上告罗马。那里的英国神学家瓦尔特·马普(Walter Map),用一些韦尔多派所不明白的细微区别来嘲笑他们。[80] 以后他们得到允许,可以保持他们的守贫誓言,但是没有得到地方教会当局的授权就 188
不能讲道。他们回到里昂之后,发现大主教仍然坚定地反对他们,不许他们讲道,韦尔多及其追随者决定不理睬他的权威,继续贯彻他们所认为的

---

[79] 关于它们的起源:H. Wolter, "Aufbruch und Tragik der apostolischen Laienbewegung im Mittelalter", *GuL*, 30(1957), 357 ~ 369; G. Gonnet, "Waldensia", *RHPhRel*, 33(1953), 202 ~ 254。关于他们的历史:A. Patschovsky and K. V. Selge, eds., *Quellen zur Geschichte der Waldenser* (Gütersloh: G. Mohn, 1973); J. Gonnet and A. Molnàr, *Les Vaudois au moyen âge* (Turin: Editions Claudiana, 1974); M. Pezet, *L'épopée des Vaudois: Dauphiné, Provence, Languedoc, Piémont, Suisse* (Paris: Seghers, 1976); A. Molnar, *Die Waldenser: Geschichte und europäisches Ausmass einer Ketzerbewegung* (Göttingen: Vandenhoech und Ruprecht, 1980)。

[80] 瓦尔特·马普(Walter Map)自己傲慢地讲了一段情节(G. Gonnet, ed., *Enchiridion fontium Valdensium* [Torre Pellice: Libreria Editrice Claudiana, 1958], pp. 122 ~ 123):

"首先我问他们一些非常简单的问题,是没有人可以不知道的问题,因为我知道,吃荆棘的驴将不吃萬苣:

——你们相信父上帝吗?

——我们信——他们答道。

——信圣子吗?

——我们信——他们答道。

——信圣灵吗?

——我们信——他们答道。

——信基督之母吗?——我们信——他们重述着。

在这一点上所有的人都大声喊道,取笑他们。然后,韦尔多派就在一片混乱中退去,如此令人满意。"

嘲笑者嘲笑的理由到底是什么呢?是因为Map诱导韦尔多派肯定马利亚是基督之母,而不是上帝之母,还是因为这与在相信上帝的神性(Godhead)与相信马利亚之间作出区分这一更微妙的问题有关,现代的解释者对此尚未达成共识。但是此处的关键是韦尔多派陷进了卑劣的圈套里。

上帝给他们的使命。结果,他们遭到了 1184 年的味若那会议(Council of Verona)的谴责。韦尔多派由于在全欧遭受谴责和迫害,就在阿尔卑斯山脉的偏僻山谷里找到一个避难所,今天在那里仍然可以找到该运动的追随者。13 世纪期间,另一些类似的运动,突出的是"贫穷的伦巴德派"运动,与韦尔多派在一起逃避迫害,并且带来了日益增长的反罗马情绪。16 世纪期间,他们与加尔文派(Calvinism)建立了联系,并采取了那种形式的基督教。这样,他们就成了最古老的新教教会。不过,韦尔多本人及其追随者们原来并不想创立一个新派别,他们在基本教义方面与他们那个时代的教会也没有分歧。其所以分裂,倒是因为教会当局不准他们讲道而引起的权威问题的争议。实际上,12 世纪的韦尔多派的原始动机,与 13 世纪的法兰西斯会的原始动机非常相似,只不过后者仍保留在有组织的教会的圈子里。

然而,还有种类完全不同的其他一些教义也遭到教会的谴责。这些教义不是来自普通教徒,而是产生于学者们和修士们中间,而且大都是有
189 关上帝与世界之间的关系问题。本那的阿玛勒瑞克(Amalric of Bena),狄农的大卫(David of Dinant),和菲欧瑞的约雅斤(Joachim of Fiore)的教义就是这样。

本那(或沙特尔)的阿玛勒瑞克于 12 世纪下半叶在巴黎求学并任教。[81] 他的教义受到约翰·司各脱·厄利哲那的著作的启发,而且是以绝对唯实论为基础的泛神主义一元论。如果个体存在物不是在它们本身里有其真体(reality),而只是在比它们更高的物种里有其真体,而这些更高的物种又是在其他更加广大的物种里有其自己的真体,那么,依此类推,万物的真体就是在那个无所不包的至高的存在物里或至高的概念里。阿玛勒瑞克的教义在另一点上受到同时代人的斜眼看待,而这另一点也

---

[81] G. C. Capelle, *Autour du procès de 1210*, Vol. III, *Amaury de Bène* (Paris: J. Vrin, 1932); K. Albert, "Amalrich von Bena und der mittelaterliche Pantheismus", *MiscMed*, 10 (1976), 193~212.

是来自厄利哲那。他宣称,人类堕落之前没有男女之分,而最后世界恢复原状时,男女之分也将消失。他的门生之中,最有名的是狄农的大卫,其著作已失落,[82]不过,他似乎把他的老师的泛神论推演得更远一些,而且声称,上帝是宇宙的第一物质。[83] 他的这些观点,很可能不仅是依据厄利哲那和阿玛勒瑞克的教导,而且也是由于他阅读了亚里士多德的著作。因此,1210 年谴责阿玛勒瑞克和大卫的巴黎会议,也禁止人们使用亚里士多德论形而上学和自然哲学的书。[84]

再者,阿玛勒瑞克的教义,超出了只是哲学上的泛神论。当应用到圣餐教义上的时候,他们的泛神论促使他们断言,基督在饼和酒中的存在,在祝圣的前后是一样的。因为上帝是一切,并在一切之中。饼,即使不经过什么祝圣,也是神授的。另一方面,阿玛勒瑞克派似乎采用了一种很难 190
与他们的泛神论协调的历史划分法。照他们的一个敌人的说法,他们认为"圣父化身于亚伯拉罕和《旧约圣经》中的其他先祖们身上,圣子化身于基督和其他基督徒身上,而圣灵则化身于那些被称为属灵的人身上"。[85] 阿玛勒瑞克派和狄农的大卫先在 1210 年于巴黎受到谴责,以后又在第四次拉特兰会议(公元 1215 年)上受到谴责。1225 年教皇霍诺里厄斯三世(Pope Honorius)企图从根本上打击阿玛勒瑞克主义,就对约翰·司各脱·厄利哲那的论文《论自然的划分》(*On the Division of Nature*)予以谴责。

菲欧瑞的约雅斤提出一种历史解说,在很多方面与阿玛勒瑞克派所

---

[82] R. de Vaux, "Sur un texte retrouvé de David de Dinant", *RScPhTh*, 22(1933), 243 ~ 245.

[83] Albert the Great, *S. Th. pars 1*, *tract. 4*, *q. 20*, *m. 2*, *quaestio incidens*; Thomas, *S. Th. pars 1*, *q. 3*, *art. 8*.

[84] 尽管为了清楚起见,我断言大卫是阿玛勒瑞克的学生,但是他们二者的确切关系仍没有定论。他们之间有许多相似之处,但也有明显的对立之处。G. Thery, *Autour du procès de 1210*, Vol. Ⅰ, *David de Dinant* (Paris: J. Vrin, 1925).

[85] *Contra Amaurianos 10*. 这是一部匿名之作,可能是 Garnerius of Rochefort 所写。

提出的相类似。但二者之间的关系不得而知。约雅斤是喀拉布里亚人,[86]也是一个西多会(Citercian)修士,以后他又创办了菲欧瑞的圣约翰修道院。在这里他把他的一生用来沉思默想和阅读《圣经》,特别是《新约圣经》的《启示录》。他于1202年死后,普遍被认为是个圣徒。然而,他的教义终于受到了13世纪的神学家们的普遍攻击。第四次拉特兰会议谴责了他的论三位一体教义的论文,这篇论文反对彼得·伦巴德的观点。大概在这篇遗失的论文中,约雅斤所辩护的观点与拉波雷的吉勒伯的观点相似,[87]虽然一些学者否认这一点。[88] 无论怎样,约雅斤的神学对未来最有影响的那个方面,不是他的三位一体教义,而是他把三位一体的三位和历史的三个阶段联系起来的那种做法。在他看来,历史的发展分
191 为三个阶段。第一阶段是从亚当开始到基督;第二阶段从基督开始到1260年;最后阶段是从这个年头开始到历史的终结。第一阶段是圣父时代,第二阶段是圣子时代,第三阶段是圣灵时代。1260年这个日期是通过释经方法确定的,这个方法反映出约雅斤的神学研究风格。如果在亚当和耶稣之间隔着四十二代人,那么可以预料,为了保持《新旧约圣经》的一致性,在基督和第三阶段的开始之间也是隔着四十二代人。虽然《旧约》中这些代人经历的年月不一样长,但《新约》的完整要求这些代人经历的年月相等。要是一代人以三十年计算,四十二代人就是1260年。至于第三阶段有多长,约雅斤没敢揣度。这三个阶段的互相接续是这样的,

---

[86] 围绕着约雅斤生平的传奇故事是如此之多,因此很难从中得出真实的情况。C. Baraut, "Las antiguas biografías de Joaquín de Fiore ysus fuentes", *AnSacTarr*, 26 (1953), 195 ~ 232; B. McGinn, "The Abbot and the Doctors: Scholastic Reactions to the Radical Eschatology of Joachim of Flore", *CH*, 40 (1971) 30 ~ 47; M. Reeves and B. Hirsch-Reich, eds., *The Figurae of Joachim of Fiore* (Oxford: Clarendon Press, 1972); G. Wendelborn, "Die Hermeneutik des kalabresischen Abtes Joachim von Fiore", *ComSanct*, 17 (1974), 63 ~ 91.

[87] P. Fournier, "Joachim de Flore: ses doctrines, son influence", *RQH*, 67 (1900), 489.

[88] A. Crocco, *Gioacchimo de Fiore: La piu singolare ed affascinante figura del Medioevo cristiano* (Napoli: Empireo, 1960), pp. 107 ~ 114.

前一阶段最后的日子里会出现下一阶段的征兆和先驱者。例如，本尼狄克以及灵性生活的所有其他伟大的领袖，都是圣灵时代的先驱者。当那个朝代到来时——几乎已在眼前——将是灵性生活，修道克制，和仁慈博爱充满人间的时代。

因此，约雅斤的教义是一种热心的和理想主义的唯灵论。这种理论，鉴于罪恶统治着世界，因而渴望一个新时代的到来，以求得到庇护。他的一个解释者说得对：

> 对历史第三阶段的渴望，亦即对世界彻底改观的渴望，这是约雅斤在一种深刻的灵性戏剧中形成的，而这个戏剧则源自他关于个人和集体至善的崇高理想与相反的现实事态之间的鲜明对照之中。[89]

菲欧瑞的约雅斤在世的时候没有受到谴责。只是到了 13 世纪，在第四次拉特兰会议上，才把他的三位一体教义和拉波雷的吉勒伯的三位一体教义——正确地或错误地——放在一起，并统统予以谴责。然而，即使 192
在那时，也似乎没有人过多地考虑他的历史划分法对教会生活乃至整个社会生活的影响。等到“属灵的”法兰西斯会(Franciscans)——其中有帕马(Parma)的教长约翰——捡起这个历史划分法，并且这样解释这个划分法，从而在反对教会，甚至社会的其余部分时成了圣灵时代的代表人物时，教会当局——尤其是波拿文图拉之类的法兰西斯派领导人——就不得不面对约雅斤主义更大的影响了。

12 世纪最值得注意的异端是卡特里派(Cathari)或阿尔比派(Albi-

[89] A. Crocco, *Gioachimo de Fiore: La piu singolar ed affascinante figura del Medioevo cristiano* (Napoli: Empireo, 1960), p. 85.

genses)的异端。[90] 这种教义的起源不得而知,[91] 只知道它来自波格米勒主义(Bogomilism),这种波格米勒主义是由十字军从东方带来的,或是别的旅客带回到他们所住的西欧的。无论怎样,在拉丁语欧洲,阿尔比派运动是12世纪的一个稀有现象,虽然其先驱者可能在11世纪就有。[92] 1179年的第三次拉特兰会议发动了反对他们的十字军,1181年有一次短暂的战役。但到了13世纪,在英诺森三世领导下,发动了反对阿尔比派的巨大十字军运动。其中,宗教狂热交织着政治野心,就造成了严重的残酷暴行。正是为了反对阿尔比派,宗教法庭才产生出了它最独特的形式。在
193 这同时,圣多米尼克(Saint Dominic)深信,争取这些持异端者的最好的办法是说服教育,便决定创办“传道者团体”(Order of Preachers)。因此,虽然阿尔比派在13世纪末之前就被铲除,但他们对于教会和人类的历史是非常重要的。

---

[90] 尽管那时他们在不同的地方有不同的名字,但这是两个最通用的名字。A. Borst, *Die Katharer* (Stuttgart: Hiersemann, 1953), pp. 240 ~ 253. “卡特里(Cathari)”意思是“纯洁”,这一名称赋予他们,是因为尼西亚会议曾经用于诺瓦替安派(Novatians)。他们被称为阿尔比派(Albigenses)是因为他们首先是在阿尔比(Albi)这一地方成为人数众多的派别。C. Ennesch, *Les Cathares dans la cité* (Paris: A. et J. Picard, 1969); E. Griffe, *Les débuts de l'aventure cathare en Languedoc (1140 ~ 1190)* (Paris: Tetouzey et Ané, 1969); M. Roquebert, *L'epopée cathare*, 2 vols. (Toulouse: E. Privat, 1970); E. Griffe, *Le Languedoc cathare de 1190 a 1210* (Paris: Letouzey et Ané, 1971); R. Kutzli, *Die Bogumilen: Geschichte, Kunst, Kultur* (Stuttgart: Urachhaus, 1977); J. Duvernoy, *Le catharisme*, 2 vols. (Toulouse: E. Privat, 1976, 1979); E. Bozóky, *Le livre secret des Cathares: Interrogatio Iohannis* (Paris: Beauchensne, 1980). 19世纪的一部经典性著作,近期又再版:C. Schmidt, *Histoire et doctrine des cathares* (Bayone: Éditions Harriet, 1983)。

[91] 些学者宣称这一派出自摩尼教(Manichaeism),经过了保罗派(Paulicians)与波格米勒主义(Bogomils)。另一些学者认为它出自诺斯底主义(Gnosticism)或马吉安派(Macionism)。关于这些观点可以参考,H. Söderberg, *La religion des Catheres: Étude sur le gnosticisme de la basse antiquité et du moyen âge* (Uppsala: Almquist & Wiksell, 1948), pp. 11 ~ 19。Söderberg认为有一种导向卡特里派的不间断的诺斯底传统的说法是不可信的。

[92] Leuthard of Chalons 有可能是一个卡特里派信徒,如果真是这样的话,他就是人们所知道的这一派最早的追随者(约公元1000年)。见 Rudolf Glaber, *Libri V Historiarum sui temporis* 2.2 (*PL*, 142: 643 ~ 644)。

卡特里派——至少是极端形式的卡特里派——提出,[93]存在着两个永恒的对立的本原:善与恶。创造天地不是归属于善的本原上帝,而是归属于上帝的对手恶的本原。

灵魂是属于善的本原的,但是被囚于这个罪恶世界的物质之中。灵魂要逃出物质的囚牢,只好经过一系列连续的再生,直到它住进一个"完善"(perfect)信徒里面,即长长的属灵历程的最后阶段。这些完善的信徒,必须过一种严格的禁欲生活,而对那些只是"旁听者"们则不这样要求——请注意,这和摩尼教多么相似。一个人达到这种状态,要经过"圣灵安慰洗礼"(*consolamentum*),这种洗礼是由完善信徒按手在"旁听者"(hearer)头上施行的,从那时起,这信徒就过一种贞洁、贫穷和禁食的生活。经常是禁食到自杀的程度,而这种极度的献身行为被称为"忍耐"(*endura*)。在阿尔比派的大多数习俗里,有一种极深的反对一切物质东西的态度,所以他们反对使用十字架、神像,和别的标志——但他们的圣餐礼还是聚在一起掰饼。他们这种对待物质的态度,也表现于他们的基督论,因为他们有些人认为,基督是属天的,只是为了向我们指出得救的道路,才采取了人的身体。可能是因为他们相信灵魂轮回说(transmigration of souls),人可能再生为牲畜,所以他们吃素。他们的组织机构似乎是地区性的,因而,在各个地区,围绕着每个扩散出去的中心,有一个独立的教会及其自己的主教和执事。[94]

到这里,我们就结束了对 12 世纪西方基督教的简单回顾。研究这一 194
世纪所得的主要印象是,这一世纪是文化活动极其频繁的时代。在为伟大的哥德式教堂奠定基础的同时,也为中世纪经院主义高塔奠定基础。

---

[93] Söderberg, *La religion*, pp. 44～108. 在此著作中他区分了"绝对的"和"温和的"卡特里派。尽管也许不像他所说的那样泾渭分明,但是这一分别可能有助于我们理解有关这一运动的资料中某些表面的矛盾。

[94] Borst, *Die Katharer*, pp. 231～239.

第七章　从伊斯兰征服至第四次十字军的东方神学

195 我们在进入 13 世纪而继续讨论西方神学发展之前，有必要再停下来转向东方，因为我们在第六次普世大会与伊斯兰征服的时候撂下了东方。本章将讨论从那时到 13 世纪初的东方神学发展。13 世纪初，第四次十字军占领了君士坦丁堡，从而结束了该城和以该城为首都的帝国历史的一个时期。

在我们此时正在研究的这个时期里，东方的主要教会仍然是希腊正教教会（Greek Orthodox）或拜占庭教会，这些教会接受早先举行的历届普世大公会议，而且尽管有一再的中断和日益紧张的关系，但一般说来同罗马教廷和西方教会保持着交往。在这期间，保加利亚和俄国的教会作为拜占庭教会的分支而诞生了，而且虽然它们终于独立了，但它们并没有放弃历次大公会议的教义。最后，所谓的聂斯脱利派教会以及不接受卡尔
196 西顿会议因而被称为基督一性论者（monophysites）的诸团体——科普特教会（Coptic）、亚美尼亚教会（Armenian）、雅各教会（Jacobite）和埃塞俄比亚教会（Ethiopian）——继续存在下去，虽然大都是处在穆斯林的统治之下。这就是本章的梗概：我们首先研究拜占庭神学，然后略微叙述保加利亚和俄国的教会，最后转向聂斯脱利派和基督一性论者。

截至圣像恢复时期的拜占庭神学

在这个标题下，我们不但要研究拜占庭帝国内的神学发展，而且也要研究那些即使在穆斯林统治下生活但仍同君士坦丁堡教廷保持联系的神学家们的著作。因此，本节包括帝国内的整个基督教正教，以及所有那些属于同一教派而住在穆斯林地区的人，他们往往被称为“麦基派基督徒”(Melchite Christians)——即皇帝派的基督徒。这个名称不是完全不恰当的，因为拜占庭教会因其服从皇帝的权威乃至皇帝奇思遐想的程度而著称。诚然，大多数杰出的教会领袖，如君士坦丁堡的泽曼(German of Constantinople)，大马士革的约翰(John of Damascus)，和斯特底姆修士狄奥多尔(Theodore the Studite)，倒是经常抵制皇帝的政策，而绝大多数的修士也是这样。但是，尽管有这样一些抵制中心，但很少有君士坦丁堡的教长那样能够既反对皇帝，又保住他的教长职位的。所以在拜占庭神学史中，帝国的统治历史起着重要的作用。在这里与西方的对比是明显的，因为正当西方帝国在消失，只落得后来在查理曼时期，在教会卵翼下重新复兴的时候，在东方，帝国正在走向自古以来就是君主国特点的独裁统治，而教会则变成了帝国政策的左右手。这种朝着不同方向发展的历史进程，成了罗马和君士坦丁堡之间裂痕日益加深的原因之一。

7 世纪末和 8 世纪初是拜占庭帝国和东方教会的艰难岁月。穆斯林
的征服，保加利亚人的入侵，以及一连串无能的皇帝，似乎预示着帝国末 197
日的来临，它的领域已缩小到了地中海盆地的东北角，加上西西里和南意大利的小部分领地。但是到了公元 717 年，在利奥三世时，“伊苏里亚”王朝(Isaurian Dynasty)当政，从此这个古老帝国得到了新生。利奥三世及其后继者们，重新组织了他们的领土，以期国防和财政工作更加有效；他们编纂和集成了一种比以前的法典更公正，并且往往也是更宽大的法律体系；他们支持一些学术中心特别是君士坦丁堡大学；他们兴建房屋与纪

念碑馆;修道路;他们成功地进行了抵御阿拉伯人和保加利亚人的战争。

然而,作为这个庞大的复兴规划的一部分,利奥三世开始了,而他的后继者们又继续了一种宗教政策,这种政策不久之后就使整个帝国——甚至拉丁语欧洲——卷进了激烈的争论。这个政策是他的反对宗教图像,包括基督的圣像,以及马利亚的,圣徒们的,旧约人物们的和天使们的圣像。促使他制订这一通常被称为“反对圣像崇拜”(iconoclastic)政策的原因并不清楚。大概不止一个原因,而是一整套原因。君士坦丁堡经常和犹太人,穆斯林,还有基督一性论者保持接触,而所有这些人出于不同的原因都以不同的方式反对使用宗教图像。① 也很可能,利奥三世和他的后继者们想要粉碎修士势力,没收他们的一些财产。② 不过,从另一方面考虑,这样一个目的用皇帝的一套法令更容易实现,而不必卷入只能使形势复杂化的神学争论。最后,不用说,有些反对崇拜圣像的皇帝——利奥三世就是其中之一——是出于真诚的宗教和神学的考虑。利奥相信,
198 他的反对崇拜圣像的战役是帝国复兴计划的一部分。他儿子和继位人君士坦丁五世(Constantine V)深信,敬拜圣像和圣徒遗物就是拜偶像的罪行,而且圣徒们和圣母马利亚在上帝面前代人祈祷的想法是骗人的。因此,当圣像捍护者们描绘伪善的和投机的帝王们的整个王朝的情景时,人们必须疑信参半。

① Caliph Yazid (720~724)在一个犹太人的鼓动下下令破坏他所辖地的一切图像(images)。然而,这在多大程度上影响到了利奥的政策还不能断定。A. A. Vasiliev, “The Iconoclastic Edict of Caliph Yazid II, A. D. 721”, *DOP*, 9~10 (1956), 23~47.

② 尽管他们中间也有一些圣像破坏者,修士们一般都是圣像的坚定支持者。

总之,公元 725 年,③ 当利奥三世(Leo III)下令打碎一个据说是有神能的基督圣像时,反圣像的争论就开始了。从此,反圣像运动的势头越来越大。由于君士坦丁堡的教长泽曼反对这种政策,皇帝废黜了他,并且用皇帝自己的人阿纳斯塔修斯(Anatasius)取代他。这反过来引起了同罗马的麻烦,因为格列高利二世(Gregory II)不承认阿纳斯塔修斯,而不久之后,他的继位人格列高利三世就革除了皇帝的教籍。在穆斯林地区内,大马士革的约翰一般被认为是东方教会最后一个教父,挺身出来捍卫圣像。君士坦丁五世遵循他父亲的政策,于公元 754 年召开了一个宗教会议,肯定反圣像的主张,并宣布君士坦丁堡的泽曼和大马士革的约翰应受诅咒。接着他掀起了一场迫害拥护圣像者的运动。君士坦丁死后,他儿子利奥四世(Leo IV)年幼,就由他母亲爱利尼(Irene)摄政。她是一个野心十足的妇女,在她身上,对圣像的表面虔诚和凡事不讲原则的做法交织在一起。她使她的追随者塔拉修(Tarasius)被立为君士坦丁堡的教长,接着她
和这个新教长以及教皇哈德良一世(Pope Hadrian I)合伙,于公元 787 年 199
在尼西亚召开了一次宗教会议。这次宗教会议通常称为第七次普世大公会议,下令恢复圣像。然而,到了公元 815 年,利奥五世再次回到反圣像政策上,废黜教长奈塞福拉斯(Patriarch Nicephorus),并且开始迫害护卫者。④ 他的接班人迈克尔二世(Michael II)虽然较为温和,但继续支持反圣像者,这时斯特底姆修士狄奥多尔挺身出来捍卫圣像。最后,842 年 3

③ 在此不可能讨论整个基督教圣像学的发展情况。这样说就够了,尽管古代的基督徒作家都抨击异教的偶像,但是这似乎没有导致广泛地反对基督徒中间的象征性艺术作品。确实,大多数古代基督教艺术更像是象征性的,而非圣像式,其主题大多是鱼和十字架;但也有诸如作为好牧人的基督画像以及最后的晚餐。在最早开凿的 Dura - Europos 的教会,有大量的圣像作为装饰。从 4 世纪开始,通过了一些法案,既有支持圣像的,也有反对圣像的。利奥的敕令把这一问题推到了前台。关于这一论争的过程,见,E. J. Martin, *A History of the Iconoclastic Controversy* (New York: Macmillan, 1930)。一些资料的汇集,见,H. Hennephof, *Textus Byzantini ad iconoclastiam pertinentes* (Leiden: E. J. Brill, 1968)。

④ P. J. Alexander, *The Patriarch Nicephorus of Constantinople: Ecclesiastical Policy and Image Worship in the Byzantine Empire* (Oxford: Clarendon Press, 1958).

月 11 日这个恢复圣像的日子，终于成了整个东方教会的正统信仰的标志，今天仍然作为“正统信仰的节日”来庆祝。

为了说明那些反对圣像的人以及那些护卫圣像的人的基本神学主张，我们把公元 754 年的反对圣像会议的“规定”(*Definition*)当做第一种人的实例来加以阐述，并且把君士坦丁堡的泽曼、大马士革的约翰和斯特底姆修士狄奥多尔三人的著作里的一些摘录以及第七次普世大公会议的决议当做第二种人的实例来加以阐述。

正如这类争论中经常发生的情况那样，胜利的一方，即护卫圣像者们，对于他们对方的著作进行如此严重的摧毁，以致很难弄清楚反圣像者的真正神学思想。仅存的少数反圣像文件之一，是公元 754 年的会议的“规定”——*Horos*—— 该文件之所以保存下来，是因为第七次普世大公会议的法令中引用了它。从该文件中可以看出，反对圣像所根据的神学理论，一方面是《圣经》对拜偶像的一般禁令，另一方面是基督成为肉身的教义。关于第一方面，无须加以强调——这样说就够了，即“规定”引用了十诫反对拜偶像的禁令以及《新约圣经》其他几段经文。关于第二
200 方面，出席 754 年会议的主教们用卡尔西顿会议的基督论来证明，人们不应该制造基督像。他们认为，神性不能用画像圈起来。如果人们用圣像表现救世主的人性，那就必须脱离开他的神性来表现他的人性，而这就直接导致了聂斯脱利派因之而被谴责的二性分离说。如果另一方面人们声称，人们在表现基督人性的时候，也表现了他的神性，那么，这将意味着把他的神性用图像圈起来，而这就导致了基督一性论因之而被谴责的二性的混同。⑤

第一个伟大的圣像护卫者是君士坦丁堡的泽曼教长(公元 715 -

---

⑤ *Mansi*, 13: 252 ~ 253. P. J. Alexander, “The Iconoclastic Council of St. Sophia”, *DOP*, 7 (1953), 78 ~ 99; M. V. Anastos, “The Ethical Theory of Images Formulated by the Iconoclasts in 754 and 815”, *DOP*, 8 (1954), 151 ~ 160.

729)。早些时候,公元 712 年,泽曼曾一度屈从皇帝的压力,支持了恢复基督一志说的做法。对这一行动的悔恨,很可能赋予他力量来反对利奥三世的反圣像政策。总之,他护卫圣像的立场非常坚定,以致他失去教长地位。他死于公元 733 年前后,享年近百岁,一伙人尊敬他,另一伙人怀恨他。公元 754 年的反圣像会议谴责了他的观点,并宣布他是两面派——大概是指他参与了 712 年的恢复基督一志说。⑥ 在第七次普世大公会议上,他的支持圣像的三封信,得到与会者的正式肯定。在这三封信中,他驳斥了那种根据《旧约圣经·出埃及记》20 章 4 节来证明圣像应予禁止的论点。他这样做的时候,把只作为尊重和崇敬的表示的"拜"——*proskynesis*——与严格意义的真正的"敬拜"——*latreîa*——加以区别,而敬拜是只能用于上帝的,是《出埃及记》正确地保留给上帝的。对于圣像只能给予一种次等的礼拜,这种礼拜也是相对的,因为其目的不在于其本身,而在于对上帝的至高敬拜。⑦

虽然君士坦丁堡的泽曼,因其时值早期,并且地位高而显得重要,但 201
是为晚期圣像论奠定基础的真正的圣像使徒,还是大马士革的约翰。通常被认为是东方教会最后一个"教父"的大马士革的约翰,原是哈里发政府的高级官员,但他为了入修道院就辞掉了官职,后来成了耶路撒冷的一个祭司。⑧ 他为圣像辩护的论点常常是基督中心论。例如,他说,《旧约圣经》中禁止偶像的诫命已经无效,因为基督降世已给我们力量达到完人的境界,而且无论如何,就是在《旧约圣经》中,也有对上帝之外的东西加以某种形式的膜拜的,如约书亚和但以理那样对上帝的天使下拜。⑨ 不

---

⑥ *PG*,98: 156 ~ 194.

⑦ V. Grumel, "L'iconologie de St. Germain", *EchOr*, 21 (1922), 165 ~ 175.

⑧ 他的主要著作是 *The Source of Knowledge*,在他去世之前不久完成,此书分为三部分:哲学篇;论异端;以及正统信仰之解释。他也写了大量的反对伊斯兰教、摩尼教、聂斯脱利派以及一性论的辩论性著述。至于圣像问题,他在《正统信仰解释》里对此进行了探讨,他的三篇《驳斥拒绝圣像者的演讲》也处理了关于圣像的问题。

⑨ *De imag. or.* 1.8.

过，更重要的是，上帝虽然就其本性是不可见的，可是在基督成为肉身里就变得可见了，这就告诉我们，上帝可以通过可见的途径向我们显示。[10]这个论点是约翰圣像论的中心，总结在他的《正统信仰释义》(*Exposition of the Orthodox Faith*)里：

> 但有些人指责我们崇拜和尊敬我们救世主的，圣母的，以及基督其他圣徒的和仆人的圣像，他们应该记得，最初上帝是照着他自己的形象造人的。我们彼此表示尊敬，除了因为我们是照着上帝形象造的之外，还有什么别的原因吗？……而除此之外，谁能模拟那位看不见的，无形体的，不可刻画的，无形无象的上帝呢？因此，谁要是给上帝定个形态，那就是极大的愚妄和亵渎。所以《旧约圣经》中，圣像的使用是不多见的。但是，上帝慈悲为怀而真的变成了拯救我们的那个人之后，既不是像亚伯拉罕看见的人的模样的那个他，也不是像
> 202 先知们看见的那个他，而是真的成了人，并且他生活在地上和住在人间之后，行奇迹，受苦，被钉十字架，复活，又被接回天上。由于所有这些事情确实发生了，而且人们都看见了，所以这些事情就写下来，使我们这些不是生活在那时代的人能够记住和得到教训。这样，我们虽然没有看见，但我们听见了和相信了，就仍然能够得到主的祝福。但是，鉴于不是每个人都识字，或都有时间阅读，教父们就同意把这些事迹当做伟大的英雄主义行为描绘在图像上，以便这些图像能够构成这些事迹的简明的纪念物。[11]

再者，人们必须小心，以免用来反对拜偶像的论点倒变成了反对物质

---

[10] 同上，2.5。

[11] *De fido orth.* 1.16 (*NPNF*, 2nd series, 9: 88).

本身的论点，而这将导致摩尼教的二元论。[12]

圣像的目的是什么呢？它们教导和提醒信徒有关得救的一些伟大事迹，并感动信徒去行善。实际上，它们的用处是这样大，以致约翰说它们是恩典的手段，因为它们所象征的救恩大能，通过它们传递给了那些默念和膜拜它们的人。[13]

最后，约翰和泽曼所作的一样，也把礼拜和崇敬分作几个不同的等级。绝对的崇敬和礼拜称为敬拜 *latria*，只能用于上帝，如果人们把这种敬拜用于被造之物，那就是犯了拜偶像的罪。但那种只是尊重，表示钦佩、景仰和尊敬，是可以正确地用于一些宗教对象或甚至世俗人物的——这反映了拜占庭风尚的一种论点。[14]

斯特底姆修士狄奥多尔在 9 世纪初期成为捍卫圣像的战士，当时皇帝亚美尼亚人利奥五世恢复了利奥三世的反圣像政策。狄奥多尔是一个坚定的修士，主要是为教会独立于政府而努力，所以早已和君士坦丁六世 203
有矛盾，因为他为了和狄奥多尔的亲属结婚而遗弃了前妻。

狄奥多尔的圣像论是以君士坦丁堡的泽曼和大马士革的约翰的早期著作以及第七次普世大公会议决议为基础的。他的主要贡献是，说清楚了拜圣像与拜圣像所象征的原体之间的关系。他认为，拜圣像和拜圣像所象征的原体是一样的，但拜圣像本身仅仅是相关的，而不是直接针对着它，可是拜它所象征的原体就是直接针对着原体，至于拜基督圣像，那就是 *latria* 那一级的绝对敬拜。[15]

总之，关于拜圣像的最后规定，是公元 787 年第七次普世大公会议的规定。在这里人们看到，把礼拜分成等级的做法和把拜圣像建立在基督论基础上的做法结合在一起了。所以该大公会议建议，基督的，圣母马利

---

[12] *De imag. or.* 1.16.

[13] *De imag. or.* 1.16.

[14] *De imag. or.* 3.33～40.

[15] V. Grumel, "L'iconologie de S. Théodore Studite", *EchOr*, 20 (1921), 257～268.

亚的，天使的和圣徒们的像，可以在各地提供使用，号召信徒们对它们表示“尊敬和景仰，但不是那种只能用于上帝的真正敬拜”。[16] 人们注意把圣像论与基督论联系起来，这一点可见于该大公会议的谴责项目表，该表先是对反崇拜圣像者的一般谴责，接着就谴责那些“不承认可以按其人性给我主基督造像”的人，最后是比较具体地谴责那些反圣像的人。[17]

反圣像的争论在西方不像在东方那样激烈。一般说来，教皇们都支持使用圣像，加洛林历代皇帝可以说也是这样，不过皇帝们比较注意避免
204 犯拜偶像的罪。由于传到查理曼手里的第七次普世大公会议的教令的拉丁文译本把圣像的崇敬说成是“崇拜”（“*adoratio*”），因此，国王和整个法兰克教会拒绝了该大公会议的决议。该会议之后不多几年发表的《加洛林文献》（*Caroline Books*）肯定了圣像的使用，但谴责对它们敬拜。公元794年在法兰克福（Frankfort）举行的教会会议，对754年的反圣像会议和787年的尼西亚会议同样予以谴责，而肯定可以使用圣像，但圣像不值得崇拜。[18] 在数十年的时间里，法兰克教会（Frankish church）拒绝接受787年尼西亚会议教令，结果使得各个教皇陷入一种必须施展许多外交手腕予以应付的困难处境。随着加洛林王朝的没落，西方逐渐地和缓慢地接受了尼西亚会议决议。尽管如此，拉丁教会始终没有像希腊教会那样扩

⑯ *Denzinger*, 201.

⑰ 同上，203。

⑱ *Mansi*, 13: 909.

大圣礼神学的范围，而把圣像问题包括进去。[19]

从圣像恢复到1054年的分裂

圣像恢复之后，拜占庭教会仍然分为几个派别，但可以归类为三个主要倾向。第一，有些根深蒂固的反圣像者不顾尼西亚会议的正式谴责而坚持他们的立场。他们的主要神学家是文法学家约翰(John the Grammarian)，他继续写文章反对圣像，而且有一个时期使反圣像的运动得以进行下去。不过，他的努力失败了，所以他对拜占庭神学的后期发展影响 205
很小。第二，有虔诚的极端主义者，他们受到了长达几十年的圣像斗争的激励，也受到了斯特底姆修士狄奥多尔之类的领导人的榜样的激励。大多数修士和下层教徒属于这一派。他们坚持严格禁欲，坚持拜圣像，坚持反对哲学。第三，温和派得到了部分修士和文化较高的普通教徒的支持，他们不同意反圣像者的观点，但他们确实希望避免宗教严谨主义，因为这将阻碍拜占庭文化和政治的发展。他们的领袖之一就是阜丢斯，他终于

---

⑲ 西方教会更多地倾向于强调圣像作为教育工具的价值，而有时，尤其是在南边，也把它们作为艺术作品来看。G. Ladner, "Der Bilderstreit und die Kunst – Lehren der byzantinischen und abendländischen Theologie", *ZschrKgesch*, 50 (1931), 1～23; G. Haendler, *Epochen karolingischer Theologie: Eine Untersuchung über die karolingischen Gutachten zum byzantinischen Bilderstreit* (Berlin: Evangelische Verlangsanstalt, 1958).

虽然关于圣像问题的争论在这一时期是如此之重要，以至使东方的其他神学问题黯然失色，人们也不应该因此就认为那时并没有关于其他神学问题的大量讨论。我们在另一章中讨论的"和子"问题就是这一时期提出来的。由于政治和教会的形势，教会权威与非教会权威间的关系问题也在争论之中。另外一个问题是关于君士坦丁堡主教与罗马主教之间的关系。这个问题在圣像问题解决后就占据了舞台的中心。君士坦丁堡的泽曼(German of Constantinople)讨论了预定与自由意志问题。大马士革的约翰(John of Damascus)写了一大部系统的著作，在这部著作里他讨论了所有早些世纪的此前几个世纪中所有主要的哲学和神学问题。其他一些作者写了一些反驳古代基督论异端的作品，以及驳斥穆斯林与犹太教的信仰和实践的著作。

成了一个新争论的中心人物。[20]

这个新争论的开端,严格说来不是教义方面的而是政治方面的。由于宫廷的革命,权力从女摄政王提阿多拉(Theodora)手里转到她弟兄巴达斯(Bardas)手里。巴达斯与教长伊格内修斯(Patriarch Ignatius)有矛盾,就撤了他的职,换上了阜丢斯(Photius)。因为伊格内修斯支持严谨派,就有很多修士和群众不同意对他撤职。教职人员分成两派,因为一部分人接受这个现成的事实,另一部分人依然把伊格内修斯看成是真正的教长。由于两派都希望得到教皇尼古拉一世(Pope Nicholas I)的支持,他就做了安排,使伊格内修斯案件得以重审,这一回有教皇代表在场。但在这次审判时,很显然皇家法庭事先已决定给伊格内修斯判罪。结果,教皇与拜占庭当局之间的关系紧张起来。另一方面,基督教信仰传入了保加利亚,又成了罗马和君士坦丁堡两个教会当局之间矛盾的一个新的根源,因为两个教廷都想管辖这个新教会。再者,阜丢斯本人是一个有才学的著作家,他坚定地反对在信条里引用"和子"的字样。好几个西方神学家
206 在教皇的鼓励下,写文章反对东方教会的三位一体教义。[21] 阜丢斯执笔迎战,反对罗马教廷的主张,并召开了一个宗教会议,宣布废黜尼古拉。在这个紧要关头,宫廷又一次革命,结果阜丢斯被贬,伊格内修斯复职。教皇——当时是哈德良二世——经过一番策划,在君士坦丁堡撮合了一个新宗教会议,举行于869~870年,一般称为第八次普世大公会议。会上谴责了阜丢斯。但是,他后来终于回到了拜占庭宫廷,并与伊格内修斯言归于好。伊格内修斯死后,阜丢斯在东方没有遇到多大的阻力就继他之后做了教长,而在西方约翰八世接受了妥协方案,即罗马承认阜丢斯为教长,君士坦丁堡同意罗马管辖保加利亚。约翰后继者们的政策,总是摇

[20] G. Zananiri, *Histoire de l'église byzantine* (Paris: Nouvelles Éditions Latines, 1954), pp. 175 ~ 178.

[21] Aeneas of Paris, *Liber adversus graecos* (*PL*, 121: 685 ~ 762); Ratramnus of Corbie, *Contra graecorum opposita* (*PL*, 121: 225 ~ 346).

摆于隐蔽地敌视皐丢斯和公开地反对他之间，但皇帝的宠爱使君士坦丁堡的教长得以支撑好几年。等他失去了这种宠爱时，他就退出了官场生活而把余生用于著书立说。在这期间，他与罗马的关系有所改善，虽然这种关系并不是真诚的。总之，这种持久的紧张丝毫也没有改善东西方之间的关系，而皐丢斯反对拉丁神学和反对教皇至上的著作，后来就成了持同样观点的人的有用工具。

这里不详细讨论皐丢斯的神学。[22] 然而，他关于罗马教皇至上的观点，很值得特别注意。他在各种著作里讨论了这件事情，其中最出色的是他的论文《反对教皇至上》（*Against the Primacy*），它是写给“那些说罗马是第一教廷的人”的。他争辩说，罗马教皇至上的说法是没有根据的，因 207
为彼得作罗马主教之前是安提阿主教。无论如何，如果罗马的教皇至上的论点能成立的话，那么权威应该属于耶路撒冷，因为它的教会不仅是彼得领导的，更是成为肉身的主自己领导的。再者，用于罗马的论点也可以用来为拜占庭增光，因为据传说，早在彼得到罗马之前安得烈就是拜占庭的主教。至于说这个论点是根据主的话，“我要把我的教会建造在这磐石上”（《马太福音》16 章 18 节——译者），也是没有道理的，基督这里说的磐石，不是指彼得，而是指彼得对基督就是永生上帝的那种认识。像罗马当局那样把上帝的恩典局限于一个特定的地区，正是重蹈犹太人的覆辙。最后，教皇应记住耶稣的话：“你们中谁愿为大，就必做你们的用人。”（《马太福音》20 章 26 节——译者）

---

[22] 对这一主题作了详尽处理的里程碑式的著作，J. Hergenröther, *Photius, Patriarch von Konstantinopel: Sein Leben, seine Schriften und das griechisch Schisma*, 3 vols. (Regensburg: Georg Joseph Manz, 1867 ~ 1869). F. Dvornik, *The Photian schism: History and Legend* (Cambridge: University Press, 1948); F. Dvornik, “The Patriarch Photius and Iconoclasm”, *DOP*, 7(1953), 67 ~ 97; R. Haugh, *Photius and the Carolingians: The Trinitarian Controversy* (Belmont, Mass: Nordland, 1975); Asterios Gerostergios, *St. Photius the Great* (Belmont, Mass: Institute for Byzantine and Modern Greek Studies, 1980); D. S. White, *Patriarch Photius of Constaninople: His Life, Scholarly Contributions, and Correspondence* (Brookline, Mass.: Holy Cross Orthodox Press, 1982)。

牟丢斯死后，迈克尔·瑟如拉留（Michael Cerularius）任君士坦丁堡教长时，罗马与君士坦丁堡之间的公开冲突再次发生。当时希尔德布兰德和红衣主教宏伯特领导的改革运动正在掌权。这一运动的两个主要重点是，教职人员独身（celibacy）和恢复教皇制的威望。由于这两点都没有得到东方的同情，冲突在所难免。东西两教会有分歧和在当时争论不休的另一点，是拉丁教会在圣餐礼中用无酵饼。教皇利奥九世错误地选了红衣主教宏伯特为前往君士坦丁堡的使节之一，而宏伯特是坚决捍卫罗马教皇至上和教职人员独身的人。在君士坦丁堡，宏伯特卷入了一系列的辩论，而最后降格到了人身攻击。尽管君士坦丁五世力图使两方言归于好，但最后的结果是，在 1054 年 7 月 16 日，宏伯特把开除瑟如拉留及其一切追随者教籍的判决书递交到圣索菲亚教堂（Saint Sophia）的高坛上。

红衣主教宏伯特的判决书成了瑟如拉留手里的有用工具，因为宏伯特这个罗马使节在这个文件上，对瑟如拉留这位教长进行了如此不可置
208 信的指责——说他是阿利乌派，反圣灵派（Pneumatomachian），多纳徒派（Donatist），等等——以致整个东方教会都认为瑟如拉留是罗马恶毒攻击的受害者。这就使得瑟如拉留能够召开一个宗教会议，在会上东方基督教指责西方基督教在如下事务中背离了真纯的信仰："和子"问题，用无酵饼，主教们穿战袍，修面，并在星期三吃肉。

这次的分裂，加上在牟丢斯时期的前奏，导致了希腊的东方和拉丁的西方之间距离越来越远。其间虽有些暂时的所谓和好，却也总是限于政府和教会的上层当局，而群众和下层教职人员仍然保持着他们的不信任和不屈从的态度。

这个分裂的副产品是"五教长"（Pentarchy）论，是安提阿教长彼得三世为了撮合罗马和君士坦丁堡两大教廷而提出来的。这位安提阿教长认为，基督身体的头是救世主本人，而罗马，君士坦丁堡，亚历山大，安提阿，

和耶路撒冷五教长，有如身上的五官，所以应以他们中间多数人的意见为准。[23] 这个理论并不完全是新的，因为早些时候，皇帝利奥六世企图抵制君士坦丁堡教长反对他第四次结婚时就曾用过这个理论。红衣主教宏伯特驳斥了安提阿的彼得。但这个五教长理论，不久之后就被迈克尔·赛勒斯(Michael Psellus)运用，而且自13世纪以来被几个别的拜占庭神学家运用。而根据这个理论的另一版本，五教长是以君士坦丁堡教长为首——尼克达·修伊达斯(Nicetas Suidas)就持有这一观点。[24]

10和11世纪的东方神学活动，不只限于同拉丁语西方的论战。与此相反，人们对神秘主义神学兴趣盎然。也有一些哲学和古典学术的研 209
究活动。

10世纪末和11世纪初的神秘主义神学的主要解说者是新神学家西门。[25] 他抛弃了学院生涯，退居于修道院，用其余生撰述神秘体验。他的著作是用极大的热情写成的——这并没有简化对其神学的系统化工作。[26] 他相信，堕落的人自由地行事做人。我们失去的荣耀所仅存的一点，就是向往自由。所以，我们得救不是依靠我们的功德，而只能依靠天上来的光照。这种光照，是我们同上帝之光的实际接触，它如此改变了我们，以致今后即使不再有这种显圣，我们也成了新人，并且生活在一种直接与上帝相通的状况里。这种状况，西门叫做“神化”(deification)。进入这种状况，不是像新柏拉图主义的神秘主义一般认为那样，要经过逐步升级过程，也不是一种真的魂游仙境，仿佛沉浸于上帝之中。与此相反，信徒在永恒之光面前，并没有失去自我知觉——这是西门神学最有争论的

㉓ *Ep. sant. episc. Grad.* 21 (*PG*, 120: 776).

㉔ N. Ladomerszky, *Theologia Orientalis* (Rome: Pontifical University De Propaganda Fide, 1953), pp. 102 ~ 110; P. O'Connell, *The Ecclesiology of St. Nicephorus (758 ~ 858) Patriarch of Constantinople: Pentarchy and Primacy* (Rome: Pontificium Institutum Studiorum Orientalium, 1972).

㉕ 他的传记由他的学生 Nicetas Stethatos (或 Pectoratus)所写，后来由 I. Hausherr 和 G. Horn 进行编辑，见 *OrChr*, 12 (1928)。

㉖ 这就是 Tatakis 的解释的出发点，*Filosofía*, pp. 144 ~ 151。

一点。那些声称可能接受了此光却没有意识到它的人完全错了,而且没有光照的真正体验。只有那些有这种体验的人,才是真正的神学家,因为谈论自己所不知道的事情是不可能的,而且没有在一种知觉的神秘体验中接受了上帝,就不可能认识上帝。

> 我很惊奇,大多数人,还没有从上帝得生,没有成为上帝的儿女,竟敢瞎扯神学,谈论上帝。为此我心惊胆战,而当我听到一些人把上帝和一些不可思议的问题加以哲学化,我就嗒然若丧,他们冒充神学家,自己不圣洁,没有接受圣灵所赐的头脑,还要解说上帝的真理……㉗

210 由于强调神秘体验是得救的唯一途径,是神学工作的必要条件,结果西门后来就成了"纥息卡"("Hesychastic")或"帕拉马"("Palamite")运动受欢迎的作者之一。但是这一运动的故事属于以后的一章。

哲学和古典学术的研究,与神秘主义神学毫不相干地独立发展着,而神秘主义神学往往把这类研究看成是魔鬼的一种圈套,引诱信徒背离天启真理和神秘静修。但是,10 至 12 世纪的拜占庭文化表现出足够的生命力和灵活性,其本身就拥有最负盛名的神秘主义者,也拥有研究、推广,并效法古典学术知识的大批学者。尽管一些人热衷于神秘主义的静修,还有一些人支持瑟如拉留与罗马的争论,然而,以君士坦丁堡为中心,却有另一些人参与古典希腊学术研究的伟大复兴。像古时一样,有一些基督徒再次试图把他们的信仰与古典文化的精华糅合起来。这种学术发展在迈克尔·赛勒斯和他的门徒约翰·意大拉斯(John Italos)那里达到了顶峰,对于他们俩,我们将于本章的下一节里研究。

㉗ *Tract. theol.* 2 (*SC*, 122: 132).

从 1054 年到第四次十字军期间的拜占庭神学

当迈克尔·瑟如拉留和教皇的使节们就东西方之间冲突的各点进行辩论的时候,君士坦丁堡大学正忙于大量的研究和教学工作。其中最出色的学者是迈克尔·赛勒斯。[28] 他是一个博学多才的人,毫不迟疑地从任何可能找到智慧的源泉那里汲取智慧,不仅包括教会的"教父们"和古典希腊哲学家们的著作,甚至也包括广为流传的传说和谚语。他相信真理应该是一个,因而他认为,无论来自何处的真理,都应当归属于同一个 211
最终的根源,并且可以吸收进总体知识里。结果,有些人指责他为了追随异教徒的教导而放弃基督教教义。这种指责的根据,是他反对当时流行的反理智的神秘主义。[29] 再者,他不愿停留在正统教义的神学的狭隘范围里。但这并没有使他放弃基督教信仰;与此相反,他从古代教父的著作中吸取教导,并发现教父们的理智探索精神和他自己的精神非常相似。他总是认为,基督教教义和《圣经》研究是最高法庭,任何见解都要在这里受审判。任何与《圣经》抵触的见解必须被宣布为错误的,但仍然可以作为一种值得知道的见解而不是作为真理加以研究。

另一方面,他抨击他称作"迦勒底主义"(Chaldeism,参见《但以理书》2 章 2 节——译者)的一大批迷信行为。占卜,星象和魔法在拜占庭很流行,不仅在无知的群众中间是这样,而且在很多社会和教会的身居高位者中间也是这样。像君士坦丁堡大学的法律学校校长这样杰出的人物,甚至连迈克尔·瑟如拉留,都研究星星的运行方向和其他占卜术,而且经常企图用魔法来解决他们的难题。赛勒斯认为这种观点是没有根据的。天

---

[28] Tatakis, *Filosofía*, pp. 159 ~ 201. J. M. Hussey, *Church and Learning in the Byzantine Empire, 867 ~ 1185* (Oxford: University Press, 1937), pp. 73 ~ 88; E. R. A. Sewter, ed., *The Chronographia of Michael Psellus* (London: Routledge and Kegan Paul, 1953).

[29] 然而,他大体上是不反对神秘主义的。实际上,他自己相当同情新柏拉图主义的神秘主义。他反对的是许多神秘主义者的反理性的态度。

体的运转是根据自然科学的规律，而且并非像新柏拉图主义说的那样是理性之物。所谓的奇迹并非真的是奇迹。奇迹只不过是遵循一些我们所不明白的规律而发生的事件。

至于古典哲学，赛勒斯表明了他在这方面的运用是合理，因为他所采用的方式让人联想起早期的基督徒们——如查斯丁、克莱门特和奥利金。他们也以同情的目光看待伟大的哲学传统。哲学是接受福音的一种准备工作，所以哲学是来自上帝的，因为上帝是一切真理的源泉。

赛勒斯在研究柏拉图和亚里士多德的时候，不能不力求解决共相这
212 个问题。他认为，存在于上帝头脑里的概念是永恒的，上帝用这些概念为样板来创造一切理性之物。但存在于我们头脑的概念，即我们用来思索的概念不是真正真实的。它们——像拉丁人说的那样——是后在的（*post rem*）。因此，种与类是真实的，各个个体不是孤立的存在物；但当我们在头脑里把它们聚集在一起时，我们必须认识到，虽然我们确实是按照永恒概念的样板把它们归类在一起，但我们所用的概念的工具，严格地说，是我们自己的，而不是永恒的。

赛勒斯死于 1092 年，但他的著作使人对古典学术产生了兴趣，这种兴趣持续了几个世纪。因此，说他是文艺复兴的卓越的先驱者之一，不为过奖。此后，除了第四次十字军造成的一次短暂的中断之外，有一长串学者使古典学术的研究经久不衰，直至君士坦丁堡最后陷落为止，那时学者们逃至西方，对西方文艺复兴精神作出了重要的贡献。这些学者中的许多人，例如 12 世纪的迈克尔·意大利克斯（Michael Italicus）明确主张，《圣经》和基督教教义具有最高权威。[30] 但另一些人，例如约翰·意大利拉斯和他的门徒尼西亚的尤斯塔修（Eustratius of Nicea），[31]都把推理的探讨方法用于一些崇高的问题上，从而引起了许多虔诚信徒的怀疑。结果

---

[30] Tatakis, *Filosofía*, pp. 208 ~ 209.

[31] 同上，pp. 201 ~ 208。Hussey, *Church and Learning*, pp. 89 ~ 102.

造成了一个反哲学潮流,这个潮流延续了好几个世纪。约翰·意大利拉斯接替了赛勒斯在君士坦丁堡大学的教职,他教的是典型的希腊教义,如灵魂轮回说和物质永恒说。他也彻底追随赛勒斯的理性主义,否认神迹奇事,并断言信仰的一切奥秘都可以用推理解释。他受到了圣议会(Holy Synod)的审判,谴责,并被监禁在一个修道院里。此后,神学家与哲学家之间关系日益紧张。但哲学家们设法继续工作,直至君士坦丁堡沦陷于土耳其人为止。

这期间的严谨神学研究,日趋繁琐,只注意一些鸡毛蒜皮的细节。[32] 213

最后在这期间,拜占庭出现了波格米勒主义(Bogomilism),并对波格米勒派进行了好几次审讯。但对这一派的讨论,属于论述保加利亚的那一节。

概括地说,这一时期的拜占庭神学离开西方越来越远,[33]而主要精力都花在一些微不足道的细节问题上。由于边界方面和内部团结方面屡遭威胁,而其历史也证明一系列内部分裂都是出自教义分歧,因而在拜占庭这样一个国家里,坚持严格的神学正统性就显得越来越重要。当赛勒斯致力于哲学探讨时,拜占庭国家已处于动乱的边缘。不久之后,皇帝不得不乞援于西方以抵抗土耳其人。到了这时期的末尾,第四次十字军就把

㉜ 例如有这样的例子,安提阿派的执事 Ītotericos Panteugenos 展开了关于圣餐惯用语表述的有效性的讨论,"你既是献祭的那位,又是被献的那位。"他声称这一表述意味着聂斯脱利派(Nestorian)在成为肉身的道的两性之间的区分。他也声称圣餐的祭品仅仅献给圣子,而不献给圣父或圣灵。1156 年在君士坦丁堡召开的宗教会议宣称基督把自己作为献给三位一体的祭品献在祭坛上。不久之后,在 Alexius Angelus 统治期间(1195～1203 年),有另一个争论,争论在圣餐礼中领取的物质成分是否与通常的食物一样被消化。那些持肯定观点的被称为"消化派"(stercoranists)——来自于拉丁文"*stercus*"(排泄物,粪便)。最后的结论是否定的:物质成分不被消化。在 12 世纪 Demetrius of Lampe 提出对"我父比我大"文本的一个解释,许多人认为这是阿利乌主义(Arianism)的一个新版本。他的教义被 1166 年的宗教会议所谴责,但是他的追随者没有立刻消失。

㉝ 与罗马的争论继续进行着,并且没有减弱。J. Spiteris, *La critica bizantina del primato romano nel secolo XII* (Rome: Pontificium Institutum Studiorum Orientalium, 1979).

君士坦丁堡变成了一个拉丁语王国。在风云多变之际，教义的正统性成了维系拜占庭国家团结的纽带，因而必须避免那些因神学的标新立异而自然会产生的冲突，并严格恪守古代教父们的教义和文本。虽然神学上有这种严谨的趋向，有些人却在哲学研究里寻求自由，这种研究正在一定程度上逐渐独立于神学。

保加利亚的基督教思想

在国王保利斯(Boris)皈依基督教之后，特别是在他儿子西门当政期
214 间，保加利亚几乎全成了基督教的。然而这样的皈依基督教，并不是没有一定程度的群众性的抵制的。虽然这种抵制很快就被摧毁，但这种抵制终于导致了波格米勒主义的发展。

甚至在保加利亚皈依基督教之前，就有很多摩尼教徒在这个国家里。他们是拜占庭当局强行安置到这里来的，其双重目的是，既摆脱了他们，又拿他们作为抵制蛮族的缓冲物。[34] 因此，当保利斯接受洗礼，他儿子继而执行强迫臣民信教的政策时，摩尼教就成了抵制这一政策的象征。在西门的后继者彼得当政期间，有一个自己起名叫“波格米勒”(Bogomil)——“上帝所爱的人”——的宗教教师，[35] 他创建了一种新的教派，其教义很多都是来自摩尼教。[36] 除此之外，关于波格米勒本人的事很少得知。总之，这个新教派很快就取代了摩尼教，并且成了正统基督教的强大对手。波格米勒主义从保加利亚传到君士坦丁堡，以后又传到西方，在那里遭到严重的迫害。在保加利亚本土，波格米勒主义至少存在到 17

---

[34] V. N. Sharenkoff, *A Study of Manichaeism in Bulgaria, with Special Reference to the Bogomils* (New York: Columbia University Press, 1927), pp. 29 ~ 32.

[35] 同上，p. 37。

[36] 其主要不同之处似乎是：对波格米勒主义来说摩尼不是中心，而对摩尼教来说却是中心。波格米勒自己并没有占据如此中心的地位，他只是被认为创建了一种真宗教，也许是通过某种特殊的光照。

世纪。由于波格米勒主义在这个国家的重要性，所以早期的大部分保加利亚神学都关心对它的批驳。[37]

早期俄罗斯神学

俄罗斯皈依基督教比保加利亚稍晚一些，俄罗斯的皈依为东方基督教开辟了广阔的领域。最后，俄罗斯教会比拜占庭教会还要大。但是，俄 215
罗斯基督教即使在其初期阶段也开始出现了像图洛夫的西里尔（Cyril of Turov），斯摩棱斯克的克莱门特（Clement of Smolensk），和基辅的希拉连（Hilarion of Kiev）这样卓越的学者和神学家。

图洛夫的西里尔是一个神秘主义很深的传道者，关于他的生平我们知道得很少。他最喜欢的话题之一是犹太人的愚昧，因为他们不相信已经到来的弥赛亚。他常常是用比喻解释《圣经》，而且他似乎对《旧约圣经》比对《新约圣经》更熟悉——他对《新约圣经》会错误地引用。[38]

斯摩棱斯克的克莱门特仅存的著作，是他写给一个名叫托马斯（Tomas）的教士的一封信，因为托马斯指责他在解释《圣经》时利用了所谓的异教徒的智慧。克莱门特为他的释经学进行辩护，并顺便列举了一些他的比喻解经实例。但有时他也的确是严格地根据字义解释《旧约圣经》。他大概是一个折衷主义的著作家，只是从各种各样的来源搜集资料而已。[39]

㊲ 最著名的是祭司 Kozma 的讲道（translated by Sharenkoff, *Manichaeism in Bulgaria*, pp. 66 ~ 78）。11 世纪中叶时，大主教 Leo of Ochrid 就东西方教会的不一致之处给阿普利亚（Apulia）的另一主教写了一封信。这封信之所以重要是因为它其中的一个因素导致了瑟如拉留（Cerularius）大分裂。几年以后，11 世纪末，大主教 Theophylact 写了 *On the Royal Institution* （*PG*, 126: 257 ~ 286）一书，其中大部分篇幅是阐述国王职责的问题。尽管他总是忠诚于东方教会的观点，但他也试图协调东西方教会的关系。

㊳ G. P. Fedotov, *The Russian Religious Mind*: *Kievan Christianity* （New York: Harper, 1946）, pp. 69 ~ 83.

㊴ 同上，pp. 63 ~ 69。

基辅的希拉连无疑是早期俄罗斯教会最出色的神学家,也是这个城市的第一个俄罗斯主教。他和图洛夫的西里尔以及斯摩棱斯克的克莱门特一道,把《圣经》解释成为一个巨大的寓言,并一再地攻击犹太教。不过,他超出了这样的范围,进而对历史进行解释。在他的讲道稿《论律法与恩典》(*On Law and Grace*)中,他就是从整个救恩历史的更广阔框架中来看待俄罗斯最近的皈依。尽管希拉连倾向于把《圣经》寓言化,他却相信历史的这个庞大计划将不是仅仅以灵性的世界而告终,而是会以一个新的世界和最后的复活而告终。[40]

这三位,加上早期俄罗斯基督教对早期教父们的著作的翻译、选辑和改编,是后来俄罗斯基督徒们中间活跃的神学活动的初兆。然而到了
216 1236年,由于蒙古人的入侵,俄罗斯基督教的早期发展被迫中断,等我们再回头来研究东方神学时,我们将会发现俄罗斯基督教处在蒙古人的统治之下。

聂斯脱利派神学

在我们正在研究的这一时期里,被正统派称为"聂斯脱利派"的教会,表现出的生命力要比教会历史学家们通常所说的强一些。这个教会虽然处于穆斯林统治之下,实际上却是超出了伊斯兰教地区,并且渗入到了印度和中国。在美索不达米亚和波斯(它在这里最强大),它经久不衰。在神学领域内它有大量的著作,但是,甚至经过几个世纪而保存下来的其中的片断,也没有被人们好好地加以研究。另一方面,它的大部分神学著作都是编纂,重复,和注解,而很少有创见,这也确属实情。

在我们正在研究的这一期间,聂斯脱利社团产生的第一个著名的神

[40] 同上,pp. 84 ~ 93。

学家是提摩太(Timothy),他于780年与823年之间是这一教派的领袖。[41]他留到现在的著作有他的教规,[42]一些书信,[43]和他的《与马提辩论》(*Debate with Mahdi*)。[44] 在这篇可能是虚构的对话里,提摩太的对话者是哈里发马提(Caliph Mahdi),他于775—785年当政。无论怎样,写出这样一篇对话的事实本身就说明,聂斯脱利派基督徒并不是俯首贴耳地屈服于穆斯林统治,倒是真想把穆罕默德的追随者们规劝到基督方面来。只是在几个世纪之后,这个教会在限制性法律的不断压力之下,才满足于成了穆斯林汪洋大海中的一个信徒们的小岛。有好几个著作家进行了反对穆斯林教义的论战。其中最著名的或许是尼西比(Nisibis)的以利亚·巴尔·西那亚(Elijiah bar Senaya),他在11世纪写的许多著作中有一本《论信仰真理的证据》(*Book on the Proof of the Truth of the Faith*)。[45] 通过这 217
本书和其他类似的著作可以清楚看出,穆斯林们对基督教教义提出的主要反对意见是,三位一体信仰里所暗含的隐隐约约的多神主义。因此,聂斯脱利派神学家们倾向于多强调神的实质的统一性,而少强调三位之间的区别。

也有很多圣经注释。其中最卓著的是:在9世纪有麦尔夫的伊朔大德(Isho'dad of Merv)的注释;[46]在11世纪有狄奥多尔·巴尔·科尼(Theodore bar Koni)的《附注》(*scholia*);[47]在12世纪有伊朔·巴尔·嫩(Isho

---

[41] 关于他的生平研究,见 H. Labourt, *De Timotheo I Nestorianum Patriarcha et Christianorum Orientalium conditione sub caliphis Abbasidis* (Paris: V. Lecoffre, 1904), pp. 1 ~ 14; R. J. Bidawid, *Les letters du Patriarche Nestorien Timothée I* (Vatican City: Biblioteca Apostolica Vaticana, 1956), pp. 1 ~ 5。

[42] Labourt, *De Timotheo*, pp. 50 ~ 86.

[43] Bidawid, *Les lettres*, *passim*.

[44] Edited by A. Mingana, *Timothy's Apology for Christianity* (Cambridge: W. Heffner & Sons, 1928).

[45] L. Horst, *Des Metropolitan Elias von Nisibis Buch vom Beweis der Wahrheit des Glaubens* (Colmar: E. Barth, 1886).

[46] *CSCO*, 126, 141, 172, 179, 229, 230 (on the Old Testament), and *HorSem*, 5 ~ 11 (on the New).

[47] *CSCO*, 55 and 69.

bar Nun）的《关于摩西五经的问题》（*Questions on the Pentateuch*）。[48] 这一释经传统避开了那种比喻释经法，而宁愿遵照经文的字面意思和历史含义，这就与当时基督教世界其余部分的习惯做法明显不同。在这里人们可以看出安提阿学派的影响以及其伟大教师莫普苏埃斯蒂亚的狄奥多尔的影响。聂斯脱利派认为狄奥多尔是正统信仰的伟大战士，并尊称他是"释经家"。总的说来，聂斯脱利派的大多数释经家认为，寓意解经法（allegorical interpretation）是"亵渎和谎言的根源"，是这么多基督徒之所以追随"笨拙的奥利金"（Stupid Origen）而犯了错误的主要原因之一。《圣经》经文应就其明确的字面意思加以理解，因为《旧约圣经》的记载说的都是真事。这不是说，《旧约圣经》中的人和事，不能作为《新约圣经》的象征，而是他们必须永远保留其历史的真实性。

另一方面，在所有这些著作家那里，人们都看到了安提阿派基督论的特点。他们认为，"道"所变成的那个"人"是"一个圣殿"，神通过自愿结合，而住进这个圣殿里，而在这个结合中，人们必须在道与人之间加以区分。正如以利亚·巴尔·西那亚说的：[49]

> 当我们说"基督使死人复活和行神迹奇事"的时候，我们指的是
> 218 具有神性的"道"。而我们如果说"基督吃、喝、疲倦了、死了"，我们指的是马利亚生的那个人。

而麦尔夫的伊朔大德在评注《约翰福音》1 章 14 节的时候断言：

> 道成肉身，那就是说，住在肉身里，正如有人说"摩西是帐篷"，

[48] E. G. Clarke (ed.), *The Selected Questions of Ishō Bar Nūn on the Pentateuch* (Leiden: E. J. Brill, 1962).

[49] Quoted by E. K. Delly, *La théologie d'Elie bar - Sénaya: Étude et traduction de ses entretiens* (Rome: Pont. Univ. De Propaganda Fide, 1957), p. 50.

意思是摩西住在帐篷里头，或者“约瑟是监牢”，意思是他被下在监牢里。正如约瑟不是监牢和摩西不是帐篷那样……“道”依其本性不是肉体，而是住在肉体里 ，仿佛住在圣殿里。[50]

基督一性论的神学

那些由于拒绝卡尔西顿会议的决议而被称为“基督一性论者”（monophysite）的基督徒，现在大多数都住在穆斯林统辖区。这些基督徒没有联合成一个单一的组织，而是分布在科普特教会——包括科普特教会在埃塞俄比亚相对自治的分支、在雅各派教会和亚美尼亚教会中。

阿拉伯人征服埃及之后，科普特语逐渐为阿拉伯语取代。因而，10世纪之后的大部分科普特神学都是用阿拉伯文写的。然而，这些著作大多数是：历史记事，教义问答提要，和改革教会组织的一些设想。[51] 12 世纪中，关于归正的必要性曾有过短暂的争论。但总的说来，人们可以说这一时期的科普特神学缺乏深度和创见。埃塞俄比亚教会也是一样，它唯一有创见的作品是论述有关圣徒们的传说。

雅各派教会确实有某种程度的神学活动。7 和 8 世纪期间，埃德萨的雅各（Jacob of Edessa）和阿拉伯的乔治（George of Arabia）写了一些关 219

---

[50] *HorSem*, 5: 212.

[51] 10 世纪最重要的科普特神学家是 Severus Abu'l ibn al'Muqaffa，他写了几本历史著作，此外还有 *Explanation of the Fundamentals of the Christian Faith*。他的大部分著作都没有出版，见，M. Jugie, *Theologia dogmatica Christianorum Orientalium ab Ecclesia Catholica dissidentium* (Paris: Letouzey et Ané, 1926 ~ 1935), 5: 461, n. 1. 11 世纪和 12 世纪有一个想要改革教规的运动，其领导人是 Christodulos, Cyril Ⅱ, Macarius Ⅱ, Gabriel ibn Tarik 等教长。领导了改革教规的运动。见，G. Graf, *Ein Reformversuch innerhalb der Koptischen Kirche im zwölfen Jahrhundert* (Paderborn: F. Schönigh, 1923); S. ibn al'Mukaffa, *History of the Patriarchs of the Egyptian Church*, Vol. Ⅱ, Part Ⅲ (Cario: Publications de la Société d'Archéologie Copte, 1959)。

于创造天地、基督论和圣礼的著作。[52] 其他的著作家对《圣经》经文和对伪狄奥尼修斯进行了注解,而且对预定论和灵魂的性质之类的话题也给予了一些考虑。到了10世纪,阿拉伯语就成了主要的神学语言。此后,耶亚·本·阿提(Yahya ben Adi),经常被称为逻辑学家,致力于使古典哲学对神学问题产生影响。[53] 雅各派神学的主要矛头是论战性质的,指向穆斯林,聂斯脱利派和科普特派。[54] 雅各派教会内部也曾有过一次关于上帝眷顾是否存在的小争论,但那些否认上帝眷顾的人很快就遭到谴责。[55]

亚美尼亚教会正在经历一段政治斗争的时期。亚美尼亚开始时隶属于穆斯林,以后在拜占庭帝国的总的监督之下变成半独立,最后受到土耳其人的入侵。与此同时,由于大量亚美尼亚人的迁徙,在西里西亚(Cilicia)产生了小亚美尼亚。在这样的动乱中,它没有很多的神学活动,是不足为奇的。仅有的少量活动,是致力于反对保罗派(Paulicians)和唐德拉克派(Thondrachians),以及致力于与拜占庭教会的联合。[56]

---

[52] Jugie, *Theologia*, 5: 466.

[53] A. Périer, *Yahya ben Adi: Un philosophe arabe chrétien du Xᵉ siècle* (Paris: J. Gabalda, 1920),列出了他已经出版的作品(p. 32)与现存的手稿(pp. 13 ~ 31)。

[54] Yahya ben Adi 写了 *On the Teaching of Jacobites and Nestorians regarding the Incarnation*。在9世纪,Ishor ba Sushan 写了两篇反对科普特基督徒的论文,试图使雅各派和聂斯脱利派用面粉、水、酵母、油制作圣餐饼的习俗合理化(Jugie, *Theologia*, 5: 693 ~ 694)。12世纪,安提阿的教长 Michael 卷入了与科普特派的另一个争论,现在的问题是在圣餐前必须认罪。

[55] 他们的领导是 John of Harran (or of Mardin)。Jugie, *Theologia*, 5: 471.

[56] 保罗派(Paulicians)有摩尼教的倾向,似乎流行于亚美尼亚(Armenia)。唐德拉克派(Thondrachians)拒绝接受马利亚膜拜和圣徒膜拜、教阶权威、修道主义,也许甚至还包括道成肉身的教义(Jugie, *Theologia*, 5: 480 ~ 482)。试图与拜占庭联合的努力发生在 Nerses III Glaietzi 统治期间,但是没有结果。见,P. Tekeyan, *Controverses christologiques en Arméno - Cilicie dans la seconde moitié du XIIᵉ siècle* (Rome: Pont. Inst. Orientalium Studiorum, 1939), pp. 14 ~ 33。书的其他部分记载了此类对话的延续及其在亚美尼亚教会中的影响。

第八章　13 世纪概况

13 世纪是中世纪的黄金时代。正是在这时期，哥特式教堂的尖顶高耸入云；也正是在这时期，英诺森三世仿佛从天国降到人间，以统治王子们和皇帝们。同样是在这时期，宗教法庭正式成立，各大学发展起来，亚里士多德打入了西方，托钵僧云游全世界。 220

哥特式艺术有着攀登无比高度的抱负，可以用于说明 13 世纪神学的一些特色。第一，虽然哥特式建筑艺术最初是表现在一些大教堂和修道院上，但它的伟大杰作是主教座堂。这表明了城市在 13 世纪具有的重要地位，它们已成了工业和商业的巨大中心。这也表明，12 世纪，在神学活动中起最重要作用的是修道院学校；但到了 13 世纪，这种角色已经转移给了大学。大学是大的城市学校，此后它们作为学术中心将使修道院相形见绌。第二，哥特式主教座堂井井有条但非常复杂的建筑，与经院学者们伟大的总结性论文颇有相似之处，而且在某种程度上，与中世纪文学的 221
盖世杰作，但丁的《神曲》(*Divine Comedy*)也有相似之处。在所有这些结构中，每一个组成部分都有其适合的位置；但实现这一点，不是通过现实事物的表达方式的简单化，而是把所设想的现实事物的每个组成部分——从地狱的最低深渊直至天堂的琼楼玉宇——放在宇宙的大框框里适合这个组成部分的位置上。经院学者们的总结性论文包括了撒旦的堕落、伊甸园、圣餐的奥秘、天使们的本性，以及数以千计的其他主题，而且所有这一切也都描绘在哥特式教堂的石头上和玻璃上。所以说教堂是没有学问的人的神学的总结性论文。而经院主义神学家则是思想的建筑师。第三，哥特式教堂与13世纪的经院主义在这样的方式上相似，即物质的冰冷不可塑性和建造者的神秘主义的热切抱负相遇在一起。“希腊建筑术的表现形式，都是通过和依靠石头来表现的；哥特建筑术的表现形式，是不顾石头的本质来表现的——而这就是其差别所在”。[1] 哥特建筑师的任务在于使石头变得尽可能轻巧。其结果是一根根柱子把信徒包围起来，这些柱子就像是许多祷告那样升入云霄。但是，必须让石头的重量落在那些使建筑物安如磐石的外部拱门上。因而建筑学的运用在于把石头的硬邦邦的现实和神秘主义的抱负结合在一起。同样的，经院主义神学家产生出这样的作品，在其中可以找到理智上的严谨的全部分量；但在其内部，在这些作者的内心深处，人们可以发现那同一种启发人去盖教堂的神秘主义抱负。建筑师只能通过在教堂的内部与外部之间实现设计上的平衡来表现神秘主义效果。神学家只能通过理智上的要求与神秘主义的抱负之间的平衡来创造出伟大的经院主义大厦。

英诺森三世与教皇权威

222 13世纪初，英诺森三世（1198～1216年）做了教皇。在他领导下，教皇制度的权力达到了高峰。英诺森在改组了教廷和加强了他控制教廷诸国的权力之后，着手在全欧改革并强化教会生活。这促使他去干预几桩政治同道德纠缠在一起的事务。这些干预涉及东方的亚美尼亚直到西方的冰岛，包括大大地参与帝国事务和其他几个君主国的事务，如法国、阿

① W. Worringer, *From in Gothic* (London: Alec Tiranti, 1964), p.106.

拉贡(Aragon)、里昂、卡斯提尔(Castille)、葡萄牙和波兰。在匈牙利,他帮助结束了内战。在波希米亚(Bohemia),他给俄托卡(Ottokar)加了国王称号。在英格兰,经过了长时期的斗争,他制服了无领地王约翰(King John Lackland),迫使他把他的国家改作教廷的采邑。他做了西西里的摄政者,而西西里也是属他管辖的采邑。在他做教皇期间,第四次十字军因为威尼斯人的缘故而改变了原来的目的,攻占了君士坦丁堡,在那里建立了一个拉丁语帝国,并且迫使拜占庭的皇帝们逃亡尼西亚。在君士坦丁堡封立了一个拉丁教长之后,东方教会从理论上来说与罗马合一了。教皇本人,开始时还因为十字军把原来征服撒拉逊人(Saracens)的刀剑加到了基督徒身上的这一过火行为而感到懊恼,但终于接受了这个既成事实,并且认为这是惩罚分裂者和重建教会的统一。同时,另一支针对阿尔比派(Albigenses)的十字军在英诺森的祝福下正在摧毁普罗旺斯(Provence)。

最后,英诺森三世在他死前几个月,主持了第四次拉特兰会议的审议工作。关于这次会议,本《思想史》的不同章节中一再提到,因为这次会议公布了变质说(transubstantiation)和圣餐献祭说(eucharistic sacrifice),谴责了菲欧瑞的约雅斤(Joachim of Fiore)的三位一体教义说,重申了扩大研究范围的必要性,结束了用自己的新规设立新的修道团体的做法,命令一切信徒每年至少认罪并领圣餐一次,宣布世俗王侯封立的教职无效, 223
作出规定禁止同族结婚和秘密结婚,限定只有教皇有权引进新的古圣遗物,采取了反对犹太人的措施,号召一次新十字军东征,采取了改革与限制教职人员生活的其他几项措施。[②] 如果人们注意到,这么多事项——而且远远不止于此——仅仅在每天一次会议的三天内就解决了,那就很清楚,这次会议的作用并不在于审议每个要点,而只是对教皇及其教廷设想的整个改革方案表示同意而已。

---

② *Mansi*, 20: 981~1068.

改革教会和干预世俗国家政府的这一政策,是以英诺森对教皇地位的看法为基础的。他把比较常用的“彼得的代表”(Vicar of Peter)这个教皇称号放在一边,而宣称自己是“基督的代表”(Vicar of Christ)。作为救世主的代表,他就是整个教会的牧师。主教们不能直接代表基督,只能通过教皇才能代表基督。所以教皇不仅有权封立主教们,也有权废黜他们。③

再者,英诺森自称有统治世俗帝王的权威。教皇的设立是“高于民众和国家之上的”,他享有“撒母耳用来封立大卫的那种权威”(参见《撒母耳记上》16 章 13 节——译者),并且他可以“根据犯罪的缘故和原因”而废黜一个君王,把他的称号授给另一个人。④

> 正如创造宇宙的上帝,在天上设立两大光,大的管白昼,小的管黑夜,同样,他在普世教会的天上设立了两大权威,……大的可以管有如白昼的灵魂,小的可以管有如黑夜的身体。这二者就是教皇权
> 224 威和国家权力。另一方面,正如月亮的光来自太阳……同样,王权的尊荣是来自教皇的权威。⑤

教皇权威在帝国之上,是无庸置疑的。当帝国发生内战时,英诺森就进行干预说:“帝国的事务始终就归我们管,最初的实例是,帝国是靠罗马教会的保护才脱离了希腊的。最终的实例是,像王冠总得由别人加冕那样,皇帝的帝国冠冕是我们授予的。”⑥

---

③ *Reges*. 1.495 ~496.

④ 同上,7.1。

⑤ *Reges*. 1.401. 请再次注意区分能力(power)与权力(authority)。

⑥ *Reg. de neg. Romani Imp*. 21. 关于这一篇文章的详细分析,见,F. Kempf, *Papstum und Kaisertum bei Innocenz* Ⅱ: *Die geistigen und rechtlichen Grundlagen seiner Tronstreipolitik* (Rome: Gregorian University, 1954), pp. 57 ~65。

这就是教皇制度处在其权力的顶峰时自称它所享有的权威。不过，这并不是一个激进的革新，而是自 11 世纪末以来，教皇制度对改革派显得重要的结果。改革派掌握教廷之后，他们的改进教会的和宗教生活的志趣就促使他们强调教皇权威。封多姆的哥德夫利（Godfrey de la Vendome）可能是第一个人用“两把刀”这一比喻来表示属灵的和属世的权力。[7] 伯纳德（Bernard）采用了这个比喻，并且说这两把刀都属于教会，一把是它自己直接使用，另一把则通过俗人政府间接使用。

> 你应该更公开地告诫他们，但要根据主的话，不要强制。为什么
> 你要再次拔出你曾被命令入鞘的刀呢？然而，如果有人否认这刀是
> 你的，那么，我认为他是没有正确地听懂主的话，主这样说：“收刀入
> 鞘吧！”因此，它也是你的，或许它不应由你的手拔出，而只应通过你
> 的指示拔出。否则，如果它不属于你，那么，当门徒说“我们这里有两
> 把刀”的时候，主就不会回答说“这就够了”，而是会说“这太多了”。
> 两把刀，那就是属灵的刀和属物质的刀，都属于教会，其中一把是由 225
> 教会通过祭司的手拿着它，另一把则是由士兵在祭司的暗示和国王
> 的命令下拿着它。[8]

在这段文中，伯纳德不是关心一般的世俗权威，而只是关心怎样使用实力来惩治或制止心灵方面的坏事，如异端和不道德。不过，世俗统治者和教会领导人之间的斗争促使神学家们去为教会和教会组织争取越来越大的权威。托马斯·贝克特（Thomas Becket）和他的同时代人索尔兹伯里的约翰（John of Salisbury）认为，帝王是从教会那里得到他们的权威的。圣维克多的休（Hugh of Saint Victor）把帝王当做祭司的下属。与这些观

---

⑦ G. Glez, “Pouvoir du Pape dans l'ordre temporel”, *DTC*, 12: 267～272.

⑧ *De cons*. 4.3.7.

点相反，像弗勒里的休（Hugh of Fleury）这样一些温和派主张这两种权力都是独立的，对于帝王，除了因为他们犯罪而提出告诫之外，教士，甚至教皇都不再有任何更高的权力。最后，其他一些人持有忠君立场。其中最著称的是卡提那的格列高利（Gregory of Catina），他宣称皇帝不但是帝国的，而且也是教会的元首。在13世纪，由于英诺森三世及后继者们对政治事务的所作所为，就发展出这样的理论，即教皇直接持有两把刀，因此他有权废黜帝王。持这样观点的人有：图尔内的西门（Simon of Turnai），西班牙的劳伦斯（Lawrence of Spain），条顿人约翰（John the Teuton），而最突出的是，苏撒的亨利·巴多罗买（Henry Bartholomew）和他的门徒威廉·杜染特（William Durand）。

这种对教皇权威的强调，到了13世纪最后一个教皇卜尼法斯八世（Boniface Ⅷ）的时候，达到了无以复加的地步。他在其1302年11月18日的教皇训令 *Unam sanctam* 中，在肯定了教会在"基督的代表"教皇的领导下的团结合一之后，进而几乎一字不差地引用了我们上面引用过的伯纳德的话，他接着又说：

> 但一把刀必须服从另一把刀，而且属世的权威必须隶属于属灵的权威……因此，我们必须明确承认，属灵的权力在尊严和权能方
> 226 面，都高于属地的权力，就像属灵的事物先于世间的事物一样……因为拿真理作为见证，属灵的权威有责任建立属世的权威，而且属世的权威作恶时，应由属灵的权威加以审判……因而，如果属世的权力任意妄为时，就应该受到属灵的权力的审判。而较低的属灵的权力背离正道时，就应该受到较高一级的属灵的权力的审判。然而，如果最高的属灵的权威背离正道，它就只能受到上帝的审判，而不受人的审判……所以，任何反对这权力的人，就是抵制上帝的命令……另一方面，我们宣布、肯定和明确为了全人类的得救，他们服从罗马教皇是

绝对必要的。[9]

颇有讽刺意味和颇有意义的是，卜尼法斯这个如此高举教皇权威的教皇，竟然使一长串有权势的教皇的代代相传寿终正寝，这种代代相传始于格列高利七世（Gregory Ⅶ），鼎盛于英诺森三世，到了卜尼法斯那里就七零八落了，他不仅遭到了巴黎大学和公正者菲利普（Philip the Fair，即法国国王菲利普四世——译者）的攻击，而且也受到了意大利本身各派别的攻击。卜尼法斯死于 1303 年，而在 1309 年教廷就迁到阿维尼翁（Avignon）去了，在那里充当了法国政策的顺服工具。

异端裁判所

异端裁判所在 13 世纪开始成为罗马教廷的机构。[10] 自古以来人们就普遍认为，主教们有责任批驳并铲除谬误。君士坦丁的时代之前，只能通过神学辩论和开除教籍来达到这一目的，因为主教们别无其他强制权力。尼西亚会议之后，皇帝流放了那些被与会者谴责的人。不久之后，政
府当局在几个主教的建议下处死了普利西利安（Priscillian），但使大多数 227
主教大为震惊。整个中世纪中，持异端者要受肉体刑罚，但一般限于监禁或鞭挞。但在 11 世纪，特别是在法国和德国，持异端者被烧死和吊死变得越来越普遍。这种行动往往是由民事法庭或激怒的群众采取的。但到了 1231 年，格列高利九世委任了“异端败行裁判者”，成立了教廷异端裁判所，这些裁判者像法官那样拥有特殊权力，借以根除异端。有些史学家说，教皇的目的是要阻止审判异端过程中时常发生的流弊，因为有些民事

⑨ *Corp. iur. can. extrav. comm.* 1.8.

⑩ E. van der Vekené, *Bibliographie der Inquisition* (Hildesheim: G. Olms, 1963); A. C. Shannon, *The Popes and Heresy in the Thirteenth Century* (Villanova, Pa.: Augustinian Press, 1949); H. Maisonneuve, *Études sur les origines de l'Inqusition* (Paris: J. Vrin, 1960).

当局利用指责异端来达到政治和经济的目的。早期的很多异端裁判者确实是些温和派人物，而教皇也确实采取了严厉措施来限制那些似乎过分残酷的人——像保加利亚人罗伯特（Robert the Bulgarian）之流。被指控的人一般都是被判进行特定形式的补赎或是关入监狱。当教会法庭认为某人应处死刑时，那就把他转交给“世俗权力”（secular arm），并附上宽恕请求书。但这种请求书纯属形式，而极刑实际上都是自动执行的。一般说来，裁判者大部分是多米尼克会（Dominican Order）的成员，但也有一些是法兰西斯会成员。

虽然异端裁判所在开始时对神学思想的主要中心没有多大影响，但还是在这里谈一下它的起源，因为它终于成了阻碍自由和创新的巨大因素之一。

大学的发展

在 13 世纪，对基督教思想史来说最重要的事态发展之一，是大学的诞生及其发展。[11] 最初，这些组织机构叫做“总学堂”（general studies），意思是，它们包括来自欧洲各地的学生和教授。后来，这个名称意味着，从这些机构毕业出来的人，有权任教于任何其他教育中心——*jus ubique do-*
228 *cendi*。“大学”这个名称，原来是指学生与教授的协会，后来意思渐渐改变，终于成了这个机构本身的名称。

最古老的现代大学——巴黎大学，萨勒诺大学（Salerno），波伦亚大学（Bologna）和牛津大学——的起源始于 12 世纪，并且可以在各种因素的结合中找到，如教堂学校的传统，城市的兴起，行会的组织，以及科学的普遍发展。这些机构大都因为它们所专攻的某项学科而驰名天下。由于巴

⑪ 关于这一问题的经典性研究专著，见，H. Rashdall, *The Universities of Europe in the Middle Ages*, 3 vols。（Oxford: Clarendon Press, 1895.）另见，A. L. Gabriel, *Garlandia: Studies in the History of the Medieval University*（Frankfurt am Main: J. Knecht, 1969）。

黎和牛津拥有最好的神学教职人员，所以 13 世纪的西方神学，总是以这两所大学为中心。

虽然入学的必备条件因地而异，但神学学科的报考者一般是十六七岁的文科学生。他入学后就进入神学研究，要花一个很长的时期——在 13 世纪是大约八年，在 14 世纪是大约十六年，在 15 世纪是大约十五年。在这些年里，学生开始是旁听生，以后就是学士，他转过来要注释《圣经》和彼得·伦巴德的《格言》（*Sentences* of Peter Lombard）。最后是“成熟的学士”（formed bachelor），要再花几年时间进行各种学术训练，主要是正式的“辩论”。然后他就得到硕士学位，再往后就是博士学位。要得到博士学位，一个人至少要三十五岁——但在极为特殊的情况下，如托马斯·阿奎那（Tomas Aquinas）的情况，这样的规章是暂不实行了。

除了已经提到的注释《圣经》和《格言》之外，最主要的学术训练有：
各种考试，通常是口试；试讲，成熟学士们在下午讲道一小时左右；以及
“辩论”。辩论是学术训练的最高一级。根据学术训练的性质，讨论的题
目有时是事先选定的，有时是在训练开始时选定的。在场的人——包括
听众——就问题的各种答案提出赞成或反对的论点。最后，一般是在另 229
一次会上，主持这一训练的教师提出自己的答案，并解答上次会上提出的
反对意见。

作为这种方法的结果，经院主义写作的最终结构往往也是这样。首先，提出一个问题；然后提出赞成不同主张的种种论点；继而提出答案；最后批驳那些似乎是反对这个答案的不同论点。在这里，人们可以听见阿伯拉尔的《是与否》（*Sic et non*）的回音。

可以说，大学不仅为 13 世纪神学大繁荣提供了适宜的气氛和必要的便利，而且也提供了一些条件，这些条件决定了经院主义方法的结构。

托钵僧修道会

13 世纪出现了一种新型的禁欲主义生活方式，这种生活方式和传统

修道生活方式的不同在于，没有撤离巨大的人口中心，以便致力于神秘主义的沉思默想，而是把“使徒使命”看做基本职责，因而改变了古代的修道士生活方式，使之适应传道和教育的任务。随着城市的兴起和商业的发展，当时的社会和经济状况要求教牧工作有一个新的形式。各种异端——特别是阿尔比派的异端——必须借助敏捷才思和圣洁生活的结合来予以驳斥。在基督教的传统边界之外，正在为传教工作开辟新的领域。托钵僧修道会(Mendicant Orders)就是西方基督教对这些挑战作出的响应。

从我们的观点来看，多米尼克修道会和法兰西斯修道会是两个最主要的修道会。

多米尼克(Dominic)是俄斯马(Osma)的一个牧师，当时他和他的主教阿兹维多的迪戈(Diego de Azevedo)被阿方索八世(Alfonso Ⅷ)派去执行一个外交使命。他们到了法国南部时遇到了一些阿尔比派，就试图规劝他们改正错误。不久之后，迪戈和多米尼克请求教皇授权他们俩做这
230 些蛮族的传教士，但英诺森三世似乎把他们的志趣转到了批判阿尔比派上面去。经过了一段时间的通力合作，迪戈回到了他的主教教区，多米尼克留下来负责这个工作。几年之后，他决定办一个新修道会，这个修道会将追随修道生活的一些传统格调，但这个修道会将通过发挥才思和通过作出圣洁生活的榜样来致力于批驳异端邪说。1215年，他向教皇申请批准兴办这样一个修道会；但第四次拉特兰会议按照英诺森三世的建议，决定不准兴办任何新修道会。于是，多米尼克就和他的追随者们商量这件事，他们决定采用所谓的圣奥古斯丁教规——因而有一个时期被称为“圣奥古斯丁的正规修道会会士”。

从一开始，这个修道会就坚持学术研究的重要性，以便完成其使命。修道生活是为了适应学术研究、传道和照管灵魂的需要。开始时，多米尼克派把他们的学术研究和教学工作集中在他们自己的修道院里。但不久，他们就在主要的大学，特别是巴黎大学和牛津大学，占有讲座。早在

1217 年,在巴黎就有多米尼克派修士,多米尼克派在英国的第一个修道院,是 1220 年在牛津设立的。[12] 在巴黎,多米尼克派有他们自己的研究中心。1229 年巴黎大学自行解散时,多米尼克派就开始接受世俗的学生加入克利摩那的修士罗兰(Friar Roland of Cremona)的教学班。当巴黎大学重新组建的时候,罗兰就留下来作为他们的一个教师,这样,多米尼克派就在巴黎大学获得了第一个神学讲座。圣贾尔斯的约翰(John of Saint Giles)原来就是巴黎大学教师,以后,穿上了多米尼克派修士服,这时多米尼克派修道会就有两个教授在巴黎大学里。[13] 多米尼克派于 1227 年插足于牛津大学,因为那时原来就是牛津大学教授的罗杰・培根(Roger Bacon)加入了该修道会。1240 年前后,原来就是多米尼克派修士的理查德・非沙克尔(Richard Fischacre)当了神学教授,于是此后通常至少有两 231
个多米尼克派在牛津大学教授神学。多米尼克派的两个出类拔萃的神学家是,大阿尔伯特(Albert the Great)和托马斯・阿奎那,我们将于以后的一章中予以研究。

法兰西斯修道会是阿西西的法兰西斯(Francis of Assisi)创办的,其历史极为复杂,这里我们只能提纲挈领地谈一谈。法兰西斯的理想是,过一种以贫穷、低微和默念基督为标志的绝对简单的生活。初期的法兰西斯主义与原始的韦尔多派运动极为相似——不同的是,英诺森三世很有眼力,看到了法兰西斯会可以怎样适用于整个教会结构。早期的法兰西斯会大部分是普通信徒,他们成双结队地到各地去宣传和劝告人们走贫穷道路。法兰西斯本人只有中等文化程度,从来都不重视学术研究。他设计的最初的组织,松散到了几乎是没有组织的地步。

然而,这个修道会的发展本身使人感到有必要弱化原始的法兰西斯

---

⑫ H. Rashall, *The University of Europe in the Middle Ages*, 3 vols. (Oxford: Clarendon Press, 1895.) 1: 347.

⑬ 同上,1: 373。

会生活的严格要求。1223 年的教规,不准法兰西斯会——作为个人或作为修道会——持有财产。法兰西斯留下的遗嘱,禁止他的修士们要求对教规作任何形式的降格,特别是有关财产方面的教规。但这个修道会惊人的发展要求有更大的组织,这反过来就产生了财产问题。多年来,法兰西斯会就分成了两派——严格派和温和派。[14] 1230 年,格列高利九世宣布,法兰西斯的遗嘱对修士们没有约束力。1245 年,英诺森四世想解决这个问题就宣布说:该修道会成员为了工作需要而持有的财物和土地,都是教廷的产业。这显然是一种托词。当帕马的约翰(John of Parma)当该修道会的总管时(1247 ~ 1257 年),严格派得势,而且还渗入了菲欧瑞的
232 约雅斤的末世学观念。约雅斤派所盼望的至关重要的 1260 年即将到来,法兰西斯会的一些严格派就把他们自己和约雅斤所说的"圣灵的教会"等同起来。很自然,这样就使他们危险地接近于异端。正是在这样的情况下,波拿文图拉(Bonaventure,1257 ~ 1274 年)接替了帕马的约翰的职位,波拿文图拉被称为该修道会的"第二创办人"。他是个有才干的管理者,他做的许多事情使该修道会具有了最后的模式。他为了压制严格派的抗议,就强迫该派的领导人引退到修道院里去。其反应是,严格派离开该修道会越来越远,而且约雅斤主义在他们中间变得更加显著。1274 年之后,"属灵派"——法兰西斯会严格派所取的名称——公开受到迫害,于 14 世纪终于销声匿迹。[15]

法兰西斯会修士们进入各大学,是该会的严格主义趋于缓和的整个历史的一部分。早期的法兰西斯会并不打算在神学活动的主要中心当教

---

[14] H. Holzapfel, *Handbuch der Geschichte des Franziskaner – Ordens* (Freiburg im Breisgau: Herder, 1909), pp. 21 ~ 44.

[15] H. Holzapfel, *Handbuch der Geschichet des Franziskaner – Ordens* (Freiburg im Breisgau: Herder, 1909), pp. 44 ~ 80; D. S. Muzzey, *The Spiritual Franciscans* (New York: Columbia University Press, 1907); E. Benz, *Ecclesia spiritualis: Kirchenidee und Geschichtstheologie der franziskanischen Reformation* (Stuttgart: W. Kolhammer, 1934).

师。但该修道会本身的号召力是如此之大，以致好几个大学教授决定加入该修道会。在巴黎大学第一位这样做的是黑尔斯的亚历山大（Alexander of Hales），他于 1236 年穿上了法兰西斯会的修士服，因而成了该修会占据神学讲座的第一个成员。后来，继他之后的有：罗舍尔的热安（Jean de la Rochelle），奥多・利哥（Odo Rigaud），以及波拿文图拉。在牛津，第一个法兰西斯会教师是亚当・马什（Adam Marsh），他从 1247 年至 1250 年在该校任教。[16] 在剑桥，法兰西斯会是在 1230 年前后渗入的，当时该大学仍在兴办阶段。[17]

修士们进入了各大学之后，不久就引起了原来的教师们的反对。[18] 在巴黎大学，以圣阿模尔的威廉（William of Saint Amour）为首的一些教授，采取了一系列措施来反对修士们，1253 年达到了高峰并把修士们驱 233
逐出了大学。英诺森四世没有大力支持这些托钵僧教授，但他的后继者亚历山大四世和法国国王路易是托钵僧教授们的坚强后台。1254 年，圣阿模尔的威廉出版了《论伪基督及其牧师们之书》（*Book on the Antichrist and His Ministers*），攻击属灵派法兰西斯会士波尔古・桑多米诺的热拉多（Gerardo de Borgo San Donino）。但在这本书里——以及后来在他的论文《论末世的危难》（*On the Dangers of the Latter Times*）里——他不仅攻击属灵派法兰西斯会士们，而且也攻击托钵僧修道会的基本原则——自愿守贫。他遭到了波拿文图拉和托马斯・阿奎那的批驳，受到了教皇亚历山大四世的谴责，并且被国王处以流放。阿伯维尔的格拉尔德（Gerard of Abbeville）继续了他的斗争，招来了修士们新的批驳。但大局已定，从此之后，修士们在大学里稳稳扎根——只有文学院把他们排除在外。

---

[16] A. G. Little, *The Grey Friars in Oxford* (Oxford: Clarendon Press, 1892), pp. 29 ~ 34.

[17] J. R. H. Moorman, *The Grey Friars in Cambridge: 1225 ~ 1538* (Cambidge: The University Press, 1952), pp. 19 ~ 38.

[18] Rashdall, *The Universities of Europe in the Middle Ages*, pp. 370 ~ 397; M. M. Dufeil, *Guillaume de Saint – Amour et la polémique universitaire parisienne* (Paris: A. et J. Picard, 1972).

亚里士多德以及阿拉伯和犹太哲学的引入

我们在研究12世纪时已经看到，关于在神学领域中运用辩证推理的问题，一直争论不休。这种辩论发生的时候，人们只知道亚里士多德哲学的一星半点。到了亚里士多德逍遥哲学的其余部分被人们知晓时，特别是这种哲学与作为中世纪神学哲学基础的奥古斯丁新柏拉图主义在许多论点上发生抵触时，可以预料问题就成倍地增加了。

亚里士多德与传统哲学之间不能相容这一基本问题还由于其他一些因素而复杂化了。第一，亚里士多德的许多著作，绕了一个大弯儿才传到拉丁语西方，从希腊文译成叙利亚文，然后译成阿拉伯文，继而——口头地——译成初期的西班牙文，最后译成拉丁文。很清楚，这些译文并非总是忠实地反映原文，因而有些学者，如12世纪后期的两个学者，克利摩那
234 的格拉尔德和亨利·阿利斯提巴（Henry Aristippus），致力于从希腊文文本直接进行翻译。[19] 第二，亚里士多德是与几个阿拉伯和犹太哲学家一起出现在中世纪拉丁基督教里的。尽管这些哲学家往往自称仅仅是亚里士多德哲学的阐述者，但实际上，他们所介绍的观点并不一定都是从亚里士多德的体系那里来的。[20]

阿尔—肯弟（Al－Kindi），[21] 一般被称为"阿拉伯人的哲学家"，他于9世纪写的论文《论智能与可理解的事物》（*On the Intellect and the Intelligible*），在13世纪被拉丁神学家们广泛阅读。他把亚里士多德的基本观点与基本上是来自普罗提诺的一些原理结合在一起，但他认为这些原理

---

[19] F. van Steenberghen, *Aristotle in the West: The Origins of Latin Aristotelianism* (Louvain: E. Nauwelaerts, 1955), pp. 62～63.

[20] 这并不总是由于这些哲学家的发明创新，也是由于这样一个事实，而一些新柏拉图主义的作品（像有名的 *Liber de causis*）正以亚里士多德作品的名义流传于世。

[21] A. Fouad El－Ehwany, "Al－Kindi", in M. M. Sharif, ed., *A History of Muslim Philosophy* (Wiesbaden: O. Harrassowitz, 1963), 1: 421～434.

是真正的亚里士多德的原理。他关于主动智能(active intellect)的看法——后世拉丁哲学家们倾向于把它看成是纯属阿威罗伊的看法——在阿拉伯哲学家们中间似乎是很普遍的。他认为主动智能,即产生出可理解的客体并把这些客体印到被动智能上的那种智能,是人人都有的单一的和普遍的属灵物,而且不能把它与人们的个体灵魂混为一谈。[22]

阿尔法拉比(Al-Farabi),[23]在 9 世纪末和 10 世纪初,主张古代各种哲学体系都是一致的,从而产生了一种折衷主义哲学,把逻辑和亚里士多德的形而上学的一些方面与新柏拉图主义起源的神秘倾向结合在一起。他把亚里士多德的心理学与新柏拉图主义结合在一起,并且把亚里士多德的主动智能看成是天体的"诸智能"中的一个智能。

阿尔法拉比的主动智能统一说,被阿维森纳[Avicenna,伊本西那(ibn-Sina)]采用,[24]通过他传遍拉丁语西方。[25] 另一方面,阿维森纳发 235
展了阿尔法拉比提出的本质与存在之间的区别,[26]从而树立了其存在是属于其本质的必然事物与其存在是一个偶然事物之间的区别。这样的区别使得他有可能遵循正统穆斯林教义,肯定创造天地与神的偶因论的教义。[27] 但是他关于必然事物的概念不容许他这样做,因为这种事物的作为与其本质密切相关,以致作为本身也是必然的;所以被造物虽然就其本身来说是偶然的,但作为第一起因的结果则是必然的。因此,世界是上帝永恒地创造的,而"阿维森纳的全部宇宙论,是基于这样一种观点的,即以

㉒ Gilson, *History*, pp. 183 ~ 184.

㉓ I. Madkour, "Al - Farabi", in Shariff, *History*, 1: 450 ~ 468.

㉔ F. Rahman, "Ibn Sina", in Shariff, *History*, 1: 480 ~ 506; G. Verbeke, *Avicenna*, *Grundleger einer neuen Metaphysik* (Wiesbaden: Westdeutscher Verlag, 1983).

㉕ Gilson, *History*, pp. 187 ~ 216.

㉖ A. M. Goichon, *La distinction de l'essence et de l'existence d'après Ibn Sina* (Paris: Desclée de Brouwer, 1937).

㉗ M. Fakhry, *Islamic Occasionalism and Its Critique by Averroes and Aquinas* (London: Allen and Unwin, 1958), pp. 56 ~ 82.

流溢说和一元论来理解上帝的创造之能”。[28]

阿尔—加扎利(Al - Ghazzali)[29]是一个正统的穆斯林,他写了《哲学家们的意图》(*The Intention of Philosophers*)一文,打算指出他们的推理的一些弱点。但拉丁语西方只有他的这一著作,而没有进一步的评注,因而就认为他是他打算批驳的那些哲学家的一个门徒和卫护者。[30]

最杰出和著名的阿拉伯哲学家,是阿威罗伊[伊本—拉什德(ibn - Rushd)],[31]他于 1126 年生于科尔多巴(Cordoba)。他的知识欲驱使他去研究神学,医学,法理学,以及其他一些学科。他认为在亚里士多德那里找到了“至高真理”,但这没有使他抛弃《古兰经》,而只是使他“从哲学
236 上”解释《古兰经》。他同怀疑他观点的穆斯林当局发生冲突之后,死于 1198 年。他对亚里士多德各种著作的注释不久之后就变得非常著名,因而他被普遍称为“注释家”。

阿威罗伊的哲学有三个主要论点,不但与穆斯林正统信仰相抵触,而且也与基督教正统信仰相抵触:信仰与理性之间的关系,世界的永恒性,以及主动智能的统一性。

关于信仰与理性之间关系问题,阿威罗伊的内心思想,我们没有全部弄清楚。[32] 毫无疑问,他基本上是从贵族的观点出发的。在他看来,有各种不同水平的智能,每个水平相当于一个解释现实事物的水平:信仰是为了那些满足于辩术和权威的人的;神学是为了那些希望有一个合理认识的人的;而哲学是为了那些要求严格而不可否认的证据的特权知识界的。

---

[28] L. Gardet, *La pensée religieuse d'Avicenne* (Paris: J. Vrin, 1951), p. 68; Goichon, *La distinction*, pp. 201 ~ 224.

[29] M. Saees Sheikh and A. Khaliq, “Al - Ghazūli”, in Schriff, *History*, 1: 581 ~ 642.

[30] Gilson, *History*, p. 216.

[31] 关于他的哲学的简明介绍,见,L. Gauthier, *Ibn Rochd* (*Averroès*) (Paris: University Press of France, 1948)。另见,Gilson, *History*, pp. 216 ~ 225。

[32] L. Gauthier, *La theorie d'Ibn Rochd* (*Averroès*) *sur les rapports de la religion et de la philosophie* (Paris: E. Leroux, 1909).

问题是阿威罗伊怎样解决这三种水平中的一个主张与另一个主张之间必然会产生的矛盾。“通过推理,我必然得出结论说智能是单独一个的;但通过信仰,我坚定地认为情况恰恰相反。”[33]这是什么意思呢?这是不是说,有两种水平的真理,而且是彼此矛盾的?这是不是说,哲学家由于关心大家的好处,而表面上接受了那些他明知是虚伪的东西?这是不是说,信仰校正了理性的一个隐蔽的谬误?阿威罗伊对这些问题的回答是明确的:当理性得出的结论与信仰有抵触时,应以后者的权威为准。不过阿威罗伊在这一点上是否真诚,或者只是为了避免被指责持有异端,那就不得而知了。无论怎样,在 13 世纪,在巴黎大学,“阿威罗伊派”(Averroists)这个称号被给予了这样一些人,他们争取哲学的独立,要哲学走它自己的道路,即使哲学得出的结论与信仰的信条相抵触,也在所不惜。他们也被指责持有“阿威罗伊派的”“双重真理”的学说——而阿威罗伊或他们从来都未曾持有这一学说。

关于世界的永恒性,阿威罗伊认为,这是上帝作为最先的和不动的推
动者的本性的必然结果,[34]也是天体三十八个推动者或“纯粹行动”的学 237
说的必然结果,这种学说是他从费解的天文学论点中演绎出来的。“为了使这些纯粹行动的推动行动继续永远存在。简言之,世界的期限是永恒的。”[35]不用说,这种理论在基督徒们中间遭到了强烈的反对,因为基督徒们肯定无中造有的教义是基督教正统信仰的一个组成部分。

最后,阿威罗伊赞成阿拉伯哲学的主要传统之一,即肯定主动智能的统一性(unity of the active intellect),这意味着否定个人的不朽性。在他看来,个人只有被动智能,它属于肉体并随着肉体而死去。主动智能光照被动智能,被动智能因而能够认识事物的形态。这种光照产生物质智能,

---

㉝ Quoted by E. Gilson, *La filosofía en la Edad Media* (Madrid: Gredos, 1958), 1: 449.

㉞ M. Worms, *Die Lehre von der Anfanglosigkeit der Welt bei den mittelalterlichen arabischen Philosophen des Orients* (Münster: Aschendorff, 1900).

㉟ Gilson, *History*, p. 222.

物质智能只是一个人主动智能暂时的个体化。当一个人死了的时候，人格不复存在，因为唯一的幸存者主动智能是大家共有的。[36]

阿威罗伊的著作普及开来以后，除了这三点广泛引起争论之外，他在另一点上也是重要的，即他支持亚里士多德的经验主义，而反对传统的奥古斯丁的光照说。他对于共相的观点，特别带有亚里士多德色彩，加强了温和的唯实论者的主张，唯实论者认为，共相是在事物之中，而且是通过抽象的过程而为人所知晓。

13 世纪初期，两个生活在阿拉伯人中间的犹太哲学家，对西欧也颇有影响：即所罗门·伊本·加比罗尔［Solomon ibn Gabirol，阿维斯布隆（Avicebron）］，和迈蒙尼德［Maimonides，摩西·本·迈蒙（Moses ben
238 Maimon）］。这两位哲学家走向不同的方向，成了 13 世纪基督教神学两大学派的先声。

伊本·加比罗尔生于安达卢兹亚的马拉加。虽然他也被看成是诗人和政治家，但中世纪拉丁世界因为他是《生命的起源》（*The Source of Life*）的作者而知道他。经院学者们似乎不知道他是犹太人——有人引用他的话时把他当做穆斯林，其他的人把他当做基督徒。不管怎样，伊本·加比罗尔因袭了斐罗的传统，把犹太教和柏拉图哲学糅合在一起，虽然他确实表现出他受到了穆斯林神学的影响。[37] 他的宇宙论是典型的新柏拉图主义的，而他对诸天体之间的关系以及对具体物体和物体的形态或概念之间的关系的理解，也是这样。可是，关于世界起源问题，伊本·加比罗尔放弃了新柏拉图主义，而肯定世界是通过“上帝的意志”创造的，而不是

---

[36] P. S. Christ, “The Psychology of the Active Intellect in Averroes” (Doctoral dissertation, University of Pennsylvania, 1926).

[37] M. Wittmann, *Zur Stellung Avencebrol's* (*Ibn – Gabirol's*) *im Entwicklungsgang der arabischen Philosophie* (Münster: Aschendorff, 1905), p. 74. “人们再也不能说这仅仅是对某个古代体系的一种借鉴。……当古代的概念植入新的知识世界时，它们甚至会在不知不觉中呈现出新的形式……新柏拉图主义的外在结构仍然保留着，但是大部分的内容已经被改换一新。”

通过一系列必要的流溢(emanation)创造的。在他的哲学里,上帝的意志大体上相当于斐罗的"道";但这种名称的改换说明,他认为,"上帝的意志"先于理性,因而,造物主是一个有理性的意志,而不是一个有意志的理性。上帝与他的被造物之间的区别,基本上在于后者的合成性,因为一切被造物,包括灵魂和天体,都有形态和物质。这个通常被称为"理性物的物形组合"(hylomorphic composition of intellectual creatures)的理论,是 13 世纪的奥古斯丁派——他们接受这种理论——与新生的托马斯主义之间有分歧的论点之一。另一方面,每个被造的个体都接受几个附加的形态,这些形态逐步地决定了这个个性。这种"多形态"(plurality of forms)的理论是 13 世纪经院学者们中间有争论的另一个论点。

迈摩尼得斯的哲学与伊本·加比罗尔的哲学极为不同,因为虽然他的哲学也是亚里士多德主义,柏拉图主义和犹太教的综合体,可是就迈摩 239
尼得斯的情况来说,亚里士多德主义要比新柏拉图主义的贡献大一些。对他来说,就像后来对托马斯·阿奎那来说那样,亚里士多德是最优秀的哲学家。他在基督教经院学者中最为著名的著作《迷途指津》(*Guide for the Perplexed*),是写给那些认为很难使《圣经》的教义与哲学推理的论据协调起来的人的。他认为,这类矛盾不是真实的矛盾,因为尽管有些天启真理是不能用推理证明的,但这些真理并不真是与理性相抵触,而是高于理性。这样一个真理就是创造天地的教义,因为反对这个教义的论点和赞成世界永恒的论点,并非像一些人声称的那样是确定无疑的。但是,相反的情况,即世界是上帝从无有之中创造出来的,是不能加以证明的。所以,创造天地的教义,可以在没有任何明确的理性论据的情况下,但也在不违反理性的情况下,用信仰加以接受。[38] 这一主张与托马斯·阿奎那后来采取的主张十分近似。迈摩尼得斯用以证明上帝存在的方法,可以说也是一样。这种方法在于,从我们凭着感官而认识宇宙开始,并由此而

---

[38] A. Cohen, *The Teachings of Maimonides* (New York: Ktav Publishing House, 1968), pp. 50 ~ 54.

证明,需要有一个第一起因来解释宇宙的存在。这样,比方说,许多偶然性事物需要有一个必然性事物的存在,必然性事物的存在是偶然性事物的存在的根源,而且运动需要有一个最初的不动的推动者。

到了12世纪末,特别在13世纪,这些不同作者的著作的译本,向西
方教会敞开了前所未知的广阔领域。很多这样的著作,激励了自然科学
的研究——天文学、医学、光学,等等——在自然科学方面,阿拉伯世界作
为希腊古典文化的继承者要比基督教世界先进一些。但是,这些科学的
很大一部分都和这样一种哲学结合着,这种哲学与基督教传统用来发展
240 其神学的哲学大相径庭。尤有甚者,这种哲学似乎引出了一些显然是非
正统的结论,如:世界永恒,[39] 主动智能的统一性。因此,拉丁语西方的哲
学家们和神学家们,面临这种新科学的时候,就不得不作出一个困难的决
定。

巴黎大学文学院热烈欢迎这种新科学。[40] 结果,1210年在巴黎召开了一个教会会议——就是那个谴责了本那的阿玛勒瑞克(Amalric of Bena)和狄农的大卫(David of Dinant)的教会会议——发布了取缔亚里士多德关于"自然哲学"的著作的禁令——"自然哲学"指的是亚里士多德的

---

[39] F. van Steenberghen, "La controverse sur l'eternité du monde au XIIIe siècle", *Bulletin des Lettres et des Sciences*, *Acad. Roy. de Belgique*, ser. V, 58 (1972) 267~287; O. Argerami, "La cuestión 'De aeternitate mundi': Posiciones doctrinales", *Sap*, 27 (1972), 313~334; 28 (1973), 99~124, 179~208; O. Argerami, "Ortodoxia y heterodoxia: En torno a la cuestión 'De aeternitate mundi'", *PatMed*, 3(1982), 3~19; L. Bianchi, *L'error di Aristotele*: *La polemica* contro l'eternità del mondo nel XIII secolo (*Florence*: *Nuova Italia*, 1984). 关于这一时期更为广泛的问题,见,*C. Tresmontant*, La métaphysique du Christianisme et la crise du treizième siècle, (*Paris*: *Éditions du Seuli*, 1964)。关于另一个常常被历史学家所忽视的争论,见,*B. C. Bazán*, "*Intellectum speculativum*: *Averroes*, *Thomas Aquinas and Siger of Brabant on the Intelligible Object*", JHP, 19 (1981), 425~446。

[40] 起初,拉丁学者们对阿威罗伊几乎一无所知。直到该世纪的20年代,阿威罗伊才广为人知,其结果是有关新哲学的争论大为增加。见,R. A. Gauthier, "Notes sur les débuts (1225~1240) de premier 'averroïsme'", *RScPhTh*, 66 (1982), 321~374。

除逻辑和伦理学之外的一切著作。1215 年，巴黎大学校长，库尔松的罗伯特(Robert of Courçon)对这个禁令予以认可。㊶ 然而，亚里士多德哲学在其他地方仍有人研究，因为图卢兹大学(University of Toulouse)说校内有自由，就号召人们阅读亚里士多德的书籍。1231 年，格列高利九世委派了一个委员会，来审查这些书并判定其中的谬误；但是，其主要成员奥舍尔的威廉(William of Auxerre)之死，使得该计划不了了之。1245 年，英诺森四世把这个在巴黎大学实行了好几年的禁令推行到了图卢兹大学。在这期间，牛津大学的罗伯特·格罗斯太司特(Robert Grosseteste)㊷ 和 241 几个同事，翻译并注解亚里士多德的著作。㊸ 正是在这个世纪中期之前，从英国，通过罗杰·培根(Roger Bacon)㊹ 和罗伯特·基尔华德比(Robert Kilwardby)的影响，㊺ 再次把研究亚里士多德"自然著作"的兴趣引进了

㊶ E. Bertola, "Le proibizioni di Aristotele del 1210 e del 1215 e il problema dell'anima", *RFilNSc*, 72 (1965), 725 ~ 751.

㊷ D. A. Callus, *Introduction of Aristotelian Learning to Oxford* (London: H. Milford, 1943); A. C. Crombie, *Robert Grosseteste and the Origins of Experimental Science* (Oxford: Clarendon Press, 1953); F. M. Powicke, *Robert Grosseteste and the Nicomachean Ethics* (H. Milford, 1930); L. Baur, *Die Philosophie des Robert Grosseteste Bischofs von Lincoln* (Münster: Aschendorff, 1917); C. Geiben, "Bibliographia universa Robert Grosseteste", *CollFran*, 39 (1969), 362 ~ 418; K. D. Hill, "Robert Grosseteste and His Work of Greek Translation", in D. Baker, ed., *The Orthodox Churches and the West* (Oxford: B. Blackwell, 1976), pp. 213 ~ 222; J. McEvoy, *The Philosophy of Robert Grosseteste* (Oxford: Clarendon, 1982); C. A. Lértora, "Ciencia y método en Roberto Grosseteste", *Hum*, 18 (1977), 153 ~ 182. 罗伯特·格罗斯太司特(Robert Grosseteste)特别令人感兴趣，因为他激励了对新科学和新哲学的研究，同时在神学上又很保守。这表明在他那个时代，冲突还没有完全形成。

㊸ E. Franceschini, "Roberto Grossatesta, vescovo di Lincoln, e le sue traduzione latine", *Atti del Reale Instituto Veneto di Scienze, Lettere ed Arti*, 2 (1933), 1 ~ 138.

㊹ 关于罗杰·培根(Roger Bacon)的参考书非常丰富，他被人研究是因为他对经验科学的兴趣，对神学家的轻视，以及他自己的迷信。一部好的介绍性著作，见，D. C. Lindberg, ed., *Roger Bacon's Philosophy of Nature* (Oxford: Clarendon, 1983)。

㊺ D. E. Sharp, "The *De ortu scientiarum* of Robert Kilwardby (d. 1279)", *NSch*, 8 (1934), 1 ~ 30.

巴黎。[46] 这两位来自牛津的老师于 1237 年和 1247 年在巴黎大学文学院任教,在那里重新引入了对那些早先被禁止的著作的研究。此后,似乎很少有人再重视那些反对亚里士多德的禁令了。同时——在 1230 年前后——阿威罗伊的第一批译本来到了巴黎。其中的学说使这个问题变得更加紧迫。

新哲学在多大程度上可以在神学研究里被接受和被采用,对于这个问题,13 世纪提出了三个不同的回答,这三个回答大体上相当于这部《思想史》的下面三章。

第一,有些神学家保持了传统的哲学体系,虽然经常把亚里士多德的一些成分结合进去。这种立场在这个世纪的前半期最为普遍,当时亚里士多德主义和传统哲学之间的矛盾的深度和广度还不那么明显。这一态度最突出的例子是波拿文图拉,他懂得并尊敬亚里士多德,但不想使他的全部形而上学体系适应新哲学。

第二,有些神学家比较大胆地面对这个新的挑战。他们吸收了亚里士多德的思想,同时保留了大部分的传统奥古斯丁主义,这就产生了一种紧凑的综合体。这就是大阿尔伯特和托马斯·阿奎那遵循的方向。

242 最后,巴黎大学文学院的一群教师争取哲学独立于正统做法的要求。这些教师往往不但追随亚里士多德,而且也追随他的“注释者”阿威罗伊,因此,他们被不确切地称为“拉丁阿威罗伊派”。这种主张的主要解说者是布拉班特的西格尔(Siger of Brabant)。

以后的三章,将分别论述这些主张的主要代表人物——但讨论并不限于他们怎样对新哲学作出反应。

---

[46] F. van Steenberghen, *The Philosophical Movement in the Thirteenth Century* (Edinburgh: Nelson, 1955), pp. 46 ~ 48; R. T. Gunther, *Early Science in Oxford*, 4 vols. (Oxford: University Press, 1921 ~ 1925)

第九章　13 世纪的奥古斯丁传统

在中世纪最初几个世纪中，奥古斯丁是西方神学家们的主要教师。243
人们引用他的著作作为神学问题里权威的来源。他在这个领域内的唯一的对手是大格列高利；但这在实际上加强了奥古斯丁主义。另一方面，格列高利在其他问题上是遵循奥古斯丁的教导的，但削弱了他关于预定论，恩典，和自由意志的观点。因而，中世纪神学家们不把奥古斯丁看成是关于恩典和预定论的大师，而把他看成是沉思默想与神学探讨的师表。少数意识到奥古斯丁这个希坡大主教的神学的那些被遗忘了的方面的人，被人们以传统神学的名义加以拒绝，甚至以奥古斯丁的名义加以拒绝，例如，哥特沙勒克的情况就是如此。

然而，虽然几个世纪以来西方神学基本上是奥古斯丁主义的，但在 13 世纪人们尤其意识到这个事实。在我们已经讨论过的早期的辩论之
后，[①] 对于奥古斯丁的神学和哲学，没有什么根本的反对意见，因为拉丁 244
语西方的整个文化传统是以新柏拉图主义为统帅的，而正是奥古斯丁运用了它，并助长了它的优势。在哲学问题上，伪狄奥尼修斯和奥古斯丁之

① 参见边码第 57 ~ 61 页。

间的分歧是较少的，而且中世纪早期的学者们找到了方法，使这些分歧协调起来。虽然人们在学校里阅读和研究亚里士多德的著作，但主要是他的逻辑学，而这是比较容易适应奥古斯丁的哲学体系的。可是到了13世纪，就出现了新的情况：随着新哲学的引进，传统的神学就有了真正的不同选择。因此，那些遵循传统神学的人，就高举奥古斯丁旗帜，并致力于创造一个强化奥古斯丁主义的神学。

本章我们先概述一下这个神学学派的基本特点，以便进而研究它的两个主要代表人物——黑尔斯的亚历山大(Alexander of Hales)和波拿文图拉(Bonaventure)。

奥古斯丁派与其对手们之间的第一个争论论点是，关于柏拉图和亚里士多德在神学上应起的作用问题。很自然，这里指的不是这两位哲学家的原来形式的教导，而是指13世纪的学者们所想象的他们的教导。所以，奥古斯丁派所卫护的，不仅仅是柏拉图，而且还有奥古斯丁和伪狄奥尼修斯在基督教神学里所体现的整个新柏拉图主义传统。亚里士多德，在他们看来则是过分理性主义，过分注意认识今生今世的事物。与他相反，新柏拉图主义的神秘主义倾向使那种哲学传统具有了宗教的气息。奥古斯丁就是通过阅读“柏拉图主义者”的著作才被引向福音的，难道这不是事实吗？

如所预料，这种新型的柏拉图主义延续了基督教传统那种使古代哲学适应自己需要的做法。例如，永恒的概念被认为不是存在于它们自身，而是存在于上帝的头脑里，所以严格地讲，只有上帝才是永恒的。另一方面，所谓的柏拉图派与亚里上多德派之间的这种对立涉及到对神学功能
245 及其与哲学关系的两种不同的理解方式。大多数的奥古斯丁派都认为，天启真理与理性真理之间没有明确的分界线。归根结底，奥古斯丁不是教导说一切知识都是上帝的光照吗？与此相反，亚里士多德派在启示与理智之间作出明确区分，从而也在哲学与神学之间作出明确区分。

这就导致了奥古斯丁主义的另一个特点，即关于认识的理论，这种理

论追随了奥古斯丁所阐述的光照说。这些神学家主张，真正的知识不是从身体的感官那里得来的东西，而是一个人撇开身体感官而具有的东西。与这种观点相反，那些追随亚里士多德和新哲学的人，持有另一种认识论，认为感官在其中起着很重要的作用。

由于在认识论上有这种差异，在上帝存在的证据方面就必然有更大的分歧。奥古斯丁派追随安瑟伦而宣称，身体感官不足以作为证明上帝存在的恰当的出发点。总之，有关上帝的概念本身就暗含有上帝的存在。那些接受新科学的人，则以感官所认识的事实和物体为起点，来提出上帝的存在的证据——如下一章我们即将研究的托马斯·阿奎那的著名的“五种方法”。

大多数奥古斯丁派都把意志放在理性之上，从而反映出奥古斯丁的体验先于他的皈依。对他们来说，重要的不在于懂得理性真理，而在于做善事。因而，他们的神学往往是实际的和道德的，而不是抽象的和形而上学的。

关于灵魂，奥古斯丁派主张，灵魂是独立于身体的。即使脱离了身体，灵魂本身也是一个实体。灵魂个体化的本原在它自己里面，而不在它与身体的结合里面。

最后，13 世纪的奥古斯丁主义的另外两个特点是，物质形态多样论
与属灵物的物形组合说。前者认为，物质的个体化是通过附加在物质上
的各种“形态”(forms)——或“样板概念”(exemplary of ideas)——而发 246
生的。另一方面，那些接受新哲学的人则主张，形态的个性是物质给予
的。物形组合说——不是来自奥古斯丁，而是来自伊本—加比罗尔——
认为，一切被造物，包括那些纯属灵性的被造物，如灵魂和天使，都有物质
与形态。

虽然这些是这样一种神学潮流的基本特点，这一神学潮流随着 13 世纪的进展而更加明确定型，而且最后发展成了通常所谓的法兰西斯学派。但人们必须指出，这种奥古斯丁主义的倾向并不是铁板一块的，而且没有

变成一种严格的正统信仰。所以,我们在此称为"奥古斯丁派"的神学家们并非全都同意上述观点,尤有甚者,他们思想中都有一些起源于亚里士多德的成分。② 但他们都不愿意彻底改变从奥古斯丁和新柏拉图主义者那里得来的认识论和形而上学框架,在这一点上他们确实是一致的。

13 世纪初期,在托钵僧修道会插足各大学之前,大学里的神学教学,一般都是由"俗人"——即没有进修道院的教师掌握。他们中间最著名的是奥夫尔尼的威廉(William of Auvergne),③ 虽然他也和 13 世纪其他

② 除了逻辑学外,最常见的亚里士多德的成分是一般存在物的形式质料构成理论,以及潜能(potency)与现实(act)之间的区别。

③ 他起初是巴黎大学的神学教授,然后成了巴黎的主教——因此也被称为巴黎的威廉。他意识到驳斥新教义的最好方法就是了解它们。因此,他成为在新哲学方面非常在行的人,尽管他一般并不接受这些新的学说。他的神学里最有意义的是他关于上帝的学说,他对世界永恒和流溢说(emanation)的反驳,以及他的认识论(theory of knowledge)。起先,威廉肯定上帝与受造物的区别主要在于上帝的本质与存在是同一的,而受造物则不然。这种观点,他或许是从 Avicenna 那里得来的,然而与安瑟伦的本体论论证的基本假设相吻合,而且与上述以威廉为代表的,奥古斯丁倾向的主要特点也相一致。关于世界的永恒,威廉通过 *reductio ad absurdum* 来反驳,声称上帝永恒不变,是永恒的创造主,因此创造物也必定是永恒的。他认为如果这一论点是正确的,那么就必然得出一切事物都是不变和永恒的结论,因为一切事物都与上帝有某种程度的关联,而且这种关系也必定是不可改变的。另一方面,话语不是从一系列的流溢中产生的,如 Avicenna 所宣称的,而是上帝的工作,从无中创造出来,不是必然的,而是借着神圣旨意的自由决定。在此我们又有了一个很好的例子可以看到这些哲学家是如何把意志和良善置于自然和理性之上的。他的认识论是典型的奥古斯丁派的,尽管常常用亚里士多德的术语来表述。依他看来,上帝印刻在灵魂上的有关第一原则的知识不但有逻辑的,也有道德的。此外还有关于永恒理念的知识。因此,上帝是真正的"主动的智力"(active intellect),与此相关的是灵魂的"被动的智力"。借着身体和感觉,灵魂能够感知(percieve)到特定的对象;但是它只有借着神圣的行动才能认识(know)它们。关于形式质料说问题,威廉接受亚里士多德的事物有形式和质料的观点,但是没有追随大多数奥古斯丁派哲学家普遍持守的观点,就是把形式质料的组成延伸到纯粹灵性的存在上面。关于威廉与 Avicenna 相反的观点,见,R. de Vaux, *Notes et textes sur l'avicennisme latin aux confins des XIIe – XIIIe siècles* (Paris: J. Vrin, 1934), pp. 17 ~ 43。对于他的教义的概括,见,Copleston, *History*, 2: 218 ~ 227; J. H. Bridges, *The Philosophy of William of Auvergne with Respect to Thirteenth Century Christian Aristotelianism* (University microfilms, 1970)。

世俗神学家一样，④因托钵僧而显得逊色了。 247

虽然多米尼克派自己的修道会终于采取了不同的立场，但是，13 世纪——特别是 13 世纪前半叶——几乎所有的多米尼克派神学家都追随传统的奥古斯丁路线。⑤

然而，13 世纪的法兰西斯会神学家与传统路线极为一致，只接受新哲学里那些似乎与奥古斯丁主义合拍的东西，并认为柏拉图与新柏拉图主义者高于亚里士多德。总的说来，他们的神学浸染了一种神秘主义色彩，其中伪狄奥尼修斯和维克多派(Victorines)的影响，与伯纳德和法兰西斯的影响交织在一起。第一个法兰西斯派大师是黑尔斯的亚历山大， 248
他身边有几个出色的门徒。几年之后，到了波拿文图拉那里，法兰西斯派神学在 13 世纪达到了高峰。

黑尔斯的亚历山大于 1236 年加入了法兰西斯会，当时他已五十岁左右，而且已经写完了他的大部分著作。⑥ 因此，亚历山大虽然是法兰西斯

---

④ 其他与奥夫尔尼的威廉的观点相似的世俗神学家有：Robert CourÇon（Ch. Dickson, "Le cardinal Robert de Courson: Sa Vie", *AHDLMA*, 9[1934], 53～142), Stephen Langton（A. M. Landgraf, ed., *Der Sentenzenkommentar des Kardinals Stephan Langton*, Münster: Aschendorff, 1952), Robert Sorbon（after whom the Sorbonne is named: P. Glorieux, "Sorbon, Robert de", *DTC*, 14: 2383～2385), William of Auxerre(他似乎是第一个把物质与形式的区别应用到圣礼上面的人)。

⑤ 这一派的主要的多米尼克派神学家有：Richard Fishacre（R. J. Long, "The Science of Theology according to Richard Fishacre: Edition of the Prologue to His Commentary on the Sentences", *MedSt*, 8 and 9 [1966～1967], 63～87), Robert Kilwardby（Gilson, *History*, pp. 355～359), 与 Peter of Tarantaise（J. Forget, "Innocent V", *DTC*, 7: 1996～1997; O. Argerami, "Circa Petri de Tarantasia quaestionem 'De aeternitate mundi'", *PatMed*, 2 [1981], 74～84)。

⑥ 这些著作是：*Glossa in quator libros Sententiarum Petri Lomardi*, 4 vols.（Quaracchi, Florence: Collegium Bonaventurae, 1951～1957), *Quaestiones disputatae*（Collegium Bonaventurae, 1960), *Summa theologica*, 5 vols.（Collegium Bonaventura, 1924～1948)。至于 *Glossa* 的第四本书，对其真实性还有一些怀疑，况且它也不完整（见，*prolegomena* to vol. 4, pp. 44～46)。至于 *Summa*，罗杰·培根于 1267 年说，法兰西斯会"把此书归在他的名下，此书重量超过一匹马，然而，此书不是他所写，而是其他的人所写"。(quoted by V. Doucet in his *prolegomena* to this work, vol. 3, p. ccclviii)这就导致许多人否认此书作者的确切性。经过仔细的研究，Doucet 断定 *Summa* 的相当一部分并非亚历山大所写，虽然它们很可能是以其学生所记的笔记为基础。

学会的第一位大师，他的神学基本上不是按照法兰西斯会理想定型的，与此相反，他的神学给早期法兰西斯派神学定下了基调。

亚历山大觉察到了他那个时代的新趋势，但他不愿意随波逐流。无疑，他知道亚里士多德的大部分著作，而且经常引用他的话来支持某一特定的哲学论点。但是，尽管如此，他总是守着奥古斯丁的新柏拉图主义。影响他的神学的主要人物是：奥古斯丁，安瑟伦，圣维克多的休，以及其他几个基督教作家。他似乎认为亚里士多德支持了他在他最欣赏的著作家中找到的一些观点。⑦

亚历山大并不认为神学是一种活动，通过这种活动，智能建立了种种体系，来解释上帝与宇宙。神学不是研究因与果的科学。神学实际上是“众因之因”的一种“智慧”，是通过它本身的启示使人得知的。神学的目的不是为了满足人的好奇心，而是为了“根据钟爱之情，使灵魂臻于完善，
249 通过敬畏与慈爱的原则，感动灵魂向善”。⑧ 因此，他的神学具有实用的格调，成了 13 世纪法兰西斯派神学的特色。⑨

亚历山大对于后来神学的影响是难以估计的。那种在评注彼得·伦巴德《格言》的基础上口授课程的做法，也许是发源于他，这种做法终于在巴黎大学和其他中心变得很普遍。波拿文图拉和 13 世纪其他几位杰出的法兰西斯会神学家，都自称是他的门徒，对他至为尊敬。当时，他是公认的“驳不倒的大师”。然而，波拿文图拉使亚历山大大为逊色，以致不久之后就可以断言，亚历山大的《总论》(*Summa*)已在法兰西斯会图书

---

⑦ 对于他的神学的最好的全面研究，见，Ph. Boehner, *Alexander of Hales* (in *History of the Franciscan School* Vol. I, St. Bonaventure, N. Y.; St. Bonaventure College, 1943 ~ 1944)。关于他对礼仪神学的贡献，见，G. J. Connoly, “Sacramental Character in the Teachings of Alexander of Hales”, *CollFran*, 33 (1963), 5 ~ 27。

⑧ *S. Th.* 1, *q.* 1, *cap.* 1.

⑨ L. Amorós, “La teología como ciencia práctica en la escuela franciscana en los tiempos que preceden a Escoto”, *AHDLMA*, 9 (1934), 261 ~ 303; M. D. Chenu, *La théologie comme science au XIIIe siècle* (Paris: J. Vrin, 1957), pp. 37 ~ 41.

馆的阴暗角落里发霉了。因此,可以公道地说,亚历山大是法兰西斯学会的第一个教师,他奠定了该学派的一些基本特点,不过,其功绩的主要意义是,他为法兰西斯会神学的真正奠基人波拿文图拉开辟了道路。[10]

弗丹扎的约翰(John of Fidanza),以波拿文图拉或以“撒拉弗博士”(Seraphic Doctor)之名而著称于世,1221 年生于维特布(Viterbo)附近的班诺瑞阿(Bagnorea)。他在巴黎大学文学院完成学业之后,加入了法兰西斯修道会,并在黑尔斯的亚历山大门下,或许也在奥多·利哥和帕马的约翰门下学神学。1248 年,他以讲解《路加福音》开始了他的教书生涯。两年之后,他讲解彼得·伦巴德的《格言》,并于 1253 年前后取得了博士学位。作了一阵卓著的教师和辩士——因为他介入了关于修士插足于大学的问题的争论——之后,于 1257 年罗马召开的牧师会议上,被选为法兰西斯会的总管。由于他使该修道会度过了极为危难的时期,因而被视
为该修道会的“第二创始人”。1270 年,他再度卷入了巴黎大学的托钵僧 250
们与其对手们之间的斗争。与此同时,他也介入了关于亚里士多德和他的注解者阿威罗伊的价值与权威的辩论。本着这个目的,他开始了一系列关于创造天地的讲课,但他被选为红衣主教时,这些讲课就中断了。那时,他决定辞退该修道会的总管职位,并召开全体牧师会来选举他的后继人。两个月之后,他在参加里昂会议的时候死去(1274 年)。[11]

波拿文图拉的神学建立在三个基柱上。第一是教会与教会传统的权威,以及《圣经》的权威。他认为,《圣经》与传统之间没有抵触和矛盾,他

---

⑩ 除了波拿文图拉之外,亚历山大最著名的学生是罗舍尔的热安(Jean de la Rochelle)和奥多·利哥(Odo Rigaud)。见,A. M. Hamelin, *L'école franciscaine de ses débuts jusqu'à l'Occamisme: Pour l'histoire de la théologie morale* (Louvain: Nauwelaerts, 1961)。

⑪ 他的作品包括一些神秘主义和禁欲主义的作品,许多讲道文和书信,对《圣经》不同书卷的注释,以及一些成体系的论文。在这些论文中,最重要的是 *Commentary on the Sentences*;他的 *Breviloquium*;以及许多关于三位一体的学术性演习和演讲,六天创造,十条诫命,基督的知识,圣灵的恩赐,以及神学与各个学科的关系。他最著名的作品是 *Itinerary of the Mind Towards God*。该书系统地总结了他那个时代流行的神秘神学。

也认为，他的整个神学与生活应以这种双重的权威来衡量。第二，他的神学是以法兰西斯式的深度虔诚为基础的。他的神学目的，不在于解答或发现上帝的最深奥秘，而是为了使人能够与上帝相通和默念上帝。第三，他把他的整个神学建立在他从奥古斯丁、圣维克多的休和黑尔斯的亚历山大那里得来的哲学体系上。

波拿文图拉认为，一切知识都来自“道”的光照。这反过来就是说，所有门类的科学都是为了认识上帝，因此，科学的最高峰就是神学。[12] 所以，理智虽然是好的，因为它是上帝创造的，哲学虽然是好的，而且是获得
251 某一类知识的必要手段，但是，任何哲学宣称是自立的，其本身就是目的，那就必然犯错误。[13] 例如，亚里士多德教导说，世界是永恒的，主动智能是单独一个的，否认存在着上天的奖赏和永世的惩罚，都是因为他撇开了创造天地的教义而想认识世界。信仰不需要证据，因为所信的事物是以意志的行动为基础的，而不是以理性的运用为基础的。由于神学的题材是你所相信的东西，[14] 而这主要是取决于意志的钟爱之情，[15] 所以神学不仅仅是一种科学——它是一种智慧（*Sapientia*）。

上帝的存在，对于任何一个听从内心真光的人来说，都是显而易见的。为何还要举出上帝存在的证据，其唯一理由就是，我们的头脑因亚当

---

⑫ 这是 *De reductione artium ad theologiam* 整篇论文的主题。

⑬ *In Hex*. 7. 按照这种关于哲学在神学中的功用的观点，再要说波拿文图拉曾经试图驳斥亚里士多德的哲学那就错了。其实，他并没有试图完善某一种哲学立场，或者为其进行辩护。O. Argerami 的论点就是如此，见，“San Buenaventura frente al aristotelismo”，*PatMed*，2（1981），21～36。

⑭ *Sent. proem.*，*q*. 1.

⑮ 波拿文图拉通过数学命题与“基督为我们而死”这一命题的区别来说明这一点。后者感动人去爱，而前者则不能。同上，q. 3。

堕落而败坏，对于不证自明的事物也不能认识。[16] 因而，波拿文图拉尽管经常使用有关上帝存在的各种传统证据，但他往往是笼统地提出这些证据，仿佛是顺便提一提，从而暗示这些证据并非真是必要的。在这些证据中，他看来最欣赏安瑟伦的本体论论证，因为这个论点的结论是，上帝的存在是不证自明的，真正的理性是不能否认这一点的。然而，这也并不是说，我们对上帝是生而知之的：

> 对于任何事物的思考都包括两个方面：思考其存在（*si est*），以及思考其本质（*quid est*）。我们的智力在涉及到上帝的本质的时候是有缺陷的，但在涉及到他的存在的时候就不是这样……正是由于我们在认识上帝本质方面的这种缺陷，我们的智力往往把上帝想象成他所不是的偶像，而不是把上帝想象成他所是的公正的上帝。[17]

关于上帝的属性，已有一些传统的论述，这里无须讨论。然而，人们应该指出，波拿文图拉更多地注意三位一体论，而较少注意那些消极属性 252
（不变，无限，等等）。在他的《简述》（*Breviloquium*）中，三位一体论是神学的起点。正像后面将要看到的那样，上帝的三位一体，在不同的等级上反映于他的被造物之中，而被造物通过悟念，并像登梯子那样沿着那些等级逐步上升，灵魂就可以达到对上帝的悟念。

上帝是世界的创造者。天地万物都是从无有之中以及时间之内创造出来的。根本无须理会亚里士多德或阿威罗伊的著作中可能说了些什

---

[16] *Quaest. disp. de myst. Trin.* 1, *art.* 1, *resp.*; Cf. *I Sent.*, *dist. 3*, *pars 1*, *art*, *unicus*, *q.* 1. E. Bettoni, *Il problema della conoscibilit No. di Dio nella Scuola Francescana* (Padua: A. Milani, 1950), pp. 214 ~ 250; G. Morra, "L'evidenza di Dio secondo S. Bonavntura", *Bolletino d'informazioni del Centro di Studi bonaventuriani*, 24 (1977), 7 ~ 21.

[17] *I Sent.*, *dist* 8, *pars* 1, *art.* 1, *q.* 2.

么。[18]

一切被造之物都有物质——不是指有形的物体，而是不定形的潜力——和形态。有形体的东西，以及灵性的东西，如灵魂和天使，都是这样。这是典型的法兰西斯派的普遍的物形说。[19] 正是这种物形组合中——即物质与形态的结合中——存在着万物的个体化的本原。[20]

另一方面，虽然天地万物是在时间之内造出来的，但是有关被造万物的“样板概念”，在上帝心目中则是永恒的。[21] 这是波拿文图拉反复强调的一个观点。这些概念——虽然很多概念从我们理性的观点来看——实际上是一个单一的真理，这个真理就是上帝的永生之“道”。[22] 这就是《圣经》为什么说，万物是通过“道”造出来的，而且这也是为什么说“道”是一切知识的来源。

被造的宇宙怎样引领人到造物主那里，是波拿文图拉神秘主义的两个焦点之一。另一个焦点是对基督人性的悟念。被造的宇宙引领人到上
253 帝那里，是因为三位一体在每一个被造物身上都留下了印记，通过这些印记人们可以领悟被造物的存在的根源。这就是波拿文图拉最著名的作品《人心归向上帝的旅程》(*Itinerary of the Mind Towards God*)的主题。他的神秘主义的这个方面，发展了奥古斯丁的万物有三位一体踪迹—— *vestigia Trinitatis*——的学说，在这里，他又加上了万物的等级可以作为通向上帝的阶梯的说法，而这种说法又是来自伪狄奥尼修斯的整个传统的。三

---

[18] *In Hex*. 7.2. 依他看来，出于无的永恒创造是一种矛盾（Ⅱ *Sent.*, *dist* 1, *pars* 1, *art.* 1, *q.* 2）。在此他与托马斯不同，后者尽管否认其为事实，但仍承认此种创造的逻辑可能性。

[19] L. Veuthey, *Sancti Bonaventurae philosophia christiana* (Rome: Officium Libri Catholici, 1943), pp. 147 ~ 152; F. van Steenberghen, “Le mythe d'un monde éternel”, *RevPhLouv*, 76 (1978), 157 ~ 179; 80 (1982), 486 ~ 499.

[20] 同上，pp. 152 ~ 162; L. Amorós, “Vida de San Buenaventura”, *BAC*, 6: 119 ~ 121。

[21] J. M. Bissen, *L'exemplarisme divin selon Saint Bonaventure* (Paris: J. Vrin, 1929); M. Oromí, “Filosofía ejemplarista de San Buenaventura”, *BAC*, 19: 3 ~ 138.

[22] *Quaest. disp. de scientia Christi* 3, *solutio objectorum* 19.

位一体在万物中的印记并不是同样清楚的，而是有不同程度的——一种是踪迹，一种是形象，一种是相似。[23] 万物都有其存在，真，与善。这三者——存在，真，善——是三位一体的踪迹。在理性之物中，三位一体的形象可见于理性之物之有记忆、智能和意志。而与三位一体的相似之处只有在那些有信、望、爱的理性之物那里才能看到。通过这些不同的等级步步上升，灵魂就可以达到极乐的境界，在那里一切理智活动都停息，而在心平若水的完全宁静之中，灵魂就可以领悟上帝。

波拿文图拉神秘主义的另一个焦点是，悟念基督的人性。在他的《格言卷三注释》(*Commentary of the Third Book of Sentences*)和《简述》(*Breviloquium*)中的系统基督论，是完全符合正统和传统的。从教义史的观点来看，最有意义的是，他不接受马利亚的纯洁受胎，并宣称这样的否认"更为合理"，而且与"诸圣徒的见证"是一致的。[24] 这并不稀奇，因为13世纪好几个杰出的神学家——托马斯·阿奎那就是其中一个——都持有类似的看法。总之，波拿文图拉神秘主义中的耶稣，在他关于悟念基督人性的一些著作中都有所论述。在这些著作中，他着眼于受屈辱的，受伤的，并被钉十字架的基督，而且不把他看成是科学探讨的对象，而看成是使人发生爱慕和忏悔之心的悟念的对象。

因此，波拿文图拉的神秘主义，不能单独从《人心归向上帝旅程》的 254
角度来正确地加以了解，而是也必须从历史上的耶稣在波拿文图拉这位"撒拉弗博士"的灵性里的中心作用的角度来加以看待。在这里，伯纳德和法兰西斯的影响最为突出，而且这种影响使波拿文图拉摆脱了伪狄奥尼修斯那样的仅仅是思辨的神秘主义。

至于其他方面，波拿文图拉的教会论以及他的圣礼教义和末世论，首

---

[23] 这是他常见的组合，尽管他对此组合进行频繁的变化。无论如何，重要的不是组合本身，而是它所带来的世界观以及它所要求的对神秘攀登的敬虔。

[24] *III Sent.*, *dist.* *3*, *pars 1*, *art.* *1*, *q. 2*; *Brev.* 3.7. 马利亚确实是被圣化了，但这只能是在她于原罪中受孕之后。

先是在巴黎大学的学术环境中形成的，后来又在法兰西斯会内部的具体斗争中得以完善。在这些方面，波拿文图拉满足于重复前人所说过的话。

总而言之，波拿文图拉遵循的是黑尔斯的亚历山大的传统路线。如果说有什么不同，那就是他的神学较之他老师的神学更具有自觉一些的奥古斯丁主义。其中一部分原因是，新哲学所引起的各种争论点，在亚历山大的时代还没有像波拿文图拉的时代那样清楚。这时候，已经不可能把亚里士多德仅仅当做传统神学的补充来加以接受了。矛盾论点已清楚，现在就必得二者选一，要么是拒绝新哲学的绝大部分——特别是新哲学那许多与新柏拉图主义传统不相容的论点——要么是设法在新基础上重建神学的整个大厦。波拿文图拉选择了前一个做法。托马斯和他的学派，虽然不放弃奥古斯丁并设法忠于传统的神学，却选择了后一个做法。[25]

那些生活在波拿文图拉与约翰·敦司·司各脱（John Duns Scotus）之间的法兰西斯派神学家们，一般都持有与波拿文图拉这位“撒拉弗博士”类似的观点，但托马斯主义——下一章将论述——出现之后，使他们或者是更加公开反对托马斯主义，或者是在不背弃法兰西斯派传统的基本主
255 张的情况下接受托马斯主义的一些观点。这样，人们就能够在“早期法兰西斯学派”（黑尔斯的亚历山大和波拿文图拉）、“中间学派”（即我们现在就要提到的那些神学家）、以及“新学派”（产生于敦司·司各脱）之间作出区分。中间学派的主要神学家，在巴黎的有，约翰·培克哈姆（John

㉕ 关于波拿文图拉与托马斯他们自己之间的关系，见，E. H. Weber, *Dialogue et dissensions entre saint Bonaventure et saint Thomas d'Aquin à Paris*（*1252～1273*）（Paris: J. Vrin, 1974）。

Peckham)、[26]拉美尔的威廉(William of La Mare),[27]和阿夸司帕尔塔的马
太(Matthew of Aquasparta);[28]在牛津有密德尔顿的理查德(Richard of
Middleton)。[29] 在这同一时期里,有其他两个法兰西斯会成员,约翰·俄
利维的彼得(Peter of John Olivi)[30]和特拉比布斯的彼得(Peter de Trabi- 256
bus),[31]持有与该修道会的其余者不同的观点。最后,加泰隆(Catalan)的
神秘主义者雷蒙·律尔(Ramon Lull),虽然从来都不是法兰西斯会成员,
但与该学派关系很近。[32]

---

[26] 约翰·培克哈姆被他那个时代的人称为“智巧的博士”(Ingenious Doctor)。A. Teetaert, “Pecham, Jean”, *DTC*, 12: 100 ~ 140; D. L. Douie, *Archbishop Pecham* (Oxford: Clarendon Press, 1952).

[27] 拉美尔的威廉写了 *Correction to Brother Thomas*,在文中他抨击了 118 个托马斯的论题。这一论文在围绕托马斯的观点所发生的争论中起了重要的作用,常常遭到多米尼克会(Dominican)神学家的驳斥。

[28] 对阿夸司帕尔塔的马太没有足够的研究(从 1903 年起对他的作品进行了一些整理),但是,毫无疑问,他是追随法兰西斯派传统观点的,所强调的那些观点与托马斯主义的传统有异。例如,他试图反驳托马斯关于永恒的受造物并非荒唐的观点(E. Longpré, “Thomas d'york et M. d'Aquasparta: Textes inédits sur le problème de la création”, *AHDLMA*, 1[1926], 269 ~ 309)。另见 P. Marzzarella, *La dottrina dell'anima e della conoscenza in Matteo d'Acquasparta* (Padua: Editrice Gregoriana, 1969)。在晚年他做了枢机主教,他的神学成果渐渐稀少。

[29] 密德尔顿的理查德(Richard of Middleton)是波拿文图拉(Bonaventure)与约翰·敦司·司各脱(John Duns Scotus)之间一代最著名的神学家之一。M. Grabmann, “Zur Erkenntnislehre der älteren Franziskaner Schule”, *FranzSt*, 4, 1917, 105 ~ 126. D. E. Sharp, *Franciscan Philosophy at Oxford in the Thirteenth Century* (Oxford : H. Milford, 1930); E. Hocedez, *Richard de Middleton: Sa vie, ses oeuvres, sa doctrine* (Paris: E. Champion, 1925).

[30] C. Partee, “Peter John Olivi: Historical and Doctrinal Study”, *FrancSt*, 20 (1960), 215 ~ 260; C. Bérubé, “Olivi, critique de Bonaventure et d'Henri de Gand”, in R. S. Almagno and C. L. Harkins, eds., *Studies Honoring Ignatius Charles Brady* (Bonaventure, N. Y.: Franciscan Institute, 1976), pp. 57 ~ 121.

[31] P. F. Callaey, “Oliue ou Olivi (Pierre de Jean)”, *DTC*, 11: 982 ~ 991.

[32] 他是一个马略卡岛土人(native of Majorca),(几乎直到这个时候,该地一直都在)摩尔人的掌管之下,雷蒙·律尔成长于犹太人与穆斯林中间。因此之故,他有深刻的宗教经验,热心于向非信徒传福音。他把神秘主义与理性主义结合起来。被称为“被照亮的博士”(Illumined Doctor)。

第十章 多米尼克学派

257 我们所谓的“奥古斯丁派”认为，新哲学除了那些可以被整合进旧体系的内容，其余一概应予拒绝。与他们相反，最初是以几个多米尼克派神学家为代表的另外一种趋势则认为，亚里士多德哲学极有价值，不应仅仅因为它与作为早期神学体系基础的哲学观点不同而否定它。不过应该指出，那些持有这种立场的人，并不是要抛弃基督教的正统信仰，而是要运用亚里士多德及其哲学作为哲学工具，从神学方面理解基督教。如果我们在前几章里讨论的那些神学家被称为奥古斯丁派，那么，这完全不是说，我们现在讨论的这些神学家是反对奥古斯丁这位伟大的希坡主教的。与此相反，他们认为奥古斯丁是教会“教父”中最伟大的神学家，但他们想用亚里士多德的哲学体系来解释他的神学。很自然，这样一种尝试的结果，只能叫做是亚里士多德主义的，或广义的奥古斯丁主义的。这一努力的初期阶段——表现在大阿尔伯特的著作中——是一种折衷主义的堆砌，在其中来自这一来源和那一来源的不同成分并列在一起，而没有清楚
258 的有机联系。到了它的高峰——在托马斯·阿奎那那里——这种折衷主义就被一种新的综合体取代，这种综合体不再是单纯的亚里士多德主义，也不是带有亚里士多德成分的新柏拉图主义的奥古斯丁主义，而是一种

新的体系:托马斯主义。

大阿尔伯特

阿尔伯特被后代尊称为“大阿尔伯特”(Albert the Great),曾有各种各样的学院经历,开始是在德国各研究中心,以后到了巴黎,1245 ~ 1248 年在那里任教。再后到了科隆,任多米尼克派在该城新设立的“总会堂”主任。由于他在多米尼克会和教会组织中负有多种职务,以致他的教研工作不断受到干扰而停辍,尽管如此,他还是写了大量著作。1280 年,他死于科隆的多米尼克女修道院,比他最出名的门徒托马斯·阿奎那晚死六年。①

阿尔伯特的写作成就是巨大的,他以注解亚里士多德的全部著作为己任,并把他的时代的所有知识的百科全书当做遗产留给了拉丁语世界。在自然科学领域里,他的著作开辟了新天地,因为他对于天文学,动物学,植物学的观察,启发了别人去研究这些学科。② 他的神学著作,主要包括《圣经》各书的几卷注释,《格言的注释》(*Commentary on the Sentences*),《万物总论》(*Summa of Creatures*),《神学大全》(*Summa of Theology*),伪狄奥尼修斯注解,以及几本较小的著作。

如前所述,他的著作具有折衷主义色彩,缺乏创见,因而我们不停下
来阐述他的神学和分析他的各种观点的来源,而只限于讨论能够说明他 259

---

① I. Craemer – Ruegenberg, *Albertus Magnus* (Munich: C. H. Beck, 1980); W. P. Ekert, *Leben und Werk des heiligen Albertus Magnus* (Düsseldorf: Patmos Verlag, 1981); A. Zimmermann, ed., *Albert der Grosse: Seine Zeit, sein Werk, seine Wirkung* (Berlin: W. de Gruyter, 1981); F. J. Kovach and R. W. Shahan, *Albert the Great: Commemorative Essays* (Norman, Ok.: University of Oklahoma, 1979). 一系列关于其生平细节的文章,见 A. Layer and M. Springer, eds., *Albert von Lauingen 700 Jahre: Albertus Magnus* (Lauingen: 1980)。

② 关于他在科学史中所起的作用,见,A. Nitschke, “Albertus Magnus: Ein Weigbereiter der modernen Wissenschaft”, *HistZschr*, 231 (1980), 2 ~ 20; J. A. Weisheipl, ed., *Albertus Magnus and the Sciences: Commemorative Essays 1980* (Toronto: Pontifical Institute of Medieval Studies, 1980)。

的哲学和神学方法的那几点。

阿尔伯特对于基督教思想发展的最大贡献是，他把哲学与神学加以区分的做法。③ 神学区别于其他科学，是因为它进行论证是根据天启法则，而不是根据自主法则。④ 在哲学领域内，阿尔伯特是一个理性主义者，主张每一个论断都必须经得起推理和观察的检验。任何一个哲学家试图证明不能证明的东西，即使他所说的就天启真理来说是正确的，他也是一个蹩脚的哲学家。但在神学领域内，阿尔伯特坚决认为理性是有限度的。这样，把哲学与神学以及把信仰与理性清楚地区分开来的过程就开始了，这个过程先是表现于托马斯学派，而后还包括其他一些思想家。这种区分终于导致了哲学与神学以及信仰与理性的完全脱离。不过，阿尔伯特那个时代，这种脱离向基督教思想打开了广阔的天地：自然科学可以自由地走它自己的道路，用它自己的方法从事研究，而不担心犯教规的错误；哲学与神学可以作为两个平行的学科而自由发展，因而一个人可以成为真正的哲学家，而不必变成理性主义者，或信仰事物上的持异端者。

阿尔伯特是相信创造天地的，而且断言是在时间之内创造天地的——这就是说世界不是永恒的。然而他承认，作为一个哲学家，他不能

③ C. Feckes, "Wissen, Glauben und Glaubenswissenschaft nach Albert dem Grossen", *ZKT*, 54 (1930), 1～39; M. Cuervo, "La teología como ciencia y la sistematización teológica según S. Alberto Magno", *CienTom*, 46 (1932), 173～199; M. Grabmann, "De theologia ut scientia argumentativa secundum S. Albertum Magnum et S. Thoman Aquinatem", *Ang*, 14 (1937), 39～60; A. Rohner, "De natura theologiae iuxta S. Albertum Magnum", *Ang*, 16 (1939), 3～23; E. Wéber, "La relation de la philosophie et la théologie selon Albert le Grand", *ArchPh*, 43 (1980), 559～588; G. Wieland, "Albert der Grosse und die Entwicklung der mittelalterlichen Philosophie", *ZschrPhForsch*, 34 (1980), 590～607.

④ *S. Th.*, *I*, *tract. i*, *q. 4* (ed. Lyon, 17: 12).

用科学的论据，而只能用或然率的论据来证明这一点。⑤

他的认识论试图把亚里士多德主义与奥古斯丁光照说调和起来。⑥ 260
我们有被动智能和主动智能。凭借上帝的光照，主动智能，从感官资料抽象出认识，然后把这种认识印在被动智能上。⑦

关于灵魂和灵魂的个体化本原问题，阿尔伯特不同意奥古斯丁派所持的普遍物形组合说，而求助于波伊丢斯所确立的区分，即 *quod est*（本质，“是什么”）和 *quo est*（完全的存在，“是那个”）之间的区分。灵魂之所以成为个体存在物，是因为上帝把“是那个”加在早先的“是什么”上面。⑧

阿尔伯特的神学实际上是保守的。虽然他是亚里士多德主义的伟大的提倡者，但他的神学却是以传统的奥古斯丁主义和新柏拉图主义体系

---

⑤ A. Zimmermann, “Alberts Kritik an einem Argument für der Anfang der Welt”, in Zimmermann, *Albert der Grosse*, pp. 78 ~ 88. 然而，J. Hansen, “Zur Frage der anfangslosen und zeitlichen Schöpfung bei Albert dem Grossen”, *Studia Albertina*: *Festschrift für Bernhard Geyer* (Münster: Aschendorff, 1952), pp. 167 ~ 188, 他指出 Albert 在这方面的观点是因时而变。

⑥ 关于 Albert 的知识论的资料，见 B. Geyer, “De aristotelismo B.· Alberti Magni”, *Alberto Magno*: *Atti della Settimana Albertina celebrata in Roma nei giorni 9 ~ 14 Nov. 1931* (Rome: F. Pustet, 1932), pp. 63 ~ 80; J. Bonné, *Die Erkenntnislehre Alberts des Grossen mit besonderer Berücksichtigung des arabischen Neuplatonismus* (Bonn: R. Stodieck, 1935); L. A. Kennedy, “The Nature of the Human Intellect According to St. Albert the Great”, *ModSch*, 37 (1960), 121 ~ 137。

⑦ 关于光照在知识中所起的作用，Albert 的观点是变化的。见 G. de Mattos, “L’intellect agent personnel dans les premiers écrits d’Albert le Grand et de Thomas d’Aquin”, *RnsPh*, 43 (1940), 145 ~ 161。

⑧ *S. Th.*, *II*, *tract. i*, *q. 4*, *memb. 1*, *art. 1* (ed. Lyon, 17: 37). 关于这一主题的优秀研究著作是，E. Gilson, “L’âme raisonnable chez Albert le Grand”, *AHDLMA*, 14 (1943), 5 ~ 72。另见 I. Craemer – Ruegenberg, “Albert le Grand et ses démonstrations de l’immortalité de l’ame”, *ArchPh*, 43 (1980), 667 ~ 673。我在此没有讨论 Albert 关于人的物质形式统一的观点，因为这一高度专门性的问题在学者们中尚未达成共识。见 J. McWilliams, “St. Albert the Great and Plurality of Forms”, *ModSch*, 9 (1932), 43 ~ 44; S. Vanni Rovighi, “Alberto Magno e l’unità della forma sostanziale dell’uomo”, *Medioevo e Rinascimento*: *Studi in onore di Bruno Nardi* (Firenze: G. C. Sansoni, 1955), 2: 753 ~ 778; L. Ducharme, “The Individual Human Being in St. Albert’s Earlier Writings”, in Kovach and Shahan, *Albert the Great*, pp. 131 ~ 160。关于形式质料说，见 J. A. Weisheipl, “Albertus Magnus and Universal Hylomorphism”, in ibid., pp. 239 ~ 260。

为基础的。这是可以预料的，只就阿尔伯特的编纂和解说工作来说，就已经是一个巨大的工程了。至于把这样大量的知识融会贯通，并发展成为一个严密的体系，这一工作就得留给他的门徒托马斯·阿奎那来承担了。然而，对于他的博学，他的同时代人都很佩服，他们把他引自亚里士多德和其他古代作者的许多学说，都看成是他的学说。⑨

托马斯·阿奎那

261 托马斯·阿奎那（Thomas Aquainas）是多米尼克学派最为杰出的教师，无疑也是古往今来最伟大的神学家之一。多少世纪以来他都受到人们的景仰，这不仅是因为他的著作浩瀚，更是因为这些著作精湛。他所建立的托马斯学派，一直很活跃地存在到20世纪。他的天赋才智和他的高深灵性相结合，使他博得了“天使博士”的称号。

阿奎那的大多数哲学著作，是关于亚里士多德的注释，以及关于普罗克拉斯（Proclus）的一个匿名门徒的注释，这个匿名门徒著有《诸因论》（*Book on Causes*），还有关于波伊丢斯的注释。但也有他自己的哲学著作，如《论存在与本质》（*On Being and Essence*），及《论自然界的原理》（*On the Principle of Nature*）。

在神学领域内，托马斯的三大著作是：《格言注解》（*Commentary on the Sentences*），《反异教徒总论》（*Summa contra gentiles*）以及《神学大全》（*Summa theologiae*）。

托马斯追随他的老师阿尔伯特在理性能领会的真理与理性不能领会的真理之间作出区分。哲学只能处理那些理性能得到的真理；但神学，其恰当的领域是天启真理的领域，不仅涉及到理性能得到的真理，而且还涉及到一切形式的真理。

---

⑨ 除了 Thomas Aquinas 之外，他最有名的学生还有：Hugh，Ulrich of Strasbourg，Giles of Lessines。

> 科学的分门别类，是因为认识事物的途径有各种各样。一个天文学家和一个物理学家，二者都可以证实同一个结论，如地球是圆的……照样，同一些事物，从自然原因的角度来看待的时候，不妨用哲学来处理，从神的启示的角度来看待的时候，也不妨用另一种科学来处理。⑩

在其他的地方，托马斯断言，有些理性可以达到的真理，上帝也给予启示。这样，那些没有学问的人也可以懂得，也是因为人的头脑是无力的 262
和易于误解的，以致得出的结论不能绝对准确。⑪

然而，信仰的真正内容，也就是只限于神学所研究的内容，有别于理性所能达到的其他那些真理，但是由于人智力的软弱，其他那些真理也包括在启示之中。

> 有关上帝的真理，如圣保罗所说，我们可以凭着我们推理的自然能力来认识——如上帝的存在——这些真理不算在信仰内容里，但对信仰内容来说这些真理是理所当然的。因为信仰以自然的认识为先决条件，正像恩典以本性为先决条件，完美以其使之完美的对象为先决条件那样。然而，没有什么东西能够妨碍一个人用信心接受他自己不能证实的某个真理，即使这个真理就其本身来说是这样的，以致论证可以使它成为显而易见。⑫

这样，哲学是一种能够达到人类理性最大限度的自主科学。不过，这种科学并不是不会犯错误的，因为人的智力是软弱和易于出错的。再者，

---

⑩ *Th.*, *I*, *q. 1*, *art. 1* (T. Gilby, ed., *St. Thomas Aquinas*: *Summa Theologiae* [Cambridge, England: Blackfriars, 1964 ff.], 1: 9).

⑪ *Summa contra Gent*. 1.4.

⑫ *S. Th.*, *I*, *q. 2*, *art. 2* (ed. Gilby, 2: 11).

这种科学要求具有特殊的天才，因而并非人人都能得出最高的结论。另一方面，神学是研究已经启示的和不容怀疑的真理。这类真理的某些部分——严格讲就是信仰的内容——是理性所不能达到的，不过也不与理性矛盾。这部分真理是哲学不能得到的。也有其他一部分真理，神学可以通过启示得知之，而哲学也可以通过推理得知之，但上帝为了使我们万无一失地得到这些真理，还是把这些真理启示给我们，因为这些真理是得救所不可缺少的。

理性不仅在哲学里有基本功能，而且在神学里也有基本功能。理性可以证明那些严格讲不是信仰内容的天启真理，但这些天启真理之所以被启示，是为了使这些天启真理更加确定无疑。即使对于信仰内容，理性
263 虽然望尘莫及，但也有一定的作用。因为理性可以说明，至高的天启真理与普通真理并不矛盾，而且理性也可以用信仰内容作为原理，由此出发去进行进一步的探索。⑬

本《思想史》主要关心的——以及托马斯·阿奎那本人主要关心的——是神学而不是哲学，因而我们对托马斯体系的简介，将根据《神学大全》的基本轮廓，集中该体系的神学的各个方面。不过，为了了解阿奎那的神学，有必要了解一下作为他的神学的背景的形而上学，特别是某些名词的专用含义。因此，我们现在停下来简短地阐述托马斯的形而上学，以便进而转向这位天使博士的神学。几个对于神学具有重大意义的哲学问题，如认识论，理性物的个体化本原，类推学，以及其他等等，将在阿奎那神学体系里的恰当地方加以讨论。

托马斯的形而上学基本上是亚里士多德主义的，但也有起源于新柏拉图主义的几个成分。其出发点是有关存在的概念，这是头脑想到的第

---

⑬ 即使有选择地列出阿奎那关于哲学与神学之关系的参考书目，这里的篇幅也是远远不够的。因此，我建议读者去参考下面一本书中所列举的参考书目：M. C. Wheeler, *Philosophy and the "Summa Theologica" Of Saint Thomas Aquinas* (Washington: Catholic University of America Press, 1956)。

一个概念,而且在这一概念中,其各种观念都聚在一起。[14] 这种“存在”不是脱离开个体存在的永恒观念。与此相反,形而上学研究的是具体的个别的存在物。在这里托马斯使用了一系列术语,这些术语拼凑成对就可以最好地加以理解。

这些术语的第一对是实体(substance)与偶然性(accident)。实体存在于它本身之中,而不依附于其他;另一方面,偶然性只能存在于实体之中。但这并不是说,实体就绝对意义来说,是一种必然的存在物,存在于它本身之中或依其本身而存在。与此相反,实体是附带的存在物,其实质与其存在不同。[15] 在这个永远是具体的和个别的实体中存在着几个偶然 264
性或品质。这些偶然性不是仅仅由于机遇而和某一特定实体联系在一起,而往往是该实体的基本特性。事实上,每个偶然性对它存在其中的具体主体来说都是“必不可少的”,因为即使偶然性看来是“偶然的”,但偶然性仍然和这个个别存在物的本质本身联系在一起。[16] 举例来说,实体的“人”可能和偶然性“丑”结合在一起,这似乎完全是偶然的,因为要做一个人不一定就得是丑的;但事情并不是这样,因为实体总是个别的和具体的,所以我们谈论的不是一般的“人”,而是“这个”丑的“人”,而他的丑是他这个个别的和具体的人的一部分。

这里要讨论的第二对术语是性质(nature)与实质(essence)。一个实体的性质是实体活动的方式;因而性质是作为活动中心来考虑的实体。实质是使一个实体——或一个偶然性——能够被限定的那种东西。所以,在大多数情况下,“实体”,“性质”,与“实质”不是指不同的东西,而

---

[14] *De ver.*, *q. 1*, *art. 1*. 关于托马斯的形而上学的简单描述我放在以下的章节里,其目的是作为他神学的导论,本世纪出版的有关这个主题的数十部专著中的若干也应被补充进去。此外,还应该加上优秀的论著:J. F. Wippel, *Metaphysical Themes in Thomas Aquinas* (Washington: Catholic University of America, 1984)。

[15] *S. Th.*, *I*, *q. 3*, *art.* 6.

[16] 同上,*q.* 22, *art.* 4。

是指一个单一的现实事物的不同方面。

第三,物质实体是有物质(matter)与形态(form)的——即,它们的组成是物形结合。“最初物质”(Prime matter)是一种绝对的混沌,一切东西由于被赋给了一个形态而从混沌之中产生出来。那些存在于个别东西里的物质,就不再是最初物质,因为,使这些东西成为个别的和可限定的,是由于这些东西有了形态。很清楚,这里使用的“形态”(“form”)这个词不同于“形状”(“shape”)的意思。实体的形态以这样一种方式限定了物质,以致物质变成了一个具体的和个别的实体。物质实体的个体化本原,就是存在于物与形的这种结合里。然而,理性物,如灵魂和天使,就不是这样,他们没有物质。

第四,托马斯在现实(act)与潜能(potency)之间作出区分。这一区分
265 较之前面一些区分更为广泛,因为它可用于一切有限的存在物,而不只用于物质的东西。[17] 这一区分本身是颇简单的:“那种可能有的,但现在还没有的,存在于潜能之中;而已经有了的,存在于现实之中。”[18] 这种区分可用来认识一切变化,包括变异(mutation)和变动(movement)。如果一个小孩可以成为一个大人,是因为他或她在现实方面是个小孩,而在潜能方面是个大人。如果一本书可以移动到另一个地方,是因为它在现实方面是在这里,而在潜能方面是在别处。所以,变异和变动都是早先处在潜能状态中的事物的现实化。绝对的完美,必须是纯粹的现实,因为潜能意味着没有实现的存在。这就是为什么说上帝是纯粹的现实。

最后,关于托马斯区分“实质”(essence)与“存在”(existence)的问题,有必要谈一谈。像这里讨论的其他区分一样,这一区分不是托马斯创始的,他这个特定的区分不是取自亚里士多德,而是取自阿拉伯哲学家——阿尔—法拉比(al-Farabi),阿维森纳(Avicenna)和阿尔—加扎利

---

[17] *Summa contra gent.* 2.25.

[18] *De princ. nat.* (ed. Parma, 16: 338).

(al-Ghazzali)。他认为,在实质与存在之间,在事物的"是什么"和"是那个"之间,有一种正式的区别。这不是说,有什么脱离具体存在的实质,或者存在仅仅是实质的一个属性,而是说,存在是行动,它是实体成为真实的。实质由于是可限定的因而是实体,而存在由于是真实的因而是实体本身。

解说了托马斯的形而上学的这些基本论点之后,在进入他的神学正题之先,有必要谈一下他对共相(universals)的看法。他认为,从严格的意义来看,共相"不是存在于它们本身之中,而是存在于诸个体之中",[19] 这就是说,共相是存在于具体事物中的(*in re*)。但共相也确实是"先在"(*ante rem*)于上帝的头脑中的,不是作为单独的现实事物——因为上帝是绝对纯一的——而是作为上帝自己的实质。[20] 最后,共相作为抽象过程的一个结果,是"后在"(*post rem*)于人的头脑中的。[21] 这样看来,托马斯 266
的主张是一种温和的唯实论。

这位天使博士反对安瑟伦所说的上帝的存在是不证自明的论点。固然,在上帝里实质和存在恰好重合,因而,就其本身来说,上帝的存在是自明的。但是,"对我们这些不了解神的性质的人来说,上帝的存在并不是自明的"。[22] 所以,人们必须证明上帝的存在,而托马斯提出了"五种方法或证据"。这五种方法的每种方法都是从人们通过身体感官而知道的事

---

⑲ *Summa contra gent*. 1.65.

⑳ *S. Th.*, *I*, *q*. *55*, *art*. 3.

㉑ *S. Th.*, *I*, *q*. *85*, *art*. 2.

㉒ *S. Th.*, *I*, *q*. *2*, *art*. 1.

物出发，来达到认识上帝的存在。[23]

第一种方法是从运动的不能否认的事实(*ex parte motus*)出发的。在世界上有运动的事物，那就是，从潜能移到现实。但任何事物都不能靠自己从潜能移到现实，而必须有另外的事物给它推动，而这另外的事物必须本身是现实的，这样人们就得出必然的结论，是一切运动的最初必然的结论，一定有一个第一存在物，这个存在物是一切运动的最初起源，这个存在物本身不是另外的存在物推动的。这样一个存在物，可以正确地称为最初的不被动的推动者或纯粹现实，即上帝。

第二种方法是因果关系(*ex ratione causae efficientis*)。这个世界的一
267 切事物都有其因，而有些事物可能是其他事物的因，却没有任何事物是它自己的因。那么诸因必有一个次序，而在这次序中必有个第一因，因为如果第一因不存在，其他就都不存在。这个第一因就是上帝。

第三种方法是从偶然与必然之间的区别(*ex possibili et necessario*)出发的。我们在这个世界看到的一切事物都是偶然的。因此，它们确实存在着的这个事实说明，它们从另外一个存在物那里得到它们的存在。如果那个另外的存在物本身是必然的，那就是上帝；如果其必然是由于其他一个使它存在着，那么其他一个就是上帝；如果其必然是由一系列其他存

---

[23] *S. Th.*, *I*, *q.* 2, *art.* 3. 这些"方法"中的若干种也可以在 *Summa contra gent.* 1.13 中找到；但似乎第一种方法掩盖了其他的方法。关于托马斯的五项论证的问题最近出版了大量的论著，下列的参考书仅限于此类作品，它们对于上述问题作总体探讨，而且其方式方法也可能对于那些希望了解这一基本问题的学生来说是大有帮助的。E. G. Jay, *The Existence of God*: *A Commentary on St. Thomas Aquinas' Five Ways of Demonstrating the Existnce of God* (London: S. P. C. K., 1948); E. González, *Las cinco vías de Santo Tomás de Aquino* (Huesca: L. Pérez, 1943); R. A. Markus, "A Note on the Meaning of 'via'", *DomSt*, 7 (1954), 239 ~ 245; S. Giuliani, "Perchè cinque le'vie' di S. Tommaso?" *Sapza*, 1 (1948), 153 ~ 166; E. Sillem, *Ways of Thinking About God*: *Thomas Aquinas and Some Recent Problems* (London: Darton, Longman & Todd, 1961); F. van Steenberghen, *Le problème de l'existence de Dieu dans les écrits de S. Thomas d'Aquin* (Louvain: Institut supérieur de Philosophie, 1980); L. Elders, ed., *Quinque sunt viae*: *Actes du Symposium sur les cinq voies de la "Somme théologique"* (Vatican: Libreria Editrice Vaticana, 1980).

在物决定的，那么这一系列存在物必有第一个，而这就是上帝。

第四种方法是从万物完美的不同等级（*ex gradibus*）出发的。某些事物比其他事物完美，其唯一的原因是它们更接近于最高级的完美。所以，必然有最高级的完美者存在着，该完美者是其他万物中各种等级的完美的因。这一至高的完美者就是上帝。

第五种方法是从宇宙秩序（*ex gubernatione rerum*）出发的，这也是传统的神学论点。宇宙中的万物，甚至那些非理性物，都朝着一个适合它们的目标前进，而它们不是靠自己这样做的，也不是碰巧这样做的。引领它们奔向它们的目标的是上帝。

应当注意，这五种方法是相似的。每种方法都从通过感官而得知的事物出发；每种方法都在这些事物里发现某种完善。然而，这种完善就其不是自给自足的意思来说是不完全的——运动，存在，完美等级，秩序；而且每种方法都在上帝那里找到那种完善的最终原因。这种类型的论据部分是由于托马斯的亚里士多德主义，因为他不再像安瑟伦那样感到，在证明上帝的存在时，一定要用完全与感官知觉无关的论据。

上帝是绝对纯一的，因为上帝里没有身体或物形组合。上帝是纯现实，在他里面本质和存在是同一的；[24] 在他里面有万物的完美；[25] 他就是至善。[26]

> 因而，人们可以参照这个依本性就是存在着的和善的第一物，而 268
> 声称事物是善的和存在着的，因为这些事物或多或少地分有第一物和类似第一物，即使是遥远地和不充分地分有和类似第一物……而从这个意义来说，万物都是因上帝的善而被说成是善的，上帝的善是

---

[24] *S. Th*, *I*, *q*. 3.

[25] *S. Th.*, *I*, *q.* *4*, *art.* 2.

[26] *S. Th.*, *I*, *q*. 6, *art.* 2.

> 一切善的典范、根源和目标。不过，促使我们声称事物是善的那种同上帝之善的相似之处，是该事物本身之中所固有的，这种相似之处作为一个形态而从属于该事物，并且因而使该事物有了名称。因而，万物之中有一个善，但又有许许多多的善。[27]

上帝——只有上帝——是无限的。[28] 上帝是无所不在的，这不是就泛神论的意思来说的，而是就其作为万物的创造者和支撑者，以及就其使得像地点这类事物的存在成为可能来说的。[29] 上帝是永恒的——这就促使这位天使博士去讨论时间与永恒之间的区别。

时间与永恒之间的区别，不仅仅在于时间是有始有终的，而永恒则不是。这些特点只是偶然性的，因为即使世界确实无始无终，这也不能使世界成为永恒的。其区别确切地说是在于，永恒是持久物的尺度，而时间是运动的尺度。[30]

上帝是独一的，不但可以从上帝的纯一证明之，而且可以从上帝的完美证明之（若是多于一个，就必然会有这样的差别，一个有什么东西，而另一个没有，因而就不可能两者都是完美的），也可以从世界的统一证明之（如果有好几个上帝，就不可能有世界统一的秩序）。[31] 再者，上帝是最高级的独一，因为绝对纯一说明，上帝是不可分的，即使就潜能来说也是不可分的。[32]

269 关于上帝的性质，截至目前为止所说的大部分话都是消极方面的，因

---

[27] *S. Th.*, *I*, *q.* *6*, *art.* 4 (ed. Gilby, 2: 93).

[28] *S. Th.*, *I*, *q.7*, *art.* 1 ~ 2.

[29] *S. Th.*, *I*, *q.8*, *art.* 2.

[30] *S. Th.*, *I*, *q.10*, *art.*4. 这也是"aeon"(*aevum*)，作为天使存在的尺度，aevum 处于时间与永恒之间。*Aevum* 有始无终，但是其与时间和永恒的区别仅仅是偶然的。它最基本的特点就是作为天使存在的尺度，它无须改变，但有这种能力。见 *S. Th.*, *I*, *q.10*, *art.*5。

[31] *S. Th.*, *I*, *q.11*, *art.*3.

[32] *S. Th.*, *I*, *q.11*, *art.*4.

为无限、永恒、不可分、纯现实等等，都是对不完美的否定，而不是对诸属性的肯定。但是，假如神学家们不得不局限于这些对上帝的消极论述，神学就必然成为一种极其狭窄的学科。所以，托马斯很想讨论，是否可能和怎样才能认识上帝的本质，以及人们怎样才能谈论上帝。

关于是否可能认识上帝的本质这个问题，阿奎那宣称，这样的认识在今生今世是得不到的。[33] 但蒙福的人在天上将看到上帝的本质，[34]并将在该本质中，通过对终极因的沉思默想而认识其他一切事物。[35] 这种认识并不包括全部的上帝本质，甚至也不包括一切可以通过这本质来认识的事物，因为理解上帝是不可能的。认识水平各有不同，因而有人对上帝的认识就比别人强些，但没有人完全认识上帝。最后，达到这种认识，不是通过理解的自然能力而是通过上帝的光照——*lumen gloriae*。[36]

另一方面，即使在今生今世，我们借用类推法（analogy）也能够知道和谈论有关上帝的一些事。[37] 当我们从另一个词来论述一个词的时候，

㉝ *S. Th.*, *I*, *q. 12*, *art.* 12.

㉞ *S. Th.*, *I*, *q. 12*, *art.* 1.

㉟ *S. Th.*, *I*, *q. 12*, *art.* 10.

㊱ *S. Th.*, *I*, *q. 12*, *art.* 5.

㊲ 有许多对托马斯类推法理论的研究。主要的问题之一是，他是否以上帝与受造物之间的因果关系为基础，既接受“比例类推”（analogy of proportionality）（Cajetan, *De nom. analog.*）又接受“属性类推”（analogy of attribution）（Suarez, *Disp. metaph.* 18; ed. Vives, 26: 13～21）。见 J. Habbel, *Die Analogie zwischen Gott und Welt nach Thomas von Aquin*（Regensburg: J. Habbel, 1928）; G. B. Phelan, *Saint Thomas and Analogy*（Milwaukee: Marquette University Press, 1941）; A. Gazzana, “L'analogia in S. Tommaso e nel Gaetano”, *Greg*, 24（1943）, 367～383; H. Lyttkens, *The Analogy Between God and the World: An Investigation of Its Background and Interpretation of Its Use by Thomas of Aquino*（Uppsala: Almqvist & Wiksells, 1952）; O. A. Varangot, “Analogia de atribución intrinseca en Santo Tomás”, *CienFe*, *13*（1957）, 293～319; O. A. Varangot, “Analogia de atribución intrinseca y análoga del ente según Santo Tomás”, *CienFe*, *13*（1957）, 467～485; O. A. Varangot, “El analogado principal”, *CienFe*, *14*（1958）, 237～253; B. Montagnes, *La doctrine de l'analogie de l'être d' après saint Thomas d' Aquin*（Louvain: Publications Universitaires, 1963）。最重要的一些原文集成，见 G. P. Klubertanz, *St. Thomas Aquinas on Analogy: A Textual Analysis and Systematic Synthesis*（Chicago: Loyola University Press, 1960）。

270 这样的论述可以是多义的，单义的或类推的。多义词可以在没有理由或只有不充分的理由的情况下用于不止一个物体。例如，“犬属”这个词可以指狗、星座或鱼。单义词在用于另一个词时就必须按照其唯一恰当的含义，就像人们说一条狗或一个人是“瞎的”那样。但在多义和单义两个极端之间，还有类推。有的词在不同的上下文中并不精确地表达同一事物，但这些词可以在所有这些上下文中正确地使用。例如“健康”这个词，在下列的字句中意思并不完全相同：“这个动物是健康的”，“这种药是有益于健康的”以及“这份小便试样是健康的”。这种类型的表达方法，是基于一种实际的类似，而没有单义词的那种同一性，这叫做“类推”。类推法可以分为好多类。[38] 但在这里，与我们有关的是人们可以据以说明上帝的那种类推。由于我们是通过被造物来认识上帝，而上帝与被造物之间的距离又是无限的，“那就不可能在上帝与被造物之间用单义词来说明问题”。[39] 但是另一方面，在上帝与被造物之间存在着因果关系。这种关系说明，被造物总有点类似造物主的地方。因而，通过类推就有可能把我们通常用来说明被造物的完美的词，如“聪慧”，“善良”，“有力”，“仁慈”等等，用于上帝。

> 这样，一些用于上帝和被造物的字眼，既不是单义的，也不是纯粹的多义的，而是类推的，因为我们除了运用那些用于被造物的词句

---

[38] 在 *I Sent.*, *dist. 19*, *q. 5*, *art.* 2 里，阿奎那区分了三种类型的类推：概念的（of intention）而非本质的（of being）；本质的而非概念的；既是概念的，又是本质的。在 *De ver.*, *q. 2*, *art.* 11 里他似乎讨论了其中第二种类型的类推，并且进一步区分了“analogy of proportion”（其中两个词语由于与第三者的关系而相互关联，比如“健康的”一词，它被用来表述狗与药品是由于它们与“健康”有关系）与“analogy of proportionality”（其中由于与两个主项之中的每一项之间的恰当关系而成为了恰当的命题谓项。例如，我们说上帝像“狮子”，不是意味着“上帝”与“狮子”之间有直接的联系，而是上帝在一定层面的行为在某种程度上与狮子在其自己层面的某行为相似）。在其他地方，托马斯也用其他的方法对类推法进行分类，这也是人们对他在这个问题上的观点有不同解释的原因之一。

[39] *S. Th.*, *I*, *q. 13*, *art.* 5 (ed. Gilby, 3: 63).

> 之外，就根本无法来表达上帝，而且不论我们谈论上帝的和被造物的什么，都是根据被造物是以上帝为渊源和起因这个关系来说的，而在上帝里面，万物的一切完美都是超然先在的。
>
> 这种方法的用词，介于纯粹多义词和单纯单义词之间，因为所用 271
> 之词，既不像单义词那样是同一个意思，也不像多义词那样是完全不同的意思。用作类推的词的几个意思所表示的，是某一个事物的不同关系，如“健康”用于气色就是指一个人的健康状况，而用于食物就是指健康的原因。[40]

这种类推的学说不仅是为了用人的名词来论述上帝而求助于字义解释，也不只是一个有关认识上帝的理论。它要比这更深一步。我们在知识方面被给予的东西确实是与存在相呼应的。不是上帝与被造物相似。实际是，被造物与上帝相似，因为每一个果总是或多或少地反映它的因。[41] 如果有可能用类推词来论述上帝，那是因为有一个“存在方面的类似”——*analogia entis*——而这是在我们发现它之前就有的。所以，“在类似事物之中，实际的秩序与我们观念中的秩序是不同的”。[42]

从这种类推的用法出发，托马斯进而讨论上帝如何是和在什么意思上是智慧的、活的、有意志的、慈爱的和大能的。这里不可能一一讨论这些属性的真切含义，而只能指出这些属性的每一个，都是从上帝是绝对纯一的这个出发点来阐述的，所以它们彼此之间是同一的，而且实际上和上帝是同一的。

论到神佑和预定论，就必须首先肯定，上帝的知识和大能完全可以分辨那些必然发生的事物与其他那些偶然发生的事物。

---

[40] 同上(ed. Gilby, 3: 65, 67)。

[41] *Summa contra gent*. 1.29.

[42] *Summa contra gent*. 1.34.

> “上帝决定使某些事物成为真正必然的，而其他一些成为偶然的，为的是提供宇宙的运转机制。因此，他对一些事物规定了必然之
> 272 因，这些因是不会失误的，从这些因产生出必然之果，而对其他一些事物则规定了不完全的和偶然之因，从这些因产生出偶然之果。而有了终极原因，一些事物之所以偶然发生，不是因为它们的近因是偶然的，而是因为上帝要它们偶然发生，因此上帝为它们准备了偶然之因。㊸

然而，尽管有这样的区别，所有事物的发生都在上帝旨意的支配下，上帝的旨意总是要实现的，㊹ 不总是作为一种直接的“运筹”而实现，但有时也不过是作为一种“容许”而实现。㊺ 上帝命令某些事物发生，而只是容许其他一些事物发生。因此，一切事物都在上帝的眷顾支配下，而预定论则是神佑的一个方面。

预定论的教义之所以是必要的，是因为离开了上帝的帮助，我们就不能得到永生。㊻ 预定一个人得荣耀，是上帝方面的一种拣选，这种拣选使得被拣选者行善——而在人类的挑选中，我们是根据我们在被挑选者身上看到的善来进行挑选的。㊼ 那些不是在上帝这个预定范围之内的人，是上帝用“容许”的做法来摈弃的人，上帝不给他们那种人不应得的被选之恩。拣选和摈弃都不局限于上帝预知我们的未来的行动。与此相反，预定包含着上帝要把恩典和荣耀赐给一个人的意愿和想法，而摈弃包含

㊸ *S. Th.*, *I*, *q. 19*, *art. 8* (ed. Gilby, 5: 39).

㊹ 同上, art. 6。

㊺ 同上, art. 12。

㊻ 同上, *q. 23*, *art.* 1. R. Velasco, “Providencia y predestinación: Estudio positivo de una cuestión disputada en la escuela tomista”, *RET*, 21 (1961), 125 ~ 151, 249 ~ 287。

㊼ 同上, *art.* 4。这一点是重要的，因为它与新教徒中通常持有的一种观念是对立的。这种观念认为，整个中世纪的传统是“贝拉基”的，因为它没有像奥古斯丁所理解的那样去理解预定论的绝对不配受的特点。

着一个容许的决定，允许另一个人去犯罪，继续不回头，并因罪而受惩罚。[48] 最后，托马斯追随奥古斯丁而一再宣称，上帝的眷顾和预定与自由意志不矛盾，因为上帝通过包括人的自由意志在内的各种次要起因而制造出预期的结果。[49]

一切存在着的东西，包括最初物质，都是上帝创造的。[50] 在这里托马 273
斯感到不得不背弃亚里士多德，[51] 亚里士多德假定有一种永恒的物质，巴黎大学文学院的几位教师在这一点上追随亚里士多德，下一章还要论述。[52] 托马斯声称，那种说上帝只是把形态加给了预先存在的物质的理论，否认了创造天地的教义，因为如果上帝只是对于原来就有的东西加以改变和移动，上帝就不是存在的共同起因了。托马斯认为，有好几种合理的论点可以引用来否定物质永恒说，但这些论点没有一个是结论性的。拿创造天地的时间来说，他驳斥那些声称能够证明天地万物是永恒的人，[53] 虽然在这里他再次同意，在时间之内创造天地，是不能用推理来证明得丝毫没有疑云的，这只能被确定无疑地得知，因为这已经被启示了。[54]

上帝同时创造了诸天、物质、时间和天使类。[55] 正是在这个时候，阿

---

[48] *S. Th.*, *I*, *q.* *19*, *art.* *3*.

[49] 同上，*art.* 5；*Summa contra gent.* 3.88～91。

[50] *S. Th.*, *I*, *q.* *44*, *art.* 1～2；*Summa contra gent.* 2.15～16.关于托马斯坚持这一点的背景，见 L. H. Kendzierski，"The Doctrine of Eternal Matter and Form"，*ModSch*，31（1953～1954），171～183。另见西班牙文翻译：J. I. Raranyana，"Santo Tomás：'De aeternitate mundi contra murmurantes'"，*Anuario filosófico*，9（1976），399～424。

[51] R. Jolivet，"Aristote et la notion de création"，*RScPhTh*，19（1930），5～50，209～225.

[52] *Summa contra gent.* 2.16.

[53] *S. Th.* *I*, *q.* *46*, *art.* 1.

[54] 同上，*art.* 2。

[55] 同上，*art.* 3。

奎那论述了天使有没有物质这个争论最多的问题。[56] 我们已经说过，法兰西斯学派主张，理性物（当然包括天使）是物形组合的，该学派在这一点上得到大多数保守派神学家的支持。与这种主张相反，托马斯断言，灵
274 质不可能有任何种类的物质，因而一切理性物必然是全部非物质的。[57] 这样就使托马斯处于一个困难的境地。他相信，同一种类中的不同个体之间的区别，是通过物形结合而来的。这样，所有的天使就是不能辨别的了。他唯一自圆其说的办法，就是宣称每个天使都是一个不同的种类。[58]

托马斯详细地讨论了人类学。其中使我们感兴趣的是：人的本性、认识论和人的存在的目的。

一个人并不仅仅是一个灵魂与一个身体联合在一起，而是灵魂与身

---

[56] 关于这一论题的最好的探讨，其中托马斯主义的几个特点非常明显，见 H. van Rooy，“De middleeuwen over materia en forma bij de engelen”，*StCath*，5（1928～1929），108～127；E. Kleineidam，*Das Problem der hylemorphen Zusammensetzung der geistigen Substanzen im 13. Jahrhundert, behandelt bis Thomas von Aquin*（Liebenthan，private publication，1930）；A. Martínez，“Introducctión al Tratado de los Angeles”，*BAC*，56：52～60。与此论题联系密切的研究，见 J. Goheen，*The Problem of Matter and Form in the* “*De ente et essentia*” *of Thomas Aquinas*（Cambridge：Harvard University Press，1940）。

[57] *S. Th.*，*I*，*q.* *50*，*art.* 2.

[58] *S. Th.*，*I*，*q.* *50*，*art.* 4.

体二者的合一,因此,二者的任何一个都不能单独地算是人。[59] 托马斯依据理性物不是物形组合这个原理,断言灵魂没有正规的物质。[60] 灵魂是身体的形态,身体充当灵魂的物质,因此人是由物与形组合的,灵魂就不是由物与形组合的[61]——前边已经说过,这种组合是一切被造物成为个体的本原。[62] 存在于每个身体里的灵魂和其他的灵魂是不同的,尽管某些所谓的亚里士多德评述家持有相反的意见。[63] 正是主要论点中的这个论点上,托马斯感到不能不反对当时大家共同认为的亚里士多德的学说,因为肯定所有的灵魂的统一性将意味着否认个人的不朽性。另一方面,

---

[59] 涉及这一点的简明的介绍性文章,见 S. Vanni - Rovighi, "La concezione tomistica dell'anima umana", *Sapza*, 10 (1957), 347 ~ 359。更加详细、专业化,并且对托马斯的个人发展予以关注的论著,见 A. C. Pegis, *St. Thomas and the Problem of the Soul in the Thirteenth Century* (Toronto: St. Michael's College, 1934)。另外值得一提的论著:V. E. Sleva, *The Separated Soul in the Philosophy of St. Thomas* (Washington: Catholic University of America Press, 1940); M. E. Anderson, *The Human Body in the Philosophy of St. Thomas Aquinas* (Catholic University of America Press, 1953); C. S. Zamoyta, *The Unity of Man: St. Thomas' Solution to the Body - Soul Problem* (Catholic University of America Press, 1956); K. Bernath, *Anima forma corporis: Eine Untersuchung über die ontologische Grundlage der Anthropologie des Thomas von Aquin* (Bonn: H. Bouvier, 1969)。对此问题的历史背景作了很好的研究,见 R. Zavalloni, "La métaphysique du composé humain dans la pensée scholastique préthomiste", *RevPhLouv*, 48 (1950), 5 ~ 36。关于其以后的历史,见 P. Muñiz, "El constitutivo formal de la persona creada en la traditión tomista", *CienTom*, 68 (1945), 5 ~ 89; 70 (1946), 201 ~ 293。

[60] *S. Th*, *I. q. 75*, *art.* 5. 见 E. von Ivanka, "Aristotelische und thomistische Seelenlehre", in *Aristote et saint Thomas d'Aquin* (Louvain: Publications Unversitaires, 1957), pp. 221 ~ 228.

[61] *S. Th*, *I. q. 76*, *art.* 1.

[62] 后来托马斯的学生对此有各种各样的解释。见 *BThAM*, vol. 6 (1950 ~ 1953), no. 621。

[63] *S. Th*, *I. q.* 76, *art.* 2. J. Mundhenk, *Die Seele im System des Thomas von Aquin: Ein Beitrag zur Klärung und Beurteilung der thomistischen Psychologie* (Hamburg: F. Meiner, 1980); M. Sánchez Sorondo, "La querella antropológica del siglo XIII: Sigerio y Santo Tomás", *Sap.*, 35 (1980), 325 ~ 358.

275 每个人的灵魂是一个整体，[64]尽管它确实有好几种不同的官能，[65]因为它是一个单一的和不可分的形态——这与奥古斯丁派传统的观点是对立的。[66]

知识论在托马斯学说中是典型论点之一。[67] 他不得不面对的难题是，把亚里士多德的主张和哲学的长期传统调和起来，亚里士多德主张，任何东西没有先存在于感官里就不可能存在于智力里，而哲学的长期传统声称，真正知识不能只限于个别的和一瞬即逝的对象，而必须或多或少是有关共相本质的知识。[68] 一方面，他既不能接受柏拉图的回忆说（doctrine of reminiscence），也不能接受奥古斯丁的光照说，因为二者都企图说明，在认识过程中可以不用感官的功能而认识本质。另一方面，走到相反的极端——即只有感官感觉到的东西才能被认识，这样，知识就只限于特定的和物质的对象，而永远达不到共相本质——也不能解决这个难题。

托马斯提出的解决办法是，把认识说成是一个过程，在其中我们从感官资料出发，达到对本质的认识。由于我们是身体与灵魂的合一体，我们

---

[64] 同上，*art.* 3。

[65] 同上，*q.* 77，*art.* 2。根据亚里士多德的看法，这些官能有五种不同的形式（同上，*q.* 78，*art.* 1；*De anima*，2）。见 P. Künzle，*Das Verhältnis der Seele zu ihren Potenzen：Problemgeschichtliche Untersuchung von Augustin bis und mit Thomas von Aquin*（Fribourg：Universitätsverlag，1956）。

[66] 关于这一问题的背景，见 D. A. Callus，"The Origins of the Problem of the Unity of Form"，*Thomist*，24（1961），257～285。关于托马斯本人与法兰西斯学派的整个发展的比较，见 B. J. Campbell，*The Problem of One or Plural Forms in Man as Found in the Works of St. Thomas Aquinas and John Duns Scotus*（Paterson，N. J.：St. Anthony Guild，1940）。

[67] 关于这一主题的论著如此之多，甚至不可能在此列出基本的参考书目。下列这些书目可以作为所涉及主题的入门书，而且其中还指点了进一步研究的参考书目：B. Gerrity，*The Relations Between the Theory of Matter and Form and the Theory of Knowledge in the Philosophy of Saint Thomas Aquinas*（Washington：Catholic University of America Press，1936）；J. Santeler，*Der Platonismus in der Erkenntnislehre des heligen Thomas von Aquin*（Innsbruck：F. Rauch，1939）；A. Rebolla，*Abstracto y concreto en la filosofía de Santo Tomás：Estructura metafísica de los cuerpos y su conocimiento intelectivo*（Burgos：Seminario metropolitano，1955）。被编辑出版的托马斯的相关文本：J. de Vries，*De cognitione veritatis textus selecti S. Thomae Aquinatis*（Münster：Aschendorff，1953）。

[68] *S. Th.*，*I*，*q. 84*，*art.* 6.

不能单独靠灵魂来认识，我们也不能单独靠身体来感觉。与此相反，灵魂在感官知觉中起作用，而身体的感官在认识中提供最初资料。感官提供 276
的资料，并不是杂乱无章的一堆感觉，而是一个形象（image）或“幻影”（phantasm），在其中各种感觉以这样一种方式联系在一起，以致这些感觉呈现出了一个物质的和具体的物体。[69] 这种形象不是该物体；但这种形象不是纯粹主观的，因为它忠实地代表着一个真实的物体。然而，这样一个“幻影”还不是真正的认识，因为它是一个具体的和暂时的形象，而真正的认识涉及到事物的本质。因此，智能必须从幻影中抽出那种与幻影的本质相当的东西。人的头脑不是力图发现具体物体背后隐蔽的现实，而是从出现在感官面前的物体本身之中辨认出那种与物体的本质相当的东西。事物的基本现实不能撇开事物而被发现，而是要在事物中去发现，因此，本质的被发现是一个抽象行动，而不是超越可感觉事物的穿透行动。

抽象是主动智能的一种活动，主动智能“光照”幻影，从而发现幻影中的本质。托马斯虽然在这里用了奥古斯丁的特用词，但他的学说与奥古斯丁光照说极不相同，奥古斯丁的光照是通过上帝的行动发生的。托马斯的“光照”是一种行为，通过这种行动，人的头脑发现了幻影中的本质，就像光线揭示了事物里的颜色那样。主动智能在幻影中发现“可理解的物种”（“intelligible species”），[70] 而后把可理解的物种印在被动智能上。而被动智能就产生出“被表达的物种”（“expressed species”），亦即共相的和本质的观念。这样，我们就得到了知识，但人们必须重申，观念不是知识的对象，而是借以认识对象的手段。例如，“狗”这个观念不是知识；知识是把这种观念应用在某个特定的和具体的个体上。因而，托马斯的认识论是出发于具体而又终止于具体，但它之能够有效，是因为在这一

---

[69] 同上，*art*. 7。

[70] 同上，*q*. *85*，*art*. 1。

从具体到具体的过程中，智能穿透了本质的与共相的观念。

277 我们对于上帝和对于自己灵魂的认识，至少在今生今世，也是从感官产生出来的。我们认识这种无形的现实事物，不是借助于直接的光照，而是我们认识有形的现实事物的一个结果，这种有形的现实事物证明了无形的现实事物的存在。这一点可见于我们已经讨论过的证明上帝存在的五种方法。

由于一切事物都受着命定目的的支配，因而道德神学的基础在于人类存在的最终目的。在这里，托马斯同意亚里士多德的看法，即我们的目的是幸福。因此，道德学必须引领我们达到这一目标。但托马斯认为，这种幸福是超出我们的自然能力的，因为这种幸福在于极乐的显圣之中，而极乐的显圣只能在来世，通过超自然的助力才能达到。“因此，人类的终极幸福在于认识上帝，人的头脑在今生今世之外将具有这种认识。”[71]另一方面，虽然只有上帝能够赐给这种幸福，但上帝的公义要求我们通过积德使自己准备好接受这一不配得的恩赐。[72]

关于律法的学说，是道德神学的起点。[73] 每条律法和每一命令的起源是那一条“永恒之律”，即上帝是宇宙的最高统治者。从这个永恒之律中产生了“自然之律”，“自然之律”就是万物参与这个永恒之律的途径。对于理性物尤其如此。自然之律这样印在理性物之中，以致自然之律指导理性物奔向道德真理。这种自然之律是普遍的或一般的道德——既不局限于那一群知道上帝的天启律法的特定的人的道德，也不局限于那些遵循一套人类特定法规的人的道德——的基础。自然之律之所以是普遍的，是因为它写在每个人心里，它的教训是实用理性的第一批法则。

自然之律的第一批法则是不证自明的。但出自自然之律的其他一些

---

[71] *Summa contra gent.* 3.48.

[72] *S. Th.*, $\mathrm{I}^{a}\,\mathrm{II}^{ae}$, *Q.5*, *art.* 7.

[73] *S. Th.*, $\mathrm{I}^{a}\,\mathrm{II}^{ae}$, *q.* 90 ~ 108.

戒律,需要正确运用推理才能发现它们。这样,托马斯就能够在自然之律 278
的基础上,建立起他的大部分道德神学,并宣称他的结论是普遍有效的。[74] 但是,自然之律必须有上帝之律使之完备,这种上帝之律是上帝更明确和更详细地赐给人的。上帝之律的最高点是新律或福音律,其诫命就是爱,并且也包括“道德完美的劝导”。这不是所有的人都要遵循的,但它确实能使人达到更高的道德完美。[75]

托马斯的基督论最显著的特色是亚历山大的西里尔的影响,这一点西方大多数神学家们几乎一无所知。部分是因为托马斯研究过西里尔的学说,所以他用非位格联合(anhypostatic union)的措辞来解释基督里两性的结合。位或位格有其本身的存在,但是,二性就不是这样的,因而正是在“道”的位格中存在着救世主的人性。[76] 由于这样的联合,并因为每一性的运行和性质都和位格有关,所以就产生了属性交流,因此人们就能够论断“道”里面纯属人性的那些东西,如为童贞女所生,受过苦,等等。

托马斯基督论的另一方面,即他对于上帝在人要是不犯罪的情况下会不会成为肉身的这一问题的答复,后来引起了许多争论。[77] 托马斯没有清楚地否定反面的意见,只是说,那种认为如果人不曾犯罪上帝就不会成为肉身的说法似乎是比较合理的,但人们必须承认,上帝是无所不能的,并且能够作出另外的决定。

末了,由于和基督论密切相关,在这里谈一下托马斯的马利亚论是恰
当的。关于应给马利亚的荣誉,这位天使博士的教导成了罗马教会的一 279
般学说。[78] 然而,他的关于马利亚纯洁受胎的观点,明显地与该教会后来

---

[74] *Summa contra gent*. 3. 121 ~ 129.

[75] *S. Th.*, Ⅰ^{a} Ⅱ^{ae}, *q. 108*, *art.* 4. 这些“道德完美的劝导”是“托钵僧”立誓的基础,因此它们在13世纪的巴黎大学受到激烈的争论。

[76] 同上,Ⅲ, *q.* 2, *art.* 3。

[77] 同上,*q. 1*, *art.* 3。

[78] 同上,*q. 24*, *art.* 5。

的官方学说相抵触。[79] 虽然他对圣母马利亚极为尊敬，认为她从未犯过任何实际的罪，[80]她永远是童贞女，但他确实认为，[81] 马利亚继承了原罪，这种原罪是在她怀孕之后被圣洁化而洗净的，在此之前就不是。再者，即使这种圣洁化也没有使她摆脱罪的处罚，因而她只有靠基督的献身才能进入天国。[82]

圣礼的威力来自成为肉身的道。[83] 圣礼是一个神圣的现实事物的标志，这种神圣的现实事物能使人圣洁化。[84] 由于我们是肉体和灵魂组成的，只能通过那些可感觉的东西才能知道那些可理解的东西，所以在圣礼之中，可理解的现实事务是通过可感觉的现实事物来揭示的。[85] 然而，这不是说，我们可以随便选择什么东西作为圣礼的标志；而必须只选用上帝选定了而且建立了的那些标志。[86] 圣礼有物有形：那些用于圣礼的东西就是物，而所用的词句就是形。[87]"新律的圣礼——即基督受难之后成为有效的圣礼——有能力把恩典赐给接受圣礼的人，[88] 并把一种磨灭不掉的品质印在参加圣礼的人心里。[89] 只要愿意举行圣礼，任何时候都有这样的效用，[90] 即使执行的人缺乏信心或爱心也无妨。[91]

280 圣礼有七个。托马斯也许是把这个数字当做教会的传统教义而加以

---

[79] 同上，*q.* *27*，*art.* 2。

[80] 同上，*art.* 4。

[81] 同上，*q.* *28*，*art.* 3。

[82] 同上，*q.* *27*，*art.* 1。

[83] 同上，*q.* *60*，*proem*。

[84] 同上，*art.* 2。

[85] 同上，*art.* 5。

[86] 同上。

[87] *S. Th.*，$\mathrm{I}^{a}\mathrm{II}^{ae}$，*art.* 6~7.

[88] 同上，*q.* *62*，*art.* 4。

[89] 同上，*q.* *63*，*art.* 5。

[90] 同上，*q.* *64*，*art.* 8。

[91] 同上，*art.* 9。

接受的,但实际上是在最近,通过彼得·伦巴德的影响,才把这个数字确定下来的。[92]

托马斯无疑是中世纪最杰出的神学家。其一部分原因是他——尤其是在他的《神学大全》里——提出了和解决了各种问题。他的著作就像一座巨大的哥特式教堂,在其中,中世纪世界观的各个方面,从最高的天国大厦到地狱的阴暗角落都展现出来,在其中,一切事物平衡有致,运转自如,似乎都指向苍天。

然而,这一神学最重要的方面,并不在于它给人深刻印象的结构或详细论述,而在于托马斯能够应付正在侵入拉丁语西方的新哲学的挑战。多少世纪以来,神学一直是遵循着奥古斯丁和伪狄奥尼修斯的灵感,而且通过他们,实际是遵循着柏拉图和普罗提诺的灵感。这种哲学系统对于早期基督徒们抵制偶像崇拜和唯物主义的斗争来说是非常有用的,但是当这种哲学体系涉及到道成肉身和圣礼之类的教义时就成了一种障碍,因为在这些教义里物质的和可感觉的因素是极为重要的。如果说中世纪的前几个世纪,对于研究自然界及其规律不太感兴趣,其部分原因是蛮族的入侵,以及随之而来的混乱,但也有部分原因是建立在新柏拉图主义原则上的神学侧重于来世。因此并不奇怪,到了13世纪,就出现了新哲学,坚决主张感官作为认识的出发点的重要性,也出现了自然科学研究的觉醒。大阿尔伯特,既是深信不疑的亚里士多德派,又是自然科学的热心研究者,这并不是巧合。

对于这种新哲学,托马斯的同时代人有两种基本的反应。有些人,像 281
波拿文图拉,是明白反对新哲学的,只在毫不影响传统神学的基本结构的情况下,才采纳新哲学少数的零星论点。其他的人,如布拉班特的西格尔,则热情地信奉这种新哲学,并把它放在他们思想的中心,以致他们随时准备抛弃传统神学和哲学里任何与新哲学抵触的东西。前者宣告他们

---

[92] 同上,*q.* *65*, *art.* 1。

自己停留在古代的思想体系里,从而失去新哲学中可能有的任何积极价值。后者则与教会的传统信仰失去联系,从而缩小成了一个很小的团体,终于很快就失去了他们的影响。

介于这两个极端之间,阿尔伯特和托马斯试图创造出一种神学,这种神学既忠实于教会传统和《圣经》权威,又符合新哲学的体系。阿尔伯特只是朝着这个方向迈出了头几步,而其著作仍停留在折衷主义的水平上。但托马斯能够把这些不同的成分糅合成一个综合体,既不是亚里士多德的,也不是奥古斯丁的,而是“托马斯主义的”。

托马斯这样做,不仅对神学作出巨大贡献,而且也对整个西方文明作出巨大贡献。神学获益匪浅,因为神学能够更有力地强调《圣经》的这一准则,即以色列人的上帝和教会的上帝是在历史的具体事件中现示出来的。西方文明世界在重振亚里士多德对于物质世界的研究精神之后,就能够遵循观察和探讨的途径,这个途径终于导致了成为西方文明标志的技术发展。

托马斯主义的后期发展

一个神学和哲学学说,像托马斯的学说那样范围宽广,创见突出,是不容易被大多数人接受的。一方面,布拉班特的西格尔及其追随者们,指
282 责他过分迁就传统神学,以致摈弃了亚里士多德哲学的原来的意思。在另一极端,奥古斯丁主义神学指责他倒向极端亚里士多德派的主张,而抛弃了传统神学的基本方面。二敌之前者从来没有严重威胁托马斯主义的生存,因为西格尔及其追随者们就是在巴黎大学文学院里也是个很小的少数派。但是,较为符合传统的神学家们的攻击倒是更加严重的威胁。在早期支持托钵僧修道会抵制圣阿莫尔的威廉(William of Saint Amour)和阿伯维尔的格拉尔德(Gerard of Abbeville)的指责的斗争中,法兰西斯派和多米尼克派,曾是并肩作战的。当托马斯主义广为人知的时候,这种

情况就彻底改变了。以约翰·培克哈姆(John Peckham)为首的法兰西斯派,许多世俗人士,甚至某些多米尼克派,开始公开攻击"弟兄托马斯的标新立异"(innovations of Brother Thomas),但是托马斯并不畏惧。他写了一篇短文《论世界的永恒》(*On the Eternity of the World*),否认世界是永恒的,但也不同意传统神学家们的意见,而宣称这样的永恒不是一种合理的谬误。

1277 年,托马斯死后三年,这一斗争达到了高潮,当时巴黎主教司提反·太姆皮尔(Stephen Tempier),发表了和谴责了 219 条主张的一个单子,这 219 条大部分是摘自布拉班特的西格尔和巴黎大学文学院其他教师,但也摘自托马斯及其追随者们。[93] 当时的坎特伯雷大主教罗伯特·基尔华德比(Robert Kilwardby),好像配合了他的巴黎同事的行动,在牛津也发表了和谴责了 30 条主张的另一个单子,其中包括托马斯的几个论点。[94] 法兰西斯派成员拉美尔的威廉,发表了《纠正托马斯弟兄》(*Correc-* 283
tion of Brother Thomas)一文,恶毒攻击多米尼克派。[95] 1282 年,法兰西斯修道会的全体大会建议它的所有会员阅读这一著作。[96] 与此同时,多米尼克派团结起来,保卫他们卓越的神学家。他们的 1278 年和 1279 年的全体大会,采取了措施保证该会成员决不攻击托马斯。1309 年,托马斯

---

[93] J. F. Wippel, "The Condemnations of 1270 and 1277", *JMedRenSt*, 7 (1977), 169 ~ 201.

[94] Cf. L. E. Wilshire, "Were the Oxford Condemnations of 1277 Directed against Aquinas?" *NSch*, 48 (1974), 125 ~ 132.

[95] R. Creytens, "Autour de la littérature des Correctoirs", *ArchFrHist*, 12 (1942) 331 ~ 330. 关于年代顺序排列问题,见 F. Pelster, "Einige ergänzende Angaben zum Leben und zu den Schriften des Willhelm de la Mare O. F. M.", *FranzSt*, 37 (1955), 75 ~ 80。由 Pelster 所编辑的原文,*Declarationes Magistri Guilemi de la Mare O. F. M. de variis sententiis S. Thomae Aquinatis* (Münster: Aschendorff, 1956); T. Schneider, *Die Einheit des Menschen: Die anthropologische Formel 'anima forma corporis' im sogennanten Korrektorienstreit und bei Petrus Johannis Olivi: Ein Beitrag zur Vorgeschichte des Konzils von Vienne* (Münster: Aschendorff, 1937); L. Hödl, "Anima forma corporis: Philosophisch – theologische Erhebungen zur Grundformel der scholastischen Anthropologie im Korrektorienstreit (1277 ~ 1287)", *ThPhil*, 41 (1966), 536 ~ 556; M. D. Jordan, "The Controversy of the 'Correctoria' and the Limits of Metaphysics", *Spec.*, 57 (1982), 292 ~ 314。

[96] S. Ramírez, "Introducción general", *BAC*, 19: 90.

这位天使博士的学说被多米尼克派宣布为一切教学和研究的准则。还有，13 世纪的最后几年里，好几个作者驳斥了拉美尔的威廉的《纠正托马斯弟兄》——常常使用有启发性的标题《纠正托马斯弟兄的歪曲者》(*Correction of the Corruptor of Brother Thomas*)。[97]

尽管有神学研究的两个主要中心的谴责，但托马斯主义还是有好几个维护者，他们在若干论点上追随这位天使博士，而避免与教令公开发生矛盾，其中有罗马的贾尔斯(Giles of Rome)，[98]封腾的哥德夫利(Godfrey of Fontaines)，[99]和奥夫尔尼的彼得(Peter of Auvergne)。[100]

最后，于 1323 年，在阿维尼翁(Avignon)的教皇约翰二十二世(John XXII)，宣告托马斯为圣徒，此后他的影响有所增长。1324 年，巴黎的谴责撤销了。他的评论者和追随者与日俱增，即使是他的对手们也承认他是 13 世纪最伟大的神学家。1567 年，教皇庇护五世(Pope Pius V)加给了他"教会普世博士"(Universal Doctor of the Church)的尊称。

---

[97] P. Glorieux, *Les premières polémiques thomistes*: *I—Le Correctorium corruptori "Quare"* (Kain, Belgium: Biblioteque thomiste, 9, 1927), pp. vii - xix.

[98] 他的论文 *Errores philosophorum* 由 J. Koch 编辑，由 J. O. Riedl 译成英文(Milwaukee: Marquette University Press, 1944)。他的 *Theoremata de esse et essentia* 由 M. V. Murray 翻译(Marquette University Press, 1952)。学者们对 Giles 与 Thomas 之见的准确关系未达成共识。他们之间的确有一些接触点，诸如本质(essence)与实在(existence)之见的真正区别。但是新柏拉图主义对 Giles 的影响明显地大于其对 Thomas 的影响。

[99] 关于 Godfrey 的简短讨论，见 Gilson, *History*, pp. 424 ~ 425, 739 ~ 740。更为详尽的研究，见 V. Heynck, "Die Kontroverse zwischen Gottfried von Fontaines und Bernard von Auvergne O. P. um die Lehre des hl. Thomas von der confessio informis", *FranzSt*, 45 (1963), 1 ~ 40, 201 ~ 242; B. Neumann, *Der Mensch und die himmlische Seligkeit nach der Lehre Gottfrieds von Fontaines* (Limburg: Lahn Verlag, 1958); N. F. Gaughan, "Godfrey of Fontaines: An Independent Thinker", *AmEccRev*, 157 (1967), 43 ~ 54; J. F. Wippel, *The Metaphysical Thought of Godfrey of Fontaines*: *A Study in Late Thirteenth - Century Philosophy* (Washington: Catholic University of America, 1981)。Godfrey 思想中最重要的一点是他坚持理性(reason)先于意志(will)。关于这一点他后来遭到以 John Duns Scotus 为首的法兰西斯学派的反驳。

[100] E. Hocedez, "La théologie de Pierre d'Auvergne", *Greg*, 11 (1930), 526 ~ 552; W. Dunphy, "Two Texts of Peter of Auvergne on a Twofold Efficient Cause", *MedSt*, 26 (1964), 287 ~ 301.

第十一章　极端亚里士多德主义

我们已经谈过,13 世纪争论的中心问题,是人们应当以什么态度对 284
待新近发现的亚里士多德哲学和他的“解说者”。一些我们称为奥古斯丁派的神学家,其中最突出的有黑尔斯的亚历山大和波拿文图拉,他们保留传统的哲学和神学,而且只接受亚里士多德主义里面那些能与中世纪早期遗产相容的东西。另外一些人,可以称为“温和的亚里士多德派”,他们接受了亚里士多德主义的基本原则,却作出自觉的努力继续忠实于教会的传统教导,但又把教会传统教导置于基本上是亚里士多德主义的体系之内。还有一些人——即本章将要讨论的人——决心自由地探索他们面前的新天地,全神贯注于新哲学并致力于理性的调查,但并不一定放弃他们的基督教信仰。这群人的主要代表是布拉班特的西格尔(Siger of Brabant)。

布拉班特的西格尔

285 西格尔①是巴黎大学文学院的成员,他没有像当时流行的那样进入神学院继续学院生涯,而是决定继续做一个"文人",而没有成为一个神学家。这一决定本身,反映了那种开始占领各大学的新气氛:哲学,这时被新的传统丰富了,不再作为研究神学的一种工具,而成了一个独立的研究学科。西格尔以极大的热情投入了这个领域的探索。他的主要志趣似乎是要弄懂亚里士多德主义,并运用其原则来探讨理性的真理。这种努力势必使他与神学家们发生矛盾——看来他对此早已有所察觉,因为他毫不犹豫地把奥古斯丁与亚里士多德当做两种不同观点的代表,而把他们置于彼此对立的地位。然而,这并不像有些人所说的那样,他否定了启示的依据。或者他认为哲学真理可以对抗神学真理。与此相反,他似乎一直是个虔诚的基督徒,尽管他阐述亚里士多德思想的工作,常常使他超出许多人所认可的正统化的限度。西格尔及其追随者常常被称为"拉丁的阿威罗伊派"(Latin Averroists)。这一称号好像开始于托马斯,这是由于这样一个不可否认的事实,即西格尔沿用了阿威罗伊的主动智能统一说。但是一般说来,西格尔只是把阿威罗伊看做亚里士多德的一个解说

① 关于西格尔作品的年代、作者以及文本的流传等较为复杂的问题在此不作讨论。见 F. van Steenberghen, *Siger de Brabant d'après ses oeuvers inédites*, 2 vols. (Louvain: Institute Supérieur de Philosophie, 1931, 1942); F. van Steenberghen, *Les oeuveres et la doctrine de Siger de Brabant* (Brussels: Palais des Académies, 1938); R. A. Gauthier, "Notes sur Siger de Brabant", *RScPhTh*, 67 (1983), 201 ~232; 68(1984), 3 ~49。关于这整个运动,见 K. Kuksewicz, *De Siger de Brabant à Jacques de Plaisance: La théorie de l'intellect chez les averroïstes latins des XIIIe et XIVe siècles* (Warsaw: Éditions de l'Académie polonaise des sciences, 1968); P. Glorieux, *La faculté des arts et ses membres au XIIIe siècle* (Paris: J. Vrin, 1971); F. van Steenberghen, *Maitre Siger de Brabant* (Louvain: Publications universitaires, 1977)。第一流的研究,见 P. Mandonnet, *Siger de Brabant et l'averroïsme latin au XIIIe siècle: Étude critique et documents inédits* (reprint, Geneva: Slatkine, 1976)。

者，除此之外就不承认他有别的权威，而他的解说也总是可以争辩的。事实上，西格尔似乎从阿维森纳那里接受了强烈的影响，并通过《论诸因之书》（*Book on Causes*）接受了普罗克拉斯（Proclus）和新柏拉图主义影响。但他还是相信，哲学全貌必须得自亚里士多德，而他自己的工作就是恢复和发挥这种哲学。

> 西格尔的哲学没有深刻的独到见解，但实质上是完整的亚里士 286
> 多德主义的重建。对他来说，亚里士多德是一个最杰出的哲学家，是创造哲学的天才。他的哲学权威无敌于天下。在推理的领域内，西格尔从来没有公开反对过亚里士多德的教导，却总是认为亚里士多德的解决办法优于其他任何人。研究哲理就必须先调查一下亚里士多德和其他哲学家对一个问题是怎样考虑的。[2]

“阿威罗伊派”这个称号，以及他对神学之外的哲学探讨的兴趣，是“双重真理”之所以常常被看做是他的学说的原因。[3] 其实这是弄错年代，因为在13世纪似乎没有人持有这样的观点。实际情况是这样的：西格尔总是坚持，哲学有权走推理调查的道路，直到得出最终的结果，即使这样做迫使人们宣称，鉴于推理的结论和信仰的论据之间表面上的矛盾，那就必须放弃前者，承认后者。所以，虽然在哲学领域内，他是一个严格的唯理主义者，而在神学领域内，他称得上是一个信仰主义者。表面上看来，他的断言是真诚的，而且他是一个深信不疑的基督徒。但是尽管如此，他的信仰和理性之间的两分法，威胁着要搞垮经院主义的整个大厦，因为这个大厦的基础是这样一个前提——有时是明说的，有时不是——

② Van Steeberghen, *Les oeuveres et la doctrine*, pp. 166 ~ 167.

③ F. Sassen, “Siger de Brabant et la doctrine de la double vérité”, *RnsPh*, 33 (1931), 170 ~ 179; F. van Steenberghen, “Une légende tenace: La théorie de la double vérité”, *Bulletin des Lettres et des Sciences morales*, Académie roy. de Belgique, ser. 5, 56 (1970), 179 ~ 196.

即，虽然有的真理是理性所达不到的，但这些真理与理性并不矛盾，而是高于理性。因而，虽然理性也许不能发现和证明这些真理，但也不能抗拒这些真理。所以，极端亚里士多德主义为神学家们所不能接受的第一点是，该主义坚持哲学的独立性，即哲学可以撇开神学的考虑而自由地走它自己的道路。

287 西格尔与正统信仰之间的第二点冲突是世界永恒问题。根据亚里士多德对于第一物是第一个不被动的推动者的理解，西格尔由于推理的必然性而感到不得不断言，永恒上帝造出来的果也必须是永恒的，所以，一切“单独的实体”都是永恒的。世界、时间、运动、物质和灵魂，都应该是永恒的。[4] 与这种主张相反，波拿文图拉声称，世界永恒说是荒谬的；托马斯虽然否认世界永恒说是荒谬的，却说推理能够提出或然率的论点来反对世界永恒说。[5]

第三，西格尔认为，天体的物理运动决定着地上万物的运动，因而历史的全部进程就像天一样，走的是一个圆圈，一次次地周而复始。[6] 正如所料，这样一种学说，与自由意志相矛盾，并且也意味着当前的基督教时代只不过是它之前和它之后已经和将要有的许多时代之一，这是神学家们全然不能接受的。

---

④ 然而，必须补充指出，西格尔对正统的敬重使得他在这其中的某些方面迟疑不决。见 Van Steenberghen, *Les oeuveres et la doctrine*, p. 130. Cf; T. P. Bukowski, “The Eternity of the World according to Siger of Brabant: Probable or Demonstrative?” *RThAM*, 36 (1969), 225 ~ 229。

⑤ 被译成英文的相关文章，见 C. Vollert *et al.*, *St. Thomas Aquinas, Siger of Brabant, St. Bonaventure on the Eternity of the World* (Milwaukee: Marquette University Press, 1964)。对于那些可能持相似观点者的研究，见 H. Schmieja, *Das problem der Ewigkeit der Welt in drei anonymen Kommentaren zur Physik des Aristoteles* (Cologne: Universität, 1978)。

⑥ Van Steenberghen, *Les oeuvres et la doctrine*, pp. 140 ~ 142.

最后,[7]使西格尔及其追随者博得“拉丁的阿威罗伊派”称号的那个
学说,就是主动智能统一说。[8] 理性灵魂——有别于生成的有感觉的灵
魂——是单独一个的,普遍的,和永恒的。实际上,在西格尔所采纳的形 288
而上学体系里,完全非物质的灵魂是不可能成为多数的,因为一个非物质
的形态是不可能个体化的。[9] 结果,在我们每个人里面,除了一个身体和
一个生成的有感觉的灵魂之外,还有一个普遍的属灵物质,这个属灵物质
是大家都有的,这个属灵物质通常被称为理性灵魂。虽然在我们每个人
里面这一灵魂似乎是个别的和只是我们的,但实际情况是所有人的灵魂
是单独一个,它在每个人里面的个体化只是表面的和暂时的。理性灵魂
与一个人的联合,并不是实质的,而只是偶然的。人一旦死了,理性灵魂
就回到它的原体,西格尔大概把这个原体和上帝等同起来。[10] 这样的观
点,是直接来自阿威罗伊的,托马斯管他叫做阿威罗伊派,[11] 正是这个原
因;而神学家们据以反对西格尔及其追随者的,也正是这个关键论点。

---

⑦ 他也被指控否定神圣的眷顾。P. Mandonnet, *Siger de Brabant et l'Averroïsme latin au XIIIe siècle*, 2nd ed. (Louvain: Institute Supérieur de Philosophie, 1911), 1: 165~168. 反对这一观点的著作,见 Van Steenberghen, *Les oeuvres et la doctrine*, p. 128, n. 1; J. J. Duin, *La doctrine de la providence dans les écrits de Siger de Brabant: Textes et étude* (Institut Supérieur de Philosophie, 1954), p. 458, 书中 Duin 认为西格尔在这一点上是完全正统的。

⑧ 在这一点上,学者们也未达成完全一致的认识。问题是西格尔是否坚持了那些传统上归于他的观点,并且坚持到底。他可能认为,理性能使人把握主动智能的统一,但他也乐于同意承认更高的信仰权威。无论如何,这一争论不能达成一致,除非对 *De anima intellectiva* 第七章的问题达成共识。Van Steenberghen, *Les oeuvres et la doctrine*, pp. 150~152, 此文认为,托马斯的批评直接导致西格尔修正其观点。另见 B. C. Bazán, “La unión entre el intelecto separado y los individuos, según Sigerio de Brabante”, *PatMed*, 1 (1975), 5~35。

⑨ 试比较此问题以及向托马斯提出的问题,当时他试图解释天使的个体化问题,后来被迫得出每一个天使属于不同类的结论。见边码第 273~274 页。

⑩ 这是 B. Nardi 的观点,见“Il preteso tomismo di Sigieri di Brabante”, *GCFilt*, 17 (1936), 26~35; 18 (1937), 160~164。

⑪ Van Steenberghen, *Les oeuvres et la doctrine*, p. 181.

得西阿的波伊丢斯

在西格尔的追随者中间,最出名的是得西阿的波伊丢斯(Boethius of Dacia),[12]宣布 1277 年的谴责的一些原稿,把他直接排在西格尔后面。虽然他的大多数著作均未发表,但有几篇论文在较晚的日期发表,其中有《论至高之善》(*On the Highest Good*)[13]和《论世界之永恒》(*On Eternity of*
289 *the World*)。[14] 第一篇把哲理的人生看做是人能达到的至高之善。它的内容几乎与古代异教的最好的伦理学论文的内容一样,所不同的是,波伊丢斯仿照了西格尔的榜样而宣称,哲理的人生是今生今世的和人类理性的范围内的至高之善,而在信仰应许给来世的福分中还有更高之善。在第二篇论文里,波伊丢斯提出了长长一系列论点,其中既有反对世界永恒的,也有赞成世界永恒的,并且得出结论说,人的理性对这件事情无法得

---

⑫ 一篇非常简明而全面的介绍性文章,见 A. Chollet, "Boèce de Dacie", *DTC*, 2: 922 ~ 924。关于他教训的一些基本点的讨论,见 A. Maurer, "Boethius of Dacia and the Double Truth", *MedSt*, 17 (1955), 233 ~ 239; F. Sassen, "Boëthius von Dacië en de theorie van de dubbele waarheid", *StCath*, 30 (1955), 262 ~ 273; E. Gilson, "Boèce de Dacie et la double vérité", *AHDLMA*, 30 (1955), 81 ~ 99; P. Michaud – Quantin, "La double vérité des Averroïstes: Un texte nouvean de Boèce de Dacie", *Theoria*, 22 (1956), 167 ~ 184。

⑬ M. Grabmann, "Die Opuscula *De Summo Bono de vita philosophi* und *De sompniis* des Boetius von Dacien", *AHDLMA*, 6(1932), 287 ~ 317. 另见 M. Grabmann, *Der lateinische Averroismus des 13. Jahrhurderts und seine Stellung zur christlichen Weltanschauung: Mitteilungen aus ungedruckten Ethikkommentaren* (Munich: Verlag der Bayer, 1931)。

⑭ G. Sajó, ed., *Tractatus de aeternitate mundi*, revised edition (Berlin: W. de Gruyter, 1964); G. Sajó et al., eds., *Boethii Daci Opera* (Hauniae: G. E. C. Gad, 1969, 1972). M. Grabmann 编辑了 Boethius 的另一著作,"Texte des Martinus von Dacien und Boethius von Dacien zur Frage nach dem Unterschied von *essentia* und *existentia*", in *Miscellanea philosophica R. P. Josepho Credt ... oblata* (Rome: Herder, 1938), pp. 7 ~ 17。见 R. C. Dales, "Maimonides and Boethius of Dacia on the Eternity of the World", *NSch*, 56 (1982), 306 ~ 319; H. Roos, "Der Unterschied zwischen Metaphysik und Einzelwissenschaft nach Boethius von Dazien", in P. Wilpert, ed., *Universalismus und Patrikularismus im Mittelalter* (Berlin: W. de Gruyter, 1968), 105 ~ 120。

出明确的判断,因此,人们可以根据基督教信仰来断言,世界是"新的",不是永恒的。然后,他以典型的经院主义程式,进而驳斥他开头所提出的各种论点。这篇论文给人的最后印象,与西格尔全部著作留给人的印象一样:人们在这里在哲学方面遇到了严格的唯理主义,但哲学事务在信仰的事务上则又让位给了信仰主义。

1277 年的谴责

不出所料,西格尔和波伊丢斯的极端亚里士多德主义首先遭到的攻击,来自奥古斯丁派神学家。波拿文图拉于 1267 年和 1268 年,在他的讲稿《论十条诫》(*On the Ten Commandments*)和《论圣灵的恩赐》(*On the Gifts of the Holy Spirit*)中,开始攻击亚里士多德派论点,并于 1273 年,在评论《论创造天地的六天》(*On the Six Days of Creation*)时,为奥古斯丁的寓意解经法辩护。与此同时,托马斯于 1270 年撰文《论智能统一》(*On the Unity of the Intellect*),攻击西格尔提出的主动智能统一说,并给那些持此观点的人冠以"阿威罗伊派"的称号。另一方面,正是在这期间,托马斯自己与我们称为奥古斯丁派的保守神学家之间开始发生了裂痕,因而托马斯的中间立场,开始在两个极端之间清楚地显示出来。

1270 年,巴黎主教司提反·太姆皮尔谴责了极端亚里士多德主义 13 290
条谬误的一览表,主要是关于世界永恒,否认上帝的眷顾,主动智能统一论,以及宿命论。虽然主教采取了这个行动,但在巴黎大学里争论继续不止。结果,教皇约翰二十一世责成太姆皮尔调查这个情况,并向他汇报。这位巴黎主教没有照办,却召集了一个委员会,拟出了 219 条主张的一览表。太姆皮尔于 1277 年正式谴责了这些主张。

前面已经谈过,这一谴责不只限于西格尔及其追随者,而且也包括托马斯的一些观点。这一做法,不仅是企图把大学里的学者们置于神学家们的权威之下,也是教会当局方面的一种干预行动,硬要人接受保守的奥古斯丁主义，而排斥把亚里士多德主义引入13世纪思想的那些做法。⑮

1277年的谴责没能阻挡托马斯的最后胜利——他本人总算没有受到攻击，因为他三年前已死去。但西格尔和波伊丢斯的情况就不同了。他们俩甚至在被正式判罪之前，就被迫离开巴黎前往罗马。在罗马，他们俩都被捕入狱。西格尔被一个狂人杀害，而波伊丢斯从此不再载入史册。

极端亚里士多德主义的余生

虽然有1277年的谴责和西格尔与波伊丢斯的悲惨结局，但极端亚里士多德主义不但在意大利，而且在巴黎坚持下去。新的亚里士多德派比西格尔和波伊丢斯走得更远，因为他们是真正的阿威罗伊派。他们接受并捍卫这位“解说者”的全部学说，包括他所主张的信仰次于理性并应从
291 属于理性的学说——这一观点与西格尔和波伊丢斯的观点截然相反。这些阿威罗伊派——他们是名副其实的——主张主动智能统一，永恒创造，以及道德宿命论。这一传统在展丹的约翰(John of Jandum，1328年)死后似乎就在巴黎消失了；但在意大利，这一传统仍坚持到17世纪。在十六世期间，在巴丢阿，这种阿威罗伊派对亚里士多德的解说，与那些追随阿夫罗底西阿的亚历山大(Alexander of Aphrodisias)的解说的人发生了矛盾，因为前者主张有一个普遍的主动智能，而“亚历山大派”否认这一点，并且用唯物主义的措词来解释亚里士多德。⑯

---

⑮ T. de Andrés Hernansanz, “Un problema de hoy hace setecientos años: En torno a los acontecimientos de París de 1277”, *CuadSalFil*, 4 (1977), 5~16; V. Muñoz Delgado, “La lógica en las condenaciones de 1277”, *CuadSalFil*, 4 (1977), 17~39; J. Châtillon, *L'exercise du pouvoir doctrinal dans la chrétienté du XIIIe siècle: Le cas d'Étienne Tempier* (Paris: Beauchesne, 1978); R. Hissette, “Étienne Tempier et ses condamnations”, *RThAM*, 47 (1980), 231~270.

⑯ F. van Steenberghen, “L'averöisme latin”, *Philosophica Coimbricensia*, 1 (1969), 1~32. Cf. A. Chollet, “Averroïsme”, *DTC*, 1: 2628~2630，作为真正的阿威罗伊分子而追随着更传统的西格尔的解释。

第十二章　君士坦丁堡陷落前的东方神学

我们在第七章里最后讨论东方神学的时候，君士坦丁堡被拉丁十字 292
军占领着；俄罗斯处于蒙古人统治之下；耶路撒冷、安提阿和亚历山大这些古代教区——以及大多数聂斯脱利派(Nestorians)和基督一性论派(Monophysites)——都隶属于伊斯兰。这种形势——只有君士坦丁堡和俄罗斯有重大变化——是我们正在研究的这段时期里东方神学发展的背景。这是东方基督教的一个黑暗时期。拜占庭教会处于这样一种光景，总是看不清楚最险恶的敌人到底是土耳其人还是西方基督教徒。俄罗斯分裂成好几个公国，这就引起了西方基督教徒的垂涎。他们侵入这个国家，建立了罗马势力范围。最终，俄罗斯倒是在这个时期末变成了一个统一的王国，但基督教的君士坦丁堡却让位给了穆斯林的伊斯坦布尔。

拜占庭神学

在前两个半世纪，拜占庭神学的主题是关于拜占庭与拉丁语西方的
关系的争论。这主要是因为政治形势迫使拜占庭最后几个皇帝在两大强 293
邻——东面的土耳其人和西面的拉丁语罗马天主教徒——之间寻求一种艰难的平衡。从一个皇帝留给他儿子的政治教导中就可以清楚看到这一

点：

> 土耳其人最害怕我们与西方基督徒联合……因此，当你想叫他们怕你的时候，那就让他们知道，你要举行一次会议，来同拉丁人达成谅解。你考虑着这样的会议就到了，但注意一定不要召开这样的会议，因我觉得，我们的人民是不会屈从和平与协约的条件的……这样一次集会，结果只会增加我们的分裂，并使我们落到土耳其人控制之下。[1]

这一预言被证实了，因为佛罗伦萨会议（Council of Florence）庄严宣布东西方教会合一之后还不到十四年，君士坦丁堡就遭到了土耳其人的占领和洗劫。

在传统上受着皇帝政策很大影响的东方教会里，要与罗马联合这件事情在政治上是如此重要，以致必然要超过任何其他神学上的考虑。两个半世纪以来，拜占庭神学都集中在那些赞成联合的与那些反对联合的人之间的激烈争论上。这一斗争在很多方面都与反对拜圣像论相似，因为在这里皇帝们再次发现他们自己支持一个不受群众欢迎的立场，而且不能使那些处在君士坦丁堡政治势力范围之外的人民，修士和教会上层人士服从他们的意愿。支持与罗马联合的主要人士中有教长约翰·威克斯（John Veccus），他的神学主张与皇帝迈克尔八世帕来阿络哥（Michael
294 Ⅷ Palaeologus）的联合政策密切配合。[2] 除了这类人及其直接追随者之

① Manuel Palaeologus 对他儿子约翰八世写的，引自 Zananiri，*Histoire*，p. 242。

② 他的一些作品可以在 *PG*，141 中找到。较完全的和近期出版的进一步的研究资料，见 H. G. Beck，*Kirche und theologische Literatur im byzantinischen Reich*（Munich：C. H. Beck，1959），p. 683；D. J. Genakoplos，*Emperor Michael Paleologus and the West*（*1258～1282*）：*A Study in Byzantine－Latin Relations*（Cambridge：Harvard，1959）。

外，[3]绝大多数的群众和神学家都反对与罗马联合，并且在基督徒中间经常听到人说——可能他们对第四次十字军事件还记忆犹新——如果西方什么时候来营救君士坦丁堡，其目的与其说是拯救君士坦丁堡，毋宁说是毁灭君士坦丁堡。[4]

另一方面，大多数反对与罗马联合的神学家们，也并不比他们的对手们有更多的独到见解。像君士坦丁堡教长泽曼二世（German Ⅱ）——他因为君士坦丁堡仍在拉丁人手里，[5]实际上住在尼西亚；和皇帝狄奥多尔二世拉斯卡利斯（Theodore Ⅱ Lascaris）[6]——也在尼西亚，这样的人，多半都满足于重复阜丢斯（Photius）时代得出的旧的论点。因此，所争论的问题基本上与早期激烈争论的问题一样——如"和子"问题，圣餐该用有酵饼或无酵饼问题，以及罗马至上问题。

东方和西方的教会当局和政府当局，曾两次达成了它们的教会的形式上的合一——1274 年在里昂会议（Council of Lyon）上和 1439 年在斐拉拉—佛罗伦萨会议（Council of Ferrara-Florence）上。但是在这两个情况下，群众的情绪是这样地反对这两个会议的决定，以致从来都没有实现真正的合一。当拜占庭神职人员拒绝接受里昂会议的决议时，该会议的尝试就松了劲，及至教皇尼古拉三世作出的反应是要求希腊人给予更多让步时，该会议的尝试就彻底失败了。佛罗伦萨会议的决议在土耳其人攻占君士坦丁堡时仍在辩论，不过到了那时已经很清楚，这种合一的新尝试将不会成功。1443 年，亚历山大、安提阿和耶路撒冷的教长们，谴责了他们原先同意的这次会议的决议。不久之后，在政治上受君士坦丁堡管辖

---

③ 在约翰·威克斯（John Veccus）的事件里，有他的朋友 Constantine Melitionites（Beck，*Literatur*，pp. 683～684）与 Theoctistus of Adrianopolis（同上，pp. 684～685）。

④ 引自 Zananiri，*Histoire*，p. 241。

⑤ Beck，*Literatur*，pp. 667～668.

⑥ 同上，pp. 673～674。

的所有东方教会都跟着这样做。⑦

295 东西方关系问题在这样一点上有新的变化,这一点是纥息卡(Hesychastic)或帕拉马(Palamite)争论,因为在这里西方的经院主义与东方的神秘主义发生了冲突。⑧ 纥息卡运动的起源——之所以称为纥息卡运动,是因为它的追随者都在神圣的寂静中生活,**ἐν ἡσυχίᾳ**——可以追随到拜占庭基督教的最初年代,或至少可以追溯到"新神学家"西门(Simeon)那里。⑨ 但实际争论,是由于一些西方经院主义传统训练出来的神学家,嘲弄拜占庭各修道院里盛行的某些禁欲主义做法而爆发的。

把这种有争议的禁欲主义做法引进到拜占庭各修道院的,似乎是西奈的格列高利(Gregory of Sinai),他在 14 世纪时曾游历了阿索斯山(Mount of Athos)和君士坦丁堡的几个修道院。格列高利达到极乐(ecstasy)境地的方法⑩ 是静坐,下巴抵胸,目视肚脐,心血屏息而不停地重复"主耶稣基督,怜悯我"。长时间地这样做,使灵魂离开头脑而转向心房,这个神秘主义者达到极乐境界,看到那种上帝的和非被造的光,就像门徒们在泰伯山(Mount of Tabor)上看到的一样。

这种教导引起了喀拉布里亚(Calabrian)的一个修士巴尔拉安(Barlaam)的嘲笑。巴尔拉安精通亚里士多德主义和西方经院主义。⑪ 他赞成与罗马团结。为此目的,他根据伪狄奥尼修斯观点而提出这样的论点,说上帝是不可知的,因此不可能知道圣灵是只来自圣父呢,或是来自圣父

---

⑦ Zananiri, *Histoire*, pp. 246 ~ 247; J. Gill, *The Council of Florence* (Cambridge: University Press, 1959); J. Macha, *Ecclesiastical Unification: A Theoretical Framework together with Case Studies from the History of Latin – Byzantine Relations* (Rome: Pontificium Institutum Orientalium Studiorum, 1974).

⑧ 然而,有其他一些人卷入纥息卡争论。见 J. Meyendorff, *A Study of Gregory Palamas* (London: The Faith Press, 1964), pp. 134 ~ 156; G. Palamas, *Défense des saints hésychastes*, 2 vols., ed. J. Meyendorff (Louvain: Spicilegium Sacrum Lovaniense, 1973)。

⑨ 关于 Simeon,见前面边码第 209 页。

⑩ 见他的论文 *De quiet. et doubus orat. modis*, *PG*, 150: 1313 ~ 1330, 尤其是第二章。

⑪ Beck, *Literatur*, pp. 717 ~ 719.

与圣子。这样的不可知论激怒了拜占庭的几个神学家,其中有力图驳斥巴尔拉安的那位著名的格列高利·帕拉马(Gregory Palamas)。这样,那些赞成与罗马联合的人就开始并继续攻击纥息卡运动(Hesychasm)。

纥息卡修士们吁请格列高利·帕拉马出来,捍卫他们免遭巴尔拉安 296
的奚落。格列高利挺身出来支持他们,并设法把争论从纥息卡派那些极易受攻击的禁欲主义做法上转移到所涉及的较深的神学争论点上。巴尔拉安宣称,不可能有什么像他波山的光那样的东西,因为这种光就是上帝自己,是看不见的。帕拉马答辩说,上帝的本质(divine essence)与上帝的运筹(divine operations)之间是有区别的,上帝的运筹不是被造的,因为它们是上帝本体的表现。如果上帝的这种表现是不存在的,人也就不可能认识上帝了。

这一争论持续了好几年。一般说来,那些赞成与罗马联合而对西方经院主义有研究的人,都站在巴尔拉安和他在争论中的后继人格列高利·阿森达努(Gregory Acindynus)一边,⑫ 而反对联合的“狂热者们”则站在帕拉马和纥息卡派一边。⑬ 情况由于一次内战而变得复杂化,因为纥息卡主义的问题也纠缠在其中——虽然只是许多问题中的一个次要的争论点。最后,于1351年,一次会议肯定了纥息卡派的教义,并且谴责了巴尔拉安和阿森达努。帕拉马从此被东方正教教会视为圣徒。

虽然与罗马联合的问题占着舞台的中心地位,但拜占庭人仍然找到时间来研究哲学和科学。当时古代古典学术一度复兴,这种复兴是赛勒斯工作的延续,⑭这种复兴终于对西方文艺复兴作出了重要贡献。这加

---

⑫ 他的信件被 A. C. Hero 编辑并翻译(Washington: Dumbarton Oaks, 1983)。

⑬ 一个显著的例外是Scholarios,其修道士名字叫 Gennadius。他非常精通托马斯的神学,对 *Summa Theologica* 作了部分希腊文翻译。尽管如此,他还是一个深信帕拉马,反对与西方联合的“狂热分子”。见 Beck, *Literatur*, pp. 760~763; M. Jugie, “Georgios Scholarios et saint Thomas d'Aquin”, in *MelMand*, 13: 423~440。

⑭ 见前面边码第210~212页。

297 上了对于波斯人的天文学和数学知识的兴趣，就给了拜占庭科学极大的动力。当君士坦丁堡正在消亡的时候，它留给后来的文明世界的遗产已经完备。[15]

终局不出预料。拜占庭人自己知道，一切希望都没有了，可也没有停止他们的争吵。有人说：一万个交手打仗的土耳其人也没有像一百个辩论神学问题的基督徒那样噪声喧天。[16] 1453 年 5 月 28 日晚间，群众做了最坏的打算，都集合到圣索菲亚大教堂准备死去。这大概是在圣索菲亚大教堂举行的最后一次基督教仪式，因为那一夜土耳其人设法攻破了城墙。接着是三天的洗劫，这之后苏丹进入了这座古城君士坦丁堡，把千年来人们在里面求告救世主之名的那座圣殿献给了"先知"穆罕默德。

俄罗斯教会

蒙古人的征服使俄罗斯处于混乱状态。一座座城市都被破坏了，再也不曾兴起。几个世纪以来，这个国家分裂成了一些小公国，都是间接受着蒙古人的统治。慢慢地，其中一些公国——主要是莫斯科——控制了其他公国，这样就为沙皇的俄罗斯建立了政治基础。但是这个过程花了两个半世纪，即我们现在正在讨论的这整个时期，这个时期历史学家们称为"俄罗斯的中世纪"。[17]

这一段时期对教会生活的影响有两个方面——一方面是加强了教会生活；而另一方面则削弱了教会生活。教会加强了在俄罗斯人民中的地位，因为教会对人民来说，是把所有的俄罗斯人维系在一起的最容易看见的纽带。教会成了俄罗斯民族的象征。民间艺术表明信仰普遍地深入人

⑮ Tatakis, *Filosofía*, pp. 219 ~ 247, 264 ~ 284.

⑯ Quoted in Zananiri, *Histoire*, p. 248.

⑰ 关于这一术语的来源，见 G. P. Fedotov, *The Russian Religious Mind: The Middle Ages* (Cambridge: Harvard University Press, 1966), p. 3。关于这一时期的一般历史，见 A. M. Ammann, *Abriss der ostslawischen Kirchengeschichte* (Vienna: Herder, 1950), pp. 63 ~ 147。

心。修道运动蓬勃发展,而且具有俄罗斯的特征。当这个民族从它的中 298
世纪进入沙皇时代时,他们认为自己不但是古老基辅俄罗斯的后继者,也是已经衰亡的拜占庭帝国的后继者——是它的皇帝,它的教长,以及它自称的“新罗马”的后继者。

但俄罗斯的中世纪也削弱了教会。我们在前面曾经讨论过的俄罗斯神学思想的萌芽,⑱ 从来没有结出成果。反之,这一时期留给我们的著作,实际上都是一些充满神奇描述的圣徒传记和一些历史学家颇感兴趣的纪事,但几乎全都缺乏思想深度。一般的文学和知识竟衰落到了如此地步,以致俄罗斯最出名的修道院,其最好的图书馆,只有《旧约圣经》的《耶利米书》,而且把两本明显是伪经的材料包括在它的《圣经》手抄稿里。尤其可笑的是,诺夫哥罗德(Novgorod)的大主教根拿丢(Gennadius)写信给这个修道院时,竟然把公元前4世纪雅典一个喜剧作者的摘录集,也列入《圣经》各卷里!⑲

在这个“中世纪”期间,俄罗斯神学思想里最有趣的事态发展,是出现了两个教派——14世纪的斯特利哥尔尼克派(Strigolniks)⑳ 和15世纪的犹太信仰派(Judaizers)。㉑ 斯特利哥尔尼克派——这个名称的起源,不得而知——开始是批评神职人员因为封职礼和其他教会服务而要人付钱的做法。由于他们强烈认为神职人员不称职,所以他们否认圣礼,强调《圣经》研究和个人虔敬比教会现行做法更重要。因此,他们就实行向
“土地”认罪——这种做法在俄罗斯宗教信仰里有长久的历史,甚至比基 299
督教的问世还更早。这样一个运动,开始是一群比较有知识的人抗议神

---

⑱ 见前面边码第214~216页。

⑲ Fedotov, *The Middle Ages*, pp. 32~33.

⑳ 见前面边码第113~148页。

㉑ B. Rarain, “La logique dite des Judaisantes”, *RevEtSl*, 19 (1939), 315~329; R. A. Klostermann, *Probleme der Ostkirche: Untersuchungen zum Wesen und zur Geschichte der griechisch-orthodoxen Kirche* (Göteborg: Elanders Boktryckeri Atkiebolag, 1955), pp. 221~222.

职人员滥用职权，结果是回到基督教以前的古代形式的宗教信仰上。犹太信仰派的起源和斯特利哥尔尼克派的起源一样不清楚，而这个名称对于他们的立场说来是否公道也弄不清楚。他们的对手们指责他们否认基督的神性，否认弥赛亚已经来临，也否认三位一体，并拒绝敬拜十字架、圣像和圣徒。据说，他们认为礼拜六比礼拜天更应该作为礼拜的日子。无论怎样，有一点似乎是肯定的，犹太信仰派在读《圣经》和圣徒著作上，较之正统基督徒更具有批判眼光。总之，这两个运动，可以恰当地说，是比较有知识的少数人方面试图更新教会的尝试，因为他们认为教会已经陷入腐败和蒙昧主义。

聂斯脱利派的和基督一性论者的神学

几个世纪中，聂斯脱利派神学走的基本上是从前走过的道路。[22] 这段时期的绝大部分著作是：翻译作品、灵修诗作和经典与礼仪的资料。然而，有一个神学家值得一提，那就是诗人兼学者[23]依伯德耶稣·巴尔·伯尔瑞卡（Ebedjesu bar Berika），[24] 他的《论基督教教义真理的珍珠之书》（*Book of the Pearl on the Truth of Christian Doctrine*）[25]是一本精彩的系统神学著作。全书共分五章，论述上帝，创造天地，基督论，圣礼和末世论。第三章特别显得重要，因为基督问题在聂斯脱利派与其他基督徒之间的分歧中占有重要地位，依伯德耶稣在这一章里发表了典型的安提阿基督论，把基督的成为肉身看做是神性寓居其中的一个殿宇。他最喜欢用的
300 比喻是珍珠的比喻，太阳照着珍珠，人们可以从它看到太阳的光，但它不是太阳本身。另外一个重要论点是，依伯德耶稣在排列基督教会各教长

㉒ 见前面边码第 213 ~ 216 页。

㉓ F. Nau, "Ebedjésus bar - Berika", *DTC*, 4: 1985 ~ 1986.

㉔ 他的诗篇 *The Paradise* 为他博得了诗人的头衔，证明了自己是他那个时代诗歌题材的大师。作为学者，他最有名的作品是 *Catalogue of Nestorian Authors and Their Works*。

㉕ Ed. Mai, *SVNC*, 10: 317 ~ 366.

的时候宣布,罗马教长应居各教长之首。这可能是一个迹象,说明罗马想要把整个基督教置于它卵翼之下的努力,也使得聂斯脱利派的主要神学家受到了影响。㉖

科普特教会的基督一性论者的神学,可见于它的《圣经》注释,㉗神学辩论,㉘和关于基督教信仰与实践的简明总论。㉙ 但是这个古代教会缺少创造性。

埃塞俄比亚教会比科普特教会表现出更多的生命力和独创性,但埃塞俄比亚教会在组织上是隶属于科普特教会的。13 世纪期间,埃塞俄比亚开始摆脱长期的混乱和内部斗争。这基本上是通过“所罗门尼得”(Solomonid)王朝的建立才完成的。由于在这一政局改变中一些修士起了作用,他们就获得了很大特权和土地持有权。这反过来导致了修道和学术生活的复兴。不过这种新形势所带来的最终结果,不是团结的有生气的教会生活,而是一些琐碎的和法律的事物的讨论,这种讨论终于招来了对异端的指责和激烈的斗争。这里无须详述那些往往由于政治纠纷而变得纠缠不清的争论。这样说就够了,所辩论的主要论点是:守安息日问题, 301
基督身体亲临圣餐问题,人是照着“上帝形象”创造的含义问题,以及敬

㉖ 另一个值得一提的聂斯脱利派神学家是教长提摩太二世,他在 14 世纪早期占统治地位,并留下了一部著作,*On the Seven Bases of the Ecclesiastical Mysteries*。此作品概括了聂斯脱利派圣礼神学的主要观点。见 W. de Vries, “Timotheus II. (1318 ~ 1332) über die sieben Gründe der kirchlichen Geheimnisse”, *OrChr*, 8 (1942), 40 ~ 94。

㉗ 值得注意的是 Jaradj Ibn al'Assal,他在 13 世纪对《新约圣经》的绝大部分做了注释。M. Jugie, “Monophysite (Église Copte)”, *DTC*, 10: 2270.

㉘ Fadail Ibn al'Assal 与前者是弟兄,他既是一位有能力的辩论家,也是正典资料的编辑家。Abul – Barakat Ibn Kabar 写下了 *Response to the Moslems and Jews*。E. Tisserant, “Kabar, Abul – Barakat Ibn”, *DTC*, 8: 2295。

㉙ 这些中最值得一提的是 Kabar 的 *Lamp of the Darkness*,此书试图概括所有对基督教教士有意义的知识,内容从创造的教义一直到教会的建设。Tisserant, “Kabar”, 2293 ~ 2294.

拜马利亚和十字架问题。[30]

雅各派教会(Jacobite church)虽然由于纷争而四分五裂,[31]但叙利亚本身正在经历政治与文化的新生活时期的这一事实,[32]使得该教会产生出了它的最杰出的神学家之一格列高利·巴尔—希伯来(Gregory Bar-Hebraeus)。[33]他是一个犹太基督徒的儿子——巴尔—希伯来这个名字就是由此而来——曾求学于安提阿与特里波利(Tripoli),后来在雅各派教会内身居高位。他的职位要求他周游各地,因而有机会参观一些图书馆,并收集以前散落各地的知识。在哲学上,他成了亚里士多德的信徒,他似乎主要是从阿拉伯的一些评注者那里得知亚里士多德的。在神学史方面,他之所以显得重要是在于他的编辑工作和他在基督论上的深刻见解。在这里他既提出了新的信式,[34]又承认各派教会之间的许多争论,只不过

[30] 关于安息日的争论成了国王 Amda-Sion 借以粉碎一批反对派修士的部分借口,特别是那个叫 Anorios 的修士,此人指责国王不道德。既然这部分修士非常强大,他们宣称基督徒遵守星期日已经代替了犹太教的安息日的说法在群众中又不受欢迎,国王趁此机会就镇压了这些修士。见 E. Coulbeaux, "Ethiopie (Église de)", *DCT*, 5: 939。Michaelites 派(Za Michael 的追随者)根据三一论教义拒绝了基督身体亲临在圣餐里的讲法。而"锡安山异端"(实际上是指那些拒绝锡安山修会非常实体论的圣餐教义的人)出于其他原因也拒绝了这种观点。Michaelites 派也宣称依照"上帝的形象"造的这一说法必须作寓意的理解。敬拜马利亚和十字架遭到了斯蒂芬尼特斯派的拒绝,这一派似乎在 13 世纪早期兴盛一时,在该世纪末遭到实质性的镇压。关于这三个运动,见 C. Santi, "Etiopia", *EncCatt*, 5: 690。关于其他的一些争论,见 Y. Beyene, *L'unzione di Cristo nella teologia Etiopica: Contributo di ricerca su nuovi documenti etiopici inediti* (Rome: Pontificium Institutum Studiorium Orientalium, 1981)。

[31] 这主要是因为政治环境,因为雅各派所在地的政治派别是最多的。G. de Vries, "Giacobiti", *EncCatt*, 6: 315.

[32] P. Kawerau, *Die Jakobitische Kirche im Zeitalter der Syrischen Renaissance* (Berlin: Akademie Verlag, 1955), 尤其见 pp. 49~66。

[33] F. Nau, "Bar Hébraeus, Grégoire Abûlfarge", *DTC*, 2: 401~406. 他的 *Candélabre du sanctuaire* 可以在 *PO*, 22: 4; 24: 3; 27: 4; 30: 2;4; 31: 1 中找到。

[34] 他原始的信式是用"双性"(double nature),不是两个属性的意思,而是不知何故为"双"的一性,他应用"双性"是为了承认,尽管道成肉身的上主的统一是雅各派坚定捍卫的传统,但他仍然有双重的意思。见 *BibOr*, 2: 297。

是口角而没有真实意义。[35] 假如他这话早被人们注意了,那么基督教由于繁琐字句争论而分裂的悲惨历史,必可缩短几个世纪。

亚美尼亚教会和它的雅各派姊妹教会一样,因政治的考虑而日益分 302
崩离析。[36] 当"小亚美尼亚"——在小亚细亚境内——越来越靠拢罗马时,亚美尼亚教派的其余部分反对这个新的倾向。这就是亚美尼亚教会内部不断摩擦的根源,而其最后结果是,在佛罗伦萨会议试图使东方的所有基督教徒同罗马联合之后,小亚美尼亚(Lesser Armenia)的西斯(Sis)的教长与原来的国家的艾克米阿曾(Echmiadzin)的教长之间的长期分裂。[37] 不出所料,在这样的情况下,14 世纪亚美尼亚教会的最主要的神学家,德特夫的格列高利(Gregory of Datev),付出了极大努力来驳斥那些加入了罗马教会的亚美尼亚人的观点。[38] 他在其《诸问题之书》(*Book of Questions*)中就进行了这种驳斥,提出了一连串问题,借此揭露对手们的谬误,因为这些问题都是他的对手们很难根据其预先假定来回答的。例如,格列高利问那些声称基督有二性的人这样的问题:"我们应该敬拜基督里的哪一个性? 如果是神性,那你就是像犹太人那样敬拜……如果只有他的人性(应该敬拜),那你就是陷入了亵渎神明的拜人行为。"[39]

总而言之,中世纪最后三个世纪的东方基督教最突出的特点是,与罗马的关系问题压倒了其他各种问题,而且在东方各教派里以不同的方式表现出来。这里我们虽然不打算概述此类故事,不过佛罗伦萨会议的结
果,在整个东方教会里,和在拜占庭教会里基本上一样。这是最为不幸 303

---

[35] *BibOr*, 2: 291.

[36] M. Ormanian, *The Church of Armenia*, 2nd ed. (London: A. R. Mowbray, 1955), pp. 50 ~ 59, 概括了这一时期的事件。

[37] L. Petit, "Armenie. Conciles", *DTC*, 1: 1930 ~ 1932.

[38] H. A. Chakmkjian, *Armenian Christology and Evangelization of Islam: A Survey of the Relevance of the Christology of the Armenian Apostolic Church to Armenian Relations with its Muslim Environment* (Leiden: E. J. Brill, 1965), pp. 46 ~ 49.

[39] 同上, p. 46。

的，因为在寻求团结的幌子下，给那些已经被本地问题压得不可开交的教会的生活，带来了分裂因素。无怪乎，16 世纪中，当西方教会由于重大的神学争论而四分五裂的时候，这种辩论在东方教会也有强烈的反响。不过，这段历史应属本《思想史》下一卷的讨论范围。

第十三章　中世纪后期的神学

13 世纪的最后年份是一个转折时期,从英诺森三世、托马斯·阿奎 304
那以及波拿文图拉所达到的顶峰,跌落到中世纪教会生活的低谷。如前所述,[①] 卜尼法斯八世力争教皇至上,也标志着教皇权势开始衰落。托马斯和波拿文图拉都死于 1274 年;在这之前不到十年,约翰·敦司·司各脱(John Duns Scotus)出生,他是本章将要讨论的主要神学家。又像卜尼法斯的情况一样,司各脱可以说是奥古斯丁神学学派的登峰造极,也可以说是一个衰落过程的开端,这个衰落过程终于摧毁了经院主义的整个大厦。

司各脱死于 1308 年,中世纪教会的败落是明显的,因为在司各脱死后第二年,教廷迁到阿维尼翁,教皇在那里越来越成为法国王室手中的工具。教廷驻在阿维尼翁几乎长达四分之三世纪(1309 ~ 1378 年)。各教皇为了支付他们在阿维尼翁的教廷的开支,建立了一种教会税收制度,这就使整个教会容易受到买卖圣职的指责。欧洲各新兴国家,越来越强调它们那种与普世帝国的概念针锋相对的国家地位,因而也就怀疑普世教 305

---

① 见前面边码第 225 ~ 226 页。

会权威的概念，特别是因为这样一种权威似乎过多地掌握在法国君主政体手中——而且人们不要忘记，这时正值与英国交战的百年战争时期(Hundred Year's War)。像激进的法兰西斯派——或小兄弟派(Fraticelli)——这样热衷于革新的人，开始谈到"教会被囚于巴比伦"(Babylonian Captivity of the Church)。所有这一切的最后结果是，教廷失去了威信，因为教廷似乎落到了最低水平。

而更大的耻辱还在等着教皇制度。1378年，教皇回到了罗马，可是法国的红衣主教们索性就选举了他们自己的教皇。这就造成了一直延续到15世纪(1378～1417年)的"西方大分裂"(Great Western Schism)。结果，整个西欧分裂了，分别效忠于两个——有时是三个——不同的教皇。

作为摆脱这种形势的一个方法，也是作为反对异端和推进改革的一个方法，地方会议运动(conciliar movement)大为得势。地方会议主义的倡导者们大都是温和的改革者，他们宣称，一个代表整个教会的会议，有权威和权力来决定谁是合法的教皇，并医治分裂，革新教会和根除异端。这个地方会议运动获得一个巨大的成就，因为康士坦斯会议(Council of Constance)——就是谴责并烧死了约翰·胡斯(John Hus)的那个会议——结束了教皇的分裂，从而恢复了一定程度的秩序。但是，地方会议主义本身失败了，因为巴塞尔会议(Basel,1431～1449年)由于教皇要求该会议迁往斐拉拉(Ferrara)而分裂了。这样，一个以医治教会分裂为出发点的运动，其最终结果是该运动本身的分裂。

然而，恢复到了原来统治整个西方基督教地位上的教皇权力，再也不能达到英诺森三世的权力的高度。15世纪下半叶的教皇们，都深深浸染着意大利文艺复兴的精神。他们都是世俗的王子们，争夺意大利境内和境外的政治势力。他们热衷于修饰罗马，就像"赞助文艺事业"(Maecena-
306 ses)的其他任何王子一样，这就使他们把大量财力和人力用于艺术上。尽管在波希米亚、荷兰、英格兰以及欧洲其他地区，处处都有改革的呼声，但教皇们却只管在他们的领土上不停地收集美术品和财富。有的教皇把参加战争当做消遣。当美洲新大陆被发现时，亚历山大六世太忙了，以致没有派遣传教团去新大陆，他和他的后继人干脆把这全部责任塞给了葡萄牙和西班牙国王。结果，教皇失去了原来那种众望所归的属灵权威，也失去了作为大家都应听从的政治调停者的作用。

面对着教会属灵权威的全面衰落，信徒们以各种方式寻求解决途径。有些人，像前面已经谈过的那样，希望一个全体会议——或一系列会议——可以整顿局面并革新教会。其他一些人，更倾向于干脆把教会和教会的难题撇在一边，而转向神秘主义，以此作为与上帝相通的途径。最后，还有第三种人——如胡斯、威克理夫和萨沃那柔拉等人——则寻求教会的比较全面的更新和改革，即使明知这种行动方针必然会促使他们与现存的当局发生冲突。

从上面几段得出本章其余部分的提纲：我们先研究约翰·敦司·司各脱；然后是地方会议运动——及其神学上的同盟者，唯名论（nominalism）；第三，中世纪后期的神秘主义；最后是宗教改革的各种尝试，这些尝试成了16世纪伟大的改教运动的先声。

约翰·敦司·司各脱

奥古斯丁—法兰西斯传统在此人身上达到顶峰，但关于此人的生平我们知道得极少。② 在另一种意义上来说，他的著作也是如此，因为其文

② 这些不确定的资料包括他的生辰（大约在1265～1266年之间），以及一些关于他的学术和教会生涯的细节问题。有大量关于他生平细节方面的研究著作。对一般性问题的研究，见 A. G. Little, "Chronological notes on the Life of Duns Scotus", *EngHistRev*, 47 (1932), 568～582; J. M. Martínez, *Vida breve y criteriología del Doctor Sutil Juan Duns Escoto* (Santiago de Compostela: El Eco Franciscano, 1957)。

307 本问题多而复杂。[3] 这种情况,再加上他难懂的文风以及经常使用细微的区分,就使得没有什么人能够懂得他的形而上学和神学,也使得人们普遍误解其著作的性质和目的。敦司·司各脱被誉为“精细博士”(Subtle Doctor)而驰名四海,的确是名副其实的。他的种种区分对于传统上许多不受怀疑就被接受的东西确实起了拆台的作用。不过,他的目的并不仅仅是批评和破坏,而是要提供一个新的体系,既是奥古斯丁主义的和法兰西斯主义的,又不忽视传统神学的亚里士多德派批评者们所提出的难题。在这一方面他获得了很大的成功,但是他的文体的晦涩难懂,托马斯·阿奎那的相形之下的清晰,后世神学家们的利用他对传统观点的批评,以及中世纪后期的全面衰落,都使得他的观点不可能像阿奎那后来那样在一定程度上被人们接受。

尽管司各脱的种种区分极为细微,但他基本上是一个法兰西斯派神学家,因为对他来说神学是一个实用的学科。[4] 这并不是说,他认为神学必须是简单的,而且必须直接适用于我们今天所谓的“实际的”事物,而是说神学的意图是引领人们达到人类因之而被创造的那个目的。[5]

司各脱发现,为了提供新的代替方法以避开托马斯主义和传统奥古斯丁主义的种种难题,首先需要关注人类智能的恰当对象问题。传统的
308 奥古斯丁派的光照说,曾经促使巴黎教师根特的亨利(Henry of Ghent)得出结论说,上帝是人类智能的恰当对象。诚然,如果真正的知识在于永恒概念在我们头脑里的存在,那么,人类智能的恰当对象就是上帝本身。另一方面,如果人们采取了亚里士多德—托马斯观点,那么人们的结论必然

---

③ Scotist Commission 出版了关于此问题长达三百多页新的评论著作的第一卷(Vatican City: Vatican Press, 1950 年至今)。简单明了的介绍,见 K. Balic, “Duns Scotus' werken in het licht van de tekstkritiek”, *CollFranNeer*, 7 (1946), 5~28。Balic 是 Scotist Commission 的主任。

④ *Ord.*, *prol.*, *pars* 5, *q.* 1~2 (ed. Scotist Commission, 1: 217).

⑤ 介绍 Scotus 中心论题的著作,见 B. M. Bonansea, *Man and His Approach to God in John Duns Scotus* (New York: University Press of America, 1983)。

是,人类智能有物质事物的本质作为它的恰当对象。然而,这两种观点的每一种都涉及到种种困难。根特的亨利的观点势必要求我们或多或少具有对上帝的直接的和直觉的认识,还要求这种认识是足够清楚的,而使得人的头脑有可能在上帝的本质中思考特定的物质的对象。这显然与实际情况不符,因为我们在我们目前状况里对上帝的认识,绝对不是直接的和原有的。与此相反,我们只是在认识若干实物之后才认识上帝的。另一方面,托马斯的观点促使人们否认,人的头脑能够超越物质对象。那么,对上帝的认识又是怎样的呢? 人们可以像托马斯那样求助于类推法的学说,但我们将看到,敦司·司各脱有理由不满意类推法的学说。因此,正像司各脱对此问题的理解那样,剩下的唯一选择就是宣布,人类智能的首要的和恰当的对象是存在(being)。

> 敦司·司各脱为了避免这些困难而断言,人类智能的首要的和恰当的对象,既不是非物质的存在,上帝,也不是物质存在,……而是单纯的和不加任何限定的存在,这就是说,作为存在的存在(*ens in quantum ens*)。存在可以成为任何事物的谓项,而且没有任何不存在的事物是能够被认识的。凡是存在着的事物,由于它是存在着的这个事实,它就是可知的。它可以是至少一个谓语的主语:它存在着。因为存在具有和可知物一样的限度,而且对我们和对其他任何智能来说,只有不存在或无有才是不可知的。⑥

这种"存在"被我们如此认知为存在而不带任何限定,这一事实翻转过来就意味着,"存在"是从一切存在物方面用一个含义来加以说明的。⑦

---

⑥ E. Bettoni, *Duns Scotus*: *The Basic Principles of His Philosophy* (Washington: Catholic University of America Press, 1961), pp. 32 ~ 33.

⑦ T. Barth, "Zur 'univocatio entis' bei Johannes Duns Skotus", *WuW*, 21 (1958), 95 ~ 108; Bettoni, *Duns Scotus*, pp. 33 ~ 39.

309 这就是司各脱主义与托马斯主义相抵触的主要论点之一——托马斯主义主张,“存在”是从上帝方面和从被造物方面来类推地加以说明的——而且也是有这两个学派的追随者卷入其中的长期争论的主题。[8] 司各脱本人反对托马斯主义的这种理论,因为它引起的问题似乎比它解决的问题还要多。确实,这种理论使得形而上学,即对作为存在的存在的研究,成为不可能的事情,因为这就没有一个单一含义的意思,可以用来说明一切事物——包括上帝和被造物——是存在着的。[9] 再者,没有存在的单一含义,类推法是不可能的。因为,假如存在从上帝方面和从被造物方面只是类推地加以说明的,那么随之而来的是,存在的概念是双重的——有上帝的一个“存在”,和只能恰当地归属于被造物的一个“存在”。这一观点引起了两个不可克服的困难:首先,这要求有某个第三连接物,这个连接物的作用是把存在的两个概念连接起来;其次,考虑到托马斯的认识论,那就不可能解释像用在上帝身上那样的存在概念的起源,因为这个起源不能从通过物质事物而被认识的其他存在里简单地得出来。[10] 因此,司各脱就建立了存在的单一含义的说明方法的理论,这个理论是其体系的特点。

存在的单一含义的说明方法的这一学说,对于理解司各脱怎样证明

---

⑧ M. Schmaus, *Zur Diskussion über das Problem der Univozität im Umkreis des Johannes Duns Skotus* (Munich: Bayerische Akademie der Wissensschaften, 1957). 关于他的形而上学理论,见 T. Barth, “Die Grundlage der Metaphysik bei Johannes Duns Scotus: Das Sein der Synthese von Gemeinsamkeit und Verschiedenheit”, *WuW*, 27 (1964), 211 ~ 228; H. Borak, “Metaphysischer Aufbau des Seinsbegriffes bei Duns Scotus”, *WuW*, 28 (1965), 39 ~ 54。

⑨ *Op. Oxon. I*, *d. 3*, *q. 3*, *art. 2*, n. 6.

⑩ *Op. Oxon. I*, *d. 3*, *q. 2*, *art. 4*, n. 8.

上帝存在来说是首要的。[11] 在这里，他再一次不满意传统的安瑟伦派和法兰西斯派的观点，即上帝的存在是不证自明的，也不满意托马斯的“五 310
种方法”。司各脱可以同意原则上上帝的存在是不证自明的，那就是说，对有关上帝的概念的恰当理解将促使人们去肯定上帝的存在。但他坚决认为，这不是我们的实际情况，因而上帝的存在必须予以证明。另一方面，托马斯提出的证据，都是“有形的”而不是形而上学的，那就是说，这些语气是从偶然存在物的存在来证明必然存在物上帝的存在的。这类论点显然有毛病，特别是如果人们把这两种情况下的存在的概念当做是类推的而不是单一含义的，因为从存在这个词的一个意思上的偶然“存在物”，跳到存在这个词的另一个意思上的必然“存在物”，其跨距实在太远了。托马斯把他的论点建立在有形存在物的分离上，主要是现实和潜能之间的分离，从而得出结论，必然有一个存在物是纯粹的现实。这所能证明的只是这样一个存在物，这个存在物是从偶然存在物的存在里必然地得出来的，因而这个存在物不是严格意思上的必然存在物。

司各脱是在形而上学的基础上，也就是在存在本身的基础上，着手证明上帝的存在。由于这种存在总是单一含义地加以说明的，所以这种存

---

⑪ 关于这一点的解释是仁者见仁，智者见智，下面我列出的这些参考书包括了各种不同的见解：F. P. Fachler, *Der Seinsbegriff in seiner Bedeutung für die Gotteserkenntnis bei Duns Scotus* (Friedberg – Augsburg: K. Baur, 1933); T. Barth, “Die Stellung der univocatio im Verlauf der Gotteserkenntnis nach der Lehre des Duns Skotus”, *WuW*, 5 (1938), 235 ~ 254; T. Barth, “Zur Grundlegung der Gotteserkenntnis: Problemvergleichende Betrachtung von Thomas über Skotus bis heute”, *WuW*, 6 (1939), 245 ~ 264; E. Bettoni, “Duns Scoto e l’argomento del moto”, *RFilNSc*, 33 (1941), 477 ~ 489; A. Epping, “De structuur van Scotus’ Godsbewijs”, *StCath*, 18 (1942), 86 ~ 98; A. Epping, “Scotus en het anselmiaans Godsbewijs”, *CollFranNeer*, 7 (1946), 29 ~ 60; E. Gilson, *Jean Duns Scot: Introduction à ses positions fondamentales* (Paris: J. Vrin, 1952), pp. 116 ~ 215; B. M. Bonansea, “Duns Scotus and St. Anselm’s Ontological Argument”, in J. K. Ryan, ed., *Studies in Philosophy and the History of Phylosophy*, vol. 4 (Washington: Catholic University of America, 1969), pp. 129 ~ 141; G. Scheltens, “Der Gottesbeweis des J. Duns Scotus”, *WuW*, 27 (1964), 229 ~ 245。

在从上帝方面以什么意思来加以说明，从被造物方面也必须以同一意思来加以说明。因此，用来证明上帝的存在的那个过程，是从有关存在的概念出发的，而且走了一条和托马斯类似的道路，即从偶然存在到必然存在；不过不同的是，司各脱的证明不是基于有形物的偶然存在，而是基于存在本身的概念。这样，司各脱就着手确定存在有某些特点是普遍地用在存在上的——即他所说的 *passiones convertibiles simplices*。诸如独一，真实，善和美；还有其他的特点是成对的，其中的一个词必须应用于每一个存在——即他所说的 *passiones disiunctivae*，诸如必然与偶然，无限与有限，非被造的与被造的，等等。然后，他就从一些应用这些对子中不完备词语的存在物的存在开始，论证到一个应用同样对子中的其他词的存在物的存在。因此，司各脱对上帝存在的论证，既有安瑟伦的所谓的本体论论
311 证的某些特点，也有托马斯论证的其他特点。司各脱的论证基本上是从特殊到一般（*a posteriori*）的论证，因为司各脱同意托马斯的主张，应以具体的存在物为出发点。但司各脱的论证不是从存在物的偶然存在出发，因为司各脱的论证从存在着的偶然存在物中得出了存在的单一含义的概念，而这才是论证真正的出发点。

用这种论证证明其存在的上帝，具有一切传统的属性——纯一，不变，无所不知，等等。[12] 然而，在这方面引起最多议论的是，司各脱对于上帝的意志所给予的强调——所谓的唯意志论。司各脱遵循全部奥古斯丁传统，坚决认为意志高于理性。不仅上帝是这样，人也是这样。上帝的意志——以及我们的意志——是这样的，以致它是它自己行动的唯一起因。不过，这并不是说司各脱所描绘的上帝是一个任性的专横者。在绝对纯一的上帝里，理性与意志是一回事，但是从我们的观点来看，我们必须就

---

[12] 在 Scotus 的神学里，一个饶有趣味的问题是：上帝的多样的属性如何才能既相互区分，又不否定上帝绝对的单一性。见 Gilson，*Jean Duns Scot*，pp. 243 ~ 254。

上帝的意志高于理性——或者，换句话说，爱高于知。⑬ 因此，有人说司各脱主张，上帝的自由是这样的，以致上帝可以做任何事情，而不管与理性多么抵触，这种说法实际是把一些后来的思想家的观点看成是他的观点了——虽然这些思想家中有许多人确实把司各脱的唯意志论当做他们的出发点，但接着却把唯意志论夸大了。⑭

司各脱认为，作为上帝意志至上的必然结果，以及作为上帝无所不能
的必然结果，基督成为肉身不单纯是因为人犯罪，不单纯是因为我们需要 312
救赎，也不单纯是因为上帝预知这些事实。而实际是，基督被预先注定作为上帝之爱的首要对象而成为肉身。因此，道成肉身不仅是古往今来的人类历史的焦点，而且也是上帝整个意图的焦点，即使人不犯罪也一样。⑮

与司各脱的基督论有关联的其他三个论点特别值得注意，即他对位格联合（hypostatic union）的看法，他的救赎论，以及他对马利亚纯洁受胎论的倡导。他对于位格联合的观点，引起了很多的讨论，⑯ 因为他过分着

---

⑬ W. Hoeres, *La volontà come perfezione pura in Duns Scoto* (Padua: Liviana Editrice, 1976).

⑭ 而这又转而促使 Gilson 建议最好停止谈论 Scotus 的唯意志论，同上，pp. 575 ~ 576。

⑮ 关于这一点，见 R. de Courcerault, "Le motif de l'incarnation: Duns Scot et l'école scotiste", *EtFran*, 28 (1912), 186 ~ 201, 313 ~ 331; K. Balic, "Duns Skotus' Lehre über Christi Prädestination im Lichte der neuesten Forschungen", *WuW*, 3 (1936); E. Hocédez, "La place du Christ dans le plan de la création selon le bienheureux Jean Duns Scot", *FrFran*, 19 (1936), 30 ~ 52; J. M. Bissen, "De praedestinatione absoluta Christi secundum D. Scotum: Expositio doctrinalis", *Ant*, 12 (1937), 3 ~ 36; E. Parente, "Prédestination absolute et primauté du Christ chez Duns Scot", *Culture*, 7 (1946), 460 ~ 484; E. Caggiano, "De mente Ioanni Duns Scoti circa rationem incarnationis", *Ant*, 32 (1957), 311 ~ 334。本书读者应该明白，对于道成肉身中心论的这种理解是基督教神学历史上一个相当常见的主题，尽管人们常常忽略之。它以不同的方式出现在艾雷尼厄斯、司各脱、德日进以及其他人的学说里。

⑯ L. Seiller, "La notion de personne selon Duns Scot: Ses principales applications en christologie", *FrFran*, 20 (1937), 209 ~ 248; P. Milgliore, "La teoria scotistica della dipendenza ipostatica in Cristo", *MiscFranc*, 50 (1950), 470 ~ 480; J. L. Albizu, "La labor racional en la cristología de Juan Duns Escoto", *VyV*, 24 (1966), 101 ~ 168.

重基督的位中的区别，但人们应该注意，他关于二性在其中结合的“位”(person)的概念，与西里尔对于位格(hypostasis)的理解非常相似，[17]而且，当司各脱谈到两个存在(*esse*)时，他在基督里确定的区别，并不意味着在救世主里面有两个存在着的主体，而只是意味着在他里面有两个真实的本质——神的本质和人的本质——而且这两个本质各有它自己的存在(*esse*)。[18] 不过，司各脱过分强调基督的人性的实在性和人性局限的实在性，以致被人们说成是危害了神人二性的合一。但是，他这样强调基督的人性，只不过是因袭了这样一个传统，这个传统自从有法兰西斯主义以来就是它的一部分。

313 司各脱的救赎论[19]包含有从安瑟伦和阿伯拉尔所代表的两种思潮里得出来的因素。[20] 他喜欢把基督的救赎工作既说成是克服我们背离上帝的一种伟大的爱的行动，也说成是对于人类之罪的一种补偿行为。但关于补偿问题，他不同意安瑟伦的主张，即这种补偿以及提供补偿的方式，或多或少是出于合理的必然性的要求。上帝可以不用任何补偿就赦免我们；如果一定要补偿，也未必要人神合一者来补偿；而且无论如何，基督的功绩，由于是人性意志的功绩，那么就其本身来说就不是无限的。如果需要一种补偿，而且进行了这种补偿，如果上帝承认了基督的功绩，并认为这些功绩有无限价值，这也不是因为有什么内在的合理的必然性，而只是因为上帝的自由意志，他决定要用这种方式来拯救我们。这里我们有种种实例之一，说明司各脱虽然不全盘否定传统观点，也不说传统观点本身是不合理的，但他的确削弱了这样一个暗含着的假定，即救赎史的种种事

---

⑰ *Op. Oxon.* Ⅲ, *d. 1, q. 1, n, 10.*

⑱ *Rep. Par.* Ⅲ, *d. 6, q. 1, n. 9.*

⑲ P. Minges, “Beitrag zur Lehre des Duns Scotus über das Werk Christi”, *TQ*, 89 (1907), 241 ~ 279; T. Fetten, *Johannes Duns Skotus über das Werk des Erlösers* (Bonn: P. Hauptmann, 1913); J. Rivière, “La doctrine de Scot sur la rédemption devant l'histoire et la théologie”, *EstFran*, 25 (1933), 271 ~ 283.

⑳ 见前面边码第 165 ~ 167, 171 ~ 172 页。

件可以被表明是非常合理的。

司各脱基督论引起极大注意的第三点是，他提倡马利亚纯洁受胎说。㉑ 他由于主张这一观点而获得了“纯洁受胎说博士”(Doctor of Immaculate Conception)的尊称。㉒ 他的基本论点是，纯洁受胎对于基督以最佳方式为马利亚赢得得救来说是最恰当的，也就是说，使马利亚摆脱了原罪。这样，他不同意这样的理论，即圣母马利亚继承了原罪，但怀孕后被圣洁化了——这是托马斯所持的观点之一。㉓ 1854 年，教皇庇护九世 314
(Pope Pius IX)规定马利亚纯洁受胎说为罗马天主教教会法定教义。

司各脱认为，我们是由身体和灵魂组成的。㉔ 身体有它自己的形态，但灵魂是人的形态。无论怎样，灵魂离开了身体，尽管还活着，但不真的是一个人。在灵魂之中，意志高于理性㉕。这样，司各脱的“唯意志论”(voluntarism)又出现于他对于人性的理解中。然而，人们必须再次注意，司各脱这样主张意志高于理性，并不是在为非理性辩护。他的意思是：第

㉑ V. Mayer, “The Teaching of Ven. John Duns Scotus Concerning the Immaculate Conception of Our Lady”, *FrancSt*, 4 (1926), 39 ~ 60; K. Balic, “De debito peccati originalis in B. Virgine Maria: Investigaiones de doctrina quam tenuit Joannes Duns Scotus”, *Ant*, 16 (1941), 205 ~ 242, 317 ~ 372; K. Balic, “Joannes Duns Scotus et historia Immaculatae Conceptionis”, *Ant*, 30 (1955), 349 ~ 488; J. F. Bonnefoy, *Le Vénérable Jean Duns Scot, docteur de l'Immaculée Conception: Son milieu, sa doctrine, son influence* (Rome: Herder, 1960). 关于 Scotus 与其他法兰西斯会神学家关于这一主题的论述，见 *Virgo immaculata* (Rome: Academia Mariana Internationalis, 1957), vol. 7, fasc. 1 ~ 3。

㉒ M. Brlek, “Legislatio Ordinis Fratrum Minorum de Doctore Immaculatae Conceptionis B. B. Virginis”, *Ant*, 29 (1954), 497 ~ 522.

㉓ 见前面边码第 279 页。

㉔ 据我所知，关于这一主题最好的研究著作是 Gilson, *Jean Duns Scot*, pp. 478 ~ 510。

㉕ J. Carreras, *Ensayo sober el voluntarismo de J. Duns Scoto* (Gerona: Carreras, 1926); C. Libertini, *Intelletto e volontà in Tommaso e Duns Scoto* (Naples: Perella, 1926); L. de Sesma, “La volonté dans la philosophie de J. Duns Scot”, *EstudiosFran*, 21 (1927), 220 ~ 249, 572 ~ 593; J. Auer, *Die menschliche Willenfreiheit im Lehrsystem des Thomas von Aquin und Johannes Duns Scotus* (Munich: M. Huebner, 1938); E. Chiocchetti, “Il volontarismo di G. Duns Scoto”, *StFran*, 37 (1940), 232 ~ 239.

一，我们的最大的完美，不在于理性，而在于自由；第二，意志是自由的，意思是意志不一定要追求善。例如托马斯就说，只要是我们清楚地认识了至高之善，我们就必然会选择这个善。司各脱反对这种意志从属于认识的说法，而且竟然说，原则上，即使是在天堂里的蒙福的人也仍有犯罪的自由——虽然事实上他们不会犯罪。

灵魂不朽的论点也和其他一些论点那样，使司各脱感到不得不拒绝某些先辈们所笃信的见解。即人的理性有能力证明那些实际上是信仰的表白的东西。[26] 真纯的理性可以证明，灵魂是人的特定形态。但是论到灵魂的不朽性时，理性所能提出的只是一些或然性的论点，这些论点可能有某些说服力，而且甚至也能证明灵魂不朽与理性要求不抵触，但这些论点没有最后的论证权威。[27]

315 敦司·司各脱对于基督教思想发展的贡献，有各种各样的评价。对某些人来说，他是吹毛求疵的人，他开始拆中世纪神学体系的台。对其他一些人来说，他是法兰西斯学派的顶峰，在他身上，波拿文图拉的直觉知识结出了最后的果子。有人强调他的论证拐弯抹角，他对精细不厌其详，并断言这本身就已经是没落的标志。其他一些人则肯定他有明察秋毫的智力，并把他的著作看成是同托马斯的体系相似的体系。有的人在他那里看到了信仰与理性之间分离的开始，这种分离最终将造成经院主义的垮台。其他人则指出，他的显然是正统的信仰，他对教会权威的服从，以

---

[26] A. Cresi, "La posizione di Scoto nella questione dell'immortalità dell'anima", *La Verna*, 11 (1913～1914), 49～65; S. Vanni－Rovighi, "L'immortalità No. dell'anima nel pensiero di Giovanni Duns Scoto", *RFilNSc*, 23 (1931), 78～104.

[27] 此处的讨论未包括 Scotus 的知识理论(theory of knowledge)，因为如果对其进行讨论的话，就必须进入到非常专业的内容里去。附带地提一下，在此 Scotus 再次采取了一种中间路线，一方面是 Henry of Ghent 发展的奥古斯丁的光照理论，另一方面则是亚里士多德—托马斯主义的立场。他明显地拒绝了光照理论，但是他强调理性(intellect)在知识(knowledge)中所起的积极作用，而这一作用是由意志(will)所引导。见 Gilson, *Jean Duns Scot*, pp. 511～573; Bettoni, *Duns Scotus*, pp. 93～131。

及他之推进纯洁受胎说，都是他真诚信仰中世纪基督教的标志。

以上两方面的见解都只是部分的正确。司各脱的确是中世纪神学的一个高峰；而他和一切高峰一样，也是下坡的开始。他把经院主义的方法——细致入微的区分和对推理的热衷——发展到了无以复加的地步。但他这样做就不得不对早先被认为是理所当然的许多事情提出疑问。他不是怀疑主义者，不是教会传统教义的批评者，也不是有意识的标新立异者。毫无疑问，他把自己看成是法兰西斯传统的忠实追随者，力求解决亚里士多德日益受欢迎和托马斯对传统神学提出替换方法所引起的难题。因而，在很多点上他比托马斯更为保守。考普来斯吞（Copleston）的下列评价是正确的：

> 总之，可以说司各脱的哲学（我们再加上他的神学），既是向前看的，也是向后看的。作为一个积极的和建设性的体系来说，他的哲学是属于13世纪的，这个世纪出现了圣波拿文图拉的哲学，尤其是圣托马斯的哲学；但就其批判的方面来说，和就其唯意志论成分来说（尽管唯意志论与奥古斯丁—法兰西斯传统有关联），他的哲学是向前展望14世纪的。[28]

如前所述，司各脱的唯意志论不能解释为上帝的行动专横独断。但 316
很多事例说明，司各脱的确主张，上帝是不受人的理性支配的。这样，他对安瑟伦的救赎论的批判基本上是这样的，尽管安瑟伦的论点可能是很有道理的，但就他的论点认为救赎是出于合理的必然性来说，那就不一定有道理了。在讨论灵魂不朽时，司各脱再次断言和论证说，各种所谓的证据，除了确定了灵魂不朽的或然性之外，并没有别的什么分量。他对于上帝的传统属性的态度，例如，无所不在，无所不能，无所不知，以及对于无

---

[28] F. Copleston, *History*, 2: 485.

中造有的态度,基本上也是这样。他确实相信,所有这些教义都是真实的,但他清楚表示,他这样做是以权威为依据,而不是以理性的论证为依据。正如中世纪一位有名的史家说的那样:“敦司·司各脱使一个基督徒必须相信但不能证明的那些天启真理的一览表大大地扩大了。”[29]

这个一览表的逐渐扩大是 14 和 15 世纪西方神学的特点之一,也是造成信仰与理性之间和谐统一的这个中世纪理想的解体的主要因素之一。不过,说他的神学是“打开 14 和 15 世纪教义史的钥匙”,[30] 那是夸大其词,因为还有其他许多因素——政治的、教会的、经济的、文化的——决定了中世纪最后年代的神学的基调。

唯名论与会议运动

在中世纪那些不是从迫切的政治和教会问题的角度来发展神学的伟大学者中间,司各脱可以说是最后一个。他死于 1308 年,而 1309 年,克
317 莱门特五世(Clement V)定居于阿维尼翁,这就开始了教会“被囚于巴比仑”的时期,其后果是“大分裂”。这些和其他有关问题就成了 14 和 15 世纪的压倒一切的争论主题,因此,最著名的学者们极其注意教会论问题——比较具体地说,是注意改革与统一教会的恰当方法的问题。如果我们在这里把会议运动和中世纪后期的唯名论放在同一个标题之下,那是因为二者实际上密切相关,并且这两个运动的领导人基本上是同一些人。这个时代的典型人物和最值得注意的神学家和哲学家,是奥卡姆的威廉(William of Ockham,大约 1280 ~ 1349 年)。奥卡姆是唯名论者,而且是在理性和启示之间打进一个楔子的过程中最突出的行动者之一。后来,在他的追随者中间,这个过程被发展到了尽头。但是,奥卡姆本人没有迟疑就利用他的才智来削弱教皇的权威。奥卡姆是一个支持属灵派的

---

[29] E. Gilson, *Reason and Revelation in the Middle Ages* (New York: Scribner's, 1938), p. 85.

[30] R. Seeberg, *Text - book*, 2: 162.

法兰西斯会士,他同教皇发生了冲突。他和属灵派中间的其他领导人到巴伐利亚皇帝路易斯(Emperor Louis of Bavaria)那里去避难,这个皇帝发现他们在他自己和教皇的冲突中很有用处。为了配合这些斗争,奥卡姆写了若干,论述教皇权威的论文。在这些论文里,他争辩说上帝建立民事当局就像建立教会当局那样,这样,他就对独立国家论的发展作出了贡献,独立国家论在16世纪变得很普遍。在比较严格的教义事物上,奥卡姆是正统派,虽然他一再说,他相信各种教义——如圣餐变质说——不是因为这些教义有道理而是因为权威是这样教导的。[31]

奥卡姆以及他的时代的绝大多数神学家被称为“唯名论者”。然而, 318
关于中世纪后期的“唯名论者”所要说的第一件事情是,他们只是在一个极为广义的和极不精确的含义上才是唯名论者,“因为这个所谓的‘唯名论’从来都没有断言共相仅仅是名称,或者否认共相概念表达了对客观现实的真正认识”。[32] 要不是“唯名论者”这个词已经被广泛使用了很长时期,也许更应该称他们为“唯实论的概念论者”,因为就他们相信共相概念恰当地代表了客观现实的这个意思来说,他们是唯实论者;而就他们相信这样的共相具有真正的存在,但只是作为头脑里的概念才有真正的存

---

[31] 关于 Ockaham 思想的最好的介绍著作,见 G. Leff, *William of Ockham: The Metamorphosis of Scholastic Discourse* (Manchester: Manchester University Press, 1975)。一本更基础的门径书,并附有与 Ockham 相关的文章,见 A. Coccia, ed., *Guglielmo Ockham: Filosofia, teologia, politica* (Palermo: Andó, 1966)。他支持 Spiritual Franciscans 与他的政治思想之间的联系,见 M. Damiata, *Guglielmo d'Ockham: Povertàe potere*, 2 vols. (Florence: Studi Francescani, 1978 ~ 1979)。

[32] G. A. Lindbeck, "Nominalism and the Problem of Meaning as Illustrated by Pierre d'Ailly on Predestination and Justification", *HTR*, 52 (1959), 43. 另见,P. O. Kristeller, "The Validity of the Term 'Nominalism'", in C. Trinkaus and H. A. Oberman, eds., *The Pursuit of Holiness in Late Medieval and Renaissance Religion*(Leiden: E. J. Brill, 1974) pp. 65 ~ 66。关于这一运动的一般介绍,见 H. A. Oberman, "Some notes on the Theology of Nominalism, with Attention to its Relation to the Renaissance", *HTR*, 53 (1960), pp. 47 ~ 76。

在的这个意思来说，他们是概念论者。[33]

他们的神学里最具特色的标记或许是，他们在上帝的绝对能力（*potentia Dei absoluta*）和上帝的规定能力（*potentia Dei ordinata*）之间作出了区分。这种区分早在 11 世纪就被这样一些人使用，这些人争辩说，辩证法的推理不能认识上帝奥秘。[34] 但是到了 14 和 15 世纪，对于那些接受夸大了的司各脱唯意志论的人来说，这种区分就成了一个不变的指导原则。对他们来说，绝对能力和规定能力之间的区分，是保证上帝里意志绝对高于理性的一种手段，而且他们把这种区分用于他们的全部神学。司各脱曾经说过，上帝不一定要把基督的功绩看做无限的来予以接受，只不过是愿意这么做罢了；中世纪后期的唯名论者接受了这种神学上的区
319 分——其实这在司各脱那里例外——并把这种区分当做规律而不是例外。虽然唯名论者中间比较温和的人使用这种区分的方式不同于比较激进的人的方式，但所有的人都把这种区分理解成意味着，由于上帝是无所不能的，上帝能够不按照理性所期望的或要求的那样去行动，因此，试图用逻辑上的必然性的论点来证明只是因为上帝愿意使之成为真实的才在事实上成为真实的那些事情，是徒劳无益的。论到上帝是怎样行动的，我们只好在他的规定能力的范围里来谈，规定能力就是上帝出于他自己的自由意志如此规定的能力。虽然里米尼的格列高利（Gregory of Rimini）之类的神学家这样理解绝对能力，以致绝对能力不能和天启的上帝属性抵触——尤其是不能和上帝的大慈大悲抵触——但唯名论者中间比较极端的人却把绝对能力理解成独断能力。出于这种绝对能力（*De potentia absoluta*），上帝甚至可以改变善与恶之间的基本区别，以致今天的恶就是

---

[33] Ph. Boehner, "The Realistic Conceptualism of William Ockham", in *Collected Articles on Ockham* (St. Bonaventure, N.Y.: The Franciscan Institute, 1958), pp. 156 ~ 174.

[34] G. Leff, *Gregory of Rimini: Tradition and Innovation in Thirteenth Century Thought* (Manchester: Manchester University Press, 1961), p. 91.

明天的善。㉟

然而,这种区分并不仅仅是逻辑游戏。与此相反,这种区分具有重要的宗教和神学意义,这一点唯名论者是深深意识到的。例如,这种区分说明,现有的秩序,得救之道,甚至人的理性,之所以如此,不是由于必然性,而是出于上帝的大慈大悲。㊱ 在神学领域内,这种区分破坏了信仰和理性的统一,而这种统一一直是伟大的经院主义体系的核心。吉尔森(Gilson)所说的"基督徒必须相信但不能证明的那些天启真理的一览表",这时扩大到了如此程度,以致实际上包括了整个神学,而神学这时就不得不转而依靠天启真理,并且越发变成了一种对天启真理的解说。如果通过绝对能力,上帝不仅可以化身为人,也可以化身为驴或石头,㊲ 那么试图说明道成肉身和基督受难以完成救赎是合理的,就是毫无意义的了。同样,如果上帝可以赦免不悔过的罪人,㊳ 那么,为补赎的圣礼的辩护就只 320
能依据这样一个天启事实,即上帝已经自由决定要把悔过和赎罪与赦免连在一起。㊴

这意味着,功德和得救之间的关系并不是直接的,或者严格地说并不是必要的。上帝自由决定拯救那些悔罪和行善的人。就其本身来说,这类善行对得救来说永远是不够的。但是,根据规定能力,上帝决定使那些行善的人得救。由于这些神学家大都声称,上帝把恩典赠给那些尽其所

㉟ 沿着同样的思路,就会提出这样的问题:上帝是否能改变过去或欺骗人类。见 W. J. Courtenay, "John of Mirecourt and Gregory of Rimini on Whether God Can Undo the Past", *RThAM*, 39 (1972), 224 ~ 256; 40 (1973), 147 ~ 174; T. Gregory, "La tromperie divine", *StMed*, 3d. series, 23 (1982), 517 ~ 527。

㊱ P. Vignaux, *Justification et prédestination au XIVe siècle: Duns Scot, Pierre d'Aurriole, Guillaume d'Ocaam, Grégoire de Rimini* (Paris: Leroux, 1934), pp. 127 ~ 130.

㊲ Pseudo - Ockham, *Centiloquium*, *concl.* 7.

㊳ Ockham, *VI* Sent., q. 8.

㊴ 关于上帝的两种权柄的区别的重要意义,一部非常有洞察力的分析研究著作,见 H. A. Oberman, *The Harvest of Medieval Theology: Gabriel Biel and late Medieval Nominalism* (Cambridge: Harvard University Press, 1963), pp. 30 ~ 47。

能的人,因此路德宣布他们为贝拉基派,有一部分是正确的。另一方面,他们的教义认为,善行和得救之间的关系是严格地依据上帝的最高天命的,因此是一个恩典的行动,这个教义可以堪称是路德坚决认为得救不靠任何东西而只靠上帝仁慈的和人不配得的恩典的作用的背景。㊵

无疑这样的观点是一种大胆的论调。它是最大限度地承认上帝的无所不能和人的有限。但是,人们一旦这样说,那么,至少就理性而言,人们就没有什么别的可说。人们唯一能做的只是接受上帝随意赐给我们的启示,而且不要提出疑问——不是因为提出疑问是不信的一种表现,而是因为提出疑问是人们还没有真正理解人的一切推理的有限的和偶然的性质的一种表现。基督教思想史里有了这样的发展之后,就出现了三种不同的选择,一是试图重新发现启示的含义,二是回到伟大的中世纪理论体系的时代那里去,三是寻求新的对理性的理解。正像本《思想史》的下一卷的读者将要看到的那样,后来的各种神学家追随了这三条道路中的每条道路。

321 在这里,我们不能详细研究中世纪后期的唯名论者关于基督教神学每个传统主题的教导。㊶ 最好还是把我们的注意力转到他们那些比较直

㊵ 同上,pp. 175 ~ 178; W. Ernst, *Gott und Mensch am Vorabend der Reformation: Eine Untersuchung zur Moralphilosophie und - theologie bei Gabriel Biel* (Leipzig: St. Benno Verlag, 1972); T. N. Tentler, *Sin and Confession on the Eve of the Reformation* (Princeton: Princeton University, 1977)。

㊶ 最重要的应该是他们关于预定和圣餐的观点。在此时期里他们讨论了单预定和双预定问题;但是,更有意思的是,他们自己的假设导致诸如 Ockham, Gregory of Rimini,甚至更为保守的 Pierre d'Ailly,"甚至超越了后来历史上所知道的双重预定,并且承认上帝拣选的理由不是简单的不知、不是简单的神秘,而是事实上的非存在(non - existent)"(Lindbeck, "Nominalism", p. 54)。关于此,见 Vignaux, *Justificaion*, *passim*。

唯名论的圣餐教义是重要的,因为他们对变质说(transubstantiation)表示质疑,并且提出了对此圣礼的理解方式,它们与 16 世纪改革者所提出的理解有许多相似之处。见 Seeberg, *Text - book*, 20: 203 ~ 205; E. Iserloh, *Gnade und Eucharistie in der philosophischen Theologie des Wilhelm von Ockham: Ihre Bedeutung für die Ursachen der Reformation* (Wiesbaden: Franz Steiner, 1956); R. Damerau, *Die Abendmahlslehre des Nominalismus: Insbesondere die des Gabriel Biel* (Giessen: Wilhelm Schmidt, 1963), pp. 253 ~ 258。

接地影响教会生活的教导上，即他们的会议主义理论。

会议主义不应与唯名论完全等同起来，因为会议主义远在几个世纪之前就有它另外的根源。其中一个根源是教会律例，教会律例确实是支持教皇至上论点的，但是至少在理论上，教会律例从相当早的时期就谈论到了出现异端教皇或分裂教皇的可能性。[42] 另一个这样的根源是对教皇权威的批判，特别是对教廷的物质财富和腐败的批判，这种批判与约雅斤主义(Joachimism)和属灵的法兰西斯派有关系，但不只限于他们。

然而，另一方面，中世纪后期的唯名论者与会议运动之间有密切的关系。部分原因是，大分裂时期内，最著名的神学家们都是唯名论者。但这也是因为唯名主义本身与会议主义的教会论之间有内在联系。如果人们认为——这些所谓的唯名论者就是认为——共相概念是真实的，不是作 322
为单独存在着的实体，而是作为真正代表个体的概念，那么随之而来的是，教会的真实性就不在于某个永恒的理念，也不在于教职阶层——仿佛他们体现了教会的理念，然后把教会的真实性传递给了信徒——而在于信徒们自己的联合体。信徒不是从教职阶层那里得到教会的真实性的。与此相反，信徒的整体——the *congregatio fidelium*——就是教会，而教皇、主教们、圣职人员和普通信徒，都是教会的成员。结果，"教皇就不再是教会的独断者；他是教会灵修事务的执行者"。[43] 他会犯错误，如果他犯了错误，就应该被废黜。这是尼埃姆的狄特立赫(Dietrich of Niem)强烈主

㊷ 关于教会法(Canon law)中的会议主义(conciliarism)的背景问题，见 B. Tierney, *Foundations of the Conciliar Theory: The Contribution of the Medieval Canonists from Gratian to the Great Schism* (Cambridge: The University Press, 1955)。关于这整个运动的近期的参考书目，见 P. de Vooght, "Les résultats de la recherche récente sur le conciliarisme", *Concilium*, 64 (1971), 133 ~ 140。关于教皇与公会议之间相应权威的争论的研究，见 P. de Vooght, "Les controverses sur les pouvoirs du concile et l'authorité du pape au Constance", *RevThLouv*, 1 (1970), 45 ~ 75; B. Bertagna, *Il problema della "plenitudo potestatis ecclesiasticae" nella dottrina ecclesiologica di Giovanni Gersone (1363 ~ 1429)* (Rome: Università Lateranense, 1971)。

㊸ Seeberg, *Text - book*, 2: 169.

张的：

> 我甚至可以这样说，彼得是在基督受难之前第一个被主立为教皇的，如果他坚持不认基督，因而犯了大罪，也没有悔改，那么，在基督复活之后，他肯定是不能和别人一起接受圣灵的，也不再是众使徒之首。[44]

这样，教会的全体大会就有权废黜一个教皇，或在一个以上的教皇争夺教廷时，有权判定谁是合法的教皇。在这种基础上，诸如尼埃姆的狄特立赫，热松的热安（Jean de Gerson）和皮埃拉·德爱利（Pierre d'Ailly）这样的会议主义者们都争辩说，结束分裂和改革教会的最好方法，就是召开全体大会。

然而，这并不意味着会议运动的领导人把会议看成是不会犯错误的。奥卡姆曾经指出，德爱利也坚决认为，人们不能指望那些昨天还是完全可能犯错误的基督徒，仅仅因为和另外一些同样可能犯错误的人聚集在一起，今天就成了不会犯错误的。奥卡姆提出，很可能一个会议本身，以及教皇，主教们和神学家们，都会犯错误，而维护基督教信仰真理的，却是那
323 些以谦卑心灵和理智的正当运用来阅读《圣经》的普通信徒，或甚至是妇女和儿童。[45] 但是尽管如此，作为真正教会（the *congregatio fidelium*）的代表的一个会议，有更大的可能性来捍卫真正教义，来革新教会——德爱利在大分裂之后又补充说——来恢复统一。

在巴丢阿的马西利尼斯（Marsilius of Padua，大约 1275～1342 年）的《和平保卫者》（*Defensor Pacis*）里——也许是和展丹的约翰合写的——会议主义的思想被推演到了尽头。在这里，人们宣布，教会及其教职阶层不

---

[44] *De modis uniendi ac ref. eccl.* （*LCC*，14：155）.

[45] Ockham, *Dial. de imper. at pontif. potestate*, 3.1.3.13. 对照路德在莱比锡（Leipzig）的辩论。

应当有管辖权。耶稣服从了国家的权力，而且他和他的使徒们都生活在贫困之中。因此，教会领导人也应当这样做。至于国家，最终的权威不是在统治者那里，而是在人民那里——《和平保卫者》所说的人民指的是成年男子。他们有权制定法律，统治者们所有的任何权威，都是人民授给的。《和平保卫者》被学者们相当正确地看成是走向世俗国家和民主政体的重要一步。[46]

虽然这种观点受到一些批评，[47]可是这种观点在一定程度上被接受了，而且当事实说明，除了召开全体大会之外，别无其他方法医治大分裂的时候，这种观点终于被采用了。不过，会议观点一经实践，就发现它有不足之处。最后，作为会议运动的一个结果，西方基督教庆幸自己得以重新统一于一个单一的教皇的领导之下，但同时又因为两个对抗的会议的争执而感到困惑不解。这样，在 15 世纪下半叶，会议理想继续存在，可是，会议权威高于教皇权威的观点已退居幕后。[48] 这一点可见于加俾
尔·比力(Gabriel Biel)的态度，他是一个后期的唯名论者，他保留了教会 324
就是信徒全体这个观念，甚至主张，如有矛盾，会议应凌驾于教皇之上，但与此同时，他并不认为这种冲突真的会发生。而他自己就是一个教皇权威的维护者。教皇制度逐渐地恢复了它控制西方教会的权威，虽然公会

---

[46] G. de Lagarde, *La naissance de l'esprit laïque au déclin de moyen âge*, vol. 3 : *Le Defensor pacis*, 2d. ed. (Louvain: E. Nauwelaerts, 1970); E. Lewis, "The 'Positivism' of Marsiglio of Padua", *Spec.*, 38 (1963), 541～582; P. di Vona, *I principi del Defensor pacis* (Naples: Morano, 1974).

[47] M. Martins, "A ética estatal de Frei Alvaro Pais no *Speculum regnum*", *RevPortFil*, 11 (1955), 403～411; *Seminario de estudios internacionales "Alvaro Pelayo"* (Santiago de Compostela: University Press, 1956); L. J. Daly, "Some Political Theory Tracts in the Vatican Barberini Collection", *Ms*, 5 (1961), 28～34, 88～95.

[48] Oberman, *The Harvest*, pp. 412～422; I. W. Frank, *Der antikonziliaristische Dominikaner Leonard Huntpichler* (Vienna: Österreichischen Akademie der Wissenschaften, 1976).

议理想的消失还需漫长的岁月。[49]

中世纪后期的神秘主义

14 和 15 世纪,出现了神秘主义虔诚的广泛复兴。虽然这在莱茵河流域最为显著,[50] 可是这种莱茵河地区运动在不列颠,[51] 西班牙,[52] 和意大利也有其相对应的运动。[53] 在莱茵河两岸,14 世纪神秘主义的大师是多米尼克派的约翰·埃克哈特(John Eckhart)。[54] 他是新的神秘主义倾向的典型代表。他不是一个易动感情的狂热者,不是一个无知的煽动者,

---

[49] 这个理想在路德和早期改革者的思想中是记忆犹新的。见 C. T. Johns, *Luthers Konzilsidee in ihrer historischen Bedingtheit und ihrem reformatorischen Neuansatz* (Berlin: Alfred Töpelmann, 1966), especially pp. 127 ~ 143; F. Oakley, "Conciliarism in the Sixteenth Century: Jacques Almain Again", *ARG*, 68 (1978), 111 ~ 132。

[50] *La mystique rhénane* (Paris: University Press of France, 1963); M. Michelet, trans. and ed., *Le Rhin mystique: De maître Eckhart à Thomas à Kempis* (Paris: A. Fayard, 1960).

[51] D. Knowles, *The English Mystical Tradition* (Landon: Burns and Oates, 1960), 此书处理了 Richard Rolle, Walter Hilton, Augustine Baker 及其他人的神秘主义教义问题。

[52] E. A. Peers, *Studies of the Spanish Mystics*, 3 vols., 2nd ed. (London: S. P. C. K., 1951 ~ 1960).

[53] 我知道关于拉丁神秘主义的研究著作没有一部可与上面三个注解里提到的著作相比。然而,为了对其获得一个基本的理解,在 14 世纪就应该转到 Catherine of Siena;在 15 世纪则应转到 Catherine of Genoa. A. Grion, *La dottrina di S. Caterina da Siena* (Brescia: Marcelliana, 1962); U. Bonzi da Genova, *Theologia mistica di S. Caterina da Genova* (Torino: Marietti, 1960); P. Debongnie, *La grande dame du pur amour, sainte Catherine de Gênes, 1447 ~ 1510: Vie et doctrine du purgatoire* (Bruges: Desclée De Brouwer, 1960); P. Debongnie, "Sainte Catherine de Gênes: Vie et doctrine d'après des travaux recénts", *RevAscMyst*, 38 (1962), 409 ~ 446; 39 (1963), 3 ~ 31, 137 ~ 151。

[54] R. B. Blakney, *Meister Eckhart: A Modern Translation* (New York: Harper, 1941); J. M. Clark, *Meister Eckhart: An Introduction to the Study of His Works with an Anthology of His Sermons* (Camden, N. J.: Thomas Nelson, 1957). 一本简要介绍 Eckhart 与其先辈及其时代的联系的书,见 J. Ancelet - Hustache, *Maître Eckhart et la mystique rhénane* (Paris: Editions du Seuil, 1956)。这最后一本书已翻译成英文:*Master Eckhart and the Rhineland Mystics* (Harper, 1957); R. Schürmann, *Meister Eckhart: Mystic and Philosopher* (Bloomington: Indiana University, 1978); A. Klein, *Meister Eckhart: La dottrina mistica della giustificazione* (Milan: Mursia, 1978)。

也不是一个清静无为的隐士。相反,他是一个在巴黎大学受过教育的学者。他头脑冷静,反对不当的感情主义,而且积极参加多米尼克会的实际生活和行政管理工作。他的门徒约翰·陶勒尔(John Tauler)[55]和亨利· 325
苏所(Henry Suso)[56]也是这样,不过没有他们的老师那么有学问。在莱茵河下游的那些“低地国家”(即荷兰、比利时、卢森堡)里,有另外一个有学问的神秘主义者约翰·罗斯布鲁克(John Ruysbroeck),[57]他影响了格拉尔德·格罗特(Gerard Groote),而格拉尔德·格罗特是“共同生活弟兄会”(Brethren of the Common Life)的创始人。[58] 很快,这个运动和其他类似的运动遍及了莱茵河地区和更远的地区,提倡一种“新虔信”——*devotio moderna*——参加的人过着一种共同生活,同时进行体力劳动和内心生活的修养,不是通过极端的禁欲主义做法,而是通过读书和默思,彼此认罪,并效法基督的生活。也许他们最典型的著作——而且肯定是最有影响的著作——是《效法基督》(*The Imitation of Christ*),这书在传统上被

---

[55] John Tauler, *Spiritual Conferences* (St. Louis: B. Herder, 1961); I. Weilner, *Johannes Taulers Bekehrungsweg: Die Erfahrungsgrundlagen seiner Mystik* (Regenburg: F. Pustet, 1961); J. A. Bizet, *Jean Tauler de Strasbourg* (Tournali: Descleé, 1968).

[56] Henry Suso, *Little Book of Eternal Wisdom and Little Book of Truth*, trans. J. M. Clark (New York: Harper, n. d.); J. A. Bizet, *Henri Suso et le declin de la scolastique* (Paris: Aubier, n. d.); D. Planzer, *Heinrich Seuses Lehre über das geistliche Leben* (Freiburg im Briesgan: Die Ewige Weisheit, 1960).

[57] John of Ruysbroeck, *The Adornment of the Spiritual Marriage*; *The Sparkling Stone*; *The Book of Supreme Truth*, ed. E. Underhill, trans. C. A. Wynschenk (London: John M. Watkins, reprint, 1951); A. Ampe, *De mystieke leer van Ruusbroec over de zieleopgang* (Antwerp: Ruusbroec Genootschap, 1957). 后一本书被其作者概述过两次:*Theologia mystica secundum doctrina Beati Joannis Rusbrochi doctoris admirabilis in compendium redacta* (Ruusbroec Genootshap, 1957), 及 “La théologie mystique de l'ascension de l'âme selon le Bienheureux Jean de Ruusbroec”, *RevAscMyst*, 36 (1960), 188 ~ 201, 303 ~ 322; P. Verdeyen, *Ruusbroec en zijn mystiek* (Louvain: Davidsfonds, 1981)。

[58] E. F. Jacob, “Gerard Groote and the Beginnings of the ‘New Devotion’ in the Low Countries”, *JEH*, 3 (1952), 40 ~ 57; T. P. van Zijl, *Gerard Groote, Ascetic and Reformer* (Washington: Catholic University of America, 1963).

认为是肯佩斯(Kempis)写的。[59]

神秘主义的这种新浪潮,并不是有意识地反对公认的教会的,但实际上,他们过的生活常常处于有组织教会生活的边缘。埃克哈特被指控为泛神论者,教皇约翰二十二世又宣布他的一些观点为异端。他们彼此认罪的做法,倾向于破坏教会组织中的例行的赎罪礼。尤其是,他们宣称即使不用圣礼和教会教阶制度之类的有形的辅助,也可以做到与上帝直接相通,因而使整个圣礼制度遭到了破坏。有时这种主张甚至说,与上帝直
326 接相通也不大需要基督的中保作用。结果,尽管大多数神秘主义者公开宣称的和真诚的目的是加强和更新教会,但是在教会的腐败之中,他们成功地过着堪为表率的和往往是喜气洋洋的生活,使很多人相信,教会毕竟不是那么重要,没有一个腐败的教阶体制的帮助,也有可能过一个善良的基督徒生活。由此出发,只要再向前迈出一步就是决定——像 16 世纪莱茵河地区的许多基督徒所做的那样——为了忠于福音,就必须与现在的教会的腐败做法和虚伪教义决裂。

这种类型的神秘主义,除了拆了教会权威的墙脚之外,也促成了经院主义的衰落。虽然神秘主义的大多数领导人都是在学校最好的传统里培养出来的,但他们对于学术界搞的无聊繁琐研究极为厌恶,从而得出结论说,这样的努力和宗教信仰的生活没有什么关系。这样,他们就倾向于强调理性的局限性,并断言,虽然理性知识是好的,但基督徒的基本态度应该是"有学问的无知者"——*docta ignorantia*——的态度,就像库萨的尼古拉(Nicholas of Cusa)所说的那样。再者,他们的哲学基本观点,更接近于新柏拉图主义,而不接近于亚里士多德主义。这也是预料之中的,因为新柏拉图主义是一种神秘主义的哲学,并且是伪狄奥尼修斯和奥古斯丁的

---

[59] J. Huyben and P. Debongnie, *L'auteur ou les auteurs de l'Imitation* (Louvain: Bibliothèque de l'Université, 1957). 然而,一些学者争辩,《效法基督》最早形成于意大利。P. Bonardi and T. Lupo, *L'Imitazione di Cristo e il suo autore*, 2 vols. (Turin: Società Editrice Internazionale, 1964).

理论基础，而伪狄奥尼修斯和奥古斯丁是莱茵河地区神秘主义者极为敬重的。于是，他们倾向于把各学派的神学——尤其是奥卡姆这样的人的唯名论——和亚里士多德主义等同起来，并且和“人的知识”等同起来，还倾向于拒绝各学派的神学而支持伪狄奥尼修斯的基督教化了的新柏拉图主义。他们这样做就挖了13世纪以来所发展的经院主义传统的墙脚。虽然他们有几个人是多米尼克会会士，而且到了这个时候该会已经宣布托马斯为它的官方神学家，可是，这些神秘主义者，在经院主义的最后垮台中，发挥了与他们的同时代人奥卡姆同等的影响力。[60]

改革的进一步尝试

从某种意义来说，会议运动和中世纪后期的神秘主义都是改革教会 327
的尝试。一个走的是组织更新的道路，另一个是借助属灵生活的加深来寻求改革。现在我们必须转向寻求改革的第三种方式：即不经公认的权威的同意，直接在本地采取实际的以及教义的和组织的改革行动，因而经常引起分裂，并被指控为异端。

对传统教会的不满情绪的暗流，早在法兰西斯主义（Franciscanism）和小弟兄会（Fraticelli）这类运动中就已显示出来，这一暗流贯穿了整个中世纪。不过，早先的抗议运动大都是由一些笃诚虔敬但缺乏学院训练的人领导的，而到了14和15世纪，就有不少学者起来大声疾呼，抗议传统基督教里的许多东西。就他们的很多学说来看，他们都是16世纪伟大抗议运动的先驱者。在宗教改革的这些前辈们中间，最值得注意的有威克理夫、胡斯和萨沃那柔拉，虽然肯定不止这几个人。

约翰·威克理夫是约克郡人（Yorkshire），在牛津大学度过大半生，先

[60] Cf. S. Ozment, "Mysticism, Nominalism, and Dissent", in Trinkaus and Oberman, eds., *The Pursuit of Holiness*, pp. 67 ~ 92.

是读书，以后任教。[61] 他在早年似乎把主要精力都用于哲学和神学的研究。但到了他的事业后期，特别是在 1378 年开始的西方大分裂之后，他越来越激烈地批评现有的教会。最初，他得到一些政治上的支持，特别是来自爱德华三世（Edward Ⅲ）的儿子，干特的约翰（John Gaunt）的支持。[62]
328 不过，当他的观点变得更加激进的时候，他原先的政治盟友就感到他用处不大了。1381 年的农民起义之后（其实他并没有鼓励这次起义，但很多人试图把这次起义与他的观点联系起来），他发现自己日益孤立了。他失去了他的牛津同事们的支持之后，就退居于他的拉忒温斯（Lutterworth）教区，留在那里直到 1384 年死去。虽然他的观点一再受到教皇和英国各个主教的谴责，但他本人总算得以安然死去。但后来，他派遣出去的那些“穷布道者”，通常被称为“罗拉德”（Lollards）的那些人都受到了严重的迫害，在 15 和 16 世纪，他们中的有些人被烧死于火刑架上。[63] 1415 年，康士坦斯会议谴责了二百多条威克理夫的主张，并下令把他的遗体从教会圣地抛出。这事发生在 1428 年。当时他的遗体被掘出，焚烧，并被投入斯威夫特河中。

威克理夫的学说是在艰苦斗争和日益孤立的岁月里发展起来的，因此，要详尽地研究他的思想，必须把这种事态发展考虑进去。但是，为了简明起见，我们在这里只论述他的最后形式的观点。同样，我们也发现有必要按逻辑次序来论述他的观点，而如果按年代发展来论述的话那就会是不同的。不过，我们这样做，也不会损害威克理夫的思想，因为他自己就是一个坚持逻辑的人，愿意把每一个主张阐述到底。他的主要弱点恰

---

[61] 关于 Wycliffe 传记的权威性的作品：H. B. Workman, *John Wyclif: A Study of the English Medieval Church*, 2 vols.（Oxford: Clarendon Press, 1926）。然而，这在几个方面必须加以纠正，见 J. H. Dahmus, *The Prosecution of John Wyclif*（New Haven: Yale University Press, 1952）。

[62] Wycliffe 没有得到政治上的广泛支持，见 J. H. Dahmus, “John Wyclif and the English Government”, *Spec*, 35 (1960), 51 ~ 68。

[63] J. A. F. Thomson, *The Later Lollards, 1414 ~ 1520* (Oxford: The University Press, 1965), pp. 220 ~ 238.

恰在于，他不能妥善处理逻辑和理想为一方与政治和现实为另一方的两方之间的差距。

威克理夫首先是中世纪传统的学者，他在共相问题上选择了唯实论立场。[64] 在这方面，他深受奥古斯丁及其新柏拉图主义的影响，[65] 因而他更欣赏柏拉图的理念说，而不是欣赏当时流行的亚里士多德的观点，虽然 329
他也和他的同时代人一样，深受亚里士多德主义的影响。不过，威克理夫之所以持有唯实论立场，并不是因为奥古斯丁如此，他也如此；相反，唯实论是威克理夫思想方法和做人处世的核心。他不能容忍杂乱无章，独断专行，不讲逻辑，而这些似乎简直就是中世纪后期的唯名论的一部分。要问上帝根据他的绝对能力，是不是可能去做与他做过的不相同的事，这样的问题是毫无意义的，因为不现实的事物——在上帝的头脑里是现实的——简直是不可想象的。上帝并不是从一系列的可能性中选出了现在的世界。这个世界，由于是上帝考虑的和创造的唯一的世界，所以就是唯一可能的世界。同样，最终的道德范畴就是秩序，因为一种行为之所以成为有罪的，就是因为它失去了与上帝所建立的宇宙秩序的和谐。

对现实的这种理解在威克理夫对理性与启示之间的关系的看法上反映出来。这二者不会彼此矛盾，因为二者都引向同一个普遍真理。虽然人的理性的确因亚当的堕落而被削弱，因此我们需要启示来作为我们自

---

[64] J. A. Robson, *Wyclif and the Oxford Schools: The Relation of the "Summa de ente" to Scholastic Debates at Oxford in the Later Fourteenth Century* (Cambridge: The University Press, 1961). S. H. Thomason, "The philosophical basis of Wyclif's theology", *JRel*, 11 (1931), 86～116，旨在表明威克理夫的哲学与他的神学之间的密切关系，以至他的许多神学观点似乎是其哲学所要求的。另一方面，G. C. Heseltin, "The Myth of Wycliffe", *Thought*, 7 (1933), 108～121，倾向于降低威克理夫作为思想家和学者所达到的层次和高度。

[65] 在这一点上，与预定论教义一样，威克理夫似乎通过 Bradwardine（早期是牛津神学家，后来成为坎特伯雷大主教）的介绍来阅读奥古斯丁的作品。J. F. Laun, "Thomas von Bradwardin, der Schüler Augustins und Lehrer Wiclifs", *ZschrKgesch*, 47 (1928), 333～356; J. F. Laun, "Die Prädestination bei Wyclif und Bradwardin", in *Imago Dei* (Giessen: A. Töpelmann, 1932), pp. 63～84; G. Leff, "Thomas Bradwardine's 'De causa Dei'", *JEH*, 7 (1956), 21～29.

己理解能力的补充，可是，理性仍然能够证明很大一部分基督教真理——包括三位一体和基督成为肉身的必要性。

直到这里为止，威克理夫看来是一个保守派，而不是一个激进派。只是当我们谈到他对启示的理解时，他才背离了当时公认的观点。虽然最初他承认教会和教会传统应当作为人们解释《圣经》的指南，可他越来越
330 相信，所谓的基督教传统有很多东西与《圣经》抵触。[66] 由于他热爱逻辑和首尾一致性，厌恶他在教会里所见到的腐败和分裂，这就终于使他断言，《圣经》的权威必须高于任何教会传统和上层人士的权威。《圣经》是上帝当做他的话语赐给他的圣民的，而不是腐败的圣职人员们的专利品。因此就有必要把《圣经》翻译成人民群众所用的英文——这个计划是威克理夫启发的，是他的追随者们付诸实现的。

只要一个人对传统的权威和教会教导的权威采取了这样的态度，其他人就跟着这样做。不过，在讨论威克理夫的教导里面与他同时代人不同的其他那些方面之前，我们必须转向他的神学里的另一基本内容——他对于“统治权”的看法。

统治权或主宰权，甚至在大分裂和其他事件促使威克理夫得出比较激进的思想之前，就是他的神学的中心的主题之一。他主要是在《论上帝的主宰权》(*On Divine Lordship*)和《论政府的统治权》(*On Civil Lordship*)两篇文章中论述这个题目。上帝的主宰权是其他一切统治权的基础，因为只有上帝才有统治其他人的公正的和必要的统治权。人，甚至天使，能够具有统治其他被造物的统治权，只是因为正当地拥有这种统治权的上

---

[66] 这种演变发展解释了为什么通过考察他早期的作品，就可以得出这样的结论：在这一点上他与传统的天主教教义基本上是一致的。P. De Vooght, *Les sources de la doctrine chrètienne d'après les théologiens du XIVe siècle et du début du XVe* (Bruges: Desclée De Brouwer, 1954), p.259. 这一解释遭到了 M. Hurley 的反驳，见 *Scriptura sola: Wyclif and His Critics* (Bronx: Fordham University Press, 1960)。另见，W. R. Thomson, *The Latin Works of John Wyclyf: An Annotated Catalogue* (Toronto: Pontifical Institute of Medieval Studies, 1983)。

帝，把这种统治权的微乎其微的一部分赐给了或“借给了”一个被造物，让他按照上帝的旨意来加以使用。[67] 诚然，人们往往会不恰当地使用政府和教会的统治权；不过，当他们这样做的时候，他们的权力就不再是人在其中只是仆人的上帝赐给的统治权，而是强制的或“人的”统治权。[68] 随之而来的是，教会当局——其统治权无论怎样也只限于灵性事务——如果用之不当，也就失去了它的统治权，信徒们也就用不着再对它表示任何忠顺。[69] 虽然人们把威克理夫说成是心里盘算着他的观点可能造成的政治后果——他似乎天生就不会做这样的事情——就会对他不公正，但毫无疑问，这样的观点必然会立刻得到许多人的注意和支持，因为当时 331
英国正在努力限制教会对政治事务的干预，并制止英国金元源源不断地流往阿维尼翁教皇金库。可是，当他得出他的《圣经》至上的理论和统治权性质的理论的最后结论时，甚至这种支持也失去了。

这些后果可以最清楚地见于威克理夫的教会论和他对圣餐的理解。他的教会论是以奥古斯丁的有形教会与无形教会之间的区分为基础的。无形教会是被拣选者的团体，有形教会既包括被拣选者，也包括被摈弃者。虽然人们无法绝对肯定地分清谁是被拣选者，谁是被摈弃者——的确，人们甚至不知道自己落在哪个类别里——但是，有某些迹象可以使人作出相当准确的猜测。这些迹象就是一种虔敬的生活和对上帝旨意的顺服。在这些迹象的基础上，人们完全可以肯定，教皇不仅是被摈弃者，而且就是伪基督本身，因此他已经失去了对信徒实施任何种类统治的一切

---

[67] *De domin. div.* 1.3.2.

[68] Wycliffe 确立了这三者的区别：首先，自然的统治权（natural dominion）；其次，通过自然强制的人的统治权（human dominion）；第三，合乎福音的统治权（evangelical dominion），这是最高的，牧师的统治远超过人的意义上的统治。

[69] *De civ. domin.* 1.8.

合法要求。[70]

1380年，差不多在去世之前四年，威克理夫抨击了圣餐的变质说。[71]他感到不得不这样做，因为他再也不能接受这样的见解，即圣餐里的饼和酒一经祝圣就不再是真正的饼和酒了。这种说法等于是基督幻影说，因为正像那个早期的异端否认主化身为一个真实的人那样，这种圣餐教义
332 否认主亲临于真实的有形的饼和酒之中。所以，即使在祝圣之后，饼依然是饼，酒依然是酒。但是尽管如此，基督的身体和血还是亲临于圣餐之中。主的身体和血在圣餐中，因为主的身体和血起了使信徒得救的作用；主的身体和血是在一种属灵意义上降临到领圣餐者的灵魂里的；并且，主的身体和血也是在一种圣礼的和神秘的意义上来临的，因为基督实在的身体只在天上，同时，就像人的灵魂遍及全身那样，基督的身体以一种属灵的方式使自己存在于圣饼之中。

不难看出，为什么威克理夫的学说被认为是危险的。他关于统治权的理论，如果推演到其最终结果，就会大大地削弱教会和政府的权威。他的教会观，他对苦行赎罪制度的否认，以及他的圣餐论，都将抛弃中世纪基督教的大部分中心。这样，他发表这些理论的这个事实，就是中世纪正在结束的一个标志；他的理论还没有被广泛接受的这个事实，又说明中世纪的末日尚未来到。

然而，威克理夫的思想没有消失，我们已经谈过，通过“罗拉德派”的宣传，在他死后很久，他的思想仍在英国流传，而这些“罗拉德”一直坚持到16世纪，最后，他们尚存的人就与英国改教运动汇合在一起。他的思

---

[70] 为了简明起见，我在此没有包括对 Wycliffe 关于善功（merit）及其对救赎的作用的讨论，应该指出的是，他拒绝一个人可以在上帝面前获得任何功德（*de condigno*）的观念——即真正的善功，是应得的奖赏——尽管可能因行为得到功德（*de congruo*）——即上帝也同样如此认为。因此，再多的功德对救赎也是不够的，就连教会也没有那么大的功德可以适用到信徒身上，整个的苦修体系——尤其是兜售赎罪券或宣布赦罪——必须废除。

[71] 此日期似乎是他的论文 *On the Eucharist* 的日期。一年前，在 *On Apostasy* 里，他暗示了他对此教义的不安，但是没有仔细的探究。

想也传到了波希米亚，在那里以较为缓和的形式，在胡斯及其追随者那里再次出现。

胡斯是布拉格“伯利恒圣婴”礼拜堂（chapel of Holy Innocents of Bethlehem）的牧师，也是布拉格大学的校长。他深受威克理夫著作的影响，[72]
并且以类似这位英国学者的方式寻求教会改革。由于当时在波希米亚有 333
相当大的反日耳曼情绪，由于胡斯成了这种情绪的象征，政治上的考虑对这种新运动的方针来说并不是完全不相干的——正像政治考虑对于威克理夫及其运动的最后结果来说不是不相干的那样。经过一段长期的斗争之后（这斗争我们不能在这里论述了），胡斯被召出席康士坦斯会议，为此目的皇帝西基斯蒙德（Sigismund）发给了他安全通行证书。但是，这个安全通行证被置之不顾，还有部分是由于皮埃拉·德爱利和热松的热安之类“改革家”的插手，胡斯终于受到该会议的谴责，并被处死在火刑柱上。当消息传到波希米亚时，胡斯就成了一位民族英雄，他的许多观点就成了民族的骄傲。虽然他的追随者们不久发生了分裂，而且这种分裂甚至促使他们诉诸战争，可是胡斯的学说没有消失。到了 15 世纪中叶，他的追随者们与一些韦尔多派联合，并组织了“波希米亚弟兄会”（Bohemian Brethren），该会终于信奉了“新教的宗教改革”的思想。

虽然胡斯的学说和威克理夫的学说不完全一样，[73] 但可以公正地说，

---

[72] J. Loserth, *Huss und Wiclif: Zur Genesis der hussitischen Lehre* (Munich: R. Oldenbourg, 1925), 强调胡斯对威克理夫的依靠。持相反策略的是 M. Spinka, *John Hus and the Czech Reform* (Chicago: University of Chicago Press, 1941), pp. 12 ~ 20。关于此问题，见 J. Kvacala, “Hus und sein Werk”, *JKGSlav*, new series, 8 (1932), 58 ~ 82, 121 ~ 142。在波希米亚的其他一些运动也可以归功于胡斯与他的运动，见 S. H. Thomson, “Pre – Hussite Heresy in Bohemia”, *EngHistRev*, 48 (1933), 23 ~ 42; J. Macek, *Jean Hus et les traditions hussites* (Paris: Plon, 1973); A. Molnár, *Jean Hus, témoin de la vérité* (Paris: Les Bergers et les Mages [1978]); A. C. Bronswijk, *Hervormers, ketters en revolutionaren: Jan Hus en de Tsjechische kerkreformatie* (Kampen: J. H. Kok, 1982)。最好的简短的传记，见 M. Spinka, *John Hus: A Biography* (Princeton: Priceton University Press, 1968)。

[73] P. De Vooght, *Hussiana* (Louvain: Publication Universitaires, 1960).

在一些基本论点上，他和他的这位英国前辈是一致的。这里不可能就他们的教导的每个方面对他们两人进行比较，但这样说就够了：总的来说，特别在用词方面，胡斯比威克理夫较为温和；他所处的环境促使他比威克理夫更多注意赎罪券（indulgences）的问题；[74]并且，由于他是伯利恒圣婴礼拜堂的牧师，就使他有机会把他的教义观点体现在礼拜仪式的改革上。[75]

最后，有必要谈一谈基如拉莫·萨沃那柔拉（Girolamo Savonarola）。他是一个热心的改革者，把多米尼克派的托马斯主义训练与约亚斤派
334 （Joachimist）的末世盼望结合起来。[76] 萨沃那柔拉虽然不是一个出众的神学家，但他在这里使我们感兴趣的是，他证明，即使在意大利——在那里文艺复兴转向古老异教艺术的复兴，并且转向强调美学高于宗教——人们对于宗教改革仍然十分关心，所以才有可能在萨沃那柔拉领导下，在佛罗伦萨一再“焚烧贱物”（“burnings of vanities”）（焚毁面罩，下流读物和图像等——译者）。如果人们转向西班牙，波兰，或者拉丁基督教世界的任何其他部分，人们将发现，那里也同样在寻求革新了的属灵生活。正是这样一种寻求，终于导致了16世纪的新教改革运动，并且导致了通常称为反改教运动（Counter - Reformation）的天主教运动。

---

[74] Spinka, *Hus*, pp. 130 ~ 164.

[75] E. C. Molnar, “The Liturgical Reforms of John Hus”, *Spec*, 41 (1966), 297 ~ 303.

[76] D. Weistein, “Prophecy and Humanism in Late Fifteenth Century Florence: A Study in the Relations Between Savonarola and the Florentine Humanists”, *DissAbs*, 17 (1957), 1989. 一本好的传记：R. Ridolfi, *The Life of Girolamo Savonarola* (London: Routledge and Kegan Paul, 1959)。

第十四章　黎明抑是黄昏

我们这时来到了显然是一个时代的终点的地方。君士坦丁大帝的基 335
督教之城君士坦丁堡,已经不复存在。君士坦丁堡已改名为伊斯坦布尔,在那里,“救世主”之名曾一度被称颂,而今则充满了对“先知”穆罕默德的赞扬。君士坦丁堡自称是“新罗马”,这个称号这时被莫斯科捡起来,莫斯科成了一个新兴帝国的中心。在西方,古罗马的处境也不比东方的君士坦丁堡更好些。罗马已失去了原来那种作为世界中心的地位,现在只不过是被民族主义搞得日益分裂的欧洲的一个政治因素而已。在西班牙,各小国团结了起来,摩尔人已不复存在,新的天地又在更远的西方展现,在那里,对那些想发财致富的人来说,有黄金吸引着他们;对那些有更多宗教热情的人来说,则有千百万芸芸众生等待他们去搭救。活字印刷机,以当时难以置信的速度,开始传播文字资料。来自君士坦丁堡的操希腊语的流放者,再度把古典希腊文化介绍到意大利来。像罗伦佐·瓦拉(Lorenzo Valla)这样的学者,对中世纪大部分世界观所依据的文献的可靠性提出了疑问。其他的人则正在发现手抄稿的传抄在什么程度上歪曲了古代基督教著作的准确文本。

许多参与这些伟大事件的人的普遍看法是,他们正生活在一个新时

336 期的黎明，其时，过去一千年的无知和迷信将被克服。人们认为过去的一千年阻碍了人类的真正的发展，正是这种普遍的看法促使人们把那些年代称为“中世纪”，而把新的时代称为“文艺复兴”——即新生的时代。已过去时代的最高艺术成就，被称为“哥特式的”——即野蛮的——而今日的建筑师、画家和雕刻师，则开始设法恢复古典的希腊—罗马艺术精神。

如果认为现有教会反对这种趋势，那就错了。教皇们自己就和意大利其他王侯们竞相招揽最优秀的艺术家们和学者们到他们的圈子里来。罗伦佐·瓦拉由于证明《君士坦丁御赐教产谕》(*Donation of Constantine*)是伪造的，而比其他任何一个人都更多地削弱了教皇的世俗权力，但他仍然得到教皇的支持。虽然有修士们和一些普通信徒的普遍反对，但教廷还是拜倒在这种时代精神的脚下。

关于“文艺复兴”的思想，在这里就不讨论了。不过我们应该停下来推敲一下，文艺复兴时期给予中世纪的评价是否正确。

在这方面要说的第一点是，凡是仔细读过本卷的人都会觉得，这个时期并不是一个整齐划一的时期，不可能公正地对这个时期作出一刀切的评价。日耳曼人入侵后的最初年代，以及加洛林王朝没落后的一个半世纪，的确是黑暗时代。但是，如果说在西方文明史上有一个时期，人们可以就其世界观的完整性，就其独创性，就其创造的美的境界，而称其为“不朽的”时期，那肯定就是12和13世纪。因此，人们无论给中世纪作出什么评价，都应该以其成就的顶峰为依据，而不应该以几个黑暗的世纪为依据。

第二，很清楚，对中世纪的任何评价，即使对鼎盛期的中世纪的评价，都反映着这个评价依据的神学观点。如果人们相信，历史的目的是要演
337 变到这样一个地点，在那里人类达到成年，从一切在传统上束缚人类的事物中解放出来，那么，人们就会把文艺复兴时期及其以后的几个世纪评价成为人类从中世纪的宗教和政治权威下解放出来的时期。另一方面，如果人们认为人类的目的基本上是属灵的，而且相信这个目的只有在基督

教秩序的结构里和在基督教秩序的权威下才能实现，那么，人们就会把中世纪评价成为宗教权威被最广泛地接受，人们最关心他们的永恒目标，以及关键性的宗教问题最少被怀疑的时期。二者之中无论那种情况，人们对中世纪的评价都反映出他们自己的观点。

然而，人们可以说，如果像本《思想史》第一卷所说的那样，基督成为肉身是基督教信仰的焦点，那么中世纪的结束既是值得欢迎的也是值得遗憾的。值得欢迎的是，中世纪的结束再次使人们全面地认识到人生的价值。尽管拜占庭宗教艺术的僧侣式的风格给人的印象是，与基督成为肉身有关的种种事件，脱离了人的正常经验，而西方中世纪绘画的没精打采的表达方式似乎告诉人，要做一个基督徒就必须比人更低，但是，米开朗琪罗（Michelangelo）在西斯廷大教堂（Sistine Chapel）里塑造的形象，叫人因为自己是一个人而感到骄傲，并因为自己是人类的一个成员而感到骄傲，因为上帝还化身成为人类的成员之一呢。但另外一方面，中世纪的消逝是值得遗憾的，因为只是到了 20 世纪——而且还是由于不同的原因——人们才再次把自己看做是上帝创造的和谐万物的一部分，纯粹是靠上帝的怜悯，才在动物、植物、青云和大海当中，生存在这个地球上。中世纪的消逝也是作为不完善者的人的消逝，这个不完善者的目标之所以能够实现，只是因为在基督成为肉身里，上帝使得我们有可能生活在与上帝的和谐之中，生活在与天地万物的和谐之中，既作为与上帝和谐的结果，也作为达到与上帝和谐的手段。在文艺复兴时期作为自己命运的主宰者和作为周围环境的主宰者而出现的新人，不需要上帝屈尊道成肉身，很快就成为他的环境的开发者和破坏者。

继中世纪之后的是，新教的和天主教的改教运动，以及文艺复兴。这 338
两个改革，从一个意义来说，是中世纪的新发展，从另一个意义来说，却是中世纪的继续。正像我们将要在下一卷里看到的那样，这两个运动向人们提供了手段，使人们在新的环境里，重新宣布和实践基督教信仰的这一基本信条——即上帝在基督里使世人与他自己重新和好。

附　录

进一步阅读书目

与第一卷一样，在此列出一些参考书目供读者在阅读相应章节时一起阅读：

Ⅰ. 奥古斯丁（Augustine，第一章）

A. *On the Nature of Good*, 1～20

1. LCC, 6: 326～332
2. NPNF, 1st series, 4: 315～355
3. W. J. Oates, ed., *Basic Writings of Saint Augustine*, 2 vols. (New York: Random House, 1948), 1: 431～438

B. *Grace and Free Will*

1. NPNF, 1st series, 5: 443～465
2. Oates, 1: 733～774

C. *The Correction of the Donatists*: NPNF, 1st series, 4: 633～651

D. 尽管这一部分内容的参考书目非常多，但我也要极力推荐读者阅读《忏悔录》(*Confessions*)。此书有许多英文翻译。

Ⅱ. 奥古斯丁之后的西方神学(第二章)

A. Vincent of Lerins, *Commonitorium*: NPNF, 1st series, 11: 131 ~ 156

B. Gregory the Great, *On Pastoral Rule*, Part I, and Part Ⅲ:1 ~ 8

1. ACW, 11: 20 ~ 44,89 ~ 106

2. NPNF, 2nd series, 12: 1 ~ 9,24 ~ 29

3. C. J. Barry, *Readings in Church History*, 3 vols. (Westminster, Maryland: Newman Press, 1966),1: 135 ~ 140(相似的选集)

Ⅲ. 东方神学(第三章,第七章,与第十二章)

A. Pseudo-Dionysius, *Mystical Theology*

1. J. D. Jones, trans., *The Divine Names and Mystical Theology* (Milwaukee: Marquette University Press, 1980), pp. 211 ~ 222

2. C. E. Rolt, trans., *Dionysius the Areopagite on Divine Names and Mystical Theology*, reprint (London: SPCK, 1957), pp. 191 ~ 201

B. Sixth Ecumenical Council, *Sentence Against the Monothelites*, and *Definition of Faith*

1. NPNF, 2nd series, 14: 342 ~ 346

2. LCC, 3: 383 ~ 385(简短的选集)

C. John of Damascus, *On the Orthodox Faith*, 1: 1 ~ 10: NPNF, 2nd series, vol. 9(part 2) pp. 1 ~ 10

D. Seventh Ecumenical Council, *Decree*: NPNF, 2nd series, 14: 549 ~ 551

E. Photius, *Encyclical Letter*: Barry, 1: 316 ~ 318

Ⅳ. 加洛林王朝时期的复兴(第五章)

A. Paschasius Radbertus, *The Lord's Body and Blood*: LCC, 9:

94 ~ 108

B. Ratramnus, *Christ's Body and Blood*: LCC, 9: 109 ~ 117

Ⅴ. 第 12 世纪(第六章)

A. Anselm

1. *Proslogion*

a. LCC, 10: 69 ~ 93

b. M. J. Charlesworth, *St. Anselm's Proslogion* (Oxford: Clarendon Press, 1965), pp. 111 ~ 155

c. J. Hopkins and H. Richardson, trans., *Anselm's Works*, 4 vols. (Toronto: Edwin Mellen Press, 1974 ~ 1976), 1: 89 ~ 112

d. Barry, 1: 357 ~ 361(优秀的选集)

e. Kerr, pp. 84 ~ 85(简短的节选)

2. *Why God Became Man*

a. LCC, 10: 97 ~ 183

b. Hopkins and Richardson, 3: 49 ~ 137

c. Kerr, pp. 85 ~ 94(总结了主要论点的优秀选集)

B. Abelard, *Ethics*, selections: LCC, 10: 288 ~ 297

C. Hugh of Saint Victor, *On the Sacraments*, selections: LCC, 10: 300 ~ 318

D. Peter Lombard, *Four Books of the Sentences*, selections

1. LCC, 10: 334 ~ 351

2. Kerr, pp. 100 ~ 101(不同的选集)

Ⅵ. 第 13 世纪(第八章到第十一章)

A. Bonaventure *The Journey of the Mind to God*

1. LCC, 13: 132 ~ 141

2. L. S. Cunningham, trans., *The Mind's Journey to God* (Chicago:

Franciscan Herald Press, 1979), pp. 23 ~ 121

3. E. Cousins, trans., *Bonaventure* (The Classics of Western Spirituality; New York: Paulist Press, 1978), pp. 51 ~ 116

B. Thomas Aquinas, *Summa Theologica*, Part I, question 1. 有几个英文版本。最了的版本是 Blackfriars Edition, 60 vols. (New York: McGrawHill, 1964 ~ 1981)。所提及的文章可在这一版本的 1:5 ~ 41 中找到。

Ⅶ. 中世纪后期(第十三章)

A. Duns Scotus, 各种的选集:

1. LCC. 10: 428 ~ 436

2. Kerr, pp. 122 ~ 123

B. Ockham, *On the Power of the Pope*, selections: LCC 10: 437 ~ 442

C. Marsilius of Padua, *Denfender of the Peace*, selections: Barry, 1: 479 ~ 490

D. Eckhart, *Sermon on the Eternal Birth*

1. LCC, 13: 177 ~ 185

2. R. B. Blakney, *Meister Eckhart: A Modern Translation* (New York: Harper and Row, 1941), pp. 109 ~ 117

E. John Hus, *On Simony*, 1 ~ 4: LCC, 14:196 ~ 222

索　引

全书人名、书名、术语等依英文字母排列。

英汉对照各条后的数字为英文原书页码，即中译本的边码。

A HISTORY OF CHRISTIAN THOUGHT

基督教思想史

第3卷

[美国] 胡斯都·L. 冈察雷斯 著
陈泽民 孙汉书 司徒桐 莫如喜 陆俊杰 译
陈泽民 赵红军 许列民 校

译林出版社

图书在版编目（CIP）数据

基督教思想史 /（美）冈察雷斯著；陈泽民等译.
—南京：译林出版社，2010.10（2024.11 重印）
ISBN 978-7-5447-0226-3

Ⅰ.①基… Ⅱ.①冈… ②陈… Ⅲ.①基督教史：思想史 - 世界 Ⅳ.①B979.1

中国版本图书馆 CIP 数据核字（2007）第 074707 号

著作权合同登记号 图字：10-2020-306 号

基督教思想史 [美国] 胡斯都·L. 冈察雷斯 / 著 陈泽民 孙汉书等 / 译

责任编辑 孙 峰 张海波
装帧设计 胡 苨
责任印制 董 虎

出版发行 译林出版社
地　　址 南京市湖南路 1 号 A 楼
邮　　箱 yilin@yilin.com
网　　址 www.yilin.com
市场热线 025-86633278
排　　版 南京展望文化发展有限公司
印　　刷 江苏凤凰新华印务集团有限公司
开　　本 960 毫米 × 652 毫米 1/16
印　　张 83.75
版　　次 2010 年 10 月第 1 版
印　　次 2024 年 11 月第 7 次印刷
书　　号 ISBN 978-7-5447-0226-3
定　　价 188.00 元

目录

英译本第一版序言

《基督教思想史》第三卷向作者提出的问题和前两卷所提出的问题在性质上略有不同。这些难题之所以产生，主要是因为恰恰是在本书所涉及的这段时期的开端，即16世纪，基督教出现了某些最痛苦也是延续最久的分裂。因此，正是在本卷论述的那几个世纪里，要在范围方面包括整个基督教会是很不容易的事。以往新教徒所写关于基督教的历史，大都不仅带有新教的偏见，而且也受到了北大西洋地域偏见的影响。由于过去是从这种观点出发来看待罗马天主教，因此天主教的改革运动几乎完全被说成只是一场反对新教的论战和关于耶稣会会士的一些简略论述，而没有适当地谈到萨拉曼加神学（Salmantine theology）和苏尔雷斯体系（System of Suárez）的背景。东方教会的传统往往被忽视，或者被说成是对基督教的全面歪曲，例如，哈纳克就是如此。新教徒从英国的经验主义和德国的唯心主义出发来研究神学的哲学背景，而对法国笛卡儿哲学的重要性极少注意。法国和地中海沿岸天主教信徒的做法则往往相反。简言之，由于大多数神学历史是几十年前撰写的，因此19世纪被看做是标准的世纪，但正是在这个世纪里罗马天主教和新教的神学彼此交流最少。

在本卷里，作为一个主要在天主教文化的环境中成长起来的新教徒，并且自认为仍然保持着不少这两方面的传统，我试图利用自己的个人背景来克服上述观点的某些狭隘性。读者可以明显地看出，我是以一个新教徒的观点来写这本书的。同样明显的是，在涉及的范围上，我试图包括整个基督教会。然而我确信，在这一尝试中很快就会出现新的缺点和错误。但是我希望，我的努力将在某种程度上对所有不同教派的基督徒之间日益增长的团结感有所帮助。

本书结尾在论述20世纪神学方面不够详细，读者可能会感到若有所失。正如我在最后一章里所说明的，像这样的论述，如果要有任何价值，在涉及范围和方法上，必须不同于本书的其他部分。另一方面，最后一章所探讨的种种问题非常简单的概括，将使研究当代神学的人士把他们的研究同这些问题发生之前的事态发展联系起来。

此外，我认为第三卷比前两卷更需要压缩内容。这指的是书目注释的范围。有关这段时期的书目提要在数量上是如此之大，以致我不得不仅限于提到这样一些书和文章，因为对那些热心于对此问题进行充分研究的读者来说，这些书和文章反过来又将向他们提出其他一些参考资料。否则参考书目就必然会变得过于繁重。

我应再次向使这个作品得以完成的许多人士表示我的谢忱。我的秘书，米雷拉·雷维尔塔·德·里瓦斯夫人，在准备将我的常常是杂乱无章的手稿付印的艰巨工作中，不知花费了多少额外的时间。我的妻子，凯瑟琳·贡萨洛斯·冈察雷斯博士，对我的帮助远远超过一般的支持和鼓励，因为她对加尔文主义，对19世纪以及其他的神学事务具有深湛的见解。她现任哥伦比亚神学院教会历史学副教授——因此她给我的帮助很大。对于她们，作为其他许多人的代表，我谨此感谢。

最后，我甚至甘冒给人以敬神印象的风险，也要在这里承认，在整个工作所需要的研究和思考的过程中，我愈加领悟到自古以来神学就试图为之作证的上帝的恩典和爱。

胡斯都·L. 冈察雷斯

圣何塞 哥斯达黎加

1974年8月11日

第三卷

从宗教改革到 20 世纪

缩略语

ARG	*Archiv für Reformationsgeschichte*
ATGran	*Archivo Teológico Granadino*
BAC	*Biblioteca de Autores Cristianos*
BLittEcc	*Bulletin de Littérature Ecclésiastique*
BRAH	*Biblioteca de la Real Academia de la Historia*
BullPhMed	*Bulletin de Philosophie Médiévale*
CienTom	*Ciencia Tomista*
CR	*Corpus Reformatorum*
CTJ	*Calvin Theological Journal*
Denzinger	*Enchiridion Symbolorum Definitionum et Declarationum* (ed. Denzinger and Rahner), 31st edition, 1957
DicLit	*Diccionario Literario*
DTC	*Dictionnaire de Théologie Catholique*
DTT	*Dansk Teologisk Tidsskrift*

EncCatt	*Enciclopedia Cattolica*
EstEcl	*Estudios Eclesiásticos*
HumChr	*Humanitas Christianitas*
LCC	*Library of Christian Classics*
LuthOut	*Lutheran Outlook*
LW	*Luther's Works* (St. Louis and Philadelphia)
McCQ	*McCormick Quarterly*
Mansi	*Sacrorum Conciliorum Noua et Amplissima Collectio* (ed. Mansi)
Modsch	*Modern Schoolman*
MQR	*The Mennonite Quarterly Review*
NCatEnc	*New Catholic Encyclopedia*
NSch	*The New Scholasticism*
QFRgesch	*Quellen für Reformationsgeschichte*
RGG	*Die Religion in Geschichte und Gegenwart. Dritte Auflage*
RHE	*Revue d'Histoire Ecclésiastique*
RHPhRel	*Revue d'Histoire et de Philosophie Religieuse*
RivStIt	*Rivista Storica Italiana*
RThPh	*Revue de Théologie et Philosophie*
SchArchVk	*Schweizerisches Archiv für Volkskunde*
SJT	*Scottish Journal of Theology*
ThLZ	*Theologische Literaturzeitung*
ThZschr	*Theologische Zeitschrift*

VoxEv	*Vox Evangelii*
WZMLU	*Wissenschaftliche Zeitschrift der Martin-Luther Universität*
ZschrKgesch	*Zeitschrift für Kirchengeschichte*
ZSTh	*Zeitschrift für systematische Theologie*

第一章　一个时代的终结

13 在人类历史中有这样一些时刻，它们似乎充满了未来的种种可能性——尽管这不是因为它们提出了明确的许诺，而是因为老的方式方法已经过时，必须探索新的途径。15 世纪末和 16 世纪初的情况就是这样。在某种意义上，哥伦布的英雄业绩可以作为这个时期的象征，因为当通向东方的传统贸易航路被封闭的时候，他出发去寻找新航路，结果反倒发现了新大陆。与此相似，16 世纪的宗教大动乱以及因此而开辟的新的神学领域，是需要寻求新的航路所造成的结果，因为日益明显的是，中世纪的统一思想体系再也站不住脚或无法复兴。

导致这统一思想体系解体的种种因素是互相关联的，无法把它们彼此分割开来。但是为了有条不紊地加以说明，我们可以将其中最重要的因素归纳为：现代欧洲国家的兴起，对教会等级制度的怀疑，神秘主义提出的其他可供选择的办法，唯名论对经院神学的影响以及文艺复兴的人文主义。现在我们将按以上顺序对这些问题一一加以探讨。

民族感情的增长

也许 16 世纪早期影响最大的政治现象就是现代国家的诞生。实际

上，这个时期标志着中世纪的封建制度向现代的君主集权国家的过渡。 14

虽然后来的西班牙历史学家把公元711年至1492年这段时期描述为一场反对异教徒的长期而光荣的斗争，然而事实的真相是，在这个时期基督教的西班牙内部处于严重分裂状态，各个统治者热衷于追求自身利益，甚至曾联合摩尔人来反对一个基督教的邻国。只是到了15世纪最后二十五年，卡斯提的伊萨贝拉（Isabella of Castile）和阿拉贡的斐迪南（Ferdinand of Aragon）联姻后，才采取切实行动以促成一个统一的西班牙的诞生。此后不久，这种统一似乎实现了，因为摩尔人于1492年被驱逐出他们在格拉那大（*Granada*）的最后一个据点，1512年斐迪南征服了葡萄牙（*Portugal*）和那瓦尔（*Navarre*）。

由于反摩尔人战争的结果，西班牙把它的国家地位和它的天主教信仰密切地等同起来，它在收集整个半岛的战绩中所发扬的精神以及征服新世界的精神是长期地、激烈地讨伐异教徒的精神。

然而，西班牙的天主教具有它独自的特点。它从来没有真正成为神圣罗马帝国的一部分——从查理一世（*Charles I*）被选为神圣罗马帝国皇帝时许多西班牙人所表现的消极反应中，可以看出这一点。当西班牙这时参加了——不久还领导了——天主教教会的行列时，它是按照自己的条件这样做的。由于教皇亚历山大六世（*Alexander VI*）授予特权（patronato real），教士的等级制度被置于王权管辖之下。这在西班牙本土已成事实（de facto），在新世界也得到法律承认（de iure）——这实际上使西班牙和葡萄牙国王成为他们海外领地教会的统治者。宗教裁判所这个正统信仰的坚定捍卫者，被有效地控制在国王的手中，它所起的作用是，通过对那些被认为是隐藏身份的犹太人和伊斯兰教信徒不断进行审讯，借以保存天主教信仰，纯洁西班牙血统和文化。许多教皇最终变成了西班牙政策的有效的，尽管有时是不情愿的工具。

法国是作为西欧一个极端君主集权制的国家进入16世纪的。在西班牙和英国，王权受到种种限制；而在法国这类限制大都不存在。法国同

英国的百年战争所起的作用与西班牙讨伐摩尔人所起的作用有近似之
15 处，这场战争成为振奋法兰西民族情绪的中心力量。法国一度似乎变成了基督教世界的新中心，甚至连教廷本身也迁往阿维农城（*Avignon*），置于法国的庇护之下。等到教廷返回罗马时，它已无法从法国国王手中夺回他对其领地里的教会的控制权。

英国在15世纪作为一个最近巩固起来的国家而出现。正是在15世纪末，亨利七世（*Henry VII*）终于击败了约克家族最后一次重大的反抗。此后，他同约克的伊丽莎白（*Elizabeth of York*）联姻所体现的和解政策，一般说来都很成功。1509年，亨利七世逝世，其子亨利八世继承了王位，此前他已是兰加斯特（*Lancaster*）和约克（*York*）的所有权的继承人。导致并伴随这次政治联合的是民族感情的高涨。由于百年战争是英国14世纪和15世纪对外政策的主要特点，还由于迁至阿维农的教廷与法国的利益密切相连，英国民族主义的高涨带有这样的认识，即教廷的利益往往同英国的利益背道而驰。结果，制订了种种法律以防止英国资金流入教廷财库。因此，旨在与罗马脱离关系并使英格兰教会走向独立的年贡法令、上诉法令和最高权力法令，是试图排除教皇对王国事务影响的一系列长长的措施的顶点。

16世纪初及其后相当长的一段时期内，日尔曼帝国是由一些实际上自主的邦拼凑起来的。虽然这些邦按理应在神圣罗马帝国皇帝统管之下，但是事实上皇帝的权力受到有权势贵族的常常是冲突的利益的很大限制。不仅如此，哈布斯堡家族（*Habsburg*）的历代邦主，作为既是日尔曼帝国某些部分的世袭统治者又是整个帝国推选的统治者，往往把他们的世袭利益置于整体利益之上，从而阻碍了民族统一的进程。但是日尔曼帝国尽管在政治上是分裂的，民族主义却从两方面渗入这个国家。首先
16 是民族主义感情的高涨甚至冲破了封建的疆界。其次是一些独立国家的成立，如瑞士、荷兰、波希米亚，这些国家脱离了习惯上被称为日尔曼帝国的国土。从这两方面的情况来说，“民族主义”对一个以前把自己视为神

圣罗马帝国唯一中心的民族而言,成了日益明显的特点。

总而言之,16世纪初,西欧不再自认为是一个单一的帝国,在那里有一个独一无二的皇帝挥舞着世俗之剑,还有一个在罗马的宗教上的对等人物手执精神之剑。与此相反,一大批新的民族要求成为自主的国家;这些要求常常不但同皇帝的要求发生冲突,而且也和教皇的要求发生冲突。现代民族主义便成为导致中世纪统一思想体系崩溃的重要因素,从而为随着新教改革运动而来的宗教分裂敞开了道路。

导致变革的另一因素是商业与货币经济的发展。这个因素和城市的发展紧密相联,城市的经济和政治势力迅速地压倒拥有土地的贵族的势力。资本变成城市和大银行可以操纵支配的商品。贫穷贵族的队伍增加到这样一种程度,以致他们成为一个独特的社会阶层。城市财富的集中以及这些财富来源于商业而不是来源于农业,进一步加深农民的贫困。16世纪也经历了史无前例的通货膨胀,[1]大概是由于新世界贵重金属的涌入而加快的。由于工资不能同食品和其他必需品的价格保持同步,农民和城市贫民的命运变得非常糟糕。商业的增长和农业资本主义的萌芽,在大部分的西欧挖了旧的封建制度的墙角。战争的各种新方法使那些以战斗为生的骑士和其他次要的贵族变得日益潦倒和过时。在这种新的情况下,教皇和皇帝,高级教士和公侯,要保持他们昔日所享有的控制权便不容易了。从前整个教会行政系统的建立是为封建社会服务的。城 17
市和资本的势力在民事和教会的机构中还没有得到充分的承认。受苦的农民为革命提供了肥沃的土壤。失去权势的贵族寻求可以为之努力的新目标,以便重新掌握领导权。简言之,欧洲走上变革的时机已经成熟,而这正好发生在传统的等级制教会大大失去威望和权势的时候。

---

① 见 J. D. Gould, *The Great Debasement: Currency and the Economy in Mid – Tudor England* (Oxford: Clarendon, 1970);Peter H. Ramsey, ed., *The Price Revolution in Sixteeth Century England* (London: Methuen, 1971);Peter Burke, ed., *Economy and Society in Early Modern Europe* (New York: Harper & Row, 1972)。

等级制教会权威的衰落

即使撇开民族主义增长的因素不谈,等级制的教会也一直在失去势力和权威。就在教皇英诺森三世使教皇权势达到鼎盛时期之后,这种衰落已经开始。但是,这个过程在 14 世纪和 15 世纪大大加速了,因为三个接踵而来的事件导致教廷地位一落再落。这三个事件是:教廷迁至阿维农,西方教会大分裂和意大利文艺复兴精神对教廷的感染力。② 教廷衰落的每一阶段都涉及到对财政的急需。阿维农教廷生活奢侈,必须靠巨额款项来应付。教会大分裂时期,教皇和伪教皇竭尽全力筹集资金,以加强他们争夺做圣彼得合法继承人的地位。文艺复兴时期的那几个教皇感到不得不从欧洲筹集尽可能多的货币资金,以便赞助艺术,频频打仗和搞阴谋诡计。

结果,当教廷需要越来越多的钱,并想出种种巧取豪夺的办法的时候,这个教廷也就失去了它曾一度在全欧享有的威信。因此,教会的征税变得愈加繁重和不合理,而这反过来又推动了正在席卷欧洲大陆的民族主义浪潮。

18 征税的利益和教会的最佳利益经常发生冲突,在这种情况下,胡作非为变得很普遍。例如,以征收名目繁多的教会捐税而闻名的约翰二十二世(*John XXII*),在西欧各地着手利用吃空缺的手段聚敛钱财。只要有一个职位空缺,这份收入即送交罗马教廷;于是,永远嫌不足的教廷财政预算,就从职位的空缺中捞到好处。其结果是,空缺职位的激增,以及一种实际上极似任职者长期不在岗的局面,而这是许多优秀的教皇曾经极力反对的。虚设圣职然后出卖圣职的做法——这正是早期教会改革者极力反对的买卖圣职之罪——在亚历山大六世(*Alexander VI*)和利奥十世(*Leo*

---

② 见本书第二卷,边码第 305 ~ 306 页。

X)时期变得很普遍。最后,赎罪券的销售——这在路德宗教改革运动的初期阶段变成轰动一时的案件(*cause célèbre*)—— 得到了新的推动力,并且变成大肆倾销,因为需要钱来完成罗马圣彼得大教堂的富丽堂皇的艺术装饰。

如所预料,贪污腐化之风在教会低层也十分盛行。许多高级教士也搞了一些和约翰二十二世的做法相似的征收捐税的办法,尽管规模较小。在地方教区教会一级,买卖圣职(simony)和教士离职克扣收入(absenteeism)的做法又一次变得很普遍。

这并不是说整个教会阶层都变得贪污腐化。相反,教会里确有不少有才干和正直的领导人,他们保持了与其职位相称的高尚的道德标准。其中一位就是西班牙红衣主教佛兰西斯科·西密尼·德·西斯内罗斯(Francisco Ximenes de Cisneros),他既有杰出的学术成就,又厉行禁欲主义。但是,尽管西密尼及其类似的人作出许多努力,贪污仍然很盛行。

这种事态在一般信徒的现实生活中所造成的结果,通常不是怀疑教会执行宗教仪式是否有效——这件事情是不能怀疑的,因为圣礼的功效是自然有效的(*ex opere operato*)——而是倾向于使这种行宗教仪式从日常生活的道德要求中脱离出去。然而, 一些比较有见识的人,意识到福音的道德要求,必然会询问,做基督徒是否还有另一途径可走。某些人找到的另一途径就是神秘主义的途径。

神秘主义作为可供选择的办法

如前所述,③ 14 世纪和 15 世纪出现了神秘主义敬虔信仰的广泛复 19
兴。一般来说,这种神秘主义不公开攻击教会,其特点也不是通常称为神秘主义感情的强烈迸发。恰恰相反,中世纪后期的多数神秘主义者是恬

③ 见第二卷边码第 324 ~ 326 页。

静的学者，他们致力于学习、沉思和默想，而不按照他们所理解的基督徒的生活去改变整个教会。可是，他们的存在本身以及他们的模范生活，加上他们许多人对等级制教会不予重视，这就使许多人纳闷，这是不是做基督徒的另一途径。

虽然在西班牙、意大利和英国还有其他神秘主义的重要流派，但是神秘主义运动最大的成果，也许是共同生活弟兄会（Brethren of the Common Life）的创立。该会的成员过着非常敬虔的生活，但他们不过隐居生活或担任教会职务，而是以学习和教书作为他们自己的教牧职务。

共同生活的弟兄会的成员把时间花在学习、默思和体力劳动上，而不是遵循早期修会的严格禁欲的做法。他们作出的两项最重大的贡献是，抄写大批手稿和创立学校，向青年提供当时最好的学识。鹿特丹的伊拉斯谟（Erasmus of Rotterdam）就是这些学校之一培养出来的，他的古典文学知识，严谨的治学态度，和解的精神和虔诚的信仰，都带有共同生活弟兄会的痕迹。[4] 通过这个运动以及其他类似的运动，平信徒有更多机会参加教会活动，并且更加了解基督教的性质。因此，它对16世纪发生的重大事件所作出的贡献是非常巨大的。

唯名论的影响

中世纪后期，[5]唯名论（nominalism）盛行一时，这或许最有力地表明，
20 中世纪的统一思想体系正在走向解体。处于全盛时期的中世纪壮观的统一局面，只有在万物一体论（an ultimate unity of all things）的前提下，以及在这种统一或多或少可以从人的角度看出的前提下，才成为可能。名相是实在的；它们确实存在着，所具有的既定状况甚至比一个人的自我存在还要真实。它们是可以万无一失地和自始至终地认识到的，这比对个人

---

④ 见 A. Hyma, *The Brethren of the Common Life*（Grand Rapids: Eerdmans, 1950）。

⑤ 见边码第 317 ~ 324 页。

存在的任何认识都远为确切和持久。从它们那里出发,整个宇宙是一个合乎逻辑的等级体系,而教会的和世俗的等级制则是这个等级体系的反映。中世纪初期正是在这个前提下进行运转和发展的,而这个前提的渊源与其说来自于基督教,不如说源于新柏拉图主义。但是到了 13 世纪末,日益明显的是,这种对实际存在的事物的理解越来越站不住脚了。这个过程的开始可以追溯到亚里士多德学说被重新介绍到西方的时候;而且人们可以因此而说,成为中世纪统一思想体系的顶点的托马斯主义,也给这个统一思想体系注入了灭亡的种子。之所以如此是因为,随着亚里士多德学说而被重新引进的对个体的强调,终于推翻了上述新柏拉图主义的概念。总之,统一思想体系的解体,从约翰·敦司·司各脱(John Duns Scotus)的言论中比较容易看清楚,到了奥卡姆(Ockham)的那个时候就十分明显了。

15 世纪的唯名论者并不否定共相的存在。他们所否定的是,人类的思想通过共相而对实际存在的事物的基本性质有了明确的感觉。在某种程度上,后者的否定所起的破坏作用比前者的否定更大,因为后者的否定就其极端的方式来说意味着,实际存在的事物并不受人类的逻辑的支配,因此任何神学的统一思想体系都是不可能存在的——上帝的绝对权柄和委任权柄之间的区别,人们坚持认为意志凌驾于理智之上的观点,以及人们声称上帝可以合乎逻辑地以驴为化身,都可以证明上述这两点。唯名论对中世纪统一思想体系的破坏,同它对大公会议主义(conciliarism)的支持比起来,更深刻一些但不那么明显。唯名论挖了该统一思想体系赖以建立起来的那些前提的墙角。

但是,唯名论在破坏中世纪统一思想体系的基础的时候,并没有提出什么东西来取代它。尽管唯名论的许多领导人笃信宗教,但是,要比较轻而易举地把虔诚行为和建设性的神学结合起来,对他们来说已经是不可能的了。然而,这并不是说,他们有意破坏中世纪的神学,或拒绝接受正统的天主教教义。正相反,他们在信仰上是非常正统的,而且他们提出疑 21

问的只是尚未被宣布为教会教条的教义中的某些论点。他们实际上做的只是,宣布中世纪统一思想体系的某些前提是站不住脚的,并试图根据新的前提来建立一个新的神学体系。他们确实建立了一些给人以深刻印象的思想体系。但是,其中没有一种体系能经受得住他们自己曾应用在早期神学家身上的那种神学考证方法。结果,神学辩论变得越来越复杂,并与逻辑学的琐碎细节纠缠在一起。这些互相竞争的思想体系,虽然作为知识探讨来说是给人深刻印象的,而且虽然常常是根据深厚的宗教虔诚得出的,但很难应用在教会生活上。于是就产生了对神学家的普遍的不信任感,而这种不信任感在早先几个世纪里是不太明显的。这种不信任感在伊拉斯谟及其同时代的人文主义者的著作中得到了最清楚的表达。

伊拉斯谟和人文主义者

15 世纪和 16 世纪最突出和最重大的事态之一就是人文主义运动,这个运动是在意大利开始的,但很快就遍及全西欧。在中世纪,总是有一些人珍惜拉丁文经典著作,并用它们作为思考和写作的源泉。但是,在 15 世纪,伟大的文艺复兴运动对古典文物的兴趣,表现在建筑、绘画和雕刻上面,作为文艺复兴运动的一个部分的,还有古典文学研究的复兴。君士坦丁堡的陷落也对古典文学研究的复兴起了推动作用,因为到意大利来寻求避难的许多拜占廷学者,带来了他们的古希腊语言和文学的知识。不久,古希腊文变成整个欧洲知识界的共同财富,从而开辟了通向古代文物宝库的新的广阔道路。

活字印刷的发明进一步促进人文主义运动的发展。在这之前,必须完全依靠手稿,由于抄写和再抄写的冗长过程,这些手稿对原文的忠实性
22 就变得很可怀疑。虽然中世纪时,有人曾经想过,通过仔细对照不同的手稿,设法恢复原来文本的面貌,但是这项工作从来没有大规模地进行过。说实在的,花费漫长的时间设法重新搞出尽可能完善的文本,而只落得把

这个文本交给人家去反复抄写，是没有意义的，因为这种反复抄写和早先那种歪曲了原文的反复抄写是类似的。但是在发明一种方法，可以用比较低的成本，按一份正文印出大批相同的副本后，这种情况就改变了。因此，许多人文主义运动的首要人物专门从事艰巨的任务：核对种种手稿，出版古典作品的校勘本以及教父著作和《圣经》文本的不同校勘本。其中最重要的一项工作就是1516年由伊拉斯谟出版的希腊文《新约圣经》。四年后，在西班牙阿尔卡拉·德·埃纳雷大学（University of Alcalá de Henares），一批学者在佛兰西斯科·西密尼·德·西斯内罗斯（Francisco Ximenes de Cisneros）的领导下，出版了包括希伯来、希腊、阿拉米（Aramaic）和拉丁文本的"混合语种圣经合参"（Complutensian Polyglot Bible）。在意大利，教皇的一个秘书，罗伦佐·瓦拉（Lorenzo Valla）将文本校勘的新方法应用于所谓的君士坦丁大帝御赐教产谕（Donation of Constantine），并宣布它是伪造的，而教皇对世俗统治权力的要求正是以此为前提的。在整个欧洲，以前很少的和难以得到的《圣经》版本现在随手可得，这一事实激发了那些试图追溯其信仰和文化渊源的人的想象力。⑥

回到源头的做法是多种多样的。在意大利，马西略·费栖纳（Marsiglio Ficino）和彼科·德拉·弥兰多拉（Pico della Mirandola）想要搞出一个真理的庞大体系，这个体系把基督教与新柏拉图主义结合起来，甚至把基督教与犹太教的神秘主义结合起来。他们声称，在源头那里，所有的真理必然是一个真理，因此他们设法把所有的古代渊源搜集在一起，以求得真知灼见。在意大利，许多其他的人比这走得更远，并且设法以古代异教的习俗和信仰来代替基督教传统，他们认为基督教传统挡在了他们同古

⑥ 伊拉斯谟、西密尼和瓦拉的作品和重要性，尤其是关于圣经的解释，见 J. H. Bentley, *Humanists and Holy Writ: New Testament Scholarship in the Renaissance* (Princeton: Princeton University Press, 1983)。另见 H. Holeczek, *Humanistische Bibelphilologie als Reformproblem bei Erasmus von Rotterdam* (Leiden: Brill, 1975)。

23 典文化之间。[7] 虽然路德不是一个人文主义者，然而可以说他本人也主张回到源头那里，因为他坚持认为《圣经》的权威高于传统。[8] 但是，人文主义者最常见的态度，至少在新教改革运动爆发前，是伊拉斯谟所持的态度，他主张回到基督教的渊源那里。可是他认为，这种做法本身需要一种温和与博爱的精神，但是他后来发现，不论在传统基督教的捍卫者身上，还是在新教信仰的拥护者身上，都缺乏这种精神。

伊拉斯谟作为人文主义者的最有代表性和最有影响力的人物，在这一历史背景中，特别值得一提。他的著作确实表明一个时代正在结束。但是它也显示出前个时代和即将开始的时代之间的某些连续。如果伊拉斯谟仅仅被看做是一位缺乏勇气把自己的主张坚持到底的温和的改革者，那便无法正确理解伊拉斯谟其人[9]。他没有变成新教徒，不是因为他缺乏勇气，而是因为其笃信的信仰没有引导他朝那个方向走。他仍旧是个天主教徒，因为他认为，尽管天主教教会存在着他所不断谴责的所有那些腐化现象，但只有在那个教会内才能最好地做一个基督徒，而且只有从那个教会中才能产生出他所期望的基督教的真正改革运动。

伊拉斯谟提倡的宗教改革不是在教义学方面，而是在伦理学方面。其所以如此，不是因为他相信教会和中世纪后期神学家在每一点上都是

---

⑦ 关于这些和其他的意大利人文主义者，最好的研究著作是 C. Trinkaus, "*In Our Image and Likeness*": *Humanity and Divinity in Italian Humanistic Thought*, 2 vols. (Chicago: University of Chicago Press, 1970)。

⑧ L. W. Spitz, *The Protestant Reformation: 1517 ~ 1559* (New York: Harper & Row, 1985), p. 82, 其中举了几个例子说明人文主义者对早年路德的影响。另见 M. Grossmann, *Humanism in Wittenberg: 1485 ~ 1517* (Nieuwkoop: B. de Graaf, 1963); R. P. Becker, ed., *German Humanism and Reformation* (New York: Continuum, 1982)。

⑨ 对伊拉斯谟的诠释的历史的出色概要，见 M. Hoffmann, *Erkenntnis und Verwirklichung der wahren Theologie nach Erasmus von Rotterdam* (Tübingen: J. C. B. Mohr, 1972), pp. 10 ~ 27。此文包括十分广泛的书目提要，因此我愿特别推荐给读者。R. H. Bainton, *Erasmus of Christendom* (New York: Scribner's, 1969)，介绍了伊拉斯谟的生活与工作，很值得一读。另见 R. L. DeMolen, ed., *Erasmus of Rotterdam: A Quincentennial Symposium* (New York: Twayne, 1971)。

正确的，而是因为他觉得，与基督徒生活的实践相比，正确的神学论断是次要的。他认为经院主义的神学没有什么值得称道的地方，而且他感到不得不谴责和讽刺它的琐细无益的分析；但是他并没有像新教改革者那样建议以新神学取代旧神学。他满足于回到他认为是耶稣的朴素教训的 24
那些东西上面去。他也像他的许多前辈所作的那样，以斯多葛派和柏拉图派的观点来解释这些教训。对他来说，最重要的是“基督的哲学”，这种哲学基本上是一种合理的、温和的和有秩序的生活方式。

然而，这并不是说伊拉斯谟把基督教简化为一系列道德原则。他确实相信教会所有的传统教义，特别是道成肉身的教义。他不声称，一个人信奉什么是无所谓的事。他确实声称，真正的基督教教义不应该是比较复杂的东西，而经院主义却把它讲得玄乎其玄，使人几乎无法理解。当这类神学游戏在进行的时候，基督徒生活的实践就受到损失。伊拉斯谟在他的《对话集》(*Colloquia*)中一再讽刺抨击修道士和他们的行为。他谴责修道院制度的理由，一是他目击修道士现实生活中的虚伪性，二是他深感修道院所订的教规不符合基督的要求。伊拉斯谟可以接受并尊重禁欲主义。事实上，他本人多少可以算是一个斯多葛式(Stoic fashion)的禁欲主义者，而且他最敬仰的一位古代基督教作家就是严格实行禁欲主义的哲罗姆。可是，他不大喜欢那种认为一个人通过脱离尘世和把时间花在宗教修行上就可以最好地侍奉上帝的想法。禁欲主义是一种纪律，像士兵的军纪一样，必须用在基督徒的生活目的上。另一方面，他鄙视那些抛弃这个纪律、放纵情欲的人，这一点可以从他对教皇尤里乌二世的冷嘲热讽里看出来，他在《尤里乌被赶出天堂》(*Julius Excluded from Heaven*)的论文里对这个教皇的世俗爱好大加抨击。

在伊拉斯谟看来，“基督的哲学”是从真理只有一个这样的事实出发的，因此哪里有真正的智慧，哪里就有上帝的旨意在运行。在这方面，他转向基督教的道的教义，并从中得出同查斯丁、克莱门特、奥古斯丁和波拿文图拉以前得出的相似的结论。基督那里成为肉身的道(Logos)，和给哲学家们以启示的道是相同的，因此伊拉斯谟竟然走到要求“圣苏格拉底”(St. Socrates)为他祷告的地步。

25 这反过来意味着，成为基督徒生活中心的基督的道德戒律，非常接近于斯多葛派和柏拉图派的道德劝戒。当保罗说到“精神”和“肉体”之间的敌对时，他的意思与斯多葛派提及的“理智”(reason)与“情欲”(passion)的敌对基本上是一样的。人生在世所要做的事，基本上就是运用理智来支配情欲。“因此，这是走向幸福的唯一道路；首先，认识你自己；其次，不要让任何事情受情欲支配，而应使一切听从于理智的判断”。[10]

为了做到这一点，我们具有基督精兵的两项武器，即祈祷和知识的双重力量源泉。“向上帝作真纯的祈祷可以战胜情欲，因为它是敌人无法接近的堡垒。知识给理智提供有益的判断，以免有所匮乏”。尤为突出的是，伊拉斯谟强调祈祷必须真诚，至于祈祷的时间长短，形式如何，并不重要。[11] 至于知识，其主要源泉是圣经的研究，因为“只要热心攻读《圣经》，任何可怕的诱惑都是可以轻易地击退的”。[12]在寻找其他解经者以便得到智慧来理解《圣经》时，伊拉斯谟推荐那些“特别主张竭力离开圣经的字面意义”的人，[13]如保罗、奥利金、安布罗斯、哲罗姆和奥古斯丁。虽然伊拉斯谟本人在用寓意法解释圣经方面从来没有像奥利金走得那么远，但是他完全不受经文字面意义的束缚，这也是他的《新约意译》(*Paraphrases*)或新约注释受到普遍欢迎的主要原因之一。

因此，伊拉斯谟是置身在基督教思想家和学者的悠久传统中的，而且他和公认的教会(established church)的其余部分关系紧张，这和那个传统中的其他思想家和学者所经历的紧张关系很相似。克莱门特把自己和那些能够理解他的教导的人称为“基督教灵智派”(Christian gnostics)；奥利

---

⑩ *Enchiridion* (*LCC*, 14:315).

⑪ *Enchiridion* (*LCC*, 14:302).

⑫ *Enchiridion* (*LCC*, 14:303).

⑬ *Enchiridion* (*LCC*, 14:305).

金和当时的教会当局发生严重纠纷；奥古斯丁的神学遭到与他同时代的几位最有名望的神学家的拒绝。同样地，伊拉斯谟认为自己，既站在公认 26
教会的界限之内，又站在界限之外。他认为自己是在界限之内，因为他一向是教会的忠实儿子，他相信教会的教义，而且从来没有反抗过教会当局。另一方面，他感到不得不用他认为是福音的那些标准来衡量教会，因此，也可以说，他不得不以批判的态度来对抗教会，而这总是不受教会当局欢迎的。

把上述各方面都考虑在内，我们就可以了解伊拉斯谟对新教改革的态度。他本人是一个宗教改革者。早在路德的名声传出德国之前，整个西欧就在议论，伊拉斯谟是迫切需要的教会改革的提倡者。他进行了广泛的通讯，大部分的通讯是为了促进全欧的教会改革事业。在欧洲主要的宫廷中有他的赞赏者和追随者，其中还有几个君主。在需要有一个更深刻、更朴素、更真纯形式的基督教这个问题上，越来越多的主教、红衣主教和其他教会领导人同意伊拉斯谟的观点。有一个时期，西班牙教会似乎很可能成为第一个按照伊拉斯谟路线进行改革的教会。英国也不落在后面。法国和那瓦尔大概也会跟上来。然而，出乎意外，从德国刮起了一阵强烈的风，改变了整个局势。当路德的改革运动在推进的时候，当天主教的首脑们企图阻止其发展的时候，每个人都越来越需要对这个运动表态。在西班牙，教会似乎即将经历一次深刻的改革，在那里谈论教会改革就等于背叛查理一世，查理一世在沃尔姆斯（Worms）改称查理五世，曾受到路德的冒犯。在法国、德国和其他地方，终将导致宗教战争的双方阵线已经变得很分明。采取温和态度已经变得不可能了。伊拉斯谟无论从性格还是信仰来说，都是个温和派，因此他的处境就愈加困难了。

新教徒认为，如果伊拉斯谟要忠于他自己多年来所坚持的主张的话，就必须站在他们一边。这是对伊拉斯谟的言论的曲解，因为他一贯反对分裂，而且他觉得新教徒过分地沉浸于自身的神学辩论以及无法理解福音的朴素教导。再者，他和路德对宗教改革的态度完全对立。伊拉斯谟 27

和解的精神发现路德的好斗是很讨厌的。在一段时间里，伊拉斯谟不愿对路德进行公开攻击，认为新教的成功或许是一个迹象，说明上帝认为教会是如此腐败，以致必须进行一次大手术。[14] 但是事态发展迫使他改变策略。不久伊拉斯谟就被指控为骨子里是个路德派，而且新教徒还利用他的著作和名声来推动他们自己的事业。英国的亨利八世(Henry VIII)、教皇亚得良六世(Pope Adrian VI)、以及他的大批朋友和敌人都极力主张他阐明自己的立场。最后，他决定写一篇题为《论自由意志》(*On Free Will*)的论文来抨击路德，因为正是在这问题上他跟路德有明确的和真实的分歧。路德在他的《意志的束缚》(*The Bondage of the Will*)一文中向伊拉斯谟进行刻薄的回击，文中他再次表现出夸夸其谈的倾向，而这曾经是伊拉斯谟对他深表遗憾的。在这个事件之后，伊拉斯谟越来越离开新教徒，并且达到这样的程度，以致在他逝世前还接受了许多他本人以前谴责过的天主教会的事情。虽然带有人文主义色彩的新教徒，如菲利普·梅兰希顿(Philip Melanchthon)，仍对伊拉斯谟深为尊敬，但是新教徒中间的普遍看法是，伊拉斯谟只是一个软弱胆小的人，他没有勇气坚持自己信仰。然而，这个评论不是对他的动机的公正估价，并且是以错误地理解他的观点为根据而作出的。

伊拉斯谟在天主教阵营里的遭遇并不太好，因为他的温和精神在那里也很难立足。虽然他能够在骚乱的世界里比较平静地度过了他的晚年，他的许多追随者，特别是那些在西班牙和意大利的追随者，处境并不妙。伊拉斯谟本人曾受到巴黎大学神学院的指责，这个神学院把捍卫新近规定的天主教正统观念当做自己的任务。伊拉斯谟死后二十三年，当教皇保罗四世开列第一批禁书目录时，他的著作就包括在内。

这就是为什么说伊拉斯谟象征着一个时代的终结。在他的时代之

---

⑭ 引自 J. Huizinga, *Erasmus and the Age of Reformation* (Torchbooks; New York: Harper, 1957), p. 161。

后，在差不多四个世纪里，要在新教与天主教之间保持温和的和调和的立 28
场，就非常困难了。从某种意义上说，在成为中世纪西方基督教持久特点的一大批温和的、不主张分裂的改革者中间，伊拉斯谟是最后一位。

但是伊拉斯谟也代表着一个时代的开始。这是一个发明印刷机，大量著书和具有学术成就的时代。他评注校正的《新约圣经》版本以及早期基督教作家的著作的版本，是一项延续到今天的伟大事业的开端。结果这项事业带来了对一些历史事件的重新解释，而这些重新解释反过来又对基督教思想的进一步发展产生了深刻的影响。意义颇为重大的是，正是伊拉斯谟通过编订希腊文《新约圣经》而开创了现代圣经研究的园地。四个世纪之后，当新教徒和天主教徒本着可以说成是伊拉斯谟的容忍精神开始彼此对话时，他们在刚刚建立起来的对话中所迈出的第一步，就是围绕着伊拉斯谟曾为之作过如此巨大贡献的圣经学识。

第二章　马丁·路德的神学

29 马丁·路德(Martin Luther)毫无疑问是16世纪最有影响的基督教神学家,因此,按常例,我们从总结路德的神学着手来论述16世纪的基督教思想,是适当的。不过,在这里有必要提请注意。尽管路德确实是一个至为重要的人物,而且尽管16世纪的大多数基督教神学——不论是天主教还是新教——都是关于路德的评论和争辩,然而同样真实的是,重要的神学工作正在天主教阵营里和东方阵营里进行着,而且与人们对路德主张的讨论很不相关。因此,需要告诫读者的是,假使他们要想看到16世纪的神学的全貌,那么就一定不要让有关新教运动的重大争论问题掩盖其他方面所进行的重要的神学工作。关于这方面工作的论述,读者可参阅本书涉及天主教神学和东方神学的那几章。为了逻辑上清楚的缘故,我不按年代顺序把这几章安排在早期新教思想全面论述之后。

既已提醒,我们现在可以转到马丁·路德的神学上了。

马丁·路德和奥古斯丁一样,是那些其神学和生活如此紧密相联的思想家之一,以致撇开了他的生活,就无法理解他的神学。因此,既然这可能是探讨他的神学的最好方法,我们将简要地概括那个终于导致他同
30 罗马决裂的精神上的人生历程,以此来开始这一章,以便再研究他比较成

熟的神学中的那些最重要的特点。

精神上的人生历程

年轻的路德除了两件事情之外，似乎同他那个时代的大多数青年没有什么不同之处。一是他在情绪上极不稳定，经常意志消沉；二是他也许比他周围一般的青年对宗教更感兴趣。[①] 1505 年，路德进修道院时，他的动机是出于在一次雷暴雨中曾向圣安妮（St. Anne）立过誓愿；可是后来的事态发展似乎表明，他在雷暴雨中最怕的不是死亡本身，而是自己没有准备好就要去死的这一前景。于是，他入修道院为死作准备——以便使自己能在上帝面前无所羞愧。

在接受修道院生活方式之后，路德就一心一意地过修道院的生活。当时他二十一岁，他不是轻率地对待自己新使命的人。当了一年见习修道士以后，他立下了永远奉献的誓言，他的上司对他表示相当满意，决定封立他为神甫。在这期间，没有迹象表明，路德是个不情愿的修道士，或他觉得他立过的誓愿难于承担。恰恰相反，用路德自己的话来说，他尽自己最大的努力去做一个模范的修道士。他已经抛弃尘世而进到修道院来，为的是使自己一定能得救，而且他这时不愿意受引诱去做一个舒舒服服、沾沾自喜的修道士。他要继续进行当时促使他进修道院的那项工作，并过着一种他所可能忍受的禁欲生活。他如此过分地禁欲修行，以致他

---

① 关于路德的一本优秀而又非常易读的传记，是 R. H. Bainton, *Here I Stand: A Life of Martin Luther* (New York and Nashville: Abingdon – Cokesbury Press, 1950)。还见 M. Brecht, *Martin Luther: His Road to Reformation* (Philadelphia: Fortress, 1985)；H. G. Haile, *Luther: An Experiment in Biography* (Garden City, N. Y.: Doubleday, 1980)；R. Marius, *Luther* (Philadelphia: Lippincott, 1974)。一本有争论的但非常富有想象力的研究著作，是 E. H. Erikson, *Young Man Luther: A Study in Psychoanalysis and History* (New York: W. W. Norton, 1958)。关于这个辩论，见 R. A. Johnson, ed., *Psychohistory and Religion: The Case of Young Man Luther* (Philadelphia: Fortress, 1977)。

在晚年时相信长期的禁食和苦行给他的身体带来了永远的损害。

31 但是这种紧张的灵性锻炼似乎对他的心灵甚少助益。上帝的圣洁和上帝的公义使路德产生畏惧。他怎样才能肯定,自己已经做得充分了呢?这本来不应该成为问题,因为教会靠基督和他的圣徒赢得无数功德,足够用于那些其工作不配蒙受得救的罪人。但是,甚至连这种信心都破灭了,因为路德赴罗马朝圣时,看到圣物以及博取功德的其他手段被人们肆意滥用。他到达罗马时充满着希望和信念,而离开时却痛苦地怀疑,教会提供的得救的方法是否真正有效——这是我们获得的第一个迹象,说明路德默许自己去怀疑当时公认的教义。

此后,他被调往维登堡(Wittenberg),这一调动对他余下的生活和教会的历史产生了巨大的影响。正是在这里路德遇到了他的奥古斯丁会的同道兼上司,约翰·冯·施道比次(Johann von Staupitz)。施道比次是一个富有同情心和有学问的人,他善于倾听路德的畏惧和忧虑,而不急于对他进行指责。当路德向他吐露对自己得救的疑虑时,施道比次同情地倾听着。但后来,路德开始对认罪产生疑虑。这种疑虑不是由于他的不信而产生的。他仍旧相信,通过认罪和补赎,罪是可以赦免的。他的问题来自这样一个事实:他发现,要坦白所有的罪是不可能的。不管他尽多大努力,有一些罪依然没有认完,也没得到宽恕,因为罪是这样根深蒂固和渗透人心,以致不可能连根拔除。尔后,施道比次将他介绍给德国神秘主义派。从他们那里,他找到另外一条得救的途径,这条途径不是依靠个别罪的赦免,而是简单地依靠把自己完全交托给上帝。人们需要做的只是,把自己的个人利益和骄傲放在一旁,以及信赖上帝。在这里,路德得到了某种程度的内心安宁,他后来坚持因信得救的想法,人们从他的这种想法中可以听到这些神秘主义者教诲的回声。只但是只做到这些还不够。一个人为消灭自我而作的努力本身,就是骄傲的行为。而且,神秘主义者声称,得救之道仅仅在于将自己完全交托给对上帝的爱,但是路德发现,在最圣洁的上帝面前,他内心深处的反应不是爱而是怨恨,因为最圣洁的上帝要求于他的圣洁他无法达到。

就在这个时候，施道比次决定要路德去学习，成为一个神学博士，并 32
在维登堡大学教课。此外，还要交给他教牧的任务。我们无法知道施道比次作此决定背后有什么打算。也许施道比次是学习哲罗姆的榜样。当年，哲罗姆发现，他的不圣洁的梦追随他到了伯利恒的修道隐居地，于是他就决定学习希伯来文并翻译《圣经》。也许施道比次认为，如果路德被迫把自己的注意力集中到别人的疑虑和需要上，那么他自己的疑虑和需要就会退居次要地位。无论如何，这一决定的最后结果是，指引路德去研究《圣经》，在那里他终将找到解决他的疑虑的答案。

按照施道比次的指示，路德全心全意地研究《圣经》。1513 年，路德开始讲解诗篇，到 1517 年，他也讲解《罗马书》和《加拉太书》。

到这时候，虽然路德和公认的教会的决裂即将开始，但是他的神学已经基本上定型。从那以后，他在神学上的继续发展，将是进一步阐明和应用他早年研究《圣经》时所发现的东西。因此，我们在这里应稍停一下，试图将路德新近发现的对上帝的理解以及对上帝与人类关系的理解的主要轮廓勾画出来。

概括地说，路德的问题是罪与恩的问题，或义与爱的问题。路德认识到自己是一个不义的、不圣洁的罪人，像他这样的人怎能使最圣洁和最公义的上帝息怒呢？路德在研究旧约《诗篇》时看到了一线希望，认为可以找到这个答案。② 他像他那个时代几乎所有的圣经注释家一样按基督论来解释《诗篇》。在《诗篇》里，基督亲口说话，并使自己显现出来。于是，当他读到《诗篇》第二十二篇基督自己在十字架上开始念道“我的上帝，我的上帝，为什么离弃我”时，路德发现，基督本人也像他那样忍受着孤独
的极大痛苦。基督本人也如同大多数可怜的罪人一样被离弃。他这样做 33

② 这里显然是指他为了讲学的目的而对《诗篇》进行的正式研究。路德作为一个修道士，遵循古老的传统，定期诵读《诗篇》，因此大部分的《诗篇》他都能够背下来。

是为了路德的缘故。他不单是公义的审判者;他也愿与罪人同席。不知怎地,这个路德认为不得不怨恨的公义的上帝同时也是爱世人的上帝,他在基督的身上为了路德的缘故曾完全被离弃。公义和爱这两者十分奥秘地互相结合起来。这就是路德神学的开端。

然而,路德的这一巨大发现发生在他后来研究《保罗致达罗马人书》的时候。多年后,他这样叙述自己的经验:

> 我确实被一种异乎寻常的热情所驱使,想要理解《罗马书》中的保罗。但是在这之前,并不是说我的心是冷血的,而是我被《罗马书》第一章里的一句话所难,那就是:"因为上帝的义正在这福音上显明出来。"我恨"上帝的义"这个词,因为按照所有老师们的习惯用法,我学会把这个词从哲学上理解为他们所谓的形式的或主动的公义,有了这一点上帝是公义的,并且惩罚不义的罪人。
>
> 我虽然过着修道士的生活并问心无愧,但是我感到,我在上帝面前是良心极度不安的罪人。我不能相信上帝由于我的苦行赎罪就会对我息怒。我不曾爱过,说真的,我恨过那个惩罚罪人的、公义的上帝,而且我在暗中,如果不是亵渎地,但确实是满腹牢骚地,对上帝发怒……
>
> 最后,靠上帝的怜恤,我夜以继日地默想,我注意到这句话的上下文,即"因为上帝的义,正在这福音上显明出来,如经上所记,'义人必因信得生'"。从这里我开始明白,上帝的义就是,义人靠上帝的恩赐而得生,也就是因信而得生。其含义是:上帝的义在福音上显明出来,即慈悲的上帝借着这个被动的公义使我们得以因信称义……至此,我感到我好像完全得到重生一般,并且通过敞开的大门

已经进入乐园。整本《圣经》以一个完全崭新的面目呈现在我的面前。③

路德对此发现不甘缄默,因为他不是那样的人。这件事的重要性实 34
在太大,他认为不应将它埋没起来。他很快就说服了他在维登堡的大多数同事。但是他认为他的新发现应当广为传播。为此,路德写了九十七条论题,外表上是要让维登堡大学的学生进行答辩,因为学士学位的候选人通常需要做这些答辩。但是,他也把这些论题拿去付印,他还提出,他本人要向任何反对者就这些论题进行辩护。在这些论题中,路德提出他深深感到人的罪孽的深远影响。"人好比一棵坏树,只想做坏事"。④"人们必须承认,想要努力朝着被称为善的方向去做的意志是不自由的"。⑤ 这和路德不让上帝把他从束缚中解放出来的亲身经历密切相关:"人就其本性而论,不可能要上帝成为上帝。事实上,他自己想要成为上帝,而不愿上帝成为上帝。"⑥ 这反过来又归结到恩典的重要作用:"然而,对人来说,除了恶意和甚至反抗恩典之外,没有任何东西高于恩典。"⑦ 人甚至无法拆除挡在恩典前面的障碍物,德行在这方面是无关紧要的,因为"没有无骄傲或悲哀的也就是无罪的德行"。⑧其原因是,"没有上帝恩典的每一项遵法行动表面似善,而内里却是罪恶"。⑨ 总而言之,"我们不因行公义的事而成为义人,而只有被称为义人后,我们才能行公

---

③ *Preface to the Latin Writings*(*LW*,34:336~337)。应该注意,人们引用这段文章的时候常常说这段文章描写了路德早年脑子里正在形成的东西,但路德本人把这放在后来的日期里。见 Spitz, *The Protestant*......, p. 65。

④ *Disputation against Scholastic Theology*, thesis 4(*LW*,31:9).

⑤ 同上,thesis 10(*LW*,31:10)。

⑥ *Disputation against Scholastic Theology*,thesis 7(*LW*,31:10).

⑦ 同上,thesis 30(*LW*,31:11)。

⑧ 同上,thesis 38(*LW*,31:11)。

⑨ *Disputation against Scholastic Theology*,thesis 76(*LW*,31:14).

义的事”。[10]

尽管此时路德以为自己是一个优秀的天主教徒和有组织的教会的真正儿子，[11]但是他的确希望掀起一场争论，使人们注意到他的新发现。然而，在这方面他失败了。“这件事在路德的生涯中本来可能会成为一次经过精心策划的公开挑战，但是似乎完全未能达到预期的效果。无疑，这本来可能会变成一场大辩论的万炮齐发……但是结果什么也没有发生……路德不是第一次也不是最后一次发现，他最充分的计划变得毫无结果，然而在这时，在完全未料到的情况下，影响巨大而突如其来的事件终于来临了”。[12]

这一“影响巨大而突如其来的事件”的发生关系到赎罪券的发行问题。路德赴罗马朝圣以及他后来在神学上的造就使他确信，信赖功德和圣人遗物是徒劳的。他感到，这种信赖在自己的灵性历程中，非但不起帮助作用反而是个阻碍。在维登堡，智者（Frederick the Wise）搜集了大批圣物。据称，这些圣物可使那些瞻仰过它们和作过适当捐献的人死后免于进入炼狱。早在宗教改革运动爆发前，路德就已公开反对过这种做法，从而招致弗雷德里克的不满，因为后者指望得到这笔来自信徒捐献的收入。实际上，由于这项收益部分用于维登堡大学，路德本人也间接地获得部分好处。不过，弗雷德里克不愿仅仅为了路德冒犯了他或影响他的收入而使路德保持缄默。因此，尽管路德在这个问题上和他的君主发生意见分歧，但是路德仍继续担任他的教牧职务。这就是当时的情况。但这时教皇利奥十世宣布，授权勃兰登堡的艾伯特（Albert of Brandenburg）在他的领地上出售新赎罪券，这样一来就使赎罪券的问题变得很突出。路

⑩ 同上，thesis 40（*LW*，31：12）。

⑪ 诚然，他在论题的结尾（*LW*，31：16）说，“我们相信，我们没有说什么同天主教会与教会教士们不一致的话”。

⑫ G. Rupp, *Luther's Progress to the Diet of Worms*, reprint（New York：Harper，1964），pp. 46～47.

德当时并不知道这件事，但有几个上层人士参与了促成宣布这件事情的协商工作，而且所涉及的款额相当大。然而在表面上，赎罪券的这次新的销售的目的，是因为需要完成罗马圣彼得大教堂的长方形会堂，因为该项工作由于缺钱已中断多时。智者弗雷德里克不准兜售赎罪券者进入他的领地，因为他们将会同维登堡教会发行的赎罪券竞争。但是，路德教区的一些居民越境去购买新赎罪券，并在回来时告诉路德说，兜售者大肆吹嘘，他们的货色如何灵验。

正是在这个时候，路德写成了著名的《九十五条论纲》，论纲的真正名称是《关于赎罪券的力量与效验的争辩》(*Disputation on the Power and Efficacy of Indulgences*)。论纲是用拉丁文写成的，因为路德的目的不是要 36
掀起一场骚动，而是要跟一些学者进行学术性的争论，以期证明他的论纲的正确性。这不是什么新鲜的事。路德早些时候曾提出过其他一些他期望能轰动一时的论纲，但毫无结果。而现在，当他不希望发生什么事情的时候，他确实掀起了轩然大波。

由于写这些论纲的时候路德脑子里只想着一个问题，因此它们不像上述《反经院神学论》(*Disputation against Scholastic Theology*)那样透彻地阐明路德的主要信条。一般来说，其攻击矛头不是针对教皇，而是针对赎罪券的鼓吹者。这些鼓吹者的主张不利于教皇，因为这些主张促使平信徒不禁要问这样一类的问题：如果教皇真正掌握炼狱大权，他为什么不本着爱心直截了当地把所有被投入炼狱的人全都释放出来，而硬要等他拿到"用来建造教堂的这笔可怜的钱呢"。[13] 与此类似，路德通过"平信徒"之口说出他的心里话的时候，他表达了那些认为德国再次被罗马诈取钱财的人的愤慨情绪。因此，他声称，"平信徒"也许要问："教皇今天拥有的财富比最富有的克拉撒斯(Crassus)还多，那么为什么他不用自己的钱

---

[13] Thesis 82(*LW*,31:32).

来建造圣彼得大教堂的这个长方形会堂，而要用这些穷信徒的钱呢？”[14]但尽管如此，路德还是觉得，他先前被忽视的对经院主义神学的攻击，比他在论纲中对赎罪券的攻击更深刻，本应引起更大的震动。

当路德公布他的论纲时，他并没有意识到他是在触犯某些有权有势的人物，也没有意识到他是在激起一些久待发泄的不满情绪。在路德本人并不知道的情况下，这份原来用拉丁文写成的作为学术文献的《九十五条论纲》被译成了德文，付印，并在全国广泛流传。教皇利奥十世是有史以来登上彼得教座最不称职的教皇之一。他无法理解这场论战所涉及的极为深刻的灵性问题；而且他也不想去理解这些问题。他只是简单地认为，这个日耳曼修道士对他的计划是个障碍，因而委派奥古斯丁会会长对
37 路德进行压制。然而，他的这一企图没有取得成功，因为日耳曼座堂董事会显然没有对路德采取行动。相反地它作出了决定，让路德与保守的神学家莱昂纳德·贝尔（Leonard Baier）在海德堡（Heidelberg）开展一场辩论，并要路德完成他一直在写的《对九十五条论纲的解释》（*Explanations of the Ninety-five Theses*）。我们论述路德对神学家任务的理解时，将有机会谈到海德堡的辩论。这里只提一点，虽然路德未能说服他的反对者，但是通过这次辩论，他争取到了若干青年神学家站到他一边来。然而，路德在他的《论纲的解释》（*Explanations*）中，表露了他正在经历的内心斗争，他一方面努力坚持有关教皇权威及其掌握天国钥匙的权力的传统教义，但另一方面却又感到，现行教皇制度与福音是难以调和的。

> 我不能否认，教皇的每件事都必须加以容忍，但是使我伤心的是，我不能证明他所作的事情是最完美的。虽然，要让我来说说教皇的意向而不牵涉到他那些贪财的雇佣者的话，我可以简单而自信地说，对教皇，我们必须假定他是最完美的。教会需要改革，这不是一

---

[14] Thesis 86（*LW*,31:33）.

> 个人即教皇的工作，也不是好些人即红衣主教们的工作，这两点最近召开的会议业已证实，而是全世界的工作，确实也是上帝独自的工作。但是，只有创造了时间的上帝才能知道这个改革的时机。与此同时，我们无法否认这些赤裸裸的邪恶的存在。教皇掌握天国钥匙的权力遭到滥用，并且受到贪婪和野心的奴役。⑮

路德希望，带着谦恭的歉意向教皇呈交他的《解释》就可使此事宣告结束。但是他没有料到，那时利奥和他的教廷已决定谴责路德并开除他的教籍。然而，由于当时的政治情况，这一行动被推迟了。这时，需要选举一个皇帝来接替马克西米利安(Maximilian)。最有希望的候选人是西班牙国王查理一世——后来他改称查理五世——但是他的当选对利奥的各项政策将是个灾难，因为那时查理可利用一个由西面的西班牙、北面的 38
德国以及南面的那不勒斯和西西里形成的钳子将他紧紧地夹在当中。智者弗雷德里克是神圣罗马帝国的选帝侯之一，甚至可能通过妥协成为红衣主教。由于弗雷德里克要求给路德一次公正的审判，因此教皇不得不给他一些照顾。随后进行了一系列的谈判，由著名学者兼红衣主教迦耶坦——关于他的事情我们将在另外一章里论及——作为教皇的主要代表。但是由于双方代表日益意识到，存在于他们之间的问题，已经超出赎罪券具体问题的范围，而是关于基督教信仰的两种截然不同的看法，因此谈判以失败告终。

随着岁月的推移，并由于路德逐步阐明他的神学基本立场的涵义，他破的釜沉的舟越来越多。1519 年，当他在莱比锡与约翰·埃克·冯·英哥斯大(John Eck von Ingolstadt)展开辩论时，狡猾的埃克迫使路德宣布，《圣经》的权威高于教皇和会议的权威，并且声称后者都曾犯过错误。埃克指控路德是胡斯派。虽然路德当时感到惊讶，但是不久他终于承认，他

---

⑮ *LW*,31:250.

在许多观点上是同意约翰·胡斯(John Hus)的。1520 年,路德写了三篇重要论文:《一个基督徒的自由》(*The Freedom of a Christian*),《致德意志贵族书》(*Address to the German Nobility*)和《教会被掳巴比伦》(*The Babylonian Captivity of the Church*)。第一篇论文是路德写给教皇的,并随文附上一封和解的信,信中声称利奥好比是“狼群中的羔羊”或“狮群里的但以理”。路德以基督徒的自由为题并以和解精神评述了他对基督徒生活的基本认识。然而,其他两篇论文则使他离开罗马天主教会更远些。《致德意志贵族书》否认教皇权威可以超越世俗统治者和《圣经》,并且声称,现在必须由世俗权力,而不是由教皇,来为教会改革召开宗教会议。然而,他明确声明,他不主张诉诸武力,因为所需要的改革不能通过这种手段来取得。但是,这篇论文的重要性在于通过这篇文章路德表达了德意志民族对罗马的诸多不满,因而改革运动就和德意志民族主义感情交织在一起。在《教会被掳巴比伦》一文中,他对教会的圣礼制度进行抨击。按照路德这篇论文,圣礼只有三种:洗礼、圣餐和补赎。他否认圣餐的变
39 质说和弥撒中的献祭。他还坚持所有信徒都可以当祭司的主张,在《致德意志贵族书》中,他已经为这个主张进行辩护。经过对圣礼制度的抨击,甚至对那些最不动感情的人——伊拉斯谟就是其中之一——来说也很明显,这场分裂是无可挽救的了。但是这已经无足轻重,因为正当路德准备发表他的论文时,约翰·埃克带来了教皇颁布的开除他教籍的通谕。

“主啊,求你起来,审判你自己的案子吧……因为狐狸已经出来,要想毁坏葡萄园了”。[16] 教皇的通谕就是这样开始的,接着,利奥在向上帝、彼得、保罗和整个教会呼吁之后,列举了马丁·路德的种种错误,对之进行谴责,并宣布开除制造这些错误的人及其追随者的教籍。通谕结尾向路德提出呼吁,如果他肯撤回论纲,那就答应用“慈父般的爱”来接待他。

---

⑯ 教皇训令《上帝,起来》(*Exsurge Domine*),见 C. J. Barry, ed., *Readings in Church History*, (Westminster, Md.: Newman Press, 1965), 2:28。

教皇通谕在罗马正式宣布时，还当众焚烧了路德的著述，后来此通谕在德意志和荷兰各地的每一个新的城市公布时，都举行了类似的仪式。对此，路德进行回击，他把他的学生召集在维登堡城门外，烧毁一本本的教会律例，教谕和数种经院神学著作。此外，他还将那份通谕的副本也付之一炬。按照法律来说，他还没有成为一个顽固不化的异教徒，因为通谕在萨克森尼(Saxony)尚未公布；但是，就一切实际效果来说，就教会当局来说，事情已成定局。路德是一个异教徒，凡是愿意追随他的人就等于选择一条被开除教籍和可能遭到生命危险的道路。

现在该由帝国采取行动了。这个行动在1521年发生在沃尔姆斯召开的帝国议会。那时成为神圣罗马帝国皇帝的查理，对邀请路德出席议会一事感到踌躇，但是智者弗雷德里克和其他一些人坚决主张，必须给路德一次公正的审讯。路德本人去沃尔姆斯时深信，此行凶多吉少，除非上帝决定饶他一命，否则难以逃生。在沃尔姆斯发生的事是人所共知的。
路德用激动人心和令人难忘的语言拒绝撤回论纲。议会经过一段犹豫不 40
决，决定将路德逐出教会，禁止任何人庇护他。从那以后，从国家和教会的观点来说，路德和他的追随者不再属于唯一真正教会的一部分，而是一帮为生活而挣扎并企图拉别人入伙的异教徒而已。

随后发生的事情对路德的神学的形成影响甚微。⑰ 还在路德事实上仍是一个默默无闻的大学教授时，他基本的神学观点已经确立。1517年至1521年间，他的观点发展为对传统神学的全面对抗。到了1521年，路德的神学已经得到充分发展。尔后，他写的九篇论文成为他的成熟神学

---

⑰ 然而，这并不是说，路德没有发现他早期神学的更深的含意。这种事态发展的一个重要例子是他对婚姻的态度。他对因信称义的理解促使他去拒绝十诫与作为修道生活基础的至善劝诫之间的区别。这反过来又促使他放弃修道士和教士的独身生活原则。在他结婚之后，他对婚姻的价值以及传统上对妇女的否定看法又有了进一步的认识。见 J. D. Douglass, "Women in the Continental Reformation", in R. R. Reuther, ed., *Religion and Sexism* (New York: Simon and Schuster, 1974), pp. 292～318。

的一部分，因此，就我们的目的来说，没有必要在这里细述路德的余生。相反，我们现在应该转到他的神学的最重要的特点上面。

神学家的任务

早在1518年，路德就在《海德堡辩论》(*Heidelberg Disputation*)一文中为研究神学提出了类似一整套纲领的东西。他是一通过反对两种神学提出这一纲领的：一种是“荣耀的神学”，另一种是“十字架的神学”。就其题材而言，这两者是不相同的，因为一个主要是关系到在荣耀中的上帝，而另一个则把上帝看成是在隐秘中受难。

> 荣耀的神学把恶说成是善，而把善说成是恶。而十字架的神学则把事情实际是什么就说成是什么。
>
> 这一点是十分清楚的：凡是不了解基督的人也不会了解在隐秘中受难的上帝。因此，他宁愿要善行而不要苦难；要荣耀，不要十字架；要刚强，不要软弱；要智慧，不要愚蠢；一般地说，要善不要恶。这些人就是使徒称之为“基督十字架的仇敌”的人(《腓立比书》3章18节)，因为他们憎恨十字架和苦难，而爱善行和善行的荣耀。这样，他们就把十字架的善说成是恶，而把行为的恶说成是善。如前所述，只
> 41 有在苦难和十字架中才能找到上帝。因此，十字架的朋友们说，十字架是善的，善行是恶的，因为通过十字架，善行被贬黜，受到善行的特别启发的老亚当(按基督教教义系指未获得重生的旧人——译者)被钉在十字架上。一个人除非先被苦难和恶弄得失掉威风和彻底失败，直至他认识到，自己是不足道的，他的善行不是他的而是上帝的，否则他就不可能不会因为他的善行而变得趾高气扬。[18]

---

[18] *Heidelberg Disputation*, thesis 21(*LW*,31:53).

这几段话——和《海德堡辩论》中的一般内容——的含义极为重要，因为路德在其中答复了每项神学中的那些至关重要的问题，即：神学是什么？神学家恰当的任务是什么？神学家工作所依据的素材是什么？十分明显，各神学家的神学是什么样的神学，在很大程度上取决于他对这些问题所作出的答复。

在这几段话中，路德论证说，有一种荣耀的神学，和一种十字架的神学。[19] 荣耀的神学试图把上帝看成是显现在善行之中。十字架的神学则相信，只有把上帝看成是在受难和十字架中，才能正确地提到他和正确地崇拜他。荣耀的神学是盲目的，洋洋得意的。因为它声称，我们以我们的罪孽深重的状态，能够看到上帝的善行本身，并看到善行中的上帝。这就是保罗在《罗马书》中提到的神学："自称为聪明，反成了愚拙。"站在这种神学对立面的是十字架的神学，这是唯一真实的神学。这种神学并不宣称它发现上帝的本体，而是满足于通过启示中的上帝，即通过在受难中的和十字架上的上帝，来认识他。

这并不意味着，不存在着人们对上帝的自然认识。正相反：

> 对上帝的认识有两方面：一般的认识和具体的认识。所有的人都有一般的认识，即：上帝存在着，他创造了天地万物，他是公义的，他惩罚恶人，等等。但是，上帝对我们是怎么看法，他为了要把我们从罪恶和死亡中解脱出来和为了要拯救我们，打算赐予什么和打算 42
> 做什么——这是对上帝具体的和真正的认识——这些是人们无法知道的。因此，常会发生这样的情况，某人的脸面我也许熟悉，但是我却不真正认识他，因为我不知道他想的是什么。因此，可以说，人们自然地知道有个上帝，但是他们不知道，上帝要的是什么，他不要的

---

⑲ W. v. Loewenich, *Luthers Theologia Crucis* (Munich: Kaiser Verlag, 1954); H. Sasse, "Luther's Theologia Crucis", *LuthOut*, 16(1951): 263 ~ 266; 305 ~ 308.

是什么。[20]

人们对上帝的一般或自然认识就是各民族都有他们自己的神的原因。他们知道天上有个神，但是他们不知道这个神是什么。同样地，哲学家对上帝也有个一般的认识，但是这种认识丝毫不能使他们去理解上帝的本性。关于道德标准也是如此，这些标准铭刻在我们的心中；它们表明上帝的存在，但是不能表明谁是上帝，或上帝打算为我们做些什么。

在另一个地方，路德在《约翰福音》注释中，把这两种对上帝的认识称为："通过律法"的认识和"通过福音"的认识。这和律法——福音（law - gospel）主题思想密切相关，我们不久将回到这个题目上来。总之，路德在这里宣称，有两种对上帝的认识。理性可以提供对上帝的"律法上的认识"。哲学家具有这样的认识，每个人也都具有这样的认识，因为这种认识铭刻在我们心中。而另外一种认识，即"福音上的认识"，"不是在我们的菜园里生长出来的，人的本性对它毫无所知"。[21]路德改用别的隐喻来说，认识上帝有"右手的"认识和"左手的"认识。后者，我们可以通过上帝赐给我们的能力来获得，而前者是我们对上帝的正确认识，它必须自上而来。

这就是路德所以拒绝荣耀神学的第一个理由：因为它所采用的是对上帝的"一般的"或"左手的"认识；它不承认这种认识与对上帝的正确认识之间的巨大差别；它试图通过类似人们用梯子爬上鸽子窝的那种办法去得到对上帝的正确认识。

路德感到不得不拒绝荣耀神学的第二个理由是，它试图面对面地看到上帝，而忘记了"没有人能见到上帝而还活着"。"以色列人也没有一
43 个可以被'绝对地'看到的上帝，用个比喻来说，就像没有经验的修道士

[20] *Lectures on Galatians*, 1535, (*LW*, 26: 399 ~ 400).

[21] *Sermons on the Gospel of St. John* (*LW*, 22: 152 ~ 153).

带着自己的臆测升到天上，认为那就是上帝的本体那样。每一个不愿走向灭亡的人都应该逃避这个绝对的上帝，因为人的本性和绝对的上帝——为了便于教导，我们使用这个大家熟悉的专用名词——是誓不两立的死敌。正如《圣经》反复提醒我们的，人的软弱无能不能不被上帝的这种尊严所征服。”㉒

《圣经》中的上帝总是在隐秘中彰显他自己；㉓我们只能在具体之中认识这个绝对的上帝，因为这是上帝所选择的启示方式，路德在几个不同场合宣称，基督徒的上帝和土耳其人的上帝的不同在于，土耳其人在提到上帝时不得不含糊其词，因为他们不认识隐秘中的上帝，而这正是真正启示。“但是那些想要撇开这些掩蔽物接受上帝的人，千方百计地想不借梯子（即不通过福音）就达到上帝”。㉔

上面所引《海德堡辩论》中的文本一再提及“在隐秘中受难的上帝”，原因就在于此。只有从这里面才能真正认识上帝——也就是说，通过“福音上的认识”来认识上帝。

路德在拒绝承认“荣耀的神学”是真正的神学时，他所反对的既是唯德论（moralism）又是唯理论（rationalism）。瓦尔特·冯·勒韦尼希（Walther von Loewenich）在评论此文时，表示其中有含糊不清之处，并且论证说这种含糊不清并非全然出于无意。不能赖以正确认识上帝的“善行”到底是什么？在文中的大多数地方，善行似乎指的是创造，但是在某些地方，善行也许说的是人用来取悦上帝的行为。路德否定这两种意义的“善行”，而冯·勒韦尼希认为，在这双重否定之中，这种含糊不清得到了澄清，而且在这种含糊不清之中包含有深刻的意义，因为在这种含糊不

㉒ *Commentary on Psalm* 51:1（*LW*,12:312）.

㉓ J. Dillenberger, *God Hidden and Revealed: The Interpretation of Luther's "Deus absconditus" and Its Significance for Religious Thought* (Philadelphia: Muhlenberg Press, 1953); E. Grislis, "Martin Luther's View of the Hidden God". *McCQ*, 21 (1967): 81 ~ 94.

㉔ *Lectures on Genesis*, 1:2（*LW*, 1:14）.

44 清的两个截然相反的点上，路德反对的正是这种含糊不清的两种平行的表现或产物中的同一个东西。路德在否定人能够靠善行得救时，他是在反对唯德论。他在否定借着上帝的作为来认识上帝时，他是在反对唯理论。伦理学与知识论并不是毫不相干地简单地并列在一起，而是一起归属于那种想要与绝对的上帝直接交通的渴望，这种渴望构成了荣耀的神学。在一个类似的含糊不清的概念里——这个含糊不清和前者的含糊不清是对称的——路德用“十字架”这个词来指基督的十字架和基督徒的十字架，这反过来又表明，十字架的神学不仅与那个神学的内容相关，而且也和这一神学得以构成的方式和观点有关。

由于对神学的任务和方法的这一理解的结果，路德关于神学和哲学之间的关系的观点与经院主义者的观点分歧很大。㉕ 按照托马斯学派的观点，信仰要在对上帝的自然认识上增添某些理性本身永远不能发现的东西，这个观点是路德所不能接受的。这个观点并没有向这样一个事实提供足够的说服力，即所有对上帝的自然认识都是“律法”，因此与福音中所启示的对上帝的认识并不重叠。为了反驳这些观点，路德有时也运用后期经院哲学曾经用来批判这些观点的批判法。但是他甚至连后期经院哲学派的观点也都不能接受，因为他们所作的实际上只是，在没有完全抛弃托马斯主义原则的前提下，瓦解托马斯主义原则。另一方面，路德看到荣耀的神学——这种神学包含有托马斯主义和唯名论两者在内——和十字架的神学根本上是对立的。哲学作为神学的入门应予否定，这不只是因为理性是软弱的，而是因为它是在追求非常不同于《圣经》中的“隐秘的”上帝和“绝对的”或“无瑕疵的”上帝。

㉕ W. Link, *Das Ringen Luthers um die Freiheit der Theologie von der Philosophie* (Munich: Kaiser Verlag, 1940); B. Hägglund, *Theologie und Philosophie bei Luther und in der occamistischen Tradition: Luthers Stellung zur Theorie von der doppelten Wahrheit* (Lund: C. W. K. Gleerup, 1955); L. Grane, *Contra Gabrielem: Luthers Auseinandersetzung mit Gabriel Biel in der Disputatio Contra Scholasticam Theologiam 1517* (Copenhagen; Gyldendal, 1962).

既然有双重的对上帝的认识，理性也就有双重的用处。路德在谈到
理性时称它为“婊子”（whore），而同时又称它为“很有用的工具”（very
useful tool）。如果我们留意，这个表面上的矛盾是很容易解决的，因为对
路德来说，理性也和人的任何其他天赋才能一样，带着堕落的印记，而只
有在被拯救后才能发挥其正常的功能。理性能够在我们的横向的（社 45
会）生活中帮助我们；它可以帮助我们井井有条地管理社会；它可以导致
像印刷机那样的发明创造；它是人类在世上谋生的手段之一。“毫无疑
问，理性是万物中最重要也是最高级的东西，而且与现世中别的东西相
比，是最有价值的和类似神圣的。它是所有艺术、医药、法律以及人在现
世中或多或少拥有的智慧、权力、德行和荣耀的创造者和良师益友。由于
这一事实，应当说理性是使人有别于禽兽和其他东西的主要因素”。[26]

甚至在犯罪之后，理性还是被推崇为“万物中最美丽和最美好的东西”。然而，这不会使它免于受到一切堕落事物的诅咒，因为理性“仍在魔鬼权柄的支配之下”。[27] 当涉及到用“正确的”和“福音的”方法来认识上帝时，理性就支持肉体，反对灵性，支持善行，反对信仰，支持律法，反对福音。“只有上帝能决定，给我们以违背本性的信仰和违背理性去相信的能力”。[28]

虽然理性靠它本身获得的对上帝的认识是“律法的认识”，而且因此理性与律法密切相关，但是这并不是说，理性靠它本身就能取代律法。之所以如此是因为，属于肉体的自然理性总是企图为自己辩解，因此就不能听到上帝在律法中所发出的责备的话。我们靠自己是无法知道甚至存在于我们的德行之中的邪恶。理性要对此加以分辨是绝对无能的，因为它是我们的一部分，而且是投合我们的欲望的。

㉖ *The Disputation Concerning Man*, theses 4 ~ 6（*LW*, 34: 137）.

㉗ 同上，thesis 24（*LW*, 34: 138 ~ 139）。

㉘ *Disputation Concerning Justification*, arg. 5（*LW*, 34: 160）.

因此，只有律法才能表明这些（德行）是邪恶的——当然不是指德行本身，因为它们是上帝的恩赐，而是由于那个埋藏得很深的罪根，人们对这些没有被认为是邪恶的东西感到沾沾自喜，感到有所依靠，感到无上光荣，其原因就是这个罪根……

在浩如烟海的智慧、仁慈、公义和虔敬之中，他们不愿意成为邪恶的，他们也不可能认识到自己是邪恶的，因为他们不听。因此，你瞧，律法超越自然理性到何等无可比拟的程度，律法让我们认识到的罪又是何等地深不可测。[29]

46 这就是为什么路德不太喜欢神学领域里的哲学。“诚然，除非一个人不带有亚里士多德的色彩，不然他就不可能成为神学家。”[30] 哲学的真理之对神学的真理，就像律法之对福音，或是人的公义之对神的公义一样。从事物的表面来看，律法和理性在统治。但是，我们认为是正确的判断，上帝并不一定认为是正确的，因为上帝的判断和我们的判断不一样。神学的主题和哲学的主题是相同的，对路德来说，意味着在这两类学科之间存在着一种联系。而这种联系不是一种简单的、连续性的联系。更确切地说，它是存在于对上帝的一般的或律法的认识与正确的或福音的认识之间的联系。两者谈论的都是上帝，但是看法不同，而且其中的一个不能简单地引导到另外一个。

路德对神秘主义的评价也很有启发性。在他的灵性生活历程中，他从德国神秘主义者那里得到了一定程度的暂时的内心宽慰，也体验了他们所描绘的某些喜悦。路德对他们一向非常尊敬。但是他也敏锐地觉察

㉙ *Against Latomus*, 3 (*LW*, 32: 226).

㉚ *Disputation against Scholastic Theology*, thesis 44 (*LW*, 31: 12).

到他认为是神秘主义的缺点的那些东西。[31] 在某些情况下，他对神秘主义的批判有些过分，失之公正。路德赞成神秘主义的看法，认为在上帝面前，唯一可能采取的态度就是谦卑。然而，他之所以要谦卑，不仅在于神性与人性之间，创造主与创造物之间，差别悬殊，而是更确切地说，在于上帝在基督里的自我克制。因此，路德在上帝面前的谦卑，不仅仅是一个低微渺小者在至高无上者面前的谦卑，而是一个罪人在爱世人的圣洁者面前的谦卑。虽然路德对德国神秘主义派比对经院神学更为赞同，但是他认为神秘主义派的"被动的神学"，仍属于"荣耀的神学"的一种类型，不属于"十字架的神学"。它具有受难和谦卑的概念，但是它的这些概念不是来源于钉在十字架上的耶稣基督，而是来源于其本身的对绝对的上帝的概念。神秘主义派强调经验的主张博得路德的好感。路德坚持，真正重要的不是要认识上帝，而是要认识他是"为我的"。可是，甚至这种强调他也不能完全接受。因为神秘主义的经验概念和隐秘在十字架里的上 47
帝没有直接关系。神学的出发点既不是理性也不是经验，而是上帝自己的作为和"话语"。

上帝的"话语"

上帝的"话语"是神学的出发点。路德所说的上帝的"话语"是指《圣经》，但是他也指比这广泛得多的东西。这"话语"是三位一体的永恒的第二"位"，他和上帝永远同在；这"话语"是道成肉身的上帝；这"话语"是为之作见证的《圣经》；这"话语"还是使信徒真正听到《圣经》中的"话语"的声音。虽然"话语"这个名词在这里是明显地用于各种不同的意

---

[31] 有关路德对于德国神秘主义者的态度的一个良好总结，可以在林克（Link）的书里找到，*Das Ringen Luthers*，pp. 341～50。这一段文章指出了他的论点的主要轮廓。另见 R. Seeberg，*Die religiösen Grundgedanken des jungen Luther und ihr Verhältnis zu dem Ockamismus und der deutschen Mystik*（Berlin：Walter de Gruyter，1931）。

思，然而在上帝的“话语”的这些不同的表达形式中间存在着一种密切而重要的联系。

首先，让我们谈谈这个永恒的“话语”，三位一体的第二“位”。在使人联想到一些早期希腊神学家的一段话中，路德提到了上帝的没有说出来的“话语”。在说明我们把话语说出来之前怎样在心中盘算这些话之后，路德说：

> 同样的情况也可以应用于上帝。上帝在他的尊严和神性中，充满着“话语”或他和他的神圣本体交谈的对话，这种话语或对话反映出上帝内心的思想。这和上帝本身一样完全、美好和至善无瑕疵。没有人，唯有上帝自己，看到、听到或理解这个对话。这是睁眼看不见的和无法理解的对话。他的“话语”在所有天使和万物存在之前就已经存在了，因为上帝后来借着这“话语”和对话创造了万物。[32]

但是上帝已经说话了；他的“话语”已经表达出来了。这是上帝在从无到有地创造万物中显示的力量，因为上帝的“话语”不只是一种自我显露的行为，它也是上帝本身的作为和力量。路德在解释《创世记》1 章 3 节“上帝说，要有光，就有了光”时写道：“上帝通过他的讲话从无有中创造出东西，这种表达方式确实是异乎寻常的，而且是所有其他各种语言的
48 作者所不知道的。因此，摩西在这里第一次提到上帝为完成他的作为而运用的手段和工具，即‘话语’。”[33]

因此，当涉及到三位一体的教义时路德的观点是十足的正统观点。[34]

---

[32] *Sermons on the Gospel of John*, 1 (*LW*, 22: 10).

[33] *Lectures on Genesis*, 1: 3 (*LW*, 1: 16)。参见 *Commentary on Psalm* 20：“当上帝说出一句话时，这句话语所指的东西立即产生出来。”

[34] 见 J. Koopmans, *Das altkirchliche Dogma in der Reformation* (Munich: Kaiser Verlag, 1955), pp. 60 ~ 64。

他对那些否认这个教义的人讲过一些非常激烈的话，他把他们叫着“新阿利乌派”(new Arians)。但是，按逻辑次序来说，这个教义先于道成肉身，但是按我们的认识的真正次序来讲只是有了耶稣基督这个重大事件之后，这个教义才成为可能。[35] 这个重大事件就是上帝至高无上的“话语”，要听到和理解任何其他的话，必须通过这个“话语”。

因此，《圣经》的价值不是要在上帝在基督里的“话语”上加添点什么，“因为全部福音书都指向基督一个人，这些是无庸置疑的。”[36] 这就是路德在解释《圣经》以及探讨《圣经》权威时的出发点。首先，让我们转到《圣经》的权威这个问题上来。

众所周知，路德声称，传统——尤其是中世纪晚近的传统——必须加以否定，而应以《圣经》为依据。他这样声称的理由不是出于革新的愿望。恰恰相反，路德发现，在他的一生经历中反对他最厉害的对手，不只是一些坚定的罗马天主教徒，而且还有新教阵营中那些想要抛弃教会全部传统的人。他自己的做法是只抛弃那些与“《圣经》的明确意义”相违背的传统的观点和习惯。他这样做的理由是，他相信那个传统错了，并且必须通过《圣经》的权威使那个传统回到福音的真谛上来，因为《圣经》的权威高于传统、教会、神学家以及路德本人。他在解释《加拉太书》1 章 9 节时，说道：“在这里保罗使他自己(天上来的天使)，世上的教师以及不论任何大师，都从属于神圣的《圣经》。这个女皇必须统治，每一个人必 49
须服从她，并且受她的支配。教皇、路德、奥古斯丁、保罗(天上来的天使)——这些人不应该是大师、审判官或仲裁人，而只是圣洁的见证人、门徒和《圣经》信仰者。”[37]

针对这一点，罗马天主教论证说，教会创立了《圣经》，并制定了《圣

---

[35] J. Pelikan，*Luther the Expositor*，*LW* 的姐妹篇(St. Louis：Concordia，1959)，p. 53：“从上帝在耶稣基督里的话语那里，人们可以知道，上帝的话语是三位一体的第二位，但不是反之亦然。”

[36] *Avoiding the Doctrines of Men*，1(*LW*，35：132).

[37] *Lectures on Galatians*，*1535* (*LW*，26：57～58).

经》的正典，因此这说明，教会的权威高于《圣经》。路德对此论点反驳说，虽然教会制订法规是个事实，但是福音建立了教会，再者他所争论的，严格地说，不是《圣经》的最高权位，而是由《圣经》所证实的福音的最高权位。[38] 事实上，表达福音的正确形式是它的活生生的口头上的传扬。基督曾命令使徒们不要写而要去传福音。他们开始是这样做的，只是在后一阶段作为防止福音被歪曲——如这时传统所带来的歪曲——的手段。他们才把福音写成文字。因此，声称教会确立了法规的这一说法是正确的；但是福音创立了教会，而且《圣经》的权威不是体现在正典里，而是体现在福音里。

这就是为什么路德一方面仍旧坚持《圣经》权威高于传统，而另一方面却对《圣经》的正典采取随便的态度。大家最熟悉的就是关于《雅各书》的例子，由于该书强调善行重于信仰；因此给路德造成一些困难。路德在为该书写前言时，首先就指出古代教会不承认该书为具有使徒权威的书。他自己愿意承认，这是一本好书，对上帝的律法作了有益的陈述。但是他否认它的使徒权威性。

> 首先，《雅各书》在把称义归于善行这个观点上，与圣保罗和《圣经》的所有其他部分截然相反。
>
> 其次，《雅各书》的目的是教导基督徒，但是在这全部教训中，它一次也没有提到基督受难、复活或基督的灵。他几次提出过基督的名字，但是他一点也没有用基督的言行来教导别人，而只是谈论对上

---

[38] *Theses concerning Faith and Law*, thesis 41（*LW*, 34:112）："《圣经》必须从拥护基督的角度而不是从反对基督的角度加以理解。由于这个缘故，《圣经》要么就是指基督，要么就不能被认为是真正的《圣经》。"参见 Pelikan, *Luther the Expositor*, p.67："对路德来说，《圣经》是引申意义上的'上帝的话语'——即从'话语'作为'作为'的历史意思里引申出来，也从'话语'作为'宣告'的基本意思里引申出来。"参见 N. Nøjgaard, "Luthers Ord – og Bibelsyn", *DTT*, 7（1944）:129 ~ 154,193 ~ 214。

> 帝的一般信仰而已。现在，一位真正使徒的职责应该是，宣扬基督的 50
> 受难、复活和任务，并且为信仰他奠定基础……另外，凡是宣扬基督的都具有使徒权威，即使是犹大、亚那、彼拉多和希律那样做。[39]

尽管在为一般信徒写的这段文中，路德坚持认为，这本书信作为一本律法书是有它的价值的，但是在大学里和在他的朋友们和学生中间，他直率地承认，他倾向于将这本书剔除于正典之外。[40] 他对《启示录》这本书也持有类似的态度。因此，路德绝不是一个拘泥于《圣经》的一字一句的人。他认为的最高权威，不是《圣经》中的法规，而是他在《圣经》中所发现的福音，福音是解释《圣经》的试金石。

为了了解作者的意图，解释任何一段特定文章的正确方法，是从它的上下文的角度来着手。对于《圣经》也是如此，《圣经》里面每段经文必须根据《圣经》和它的作者——即圣灵——的全部信息来加以解释。当路德说，《圣经》必须由《圣经》本身来作解释时，他的意思不光是说，《圣经》评注家应当比较各个经文。他指的也是，《圣经》的重要信息，即福音，是解释《圣经》的唯一钥匙。但是，只有通过圣灵的干预，才能领会和接受福音，因此必须在圣灵的指引下，才能解释《圣经》。[41] 有表面的"话语"和内在的"话语"。前者是《圣经》里面的"话语"；后者是圣灵。表面的"话语"就其本身来说，我们的耳朵可以听见，但是我们的心听不见。因此，必

---

[39] *LW*,35:396.

[40] *The Licentiate Examination of Heinrich Schmedenstede*,19(*LW*,34:317):"《雅各书》给我们带来许多麻烦，因为教皇派只抱住《雅各书》，而把所有其余的部分抛开。直到目前为止，我习惯于按照《圣经》的其余部分的意思来谈论和解释《雅各书》。因为你们可以看出，不能把《雅各书》的任何内容阐述得同明白无误的《圣经》正好相反。因此，如果他们不接受我的解释，那么，我也将把《雅各书》当做碎砖破瓦。我几乎觉得好像要把《雅各书》扔进火炉里，就像卡伦伯格的一个教士做的那样。"这里指的是一个教士把使徒们的木头雕像当做木材在屋里烧火取暖。路德本人并不赞成这种过火的行为。

[41] 见 R. Prenter, *Spiritus Creator* (Philadelphia: Muhlenberg Press, 1953), pp. 101～130;G. Ebeling, *Luther: An Introduction to His Thought* (London: Collins, 1970), pp. 93～109。

须借助于圣灵的工作才能使心也听见。在这一点上,路德是同两方面的对手进行斗争。一方面是那些罗马天主教徒,他们坚持,只有通过传统的
51 权威,才能正确地解释《圣经》。另一方面,就是路德称之为"热心派"的激进的改革者,他们声称,圣灵的启示超过了人们在《圣经》里找到的启示。针对这两个方面,路德认为,《圣经》必须由圣灵来解释,但是作为《圣经》的作者的圣灵,除了教我们《圣经》里面的福音之外,不教我们别的东西。当他坚持认为《圣经》的意义是清楚的,但是不能通过我们自己的能力来理解它的时候,他的意思就是这个。

> 简而言之,《圣经》,正如它有两种含混之处,也有两种明晰之处:一个明晰是外部的和涉及到"话语"的作用的,另一个明晰是存在于心灵的理解之中的 。如果你说的是关于内心的明晰,除非一个人得到上帝的灵的助力,否则他就不能领悟《圣经》里面的一丝一毫的东西……因为要理解《圣经》,不论是全部也好还是其中一部分也好,都须借助于上帝的灵。另一方面,假使你谈的是外部的明晰的话,那么根本没有什么事情是含糊不清的或模棱两可的,因为《圣经》里的每一件事都是通过"话语"使之清清楚楚地显露出来,并且公布于全世界。[42]

当一些"热心派"(enthusiasts)对《旧约圣经》中的诫命进行逐字解释而开始造成社会秩序混乱时,《圣经》的明晰问题和每个人可以随意解释《圣经》的做法就变得非常突出。路德感到不得不解释,在什么意义上《旧约圣经》对基督徒来说是权威性的,又在什么意义上不是权威性的。为此,他完成了一系列的著作,其中阐述得最清楚和最简明的是一篇题为

---

[42] *The Bondage to the Will* (*LW*,33:29).

《基督徒应如何看待摩西》(*How Christians Should Regard Moses*)的讲道。[43] 在这里,路德非常清楚地说明,摩西律法是打算用来作为犹太的民法的,它对基督徒不具有约束力。“首先,我不考虑为以色列人制订的诫命。对我来说,这些诫命不起鞭策和强制性作用”。[44] 摩西律法确实是上帝的“话语”;但是它是上帝向犹太人说的“话语”,然而基督徒毕竟不是犹太 52
人。这不仅对所谓的正式律法适用,而且对摩西的包括《十诫》在内的全部律法也都适用。摩西是上帝为犹太人派遣的法典制订人,而不是为我们。如果摩西律法里有某些东西我们应当接受,那么我们不是根据摩西的权威,而是根据自然律法的权威,认为这些东西对我们适用。[45] 诚然,摩西律法包括的许多东西,如:不可偷盗,不可奸淫,不可杀人的诫命,是人所共知的,因为这些是铭刻在人们心里的。因此,基督徒对这些律法必须遵守,不是根据摩西的权威,而是根据自然的权威。然后,还有一些像什一捐和禧年律法,我们可能认为很好,也希望在帝国内予以采用。但是,这些律法的价值不在于它们是由摩西制订这一事实,而在于其固有的合乎情理的价值。再者,体现在摩西身上的“信仰、慈爱的榜样和十字架的榜样”,[46] 以及反面的榜样和它所产生的后果,都值得基督徒予以重视和警惕。不过,所有这些不应用来迫使基督徒仅仅因为这些犹太人的诫命来自《旧约圣经》而加以服从。“现在假使任何人拿摩西和他的诫命来到你面前,并强迫你遵守这些诫命,你就干脆回答说,‘你到犹太人那里讲

---

[43] *LW*,35:161～174. 还见 P. Althaus, *The Theology of Martin Luther* (Philadelphia: Fortress Press, 1966), pp. 86～102;H. Gerdes, *Luthers Streit mit den Schwärmern um das rechte Verständnis des Gesetzes Moses* (Göttingen: Vandenhoek & Ruprecht, 1955)。

[44] *LW*,35:166.

[45] 参见 R. Nürnberger, “Die lex naturae als Problem der vita christiana bei Luther”, *ARG*,37(1940): 1～12。

[46] *LW*,35:173.

你的摩西去吧；可我不是犹太人’”。[47]

另一方面，无论在摩西里还是在整个《旧约圣经》里，都有许多对基督徒有价值的东西，因为“我在摩西的教导中找到一些我从本性里找不到的东西：上帝所作的关于基督的应许和保证”。[48]《旧约圣经》是指向基督的，根据基督论来加以解释，《旧约圣经》对基督徒来说是极为重要的。确实，《旧约圣经》是如此重要，以致《新约圣经》除了实现了已经许诺的东西和启示了这个许诺的全部意义之外，没有增添什么其他的内容。[49]

律法和福音

53 路德看到的《圣经》中的主要差别，不是《新旧约》两本书之间的差别，而是存在于律法和福音之间的差别。[50] 虽然在《旧约》中律法多于福音，而在《新约》中则福音多于律法，但是不能简单地把《旧约》和律法等同起来，也不能把《新约》与福音等同起来。相反，在《旧约》里也有福音，在《新约》中仍然能听到律法。事实上，律法和福音之间的不同与上帝的“话语”在信徒心中所起的两种作用有关，因此，同样一句上帝的“话语”由于对信徒叙说方式的不同，而可能变成律法或是福音。为了澄清这个问题，需要探讨一下路德提出这两个名词是什么意思。

---

[47] *LW*, p. 166. 这样的话以及其他更为强烈的话，促使人们指控路德有反犹太主义。具体代表性的著作，见 P. F. Wiener, *Martin Luther: Hitler's Spiritual Ancestor* (London: Hutchinson, 1945)。毫无疑问，路德不加批判地接受了他那个时代的许多偏见，而且他的权威给这种偏见增添了份量。见 H. A. Oberman, *The Roots of Anti-Semitism in the Age of Renaissance and Reformation* (Philadelphia: Fortress, 1984)。

[48] *LW*, p. 168。

[49] Althaus, *The Theology of Martin Luther*, pp. 86 ~ 87.

[50] T. M. McDonough, *The law and the Gospel in Luther: A Study of Martin Luther's Confessional Writings* (London: Oxford University Press, 1963); Althaus, *The Theology of Martin Luther*, pp. 251 ~ 273; Ebeling, *Luther: An Introduction*, pp. 110 ~ 124; G. Heintze, *Luthers Predigt von Gesetz und Evangelium* (Munich: Kaiser Verlag, 1958).

律法是上帝的意志，这可以从人所共知的自然律中看出来，也可以从体现自然律的诸如国家制度和家庭制度中看出来，并且可以从上帝意志在启示里的明确表达中看出来。律法起两个主要作用[51]：作为民法来说，它管束坏人，并为社会生活和宣扬福音建立必要的秩序；作为“神学的”律法，它在我们面前暴露我们巨大的罪恶。[52]

正是在这种神学作用里，律法对于理解路德的神学是重要的。律法是上帝的意志；但是当这个意志同人类现实发生冲突时，它就变成惩罚的信号，并激起上帝的愤怒。律法本身是美好的、可爱的；但是人在堕落后变得不能实现上帝的意志，因此，律法对我们来说变成审判和愤怒的信号。“所以律法揭示了双重的邪恶，一个是内在的邪恶，另一个是外部的邪恶。第一个邪恶，是我们施加在自己身上的，是罪和本性的败坏；第二 54
个邪恶，是上帝施加的，是愤怒，死亡和被诅咒”。[53]

换言之，律法是向我们和我们办的所有的事情宣布的神圣的“诫令”。虽然律法的起源是神圣的，但是它既可以被上帝利用来引导我们走向福音，又可以被魔鬼利用来使我们陷于绝望并憎恨上帝。这不仅对《旧约》是这样，对《新约》甚至对基督的话语也是这样；因为如果我们不接受福音，基督的话语只等于向我们受折磨的良心提出更严厉的要求。就其

---

[51] *Lectures on Galatians, 1535* (*LW*, 26: 274 ~ 275). 见 Ebeling, *Luther: An Introduction*, pp. 125 ~ 140。

[52] 虽然路德从来没有使用过这句特定的话，但他确实相信，“律法有第三种用途”，当我们讨论他对基督徒生活的理解时，我们将看到这一点。见 W. Joest, *Gesetz und Freiheit: Das Problem des tertius usus legis bei Luther und die neutestamentliche Paraenese* (Göttingen: Vandenhoeck & Ruprecht, 1961); G. Ebelling, “Zur Lehre vom triplex usus legis in der reformations Theologie”, *ThLZ*, 75(1950): 235 ~ 246; F. Borchers, “Ley y evangelio y el 'tercer uso de la ley' en Lutero”, *VoxEv*, 5(1964): 51 ~ 81。

[53] *Against Latomus*, 3 (*LW*, 32: 224).

本身来说，律法使我们陷于绝望，因而变成了魔鬼的玩物。[54]

但是律法也是上帝引领我们到基督那里去的手段，因为当我们听到上帝向我们和我们所作的一切努力发出“诫令”时，我们是乐于听从上帝慈爱的“赞许”的，它就是福音。福音不是简单地阐明上帝对我们的要求的一种新的律法；它不是我们能够平息上帝愤怒的一种新方法；它是上帝在基督里面向我们宣告的受之有愧的“赞许”。福音将我们从律法中解放出来，不是通过使我们能够履行律法，而是通过宣布已为我们履行了。“福音只宣告一点，那就是因恩典而得救，而这个恩典是在人没有任何善行和功德的情况下给予人的”。[55]

然而，甚至在福音里面，并且在听到和接受上帝恩典的信息之后，律法并没有完全被置于脑后。尽管称义，我们仍然是罪人，上帝依然会把我们的情况告诉我们。差别在于现在我们用不着感到绝望，因为我们知道，尽管我们自惭形秽，上帝还是接纳我们。然后我们就能够真正悔罪，而无须通过否认有罪或通过相信我们的本性来设法掩盖罪行。[56] 在论述路德的称义教义时，我们会再回到这个题目上来。在这里我们只讲一点就够
55 了，即，这个律法－福音的辩证法是路德神学的中心点，离开它就无法理解他的关于诸如称义、预定论和伦理学的观点。

---

[54] *Lectures on Galatians*, 1535（*LW*,26：10）：“当我们在苦恼中和在良心的冲突中的时候，魔鬼的惯常做法是用律法来吓唬我们，并用我们对原罪的意识、我的邪恶的过去、上帝的愤怒和审判、以及地狱和永久的死亡来反对我们，这样，他就可以使我们陷入绝望，使我们服从他，并从基督那里把我们拉走。”

[55] *Sermon*，1522 年 10 月 19 日（*LW*,51：112）。

[56] *Lectures on Galatians*, *1535*（*LW*,26：158）：“当一个人在良心的冲突中知道这一点，当罪恶进攻他，律法指控和吓唬他，而他能够这样说，他就是有福的：‘律法，这和我有什么关系呢，如果你使我有罪，宣判我犯了许多罪的话？事实上，我每天仍然在犯许多罪。这对我没有影响；我是聋子，我听不见你。’”

人的状况

关于我们人的现状这个问题,要说的第一点就是,我们是罪人。这并不就是说,我们已经犯了罪,甚或我们仍在犯罪,而是我们的整个本性浸透了罪。路德在解释《诗篇》第五十一篇时写道:“此后,我们知道我们只有罪这一点,是极其明智的,因此我们就不会像教皇的神学家们那样把罪等闲视之。他们把罪解释为:‘违反上帝的律法而说的、做的或想的任何事情。’而应按这个《诗篇》来解释罪,即一个人在他能够说、做或想什么事情之前,从娘胎里带来的一切都谓之罪。从这样一个恶根里,不能引出任何在上帝面前是好的东西。”[57]

我们的罪是如此深重,以致我们靠自己无法发现。我们拿我们的所作所为和自然律对我们的要求进行比较,就会知道我们犯了律法。我们能够意识到我们违反社会秩序的罪行。所有这些都会使我们感到内疚。但是我们仍然不知道,做一个罪人意味着什么。我们不知道我们自己的罪恶和道德败坏的程度,因为我们的有罪的本性使我们看不到自己的有罪。罪是普遍的人的现实。

> 此外,特别是在这个问题上,人们应该注意到没有人能够看到他所有的罪的这句话。当你观察一下原罪的严重程度时,这变得尤其明显……
>
> 因此,确实,罪是其大无比的,正像被罪触怒的上帝是其大无比的一样。而上帝是天地都包容不了的。
>
> 因此,摩西十分确切地称罪为奥秘之物,其深广的程度是人脑所不能包含的。甚至像上帝的愤怒是无穷无尽的那样,甚至像死亡是

---

[57] *Commentary on Psalms 51* (*LW*,12:307).

无穷无尽的那样，罪也是无穷无尽的。[58]

在《圣经》里，我们的罪孽被称为“肉体”。重要的是，路德和大多数早期释经家不同，他指出了现代学者一致同意的一个事实，即，保罗用来
56 指人的状况的“肉体”和“灵性”，和我们身上的有形体和无形体并不是一样的。他一方面接受《圣经》将人性区分为身、魂、灵的观点，而另一方面他并不把这和保罗所说的肉体与灵性之间的争战等同起来。肉体不是指人的身体的卑鄙的情欲——虽然这些情欲确实和肉体分不开——而是指追求自我称义的那整个人。[59] 我们的困境不是我们受到肉体的引诱，而是我们本是肉体。

当伊拉斯谟起来为自由意志辩护时，驱使路德对他进行尖刻攻击的原因就在于此。[60] 按路德的看法，伊拉斯谟对福音的本质毫无概念，这从下列事实可以看出：伊拉斯谟认为手头上的这个问题是无关宏旨的，在他随后列举他认为是重要的事情时，他“提出的单子是任何对基督一无所知的犹太人或外邦人都一定能轻易拟出的单子”。[61] 诚然，伊拉斯谟把基督徒的生活理解为美德和正直的生活，对他来说，自由意志的概念只不过是他对基督徒生活的这种理解所要求的某种东西。另一方面，路德则认为，承认自由意志——仿佛我们能够靠自己去选择做好事——是对人的罪孽的否定，也是人们既没有在律法中，也没有在福音里听到上帝的“话语”

---

[58] *Commentary on Psalms 90:8* (*LW*,13:117).

[59] *Commentary on Galatians*,3:3(*LW*,26:216)：“这里保罗是在反对灵性和肉体。他所说的‘肉体’并不是指性的欲望、动物的情欲或肉体方面的欲望……不是，他是在讨论在上帝的眼睛里罪的宽恕、良心的称义、公义的达到，以及从律法、罪和死亡中的解脱。可是，他在这里说，在他们放弃了灵性之后，他们这时就随着肉体而终止。因此，‘肉体’是肉体的公义和智慧本身，也是要通过律法称义理性的判断。因此，人里面的最好的东西和最突出的东西，保罗称之为‘肉体’，即，理性的最高智慧和律法的公义本身。”参见 *LW*,33:275。

[60] 参见 W. v. Loewenich，“人文主义和宗教改革的表现中的上帝和人：介绍路德关于‘保存意志’的著述”，*HumChr*,3(1948):65～101。

[61] *The Bondage of the Will*,1(*LW*,33:29).

的证明。对路德来说,意志被邪恶奴役是一个明显的事实,这和律法与福音之间的辩证性紧密相联,也和人的罪的普遍性紧密相联。

我们只能想要作恶。我们最高尚的德行,虽然从民法观点来说值得钦佩,但决不会使我们接近上帝一步。这不是因为我们的意志受到压抑,而是因为它浸透了罪,从而只能自由地选择邪恶。我们身上没有剩下什么东西可以用来主动地取悦上帝,甚或向他靠拢。我们的意志——用一个常用的形象来说——好比一匹野兽站在两个骑手,即上帝和魔鬼中间。按我们的现状来说,魔鬼变成了骑手,但是要想把它拉下马,我们是无法办到的。

我们没有剩下什么值得夸口的东西,我们所有的只是我们能够被转 57
到正确方向上去的能力,这种能力是绝对被动的,因此我们无法使这种能力变为现实。但是对上帝来说这就够了。上帝在"话语"里针对的正是意志的这种被动能力,使我们的意志跟随他,这样,我们甚至在罪孽深重的情况下,有可能再次与上帝交通。这就是在耶稣基督里救赎的福音。

新 的 创 造

路德对基督事迹的理解,包含了成为他那个时代的传统的所有话题,在此无须细述。[62] 意义重大的是,我们在基督那里听到将我们从罪恶、死亡和魔鬼的束缚中解救出来的信息。

这就是称义的信息,称义并不是我们取得或应得的东西,甚至也不是

---

[62] Althaus, *The Theology of Martin Luther*, pp. 201～223,正确的批评了 G. Aulén 的主张,即,路德代表了奥伦所谓的赎罪的"戏剧性的"观点[*Christus Victor*(London: S. P. C. K., 1931)], pp. 119～138。另见奥尔索斯(Althaus)的文章,"十字架和邪恶", *ZSTh*, 15(1938): 1768～1780; C. Stange,"路德关于基督救世工作", *ZSTh*, 21(1950): 112～127。

上帝根据我们未来的成就而赐给我们的东西。[63] 首先,称义是上帝向我们宣布的赦罪令,尽管我们有罪,仍宣布我们称义。这就是路德关于"被归给的义"的典型教义。称义不是上帝对我们的公义作出的反应,而是上帝发出的慈爱的、宽恕的宣告,说尽管我们有罪,但现在得到赦免并被称为义人。路德在解释《使徒行传》中上帝告诉彼得某些不洁净的走兽乃是洁净的那段经文时说:"正如上帝宣布那些走兽是洁净的而按他自己的律法来说仍是不洁净的一样,他也向外邦人和所有我们这些人宣布我们称义,虽然我们事实上也像那些不洁净的走兽一样都是罪人。"[64] 因此,一个称义的人所遇到的事情,不是某些所谓的功德被承认和被接受,而是
58 "宽恕和慈爱的上帝把他看做是完全的和无瑕疵的义人"。[65] 这好像是苛刻的教义。诚然,所有那些仍然生活在"自然人"状态的人,将会认为这种教义是苛刻的,因为"人的本性是败坏的和被原罪的污点蒙蔽的,它不能想象和设想任何超乎善行和善行之外的称义"。[66] 但是,如果人们不否认福音的真正本质,他们仍会接受这个教义,因为这个教义对真正理解基督教信仰是如此必不可少,以致"这个教义甚至靠它本身就能造就出真正的神学家"。[67]

路德对称义的理解,通常被称为"因信称义"(Justification by faith)。这是恰当的,因为路德确实声称,称义只有来自信仰。实际发生的事情是,上帝将基督的义归给了我们,基督的作用"好像一把伞挡住了上帝灼炽的激怒"。但是,由于除了信仰之外,我们别无其他办法来理解基督和他的义,因而是信仰把我们置于这把伞的保护之下,"因此,不靠善行而只

---

[63] 参见 H. Bornkamm,"经院主义和路德关于称义",*ARG*,39(1942):30 ~ 62;B. Hägglund, *The Background of Luther's Doctrine of Justification in Late Medieval Theology* (Philadelphia: Fortress Press, 1971)。

[64] *The Disputation Concerning Justification* (*LW*,34:168).

[65] 同上(*LW*,34:152 ~ 153)。

[66] 同上(*LW*,34:151)。

[67] 同上(*LW*,34:157)。

有靠信仰称义”。[68] 人们借着上帝的恩典所能做的只是相信，这样他们就把基督的义归给自己。

另一方面，“因信称义”这一术语可能易于被人误解，好像路德就是在说，得救所需要的唯一善行就是信仰。但是对路德来说，信仰不是善行。信仰不是靠理智努力去相信就能办到的，也不是靠意志努力去信靠就能成功的。而信仰是圣灵在我们里面所作的工作。如果你把信仰说成是一种工作，你可以那样做；但是信仰是上帝的工作，而不是人的工作。再者，这一点只能根据路德的律法和福音之间的辩证关系才能正确地加以理解。善行——即所有人的努力——属于律法的范畴，而信仰和称义——神的作为，不具有人的特性——则属于福音的范畴。

> 把信仰说成是我们按照《圣经》而行的善行是不恰当的，但是它时常被说成是上帝的一种作为。这里有两项教导：律法和应许；而律法和善行是一对相关物，就像应许和信仰是一对相关物那样。因此，我们不应该称信仰为善行，而应当称信仰为应许的信仰，不是律法的信仰。反过来，善行是律法的善行，而不是信仰的善行。所以，信仰
> 不依赖于律法，它也不是一种善行。因为凡应称为善行的，均属于律 59
> 法范畴。由于信仰只依赖于应许，因而它不是一种善行。[69]

“被归给的义”的概念导致这样的主张，即一个基督徒既是义人又是罪人（*simul justus et peccator*）。[70] 如果称义不是取决于我们本身的义，而是取决于上帝的慈爱的归义，结果则是“凡是称义的人仍旧是罪人”。[71]

---

[68] 同上（*LW*，34：153）。

[69] *The Disputation Concerning Justification*（*LW*，34：160）.

[70] 除了已经提到的各种不同的介绍之外，见 I. Felter，“既称义又是罪人”，*DTT*，12（1950）：19～39。

[71] *The Disputation Concerning Justification*（*LW*，34：152）.

称义并不意味着，我们已变成毫无瑕疵的完人，或是我们不再犯罪。路德认为，保罗在《罗马书》第七章里所叙述的经验就是这样。[72] 基督徒在他的整个现世生活中继续是一个罪人；但是他是一个称义的罪人，因而可以从律法的诅咒中释放出来。

另一方面，这并不意味着——像人们歪曲路德思想时经常声称的那样——称义对基督徒的现实生活毫无意义。相反地，称义也是上帝的工作，它除宣告我们为义人之外，还引领我们走向公义，以便我们服从这个命令。因此，“称义的人还不是义人，而是在奔向公义的途中”。[73] 于是，“伴随着信仰而来的是一个新人的开始”。[74] “因为他首先用‘归义’使我们洁净，然后他赐圣灵给我们，通过圣灵使我们甚至在本质上洁净。信仰借赦罪使我们清洁，而圣灵则通过效果使我们清洁”。[75]

这就是基督徒生活：一段从义走向义的灵性历程；从上帝归义于我们开始，到上帝使我们真正称义时为止。在这段历程中，善行起着重要的作用，虽然它不是作为达到得救的一个手段，而是作为真正接受信仰的标志。当《雅各书》的作者——尽管不总是一位措词恰当的作者——说：“信无善行乃是死的”时，他是正确的。他之所以正确，不是因为善行赋
60 予信仰以生命，而是因为只有死的和实际上并不存在的信仰才结不出善行的果子来。“我们应该用我们的善行来证明我们确实有信仰和我们的罪得到赦免”。[76] “我们不应该像假冒为善的人那样，只在数目上成为教会的一个部分，而也应该靠善行成为教会的一个部分，以便归荣耀给我们在天上的父”。[77]

---

[72] *Against Latomus*, 3 (*LW*, 32: 237).

[73] *The Disputation Concerning Justification* (*LW*, 34: 152).

[74] 同上(*LW*, 34: 153)。

[75] 同上(*LW*, 34: 168)。

[76] *The Sermon on the Mount*, *Matt. 6: 14 ~ 15* (*LW*, 21: 149 ~ 150).

[77] *The Disputation Concerning Justification* (*LW*, 34: 162).

正是在这一点上，律法——特别是《十诫》和《新约》的诫命——对信徒起着新的作用。为社会秩序所需要的律法的世俗功能依旧有效。律法在“神学上”的功能，即表明我们有罪的功能，仍然是需要的，因为称义的人还是罪人。但是基督徒这时跟律法这方面的关系不同了。“现在我发觉律法是珍贵的、好的，律法是为了我的生命而赐给我的；因而我现今对它感到满意。过去它告诉我做什么；而今天我开始按它的要求去做，因此我现在要颂扬，赞美，并侍奉上帝。我是通过基督这样做的，因为我相信他。圣灵进入我的心，并启发我里面的灵，使我对上帝的话语和作为感到喜悦，即使他惩罚我并且使我接受十字架和试探的话”。[78]

这样，现在律法具有一种不同的功能，因为它既惩罚仍然是罪人的基督徒，又向他们指明他们想要做使上帝喜悦的事所必须遵循的道路。路德认为必须坚持实施律法的理由是，因为一些热心派曾经声称，他们有灵性，因此不必再服从律法的命令。路德看到这一主张可能会引起混乱后果，因此纠正这种主张说，虽然基督徒不再受律法的诅咒，但是律法仍旧是表达上帝意旨的一种真正和正当的方式。显而易见，这不是指《旧约圣经》整部律法而言，因为，如已经指出的那样，那部律法是为犹太人写的，并表达了上帝那时对他们的意旨。律法指的是新旧约两部《圣经》中规定的道德律法。道德律法既符合自然律法，也符合《新约圣经》里至高无上的爱的原则。

教　会

由于路德对公认的教会的反抗，也由于他坚持单个基督徒在《圣经》 61
的支持下也有权威这一主张，他往往被描绘为个人主义的提倡者和撇开教会而与上帝进行直接的和个人的交通的倡导者。这是毫无事实根据

---

[78] *Sermons on the Gospel of John* (*LW*,22:144).

的。路德是积极参加教会活动的人,并且在他的一生中,他坚持认为教会在信徒生活中起着十分重要的作用。他会谈到"母教会",并且肯定地说,"她是一个真正的女管家和基督的新妇。她通过福音把基督的家装饰得华丽美满,孩子满堂"。[79] 他也会带着感激的心情说,"借着上帝的恩典,我们在维登堡这里终于建立起一个有形的基督教会了。"[80]路德在脱尔高(Torgau)参加献堂仪式时这样说:"上帝非常奇妙地为我们作出了各种安排,创立了为会众施行圣礼的地方,在那里我们可以同聚一堂,一起祷告并感谢上帝。"[81]"当我们听到上帝的'话语'时,我们也向他献上我们大家的同声赞美,那就是,我们向上帝祈求,一同向他祷告。"[82]此外,路德与数世纪前的西普里安所认为的那样,坚持得救不能来自教会以外。[83]甚至可以肯定,路德在"圣徒相通"(communion of saints)这个历来被肯定的信念里发现了深刻的意义。[84]

因此,路德同他那个时代的教会的分歧,不在于教会的重要性,而在于教会的性质和它的权威的真正含义。众所周知,路德起来抵制教皇的权威,并且声称,"教皇掌握的钥匙,不是真正的钥匙,而是钥匙的皮壳"。[85] 类似这样的言论在路德之前也曾有许多人发表过,特别是在教廷迁至阿维农和大分裂时期。不过路德在这方面更进了一步,他认为教会
62 的最高权威是上帝的道。使真正的教会具有特点的不是使徒权威的各代相传,而是宣扬和聆听上帝的道,因为教会是上帝的道所生,是它所养育,并且没有它就死。这也就是说,任何阻碍上帝的道的运行的教会其权威

---

[79] *Commentary on Psalm* 68 (*LW*,13:14).

[80] *Lectures on Galatians*, *1535* (*LW*,26:45).

[81] *Sermon*, 1544 年 10 月 5 日。(*LW*,51:337).

[82] 同上(*LW*,51:343)。

[83] *Confession Concerning Christ's Supper*,1528 (*LW*,37:368).

[84] 见 Althaus,*The Theology of Martin Luther*, pp. 294 ~ 313。

[85] *The Keys* (*LW*,40:349).

将被取而代之。[86]

另一方面，路德对历史和传统的理解使他意识到，正是教皇教会长久以来保存了上帝的道。这一点路德是愿意承认的，尤其是在他发觉自己同那些完全抛弃传统并试图直接回到《圣经》那里去的比较激进的新教派互相对抗的时候。

> 这完全是无稽之谈……就我们来说，我们承认，在教廷统治下许多事情是符合基督教教义的，是好的；说实在的，凡符合基督教教义的与好的东西教会里都有，并且都是从这个来源传到我们这里。比如，我们承认，在教皇教会里有神圣的《圣经》，有真正的洗礼，有真正的祭坛圣礼，有真正的赦罪的钥匙，有真正的教牧职务，有采取主祷文形式的真正的教义问答，有《十诫》，还有信经条目……我坚持认为，在教廷里有真正的基督教，甚至有正确的基督教，以及许多伟大的和虔诚的圣徒。[87]

因此，路德既不是一个对基督教的一体性缺乏见识的个人主义者，也不是一个对基督教传统毫不同情的激进革新者。虽然路德相信上帝的道的权威，并促使他去拒绝传统遗留给他的许多东西，但他仍然认为他是该传统的一部分。正如一位路德思想的阐述者所说的，路德"对传统的这个

---

[86] *Concernig the Ministry*（*LW*,40: 37）："由于教会的诞生是因为上帝的'道'，教会受到上帝的'道'的哺育、协助和加强，所以很明显，教会没有上帝的'道'就不能存在。如果教会没有上帝的'道'，教会就不再是教会……如果教廷的主教们只要愿意把'道'的执行用来毁坏上帝的'道'和毁坏教会，那么剩下的只是，或者让教会在没有'道'的情况下销毁，或者让那些来到一起的人投他们的票，并选出那些有能力的人里面的一个或多个。"

[87] *Concerning Rebaptism*（*LW*,40: 231 ~232）. 然而，这段文章不能被解释成一种普世教会的姿态，因为在下面一段里，路德进而断言，教皇是反基督者。在这里引用这段文章只是要表明，路德意识到了这样一个事实，即他身处一个传统之中，他的信仰的大部分就来自那个传统，如果他这时要反抗那个传统，那么，他也是作为那个传统的儿子和产物而这样做的。

63 ‘否定’,不是根本的和全盘的‘否定’,而往往是在特定的情况下说出的”。[88] 无数事实证明,路德说出这种否定的话,总是抱着极其遗憾的心情。

路德教会论的最重要的特点,似乎也是确定他的教会论大部分其他内容的一个特点,就是所有信徒都是祭司论。[89] 在这一点上,路德再一次被人误解,好像他只在强调每个基督徒成为他自己的祭司。这当然是对的,[90] 但是最重要的是,每个基督徒也当别人的祭司,“因为我们作为祭司才配得上来到上帝面前,彼此代祷并在神的事物上相互劝勉。”[91] 这种为了所有信徒人人都是祭司的主张使教会结成一体,因为基督徒不接受祭司的这一光荣和职责就不可能声称自己是基督徒。

很明显,路德从他对《圣经》的解释中得出的关于祭司职务的理解,摧毁了罗马天主教徒所捍卫的教会等级制观念。路德深知这一点,并早在 1520 年就在《教会被掳巴比伦》中指出这一点。[92] 因此,所有信徒都是祭司的主张变成一股力量,既使路德的教会团结一致,又使它免于服从等级制教会的权威。

另一方面,路德不愿为“那些自认为合格并随心所欲地讲道的人”[93] 大开方便之门。公开宣讲福音是一项令人敬畏的职责,不应把它随便交

---

[88] Althaus, *The Theology of Martin Luther*, p. 335.

[89] *Treatise on the New Testament* (*LW*,35: 101):“因此,所有基督教男人都是祭司,所有基督教女人都是女祭司,而不论他们是年青或年老,是主人或是仆人,是女主人或是女仆,是有学问或是没学问。在这里统统没有区别。”

[90] *The Misuse of the Mass*(*LW*,36: 139):“这样,每一个基督徒就可以自行祈祷和接近上帝。”

[91] *The Freedom of a Christian* (*LW*,31: 355).

[92] (*LW*,36: 112):“如果他们被迫承认,我们所有被洗礼的人,都一律是祭司,我们也确实是祭司,而且交给他们的只是教牧工作……那么,他们那时就会知道,除非我们自由地作出让步,否则他们就无权统治他们。”

[93] *Sermon*,1531 年 8 月 27 日(*LW*,51: 224)。

给任何人去做。[94] 上帝是从所有信徒祭司当中呼召一些人到圣职岗位上来。这个呼召必须由社会作证,因为“今天上帝通过中介呼召,即通过人 64
这个工具,呼召我们大家进入执行上帝的道的职务”。[95] 这通常意味着这种呼召是通过诸侯、地方行政官或会众发出的。那些“教派主义者”(sectarians)自称被召而到处讲道,并声称呼召直接来自圣灵,其实都是“说谎者和骗子”。

圣　礼

首先,上帝的道是在基督里降临到我们的。但是,从引申的意义上来说,上帝的道也是通过《圣经》,通过宣讲福音和通过圣礼降临到我们的。圣礼是上帝选择来作为象征他的应许的一些有形的动作。圣礼和信仰密切相关,也和上帝的道密切相关,因为它们的功能恰恰是要成为在信仰中聆听上帝的道的另一方式。一个动作要真正构成一项圣礼,必须由基督设立,也必须与福音的应许相结合。因此,只有两种圣礼:洗礼和圣餐。

洗礼是称义的标志。“那么,洗礼表明两件事:死亡和复活,即完全的和无瑕疵的称义”。[96] 通过称义,上帝的道降临到我们,这样它就等于是福音本身。可是,在称义这个问题上,“被归给的义”和“义是末世的应许”之间存在着矛盾,同样地在洗礼问题上也有矛盾。洗礼意味着基督徒生活的开始,但它也是那整个生活借以实现的标志。这个既称义而又有罪的人必须不断地死而复活。

洗礼和信仰有着极其密切的关系。没有信仰就谈不上真正的洗礼。

---

[94] 至于路德感到公开宣讲福音是多么可敬畏,可以从下面的文章里看出来,也可以从上面引用的布道里看出来(*LW*,51:222):“如果我能够拿出好的良心来,那么,我宁愿被绑在一个车轮上,或者是搬运石头,而不愿意宣讲一次布道。因为任何担任这个职务的人,都永远受到折磨;因此我常常说,当讲道者的,应当是该死的魔鬼,而不应当是一个善良的人。”

[95] *Lectures on Galatians*,1:1 (*LW*,26:17).

[96] *The Babylonian Captivity of the Church* (*LW*,36:67).

但这并不是说，信仰必须先于洗礼。而事实上，正像在信仰里那样，在洗礼里，主动性是上帝的，信仰是由他所赐给的。“不错，我们应该既有洗礼又有信仰，但我们不是把洗礼放在信仰的基础之上。保持信仰是一回事，
65 而依靠信仰并使洗礼有赖于信仰则是另一回事，这两者之间有很大的区别。凡凭信仰而受洗的人不仅仅是摇摆不定的，而且也是一个否认基督的偶像崇拜者。因为他所信赖的和他所寄托的是属于他自己的东西”。[97]

这就是为什么路德坚持给婴孩施洗的主要理由：[98] 以婴孩无信仰为理由来拒绝给他们施洗，就意味着，洗礼的力量——因而也就是福音的力量——决定于我们是否有能力接受它。这简直就是一种新形式的“因善行而称义”。

然而，路德发觉，正是在关于圣餐的问题上，自己不但与一些罗马天主教徒，而且也与一些更极端的改教派，甚至是与一些比较温和的瑞士改教派，卷入了一场最激烈也是旷日持久的争论。[99]

在他的《教会被掳巴比伦》论文中，路德提出了针对天主教关于圣餐的教义和圣餐的举行的主要反对理由。他声称教会举行这种圣礼在三个方面背离了福音，成为“俘虏”。首先是拒绝给平信徒喝圣餐的杯；其次，变质说的教义使圣礼变成亚里士多德玄学的俘虏；第三，以弥撒象征“善行和祭物”的教义。后来，路德还抵制天主教其他的宗教仪式，如为个人作弥撒。但是，在他写这篇论文时，他在这方面反对天主教已经说得很清楚。[100] 由于这些论点遭到天主教会的抨击，也由于其他问题变得更为重要，因此这一特殊论争就不显得突出了，虽然路德仍旧坚持他在《教会被

---

[97] *Concerning Rebaptism*（*LW*,40：252）.

[98] 见 P. Althaus，“马丁·路德关于婴儿洗礼”，*ThLZ*,73（1948）：702～714。

[99] 一般说来，他最初不得不同罗马天主教徒争论，后来又同新教徒争论，这一事实促成了他的思想的发展。关于他的思想发展，有一个简短但很好的总结，见 Althaus，*The Theology of Martin Luther*，pp. 375～391。

[100] 关于路德保留了多少传统的圣餐的教义的这一问题，见 H. Hilgenfeld，*Mittelalterlich－traditionelle Elemente in Luthers Abendmahlsschriften*（Zurich：Theologischer Verlag，1971）。

掳巴比伦》中所阐述的观点。

当新教阵营中有些人开始认为，路德走得不够远，并且认为应该否认圣礼中基督身体的存在时，一场长期而复杂的论战展开了。[101] 我们不拟在此叙述这场论战。以后，在涉及瑞士改教派和再洗礼派时，再较为详细 66
地论述他们的观点。总的来说，反对路德的人声称，在圣餐中基督的存在，不是身体上的存在，而是"象征性的"或"灵性上的"存在，因而举行圣餐主要是纪念基督受难。

这些观点路德无法接受。他这样做的理由，不是因为这些观点过激——情况需要的话，他表示愿意趋向激进——而是因为它们与他所认为的《圣经》的明确意义有抵触，[102] 而且它们是建立在与《圣经》的教导背道而驰的观点上的。《圣经》经文中清清楚楚地明确无误地说道："这是我的身体。"因此，这正是基督的意思。在这一方面，路德确信，天主教徒要比他的新教反对派更加接近《圣经》的真意。于是，他宣称，他宁愿与教皇派一道吃基督的身体，而不想跟热心派一同吃饼。

路德的反对派提出两点主要反对理由；而这两点反对理由路德都不能接受，因为它们和他对《圣经》内容的基本认识相矛盾。

第一个反对理由是，基督的身体是在天上，在上帝的右边，因而就不

---

[101] W. Köhler, *Zwingli und Luther: Ihr Streit über das Abendmahl nach seinen politischen und religiösen Beziehungen*, 2 vols. (Gütersloh: C. Bertelsman, 1948, 1953).

[102] *The Sacrament of the Body and Blood of Christ*(*LW*,36: 335 ~ 336)："因为我们面前有明白无误的经文和基督的简单明了的话：'拿着吃，这是我的身体，为你们舍的。你们都喝这个，这是我的血，为你们流出来的。你们如此行，为的是纪念我。'这些就是我们所依据的话。这些话说得这样简单明了，以致我们的敌人必须承认，这些话很难做其他的解释。但是，他们把这些清楚的话当做耳边风，并听从他们自己的思想，在光明灿烂之中给他们自己设想出黑暗。"

可能在祭坛上。[103] 而路德则反驳说，基督的身体不像鸟在巢里那样也在天上。所谓在"上帝的右边"，是指处处而言，因此应该说，基督的身体到处存在——换言之，它是无所不在的。这个观点和路德对道成肉身的理解有着极为密切的关系。他关于神人二性的教义倾向于联合而不是分
67 割，特别强调属性交流（*communicatio idiomatum*），基督的身体，通过道成肉身，并未失去其作为具有形体的身体；而是它被赋予神性的含义。因此，基督的身体能够做到同时到处存在。但是，在这种情况下，正如在更为一般情况下的上帝的启示那样，无所不在也就等于是处处都不在，除非上帝选择一个特殊的地点，并说"这是我的身体"。[104] 我们在这里所说的情况同荣耀的神学与十字架的神学的情况类似。荣耀的神学家当寻找绝对的上帝，即存在于创造万物的一切工作中的上帝，并没有找到上帝。而十字架的神学家去寻找隐没在祭坛圣礼中的上帝，却找到了他。

第二个反对理由同物质的东西与灵性的东西之间的关系有关。简而言之，反对意见是：信仰是属于灵性的事务；灵与肉体无关；因此，基督身体的存在就与信仰毫无关系。[105] 路德清楚地看出，正是这种想法促使大多数反对派去反对基督身体存在的主张。同时，他也看到，这和他对《新约圣经》中所说的"肉体"和"灵性"的理解发生矛盾。灵性的对立面不是身体，而是肉体，这不是关于我们身体方面的事，而是我们的自我信靠和反叛。灵性的东西通过物质的东西降临到我们。它通过钉在十字架上的

---

[103] 同上（*LW*，36：342）："他们还说，他坐在上帝右边，但是，基督升到天上并坐在那里，这是什么意思，他们并不知道。这不同于你拿着梯子爬到房子里。这反倒意味着，他在万物之上，在万物之中，在万物之外。然而，他之所以具有形体，是作为这种状况的一个标志……他们是这样推测的，即，他必定是通过空气升天降世，当我们吃他的身体时，他听任自己被拉下来进到面包里面去。这样的思想不能来自其他的来源，只能来自愚蠢的推理和来自肉体。"

[104] *The Sacrament of the Body and Blood of Christ*（*LW*，36：342）："虽然他存在于万物之中，我可以在石头里、火里、水里甚或绳子里找到他，因为他必然在那里……但他并不希望你到各处去搜寻他。你要到上帝的'道'所在的地方去搜寻，在那里你就可以用正确的方法得到他。"

[105] Pelikan, *Luther the Expositor*, pp. 145～151.

基督的身体降临到我们。它还通过存在于饼和酒里面的基督的身体降临到我们。

在被问到基督身体的存在是怎样出现时，路德回答说，他不清楚，又说他无权过问。他拒绝接受变质说，首先是因为这个说法使圣礼成为亚里士多德的俘虏，其次是因为它也否定了饼和酒的不变。路德本人的教导是，饼和酒依然是饼和酒，而同时也充当基督的身体和血在其中存在的工具。后期神学家称这种观点为“合质说”（consubstantiation），以说明饼和酒的物质仍在，而基督的身体和血也在里面，基督的身体在饼里面；但饼仍然是饼；其余的事情是个秘密，而且最好听任它是个秘密。

我们在后面将要看到，这些观点是其他的改革者所不能接受的，因 68
此，这些观点变成了争论的要点之一，首先是路德同瑞士改革者之间争论，后来是路德宗同改革宗之间的争论。

两 个 国 度

路德对于教会与国家之间的关系的理解，通常被称为关于两个国度的教义，或关于两个独立王国的教义。[106] 这是正确的，虽然这个观点必须加以阐明。两个国度的教义并不意味着我们今天所了解的政教分离。相反，这个教义是与路德区分律法和福音的观点密切关联的教义，离开这个区别就无法理解这个教义。

基本上，路德关于教会与国家的看法是，上帝建立了两个国度。两者都是上帝的创造，都接受他的统治。但是一个是用律法来管辖——通过它的第一个或“世俗的”职能——而另一个则通过福音来统治。上帝建立世俗秩序是为了管束坏人，并制止他们的犯罪所造成的极其严重的后果。这一国度的统治者不一定是个基督徒，因为管理人们的基本律法，可

---

[106] 最近关于这个问题的讨论有一个很好的总结，见 H. Bornkamm, *Luther's Doctrine of the Two Kingdoms in the Context of His Theology* (Philadelphia: Fortress Press, 1966), pp.1 ~4。

由自然理性来辨明。而且，大多数统治者不是基督徒，出现一个基督徒统治者，比出现一个非基督徒统治者，更会引起人们的惊异。然而，信徒属于另一个国度。这是福音的国度，在那里人们不再受律法的约束。在这个国度里，世俗统治者没有权威，就像信徒作为信徒在世俗统治里没有权威那样。但是，在这里我们不要忘记，每个信徒在现世中既是义人又是罪人。因此，我们作为罪人全都应该服从世俗的统治。

两个国度之间的区别产生某些实际后果。其中主要的两点就是，基督徒为了真正宗教的缘故，不应寄希望于国家或物质力量的支持，而且统治者不应把教会只当做他们的世俗政府的一个工具。当有人警告路德说某一公爵在诅咒他倒霉时，路德本人断言，他得到的保护要比任何王侯的
69 剑强大得多，并坚决表示，即使有比所提到的这位公爵凶恨九倍的公爵，连续九天不断地对他进行打击，他也无所畏惧。他坚决主张，国家不应使用其权力迫害异教徒，因为信仰问题是不能用强力来解决的。当萨克森尼的约翰由于受到基督徒良心的困扰而考虑放弃公职时，路德劝他仍留在上帝为他们安排的岗位上。另一方面，当一些热心派开始想要建立神权政治时，路德对他们的这种努力进行抨击。

总之，两个国度的教义不是划定上帝在世上行动范围的一种方法。两个国度均为上帝所统治。而且它们并不仅仅是同教会与国家同等久远。而是，两个国度的教义是在我们的历史处境中应用于我们日常生活的律法－福音原则。因此，由于律法与福音之间的界线，既非常重要，又没有明确地加以规定，所以这两个国度之间的分界线尽管很重要，但不能简单地同教会与国家之间的区别等同起来，也不能同宗教的与世俗的这

两种不同活动之间的区别等同起来。[107]

路德于1546年2月18日在他的诞生地艾斯勒本(Eisleben)逝世。那时,他发动的改教运动已遍及全欧洲,而且很清楚,这个运动的火焰是不容易扑灭的。也就在这个时候,这个改教运动的追随者由于偏狭的民族主义和神学上的分歧已趋于分裂。路德认为,他们里面的一些人比他那么严厉攻击的天主教会更加不符合基督教的精神。许多人开始把他实际上看做是个教皇派。但是,不管是天主教徒,路德派或是再洗礼派,几乎没有一个人没有受到这个人物和他的工作的巨大影响。至于这种影响持续多久,我们将在随后几章中有所论及。

---

[107] 见 H. Bornkamm, *Luther's Doctrine of the Two Kingdoms in the Context of His Theology* (Philadelphia: Fortress Press, 1966), p. 8:"这些'国度'并不是基督徒的生存在其中截然分开的两个硬性规定的领域。他不能只在其中的一个里或其中的另一个里生活。他必须在两个国度里生活,而且不论他是否愿意,他必须在两个国度里不断地行动"。见 W. D. J. Cargill Thompson, *The Political Thought of Martin Luther* (Brighton, Sussex: Harvester, 1984)。

第三章 乌尔里希·慈温利与改革传统的起源

70 路德发动的宗教改革运动使欧洲各地迅速地涌现出一批批的拥护者和支持者。在整个欧洲大陆,宗教改革的时机已经成熟,在各地这项宗教改革运动朝着新教方向发展。整个运动在不同程度上都受到路德的影响。但是,路德发动起来的这股力量不是任何一个人所能控制得了的——当然路德本人也不能。因此,就出现了形形色色的观点,这些观点在某些方面赞同路德,而又在另些方面和路德发生严重分歧。起初这些观点似乎无法定型,因为其中细微分歧甚多,因此,要仔细地描写 16 世纪的新教神学,就必须分别讨论至少二十几位重要的神学家。然而,幸好我们可以把 16 世纪的新教神学基本上分为四类或四种传统:路德宗(Lutheran)、改革宗(Reformed)、再洗礼派(Anabaptist)和英国国教派(Anglican)。也许这样划分不是过分简单化,因而在这里使用这种分类,是为了条理清楚之故。正像在前章里我们论述了路德传统的起源那样,我们现在必须转到改革宗传统最早的一位神学家乌尔里希·慈温利(Ulrich Zwingli)。在随后的几章里,我们将讨论再洗礼派和英国国教派的传统以及在梅兰希顿及其同时代人那里路德主义的进一步发展和约翰·加尔文(John Calvin)那里改革宗神学达到的顶峰。

乌尔里希·慈温利和路德在许多方面不同。其中最突出的一点是，71
他们两人获得基本信仰的途径不一样：路德经历了涉及到他与上帝关系的根本问题的一段极端痛苦的灵性生活历程，而慈温利是出自爱国主义的和理性的考虑。①

在慈温利的时代，当雇佣兵是瑞士许多城镇和乡村收入的主要来源之一，这种当雇佣兵的做法激起了他的爱国主义思想。多少世代以来，瑞士人以骁勇善战著称，因此瑞士人利用此盛名向外国诸侯提供雇佣兵。那个时候，当雇佣兵是大家都接受的做法，而且很少人对此提出反对意见，虽然许多人承认，雇佣兵靠抢劫来补充收入，其生活方式有损于最高道德标准。慈温利本人支持当雇佣兵的做法，并从中获得经济利益。但是，在1515年马利纳诺（Marignano）战役——该战役中大批瑞士兵为别人的毫无价值的事业而送了命——之后，以及在其他的人为了更高的代价而干脆把自己出卖给法兰西斯一世（Francis I）的时候，慈温利开始谴责当雇佣兵的做法。在葛拉路斯（Glarus）镇，慈温利教区的一些居民不能接受他的这种谴责，于是他不得不离开该教区。随着岁月的流逝，这些爱国主义的忧虑变得和教会的改革紧密结合起来，所以慈温利的改革运动始终具有民族主义的和政治的色彩。这一点从他坚持福音的律法不但为个别基督徒而订也应为国家所遵守的主张中可以看出。慈温利对国家荣誉和对战士生命的关切，导致他同公认的教会的早期摩擦，因此，他在

---

① 最好的传记，见 O. Farner, *Huldrych Zwingli*, 4 vols。（Zurich: Zwingli Verlag, 1943 ~ 1960）. 还见：J. Courvoisier, *Zwingli*（Geneva: Labor et Fides, 1947）；J. Rilliet, *Zwingli: Third Man of the Reformation*（London: Lutterworth Press, 1964）；M. Haas, *Huldrych Zwingli und seine Zeit: Leben und Werk des Zürcher Reformators*（Zurich: Theologischer Verlag, 1982）；U. Glaber, Huldrych Zwingli: Eine Einfürung in sein *Leben und sein Werk*（München : Beck, 1983）；E. J. Furcha and H. W. Pipkin, eds. , *Prophet, Pastor, Protestant: The Work of Huldrych Zwingli After Five Hundred Years*（Allison Park, Pa. : Pickwick Publications, 1984）；W. P. Stephens, *The Theology of Huldrych Zwingli*（Oxford: Clarendon, 1985）。对若干问题的一个良好的介绍是 G. W. Locher 的书里的论文集，*Zwingli's Thought: New Perspectives*（Leiden: Brill, 1981）。H. W. Pipin 编的书里有进一步的资料，见 *A Zwingli Bibliography*（Pittsburgh: Pittsburgh Theological Seminary, 1972）。

卡匹尔(Cappel)战役中任苏黎世部队随军神甫而为国捐躯,是恰如其分
72 的,也是具有象征性的。②

慈温利在智育方面的兴趣是沿着伊拉斯谟的人文主义道路发展起来的。他的父亲和其他亲属使他能获得良好的教育。他后来有机会到维也纳和巴塞尔两所大学去读书。他在巴塞尔大学结识的若干同学后来变成他在宗教改革工作中的亲密同僚。在那里,他还在托马斯·威吞巴赫(Thomas Wyttenbach)的教导下学习过。威吞巴赫甚至早在路德之前就对出卖赎罪券这件事进行抨击。慈温利后来说,他是从威吞巴赫那里领会到依靠基督就足以得救的道理的。③ 而尤其是伊拉斯谟这个人物强烈地感染了这位青年学者的思想。

1515 年,慈温利在巴塞尔拜访过伊拉斯谟。这位著名的人文主义者给这位年轻的瑞士人留下极其深刻的印象。但是伊拉斯谟对慈温利产生的影响多半通过书面文字。慈温利年轻时,由于对雇佣兵问题的关注,曾经在伊拉斯谟的和平主义里找到支持。④ 随着事情的发展,慈温利卷入和新教州保卫宗教改革运动有关的政治和军事事件时,他放弃了和平主义的主张。1523 年,乌尔里希·冯·胡登(Urich von Hutten)来到苏黎世避难,并从那里撰写论文攻击伊拉斯谟。伊拉斯谟因苏黎世庇护胡登而责备慈温利,这件事情终止了他们之间的友谊。尽管如此,慈温利对这位荷兰学者一直非常钦佩,并对他的著作和探究真理的方法表示高度尊重。因此,甚至在他们的友谊终止后,伊拉斯谟对慈温利思想的形成仍然有重要的影响。⑤

---

② W. Schaufelberger,“Kappel (1531): Die Hintergründe einer militärischen Katastrophe”, *SchArch-Vk*,51(1955):34 ~ 61.

③ J. Rilliet, *Zwingli: Third Man of the Reformation*, pp. 27 ~ 28.

④ J. Rogge, *Zwingli und Erasmus: Die Friedensgedanken des jungen Zwingli* (Stuttgart: Calwer Verlag, 1962).

⑤ A. Rich, *Die Anfänge der Theologie Huldrych Zwinglis* (Zurich; Zwingli Verlag, 1949), pp. 9 ~ 72, 151 ~ 164.

神学的源泉和任务

路德在长期的思想斗争中发现了《圣经》与传统之间的矛盾，他通过这种思想斗争，终于确认《圣经》应先于传统；而慈温利所走过的道路则 73
不相同。⑥ 他采用基督徒人文主义者的方法来研究《圣经》。他回到《圣经》那里去，是作为人文主义运动特点的对源头的普遍回归的一部分。作为一个人文主义者，慈温利相信，重新发现基督教的真正本质的途径，是去发现《圣经》的信息，并将这种信息应用在基督教的复兴上面。即使撇开《圣经》的灵感不谈，《圣经》成书较早，因此作为证据来说，较之后来的传统更具有说服力。但是《圣经》也是受到圣灵的启示的，因此《圣经》的优先地位，不但是历史和人文主义确认的，而且也是人们根据信仰而确认的。慈温利在 1523 年初出版的十五个用来辩论的论题里清楚地说明，除非有神的带领，《圣经》是无法理解的。他不是简单地像人文主义者研究任何其他的经文那样去研究《圣经》。但是，他确实将他在他的人文主义研究中学到的原则应用于《圣经》的解释，因此他的解经在使用隐喻法方面要比通常的做法少一些。

像路德一样，慈温利认为，凭借"上帝的话语"，不但能理解《圣经》，而且也能理解上帝的创造的行动。关于上帝的能动的"话语"，他作了这样的解释："宁可要自然界的整个进程有所改变，而决不能让'上帝的话语'落空而得不到应验。"⑦ 然而，《圣经》既然是"上帝的话语"的一种表达方式，那么它也应该是正确无误的，并且一定会得到应验的。"在他的话语里面，我们永远不会迷失方向。在他的话语里面，我们永远不会受到欺骗，惊惶失措，或走向毁灭。假若你对灵魂觉得没有保证或把握，那么就倾听上帝对你说的肯定无疑的话。灵魂能够得到教诲和亮光……这

---

⑥ A. Rich, "Zwinglis Weg zur Reformation", *Zwingliana*, 8 (1948): 511 ~ 535.

⑦ *Of the Clarity and Certainty or Power of the Word of God* (*LCC*, 24: 70).

样，灵魂就能领悟到，置身于基督耶稣里面，它才能得到全面的得救和公义或称义”。[8]

然而，这并不是说，我们能够认识上帝的唯一途径就是通过《圣经》。相反地，上帝的存在可以通过人的理性去认识。“上帝是什么，也许人是
74 无法理解的，但是上帝存在着，人不是不能理解的”。[9] 所有异教徒曾经通过这样或那样的方式去认识上帝，尽管有些人竟然发展到把上帝分成多种不同的神的地步，而其他一些人则认为只有一个上帝。这种原因并不意味着，凡是人都具备“自然”认识上帝的能力，因为“我们归因于某种自然力量的对上帝的认识其实是来自上帝”。[10]

另一方面，真正认识上帝——认识上帝究竟是什么——只有通过《圣经》里面上帝的启示才能够临到我们。我们对上帝的认识和上帝的真实情况相差十万八千里，相比之下，一个甲虫对我们的认识还要比我们关于上帝的认识多些。这是因为在创造主与创造物之间有着一道难以逾越的鸿沟——这是慈温利敏锐地和不断地意识到的一道鸿沟。

这就是说，虽然哲学家们确实对于上帝有些认识，而且我们也很可能发现他们的认识符合《圣经》的教训，但是我们不要把他们的认识当做我们的神学的源泉。

> 因此，凡是神学家从哲学那里引证的所有关于上帝是什么的说法全是冒牌的和假的宗教。如果某些人关于这个问题曾经说过一些真实的话，那是出自上帝之口，因为上帝甚至在异教徒中间也曾那怕是少量地和暗中地撒布过一些关于他本身是什么的种子；否则这些

---

⑧ *Of the Clarity and Certainty or Power of the Word of God*(*LCC*,24:84).

⑨ *On True and False Religion*, in *The Latin Works of Huldreich Zwingli*, ed. S. M. Jackson, *et al.*, 3 vols. (Philadelphia: Heidelberg Press, 1912～1929), 3:58. 此后将用 *Lat. Zwingli* 来指这个版本。

⑩ 同上，p. 59。

> 话不会是真实的。但是,上帝本身是通过他的儿子和圣灵向我们讲话的,我们自然不要从那些倚仗人的聪明而妄自尊大因而玷污了所得到的纯洁的东西的人那里去寻求这类的东西,而要从神谕那里去寻求这类的东西。因为当人们开始无视神谕时,他们进入全属肉体的世界,即哲学的捏造……这就是自称为神学的肉体方面的骄傲自大。我们希望从上帝的口中领会上帝是什么,免得我们败坏堕落并干出无耻的勾当来。[11]

因此,至少在理论上,慈温利想要按照《圣经》来构成他的全部神学。[12] 然而,在他发表过这些话之后,当他紧接着论述上帝的本性时,他 75
的大部分论证不是来自《圣经》,而似乎是取之于哲学家。这说明了人文主义在慈温利的神学中所起的作用:需要回到源头那里,是奔向作为唯一权威的《圣经》这一方向,但是人文主义者对古代的高度评价,又使他看到《圣经》与古代的精华之间有许多一致之处。在我们论述上帝的眷顾(providence)和预定论之间的关系时,又可以看到这一点。

上帝的眷顾与预定论

慈温利对上帝的看法与绝对物的概念密切关联。他的一神论的论点与其说是基于《圣经》,倒不如说是来自那种认为多于一个绝对物的存在

---

⑪ *On True and False Religion*, in *The Latin Works of Huldreich Zwingli*, ed. S. M. Jackson, *et al.*, 3 vols. (Philadelphia: Heidelberg Press, 1912 ~ 1929), 3:58, p. 62.

⑫ *On True and False Religion*, in *The Latin Works of Huldreich Zwingli*, ed. S. M. Jackson, *et al.*, 3 *vols*. (*Lat. Zwingli*, 3:98):"因此,把某些人或某些地方议会的法令和政令放在和上帝的话语同等的地位上,是疯狂的做法和极端不虔诚的行为。因为如果他们的声明很像上帝的话语,那么,必须遵从的是上帝的话语,而不是人的权威;如果他们的声明不像上帝的话语,那么,就必须加以拒绝和回避。"

在逻辑上是不可能的论断。⑬ 因此,万物都在上帝里面这一《圣经》论断,是应当按照字义来理解的,意思就是说,"对上帝来说,无所不明,无所不知,无所不及,万物皆服从于他。"甚至连蚊子的螫叮,上帝也是预先知道并预先安排好的,要问上帝为什么做这件事和其他类似的坏事,是"徒劳和无用的女人气的大惊小怪"。⑭ 关于上帝的创造以及在他的创造中似乎存在着的矛盾之处,我们所能做的,只是去接受它,并相信他做这一切的事情都是按照他的无限智慧不想向我们透露的一项计划。因此,这里所阐明的关于上帝的眷顾的教义不但是说,我们可以依赖上帝得到我们的生计和幸福,而且也意味着,上帝与世界之间的关系是如此密切,以致世上发生的一切事情都是通过上帝的旨意。⑮

慈温利研究预定论的教义就是从上述观点出发的,"因为预定论、自
76 由意志和功德这整个问题系于上帝的眷顾这一论说"。⑯ 上帝不仅知道一切事情,而且所有的事情也都是他做的,因为导致一切事情发生的"次要原因不应该叫做真正的原因",而只有上帝才是导致一切事情发生的主要原因。⑰ 甚至连异教徒哲学家都知道,如果人们否认这一点的话,他就是否定上帝的真正本质。⑱ 任何削弱绝对预定论的说法都会是对上帝的统治和智慧的一种冲击。

上帝知道当他创造人类和天使时,他们当中有些将会堕落。他不但知道这件事,而且这也是他自己规定好的。他这样做的目的是,使所有的人通过义与不义的比较,更好地认识义的本质。撒旦的堕落以及亚当和夏娃的堕落并不违背上帝的旨意。"这些事情都是上帝安排的……但是

---

⑬ *An Exposition of the Faith* (*LCC*,24:246).

⑭ *On True and False Religion* (*Lat. Zwingli*,3:67).

⑮ *Sermon, August 10, 1530*(*Lat. Zwingli*,2:136):"上帝的眷顾是统治和指导宇宙万物的永恒不变的法规。"

⑯ *On True and False Religion* (*Lat. Zwingli*,3:70).

⑰ *Sermon, August 20, 1530* (*Lat. Zwingli*,2:138).

⑱ 同上,p. 153。

上帝本身不是不义的，就上帝来说，他所作的也不是不义的事，因为他不受律法的支配”。[19] 而且，我们也不应由此而得出结论说，上帝是邪恶的，或者他不喜欢他的创造，实际上他做这些事情是出乎爱，以便使我们所有的人都能认识虔诚和公义的真正意义。

根据预定论这个教义，慈温利可以轻而易举地反驳人们企图把得救归因于善行的任何说法。[20] 人的得救是上帝拣选的结果，而不是由于他本人的任何努力。《圣经》中不少经文好像把得救说成与善行有关，那又怎么解释呢？假使人们只要记住，人的善行——乃至宇宙间发生的其他任何事物——都是上帝预先规定的结果，这些经文就不难得到适当的解释了。在那些被拣选的人中，上帝为他们制造善行，因此善行为得救所必需，不是说得救乃出自于他们，而是说拣选也是拣选去行善行。[21] 另一方面，一个被摈弃的人的情况则正好相反，上帝安排在他身上行恶；可是这个恶是算作那些服从律法的人的，而不能归给超越律法的上帝。

因此，被上帝拣选，还是被摈弃，从表面的迹象上会自行显露，从而人 77
们可以相当准确地识别出那些被拣选的人，尤其是他自己的被拣选。[22] 那些自称被拣选而在艰难时刻背离上帝的人，不能真正列入被拣选者的行列。那些过着罪恶生活的人也在被摈弃者之中，虽然他们也有可能属于被预定为得救的人，因为他的被拣选尚未显现出来。至于那些古代的异教徒以及任何其他尚无机会听到福音的人，他们很可能是在被拣选者的行列中，因为将按不同标准来判定他们——在这方面，慈温利断言，他宁愿选择塞尼卡（Seneca）或苏格拉底（Socrates）的命运，而不选择教皇的命运。[23]

---

⑲ *Sermon*, *August 20*, *1530*, p. 176.

⑳ 参见 G. W. Locher,“乌尔里希·慈温利的预定论”，*ThZschr*, 12（1956）：526～548。

㉑ *Sermon*, *August 20*, *1530* (*Lat. Zwingli*, 2：189).

㉒ 同上，pp. 199～200。

㉓ 同上，p. 201。

慈温利的神学中最引人注目的一点，就是他的关于上帝想要和人进行交流的这一主张。他认为，创造万物的整个过程是上帝与人交流的过程。[24] 上帝创造了我们，作为创造万物的顶峰，因为我们能够与上帝交流。

我们在堕落中是不可能认识我们自己的。我们就像墨鱼那样难于捉住，一旦有人要抓住我们时，我们也善于把水搅混以便隐藏。“他乱造谎言，善于冒充和掩饰，以致当你认为你已经几乎逮住他时，却又发现他早已从别处溜掉了”。[25] 因此，正如我们需要神的启示来认识上帝一样，我们也需要神的启示来认识我们自己。[26] 原因在于我们的堕落，堕落存在于亚当由于自私而违反上帝的律法的这一行为中。自私是一切罪恶的根源，亚当就是因为竭力想要像上帝一样，从而违反了律法。亚当的这个原罪严格地说不会传给后代，所传的是这个罪的结果，慈温利喜欢把它叫做“一种疾病”。[27] 但是这决不能使原罪的后果有所减轻，因为慈温利断言，“肉欲的神学家和假冒为善的人”主张选择的自由的原因是，他们不认识
78 原罪的后果的严重性[28]——这一断言跟他声称上帝的真正本性排除自由意志的另一个主张不完全一致。

总之，预定论和否认选择的自由决定于上帝的本性和我们人的现状。

律法与福音

由于慈温利对神学采用不同的探讨方法，结果他对律法与福音的理

---

[24] *On True and False Religion* (*Lat. Zwingli*,3:70～71).

[25] *On True and False Religion*, p.76。

[26] 同上："对上帝的认识是我们的理解所不能及的，因为我们的理解无能为力，也是因为上帝的荣耀和光彩，但是，对人的认识也是我们的理解所不能及的，因为人善于大胆撒谎和掩饰。"3:119:"人认识自己是圣灵造成的结果。"

[27] *An Account of the Faith* (*Lat. Zwingli*,2:40～41).

[28] *On True and False Religion* (*Lat. Zwingli*,3:83).

解也和路德不同。对于律法在哪些方面应予废除和在哪些方面仍然有效这个问题，他的答复比路德的答复要简单得多，因而缺乏那位德国宗教改革家的深度。慈温利从区分三种律法开始：反映在道德戒律里面的上帝的永恒的律法，礼仪法和民法。后两者与此问题无关紧要，因为它们关系到外表的人，而罪和义的问题则涉及到内在的人。因此，这里要谈论的只是《旧约》中的道德律法，这些律法决没有被废除。民法涉及到人的具体情况。礼仪法是在基督以前的时代制订的。但是道德律法表达了上帝永恒的意志，因此就不能废除。《新约圣经》里的情况是，爱的诫命已经把道德律法概括进去了。在实质上，福音和律法是一回事。因此，凡侍奉基督的都要受到爱的律法的约束，爱的律法和《旧约》的道德律法以及铭刻在所有的人心中的自然律法是相同的。[29] 这样，慈温利跟路德在这方面发生的第一点分歧是，他断言律法依然存在，而福音与它毫无抵触。

这两位宗教改革家关于律法第二点分歧同他们对律法的评价有关。慈温利没有体验过这种的经历，即感到受到律法的诅咒，而这样的经历对路德的性格形成起着决定性的影响。因此，慈温利无法接受路德的理论，
路德认为律法是可怕的，律法的作用是向我们宣告上帝审判。当慈温利 79
讲下面这句话时，他是就路德而说，这是十分明显的："在我们的时代，有些自认为是首要的人物随便谈论律法，说什么律法只起恐吓、诅咒和施痛苦于人的作用。其实，律法所起的作用完全不是那回事，相反地，它向我们说明神的旨意和本性。"[29]

由此产生了慈温利对福音的理解，它在许多方面同路德的理解相似，而在不少方面又有所不同。像路德一样，慈温利相信，福音是奉基督之名使罪得以赦免的佳音。他也和这位德国宗教改革家一样，主张只有当人们认识到自己是卑鄙肮脏时，他才能接受这种宽恕——虽然他认为不是

[29] 同上，pp. 137 ~ 138。

[29] *Sermon*, *August 20*, *1530* (*Lat. Zwingli*, 2: 166).

律法而是圣灵使人知罪。[31] 但是他比路德更多地强调福音在客观上所产生的效果，它使我们完美并能遵守律法。“对上帝来说，未来要发生的一切事情都看做如在眼前，如果他决定要付出如此高昂的代价去拯救人，而在人被拯救后，他又有意地让他立即在昔日的罪恶里打滚，那不是十分荒唐的吗？因此，他从开头就宣告，我们的生活和性格必须改变”。[32]

因此，归根结底，律法与福音几乎是一样的。[33] 从逻辑上来说，这个观点是产生于慈温利对上帝的眷顾和预定论的理解。上帝的旨意永远不变，而且在律法中启示出来。这样，福音的作用就是，将我们从违法所造成的后果中释放出来，并使我们能够服从律法。

教会与国家

慈温利关于教会的教义和他的预定论的教义密切相关。[34] 从严格的意义上说，教会是被拣选者的团契。既然这些被拣选者只是到了末日才
80 能清楚地显明出来，那么这个教会是人的肉眼看不出来的。但是，承认基督的名字并在生活上按他的诫命行事，是被拣选的合理迹象，因此那些具有这些迹象的人的团契也叫做教会。前者是“基督的新妇”，也可以恰当地称之为“无瑕疵的”教会。这个教会不会犯错误，因为它被预定是服从基督的。而后者——即那些显示出被拣选的迹象的人的团契——可能会犯错误，然而它是真正教会的一个必要的尽管是暂时的标志。因此，区分可见的教会和不可见的教会，不是要贬低地上团契的重要性，而是要表明教会既是被拣选的一群人又是生活在拣选尚未清楚显明时期的一个团契。

㉛ *On True and False Religion* (*Lat. Zwingli*, 3: 119).

㉜ 同上，3: 120。

㉝ *CR*, 89: 79.

㉞ 关于他的思想发展的一个简短的但有启发性的论述，见 J. Courvoisier, *Zwingli: A Reformed Theologian* (London: Epworth Press, 1963), pp. 51～56。

> 我们也相信只有一个圣而公,即普世教会,并且相信这个教会或者是可见的,或者是不可见的。按照保罗的教训,不可见的教会是由天而降,那就是说,这个教会得到圣灵的光照而认识并信奉上帝。全世界各地,凡信他的人都属于这个教会。它之所以被称为不可见的教会,不是因为信徒是不可见的,而是因为人看不见自己是什么人:因为信徒只有上帝和他们本人才知道。
>
> 可见的教会不是罗马教皇和其他掌握教会大权的人,而是全世界各地所有那些宣称信奉基督的人。在这一群人当中,还有一些看来是没有内在信仰的假基督徒。因此,在可见的教会里面,有一些人不是不可见的被拣选的教会的成员。㉟

由于可见的教会是要成为不可见的教会的标志,也由于教会的任务是宣扬福音,因此它负有训练其会众的责任和职权。此外,既然这个教会存在于地方社会之中,这个任务就交托给地方教会会众。"因此,这些教会的职责是……摈弃道德败坏的犯罪者",并决定他们的哪些牧师是正统的。㊱ 虽然任何一个人不能开除另一个人的教籍,但是教会会众作为一个整体,对一个"肆无忌惮的罪人"可以这样做。㊲ 然而,这毫不影响这个 81
罪人与上帝的关系,因为那只属于上帝拣选的问题;但它是一个迹象,表明那个有关的人看来好像是个被摒弃者。如果后来这个罪人显示出被拣选的迹象,他可以重新被接纳为会众。会众也必须以同样方式去委派那些要成为他们的教牧人员并培养他们信仰的人,同时也必须按上帝的"话语"对他们作出评价,以识别他们是否能成为真正执行上帝的"话语"的

㉟ *An Exposition of the Faith* (*LCC*,24:265~266). 参见 *Reply to Emser* (*Lat. Zwingli*, 3:366~382)。

㊱ *Reply to Emser* (*Lat. Zwingli*,3:375)。

㊲ *Sixty-seven Theses*, 31~32 (*CR*,89:276~277)。

教牧人员。

当论述到教会与国家的关系问题时，慈温利在这两者之间建立了比路德更为密切的联系。[38] 这又和他对神的律法的作用的理解有关。虽然基督教的律法高于民法，但是两者都体现了一个神的旨意，两者中间不存在矛盾。这样，即使那些不在被拣选之列因而不按福音律法行事的人也须服从上帝的律法，而上帝的律法是彰显在掌权者身上和民法中的。而且，由于苏黎世当时的历史情况，慈温利在他的谈话中常常表示，仿佛教会与国家在时间与空间上是共同存在的，或不如说，它们仿佛是属于一体，称为“教会”，并具有两项职能或作用：政务和教务。“在基督的教会里，政务和预言都是需要的，虽然后者居领先地位。正如人必然由身体和灵魂两个部分构成，而身体为次要和低级部分一样，因此没有政府，教会也就不能存在，虽然政府监督并管理着那些与圣灵的事情毫不相干的、更为世俗的事项”。[39]

因此，慈温利在谈论这些问题时似乎运用了这样的词语，它们与为几百年前教皇英诺森三世的活动辩护的那些观念非常接近，虽然他所影响的基督教世界的范围已经大为缩小。由于慈温利在组成苏黎世政府的议会内起着重要作用，政府的实际做法非常接近于一个神权政权。

圣　礼

82 慈温利关于圣礼的理论是在反对其他三方面的，即路德宗、天主教和再洗礼派的观点中发展起来的。这一点在他的《论真假宗教》（*On True and False Religion*）一文中十分明显。在该文中，慈温利对圣礼的全面理

---

[38] A. Farner, *Die Lehre von Kirche und Staat bei Zwingli* (Tübingen: J. C. B. Mohr, 1930); H. Schmid, *Zwinglis Lehre von der göttlichen und menschlichen Gerechtigkeit* (Zurich: Zwingli Verlag, 1959), pp. 221 ~ 258; R. C. Walton, *Zwingli's Theocracy* (Toronto: University Press, 1963).

[39] *An Exposition of the Faith* (*LCC*, 24: 267 ~ 268).

论作了最简明的论述,并通过对这三派的观点的叙述以及随后对这些观点作出的答复为论述这个题目勾画出一个轮廓来。在反驳天主教派的观点时,他的论点认为,按“圣礼”(Sacramentum)这个词的原意,它是一种入教或宣誓的仪式,因此他否认圣礼“具有使良心免受责备的能力。”[40]在反对路德——他未指名——时,慈温利论证说,不能说圣礼是这样的性质——即举行圣礼时人在内心里也起变化——的外部标志。“因为这样,圣灵的自由……就会受到限制”。[41] 最后,慈温利针对再洗礼派的观点反驳说,如果圣礼仅仅被视为已经发生的事情的标志的话,那么它是毫无意义的了。慈温利在反驳所有上述主张后,提出一项以信徒团契为中心的主张:“因此,圣礼是一种标志或仪式……借此某人可向教会证明他立志要成为一个,或者他就是一个基督的精兵,这与其说是向你自己宣告,倒不如说是向全教会宣告你的信仰。因为倘若你的信仰没有完美到不需要一种礼仪上的表示来加以肯定的话,它就不能成其为信仰了……因为信仰是我们借以毫不动摇地、坚定地、一心一意地依靠上帝的慈悲的手段。”[42]

圣礼有两种:一是洗礼,基督徒通过接受洗礼加入教会,二是圣餐,举行圣餐使基督徒记住基督的受难和胜利并成为他的教会的成员。[43]

假使我们对圣礼是这样理解的话,那么就不能说洗礼会使受洗人洗掉他的罪孽。这种见解看来似乎要把慈温利引入再洗礼派阵营中去,因为他们坚持儿童不应接受洗礼。为此,他不得不进行大量著述以说明他
的主张是与婴孩受洗的主张一致。他的论点是根据作为上帝与人立约的 83

[40] *Lat. Zwingli*,3:181。

[41] 同上,p.183。

[42] 同上,p.184。

[43] 同上。

标志的割礼和洗礼两者之间的类比法而产生的。[44] 正如古人以接受割礼作为加入以色列的标志一样,基督徒今天也同样地以接受洗礼作为进入教会的标志。至于婴孩不可能信的这一事实,那是次要的,因为,无论如何,洗礼意味着,不是靠人的成就而得救,而是靠上帝的恩典而得救。因此,给婴孩施洗是一种提醒的方式,使教会记住它自己是根据什么而得救的。

但是,首先在慈温利与路德之间,而后又在他们的追随者之间所引起的一场长期争论,就是关于圣餐问题。对慈温利来说,也像对路德那样,这是个极其重要的问题,“因为我担心,要是说在敬奉和崇拜唯一真神上发生什么有害的错误的话,那就是滥用圣餐的问题”。[45] 必须避免在圣餐方面常犯的错误的原因是,这些错误是多少世纪以来悄悄地渗入到教会内部的所有形形色色的偶像崇拜的开端。事实上,圣餐,顾名思义,只不过是“那些宣告基督之死的人的感恩和共同喜悦”的表示而已。[46] 《约翰福音》第六章里基督提到要我们吃他的肉,这段经文必须根据那段谈到要信他的上下文来理解:因为“他就是我们得救的一种手段,但不是他的被吃,而是通过他的被杀害”。[47] 在习惯用语方面,动词“就是”应作“意味着”的意思来理解,如基督在其他多种情况下说,他就是门,就是牧羊人或就是道路一样。

出于两个基本原因,慈温利不得不坚持认为,基督的身体不在圣餐里面。第一个原因是他对于物质和精神之间的关系的理解;第二个原因涉及到他对道成肉身的看法。由于他同路德在这两点上都有分歧,因此当路德说“我们不是本着同样的精神”时,路德是对的。

---

[44] J. W. Cottrell, *Covenant and Baptism in the Theology of Huldreich Zwingli* (Ann Arbor: University of Michigan Microfilms, 1971)。

[45] *On True and False Religion* (*Lat. Zwingli*, 3: 198 ~ 199)。

[46] 同上, p. 200。

[47] 同上, p. 205。

我们从慈温利下面一句话中可以看出他否认基督身体存在的第一个
原因:“我不认为得救的力量来自任何属于这个世界的饼和酒,即属于感 84
官的东西。”[48]“因为肉体和精神是两种性质根本不同的东西,两者中取此必舍彼”。[49] 因此慈温利否认基督身体存在的观点至少部分地基于这样一个前提,即圣礼为了在灵性上有所裨益,必须是纯粹属灵性的。强调其反面,那就有接近于偶像崇拜的危险。

慈温利反对路德观点的第二个原因是出于他对道成肉身的理解。如果说路德的基督论是属于神人两性的统一式(unitive type),这种统一式与教父时期亚历山大城有关,那么慈温利的基督论则属于带有安提阿特点的可分式(divisive type)。他不能接受这样的看法,即道成肉身是如此神通广大,以致通过属性交流(*communicatio idiomatum*)人性竟然变成无所不在。[50] 如果基督升天并坐在上帝的右手边,那么他的身体就不会在别处。

由于他们两人的前提不同,尽管路德和慈温利对教会的改革运动抱有同样的热忱,也尽管他们热切希望在马尔堡(Marburg)达成一项协议——虽然这不是许多历史学家所描绘的情况——但他们终于未能达成这样的一项协议,这是不足为奇的。

总的来说,慈温利在某些方面是比路德更激进的改教派,而在另些方面却又比较保守。在反对中世纪教会的传统习惯方面,慈温利比路德更为激进。人们几乎可以这样认为,路德只反对传统中那些被证明同《圣

---

[48] 同上,p. 211。

[49] 同上,p. 214。

[50] 这是慈温利关于“体质变化”(alloeosis)的教义的运用,这个教义是他从古代的修辞学那里得来的,这个教义用来解释这样的事实,即,《圣经》说话时,仿佛基督的两性之间真的有属性交流。见 G. W. Locher, *Die Theologie Huldrych Zwinglis im Lichte seiner Christologie* (Zurich: Zwingli Verlag, 1952), pp. 128 ~ 132。

经》的明文相抵触的东西，而慈温利则采取相反步骤，除《圣经》能证明者
外，所有其他一概予以拒绝。他致力于恢复古代基督教。慈温利的苏黎
85 世废除了大教堂的风琴，尽管他本人是一位颇有才艺的音乐家。在圣礼
问题上，慈温利比路德更走极端。可是在慈温利的神学中，已经失去路德
经历中某些带有根本性的东西。在那里，人们再也找不到对路德来说是
如此基本的叛逆与救赎和律法与福音的辩证关系了。路德用上帝的话来
彻底审判人的每一句话，在慈温利的教义中也看不到了。凭上帝的恩典
得救的教义而今在慈温利的神学中几乎被说成是从上帝的无所不能的教
义演绎出来的一些东西了。律法再一次变成我们的朋友。因此，要说慈
温利是一位比路德更为激进的宗教改革家，那是不确切的——事实上他
把路德的若干发现给淡化了。但是，要说慈温利比他的德国对手较为温
和，那就更加不确切，因为在许多事情上，他比路德走得更远。也许正确
的评价是，由于慈温利的缘故，瑞士的宗教改革运动在路德和人文主义的
深刻影响下，形成了自己的独特模式，但也是瑞士当时出现的特殊的政治
和社会情况的一种产物。如果作出这样的评论，认为通过加尔文和后来
的整个清教徒传统，慈温利和瑞士的宗教改革运动的影响最低限度是同
路德的影响同样地重要，也是公正的。

第四章　再洗礼派与激进的宗教改革运动

路德和慈温利发起的宗教改革运动，对传统教会的许多教导和做法 86
提出了疑问，但却没有太多顾虑就接受了许多关于国家及其权威的传统观点。虽然路德和慈温利对教会和国家之间的关系的看法大不相同，但他们一致同意国家的正面价值和权威。他们两人都教导，在某种限度内，基督徒必须服从国家，而且他们是被召唤来在他们不同的职务上为国效劳的。然而，不可避免的是，当人们进一步寻求原来的和纯粹根据《圣经》的基督教的时候，有些人就会声称：在基督教的头几个世纪里，教会与罗马帝国之间的紧张关系是或多或少合乎常规的；教会不应当同政府结盟；真正的教会总是招来迫害；因而君士坦丁的皈依是标志着纯真的基督教的终结的大背教。

这是紧跟在路德的宗教改革之后发展起来的各种各样的运动的共同特点之一。[①] 这并不是一个新的现象，而是中世纪就有长久传统的一个现象，韦尔多派（Waldensians）、早期的法兰西斯派（Franciscans）、小兄弟派（Fraticelli）以及其他许多类似的运动，体现了许多人对公认的事态的不满，尤其是在涉及基督徒生活与现存政权之间的关系方面。因此，在 87
16 世纪，尤其是在这样多的传统型的权威受到质问或被废除的新教地区，这类运动蓬勃发展，是不足为奇的。在宗教改革运动初期，路德及其追随者不得不同安德烈亚斯·博登斯坦·冯·卡尔斯塔特（Andreas

---

① 对这整个运动的良好的全面的研究著作，见 G. H. Williams, *The Radical Reformation* (Philadelphia: Westminster Press, 1962)。

Bodenstein von Carlstadt)的极端主义进行争论。② 卡尔斯塔特是路德在维登堡的同事之一,他觉得教友马丁·路德走得不够远,因而利用路德被放逐到沃特堡(Wartburg)的时机,使维登堡的宗教改革运动激进化。在兹维考(Zwickau)产生了这样一个运动,其"预言家们"声称,《圣经》是不必要的,因为他们有圣灵。虽然路德设法使维登堡摆脱这类观点,但这类观点继续在德国的其他部分扩散。1524 年,农民揭竿而起。这在某种程度上是农民起义的悠久传统的又一次延续。这一次,这个运动导致了全面的起义和血腥的镇压。这个运动的预言家之一是托马斯·闵采尔(Thomas Müntzer),他曾经受到路德观点的深刻影响。虽然路德否认同闵采尔的关系,但许多人仍然把路德同这次起义联系在一起。路德鼓励王公们用暴力扑灭这次起义,后来又呼吁他们怜悯这些被击败的农民。③这个事件以及其他类似的事件,使许多比较激进的人确信,路德的宗教改革运动走得不够远,而一些比较保守的人则更加认为,路德及其追随者打开了他们无法控制的潘朵拉盒子(Pandora's box,据希腊神话,宙斯命潘朵拉带着一个盒子下凡,潘朵拉私自打开盒子,于是里面的疾病、罪恶、疯狂等各种祸害全跑出来散布到世上——译者)。

但是,并非所有的激进改革都是政治上的革命者。这就是天主教、路德宗以及改革宗所描绘的图景,以便使公认的基督教的所有分支都认为是恼人的和甚至危险的这一运动失去信誉。为了要描绘这个图景,他们把矛头指向了激进的改革者中间的几个真正的极端主义者,并把他们说
88 成是这整个运动的典型人物。因此,为了要纠正这个图景,我们必须区分:这个运动的早期领导人——他们大都是和平主义者,在迫害的压力下

② G. Fuchs,"卡尔斯塔特的激进改革工作和他的介乎闵采尔(Müntzer)和路德之间的立场",*WZMLU*,3(1954):523~551。C. A. Pater, *Karlstadt as the Father of the Baptist Movements* (Toronto: University of Toronto Press, 1984)。

③ 见 H. Kirchner, *Luther and the Peasants' War* (Philadelphia: Fortress, 1972);R. C. Crossley, *Luther and the Peasants' War* (New York: Exposition, 1974)。

发展起来的极端主义派，以及这个运动终于幸存下来时的最终形式。再者，我们也必须区分：那些其最终的权威是《圣经》的人，以及其他那些其主张是根据圣灵或根据理性的人。从这里得出了这一章的轮廓，这一章将在三个题目下——“早期的”、“革命的”以及“后期的”——论述再洗礼派，然后再转而论述那些灵性的和理性的改革者。

早期的再洗礼派运动

虽然反对再洗礼派运动的人试图把再洗礼派运动同兹维考的预言家们和托马斯·闵采尔联系起来，④ 但事实似乎是，真正的再洗礼派运动始于苏黎世，是在那些认为慈温利的神学和政策太温和太谨慎的人中间开始的。⑤ 这些人里面有些是苏黎世当地人，其他的人是到这个城市来的被流放者，因为宗教改革运动正在这个城市取得进展。有一个时期，他们争论说，《新约圣经》要求基督徒们要比慈温利走得更远。他们相信，宗教改革运动不但必须使神学洁净，而且也必须使基督徒的实际生活洁净，尤其是在涉及到社会和政治关系这个方面。因此，教会不应当受到国家的支持，既不是通过国家的什一税和捐税，也不是通过国家使用武力。基督教是个人信仰的问题，信仰是不能强加在任何人身上的，而是需要个人

---

④ 参见 H. S. Bender，“兹维考预言家，托马斯·闵采尔和施洗礼者”，*ThZschr*，8(1952)：262～278；*MQR* 里的英文译文，27(1953 年)：3～16。对闵采尔作为神秘主义者有重要的阐述，见 H. J. Goertz，*Innere undäussere Ordnung in der Theologie Thomas Müntzers* (Leiden：E. J. Brill，1967)。关于他的著述，见 G. Franz，“托马斯·闵采尔的著述的书目提要”，在 *Zeitschriftf. Thür. Gesch.* 里，新编丛书，34(1940 年)：161～173。

⑤ E. B. Bax，*Rise and Fall of the Anabaptists*，reprint (New York：American Scholar Publications，1966)，pp. 1～27；C. P. Clasen，*Anabaptism：A Social History，1525～1618* (Ithaca：Cornell University Press，1972)，pp. 1～14；U. Gastaldi，*Storia dell'anabattismo：Dalle originia Münster (1525～1535)* (Torino：Claudiana，1972)；W. R. Estep，*Anabaptist Beginnings (1523～1533)：A Source Book* (Nieuwkoop，B. de Graaf，1976)；E. Arnold，*The Early Anabaptists* (Rifton，N. Y.：Plough，1984)。

对此作出决定。因而得出结论,婴儿不应当受洗,因为他们不能作出这样的决定。起初,这些称呼自己为“弟兄们”的人,只是对婴儿洗礼提出疑问,但没有对那些孩提时曾受洗的人进行再洗礼。

89 1525年1月21日,迈出了重大的一步,这时被流放的教士乔治·布劳罗克(George Blaurock),要求另一个弟兄康拉德·格里贝尔(Conrad Grebel)给他施洗。格里贝尔这样做了,紧接着布劳罗克就开始给这个团体里的其他成员施洗。由于这些人都出生于基督教家庭,都曾经受洗,因此反对这个运动的人称他们为“再洗礼派”。这个名字并不完全确切,因为再洗礼派并不相信,他们是在给任何人重新施洗,而是认为,他们是在施行唯一有效的洗礼。再者,这个名字的不确切在于,再洗礼派坚持若干信条,这些信条对他们来说其重要性并不亚于成人受洗,因此,给他们起的这个名字,倾向于把注意力集中在他们同其他基督徒分歧的结果而不是基本原因上。无论如何,给他们自己和其他的人重新施洗的这个决定是一个致命的决定,因为罗马皇帝西奥多修斯(Theodosius)和拜占庭皇帝查士丁尼(Justinian)的古老律法曾宣布,判处任何实行再洗礼的人死刑。这些律法是针对多纳徒派(Donatists)制定的,他们之所以被惩罚,更多的是因为他们的民事反叛,而不是因为他们的信奉异教;但是,尽管如此,这些律法这时被应用在再洗礼派身上,于是有几百人被杀。

另一方面,虽然最有影响的再洗礼派运动确实是在苏黎世开始的,但是,这个苏黎世团体同至少其他两个似乎是独立地发展了类似的观点的地方——奥格斯堡(Augsburg)和波瓦利(Po Valley)——之间似乎没有什么联系。奥格斯堡的秘密宗教集会的领导人是汉斯·登克(Hans Denck),他似乎既受到莱茵河地区(Rhineland)神秘主义者的影响,又受到路德的影响。虽然他最知名的门徒汉斯·哈特(Hans Hut)早先曾经是托马斯·闵采尔的追随者,但是,闵采尔这个预言家关于革命的教导所给他的影响,似乎只限于使他深切关注社会的正义。在波瓦利及其附近地区,在卡米洛·雷纳托(Camilo Renato)的领导之下兴起了一个类似的团体。这个团体受到迈克尔·塞维塔斯(Michael Servetus)的间接影响,不但否认婴儿洗礼,而且也否认三位一体和灵魂不朽的传统教义。

由于我们不能在这里跟踪再洗礼派分分合合时的所有派系,[6]我们必须把注意力集中在那些似乎最能代表这整个运动的领导人身上。其中 90
的两个是康拉德·格里贝尔和汉斯·登克。因此,他们将作为我们阐明早期再洗礼派神学的依据。

康拉德·格里贝尔(大约 1498 ~ 1526 年)[7] 和其他的再洗礼派领导人所致力的目标,是要全面恢复《新约圣经》的基督教。不但要在神学的根本问题方面这样做,而且要在礼拜仪式和教会政务方面这样做。因此,当格里贝尔及其苏黎世的同事们听说,托马斯·闵采尔正在否定婴儿洗礼——但不否定再洗礼,而且他改变了礼拜仪式的形式并用德文谱写了若干赞美诗的时候,他们因他在洗礼问题上所采取的立场而写信祝贺他,但在信中也争论说,在教堂里唱诗,在《新约圣经》没有依据,因而应当予以拒绝。[8] 正是想要恢复原始的基督教的这一愿望,促使他们形成了他们的有关教会和教会同国家的关系的观点。

很明显,《新约圣经》里的教会的性质同天主教与新教使教会与世俗社会同久远的这一传统做法大不相同。在《新约圣经》里,教会是从整个世界聚到一起的一个社团,这个社团同世俗社团大不相同,而且只是由那

---

[6] 有关这整个运动的文献的一个良好的总结,见 W. Köhler,“新教会历史文献里的再洗礼派”,*ARG*,37(1940 年):93 ~ 107;38(1941 年):349 ~ 365;40(1943 年):246 ~ 271;41(1944 年):164 ~ 187。关于主要的资料来源,见 *Quellen zur Geschichte der Täufer*,载于几期 *QFRgesch* 里。

[7] H. S. Bender,*Conrad Grebel, c. 1498 ~ 1526: The Founder of the Swiss Brethren Sometimes Called Anabaptists* (Goshen, Ind. : The Mennonite Historical Society, 1950). 尤其要参看第 301 ~ 311 页上的书目提要。J. C. Wenger, *Conrad Grebel's Programatic Letters of 1524* (Scottdale, Pa. : Herald, 1985); L. Harder, ed., *The Sources of Swiss Anabaptism: the Grebel Letters and Related Documents* (Scottdale, Pa. : Herald, 1985).

[8] *Letter to Thomas Müntzer*,1524 年 9 月 5 日(*LCC*,25:75):“我们知道和看到,你把弥撒的音乐译成了德文,并且引进了新的德文赞美诗。这不是好事情,因为我们在《新约圣经》里找不到关于要唱诗的教导,根本没有这样的例子。”

些亲自决定要加入基督的团体的人组成的。有一回，格里贝尔及其朋友们向慈温利建议，在苏黎世组成这样一个教会。[9] 登克和其他的人宁愿用“社团”（community）和“会众”（congregation）这两个词儿，而不愿意用“教会”这个词儿。[10] 我们加入这个教会所需要做的事情，只是悔罪和不再犯罪，坚决信奉基督，并且过新的生活。[11] 我们一旦这样做了，并向这个社团表示我们愿意加入，我们就在基督里被接受为弟兄和姐妹。

91 这个社团不应当接受尘世及其政权的支持。这个社团的教牧人员是这个社团选择的，而不是国家选择的，并且靠成员们的自愿捐赠为生。[12] 国家不应绝对地被拒绝。国家具有一种作用，只要国家的律法不侵犯良心，基督徒服从国家律法是对的。但是，国家处理的是外在的、“尘世的”事务，因此不能听任国家去支配灵性的事务。[13] 不应当把剑抽出来捍卫信仰。[14] 相反，信徒的团契必须准备成为一个受难的社团；说实在的，信徒的团契将成为一个受难的社团，因为尘世不理解它的方式方法，而是鄙视它的方式方法。虽然有一些再洗礼派不同意，但格里贝尔认为，基督徒可以设法选举一些信徒去担任政府职务，希望他们按照上帝的旨意进行治理。但是，基督徒不应当推翻邪恶的统治者，除了准备好面对迫害之外，他们也不应当以任何方式保卫自己免受邪恶统治者的侵犯。真正的信徒甚至不能拿起武器来反对外国的敌人，或反对土耳其人。可以清楚地看出，在受到土耳其人威胁的基督教世界里，在像苏黎世那样受到天主教州威胁的瑞士各州里，这些观点被当局看成是颠覆性的观点。这是再

---

⑨ *CR*,91:33.

⑩ 参见 *QFRgesch*,24:41,84,109;F. H. Littell,*The Anabaptist View of the Church: An Introduction to Sectarian Protestantism* (Hartford: American Society of Church History, 1952)。

⑪ *CR*, 91:369.

⑫ *CR*, 91:405.

⑬ *CR*,93:33;*QFRgesch*,24:85.

⑭ Grebel in *Letter to Thomas Müntzer* (*LCC*,25:80). 参见 H. S. Bender, *The Anabaptists and Religious Liberty in the Sixteenth Century* (Philadelphia: Fortress Press, 1970)。

洗礼派受迫害的主要原因之一。

引领一个人——男人或女人,因为大多数再洗礼派在这方面是平等的——进入真正的信仰的,并不是预定论。预定论的教义,尤其是慈温利所教导的预定论的教义,是可恶的东西,是因为我们的罪而原谅自己和怪罪上帝的手段。绝对不能说上帝是造成邪恶的原因,因为上帝是善良的。⑮ 正是我们的意志在反抗上帝的时候造成了邪恶。罪存在于自我追求之中,存在于不服从上帝之中。"服从"在上帝的意志里是典型的。正是由于上帝屈从人的意志,不违背人的意志,我们才被允许保存故我。⑯在基督和基督的受难里,我们得到了明显的表现:神是愿意屈从的。如果我们要成为真正的基督徒的话,我们必须反过来服从上帝。在上帝面前,我们做什么,是无关紧要的;我们不做什么,我们服从上帝,我们让上帝来 92
接管,这些才是重要的。⑰

信仰的开始在于聆听上帝的话语。⑱ 但是,随之而来的必须是皈依,借此我们离开了我们的罪和我们的固执已见,而去服从上帝。在皈依的行动中,通过基督的血,所有的罪被洗涤掉,皈依者进入了一个崭新的和圣洁的生活。这并不是说,我们摆脱了罪恶,而是说,我们这时有能力抵制罪恶。另一方面,如果我们声称我们皈依了,可是缺乏这种能力,那么,我们的信仰就不是真的。这样一个人是伪善者,必须从信徒的团契里驱逐出去。⑲ 这一点,以及罪恶的生活和随着罪恶的生活而来的沉沦,是人们应当畏惧的,更甚于畏惧在迫害者手下死去。在迫害者手下死去,不应被畏惧,而应当被欢迎,因为这是一个标志,说明我们是屹立在预言家们、

---

⑮ *QFRgesch*,24:28.

⑯ 同上,p.33。

⑰ 同上。

⑱ 像路德遇到的情况那样,"话语"的意思是多重的。但是在这里两个最常见的意思是,每一个人心里的"内在的话语"和《圣经》里书面写的话语。参见 *QFRgesch*,p.38;43~44。W. Wiswedel,"16世纪施洗礼者论'内在的和外在的话语问题'",*ARG*,46(1955年):1~20页。

⑲ *LCC*,25:79~80.

使徒们和早期的基督徒们的传统之中。

一切宗教仪式都必须是简单的和没有过多的程序的。[20] 宗教仪式必须严格遵照《新约圣经》的做法。如上所述，不应当有礼拜仪式的唱诗。礼拜的中心活动是朗读和讲解上帝的话语。洗礼和圣餐是精神事务的象征。洗礼是皈依的象征和洗掉罪过的象征，[21] 因此只给成年信徒们施洗。应当指出，大多数早期的再洗礼派是通过浇水而不是通过浸水进行洗礼的。只是后来当再洗礼派设法尽量接近《新约圣经》的时候，他们才开始通过浸水进行洗礼。圣餐通常是在小组里施行的，圣餐的象征性是同那个把基督徒们团结在一起的团契联系在一起的，也是同基督联系在一起的。不允许卑鄙的人参加圣餐，因为这将破坏人神交流的象征性。

概括地说，新教主张回到《新约圣经》的权威那里去，早期的再洗礼运动就是想要同这种主张保持一致的一种尝试。如果这一点是真的——
93 他们说是真的——那就必须抛弃若干世纪以来渗透到教会生活里来的所有那些做法。首先，人们必须严格按照字义去理解登山宝训的那段经文，并按照这段经文去生活，而不要去理睬非信徒就这个行动方针提出的种种反对意见。

革命的再洗礼派

早期再洗礼派的教导并没有被天主教徒和大多数新教领导人欣然接受。判处一切实行再洗礼的人死刑的古老律法，不久之后就恢复了，于是再洗礼运动的历史变成了殉教者和被流放者的长长的名单。起初，新教徒们不愿意迫害再洗礼派，因为他们知道，被帝国明令禁止意味着什么。因此举行了一系列的辩论，在辩论中任何一方都没能说服另一方。最后，

---

⑳ *QFRgesch*，24：108～109.

㉑ *LCC*，25：80～81. 格里贝尔在此辩称，基督的牺牲使孩子免于原罪的咒诅，他们“无需信仰而得救”。

这种迫害扩展到所有的地方，只有几个新教地区除外，那里的领主们对于使用国家权力来惩罚异端信奉者仍然感到不安。在几年之内，再洗礼运动的大多数早期领导人都死了。格里贝尔因为死于瘟疫而逃避了殉教的命运。巴尔萨泽·赫布梅尔博士（Dr. Balthasar Hübmaier，1485～1528年），沃尔德舒特（Waldshut）的改革者兼再洗礼运动最杰出的皈依者之一，在火刑柱上英勇就义。[22] 无数其他的人遭遇了类似的命运。但是，尽管有这种迫害——而且部分是由于这种迫害——再洗礼运动发展了和扩张了。许多逃避迫害而背井离乡的人，在欧洲的其他部分传播再洗礼派的教导。大批的再洗礼派信徒移居到了比较宽容的中欧各地。

这种迫害的另一个后果是，这个从来都不是团结一致的运动内部进一步分化了，比较激进的主张发展起来了。从一开始，这个运动中就有一些人认为，他们应当共同拥有一切东西，而其他的人则持有相反的看法。正像在迫害的压力下常常发生的那样，期待末世的到来对一些人来说变得非常逼真和近在眼前，以致他们相信，他们是生活在世界的末日。比较
温和的瑞士领导人已经死了，于是没有人来制止极端主义的扩散。其他 94
比较温和的人逃到多少有些生命保障的摩拉维亚去了。比较激进的分子很快就来到前台。

早先的再洗礼派和激进的再洗礼派之间的过渡，可以在梅尔基奥尔·霍夫曼（Melchior Hoffman 大约1500～1543 年）这个人身上看出来。霍夫曼以处理皮革为业，他最初是路德派，后来是慈温利派，最后是再洗礼派。[23] 他接受再洗礼大概是在多少有些宽容的斯特拉斯堡。部分是由于他的影响，斯特拉斯堡成了这样一个再洗礼派运动的中心，这个运动沿

㉒ 一部虽说过时，但引人注目的传记，见 H. C. Vedder, *Balthasar Hübmaier: The Leader of the Anabaptists*, reprint（New York: AMS Press, 1971）。一部附有很好的书目提要参考资料的详尽的研究著作是 T. Bergsten, *Balthasar Hübmaier: Seine Stellung zu Reformation und Täufertum*（Kassel: J. G. Oncken, 1961）。

㉓ P. Kawerau, *Melchior Hoffman als religiöser Denker*（Haarlem: F. Bohn, 1954）.

着莱茵河流域扩张，并深入荷兰。他的正统性甚至比其他的再洗礼派的正统性更受到怀疑，因为他坚持，基督的肉体是从天上下来的。[24] 他的说教越来越带有启示的色彩，他开始声称，他得到了末日即将到来的启示，基督将要再来，并在一个新的耶路撒冷建立他的王国。由于这个运动正在斯特拉斯堡发展壮大，许多人相信，这个城市将成为新耶路撒冷。霍夫曼的追随者蜂拥到斯特拉斯堡来。当局作出的反应是，压制更加厉害了。霍夫曼预言，他将被监禁六个月，然后末日就到来。当他真的被监禁起来的时候，其追随者的盲信达到了新的高度。然而，由于他的预言的第二个部分没有实现，他的追随者就开始重新解释他所说过的话。霍夫曼曾经拒绝早期的再洗礼派的绝对和平主义，声称上帝到来的时候，他将要求他的追随者拿起剑来，以便建立他的王国和摧毁他的敌人。霍夫曼以前对未来的期望，这时在他的许多追随者那里成了拿起武器的当前号召。上帝正在号召他的信徒们拿起武器，在世上建立神圣的东西。

这就是来自荷兰哈尔莱姆(Haarlem in the Netherlands)的面包师傅约翰·马西斯(John Matthys)的激进的说教，也是他最著名的门徒莱顿的约翰(John of Leiden)的激进的说教。由于斯特拉斯堡的形势对激进的再洗礼派来说变得越来越艰难，他们的目光开始转向韦斯特费利亚(Westpha-
95 lia)的主要城市明斯特(Münster)，在那里天主教徒和新教徒之间一个不稳定的休战协定，造成了比其他地方有更多宽容的局面。[25] 激进的再洗礼派开始蜂拥到这个城市来，并且在长期的和复杂的政治手腕和甚至军事花招之后，终于在该城掌握了权力。他们那时从他们自己的人那里选出一个新的政府，并宣布末日即将到来。到了这个时候，约翰·马西斯和莱顿的约翰已经在这个城市里，他们的说教有助于使群众热血沸腾。每一个事件都被当成是来自天上的一个迹象，与此同时许多人产生幻觉并

㉔ 同上，pp. 46 ~ 50。

㉕ Bax, *Rise and Fall of the Anabaptists*, pp. 117 ~ 331.

得到其他形式的启示。随之而来的是普遍的紧张局面。主教在城外正在拚命杀害尽可能多的再洗礼派。再洗礼派在他们那一方面则开始焚烧或毁掉所有的手稿、艺术品以及其他令人想起传统信仰的东西，然后，他们进而把所有“不信神的人”——指天主教徒和温和的新教徒——驱逐出城。马西斯在出击主教的围城部队时死去之后，莱顿的约翰成了这个运动的领导人，而这个运动甚至变得比以前更为激进。明斯特的“圣徒们”越来越转到《旧约圣经》那里去寻求指导。一个妇人声称，她被召唤来当新的尤迪(Judith，尤迪是《次经 · 尤迪传》中的一个犹太妇女，她在围城的亚述军队的司令官睡觉的时候砍掉他的头，从而使她的城镇得以解围——译者)。她进入主教的营帐，希望杀死他，但她的计划被发现了，她受到拷打和杀害。到了这时，这个城镇的女性人口远远超出男性人口，于是，莱顿的约翰依据《旧约圣经》里族长们的做法，颁布法令实行一夫多妻制，而且城镇里的每一个妇女都要委身于男人。此后不久，约翰及其追随者击败了一个要向主教交出该城镇的阴谋。当他们似乎由于某种奇迹而在交手中击败了主教的部队时，约翰让人们宣布他为新锡安(锡安原指耶路撒冷的锡安山，这里泛指天国——译者)的国王。但是，这个新的以色列并不是注定要维持很久。虽然主教由于财源枯竭而不能继续围城，但城里已经饿殍遍地，并且由于一小伙逃兵的背叛而被攻占。随之而来的残暴行为丝毫不亚于早先这些自封的预言家们所犯的残暴行为。“国王”被放在一个笼子里，在整个附近地区游行示众，最后被拷打和处决。

再洗礼派运动内部后期的事态发展

新耶路撒冷的陷落是对革命的再洗礼派的致命打击。当明斯特巍然屹
立的时候，它对德国各地和荷兰各地的许多人来说是一个象征和希望，他们 96
希望，上帝的时代即将到来，那时高高在上的人将被拉下来，而身居下层的人将被提上去。但是，在那个堡垒陷落和它的“国王”屈辱而死以后，比较温

和的再洗礼派再一次来到前台。那些从来没有消失不见的和平主义的小组这时重新得势。明斯特事件从来都没有被忘记，反对再洗礼运动的人常常指着这个事件说，它标志着再洗礼运动可能导致的后果。但是，尽管如此，这个目前恢复了原先的和平主义的运动还是设法残存下来。

这个运动的新领导人里面的典型人物，也肯定是他们里面最有影响的人物，是门诺·西蒙斯（Menno Simons，1496～1561 年）。[26] 他是荷兰天主教教士，他早在 1536 年就决定加入再洗礼派。最初，他在梅尔基奥尔·霍夫曼的追随者和奥贝·菲利普斯（Obbe Philips）的追随者之间犹豫不决，但是不久之后他就决定加入奥贝派（Obbenites）。当奥贝·菲利普斯离开这个运动的时候，门诺就成了这个运动当然的领导人。

门诺·西蒙斯不喜欢明斯特运动所提倡和实行的暴力行为，在他看来，这种暴力行为使基督教徒的心变坏了。“一个吹嘘自己是基督徒的人，把精神的武器放在一边，而拿起世俗的武器，这怎么能同上帝的话语协调一致呢”？[27]因此，门诺派的和平主义不单纯是这个运动的表面特点，而是属于门诺对福音的理解的实质问题。这就是若干世纪以来和平主义一直是所有的门诺派团体的固有特点的原因之一。

门诺的主要任务是在明斯特的激进再洗礼派和这个运动的比较温和的派别之间作出明确的区别。因此，门诺在《基督教教义的基础》（*Foundation of Christian Doctrine*）里说，他的这本书的目的是要表明这种区别，这本书在语气和目的方面和早期的某些辩解极其相似，这本书成了他的流传最广的书。“鉴于撒旦能够使自己变成光明的天使，并在上帝的麦子
97 中间播种稗子，诸如：剑、一夫多妻制、外表的王国和国王，以及其他类似

[26] F. H. Littell, *A Tribute to Menno Simons: A Discussion of the Theology of Menno Simons and Its Significance for Today* (Scottdale, Pa: Herald Press, 1971). H. S. Bender, *Menno Simons' Life and Writtings* (Herald Press, 1936). 还见 *MQR* 的全部丛书。他的作品：*The Complete Writings of Menno Simons*, ed., J. C. Wenger (Herald Press, 1966)。

[27] *The Complete Writings of Menno Simons*, p. 46.

的错误，因为这个原因无辜的人大大受苦，因此，我们不得不公布我们的这一信仰和教义”。[28]

门诺神学的基本意思是同尘世分离开的意思，尘世的“精神、教义、圣礼、礼拜和行为，与基督的圣灵、话语、圣礼、礼拜和榜样大不相同，因而只不过是新的所多玛（罪恶之地）、埃及和巴比伦”。[29] 这种分离的基础，和早期的再洗礼者遇到的情况一样，是洗礼所象征的和宣布的个人的皈依和悔悟。因此，真正的教会再一次成了信徒们的团契。团契里那些表明自己不是真正的信徒的人应当被驱逐出教会，而且整个会众都要回避他们——尽管门诺说得很清楚，这种回避不应当是惩罚性的，而是慈爱地号召他们悔悟。[30]

在两个问题上，人们指控门诺背离了早期的大公会议的基本教义，即有关三位一体的问题和有关道成肉身的问题。在谈到前者这个问题时，他确实避免使用“三位一体”这个词儿，但他这样做的原因，并不是人们所说的他拒绝三位一体的教义，而是他强烈地希望只使用《圣经》的语言。诚然，他的《关于三位一体的上帝的声明》（*Confession of the Triune God*）[31] 明确地肯定了传统的三位一体教义。在道成肉身这个问题上，门诺确实背离了正统的教义，因为他断言，基督的肉体是从天上降下来的，圣母马利亚的贡献只不过是养育了这个肉体。[32] 这是一个引起长期辩论的观点，门诺派最终放弃了这个观点。

概括地说，门诺以及同他在一起的其他后期再洗礼派领导人，回到了早期再洗礼派的原来的和平主义立场上。虽然他们有些人把自己的独特

---

[28] 同上，p. 107。

[29] 同上，p. 181。

[30] *LCC*，25：263～271．参见 F. C. Peters，“门诺·西蒙斯的著述里的‘禁令’”，*MQR*，29（1955 年）：16～33。

[31] *The Complete Writings*，pp. 489～498.

[32] 同上，p. 794。

的理论，如门诺的关于道成肉身的理论，[33]加在“瑞士弟兄们”（Swiss Brethren）的原来的神学上，但是，普遍的舆论不久之后就使绝大多数的再
98 洗礼派信奉比较保守的信条。然而，这并不是说，他们在所有的神学问题上都取得一致，因为在后来的四百年里，再洗礼派运动的历史是由于教义原因而一再分化的历史，而且所提出的许多表明信仰的表白书从来都没能得到大多数人的支持。

灵性主义者和理性主义者

描述再洗礼派运动和划分该运动的不同团体和不同领导人，是相当困难的。但是，要论述那些我们称为“灵性主义者”（spiritualists）和“理性主义者”（rationalists）的人，就更加困难了。这些人大都有强烈的神秘主义倾向，因而他们倾向于更多地关心个人的灵性生活，而不关心整个教会的改革。他们许多人觉得，圣灵的启示高于《圣经》，有些人甚至声称，书面写的“话语”应当放在一边，而去倾听上帝向人的灵性直接说的“话语”。其他一些人坚持把人的理智用于推理《圣经》的信息，因而提出了这样一些关于福音的解释，这些解释常常否认三位一体和道成肉身。我们这时必须转到这些思想家身上，我们知道，他们中间有很大的不同，我们也知道，只是为了清晰和方便的缘故，而不是因为他们形成了一个名副其实的紧密结合的运动，才把他们包括在一个共同的标题下面。

卡斯珀·施文克费尔德（Caspar Schwenckfeld，1489～1561年）提出了他所认为的天主教主义和路德主义之间的折中办法。但是，这种折中办法实际上是天主教徒和新教徒都不接受的其他代替办法。所说的这种折中办法起源于“内在”的东西和“外在”的东西之间，或精神的东西和物质的东西之间的二分法。这意味着，圣灵可以自由行动，不受教会或《圣

[33] 这个理论他大概是从梅尔基奥尔·霍夫曼那里得来的。

经》约束。因此,虽然《圣经》是没有错误的,因为《圣经》在先知们和使徒们那里表达圣灵的行动,但重要的不是研究《圣经》,而是接受圣灵的启示。没有这样的启示,《圣经》就不能被正确地理解——于是人们得到这样的印象:有了圣灵的启示,《圣经》就不怎么需要了。还有“内在”的教会和“外在”的教会;这两个教会绝不会恰好重合,参加外在的教会并不能保证得救。在使徒们的时代之后,最好的教牧人员所能做的只是指向基督,希望他们的听众也能听到内在的话语。圣礼也是从基本的二分法 99
的角度来解释的。圣餐里的饼和酒是物质的东西,因而绝不能成为灵性的东西的媒介。饼和所能做的事情,充其量只是引领外在的人到基督那里。但是,这里又有一个灵性的范畴。“有双重的饼:尘世的饼来自尘世,天上的饼来自天上。如果饼是双重的,那么,把饼咬碎也必然是双重的,即,为了外在的人和为了内在的人。尘世的和外在的饼是为了外在的人而象征性地被咬碎的;天上的饼,即上帝话语的化身,是为了内在的人或重生的人而当真地被咬碎的”。[34]

很明显,这类解释的难题是,圣餐里物质的东西和灵性的东西之间的联系并没有讲清楚。如果圣灵仍然能够绝对自由地行动,那么,人们还能够声称有任何这类联系吗?避开这种似乎使许多人误入歧途的物质方面的人神交流,而只参加精神方面的筵席,不是更好些吗?这实际上就是施文克费尔德所推荐的东西,尽管只是作为一个临时的措施,直到人们受到适当的教育为止。

当涉及到道成肉身的时候,施文克费尔德采取的主张同梅尔基奥尔·霍夫曼和门诺·西蒙斯所采取的主张很相似。他没有说,基督的肉体来自天上,但他坚持说,基督的肉体不是创造出来的。这使他卷入神学方面的复杂的辩论和细微的区分,这些辩论和区分从来都没有被反对他

[34] P. I. Maier, *Caspar Schwenckfeld on the Person and Work of Christ* (Assen: Van Gorcum, 1959), p. 20.

的人接受，他们指控他有神人一性论和若干类似的左道邪说。虽然施文克费尔德总是说，他同卡尔西顿会议的界说（Chalcedonian definition）基本一致，但他的基督论在最好的情况下也是不清楚的。

塞巴斯蒂安·弗兰克（Sebastian Franck，约 1499 年 ~ 约 1542 年）是另一个灵性主义的改革者，他深受伊拉斯谟的影响。㉟ 他基本上同意施
100 文克费尔德，但是把后者的观点推演到合乎逻辑的结论上去。㊱《圣经》的书面上写的字这时变成了永恒的话语的一种神秘的和不清楚的表现形式，这样，人们只有得到那个永恒的话语的启示，才能理解《圣经》的真正意思。这个话语他称之为“基督”，但他没有把这个话语同耶稣等同起来。相反，上帝常常彰现于人。我们每个人里面都有一点点神性的火花，灵性的实体使自己针对的正是这一点点火花。所有外在的东西都是不必要的。早期教会需要圣礼，因为早期教会在灵性方面是不成熟的。成熟的灵性事物不需要外在的手段。

西班牙人胡安·德·瓦尔德斯（Juan de Valdés，大约1500 ~ 1541年）遵循了不同的路线。㊲他的宗教信仰是把伊拉斯谟的完善的理智同“光照派”（*alumbrados*）的神秘主义结合起来的产物。“光照派”㊳ 是一个定义不

㉟ R. Kommoss, *Sebastian Franck und Erasmus von Rotterdam*, reprint (Nedeln/ Liechtenstein: Kraus, 1967). 关于弗兰克，另见 H. Weigelt, *Sebastian Franck und die lutherische Reformation* (Gütersloh: Gerd Mohn, 1972); J. Lindeboom, *Een Franc - tireur der Reformatie: Sebastian Frank* (Arnheim: Van Loghum Slaterus, 1952)。

㊱ R. M. Jones, *Spiritual Reformers of the 16th and 17th Centuries*, reprint (Boston: Beacon Press, 1959), pp. 46 ~ 63. 上述这一点并不是说，他是施文克费尔德的门徒，尽管他们两人彼此认识。

㊲ B. B. Wiffen, *Life and Writings of Juan de Valdés, Otherwise Valdesso, Spanish Reformer in the Sixteeth Century* (London: B. Quaritch, 1865). D. Ricart, *Juan de Valdés y el pensamiento religioso europeo en los siglos XVI y XVII* (Mexico City: El Colegio de México 1958).

㊳ 关于“光照派”，见 M. Menéndez Pelayo, *Historia de los heterodoxos españoles*, 2 vols., reprint (Madrid: Biblioteca de Autores Católicos), 2: 169 ~ 206; M. Asín Palacios, “Sadilíes y alumbrados”, *Al - Andalus*, 9 ~ 16 (1944 ~ 1951)。

确切的团体,一再受到西班牙宗教法庭的谴责。他通过沉思默想设法同上帝交流,并在那不勒斯聚集了一大群杰出的门徒。由于他主要关心的是内心的虔诚,因此他同公认的等级制教会当局的冲突总是比较缓和。但是,正是由于强调内心的生活,使他受到新教徒和天主教徒的怀疑。[39]在他的门徒伯纳迪诺·奥奇诺(Bernardino Ochino,1487～1563)那里,他的教导转向反对三位一体的教义。奥奇诺一直是卡普钦(Capuchin)的杰出的传道士,有一个时期加入了日内瓦的新教徒,但是终于被迫一再过被流放的生活,这使他迢迢千里到了波兰,最后到了摩拉维亚。[40]

在随后的一个世纪里,灵性主义的种种倾向是由贵格会运动的创始人乔治·福克斯(George Fox,1624～1691年)表现出来的。[41] 福克斯是一个织布工人的儿子,在神学方面从来没有受过正式的训练。他花了若干年的时间进行认真的灵性探索,直到1646年发现了他后来称为"内心之 101
光"的东西。内心之光就是活在信徒心里的基督。他相信内心之光促使他拒绝那些历来被认为是恩典的外表手段的东西,如教会和圣礼。对他来说,灵性上吃和喝基督的身体和血,比实际上吃和喝圣餐里的饼和酒,意义要重大得多——事实上,后者的做法可能成为真正的人神交流的障碍。然而,福克斯强调内心之光,并没有使他自己和他的追随者认为,不需要基督教的团契,或没有义务寻求社会的正义。对前者(指需要基督教团契)的关注是成立"真理之友会"的原因——1650年以后也称为"贵格会"(Quaker)。对后者(指寻求社会正义)的关注的表现是,贵格会教徒

㊴ 加尔文在日内瓦的接班人狄奥多尔·贝扎(Theodore Beza)说,他的时代的三个最坏的怪人是瓦尔德斯(Valdés)、塞维塔斯(Servetus)和罗耀拉(Loyola)。Ricart, *Juan de Valdés*, p.14。

㊵ R. H. Bainton, *Bernardino Ochino, esule e riformatore senese del cinquecento, 1487～1563* (Fierenze: G. C. Sansoni, 1941).

㊶ R. M. Jones, *George Fox: Seeker and Friend* (London: George Allen & Unwin, 1930); W. V. Noble, *The Man in Leather Breeches: The Life and Times of George Fox* (New York: Philosophical Library, 1953); H. E. Wildes, *Voice of the Lord: A Biography of George Fox* (Philadelphia: University of Pennsylvania Press, 1965).

插手种种社会问题——通常是从和平主义的立场出发。对后者的关注还可以在福克斯本人下面这段话里找到根源：

> 当城里的几乎每一个角落里，盲人、病人、跛子和拐子，东倒西歪，到处啼哭的时候，当男人们和女人们娇娇滴滴，穿金戴银，而不知道该怎么走路的时候，你本着纯真的宗教，怎么去访问那些病人、孤儿和寡妇呢。当然，当然，你们不知道，你们生活在世上是同种同族。难道你们不能从万贯家财中拿出一点来，给这些贫苦的孩子、跛子、拐子和瞎子，或给那些能工作的人找个工作，给那些不能工作的人找个救济他们的地方；难道这不是你们的光彩？[42]

在迈克尔·塞维塔斯（1511～1553年）和福斯塔斯·苏西尼（Faustus Socinus，1539～1604年）那里，反对三位一体教义变得很突出。塞维塔斯是有深刻的宗教信仰的人，然而，他觉得，三位一体的教义不健全。[43] 在他的出生地西班牙，多少世纪以来这个教义一直是犹太人和回教徒的绊脚石。因此，他也持有中世纪后期对三位一体教义[44]的合理性的那些怀疑，他在抱着这些怀疑的同时，还像16世纪的人文主义者和新教徒那样，
102 致力于回到《新约圣经》里基督教的源头那里去。他拒绝三位一体和圣子的永恒的产生，认为这些在理论上是站不住脚的，而且在《圣经》里是找不到的。大家都知道，他逃避了天主教的宗教法庭，只落得在加尔文的日内瓦被当做异教徒烧死。然而，他的观点并没有消失。他的观点在一

---

[42] *Doctrinals to Magistrates*, quoted in H. van Etten, *George Fox and the Quakers* (New York: Harper, 1959), p. 66.

[43] R. H. Bainton, *Hunted Heretic: The Life and Death of Michael Servetus, 1511～1553* (Boston: Beacon Press, 1953).

[44] R. H. Bainton，“迈克尔·塞维塔斯和中世纪的三位一体的思考”，在 B. Becker 编的书里，*Autour de Michel Servet et de Sebastien Castellion* (Haarlem: H. D. Tjeenk Willink & Zoon, 1953), pp. 29～46。

些一直怀疑三位一体教义的再洗礼派中间博得同情。他的观点也在莱利厄斯·苏西尼(Laelius Socinus)那里引起反响。福斯塔斯·苏西尼成了波兰最有影响的反对三位一体教义的神学家之一,他的门徒在波兰成倍地增加。[45] 1605 年,也就是他死后一年,这些追随者把他的教导写进了拉科维安的教义问答(Racovian Catechism)里。在 17 世纪,苏西尼著述和思想被引入英国,是神体一位论神学(Unitarian Theology)诞生的几个构成因素之一。

这样,路德发动的宗教改革运动得出了最后的结果。路德及其追随者看到这些极端的改革者,感到厌恶和恐惧。瑞士和斯特拉斯堡的改革的神学家们也是这样。他们觉得,人们长期以来认为对基督教信仰来说是极其重要的许多东西,这些极端的观点都予以否认。天主教的争辩者指出,基督教会的权威的堤坝一旦被冲破,就没有办法制止极端主张的浪潮,因而各种异端教派的蔓延滋生,就成了宗教改革运动的合乎逻辑的结果。这有一部分是真的。可是,人们必须指出,16 世纪的欧洲是这样群情鼎沸,以致传统形式的权威正在坍塌下来,而宗教改革运动既是这种坍塌的原因,也是这种坍塌的结果。路德之所以有可能成功,是因为古老的权威体制正在失去对欧洲的控制。另一方面,也由于路德获得成功,传统的权威才终于在大部分的欧洲垮下来。

这时,比较传统的改革者——路德宗和改革宗——在他们那一方面还需要做的事情,是在比较系统的基础上建立他们的神学,而这在早期的斗争年代里是不可能的。我们现在必须转向的正是这些事态的发展。

---

[45] O. Fock, *Der Sozinianismus*, reprint (Aalen: Scientia Verlag, 1970); S. Kot, *Socinianism in Poland: The Social and Political Ideas of the Polish Antitrinitarians in the Sixteenth and Seventeeth Centuries* (Boston; Starr King Press, 1957).

第五章　协和信条以前的路德神学

103 两个伟大的新教传统的创始人，路德和慈温利，为其他的人所追随，这些人既使这些传统成为体系，又使这些传统趋于缓和。正像我们将要在下一章看到的那样，加尔文成了慈温利宗教改革运动的接班人，这两个人可以说是改革传统的创始人；但是，加尔文神学的总趋势是渐渐离开慈温利而转向路德。关于那个在路德传统中起了类似作用的人，菲利普·梅兰希顿，也可以说同样的话，因为可以看出，他的神学发展趋势是渐渐离开路德而转向布塞和加尔文。这一点以及梅兰希顿在其他若干问题上缓和了路德的神学的这一事实，在路德派的各教会里引起了几种争论。当一些次要的人物，例如奥西安德（Osiander），提出一些似乎要威胁到新教的核心问题的观点的时候，其他一些同梅兰希顿和路德之间的分歧无关的争论就产生了。这些各种各样的争论终于导致了《协和信条》（*Formula of Concord*，1577 年），大多数的路德派教会都团结在《协和信条》周围。因此，这一章将分成两个部分：首先我们将论述梅兰希顿的神学；然后我们将总结那些在 16 世纪使路德派分化的最重要的争论，我们将看到，《协和信条》怎样对这些争论作出反应。

菲利普·梅兰希顿的神学

1518 年,正当路德派宗教改革运动初见规模的时候,梅兰希顿加入了维登堡大学的教师队伍。[1] 他的教学领域是希腊文,他的学术兴趣是 104 哲学,但他很快就对路德入了迷,并转向《圣经》和神学的研究。与路德不同,梅兰希顿有人文主义学术研究的背景,甚至在路德和伊拉斯谟之间就自由意志问题进行了激烈的辩论之后,他对这个伟大的荷兰人文主义者仍然推崇不已。[2] 诚然,人们可以说,路德的神学和梅兰希顿的神学之间的大多数分歧,都是从两者中较年轻的那个人所受到的人文主义精神的影响中产生出来的。

路德深知他和他的得意门生之间的不同,尤其是在性格和天资方面。他在谈到这种不同的时候说,"我是粗鲁的,吵吵嚷嚷的,雷厉风行的,和非常好战的……我必须搬掉树桩和石头,披荆斩棘,清理荒芜的森林,而菲利普少爷依仗上帝大量赐给他的天资,轻轻而文雅地跟上来,欢快地播播种和浇浇水"。[3] 他的这段话常常被人引用。这就是为什么当需要写一份表白信仰的声明以便递交给奥格斯堡议会(1530 年)而很显然,所需要的是一份大多数新教徒[4]都能签名而又不致失去各方支持的和解声明

---

① 一部优秀的传记,见 C. L. Manschreck, *Melanchthon: The Quiet Reformer* (Nashville: Abingdon Press, 1958)。还见 P. Fraenkel 的书里的参考书目,*Zwanzig Jahre Melanchthonstudium* (Geneva: Droz, 1967);L. C. Green 和 C. D. Froelich 编,*Melanchthon in English* (St. Louis: Center for Reformation Research, 1982)。

② 参见 W. Maurer, *Der junge Melanchthon zwischen Humanismus und Reformation*, 2 vols. (Göttingen: Vandenhoeck & Ruprecht, 1969)。

③ H. H. Lentz 引用,*Reformation Crossroads: A Comparison of the Theology of Luther and Melanchthon* (Minneapolis: Augsburg, 1958), p. 2。还见 V. Vajta, *Luther and Melanchthon in the History of the Reformation* (Philadelphia: Muhlenberg, 1961)。

④ 在这一卷里,为了明晰起见,各种各样的宗教改革的追随者被称为"新教徒",虽然这个名称实际上只是到了 1529 年斯佩厄会议(Diet of Speier)时才出现。

的时候，梅兰希顿就被选来做这件事情。

梅兰希顿的特殊的天资使他成为使路德派神学系统化的重要人物。这种天资也是他逐渐形成这样一些观点的原因，这些观点被许多人认为是对原来的路德主义的背叛。梅兰希顿作为有条理的思想家的天资在1521 年充分发挥出来，那时他出版了《教义要点》（*Loci communes rerum*
105 *theologicarum*），这本书实际上第一次使新教主要信条系统化。这本书获得巨大成功，不久之后就印刷了几次，译成几种文字，并进行几次修订——后面这项工作是由梅兰希顿本人做的。

在《教义要点》的每一个新的版本里，梅兰希顿都表现出，他正在背离原来的路德主义和越来越受到人文主义和改革宗传统的影响。因此，同一本书的这几个不同的版本对那些想要跟踪梅兰希顿神学的按照年月顺序的发展的历史学家来说是很有价值的。很明显，在这一章的短短的篇幅里，要跟踪这种发展的种种细节，是不可能的。⑤ 然而，考虑到梅兰希顿的变化着的观点对 16 世纪路德神学的发展方向极为重要，当我阐述梅兰希顿的神学的时候，我将指出，他的早期观点和后期观点之间的不同在哪些问题上最为重要。

第一版的《教义要点》和路德的观点很少不同。事实上，这本书使路德变得这样热心，以致在一段典型的夸张的话里说，这本书应当包括在宗教法规里。但是，后来一些版本开始表现出一种不同的精神，致使路德派的各教会——尤其是在这两个神学家死后——分成“路德派”和“菲利普派”。

1521 年的《教义要点》在开头时就表达了路德的十字架神学的一些

⑤ 这方面的三部优秀的研究著作，见 E. Bizer, *Theologie der Verheissung: Studien zur theologischen Entwicklung des jungen Melanchthons* (Neunkirchen: Neunkirchen Verlag des Erziehungsvereins, 1964); W. H. Neuser, *Die Abendmahlslehre Melanchthons in ihrer geschichtlichen Entwicklung* (Neunkirchener Verlag des Erziehungvereins, 1968); C. E. Maxey, *Bona Opera: A Study in the Development of the Doctrine in Philip Melanchthon* (Nieuwkoop: B. de Graaf, 1980)。

原则，尽管辩证法的用语比路德的少一些。

> 我们最好敬仰上帝的种种神秘事物，而不去调查这些神秘事物。再者，探索这些奥秘总是带有巨大的危险，甚至圣洁的人也常常体验到这一点。全能的上帝赋予他的圣子以肉体，这样他就可以引领我们不去思索他自己的威严，而去考虑肉体，尤其是考虑我们的弱点……因此，我们没有理由在诸如“上帝”、“上帝的一体和三位一体”、“创造天地万物的秘密”以及“基督成为肉身的方法”之类的崇高的话题上花费这么大的力气。我问你们，那些经院哲学家们在许多时 106
> 代里一心只探索这些问题，又取得了什么成果呢？⑥

因而神学必须有一个实际的目的，必须谈论诸如罪及其力量、恩典、律法和称义之类的问题，因为“认识基督意味着认识他的恩惠，而不是像学者们所教导的那样，去思考他的一性或两性以及他的道成肉身的方式”⑦。

基督教神学家们之所以在不同时期教导有关自由意志的教义，是因为他们听任自己受到哲学的影响。然而，在这一点上，哲学家们的教导和《圣经》的教导是截然相反的，因为前者承认自由意志，而《圣经》则否认自由意志。这不是无关紧要的事情，因为有关自由意志的教义使人看不清基督的恩惠。这只是《圣经》的明确教导被放弃而倾向哲学的许多例子中的一个。其结果是，“除了正典的《圣经》以外，教会里没有可靠的文献。一般说来，在注释里流传下来的任何东西都散发着哲学的臭味”。⑧

对人的力量的这同样消极的看法，可以从梅兰希顿谈论异教徒的美

---

⑥ *LCC*，19：21.

⑦ *LCC*，19：21～22.

⑧ *LCC*，19：23.

德的态度中看出来。他承认，从纯粹的人的角度来看，苏格拉底、芝诺(Zeno)和卡托(Cato)身上有许多东西是值得人们羡慕的。“然而，由于这些特点是在不纯洁的脑子里，再者，由于这些假冒的美德是从爱自己和爱受表扬之中产生出来的，所以这些美德不应当被认为是真正的美德，而是罪恶”。[9] 自然律虽然是上帝赐给的，但不是可靠的向导，因为人的理智被罪蒙蔽和败坏到如此地步，以致人的理智不再能够准确地谈到自然律。[10] 这样，当人们阅读第一版的《教义要点》时，得到的总的印象是，梅兰希顿深信，理智和启示之间，堕落的人和上帝的目的之间，现在存在的天地万物和赎罪之间，是完全脱节的。

107 如果我们这时拿第一版和1555年的《教义要点》进行比较，我们将看到，有重大的改动。首先，这个版本的《教义要点》开头就用了很长的篇幅来阐述上帝、三位一体和创世——他在早期的版本里避而不谈的正是这三个话题，不是因为这些话题不真实，而是因为人的头脑琢磨不透，而且和“基督的恩惠”没有直接关系。当谈论到异教徒中间的聪明人所具有的对上帝的认识的时候，他这时不否认这一点，而是同意说，色诺芬(Xenophon)、柏拉图、亚里士多德和西塞罗(Cicero)知道，有一个全能的、明智的、公正的和善良的上帝。他们对上帝的认识虽然是真实的，但也是不充分的，因为他们知道上帝的存在和本性，但不知道上帝对他们的意图，也不知道福音。[11] 这一点仍然没有超过路德在“一般地”认识上帝和“正确地”认识上帝之间所作的区分。但是，具有意义的是，梅兰希顿认为，用这个一般说来是积极的措辞来代替早期的版本里的消极的措辞，是恰当的。再者，在讨论三位一体的时候，以及总的说来在这整本书里，他这时愿意把很大的权威——尽管总是一种从《圣经》里得出来的权

---

⑨ *LCC*, 19: 34.

⑩ *LCC*, 19: 50.

⑪ C. l. Manschreck, ed., *Melanchthon on Christian Doctrine: Loci communes (1555)* (New York: Oxford University Press, 1965), pp. 5 ~ 6.

威——归给“早期基督教著作家们”和注释者们,而这些人是他在1521年如此刻毒地予以拒绝的。

较新的《教义要点》的不同的精神,在这样一个问题上表现得最为明显,即关于罪、我们的堕落的状态和自由意志的讨论。第一版里有关罪的那一部分,强调的是人的腐化,而这时强调的是要表明,上帝不是罪的制造者。[12] 在讨论原罪的时候,这一点没有构成很大的问题,因为梅兰希顿可以附和大部分的基督教传统而声称,上帝不打算要也不引起罪。正是魔鬼和人,在没有任何来自上帝的强制的情况下,出于他们自己的自由意志而坠入罪中。正是讨论堕落的人的意志的时候,梅兰希顿表明,他不是背离了路德原来的教义,而是他所关心的事情和路德所关心的事情大不相同。这里他在人们可以在其中谈到自由意志的两个领域之间作出区分。第一个领域是人们决定自己的外部肢体将要做什么的能力,即,人们决定自己的行动的能力。这种意志仍然存在堕落的人里面。第二个领域 108
涉及到我们和上帝的关系以及我们自己的本性的腐化。在这里我们没有自由意志,“因为我们不能在自己里面和自然而然地在心中点燃起对上帝的坚定的信仰”。[13] 因此,虽然我们不能自然而然地得到称义的信仰,但是,我们能够而且必须按照那仍然保存在我们身上的意志的力量去指导我们的各种行为。再者,甚至在涉及到称义的事务上,梅兰希顿也设法避免路德教导中最极端的推论,并表明人的意志也起作用。“我们不能设想,人是一根木头或一块石头,而是当我们听到上帝话语的时候——话语中提出惩罚和给予安慰——我们不应当鄙视或抵制上帝的话语”。[14] 而且在引用克利索斯托(Chrysostom)那段关于上帝引领我们得救的话的时候,梅兰希顿评论说,“然而,他引领的是那些愿意的人,而不是那些抵制

⑫ 同上,第45页。

⑬ 同上,第57~58页。

⑭ C. l. Manschreck, ed., *Melanchthon on Christian Doctrine: Loci communes (1555)* (New York: Oxford University Press, 1965), p. 60.

的人”。[15] 因此，梅兰希顿说，在皈依时里面有三个同时发生的原因：上帝的话语、圣灵和人的意志。这就是那些反对他的人——以及那些反对我们后面将要讨论的《莱比锡临时文件》(*Leiptzig Interim*)的人——称为“协同作用”的东西，意思是说，在得救里面上帝和人共同协作。

梅兰希顿被指控放弃了他早先比较符合路德的主张的另一点是关于圣餐的教义。在1521年版的《教义要点》里，只是简单地提到圣餐，其中的强调之点不是基督的存在——这在那时不是争论之点——而是否认圣餐使人称义的力量和否认基督的一再献身。在梅兰希顿撰写的1530年的《奥格斯堡信经》(*Augsburg Confession*)中，基督的身体和血真正存在于饼和酒里，是完全被肯定的，而相反的观点则被拒绝。[16] 然而，那时梅兰希顿主要关心的是慈温利和再洗礼派的纯粹灵性主义的教义。当许多温和的改革者——如布塞和加尔文——开始提出梅兰希顿认为可以接受的关于真实临在的观点时，他自己的观点渐渐接近他们的观点，以致到后来
109 他被指控为隐蔽的加尔文派。然而，为了对梅兰希顿公平起见，人们必须注意到，首先，他在圣餐问题上从来没有同路德的观点完全一致，[17] 其次，他所具有的，并曾经为路德所赞扬的那同一种和解的精神，迫使他设法同改革派取得谅解。然而，不幸的是，他试图同其他的新教团体和解的努力，促使他去改动《奥格斯堡信经》的内容，从有关圣餐的那个条款里删去“真实临在”的字样，并且把那段关于拒绝相反的观点的话也给省略掉。同样的，在几处人的能力似乎被论述过分苛刻的地方，他缓和了《奥格斯堡信经》的原文的语气。由此而得出的《奥格斯堡信经》的文本，通常被称为《更改》(*Variata*)版。虽然他这样做的动机可能是值得称赞的，但做这件事情是很不明智的。诚然，他是《奥格斯堡信经》的作者。但

---

[15] 同上。

[16] *CR*, 26: 278.

[17] Neuser, *Die Abendmahlslehre Melanchthons*, pp. 354 ~ 363.

是，到了这时《奥格斯堡信经》已经是路德派各教会的正式文件，因此，《更改》版非但没有促成同改革派各教会的友好关系，反而在路德派阵营内部造成激烈的争论，并进一步巩固了路德派关于圣餐的主张，从而同加尔文派对圣餐的解释针锋相对。

这种情况由于这样一个事实而更加复杂化了，即，梅兰希顿由于接受了《莱比锡临时文件》，他在路德派各教会里的领导地位被大大地削弱了。查理五世在战场上击败了新教徒，并在 1548 年把一个由两个罗马天主教徒和路德派的约翰·阿格里科拉(John Agricola)写的文件强加在他们身上。这个文件被称为《奥格斯堡临时文件》，是要在暂时的基础上使天主教徒和新教徒走到一起，直到一个宗教会议解决了争论中的种种问题为止。由于种种特殊的情况和由于梅兰希顿及其他的人的反对，《奥格斯堡临时文件》在萨克森尼被改得缓和一些，由此得出的文件是《莱比锡临时文件》，这个文件梅兰希顿接受了。正像教会历史里许多类似的情况一样，这种“法令颁布的信条”是不成功的，因为群众纷纷起来反对。但是，当奥格斯堡和莱比锡《临时文件》生效的时候，许多新教领导人由于拒绝接受《临时文件》而不得不受苦。其结果是，路德的这个老伙伴的信心动摇了，路德派的神学家们开始指出，梅兰希顿和路德相距有多么远。110
梅兰希顿声称，他所接受的《临时文件》里的东西是“拒绝与接受两可的”(*adiaphora*)，即，人们在没有不忠于《圣经》的情况下可以自由接受或拒绝的东西。这引起了“拒绝与接受两可的”争论(adiaphoristic controversy，见这一章里下面的部分)，而且起的作用只是进一步削弱了梅兰希顿在路德派中间的权威。

当我们转到那些在 16 世纪使路德派各教会分化的争论时，我们将有机会进一步提到梅兰希顿，因此，无须在这里讨论他的神学的每一个方面。然而，说一句概括的话似乎是合宜的。毫无疑问，梅兰希顿的精神和路德的精神大不相同，因为路德强调正确的教义超过强调团结，而梅兰希顿努力的一般趋向是，强调团结超过强调教义方面的完全一致。再者，梅兰希顿把一种人文主义的精神引进到路德的神学里面去，而这种精神并不是路德的精神。在许多方面，这使得他不可能继续忠于路德的所有信条——而且那些说他是在巧妙地歪曲路德的神学的人是有几分正确的。但是，这也使得他能够使德国的宗教改革运动比较接近人文主义的传统。他得到“德国导师”(*Praeceptor Germaniae*)的称号并不是无缘无故的，因为他确实是德国伟大的教师，而且德国神学的学术研究的悠久传统在他身上得到了第一个杰出的阐述者。另一方面，作为在他们的时代之后产生的争论的结果，路德和梅兰希顿之间的分歧或许被过分夸大了。那些坚持路德的反对背离教义的坚定立场的人倾向于忘记，在马尔堡的会谈中(Colloquy of Marburg)，路德似乎愿意接受同慈温利和瑞士人的互相联系，直到梅兰希顿指出这可能造成同皇帝和天主教徒的不可调和的麻烦为止。但是，同样真实的是，梅兰希顿的灵活性是这样过分，以致在他的晚年，他的灵活性非但无助于路德派基督教团体的团结，反倒成了进一步分化的原因。意味深长的是，在我们现在将要研究的种种争论中，每当梅兰希顿被卷进去的时候，他的声音很少是争论的结果中的决定性因素。因此，梅兰希顿由于他的灵活性——尤其是对待《临时文件》的灵活性——而失去了他的领导地位，从而使路德派各教会陷入剧烈的争论中，这些争论分化和削弱了这些教会，直到在1577年的《协和信条》里达成某种协议为止。

路德阵营内部的种种争论

111 16世纪中叶在路德传统内部发生的种种争论，人们以几种不同的方法加以分类。这些分类都不能完全令人满意，因为这些不同的争论是这样互相关联，以致很难确定一个争论在哪里结束，另一个争论在哪里开始。因此，为了简明起见，我们将按照一个非常简单的原则对这些争论加以分类：首先，我们将论述路德派同菲利普派或梅兰希顿派之间的尖锐分歧之前发生的那些争论，然后，我们将转到作为路德神学和梅兰希顿神学之间的种种不同的结果而产生的其他那些争论。第一个范围包括反律法的争论和奥西安德的争论，我们现在转到这些争论上。

反律法的争论（antinomian controversy）分成三个阶段。头两个阶段围绕着约翰·阿格里科拉（John Agricola），并牵涉到路德和梅兰希顿两人。最后一个阶段可以说是1556年在艾斯纳赫（Eisenach）的一个会议上开始的。

约翰·阿格里科拉（1494～1566年）是路德在维登堡大学的早期伙伴之一。他出生在路德的出生地艾斯勒本。[18] 1519年，他同路德一起参加莱比锡辩论。他也出席了标志着宗教改革运动的各个主要阶段的大多数会议——1526年和1529年在斯佩厄（Speier），1530年和1547～1548年在奥格斯堡（Augsburg），1541年在里根斯堡（Regensburg）。当路德让人派他去艾斯勒本的时候，阿格里科拉因为被调离维登堡大学而责怪梅兰希顿。他后来的抨击，首先是对梅兰希顿的抨击，继而是对路德的抨击，很可能同他的自尊心受挫有关。1548年，他由于是《奥格斯堡临时文件》的撰写人之一，而失去了在新教徒中间充当领导人的资格。

当阿格里科拉攻击梅兰希顿的《给来访者的指示》（*Instructions for Visitors*）的时候，第一个阶段的争论就发生了。[19] 梅兰希顿是在路德的要
求之下写出这些指示的，他在这些指示里主张，必须帮助信徒们更好地理 112
解，就道德生活来说，对他们的要求是什么。因此，他推荐说，应当经常宣讲律法，尤其是宣讲《十诫》，这不但是为了促使罪人悔悟，而且也是为了让信徒们能够更好地理解上帝的旨意，并设法服从上帝的旨意。阿格里科拉反对这些指示，在他看来这些指示似乎是对罗马天主教徒的让步。

---

⑱ J. Rogge, *Johann Agricolas Lutherverständnis, unter besonderer Berücksichtigung des Antinomismus* (Berlin: Evangelische Verlagsanstalt, 1961).

⑲ *CR*, 26: 7～28.

他的反对很可能带有嫉妒的色彩,因为他不得不离开维登堡大学,而梅兰希顿则是该大学的最杰出的教授之一。无论如何,路德使他们在脱尔高(Torgau,1528 年)走到一起,并设法进行调解。在第一个阶段的争论里,问题大部分是,悔悟跟随在信仰之后呢,还是信仰跟随在悔悟之后。阿格里科拉坚持第一种意见,而梅兰希顿则坚持第二种意见。作为脱尔高的会见的结果,《指示》的后来几个版本包括有下面这段话:

> 但是,有些人认为,不应当教导有什么东西发生在信仰之前,而且悔悟来自信仰和跟随在信仰之后,这样,反对我们的人(即天主教徒)就不能说,我们宣布放弃了我们的教导。人们应当记住,悔悟和律法是属于一般信仰的。因为人们当然首先必须相信,上帝是那个威胁、命令和吓唬人的等等。因此,对没有受过训练的普通人来说,这个阶段的信仰最好保留有悔悟、戒律、律法、畏惧等等的名称,以便他们可以更好地区分和理解对基督的信仰,使徒们称这种信仰为使人称义的信仰,即,使人成为正义和去掉罪恶的信仰。从戒律和悔悟之中产生出来的信仰不能做这件事情,可是,这种信仰使一般人对信仰的意义产生怀疑,并在他的脑子里引起没有意义的疑问。⑳

这样,第一个阶段的争论就以妥协而告终。然而,这件事情并没有就此了结,因为九年以后,即 1537 年,阿格里科拉再一次来到维登堡,在那里他发表了一系列论题,他在论题里攻击了梅兰希顿和路德两人。他的主张这时变成了直截了当的反律法主义。按照他的主张,律法在宣讲福音中没有作用,因此,律法的恰当的地方是在法院里,而不是在布道坛上。
113 摩西应当被送到绞刑架上,而且任何宣讲他的教导的人都没有开始理解,

---

⑳ *LW*,40:275. 也在 *CR*,26:51 ~52 里。参见 *CR*,1:914:18 里梅兰希顿致犹斯都·乔纳斯(Justus Jonas)的信件。

福音到底是怎么回事。宣讲律法并不能带来悔悟,因为真正的悔悟需要信仰,而信仰只能来自聆听福音。律法作为基督徒的道德指导是没有用处的,因为基督徒遵照上帝的旨意,不是出自外部的戒律,而是出自内部的推动力。在某种程度上,他的主张片面地夸大了路德早先对律法的非难。但是,正是由于这个缘故,路德才必须驳斥他,以免人们误解他自己的观点。这样,阿格里科拉的原来的目标梅兰希顿就坐到一旁,而路德则在一系列公开辩论的论题里驳斥阿格里科拉。阿格里科拉把这件事情交给选帝侯处理,结果不得不离开维登堡前往勃兰登堡(Brandenburg)。他最后宣布放弃主张,但当他试图再一次在维登堡会晤路德的时候,路德不愿意接见他。

第三个阶段的反律法的争论是从乔治·梅杰(George Major)的教导引起的辩论中发展出来的,关于这个辩论我们将在这一章里进一步加以讨论。在这个争论中,尼古拉·冯·阿姆斯多尔夫(Nicholas von Amsdorf,1483～1565年),坚决捍卫路德神学免受许多革新者侵犯的人之一,断言善行绝对不是得救所需要的。安德鲁·波奇(Andrew Poach,1516～1585年)拾起了这个话题,并补充说,律法在基督徒生活里的作用,只是指责罪人和向他表明他有罪。波奇及其追随者把路德关于基督徒的自由的原则推向极端,声称基督徒不受任何管辖,并回到阿格里科拉的论点上,说应当只宣讲福音,而不应当宣讲律法。换言之,他们绝对拒绝"律法的第三种用途"作为基督徒的向导。

反律法的主张最后在1577年被《协和信条》拒绝。正像我们将要在后面看到的那样,《协和信条》的主要目的是要结束严格的路德派和菲利普派之间的分化——到了那个时候,路德和梅兰希顿都已经死了。但是,《协和信条》也试图解决其他那些削弱了路德基督教团体的争执。这些争执之一是反律法的争论。由于严格的路德派和菲利普派在这个问题上是一致的,因而《协和信条》第六条肯定了律法对信徒们的第三种用途,即,"在他们重生之后,虽然肉体仍然附在他们身上,但为了这个缘故而给

114 他们一个明确的规则，他们将按照这个规则来规划和调整他们的整个生活”。[21] 在一系列正面的肯定之后，继之而来的是对反律法主义的谴责：“因此，那种错误的教导，说律法不应当按照上述的方式方法施加在基督徒和真正的信徒身上，而只施加在非信徒、非基督徒和不悔悟的人身上，我们认为，那种教导对基督徒的纪律和真正的虔敬行为来说是危险的和起破坏作用的。”[22]

虽然反律法者的观点被《协和信条》所拒绝和排斥，但这类意见稍加修改在其他的场合里再次出现。加尔文不得不同“放浪派”(libertines)争论，他们实际上是反律法者。在17世纪的英国，“反律法主义”(antinomianism)是比较保守的神学家们贴在那时兴起的众多派别身上的方便的标签之一。在新英格兰在安妮·哈钦森(Anne Hutchinson)那里也出现了类似的问题。[23] 这样，虽然正统的路德主义通过《协和信条》而排斥了反律法主义，但在新教神学的整个过程里这个问题一再被提出来。

奥西安德的争论是围绕着安德鲁·奥西安德(Andrew Osiander，1498～1552年)的教导而产生的，关于奥西安德，R·西伯格(R. Seeberg)曾经说过，“在宗教改革时期的第二等重要人物里面，他或许是最伟大的”。[24] 他是纽伦堡(Nuremberg)的宗教改革领导人，于1529年出席了马尔堡的

---

[21] T. G. Tappert, ed., *The Book of Concord: The Confessions of the Evangelical Lutheran Church* (Philadelphia: Muhlenberg Press, 1959), pp. 479～480. 福特雷斯(Fortress)出版社准许使用。

[22] 同上，第481页。

[23] W. K. Stoever, *A Faire and Easie Way to Heaven: Covenant Theology and Antinomianism in Early Massachusetts* (Middletown, Conn.: Wesleyan University, 1978); S. R. Williams, *Divine Rebel: The Life of Anne Marburg Hutchinson* (New York: Holt, Reinhart and Winston, 1981).

[24] R. Seeberg, *Text－Book of the History of Doctrines* (Grand Rapids: Baker Book House, 1958), vol. 2, p. 372, n. 2. 见 E. Hirsch, *Die Theologie des Andreas Osiander und ihre geschichtlichen Voraussetzungen* (Göttingen: Vandenhoeck & Ruprecht, 1919)。还见 G. Seebass, *Bibliographia Osiandrica: Bibliographie der gedruckten Schriften Andrea Osiander d. A. (1496～1552)* (Nieuwkoop: B. de Graaf, 1971)。

会谈,1530 年出席了奥格斯堡的议会。在《奥格斯堡临时文件》时期,他不得不离开纽伦堡,去康尼格斯堡(Königsberg)大学当教授。在他的生命即将结束的时候,即 1550 年,他发表了《关于称义的辩论》(*Disputation on Justification*),这个《辩论》后来成了这场争论的原因。继这个《辩论》之后,除了其他的论文之外,是另一篇论文《论唯一的中保耶稣基督和因信称义》(*On the Sole Mediator Jesus Christ and Justification by Faith*)。

虽然这场争论中的主要问题是关于称义的教义,但奥西安德并没有 115
脱离神学的整个体系而提出他对这件事情的看法。相反,他对称义的理解是这样一种总的神学观点的组成部分,这个总的神学观点在许多问题上同其他的改革者的总的神学观点大不相同。简言之,奥西安德是一个神秘主义者,一般说来,他的神学是同基督——上帝的永恒的话语——神秘结合的神学。其他的改革者大都害怕这一点,因为这一点倾向于使人看不清上帝和我们之间的距离,并把注意力集中在永恒的话语上,而不是集中在上帝在历史中的启示上。

奥西安德在上帝的话语方面的神秘主义可以在他论述亚当和上帝在亚当身上的形象的那种方式中看出来。上帝的形象不是在作为创造物的亚当身上可以找到的某种东西。这个形象是圣子本身——这是早期基督教神学一个经常的话题。亚当据说是按照上帝的形象造的,因为在建立世界之前,上帝已经决定,圣子将成为肉身。因此,基督成为肉身是上帝永恒的目的,而不是对罪作出的反应。即使亚当没有堕落,基督也会成为肉身。但是,甚至在基督成为肉身之前,人类就被创造出来,为的是上帝的形象——即圣子——可以寓居人类身上。这就是亚当在堕落之前的情况,因为圣子寓居在他身上,并使他成为正义的。当他犯罪时,他失去的正是这个。

这意味着,我们现时为我们的称义而需要的东西,是圣子重新寓居我们身上。由于亚当的堕落,基督成为肉身就有了另外的目的:人类的赎罪和称义。基督的救赎工作意味着:他无辜地承受上帝的愤怒,这样就为全人类赢得了对罪的宽恕;他以我们的名义履行了律法,这样,为了使我们被宣布为义,就不再要求我们严格服从律法。然而,为了使这种义对个人来说是真实的,人们必须称义。基督通过寓居在那个人身上而做了这件事情。因此称义不是像路德所说的那样是上帝出于慈爱的恩典而归给人的,而是由于基督寓居在我们身上,上帝才在我们身上找到的某种东西。信徒的义是存在于信徒内心之中的上帝。奥西安德使用令人想起迦帕多西亚派论述基督人神合一的语言,断言基督前来寓居在信徒身上时实际
116 上发生的事情是,他的神性的义的汪洋大海淹没了我们的一小滴罪恶,然后上帝看着纯洁的大洋,而不是一小滴罪恶,并宣布我们是义的。

基督在我们身上的这种使人称义的寓居是通过《圣经》的"外在的话语"和宣告而实现的;但是,在这个场合重要的是"内在的话语",即作为三位一体的第二位的话语。基督的人性以及他作为人而说的话语是他的神性传达思想感情的工具。但是,归根到底,是基督的神性使我们称义,并且可以被恰当地称为中保。

这些观点引起了来自几个方面的攻击。正像我们将要在下一章里看到的那样,加尔文一再驳斥奥西安德的理论。梅兰希顿和奥西安德之间的紧张关系是有缘由的,因为奥西安德拒绝接受《临时文件》,并被流放到康尼格斯堡,而梅兰希顿这个维登堡教授则声称,他可以接受《临时文件》的莱比锡版本,而不放弃福音的任何基本的东西,并选择留在维登堡。因此,梅兰希顿利用这个机会表明,他的对手并不是像自己声称的那样正统,是不足为奇的。在一系列的论文里,以及在1551年的所谓的《萨克森尼信仰声明》(*Saxon Confession*)里——实际上是另一个改头换面的《奥格斯堡信经》——梅兰希顿宣称,奥西安德背离了福音的明确教导,而且由于声称上帝根据基督在罪人身上的义而使我们称义,奥西安德这个康尼

格斯堡的教授是在放弃被归给的义的教义，并且危险地靠近了罗马天主教。[25] 意大利神学家法兰西斯科·斯坦卡罗（Francesco Stancaro）在驳斥奥西安德时做得这样过分，以致声称，基督是中保，只是根据他的人性，而不是根据他的神性——这是彼得·伦巴德（Peter Lombard）和其他的人早先持有的主张。[26] 但是，对奥西安德的最有说服力的反驳，或许是马赛厄斯·弗拉西厄斯（Matthias Flacius）的反驳。

马赛厄斯·弗拉西厄斯（1520～1575 年）被高呼为最好的第二代路德派神学家。他确实是最坚决捍卫严格路德主义免受梅兰希顿和其他人 117
的"革新"的人之一。他认识路德只有几年，因为他是在路德这个改革者去世之前大约五年来到维登堡的。尽管如此，他成了路德的虔敬的推崇者和其教导的坚定的追随者。《临时文件》被公布时，他是维登堡大学的希伯来语教授，他决定过流放的生活，而不愿意服从《临时文件》。后来，他成了杰纳大学（University of Jena）最著名的教授之一，杰纳大学之所以成立是为了捍卫严格的路德主义免受那些占据了维登堡大学的菲利普派的侵犯。[27] 我们将看到他卷进了其他一些争论。他总是捍卫严格的路德派的主张。在反对奥西安德的时候，他声称，除了奥西安德的关于称义的教义不再是被归给的义这个明显的问题之外，奥西安德这个康尼格斯堡教授还使基督替世人赎罪与信徒的称义相分离，从而使人看不清那种苦行赎罪的中心地位。奥西安德曾经说，赎罪和称义不可能是相同的；因为赎罪是在一千五百年以前进行的，而称义则仍在基督徒个人身上进行着。在反对这样一个论点时，弗拉西厄斯反驳说，赎罪和称义之间的联系比奥

---

[25] 参见 Manschreck, ed., *Loci*, p. 179。

[26] O. Ritschl, *Dogmengeschichte des Protestantismus*, 4 vols. (Göttingen: Vandenhoeck & Ruprecht, 1908～1927), 4: 475.

[27] 标准的研究，见 W. Preger, *Matthias Flacius Illyricus und seine Zeit*, 2 vols. (Erlangen: T. Bläsing, 1859～1861)。还见 L. Haikola, *Gesetz und Evangelium bei Matthias Flacius Illyricus* (Lund: CWK, 1952)。

西安德所认为的要密切得多。赎罪的作用并不仅仅是使称义成为可能的事情。赎罪的行为和称义的行为是相同的,因为当我们称义的时候,上帝根据赎罪而干脆把我们看成是义的。这种区分是很重要的,因为奥西安德的主张倾向于强调上帝永恒的话语,由于上帝永恒的话语的存在,上帝才使罪人称义。如果情况是这样,那就很难看出成为肉身的话语的献身行为的作用是什么。按照弗拉西厄斯的主张,上帝使我们称义,不是因为我们身上的永恒的话语,而是因为基督的服从。最后,奥西安德声称,基督成为肉身是预先注定为创造天地万物的顶点的,而与亚当的堕落无关,这种主张再一次模糊了基督的有历史意义的服从和罪人的称义之间的关系。因此,奥西安德的观点歪曲的不仅是称义的教义的一个方面,而且是破坏了福音的核心。[28]

118 正像这一部分里所讨论的其他争论所遇到的情况一样,《协和信条》对所提出的这些问题作出了反应。为此,《协和信条》把注意力集中在这样一个问题上:基督使人称义,是根据他的神性(奥西安德),还是根据他的人性(斯坦卡罗)呢。

> 一个问题产生了:基督是我们的义,是根据哪一性呢。两种错误的和互相矛盾的教导侵入了某些教会。
>
> 有一些人认为。基督是我们的义,只是根据他的神性。当他因为我们的信仰而寓居在我们身上时,与这个寓居在内的神性相对,所有人的罪被看做是一滴水之于一片汪洋大海。然而,其他人则认为,基督是我们在上帝面前的义,只是根据他的人性。
>
> 和刚才所说的这些错误相反,我们一致相信、教导和声明,基督

---

[28] 见 Haikola, *Gesetz und Evangelium*, pp. 85～95, 254～257。他强调了弗拉西厄斯和路德之间在他们各自对称义的理解方面的分歧(第 85～96 页)。在这最后一点上,弗拉西厄斯忽略了一大群神学家,这些神学家可以往上追溯到艾雷尼厄斯。艾雷尼厄斯认为,基督成为肉身是创造天地万物的顶点,而没有因此损坏基督成为肉身和赎罪之间的关系。

> 是我们的义，既不是只根据神性，也不是只根据人性。而是根据包括二性的完整的基督，只是在他的服从中才是我们的义，他作为神和人把他对天上的圣父的服从变成了死亡本身。㉙

在进一步的解释中，《协和信条》断言，上帝宽恕我们的罪，“纯粹是由于他的恩典，而没有任何早先的、现在的或随后的善行、功德或应得无愧”。㉚ 最后，在被谴责的种种观点中，还有一种观点认为，“信仰并不是只指望着基督的服从，而是也指望着他的神性（就基督的神性寓居在我们身上和在我们身上起作用而言），而且由于这种寓居在内，我们的罪就被掩盖起来”。㉛

我们刚刚讨论过的这两个争论，即奥西安德争论和反律法争论，从来没有使路德主义的主要领导人分化。菲利普派和严格的路德派在拒绝奥西安德的观点和反律法者的观点方面是一致的。我们现在要讨论的那些争论造成了较深的分化。在所有的争论中，在这点或那点上，争端是以严格地遵守路德的原则为一方和以菲利普派冲淡这些原则为另一方的。在 119
某些情况下，梅兰希顿本人站在这种争执的中心；在其他的情况下，其他的菲利普派是那些反对严格的路德主义的人。另一方面，所谓的严格的路德派并不永远忠于路德这个改革者原来的精神。这一点在这样一个问题上最值得注意，即他们尽力讲清楚教义的每一点，并且看到真正的信仰动辄受到威胁。这并不是路德的精神，因为虽然他非常关心正确的信仰，虽然他在他的神学立场上总是很坚定，但他比他后来的追随者允许有更大的教义方面的自由。

㉙ Tappert, ed., *The Book of Concord*, pp. 472～473.

㉚ 同上，第 473 页。

㉛ 同上，第 475 页。

在某种意义上说，我们现在将要叙述的种种争论是一个单一的大争论，这个相当荒谬的争端就是路德对因恩典而称义的自由的发现是否有约束力。很明显，这个争端是不可能解决的争端，因为无论人们转向哪里，都是拒绝路德的伟大发现的一个基本的方面。因此，这些争论可以比做随着奥利金和奥古斯丁而来的那些争论，而且是天才人物被次要人物接替所造成的后果。

我们将要讨论的第一个大争论和《临时文件》有关，这个争论也被称为接受与拒绝两可的争论。虽然我们已经简短地提到了这个争论，但我们现在必须比较充分地考察这个争论，因为这个争论说明了菲利普派和严格的路德派之间冲突的性质。当查理和奥格斯堡议会（Diet of Augsburg，1548 年）公布《奥格斯堡临时文件》（*Augsburg Interim*）时，大多数新教徒都拒绝接受这个文件。虽然路德派神学家阿格里科拉参加了文件的撰写，但《临时文件》事实上是一个罗马天主教文件，在文件里所有的传统教义和做法都被恢复了。对新教徒作出的重要让步只是：教士可以结婚、两种圣餐和因信称义。但是，甚至最后这一点也说得含含糊糊，以致相当于因善行而称义。由于许多新教徒拒绝接受《奥格斯堡临时文件》，因而有几百人被杀，有许多牧师被流放。然而，在选举区萨克森尼，这种局面由于这样一个事实而复杂化了，即，莫里斯公爵（Duke Maurice）通过阴谋反对合法的统治者约翰·弗雷德里克（John Frederick）而获得了对这个地区的统治权。事实上，正是由于莫里斯公爵的叛变，才使他得到了这
120 个选举权，并使查理五世成为帝国的没有争议的君主。但是，莫里斯意识到，他不能在选举区的坚定的新教徒的反对下统治该选举区。因此，他邀请梅兰希顿回到维登堡，重新开办维登堡大学。但是，只要《奥格斯堡临时文件》继续生效，梅兰希顿及其追随者就不肯做这件事情。莫里斯被放在皇帝和新教徒之间的一个微妙的位置上。他一再试图说服路德派的教授们回到维登堡大学来。梅兰希顿坚持说，《临时文件》违背上帝的话

语，因此他不同意这个文件。[32] 他的同事们支持他。但是，另一方面，他们的处境并不容易，因为他们看到，他们最终不得不在坚持立场并让新教各教会被摧毁和达成某种妥协之间作出决定。在长长的一系列协商和辩论之后，梅兰希顿和大多数维登堡神学家们感到，他们可以不昧良心而接受《奥格斯堡临时文件》的一个修改了的版本，这个版本后来被称为《莱比锡临时文件》。这拯救了因信称义的教义，但在其他大多数事情上回到了宗教改革之前的做法上。另一个重要的让步是，弥撒不再被认为是值得称赞的献祭。在这个基础上，梅兰希顿、巴根哈根（Bugenhagen）以及其他的维登堡神学家们，把《莱比锡临时文件》当做两害之中的较小者而加以接受，并设法确保他们认为是福音的核心的因信仰而称义的宣讲得以在萨克森尼各地继续下去。他们在神学上说明这种妥协合理的原因在于基本事务和非基本事务——即接受与拒绝两可的事务——之间的区别。[33] 在基本事务上，尤其是在福音的核心问题因信称义的教义上，人们绝不可妥协。但是，为了教会的安宁起见，在接受与拒绝两可的事务上作出妥协常常是必要的。混淆基本事务和接受与拒绝两可事务，并坚持后者的每一个细节，是否认基督教的自由，并可能重新导致因善行而称义的教义。

但是，在所有这些事情里面，他们没有把德国其他部分的新教徒考虑在内，他们由于拒绝接受《奥格斯堡临时文件》而正在受苦。在他们看来接受莱比锡的修改了的文件似乎是背叛。萨克森尼的合法的选帝侯被关
在监狱里。他的儿子们过着被流放的生活，希望在杰纳大学新教神学的 121
新的中心。维登堡的神学家们怎么能够仅仅由于他们从《临时文件》里拯救了一两个项目而声称他们忠于福音呢？他们断言，他们保存了基本的东西，而只是在接受与拒绝两可的事务上屈服了，他们这样说合理吗？

---

[32] *CR*，6：853～857.

[33] *CR*，7：332.

严格的路德派的领导人是马赛厄斯·弗拉西厄斯，我们在论述奥西安德争论时曾经遇到他。他拒绝了解《奥格斯堡临时文件》和在莱比锡采取的修改了的版本之间有什么重要的区别。诚然，他在莱比锡的妥协之后在1549年发表的《反对临时文件》的论文，是针对这个奥格斯堡法令的，而且他干脆声称，他在论文里所说的一切，都适用于萨克森尼的情况。人们还说，为了使梅兰希顿显得不光彩，他还发表了梅兰希顿这个维登堡教授的一些被篡改的或被歪曲的所谓的信件。[34] 在这整桩事情里，宽厚和节制确实不是他的最突出的特点。

弗拉西厄斯以及其他采取他的立场的人——尼古拉·冯·阿姆斯多尔夫(Nicolas von Amsdorf)、小约翰·奥里费伯(John Aurifaber the Younger)以及其他的人——的主要论点是，在必须明确地表白信仰的时候，没有什么东西是接受与拒绝两可的。《临时文件》里被接受的许多东西，虽然就它们本身来说是不重要的，但是，当它们被当做是否定福音的象征时，就变得非常关键了。再者，那些不理解基本事务和接受与拒绝两可事务之间的区别的单纯的老百姓，由于所有的礼仪和仪式而有理由感到愤慨，因为他们必然会把这些礼仪和仪式当做是意味着旧的宗教被恢复了。

梅兰希顿答复时坚持了基本事务和接受与拒绝两可事务之间的差别。弗拉西厄斯及其一派所作的，只是提出一种新形式的教皇制度，在这种制度里所有的事务将受到控制，“基督教的人将没有自由”，而且重点将再一次落在外部事务上，而不是落在使人称义的信仰上。如果人们正确地理解因信称义的教义，那么，人们就必然会认识到在莱比锡作出的让步实际上是多么不重要。[35]

122 《临时文件》并没有持续很久，因为它被证明是彻底的失败。查理五世退位给斐迪南(Ferdinand)，在1555年奥格斯堡和约结束了《临时文

[34] Manschreck, ed., *Melanchthon*, pp. 290 ~ 291.

[35] *CR*, 7:382 ~ 386.

件》的时代。但是,《临时文件》的废除并没有结束弗拉西厄斯及其支持者——梅兰希顿称他们为“上帝的法庭”(God's Chancery)——和维登堡神学家们之间的争论。这种对峙,甚至在梅兰希顿去世之后,是这一章其余部分讨论的大多数争论的背景。

又一次,这个争论是由《协和信条》解决的,《协和信条》承认梅兰希顿的基本事务和接受与拒绝两可事务之间的区分,但是也同意弗拉西厄斯,说在某些情况下接受与拒绝两可事务就不再是接受与拒绝两可事务。这个争论点简单明了地陈述如下:

> 奥格斯堡基督教团体的神学家们中间,关于这样一些仪式或教会惯例,也存在着分歧,这些仪式或教会惯例既不是上帝的话语里所命令的,也不是上帝的话语里所禁止的,而是为了良好的秩序和全体的福利而引进到教会里来的。
>
> 主要的问题是,在迫害盛行的时候,当需要表白信仰的时候,当福音的敌人在教义方面没有和我们取得一致的时候,我们可以不昧良心而屈从他们的压力和要求,重新引进一些仪式——这些仪式已经不再使用,并且就其本身来说是无关紧要的事物,而且既不是上帝所命令的,也不是上帝所禁止的——从而在这些仪式和无关紧要的事物方面同福音的敌人取得谅解吗?一些人对这一点说“可以”,另一些人说“不可以”。[36]

那一部分表示肯定意见的人同意,既不是《圣经》里所命令的也不是《圣经》里所禁止的仪式和其他做法,是每个教会可以自行决定的事务,只要信仰方面不坚定的人不感到愤慨就行。但是——这是弗拉西厄斯的论点——“在迫害盛行的时候,当要求我们明确地表白信仰的时候,我们

㊱ Tappert, ed., *The Book of Concord*, pp. 492～493.

不敢在这类无关紧要的事务上面屈从敌人……在这种情况下，这不再是
123 无关紧要的事务的问题，而是涉及福音的真理、基督教的自由、认可公众的偶像崇拜和防止信仰方面不坚强的人感到愤慨的问题”。[37] 最后，《奥格斯堡信经》的各教会既谴责那些试图用暴力强加或取消接受与拒绝两可事务的人，也谴责那种认为在迫害盛行的时候在接受与拒绝两可事务方面屈从是可以允许的观点。

梅杰的争论（Majoristic controversy）可以看做接受与拒绝两可的争执中的进一步的插曲。乔治·梅杰（George Major，1502～1574 年），是维登堡大学的校长，他在《临时文件》这件事情里面追随了梅兰希顿。作为梅杰为维登堡神学家们所采取的主张进行辩护的一部分，他断言，善行对得救来说是必要的，对保持得救来说也是必要的。在这一点上，他并没有比梅兰希顿走得更远，虽然梅兰希顿使用比较谨慎的语言，避免在同一个句子里使善行和得救并列。因此，他愿意说，善行作为信仰的成果来说是必要的，信仰对得救来说是必要的；但是，他不愿意把这两件事情相提并论，以免它们被解释为因善行而称义的意思。[38] 梅杰的不谨慎的断言引起了严格的路德派的两个主要领导人弗拉西厄斯和阿姆斯多尔夫的攻击。弗拉西厄斯的攻击只限于重申路德的因信称义的主要主张，并指出梅杰的话对那个教义是有害的。阿姆斯多尔夫走得更远，他把路德对善行的夸张的攻击提高到教条主义的论断的水平上，而声称善行有损于得救。

在这个问题上，《协和信条》采取了中间立场，重新肯定了因信仰而得救的教义，指出了《奥格斯堡信经》确实谈到了善行的必要性，并拒绝了争执双方的极端的论断。“因此，我们拒绝和谴责口头的和书面公式化语言，说什么善行对得救来说是必要的；同样地，从来没有人在没有善行的情况下得救……我们也拒绝和谴责，那种说善行有损于得救的大胆说

---

[37] Tappert, ed., *The Book of Concord*, p. 493.

[38] *CR*, 9: 498～499.

法，对基督徒的纪律来说，是可恶的和起破坏作用的”。[39]

协同作用的争论（synergistic controversy）是菲利普派和严格路德派之间的连续的辩论的另一个插曲。《莱比锡临时文件》提出，在得救的过程 124 中，人的意志和上帝合作。正像我们已经看到的那样，随着岁月的推移，梅兰希顿越来越强调意志的自由，他说，意志的自由使人不同于一根木头或一块石头。[40] 1555 年，菲利普派神学家约翰·普费芬格（John Pfeffinger）发表了一系列《关于自由意志的陈述》（*Propositions on Free Will*），他在其中重复了梅兰希顿的皈依中同时发生的三方原因的公式，即话语、圣灵和意志。再者，他提出，有些人响应信仰的号召，其他一些人不响应，这个事实就是由于意志的自由。1560 年维克多林·斯特里格尔（Victorin Strigel）在同弗拉西厄斯的公开辩论中，坚持了一系列类似的论点。在这件事情里，就像在这个时期的大多数其他争论里一样，严格的路德派的领导人是阿姆斯多尔夫和弗拉西厄斯。

然而，在这个特殊的争论里，严格路德主义的坚定捍卫者弗拉西厄斯，听任自己超越了传统的基督教正统的界限。这是他垮台的原因，因为当他拒绝放弃信仰的时候，他不得不过被流放的生活。最后，他，一个狼狈不堪的人，在他避难的一个天主教女修道院里死去。辩论中的这个争论点——这使他失去作为严格路德派代言人的地位——是原罪。协同作用的争论自然而然地从皈依中意志的参与的问题转移到原罪的问题，因为如果意志是或多或少被束缚的；那么，这是原罪造成的结果。弗拉西厄斯在同斯特里格尔的争论中以及在他后来发表的论述意志自由的文章中，提出了这样的观点，即原罪不是一个偶然事件，而是堕落的人的生存的本质。当亚当被创造的时候，他能够具有上帝的形象，因为他仍然有他的原来的义。因此，他有一个能够同上帝合作的意志。但是，堕落使种种

[39] Tappert, ed., *The Book of Concord*, p. 477.

[40] *CR*, 9:766.

事情彻底改变，因为作为堕落的后果，亚当失去了他原来的义，失去了他的自由意志——不是在外部事务方面，而是在他能够转向上帝的能力方面——甚而失去了上帝的形象。我们所有的不再是上帝的形象，而是撒旦的形象。换句话说，"亚当在堕落之前的本质"——或至少是这种本质的"最重要的部分"——是他的原来的义。我们现时的本质是罪。当我们皈依的时候，所发生的事情是撒旦的形象和上帝的形象之间的战斗——或者是旧的创造物的本质和新的创造物的本质之间的战斗。这个主张不
125 久之后就招来几个方面的炮火，因为这个主张既否定了路德的既称义又是罪人的教义（*simul iustus et peccator*），又靠近了摩尼教。在这一点上，甚至严格的路德派也感到，他们不再能够支持他们从前的斗士，正像已经说过的那样，这个斗士坚持他的主张，结果被迫过流放的生活，并且终于在默默无闻中死去。

然而，协同作用的这个争论点，或者是皈依中意志是否同上帝合作的这个争论点，仍然没有解决，而且继续是菲利普派和严格路德派之间分歧的一个主题。《协和信条》在头两个条款里使自己针对着这个问题和其他的有关问题。《信条》在刚一开始就提出了原罪的问题：

> 这个争论的主要问题在于，严格地和毫无差别地，原罪是人的腐败的本性、本质和实质，抑或确实是他的存在的主要的和最好的部分（即，他的处于最高形式和最大能力的理性灵魂）。或者，甚至在亚当堕落之后，人的本质、本性、实质、身体和灵魂为一方同原罪为另一方之间有没有区别，这样，人的本性是一回事，而原罪——原罪自来就存在于腐败的本性中并且使本性腐败——则是另一回事。[41]

《协和信条》在答复这个争论的时候断言，人的本性和原罪之间有区

---

[41] Tappert, ed., *The Book of Concord*, p. 466.

别,不仅在创造天地万物的原来的状态中是如此,而且在目前也是如此。堕落的人仍然是上帝的创造物,而且上帝不创造邪恶的本质。因此,"那种教导,说原罪严格地和毫无差别地是腐败的人的本质、本性和实质,因而甚至在头脑里也不应当做出区分,"被《协和信条》谴责为"摩尼教的错误"。[42] 另一方面,《协和信条》也防止相反的错误,即认为罪是人的本性小小的腐化的错误,这种错误将导致伯拉纠主义。这样,《协和信条》断言,"这种破坏作用是这样不能以言语表达,以致不能用推理的过程来加以认识,而只能从上帝的话语里来加以认识,"而且"除了上帝以外没有人能够把我们的本性的腐化和本性本身分割开来"。[43]

《协和信条》的第二个条款论述了自由意志,并对协同作用这个问题 126
作出答复:"问题是,在人的第一对父母堕落之后和在人重生之前,人在灵性事务方面具有什么能力呢? 在人通过圣灵而重生之前,人能够依靠自己的能力,使自己倾向于接受和准备好接受上帝的恩典吗? 他能够还是不能够接受上帝在话语里和神圣的圣礼里提供的恩典?"[44]

对所有这些问题的答复是,没有这样的能力,因为堕落的人的意志"不但从上帝那里转移开,而且也变成了上帝的一个敌人,因而他希望和愿意做的,只是邪恶的事情和反对上帝的事情"。[45]我们不能使自己皈依上帝,我们也不能够朝着我们自己的皈依作出一个开端,我们在皈依之后也不能够服从上帝的律法。另一方面,上帝并不强迫意志,而是圣灵引领意志和打开心扉,使人们能够听到福音。因此,皈依只有两个有效的原因:圣灵和上帝的话语,意志不能说是第三个同时发生的原因。然而,至于外部的事务,诸如我们的四肢的移动,我们是有自由的,宿命论(determinism)是被拒绝的。

㊷ 同上,第 468 页。

㊸ 同上,第 467 页。

㊹ 同上,第 469 页。

㊺ 同上,第 470 页。

我们将要讨论的下面三个争论和早先那些争论的不同在于，它们基本上不是严格路德派和菲利普派之间的对峙引起的，而是路德主义和加尔文主义之间的对峙引起的。这并不是说，这些争论总是路德派和加尔文派之间的辩论，因为真正的加尔文派很少参与这三个争论中的头两个争论。这些争论主要是路德派中间的争论，这些争论涉及这样一个问题，即在路德主义里面能够容忍多少加尔文的影响。在这些争论里，那些受到加尔文影响的人，或那些受到类似的但独立的观点影响的人，被严格路德派称为隐蔽的加尔文派。

圣餐争论的背景是，在基督临在于圣餐里的这个问题上路德和慈温利之间的分歧。正像众所周知的那样，在1529年马尔堡会谈中，他们的分歧围绕着这个问题而具体化了。然而，并不是所有的新教徒都赞成这两个改革者中间的任何一位的观点。相反，在莱茵河盆地和德国南部，有
127 许多人在象征性的回忆和身体的临在之间寻求一个中间的立场。最初，这种情绪在斯特拉斯堡的改革者马丁·布塞那里得到最明确的表达。1536年，布塞同路德及其同伴达成协议。人们希望，这个《维登堡协约》(*Wittenberg Concord*)将被德国南部各城市和至少某些瑞士人接受。然而，这种情况从未发生。1549年，加尔文、布塞以及若干瑞士领导人和德国南部领导人，在《苏黎世共识》(*Zurich Consensus*)里走到一起。这个文件又一次是慈温利观点和路德观点之间的中间文件。但是，路德派——路德本人已在三年前去世——从来没有接受过这个文件。

这样，当汉堡的严格路德派牧师乔基姆·韦斯特法尔(Joachim Westphal)出版一本书，指出加尔文和路德之间的分歧，尤其是有关圣餐方面的分歧时，情况就如上述。㊻ 直到那时(1552年)为止，这种分歧几乎没有被人们注意到。韦斯特法尔的攻击在加尔文派中间没有造成很大的影

㊻ Ritschl, *Dogmengeschichte*, 4: 10 ~ 13.

响，加尔文本人也以几分看不起的态度作出答复。[47] 但是，在路德派阵营内部，反应不大相同，因为许多在这个问题上不完全同意路德的路德派，这时被迫表态。从严格路德派的观点来看，慈温利和加尔文之间的分歧，如果有的话，也是不重要的，因为他们两人都否认基督荣耀的身体的无所不在，基督在圣餐里的身体的临在以及非信徒对这个身体的分享。

梅兰希顿拒绝采取公开的立场。[48] 他清楚地感到，进一步的争论只会破坏教会的安宁。他本人是加尔文的朋友，他于1539年在法兰克福曾经见过加尔文。他也有这样一个事实作为先例，即路德知道加尔文的《基督教要义》(*Institutes*)和其他著述，对加尔文这个瑞士领导人总是表示好感。但是，梅兰希顿的沉默不语，加上许多菲利普派出来支持加尔文的或类似的观点这一事实，使梅兰希顿及其伙伴得到了“隐蔽的加尔文派”(crypto - Calvinists)的称号，在德国各地掀起了辩论。[49] 在海德堡(Heidelberg)，严格路德派蒂尔曼·赫斯胡森(Tilmann Hesshusen)和威海姆· 128
克莱比茨(Wilhelm Klebitz)展开了争论，克莱比茨声称，他从一个英国人那里得到他的圣餐的教义，但是，他的观点和加尔文的观点一致。在布雷门(Bremen)，在阿尔伯特·哈登伯格(Albert Hardenberg)和约翰·廷曼(John Timann)之间进行了类似的辩论。虽然哈登伯格追随梅兰希顿的榜样，设法避免这个争端，但廷曼迫使他明确表白他的主张，最后的结果是整个布雷门城倒向了加尔文的阵营。在海德堡的争论的结果最后也是一样，因为当选帝侯弗雷德里克三世(Frederick III)通过征求梅兰希顿意见而设法解决这个争执的时候，梅兰希顿简单地回答说，这个争执的答案并不难找到，虽然作出这个答案将是危险的。这个选帝侯把这理解成为赞成加尔文主义，而且由于他自己的信念也使他倾向那方面，因而弗雷德

---

[47] *CR*，37∶1～252. 还见本书边码第156页。

[48] *CR*，8∶736；9∶960.

[49] Ritschl, *Dogmengeschichte*，4∶10～13.

里克三世的整个领地变成了加尔文派，不仅在圣餐的教义方面如此，而且在礼拜和其他事务方面也是如此。这种情况在改革神学家扎卡赖亚斯·厄西纳斯(Zacharias Ursinus)和卡斯珀·奥利维安纳斯(Caspar Olevianus)1563年撰写《海德堡教义问答》(*Heidelberg Catechism*)里表现出来。在萨克森尼当地斗争很剧烈。严格路德派再一次在战场上和菲利普派交火。菲利普派之一乔基姆·柯雷尤斯(Joachim Curaeus)发表了一篇匿名论文，他在其中宣称，非信徒并不真正分享圣餐里的基督，而且“属性交流”不是像路德听说的那样，不能这样加以理解，即基督荣耀的身体可以说是无所不在的。这种对路德教义的公开攻击，使严格路德派有机会在1574年对加尔文主义进行谴责。由于梅兰希顿这时已经去世了，他的教义被说成是和路德的教义一样。作为这些辩论的一个必然的结果，关于基督复活的身体无所不在的理论也被广泛讨论。有些人在试图坚持路德对圣餐的理解的同时，拒绝无所不在的理论。其他的人声称，路德的教义和这个理论这样密切相联，以致二者共存亡。

《协和信条》又一次试图解决这些争端，它的第七个条款就针对着这些争端。“问题是，如果我们的主耶稣基督的真正的身体和血随着饼和酒被分配，如果它们是被那些领圣餐的人用嘴接受，而不论那些人是配得上
129 还是配不上，是虔诚还是不虔诚，是信徒还是非信徒，信徒为了他们的生命和得救，非信徒为了他们的被审判，那么，在圣餐里，我们的主耶稣基督的真正的身体和血是真正地和实质上临在吗？圣礼形式论者(Sacramentarians)说，不；我们说，是”。[50]

和早期严格的路德派一样，《协和信条》拒绝承认慈温利和加尔文之间的差别有任何意义。《协和信条》称慈温利的追随者为“极端的圣礼形式论者”，而加尔文派则是“最有害的狡猾的圣礼形式论者”。后者“在某种程度上非常动听地操我们的语言，并声称相信基督的真正的、实质的和

[50] Tappert, ed., *The Book of Concord*, pp. 481～482.

活生生的身体和血在圣餐里的真正的临在，但又断言，这是因信仰而在精神方面发生的。但是，在这种动听的措辞之下，他们实际上保留了早先的极端见解，即在圣餐里只有饼和酒，而且是用嘴领受的”[51]。

人们在反对这两种“圣礼形式论者”的时候肯定，基督的身体和血在饼和酒里真正存在着，真正被分配和领受，而且这既是为了信徒也是为了非信徒——虽然那些没有皈依和没有悔悟的人是冲着他们自己的被审判和谴责而吃下去的。

圣餐的争论必然导致基督位格的统一问题，因为路德和改革神学家之间的分歧同他们对基督本人的两性结合的不同看法密切相关。路德派的主张需要有基督的身体的无所不在，这个主张是以这样的见解为基础的，即，两性的结合是这样的，以致神性的性质确实是被转移到人性上——“属性交流”——因此，基督复活的身体从他的神性那里得到了同时存在于几个不同地方的能力。另一方面，改革神学家的主张强调两性之间的差别，并且对“属性交流”有一个比较受限制的看法，因而坚持说，基督的身体存在于天上同时又存在于众多的教堂里是不可能的。这样，“隐蔽的加尔文派”或者是限制或者是拒绝“属性交流”，而严格路德派则强调“属性交流”。虽然许多人卷进了这个争论，但最重要的贡献是马丁·切姆尼茨（Martin Chemnitz，1522～1586年）作出的，他在1571年发表了《论基督的两性》（*On the Natures of Christ*）的论文。他在这里提出了对基督位格统一的理解，按照这种理解，当神性和人性结合时，人性能够 130
在多大的程度上具有神性的属性，就在多大的程度上得到了神性的属性。这不是在基督复活时发生的，而是在基督成为肉身时发生的。我们在基督的历史生活中看到的局限性是真实的，但这只是因为神性的本性约束它自己。这样，这些局限性不是本性强加的局限性，而是意志强加的局限性。因此，基督愿意在哪里，他的身体就能够存在于哪里。这并不是说，

---

[51] 同上，第482页。

他的身体是无所不在的，仿佛这是他的身体的性质的一部分，而是说，他愿意在哪里，他的身体就能够存在于哪里。因此，比无所不在更好的词是“多处随意存在”——即他能够随意存在于几个地方的能力。把意志的因素包括进去是很重要的，因为这意味着，基督的身体并不是不加选择地存在于各个地方，而只是存在于他所选择的地方——即人神交流的圣餐里。切姆尼茨也阐明了“属性交流”的意思，他指出这意味着：首先是两性的特性对于一个“本人”的交流；其次是两性之间的交流，这样，一个性的行动可以由另一个性来推断；第三是神性赋给人性以能力，这样，人性就能够做那些为拯救人类而必须做的事情。这种说法后来被路德派的经院主义采纳了。[52]

《协和信条》对这个争论作出答复时肯定，“属性交流”“真正地和确实地”发生了，这样“神就是人，人就是神”，而且圣母马利亚是“神的母亲”。人们追随切姆尼茨而肯定，由于位格的统一，基督永远具有“神的无上权威的尊严和无所不能的能力”，但是，他“在屈辱的状态下”放弃了这种尊严和能力。这些基督论的断言那时和圣餐里基督身体存在的问题有关，这个问题是这场辩论的原来的起因。“因此，他能够而且很容易把他的临在于圣餐里的真正的身体和血分给我们”。[53]

最后，必须谈一谈有关预定论的争论，这个争论不是发生在路德派神
131 学家们中间，而是发生在路德派和改革派之间。这个争论从来没有发展成为广泛的公开辩论，而且于 1563 年在斯特拉斯堡（Strasbourg）友好地解决了。然而，虽然争论解决了，但《协和信条》的撰写者们意识到，预定论的教义可以用两种不同的方法来探讨，而这些不同的探讨可能导致严重的争论——三个世纪之后在美国路德派中间确实发生了严重的争论。因此，《协和信条》把第十一个条款用在预定论上面。人们在这里声称，

---

[52] Ritschl, *Dogmengeschichte*, 4:70～106.

[53] Tappert, ed., *The Book of Concord*, pp. 487～489.

被拣选的教义不是通过推理或律法来加以探讨，而是通过信徒所具有的得救靠基督的这一认识来加以探讨。这个区分是很重要的，因为不是以福音为基础的预定论的教义，将导致怀疑和失望，而正确理解被拣选则是最令人宽慰的保证。换句话说，预定论不能被看做是前因，仿佛预定论是从对上帝的自然认识里得出来的，而应当看做是后果，是从对上帝在基督里显示的爱的认识中得出来的。因此，虽然每一个基督徒都必须宣称，得救是神圣的和不应得的被拣选的结果，但我们必须克制自己不试图解释被上帝摈弃者的命运而搞出一个双重预定论的教义。

在宗教改革运动的第一个大高潮之后，尤其是在路德逝世之后，在路德传统形成的年代里，上述这些就是该传统内部的辩论中的主要问题。正像我们一再看到的那样，《协和信条》设法——并且在很大程度上成功地——结束了这些争论。《协和信条》的撰写过程是很复杂的，我们无须在这里赘述，只须指出，它的主要设计者，除了其他许多次要人物之外，是雅各布·安德烈亚（Jacob Andreae）和马丁·切姆尼茨。[54] 至于它的语调，可以公平地说，它是试图使一个分裂的教会本着梅兰希顿的协和的精神和围绕着路德派的正统而团结起来的一种尝试。因此，在这两个伟大的改革者明显不一致的地方，《协和信条》选择了路德的主张，但是，《协和信条》里仍然有很多梅兰希顿的精神。

至于《协和信条》的成果，它成功地在路德主义和加尔文主义之间划
出了一个明确的分界线，成功地使大多数的路德派团体团结在一起。前 132
者（划出明确的分界线）是为后者（使路德派团体团结）付出的必要的代价，而且《协和信条》可以说是结束了这样一个时代，那时“大家感情用事，而且对一些信条的崇拜令人想起了拜占廷地区的教条主义斗争的最

[54] T. R. Jungkuntz, *Formulators of the Formula of Concord: Four Architects of Lutheran Unity* (St. Louis: Concordia, 1977).

坏的时期”。[55]《协和信条》实际上是在1577年完成的——在随后三年里做了一些次要的修改,尤其是在前言里——在1580年正式发表。不久之后,8,188个神学家和牧师,以及51个王子和次要的领主,连同35个城市,签署了《协和信条》。《协和信条》便同《使徒信经》、《尼西亚信经》和《亚他那修信经》,连同《奥格斯堡信经》以及路德派若干其他基本文件一起发表,后来被称为《协和书籍》(*The Book of Concord*)。在四个世纪里,《协和书籍》一直是路德派基督教团体内部的主要团结因素。

---

[55] Seeberg, *Text - Book*, 2:378.

第六章　约翰·加尔文的改革神学

路德和慈温利之间在圣餐解释上的冲突,象征着对神学的两种不同 133
的探讨方法。一般说来,路德的影响在德国北部比较强烈,而慈温利的影响在瑞士和德国南部最为显著。在莱茵河盆地,尤其是在斯特拉斯堡及其改革者马丁·布塞(1491～1551 年)那里,①人们试图搞出一个中间的立场,这种立场将使新教的两个分支走到一起。这些尝试从政治意义上说失败了,因为 1536 年的《维登堡协约》——这个协约使北部的路德派同布塞及其伙伴联合在一起,是本着将被瑞士人和南部德国人接受的希望而拟定的——并不成功。② 1549 年,几个德国南部领导人和瑞士领导人达成了《苏黎世共识》(*Zurich Consensus*)③,这些领导人里面有:在苏黎世

① J. V. Pollet 的书里用文件很好地证明了布塞的调解精神,*Martin Bucer*: *Etude sur la correspondance*, 2 vols. (Paris: Presses Universitaires de France, 1958, 1964)。布塞的拉丁文和德文著作由法兰西大学出版社(Presses Universitaires de France)和格尔德·莫恩(Gerd Mohn,古特斯洛[Gütersloh])联合出版。

② *CR*,3:375～384.

③ *CR*,35:735～744.

接替了慈温利的亨利·布林格(Henry Bullinger,1504~1575年),[4]以及这时被公认为日内瓦宗教改革领袖的约翰·加尔文。布塞同意后面这个
134 文件,因为影响到《共识》的形成的加尔文观点,带有布塞的痕迹。路德派从来没有接受这个新的协议,结果瑞士和德国大部分地区追随了加尔文的改革神学,这种神学——部分是由于布塞的影响——实际上是慈温利主义和路德主义之间的一种中间的主张。这样,虽然布塞没能使路德主义和慈温利主义走到一起,但他通过对最后的比较温和的形式的改革神学作出贡献而间接地获得成功。使实际上的失败和神学上的成功的这种相反效果达到顶点的是,布塞由于天主教徒反应强烈而被迫在1549年放弃斯特拉斯堡;但是他后来去了剑桥,在那里对英国国教改革的最终形式作出了重要贡献。

使改革神学具有其独特形式的是约翰·加尔文(1509~1564年)。[5]虽然加尔文早年的外表上的发展过程,可以比较详细地调查清楚,[6]但有关他的智力的和宗教的发展过程的资料却很少。[7] 加尔文本人,和路德

---

④ 对布林格的良好的介绍的书,见 A. Bourvier, *Henri Bullinger: Réformateur et conseiller oecuménique* (Neuchâtel: Delachaux & Niestlé, 1940)。在 *LCC*,24:288~325里,他的《关于神圣普世教会》(*Of the Holy Catholic Church*)被翻译出来。还见 *LCC*,24:356~357里的书目提要。

⑤ 有关加尔文的书目提要太庞大了,不能在这里引用,我请读者参考下列书目提要:A. Erichson, *Bibliographia Calviniana*, reprint (Nieukaap: B. de Graff, 1960);W. Niesel, *Calvin-Bibliographie: 1901~1959* (Munich: Kaiser Verlag, 1961);D. Kempff, *A Bibliography of Calviniana, 1959~1974* (Potcherfstroom: Institut vir Bevorderins van Calvinisme, 1975)。其他的书目提要定期地出现在 *CTJ* 里。指出了这些书目提要之后——这些书目提要反过来将促使读者去查看其他的书目提要——除了在有关加尔文的早年生活的那一部分里以外,我在这一章里不再提到其他的参考书目。

⑥ J. Pannier, *L'enfance et la jeunesse de Jean Calvin* (Toulouse: Société d'éditions, 1909).

⑦ J. Pannier,"对加尔文的知识形成的研究",*RHPhRel*,10(1930):145~176,264~285,410~447;F. Callandra,"加尔文青年时期灵性发展的简介",*RivStIt*,期刊5,5(1939):175~225;F. Wendel, *Calvin: Sources et évolution de sa pensée religieuse* (Paris: Presses Universitaires de France, 1950), pp. 3~26; W. F. Dankbaar, *Calvin: Sein Weg und sein Werk* (Neunkirchen: Erziehungsverein, 1959), pp. 1~28。

相反,不愿意在这方面多谈。他一定是在早年同人文主义有过接触,因为他年轻时是国王的医生威廉·科普(William Cop)的朋友,而科普反过来又同伊拉斯谟和布德(Budé)过从甚密。然而,有意义的是,当他的两个律法教授皮埃尔·德·莱斯托伊尔(Pierre de l'Estoil)和安德烈亚·阿尔恰蒂(Andrea Alciati)卷进一场剧烈的争论时,加尔文站在比较保守的德·莱斯托伊尔一边,而反对人文主义的阿尔恰蒂。[8] 事实上,他发表的第一个作品,是他给他的朋友杜切明的反阿尔恰蒂的《反自辩书》(*Antapologia*)写的前言。但是,这并不意味着,他拒绝了人文主义,[9] 因为他在 135
其中活动的那个小圈子完全是由人文主义者形成的——其中有杜切明(Duchemin)——而且在给《反自辩书》写了前言不久之后,他开始对塞尼卡的《论人道》(Seneca's *De Clementia*)进行评注,他希望这项工作将使他得到一些人文主义小圈子的推崇。

作为出版物,这个对塞尼卡的著作的评注是个失败,因为这个评注并没有引起这个年青的人文主义者所期待的那种注意。[10] 但是,这个评注作为研究加尔文的信念发展过程的资料,却是很有价值的。[11] 虽然有些人声称,这个评注是打算用来为被迫害的新教徒进行含蓄的辩护,但这样一种解释很难站得住脚。尽管如此,这个评注在两点上很有意义。第一点也是最重要的一点是,这个评注证明了人文主义在最晚到 1532 年的岁月中对加尔文的深刻影响。虽然加尔文后来拒绝那些他认为是人文主义者的自豪和怯懦的东西,但他对人文主义本身总是十分推崇。这种情况

⑧ 从上述的书目提要里可以看出,有若干研究加尔文的文章和书籍。然而,没有在参照加尔文的思想发展的情况下充分研究阿尔恰蒂(Alciati)和德·莱斯托伊尔(de l'Estoile)之间的争论。

⑨ 关于加尔文和人文主义,见 Q. Breen, *John Calvin: a Study in French Humanism* (Grand Rapids: Eerdmans, 1931);D. Lerch,"加尔文和人文主义",*ThZschr*,7(1951):284~299;B. Hall, *John Calvin: Humanist and Theologian* (London: Philip, 1956)。

⑩ Breen, *John Calvin*, p. 90.

⑪ 同上,第 86~99 页。

可以从他对待传统的态度和对待需要回到源头那里去的做法的态度中看出来，也可以从这样一个事实中看出来，即他同其他那些有类似背景的人交谈，如梅兰希顿和布塞，总是很坦然。第二点，人们已经可以在这个对塞尼卡的著作的评注里看到一些迹象，说明加尔文后来将对异教徒的天生的美德进行责难。[12]

要确定加尔文皈依的确切日期是不可能的。似乎可以肯定，在 1533 年和 1534 年之间的某个时候，他感受到了那种“突然的皈依”，因而他放弃了“罗马教廷的种种迷信”。[13] 几乎紧接在这之后，他完成了《心灵觉醒》（*Psychopannchia*）[14]，这篇论文试图驳斥某些再洗礼派的教义，说基督徒死后灵魂沉睡，等待最后的复活。不幸的是，这篇论文本来可能是研究加尔文神学发展过程的重要资料，但只存在于 1542 年及其后的各版本
136 里。由于加尔文经常为新的版本修改他的著述，因而很难知道，现有的文本里有多少内容是 1532 年的版本里已经有的。

总之，到了 1535 年，加尔文已经在撰写第一版的《基督教要义》（*Institutes of the Christian Religion*）的前言，《基督教要义》将在 1536 年在加尔文这时被流放的地方巴塞尔发表。[15] 虽然第一版的《基督教要义》只不过是 1559 年的最终产品的梗概——1536 年版本有六章，而 1559 年版本有八十章——但它已经是一部立即引起宗教改革的几位领导人注意的重要著作。其中之一是日内瓦宗教改革领导人吉劳姆·法雷尔（Guillaume Farel，1489～1565 年）。加尔文认为自己主要是个学者，并打算把时间用于研究和写作。但是，当战争迫使他在从法国到斯特拉斯堡的旅行中绕道西行的时候，这些计划被改变了。他由于绕道而来到日内瓦，在那里法

---

[12] *CR*,33:39,112,154.

[13] *Comm. in lib. Psalmorum*，前言（*CR*,59:22）。

[14] *CR*,29:1～252. 在 *Tracts and Treatises in Defense of the Reformed Faith by John Calvin* 里有 H. Beveridge 的英语译文（Grand Rapids：Eerdmans，1958），3:413～490。

[15] *CR*,29:1～252.

雷尔要求他留下来并领导宗教改革。由于加尔文不愿意接受他的请求，法雷尔警告他将被永远罚入地狱。加尔文决定留下来，就这样开始了他作为宗教改革的一个领导人的生涯。他以这样的身份，同时也是受到一些新的问题和争端的启发，而继续扩充《基督教要义》，直到这本书于1559年达到最后的定稿形式为止。[16] 只要跟踪相继几个版本的《基督教要义》在结构以及篇幅和内容方面的扩充过程，就有可能跟踪加尔文的神学发展过程以及各种不同争论提出的争论点。1536年的版本只不过是一部教义问答手册，作为致法国国王的信仰辩护书。这个版本没有表现出什么独创性，而且大部分是取材于路德。第二个版本（1539年）表现出布塞和其他改革神学家们的越来越大的影响，也反映出较多地卷入教会生活，以及热衷于驳斥塞维塔斯（Servetus）关于三位一体的教义和再洗礼
派关于婴儿受洗及教会性质的教义。到了1559年，《基督教要义》扩充成 137
为改革神学的系统的说明书，不但同罗马天主教徒有明显的分歧，而且同路德派、再洗礼派和反三位一体教义者也有明显的分歧。新教信仰的这个系统的说明书，成了改革传统的基本文件之一，而且也是我们研究加尔文神学的主要资料。

对上帝的认识

加尔文在他的《基督教要义》中一开始就断言，人能够知道的几乎所有的事情包括两个部分：对上帝的认识和对自己的认识。[17] 对自己的真正的认识——在其中我们发现了自己的悲惨和不足之处——也使我们意识到，我们需要寻求对上帝的认识。但是，由于我们在目前的状态中，太

[16] 也有从1559年的拉丁文本翻译的，1560年法文本，大概是加尔文本人翻译的。见 Wendel, *Calvin*, pp. 85～86；J. Cadier，在他的法文版本的前言里（Geneva：Labor et Fides，1955），第10～13页。

[17] *Inst.*，1.1.1.

容易欺骗自己，我们不是什么而声称我们是什么，并且遮掩我们的弱点，[18]因而真正智慧的恰当的出发点，是从认识上帝出发。仅仅知道上帝的存在是不够的，在这一点上加尔文和路德一致，虽然当他讨论对上帝的“正确的”认识时，重点不是落在上帝对我们的态度上，而是落在我们对上帝的正确态度上。“现在，按照我的理解，对上帝的认识是，我们不但由此而设想有一个上帝，而且由此而领会什么事情有利于我们，什么事情对上帝的荣耀来说是恰当的，总而言之，认识上帝在哪些方面对我们有利”。[19]

每一个人都自然而然地意识到有神，甚至连偶像崇拜的做法也证实了这一点。[20] 但是，这种意识只足以使人们变得不可宽恕，因为这种意识只是通过上帝的神秘的感召而播种在我们身上的一粒“宗教的种子”，只有几个人培育这粒种子，而没有人能够使这粒种子开花结果。[21] 用一般的话来说，通过创造天地万物和通过世界的秩序——上帝的能力在那里显示出来——而得到的对上帝的认识，情况也是如此。[22]

又一次，这种神在世界及其秩序上的印痕足以使人们成为不可宽恕的，[23]但是，由于人心里的邪恶，这种神的印痕并不产生对上帝的真正认识。[24]

这样，我们不能认识上帝，因为我们是这样被罪奴役，以致这种认识
138 是不可能的。但是，还有另一种局限性强加在我们对上帝的认识上，这种局限性同造物主和创造物之间的巨大距离有关。我们不能认识上帝，不但因为我们是罪人，而且因为我们是有限的创造物，而上帝是无限的。这

---

[18] *CR*,43～346.

[19] *Inst.*,1.2.1(*LCC*,20:39).

[20] *Inst.*,1.3.1(*LCC*,20:39).

[21] *Inst.*,1.4.1(*LCC*,20:39);*CR*,58:477;89:58.

[22] *Inst.*,1.5.1～3;*CR*, 54:204,281;62:297;63:452.

[23] Inst.,1.5.4,13.

[24] *Inst.*,1.5.12,14;*CR*,71:346.

反过来意味着,我们不得设法认识处于最高荣耀的上帝,而只能设法认识主要是通过《圣经》而显示出来的上帝。

> 我们要非常小心谨慎,以免我们的思想或言谈超越了上帝的话语本身所规定的限度。因为人的头脑尚且不能确切地确定太阳天体的性质,虽然人的眼睛天天看着太阳,人的头脑怎么能够按照它自己的小小的度量,去度量出上帝的不可度量的本质呢?诚然,当人的头脑甚至不能触及到它自己的本质的时候,人的头脑怎么能够靠它自己的引领而去找出上帝的本质呢?那么,让我们欣然把对上帝本身的认识留给上帝吧……但是,如果我们按照上帝使自己彰显于我们的那样去设想他是什么,而不从他的话语之外的其他地方去打听他,那么,我们就是"把对上帝本身的认识留给上帝。㉕

这样,上帝的启示并没有使神的本质被我们认识,因为神的本质我们既不能领会也不能忍受。在启示里,上帝使自己"迁就"我们有限的知觉。㉖ 这是《圣经》的作用,也确实是一切启示的作用,启示"使神具有人性"不是由于神的本质本身,也不是由于启示里的不完善,而是由于我们有限的能力,上帝使一切同我们的交流适应这种能力。㉗

虽然严格地说上帝的话语是三位一体的第二位,㉘ 但《圣经》也可以说成是上帝的话语,㉙ 因为《圣经》是上帝给我们的证据,㉚ 而且《圣经》

㉕ *Inst.*,1.13.21(*LCC*,20:146).

㉖ *CR*,54~387;57:356. 注意这和路德的"隐蔽的上帝"之间的类似之处。

㉗ *CR*,56:567,676,694;57:70.

㉘ *Inst.*,1.13.8.

㉙ *Inst.*,1.7.1; *CR*, 64:302.

㉚ *CR*, 56:617.

的内容是耶稣基督本身。[31]《圣经》并没有从教会那里得到它的权威。[32]
相反，教会是建立在先知们和使徒们的基础上的，现在这个基础应当在
《圣经》里寻找。[33] 虽然有一些合理的理由来相信，《圣经》是权威性的，[34]
139 但这些理由不足以证明，《圣经》是上帝的话语。《圣经》是上帝的话语这
一点，只能通过圣灵内在的证据来加以认识。[35] 另一方面，这并不意味
着，宁愿要圣灵的所谓启示，而不要书面文本的明确的语言。[36] 任何想象
中的神灵，如果不引领到《圣经》那里，并通过《圣经》而引领到基督那里，
都必须加以拒绝。当保罗说“字句是叫人死”时，他指的不是《圣经》的书
面文体，而是指字面上对律法的理解，这种理解没有看到《圣经》里的基
督；同样，灵性上对《圣经》的解释，是看到《圣经》里的基督的那种解释。

《圣经》明确谴责一切偶像崇拜和“罗马天主教的迷信”(Papist superstition)，例如使用偶像。[37] 在这里，加尔文把《旧约圣经》对异教徒的偶像的一切责难转移到天主教的使用偶像上。试图通过偶像来代表上帝或神圣的事物，是缩小神的荣耀。虽然上帝确实有时使用物质的标记——云彩或火柱——但这些标记是暂时的，而且这些标记在一瞬即逝的这个过程中是打算用来表示，不能用物质的标记来恰当地代表上帝。至于圣格列高利(St. Gregory)的论点，说偶像是无知者在其中获悉基督教信仰的书籍，那么，人们必须注意到，通过偶像而获悉的一切东西，充其量也是肤浅的。崇拜天使和崇拜上帝之间的传统区分只是说说而已，并不能使那些崇拜偶像的人免于受到偶像崇拜的指责。虽然加尔文拒绝使用偶像，因为他认为这不符合《圣经》，但他并没有像慈温利走得那么远，

---

[31] *Inst.*，4.8.5；*CR*，37:825；75:125.

[32] *Inst.*，1.7.1.

[33] *Inst.*，1.7.2.

[34] *Inst.*，1.8.

[35] *Inst.*，1.7.4～5；*CR*，76:401.

[36] *Inst.*，1.9.

[37] *Inst.*，1.10～12；*CR*，54:157；56～316；88:577.

慈温利和再洗礼派一致,拒绝任何没有得到《圣经》的明确批准的事物。这样,在加尔文和后来的许多加尔文派使用教会的传统礼拜的大部分做法的同时,其他那些大大受到慈温利影响的加尔文派,把礼拜里音乐的使用减少到可以在《圣经》里清楚地找到的那种程度上,即,唱赞美诗。由于这些不同的方针,在产生基督教音乐艺术和绘画艺术方面,改革传统远比路德传统和天主教传统少。

在《圣经》里显示出来的上帝是三位一体的。[38] 在这一点上,加尔文 140
的神学并没有背离被大家认为是正统的那种事务。[39] 他确实承认,三位一体教义里使用的名词术语,在《圣经》里是找不到的。但是,他争论说,必须保留这种名词术语,因为面对着塞维塔斯之类的异教徒,这是明确阐明《圣经》教义的唯一方法。确实是由于塞维塔斯的缘故,以及由于类似性质的其他一些次要事件的缘故,才促使加尔文去注意这个教义。第一版的《基督教要义》简单地提到和肯定三位一体,而随后的每个版本都用较多的篇幅来谈这个教义,直到最后一个版本用长长的一整章来谈这个教义为止。[40] 总之,加尔文对三位一体的理解完全是正统的和符合传统的,在这里提一提只是要表明,虽然加尔文坚持《圣经》的唯一权威,但他也愿意按照早期普世大公会议的见解来解释《圣经》。关于那些古代的基督教作家,也可以说同样的话,因为他时常引用他们的话并对他们表示赞许。

上帝、世界和人类

真正的上帝是作为造物主而显示出来的,这样我们就可以把上帝和

---

[38] *Inst.*,1.13. 参见 *Defensio doct. de trin. Contra Serv.*(*CR*,36:453～644);*Actes du procès de Servet*(*CR*,36:721～872)。

[39] Koopmans, *Das altkirchliche Dogma*, pp. 66～75.

[40] Wendel, *Calvin*, pp. 122～123.

异教崇拜的众神区别开来。[41] 这就是摩西为什么要叙述创世的六天的原因:为了制止关于上帝本质的无聊推测,为了表明上帝和人所制造的异教诸神的不同。创造天地万物的终点和顶点是亚当,虽然他不是一切创造物的最高者,因为他上面还有众天使。如果摩西没有提到众天使,那是因为他打算尽可能简单明了地提出《创世记》的故事,而且为了达到他的目的也无须论述众天使这个话题。但是,天使们确实存在着。天使们是上帝的灵性仆人。那些堕落的天使变成了魔鬼。天使虽然高于人,但不应当被崇拜。总之,加尔文避开了关于天使等级制度的复杂推测——这种推测在伪丢尼修之后的中世纪成为传统做法——因为,“神学家的任务不
141 是用闲谈来悦耳,而是教导真正的、确实的和有益的事物来坚定人的良心”。[42] 再者,众天使同我们交流的唯一方法,是通过基督的中介作用,[43] 因此,人们应当比较关心对基督的认识,而不是对众天使的认识。

考虑到加尔文用来讨论众天使的篇幅的长度,[44] 他似乎对魔鬼比对天使更感兴趣。之所以如此,原因是双重的:认识魔鬼及其行动方式对基督徒的生活来说是重要的;魔鬼及其一伙以及他们同上帝的旨意的关系的问题,同神的意志和预定论的种种问题密切相关。魔鬼们不是由于本性而邪恶,而是由于他们自己的罪恶的腐败而邪恶,因为正像奥古斯丁所说的那样,没有任何本性就其本身来说是邪恶的。魔鬼是有位格的存在,那些说魔鬼仅仅是我们自己的不良倾向的人最好小心一点,以免落入魔鬼的圈套。

了解创造天地万物,重要的不是其起源或其目前的运转的一切细节,而是这样一个事实:天地万物是上帝脑子想着我们而创造的。这就是为什么亚当是最后创造的。人是由身体和灵魂组成的。灵魂,加尔文称之

---

[41] *Inst.*,1.14.1～2.

[42] *Inst.*,1.14.4(*LCC*,20:164).

[43] *Inst.*,1.14.12. 参见 *CR*,70:128。

[44] *Inst.*,1.14.13～19. 参见 *CR*, 64:448;73:361。

为“最好的部分”，是不朽的，虽然是创造的。[45] 这最后一点是加尔文为了反对塞维塔斯而加以强调的。塞维塔斯声称，当上帝向亚当吹生气时，神本体的一部分就给了亚当，而这就是灵魂。这种观点加尔文断然拒绝。灵魂是上帝从无有之中创造出来的，[46] 并且不分享神的实质。[47]

上帝在亚当身上的形象，不是在身体里，而是在灵魂里。在引申的和几乎是比喻的意义上说，人们可以把神的形象（*imago Dei*）也归给身体；但严格地说，神的形象是属于灵魂的。[48] 至于“形象”（image）和“样式”（likeness）之间的区分——到了这时几乎成了传统做法，加尔文是加以拒绝的。他断言，我们在这里所有的只不过是希伯来人习惯使用平行的表达方法来谈论同一件事情的另一个例子。这么说，上帝在亚当里的形象 142
基本上是存在于他的灵魂里，而且同上帝给他的统治天地万物其余部分的权威有关。然而，所有这些都涉及到堕落之前的亚当，因为在亚当犯罪之后，所剩下的神的形象已经不再能够辨认出来。“毫无疑问，当亚当从他的状态堕落的时候，他由于这个缺陷而远离了上帝。因此，即使我们同意，上帝的形象在亚当里没有完全消灭和毁坏，但这个形象是这样被败坏，以致所剩下的只是可怕的畸形”。[49]

这样，堕落是我们大家在其下面生活的标记，因此，关于亚当像他当初被创造的那样可以说的许多话，关于我们像我们现在实际生存的那样却不能说这些话。这对加尔文来说是重要的，因为正是在亚当堕落的这个基础上，他才能够既坚持人本性的败坏，又坚持上帝爱世人的仁慈。然而，当我们讨论我们目前的困境时，我们将回到这一点上。

虽然有亚当的堕落，但上帝仍然是整个天地万物的统治者。在这里，

㊺ *Inst.* ,1.15.2.

㊻ *CR*,72:401.

㊼ *CR*,62:455.

㊽ *Inst.* ,1.15.3. 参见 *CR*,60:620。

㊾ *Inst.* ,1.15.4（*LCC*,20:189）.

人们听到了慈温利的回声，因为眷顾的教义是同预定论密切联系在一起的。一切事情都是在上帝的统治和作用之下发生的。这不是简单地意味着，上帝是一切事物的主要起因，而且也意味着，上帝干预一切特定的事例。[50] 这包括自然界的秩序，以及所有人的一般生活和信徒们的生活，虽然上帝以不同的方式统治这当中的每一项事务。[51] 再者，眷顾不仅仅是先见，而是所说的种种事件的实际制造。[52] 而且，如果人们指控加尔文提倡斯多葛派的宿命论，那么，他会反驳说，情况不是如此，因为他不相信事物里面的内在的必然性，而相信神的遍及一切的统治。[53]

这是一个非常有用的教义——加尔文就是这样断言的——因为这个教义表明，我们应当为了一切美好的事物而感谢上帝，而且在处于逆境的时候，我们应当忍耐和信赖上帝。没有理由看不起那些我们本来会认为是我们的恩人的人，因为如今我们看到，是上帝选择他们来效劳的。而且
143 也没有理由不负责任地行事，因为那些真正理解这个教义的人愿意使自己服从上帝的统治权，也不会觉得这种统治权难于承受，而那些拒绝这种统治权的人，是在剥夺上帝的荣耀，从而表明了他们自己的反叛。

因此，把一切荣耀归于上帝吧。上帝就是荣耀，不但在被拣选者那里是如此，而且在被摈弃者那里也是如此，被摈弃者也在履行神的旨意。因为即使是邪恶者和被摈弃者也在执行上帝的“隐蔽的”旨意。他们的邪恶在于抵制上帝的“显示出来的”旨意，为此他们将受到惩罚。[54] 但是，他们仍然在上帝的手里，上帝利用他们的邪恶来伸张正义和表达神的荣耀。最后，如果任何人试图在上帝的主动的旨意和容许的旨意之间作出区分，然后又声称，上帝主动地愿意要善美，但只是容许邪恶，从而使这个教义

---

[50] *Inst.*，1.16.3.

[51] 参见 *Contre la secte phantastique des libertins*（*CR*，35：145～252）。

[52] *Inst.*，1.16.4.

[53] *Inst.*，1.16.8.

[54] *Inst.*，1.17.5.

更宜人,那么,就让这些人知道,这是要缩小上帝的荣耀和使上帝屈从我们自己的判断的另一种企图。[55]

虽然从前文可以看出,眷顾和预定论之间有直接的关系,但有意思的是,加尔文对预定论的比较详细的讨论排在后面,在讨论基督的拯救工作之下。在《基督教要义》的其他版本里,这种情况甚至更为明显。这种情况的重要性在于,对加尔文来说,预定论不应是这样加以研究的一个教义,仿佛这个教义是从神的无所不能和无所不知那里得出来的,而是这样一个教义,它只能从感恩的信念的角度才能正确地加以理解,这种信念知道,它虽有缺点但它将得救。预定论的教义是被拣选者因得救而把一切荣耀归于上帝的一种方法。

人的状况

如果像加尔文在《基督教要义》的开端所说的那样,人几乎所有的智慧在于对上帝的认识和对我们自己的认识,那么,基督教神学的一个重要的部分就必须研究人论。加尔文在他的《基督教要义》第二卷里转向了这个主题,然而,他在其中明确地说,他这时寻求的认识同哲学家们说"认识你自己"时所说的那种认识不是一样的。不同之处是,哲学家们并不知道亚当的堕落,因此当他们寻求对人的本性的认识时,他们寻求的是人的价值和美德,而事实上他们应当看到人的无足称道和腐化堕落。对我们 144
这些知道亚当的堕落的人来说,对我们自己的认识首先意味着上帝用来创造我们的那种原来的完整。这一点是重要的,因为人们在肯定这种完整的时候,也是在肯定造物主的智慧和仁慈。但是,亚当的堕落这一概念也是重要的,因为它让我们看到,在我们所有的困窘和苦难里,我们自己真正是什么,但又让我们坚持上帝的仁慈。

[55] *Inst.*,1.18.1.

> 因此，上帝的真理同意一切凡人的共同判断，智慧的第二个部分在于对我们自己的认识；可是，在我们怎样获得这种认识方面有很大的分歧。按照世俗的判断，人似乎善于知道他自己，当他对他的理解能力和正直不阿充满信心的时候，他变得大胆，敦促自己去做有德行的事情，向罪恶宣战，满腔热情地使自己朝着卓越的和荣誉的方面去努力。但是，那个按照神的判断标准来细看和检查他自己的人，没有找到什么东西来鼓舞他的心情，使他达到自信的程度。而且他越深刻地检查自己，就变得越气馁，直到完全丧失这种自信，没有给自己剩下任何可以正确指引自己生活的东西。[56]

我们发现我们自己处于这种状况的原因是亚当的罪，这种罪被他所有的子孙继承。亚当的大罪不仅仅是不服从上帝，而首先是不相信的罪，因为他不相信上帝告诉他的话，并听信了蛇的怂恿。这反过来导致了野心、傲慢和忘恩负义，结果亚当失去了原来的完整性，这种完整性是上帝给他，让他不但为了他自己而且也为了他的子孙后代而妥善保存的。这么说，原罪不仅仅是我们通过模仿而得知的某种东西。原罪也不是身体的腐败，像人们遗传身体的特征那样，由父母遗传给子女。原罪是“我们本性的一脉相传的腐化堕落，扩散到灵魂的各个部分，首先是使我们易于遭受上帝的愤怒，然后又从我们那里招引出种种行为，这些行为《圣经》称为‘肉体的行为’”。[57] 因此，这意味着，虽然原罪是一脉相传的和已经
145 存在于子宫里的，[58] 但原罪的世代相传的原因，不在于一个人被孕育的那种色情活动里，而仅仅在于人是亚当的子女的这个事实里。再者，被世代相传的不仅仅是亚当的过错，而且还有罪，这种罪反过来又在我们身上衍

[56] *Inst.*, 2.1.3(*LCC*, 20: 243 ~ 244).

[57] *Inst.*, 2.1.8(*LCC*, 20: 251).

[58] *CR*, 61: 654.

生更多的罪。[59]

这就是加尔文所坚持的人天生的腐化堕落的教义。[60] 然而，说这种腐化堕落是“天生的”，并不是说它来自被创造出来的人的本性。相反，人的本性就其本身来说是好的。邪恶的东西是由罪带到人的本性里来的腐败。在亚当的堕落里实际上发生的事情是，亚当原来有的超自然的天赋这时丧失了，而自然的天赋这时又被腐化了。[61] 这时丧失的超自然的天赋是永世幸福美好所需要的信仰和完整。另一方面，自然的天赋是理智的意志；这两者由于亚当的堕落而被腐化了。

人的理智的被腐化并没有达到理智被完全毁坏的地步。[62] 事实上，堕落的人的理智仍然保存有追求真理的自然的愿望，而这是它的原本的状况的一个提醒物。但是，甚至这种追求真理的愿望也把我们引向傲慢和虚荣。在世俗的事务当中，我们自然而然地知道需要社会秩序，虽然我们必然会搞坏这种秩序。我们也或多或少地理解我们周围的事物的运转，尽管我们用这种理解来干坏事。这样，甚至在亚当堕落之后，上帝的恩典继续在祝福我们，因为所有这些东西都是圣灵的恩赐。

正是当我们涉及到对“天国的事物”的认识时，理智的被腐化变得最明显，因为在这个方面最敏锐的头脑比最瞎的人还要瞎。如果人们在哲学家们的著述的“这里或那里”找到关于上帝的点滴真理，那么，之所以如此的原因不是他们的聪明才智，而是上帝“把他的神性的一点点滋味给他们，免得他们用愚昧无知的借口把他们的不敬神掩盖起来。”[63] 我们用以听到或知道任何关于上帝的事情的唯一方法，是通过只有圣灵才能给 146
予的耳朵和头脑。另一方面，我们通过通常被称为“自然律”的那种东

---

[59] *Inst.*,2.1.8.

[60] *CR*, 74:375,673;78:322～324;79:251.

[61] *Inst.*,2.2.12. 参见 *CR*,78:257。

[62] *Inst.*,2.2.12～25.

[63] *Inst.*,2.2.18(*LCC*,20:277).

西,确实对上帝的旨意有某种自然的认识。保罗本人就肯定了这种律法的存在。但是,在我们目前的状况里,这种律法的作用不是让我们知道上帝的旨意,而是使我们变成不可宽恕的。没有上帝的显示出来的律法,自然律不足以使人知善恶。

意志也被腐化了。[64] 我们仍然有一种自然的倾向去寻求那种对我们是好的东西,但这只不过是人们能够在一切事物身上找到的"自然欲望"。我们的意志这时被拴在罪上,因此我们中间没有任何一个人是真正寻求上帝的。我们称之为异教徒身上的"美德"的东西,只不过是华丽的罪恶而已;而他们拥有真正的美德,不是多亏了他们的本性,而是多亏了上帝的恩典。我们不能靠我们自己的意愿而移向好的方面。"由于意志被罪奴役而受到束缚,意志不能移向好的方面,更谈不上致力于好的事情;因为这样一种移动是皈依上帝的开端,这在《圣经》里完全被归因于上帝的恩典"。[65] 意志好像是一匹由骑者牵领的马;而在我们的堕落的状况里,骑者是魔王。[66] 我们做魔王要我们做的事情,但我们还是自愿去做。我们欣然同意了魔王的种种提示,因为我们的意志和这些提示相吻合。甚至在这件事情里,上帝也被侍奉和被颂扬,因为为了实现神的旨意,上帝既使用堕落的人类,也使用撒旦。[67] 仍然是,凡非上帝主动意愿的事情都不会发生。

律法的作用

当加尔文谈到"律法"的时候,他通常用这个词来指的东西,和路德所指的不同。他所说的律法一般不是指福音的对等物,而是指《旧约圣

---

[64] *Inst.*,2.2.26~3.2.

[65] *Inst.*,2.3.5(*LCC*,20:294).

[66] *Inst.*,2.4.1.

[67] *Inst.*,2.4.5.

经》和“摩西的书”里上帝对古代以色列人的启示。[68] 这样,律法和福音之间的关系不是辩证的,而变成几乎是相继相承的。[69] 正像我们将要看到的那样,《新旧约圣经》之间有一些不同,但基本上它们的内容是相同的:耶稣基督。这是具有根本重要性的,因为没有基督的恩典,对上帝的旨意 147
的认识将是没有用处的。礼仪的律法有基督作为它的内容和目标,因为没有他,一切礼仪都是无用的。[70] 古代祭司的祭品之所以是上帝所能接受的,唯一的原因是耶稣基督里被应许的救赎。考虑到我们的腐化,就祭品本身来说,我们可能呈献给上帝的任何祭品都必定是不能接受的。[71]

但是,正是在道德律法里,人们能够最清楚地看到《新旧约圣经》之间的连续性。事实上,道德律法有三重目的。

律法的第一个目的——在这里加尔文和路德一致——是向我们指出我们的罪、悲惨和腐化堕落。当我们在律法里看到上帝对我们的要求是什么的时候,我们就会正视我们自己的缺点。这并不能使我们执行上帝的旨意,但这确实迫使我们不再信赖我们自己,并寻求上帝的帮助和恩典。[72]

律法的第二个目的是管束坏人。[73] 虽然这不能导致重生,但这是社会秩序所需要的。由于许多人出于畏惧而服从律法,律法里所包含的种种威胁,就起了加强这种作用的效果。在这个话题下,律法也为那些虽然预定要得救但还没有皈依的人服务。律法在迫使他们听从上帝旨意的时候,使他们准备好接受他们预定要得到的恩典。这样,许多终于认识到上帝恩典的人证实,在他们皈依之前,他们感到由于畏惧而被迫服从律法。

---

[68] *CR*,77:525.

[69] *CR*,56:564.

[70] *CR*,78:603.

[71] *Inst.*,2.7.1.

[72] *Inst.*,2.7.6～9;*CR*,51:701;54:398;73:610;76:151.

[73] *Inst.*,2.7.10～11. 参见 *CR*,65:265。

最后，律法的第三种用途是向那些相信的人显示上帝的旨意。[74] 强调这一点后来成为改革传统的典型做法，也使改革传统在伦理道德方面极其严肃认真。加尔文本人根据律法的这第三种用途，不得不用他的《基督教要义》的很大一个部分来阐述道德律法。加尔文的基本论点是，基督
148 去掉的是律法的诅咒，而不是律法的有效性。反律法主义的错误在于声称，因为上帝在基督里去掉了律法的诅咒，基督徒们就不再受律法的约束。事实上，律法不能被废除，因为律法表达了上帝的永远不变的旨意。除了道德律法的诅咒之外，已经废除的是礼仪的律法。之所以如此的原因是很清楚的：古代礼仪的目的是要指向基督，但一旦真相大白，这种指向基督就不再需要了。

“律法的第三种用途”意味着，基督徒们必须仔细研究律法，不但把律法当做是罚入地狱的话语，这种话语经常使他们去重新依靠上帝的恩典，而且也把律法当做是他们据以确定他们的行动应当是什么的依据。在这样研究和解释律法的时候，必须牢记三个基本原则。第一个原则，上帝是个灵，由于这个缘故，上帝的戒律既涉及外在的行动，也涉及内心的思想感情。整个律法的情况就是如此，因此，基督在登山训众里所作的事情，只是把没有明言但已包含在内的事情一语道破，而不是颁布一种新的律法。基督的律法不是别的，而正是摩西的律法。[75] 第二个原则，每一个戒律都既是正面的也是反面的，因为每一个禁令里都暗含有一个命令，反过来也是这样。[76] 因此，上帝的律法是应有尽有的。第三个原则，《十诫》是写在两块石板上的，这个事实表明，宗教和司法必须携手并进。[77] 第一块石板论述我们对上帝的义务；第二块石板涉及到我们同邻居的关系。正义的基础因而是尊崇上帝，而没有公正地对待他人，尊崇上帝是不可能

[74] *Inst.*, 2.7.12; *CR*, 56: 115, 627; 57: 111; 76: 165.

[75] *Inst.*, 2.8.6 ~ 7; *CR*, 73: 174.

[76] *Inst.*, 2.8.8 ~ 10.

[77] *Inst.*, 2.8.11.

的。

这样,《旧约圣经》和《新约圣经》之间有一种根本的连续性。[78] 基本上,这种连续性和这样一个事实有关,即上帝在《旧约圣经》里显示出来的旨意是永远相同的,也和另一个事实有关,即《旧约圣经》的核心是基督的被应许,《新约圣经》谈到这一点时,把这当做是既成的事实。然而,《新旧约圣经》之间也有一些重要的不同之处。这些不同之处有五个。[79]
第一,《新约圣经》明确地谈到来世,而《旧约圣经》只是借助尘世的征兆
来应许来世。第二,《旧约圣经》提供的只是《新约圣经》里实际上存在的 149
东西的影子,即基督。第三,《旧约圣经》是暂时的,而《新约圣经》是永恒的。第四,《旧约圣经》的实质是律法,因而是奴役,而《新约圣经》的实质是自由的福音。然而,在这里我们必须注意,在《旧约圣经》里任何被应许的东西都不是律法,而是福音。最后,《旧约圣经》是针对着一个民族,而《新约圣经》的信息是全球性的。但是,虽然有这些不同,加尔文讨论律法和福音时的基本侧重点是连续性,而两者之间的不同是应许和履行应许的不同。在这上面加尔文和路德大大不同。而这也是使得加尔文主义能够形成比路德派更为详细的道德方案的部分原因。

耶稣基督

像在三位一体这个事例里一样,当加尔文讨论基督的位格及其工作的时候,他追随了传统的正统做法。[80] 在基督里,二性在一个位格中,这样,"原来是上帝圣子的他,就变成了人的圣子——这不是由于两个本质的混淆,而是由于位格的统一"。[81] 虽然宗教会议可能有错误——而且事

---

[78] *Inst.*,2.10;3.17.

[79] *Inst.*,2.11.

[80] Koopmans, *Das altkirchiche Dogma*, pp. 86~97.

[81] *Inst.*,2.14.1(*LCC*,20:482).

实上有过错误——但第一批普世会议正确地提出了《圣经》关于基督位格的证词。因此,我们无须在这里赘述加尔文基督论的主要线索。

然而,研究加尔文的基督论在三点上可能证明是有意义的。第一点是他试图捍卫传统的教条免受其诋毁者的侵犯。这是很重要的,既因为这迫使加尔文讲清楚他自己的基督论,也因为这促成用例子说明理性主义者和其他的人所持的某些非正统的见解。第二点,加尔文从君王、先知和祭司的三重职责(*triplex munus*)的角度来描述基督的工作,这在改革神学里成了惯常的做法。第三点,他对基督位格联合(hypostatic union)的理解同他关于基督临在于圣餐里的主张密切相联。

当时的种种争论在第一点上迫使加尔文去充实他的神学,这第一点
150 是基督成为肉身的原因。[82] 他在这里的主要对手是奥西安德,[83] 虽然塞维塔斯也是想象中的对手。[84] 奥西安德声称,即使亚当没有堕落,基督也仍然会成为肉身。他为此辩解的主要论点是,亚当按照上帝的形象——上帝的形象就是基督——的被创造,已经应许基督将以人类为己任。因此,基督成为肉身的目的,不是救赎人类,而是完成天地万物的创造。使基督成为肉身具有目前的目的的,是亚当的堕落,因此基督成为肉身是伴随着而来的。这不是什么新鲜事物,因为中世纪的大多数法兰西斯神学家一直持有这种论点。但是,加尔文把这当做是徒劳的推测而加以拒绝。按照《圣经》的证据,我们所知道的基督是为了我们的救赎而变成肉身的。除了奥西安德的"发痒痒的好奇心"(tickling curiosity)之外,没有任何迹象表明,基督成为肉身除了我们的救赎之外还有任何其他的目的。

---

[82] *Inst.* ,2. 12.

[83] 奥西安德,或霍斯曼(Hosemann, 1498 ~ 1552 年),是纽伦堡(Nuremberg)和康尼格斯堡(Königsberg)的牧师,他的关于上帝的形象、基督成为肉身和称义的观点,加尔文和梅兰希顿以及其他的新教领导人感到不得不加以拒绝。关于这个争论,见他的 *An filius Dei fuerit incarnatus*。还见本书上文边码第 104 ~ 106 页。

[84] 在基督成为肉身的必要性方面,塞维塔斯在他的《基督教复兴》(*Christianismi restitutio*)里持有和奥西安德一样的观点。

这个争论是重要的，因为这个争论倾向于使加尔文的基督论建立在灵性得救论上。

加尔文时代的种种争论在另一点上帮助他充实他的基督论，这另一点和基督的人性有关。正像我们已经看到的那样，门诺·西蒙斯和其他一些再洗礼派认为，基督没有尘世的肉体，他的身体是从天上下来的，并且在圣母马利亚的子宫里成形。有些人也试图说，耶稣和亚当的血统无关。加尔文称之为"新马吉安派"(new Marcionites)的这些人，迫使他坚持基督的人性，并坚持基督在身体方面从亚当那里相传下来。[85]

我们将要简短地讨论的加尔文关于基督位格联合的教义，是在反对塞维塔斯的过程中发展起来的。[86] 塞维塔斯拒绝三位一体的时候——三位一体一直是传统基督论赖以发展的背景——也就必然拒绝传统基督论里的许多东西。这里争论的要点是，基督在成为肉身之前能否被称为上 151
帝的圣子。塞维塔斯声称，"上帝的圣子"这个称号意味着，耶稣是圣灵在圣母马利亚的子宫里生育的。在成为肉身之前，他应当被称为"话语"，只是在成为肉身之后，他才恰是"圣子"。再者，塞维塔斯还在另一个方面和加尔文不同：加尔文常常坚持使上帝和人类分开的那种距离，而塞维塔斯觉得，这一点被夸大了。每一个人身上都有一点上帝的圣灵的东西。因此，对塞维塔斯来说，问题不是两个相互冲突的性的结合，而是这个独特的人怎么能够在一个不适用于其他的人的特殊意义上被称为上帝的圣子。为了解决这个问题，塞维塔斯把基督里面的统一强调到加尔文所不能接受的程度。因此，加尔文指责他恢复了古代基督人神一性论者的异端邪说。加尔文怎样做这件事情，是不怎么重要的，因为他只是利用了一些传统的论点，这些论点到了那个时候已经变得很普通。重要的

---

[85] *Inst.*,2.13.

[86] *Inst.*,2.14. 在这个辩论里，加尔文脑子里也想着意大利人乔乔·布兰德拉塔(Giorgio Blandrata)。参见他的 *Ad quaestiones Blandratae responsum*(*CR*,37:321～332)。

是，在这种讨论里，加尔文搞出了这样一种基督论，这种基督论在继续是正统的同时，倾向于强调基督里两性之间的差别，而不是强调自身的统一和“属性交流”。正像我们将要在本章后面看到的那样，这完全符合加尔文关于基督临在于圣餐里的理论，也完全符合他关于人类在上帝面前的价值的见解。

最后，帮助形成加尔文的基督论的另一个对手，是法兰西斯科 · 斯坦卡罗（Franceso Stancaro）。斯坦卡罗认为，基督是我们的中保，只是通过他的人性。[87] 很可能，斯坦卡罗是在设法驳斥奥西安德的时候得出这个结论，因为奥西安德声称，基督只是根据他的神性才成为中保。在反对这两个人的时候，加尔文断言，由于救赎工作是通过基督位格联合而进行的，因此基督里一切和救赎有关的事物，都应当归因于位格的统一，而不应当归因于一个性或另一个性。这一点的重要意义是，虽然加尔文从来没有否认“属性交流”，但到了晚年，他终于比早先更多地强调“属性交流”。

152 加尔文从三种职责的角度来讨论基督的作用。基督既是先知，又是王者和祭司。“基督”这个称号本身就意味着这种三重职责（*triplex munus*），因为这个称号意思是“被涂油”，而在《旧约圣经》里，君王、先知和祭司都是被涂油的。[88] 基督是杰出的先知，因为在基督里所有的预言都实现了。《旧约圣经》的种种预言除了基督本人之外没有别的内容。基督的这种预言的功能，不但扩及他的口，使他的话是预言性的，而且也扩及他的整个身体，这样在他的每个行动里，以及在目前宣讲的福音里，人们可以看到圣灵的力量。基督是信徒个人的君王，也是教会的君王。他作为这样的人而统治我们。但他的统治是这样的：他同他的臣民们一起

---

[87] 由于这个问题是在 1560 年，*Institutes* 最后定稿之后才引起加尔文的注意的，所以它的影响不能在这部著作里找到。见加尔文的 *Responsum ad Polonos contra Stancarum*（*CR*，37：333 ~ 342）和 *Responsio ad Polonos de controversia mediatoris*（*CR*，37：345 ~ 358）。

[88] *Inst.*，2.15.

分享他所得到的一切东西。《旧约圣经》的诸王,和众先知一样,指向了这个至高无上的和独一无二的君王。作为祭司,基督来到上帝面前,在祭品里奉献自己。在这样做的时候,他完成了古代的一切献祭,这些献祭除了在基督里以外没有别的有效性。而且他也使他的追随者成为祭司,因为他现在使他们能够作为活的祭品而把自己呈现在上帝面前。

最后,加尔文的基督论的第三个主要特点是,他经常注意避免基督里人性和神性的混淆。在这一点上,他倾向于同意慈温利而反对路德,路德强调位格的统一超过强调两性的差别。这一点是重要的,因为加尔文和慈温利一样,不能接受路德的做法,路德用"属性交流"作为论点,论证基督复活身体的无所不在,因此也论证基督复活的身体存在于圣坛上的可能性。和慈温利一样,加尔文争辩说,神性的无所不在并没有传授给基督的身体,因此他不可能存在于天上又同时存在于几个圣坛上。在这个场合里,他指出,虽然三位一体的第二位的神性完全存在于耶稣里,但这种神性并没有被他的人性包容起来。他的神奇的下降是这样的:他仍然在天上,但他也在耶稣里;当他从圣母马利亚的子宫里生出来的时候,他仍然充满在整个宇宙里。[89] 这就是后来的神学家们称为"加尔文特殊论点"(*extra calvinisticum*)的东西,这个论点成了改革派基督论的独特的强调之点。

如果人们要用几句话来说出加尔文的基督论的特点,那么,人们可以 153
说,他的基督论既是严格正统的,也更多地倾向古代的安提阿学派,而不是倾向亚历山大学派,还有他的基督论的强调之点,是灵性得救论,而不是形而上学。

[89] *Inst.* ,2.13.4.

救赎和称义

加尔文从苦行赎罪(satisfaction)的角度来理解基督的作用。[90] 基督通过他的服从到死,而为我们赢得了对罪的宽恕,这样,上帝的公义和慈爱就得到了满足。

但是,基督死了并为人类赢得了得救的这个事实,并没有使这种得救对所有的人来说都是有效的。使基督和他的一切恩惠成为信徒所可能得到的,是圣灵内在的和秘密的作用。[91] 这就是为什么保罗称三位一体的第三位为"儿子的心"(the spirit of adoption,见《罗马书》8 章 15 节——译者),也称为我们的继承行为的"凭据和印记"(the guarantee and seal,见《以弗所书》1 章 13 ~ 14 节——译者)。圣灵把人引领到基督那里。圣灵的主要作用不是别的,而是使人信仰基督。[92]

由于这对理解加尔文对基督徒生活的看法来说是基本的,因此我们必须停下来讨论加尔文所解释信仰的性质。"如果我们说信仰是对上帝施恩泽于人的坚定确凿的认识,这种认识是建立在基督被慨然应许的这个事实上,而这个事实是通过圣灵向我们的头脑显示的和铭刻在我们心上的,那么,这时我们就有了信仰的正确定义。"[93]

这意味着,信仰有一种认识的成分。信仰不仅仅是信赖的一种态度。但是,信仰也不是头脑靠它的天然的能力而发现的某种东西。信仰是上帝的恩赐,而不是人的成就。然而,并不是每一种以信仰这个名称出现的事物都真正配得上这个名称。信仰有明确的内容。信仰是信仰基督。"信仰"这个词的任何其他的用法都是不准确的和可能导致严重错误的。

---

[90] *Inst.*,2.17.

[91] *Inst.*,3.1.1.

[92] *Inst.*,3.1.4.

[93] *Inst.*,3.2.7(*LCC*,20:551).参见 *CR*,78:447 ~ 485。

因而,比方说,天主教神学家们提出“不言明的信仰”(implicit faith)的概念,就是不正确地使用了这个词,因为这个概念的目标是教会,而不是耶稣基督。[94] 诚然,从某种意义上说,当我们生活在世上时,我们的信仰永 154
远是不完善的;但是,信仰的完善不在于教会,而在于最后的圆满。信仰含有“坚定的和确凿的认识”的意思的这个事实,并没有把灵性对肉体的征战排除在外,也没有把伴随着这种冲突而来的怀疑排除在外。但是,当人们有真正的信仰的时候,甚至在这种冲突当中,人们也有得到上帝爱的潜在的保证。这种保证是建立在上帝的应许上的,上帝的应许不是别的,而是基督本人,并且是由圣灵铭刻在信徒心里的。因此,信仰是只有真正的信徒——被拣选者——才能有的东西。信仰不仅仅是对上帝及其旨意的认识。魔鬼有这样的认识,但没有信仰,因为他不分享上帝的应许。[95]

由于对信仰的这种理解,加尔文坚持新教因信称义的教义。像路德所遇到的情况一样,这基本上不是建立在上帝在信徒身上发现的某种东西上的那一种称义,也不是人们因之而被宣布为义的那一种称义。说上帝使人称义,主要不是意味着,罪人被变成在客观上是义的。这样说的意思是,上帝宣布罪人为义的。基督的义好像是罪人因信仰而披在身上的袍子,而罪人披上这个袍子,就被宣布为义的。在这里存在着因善行而称义和因信称义之间的不同。因善行而称义是这样一种称义,这种称义试图肯定它自己的义,从而满足上帝对义的要求。“相反,因信仰而称义的人是这样的人,他被善行的义排除在外,他通过信仰而抓住了基督的义,披上这种义之后,他就不是作为罪人而是作为义人而出现在上帝眼前。因此,我们把称义简单地解释为,上帝把我们当做是义人而使我们得到他

---

[94] *Inst.*,3.2.2～3.

[95] 加尔文拒绝经院派在由上帝之爱而“形成的”(formed)——即,得到“形式”(form)——的信仰和“非形成的”(unformed)信仰之间所作的区分。经院派所说的“非形成的信仰”不是真正的信仰。

的恩宠。而且我们说，称义存在于罪的被宽恕和基督的义的被归给人”。[96]

这就是信仰的真正的和唯一的作用。信仰不是这样一种信赖，我们由于这种信赖而接受我们不能用理智证明的但却是权威告诉我们的那种事物。我们根据《圣经》的权威而确实相信某些事物，但相信这些事物并
155 不是信仰。信仰的作用是以这样一种方式把信徒和基督联系起来，以致信徒虽然有罪，但基督的义还是归给了信徒。

像加尔文的基督论所遇到的情况那样，当因信称义的教义受到攻击或曲解的时候，他感到需要把这个教义讲得更清楚一些。他早年在这方面的对手是罗马天主教徒；但是，当奥西安德——他本人是新教徒——提出一种加尔文不能接受的对称义的理解时，这种论战也有助于澄清加尔文的观点。奥西安德的神秘倾向和他想要表明义的被归给不是专断的天意的这一愿望，促使他提出，称义里实际上发生的事情是，基督的实质存在于信徒里，而且这种实质是这样地和人的灵魂结合起来，以致人们是“实质上称义的”(essentially justified)。这样说的意思是，义不是像路德所说的那样“被归给”(imputed)，而是上帝实际上看到了我们身上的神的义。这同我们上文说过的事情密切相关，如奥西安德教导说，基督是中保，只是根据他的神性。称义是神性存在于我们身上。由于这种神性，上帝宣布而使得我们成为义的。这些观点加尔文由于两个主要的原因而不能接受。首先，这些观点倾向于抹掉上帝和我们之间的距离。加尔文愿意肯定，称义是通过同基督的结合而发生的。但是，他不愿意接受像奥西安德那样一种解释，这种解释含有加尔文称为上帝和信徒之间的“本质的混合”(mixture of substances)的意思。其次，奥西安德称义的教义是加尔文所不能接受的，因为他的教义去掉了基督成为肉身和遭受苦难的必要性。如果上帝使我们称义是因为基督的神性——基督的神性毕竟是同圣

[96] *Inst.*,3.11.2(*LCC*,20:726～727).

父的神性和圣灵的神性一样的——那么,为什么需要基督被钉在十字架上呢?"因为即使基督——如果他不曾是神——不能用他的血来清洗我们的灵魂,也不能用他的牺牲来平息他的圣父的愤怒……因为肉体的能力承担不了这样大的重担,那么,可以肯定的是,他是根据他的人性而进行所有这些的"。[97]

因信称义的教义的重要性是这样的:没有这个教义就没有真正的宗教。[98] 像路德所遇到的情况一样,这样声称的原因是,对称义的任何其他的理解都会导致傲慢,而人们只有抱着谦卑的态度才能得到上帝的怜 156
悯。[99] 强调在上帝面前的谦卑,强调那种把神的性质和人的性质分开的距离,以及强调需要信赖上帝而不是信赖自己,贯穿着加尔文的整个神学,并且是他的神学的主要特点之一。

然而,因信称义并不意味着,基督徒应当满足于义的被归给,而又继续在罪里打滚。诚然,称义的基督徒仍然是罪人,而且在世的一生中,将继续是罪人。但是,同样真实的是,称义的基督徒设法表现出称义的成果。这是《基督教要义》里的一个部分的主要论题,这个部分通常被称为《论基督徒生活的论文》(*Treatise on the Christian Life*),[100] 这篇论文一再从较大的作品里摘出来单独发表。[101] 这篇论文很受欢迎的这一事实,把它的印记印在后来的加尔文主义上,尤其是印在清教徒的传统上。这个论文的论题在论文的第一段里简单明了地表达出来:"重生的目的是……在信徒们的生活中显示出上帝的义和信徒们的服从之间的一种和谐和一致,从而进一步证实信徒们被接纳为儿女。"[102]

---

[97] *Inst.*,3.11.9(*LCC*,20:735). 参见同上出处,3.11.12。

[98] *CR*,74:23.

[99] *Inst.*,3.12.7.

[100] *Inst.*,3.6.10.

[101] 先是用法文(1545年):*Traité très excellent de la vie chrétienne*;不久之后用英文(1549年):*The Life or Conversation of a Christian Man*,常常重印。

[102] *Inst.*,3.6.1(*LCC*,20:684).

虽然称义的罪人继续是罪人，但神使人称义的作为也是使人重生的作为。在被拣选者那里，上帝通过神的圣洁的榜样和通过被拣者同基督的交流，而创造出被拣选者对义的热爱。重生的作用是上帝在信徒身上的作用，逐渐地[103]重新创造出那个由于罪而被歪曲了的神的形象。[104] 其结果是基督徒充满善行的生活。然而，这些善行并不使人称义。善行是称义的结果和标记。[105]

基督徒生活的基本准则是，基督徒们不属于自己，而属于主。[106] 这反过来又导致自我克制，在对待他人的关系上是如此，在对待上帝的关系上也是如此。在对待他人的关系上，基督徒们通过宽恕和谦卑而克制自己，
157 也通过本着爱心为他人服务而克制自己。在对待上帝的关系上，自我克制意味着，使自己服从上帝的审判，除了执行上帝的旨意之外不做别的事情，并且举着十字架。举着十字架并不是发生在某些不幸的基督徒身上的事情，而是基督徒生活的必要的标记。然而，基督徒对待自己的十字架的态度和斯多葛派的态度大不相同。斯多葛派寻求自我控制和坚忍刚毅；基督徒只是信赖上帝和承认弱点。因此，斯多葛派的种种苦行只是添加在傲慢和罪上，而基督徒的十字架则引领人离开自己而走向信赖上帝。[107]

虽然基督徒生活的一个重要部分是，能够思考来世，作为防止过分喜爱今生和害怕死亡的一种补救方法，[108] 但基督徒仍然需要学会怎样利用今生的美好事物。[109] 这种进退两难不能通过简单地求助于简朴或无节制来解决，因为这两者都不是上帝对基督徒的要求。无节制使人为今生而

---

[103] *CR*,77:312.

[104] *CR*,79:208.

[105] *Inst.*,3.18.

[106] 注意路德的非常受欢迎的论文 *On the Freedom of the Christian Man* 的影响。

[107] *Inst.*,3.8.9.

[108] *Inst.*,3.9.

[109] *Inst.*,3.10.

生活，忘记人是世上的旅客，并且不服从上帝的律法。像苦行者所宣讲的那样的简朴也是错误的，因为它把上帝律法里所没有的准则添加在神的戒律上。在这两种极端中间，基督徒应当遵循的基本原则是，每一件东西是为了什么目的而创造出来的，就按照这种目的去使用它。这反过来意味着四个基本规则，这四个规则应当在使用这个世界上的东西的时候加以运用：第一，我们必须在所有被使用的东西里看到造物主，并表示感激。第二，我们应当像不需要这个世界那样去利用这个世界，准备好忍受贫穷，并且在富裕的时候有所节制。第三，我们所有的一切东西都应当被看做是来自上帝的一种信托物，将要求对这种信托物清算账目。最后，我们应当重视我们自己的职业，即，上帝把我们一生放在其中的那种作用，因为东西的正当使用取决于我们的作用。[110]

这样，在称义的教义和重生的教义的场合里，我们再一次看到，加尔文和路德不同的对律法和福音的理解，以及怎样促使他比路德更多地强调一个基督徒必须过的那种生活。这两个改革者之间的这种不同，在我 158
们比较他们两个人的时候似乎不大，但终于造成了路德宗传统和改革宗传统之间的显著差别。

预 定 论

加尔文由于他的预定论的教义而众所周知，许多学者宣称，这个教义是他的神学的中心。[111] 但是，对加尔文神学的这样一种理解，是后来的种种争论所产生的看法被歪曲的结果。加尔文确实肯定了双重预定论的教义，并且随着岁月的推移，逐渐扩大了《基督教要义》论述这个教义的那

---

[110] 顺便说一句，人们应当注意最后这条规则里所包含的保守主义，这条规则事实上是说，生活中的岗站是神的召唤，人们不应当加以改变。同样的，在这段上下文里，加尔文否认，任何平民有权起来反对暴君。*Inst.*，3.10.6。

[111] 见 Wendel，*Calvin*，pp. 199～200，nn. 99 and 100。

个部分。但是，论述这个问题的那四章，在《基督教要义》[112]里占据了一个不显眼的地方，这一点应当使人们注意到，预定论的教义虽然可能是重要的，但不是打开通向加尔文神学其余部分的大门的线索。不像慈温利的情况那样，加尔文预定论的教义也不是神的眷顾的一个必然的结果。具有意义的是，加尔文在《基督教要义》的第一本书里讨论了眷顾，然后把预定论的问题推迟到第三本书的末尾——在那里他论述了基督徒的生活——并推迟到正好在他进而论述教会论之前。这样做的原因是，对加尔文来说，预定论首先是一个实用的教义，这个教义加强了因信称义，同时也为教会论提供了基础。[113]

再者，把预定论和上帝的一般的眷顾分开的这一做法表明，加尔文不试图从神的无所不能和无所不知里面证明预定论。这样做将是试图深入到上帝的秘密的意图里面去，并且将是傲慢和不敬神的顶点。[114]“因此，让我们首先看到这一点：除了上帝的话语所透露的东西以外，寻求任何其他的对预定论的认识，不啻是想要在没路的荒野里步行或在黑暗中看东西的疯狂行为”。[115] 预定论确实是一个困难的和危险的教义。但是，预定
159 论是符合《圣经》的，因此应当被教导和宣讲。再者，这个教义里面所包含的危险，对真正的信徒来说并不是危险，而只是对非信徒来说才是危险，因为他寻找方法来嘲笑真正的基督教教义，而且这样一个人将嘲笑基督徒们是否教导预定论的这一事实。[116]

“我们说预定论是上帝永恒的天命(decree)，他按照这种天命而同他自己确定，他意要每个人成为什么”。[117] 加尔文就是这样给预定论下定义

[112] *Inst.*,3.21～24.

[113] Wendel, *Calvin*, p. 204.

[114] *CR*,76:314;82:57.

[115] *Inst.*,3.21.2(*LCC*,21:923).

[116] 同上,3.21.3～4。

[117] 同上,3.21.5(*LCC*,21:926)。

的。他论述这个问题的四章的其余部分，只是解释这个定义，答复反对的意见，和引用《圣经》的材料来支持这个定义。

被拣选的教义贯穿着《旧约圣经》，在其中以色列人常常被描绘成上帝的特选子民——不是由于以色列人方面的某种行动或决定，而是由于上帝的至高无上的天命。再者，并不是亚伯拉罕的血统的所有的人都被拣选，而只是他们之中的一些人。最后，一些人是被单个地选出来的，正像《新约圣经》的许多经文里明确证实的那样——尤其是在《罗马人书》和《加拉太书》里。[118]

上帝拣选的天命并不取决于神的预见先知。[119] 预定论不单纯是上帝根据他预先知道的一个人的未来的行动和态度而决定怎样处理那个人。相反，拣选是至高无上的天命的这一事实意味着，拣选并不取决于人的过去的、现在的或未来的任何行动。拣选是上帝方面的独立的决定。

被摈弃者的情况也是如此。上帝主动决定，不让他们听到上帝的话语，或者是使他们这样听到话语，以致话语使他们的心变硬了。[120] 以一种没有人能够揣测的神秘的方式，他们受到了公正的谴责，而且在他们的被罚入地狱里，上帝的荣耀得到尊崇。[121]

另一方面，被拣选者可以确信他们将得救。这并不意味着，一个人要信赖他自己的信仰，并声称这种信仰将保证他的得救。但这确实意味着，一个有真正信仰的人看着《圣经》，看到《圣经》里的基督，并在基督里找到得救的保证。[122] 这就是为什么那些撇开《圣经》而试图看出神的意图的 160
人使自己陷入绝望的深渊的原因，而那些怀着真正信仰而去接近《圣经》的人则在被拣选的教义里找到安慰和保证。那些有真正信仰的人不是信

[118] 同上，3.21.5～7。

[119] 同上，3.22.1～7。

[120] 同上，3.24.12～13。

[121] *Inst.*，3.24.14.

[122] 同上，3.24.4～5。

赖自己，而是信赖基督，从而得到一种保证，这种保证也是谦卑的。这并没有使他们成为无罪的。他们仍然是迷途的羔羊。[123] 但是，他们得到的保证使他们保持住那种对基督的信赖，而这是通向得救的唯一道路。

人们能够对这个教义提出几种反对意见。[124] 第一，虽然上帝确实拣选一些人使他们得救，但上帝并没有预定其他的人被罚入地狱。加尔文把这样一种可能性当做是幼稚的概念而不予考虑。除非有被摈弃，不然被拣选就毫无意义。再者，神的一切天命都是主动的，虽然那些泯灭的人，确实是因为他们的罪而被罚入地狱，但上帝是主动地决定摈弃他们的。第二，一些人可以反对说，这个教义表明，上帝因为一些人尚未犯的罪而谴责这些人是不公正的。加尔文对这一点的答复是，上帝的旨意就是正义的标准，上帝的旨意本身就是律法，因此上帝的天命必然是公正的，而不管我们对这些天命是怎么想的。第三，看来似乎是，上帝先预定我们将犯罪，然后因为我们的罪而惩罚我们。对这一点不能作出答复，而只能肯定，上帝的旨意是不能理解的和神秘的，但我们通过启示而知道上帝是公正的，知道我们犯罪了，并且知道被摈弃者将由于他们的罪而被谴责。所有这一切怎么能够在同一时间里都是真实的，这是我们不能揣测的。

因此，概括地说，加尔文的预定论的教义是建立在——或至少是声称建立在——《圣经》的证据上，而不是建立在对上帝的无所不能和无所不知的推测上。预定论被当做是从理智所声称的对上帝的性质的认识里得出来的合乎逻辑的结论，这一点加尔文拒绝接受，他认为这是人的傲慢试图逞能的另一个例子。《圣经》里的预定论是双重的——即，既有被摈弃的预定，也有被拣选的预定——而且不取决于上帝对人的未来行动的预知先见。虽然这是非常神秘的事情，但这种双重预定论决没有减损上帝

---

[123] 同上，3.24.11。

[124] 同上，3.23。

的公义和爱。就基督教来说,预定论的教义起了双重的作用,既完全肯定 161
了因上帝的唯一的恩典而得救,又为教会论提供了基础。我们现在必须转到后者上。

教　会

加尔文在可见的教会和不可见的教会之间作出了一个明确的区分。严格地说,只有一切活着的和死去的被拣选者所组成的后者,才是真正的普世的教会。只不过这个教会是基督的身体,因为只有被拣选者才是他的身体的成员,而在可见的教会里则有许多不是被拣选的人,然而,加尔文并没有把这种区分推演到这样的地步,以致使两种教会对立起来。相反,可见的教会是不可见的教会的一种必要的和有用的表现方式,而且只要我们留在今生今世里,可见的教会就必须是我们的教会。

> 因为我们说过,《圣经》以两种方式谈到教会。有的时候,《圣经》使用"教会"这个词,指的是这样一个教会,这个教会确实是在上帝跟前,除了那些由于收容的恩典而成为上帝的儿女的人和那些由于圣灵使成圣洁而成为基督的真正成员的人以外,这个教会不接受别的人。这么说,教会不但包括目前生活在世上的圣徒们,而且也包括开天辟地以来的所有的被拣选者。然而,"教会"这个名称常常指遍及世界各地的芸芸众生,他们宣称信奉一个上帝和基督……在这个教会里混杂着许多伪善者,他们没有基督的一点点东西,只有虚名和外表……因此,正是由于我们相信,前者的教会对我们是不可见的,只有上帝的眼睛才能看见,所以我们才被命令去敬仰后者并且同后者保持联系,这后者被称为涉及人的"教会"。[125]

---

[125] *Inst.*,4.1.7(*LCC*,21:1021~1022).

因此,不可见的教会和可见的教会之间的关系,不是对立的关系,而是这样一种关系,在这种关系里,可见的教会,即交给我们在今生今世里去认识的唯一的教会,是被拣选者的不可见的人神交流的一个标记。基督徒们不应当假借是一个不可见的团体的成员而抛弃可见的教会。上帝把可见的教会放在世界上,作为宣布上帝的话语的“外在的手段”(exteri-
162 or means)和作为使信徒圣洁的“外在的手段”。上帝的自由并没有由于愿意把我们束缚在可见的教会之类的世俗手段上而受到损害,因此,那些声称由于上帝是个灵所以教会只能是灵性的人是小看了上帝。[126] 可见的教会被上帝委任为虔诚的信徒们的母亲,而且只有那些有教会作为母亲的人才能得永生。[127]

因此,加尔文的教会论所涉及的正是可见的教会。不可见的教会永远在背景里,因为可见的教会只是不可见的教会的一个标记和仆人。但是,除了加尔文在少数几个事例里明确地说他指的是被拣选者的团契以外,当他说“教会”的时候,他指的是尘世上的可见的团契,在其中麦子和稗子相混杂。[128] 这段文章的其余部分所涉及的正是这个教会,即一个可见的、尘世的、易犯错误的社团。

虽然只有上帝才知道谁是被拣选者,但有迹象表明谁将被认为是被拣选者。这些人是那样一些人,他们表明信仰上帝和基督,参加圣礼,并过善良的生活。因此,教会的两个标志是宣讲上帝的话语和施行圣礼。“我们在哪里看到上帝的话语被不折不扣地宣讲和聆听,看到圣礼按照上帝的制度被施行,那么,不用怀疑,哪里就存在着上帝的教会”。[129] 这两个标志使得有可能判断一个教会是不是真正的。不像再洗礼派所声称的那

---

[126] 同上,4.1.5。

[127] *Inst.*,4.1.4.

[128] 在 *Institutes*(4.1.4)里,他清楚地说明,他的意图是要论述可见的教会。在强调可见的教会这一方面他受到布塞的影响。参见 Wendel, *Calvin*, pp. 223~225。

[129] *Inst.*,4.1.9(*LCC*,21:1023).

样，教会成员们的个人的圣洁并不是真正的教会的恰当的标志，因为真正的教会的成员们不都是被拣选者，而且甚至那些是被拣选的人也继续是罪人。教会的圣洁不在于教会成员们的道德纯洁，而在于教会首脑的圣洁和在于被拣选者所得到的应许。另一方面，罗马教会不是一个真正的教会，因为罗马教会背离了上帝的话语的真正的宣讲。在哪里上帝的话语没有被承认，哪里就没有教会。和这种情况相对照，求助于使徒传统（指主教等的权力是由使徒开始各代相传而来——译者）是没有用处的，因为真正的使徒权力相传不是从行按手礼那里得来的，而是从宣讲使徒们的教义那里得来的。[130] 可是，在罗马教会里教会的某些“痕迹”——主 163
要是洗礼——因此，虽然教皇是反基督的统治领域的主要领导人，但在罗马的教派里仍然可能有一些真正的教会。[131]

加尔文比路德更多地注意教会的组织。一般说来，他同其他的改革领导人——如慈温利和布塞——都相信，基督教的恢复需要回到教会的原始的组织那里去。在这一点上，他同路德不一致。路德认为，只要福音被恰当地宣讲，这类事物就是次要的。结果，路德传统里的各教会有五花八门的组织形式，而大多数改革宗教会则按照加尔文提出的基本原则进行管理。这种不同不是细枝末节的，而是涉及到在宗教改革的目标方面路德和改革宗神学家们之间的根本不同。路德认为，只需把教会传统里那些同《圣经》相抵触的成分放在一旁就行了，而加尔文和改革宗神学家们则认为，所需要的宗教改革必须更进一步，并按照《新约圣经》的形式恢复原始的基督教。因此，对路德来说，教会制度是永远要取决于世俗情况的某种东西，而对加尔文和改革传统来说，教会制度是教会性质本身的一个部分。然而，另一方面，我们必须说，加尔文从来没有把他自己的关于教会制度的指示理解成为，要当真地恢复《新约圣经》时代的种种做

[130] 同上，4.2.1～4。

[131] 同上，4.2.11～12。

法，而是要认真领会《新约圣经》所说的关于教会的话，并且在教会制度的某个形式里体现这些话。后来的改革传统倾向于声称，加尔文提供的样板是首先得到《圣经》批准的样板。

虽然我们不能在这里深入到加尔文所建议的那样的教会制度的细节里面去，但有两点是重要的，因为这两点用例子说明了加尔文的教会论。这两点是选举牧师和执行纪律。

164 选举牧师应当由教会（他所说的教会是指牧师为之服务的地方教会）和牧师（他所说的牧师是指来自其他教会的其他牧师）共同进行。[132] 这种做法的意义是，对加尔文来说，地方教会就是教会。教会并不是包揽整个世界的上层建筑。但是，另一方面，每个地方教会都必须用宣讲上帝话语和施行圣礼的标准来进行衡量。因此，地方教会选举它自己的牧师们，这些牧师必须是地方教会判断为在教义和生活方面都是楷模的人。但是，其他那些必须符合这种判断的牧师是来这里保证，地方教会不会走入歧途而背离《圣经》的教导。这就是“长老制”形式的教会政务背后的教会论的基本考虑，这种形式的教会政务成了各改革教会的典型做法。

其次，施行纪律也遵循同样的形式。纪律在教会里是必要的，不是要确保教会的圣洁——教会的圣洁在基督里——而是要设法维护基督的荣誉，因为基督的名字由于人们公然违背他的旨意而遭到践踏。教会可以用私下的和公开的告诫来使它的成员们遵守纪律，而且在屡教不改的极端的情况下，可以宣布开除教籍。[133] 纪律有三重目的：避免基督的身体被玷污和圣餐被亵渎，防止教会里其他的人腐化，以及号召罪人悔悟。[134] 与罗马天主教的做法相反，加尔文断言，纪律应当由牧师们和教会共同施行。[135] 与他所声称的再洗礼派的做法相反，应当本着爱的精神来施行纪

---

[132] *Inst.*，4.3.3.

[133] 同上，4.12.2。

[134] 同上，4.12.5。

[135] 同上，4.12.7。

律,要认识到那些施行纪律的人本身并不是纯洁的。[136] 因此,在加尔文的对施行纪律的指示里,可以再一次看到他的教会论的基本特点。

圣 礼

加尔文用他所特有的简单明了和直截了当的方法开始了他在《基督教要义》里关于圣礼的长篇讨论,他提出了他所理解的圣礼是什么的两个定义。

> 首先,我们必须考虑圣礼是什么。依我看,一个简单的和恰当的定义是,圣礼是一种外在的标记,主借助这种标记把他要好意对待我们的种种应许铭刻在我们的良心上,以便使我们的信仰持久不衰;而我们反过来又在主和他的众天使跟前和在人们面前证实我们对他的虔诚。另一个比较简短的定义是:人们可以说圣礼是神对我们的恩典的一种证据,这种证据是由一个外在的标记确定了的。是用我们对他的虔诚的共同表白确定了的。[137] 165

加尔文在发展他的圣礼观的时候,一方面设法避开罗马天主教的和路德的主张,另一方面也设法避开慈温利的和再洗礼派的理论。

同慈温利和再洗礼派相反,加尔文争论说,圣礼确实是有效的。根据圣礼既可以被虔诚信徒们接受又可以被非信徒们接受的这一理由而否认这种有效性,其含意等于因为一些人听到上帝的话语但不予重视而否认上帝话语的力量。至于这样的论点,说信仰是圣灵的恩赐,因此圣礼不加强或扩大信仰,那么,那些这样主张的人必须认识到,正是圣灵使圣礼成为有效的。再者,在这里人们可以在圣礼和上帝的话语之间再次做个比

---

[136] 同上,4.12.12~13。

[137] *Inst.*,4.14.1(*LCC*,21:1277).

较，因为后者只有通过圣灵的作用才是有效的。[138] 那些声称圣礼仅仅是象征的人，把事实上是次要的东西看成是主要的东西；因为，虽然圣礼的目的之一，确实是用来作为在世人面前的证明书，但同样真实的是，这只是次要的作用，而且圣礼的主要目的是，为参与圣礼者的信仰服务并加强这种信仰。

另一方面，那些声称圣礼有使人称义和赐给恩典的能力的人也是错误的。他们的错误在于把圣礼的"象征性"（figure）和圣礼里面的"真实性"（truth）混淆起来。"因为这种区分不但意味着，象征性和真实性包括在圣礼里面，而且也意味着，象征性和真实性不是这样连接起来，以致不能把它们分开；再者，甚至在这种结合本身里面，物质也必须永远和标记
166 区分开，这样我们就不会把属于其中的一个东西转移给其中的另一个"。[139] 这样的混淆导致迷信，而迷信在于把一个人的信仰放在非上帝的事物里。这歪曲了圣礼的性质本身，而圣礼的目的正是要把对称义的任何其他的要求排除在外，并把信仰集中在耶稣基督身上。事实上，基督本人是一切圣礼的真正的实质，因为他是圣礼的力量源泉，而且圣礼除了他之外并不应许和给予其他的东西。[140] 因此，圣礼除了上帝之道的目的之外没有其他的目的，而上帝之道的目的是提供和呈献耶稣基督。[141]

概括地说，如果人们遵循加尔文关于圣礼的观点，那么，"不应当给予圣礼的东西都不给予，反过来，属于圣礼的东西都不能被拿走"。[142]

人们在《旧约圣经》里找到了圣礼，如割礼、洁净礼和献祭。这些圣礼和《新约圣经》里的圣礼没有不同，因为它们的实质和意义也是耶稣基督。不同在于，《旧约圣经》的圣礼宣告他将来的到来，而《新约圣经》的

---

[138] 同上，4. 14. 7，9 ~ 10。

[139] 同上，4. 14. 15（*LCC*，21：1290）。

[140] 同上，4. 14. 16。

[141] 同上，4. 14. 17。

[142] *Inst.*，（*LCC*，21：1293）.

圣礼则表明，他已经被给予和被显示。然而，它们的有效性是相同的，因为它们的内容是相同的。[143]

《新约圣经》的圣礼只有两种：洗礼和圣餐。其他那些通常得到圣礼的称号的仪式并不真正是圣礼，因为《新约圣经》里任何地方都没有迹象表明，上帝制定这些仪式作为他的恩典的标记，而且古代教会的著述者们并没有给予这些仪式以圣礼的称号。[144]

洗礼的目的，像每一种圣礼的目的一样，是双重的：洗礼为信仰服务，洗礼是在其他的人面前表白信仰。那些把这两个目的的第一个目的放在一边的人——他指的是慈温利和再洗礼派——是未看到洗礼的主要作用。作为对信仰的一种辅助，洗礼是罪的被宽恕的真正的标记，是信徒同基督一起死去和复活的真正的标记，是同基督结合的真正的标记。同洗礼联系在一起的罪的被宽恕，不但涉及原罪和其他以往的罪，而且也涉及未来的罪。在洗礼里进行的洗涤并不是这样的：洗礼只对既往有效。如果信徒是用水洗掉罪的，那么，情况就是如此。但是，洗掉罪的是基督的
血，而这血对信徒的整个一生都有效。因此，洗礼后的罪的问题——这在 167
教父时期是一个重要的争论点，并且终于发展成为苦行赎罪的制度——对加尔文来说并不是难题。他的答案只是，洗礼是终生有效的，而不只是在举行洗礼的那个时刻有效。很明显，这种想法是同被归给的义的教义密切相关的，因为在洗礼的时候发生的事情，并不是一个人真正地被洗清和被涤罪，而是基督的义被宣布为信徒的义。由于这种义具有永久的价值，所以洗礼是为了终生的，并且洗涤了既往和未来的一切罪。结果是，洗礼并没有使一个人恢复到亚当堕落之前的状态。洗礼的作用是严格地以基督为中心的，洗礼的力量在于同基督结合，因为洗礼意味着同基督结

---

[143] 同上，4.14.18～26。

[144] 同上，4.19.1～3。

合。[145]

与再洗礼派相反，加尔文断言，儿童应当受洗，而且不论什么人施行洗礼，洗礼都是有效的，为后一点并没有使他多费口舌，因为他所需要做的只是坚持，洗礼的力量不是来自施行者，没有人真正配得上施行这样神圣的仪式，因此，一个人要信赖在洗礼里起作用的上帝的力量，而不是信赖施行洗礼的人的权威。第二点，即婴儿应当受洗，给他带来了较大的麻烦。他坚持要为这种做法找到《圣经》的依据，但《新约圣经》里既没有证实也没有否认这种做法，这就使他不得不提出几个论点为婴儿洗礼辩护，这些论点没有一个是特别成功的。但是，无论如何，婴儿洗礼作为由于恩典而称义的一个标记和作为上帝不但仁慈地关怀我们而且也仁慈地关怀我们的子孙后代的一个标记而被实行。[146]

至于施行洗礼的方式，加尔文认为，浸水和洒水都是可以接受的，而且这两种形式之间的选择是无关紧要的事情。重要的是，基督徒们把自己局限在《新约圣经》的那种简单的做法上，并拒绝若干世纪以来添加到这种仪式上的一切铺张做法。[147] 作为教会的公众教牧工作的一个部分，洗礼应当只由牧师们施行，而不应当由接生婆或其他的私人施行。[148]

168 圣餐是《新约圣经》的另一个圣礼。[149] 加尔文认为，这个圣礼是上帝为了哺育虔诚信徒们而给予的，但是，这种圣礼被撒旦模糊了，既由于传统的圣餐教义的“迷信”，也由于新教徒们中间的辩论而被模糊了[150]。因此，他把他对这种圣礼的讨论分成两个部分：首先是正面的部分，在这个部分里表明了圣餐的必要和好处，然后是反面的部分，在这个部分里他使

---

[145] 同上，4.15.1～12。

[146] *Inst.*，4.16.参见J·D·贝努瓦，“加尔文和婴儿洗礼”，*RHPhRel*，1(1937年)；457～473页。

[147] 同上，4.15.19。

[148] 同上，4.15.20。

[149] 除了*Institutes*的各个不同版本里的那些有关的部分之外，加尔文著作里的最重要的材料可以在*CR*，37里找到。

[150] 同上，4.17.1。

自己针对着撒旦引进到圣餐的神学里面去的种种过分的做法和种种辩论。[151] 这表明，他在这里主要关心的是教导虔诚信徒们，他感到，设法阐明教义的细微之处是形势加在他身上的义务。因此，不像加尔文的反对者们常常声称的那样，他的圣餐的神学不是从一种想要阐明教义的每一点的好奇的理性主义那里发展出来的。然而，考虑到本书的目的，我们将不探讨加尔文在神学论述的两个标准之间所作的区分，而只是简单地说明他对圣餐的理解的最突出的特点。

加尔文的圣餐教义总结在摘自《基督教要义》的下列文章里，文章的其余的大部分只不过是评注和解释：

> 首先，标记是饼和酒，饼和酒对我们来说代表了我们从基督的肉和血那里得到的不可见的食物。因为像在洗礼里一样，上帝在使我们重生的时候，把我们移植到他的教会团体里，并通过收容（adoption）使我们成为他的人，因此我们说，他履行节俭的管家职责，不断供给我们食物，使我们维持和保持他用他的话语创造我们使我们投生其中的生命。
>
> 现在，基督是我们的灵魂的唯一的粮食，因此我们的在天之父邀请我们分享基督，这样，分享他而精神倍增之后，我们就可以一再积蓄力量，直到我们达到命归西天永垂不朽为止。
>
> 然而，由于基督同虔诚者秘密结合的这一神秘事物，就性质来说是不可理解的，所以他在最适合我们的小小的理解能力的可见的标记里，表明这种结合的象征和形象。诚然，通过给予保证和信物，他使我们确信这种结合，仿佛我们亲眼看到这种结合那样。因为这种
> 非常类似的比拟深入到甚至是最笨拙的头脑里面去：正像饼和酒维 169

[151] 第一个部分是《基督教要义》4.17.1～11。第二个部分是4.17.12～37。随后是其他的部分，大都是关于圣餐的施行。

持身体的生命那样，我们的灵魂是由基督哺育的。我们现在理解了这种神秘的祝福的目的，即，向我们证实这样一个事实：基督的身体是这样彻底地为我们而牺牲，以致我们现在可以分享他的身体，并且通过这种分享而感到这种独一无二的祭品在我们里面的作用；而且他的血曾经这样为我们流出来，以便成为我们的永久的饮料。[152]

因此，关于圣餐要说的第一件事情是，圣餐是同基督结合的可见的标记，而同基督结合本身是不可见的。圣餐并没有带来这种结合。而是，同基督结合是信仰的结果，因此是圣灵的作用的结果。那种认为圣餐或多或少地实现了这种结合的概念，必须被当做是不可思议的而被排除在外。再者，“标记”（signs）应当和“实质”（substance）区分开来。在这里，加尔文使用了“实质”这个词，不是按照形而上学的意思，而是按照“意味”（meaning）和“意义”（significance）的意思。[153] 因此，当他在标记和实质之间作出区分的时候，他所说的是，人们决不能把饼和酒同基督的身体和血混淆起来，也不能把吃和喝的动作同人们与基督的身体和血的灵性结合混淆起来。

然而，另一方面，加尔文并没有把圣餐缩小为仅仅是一种回忆的仪式，或把饼和酒的作用缩小为灵性的象征手段。上面用“代表”表达的这个词，意味着被代表的东西的存在——或许较好的诠释是“表明”。这不仅仅是，饼和酒代表了基督的身体和血，而是饼和酒向分享者表明，基督的身体和血通过圣灵的作用是可以得到的。“现在在这里我们应当防止两种错误。首先，我们不应当由于过分小看这些标记，而使这些标记脱离了它们的神秘性，而这些标记可以说是附属在它们的神秘性上的。其次，

---

[152] 《基督教要义》，4.17.1（*LCC*，21：1360～1361）。

[153] 参见 H. Gollwitzer, *Coena Domini*: *Die altlutherische Abendmahlslehre in ihrer Auseinandersetzung mit dem Calvinismus* (Munich: Kaiser Verlag, 1937), pp. 120ff。

我们不应当由于过分赞美这些标记，而似乎或多或少地模糊了这些神秘性本身”。[154]正是在这一点上，他必须同灵性主义者分道扬镳，灵性主义声 170
称，当基督说他的肉必须被吃的时候，他的意思只是，人们必须信仰他。这种解释反过来意味着，物质的圣餐是不必要的，而且甚至是真正的信仰的阻碍物。加尔文反驳说，这是对的，而且除了通过信仰之外没有其他的方法去吃基督的肉，但这种信仰导致在物质上吃饼和酒。“或者，如果你想要把这件事情说得更清楚一些，那么，对他们来说，吃就是信仰；对我来说，吃似乎是随着信仰而来的”。[155]

当人们在圣餐里在可见的标记和灵性的真实性之间作出区分之后，在那种真实性里面仍然有三种东西需要加以考虑：含意、物质和效果。含意在于应许，而物质的标记指的就是应许。圣餐的物质是基督本身，因为信徒所得到的东西是在灵性上分享他的身体和血。效果在于信徒，他得到了救赎、正义、圣洁和永生。[156] 因此，圣餐的中心，即圣餐的内容，是基督本人，基督在圣餐里继续执行他的祭司职务；因此，这样说是正确的，即一个人在分享圣餐的时候，就成了基督的身体和血的分享者。这一点是重要的，因为把基督的存在局限在他的灵性上，将等于是基督幻影说（Docetism，指早期基督教的一种异端，认为基督只是幻影而已——译者）。[157]赢得我们的救赎的，正是基督的身体和血，而我们在圣餐里分享的，也正是基督的身体和血。然而，这并不意味着，基督的身体是就地存在的。基督的身体在天上，正是通过圣灵的力量——“功效”（virtue），信徒才同那个身体结合并得到它的好处。[158] 这通常被称为加尔文的“功效主义”（virtualism）。

---

[154] *Inst.*, 4.17.5 (*LCC*, 21: 1364 ~ 1365).

[155] *Inst.*, 4.17.5（*LCC*, 21: 1365）。

[156] 同上，4.17.11。

[157] 同上，4.17.7。

[158] 同上，4.17.10。

因此，很明显，加尔文既拒绝天主教的和路德的关于基督在圣餐里存在的观点，也拒绝慈温利的和再洗礼派的观点。然而，他用他的大部分时间来反驳天主教的和路德的观点。天主教关于变质说的教义，以及这个教义对使饼和酒变为圣餐的话语和对话语的效果的理解，被加尔文宣布为近乎“不可思议的妖术”。[159] 他也拒绝对圣餐的崇拜，[160] 和不让平信徒
171 碰到酒杯的做法。[161] 但是，在他看来，关键的争论点是基督的身体的实质的和就地的存在，这是天主教徒和路德派持有的信念，这种信念他是拒绝的。像慈温利的情况一样，加尔文反对路德的和天主教的主张的这一做法，是从他的基督论里产生出来的。为了要说基督的身体是物质地存在于圣餐里，也就必须说基督被赞美的身体这时以这样一种方式分享神性，以致基督的身体是无所不在的。加尔文十分当真地对待基督的升天，而且似乎认为，他的身体这时在九天之上——虽然他也像路德那样说，“在上帝的右边”等于是说，基督这时坐在统治整个天地万物的最高权威的位置上。正像已经说过的那样，他的基督论是“可分的”形式（divisive type）的基督论，这种基督论通常和安提阿（叙利亚古王国首都——译者）联系在一起。他认为，自身的统一不应当是这样的，以致这种统一破坏了两性之间的区分。当路德派声称，基督的被赞美的身体无所不在的时候，他看到他们所作的正是上述这一点。这样一种声称损害了基督的人性，因此加尔文不能接受。[162] 结果，他坚持这样一点，即基督的身体留在天上。然而，他避开对基督的存在的一种纯粹象征性的理解。他补充说，虽然他的身体没有下降到我们这里，但圣灵把我们提升到他的身体那里，这样我们就和他的身体结合起来并分享它的好处。[163] 再者，如果有人问，这究竟怎

---

[159] 同上，4.17.15。

[160] 同上，4.17.35～37。

[161] 同上，4.17.47～50。

[162] *Inst.*，4.17.30.

[163] 同上，4.17.31。

么是可能的，那么，加尔文想要冒昧地说的只是，这种神秘性太大了，人的头脑理解不了，人的语言也表达不了。[164]

最后，重要的是指出，虽然加尔文的对手们常常指责他，说他在对圣餐的理解方面是过分理性主义的，并且没有高度重视圣餐，但事实是，他总是对上帝在圣餐里的作用的这种神秘性感到敬畏。“因为，每当讨论这件事情的时候，当我试图说出所有的话的时候，我感到，和这件事情的价值比起来，我所说过的只是很少。而且，虽然我的头脑所能想的超过了我的舌头所能表达的，可是，甚至我的头脑也被这件事情的硕大无比征服和压倒了。因此，除了对这种神秘性感到惊奇之外，无其他事情可做，因为这种神秘性显然不是头脑所能设想的，也不是舌头所能表达的”。[165]

加尔文的圣餐教义的历史重要性，以及他由于这个教义而同路德派 172
进行的争论的历史重要性，在于这个教义和争论标志着改革传统和路德传统之间的明确的决裂。1549 年的《苏黎世共识》，在瑞士和德国南部使慈温利分子和加尔文分子联合在一起。加尔文的立论分明和文采，使他的种种观点在德国其他部分受到欢迎。当乔其姆·韦斯特法尔发表五卷集，指出路德和加尔文之间的种种不同，尤其是圣餐方面的不同的时候，许多人深信，有一种运动要在德国各地把路德主义排挤掉。梅兰希顿持有被怀疑为加尔文派的观点。结果，我们在前一章里讨论的路德派中间的种种争论，发展成为一种想要把路德主义里的加尔文主义的每一种痕迹清洗掉的企图。这两个基督教团体之间的界线变得越来越分明，而且经常不断的论战倾向于找出分歧的隐蔽的各点，并使它们呈现在众人面前。然而，在所有这些事情里面，加尔文只扮演了次要的角色，而且不像比较极端的路德派声称的那样，他似乎从来都没有兴趣使加尔文主义渗

---

[164] 同上，4.17.32。

[165] 同上，4.17.7（*LCC*，21：1367）。

入德国各地。[166]

教会与国家

《基督教要义》的最后一章，几乎是作为事后的思考，提出了民事政府的问题。这对加尔文本人来说是一个非常热门的问题，因为他在日内瓦的一生中，一直在为与民事政府相对的教会当局争取较大的独立性而奋斗。日内瓦从伯尔尼得到了它的改革，并按照后者这个城市的形式进行组织，在伯尔尼获得胜利的资产阶级保持着对一切政治事务和宗教事务的控制。1538 年，加尔文和法雷尔（Farel）两人决定过被流放的生活，而不愿意接受地方议会颁布的向一切人提供圣餐的法律。加尔文回来的时候，坚持要地方议会定出某些法令，这些法令将保证教会当局有某种程度的独立性——“宗教法庭”（consistory）的起源就是加尔文和地方议会之间在这方面的一种妥协。如果说到了他的晚年，他发现自己实际上成
173 了日内瓦城市的主人，那么，这不是因为他相信教会当局应当超越民事当局，而是因为这是他的斗争的实际上的结果。

至少在理论上，加尔文的观点是，教会和国家之间在管辖范围方面是有所不同的。

> 因此，为了我们没有人在这块石头上绊倒，让我们首先考虑，在人里面有一个双重的政府：一个方面是灵性的，人的良心靠它而得到指导，要虔诚并且要尊敬上帝；第二个方面是政治的，人靠它而受到教育，要履行作为人和作为公民的种种义务，而这些义务是必须在人们中间保持的。这些通常被称为“灵性的”管辖和“世俗的”管辖（这

[166] 事实上，他对韦斯特法尔的三个答复是相当简短的，而且他似乎不怎么去注意这整桩事情。见他的 *Defensio doctrinae de sacramentis*（*CR*，37：1 ~ 40）；*Secunda defensio contra Westphalum*（*CR*，37：41 ~ 120）；*Ultima admonitio ad Westphalum*（*CR*，37：137 ~ 252）。

> 不是不恰当的词),这意味着,前者涉及到灵魂的生命,而后者则涉及到今生今世的种种事物——不但涉及到衣食,而且也涉及到制定种种律法,一个人靠这些律法而在其他人中间圣洁地、体面地和有节制地生活着。因为前者存在于人的内心里,而后者只是管制外在的行为。其中的一个我们可以称为灵性的王国,另一个我们可以称为政治的王国。现在这两个王国,正像我们把它们分开那样,必须永远分别加以检查;而且当其中的一个被考虑的时候,我们必须使头脑转移开而不去想另一个。在人里面可以说有两个世界,不同的国王和不同的律法拥有管理这两个世界的权威。[167]

因此,在《基督教要义》里,他没有兴趣搞出关于国家的一个独立的理论,这个理论既要被非基督徒们接受,也要被基督徒们接受。他关心的反倒是这样一个问题,即基督徒们应当怎样看待国家并和国家相处。因此,他拒绝再洗礼派的观点,再洗礼派认为,国家是不干净的,基督徒们必须避而不同它有任何接触。相反,国家是上帝创造的,上帝号召国家的行政官们执行他们的职责,而他们的职责是为神的正义服务。作为结果,国家有合法的权力执行死刑、征税以及进行正义的和必要的战争。这同一的神的权威是民法的基础,民法是大家都知道的自然律法的表达手段。174
因此,基督徒们当行政官,以及求助于民事当局和对他人起诉,都是合法的——虽然起诉永远要避免本着仇恨和报仇的精神。[168]

政府的所有的三种基本形式——君主政体(monarchy)、贵族政体(aristocracy)和民主政体(democracy)——都是很容易腐化的。[169] 经常发生的是,行政官们背离了正确的道路。许多人变成了暴君。但是,尽管如

[167] *Inst.*,3.19.15(*LCC*,20:847).

[168] *Inst.*,4.20.1 ~21.

[169] 同上,4.20.8。

此，他们仍然有来自上帝的权威，并且必须受到服从。如果人们阅读《旧约圣经》关于统治以色列人的许多暴君的叙述，那么，很明显，首先，上帝给他们以权力，是为了惩罚以色列人，其次，当暴君们的死期到来的时候，上帝总是有办法消灭他们。因此，身为平民的基督徒们不能抵制他们的统治者们的权威，即使统治者们是虚弱的或邪恶的。[170] 然而，在两点上，这个普遍的规则有例外——这两点在后来加尔文派抵制他们所认为的暴政的事件里证明是意义重大的。第一个例外是，下层的行政官们——他们的义务是保护人民的利益——如果不责备暴君，那么，他们就是逃避责任。[171] 第二个例外——建立在基督继续为君王的基础上，我们必须永远服从上帝先于服从人的统治者，这样，一个基督徒必须拒绝服从任何与上帝的律法相抵触的民法或要求。[172] 由于人们可以按照他们认为什么是上帝的戒律和认为谁是下层行政官，而把这两个例外应用在许多不同的情况上，因此，加尔文主义的很大一个部分后来能够采取非常革命的立场，虽然加尔文本人的态度基本上是保守的。

加尔文神学的重要意义

上面所说的可能给人这样一种印象：加尔文在使新教改革运动的神学系统化的时候，失去了可以在路德和早期的改革者那里找到的某些新鲜性和生动性。这在某种程度上是真实的，因为《基督教要义》的任何读者都很容易看出加尔文的有条不紊的、几乎是拘泥细节的文风和路德的戏剧性的和振振有词的立论之间的不同。随着岁月的推移和新的争论和
175 反对者的产生，加尔文把新的章节和部分添加到他的《基督教要义》里，仿佛需要在《基督教要义》里处理当时人们辩论的每一个问题。这显然

---

[170] 同上，4.20.22～30。

[171] 同上，4.20.31。

[172] 同上，4.20.32。

意味着,原来是论述基督教信仰的一本小手册,终于变成了基督教教义的卷帙浩繁的和包罗万象的系统著述。

但是,这个系统化的过程不应当被看成是消极的事态发展。加尔文把涉及到当时人们辩论的种种问题的一些大块文章包括在他的《基督教要义》里,这个事实表明了他作为牧师所关注的事情。他不是打算用他的《基督教要义》来作为基督教教义的经久不衰的系统著述,而是打算用它来作为那些在困难的日子里试图作为基督徒而生活的人的一本实用的手册——甚至在撰写他的著作的庞大的最后版本的时候,这也是他的打算。再者,《基督教要义》本身的那种性质——人们在那套书里很容易找到加尔文对任何一个特定问题的论述——促使人们不去注意他的其他著作,尤其是他的《圣经》的评注,而这些其他的著作会使我们比较全面地看到加尔文作为人和牧师的全貌。

还有,加尔文通过使新教神学去注意灵性得救之外的其他一些问题,确实对新教神学作出重大贡献。路德没能获得得救,因而需要上帝的恩典,由于路德的这种压倒一切的体验,所以大部分新教神学——尤其是路德本人——论述的几乎完全是得救的问题。神学是通过灵性得救论来加以探讨的。当使人看不清福音的性质的主要原因之一,是经院神学的过分的和庞大的系统论述的时候,上述这种做法是必要的。但是,如果这种做法走向极端,那么,结果就会忽视基督教信仰的其他一些基本的方面。加尔文本人指出了这一点,他说——虽然这时是批评天主教徒萨多莱特(Sadolet)而不是批评路德——"把一个人的思想这样过分地局限在他自己身上,而且不把热心表彰上帝的荣耀当做他的生存的主要动机,这不是十分健全的神学。因为我们首先是为了上帝而不是为了我们自己而出生的……比仅仅是寻找和谋求他自己的灵魂的得救更高瞻远瞩一些,确实是一个基督徒的义务”。[173]

176 在许多方面，加尔文介于路德和后期的加尔文派之间，而且我们必须注意不要从排他的角度来看待他，而后来其他的人发展他的神学时采用的方式就是从排他的角度出发的。因为人们必须永远记住，虽然路德派和改革派之间有种种争论，虽然在若干问题上加尔文感到只能同路德不一致，但事实是，加尔文永远把自己看成是路德的宗教改革的基本信条的忠实讲解者。要不是因为路德和加尔文的正统教义的演变，那么，这两个阵营里的后期的神学家们会发现，加尔文要求得到的这一称号，并不是完全没有根据的。这一点可以从——比方说加尔文对待《圣经》的权威的态度上看出来，他的态度是不同于后期的加尔文派的。对他来说，《圣经》不是出发点，不是要像律师解释法律书籍那样加以解释的。相反，对他来说，《圣经》之所以是权威性的，是对上帝的恩典的体验。他的出发点不是《圣经》，而是上帝的眷顾和慈爱。他的目标不是正确的教义，而是上帝的荣耀——虽然很明显，这涉及这种神学的侧重点和结构，而且他从来都不愿意把这两者（正确的教义和上帝的荣耀）分开。

这也可以从涉及教会制度的一些事物里看出来。后来许多人终于把加尔文主义和长老制形式的教会政务等同起来。毫无疑问，加尔文在他的《基督教要义》里所概括的东西，以及他为日内瓦而提倡的东西，是后来的长老制政体的模型。但是，他并没有认为，这种形式的教会政务对教会的性质来说是必不可少的。他的政体是建立在他对《新约圣经》研究的基础上的。但是，任何教会只要正确地宣讲上帝的话语和恰当地施行

---

[173] *Reply to Sadolet*(*LCC*,22:228). 在 John H. Bratt 编的书里，*The Rise and Development of Calvinism* (Grand Rapids: Eerdmans, 1959), p. 33,Charles Miller 也指出了这一点，虽然带有某些党同伐异的夸大之处，他说：“路德运动是这样开始的，它大声疾呼地反对教会的一个大错特错的但却是细枝末节的教义，即赎罪券的给予，这个运动倾向于抓住一些单个的问题。路德本人这样沉迷在因信仰而得救的教义里，以致基督徒生活的其他许多方面被完全忽略了。”

圣礼,就应当被认为是真正的教会。在这里,他再一次介于路德和后期的加尔文派之间,因为路德远远不像加尔文那样注意教会的实际的政体,而许多后期的加尔文派则把加尔文关于教会制度的观点提高到这样的水平,以致这些观点几乎成了教会的必不可少的标志。

这么说,加尔文是不能等闲视之的。当人们指责他由于使新教改革变得过分刻板和过分有条不紊而破坏了新教改革的时候,当人们只是从 177
后来几代声称他是他们的神学的良师益友的人的角度来看待他的时候,这种等闲视之的情况就发生了。人们必须重新看待他,从他作为牧师而深切关注的事物的角度和从他命中注定要在其中生活的历史时刻——即新教神学的形成年代的最后时刻——的角度来重新看待他。从这个角度来看,他不愧是古今最重要的基督教神学家之一。

第七章　英国的宗教改革运动

178　除了路德派传统、改革派传统和再洗礼派传统之外，从新教改革里产生出来的第四个主要传统是英国国教传统，这个传统经过一个复杂的过程而在英国逐渐形成。① 这个过程开始于亨利八世（Henry VIII）统治期间，并且在伊丽莎白统治下达到顶点。这个发展过程中的两个特点将确定我们在这一章的前半部分里的叙述方法。第一个特点是，英国宗教改革的历史受到种种政治事件和各君主的不同态度的巨大影响。不像人们通常所假定的那样，这并不是说，亨利八世或任何其他的君主从无有之中制造出了宗教改革。相反，早在约翰·威克理夫的时代就有了庞大的宗教改革运动，威克理夫的宣传对英国圣公会所采取的最后的方向有很大影响。但依然真实的是，英国这场斗争中的主要领导人不是改革者们本

① 有关英国宗教改革的书目提要太庞大了，不能在这里引用。作为一般的介绍和作为进一步的书目提要的指南，见 F. Heal and R. O'Day, *Church and Society in England: Henry VIII to James I* (Hamden, Conn.: Archon Books, 1977); P. Milward, *Religious Controversies of the Elizabethan Age: A Survey of Printed Sources* (London: Scholar Press, 1978); P. Collison, *The Religion of Protestants: The Church in English Society, 1555～1625* (Oxford: Clarendon, 1982); D. L. Edwards, *Christian England: From the Reformation to the Eighteenth Century* (Grand Rapids: Eerdmans, 1983)。

身,而是他们侍奉的或抗拒的——有时抗拒到死——各君主。英国宗教改革的另一个特点是,这种宗教改革不是由一两个杰出人物控制的。英国宗教改革的主要倡导者都没有达到路德或加尔文那样杰出的神学地 179
位,虽然诸如克兰默(Cranmer)、朱厄尔(Jewel)、拉蒂默(Latimer)、里德利(Ridley)、胡珀(Hooper)及其他的神学家们每个人都作出了巨大的贡献。考虑到英国宗教改革的这两个特点,当人们试图全面介绍英国宗教改革的神学的时候,最好的办法似乎是,先着手简短地叙述伊丽莎白的解决方案达成的过程,然后再讨论主要的改革者们的神学——尽管在此是按照主题来讨论,而不是按照每个个人来讨论。

英国国教的改革

正像我们上面说过的那样,② 约翰·威克理夫的宗教改革运动并没有消逝。一切迹象表明,在16世纪开始时,在英国各地威克理夫主义大量残存下来。约翰·科利特(John Colet,约1467~1519年)所领导的人文主义者们,也在寻求教会的改革,但以不同的方式和本着同伊拉斯谟类似的目标。这个人文主义小圈子的一个成员是托马斯·莫尔(Thomas More,1478~1535年),后来,当他拒绝接受同罗马的决裂时,他宁愿作为殉教者而死去。最后,还有欧洲大陆的新教影响。在1521年的查禁之前,路德的著述在英国被广泛阅读,而且从关于设法销毁这类著述的一些报告来判断,在查禁之后,路德的著述仍然是很容易得到的。威廉·廷代尔(William Tyndale,约1494~1536年)在被流放到欧洲大陆的时候,把《新约圣经》翻译成英文,并让人把译本偷偷带回他的祖国。他在荷兰被当做异教徒绞死。遵循新教路线的宗教改革的其他早期倡导者是:约翰·弗里思(John Frith)、罗伯特·巴恩斯(Robert Barnes)和乔治·乔伊

② 这套《思想史》第2卷,边码第327~332页。

(George Joye)。[3]

但是,要不是亨利八世由于政治形势而被迫同罗马决裂,那么,所有这些努力大概都会落空。这种决裂是由于亨利八世要求他同阿拉贡的凯瑟琳(Catherine of Aragon)的婚姻被宣布无效而引起的。亨利总是怀疑他的婚姻的合法性,因为凯瑟琳是他的哥哥阿瑟(Arthur)的遗孀。当阿瑟去世的时候,西班牙的斐迪南(Ferdinand)坚持要凯瑟琳带着她的亡夫留下的产业回到她的祖国。由于亨利七世(Henry VII)舍不得失去这份产
180 业和西班牙的善意,他提出,凯瑟琳嫁给他的小儿子亨利,亨利这时是王位的继承者。至于这样的婚姻是否可以允许,人们有很大的怀疑,但是,两位国王终于说服教皇给予特许。虽然如此,亨利总是对他同凯瑟琳结婚的合法性感到不安。当他们的所有孩子,除了玛丽(Mary)之外,都在早年夭折的时候,他的怀疑似乎得到了证实。王位的继承本身受到了威胁——而英国刚刚从王位继承问题上的长期内讧中摆脱出来。这就是亨利要求宣布他的婚姻无效的原因。至于他不忠实于他的妻子,那是没有疑问的。但是,为了这个缘故,他无须乎把她打入冷宫。难题是,他必须有一个合法的儿子来保证王位的继承。有一个时期,人们的建议是,宣布他的私生子里士满的公爵(Duke of Richmond)为合法的。但这是不可能的,红衣主教坎佩乔(Cardinal Campeggio)甚至建议,里士满的公爵同他的同父异母姐妹玛丽结婚。最后,亨利要求教皇宣布他的婚姻无效。教皇不能同意这件事情,因为凯瑟琳是查理五世(Charles V)的姑姑,而查理实际上控制着罗马。

亨利求助于欧洲一些主要的大学——天主教的大学和新教的大学——而它们的裁决是,教皇没有权力违背《圣经》的戒律而给予特许,因此,亨利同他哥哥遗孀的婚姻从来都不是合法的。然而,各大学虽然可

---

③ W. A. Clebsch, *England's Earliest Protestants: 1520 ~ 1535* (New Haven: Yale University Press, 1964)。

以发表意见,但事实上的宣布无效得由教皇来进行。后者建议,亨利秘密地娶第二个妻子——在多少有些类似的情况下,路德向黑森的菲利普(Philip of Hesse)提出了同样的劝告。于是,亨利决定自行解决。在一系列的措施里,他逐渐把教会控制起来。他恢复了禁止向罗马上诉的古代的法律,并且削减了送交教皇的钱款。当坎特伯雷的主教职位出现空缺的时候,他让人指派托马斯·克兰默(Thomas Cranmer,1489 ~ 1556 年)担任这个职位。克兰默是一个曾经受到路德影响的稳健的改革者。但是,亨利选择克兰默的原因是,克兰默认为,各大学关于亨利的婚姻的判决就足以使之无效。到了这个时候,亨利已经往前走了一步,并且私下里娶了安妮·博林(Anne Boleyn),因为她这时怀孕了,亨利打算使她的孩子成为合法的。令人啼笑皆非的是,这个孩子结果还是一个女孩,她后来作为 181
伊丽莎白女王而统治英国。教皇命令亨利在十天之内离弃安妮并恢复凯瑟琳的原位,要不然就开除教籍。于是,亨利采取了大胆的行动方针,在1534 年议会的一系列法令里,国王被宣布为他的领地里的教会的最高首脑,他同凯瑟琳的婚姻被宣布无效,安妮被接受为英国王后,她的女儿伊丽莎白被变成王位的合法继承人,除非亨利将来有个男孩。

亨利没有兴趣改变新近设立的英国教会的种种做法和教义。相反,他感到,只要各教区的生活大体上保持不变,拒绝承认教皇的权威,将不会造成他同他的臣民们之间的许多麻烦。但是,也有其他一些因素在起作用,而使他走向相反的方向。他想要德国的新教神学家们宣布,他把凯瑟琳打入冷宫是正确的。这些神学家们说,这种婚姻根本就不应当举行,但是一旦同她结婚,亨利就无权离弃她。亨利希望劝诱他们,便开始为一个他本来无意签署的政治宗教联盟而进行谈判。这反过来迫使他不那么苛刻地对待英国的新教徒,而他本来是很苛刻的。克兰默利用这些形势而推进种种改革。结果是,在教会的生活里作出了一些次要的变革,但教会的神学和种种做法远远不是新教的。

1536 年的“十条教规”肯定了《圣经》的权威、古代的信条和头四个普世大公会议——从而不言而喻地否定了后来的传统的权威。提到了三种圣礼:洗礼(baptism)、圣餐(eucharist)和补赎(penance)。在圣餐里,基督是真正地并在身体上存在着。得救是靠信仰和善行。偶像、为死者祈祷、炼狱、教士的法衣、圣徒们的乞灵以及其他这类传统做法,都保留下来了,并且禁止否定它们。稍晚些时候,主要是由于克兰默的影响,教区的牧师们被命令把一本大的英语《圣经》放在教堂里一个方便的地方,以便平信徒能够阅读。在亨利统治期间,克兰默完成的另一重要的变革是,用英语歌唱连祷(Litany)。虽然平信徒中间对这种做法大为反对,但这种新的风俗不久之后就开始被接受。

182 在国王至上的法令之后,亨利在宗教事物方面采取的最重要的步骤,或许是解散各修道院。这是通过一系列措施完成的,这些措施最初是针对着一些较小的会所,然后是针对着整个修道士的运动。亨利这样做的原因似乎是,他想要占有一些修道院若干世纪以来聚集的财富,以及也是由于这样一个事实,即各修道会所是他宣布独立于罗马的反对力量的聚集点。那些反对他的种种措施的人遭到镇压;有一些人甚至被处死。这样,亨利就成了大量财富的主人,他把财富慷慨地分给了他的支持者们。这些人反过来成了独立教会的坚定的捍卫者,因为他们自己的财富取决于教会的独立。

到了1539年,亨利感到,他不再需要欧洲大陆的新教徒们的支持,因此,他着手使他的教会具有他所喜欢的那种强烈的正统的色彩,他希望这种色彩将防止正在新教徒们中间发生的分裂。这是在“六条教规”里完成的,这些教规是在克兰默的抗议之下但却是在国王的指示之下由议会通过的。在这里,人们宣布,否定变质说,或提倡两种圣餐说,都是左道邪说,可受死刑或没收财产的处罚。关于教士的独身生活也说了这样的话,结了婚的牧师们这时必须把他们的妻子放在一边。为了要表明既不屈从教皇也不屈从新教徒,亨利使一小群天主教徒和路德派由于他们的思想而被处决,以儆效尤。

亨利于1547年驾崩的时候,事态就是如此,他把王位留给了他的唯一的男性继承人,他的第三个妻子的儿子爱德华六世(Edward Ⅵ)。爱德华是一个九岁的多病的孩子,他的统治持续了六年稍多一点。在那个时期,这个王国最初是由萨默塞特公爵(Duke of Somerset)统治,后来是由诺森伯兰公爵(Duke of Northumberland)统治。这两个摄政者,虽然可能是由于不同的原因,但都支持按照新教路线的宗教改革的事业。克兰默在这个时候身价倍增,并利用他的影响使英国的教会倾向新教。在新政权时期采取的许多措施包括:在礼拜的时候朗读英语《圣经》,出版"十二个布道"——其中三个是克兰默的布道——以保证全国各地的讲道符合正确的教义,废除"六条教规",命令向平信徒施行两种圣礼,允许教士结婚,以及其他等等。但是,在宗教领域里,爱德华六世的统治的最重要的 183
成就是,编写和出版了《公祷书》(*Book of Common Prayer*)。这是在克兰默的领导下由几个神学家准备的。1549年引进到各教堂里的该书的第一个版本,除了整个礼拜仪式这时用英语之外,是模棱两可地倾向于保守。1552年出版的第二个版本就激进得多了。克兰默本人这时终于否定变质说和合质说,并坚持和加尔文类似的观点。由于这时正是查理五世击败德国的新教徒的时候,所以许多德国新教徒前来英国避难——值得注意的是,斯特拉斯堡的改革者马丁·布塞——从而进一步增加了新教思想的影响。许多被流放到欧洲大陆去的英国人这时回来了,带来了比较接近慈温利而不接近路德的种种思想。这些领导人,例如约翰·胡珀(John Hooper,约1495~1555年)和尼古拉·里德利(Nicolas Ridley,大约1503~1555年),对宗教改革运动正在采取的形式产生了越来越大的影响。结果,1552年的《公祷书》在其灵感方面明显地是新教的。圣餐不再被认为是一种献祭可以从这个事实里看出来,即这本书不再谈到"祭坛"(altar),而是谈到"餐桌"(table)。这些模棱两可之处保留下来了,因为宗教改革的所有领导人都知道,英国还没有准备好进行激进的变革;但是,在英国教会的早期的模棱两可的文件里,最明显的解释一直是按照传统的天主教的路线，而这时这个第二版的《公祷书》，虽然仍旧是模棱两可的，但似乎倾向于新教的——甚至是慈温利的——对圣餐的理解。这个时期的宗教改革运动的主要领导人，除了托马斯·克兰默之外，是尼古拉·里德利、约翰·胡珀和休哥·拉蒂默（Hugh Latimer，约 1485 ~ 1555 年）。

国王爱德华在 1553 年的驾崩彻底地改变了事态。虽然采取了种种步骤来防止这件事情发生，但玛丽还是继承了王位。她立即让议会宣布，她母亲同亨利八世的婚姻一直是有效的，而且爱德华六世的一切宗教法律今后都是无效的。在一系列的复杂的谈判之后，同罗马的关系恢复了。她同西班牙的菲利普的联姻，加强了天主教的手中之牌。然后，接踵而来的是殉教者的长长的名单，这使她博得了"血腥的玛丽"（Bloody Mary）的
184 名称。克兰默到了这时已是一个老人，他被迫签署了声明撤销书。后来，当他被领到火刑柴堆上的时候，他首先伸出右手去烧，因为他的右手签署了撤回声明书。这样的行动使他成为名噪一时的英雄。其他的人毅然奔赴刑场的时候，受到了群众的欢呼。当玛丽开始把教会的一些古老的修道院所有物归还给教会的时候，对她的统治的反抗达到了新的高度。然而，在一点上，她没有下毒手，她没有听从她的公公查理五世的一再劝告而去处决她的同父异母妹妹伊丽莎白。

这样，当玛丽在统治了五年零几个月之后于 1558 年驾崩的时候，伊丽莎白接替了她。新的女王沿着通向国家教会的道路小心地但坚定地前进，这个国家教会将拢住她的尽可能的臣民。她允许有某些表白的自由，但通过恢复《公祷书》——带有一些进一步的修改的第二个版本——而坚持礼拜仪式的统一性。当玛丽任命的主教们拒绝接受伊丽莎白对教会的统治权的时候，伊丽莎白罢免了他们，并且用爱德华六世时期被流放的主教们或新的主教们来取代他们。虽然一般说来她避免流血，但当时机要求断然行事的时候，她是知道怎样自行其是的。在她的许多死刑处决里面——大约和她的同父异母姐姐玛丽的死刑处决一样多，虽然统治的

时间几乎长十倍——最著名的是处决苏格兰人的王后玛丽·斯图尔特(Mary Stuart)。当约翰·诺克斯(John Knox)领导下的长老制和玛丽·斯图尔特自己的不明智的政策使她失去王位的时候,她到英国来避难。当伊丽莎白获悉要由她的表妹玛丽·斯图尔特来取代她并在英国恢复罗马天主教的阴谋的时候,她不大情愿地下令处决了玛丽·斯图尔特。

在伊丽莎白统治期间,使英国国教具有明确形式的,是"宗教的三十九条教规"的颁布。"三十九条教规"基本上是爱德华六世的"四十二条教规"的修订版。"四十二条教规"是克兰默拟定的,他希望,"四十二条教规"将在路德主义和加尔文主义之间取得平衡,而把罗马天主教和再洗礼主义排除在外。1563 年,宗教集会恢复和修订了爱德华六世的诸教规,在大都是涉及到政治的权宜之计的一系列拖延之后,诸教规的最后定稿形式于 1571 年被确定和颁布。由于这些教规是英国改革者们的神学结晶,当我们阐述这种神学时,我们将讨论这些教规的内容。

像在欧洲各地一样,英国的宗教改革的基础是《圣经》的权威。在英国本土,威克理夫及其追随者的传统是这种趋向里的重要影响因素。廷代尔翻译《圣经》的工作就是建立在这个原则上的,这个原则是使他和欧
洲大陆的宗教改革联系起来的主要纽带——诚然,他对律法主义的偏好 185
是和路德神学的核心大不相同的。[4] 1540 年,克兰默在他的《圣经前言》(*Preface of the Bible*)里写道:

> 如果有任何事情是必须知道的,那么,我们可以从《圣经》里知道这件事情。如果错误的信仰应该被遣责,那么,我们就可以因此而积蓄力量。如果有任何事情需要改正和纠正,如果需要任何告诫或安慰,那么,我们可以从《圣经》里知道和得到。在《圣经》里有灵魂的肥沃的牧场;在那里没有腐肉,没有不卫生的东西;这些牧场提供

---

④ W. A. Clebsch, *England's Earliest Protestants*,第 168 ~ 174 页。

> 美味佳肴。愚昧无知的人将在这里找到他应当知道的事情。堕落的罪人将在那里发现他被罚入地狱，使他吓得浑身发抖。努力侍奉上帝的人将在那里找到他的荣耀和永生的应许，从而使他更加勤奋地去侍奉上帝。⑤

约翰·朱厄尔（John Jewel，1522～1571年），伊丽莎白时代的主要神学家之一，撰写了《英国教会的信仰辩护》（*Apology of the Church of England*），他在其中试图表明，《圣经》和教会的古代传统都支持英国圣公会的观点。因此，他常常提到传统和早期的基督教作家们。但是，当涉及到最后的权威存在于哪里的问题时，那么，很明显，这种权威只属于《圣经》。

> 因此，如果说我们是异教徒，而他们是（像他们愿意被称呼的那样）天主教徒，那么，他们为什么没有看到，早期基督教著作家们——他们是天主教的人——是怎样做的？他们为什么不用神圣的《圣经》来说服和制服我们？他们为什么不号召我们再一次去受《圣经》的考验？……如果说我们是异教徒，我们把我们的一切争论都提交到《圣经》那里，我们求助于我们知道是上帝本人铭刻在我们心里的同一的话语，而且同这些话语相比较而把其他一切事情看得无足轻
> 186 重了……而他们害怕《圣经》的审判，也就是上帝本人的审判，而且宁愿不要《圣经》而要他们自己的梦想和毫无趣味的发明，那么，我们怎样称呼他们才合适呢？⑥

---

⑤ 在G. E. Duffield编的书里，*The Work of Thomas Cranmer*（Appleford，Berkshire：The Sutton Courtenay Press，1964），p. 37。

⑥ J. Jewel，*An Apology of the Church of England*，ed.，J. E. Booty（Ithaca：Cornell University Press，1963），p. 20.

他们所作的和所教导的可以在《圣经》里找到根源的这一看法，是英国国教改革的支柱之一。这就是为什么廷代尔和克兰默按照威克理夫的传统尽量设法使英国的每一个人都能得到本国语言的《圣经》的原因。⑦这一点可以从“三十九条教规”里看出来，其中的第六条说：“《圣经》包含有得救所需要的一切东西：这样，凡不是在《圣经》里所能读到的东西，也不是由《圣经》所证实的东西，都不要求任何人把它当做是信仰的条规而加以相信，也不要求任何人去认为它是得救所需要的或必不可少的。”

同样，《尼西亚信经》、《亚他那修信经》和《使徒信经》应当被当做是权威性的而加以接受，原因是“它们是可以由《圣经》的最确凿的根据加以证实的”（第八条教规）。而且，虽然教会有权力确定礼拜仪式的种种做法和甚至裁定涉及到信仰问题的种种争论，“可是，教会要规定与书面的上帝的话语相抵触的任何事情，都是不合法的，教会也不能把《圣经》里的一处解释成这样的，以致同《圣经》里的另一处截然相反。因此，虽然教会是《圣经》的证人和保管者，可是，由于教会不应当发布任何与《圣经》相反的命令，所以除了《圣经》之外，教会不应当实施任何被认为是得救所需要的东西”（第二十条教规）。

这意味着，使徒的各教会——耶路撒冷、亚历山大、安提阿和罗马——可能犯错误，事实上也曾犯过错误（第十九条教规）；而且全体的宗教会议，情况也是如此（第二条教规）。

另一方面，英国的改革者们——或至少是他们中的大多数人——认为，传统里有积极的价值，而且虽然传统教会当保留，只有那些同《圣经》的权威相抵触的事例除外。这使得英国的宗教改革在开始进行时，情况 187
不像欧洲大陆的宗教改革那样混乱。比方说，《公祷书》就包括了一些激进的变革。该书规定，举行神圣的礼仪用本国语言。在教义的实质受到

⑦ P. E. Hughes, *Theology of the English Reformers* (London: Hodder & Stoughton, 1965), pp. 13 ~24.

威胁的地方，该书改变了有关传统礼仪的措辞。但是，该书尽可能多地保留了传统的礼拜仪式。在教会制度方面也是这样办的。因此，平信徒能够适应新的情况，而没有引起不必要的骚乱。这种政策有一部分是由于，伊丽莎白的目标是达成她的绝大多数臣民都能接受的某种折中方案。但是，这种政策也是由于大多数英国国教改革所持的态度，他们认为，礼拜仪式和教会制度的事务是接受与拒绝两可的，而且情况既然如此，就无须乎坚持要改变礼拜仪式的每一个细节而使它符合《圣经》的做法。朱厄尔表达了英国教会的这种思想感情，他写道：

> 然而，我们不但保留和推崇那些我们确信是由使徒们传递给我们的仪式，而且除了我们认为无损于上帝的教会而可以容忍的仪式之外，还保留和推崇其他一些仪式……但是，至于所有那些我们认为是非常迷信的、无益的、有害的、开玩笑的、不符合《圣经》的事物，或所有那些不适合严肃的和谨慎的人的事物……那么，我说所有这些事物我们都概无例外地断然拒绝，因为我们受到这类蠢事的玷污，就不能够再正确地崇拜上帝。⑧

在这一点上，他追随了克兰默。克兰默教导说，种种仪式——甚至那些可以在《新约圣经》里找到的仪式——不是古今的教会必须遵循的。克兰默把通常只应用在《旧约圣经》上的道德戒律和礼仪戒律之间的传统的区分也应用在《新约圣经》上，因此他能够说，保罗的礼拜仪式的特殊规定，或耶路撒冷会议的决定，只有一瞬即逝的权威，不要求当代的所有人都遵照执行。⑨

---

⑧ Jewel, *An Apology*, p. 37.

⑨ G. W. Bromiley, *Thomas Cranmer Theologian* (New York: Oxford University Press, 1956), pp. 20 ~22.

“三十九条教规”的第三十四条表达了这一点，这条教规论述了“教会的传统”：

各地的传统和仪式无须乎都是同一的或完全相似的；因为古往今来，传统和仪式一直是多样的，而且可以随着国家、时代和人的风俗的不同而有所不同，这样就不会违背上帝的话语而规定出任何事 188
情。任何人通过他的私人判断，乐意地和故意地公然违反教会的传统和仪式，而这些传统和仪式不与上帝的话语相抵触，并且是共同的权威所规定的和批准的，那么，就应当公开指责他（这样，其他人就会害怕而不做类似的事情），因为他触犯了教会的公共秩序，损害了行政官的权威，伤害了懦弱的教友的良心。

每一个特定的或国家的教会都有权规定、改变和取消那些只是由人的权威规定的教会的礼仪或仪式，以便使一切事情都是为了教诲而作出的。

然而，在这一点上，这条教规超出了克兰默的教导。在这里所能肯定的是，由于礼拜仪式的特定的做法不是《圣经》里所命令的或禁止的，所以确定这些做法的权力属于教会，而且任何个人都无权改变这些做法。因此，礼拜仪式的做法虽说是《圣经》允许有很大的自行斟酌权的事务，但这种斟酌权只限于教会当局，在实践上，只限于民事当局。这对伊丽莎白的政策来说是很重要的，她的政策是要创建一个分歧尽可能少的国家教会，因为礼拜方面的一致性必然会造成信仰方面的某种一致性，而欧洲大陆的经验表明，如果允许有完全的自由，那么，不久就会滋生出各种教派。这是伊丽莎白所不能容忍的事情，因为这违反了她要扩张英国的权力的计划。但是，她对于宗教改革的各教会内部的分裂问题的解决方法，正像人们在这条教规里所看到的那样，是她的许多臣民所不能接受的解决方法。那些受到慈温利和加尔文的改革神学影响的人，以及那些因而相信中世纪教会的礼拜仪式的传统破坏了《圣经》的简单纯朴因而应当被废除的人，尤其不能接受这种解决方法。因而产生了清教徒运动，这个运动在随后的一个世纪里将震撼英国的基基。

因信称义是新教改革的另一个大支柱。因信称义也是英国的改革者
189 们的神学里的一个常见的特点。廷代尔在他的《罗马人书》的序言里断言，“这本使徒书信的要点和撰写的整个原因，是要证明一个人只因信称义”。[10] 约翰·弗里思也感到，这是福音的核心。虽然他认为，这样说比较确切：不是上帝把义归给了信徒，而是上帝决定不把罪归给信徒。[11] 克兰默用同样的语调写道“我们的信仰确实是由于上帝的怜悯油然而生的……没有我们的任何受之无愧或理所应得”。[12] 虽然亨利八世的“六条教规”断言，称义是通过信仰和善行而实现的，从而试图安抚改革者们，但改革者们清楚地看到，这等于是否定因信称义的教义，并且反对对这种教义的任何这类的理解。因此，“三十九条教规”的第十一条断言，“我们在上帝面前被认为是义的，只是由于因信仰而蒙受的我们的主和救世主耶稣基督的功德，而不是由于我们自己的善行或理所应得。”然后，第十二条教规重申关于善行的价值，虽然是按照严格的新教的意思说的。“虽然善行——善行是信仰的成果，并且是随着称义而来的——不能去掉我们的罪，也不能经受上帝的严厉的审判；但善行是基督里的上帝所喜欢的和所接受的，善行是必然会从真正的和强烈的信仰里产生出来的；正像通过果子能够识别一棵树那样，通过善行也能够明确地认出强烈的信仰”。

称义之前完成的善行“是上帝所不喜欢的，因为这种善行不是从信仰耶稣基督那里产生出来的，这种善行也不能使人适于接受恩典”（第十三

[10] 在 Hughes 的书里引用，*Theology of the English Reformers*, p. 48。

[11] Clebsch, *England's Earliest Protestants*, p. 134.

[12] 在 Hughes 的书里引用，*Theology of the English Reformers*, p. 54。

条教规)。同样,“教导额外善行(works of supererogation)的概念,只能导致傲慢和不敬神”(第十四条教规)。

像欧洲大陆的宗教改革的情况一样,肯定因信称义和拒绝教会的苦行赎罪的制度是密切相关的,因为这两者是互相矛盾的。这包括拒绝炼狱。一旦人们决定,一个人的永久的命运,同完成了多些或少些善行无关,也同犯了多些或少些罪无关,而是同上帝的毫无缘故的恩赐有关,那么,炼狱就没有容身之地了。拉蒂默在他的一次激烈的布道里,罗列了各
种各样的赎罪券,然后又谈到了“我们的古老的炼狱的扒窃”[13]和“这个 190
炼狱怪物的弊端”。[14] 几十年之后,朱厄尔坚持说:“由于他们吹嘘自夸,他们习惯于用他们的炼狱大做文章,虽然我们知道炼狱不是新近从他们中间产生出来的东西,但炼狱几乎等于是老妇人的笨拙的发明物。”[15] 最后,“三十九条教规”的第二十二条,连同炼狱一起拒绝的还有赎罪券和罗马天主教的若干其他的做法。“罗马天主教的关于炼狱的教义,免罪符,偶像和圣骨的崇拜和敬慕,还有圣徒们的乞灵,都是枉费心机地发明出来的一厢情愿的东西,都不是建立在《圣经》的根据上的,而且是上帝的话语所厌恶的”。

我们已经表明,“三十九条教规”怎样给予国家教会以权力,在礼拜仪式、教会制度以及既不是《圣经》命令的也不是《圣经》禁止的其他这类事务方面,作出一切决定。但是,我们现在必须设法识别英国改革者们的教会论的某些东西。

英国的改革者们常常提到可见的教会和不可见的教会之间的传统区

⑬ A. G. Chester, ed., *Selected Sermons of Hugh Latimer* (Charlottesville: The University Press of Virginia, 1968), p. 19.

⑭ 同上,第 20 页。

⑮ Jewel, *An Apology*, p. 36.

分。然而，通常使用这种区分，不是为了要贬低可见的教会，[16]而是为了要解释，可见的教会怎么能够声称是被救赎者的团契，而又这样充满了罪和罪人。在这种意思上，里德利提到了奥古斯丁的“混杂的教会”的概念，在这个教会里麦子和稗子不能彼此分开。在这个可见的混杂的教会里存在着真正的信徒们的不可见的教会，虽然在目前可见的教会里混杂着许多不是被救赎的人。由于这个缘故，可见的教会可能犯错误，而且事实上曾犯过错误。[17] 但是，另一方面，这是不可见的教会在世上采取的唯一形式，因此，一个人没有权力干脆从这个混杂的教会里撤出来，以便从
191 属于一个不具有世俗的形体的想象中的不可见的社团。由于伊丽莎白的解决方案变成了现实事物，所以强调之点不再落在这种区分上，而是转向肯定，英国的教会确实是基督在英国的教会。这个教会并不正好相当于不可见的教会，这一点仍然是事实；但是，可见的教会虽然有“混杂的”情况，但却是信徒们的灵性的家。英国的教会在这个特定的王国里是这个可见的教会的恰当的表达手段，虽然英国的教会不声称是基督普世的团体。

> 我们相信有一个上帝的教会，这个教会不是（像古时在犹太人中间那样）关闭在某个角落或王国里，而是这个教会是普遍的、全体的和遍及整个世界的。因此，现在没有一个国家能够真正地抱怨说，他们被关闭起来，而且不是上帝的教会和人民之一。而且这个教会是基督的王国、团体和新妇；只有基督才是这个王国的王子；只有基督

---

[16] 最值得注意的例外是 John Foxe, *To the True and Faithful Congregation of Christ's Universal Church*（*LCC*,26:77～78）:“他们看到，罗马的教会在世人的眼睛里是这样可见和荣耀，在外表的美观上这样闪亮，在举止上这样威严，拥有这样多的追随者和群众，并且处在这样高的权威地位上，他们认为，罗马的教会是唯一的真正的天主教的母亲。另一个教会，由于它在世界上不是这样可见地被知道，因此，他们认为，它不可能是基督的真正的教会。在这方面他们被大大地欺骗了。”

[17] Hughes, *Theology of English Reformers*, pp. 228～229.

> 才是这个团体的首脑;只有基督才是这个新妇的新夫。[18]

“三十九条教规”表明了改革神学尤其是加尔文对这一点的影响,加尔文的影响在爱德华六世统治期间变得强烈了,而且在许多被玛丽·图德(Mary Tudor)强迫去欧洲大陆避难的英国改革者们在伊丽莎白统治期间回到祖国的时候大大地增加了。和加尔文所说的一样,真正的教会的两个识别的标志是,宣讲上帝的话语和施行圣礼。第十九条教规的前半部分说:“基督的可见的教会是信徒们的会众,在那里上帝的纯正的话语被宣讲,圣礼按照基督在所有那些必定是可见的教会所需要的事务里的命令而被恰当地施行。”

到了这个时候,在圣礼的教义里加尔文的影响也是清晰可见的。克兰默在他早年作为改革者的时候,坚持基督的身体确确实实存在于祭坛上的教义。他后来得出结论,基督被献祭没有在圣餐里重复,于是传出命令,用餐桌代替祭坛。[19] 1550 年,他写了一系列文章,在他的观点和罗马
教会的观点之间进行比较,他丑化了后者的观点,以便使它们显得尽可能 192
不光彩。在这些比较里面,他的加尔文派的倾向是很明显的。虽然这些过于冗长而不能全文引用,但从中选出一段就足以表明这些比较的总的趋向。

> 因为他们教导说,基督是在饼和酒里:但是我们说,根据事实,基督是在那些配得上领受饼和酒的人里。
>
> 他们说,基督是在嘴里被接受的,而且随着饼和酒进入人体:我们说,基督是在心里被接受的,而且由于信仰而进入人体。
>
> 他们说,每一个人,善人和恶人,都吃基督的身体:我们说,这两

---

[18] Jewel, *An Apology*, p. 24.

[19] Duffield, *The Work of Thomas Cranmer*, pp. 234 ~ 237.

> 种人确实吃了圣餐的饼和饮了圣餐的酒，但是，只有那些是基督的团体的生机勃勃的成员，才确实吃了他的身体和饮了他的血。
>
> 他们说，基督在同一个时间里是在肉体上存在于许多地方。他们断言有多少圣饼，他的身体就在肉体上真正地存在于多少地方：我们说，像太阳的形体永远在天上而不在其他地方那样……同样，我们的救世主基督是身体地和肉体地在天上，坐在他的圣父的右边，虽然在灵性上他曾经应许，与我们同在世上，直到世界末日。[20]

很明显，在拒绝罗马天主教的教义的时候，克兰默在这一点上也拒绝了路德的观点，而采取了加尔文的主张。圣餐不仅仅是心里发生的事情的一个象征，但它也不是确确实实地吃了基督的身体。这必然是如此，因为基督的身体是在天上，因此我们只能是灵性地分享基督的身体。只有信徒们才是基督的身体和血的真正的分享者，因为非信徒们吃的和喝的只不过是饼和酒而已——并且因为亵渎了主的餐桌而使他们自己受到谴责。这些观点在“三十九条教规”里反映出来，其中的第二十八条说，“只是按照天上的和灵性的方式，基督的身体在圣餐里被给予、被接受和被吃。”下面的一条教规谈到了邪恶的人，“他们绝对不是基督的分享者”，虽然“导致他们被谴责，他们确实是吃了和喝了这样伟大的一件事情的标记或圣餐”。

193 这种显著的加尔文的影响对17世纪英国基督教历史来说将证明是非常重要的，因为那时发生的种种事件有一部分原因是由于英国国教的稳健的加尔文主义和那些认为伊丽莎白的解决方案出卖了加尔文的宗教改革的人的比较激进的观点之间的不可避免的冲突。

伊丽莎白的解决方案里的教牧工作的理论和实际做法，提供了这种冲突的一个例子。在同罗马天主教的争论中，英国的改革者们常常争辩

---

⑳ Duffield, *The Work of Thomas Cranmer*, pp. 124 ~ 126.

说,使徒传统(指主教等的权力是由使徒开始各代相传而来的——译者)不是使徒权威的标准。1550 年,约翰·胡珀写道:“至于教会的牧师们,我相信,教会不受任何一种人的约束,也不受主教们、红衣主教们或类似的人的正规的继承次序的约束,而只受上帝话语的约束。”[21] 同样,甚至在伊丽莎白的解决方案之后,朱厄尔对天主教的论点答复说,“你们说,传承是任何基督教徒避免反基督的主要方法。我同意你们的说法,如果你们指的是教义的传承的话”![22] 但是,这种论点是用来驳斥罗马教会方面对权威的要求的,如果在英国不分青红皂白地加以应用,那就会破坏纪律。如果国家教会不能或多或少地控制任命圣职的仪式,从而使一些人通过任命成为国家教会的领导人,那么,国家教会的这一概念将是行不通的。由于这个缘故,朱厄尔——他曾经争辩说,权威来自教义的传承——说,“没有人有能力随心所欲地使自己钻到神圣的教牧工作里面去”。[23] 如果英国的教会不以某种方式把任命牧师和管理礼拜的独家权力保留给它自己,那么,伊丽莎白及其顾问担心,再洗礼派那样的混乱将席卷整个王国。因此,“三十九条教规”的第三十六条批准了爱德华六世的圣职授任形式书,肯定该书“确实包括了这类任命圣职和授给圣职所需要的一切东西:该书没有任何东西就其本身来说是迷信的或不敬神的”。那些按照这本书的仪式和规定被委任为牧师的人,被宣布为是“正确地、按规则地和合法地被任命和被授给圣职的人”。

这一神学,作为伊丽莎白的解决方案的后盾,其最好解说者是理查 194
德·胡克(Richard Hooker,1554 ~ 1600 年),他的《关于教会政体的律法》(*Of the Laws of Ecclesiastical Polity*)的八本书着手为这个解决方案提供一个基础。由于在他的有生之年只出版了头五本书,因此,至于其他的书的

---

[21] Quoted by Hughes, *Theology of English Reformers*, p. 179.

[22] 同上。

[23] Jewel, *An Apology*, p. 26.

内容是否被更改以适应后来的种种争论，是有一些疑问的。无论如何，不用怀疑的是，胡克认为，“国家教会”（State Ecclesiastical）和“民事国家”（Civil State）是同久远的。教会和国家是相同的，由同样的人组成，只是由于这些人的角色不同才有所区别。为了教会的政务，应当采用三个标准：《圣经》、传统和理性。就《圣经》所明确地谈到的事务来说，《圣经》是决定这些事务的最后的权威，而且不应当受到怀疑。但是，有许多事务——包括教会政务的形式——《圣经》没有关于这些事务的明确教导。那些被传统支持的事务，以及那些不是和《圣经》相抵触的事务，只要不违反理性，就应当被保留。但是，甚至在这些事务里面，虽然传统提供了一些指导方针，但这些方针并不是绝对的。因此，在主教统治的这个极有争议的事务上，虽然胡克是主教统治的热情支持者，但他并不认为，缺少主教统治是拒绝各改革教会的合法性的充分的理由。[24]

不信奉国教的起源

“三十九条教规”否认爱德华六世的圣职授任形式书里有任何“迷信的或不敬神的”东西，这个事实表明，确实有一些人认为该书有这样的东西。这是预料之中的事情，因为许多在玛丽时代离开英国的流放者后来受到欧洲大陆宗教改革的直接影响。他们认为，英国的教会在恢复对上帝的真正的礼拜方面走得不够远。关于仪式、法衣等等是拒绝与接受两可的，是要由每个国家里的教会规定的，这个概念并不投合这样一些人的
195 口味。他们在被流放到荷兰、法兰克福和日内瓦期间，终于相信改革礼拜的简单纯朴是《新约圣经》所要求的。由于这些激进的加尔文派要求按

[24] 见 E. Grislis and W. S. Hill, eds., *Richard Hooker: A Selected Bibliography* (Pittsburgh: Pittsburgh Theological Seminary, 1971); R. K. Faulkner, *Richard Hooker and the Politics of a Christian England* (Berkeley: University of California Press, 1981); S. Archer, *Richard Hooker* (Boston: Twayne, 1983)。

照《新约圣经》的教义和做法对教会进行清洗,因而他们被称为清教徒。正像众所周知的那样,他们对英国历史的影响是很大的。但是,由于他们代表了改革传统内部的事态发展——改革传统可以在谈到它的那段文章里最好地加以理解——所以我们将在论述加尔文主义内部的后期事态发展的那一章里讨论他们的神学。

当伊丽莎白统治英国的时候,在大不列颠发生的另一重大事件是,约翰·诺克斯领导下的苏格兰的宗教改革。在政治上,这造成了玛丽·斯图尔特的被流放和最后被处决。在神学上,这表明,加尔文主义发展成为标准形式的长老制。然而,这也将在论述后期的加尔文主义的那一章里加以讨论。

这样,伊丽莎白的解决方案可以看做是想要在罗马天主教和新教改革在欧洲大陆采取的形式之间走中间道路的一种尝试。结果,这个解决方案不得不同其内部的比较激进的分子进行斗争——而且这种斗争确实造成了政治动乱。但是,从长远的观点来看,英国国教的中间道路将作为基督教最独特的形式在英国幸存下来,而其他一些形式——从罗马天主教的形式到极端的新教的形式——将继续同它并存。

第八章　天主教改革运动中的神学

196 在16世纪和17世纪初期,一个进行内部改革的强大的运动席卷了罗马天主教。由于这个运动有一部分是对新教改革作出反应,所以这个运动通常被称为对应改革(Counterreformation)。这个名称是有一些道理的,因为这个时期的大部分神学受到了新教运动的影响,这种神学或者是试图驳斥新教运动,或者是试图确保,新教徒们对天主教会的指责今后将是没有根据的。但是,另一方面,试图仅仅从对新教威胁作出反应的角度来描绘这个庞大的运动,是历史学家们表达的错误的观念,对他们来说,整个世界似乎包含在那些在德国、瑞士和英国发生的事件里。从天主教的——尤其是西班牙的——观点来看,事态似乎大不相同。西班牙——16世纪天主教神学活动的主要中心之一——只是在表面上受到新教改革的影响。诚然,西班牙的士兵们发现自己在德国和佛兰德(Flanders)作战。但是,甚至在这类战争发生的时候,那些使大多数西班牙人想入非非的战役,是在"东西印度群岛"进行的战役。因此,16世纪西班牙神学活动,虽然意识到新教的存在和坚决要驳斥新教,但也关心其他许多引起神
197 学反省的问题。比方说,弗兰西斯科·德·维托里亚(Francisco de Vitoria)的情况就是如此,我们在这一章里将进一步研究他,他所关心的事情

之一是,在神学上说明征服新世界的合理性和意义。甚至恩典以及恩典同人的接受能力的关系的问题——这个问题有一部分是由于新教的挑战而提出的——在天主教徒们本身之间讨论的热烈程度,就像在新教徒们和天主教徒们之间的争论里一样。耶稣会会士们通常被说成是由于对新教作出反应而产生的,但他们远非如此,他们不久之后就派遣传教士到全球各地,而与任何新教的挑战无关。在耶稣会的伟大神学家弗兰西斯科·苏尔雷斯(Francisco Suárez)的思想里,热衷于驳斥新教,只起一个次要作用。因此,从那些卷入我们现在称为对应改革的这一运动里的天主教徒们的观点来看,这一运动不仅仅是——或不主要是——企图对新教作出反应。

把16世纪天主教改革说成是对应改革是不确切的,其第二个原因是,当新教改革出现在舞台上的时候,天主教改革已经开始了。我们已经指出,在路德抗议赎罪券的出售之前,伊拉斯谟怎样为教会的改革而辛勤劳动——而且事实上成了教会改革的一个象征。伊拉斯谟有一个庞大的通信者网络,其中有许多人致力于同样的目标。在西班牙,教会的改革是从红衣主教西密尼·德·西斯内罗斯(Ximenes de Cisneros)那里开始的。这是打算作为彻底的改革的。改革的基础将是回到基督教信仰的《圣经》的源头那里去,为此目的,西密尼让人编辑(1517年)和出版了(1522年)混合语种圣经合参。① 这样一种回到源头去的做法,以及拟议中的宗教改革的内部的其他任务需要受过良好教育的领导人,而这种教育是创建阿尔卡拉大学(University of Alcalá)的内在目的。最后,整个西班牙民

① 下面这些话是红衣主教西密尼在得到这部《圣经》的最后一卷时说的,这些话表明了他所希望的宗教改革的某些性质。"如果到目前为止,我为公众的事业做了许多困难的事情,那么,我乞求你们,我的朋友们,不要为其中的任何事情而祝贺我,而要为这个版本的《圣经》而祝贺我,这部《圣经》在关键的时刻,打开了我们的宗教的神圣的源泉,从这个源泉里将产生出一种神学,这种神学远比不那么直接的源泉得出的神学真纯"。康德·德·塞迪洛(Conde de Cedillo)引用,*El Cardenal Cisneros, Gobernador del Reino*, 3 vols. (Madrid: Real Academia de la Historia, 1921～1928), 1:195。

198 族必须被纳入这个更新了的教会,这导致了犹太人的被驱逐(1492 年),导致了宗教法庭的发展,而且后来还导致了摩尔人的被驱逐。这个两条战线上的改革方案——健全的神学学术研究和坚决镇压持异议者——后来成了整个天主教改革的时期的特点。虽然这个方案终于被应用在对新教的斗争上,但这个方案在 16 世纪初已经存在于西密尼 · 德 · 西斯内罗斯的政策里。

由于这些缘故,我们必须避免大多数新教的神学史学家们的错误,对他们来说,16 世纪的天主教神学只不过是驳斥新教而已。相反,我们必须同样地注意天主教神学家们所致力的其他一些运动和事业,这些运动和事业与新教无关,或至少是没有太大的关系。为了我们的讨论简单明了和逻辑顺序起见,我们将不完全遵循种种事件和各神学家的严格的年月顺序,而试图把讨论中的这个时期分成一些比较便于理解的单子。我们承认,这个时期的这种分类叙述是多少有些人为的——每一种分类叙述都是人为的——而且我们将发现我们在不止一个场合提到诸如巴内兹和苏尔雷斯之类的一些神学家。但是,读者牢牢记住下列的轮廓,就能同我们一起跟踪这个时期的复杂的神学发展过程。

首先,我们将总结 16 世纪反新教的论战。这大概是这个时期的最没有兴味的事态发展,因为这种论战大体上只是重新提出早先用来反对其他那些被教会谴责为异教徒的人的论点。然后,我们将转向多米尼克会(Dominican School),这个教派包括了诸如红衣主教迦耶担(Cajetan)、弗兰西斯科 · 德 · 维托里亚和多明戈 · 巴内兹(Domingo Báñez)之类的神学家。他们每一个人都对天主教的神学作出了重要的贡献。第三,我们将研究耶稣会的发展过程,这个发展过程终于造成了弗兰西斯科 · 苏尔雷斯的庞大体系。然后,我们将总结天主教教会内部进行的有关恩典的教义的种种争论。我们将把莫林纳主义(Molinism)和詹森主义(Jansenism)的理论包括在这些争论里,虽然这将使我们超出 16 世纪的范围。最后,我们将回到 16 世纪中期去研究特伦特会议(Council of Trent),

并表明该会议怎样总结了和象征了会议前后神学的事态发展。

这样,让我们转向 16 世纪的反新教的论战。 199

反新教的论战

新教改革在其早年的最重要的反对者,是英哥斯大(Ingolstadt)的教授约翰·埃克(John Eck,1486～1543 年)。[2] 当争论爆发的时候,他已经是知名的神学家,因为他在 1514 年发表了一篇关于预定论和恩典的论文,他在其中为有条件的形式的预定论辩解,这种预定论是建立在波拿文图拉(Bonaventure)的教导上的。他也提议,利息高达百分之五的贷款是可以允许的,为了这个缘故,他的反对者们称他为"富格尔斯的神学家"——富格尔斯(the Fuggers)是德国的主要银行之一,并且参与了路德在其九十五条论题里所抗议的赎罪券的交易。

埃克用一篇简短的论文来答复路德的论题,这篇论文反过来又招来了路德方面的一个简短的答复。于是,在莱比锡的辩论会上,他首先同卡尔斯塔特辩论,然后同路德辩论。他在 1520 年的一篇论文里发表了他的关于这次辩论的报告,这篇论文是《论彼得反路德的权力》(*On the Primacy of Peter against Luther*)。为了反对梅兰希顿的《教义要点》(*Loci communes*),他在 1525 年发表了《当代主题手册》(*Enchiridion locorum communium*),这是他最重要的著作。然后,他转而反对瑞士的改革者们,并且写了《论弥撒的献祭》(*On the Sacrifice of the Mass*,1527 年)来反对慈温利,三年之后又写了《拒绝慈温利的教规》(*Rejection of Zwingli's Articles*)。与此同时,他发表了《驳斥奥格斯堡信经》(*Refutation of the Augs-*

② J. Grering, *Johann Eck als jungen Gelehrter* (Münster: Aschendorff, 1906);K. Rischar, *Johann Eck auf dem Reichstag zu Augsburg, 1530* (Münster: Aschendorffsche Verlagsbuchhandlung, 1968);W. Klaiber, *Ecclesia militans: Studien zu den Festtagspredikten des Johannes Eck* (Münster: Aschendorff, 1982).

burg Confession)。最后,他转而驳斥马丁·布塞,他最后的著作——主要是他的《为天主教原则辩护》(*Apology for Catholic Principles*)——就是针对着布塞的。

这样,埃克在他的生涯中有机会既驳斥路德派又驳斥改革派。虽然新教徒们通常把他描绘成蒙昧主义的斗士和坚决要用武力压制他所不同意的观点的人,但这样的描绘并不十分公正。诚然,埃克是负责在德国发表教皇训令《起来吧》(*Exsurge*)的三个人之一,而且他以这样的身份而常
200 常求助于政治势力。同样真实的是,只要新教徒方面不全面撤回声明,他就拒绝人们一切调解的企图。但他是能干的学者和他的信徒群众的好牧师。具有意义的是,他着手把《圣经》翻译成德文,他在 1537 年出版了德文《圣经》。他也遗留下了他作为教区牧师的工作记录,这些记录表明,他深切关怀他的教区居民们的灵性的培育。虽然不是从和路德一样的角度出发,但他也抗议出售赎罪券的种种弊端,并且要求罗马教廷彻底改革教会。然而,他的神学没有什么独到见解,而且大部分是局限于重新提出人们在他之前提出的论点。正像预料的那样,考虑到当时辩论的种种争论点,他把注意力集中在权威、恩典和预定论的问题和圣礼上。③

更加具有蒙昧主义色彩的是詹姆斯·霍克斯特拉坦(James Hochstraten,1460~1527 年)的态度。④ 甚至在新教改革开始之前,他就同一个意大利法官进行了激烈的争论,这个法官声称,德国的王子们使被处决的犯人的尸体暴露在外是道德上的罪恶。霍克斯特拉坦出来为王子们辩护,这场辩论变得纠缠不清和旷日持久。他后来当了科隆的修道院院长,这也使他成了科隆和其他两个教会辖区的宗教法庭审问官。作为审问官,他卷进了鲁彻林(Reuchlin)事件。他在支持普费弗科恩(Pfefferkorn)

---

③ E. Iserloh, *Die Eucharistie in der Darstellung des Johannes Eck: Ein Beitrag zur vortridentinischen Kontroverstheologie über das Messopfer* (Münster: Aschendorffsche Verlagsbuch handlung, 1950).

④ R. Coulon,"霍克斯特拉坦,更确切的说,雅各布·胡格斯特拉坦",*DTC*,7:11~17。

的时候说，除了《圣经》之外，所有犹太人的书籍都应当没收和销毁。鲁彻林争辩说，从霍克斯特拉坦和普费弗科恩建议销毁的书籍里可以学到很多东西。于是，霍克斯特拉坦运用了他身为审问官的权威，指控鲁彻林为左道邪说。但是，鲁彻林上诉了，这个事件拖了好几年。所有这些事情使霍克斯特拉坦遭到德意志境内外的一些人文主义小圈子的嘲笑。事实上，他是《讽刺蒙昧主义书信体诗文》(*Epistolae obscurorum virorum*)的攻击目标之一，这种书信体诗文作为反对霍克斯特拉坦之类的人的讽刺作品而在 1515 年开始出现。

在宗教改革刚开始的时候，霍克斯特拉坦的地位岌岌可危。他被解除了科隆的修道院院长的职务，人文主义者们使他成了他们嘲笑的对象，而且罗马似乎倾向于把他当做是过分的狂热者而置之不理。后来，路德的抗议改变了整个形势。当鲁汶大学(University of Louvain)要求科隆大 201
学审查路德的著作时，霍克斯特拉坦变成了反路德的一伙人的领导人。⑤他在这个新的争论里的主要作品是一个对话集，在这个对话集里奥古斯丁驳斥了路德在莱比锡所坚持的论题。从那时起，他发表了一系列反路德的论战作品，大都是关于因信称义的问题。

约翰·(多布内克)·科契拉厄斯[John (Dobneck) Cochlaeus，1489～1552 年]⑥是新教的对手们中的雄辩家。他把他的攻击集中在路德身上，路德是他的 190 部作品里的大多数作品的攻击目标。除了其他的作品之外，最重要的作品是他的路德传记，这是一个有高度偏见的叙述，若干世纪以来是天主教研究路德生平的主要资料之一，因而大大地阻碍了天主教传统和新教传统之间的对话。他的论证方法是很大胆的，而且常常是异想天开的。比方说，为了要表明随便审查《圣经》的危险性，他根

⑤ Erasmus, *Opera*(1703), 3: 1361.

⑥ 标准的研究著作，见 M. Spahn, *Johannes Cochlaeus: Ein Lebensbild, aus der Zeit der Kirchenspaltung* (Berlin: Felix L. Dames, 1898; reprint Nieuwkoop: B. de Graaf, 1964)。

据一些散失的经文而试图证明,撒旦应当被服从,耶稣基督不是神,圣母马利亚失去了童贞。虽然他并不相信这些事情,而是用它们来使新教要求解释《圣经》的权力显得可笑而被撤销,他在其中要弄评注的花招的这些著作,后来被放在禁书目录里。这样,新教徒们常常认为他是他们的最糟糕的敌人之一,与此同时天主教徒们则发现,他为他们的主张进行的辩解,和他试图驳斥的那些左道邪说同样危险。

彼得·卡尼西厄斯(Peter Canisius,1521～1595年),[7]德国的第一个耶稣会会士,常常被称为“德国的使徒”。他的任务确实是严格意义上的对应改革的任务,因为他对他在其中工作的天主教辖区的教会状况深感不安,因此坚决认为需要“真正的”改革,以便至少对新教徒们的“虚假的”改革作出部分反应。由于他在他的旅行中发现,愚昧无知是较大的坏
202 事之一,因此他非常注意各大学的改革和各神学院的建立。他的大学改革方案把坚决反对新教和热衷于教学结合在一起,因为他把健全的教义和扎实的学术研究作为任命大学教职员的两个主要标准。他也追随新教的榜样和中世纪许多天主教改革者的榜样:他使讲道成为他的主要职务之一,而且当他成了德国、奥地利和波希米亚的宗教团体的大主教时,他指示他的手下人也这样做。他的宗教改革方案包括参与政治事务,以便使这些政治事务有益于教会,因此他出席了帝国的几个议会。在特伦特,他是反对向新教作出任何让步的人之一,虽然他也争辩说,天主教教会内部需要进行彻底改革。

卡尼西厄斯是多产作家,但他的作品中有两部值得特别注意:他的教义问答的三部曲,还有他对马格德堡的“世纪撰写者”(“Centurisators”of Magdeburg)的反驳文章。他的三本教义问答手册是针对着三种不同的读者的——儿童、青年和知识分子——在德国各地有重要的影响。然而,对“世纪撰写者”的反驳文章更加有趣。在马格德堡,一群路德派神学家,

---

[7] J. Brodrick, *Saint Peter Canisius* (London: Geoffrey Chapman, 1963).

在弗拉西厄斯的领导下,着手从新教的观点撰写教会历史。由于这分成若干世纪,这部作品的每一卷涉及一个世纪(这部作品从来都没有超出13世纪),所以这整部作品被称为"马格德堡的若干世纪"。[⑧] 卡尼西厄斯着手反驳这部作品,虽然相当有趣的是,他不是求助于历史,而是试图表明,新教徒们诋毁为无中生有的那些做法起源于《圣经》。于是就产生了一个滑稽的场面:新教徒们试图通过传统来证明,罗马天主教教会背离了《圣经》的权威,而天主教的卡尼西厄斯试图根据《圣经》来表明,新教重建传统是错误的。卡尼西厄斯在他从来都没有完成的这个庞大计划里的神学方法是很独特的,因为他打算写五本书,每本书谈论《新约圣经》 203
里耶稣身边的主要人物里的一个,只有第五本书将包括约翰和雅各两人,并且把天主教的若干教义和做法同他们每一个人联系起来,而这些教义和做法被马格德堡的历史学家们称为是对原始信仰的后来的颠倒。因此,第一本书谈的是"施洗约翰",把天主教关于苦行和称义的教义归到他那里,而第二本书则把独身生活、童贞和尊敬圣徒之类的问题和圣母马利亚联系起来。其余的三本书从来都没有写出来。

霍克斯特拉坦是科隆的反路德队伍的斗士,而詹姆斯·拉托马斯(James Latomus,1475～1544年)[⑨] 则是鲁汶大学的反路德的斗士,他是该大学的校长。对他说来不幸的是,他倾向于把新教和人文主义混淆起来,从而招来了这两方面的炮火。能够说明他的态度的是,他在1519年发表的论哲学研究和神学研究之间的关系的对话集。他的结论是,一个神学家在教会的传统里有足够的依据来理解《圣经》,关于教会的传统人

---

⑧ 见 J. Massner, *Kirchliche Überlieferung und Autorität im Flaciuskreis: Studien zu den Magdeburger Zenturien* (Berlin: Lutherisches Verlagshaus, 1964);H. Scheibe, *Die Entstehung der Magdeburger Zenturien: Ein Beitrag zur Geschichte der Historiographischen Methode* (Gütersloh: G. Mohn, 1966)。关于天主教的反应,见 J. L. Orella, *Respuestas católicas a las Centurias de Magdeburgo (1559～1588)* (Madrid: Fundación Universitaria Española Seminario Suárez, 1976)。

⑨ E. Amann,"Latomus, Jacques", *DTC*, 8:2226～2228.

们可以用拉丁文阅读，因此希腊文和希伯来文的知识是多余的。还有，拉丁文的中等知识对神学家来说就足够了，他不需要最近变成时尚的那种花哨的文体。正像所预料的那样，这引来了伊拉斯谟及其人文主义同伴的劈头盖脸的炮火，他们正确地把这理解成为对他们和他们的努力的一种攻击。翌年，在一篇说明鲁汶大学教职员谴责路德的原因的论文里，拉托马斯开始了持续几年的同路德的争论。路德总是认为，拉托马斯是他最不屑一顾的对手之一，他写来反对这个鲁汶神学家的答复表明，他不屑于对他的论点花费许多的时间或给予极大的注意。[10] 拉托马斯后来扩大了他的活动范围，写了一些论文来反对这样一些不同的神学家，如奥科兰帕迪厄斯(Oecolampadius)、威廉·廷代尔和梅兰希顿。一个天主教的学者在评论他的作品的时候说，其作品“完全能够代表他的时代。结构松散，没有足够的文献可资佐证，立论未经证实而没有分量”。[11] 可是，这同
204 一个学者进而指出，拉托马斯的作品为红衣主教贝拉明之类的神学家们的后期作品布置了舞台。

威廉·范·德·林登(William Van der Linden，1552～1588年)[12]的探讨方法是大不相同的。他确实在许多问题上攻击新教徒们。他的《全副甲胄》(*Panoplia*)一书坚持书面的和口头的上帝的话语的教义。书面的上帝的话语是《圣经》，口头的上帝的话语是传统；当正确地加以解释的时候，这两者是吻合的。他也为天主教关于其他许多问题的教义进行辩护，如独身生活的誓言、彼得的最高权力、弥撒等等。但是，他总是表现出一种和解的精神，尤其是对路德派，而对改革派则不同。最晚到1568年，他还试图表明，路德派和天主教徒们在一个彼此同意的基础上重新团结起来仍然是可能的。与此同时，他敦促天主教的主教们改革他们的教

[10] *LW*，32：135～260.

[11] Amann，“Latomus”，8：2627～2628；J. Étienne，*Spiritualisme érasmien et théologiens louvanistes* (Louvain：Publications Universitaires，1956).

[12] E. Amann，“Lindanus (Van der Linden)，Guillaume Damase”，*DTC*，9：772～776.

会,因为没有这样的改革,他认为,团结将仍然是不可能的。

阿尔伯特·皮格(Albert Pigge,1490～1542年),[13]也叫做皮格希厄斯(Pighius),是教皇权威的热情捍卫者,这可以从他在1538年发表的《肯定教会等级制度》(*Affirmation of the Ecclesiastical Hierarchy*)里看出来。他在其中断言,从来没有教皇犯过错误,并且试图表明,诸如利伯里乌(Liberius)、霍诺里厄斯(Honorius)和其他人的事例,是历史误会的结果和古代文本被窜改的结果。这些观点最晚到19世纪还被许多人持有,它们有助于这样一些事态发展,这些事态发展促使第一次梵蒂冈会议宣布,教皇不会犯错误。然而,在其他的事务上,他证明是远离了天主教的正统做法。他被认为是莫林纳主义的先驱者之一,莫林纳主义我们将在后面讨论。还有,他在1540年的沃尔姆斯议会上试图促成同新教徒们的和解的时候,搞出了"双重称义"(double justification)的理论——一种称义是义人所固有的;另一种称义是基督的被归给的义。这个观点并没有使卷入争论的各方感到满意,而且后来受到特伦特会议的谴责。他在对罪的看法上也同天主教神学发生冲突,他宣称罪是"被归给的"(imputed)。他的有关这些话题的著作在1624年被列入禁书目录。然而,他的著作确实有持久的影响,尤其是因为他对教会历史的许多看法被两个红衣主教贝拉 205
明(Bellarmine)和巴罗尼厄斯(Baronius)采纳了,并且通过他们终于形成了天主教公认的编史传统的一部分。

然而,伟大的反新教神学家们是后来一代人的成员,他们能够从他们的先辈们的著作中汲取材料,并且也有更多的时间查看改革者们在实践中作出教导的那种方式。虽然在16世纪下半叶和17世纪初期有许多反新教的论战者,但有两个人是试图驳斥新教徒们的最佳代表。这两个人

---

⑬ R. Baemer, "Pigge, Albert (Pighius)", *NCatEnc*, 11:358～359; H. Jedin, *Studien über die Schriftstellertätigkeit Albert Pigges* (Münster: Aschendorff, 1931).

是贝拉明和巴罗尼厄斯。[14]

罗伯特·贝拉明(Robert Bellarmine,1542～1621年),[15]在1930年被宣布为天主教教会的圣徒,毫无疑问,他是他的时代的最重要的教会领导人之一。虽然神学工作绝不是他的唯一的活动,但是,当人们决定在罗马设立一个“争论”讲座的时候,他要求在神学领域里享有声誉的时机就到来了,这个讲座是专门为了使这样一些学生受益而设立的,这些学生将回到德国和英国之类的地方去,而在那里新教有强大的势力。贝拉明在1576年被召来负责这个新的讲座,他保留这个职位直到1588年,那时他被派去担任其他的职务,他在1599年成了红衣主教。作为争论的教授,贝拉明有机会编辑和整理反对各种新教教义的那些论点。这些论点在《反当代异教而为基督教信仰辩护的辩论集》(*Disputationes de controversiis christianae fidei adversus hujus temporis haereticos*)的标题下发表,这个辩论集从1586年开始,到1593年结束。虽然这部作品主要是编辑了早先的
206 种种论点,但它的简单明了和系统叙述达到这样的程度,以致若干世纪以来成了反新教论战的主要武器。这部作品实际上包括了天主教徒们和新教徒们之间的所有的争论点,从有关上帝话语的教义开始,然后又涉及到

[14] 在这个场合里,人们常常提到法兰西斯·德·塞尔斯(Francis de Sales, 1567～1622年)。他集中全力驳斥加尔文主义,这是从1603年开始的,那时他被派往萨沃伊(Savoy)的沙布莱斯(Chablais)地区,那里加尔文的影响很大。在萨沃伊公爵的支持下,他敢于面对群众的反对,并且以如此坚定不移的和大无畏的勇气这样做,以致有许多人被争取到天主教信仰方面来。在这件工作里,他既依靠个人勇气和宽恕精神,也依靠公爵施加于其臣民的势力。作为他努力的回报,他被委任为日内瓦的主教,虽然他从来都没有能够占据他的主教座位,因为日内瓦那时被牢牢地掌握在改革派手中。他两次访问了他的主教教区,在其中的一个场合里,他在教皇的要求之下,会见了贝扎(Beza),希望使其皈依。法兰西斯是一个绝对圣洁的人,他写了若干关于神秘神学的论文,这些论文成了塞尔斯式的灵性的来源。然而,在系统神学的领域里,他的贡献并不突出,他对新教简短的驳斥也是如此。

[15] X. Le Bachelet,“Bellarmin”,*DTC*,2:560～599;R. Kirste, *Das Zeugnis des Geistes und das Zeugnis der Schrift*: *Das* testimonium spiritus sancti internum *als hermeneut. - polem. Zentralbegriff bei Johann Gerhard in der Auseinandersetztung mit Robert Bellarmin* (Göttingen: Vandenhoeck und Ruprecht, 1976).

这样一些问题，如教皇的权威、修道生活、炼狱、圣礼、赎罪券等等。一般说来，贝拉明避开了经院神学的复杂的争论点和微妙的区分。相反，他的论点通常都是明白无误地求助于权威，首先是求助于新教徒们会承认的圣经权威，而且也求助于早期的基督教作家们的权威、各宗教会议和甚至神学家们的一般共识。

然而，贝拉明的种种争论不只是反对新教徒们。1590 年，西克塔斯五世(Sixtus V)即将把贝拉明的著作添加到禁书目录里，但死亡阻止他这样做。这样做的原因是贝拉明的观点，他认为，教皇没有直接统治整个世界的世俗权力。正像我们将要看到的那样，他的时代的许多杰出的神学家们也持有他的观点。1609 年，当威廉·巴克利(William Barclay)的《论教皇权力》(*De potestate papae*)的论文在伦敦发表的时候，贝拉明用一篇反驳文章做了答复，他在其中争辩说，教皇确实有间接统治基督教世界的世俗权力，因此教皇能够废黜异教的王子们。这个观点是早先他同英国的詹姆斯一世及其神学家们争论的结果。贝拉明也参与了有关恩典问题的争论，他在其中倾向于赞成莫林纳的“中间的知识”(*scientia media*)的概念(这个问题将在这一章的另一个部分里讨论)。后来，作为宗教法庭的一个成员，他参与了对伽利略的审判，这个审判在 1616 年结束时宣布，地球围绕太阳转动的概念是左道邪说。然而，贝拉明参与审判程序并没有像通俗历史所说的那样采用高压手段，因为他对伽利略的学识总是表示推崇和赞赏。

贝拉明在系统的论战领域里所作的事情，正像红衣主教西泽·巴罗尼厄斯(Cesar Baronius，1538～1607 年)在历史领域里所作的事情。[16] 他是通过出版《基督教会编年史》(*Ecclesiastical Annals*)做这事情的，这部编年史从 1588 年开始出版，到 1607 年他去世时告终。他能够出版的那十

---

⑯ J. Wahl，“Baronius，Cesar，ven.”，*NCatEnc*，2：105～106；G. de Libero，“Baronio，Cesare”，*EncCatt*，2：885～889；G. Franceschini，“Anales eclesiásticos”，*DicLit*，2：218.

207 二卷，讨论了直到1198年为止的教会历史。这部编年史的目的是要驳斥马格德堡的神学家们的《若干世纪》(*Centuries*)，因为《若干世纪》试图表明，天主教会背离了早期基督教的原始教义和做法。虽然他的作品有这类工作必然会有的错误，但它被当做是近代基督教会编史工作的开端而受到欢呼。诚然，它论战的目的减损了它的客观性；但是，虽然如此，天主教一方的巴罗尼厄斯，和新教徒一方的马格德堡的"世纪撰写者"，迫使基督教世界去注意它自己的历史。随着辩论继续下去，双方都不得不搞出不容易被对方驳倒的科学研究方法，这样，近代的评论性的编史工作就迈出了第一步。

多米尼克会的神学

16世纪期间，多米尼克会的神学比法兰西斯会(Franciscan)的神学表现出强大得多的生命力。在法兰西斯会传统内部，这个时期独立的分支数目倍增，但在有创见的神学著述方面没有什么建树。法兰西斯会庞大家庭的大多数成员认为，司各脱是该会最伟大的神学家。其他人——主要是法兰西斯会的托钵僧们——终于把波拿文图拉看做是他们的神学的良师益友。他们对波拿文图拉的兴趣促使教皇西克塔斯五世在1588年把他的名字列入公认的教会大师的名单里。有一些人试图以不同的方式把波拿文图拉和司各脱结合起来。但是，一般说来，16世纪法兰西斯会的神学没有表现出它在前三个世纪里显示出来的那种生命力。

因此，在16世纪初期，罗马天主教的神学受到了多米尼克会会士们的支配，直到他们不得不同新近成立的耶稣会的神学家们分享这种霸权为止。

多米尼克会的这种支配地位同这样一个过程有关，在这个过程中，托马斯的《神学大全》(*Summa Theologica*)取代了彼得·伦巴德的《格言录》

(*Sentences*)而作为各学校里评论的主要文本。[17] 这样,托马斯的影响越来越大,在1567年庇护五世(Pius V)宣布他为教会大师时达到顶点。这种 208
情况的直接结果是,从13世纪到15世纪的伟大的神学著作大多数都是对《格言录》的评论,而16世纪的伟大的神学著作大多数都是对《大全》的评论。头两个发表这类评论的人是康拉德·科林(Conard Køllin)和托马斯·德·维奥·迦耶坦(Thomas de Vio Cajetan)。然而,迦耶坦的评论被认为好得多,以致使科林的评论相形见绌。除了迦耶坦的著作之外,多米尼克会的神学在一系列杰出的学者们中间找到了它的最能干的解说者,这些学者占据了萨拉曼卡大学的神学的主要讲座,他们是维托里亚、卡诺、索托、梅迪纳和巴内兹。因此,在讨论迦耶坦的神学之后,我们将跟踪托马斯主义在萨拉曼卡的发展过程。

托马斯·德·维奥·迦耶坦(1468～1534年)[18]是活跃的教会领导人,他与同时代的几个最重要的事态发展有关系。当政治形势以分裂威胁教会的时候,他向教皇建议,召开全体会议,以便处理手头的种种问题和处理教会的改革。当会议于1512年召开的时候,他出现在与会者面前,并把下列事宜列入议事日程:教会的改革、道德的恢复、非信徒的皈依以及争取异教徒(主要是帕杜阿的阿威罗伊派)回到教会的信徒行列的任务。1517年,他被提名为教皇派往德国的使节,他作为使节而被召去处理两个非常重要而困难的问题,即新皇帝的选举和路德的抗议。他在奥格斯堡同路德会见,他比大多数传统基督教捍卫者表现出大得多的耐心。他后来是派往匈牙利的使节,最后成了红衣主教。

迦耶坦的文学产品是众多的,就一个这么多地卷进教会具体政务的

---

⑰ P. Mandonnet, "Frères Prêcheurs (La théologie dans l'ordre des)", *DTC*, 6: 906～908; R. Guelluy, "L'évolution des méthodes théologiques à Louvain, d'Erasme à Jansénius", *RHE*, 37 (1941); 31～144.

⑱ P. Mandonnet, "Cajétan (Thomas de Vio, dit)", *DTC*, 2; 1313～1329; B. Hallensleben, *Communicatio: Anthropologie und Gnadenlehre bei Thomas de Vio Cajetan* (Münster: Aschendorff, 1985).

人来说尤其如此。他意识到，为了捍卫罗马天主教，应付新教的挑战，需要有较好的《圣经》依据，于是他着手进行一系列的《圣经》评注。当他在1534年去世的时候，他完成了整个《新约圣经》的评注——只有《启示录》除外，他说，他不能理解《启示录》——以及直到《以赛亚书》开头为止的《旧约圣经》的评注。他在这些评注里的注释方法是很重要的，因为他通
209 常总是避开盛行了数世纪的寓言方法，而肯定经文的字面上的意思，只有其结果与《圣经》其余部分明显抵触或与教会教导截然相反的除外。他也写了若干哲学评论以及许多次要的神学作品。但是，他最大的名望是由于他的《对神学大全的评论》（*Commentaries on the Summa*），这些评论从1507年到1522年相继出版。这些评论达到这样的影响程度，以致利奥十三（Leo XIII）在1879年下令编辑和出版托马斯·阿奎那的作品时——通常称为利奥版本（Leonine edition），目前仍在进行之中——他也指示说，迦耶坦的评论应当和《神学大全》本身一起出版。然而，这种权威的地位并不是没有斗争就达到的，因为在1544年巴黎神学院——在同宗教改革有关的斗争期间成为正统做法的堡垒——谴责了迦耶坦的评论，而且在1570年庇护五世把评论中那些他和他的顾问们认为是错误的东西删除掉，例如，未受洗的婴儿可以得救。

迦斯坦显然是在同一个时间里置身两个时代的人。他意识到，在新的时代里必须使以往三个世纪的经院神学具有新的形式。可是，他自己的文风是典型的经院派的，丝毫没有人文主义者的清新优雅的影响的痕迹。虽然显然不可能在这里回顾他的全部神学——总之，他的神学大部分和托马斯的神学相同——但有可能指出，他的著作在哪些点上最有影响，并且在后来的年月里引起辩论。他试图反对司各脱提出的生存的单一意义（univocity of being）而捍卫托马斯的类比的理论（theory of analogy），这促使他在三种实际事物之间作出区分：事物的本质、事物的生存和

事物的存在。[19] 这反过来意味着，本质是先于存在的，正像巴内兹后来指出的那样，这一点歪曲了托马斯的观点，对托马斯来说，存在的行为是生存的基本行为。[20] 然而，迦耶坦的解释获得胜利，并且通过苏尔雷斯和其他人的影响而成为对托马斯的形而上学的传统理解。

迦耶坦在另一点上背离了阿奎那，这另一点是他对理智的能力和局 210
限性的看法。这一点在他同帕杜阿的阿威罗伊派（Averroists of Padua）的辩论里变得很明显，[21] 他在辩论中坚决相信，个人的灵魂是不朽的，但他得出结论说，不能靠理智来证明这一点，而是要根据启示来相信这一点。由于这个缘故，当拉特兰会议（Lateran Council）谴责新的阿威罗伊派的倾向时，迦耶坦同意它的决定；但是，当该会议更进一步命令所有的哲学教授都教导个人灵魂不朽的时候，他投票反对这样的步骤，因为他相信，哲学不能证明教会只是根据启示而持有的这一教义。迦耶坦同公认的传统有分歧的另一点是，他否认，圣餐里照惯例说的"这是我的身体"的话证明了基督的身体真正地存在于祭坛上。他确实相信这样的存在，但声称这要根据教会的权威来加以接受，因为《圣经》的经文并不是绝对清楚的。

迦耶坦的观点，尤其是他的评注的方法，引起了安布罗斯·凯瑟林纳斯（Ambrose Catharinus，1487～1553 年）和约翰·克利索斯托·杰夫利（John Chrysostom Javelli，约 1470～约 1538 年）的反对。在攻击迦耶坦和攻击路德的过程中，这些神学家们在恩典和预定论的问题上搞出了一些理论，这些理论是这个问题上的大争论里的头几步，这个大争论使 16 世纪的许多最杰出的罗马天主教神学家卷入其中。

虽然迦耶坦的著作极为重要，但 16 世纪多米尼克会神学的巨大中

---

⑲ M. McCanles，"Univocalism in Cajetan's Doctrine of Analogy"，*NSch*，42（1968）：18～47.

⑳ 但是，参见 J. P. Reilly，"Cajetan：Essentialist or Existentialist"？*NSch*，41（1967）：191～222；N. J. Wells，"On Last Lookinginto Cajetan's Metaphysics"，*NSch*，42（1968）：112～117。

㉑ 见这部《思想史》第 2 卷，边码第 290～291 页。

心，是西班牙的萨拉曼卡大学，它的神学的主要讲座几乎没有间断地由一些杰出的学者相继占据。[22] 这个传统是从 1526 年开始的，那时弗兰西斯科·德·维托里亚（Francisco de Vitoria，1492～1546 年）在萨拉曼卡
211 （Salamanca）赢得了神学的主要讲座。维托里亚在巴黎度过了若干年，并且终于赞赏人文主义者的著作。[23] 因此，他把优雅的文风和对古代教父时期的资料的强烈兴趣带到这个有声望的讲座上来。他也深信，托马斯的神学提供了新时期的种种问题的最佳答案，因此，即使他不得不用一个借口来规避大学的章程的明文规定，他还是把那时已在巴黎确定的评论托马斯而不评论伦巴德派的习惯做法引进到萨拉曼卡来。这样，他就带来了一种带有人文主义的优雅的托马斯主义和一种对现实问题的关怀。在或多或少的程度上，这将是他的所有的门徒和追随者的特点，而且从这个或那个方面来讲，16 世纪所有伟大的西班牙多米尼克会神学家都是他的追随者。

维托里亚对他作为神学家的工作的概念是广阔的。“一个神学家的任务是这样广泛，以致没有任何论点，没有任何辩论，没有任何问题，似乎是同神学家的职业无关的”。[24] 因此，他讲授各种各样的主题，通常是评论托马斯，以及在较少的程度上评论《格言录》。然而，在他所讨论的许多问题里面，征服新世界和西班牙人进行这种事业的权力的问题，最好地说明了他对现实问题的兴趣。他在这个领域里的著作对征服新世界的实

[22] C. Pozo，“16 世纪西班牙神学：其研究资料的调查的实际情况”，*ATCran*，29（1966 年）：87～124；A. Ibáñez－Ibarra，La *doctrina sobre la tradición en la escuela salmantina*，*siglo XVI*（Vitoria：ESET，1967）；F. Ehrle，“16 世纪萨拉曼卡神学家们的梵蒂冈手稿”，*EstEcl*，8（1929 年）：98～147；L. Martínez Fernández，*Fuentes para la historia del método teológico en la Escuela de Salamanaca*（Grenada：1973）。关于 16 世纪西班牙神学的过程和来龙去脉，我所知道的不朽的研究作品是 M. Andrés 的著作，*La teología española en el siglo XVI*，2 vols.（Madrid：Editorial Católica，1976～1977）。关于萨拉曼卡大学，见他在第 2 卷里的书目提要，第 382 页。

[23] V. Beltrán de Heredia，“维托里亚的神学里的人文主义方向”，*CienTom*，72（1947 年）：7～27。

[24] *De pot. civ.*（*BAC*，198：149）.

际做法没有什么影响,但是作为国际法理论的开端却是极其重要的。[25]

维托里亚在他的《论印第安人》(*On the Indes*)和《论战争的权力》(*On the Right of War*)的讲稿里,着手摧毁可以引用来支持征服美洲的七个传统的论点。这些错误的论点的第一个是,声称皇帝是整个世界的主宰。这是中世纪鼎盛时期大家共同持有的观点,但这从来没有完全付诸实践,甚至在西欧也没有。因此,维托里亚拒绝这个观点,并且进一步评论说,即使皇帝确实有这种主宰整个世界的权力,他的权威也从来都没有 212
达到这样的地步,以致他可以废黜东西印度岛的合法君主,正像皇帝不能够废黜欧洲的一个合法的国王那样。赞成征服美洲的第二个可能有的论点是,教皇有普世的权威,并把这些土地给了西班牙的诸王。这个观点有许多支持者,因为许多人把亚历山大六世的谕令——他在其中把新世界的土地给了西班牙王国政府——解释成为教皇对国王的实际上的赠品。维托里亚是第一个拒绝这种论点的人,而且也拒绝这个论点所依据的先决条件。按照维托里亚的说法,教皇没有统治整个世界的民事权力,而且即使他有这种权力,他也不能把这种权力干脆给了另一个君主。再者,由于教皇没有统治非信徒的权威,所以印第安人方面拒绝接受他的权威,并不是向他们宣战或剥夺他们的土地的正当理由。维托里亚在这方面的影响是很大的,而且到了 16 世纪末大多数神学家都持有这样的观点,即教皇没有直接统治整个世界的世俗权力。这就是为什么西克塔斯五世准备把维托里亚的名字连同贝拉明的名字一起添加到禁书目录里的原因,但

---

[25] A. Naszályi, *Doctrina Francisci de Vitoria de statu* (Rome: Scuola Salesiana del Libro, 1937); J. W. Scott, *The Spanish Origin of International Law: Francisco de Vitoria and His Law of Nations* (Oxford: Clarendon Press, 1934); B. Hamilton, *Political Thought in Sixteenth - century Spain: A Study of the Political Ideas of Vitoria, De Soto, Suárez, and Molina* (Clarendon Press, 1963); *D. Ramos et al., La ética en la conquista de América: Francisco de Vitoria y la Escuela de Salamanca* (Madrid: Consejo Superior de Investigaciones Científicas, 1984). 关于维托里亚的资料,见 M. Beuchot,"关于政府美洲的神学—律法的实践:约翰·梅尔(John Mair)",*CienTom*,103(1970年),213~230。

死亡阻止了他这样做(1590年)。

发现的权力也被引用来作为征服美洲的正当理由,这也同样被维托里亚拒绝。这样做的原因很简单:西班牙人声称被他们发现的土地,事实上并不是废弃的土地。这些土地有其合法的拥有者,而且不能在严格的意义上说成是“被发现”。

赞成征服美洲的第四个错误的理由是,印第安人在拒绝基督教信仰的时候,使西班牙人有理由因为他们的无信仰而惩罚他们,并迫使他们接受真正的信仰。维托里亚拒绝这个论点,他指出,在印第安人有机会听到福音之前——并且以足以相信的理由聆听福音之前——他们并没有因为不相信福音而犯了罪。只有在向印第安人宣讲了信仰,用足够的征兆——爱的征兆和神迹的征兆——使信仰显得可信之后,他们才可能会因为无信仰而有罪。但是,甚至在印第安人听了这样的宣讲,并且由于拒绝这种信仰而犯了无信仰的罪之后,他们仍然是他们的领地的合法统治者,而且他们缺少信仰并不是试图迫使他们去信仰的理由。

维托里亚拒绝的第五个论点是,声称当“野蛮人”不服从自然律法的
213 命令时,基督教的统治者有权把道德规范强加在他们身上。这样一种声称将使每一场反非信徒的战争变成正义的战争,因为所有的非信徒都是盲目崇拜的,而且在所有的人民中间据了解都有违反自然的罪。

第六个论点是,西班牙人是印第安人给予他们的土地的合法统治者。对这一点维托里亚答复说,只有这种割让是在没有武力的炫耀或欺骗的情况下进行的,而且是在割让的土地的统治者和臣民都充分理解转让的含意而同意这种转让的情况下进行的,上述这一点才是真实的。

最后,西班牙人将有权征服新世界,如果上帝给予他们这些土地,就像上帝给予以色列人迦南地那样。这类声称维托里亚拒绝了。他断言,古代给予以色列人的分配物现时已是过去的事情,而且能够保证这样一种授给物的先知的授予权已经不再给予了。

然后,维托里亚为征服美洲提出了若干合法的理由。在这里无须乎

罗列这些理由。一般说来,这些理由是建立在自然律法上的,而且主要的论点是,如果印第安人使他们的臣民遭受活人祭祀之类的事情,或者如果他们攻击西班牙人的盟友,或者如果他们迫害他们的领地上的基督徒,等等,那么,西班牙人就有权和有义务向他们开战。

这些观点对国际法的发展有很大的意义。在这里基督教的神学家们第一次从各国家的共同体的角度来发表议论,每个国家有它的合法的统治者,既包括非信徒也包括基督徒。这样,很明显,这类国家之间的关系必须用基督教律法和传统之外的其他原则来加以调节。虽然维托里亚确实是一个西班牙人,而且作为西班牙人愿意以今天看来可能是不合法的方式来证明西班牙的事业是合理的,但重要的是,他对西班牙的良心产生了影响,而且查理五世有一个时期考虑,全面从新世界撤出来。维托里亚也影响和鼓舞了西属美洲印第安人的伟大捍卫者多米尼克会的巴托洛梅·德·拉斯·卡萨斯(Bartolomé de Las Casas)。[26]

梅尔基奥尔·卡诺(Melchior Cano,1509～1560年)[27]接替维托里亚 214
而占据了萨拉曼卡大学(University of Salamanca)的神学的主要讲座,他采取和他的前任一样的路线。他在文风方面也是优雅的人文主义者,在神学方面是坚定的托马斯主义者。虽然当他相信光照派(*alumbrados*)的神秘主义是异端的和近似新教的时候,他攻击了这种神秘主义,但他本人写了一篇灵性的论文《论战胜自我》(*On Victory over the Self*)。然而,他的最

[26] V. D. Carro,"西班牙的神学—律法的复兴和巴托洛梅·德·拉斯·卡萨斯的思想意识",在J. Friede和B. Keen编的书里,*Bartolomé de Las Casas in History: Toward an Understanding of the Man and His Work*(DeKalb: Northern Illinois University Press, 1971), pp. 237～277。还见:V. D. Carro,"巴托洛梅·德·拉斯·卡萨斯和有关东西印度群岛的神学—律法争论",*BRAH*, 132: 231～268;P. I. André－Vincent, *Bartolomé de Las Casas, prophète du Nouveau Monde*(Paris: J. Tallandier, 1980)。拉斯·卡萨斯在热情为印第安人辩护时,建议把黑人从非洲带来当奴隶。

[27] B. de Heredia,"Melchor Cano en la Universidad de Salamanca",*CienTom*,43(1933):178～208; F. Marín Sola,"Melchor Cano et la conclusion théologique",*RevThom*(1920),121～141.

重要的作品是他的《论神学主题》(*De loci theologicis*),他在其中系统地讨论了神学的方法和基督教真理的来源。这些来源有十个:《圣经》、口头传说、普世的教会、各宗教会议、罗马教会、“教父们”、经院神学家们、自然的理智、哲学家们以及历史。讨论了每个来源的相对价值以及理解和解释这些来源的方式之后,卡诺进而阐述了使用这些来源的一些原则,首先是用在论战方面,然后是用在《圣经》的讲解方面。这篇论文的重要性是,它是“第二种经院主义”里的神学的方法论的缩影,既表明了它同早先的经院派的一致性,也表明了它深受人文主义影响的新的精神——尤其是在它的优雅文风的受到人文主义的影响方面。再者,卡诺以这样一种系统的方式承认所有这些来源,这个事实意味着,神学变成了引用种种权威和表明这些权威的一致性的事务,而不是使用自然理智和逻辑的事务。这样就提出了一种新的方法,而和中世纪各教派所搞的方法大不相同。

多明戈·德·索托(Domingo de Soto,1494～1560年)[28]曾经是维托里亚和卡诺在萨拉曼卡大学的同事,他在卡诺成了主教的时候继承了他们的讲座。他是凯瑟林纳斯的恩典论的主要反对者之一,他用托马斯的教导来反对凯瑟林纳斯的恩典论。他也继承了维托里亚对国际法基础进行探究的传统。

215 巴托洛梅·梅迪纳(Bartolomé Medina,1528～1580年)[29]在道德神学方面同萨拉曼卡的多米尼克会会士们有同样的兴趣。他在1577年和1578年发表的对《神学大全》(*Summa*)的评论里,提出了“盖然说”(prob-

---

[28] P. Eyt, “Histoire et controverse antiluthérienne: Dominique Soto”, *BlittEcc*, 68(1967):81～106; P. Eyt, “Un témoin catholique de la primauté de l'Ecriture au XVIe siècle”, *BlittEcc*, 68(1967):161～179; V. Beltrán de Heredia, *Domingo de Soto: Estudio biográfico documentado* (Madrid: Cultura Hispánica, 1961); J. C. Martín de la Hoz, “Las relecciones inéditas de Domingo de Soto”, *BullPhMed*, 25(1983), 143～144.

[29] M. M. Gorce, “Medina (Barthélemy de)”, *DTC*, 10: 481～485.

abilism)的理论,这个理论后来被广泛讨论。这个理论的基础只是,既然持有一个盖然的见解是合法的,那么,遵循大概是正确的道德行动方针,也就是恰当的。一个盖然的见解并不仅仅是一个人可以持有的见解,因为在那种情况下,所有的见解都将是盖然的,而且甚至左道邪说也将是可以接受的,因为有些人确实持有这类观点。梅迪纳所说的"盖然的"(probable)指的是,受到理智和明智的忠告支持的观点,但不是受到最后的和不能否认的权威支持的观点。一个不合理的见解并不是盖然的。但是,在盖然的见解的情况里,必然性的程度是这样的:在一个人有理由遵循那个见解的同时,另一个观点仍然有可能表明是更加盖然的。那么,这意味着一个人必须永远遵循最盖然的见解吗?当然不是,因为只要盖然的没有改变,那么,遵循盖然的所命令的行动方针之外的另一个行动方针就是合法的。[30] 至于梅迪纳将把这些观点推演到什么地步,解释者们是不一致的。有些人认为,梅迪纳所说的"盖然的"指的是,人们在依情况而定的事物里面所掌握的必然性,其他的人则声称,他指的只不过是多少有些可疑的见解。如果他所持的是后者,那么,他可以说是"盖然说"的创立者。最终形式的盖然说——不是梅迪纳所持有的形式——声称,如果一个人对一个行动是不是有罪的有怀疑,那么,一个人可以假定这个行动是无罪的而行事,即使较大的盖然性是在有罪的那一边。这个观点被一些耶稣会的诡辩家持有,这个观点后来受到詹森派的攻击,他们认为,在这种情况下,人们应当采取比较严格的行动方针。盖然说终于受到亚历山大七世(Alexander VII,1667 年)和英诺森十一世(Innocent XI,1679 年)的谴责;但是,各种修改了形式的盖然说继续在耶稣会神学家们中间被接受。

萨拉曼卡的多米尼克会最后的伟大作家是多明戈·巴内兹(Domingo

---

[30] Medina, Comm. ad I^{a} II^{ae}, q. 19, a. 6.

Báñez 1528～1604 年)[31],他的文风和神学探讨方法和他的先辈们比起来,较多地倾向经院派而较少地倾向人文主义派。由于他的重要性大部
216 分是因为他参加了有关恩典、预定论和自由意志的争论,所以我们必须把讨论他的这方面的神学推迟到我们接触到那场辩论的时候。然而,巴内兹在其他方面也是重要的。比方说,为了要驳斥新教的观点,他作出了一个最赤裸裸的断言,说教会和教会传统的权威超过了《圣经》的书面经文。按照他的说法,绝对必要的是,"断言神圣的《圣经》是在基督的教会里:神圣的《圣经》首先是在教会的心里,其次是在书本里和版本里"。[32]虽然这样生硬的断言从来没有被当成是天主教的正式教义,但这些断言在 18 和 19 世纪确实有助于形成许多神学家的思想。

巴内兹的教义在另一点上值得讨论,这另一点是,他坚持存在的行为超过永恒的本质而居第一位。在这里他在对托马斯的解释方面和迦耶坦不同,因为在他看来迦耶坦的本质先于存在论是对托马斯这个天使博士(Angelic Doctor)的错误解释。[33] 存在(*Esse*),即生存的行为,既不是本体也不是偶然事件,而是先于本体和偶然事件。这些形而上学的观点给巴内兹造成了来自两个方面的麻烦。第一个方面的麻烦是耶稣会会士们,他们对托马斯的形而上学的理解是不同的,而且他们认为,形而上学的不同是他们在恩典、预定论和自由意志的问题上和巴内兹以及多米尼克会会士们不一致的核心。这样,耶稣会的哲学家们一再试图表明,巴内兹对

㉛ P. Mandonnet,"Báñez, Dominique",*DTC*,2:140－145.

㉜ *Scholastica commentaria in Primam Partem S. Theologicae*,q.1,a.8 (ed. L. Urbano [Madrid: I. E. V. A., 1934], p.71).

㉝ *The Primacy of Existence in Thomas Aquinas*, trans. B. J. Llamzon (Chicago: Regnery, 1966). 这是巴内兹对 *Summa*, I^a, q.64 的评论的译文。拉姆宗(Llamzon)在他的导言里把巴内兹的观点总结如下:"他坚持阿奎那的教导,存在是任何东西之所以是真实的第一行为。他说,存在不是实质,也不是偶然事件。存在不是基本的成分,也不能被理解为被论断的事物里面的一种分类……存在超出了所有这些东西:存在是这些起因之所以为起因的行为……实质和存在有关只是作为一种限制,这种限制的真实性来自存在。"(第 12 页)。

托马斯的解释不正确。[34] 巴内兹不得不面对的来自另一个方面的麻烦是宗教法庭,因为他的存在是第一位的教义,当应用在圣餐上的时候,就得出了这样的结论,留在圣饼里的是饼的原来的存在物。著名的诗人但不太著名的神学家路易斯·德·利昂神父(Fr. Luis de León)以及后来的路易斯·德·莫林纳(Luis de Molina),使宗教法庭注意到这些观点。莫林纳在有关恩典和预定论的争论中是多米尼克会会士们的主要对手。他们 217
的论点是,巴内兹提出的关于圣餐的理论,接近于路德的"合质说"(consubstantiation),而"合质说"到了这个时候已经受到特伦特会议的谴责。巴内兹在答复的时候明确地说,他相信,饼的实质不再存在于圣饼里面了,但是上帝在使饼变成圣餐的行为中并没有创造出一种新的存在物。这样他就肯定了变质说的教义,但指出,饼的存在的行为仍然是一样的。[35] 然而,这些解释并没有使他的反对者们——尤其是耶稣会会士们中间的反对者们——感到满意,他们一再提醒宗教法庭去注意巴内兹的圣餐教义。

耶稣会的神学

在16世纪震撼基督教教会的许多事件里面,耶稣会的悄悄地建立毫无疑问是最重要的事件之一,这对天主教教会作为一个机构的历史来说是如此,对天主教教会的神学的历史来说也是如此。耶稣会的创立者罗耀拉的伊格内修斯(Ingatius of Loyola,1491~1556年),[36] 是一个富有的巴斯克人(Basque)最小的儿子,这个巴斯克人把他的血统追溯到摩尔人入侵之前的时代。他早年从军,或者更确切地说,通过从军追求荣耀。当

---

[34] W. J. Hill,"Báñez and Báñezianism",*NCatEnc*,2:48~50.

[35] *Schol. Comm. in I^{am}*,q. 4,a. 2 (ed. Urbano, pp. 173~174).

[36] 优秀的书目提要,见 I. Iparraguirre and C. de Dalmases, ed., *Obras Completas de San Ignacio de Loyola* (*BAC*, 86), pp. lxix–lxxx, 20~22, 143~149, 366~367。

他英勇保卫帕姆普洛纳城(Pamplona)免遭法国人侵略的时候,他的一条腿断了,于是,这些梦想突然结束了。虽然他让人把腿骨重新折断两次,以便把腿骨重新接好,但他的腿从来没有治好,而且所造成的瘸拐使他再也不能在战场上为自己博得美名。这件大大令人扫兴的事情使他转而去阅读灵性的读物,在痛苦中寻求安慰。在那里他读到了许多圣徒们和殉教者们的事迹,他们通过贫困、英雄般的勇气和使徒般的热情而侍奉圣母马利亚。他的思想在军事和宗教这两个理想之间摇摆不定,直到他在梦幻中见到显圣为止,后来他用第三人称叙述了他的所见:

> 一天深夜不寐,他清楚地看到了圣母马利亚和圣婴耶稣的形象,这个显圣在很长的时间里大大地安慰了他,后来,他对他过去的生活感到这样厌恶,尤其是对肉体的事物感到厌恶,以致早先深深印在他灵魂上的一切想法,这时似乎都被抹掉了。这样,从那时开始直到1553年8月写下这些话为止,他从来都不同意肉体的事物;而且这种热情表明,这整桩事情是从上帝那里来的,虽然他本人那时不愿意肯定这样一件事情,而且只敢说发生了什么。㊲

后来,他到蒙特塞拉特(Montserrat)的隐士居地去朝圣,蒙特塞拉特是在阿拉贡(Aragon)享有圣名的小山,在那里他用令人想起传统的骑士制度里的守护武器的仪式,把自己献给圣母马利亚。从那里他前进到曼雷萨(Manresa),以极端的苦行过乞丐的生活。可是,他作为修道士的生活的早期阶段和路德极其相似。他在蒙特塞拉特坦白了他的罪,但他仍然认为,他没有把所有的罪都坦白出来。他设法找出那些被认为是这一地区最好的灵性领导者的人,但完全无用。最后,一个"非常有灵性的人"——伊格内修斯似乎对他很崇拜——让他把所有的罪写下来。伊格

㊲ *Autobiography*, 1. 10 (*BAC*, 86: 35).

内修斯不折不扣地遵循了那人的劝告，可是这并没有使他的良心平静下来。他希望，他能够摆脱开而不需要去回顾和发现他的每一个罪行，他很想从他听取忏悔的神父那里求得这种状况，这时后者建议说，他只坦白以往那些非常清楚的罪。但是，对伊格内修斯来说，他以往的所有罪都是非常清楚的，因此，忏悔的严格纪律的这种网开三面对他并没有帮助。他在直接从上帝那里寻求帮助的时候，在他的小屋里一天祈祷七个小时。他在他的祷告里大声疾呼："主啊，帮助我，因为我在人们那里得不到治疗，在任何东西那里也得不到治疗。如果我知道到哪里去寻求，那么，我将竭尽全力。主啊，指示我到哪里去寻找，我将做任何需要做的事情，即使我不得不让一只狗来引领我。"㊳

在这些祈祷里，他的失望使他走到了亵渎神明的边缘；与此同时，他一再考虑，自杀是解决他的苦恼的一个办法，而且只是由于想到自杀将是大罪，才没有从窗户跳出去。他后来想到，上帝在给他宽恕之前，或许要求他作出大的牺牲。因此，他决定禁食，直到上帝答复他为止，或者直到
他这样接近死亡以致继续禁食就会自杀。在整整一个星期里，他什么东 219
西都没有吃，但是，当他告诉他的听取忏悔者他在做什么事情的时候，他被命令停止禁食。这以后，他享受了两天的安宁，但在第三天他的疑虑又一次袭击了他。他又一次祈祷和向上帝坦白他的罪行，一件一件地坦白，从头到尾重新坦白，同时还考虑放弃这整桩事情的可能性，这时他忽然意识到，上帝并不要求这样详细地坦白以往的每一个罪行，"而且从那一天起他就摆脱了这些忧虑，因为他确信，我们的主在他的怜悯里希望解放他"。㊴

他新近发现的自由的结果是，他巨大的生命力这时被解放了，促使他去从事伟大的事业。他前往巴勒斯坦，希望在那里定居下来，给土耳其人

㊳ *Autobiography*, 3.23 (*BAC*, 86: 46).

㊴ 同上，3.25 (*BAC*, 86: 47)。

当传道士。但是，主管拉丁语教会的各神圣场所的法兰西斯会会士们不允许他留在圣地。他们大概是担心，这个过分热心的、神秘的、没有什么学问的巴斯克人，将是一个碍事的人而于事无补。伊格内修斯后来决定，他必须回到学校去，因为他的神学学识的不足将永远妨碍他的工作。他本来可能加快事务的进程，并且在几年之后被任命圣职。但是，他深信他需要扎实的学识，因此，虽然他已是壮年，他还是回到充满了年纪比他小得多的学生的教室去，并且花了十二年的时间进行学习。他先去巴塞罗那(Barcelona)，然后去阿尔卡拉(Alcalá)——西密尼(Ximenes)建立的作为教会改革中心的著名大学。到了这个时候，他聚集了一小批追随者，大都是他的同学中间的追随者，而且宗教法庭开始用怀疑的目光看待他。在被宗教法庭监禁、审判和宣布无罪之后，他和若干同伙离开了阿尔卡拉，前往著名的萨拉曼卡大学。但是，在那里他们又一次同宗教法庭发生麻烦，这一回整群人都被监禁和审判。虽然发现他们没有左道邪说，但伊格内修斯被命令不得教书，直到他的学业完成为止。

伊格内修斯同西班牙宗教法庭发生的麻烦，促使他前往巴黎，在那里
220 巴黎神学院成了罗马天主教的正统化的中心。他是作为学生和乞丐去的，但不久之后在这个具有非凡魅力的人周围就聚集了另一群追随者。这个九个人的小组——其中有法兰西斯·泽维尔(Francis Xavier)和迪戈·莱纳兹(Diego Laínez)——将成为耶稣会的核心。1535年8月，伊格内修斯带领他的追随者去蒙特马特，在那里他们发誓要过贫困的纯洁的生活和服从教皇。他们也发誓要到耶路撒冷去朝圣和做使土耳其人皈依的工作，除非教皇解除了他们这样的誓言，并派他们去做另外的工作。最后，在1539年，这个小组决定组成一个永久的组织，在他们中间选出一个长者，他们将向这个长者立誓服从。1540年，保罗三世批准了这个新的宗教团体，伊格内修斯被选为该团体的第一个会长。几乎紧接在这之后，耶稣会就成了那个时期里教皇们手中的强有力的工具，这些教皇非常认真地致力于天主教教会改革和驳斥新教徒的任务。法兰西斯·泽维尔，耶稣会刚一成立时伊

格内修斯的原来的伙伴之一，成了派往东方的传教士，他在若干国家建立了教堂和耶稣会。我们已经看到了彼得·卡尼西厄斯和贝拉明试图挡住新教潮流的工作。当伊格内修斯在1556年去世时，已经有一千多名耶稣会会士散布在欧洲各地，以及巴西、印度、刚果和埃塞俄比亚。

虽然在最初伊格内修斯并没有把耶稣会设想成为一个教学团体，但他确实高度重视学习并且深信，耶稣会的成员们必须有可能得到最好的训练。为了这个目的，他在耶稣会的《章程》(*Constitutions*)里清楚地说明了耶稣会未来的成员们必须遵循的灵性训练和学院教育的大纲。这些《章程》对一致性表现出了极大的关心，并且列出了一些书籍作为学习的主要资料和作为课堂里讨论的课本。在哲学领域里，亚里士多德受到推崇；而且“在神学方面将阅读《新旧约圣经》和圣托马斯的经院教义”。[40]这样，托马斯就成了这个新的宗教团体的正式的大师。但是，这不是最后
的和排他的决定，因为伊格内修斯补充说，《格言录》也应当阅读，而且如 221
果将来出现了另一种神学体系，这种体系不和托马斯相抵触而又“较好地适合我们的时代”，那么，这种体系也可以包括在阅读的书籍里面。虽然要加倍小心和要在耶稣会的审慎的批准之后。伊格内修斯似乎还希望，耶稣会能够搞出这样一种神学，因为他要求迪戈·莱纳兹撰写一本神学手册，用以教育耶稣会会士。莱纳兹着手完成这个任务，但是他的许多其他工作不允许他完成这个任务，他所遗留下来的只是他在他可能使用的资料上做的一些笔记。再者，一些早期的耶稣会会士是司各脱派而不是托马斯派。科英布拉(Coimbra)的教授佩德罗·德·方塞卡(Pedro de Fonseca，1528～1599年)的情况就是如此，他的主要兴趣是形而上学而不是神学，而且他对耶稣会神学历史的重要性在于，他把“中间的知识”(*scientia media*)的理论应用在预定论的问题上，当我们接触到有关恩典和预定论的争论时，我们将有机会讨论“中间的知识”。耶稣会的神学不

---

[40] *Const.*，4. 14 (*BAC*，86:474).

久之后就在另一点上形成了它自己的特点，这另一点是，它集中全力在“积极的神学”(positive theology)上，主要是源于“教父”和《圣经》，而不是只使用经院派的方法。这一点已经可以从莱纳兹遗留下来的笔记里看出来，并且在法兰西斯科·德·托利多(Francisco de Toledo，1532～1596年)的著作里变得很明显。

在16世纪的耶稣会神学家们中间，我们已经讨论了贝拉明和卡尼西厄斯。他们的主要作品是驳斥新教。我们将在这一章的下一部分里讨论路易斯·德·莫林纳，因为他的名字同有关恩典和预定论的争论密切相关。因此，我们这时将转向16世纪和17世纪初期最杰出的耶稣会神学家法兰西斯科·苏尔雷斯(Francisco Suárez，1548～1617年)。

苏尔雷斯出生在格拉纳达(Granada)，就读于萨拉曼卡。在那里他接触到了多米尼克会神学的悠久的和有声望的传统。他在十几岁时加入了耶稣会，并把整个一生都献给了耶稣会。他毕生在西班牙的几个城市——阿维拉(Avila)、塞戈维亚(Segovia)、瓦拉多利德(Valladolid)、阿尔卡拉(Alcalá)和萨拉曼卡(Salamanca)——教书，也在罗马教书，而且在他人生的最后二十年里，在葡萄牙的科英布拉教书。他内心里是个学者，他避免过多地卷入他的时代的政治事务；而且甚至在神学和哲学问题上，他也避免不必要的争论。然而，正像我们将在我们阐述他的思想时看到的那样，他不可避免地卷进了几场辩论。

222 虽然确实有苏尔雷斯体系，但他从来没有编写出系统的神学。在形而上学的领域里，他的《形而上学辩论》(*Disputationes metaphysicae*)确实系统地叙述了他的观点。他的神学论文虽然论述了基督教神学的几乎每一个方面，但却是作为一些独立的专题文章而这样做的。然而，他的著作的编辑们试图使他的神学系统化，而把这些不同的论文按照托马斯的《神学大全》(*Summa*)里所讨论的题材的同一次序加以编排。因此，虽然按年月编排的次序被破坏了，但苏尔雷斯的二十七卷的著作形成了名副其实的总结。

《形而上学辩论》是一篇有关系统的形而上学的论文。截至那时为止，形而上学的教学和著述采取了对亚里士多德进行评论的形式，作者或者是同意或者是不同意某些论点。但是，苏尔雷斯重新组织了形而上学的整个题材，按照他认为是最好的次序，而不是按照亚里士多德的《形而上学》所规定的次序——亚里士多德的《形而上学》毕竟只是一些独立的论文的并列——讨论各种不同的问题。还有，在每一个标题下面，苏尔雷斯汇编了一些表现出令人难以置信的博学多才的见解，从而使一些背景大不相同的哲学家们——希腊人、犹太人、穆斯林、经院派、文艺复兴的学者——彼此进行对话。然后，他提出了他自己的见解，而总是把他所遇到的众多的可供选择的事物考虑在内。[41]

在这里无法总结五十四个《形而上学辩论》的内容。一般说来，这样说就够了，苏尔雷斯是曾经受到司各脱影响的托马斯派。[42] 虽然对苏尔雷斯有一些不同的解释，尤其是在他同意或者不同意托马斯的各点上，但
应当指出苏尔雷斯的形而上学的若干特点，以便说明他在什么方式上不 223
同于托马斯。托马斯和苏尔雷斯之间的最典型的分歧——后来的学者们辩论的最多的分歧——或许是他们看待本质和存在之间的关系的那种方式。托马斯曾经说，在生物里面在本质和存在之间有真正的区分。相反，苏尔雷斯否认有这样一种真正的区分，并且争辩说，这种区分是在人的脑子里，而不是在生物本身里，虽然这种区分有一个客观的基础。这个“客

---

[41] 两个全面的研究著述见，F. Copleston, *A History of Philosophy*, vol. 3, part 2 (London: Burns, Oates & Washbourne, 1953), pp. 353 ~ 405；H. Seigfried, *Wahrheit und Metaphysik bei Suarez* (Bonn: Bouvier, 1967)。关于此较专门的但是重要的争论点，见 W. M. Neidle, *Der Realitätsbegriff des Franz Suarez nach den Disputationes Metaphysicae* (Munich: Heuber, 1966)；J. P. Doyle, “Suarez and the Reality of the Possibles”, ModSch, 45 (1967 ~ 1968): 29 ~ 28；K. Werner, *Franz Suarez und die Scholastik der letzen Jahrhunderte* (New York: B. Franklin, 1963)；P. Dumont, *Liberté humaine et concours divin d'après Suárez* (Paris: G. Beauchesne et fils, 1936)。

[42] E. Elorduy, “Duns Scoti influxus in Francisci Suarez doctrinam”, in *De doctrina Ioannis Duns Scoti: Acta Congressus Scotistici... 1966 celebrati* (Rome: Pontificia Universitas Gregoriana, 1968), 4: 307 ~ 337.

观的基础”(*cum fundamento in re*)的确切意思,是后来的解释者们中间的辩论之点,因为对这个短语的解释确定,苏尔雷斯是接近阿奎那呢,还是远离了阿奎那。但是,无论如何,人们确实没有在苏尔雷斯那里找到明确的断言,说存在的行为是第一位的,而这一点正像巴内兹曾经指出的那样,是托马斯的形而上学的基石部分。这两个哲学家之间的其他的分歧可以在这样一些问题里找到,例如:潜能和行为(苏尔雷斯将会说,纯粹的潜在可能性是不可设想的,因此主导事物必须或多或少是现实的),本质和偶然事件,等等。

然而,苏尔雷斯作为神学家的重要性,不是在于他在形而上学方面的巨大的能力,而是在于他接受了经院派的整个传统,而且在他在大部分神学里忠实于托马斯的同时,还搞出了一个对新的挑战作出反应的体系。因此,关于苏尔雷斯的神学,要说的第一件事情是,在这里就像在他的形而上学里一样,他表现出了孜孜不倦的学术研究和博览群书的成果。苏尔雷斯在比任何其他的神学家都更紧密地追随托马斯的同时,并没有因为不知道有其他可供选择的方法而受到托马斯的束缚。因而,他的作品读起来不但像是庞大的总结,而且像是对经院派的总结性论文的总结。他如何对待托马斯可以从他如何对待托马斯从运动的这一事实里论证上帝的存在的这件事情上看出来。[43] 苏尔雷斯指出,这个论点需要这样一个原则,即每一个运动的东西,都是被另一个东西运动的。虽然这在物理学里是正确的,但这不是形而上学的真理,因此苏尔雷斯宁愿说,凡是制造的东西都是由另一个东西制造出来的。[44] 这种不同似乎不大,但这表明,苏尔雷斯注意到了司各脱对托马斯的五种方法的批评。[45] 同样,在基
224 督成为肉身的原因的这个问题上,苏尔雷斯追随了法兰西斯会教派而断

---

[43] 见这部《思想史》第2卷,边码第266页。

[44] *Disp.*,29.1.20(Paris edition,26:27).

[45] 见上面,2:309~311。

言,即使亚当没有犯罪,基督也会成为肉身。㊻ 他在肯定圣母马利亚的纯洁受胎方面,也追随了法兰西斯会会士们,而超过了追随托马斯及其追随者。㊼ 因此,说苏尔雷斯的体系是后司各脱(post - Scotist)和后唯名论者(post - nominalist)的形式的托马斯主义,并不是完全不恰当。关于他的恩典的教义,也可以说同样的话,他是在答复莫林纳主义而修改托马斯主义——或者说修改莫林纳主义而使之符合托马斯主义的时候形成这个教义的。这个恩典的教义,和苏尔雷斯的大部分神学一样,成了耶稣会里公认的教义。㊽

有关恩典、预定论和自由意志的争论

虽然这些争论是在特伦特会议(Council of Trent)之后进行的,但它们同我们讨论的教义方面的事态发展的联系是这样密切,以致在我们把注意力转到该会议之前,似乎最好先讨论这些争论。但是,说一说该会议在恩典问题上所采取的行动也是必要的,以便理解这个争论的背景。该会议在它的第六次会议里着手处理称义的问题,这是处在天主教和新教之间的关键问题之一。在答复路德提出的观点的时候,该会议宣称,一个人没有在前的恩典就不能转向上帝,在前的恩典被给予和一个人可能有的任何功德没有什么关系。但是,人的意志通过接受恩典和通过在善行里配合恩典而能够并且必须和恩典合作。该会议进而强烈谴责了那些教导

㊻ *Disp. in tertiam partem D. Thomae*,1.3.4 (Paris edition,19:11).

㊼ *De ultimo fine hominis*,5.9.4.8(Paris edition,4:614).

㊽ 然而,人们应当补充说,他的意见并不总是受到怀疑就被接受。1591 年,在上帝的义的问题上,苏尔雷斯和加布里埃尔·瓦斯克斯(Gabriel Vásquez,1551 ~ 1604 年)之间发生了争论。苏尔雷斯断言,上帝对待世人是公正的,而瓦斯克斯则声称,就严格的意思来说,上帝和创造物之间不可能有正义。当该宗教团体的会长命令双方保持缄默的时候,争论便结束了。1603 年,苏尔雷斯也由于认为在远处进行的忏悔也是有效的而被宗教法庭谴责。最后,当他在他的 *Defense of the Catholic and Apostolic Faith* 里断言,在某些情况下,诛戮暴君是合理的,这时的不止一个君主对他怒不可遏,并且株连到耶稣会。

说在前的恩典不是必要的人，另一方面，也强烈谴责了那些声称意志既不能使自己准备好接受称义也不能在恩典被提供时拒绝恩典的人。[49]

伊格内修斯也持有这些观点。他指示他的追随者们说，他们应当谈
225 到神的恩典，并且因为神的恩典而赞扬神的威严。但是，"尤其是在我们这个非常危险的时代，不应当以善行和自由意志可能被损害或被当做零的方式来做这件事情"。[50] 在写下这些话的时候，他显然是想到了路德和加尔文的教义，并且想要确保这类观点在他的追随者们中间将不会被接受。这样，甚至在争论爆发之前，在耶稣会会士们中间就有一个心照不宣的传统——佩德罗·德·方塞卡(Pedro de Fonseca)和巴塞洛缪·卡梅拉里厄斯(Bartholomew Camerarius)之类的神学家们代表了这个传统——这个传统坚持意志的自由，并且找出方法使意志的自由同恩典和预定论的教义协调起来。

然而，在萨拉曼卡(Salamanca)，自从梅迪纳(Medina)的时代以来，另一个观点似乎盛行一时。那个学校早期的教师们——维托里亚(Vitoria)、卡诺(Cano)和索托(Soto)——曾经说，一个人是否倾听神的召唤，是由一个人选择的。但是，梅迪纳尤其是巴内兹深信，过分地承认人的力量，从而缩小恩典的作用，是危险的。梅迪纳说，善行没有使我们准备好接受恩典，而上帝可能决定给予恩典，这同我们通过善行准备好接受恩典没有什么关系。巴内兹走得更远。在一段奇怪的令人想起慈温利的文章里，[51] 巴内兹争辩说，神的本性是这样的：神的本性之外的任何东西都不是其行动的起因，而且神的本性是包括罪在内的一切事物和事件的起因。上帝知道所有未来的意外事件，因为上帝知道所有的起因，罪的情况也是如此。但是，皈依的实际起因是来自上面的帮助，无信仰的起因是缺少这

---

[49] *Denzinger* (Rome: Herder, 1957), 792 ~ 843.

[50] *Ejercicios espirituales* (*BAC*, 86: 238).

[51] *Schol. Comm. in* I^{am}, q. 19, a. 1 ~ 9 (ed. Urbano, pp. 409 ~ 437).

样的帮助。这样,上帝把有效的恩典给予了被拣选者,而不给予被摈弃者,然而,被摈弃者由于他们的罪而受到正当的谴责。

这些观点在萨拉曼卡大学没有被所有的人很好地接受,这一点可以从这样一个事实里看出来,在 1582 年,巴内兹在涉及到基督功德的辩论里争辩说,即使基督预先注定要受苦,他的死亡也还是有功劳的。紧接着就有若干同事和他辩论起来。他在这方面最知名的对手是路易斯·德·利昂神父,该神父也指责巴内兹持有非正统的有关圣餐的观点。这件事情最后闹得这样不可开交,以致告到宗教法庭那里,宗教法庭在两年之后,作出了有利于巴内兹的判决,虽然不是在预定论的问题上,而是在基 226
督功德的问题上。

在鲁汶大学也有类似的事态发展,在那里迈克尔·贝厄斯(Michael Baius,1513 ~ 1589 年)教导说,由于亚当的堕落,我们失去的不是超自然的天赋,而是我们这时已经腐败了的本性中的某种东西。[52] 作为结果,我们不能转向上帝,因为我们缺少这样做的能力和真正的愿望。我们腐败了的自由意志不能想望好的事情。贝厄斯持有的七十九个主张在 1567 年受到庇护五世(Pius V)的谴责。贝厄斯服从了教廷的命令,但不久之后又教导他的新修改了的教义,格列高利十三世(Gregory XIII)在 1579 年发现,必须再一次谴责他的观点。鲁汶大学支持它的这个教授,他后来被选为名誉校长。当耶稣会会士莱西厄斯(Lessius)试图驳斥贝厄斯所持的观点时,鲁汶大学谴责了莱西厄斯提出的论题作为答复,莱西厄斯反过来发表了辩护其主张的文章。[53] 界线划得很清楚。鲁汶大学的教授们指责莱西厄斯有伯拉纠主义,他反过来则指责他们有加尔文主义。在争论的

---

[52] F. X. Jansen, *Baius et le Baianisme: Essai Théologique* (Louvain: Museum Lessianum, 1927); H. de Lubac, *Augustinianism and Modern Theology* (New York: Herder and Herder, 1969), pp. 1 ~ 33.

[53] C. van Sull, *Léonard Lessius de la Compagnie de Jésus (1554 ~ 1623)* (Louvain: Museum Lessianum, 1930).

每一个方面，这两者的观点是截然对立的。教授们说，在皈依里上帝决定了意志的行动；莱西厄斯说，意志决定了它本身。教授们说，只有一些人从上帝那里得到得救的有效的辅助；莱西厄斯认为，这种辅助给了所有的人。教授们肯定，神的预定论和上帝预先知道一个人的功德绝对没有关系；莱西厄斯断言，预定论取决于上帝预先在被拣选者身上看到的功德。最后，这件事情引起了西克塔斯五世（Sixtus V）的注意，他指派了红衣主教们的调查委员会去研究这件事情和宣布判决。红衣主教们在莱西厄斯的教导里找不到错误，教皇命令，争执就此了结。但是，这两方的主张是这样固执和这样截然相反，以致不能用妥协来调和。因此，教廷的使者干脆下命令，每一方都克制住不去攻击另一方。

当耶稣会会士路易斯·德·莫林纳（Luis de Molina，1536～1600 年）
227 于 1588 年在里斯本发表他的《自由意志和恩典的授予的一致性》（*The Agreement of Free Will with the Gifts of Grace*）论文时，[54] 事态就如上述。这本书刚一出版，多米尼克会会士们就开始怀疑它的正统性。这本书的销售被停止了，巴内兹写了一系列文章反对这本书。当这本书终于发行的时候，它在附录里收录了巴内兹提出的反对意见和莫林纳对这些意见的答复。这样，就其版式来说，这本书是注定要引起争论的。

正像书名所表白的那样，这本书的目的是要表明，自由意志为一方同恩典、预知和预定论为另一方之间存在着一致性。这本书的目标显然是要为教义辩护，因为莫林纳试图答复新教徒们的指责，新教徒们说，天主教的自由意志和功德的教义，是伯拉纠式的否认恩典是第一位的。这本书的观点是托马斯式的，因为这本书声称，它只不过是对《神学大全》（*Summa*）里某些涉及到手头的争论点的简短篇章的评论。最后，这本书的基本轮廓是比较简单的，因为它分成四个部分，论述上帝的知识、上帝

---

[54] 在这整个部分里，我们追随 E·万斯廷伯格（E. Vansteenberghe）的文章，“Molinisme”，*DTC*，10:2098～2187。

的意志、眷顾和预定论。

这样，莫林纳就从讨论上帝的知识开始。在这个场合里提出的第一个问题是，上帝的知识是不是万物的起因。莫林纳的答复是，人们必须在上帝的“自然的”知识和“自由的”知识之间作出区分。上帝的自然的知识包括了一切可能的事物，甚至包括了那些不是上帝有意要创造的事物，因此，上帝的自然的知识不是事物的起因。但是，上帝的自由的知识是由神的意志确定的，而且只扩展到上帝有意要的那些事物。因此，上帝的自由的知识是万物的起因。

上帝的知识里的这种区分，反映了莫林纳对自由的理解。自由不但是“摆脱强迫性的自由”，而且也首先是“摆脱必然性的自由”。一块落下来的石头，只是因为它在半空中被释放的时候依其本性而落下来，因此不是被迫落下来；但这块石头不是自由的，因为它出于必然性而落下来。当新教徒们说，一个人自由地选择上帝所预定的事物时，他们的意思是，一个人不是被迫进行选择，因此，他们是把缺少强迫性和自由混淆起来。如果一个人是自由的，那么，一个人进行选择，不是出于必然性，而是出于一个人自己的自由意志。所谓自由按照定义是依情况而定的，因此，实现无 228
穷程度的预定论不能说是意味着人那一方面的自由。

当亚当被创造的时候，他被赋予信仰、希望和仁爱的超自然的美德，也被赋予“原义”（original justice），这些辅助并加强了他的自然的自由，这样他就能够服从上帝和得到永生。这样，亚当不仅仅是“自然的人”，因为超自然的天赋被添加到他的自然的能力上，这些超自然的天赋使他的自由意志能够作出正确的选择。作为堕落的后果，在他身上所发生的事情是，他既失去了超自然的美德，也失去了原义。严格地说，原罪并没有影响人的本性，而只是影响了添加在人的本性上的超自然的天赋。因此，当传统的反伯拉纠的神学说，罪削弱了人的自由的时候，这种神学实际上的意思，不是人的自然的自由被损坏了，而是这种自由这时缺少了它原来被赋予的那种超自然的辅助。

在我们目前的状态里，就我们在堕落之前是自由的同一个意思来说，我们仍然是自由的。面对着每一个决定，我们自由选择我们自己的行动方针。但是，我们不能靠自己自由选择那些导致我们的超自然的命运的事物，因为这类事物要求这样一些能力，这些能力现在是而且一直是超出了我们的本性。现在和以前一样，我们需要上帝的帮助。然而，为了要相信，向每一个人提供的"上帝一般的帮助"就足够了。因此，虽然一个人相信，仅仅因为一个人决定要相信，是不真实的。但是，相信与不相信之间的差别在于意志的自由选择，而不在于上帝，却是真实的。

虽然使人称义的信仰远远超过了同意或相信，而且确实需要上帝的在前的和促进的恩典，但这种信仰也取决于意志的自由行动，意志命令理智去相信。跟随在信仰的第一个行为之后的是"信仰的超自然的习惯"，这种习惯是上帝给予信徒的，这种习惯使得今后可能只需上帝的"一般的帮助"，就能完成信仰的行为。如果上帝把圣灵的进一步的恩赐添加到这种习惯上，那么，这不是因为这些恩赐是信仰的行为所需要的，而是因为这些恩赐加强了信仰的行为。这样，像奥古斯丁所断言的那样，信仰的开端是在上帝的行动里；但是，我们的自由意志仍然起了重要的和必要的作用。再者，上帝决定，在正常的情况下，在前的恩典将被给予那些尽力去
229 相信和尽力去抛弃罪行的人，因此，人们可以大概地说，对那些希望选择恩典和得救的人来说，恩典和得救总是近在咫尺。声称有些人被拯救而有些人没有被拯救的原因在于上帝的意志，或者在于一种据说是不可抗拒的恩典的赐予，是否认上帝的普救众生的意志。人们反倒应当说，那些选择去相信的人和那些选择不去相信的人之间的原来的差别，在于他们对其意志的自由运用。

莫林纳的恩典和预定论的理论同他对上帝的行动和次要起因的行动之间的关系的理解密切相关。莫林纳断言，上帝在次要的起因里是"同时"主动的——而同巴内兹和其他的托马斯主义者的"物质的预先运动"的理论形成对比。当火产生热的时候，有一个单一的行动，在这个行动里

次要起因火和主要起因上帝，一道起作用。然而，这两者是大不相同的，因为火在产生热里的行动是“特殊的”，而上帝的行动是对次要的起因的“一般的辅助”。实际上发生的事情是，上帝从创造天地万物的时刻起就决定，某些事物将是其他事物的次要的起因，而且知道某些事物将不能靠自己而行动，上帝决定，每当次要的起因将成为主动的时候，“一般的辅助”将和次要的起因同时起作用。当自由意志应用在那些没有超出自然领域而进入超自然领域的决定上的时候，情况也是如此。当我们作出一个决定的时候，上帝用一般的辅助来支持这个决定。这并没有使上帝要对邪恶的行为负责，因为自从开天辟地以来就已决定，上帝将把这种一般的辅助给予我们的意志。因此，虽然作恶和为善的能力是由于神的辅助，但是，上帝自从开天辟地以来就向万物应许的这种一般的辅助，就其本身来说并不是邪恶的起因。邪恶的唯一起因，就要对邪恶负责的道德意义来说，是选择邪恶的意志。

当涉及超自然的行为时，上帝一般的帮助和意志之间仍然存在着同时发生的合作，但这时在前的恩典被添加到这些超自然的行为上了，这种在前的恩典也可以称为上帝“特殊的”辅助。特殊的辅助所作的事情是，使意志在一般的辅助的帮助之下能够完成具有超自然的意义的行为，例如信仰。因此，只有一个起因，在其中起作用有三种成分：意志、上帝的一般辅助和上帝的特殊辅助。这样，恩典——正像一般辅助那样——不是对意志起作用，而是同意志一道起作用。这意味着，在前的恩典和合作的恩典之间的差别，不是两种不同的恩典之间存在着的差别，而是要表明，意志没有特殊的辅助就不能完成超自然的行为。合作的恩典只是意志所 230
同意的在前的恩典。这种同意一旦发生，超自然的习惯——信仰、希望、博爱——就充满信徒心灵，他这时就能够在上帝的一般辅助之下完成超自然的行为。

如果我们现在回到有关上帝的知识的原来那个问题上，那么，我们将发现，除了我们已经讨论的自然的知识和自由的知识之外，我们还必须假定一种“混合的”或“中间的”知识。这样做的原因是很明显的，因为有一些未来的依情况而定的现实事物和事件，上帝知道不仅是可能的或上帝所意要的，而且是上帝决定创造的其他自由意志所意要的。因此，中间的知识是上帝赖以知道自由的万物将引起的未来的偶然事物的知识。简言之，上帝有对一切可能的事情的自然知识，对上帝所意要的那些事情的自由知识，以及对那些将由其他的意志决定的事情的中间知识。因此，未来的依情况而定的事件并不取决于神的预知。相反，上帝预先知道自由的万物将自由地决定的事情。就绝对的意义来说，每一件事情也不都是上帝所意要的，因为人们必须在上帝绝对的或有效的意志和上帝的有条件的意志之间作出区分。凡是上帝按照绝对的意志而希望的事情必定会发生，但是，上帝按照有条件的意志而希望的事情，只有在其他自由的起因起来履行这种意志的时候才能发生。上帝的普救众生的意志是有条件的。虽然上帝希望所有的人都被拯救，但只有那些接受上帝所提供的得救的人才将真正被拯救。

考虑到这些前提，被拣选和被摈弃的这个问题可以这样来答复，即这个问题和意志的自由是一致的。预定论取决于神的预知，不是就上帝决定不把神的辅助给予那些将拒绝它的人而言，而是就上帝知道谁将自由地决定恰当地利用给予所有人的辅助而言。由于恩典不是不可抗拒的，所以恩典的给予，或换句话说，特殊辅助的给予，并不能保证得救。所有的恩典对于得救都是有效的和足够的。但是，只有通过我们自由地决定接受恩典，恩典才是有效的和足够的。

231 巴内兹和其他的多米尼克会神学家们对莫林纳的体系的反对，是直接的、剧烈的和不畏缩的。当萨拉曼卡的教职员被指定去准备最近的出版物中的禁书名单的时候，巴内兹本人试图把莫林纳的作品包括在禁书目录里。争论终于在卡斯提(Castile)的首府瓦拉多利德(Valladolid)爆发出来，在那里耶稣会和多米尼克会都有重要的学校。有一个时期，多米尼克会会士们在讲课里批评莫林纳，这时耶稣会会士们通过举行公开的辩论(1594年),而使这件事情大白于世。多米尼克会会士们宣称,莫林纳的观点是左道邪说,并且要求宗教法庭对这个问题作出判决。布道坛被多米尼克会会士们用来攻击耶稣会会士们,耶稣会会士们反过来则利用他们在教廷里的影响让人撤销那些敢于冒犯的传道士们的职务。最后,在第二次辩论之后——这次辩论差一点引起暴乱,每一方对这次辩论做了不同的报道——莫林纳在宗教法庭上受到多米尼克会会士们的指责,他反过来又指责巴内兹及其宗教团体的其他成员。西班牙宗教法庭感到不能在这样有影响的两方之间作出判决,而且当局担心,这种辩论将造成分裂。因此,这整桩事情被提交给罗马。

多米尼克会会士们反对莫林纳主义,因为他们正确地感到,这个耶稣会会士对恩典的理解和他们在托马斯和奥古斯丁那里找到的东西相抵触。主要的争论点是足够的恩典和有效的恩典之间的差别。正像我们看到的那样,莫林纳主义者教导说,这两者之间没有差别,而且,使足够的恩典成为有效的是意志的行动。这一点多米尼克会会士们不能接受,因为这意味着,恩典从意志那里得到它的效验(*ab extrinseco*)。他们很清楚,奥古斯丁和他之后的托马斯都教导说,恩典就其本身来说就是有效的。再者,他们从和莫林纳截然不同的角度来设想恩典和意志之间的关系。依他们看,后者的关于同时发生的辅助的概念,不能恰当地表达奥古斯丁的关于恩典对意志起作用的概念。因此,多米尼克会会士们宁愿谈到恩典对意志的"物质的预先运动"(*physical premotion*)。这一点被莫林纳主义者看成是否认自由,因为一个被其他的东西左右的意志,不是在自由地行动——在这里人们必须记住莫林纳对自由的理解,自由不仅仅是摆脱强迫性的自由,而且也是摆脱必然性的自由。因此,争论中的这些问题同路德和伊拉斯谟之间的辩论中所涉及的那些问题极其相似。

意识到这场辩论的严重性和这场辩论可能造成的灾难性后果,克莱门特八世(Clement VIII)决定亲自处理这些事务。他下命令停止争论,每个宗教团体把它的主张的总结送交他。与此同时,还向若干大学和几个 232

教会领导人征求意见。这个暂时的解决方法并没有使多米尼克会会士们感到高兴，他们这时发现，他们的传统观点和稣会会士们的“标新立异”受到同等的对待。由于多米尼克会士们那时似乎比较贴近教皇的耳朵，他们终于成功地说服克莱门特委派一个调查委员会去审查莫林纳的书。这个调查委员会是在 1597 年被委派的，因此，在神对人的自由的援助这件事上开始了长长的一系列神学的磋商——the *congregationes de auxiliis*。1598 年，调查委员会决定，莫林纳的观点同奥古斯丁和阿奎那的观点对立，而且在许多点上，莫林纳的观点和伯拉纠派的见解一致。莫林纳的被谴责似乎迫在眉睫，而且多米尼克会会士们已经在庆祝他们的胜利，这时若干有影响的人物乞求说，这件事情要处理得慎重一些。当这样的乞求来自西班牙的国王以及来自皇帝的母亲和若干教会领导人的时候，克莱门特决定改变他的策略，并且号召在两个派别的代表们之间举行一系列会谈，以期达成妥协。这些会谈并不成功，克莱门特又一次准备谴责莫林纳。在西班牙，阿卡拉大学的一些耶稣会会士开始对教皇的权威表示怀疑。于是，克莱门特召开了一系列新的会议，他本人主持了这些会议。这些新的会议在 1602 年开始，当克莱门特在 1605 年去世时，会议仍在进行之中，而没有什么重要的结果。克莱门特的继任保罗五世，继续主持了一些集会，直到 1606 年为止，那时他决定，这场争论的最好的解决方法是不了了之。他宣布，多米尼克会会士们和莫林纳主义者们所声称的不同，多米尼克会会士们的观点并不是加尔文派的，因为他们说，恩典使自由变得完善了，并且不损害自由。至于莫林纳主义者们，虽然多米尼克会会士们这样指责他们，但他们不是伯拉纠派，因为他们把信仰的开端放在神的恩典里，而不是放在人的意志里。因此，两派的观点都可以被持有和被教
233 导，只要每一方克制住不去指责另一方是左道邪说就行。五年之后，保罗五世加强了这个决定，他下命令，今后一切有关恩典的著作在出版之前必须送交宗教法庭。几年之后，乌尔班八世（Urban VIII）在 1625 年和 1641 年重复了这道禁令，并使这道禁令变得更加严厉。然而，虽然有这些禁

令,但莫林纳主义者们和多米尼克会会士们继续进行他们的辩论达几个世纪。

迫使莫林纳的争论退居次要地位的是另一场辩论,这场辩论基本上涉及同样一些争论点,但这时却是围绕着一个其观点与莫林纳截然相反的人:荷兰神学家科尼利厄斯·詹森(Cornelius Jansenius,1585～1638年)。[55] 正像我们已经看到的那样,在贝厄斯的领导下,鲁汶大学认为,预定论先于预知,我们失去了转向上帝的自由,而且在皈依的行为里恩典驱动意志。虽然莫林纳的争论使人们的注意力离开鲁汶而转向西班牙,但贝厄斯持有的一再受到罗马谴责的观点,继续在荷兰流传。这些观点在詹森的主要著作《奥古斯丁》(*Augustinus*)里再一次浮现出来。1640年在鲁汶出版的《奥古斯丁》是他的遗作。

《奥古斯丁》是对莱西厄斯和莫林纳的观点进行攻击的多卷集的学术著作。它的第一卷研究了伯拉纠主义,强调了它关于原罪和关于堕落之后人的自由的能力的观点。第二卷阐述了奥古斯丁关于恩典、自由意志和预定论的教义;最后一卷试图表明,莫林纳主义和其他类似的观点同伯拉纠一致,而不是同奥古斯丁一致。

有可能用一句话来说出《奥古斯丁》的特点:它驳斥莫林纳主义,不是在多米尼克会会士们冲淡了的奥古斯丁主义和整个中世纪传统的基础上,而是通过超越那个传统而回到以最极端的方式解释的奥古斯丁那里

---

[55] N. Abercrombie, *The Origins of Jansenism* (Oxford: Clarendon, 1936); H. de Lubac, *Augustinism*, pp. 34～92; J. van Bavel and M. Schrama, *Jansénius et le Jansénisme dans les Pays-Bas* (Louvain: University Press, 1982); J. Carreyre, *Le Jansénisme durant la régence*, 3 vols. (Louvain: Bureaux de la Revue, 1929～1933); A. Gazier, *Historie générale du mouvement Janséniste, despuis ses origines jusqu'à nos jours*, 2 vols. (Paris: Honoré Champion, 1923～1924); L. Willaert, *Bibliotheca Janseniana Belgica*, 3 vols. (Namur: Bibliothèque de la Faculté de philosophie et lettres, 1949～1950). 关于贝厄斯的著作,见 F. X. Jansen, *Baius et le Baianisme: Essai théologique* (Louvain: Musaeum Lessianum, 1927)。

234 去。按照詹森的说法，神学的方法和哲学的方法大不相同。哲学是建立在理智上的，而且不能超出无谓的争论。神学是建立在权威上的，而且它的知识是确凿的。注意有趣的一点是，声称是在解释奥古斯丁的詹森，在这里采取了早期人们用来反对奥古斯丁主义的典型主张。这样做的原因是，詹森没有兴趣阐述这个希波主教的整个体系，而是要在当前的辩论里把他的关于恩典和预定论的观点作为权威。总之，詹森通过求助于奥古斯丁而试图证明的主要论点是，亚当堕落的结果是这样的，以致意志的自由大大地受到限制。虽然亚当在堕落之前有“不偏不倚的”自由，即他可以选择犯罪或是不犯罪，但这种不偏不倚被原罪破坏了，足够引领天真无邪的亚当到上帝那里去的恩典，这时变得不足够了。如果一个人失去了视力，只有光线是永远不足以使他重见天日的。他需要的是另一种帮助，能够治好眼睛的帮助。同样，我们的意志这时变成了罪的奴隶，而且变得不能为善。我们除了我们自己和别的生物之外不能爱任何东西。我们不能够爱上帝。虽然我们能够以外在的方式服从戒律，但我们这样做，只是出于自豪或出于畏惧，而从来都不是出于爱。虽然我们通过自然律法仍然能够看出上帝的旨意的某些东西，但服从这种律法并不是美德，而只是善的空壳。

詹森在这样解释人的困境的时候相信，恩典的主要任务是把我们从我们被欲念奴役的状态中解放出来。恩典是必要的，不但是为了使意志能够完成超自然的行为，而且也是为了使意志能够做哪怕是最小的好事。撇开了恩典，意志只能做坏事——虽然意志能够自由地选择去做哪一件坏事。再者，由于我们的困境和盲人的困境一样，因此，对亚当来说是足够的那种恩典不能帮助我们。莫林纳的错误恰恰在于，没有在堕落之前状态的自由意志和目前状态的自由意志之间作出区分。他似乎认为，意志所需要的只是恩典的帮助——这就好像是把更多的光线作为处方开给盲人那样。和这种对我们的困境的解释相反，詹森争辩说，亚当需要的只
235 是一种将加强他的意志的恩典，而我们需要的是一种将确定我们的意志

的恩典,指导我们的意志转向上帝。这种恩典詹森称为“治病救人的恩典”,它成了人的意志的最高主宰,它以这样的从容不迫引领意志到上帝那里,以致意志本身并不知道自己正被引领。恩典是不可抗拒的和确实可靠的。因此,凡是得到恩典的人必然会转向上帝,而且是心甘情愿地这样做的。在这里詹森再一次拒绝了莫林纳的观点,因为这个耶稣会会士曾经说,真正的自由不但把强迫性排除在外,而且也把必然性排除在外。与此相反,詹森断言,任何心甘情愿地完成的行为都是自由的,即使这种行为是由内在的必然性产生出来的。预定论是绝对的和双重的——有一些人预先注定要得救,有一些人预先注定要永远罚入地狱。这是随着这样一个事实而来的,即,没有恩典,人类只不过是“罚入地狱的乌合之众”,而且那些得到恩典的人必须接受恩典。因此,被拯救和被罚入地狱之间的差别不取决于每个人的选择,而是取决于永恒的天命(eternal decrees),上帝根据这种天命而决定把恩典给予一些人而不给予其他一些人。

詹森声称,这不是加尔文主义,因为加尔文使自由成为恩典的必然结果,而事实是,自由恰恰在于意志对恩典的赞成,恩典既召唤意志也驱动意志。但是,虽然詹森试图表明,他怎样不同于加尔文,但他和他的追随者一再被指责为新教的秘密追随者。

随着《奥古斯丁》的出版而来的是安托万·阿诺尔德(Antoine Arnauld,1612～1694 年)的《论经常的交流》(*On Frequent Communion*)的论文,[56]这篇论文把詹森提出的原则应用在实际的虔诚行为和教会纪律的领域里。这样,这个运动就开始采取抵制教会权威的形式,这种形式成了运动后期的特点。甚至在《奥古斯丁》出现之前,鲁汶的耶稣会会士们就

---

[56] 他的全集共 43 卷,在 1964～1967 年重印(Brussels: Culture et Civilisation)。第 43 卷里包括了 N. 德·拉里埃尔(Larriere)写的阿诺尔德的标准的生平。还见 M. Escholier, *Port-Royal: The Drama of the Jansenists* (New York: Hawthorn Books, 1968)。

设法阻止该书出版。在该书出版后,鲁汶的一些教授支持詹森的观点,而反对耶稣会会士们用来反对他的观点的六个论题。《奥古斯丁》后来在巴黎再版,在那里该书得到了巴黎神学院的一些教授的支持。这样,这个事件成了国际事件,并且威胁着要重复“神对人的自由的援助”(*de auxiliis*)这一争论所引起的那种濒临的分裂。宗教法庭在 1641 年禁止人们阅读《奥古斯丁》;但是,鲁汶的教职员拒绝接受这个命令,并且在这种主张
236 上受到越来越多的法国人的支持。1643 年,乌尔班八世在他的训令《论完善》(*In eminenti*)里谴责了《奥古斯丁》。由于这没有使这场辩论结束,英诺森十世采取了同样的行动,在 1653 年谴责了据说是反映了詹森观点的五种主张。然而,詹森派声称,这五种主张不是詹森的思想的准确反映,因此,他们可以继续持有詹森的观点,而又同意对这五种主张的谴责。

这场争论导致了分裂。波特 - 罗亚尔(Port - Royal)的西多会(Cistercian)修道院在阿诺尔德的领导下拒绝服从。阿诺尔德不得不躲藏起来和过被流放的生活。但是,这个火炬由布莱斯·帕斯卡尔(Blaise Pascal,1623 ~ 1662 年)拣起来,[57]他为阿诺尔德辩护的《大主教们》(*Provinciales*),在影响和受欢迎程度上超过了《奥古斯丁》。后来准备了一个要由法国的所有教士签署的“表白书”(Formulary),这个表白书明确地说,这五种主张确实可以在詹森那里找到,而且这五种主张受到了公正的谴责。许多人拒绝签名。由于国家——尤其是在路易十四世的时候,支持对詹森派的谴责,这个运动变得越来越具有政治色彩。到了 18 世纪初期,这个运动显然是主张限制教皇权力运动的盟友。1713 年,克莱门特九世(Clement XI)在他的训令《独生子》(*Unigenitus*)里再一次谴责了詹森主义。在荷兰,由于进一步试图镇压这个运动而造成了永久的分裂。在法国,詹森主义加入了那些终于导致革命的势力,詹森主义的最后一个

---

[57] J. Miel, *Pascal and His Theology* (Baltimore: Johns Hopkins, 1969); R. Hazelton, *Blaise Pascal: The Genius of His Thought* (Philadelphia: Westminster, 1974).

解说者可以说是修道院院长亨利·格雷戈尔(Henry Gregoire,1750～1831年),他是一个热心的雅各宾派(Jacobin),在他身上政治目的超过了对宗教事务的关心,而对宗教事务的关心在詹森、阿诺尔德和帕斯卡尔那里是居主导地位的。

特伦特会议

罗马天主教的改革在西班牙有其最重要的根源。当西密尼(Ximenes)的方案已经在西班牙扎实地进行着的时候,罗马仍然由一系列不称职的教皇统治着。16 世纪前半叶大多数教皇感兴趣的是教会改革之外的其他事务。15 和 16 世纪之交在位的亚历山大六世,由于用他的政策来扩张他的儿子西泽·博贾(Cesare Borigia,1475～1507 年)的权力 237
而为人所周知。在庇护三世(Pius III)非常短暂的统治之后,尤里乌二世(Julius II,1503～1513 年)戴上了教皇的三重冕,他作为朱利安诺·德拉·罗韦雷(Giuliano Della Rovere)曾经是博贾派的最不共戴天的敌人。虽然尤里乌为教会的改革采取了几个措施,并且是派遣传教团去新世界、亚洲和非洲的提倡者,但他也着手破坏亚历山大的国际政策的成果。为了要这样做,他变得像军人,而不像主教。除了军事的和政治的兴趣之外,尤里乌把他的注意力用在美化罗马上面。正是他给圣彼得大教堂新的长方形会堂奠下第一块石头。尤里乌逝世后,乔万尼·德·梅迪西(Giovanni de Medici)成了利奥十世(Leo X,1513～1521 年)。他虽然不是穷兵黩武的人,但他有他的前任的大部分弱点和小部分魄力。他被文艺复兴的风气迷住了,他支持了若干艺术家和学者,但对照管他的信徒群众却没有做什么事情。不得不同早期路德的宗教改革打交道的正是他。亚得良六世(Adrian VI,1522～1523 年)是 20 世纪以前占据彼得宝座的最后一个非意大利人,他可以说是进行改革的教皇里的第一个,虽然他非常短暂的统治不允许他实施他的整个改革方案。克莱门特七世(Clement

VII,1523～1534年)是稳健的改革者。但是,他的教皇任期里的两个最重要的事件是,查理五世的军队洗劫罗马,以及罗马教会由于亨利八世和阿拉贡的凯瑟琳的婚姻问题而失去英国。保罗三世(Paul III,1534～1549年)也是稳健的改革者,虽然有任人唯亲的倾向。

虽然保罗三世有缺点,但正是在他任内改革的风气占据了罗马。他任命的几个红衣主教是洁净教会的热情提倡者。其中之一是卡拉法(Carafaa),他后来成为保罗四世,而且作为教皇将推进改革和加强教会的工作。但是,保罗三世对新型的天主教教会的最大贡献是,他提名了一个委员会来拟出改革的方案,他后来召开了特伦特会议,这个会议将采取步骤走向改革,与此同时将面对着新教的信条而明确天主教教会的信仰。虽然尤里乌三世(1550～1555年)的统治使进行改革的一伙人感到失望,但16世纪后期的教皇们大都认真对待改革——保罗四世(Paul IV,1555～1559年),庇护四世(Pius IV,1559～1565年),庇护五世(Pius V,1566～1572年),格列高利十三世(Gregory XIII,1572～1585年),西克塔斯五世(Sixtus V,1585～1590年)和克莱门特八世(Clement VIII,1592～1605年)。

238 在讨论特伦特会议的行动之前,应当注意这些教皇进行的宗教改革有几个特点。这种改革的第一个特点是,这种改革是集中在教皇的权力上。为了要避免新教正在表现出来的四分五裂,这似乎是必要的。保罗四世为教皇的权威提出了一些主张,这些主张使人想起了英诺森三世的鼎盛时期。正像我们看到的那样,西克塔斯五世打算把维托里亚和贝拉明列入禁书目录,因为他们否认教皇有直接统治整个世界的世俗权威。这种强调集中后来造成了教皇们和这样几个君主之间的摩擦,这些君主的祖先在他们的领地的教会的事务里有极大的影响。人们也必须注意到,这种改革是设想成从教会首脑到教会成员自上而下地进行的。正是在这个时候,耶稣会证明是进行改革的教皇们手中的最得力的工具。他们是一支军队,愿意以军事的准确性执行交给他们的指示。没有他们,罗马天主教的改革是不可设想的。还有，人们必须注意，这种宗教改革是打算成为严格正统的。教会的传统信仰，甚至中世纪最后几个世纪里发展起来的那些传统，是不能进行改革的。需要改变的是教会及其成员的道德和宗教生活，而不是制度和教会的教义。读者可能注意到，天主教改革的大多数主要的神学家都同宗教法庭发生过麻烦。这是这样一种强烈的一致意见造成的，即正统化要在每一个细节上和不惜任何代价加以保存。宗教法庭被复兴和加强了。宗教法庭这时搞出了一个新的做法来保存正统：《严禁书籍目录》(*Index librorum prohibitorum*)。虽然谴责某些书籍的做法是很古老的，但是，由于印刷机的发明，以及随后的书籍的激增，发表天主教徒们禁止阅读的书籍名单，似乎是可取的做法。《禁书目录》是罗马宗教法庭在1559年第一次出版的，并且经历了一个不断修改和增添的过程，直到保罗六世最终在1966年禁止该书发行为止——在这之前的一年，他把宗教法庭改变成“信仰教义的红衣主教会议”，该会议的权力和目标受到较多的限制。最后，人们必须注意到，这种对宗教改革的有限的理解，可以从这样一个事实里看出来，特伦特会议并没有试图修改礼拜仪 239
式，以便使之更适合新的时代。这个任务留给了梵蒂冈第二次会议和该会议发动的宗教改革。在16世纪，人们认为，通过明确天主教教会的信仰而谴责新教，并且改革和管理教会的道德生活，就足够了。

特伦特会议(Council of Trent, 1545 ~ 1563年)[58]的历史是漫长和复杂的。虽然我们不能在这里叙述这段历史，但人们应当注意到，该会议的最终成果是一系列的政治和神学麻烦被克服的漫长过程的结果。在政治上，主要的麻烦是，皇帝和教皇彼此争夺对该会议的控制。在神学上，主

---

[58] H. Jedin, *A History of the Council of Trent* (London: Thomas Nelson and Sons, 1957); C. J. Hefele, *A History of the Christian Councils from the Original Documents* (Edinburgh; T. & T. Clark, 1872 ~), vols. 9 ~ 10; J. D. Mansi, *Sacrorum Conciliorum nova et amplissima collectio*, reprint (Graz, Austria: Akademische Druckund Verlagsanstalt, 1961), vol. 33; C. S. Sullivan, *The Formulation of the Tridentine Doctrine on Merit* (Washington: Catholic University of America, 1959).

要的麻烦是,那些认为该会议应当通过同意新教徒们的一些要求而至少把一些新教徒争取过来的人和那些认为该会议的任务只是谴责新教并制定出它自己的改革的议事日程的人之间的紧张状况。双方都有强大的政治上的支持,而且甚至在那些希望看到新教徒们被谴责的人里面也有一些人希望该会议把新教徒们所敦促的某些变革引进到罗马天主教教会里来。因此,比方说,查理五世就希望,该会议将允许神甫结婚,提供两种圣餐,以及用本国语言举行部分礼拜仪式。作为这些紧张状况的结果,该会议常常被打断,而且只差九天就持续了十八年。最后的结果是现代的天主教教会。

特伦特会议按照两个基本方针行事:改革教会的习惯和律法,给和新教的观点相反的教条下明确的定义。有关改革的一些教令试图纠正新教和天主教的改革倡导者都表示抗议的一些弊端,例如:旷工(absenteeism),[59]兼圣俸(pluralism),[60]不读《圣经》(ignorance of Scripture),[61]不负责任地授任圣职(irresponsible ordination),[62]等等。

240 该会议着手处理的教义争论点,基本上是新教改革提出的那些争论点:《圣经》的权威,原罪的性质和后果,称义、圣礼、炼狱以及对圣徒及其圣骨(relics)的崇拜。在几乎所有这些事务上,该会议都采取了与新教改革者的主张截然相反的主张。这样,新教的改革对天主教教会产生了相反的效果,天主教教会这时感到不得不明确直到那时为止尚未明确的许多事务。

《圣经》的权威及其和传统权威的关系问题,情况就如上述。在对新教的“唯有圣经”(*sola scriptura*)的原则作出反应的时候,该会议不但肯定

---

[59] *Mansi*,33:45,140~142.

[60] 同上,第55~56页。

[61] *Mansi*,33:29~30.

[62] 同上,第142~146页。这个有关改革的教令的第18章(同上,第146~149页),谈到建立神学院,并且在向天主教教会提供受过良好教育的教士方面有重大成果。

了传统的权威，而且甚至把传统和《圣经》放在同等地位上。

> 会议也清楚地看到，这些真理和规则包含在书面写的书籍里和非书面写的传说里，这些传说是使徒们从基督本人的口中得到的，或者是来自使徒们本身的。据圣灵命令，这些传说世代相传而到了我们这里。于是，会议以正统的基督教教父为榜样，怀着虔诚和敬意而接受和推崇《新旧约圣经》各书，因为唯一的上帝是这两者的作者；而且也接受和推崇种种传统，不管它们是涉及信仰或是涉及道德，因为它们或者是基督口头命令的，或者是圣灵口头命令的，而且从不间断地保存在天主教教会里。[63]

然后，在罗列了一些教规书籍之后，该会议进而强烈谴责任何拒绝接受这些书籍的权威的人，“因为这些书籍是人们在天主教教会里习惯于阅读的，也因为这些书籍包含在古老的拉丁文《圣经》版本里”。[64] 和把传统和《圣经》同等地当做权威来源的做法一致，该会议命令，任何人解释《圣经》“都不能违背神圣的母教会过去以及现在所认为的意思，因为判断 241
《圣经》的真正的意思和解释的权力属于教会”。[65] 而且，为了保证这道谕令被服从，该会议进一步命令，没有教会当局的批准，任何书籍都不得出版，而且这种批示将以书面形式出现在书籍的卷首。履行这种手续，不要作者或出版者花钱——在这里，人们可以看到，该会议真正关心把任何假借神圣事务谋利的事情消除掉。

该会议的第五次会议着手处理原罪的问题。在肯定了原罪的真实性，原罪对身体和灵魂的后果以及原罪从亚当传到他的后代那里之后，该

---

[63] H. J. Schroeder, trans., *Canons and Decrees of the Council of Trent* (St. Louis; B. Herder, 1941), p. 17 (*Mansi*, 33: 22).

[64] 同上，第 18 页（*Mansi*，33: 22）。

[65] 同上，第 19 页（*Mansi*，33: 23）。

会议进而谴责那些拒绝婴儿受洗的人，以及任何声称通过洗礼的恩典而原罪的过没有被赦免的人，“他们或者说，属于原罪的实质的那整个东西没有被去掉，或者说，那整个东西只是被取消了或者是没有被归咎”。[66]和这种观点相反，特伦特会议断言，那些接受洗礼的人被变成了“清白的、无瑕的、纯净的、无罪的”，而且在他们身上所剩下的只是“犯罪的倾向”。[67]

关于原罪的赦令可以说是关于称义的教令的序言，关于称义的教令是由第六次会议（1547 年 1 月）发布的。关于称义的教令毫无疑问是该宗教会议的神学工作的核心。[68] 这个教令包括十六章，随后是关于被诅咒的事物的三十三个教规。[69] 这个教令在介绍这个问题的时候宣称，堕落的人类不能达到称义，对犹太人和对外邦人来说都是如此，因为无论是律法或是人的本性都不足以使人称义（第一章）。这就是基督降临的原因（第二章），这样那些被传给了基督的功德的人就可以称义（第三章），并且通过第二个亚当，从他们作为亚当的子女的悲惨状况，转变到上帝所接纳的子女的幸福状况（第四章）。

在这个总的介绍之后，就着手处理新教徒们和天主教徒们之间辩论的那些问题，甚至还有天主教徒们内部的争论点。第五章断言，称义是随
242 着之前的恩典而开始的，而与任何功德无关；但是，第五章也肯定，自由意志于是必须接受或拒绝向它提供的得救。

> 我们进一步宣称，在成年人里这种称义的开端必须来自上帝预

[66] H. J. Schroeder, trans., *Canons and Decrees of the Council of Trent* (St. Louis; B. Herder, 1941), p. 23 (*Mansi*, 33: 28).

[67] 同上。

[68] 见 H. Rückert, *Die Rechtfertigungslehre auf dem tridentinischen Konzil* (Berlin: A. Marcus und E. Weber, 1925)。

[69] *Mansi*, 33: 32 ~ 43.

> 设的恩典……在没有他们那一方面的任何功德的情况下，他们被召唤；这样，那些因为罪而同上帝割断的人，可以通过自由地同意和配合上帝加快的和帮助的恩典，而倾向于使自己转向他们自己的得救；这样，当上帝通过圣灵的启发而触动人的心弦的时候，人本身既不能在接受这种感召的时候毫无作为，因为他也可以拒绝感召，也不能靠他自己的自由意志和撇开上帝的恩典而在上帝的目光里使自己走向义。[70]

成年人准备接受称义的方式是靠信仰、希望和爱。首先，他们靠聆听得到信仰。这使他们把自己看成罪人，并且转而希望，上帝为了基督的缘故将善意地看待他们。这使他们把上帝当做义的源泉而信赖和爱戴上帝，并且憎恨罪恶。这种对罪恶的憎恨叫做悔悟，而且对于成年人悔悟必须在洗礼之前进行（第六章）。

在这种准备工作之后，称义本身就到来了，称义是用这样的措辞来描写的，而同路德对这件事情的理解明显对立。称义"不仅仅是罪被赦免，而且也是内在的人通过自愿接受恩典和恩赐而变得圣洁和得到新生，由此一个非义的人就变成了义的"。[71] 而且"我们不但被认为是义的，而且我们在内心接受了义，我们被真正称为义的并确实是义的"。[72] "因为信仰，除非希望和上帝之爱被添加于其上，既不能使人很好地和基督结合起来，也不能使人成为基督的团体的活跃成员。"[73]这样，称义不是被宣称为基督的义被归给了信徒，而是被宣称为上帝在人的自由意志的配合之下用来使信徒成为义的那种行为。特伦特的高级教士们和神学家们清楚地看到，这是使新教徒们和天主教徒们分离的关键问题之一，并且使他们自

---

[70] Schroeder, *Canons*, pp. 31～32 (*Mansi*, 33: 33～34).

[71] Schroeder, *Canons*, pp. 33 (*Mansi*, 33: 34～35).

[72] 同上，(*Mansi*, 33: 35)。

[73] 同上，第 34 页 (*Mansi*, 33: 35)。

243 已直接地针对着这个问题。关于称义教令的其余部分只是进一步阐述这一点。当保罗谈到因信称义的时候，他实际上指的是，称义的开端是靠信仰而产生的，不是靠功德而产生的（第七章）。没有必要知道一个人已经称义；称义可以是一个人不知不觉的情况下的一种实际存在的事物，因为一个人从来都不能肯定已经得到了恩典（第九章）。称义是信徒身上的客观现实，可以用善行来增加称义的程度（第十章）。称义的人即使在他们的善行里也是犯罪的这一概念，也必须被拒绝，因为称义的人在他们身上有一种客观的义，能够而且必须做好事，即使他们偶尔陷入小罪里（第十一章）。除非靠少有的特殊启示，我们不能知道我们自己的预定情况，因此，我们不应当把期望寄托在预定论上（第十二章）。同样，那些倾向于信赖持守信仰的恩赐的人，最好小心一点以免跌倒，并且使自己战战兢兢地致力于善行（第十三章）。第十四章表明，这种对称义的理解怎样同苦行赎罪的制度联系起来，因为那些在洗礼的恩典之后犯罪的人，这时必须通过补赎的圣礼来设法重新得到他们失去的恩典。这种圣礼——或者是接受这种圣礼的愿望起的作用是，赦免了对罪的永恒的惩罚；但是，必须通过苦行赎罪来对待世俗的惩罚。

> 因此，必须教导说，一个基督徒在他堕落之后的悔悟和在他洗礼时的悔悟是大不相同的，这种悔悟不但包括决心避免罪恶和憎恨罪恶……而且也包括这些罪的圣礼形式的坦白，至少在愿望上，这种坦白是要及时地和在神甫主持的忏悔仪式里进行的，还包括通过禁食、施舍、祈祷和灵性生活的其他虔诚做法而进行的苦行赎罪，这确实不是为了永恒的惩罚，永恒的惩罚连同罪过一起，或者是由这种圣礼赦免了，或者是由接受这种圣礼的愿望赦免了，而是为了世俗的惩罚，正像神圣的著述所教导的那样，世俗的惩罚不像是在洗礼里所作的那样，不是永远全部地向这样一些人赦免，这些人辜负了他们所得到

的上帝的恩典而使圣灵悲伤。[74]

道德罪恶造成失去恩典，虽然没有造成失去信仰——无宗教信仰的情况除外，在那种情况里，这两者都失去了。因此，那些陷在道德罪恶里 244 的人，虽然可能还有信仰，但将不被拯救(第十五章)。

最后，那些这样而称义的人必须富有称义的成果，这些成果是善行和善行的功德。这样，信徒得到了永恒的救赎，“既作为通过耶稣基督而仁慈地应许给上帝的儿女的恩典，也作为上帝应许的要守信地给予他们的善行和功德的奖赏”。[75] 称义的人通过他们的善行，可以完全符合神的律法，从而赢得永生。

这个教令的末尾的种种被诅咒的事物太长和太详细了，在这里不能加以讨论。一般说来，在相当于对伯拉纠主义进行谴责的三个诅咒之后，其余的诅咒都是针对着新教徒们的。这些诅咒不局限于称义的问题，而且也涉及恩典、自由意志和预定论这类有关的事物。其中的一些诅咒只是针对着某些改革者提出的观点，其他的诅咒显然是对新教的教导的夸大或丑化作出答复。但是，一般说来，这些诅咒表现出了对那些使这两个阵营分离的问题的准确理解。这些诅咒对最后的分道扬镳来说是这样关键，以致最好引用几个比较有代表性的诅咒。

第九条教规。如果任何人说，罪人只是因信称义，意思是说，为了要得到称义的恩典，不需要任何别的东西来合作，而且绝对不需要靠他的意志的行动来使他做好准备和倾向于接受，那么，就让他受到诅咒吧。

第十一第教规。如果任何人说，人们称义只是靠基督的义的被

---

[74] Schroeder, *Canons*, p. 39(*Mansi*, 33: 38).

[75] 同上，第 41 页(*Mansi*, 33: 39)。

归给，或者是只靠罪的被赦免……而且还说，我们赖以称义的恩典是上帝的善意，那么，就让他受到诅咒吧。

第十七条教规。如果任何人说，称义的恩典只是由那些注定要生活下去的人分享，而所有其他那些被召唤的人确实被召唤了，但没有得到恩典，仿佛他们被神的力量注定是邪恶的，那么，就让他受到诅咒吧。

第十八条教规。如果任何人说，上帝的戒律甚至对一个称义的和被纳入恩典的人来说也是不可能遵守的，那么，就让他受到诅咒吧。

第二十五条教规。如果任何人说，义人在每一个善行里至少是
245 犯了小罪，或者，更加不可容忍的是，犯了道德的罪，因此应受永恒的惩罚；还说，他不只是因为这个缘故而被罚入地狱，因为上帝并没有把这些善行归因于害怕被罚入地狱，那么，就让他受到诅咒吧。

第三十条教规。如果任何人说，在得到称义的恩典之后……无须乎在这个世界里或炼狱里还清世俗的惩罚的债务……那么，就让他受到诅咒吧。

第三十一条教规。如果任何人说，当一个称义的人为了永恒的奖赏而完成善行时是在犯罪，那么，就让他受到诅咒吧。[76]

该会议的其余的教义方面的工作涉及圣礼。高级教士们感到，应当讨论这些圣礼，以便使天主教称义的教义臻于完善。第七次会议只是列出了一个被诅咒的事务的单子，这个单子只是把圣礼的数目固定为七个，坚持圣礼的客观价值和必要性，并且拒绝再洗礼派和其他人在洗礼和坚信礼方面的观点。[77] 各种不同的政治的和实际的困难阻止该会议进一步

---

[76] Schroeder, *Canons*, p. 43 ~ 46 (*Mansi*, 33: 40 ~ 43).

[77] *Mansi*, 33: 51 ~ 55.

讨论圣餐问题，直到四年之后第十三次会议于1551年召开为止。后来，在停顿了几乎十一年之后，第二十一次和第二十二次会议于1562年重新着手处理祭坛的圣餐问题。在间歇期间，其他一些争论点引起了该会议的注意，虽然在大部分时间里该会议没能召开。因此，关于圣餐的教令是在长时期里产生出来的，而且那些参与第一个教令的使节在许多情况下不同于那些参与最后两个教令的使节。[78] 然而，一般说来，特伦特会议只是肯定了那些那时已经成为传统的信念和做法。变质说的教义已经被明确，但重新受到肯定。圣餐应当同只为上帝保留的礼拜一起被保存和推崇，因为上帝临在于被保留的圣餐里。在圣餐之前，平信徒和神甫都应当按照圣礼坦白自己的罪行，虽然没有机会这样做的神甫也可以在实在不 246
得已的情况下举行圣餐。为了接受基督的身体和血，两种圣餐并不是必要的。虽然在古代两种圣餐是惯常的做法，但教会有权确定圣餐被给予的形式，而且教会的关于不给平信徒酒杯的现行的律法必须被服从，至少是直到教会本身作出其他决定为止。[79] 弥撒是基督在其中重新被奉献的献祭，虽然是以不流血的方式。这种献祭使上帝息怒，因为"被这种献祭平息之后，主给予悔罪的恩典和能力，并且宽恕哪怕是最严重的罪恶和罪行"。[80] 虽然该会议宁愿，在圣餐的时候所有在场的人都参加，但是，只有神甫在其中分享圣餐的饼和酒的弥撒才被宣布为有效。母教会在弥撒方面所规定的一切仪式，都是为了信徒们的好处而确定的，而且必须被遵守。这包括禁止用语言作弥撒，虽然责成神甫们向人们解释弥撒的神秘性。在作出这些正面肯定的同时，该会议强烈谴责那些被它认为是和天主教信仰相悖的观点。

至于其他一些圣礼，特伦特会议再一次重新肯定天主教教会的传统

---

[78] *Mansi*, 33: 80 ~ 85, 121 ~ 124, 128 ~ 133.

[79] 在这一点上，该会议为教皇将来作出决定敞开了大门。*Mansi*, 33: 123 ~ 124, 137.

[80] Schroeder, *Canons*, p. 146.

教义。和这种重新肯定相关，该会议也讨论了其他一些争论点，如炼狱的存在，圣徒们的圣骨的价值，以及在授任圣职的行为中被授予的权威。在每一种情况下，该会议的决定是，重新肯定或者是已经明确了的教义，或者只是中世纪教会的全体一致意见。然而，在其中的每一方面，尤其是在婚姻和授任圣职方面，该会议通过立法，反对成了新教徒们的攻击目标的各种弊端。

这样，特伦特会议以双重的方式对新教的挑战以及要求改革的普遍呼声作出了反应。在教义的事务上，该会议始终如一地站在保守的一方。凡是成了西方教会的公认的信念的东西，凡是新教徒们所攻击的东西，这
247 时都成了天主教教会的正式的和最后的教义。但是，在道德事务上和在灵性上关心其信徒群众的事务上，该会议采取了厉行改革的路线。买卖圣职、旷工、兼圣俸以及违背独身生活的誓言，将不再被容忍。特伦特会议的精神同耶稣会的精神和宗教法庭的精神是一样的：严格坚持传统的教条，严肃的道德生活，以及真诚的关心使教会的教牧工作能够为教会的所有的信众所获得。

特伦特会议可以说是象征了天主教的改革，因此也象征了现代的罗马天主教教会的开始，而上述情况是这样说的两个原因之一。另一个原因是，在该会议旷日持久的过程中，就教皇的权威来说，发生了一些重要的变化。当该会议即将召开的时候，手头的争论点之一是教皇的权威。不仅仅是新教徒们否认这种权威；而且教皇也发现自己处在其权威受到善良的天主教徒们怀疑的地位上。会议被认为是必要的，原因是教皇的声音没有被人们注意。召开该会议花了这样长的时间，以及该会议后来发现，很难继续工作而不得不长期中断，主要是因为一些天主教的君主——在早期的协商期间，主要是查理五世认为，他们必须在某种程度上控制这个集会，因此并不总是配合教皇的召开该会议的努力。然而，在这个集会的后期，情况大大改变了。庇护四世毫无疑问是该会议的主人，该会议在最后一次会议上，祈求他肯定该会议发布的一切教令，不但是在他

统治期间发布的教令,而且还有在保罗三世和尤里乌三世统治下发布的教令。庇护在一道通谕里做了这件事情,他在其中宣布,该会议是全基督教的和对一切人都有约束力的,他在其中还下命令,没有罗马教廷的明确批准,任何人都不得对该会议的决定发表评论或作出其他的解释。

这样,这个教皇既被当做是该会议的权威的来源,也被当做是该会议的最后的解释者。中世纪后期的会议运动结束了。现代的罗马天主教教会诞生了。

第九章　路德派正统化的神学

248 在欧洲大陆，17 世纪是基督教各大宗派的正统化时期。路德派以及改革传统和罗马天主教教会都经历了这样一个过程，在这个过程中各大宗派都使它们在前一个世纪里采取的种种教义系统化和得到澄清。在英国，情况多少有些不同，因为在 17 世纪，伊丽莎白及其大臣们所提倡的有控制的改革突破了其界限，而且一些新的和比较激进的运动跃居突出的地位。在欧洲大陆和英国，以及在新教徒们和天主教徒们中间，哲学有了越来越独立的地位。虽然这个时期的大多数哲学家宣称他们自己是真诚的基督徒，但他们进行的工作和神学家们的工作没有关系。结果，神学暂时沿着保守的路线移动，回顾每个基督教团体的创始人及其基本文献。另一方面，哲学则得益于经院主义的终结，寻找新的可以遵循的路线，并且展望未来。从 17 到 19 世纪，基督教神学的历史是这样一个过程，在其中在一个坚定的正统化时期之后，神学开始注意到哲学家们和科学家们的工作从而背离了严格的正统化，而移向理性主义。

这一章和下面两章将概述这一时期的神学发展。在这里我们将说
249 明，17 世纪路德派正统化的性质是什么。在下一章里，我们将转向改革传统的一些平行事件。最后，我们将回顾哲学的一些发展，这些发展后来

对神学极为重要。在这一卷书的后半部,我们将看到,在18和19世纪这些不同的倾向怎样在几个方面互相影响。

17世纪的路德派正统化过程不能和16世纪严格的路德派混淆起来。诚然,在我们所讨论的前一个世纪的大多数问题上,正统的神学家们和严格的路德派一致。但是,他们的整个神学观点是大不相同的。严格的路德派解释路德和梅兰希顿,是把他们彼此对立起来,而正统的神学家们则认为,梅兰希顿所说的许多话很有价值,因而设法使他的观点和路德的观点协调起来。他们的许多人承认,他们深深地受惠于梅兰希顿,并且将他的《教义要点》(*Loci*)作为他们的课本。随着17世纪的推进,他们利用形而上学,尤其是利用亚里士多德的形而上学,是背离严格路德派神学的另一重要做法。因此,路德派正统化在基督教思想史里值得单独考虑。

然而,另一方面,17世纪的路德派神学,和其他大多数正统化一样,并没有产生出一个其著述大大超过其同辈人的人物。因此,阐述这个时期的神学的最好方法,似乎是着手用简短的段落介绍每一个主要的神学家,指出发生的某些事态发展,然后转向比较系统地阐明整个运动的主要信条。

主要的神学家们

路德派正统化的伟大先驱是马丁·切姆尼茨(Martin Chemnitz,1522~1586年),我们在谈到他的基督论和他参与拟定《协和信条》(*Formula of Concord*)的时候已经提到他。① 他也写了一部四卷集的著作,他在其中试

① R. D. Preus, *The Theology of Post-Reformation Lutheranism: A Study of Theological Prolegomena* (St. Louis: Concordia, 1970), pp. 47~49. 这本书包括路德派正统化的主要神学家们的生平和作品的良好总结。我介绍读者去读这本书,以便得到我所讨论的神学家们的更进一步的细节和书目提要,并且得到这个时期的神学家们的更长的名单,其中许多人名包括在我的简短的总结里;关于切姆尼茨(Chemnitz),见 L. Poellet, ed., *Ministry, Word, and Sacrament: An Enchiridion* (St. Louis: Concordia, 1981)。参见 Jungkuntz *Formulators*, pp. 46~68。

250 图表明，特伦特宗教会议不但抛弃了可以在《圣经》里找到的信仰，而且也抛弃了早期的基督教传统。这样，切姆尼茨就成了路德派方面的贝拉明，在后来的岁月里，罗马天主教反新教的论战大部分是驳斥切姆尼茨的种种指责。他也作出巨大努力试图使圣经神学系统化。这是在他去世之后用《神学主题》(*Loci theologici*)这个书名发表的。我们已经提到了他的《论基督的两性》(*On the Two Natures of Christ*)的论文，这篇论文在后期的基督论讨论中很有影响。但是，切姆尼茨可以称为路德派正统化的先驱者的原因，是他把调解路德派传统内部对立各派的伟大工作当做己任。他在接受严格路德派的许多信条的同时，也十分赞赏梅兰希顿，他从梅兰希顿那里得到他的大部分方法和文风。因此，由于切姆尼茨和他最重要的成就——《协和信条》，路德派传统进入了一个新的时期，在这个时期里神学将是比较有建设性的，而且论战一般说来将针对着非路德派。

埃吉迪厄斯·亨尼厄斯(Aegidius Hunnius，1550～1603 年)在马尔堡大学执教一个时期之后，加入了维登堡的教师团，并且被认为在维登堡大学开始了路德派正统化的传统。② 虽然他没有写出伟大的系统的纲要，但他论述了他的时代的大多数最紧迫的神学问题。他也写了广泛详尽的圣经注释，这些注释后来被其他一些比较系统的神学家利用。③ 他是我们后面将要遇到的另一个正统神学家尼古拉·亨尼厄斯(Nikolas Hunnius)的父亲。这是具有意义的，因为正像已经指出的那样，在路德派正统化的时期里，神学的主要讲座是由父子相继占据的，而且神学像其他所有行业一样，成了子承父业的职业。④

---

② F. Lau，"Hunn(ius)，Aegidius"，*RGG*，3：46～87；Preus，*The Theology of Post－Reformation Lutheranism*，pp. 50～51；G. Adam，*Der Streit um die Prädestination im augsenhenden 16. Jahrhundert：Eine Untersuchung zu den Entwürfen von Samuel Huber und Aegidius Hunnius*（Neunkirchen：Neunkirchener Verlag，1970）.

③ Adam，*Der Streit*，pp. 213～215，罗列了他的全部作品。

④ E. G. Léonard，*Histoire générale du protestantisme*（Paris：Presses Universitaires de France，1961），2：186～188.

伦纳德·赫特(Leonard Hütter,1563～1616 年)也是维登堡的教授,在那里他对亨尼厄斯已经开始的支持路德派正统思想的工作作出了贡献。⑤ 亨尼厄斯做的大部分工作是圣经研究,而赫特则把注意力集中在教义学上以及信条和认信文的研究上。赫德同格哈特一起阐述了一种关于《圣经》的灵感的理论,这个理论成了整个路德派正统化时期的标准理论。虽然他最知名的系统著作《神学基本主题》在许多方面受到梅兰希顿的影响,但他比较接近于路德,而不接近于梅兰希顿。他效法路德,在神学和哲学之间作出明确的区分,并且试图在《圣经》和一些信仰声明的基础上建立他的神学体系,而与哲学的或形而上学的考虑无关。他使路德认信文体具有重要意义,这一点可以从或许是他的最重要的著作的书名里看出来,《取材于神圣的圣经和协和书的神学主题的总结》(*A Summary of Theological Themes Gathered from Sacred Scripture and the Book of Concord*)。他也卷进了同天主教神学家们和改革宗神学家们的论战。在反对天主教徒们的时候,他写了《反贝拉明的二十个辩论》(*Twenty Disputations against Bellarmine*),驳斥这个著名的红衣主教的论点。他反改革宗的主要论战作品,是他反对苏黎世神学家鲁道夫·霍斯皮尼安(Rudolph Hospinian)而为《协和信条》进行的辩护。⑥ 251

路德派正统化最伟大的神学家毫无疑问是约翰·格哈特(Johann Gerhard,1582～1637 年)。他在维登堡和耶拿(Jena)学习,花了若干年时

⑤ F. Lau,"Hütter (Hutterus), Leonhard",*RGG*,3:468;Preus, *The Theology of Post - Reformation Lutheranism*, pp. 1～52; Ritschl, *Dogmengeschichte*, 4:257～261.

⑥ 霍斯皮安尼在 1607 年攻击《协和信条》,他的文章用了《不和谐的协和》(*Concordia discors*)这个诙谐的标题。赫特(Hütter)在七年之后用他的《和谐的协和》(*Concordia concors*)做了答复。参见 O. E. Strasser,"Hospinian (Wirth), Rudolph",*RGG*,3:458。

间做教会行政工作，最后于1616年回耶拿当教授。⑦ 他的圣经学术研究的主要工作，是完成了切姆尼茨开始的《福音书作者们的一致性》(*Harmony of the Evangelists*)。这部作品的目的不仅仅表明不同的福音书之间
252 写作上的类似之处，而且表明各福音书的神学上的内在连贯性。因此，这部作品不是圣经学术研究的书籍，而是圣经神学的书籍。但是，格哈特的主要作品是他的《神学主题》，它的庞大的九卷——一个后来的版本用二十三卷出版——成了路德派正统化的伟大的系统神学。虽然它的书名是《神学主题》，但是，格哈特的作品遵循的方法学，和早先梅兰希顿的《教义要点》大不相同。他试图做的事情不仅仅是阐明一系列联系松散的神学主题，而且要表明整个神学知识的内在的系统的联系。这样，格哈特就对后来被称为系统神学的东西作出了重要贡献。他也感到，这种系统的神学需要健全的形而上学来加强基础，他在亚里士多德那里——尤其是在萨拉曼卡的西班牙形而上学者和苏尔雷斯所解释的亚里士多德那里——寻找这种东西。这明显地背离了路德，因为路德声称，任何人和亚里士多德搞在一起都不能成为神学家；但是，大多数路德派正统神学家不久之后都效法格哈特，运用亚里士多德的形而上学成了路德派正统化的特点之一。他也攻击乔治·卡利克斯塔斯(George Calixtus)的"不同信仰调和论"，虽然这个争论发生在他的晚年，因此他不能像后来一些神学家那样，从这个问题的角度来建立他的整个神学体系。由于格哈特将是我们阐述路德正统神学的主要资料来源之一，我们将不在这里赘述他的神

⑦ F. Lau,"Gerhard, Johann", *RGG*, 2: 1412 ~ 1413; Preus, *The Theology of Post - Reformation Lutheranism*, pp. 52 ~ 53; Ritschl, *Dogmengeschichte*, vol. 4, *passim*; B. Hägglund, *Die Heilige Schrift und ihre Deutung in der Theologie Johann Gerhards: Eine Untersuchung über das altlutherische Schriftverständnis* (Lund: W. Gleerup, 1955); R. P. Scharlemann, *Thomas Aquinas and John Gerhard* (New Haven: Yale University Press, 1964); Kirste, *Das Zeugnis*, *passim*; R. Schröder, *Johann Gerhards lutherische Christologie und die aristotelische Metaphysik* (Tübingen: Mohr, 1983). 参见 J. Wallman, *Der Theologiebegriff bei Johann Gerhard und Georg Calixt* (Tübingen: Mohr, 1961), pp. 5 ~ 84。

学的特定内容。然而，应当注意到，在《圣经》的灵感和基督论等问题上，他的思想是很有影响的。

尼古拉·亨尼厄斯（Nikolaus Hunnius，1585～1643 年），[8] 埃吉迪厄斯的儿子，接着赫德在维登堡当神学教授，而且也担任了教会的几个重要职务。他的重要性是双重的，因为他既对路德派正统化的发展作出贡献，也对在平信徒中间宣传路德派正统神学思想作出贡献。他对路德派正统化的主要贡献是，他在信仰的基本条文和次要条文之间作出明确的区分。通过建立区分这两者的一系列标准，他使他的后继者们有可能不顾神学上的次要分歧而保持团结。然而，应当指出，这绝对不是试图把基督教缩减成为一种公分母，因为亨尼厄斯所认为是基本的东西，是大量的传统的 253
路德神学。因此他争辩说，路德派和改革派之间的分歧涉及一些基本问题，并且不能调和。亨尼厄斯也通过发表他的《那些应当相信的事情的总结》（*Summary of Those Things Which Are to Be Believed*），从而有助于在平信徒中间普及路德派正统化神学。这篇论文是用德文写的，不久就成为那个时期最为广泛阅读的宗教论文之一。

约翰·康拉德·丹豪厄（Johann Konrad Dannhauer，1603～1666 年）[9] 大概是路德派正统化最著名的宣讲者。他在十卷集里发表的讲章，在后来的路德派的讲道里很有影响。作为斯特拉斯堡的教授，他也写文章反对罗马天主教、加尔文主义和卡利克斯塔斯提倡的新教的“不同信仰调和论”。他的《良心的公开书》（*Open Book of the Conscience*）论述了伦理道德，他的《行道智慧论》（*Wisdom of the Way*）把基督徒的生活当做朝圣历程来讨论。但是，丹豪厄对基督教思想史的重要性在于：他是斯彭纳

---

⑧ W. Jannasch，“Hunn(ius)，Nikolaus”，*RGG*，3: 491；Preus，*The Theology of Post－Reformation Lutheranism*，p. 56；Ritschl，*Dogmengeschichte*，4: 306～342. 后者的作品包括有对信仰的基本论纲和次要论纲之间的区分的彻底研究。

⑨ M. Schmidt，“Dannhauer，Johann Konrad”，*RGG*，2: 32；Preus，*The Theology of Post－Reformation Lutheranism*，pp. 57～59；Ritschl，*Dogmengeschichte*，4: 36～39.

(Spener)的老师,因此是路德派正统化和敬虔主义之间的纽带。这样,虽然敬虔主义在许多方面确实是对于17世纪的冷漠的正统化的一种反动,但同样确实的是,在这种正统化的界限之内也有像丹豪厄这样的人,他们的极度虔诚行为和对教会生活的关切,是敬虔主义的来源之一。

亚伯拉罕·卡洛夫(Abraham Calov,1612~1686年)[10]是路德派正统化后期最重要的神学家。他是普鲁士人,在康尼格斯堡(Königsberg)大学开始了他的学习和教学生涯,后来成了维登堡的教员。和路德派正统化的其他多数神学家的情况一样,他也参与了教会内部的不同的行政工作。他的作品丰富,因此质量不均,而且常常重复。他的《圣经例证》(*Biblia Illustrata*),对《圣经》全部经文的庞大的评注,是他在维登堡关于圣经注
254 释的极受欢迎的讲课的成果。从1655年到1677年,他发表了他的《神学主题体系》(*Theological Themes*)的十二卷集,这部作品不久就在格哈特的《主题》之后成为路德派正统化的最有影响的系统神学。但是,卡洛夫最擅长的事务是在论战方面。他卷进了他的时代的几乎每一个争论,并且对每个争论都写出了大块文章。比方说,关于不同信仰调和论的争论,他就写了二十八部作品。他也卷进了反对天主教徒、加尔文派、阿米尼乌派(Arminians)、索西尼派(Socinians)、灵性主义者(spiritualists)、理性主义者和其他的人的论战。只要看一看他的书目,就能得到这样的印象:卡洛夫是设计用来进行争论的一部电脑。当人们看到他对待他周围的人和他的家人的态度的时候,这种印象就加深了。(他比他先后五个妻子活得长)。因此,在卡洛夫那里,路德派正统化达到了最高点,在好的特点方面是如此,在坏的特点方面也是如此。卡洛夫毫无疑问是《圣经》的严肃的研究者,他的聪明才智是令人惊愕的。[11] 他对他的信仰深信不疑,并且把

---

[10] F. Lau,"Calov, Abraham",*RGG*,1:1587;Preus,*The Theology of Post-Reformation Lutheranism*, p. 59~61;Ritschl,*Dogmengeschichte*, 4:217~224,427~449,440~444.

[11] 卡洛夫(Calov)在他的《知识论》(*Gnostologia*,1633年)和《认识论》(*Noologia*, 1650年)里提出了可以说是康德的先驱者的知识论。

自己看成是“基督徒的健将”。但是,另一方面,他的深信不疑和他的聪明才智,促使他倾向教条主义的僵化和论战的态度,这同他试图为之作证的福音是不怎么和谐的。

约翰·安德烈亚斯·昆施泰特(Johann Andreas Quenstedt,1617～1688年)[12]和卡洛夫形成鲜明的对比。虽然昆施泰特也卷进了论战——他的时代的每一个神学家都不得不卷进论战——但他的探讨方法和卡洛夫比起来,更多地倾向于和解。他的家庭纽带说明了我们已经谈到的正统化时期路德派神学家们之间的那种关系,因为他是格哈特的外甥,是卡洛夫的众多的岳父之一,并且是另一个神学家约翰·沙夫(Johann Scharf)的女婿。虽然他不是有创见的思想家,但他的博学多才和系统叙述的能力,使他能够在1683年发表的《神学体系》里,把路德派正统传统的最好的东西集中在一起。这部作品是路德派正统化的系统叙述的顶点。虽然这部作品仍然使用反天主教和加尔文主义的措词,但它从来都不是主要出于论战的考虑,而不像这个时期早些时候的许多著述那样,那些著述给人的印象常常是,仿佛议事日程是由路德派的反对者们制定的。
这部作品仔细地考察和利用了早期的神学作品——尤其是路德派中间的 255
神学作品的成果,但它的总的文风是清晰和简明的。由于这些原因,昆施泰特的作品同梅兰希顿、切姆尼茨和格哈特的作品一起,在路德派正统化的基本丛书里占有一席之地。

大卫·霍拉兹(David Hollaz,1648～1713年)[13]通常被认为是路德派正统化的最后一个神学家。他从来都没有成为大学教授,但在他的一生中始终是一个牧师和青年人的导师。他是卡洛夫和昆施泰特的门徒,非

---

⑫ F. Lau, “Quenstedt, Johann Andreas”, *RGG*, 5:735; Preus, *The Theology of Post - Reformation Lutheranism*, pp. 62～63; J. Baur, *Die Vernunft zwischen Ontologie und Evangelium: Eine Untersuchung zur Theologie Johann Andreas Quensteds* (Gütersloh: Gerd Mohn, 1962).

⑬ *E. Wolf*, “*Hollaz (Hollatius), David*”, *RGG*, 3:433～434; Preus, *The Theology of Post-Reformation Lutheranism*, p. 65; Ritschl, *Dogmengeschichte*, 4:223～225.

常精通路德的正统思想,他试图在他的《神学探究》(*Theological Examination*,1707年)里为他的年轻的学生们总结的,正是路德派正统化的神学。在这里他遵循了路德派正统化的一些伟大的系统的论文的方法和次序,但常常包括有个人离题的话,他在其中试图表明某个特定的教义对基督徒生活的重要性。在这一方面以及在他坚持真正虔诚生活的重要性方面,他受到了正在出现的敬虔主义的影响,并且反过来对敬虔作出贡献。在这一方面,他的儿子和孙子追随了他。他们两人也起名叫大卫。这样就可以看出路德正统化和敬虔主义的发展之间的联系,虽然这两者终于认为它们彼此是对立的。

乔治·卡利克斯塔斯和调和论的争论

路德派各教会内部的梅兰希顿分子和"隐形加尔文分子"(crypto-Calvinistic)并没有因为16世纪的辩论而完全被摧毁。虽然《协和信条》能够在某种程度上达成这些教会内部的和解,但仍然有一些人认为,严格的路德派事实上否认了路德本人在福音里发现的自由。由于《协和信条》在德国一些地方被接受和具有约束力,因此那些赞成有较大灵活性的人倾向于转往赫尔姆斯泰特(Helmstedt),因为那里的大学反对《协和信式》。赫尔姆斯泰特的路德派,比较倾向于梅兰希顿的主张,因此赞成研
256 究人文学科,尤其是研究哲学。诚然,正是在赫尔姆斯泰特,亚里士多德和他的形而上学被重新引进到路德派的德国。[14] 因此,具有讽刺意味的是,反对16世纪严格的路德派和反对17世纪生硬的正统化的赫尔姆斯泰特大学,向这种正统化提供了大大加强其基础的亚里士多德的形而上学。

---

[14] Scharlemann, *Thomas Aquinas and John Gerhard*, pp. 19~21.

乔治·卡利克斯塔斯(George Calixtus,1585～1656年)⑮正是在这个大学里接受了他的人文主义的和神学的教育。也正是在这里,他后来成了教授,并第一次阐明他的关于教会团结的观点。他也曾在西欧到处旅行,因而有机会看到不同基督教团体的人民所实行的和信仰的不同形式的基督教。他在赫尔姆斯泰特受的教育,他的旅行的经验,以及甚至他的出身——他的父亲曾在维登堡师事梅兰希顿——都向卡利克斯塔斯为自己规定的任务提供了一个良好的背景,他的任务是号召基督教世界的各个不同的传统承认彼此都是真正的基督教教会。

卡利克斯塔斯希望达到这一点的方式是,依靠信仰的基本信条和次要信条之间的区分。正像我们已经在尼古拉·亨尼厄斯的情况里看到的那样,一些正统的神学家承认有这样一种区分,但并没有试图用这种区分来促成同其他的神学传统的和解。卡利克斯塔斯争辩说,这种区分应当使不同基督教团体的基督徒们能够承认,彼此都是基督徒伙伴,因为这种承认所需要的只是坚持信仰的基本信条,即使在其他的问题上可能有重要的分歧。

为得救所需要的信条是基本的信条。其他的每一种信条都是次要的。这并不意味着,人们应当对次要的问题漠不关心。相反,信仰的次要的东西也是基督教真理的一部分,人们应当既在基本的也在次要的信条上尽量遵从真理。比方说,关于基督临在于圣餐里的不同观点是重要的,而且很明显其中只有一个是正确的。一般说来,神学家们和基督徒们应 257
当设法找出哪一个是正确的见解,并且坚持这个见解。卡利克斯塔斯本人相信,一般说来,路德的观点比其他人的任何观点都要接近于真理。但是,基督临在于圣餐里的确切方式,并不是信仰的基本东西,因为这不是

⑮ Ritschl, *Dogmengeschichte*, 4: 245～268, 363～423; H. Schüssler, *Georg Calixt, Theologie und Kirchenpolitik: Eine Studie zur ökumenizität des Luthertums* (Wiesbaden: Franz Steiner, 1961); Wallman, *Der Theologiebegriff*, pp. 85～161; P. Engel, *Die eine Wahrheit in der gespaltenen Christenheit: Untersuchung zur Theologie Georg Calixts* (Göttingen: Vandenhoeck und Ruprecht, 1976).

得救所需要的。因此，路德派应当承认天主教徒们和改革派是基督徒伙伴，即使在圣餐的问题上同他们不一致。

人们怎么就知道什么是一切基督徒都应当相信的信仰的基本的东西呢？卡利克斯塔斯是研究教父时期的学者，他用他称为“起初五个世纪的一致意见”（*consensus quinquasaecularis*）进行答复。传统会同《圣经》一起，在神学里有一种作用。《圣经》是基督教教义的唯一来源，而且在《圣经》里可以找到得救所需要的每一种东西。但是，《圣经》所揭示的不止于得救所需要的东西，因为有可靠的《圣经》依据的若干教义确实是真实的，但不是得救所需要的。说实在的，甚至因信称义的教义——这个教义肯定是符合《圣经》的，因此是真实的——在教父时期里一般也是找不到的。如果人们声称，这个教义是得救所需要的，那么，人们就会被迫得出结论说，大多数早期的基督徒没有被拯救。那么，人们怎么能够把《圣经》的基本真理同其他那些也是从《圣经》里得来的但不是得救所需要的真理区分开呢？正是在这里教会的早期传统——“起初五个世纪的一致意见”——起了重要的作用，因为它使我们能够在基本的真理和次要的真理之间作出区分。只有最早的传统的那一部分才是要求大家遵从的。其余的部分是重要的，因为所有的真理都是重要的，但其余的部分不是基本的。有的时候，卡利克斯塔斯甚至超出了“起初五个世纪的一致意见”，并且断言，得救所需要的一切东西可以在《使徒信经》里找到。但无论如何，在这里重要的是，通过重新肯定传统的价值，卡利克斯塔斯已经向天主教教会作出主动表示——虽然，让我们再说一次，他坚持路德的主张，认为传统不应当被看成是教义的一个来源。[16] 这种重新引用传统显
258 然是比较严格的正统路德派神学家们为什么要攻击他的原因之一。

随着基本的东西和次要的东西之间的这种区分而来的是这样的结论：在基督徒们中间已经有一种联盟。如果人们对普世性的真正性质有

⑯ 参见 Schüssler, *Georg Calixt*, pp. 71 ~ 79。

恰当的理解，那么，就必须承认这种“内在的共有”。在某种意义上说，基督徒们已经是一体的，即使神学上的分歧使他们分离。然而，这不足以达成“外在的共有”，因为每一个不同的基督教团体都在指责其他的基督教团体在基本问题上犯错误。另一方面，如果不同的教会承认，它们的分歧虽然是重要的，但对得救来说不是基本的和实质的，那么，就有可能达成“外在的共有”，这种“外在的共有”将包括共同分享圣餐。为了达到这一点，各教会必须看到异端和错误之间有区别。异端是背离了信仰的基本东西，而错误则涉及到不是得救所需要的基督教的其他许多真理。异教徒们不是普世教会的一部分，真正的基督徒们同他们没有共有，既没有“内在的共有”，也没有“外在的共有”。但是，有可能相信，有的人是错了，但仍然赞同信仰的基本东西。在这一点上，卡利克斯塔斯使自己成了他的反对者们的方便的目标，因为在他努力把基本的东西缩减成最少的内容的时候，他断言，只有那些拒绝《使徒信经》的明确教导的人才是真正的异教徒。于是，他的反对者们答复说，按照这类标准，那些不信三位一体教义的人并不是异端，因为在《使徒信经》里三位一体并没有明确表达出来——三位是被肯定的，但三位的永恒共存并没有被肯定。然而，他的反对者们通过强调这一点，只是把注意力集中在卡利克斯塔斯的观点里的枝节问题上，而且是他并非始终如一地坚持的一个问题上，因为“起初五个世纪的一致意见”显然是比《使徒信经》的经文更大的标准。

卡利克斯塔斯提出的种种建议受到了路德派神学家们的几乎一致的反对。他的唯一的成功是在波兰，在那里国王拉迪斯劳斯四世（Ladislaus IV）召集了索恩的“恳谈会”（“amicable colloquy” of Thorn），这个恳谈会在 1645 年召开。[17] 但是，这种试图达成重新联合的努力终于落空了。在德国本土，路德派正统化把卡利克斯塔斯的建议看成是否认它的最珍贵 259
的原则。但是，即使如此，正统的路德派就他们应当怎样和在什么程度上

---

[17] 参见 Schüssler, *Georg Calixt*, pp. 122 ~ 133。

反对他的观点,并不是完全一致的。路德派中间的这种不一致可以通过比较卡洛夫和耶拿的神学家约翰·穆索斯(Johannes Musäus)对卡利克斯塔斯的驳斥看出来。

卡洛夫的态度说明了他的性情和神学立场。他干脆拒绝《圣经》里所揭示的任何东西都不是基本的这一概念。每一个揭示出来的真理都是得救所需要的。早期各大公会议的信经所规定的和路德派的信仰声明基本上是一致的,即,清楚地阐明《圣经》里所包含的,但那时被一些人否认的真理。因此,路德派的信仰声明,不但是真理的陈述,而且是基本真理的陈述。拒绝路德派的信仰声明,不仅仅是犯错误,而且是异端。于是,需要有一个新的信仰声明,明确地说,一切揭示出来的真理对得救都是基本的和必要的,并且把那些持相反观点的人——即卡利克斯塔斯和追随他的"赫尔姆斯泰特派"——谴责为异端。为了满足这种需要,卡洛夫撰写和提出了他的《重申一致意见》(*Consensus repetitus*),这是一个僵硬的信仰声明,没有给基督徒中的分歧留下什么自由的余地,并且几乎把分歧同异端邪说等同起来。这个信仰声明是这样极端,以致虽然卡洛夫发表了二十多个作品设法说服他的路德派伙伴们接受这个信仰声明,虽然他个人的影响很大,但没有任何路德派的教会把这个信仰声明作为其正式的信仰。不妨看一看这个信仰声明的总的要旨,它不但把天主教徒和加尔文派斥为异端,而且甚至谴责那些断言天主教徒和加尔文派可以得救的人。同样,那种认为在《约翰福音》第六章里耶稣提到了圣餐的见解,也被谴责为异端,而且那种认为神学无须乎证明上帝存在的断言,也将落得同样的下场。概括地说,卡洛夫以及维登堡的一般的神学家们,由于拒绝基本东西和次要东西之间的每一种区分,而把他们自己放在这样的地位上,在那里教义的每一个细节似乎和每一个其他的细节一样重要,在那里几乎每一个次要的分歧都必须被认为是极可恨的异端邪说。

然而,在耶拿,著名教授约翰·穆索斯(Johannes Musäus,1613～1681年)[18]采取了不同的行动方针。他和卡洛夫一样不愿意接受卡利克斯塔 260
斯的"折中式调和论"。但他认为,有可能拒绝折中式调和论,而不走向卡洛夫的极端的僵硬性。他拒绝"折中式调和论",因为这似乎意味着,路德派教会并不真正相信,它的教义是可以在《圣经》里找到的,而否认这些教义是严重的错误。教会必须为《圣经》里所揭示的真理作证,即使这意味着指责其他的教会陷入错误。诚然,在其他教会里,可能有许多犯错误而执迷不悟的人和上帝将拯救的人;但这并不意味着,路德派教会应当接受那些其他团体作为真正的和福音的教会。如果上帝没有希望所有的基督徒都坚持《圣经》里所揭示的真理,那么,这些真理就根本不会被提示出来。另一方面,卡洛夫在这方面错了,在他对卡利克斯塔斯作出反应的时候,他干脆没有看到,在基本真理和次要真理之间确实需要作出区分。如果这样一种区分被抹掉了,那么,神学在细节的事务里面的分歧就成了异端邪说,神学的探讨研究就会被窒息。这样,穆索斯就使耶拿大学走向这样一种形式的路德派正统化,这种正统化远比维登堡的路德派正统化开明。这个传统在耶拿由穆索斯的后继者和女婿约翰·威海姆·贝尔(Johann Wilhelm Baier,1647～1695年)[19]保持下去,他的《建设性神学纲要》(*Compendium of Positive Theology*)试图表明,耶拿牌号的路德派神学不是折中调和论的。

虽然折中调和论的争论终于烟消云散,但它在基督教思想史里起了两个作用。首先,它有助于刻板的路德派正统化的发展。其次,虽然卡利克斯塔斯对基督教团体之间的关系的问题采取了过分简单化的处理方法,但他的观点在他去世后流传下来,并且传到20世纪的普世基督教会

---

⑱ F. Lau,"Musäus, Johannes",*RGG*,4:1193;K. Heussi, *Geschichte der theologischen Fakultät zu Jena* (Weimar; Hermann Bochlau, 1954), pp. 137 ff.

⑲ F. Lau,"Baier, Johann Wilhelm",*RGG*,1:846;Preus,*The Theology of Post – Reformation Lutheranism*, pp. 64～65.

运动。他的门徒杰勒德·沃尔特·莫拉纳斯(Gerard Walter Molanus,1633～1722年)[20]拾起了基督教团结的火炬,并且在这样一个运动里致力于这个目标,这个运动包括像莱布尼兹和博休特(Bossuet)这样著名的思想家。

正统路德派神学简释

261 显然不可能在这里阐明路德派正统化时期所提出的神学体系,我选择了另一种描述方法,我希望,将使读者对这种正统化的特征和它的神学家们讨论的主要问题有一个总的概念。这个方法是简单地说明这个时期的神学,取材于不同的神学家们,而不是试图在他们中间作出区分。

考虑到路德的"唯有圣经"(*sola scriptura*)的原则,不可避免的是,17世纪的正统路德派将把大部分的注意力集中在《圣经》的起源、灵感和权威上。诚然,这个教义常常成为神学前言的核心,因为如果《圣经》是神学的唯一来源,那么,在任何其他神学问题能够被提出来讨论之前,这些争论点必须先加以澄清。虽然路德及其早期的伙伴们坚持《圣经》的唯一权威,但他们没有树立《圣经》的起源和灵感的理论,因为这些被当成是理所当然的。因此,在17世纪,路德派正统化急于要对宗教改革所提出的一切主要问题作出答复,便设法提出了关于《圣经》的比较全面的理论。

相当有趣的是,这个关于《圣经》的教义大部分是建立在亚里士多德形而上学的基础上,正像我们在下面要看到的那样,亚里士多德的形而上学在路德派正统化的神学家们中被广泛地接受。为了要避免过分崇拜《圣经》的指责,这些神学家把亚里士多德在实质和形式之间的区分应用在《圣经》上,这种区分到了这时已成为圣礼传统神学的根据。《圣经》的

---

[20] M. Schmidt,"Molanus, Gerard Walter",*RGG*,4:1087.

实质内容是经文本身,由字母、文字和词句组成。形式是经文的意义,即上帝希望通过经文而传递的信息。因此,说《圣经》的经文是上帝的话语,并不是完全正确的,仿佛《圣经》的实质就其本身来说就是上帝的话语。㉑ 然而,另一方面,这些神学家希望确保,实质和形式之间的区分不导致过分地从灵性上来解释《圣经》。因此他们赶紧补充说,这种区分是 262
概念上的,而不是真实的。㉒ 在其他的情况下,是在内在的形式和外在的形式之间作出区分。㉓ 但是,他们主要关心的是如何表明,虽然《圣经》的实质的经文和上帝的话语之间有区别,但这个区别不是使两者可以真正地被分开。

《圣经》的经文是由圣灵给予灵感的。灵感不是对一些信徒——如先知们和使徒们的一般的启发,然后,他们把思想写下来。灵感是圣灵的特殊的行为,是专门和经文的写作联系在一起的。有了灵感的作者只是在写作的时候才是有了灵感的作者,而且他们的任何其他的行动和言词都不能声称具有他们在圣灵的指引下写下的话语的那种权威。这对路德派正统化来说是一个重要之点,因为要不然天主教关于传统的观点就可以用这样的话来支持,即一般都是被给予灵感的使徒们,在《圣经》里写下了一些东西,又把其他的东西传给了他们的后继者,从而保证了传统的确实可靠的权威。在反对这类声称的时候,路德派争辩说,灵感既包括被写下的东西的内容,也包括写下这些内容的命令。因此,凡是由圣灵给予灵感的东西也都被写下来了,而且这时成了《圣经》的一部分。㉔

《圣经》的灵感是全面的和逐字的。它是全面的,因为每一件事情都

㉑ Preus, *The Theology of Post - Reformation Lutheranism*, pp. 267 ~ 268. 然而,具有意义的是,普罗伊斯似乎故意地引用了一段文章,在其中格哈特使用"形式"(form)和"物质"(matter)的方式,和他的时代的典型做法相反。参见 Hollaz, *Examen theol. acroamaticum*, prol. ,3.13 ~ 14。

㉒ Gerhard, *Loci theologici*, 1.1.7;参见 1.2.16。

㉓ Gerhard, *Loci*, 1.12.305 ~ 306; Hollaz, *Ex. theol. acro.* , prol. , 3.15.

㉔ Gerhard, *Loci*, 2.33; Calov, *Systema*, 1.543 ~ 545; Quenstedt, *Systema*, 1.4.2.2 ~ 3.

是由神的感召而写下的。最简单的和最平凡的断言是如此，最高的神秘事物也是如此。诚然，当摩西写下他的《五经》的时候，有些事情他只能靠神的启示才知道，如创造天地万物、巴别塔和《十诫》，而其他许多事情是他靠自己就知道的，如那些和出埃及有关的事件。但是，当涉及书写《圣经》经文的这个行为时，他写下了他所知道的事情，并且在圣灵的感召下也写下了他早先不知道的事情。因此，圣灵给摩西灵感去写下创造
263 天地万物，这一点他除了启示是无法知道的；也给他灵感去写下出埃及，这一点他是从个人的经验知道的。而且在这两种情况下，灵感包括写下某个特定的主题的命令，也包括要在这种写作里使用的准确的话语。[25]

关于《圣经》全面的灵感的教义，导致了字句的灵感。圣灵不仅仅是给《圣经》的作者们以一般的指导方针，要他们去写些什么，而且是真正地指导他们写下每一个字。从这种意义上说，这些作者只不过是圣灵的听写员。然而，另一方面，圣灵确实考虑到了作者们的不同的个性和处境，因此他们对圣经正典的撰稿表现出了文风、个性和处境的不同。随着17世纪的推进，声称《圣经》逐字灵感的主张，就得越来越彻底。到了这个时期的末尾，霍拉兹声称，《旧约圣经》里马索拉（用来作为希伯来文《旧约圣经》的指南的注释——译者）学者们加在希伯来字母上的元音符号，同经文本身一样古老，而且同辅音字母一样也是被给予灵感的。[26]

《圣经》是神学的第一个原则，此外，还有自然神学。自然神学是建立在上帝铭刻在每一个人的普通理智上的，并且是通过观察可见的万物而发展起来的。[27] 神学不是科学，而是信仰的教义。这意味着，神学不是

㉕ 关于这个理论的良好总结，见 Preus，*The Theology of Post - Reformation Lutheranism*，pp. 278 ~ 281，这包括有主要来源的丰富的参考资料。

㉖《圣经》的整个理论的有关文集可以在以下的著作里找到，见 R. G. Grützmacher，*Textbuch zur deutschen systematischen Theologie und ihrer Geschichte vom 16. bis 20. Jahrhundert*（Bern：Paul Haupt，1961），1：13 ~ 15；C. H. Ratschow，*Lutherische Dogmatik zwischen Reformation und Aufklärung*，2 vols.（Gütersloh：Gerd Mohn，1964），1：71 ~ 137。

㉗ Quenstedt，*Systema*，1. 1. 1. 13.

任何非信徒仅仅通过查考《圣经》的经文就能够掌握的一种客观的学科。由于神学的题材不是别的，而是基督本人，也由于只有在信仰里才能认识基督，所以神学只能由那些相信基督的人来从事。[28] 神学的任务是实际的，不是把神学缩减为道德学，神学的目的是要产生导致得救的正确信念和虔诚。因此，神学不是一种学科，在其中寻求知识是为了知识本身的价值。在这个基础上，正统的路德主义拒绝一切试图出于好奇心而搞出神学的做法，也拒绝一切试图探究上帝没有在得救的号召里揭示出来的事务的做法。

虽然《圣经》被看成是神学的第一原则，但这并不意味着，在神学家的任务里没有哲学的地位。与此相反，16 世纪末期，在赫尔姆斯泰特开 264
始了亚里士多德的复兴，并且从那里传到几乎其他每一所德国大学。在最初的起步之后，这种亚里士多德的复兴大部分开始取材于苏尔雷斯（Suárez）和其他的西班牙形而上学者。最后，格哈特把形而上学重新引进到神学里面来，并且取材于苏尔雷斯及其德国追随者。这样，在路德派和耶稣会会士们之间的争论达到不可开交和彼此误解的最高点的时候，双方仍然在同样的形而上学基础上进行工作。这是路德派正统化的神学常常被称为“新教经院主义”的原因之一。

然而，另一方面，路德派正统化感到不得不避开那时由索西尼主义代表的理性主义的陷阱。正像我们已经看到的那样，索西尼主义的最独特的信条是，在理性主义的批评法的基础上否认三位一体。他们对宗教事物的整个探讨方法也是如此，所有这些宗教事物都是用理性主义的和人文主义的措辞来加以解释的。这被路德派正统化看成是对信仰的巨大威胁，不仅仅因为索西尼主义否认一些个别的教条，而且尤其是因为索西尼主义在信仰的事务里使人的理智成为最高的仲裁者。在对这种威胁作出反应的时候，路德派神学家们继续坚持被启示的教条的基础，以及接受每

---

[28] Preus, *The Theology of Post – Reformation Lutheranism*, p. 111.

一个教条的必要性，以便避免犯傲慢之罪。这一点加上经常反对卡利克斯塔斯的信仰折中调和论，就促使正统的神学家们去搞出一些刻板的和详细的体系。

这类详细的体系通常是从德国各大学的神学讲座那里制定出来的，由于存在着这类体系，所以产生了 17 世纪的“新教经院主义”这个名称。通常，这个名称具有贬意，意思是说，17 世纪的神学或多或少地失去了路德的一些伟大的发现，并退回到这样一些目标和方法学上，这些目标和方法学重新产生出中世纪经院主义的一些最坏的成分。毫无疑问，这种判断是有一些道理的，但也有很大的谬误。路德派正统化确实缺少路德和早期的改革者们的闯劲和自由。它试图使每一件事情系统化的做法常常接近于路德本人大概会拒绝的那种墨守成规。它利用亚里士多德的形而上学——这是它被称为“经院主义的”的另一个原因——是路德会感到
265 痛惜的做法。它对因信称义的理解，听起来常常像是另一种因善行称义。可是，在它的系统化的做法里以及由于它注意细节的事务，它使路德派传统能够一脉相传。它坚持启示的必要性，确实使它比理性主义者们更接近于路德，这些理性主义者在 18 世纪指责它抛弃了路德的见识。总的说来，正统路德派神学家们之于路德，正像亚历山大大帝的追随者们之于亚历山大大帝：后一代人的成员们缺少创始人的天才，但没有这些成员，创始人的工作就会落空。

第十章　加尔文之后的改革宗神学

虽然人们通常把改革宗神学和加尔文主义等同起来，但这种等同并 266
不完全确切。改革宗神学的一些特点已经由加尔文之前的慈温利（Zwingli）、布塞（Bucer）、奥科兰帕迪厄斯（Oecolampadius）和其他的人发展起来。加尔文在世的时候，若干神学家正在对改革派传统作出贡献，而和加尔文这个《基督教要义》（*Institutes*）的作者没有什么关系。他们用来描写自己的名字是"改革派"，而"加尔文派"这个称号是由他们的反对者们——路德派和天主教徒——最初加在他们身上作为异端邪说的标记的。再者，那种终于被称为"加尔文主义"的东西，虽然主要来自加尔文本人，但在一些微妙的方面却不同于《基督教要义》的神学。为了表明这种事态发展是怎样发生的以及这种事态发展怎样影响加尔文主义的最终形式，我们在开始这一章的时候，将简短地评述16世纪改革派神学的发展情况，这种发展情况既同加尔文无关，又是在加尔文之后。然后，我们将看一看，改革宗神学——人们越来越频繁地把"加尔文主义"这个名字加在改革宗神学上——怎样先后在欧洲的瑞士、德国、荷兰、法国、苏格兰和英格兰等国家发展起来。我希望这个评述将有助于表明：所谓的"加尔文主义"事实上在什么程度上忠实于加尔文本人，又在什么程度上不忠实于加尔文本人。

16 世纪的改革派神学

267 加尔文作为无可否认的伟大的神学家、组织者和教会领导人，倾向于使与他同时期的和他前后的瑞士和其他地方的一些次要人物显得不那么重要。慈温利的情况显然就是如此，他毫无疑问是第一个伟大的改革派神学家，通常却被加尔文夺去了光彩。在 1549 年的《苏黎世共识》(*Zurich Consensus*)之后，由于加尔文关于圣餐的观点越来越被瑞士的新教接受，慈温利的神学便退居次要地位。可是，在一个关键的问题上，大部分后期的“加尔文主义”比较接近于慈温利，而不接近于加尔文。这个问题就是预定论这个教义。慈温利把这个问题和创造与神祐(Providence)放在一起讨论。而加尔文则把这个教义放在救恩论的范畴里。正像我们将要看到的那样，这造成了预定论的“加尔文派”教义的发展，这种发展大大地超出了加尔文自己的教义。我们已经有机会表明布塞对加尔文的影响，尤其是在圣餐和教会论方面的影响。约翰·奥科兰帕迪厄斯(John Oecolampadius，1482 ~ 1531 年)，[①] 巴塞尔的改革者，在他的神学和对外政策里支持慈温利。他的教父学和圣经研究，是对加尔文和其他的改革派神学家的重要贡献。沃尔夫冈·法布里修斯·卡皮托(Wolfgang Fabricius Capito，1478 ~ 1541 年)，[②] 布塞在斯特拉斯堡的支持者，是一个有医学、法律和神学的博士学位的博学多才的人，他在德国南部积极地推广改革派神学；而且路德派影响逐渐减少的那个地区的大部分的所谓加尔文主义，实际上是卡皮托起的作用。因此，加尔文有若干前辈，他们的工

---

① H. R. Guggisberg，“Oekolampad， Johannes”，*RGG*，4：1567 ~ 1568；E. G. Rupp， *Patterns of Reformation* (London： Epworth Press， 1969)， pp. 3 ~ 46；参见 E. Staehlin， *Oekolampad – Bibliographie* (Nieuwkoop： B. de Graaf， 1963)。

② R. Stupperich，“Capito， Wolfgang”，*RGG*，1：1613；J. M. Kittelson， *Wolfgang Capito： From Humanist to Reformer* (Leiden： Brill， 1975).

作终于汇入了通常被称为加尔文主义的洪流。

在描述 16 世纪加尔文之外的改革派神学运动的时候，有四个名字作为最重要和最有代表性的名字而突现出来：彼得・马特・弗米格利（Peter Martyr Vermigli）、哲罗姆・赞奇（Jerome Zanchi）、狄奥多尔・贝扎（Theodore Beza）和扎卡赖亚斯・厄西纳斯（Zacharias Ursinus）。

彼得・马特・弗米格利（1499～1562 年）③生于佛罗伦萨，在那不勒 268
斯受到胡安・德・瓦尔德斯（Juan de Valdés）的影响。在几次试图在意大利进行宗教改革失败后，他逃往苏黎世，后来逃往斯特拉斯堡，在那里他成了神学教授。1547 年，在大主教克兰默的要求之下，他到英国去当牛津的神学教授。很可能，他的观点影响了 1552 年的《祈祷书》（*Prayer Book*）以及翌年的“四十二条信纲”。1553 年，他回到斯特拉斯堡，三年后他在苏黎世成了希伯来文教授。他保持这个职位直到 1562 年去世为止。

彼得・马特・弗米格利对改革派正统化的发展的重要性，更多地在于方法论方面，而不在于有实际内容的问题上。这一点的原因是，虽然在其神学的内容里，弗米格利非常接近于加尔文和布塞，但他的方法论表明，和他同时代的任何其他改革派神学家比起来，他在更大的程度上受到亚里士多德的影响。他曾在帕杜阿花了八年时间学习，而这个意大利城市的大学是亚里士多德主义的伟大复兴的中心。当他还在意大利的时候，就在卢卡创办了一所学校，在那里既学习《圣经》也学习亚里士多德，以便发动教会改革。正是在这个学校里，赞奇得到了他的大部分的神学修养。后来，当彼得・马特在斯特拉斯堡当教授的时候，他把亚里士多德

③ J. C. McLelland, *The Visible Words of God*: *An Exposition of the Sacramental Theology of Peter Martyr Vermigli*, *A. D. 1500～1562* (Grand Rapids: Eerdmans, 1957); P. McNair, *Peter Martyr in Italy*: *An Anatomy of Apostasy* (Oxford: Clarendon Press, 1967); K. Sturm, *Die Theologie Peter Martyr Vermiglis während seines ersten Aufenhalts in Strassburg* (*1542～1547*) (Neukirchen－Vluyn: Neukirchener Verlag, 1971); J. C. McLelland, ed., *Peter Martyr Vermigli*: *An Italian Reformer* (Waterloo, Ont.: Wilfrid Laurier University Press, 1980).

的《伦理学》(*Ethics*)包括在他讲授的课程里。

这样,彼得·马特·弗米格利就把方法论的探讨引进到改革派神学里,这种探讨对改革派神学的后期发展有深刻影响。加尔文从上帝的具体的启示出发,并且总是对上帝的旨意的神秘性抱着肃然起敬的感觉,而后来的改革派神学则越来越倾向于以演绎的方式从神的神祐出发直到各个细则。因此,虽然彼得·马特本人没有卷进这样一种辩论,但堕落后预定论者和堕落前预定论者之间的后期争论,是他引进改革派神学里的方
269 法的结果。这一方法论的探讨是后期改革派神学家们把有关预定论的教义放在有关上帝教义的标题下的原因,从而抛弃了加尔文把有关预定论的教义放在得救论的标题下的做法。④

杰罗姆·赞奇(1516~1590年)也是意大利人,并且是彼得·马特·弗米格利的门徒。1550年,在弗米格利离开意大利的几个月后,赞奇由于担心有生命危险也被迫这样做。在日内瓦短暂逗留之后,他在斯特拉斯堡成了神学教授,在那里他停留了将近十一年。在那个时期的大部分时间里,他被那个城市的比较严格的路德派领导人们冷眼看待。压力是这样大,以致他终于同意了《奥格斯堡信经》(*Augsburg Confession*),虽然声明他是"以正统的方式"解释这个信仰声明的。这些以及其他的争论终于促使他离开斯特拉斯堡,起初是当牧师,四年之后在海德堡(Heidelberg)接替了厄西纳斯的神学讲座。正是在那里他写出了他的大部分神学作品,论述预定论之类的问题和三位一体的教义。⑤

从上文可以看出,赞奇不是过分拘泥于刻板的正统化的人,也不是异端的追逐者。他是一个爱好和平的人,因而不会这样做。可是,当涉及他对预定论的看法时,他也参与了使观点系统化的过程,这种系统化标志着

---

④ 见 J. C. McLelland,"The Reformed Doctrine of Predestination (According to Peter Martyr)",*SJT*,8(1955):255~271。

⑤ *Opera omnia* (S. Crispin, 1619), 8 vols.

加尔文和后期加尔文派之间的不同。

赞奇在他的论文《绝对预定论教义的说明和肯定》(*The Doctrine of Absolute Predestination Stated and Asserted*)里非常系统地阐明了他的预定论的教义。⑥ 他理解这个教义以及这个教义与整个神学体系的关系的那种方式,可以从这个事实里看出来:他在开始他的论文的时候,“对神的属性进行了一系列的观察,这些属性是必须提出来作为前提的,以便我们能够更好地理解预定论的教义”。⑦ 从一开始,赞奇就说,预定论的教义的基础是上帝的预知,因为“上帝现在是而且过去一直是这样明智,以致没有任何事情过去或现在能够逃出上帝的所知。上帝从开天辟地以来就不 270
但知道他自己打算做什么,而且也知道他将促使和允许其他的人做什么”。⑧ 神的无所不知加上神的无所不能意味着,每一件事情——而且不仅是人类的永恒命运——都是上帝预先确定的。“凡是发生的事物,都是由于上帝的这种绝对的无所不能的旨意而发生的,上帝的旨意是一切事物的主要的和最高的起因”。⑨ 根据这段文字,“预定论”不但意味着神的决定,按照这种决定,一些人被拯救,一些人不被拯救,而且也意味着神对一切事物的统治,按照这种统治,一切事件都是预先确定的。⑩ 考虑到这样一些前提,关于有限的救赎的典型加尔文派教义是不能驳斥的:“由于上帝并没有决心要人类的每一个人都被拯救,所以上帝也没有决心要基督为人类的每一个人而恰当地和直接地死去,因而得出结论,虽然基督的血从它本身的固有的尊贵来说,足够救赎所有的人,可是,由于其圣父

⑥ 有一个英语译文:J. Zanchius, *Absolute Predestination* (Evansville, Ind.: Sovereign Grace Book Club, n. d.)。

⑦ 关于赞奇的上帝的教义和他对预定论的理解之间的关系,见 O. Gründler, *Die Gotteslehre Girolami Zanchis und ihre Bedeutung für seine Lehre von der Prädestination* (Neukirchen: Verlag des Erziehungsvereins, 1965)。

⑧ *Absolute Predestination*, pp. 24~25.

⑨ 同上,第 30 页。

⑩ 同上,第 63 页。

的指定的缘故，他是有意识地流血的，因此只是为被拣选者而有效地和直接地流血的。”[11]

具有意义的是，在用这样冷酷无情的逻辑确立了双重预定论的教义和有限的救赎论教义之后，赞奇转而试图表明这些教义的教牧的和虔修的价值。因此，我们在这里所得到的不是冷酷的和无人性的理性主义。但事实仍然是，赞奇改变加尔文的预定论的教义，不是在其内容方面，而是在其语调方面，使之成为可以从上帝的本性那里推断出来的教义，而不是神学家试图借以表达对恩典的感受的教义。

狄奥多尔·贝扎(1519～1605年)被加尔文召到日内瓦学院去教书，他在加尔文去世后，成了日内瓦和瑞士各地的改革派运动的一位领导人。[12] 虽然他是有才能的《新约圣经》学者——他编辑的希腊文《新约圣经》为学术研究和经文考证树立了新的标准——但他在这里主要是作为
271 神学家而使我们感兴趣。作为神学家，他的主要作品是他的《基督教信仰的认信》(*Confession of the Christian Faith*，1560年)和他的《神学论文集》(*Theological Treatises*，1570～1582年)。贝扎的神学和赞奇的神学的类似之处在于，在声称只不过是加尔文的观点的解释者和继承者的同时，他以微妙的但断然的方式歪曲了这些观点。比方说，他也把预定论的教义放在神的知识、意志和力量的标题下，从而倾向于把这个教义和预定论混淆起来。[13] 和赞奇一样，他坚持有限的救赎论——这又一次是可以从加尔

---

[11] 同上，第33页。

[12] F. L. Gardy, *Bibliographie des oeuvres théologiques, littéraires, historiques et juridiques de Théodore de Bèze* (Geneva: Droz, 1960). 尤见 W. Kickel, *Vernunft und Offenbarung bei Theodore Beza: Zum Problem des Verhältnisses von Theologie, Philosophie und Staat* (Neukirchen - Vluyn: Neukirchener Verlag, 1967); T. Maruyama, *The Ecclesiology of Theodore Beza: The Reform of the True Church* (Geneva: Droz, 1978)。

[13] “上帝在他的意图里是永远不变的，而且在他的意图里也不会有错，也绝对不会受到阻碍而不去执行他的意图，随之而来的是，人们所遇到的一切事情，都是按照我们所说的天命，由上帝永恒地规定的”。Beza, *Confession de la foy chrestienne*, 6th. ed. (Geneva: FranÇois Iaquy, 1563), p.5.

文的某些前提得出来的结论，但加尔文本人拒绝得出这个结论。长老制教会制度是加尔文和其他的人在日内瓦搞出来的，但他们从来没有声称这种制度是必不可少的。而贝扎则说，这种制度是《圣经》的明确教导所要求的。加尔文在断言人们有权抵抗残暴的统治者方面超过了路德，但他总是坚持传统的教义，说这种抵抗是下层的当局的权力和义务，而个人不能揭竿而起；贝扎则非常接近于煽动暴君们——对他来说意味着天主教的统治者们的一切臣民奋起反抗。

那么，简单地说，贝扎在许多方面是加尔文神学的清楚明晰和始终如一的解说者，但这种清楚明晰和始终如一意味着，他失去了可以在他的前辈的作品里找到的大部分神秘感和新鲜性。对他来说，《圣经》成了一系列的陈述，全都是同样地被给予灵感的，因此全都是同样地重要的，而且这些陈述在加尔文派的神学体系里被结合在一起。在加尔文总是拒绝说出明确的和准确的教义的地方——《圣经》的灵感，事先拣选论，有限的救赎，等等，贝扎干脆把加尔文派的体系推演到其最终的必然结果。⑭

扎卡赖亚斯·厄西纳斯（Zachrias Ursinus，1534～1583年）在维登堡度过了他的大部分青年时代，在那里他是梅兰希顿的门徒和朋友。他也广泛旅行，而且他对瑞士的访问很可能促使他更加倾向于“加尔文派”的 272
圣餐的观点。总之，当我们早先研究的那些争论在路德阵营里爆发出来的时候，他被指责为隐伏的加尔文派，而且终于被迫到王室领地去避难，这是通过彼得·马特·弗米格利的干预而被叫到那里去的。由于路德派和加尔文派之间的距离越来越大，尤其是在基督临在于圣餐里的方式的问题上距离扩大，厄西纳斯被召来同卡斯珀·奥利维安纳斯一起撰写后

⑭ 加尔文和贝扎的简短的但良好的比较，见“Calvin against the Calvinists”，in G. E. Duffield, ed., *John Calvin* (Grand Rapids: Eerdmans, 1966), pp. 25～28。J. Raitt, *The Eucharistic Theology of Theodore Beza: Development of the Reformed Doctrine* (Chambersburg, Pa: American Academy of Religion, 1972)，该书表明，在圣餐的教义方面，贝扎也介于加尔文和后期加尔文派之间。

来被称为《海德堡教义问答》(*Heidelberg Catechism*,1563 年)的文件,这个教义问答成了德国的改革派教会的认信文。⑮

厄西纳斯同弗米格利、赞奇和贝扎形成鲜明对比。这显然同王室领地的政治情况和教会情况大大有关,因为在那里人们必须是温和的和和解的。但无论如何,他不但不像他的其他同时代的加尔文派同伴那样教条,而且他甚至似乎比他们更能理解加尔文——至少是在某些问题上。因此,比方说,《海德堡教义问答》——学者们认为大部分是出自他的手笔——并没有试图证明,预定论是上帝本性的必然结果,而是把预定论放在有关教会的教义之后,当做对得救的感受的一种表达方式。在评论《教义问答》的时候,厄西纳斯又一次没有试图通过把预定论和神的属性联系起来——而赞奇显然是这样做的——来证明这个认信文所说的东西,而是试图表明预定论在教牧上的重要性。“关于被摈弃,任何人都不应当十拿九稳地确定任何东西,涉及到他自己是如此,涉及到生命结束之前的另一个人也是如此,原因是,尚未皈依的人在去世之前可能皈依。因此,任何人都不应当在涉及其他人的时候断定,他们是被摈弃者,而应当抱最好的希望。然而,关于他自己,每一个人都应当很有把握地相信,他是被拣选者之一;因为我们有一个普世的命令,要求所有的人悔悟和相信福音。”⑯

这样,在加尔文去世之后不久——而且甚至在去世之前,他的神学就
273 被弗米格利、赞奇和贝扎之类的神学家们系统化了,虽然也有一个厄西纳
斯,他对于加尔文体系的推动力和清新似乎有所理解。这个早就开始的

---

⑮ 关于他的神学的历史发展以及导致这种发展的影响和形势,见 E. K. Sturm, *Der junge Zacharias Ursin: Sein Weg vom Philippismus zum Calvinismus (1534 ~ 1562)* (Neukirchen: Verlag des Erziehungsvereins, 1972)。他的神学的某些基本要素的良好研究是 W. Metz, *Necessitas satisfactionis? Eine systematische Studie zu den Fragen 12 ~ 18 des Heidelberger Katechismus und zur Theologie des Zacharias Ursinus* (Zurich: Zwingli Verlag, 1970)。

⑯ *Commentary on the Heidelberg Catechism* (Grand Rapids: Eerdmans, 1954), p. 301.

巩固过程，在17世纪，由于加尔文主义发现自己也卷入其中的种种争论而进一步被加强。我们现在必须转向这些争论和加尔文主义的进一步发展，我们讨论的次序如下：首先，我们将研究加尔文主义在瑞士和德国的进一步的历史。然后，我们将转向荷兰，在那里发生了一些事件，其重要性值得单独考虑。这之后将是一个简短的部分，说明法国的加尔文主义所采取的非常有趣的形式。最后，我们将研究加尔文主义在大不列颠的历史——首先是在苏格兰，然后是在英格兰。

加尔文主义在瑞士和德国

加尔文去世之后在瑞士产生的最重要的和最有影响的神学文件是《第二个瑞士认信文》(*Second Helvetic Confession*)。正像我们已经注意到的那样，加尔文和布林格(Bullinger)所同意的1549年的《苏黎世共识》(*Consensus*)，同加尔文主义和慈温利主义联合在一起而成为一个改革派传统。但是，这个《共识》从来没有成为改革派教会的各分支普遍接受的认信文。这个荣誉留给了《第二个瑞士认信文》。严格地说，这个认信文不是由一个加尔文派撰写的，而是由慈温利派的布林格撰写的。布林格在1561年就写下了这个认信文的大部分内容，但是，直到王室领地选帝侯弗雷德里克三世(Frederick III)要求他准备一个类似路德派呈交奥格斯堡会议的文件的改革派认信文的时候，他才使这个认信文广泛流传。弗雷德里克需要这个认信文的原因是，帝国议会即将召开，他担心，他必须表明，他的领地里的教会所信奉的神学，并没有背离教会的真正的传统。当布林格接到选帝侯的要求时，他感到，他几年前写下的文本将是恰当的答复，因此他把这个文本送交选帝侯。与此同时，他把文本送到日内瓦和伯尔尼，以便得到这些城市的改革派教会的反应和评价。在一些通 274
信往来和一些次要修改之后——尤其是前言里的修改，前言整个改写了——《第二个瑞士认信文》被瑞士的几乎所有的改革派教会接受和签署了（1566 年），最重要的例外是纽查特尔和巴塞尔，纽查特尔（Neuchâtel）是在两年后签名的，巴塞尔直到下一个世纪才同意这个《认信文》。在这个《认信文》发表的当年，格拉斯哥的苏格兰宗教会议就采纳了这个《认信文》。翌年匈牙利改革派教会同意了这个《认信文》。1570 年波兰改革派教会颁布的《波兰认信文》（*Polish Confession*），只不过是《第二个瑞士认信文》的修订版。虽然法国的改革派没有接受这个《认信文》作为他们的信仰声明，但这样做的原因只是，他们已经有了他们自己的认信文，因此 1571 年在拉罗切尔的宗教会议上，他们宣布《第二个瑞士认信文》是正确的基督教教义的认信文。⑰

《第二个瑞士认信文》是布林格写的——严格地说，在许多方面是走向刻板的加尔文正统化的动向里温和的影响因素。诚然，在这个《认信文》被颁布的大多数地区，都避免了这个正统化的最极端的后果。

毫无疑问，这是带有强烈的加尔文影响的改革派文件，和《苏黎世共识》一致。圣餐是以典型的加尔文派的措辞加以理解的（第二十一章）。在预定论的问题上，这个《认信文》介于加尔文本人和我们在前一部分里讨论的后期加尔文派神学学者们之间；因为这个《认信文》像他们做的那样把这个教义放在有关上帝教义的末尾，这样，这个教义看起来几乎很像是有关得救教义的前言。因此，《第二个瑞士认信文》有关预定论的教义可以说是加尔文本人和后期加尔文派之间的联系环节。

《第二个瑞士认信文》在另一点，即有关《圣经》灵感的教义看起来像是加尔文和加尔文正统化之间的桥梁，加尔文确实相信《圣经》是被赋予灵感的。但他并没有从讨论这种灵感来开始他的神学。事实上，他从来没有充分地讨论《圣经》的灵感，而且他甚至似乎意识到极端地拘泥于

---

⑰ 关于 *Second Helvetic Confession* 的历史、文本和根据，见 J. Courvoisier 在 *La confession helvétique postérieure* 里的导言（Neuchâtel：Delachaux & Niestlé，1944），第 7 ~ 23 页。关于它的内容，见 E. Koch，*Die Theologie der Confessio Helvetica Posterior*（Neukirchen - Vluyn：Neukirchener Verlag，1968）。

《圣经》字面解释的危险性。另一方面,《第二个瑞士认信文》在第一章里 275
就开始宣布,神圣的《圣经》是上帝的话语,全部是由上帝给予灵感的。神学结构里的这个改变,似乎依然没有大大地影响到这个《认信文》本身的内容。但是,这是倾向把《圣经》树立为神的种种天命的书籍的开端,然后从其经文里得出作为一系列陈述的神学。正像我们将在后面看到的那样,在这一方面,《第二个瑞士认信文》是《威斯敏斯特认信文》(*Westminster Confession*)的先河。

然而,在日内瓦当地,贝扎的影响是很大的,而且通过他,他自己独特的加尔文主义在瑞士的其他部分取得进展。这可以从塞缪尔·休伯(Samuel Huber)对牧师亚伯拉罕·马斯卡勒斯(Abraham Musculus)的指责中看出来。他认为后者主张事先拣选论的形式的预定论是超出了加尔文所教导的范围。[18] 他也批评了贝扎,因为贝扎写文章说,鼠疫是传染性的,基督徒们逃避鼠疫是合法的。在一系列无须乎在这里叙述的辩论之后,他在1588年受到了伯尔尼大宗教会议的谴责——这个大宗教会议在二十年前禁止对神护祐的一切讨论,并且禁止洛桑学院使用《基督教要义》。[19] 克劳德·奥伯里(Claude Aubery)的案件在神学上是不同的,但结果是一样的。他持有的观点和安德鲁·奥西安德的观点类似——即,称义不是神的义的被归给,而是基督以某种方式寓居于或"存在于"我们身上,而且上帝所看到的正是基督在我们身上的义。他也在同一天被同一个当局谴责,这部分是由于贝扎的影响和加尔文的权威。[20] 这样,加尔文主义的势力,尤其是贝扎所理解的加尔文主义的势力,正在瑞士各地扩张,而在那里这种扩张原先是受到许多人抵制的。

---

⑱ G. Adam, *Der Streit*, pp. 50～90.

⑲ H. Vuilleumer, *Historie de l'Eglise Réformée du Pays de Vaud sous le régime bernois*, tome Ⅱ: *L'orthodoxie confessionnelle* (Lausanne: Éditions La Concorde, 1928), pp. 131～134.

⑳ 同上,第134～141页。武约默(Vuilleumer)接着说明,奥伯里(Aubery)的影响并没有立即消逝。

在贝扎去世之后，加尔文主义正统化在瑞士的最重要的领导人是本尼狄克·特雷廷(Benedict Turretin)和弗兰索瓦·特雷廷(FranÇois Turre-
276 tin)父子。本尼狄克·特雷廷或称特雷蒂尼(Turrettini,1588～1631年)生于意大利，并且是我们已经说过的由弗米格利和赞奇代表的极端预定论者同一教派的成员。他在使瑞士改革派支持多特宗教会议的决定方面起了作用，这个宗教会议谴责了阿米尼乌派，我们在这一章里将进一步研究这个宗教会议。然而，应当注意到，他在晚年提倡对阿米尼乌派要宽大和温和。

本尼迪克特的儿子弗兰索瓦(1623～1687年)大概是欧洲大陆加尔文正统化最重要的系统神学家。[21] 虽然他参与了来自法国的索默(Saumur)的神学所提出的种种争论——我们不久之后将转向这些争论——但他获得声誉主要是因为他在1679年和1685年之间发表了他的三卷集《神学原理释疑》(*Institutiones Theologiae Elenchticae*)。这大概是加尔文的《基督教要义》之后改革派阵营里论述教义神学的最系统和最彻底的论文集，简短地检查一下这个论文集的一些主题，将足以说明17世纪欧洲大陆的加尔文主义的性质。

在一系列绪论之后，这些绪论极其类似可以在任何其他的经院神学里找到的东西——特雷廷转向圣经权威的问题。他在这里所关心的事情是要表明，《圣经》是基督教神学的唯一权威，传统不能和《圣经》并列。这是新教传统神学，是他从16世纪的改革者们那里得来的。但是，他进而讨论这样一些细节，如"旧约圣经七十士希腊文"(Septuagint)是否被给予灵感，《圣经》的经文是否由于手稿的相传而有些讹误。关于这两种情况他的答复都是否定的，但是，具有意义的是，他关于经文可能存在讹误的论点，是建立在经文本身的权威上面的：人们必须肯定，《圣经》的经文

㉑ 见J. W. Beardslee编的书里的书目提要，*Reformed Dogmatics* (New York: Oxford University Press, 1965), pp. 460～463。

保持了其原始的纯正性，因为否认这一点将是否认神的天意。诚然，上帝决心要在《圣经》里向我们启示我们的得救所需要的一切东西，上帝也决心要，除了这之外将没有其他的启示。如果上帝后来允许启示出来的话语的经文被抄写者们抄错，那么，这将是天意里的一个失败。[22] 把有关《圣经》的教义放在系统神学的开端，然后着手明确和阐明《圣经》的绝对 277
正确，这种方式是后期加尔文主义的典型做法，但在加尔文本人那里找不到。在特雷廷和其他两个神学家撰写的1675年的《瑞士共识》里，这种倾向达到了顶点。这个《共识》声称，希伯来文经文的元音符号是神给予灵感的，因此是绝对正确的。

当涉及预定论的教义时，特雷廷是后期加尔文主义的典型人物。他的父亲是多特(Dort)教令的热心捍卫者。这时在《神学原理释疑》里，弗兰索瓦把有关预定论的教义正好放在我们看到其他正统加尔文派放的那个地方：在有关上帝的教义后面，几乎像是从神的本性那里得出的必然结果。像我们已经研究的其他的人——赞奇、弗米格利及其他的情况一样，这意味着，他的有关预定论的讨论，更像是猜测上帝的心思，而不像是宣布不应得的上帝的恩典。因此，他和大多数后期加尔文派一样，被拉扯进了神的种种天命的次序的问题，以及上帝是否预定了亚当堕落的问题。加尔文认为详细地讨论这些问题是不合适的，因为它们似乎超出了神秘性的限度。特雷廷同其他许多和他在一起的人，长篇累牍地谈论了这些问题。他的结论是堕落前预定论(supralapsarianism)——那些认为拣选和摈弃的天命先于有关亚当的堕落的天命的人的见解是“和救恩的依据不一致的”。[23] 他自己的主张是，上帝规定首先要创造人类；第二，容许亚当的堕落；第三，从沉沦的芸芸众生里拣选出一些人，而让其他的人停留在他们腐化和悲惨的状态里；第四，派遣基督到人世间作为被拣选者的中

---

[22] *Inst. theol. elench*, 2. 10. 5.

[23] *Inst. theol. elench*, 4. 18. 5。

保和救星；最后，号召这些被拣选者奔向信仰、称义、成圣和最后的得荣耀。[24] 严格地说，这是原来对“堕落后预定论”(infralapsarianism)的理解。特雷廷在这里说的，不是上帝在亚当堕落的事件后规定了预定论，甚至也不是上帝没有规定亚当的堕落——虽然是通过宽容的天命而不是通过主动的天命而是在神的种种天命的次序里，预定论在亚当堕落之后，而非与
278 此相反。然而，“堕落后预定论”这个词后来的用法变得模棱两可，因为它终于既意味着特雷廷在这里所采纳的观点，也意味着这样的见解，即拣选的天命跟随在上帝预知亚当的堕落之后，或者有时甚至是跟随在亚当的事实上的堕落之后。

至于基督是否为全人类而死的这个问题，特雷廷同意到那时已经确立的加尔文派观点，即他只为被拣选者而死去，虽然他的死就其本身来说将足以救赎所有的人，如果上帝决心要这样的话。[25] 在几乎每一个其他的问题上，包括基督临在于圣餐里的方式，[26]他的观点都是典型的加尔文派的。然而，具有意义的是，他谈论和注意圣餐的问题，要比谈论和注意预定论和有限救赎的一些问题少得多。这是一个标记，说明我们将发现，加尔文正统化一般都是如此，即，原来是加尔文主义与众不同的主要标志的圣餐问题，不久之后就被预定论、有限救赎、完全败坏之类的问题遮盖了。

在另一点上，在他的经院派的文风和方法论上，特雷廷是新教正统的典型的解说者。我们在这里又一次找到：无穷无尽的和细微的区分，刻板的大纲，严格的系统叙述以及立论的探讨方法，而这些都是中世纪后期经院主义的特点。因此，有充分的理由称特雷廷及其同时代人为“新教的经院派”。

---

[24] 同上，4.18.22。

[25] 同上，14.14.9～12。

[26] 同上，18.28。M. Heyd, “Un rôle nouveau pour la science: Jean - Alphonse Turretini et les débuts de la théologie naturelle à Genève”, *RThPh*, 112(1980): 25 - 42.

然而,这种严格的加尔文主义甚至在日内瓦也不是一帆风顺的。这一点可以从弗兰索瓦的儿子琼·阿方斯·特雷廷(Jean Alphonse Turrentin)领导趋向自由的反弹看出来,这个反弹到了1725年成功地促使“多特的教令”以及《第二个瑞士认信文》在日内瓦被撤销。[27]

在16和17世纪,德国加尔文主义的历史和国家复杂的政治历史同时共存的。我们在这里不能重述那段历史。我们这样说就够了:加尔文主义在德国经常处在压力之下,因为给予路德主义的那种容忍的措施并
没有加诸加尔文主义。因此,以前加尔文主义影响很强烈的地区——主 279
要是斯特拉斯堡终于加入了路德派基督教团体的行列。由于这些情况,16世纪加尔文主义的最重要的中心,是王室领地及其首府海德堡,在那里由于特殊的政治条件,改革派的信仰受到选帝侯的偏袒。《海德堡教义问答》不久就成了德国加尔文主义的最具特点的文件。然而,其他的加尔文派常常指责海德堡的神学家们把新奇的东西引进到他们的神学里。在这一方面,托马斯·伊拉斯塔斯(Thomas Erastus)可为代表。

托马斯·伊拉斯塔斯(1524~1583年)[28]是海德堡大学的瑞士出生的医学教授,并且是教会宗教法庭的成员。他在神学方面是慈温利派,他试图在圣餐神学里抵制路德主义的影响,并且试图在教会制度的事务里抵制加尔文主义的影响。1570年,他被指责有索西尼主义,并且被海德堡的教会开除教籍。然而,他的名声是从他去世后出版的一部作品那里得来的,这部作品包含一系列关于开除教籍的论题,他在其中认为,惩罚犯错误的基督徒,是民事当局的任务,而且教会本身没有开除教籍的权

[27] J. H. Bratt, *The Rise and Development of Calvinism: A Concise History* (Grand Rapids: Eerdmans, 1959), p. 39; E. G. Léonard, *Historie générale du protestantisme*, tome II: *L'établissement (1564~1700)*, p. 244.

[28] R. Wesel-Roth, *Thomas Erastus: Ein Beitrag zur Geschichte der reformierten Kirche und zur Lehre von der Staatssouveränität* (Lahr, Baden: Moritz Schauenburg, 1954).

力。[29] 他的名字终于和这样的观点联系在一起，即国家凌驾于教会之上，甚至在教会纪律的事务里也是如此——这种见解得到了“伊拉斯塔斯主义（Erastianism）”这个名字。

加尔文主义在荷兰

在荷兰，在16世纪初期，发生了加尔文正统化的最重要的事态发展之一。这个事态发展的中心是雅各布斯·阿米尼乌及其追随者的教导和终于谴责他们的多特宗教会议。

阿米尼乌（Arminius，1560～1609年）[30] 生于荷兰，他主要是在莱顿大
280 学（University of Leyden）和在日内瓦形成他的神学的。他是一个坚信不疑的加尔文派，并且终生都是如此，虽然在所辩论的许多问题上，他明显和有意识地背离了加尔文的教导。因此，虽然“阿米尼乌派”（Arminian）最终成了反加尔文派的同义词，但这样做的原因，不是阿米尼乌反对加尔文一般的教导，而是他和正统加尔文主义都把注意力集中在预定论、有限救赎之类的问题上，以致他们没能看到，这种争论不是加尔文派和反加尔文派之间的辩论，而是深受加尔文影响的两个不同团体之间的分歧。

作为年轻的加尔文派学者，阿米尼乌受到了德克·科恩赫特（Dirk Koornhert）的观点的影响。科恩赫特发现，严格的加尔文派所教导的预定论的教义，是不能接受的，并且否认了上帝的义。在研究科恩赫特的反对意见时，阿米尼乌深信，科恩赫特在许多观点上是正确的。然而，要不是四年之后（1603年）阿米尼乌被任命为莱顿的神学教授，在那里他的观点

---

[29] 有一个英语译本：*The Theses of Erastus Touching Excommunication*（Edinburg：Myles MacPhail，1844）。

[30] 一部很好的传记，见 Carl Bangs，*Arminius：A Study in the Dutch Reformation*（Nashville：Abingdon Press，1971）。书中包括一个全面的书目提要，第361～368页。阿米尼乌（Arminius）的著作用英语译本出版了：J. Nichols and W. R. Bagnall，eds.，*The Writings of James Arminius*，reprint（Grand Rapids：Baker Book House，1956），3 vols。

不久之后就和他的同事法兰西斯卡斯·戈马拉斯(Franciscus Gomarus,1563～1641年)的观点发生冲突,那么,上述情况本来是不会引起任何大的争论的。

戈马拉斯[31]不但是严格的加尔文派,而且是堕落前预定论者。按照他的说法,上帝规定要拣选一些人和摈弃其他的人,然后规定允许亚当堕落,作为被拣选和被摈弃得以生效的方式。再者,在亚当堕落后,所有人的本性全面败坏了;而且基督只为被拣选者而死去。他对阿米尼乌教导的反应并不是迟迟才作出的,而且当阿米尼乌去世后(1609年),空缺的讲座由西蒙·比斯肖普(Simon Bisschop,1583～1643年)接任,而比斯肖普的信念遵循了和阿米尼乌一样的路线的时候,他就更加怒不可遏了。当戈马拉斯——他已经不在莱顿了——及其追随者试图施加压力使人们撤销所有的阿米尼乌派的教学职务时,四十六个牧师签署了《抗议书》(*Remonstrance*,1610年)。这个文件大概是由约翰·尤滕博盖尔特(John Uyttenbogaert)撰写的,虽然有的时候被说成是比斯肖普撰写的,这个文件拒绝:堕落前预定论和堕落后预定论,被拣选者不会从恩典那里落空的教义,以及有限救赎——即基督不是为所有的人而死去的理论。 281

在所有这些问题上,抗议者们依照那时的做法,他们被称为"抗议者"——一味坚持阿米尼乌所教导的,由于这个缘故,他们被恰当地称为阿米尼乌派。因此,为了要了解他们的观点,不妨停下来说一说,阿米尼乌在这场辩论的一些主要之观点方面教导了什么。

关于预定论,阿米尼乌一开始就不同意戈马拉斯的极端的堕落前拣选论,但得出结论说,堕落后预定论也是错误的。虽然他在许多方面确实是理性主义者,但人们应当指出,他的反对者们就他们试图证明预定论是上帝的本性的必然结果这一点来说也是理性主义者。还应当指出,阿米尼乌深切关心的是,有关预定论的任何教义都必须是以基督为中心的和

---

[31] 见 G. P. Van Itterzon, *Franciscus Gomarus* (The Hague: M. Nijhoff, 1930)。

有助于教诲信徒的。这样，在反驳极端的堕落前预定形式的预定论的时候，除了其他许多原因之外，他引用了他不能同意这种预定论的两个原因：“(1)因为这个预定论并不是上帝的谕令(Decree)，上帝指派基督为那些注定要得救的人的救星、首脑和基础。可是，这种谕令是基督教的唯一的基础。(2)因为这个预定论的教义并不是那个教义，按照那个教义，我们通过信仰像活生生的石块那样被垒砌到唯一的基石基督里面去，并且像身体的四肢被连接到头脑上那样被插入到基督里面去。”[32]

这样，他自己的预定论教义在两个基本点上和戈马拉斯派所教导的不一致。首先，他的预定论是比较严格地以基督为中心的，在这一点上，他比戈马拉斯更接近于加尔文。其次，他的预定论是建立在上帝对被拣选者的未来信仰的预知上面的预定论。因此，阿米尼乌声称，“上帝关于有罪的人得救的第一个绝对的谕令是这样的谕令，根据这个谕令，他指派他的圣子耶稣基督为中保者”。[33] 第二个和第三个神的谕令是，上帝将拯救那些悔悟和相信的人，而且上帝将提供手段使这种悔悟和信仰成为可
282 以得到的。然后，阿米尼乌谈到了第四个谕令，这个谕令清楚地表明了他对预定论的理解：“在这些之后是第四个谕令，根据这个谕令，上帝规定要拯救和罚入地狱某些特定的人。这个谕令在上帝的预知里有其基础。根据这种预知，按照上述的提供那些对于皈依和信仰来说是恰当和适当的手段，上帝从开天辟地就知道，哪些人将通过他的“先行的恩典”去相信，并且通过他的随后的恩典去坚持；根据这种预知，上帝同样知道，哪些人将不相信和不坚持。”[34]

因此，严格的加尔文派这样说是对的：阿米尼乌对预定论的理解摧毁了这个教义的目的，即，没有人能够吹嘘他们自己的得救。诚然，如果我

---

[32] Nichols and Bagnall, *The Writings of James Arminius*, 1:216～217.

[33] 同上，1:247。

[34] 同上，1:248。

们被拣选的起因是上帝对我们的悔悟和信仰的预知，那么，随之而来的是，我们得救的决定因素，是我们自己对福音号召的响应，即我们自己的信仰，而不是上帝的恩典。

为了避免这种结果，阿米尼乌求助于他所说的“先行的恩典”（preventing grace）。按照他的说法，这种先行的恩典由上帝给予了所有的人，这种恩典对相信来说是足够的——虽然我们败坏有罪——因此这种恩典对得救来说也是足够的。这样，被拣选者和被摈弃者之间的差别在于，有些人相信，有些人不相信，也是由于上帝。上帝总是预先知道，每一个人的决定将是什么。因此，“足以得救的恩典被给予了被拣选者，也被给予了非被拣选者；这样，如果他们愿意的话，他们可以相信或不相信，可以被拯救或不被拯救”。[35] 因而，不像戈马拉斯派（Gomarists）所坚持的那样，恩典不是不可抗拒的。

这反过来意味着，基督为全人类而死去，而且必须拒绝有限救赎的教义。

> 争论之点是……是否可以真的这样说，当上帝决心要他自己的圣子成为人并且为罪恶而死的时候，他是以这种区别对待决心而要这样的，圣子只为某些少数的人而呈现出他和一切人共有的人的本性；圣子只为少数人而蒙受这样的死亡，而这种死亡本可以成为所有人的所有罪的代价以及所有人都在亚当犯下的第一个罪的代价……
> 我断言，这就是问题的所在：你们对这个问题的答复是肯定的，因而 283
> 承认，这个用真理得出的辩解与你们的教义相悖。[36]

最后，阿米尼乌争辩说，正是由于恩典不是不可抗拒的，因而有可能

㉟ 同上，1:367。

㊱ Nichols and Bagnall, *The Writings of James Arminius*, 3:452～453。

从恩典那里落空，或者，像他说的那样，“确实，重生的人有时失去了圣灵的恩典”。[37] 这种见解对这样一些加尔文派似乎特别不利，他们认为，预定论教义的最可贵之处是随着这个教义而来的得救的保证。

当《抗议书》发表的时候，这整个争论变得和许多政治的和社会的问题纠缠在一起。大多数的沿海省，尤其是这些省里的众多的和有势力的资产阶级，采取了阿米尼乌的主张。农村的下层阶级以及那些来自海岛靠捕鱼为生的人，则支持戈马拉斯的严格的加尔文主义，而且许多外国流亡者加入他们而持这样的主张，对流亡者来说，信仰的纯真是必不可少的。由于沿海各省支持约翰·巴尼维尔德（John Barneveldt）反对纳索的莫里斯（Maurice of Nassau）的日益增长的势力，阿米尼乌派便依靠巴尼维尔德的支持，而莫里斯则偏袒戈马拉斯派。当鹿特丹采取了相反的行动方针，它的长期的对手阿姆斯特丹却采取了相反的主张。总之，到1618年，纳索的莫里斯及其同伴巩固了他们的势力，因此，当多特宗教会议召开的时候，它显然会谴责抗议者的主张。[38]

为了了解多特会议怎样答复抗议者的这些信条，我们将讨论其中的每一个信条，说明《抗议书》的主张，然后着手说明多特会议在这件事情上作出什么决定。[39]

《抗议书》的第一个条款谈到了预定论。第一个条款并没有否认预
284 定论，而是恰恰相反，它肯定了预定论。第一个条款甚至没有攻击堕落前
预定论，虽然措辞是这样的，以致堕落后拣选论的解释似乎最自然，因为

---

[37] 同上，3:505。

[38] 关于由这个局面引起的教会与国家之间的关系的神学上的反思，见 E. Conring, *Kirche und Staat nach der Lehre der niederländischen Calvinisten in der ersten Hälfte des 17. Jahrhunderts* (Neunkirchen: Verlag des Erziehungsvereins, 1965)。

[39] 争论中的五点以及多特会议关于这五点的决定，操英语的学生通常用“TULIP（郁金香）”这个字来帮助记忆。这种典型的荷兰花的名字的每个字母代表了多特会议的五个教义里的一个：T代表全面的败坏，U代表无条件的拣选，L代表有限的救赎，I代表不可抗拒的恩典，P代表圣徒们的坚持不懈。

第一个条款说，根据永恒的和不变的谕令，上帝“决定从陷入罪恶的人类中拯救出”那些将被拯救的人，并且让“那些拒不服从的和不相信的人”停留在罪恶里。因此，《抗议书》这时所做的只是以这样一种方式解释预定论，以致预定论可以从堕落后拣选论的角度来加以理解，而且预定论也可以被解释为不是上帝的主动性的结果，而是神预知哪些人将相信和哪些人将不相信的结果。[40]

多特会议对预定论的这种理解的答复，没有留下怀疑的余地。拣选完全是无条件的，因此拣选不是建立在预知上，而只是建立在上帝的最高决定上。“上帝良好的愿望是这种仁慈拣选的唯一起因；这种拣选并不在于，上帝预先看到人的行动的一切可能存在的品质，选择某些品质作为得救的条件，而是在于，如经文所述，上帝喜欢从有罪的芸芸众生里收容某些人作为他自己的特殊的人”。[41]

《抗议书》的第二点又一次针对阿米尼乌的教导而断言，耶稣“为所有的人和每一个人而死，这样，他通过他的死在十字架上为他们所有人谋得罪恶的清偿和宽恕”。[42] 这并不意味着，抗议者们是相信全人类终将得救者。与此相反，他们明确地断言，“除了信徒们之外，没有人真正享有这种宽恕”。[43] 所讨论的不是多少人将被拯救，而是基督的死亡是否为了全人类。

和这种观点相反，多特宗教会议肯定了戈马拉斯和其他加尔文派早先在基督的种种功德在其本身里的足够性和这些功德在神的意志里的有效性之间所作的区分。这样，基督的死亡“是有无限的价值的，完全足以

---

[40] 在这整个部分里，《抗议书》（*Remonstrance*）和多特的教规（Canons of Dort）都是引自 R. L. Ferm 编的书里的英语译文，*Readings in the History of Christian Thought*（New York：Holt，Rinehart，and Winston，1964），pp. 397～406。

[41] Ferm，*Readings*，p. 401.

[42] 同上，第 397 页。

[43] 同上，第 397～398 页。

抵偿整个世人的罪恶”。[44] 但是，“上帝的旨意是，基督通过十字架上的
285 血……将有效地救赎……所有那些和只是那些从开天辟地以来就被拣选的人”。[45] 这是有限救赎的教义，这个教义将成为后期正统加尔文主义的区别标志之一。

在有关完全败坏的问题上，抗议者们和多特宗教会议都常常被歪曲。人们通常持有的概念，即抗议者们否定这种败坏而多特会议肯定这种败坏，并不十分确切。抗议者们实际上断言，“人……在背教和罪恶的状况里，靠他自己既不能思考、希图任何真正好的事情，也不能做任何真正好的事情”。[46] 另一方面，多特会议断言，“然而，自从亚当堕落以来，人里面仍然有自然之光的闪烁，他因而保存有对上帝的一些认识，对自然事物的一些认识，以及对善恶之分的一些认识，并且显示出对美德和良好的社会秩序的一些关心，以及对保持端正的行为举止的一些关心”。[47]

这并不是说，他们在这个问题上完全一致。但是，他们的分歧要比人类是否完全败坏的这个问题微妙得多。不同之处反倒是，《抗议书》拒绝把人的这种败坏和不可抗拒的恩典联系起来，而多特确实确立了这样一种联系，因为只有恩典是不可抗拒的，才能打动完全败坏的罪人的心。

然而，在有关不可抗拒的恩典的问题上，这两个派别绝对地分道扬镳了。《抗议书》说，“就这种恩典的起作用的方式来说，这种恩典不是不可抗拒的”。[48] 和这种声称相反，多特宗教会议断言，人类的败坏是这样的，以致上帝为了要引领任何人奔向信仰，就必须感动意志。

> 信仰因而被认为是上帝的恩赐，不是因为信仰被上帝提供给人，

---

[44] 同上，第 402 页。
[45] 同上。
[46] 同上，第 398 页。
[47] 同上，第 403 页。
[48] Ferm, *Readings*, p. 398.

> 由人随意去接受或拒绝，而是因为实际上信仰被给予了、被吹进了和 286
> 被注进了人；也甚至不是因为上帝给予人相信的力量或能力，然后指望人根据自己的自由意志的运用，同意得救的条件，并且真的相信基督；而是因为在人里起作用使人希图和做事的上帝，而且也确实是在一切事物中起作用的上帝，既促成了相信的意愿，也促成了相信的行
> 为。[49] 377

最后，在有关圣徒的持守（preseverance of saints，即所谓“一次得救，永远得救”——译者）问题上，抗议者们又一次被歪曲了。他们并没有声称，这样一个教义是不正确的。他们甚至没有攻击这个教义。事实上他们做的是，在没有《圣经》的进一步的证据的情况下，拒绝教导相反的教义——即有可能从恩典那里落空或“倒退”的教义。很明显，这样一个声明意味着，他们不完全相信有关圣徒们持守的理论。但是，他们显然没有使相反的理论成为他们的神学支柱之一。正是多特宗教会议使有关圣徒们的持守的教义成为真正的基督教信仰的一个必要的标志，从而促使后期的阿米尼乌派为从恩典那里落空的可能性辩护。在有关持守的教义的重要性方面，多特宗教会议的话没有留下怀疑的余地：

> 世俗的头脑不能理解有关圣徒们持守这个教义，也不能理解这个教义的确凿无疑。上帝为了他的名字的荣耀和为了安慰虔诚的人们，在他的话语里最充分地揭示了这个教义，而且上帝把这个教义铭刻在信徒们的心里。撒旦厌恶这个教义，世人嘲笑这个教义，无知的人和伪善的人滥用这个教义，异端分子反对这个教义。但是，基督的新妇（指教会——译者）把这个教义当做无价之宝，而总是最精心地爱护这个教义和不断捍卫这个教义；而且任何意图或力量都不能战

[49] 同上，第 404 页

胜的上帝，将促使基督的新妇继续这种行为，直到最后。[50]

总之，阿米尼乌的争论以及因此而引起的多特宗教会议，是这样一个过程里的一个插曲，通过这个过程，宗教改革的神学被系统化了，并且符合严格的正统化。按照 16 世纪的标准，阿米尼乌和抗议者们本来会被天主教徒和路德派看成是加尔文派。他们的圣餐的教义以及他们对教会性
287 质的理解，是典型的加尔文派的。可是，在不到一个世纪的时间里，有关预定论的教义——这个教义路德至少是和加尔文一样热心地提倡的，成了正统加尔文主义的检验标准。当人们考虑到，加尔文对新教神学的最重要的贡献恰恰是在于他没有像路德那样把注意力主要集中在灵性得救的问题上，上述这种变化就更加有意义了。

在我们离开荷兰之前，其他两个重要的荷兰神学家由于他们的影响远远超出他们的国家的界限而值得专门谈一谈。这两个人是雨果·格罗蒂厄斯（Hugo Grotius）和约翰尼斯·科西厄斯（Johannes Cocceius）。格罗蒂厄斯（1583～1645 年）[51]是阿米尼乌派，而且一般说来支持宽容和温和的做法。因为这个缘故，也因为他自己的国家由于政治的和宗教的剧烈斗争而四分五裂，他在流亡中度过了大半生。他的两部最有影响的作品是《论基督教信仰的真理》（*On the Truth of the Christian Faith*，1622 年）和《论战争与和平的律法》（*On the Law of War and Peace*，1625 年）。第一部作品是阐述基督教信仰的基本信条，尽可能把这些信条建立在自然神学上，并且在任何情况下都强调基督教的共同传统，而不强调不同的基督教认信方面的主张。由于这个缘故，这部作品受到了很大的欢迎，尤其是在那些从事传教士工作的人中。有关战争与和平的论文试图把国际法建立

---

[50] Ferm, *Readings*, p. 406.

[51] W. S. M. Knight, *The life and Works of Hugo Grotius* (London: Grotius Society, 1925).

在自然神学上，因此构成了从维托里亚到现代国际法的链条里的重要一环。[52] 最后，格罗蒂厄斯提出了有关救赎的有趣的理论，他断言，基督不得不受难的原因，不是要为人类的罪恶付出代价，也不是要给我们一个榜样，而是要表明，虽然上帝愿意宽恕我们，但上帝仍然认为，触犯神的律法是不能没有后果的严重过失。

约翰尼斯·科西厄斯（1603 ~ 1669 年）[53]在他的《神的立约和声明的教义的总结》（*Summa doctrinae de foedere et testmento dei*）里，提出了一个经典的声明；后来被称为“立约”（covenant）神学或“联盟”（federal）神学。按照这种观点，用来作为解释《圣经》的指南的《圣经》解释原则是，上帝同人类建立了契约的关系。这种关系是建立在圣父和圣子之间的预先存 288
在的契约上面的。在创造天地万物的时候，上帝同亚当建立了一个善行契约。在亚当堕落之后，上帝建立了一个新的恩典契约，它有两个阶段：《旧约圣经》和《新约圣经》。这个观点是厄西纳斯早先持有的主张的进一步发展，这个观点后来在清教徒中被普遍接受。

加尔文主义在法国

新教在法国的情况受到这样一个事实的支配，即新教的生存本身常常受到威胁。就在 1559 年，法国新教徒们大都持有改革派的见解，组织了法国的国家宗教会议。两年之后，他们卷进了反王室的战争。《拉罗切尔认信文》（*Confession of La Rochelle*，1571 年），是倾向加尔文派的，并没有严格地应用在那些希望加入胡格诺派（Huguenots）的行列的人身上，因为人数不多。只是到了 1598 年，随着南特法令（Edict of Nantes）的颁布，

---

[52] 参见 J. D. Tooke, *The Just War in Aquinas and Grotius* (London: S. P. C. K., 1965)。

[53] C. S. McCoy, “Johannes Cocceius: Federal Theologian”, *SJT*, 16 (1963): 352 ~ 370; G. Schrenk, *Gottesreich und Bund im älteren Protestantismus, vornehmlich bei Johannes Coccejus* (Gütersloh: C. Bertelsmann, 1923).

胡格诺派才得到保证，有权按照他们认为恰当的方式去礼拜和信仰，即也只是在某些指定的城市和区域里。为了保证这种自由，亨利四世——早先曾是新教徒，曾七次改变宗教信仰给了胡格诺派二百个武装据点和保持一支军队的权力。然而，这样做的最终结果是，改革派教会成了国中之国，而且作为国中之国遭到了那些希望看到强大的和集中的君主政体在法国发展起来的人——其中有红衣主教里奇利厄（Cardinal Richelieu）——的冷眼看待。作为结果，在17世纪初期又一次爆发一些宗教战争，当这些战争在1629年结束时，胡格诺派的政治和军事力量都被瓦解了。1659年，王室取消了国家宗教会议，表面上是试图分化改革派教会。最后，在1658年，路易十四世撤销了南特法令，相信胡格诺派已经成了不重要的少数派，但惊奇地看到他的将近五十万臣民离开了他的领地。到了那时，胡格诺派已经成了富有的商人阶级，他们的离开是法国的重大的经济损失。

众所周知的事实是，法国的新教从来都没有接受17世纪的严格的加
289 尔文正统化。最普通的解释是，这最初是由于种种战争造成的不安定，后来是由于胡格诺派的舒适的经济地位。[54] 这很可能有一部分是真实的。但同样真实的是，法国新教在许多方面比日内瓦和多特的加尔文正统化更接近于加尔文原来的神学和精神。因此，法国新教拒绝遵循17世纪正统化的道路的主要原因是，它比较准确地理解加尔文的神学。

17世纪法国最著名的新教神学家莫伊斯·阿米罗（Moïse Amyraut，1596～1664年）的情况肯定是如此，他的观点如此不同于传统的加尔文主义，以致他的外号叫“贝扎的鞭子（天谴）”。他的观点在法国改革派教会里绝对没有被普遍接受，这一点可以从下面的事实看出来，他在1637年的阿朗索恩（Alençon）宗教会议上因被指责为异端而受到审判。然而，

---

[54] 例如，Charles Miller in J. H. Bratt, *The Rise and Development of Calvinism* (Grand Rapids: Eerdmans, 1959), pp. 51～55。

他的被判无罪表明，许多人至少是同情他的教导的。

阿米罗的事例最有意思的是，他大概是他的时代最勤奋和最透彻的加尔文研究者，而且他声称，他所作的事情大部分是针对着那些声称是比较严格的加尔文派的不正确的强调和解释而坚持加尔文的教导。因此，比方说，他拒绝有关有限救赎的正统教义，并且用大量的引语来表明，加尔文本人从来没有持有这样的教义，而是恰恰相反。通过从加尔文在其中得到人文主义倾向的那同一个源泉里汲取材料，他在这一点上也保存了加尔文的精神，而这一点完全被加尔文派的经院主义忽略了。而且，在有关预定论的教义方面，他相当正确地坚决认为，所谓的正统加尔文传统，试图通过从有关上帝的教义里得出预定论来证明预定论，并且试图把预定论从加尔文放置它的那个灵性得救的范畴里拿出来，是损害了加尔文。[55] 在所有这些问题以及其他几个次要问题上，常常被正统加尔文传
统说成是加尔文神学的反对者的阿米罗表明，他比他的毁谤者们更清楚 290
地理解加尔文的神学。

因此，似乎很清楚，至少在某些问题上，通常被说成是抛弃了加尔文的观点的法国加尔文主义，比许多比较热情的加尔文主义捍卫者更加接近于加尔文的观点。

---

[55] B. G. Armstrong, *Calvinism and the Amyraut Heresy: Protestant Scholasticism and Humanism in Seventeeth - Century France* (Madison: University of Wisconsin Press, 1969), p. 266：“首先，阿米罗（Amyraut）声称，预定论在神学的结构里被给予了一个突出的地位，而这是它所不应当有的。因此，他追随加尔文而强烈地并着重地主张，把预定论从有关上帝的教义里撤掉。他坚持说，这个教义在神学里只是作为上帝在救恩里的作用的事后解释才是合法的，从这个教义的角度来讨论神学，是违背《圣经》，违背加尔文的神学，甚至违背多特的教规的。”这个对阿米罗神学的研究是吸引人的，不但因为这个研究深入地考察阿米罗的神学，而且也因为对我们对加尔文和正统加尔文主义之间的关系的传统理解来说，这个研究是很有意义的。参见 J. Moltmann, “Prädestination and Heilsgeschichte bei M. Amyraut”, *Zschrkgesch*, 65 (1953 ~ 1954): 270 ~ 303。

加尔文主义在苏格兰

在欧洲新教改革的早期年代里,苏格兰的政治局势至少可以说是不稳定的。这种不稳定由于这样的事实而加剧:苏格兰是比较小的王国,它的对外政策在法国势力范围和英格兰势力范围之间摇摆不定。亲英派和亲法派的冲突的利益常常给内部政治事务投上阴影,或至少是使内部政治事务复杂化。由于英格兰到了这时已经成了新教派的,而在法国天主教派则占了上风,所以苏格兰亲英的利益集团倾向于和新教派联合在一起,而大多数热心的天主教徒则是亲法派的成员。然而,在苏格兰凌驾于其他一切之上的思想感情是坚定的独立意识,这种意识在不同的时候似乎受到了法国或英格兰的威胁。因此,当英格兰似乎占了上风的时候,许多人倾向于偏袒天主教和法国派;而当法国在苏格兰似乎变得影响过大的时候,则发生相反的情况。

无须乎在这里叙述长长的一系列政治变迁,这些政治变迁终于导致了新教在苏格兰的最后胜利,而且有讽刺意味的是,导致了一个苏格兰国王继承了英格兰和苏格兰的联合王位。这样说就够了,在 1557 年,一群新教徒和反法的贵族们立约结盟,这个契约使他们博得了“乌合的老爷们”(Lords of the Congregation)的称号——这个称号最初有些贬意。正是由于这些贵族的影响,玛丽·斯图尔特(Mary Stuart)的政治上的和婚姻上的古怪行径,英格兰的协助,民众的起义以及约翰·诺克斯的热心的和坚定的领导,宗教改革才终于在苏格兰获得胜利。

291 约翰·诺克斯(John Knox,约 1513 ~ 1572 年)被认为是苏格兰加尔文主义的塑造者,并且通过苏格兰的加尔文主义而成为世界上一些地区长老会传统的塑造者。他的令人着迷和胆大妄为的一生是一些良好的传记题材,[56]尤其是因为世界上一些地区的许多人把他当做是他们的灵性的先辈之一。然而,在这里使我们感兴趣的是,他在基督教思想史上的地位,尤其是加尔文主义的历史里的地位。

诺克斯通常被说成是苏格兰的加尔文解释者,因而也是英语世界的大部分地区的加尔文解释者。这种说法是很有道理的,因为诺克斯确实在日内瓦度过一些时间,在那里他受到了加尔文神学的深刻影响。再者,他显然相信,加尔文是他一生中最重要的影响之一,而且他确实鼓励在苏格兰研究加尔文的神学。然而,正像我们试图纠正传统上对加尔文和其他形式的加尔文主义之间的关系的理解那样,我们也必须纠正传统上对加尔文和诺克斯之间的关系的看法。

像其他加尔文派的情况一样,研究诺克斯的有关预定论的教义,在这个时候是有启发性的,因为这样一种研究将表明,在某些方面,诺克斯更多地受到了慈温利而不是加尔文的影响——他是通过布林格而受到慈温利的影响的,因为他同布林格一起在苏黎世度过了一些时间。[57] 正是在预定论这个问题上,诺克斯写下了他唯一重要的神学论文,在其中我们再一次找到了——虽然不是那么显著——我们已经在贝扎、赞奇、弗米格利和其他人那里找到的东西,即,有关预定论的教义是在神的本性的基础上加以阐述的,而不是在恩典的感受的基础上加以阐述的。

慈温利和苏黎世对诺克斯的影响也可以从他对民事当局的态度里看

---

[56] 见 J. Ridley, *John Knox* (New York: Oxford University Press, 1968); W. S. Reid, *Trumpeter of God: A Biography of John Knox* (New York: Scribners, 1974)。

[57] 在 G·E·达菲尔德(Duffield)编的书里,巴兹尔·霍尔(Basil Hall)除了其他的论点之外,还提出了下列论点,《约翰·加尔文》(*John Calvin*),第 33 ~ 34 页:"约翰·诺克斯本人,和大家对他的公认看法相反,在他的神学和一些做法方面,更多地倾向于苏黎世,而不是倾向于日内瓦,而且他是乔治·威沙特(George Wishart)的门徒,威沙特的神学兴趣完全是操德语的瑞士人的。"关于这个问题,还见 Ridley, *John Knox*, pp. 291 ~ 298。通过清教徒主义的圣礼神学来探讨清教主义的良好研究,是 E. B. Holifield 的书, *The Covenant Sealed: The Development of Puritan Sacramental Theology in Old and New England, 1570 ~ 1720* (New Haven: Yale, 1974)。在第 28 ~ 138 页里有这个时期的大量书目参考资料。

出来。在这一点上，加尔文比慈温利保守得多。加尔文尤其是对王室的
292 态度，总是毕恭毕敬的。由于苏格兰的形势和玛丽·斯图尔特反对宗教改革的事业，诺克斯大量地引用了慈温利的文章。

然而，虽然如此，诺克斯大概是16世纪下半叶最真正的加尔文派改革者，而且似乎主要是出自他的手笔的1560年的《苏格兰认信文》(*Scottish Confession*)，毫无疑问比更加著名的《威斯敏斯特认信文》(*Westminster Confession*)更加接近于加尔文原来的思想。

清教徒运动

伊丽莎白的解决方案并没有满足英国大量的虔诚和热心的人们，他们认为，宗教改革的工作没有推进到应当被推进的地步。由于这些人希望清洗掉教会一切非《圣经》的信念和做法，因此他们被称为“清教徒”。早期的清教徒们和英国国教徒们之间分歧的实质，可以从主教格林德尔(Grindal)于1566年写给布林格的信里看出来。他在信中说，“很难令人相信，这种关于无关紧要的事情的争论，大大地扰乱了我们的各教会，而且在很大程度上继续这样做”。[58] 对主教来说是无关紧要的东西，但对这样一些人来说却是福音的实质。他们坚持彻底的宗教改革，并且相信，这种宗教改革要求在每一个方面严格遵循《新约圣经》的做法。在某种程度上，他们只是追随了早期的英国改革者们的教导，并且追随到底；而且毫无疑问，在某些方面，他们可以声称，他们继承了主教胡珀(Hooper)之类的神学家们的遗产，并且在一定的程度上甚至继承了克兰默(Cranmer)和其他人的遗产。但同样真实的是，他们的精神大大不同于早期的英国改革者们的精神。他们认为，试图使教会的传统和《圣经》的记录协调起来的宗教改革，必然会不忠实于《圣经》的记录。因此，他们同女王的矛

---

[58] 在 C. Burrage 的书里引用，*The Early English Dissenters in the Light of Recent Research* (Cambridge: The University Press, 1912), 1:79。

盾是从利益的冲突里产生出来的:伊丽莎白设法搞出一条她的大多数臣民都会同意的巧妙的中间道路,而对清教徒们来说,教会生活的唯一标准,是遵从他们所理解的那样的上帝的话语,在这个问题上不可能达成妥协。

清教徒们并没有着手摧毁英国国教会。与此相反,他们在这一点上 293
和英国国教一致,即应当有一个国家教会。他们原来的目标不是要取消英国国教的教会同国家的结合,甚至也不是要建立另一个和英国国教并列的教会。他们最初试图做的事情是,促成英国国教会里的彻底改革。然而,虽然如此,这些提倡进一步宗教改革的人不止在一个方面有损于伊丽莎白的解决方案。他们许多人坚持一种契约神学,这种神学认为,按照《圣经》的说法,上帝同人民订立了一些契约,如果上帝要遵守这个协议,那么,人民就必须服从这些契约。这种契约神学在欧洲大陆有厄西纳斯作为其倡导者,在17世纪则有约翰尼斯·科西厄斯为其倡导者。但是,使契约神学在英国特别有破坏作用的是,许多清教徒终于得出结论,国家本身是以一种契约的形式而存在的。这反过来可以作为一种依据,来试图修改或甚至彻底改变政府的结构。虽然这种革命的特征在早期的清教徒们那里,即使有的话,也是看不出来的,但这种特征终于使查理一世(Charles Ⅰ)掉了脑袋。早期的清教徒们中间的其他人认为,教会真正的政务应当是长老制的,而且主教统治应当取消。有一些人采取了中间立场,接受主教团的圣职任命,但不愿意管理会众,除非是会众叫他们这样做。其他一些人走得更远些,而终于相信,英国国教教会永远不会按照上帝话语所要求的方式去进行改革,便成立了他们自己的单独的教会。这样的人之一是罗伯特·布朗(Robert Browne,约1550～1633年),他早先是牧师团体的清教徒成员,他因为他的清教思想而被英国国教会剥夺了选举权。1581年,布朗在诺奇(Norwich)建立了英国的第一个公理会教会,并且成了它的牧师。这个事例以及一些类似的事例,是脱离国教的运动的开端,这个运动在随后的世纪里将成为英国的最重要的宗教力量之一。但是,在 16 世纪,试图改变教会体制的这些不同做法,没有得到伊丽莎白当局的同情,因为这些做法将使比较保守的人疏远,并且也将破坏教会和国家之间的密切合作,而这正是伊丽莎白的政策的目标之一。

294 虽然清教徒运动在威克理夫主义和 16 世纪初期的各种宗教改革的潮流里有深深的根源,但不久之后清教徒运动就和加尔文主义密切结合起来。这有一部分是由于,许多到加尔文有很大影响的日内瓦、法兰克福和其他城市避难的人,在玛丽·图德(Mary Tudor)去世的时候从流放中回来。清教徒运动也由于马丁·布塞在剑桥得到的许多门徒而进一步加强,布塞在爱德华六世(Edward VI)统治期间曾在剑桥教书。因此,清教徒们倾向于把伊丽莎白的解决方案解释为介于罗马和日内瓦之间或是——看起来似乎是一样的介于罗马和"圣经基督教"之间的折中措施。然后,部分是由于宗教改革在苏格兰的成功和由于新教教会在那个邻国里采取的形式,清教徒们终于越来越相信,长老制形式的教制是圣经基督教的一部分。

作为真正的加尔文派,清教徒们是预定论者。然而,对他们来说,至少是在运动的早期,有关预定论的教义不是从上帝的本性那里得出来或总结出来的,而是恩典的感受的一种表达方式。预定论并不是所有的人——信徒和非信徒一样都能理解的,而是在信仰的范畴里表达出来的一个教义。

有关被拣选的这个教义绝对没有产生出清静无为或自满情绪。预定论的许多毁谤者声称,清静无为或自满情绪是预定论的必然结果。与此相反,清教徒们深信,上帝拣选他们,不但是为了永恒得救,而且也是要他们配合神为人类拟定的计划。因此,行动主义(activism)——有时是那种活动里的成功成了被拣选的一个标记。时间、金钱或精力不应当浪费在那些似乎和神的严肃目的无关的琐碎事务上。由于这些清教徒中有许多人是新兴的中产阶级的成员,这些观点不久就同英国和英属美洲殖民地的新兴的资本主义经济联系在一起,并且对这种经济作出贡献。

虽然所有的清教徒都同意,需要使教会的制度符合《圣经》的基督教,但不久之后他们中间就在这种基督教的确切内容方面产生了不同的观点。大多数人继续忠实于长老制的观点。但是,其他的人——其中有布朗,认为《新约圣经》里的教会组织是地方教会自治形式的,因此长老 295
制只是另一种折中办法。其他人甚至走得更远,声称加尔文和一些主要的改革者对传统作出太多让步。他们声称,《新约圣经》的教会严格地说是信徒们集合的团契,由一个彼此订立的和与上帝订立的契约结合在一起。这个教会应当摆脱与国家的一切联系,国家不是自愿的团体。教会的成员必须作出个人的选择来归属于教会,因此只有作为成年人才能加入教会。结果是,婴儿的洗礼被拒绝了。由于需要在每一个细节上都符合《圣经》的做法,最后只有浸水礼才被这些团体接受,这些团体被称为"浸礼会"(Baptists)。所谓的"一般的浸礼会教徒"(General Baptists)拒绝严格的加尔文派对预定论的理解,而其他人——"特殊的浸礼会教徒"(Particular Baptists)——在这方面仍然是加尔文派的。

当伊丽莎白越来越明显地将由苏格兰的詹姆斯六世接替的时候,清教徒们抱着很大的希望。然而,当詹姆斯不同意清教徒的一个相当温和的请愿书的要求时,这种希望被粉碎了,他只同意授权出版新版《圣经》,其结果是 1611 年的詹姆斯钦定译本(King James version)。不久之后就变得很清楚,詹姆斯不打算鼓励任何步骤,按照很难驾御的苏格兰教会,来塑造比较顺从的英格兰教会。到了詹姆斯由他的儿子查理一世接替的时候,清教徒们中间的不满即将达到高潮。

查理的宗教政策是不明智的。在苏格兰,他的父亲通过迎合贵族阶层而设法克服了长老制。查理这时把詹姆斯的政策颠倒过来,长老制再一次得到贵族们的支持。在英格兰,他让威廉·劳德(William Laud)当他的宗教事务的主要顾问,并且终于使他当了坎特伯雷的大主教。劳德是诚实的和虔诚的人,他相信,清教徒的新潮流必须制止,英国的教会必须以某种方式与罗马讲和。他本人不是罗马天主教徒,但他对罗马天主教教会的主动表示是这样的，以致他甚至被提供了一顶红衣主教的帽子。他也是坚定的反加尔文派，并且始终如一地偏袒那些被指责有阿米尼乌倾向的人。由于所有这些原因，清教徒派非常不喜欢他。由于议会或多
296 或少地偏袒清教徒的主张，查理在1629年解散了议会。但是，在1638年，他试图把统一的礼拜仪式强加于苏格兰，而引起苏格兰的反叛。到了1640年，国王不得不召开议会，以便得到议会的支持来同苏格兰作战。于是，议会便抓住这个机会来推广清教徒的主张。在这个“长期议会”的许多法令里面，对基督教教义历史来说，最重要的是，召集威斯敏斯特大会，这是一百五十一人的大会，其任务是在宗教事务上向议会提出建议。这个大会除了其他的文件之外，产生了著名的《威斯敏斯特认信文》以及《较短的和较大的教义问答手册》。这些文件，尤其是《威斯敏斯特认信文》，成了长老制加尔文主义的标志之一。

《威斯敏斯特认信文》由于它的重要性和由于它常常被说成是加尔文神学的代表作，因此值得进行一些详细的考虑，并且值得和加尔文本人的神学做一番比较。

《威斯敏斯特认信文》开头的一章是论述神圣的《圣经》。它在这里断言，《新旧约圣经》的希腊文和希伯来文经文，是世世代代以来完善无缺地保存下来的，是由上帝“直接给予灵感的”。解释《圣经》的确实可靠的规则不是别的而是《圣经》本身，在《圣经》里得救所需要的种种要素都清楚地表达出来了——即使有些次要的问题对未受教育的人来说可能是比较难于解释的。虽然加尔文会同意《认信文》给予《圣经》的重要性，但在两点上这个文件和加尔文不同。第一点是把这个教义本身放在神学的结构里面。加尔文把人的状况和人的生存目标当做他的神学的出发点。在这个结构里，《圣经》作为帮助我们达到我们为之而被创造的那个目标的一种工具来说是重要的。另一方面，在《认信文》里，《圣经》几乎成了一本法理学的书籍，在其中可以找到经文来证明和支持各种论点——包括对做人意味着什么的正确理解。在这一点上，注意下面的情况是有趣

的：威斯敏斯特大会产生的两个教义问答手册——由不同的人草拟的和加尔文一致，而不是和《认信文》一致。《认信文》和加尔文不同的另一点是，它强调《圣经》的绝对正确。虽然加尔文相信《圣经》的神的灵感，但 297
他从来没有以详细的或机械的方式讲清楚这个教义。加尔文强调的是圣灵在信仰的共享里尤其是在讲道的行为里对《圣经》的使用。《认信文》以比较个人主义的方式论述神圣的经文，把它当做是每个基督徒的信仰指南。

《威斯敏斯特认信文》在下面一点上和大多数后期加尔文派吻合，即把有关预定论的教义放在神学结构里的这样一个地方，仿佛这个教义是从上帝的本性那里得出来的，而不是从信仰的共享对恩典的感受得出来的。这一点可以从下列情况里看出来：紧接在肯定《圣经》的权威之后，《认信文》进而在它的第二章里讨论全能的上帝，在第三章里讨论神的种种永恒的谕令。

清教主义和加尔文神学不同的两个明显的例子可以从《认信文》论述祈祷和安息日的方式看出来。关于祈祷，加尔文说，祈祷是我们最接近于我们心中的目标的时刻。在祈祷里，我们赞美上帝，并且以这样一种方式和神联系起来，我们明确地指望，上帝成为我们是什么和需要什么的源泉。《认信文》以相当墨守教规的方式探讨祈祷，肯定祈祷是“要求所有的人进行的”，祈祷应当以圣子的名义进行，以大家都知道的语文进行，并且不能为已故的人祈祷。关于安息日，《认信文》的这一章采取了和加尔文断然相反的主张。加尔文这个日内瓦的改革者断言，安息日是未来的事的一个象征，因此被基督取消了，基督的复活是最后的安息日的开始。于是，庆祝星期天，不是“迷信地守日”的一种新的形式，而是一个实际的方式，使教会的成员能够一起做礼拜，并且使那些劳动的人得到休息。在某种程度上，所有的基督徒这时是在休息的日子里，因为我们不再依赖我们自己的工作。[59] 另一方面，《认信文》断言：

> 上帝在他的话语里，根据在世世代代里对所有人都有约束力的一个明确的、道德的和永恒的诫命，特别指定七天里的一天作为侍奉他的安息日：从世界的开始起，到基督复活止，安息日是星期的最后
> 298 一天；并且从基督复活起，改变成星期的第一天，在《圣经》里，安息日被称为主日，并且作为基督徒的安息日而继续到世界的末了。
>
> 这个安息日是用来侍奉主的，那时，人们事先使他们的心情平静下来，料理了他们的公共事务之后，不但得到一整天的圣洁的休息，不去从事、谈论和思考世俗的职务和娱乐，而且也用整个时间在公众的场合里和私下里礼拜上帝以及施舍济贫。[60]

加尔文和《威斯敏斯特认信文》之间这种显著的不同，可以看做是从这两者论述《圣经》的上述方式里产生出来的。[61]

加尔文的影响可以从《认信文》里这样一个地方看出来，在那里《认信文》说，律法和福音都是属于恩典的契约的。通过这样说，《认信文》避开了律法和福音之间显著的不同，这种不同是路德强调的，而加尔文设法避开的。但是，《认信文》接着说，亚当像他原来被创造那样，是处在"善行的契约"（covenant of works）之下，而且只是在后来，在亚当堕落之后，才建立了"恩典的契约"（covenant of grace）。加尔文是永远不会说这样的话的，因为这似乎使信仰成为我们不再能够完成的善行的代替物。如果信仰属于一个新的契约，那么，随之而来的是，不是像后来的世世代代

---

[59] *Inst.*，2.8.28～34.

[60] *West. Conf.*，21.7～8.

[61] 类似的不同之处可以从下列问题里看出来，如：圣徒们的持守，得救的保证，对同基督结合的理解，以及圣餐的教义。但是，我们挑出来的这些问题足以表明，《认信文》虽然在许多点上非常接近于加尔文，但确实和他有很大的不同。

要求人们具有信仰那样要求亚当和夏娃具有信仰。

这样，《威斯敏斯特认信文》，和17世纪的大部分加尔文主义一样，使加尔文神学系统化到这样的地步，以致失去了加尔文神学的大部分原来的精神。

总之，我们刚才关于《威斯敏斯特认信文》所说的话，也可以用于17世纪的大部分加尔文主义——只有法国改革派教会里的阿米罗及其小圈子是显著的例外。这就是为什么历史学家们常常把这个时期说成是“加尔文正统化”的时期。这种正统化通常集中在预定论的问题上，这个问题 299
这时成了加尔文主义的检验标准。这是极为有趣的，因为在16世纪，加尔文派和路德派之间的主要分歧，不是预定论——在这一点上，这两个宗派是一致的——而是基督临在于圣餐里的方式。

加尔文正统化损害了真正的加尔文主义，因为后来的几代人相信，加尔文正统化是加尔文观点的正确的表达手段，因此倾向于把他看成是比较刻板的，而他事实上不是那样，这反过来意味着，加尔文这个日内瓦改革者没有像他应当得到的那样得到人们的聆听。

第十一章　个人宗教虔诚的新觉醒

300 新教正统化对新教神学的发展作出了巨大贡献，因为新教正统化有助于清楚地说明16世纪伟大见识的一些含义。最初，新教正统化是非常虔诚的，因为新教正统化试图尽可能详细而清楚地为那些参加这个运动的人规定什么是具有个人宗教意义的事务。然而，由于随后几代人继承了他们先辈们的神学工作，使这项工作变得越来越陈旧和客观化，仿佛神学的意义首先是要在一系列真理中去寻找，这些真理可以在一代人传给另一代人的主张里正式地加以阐明。

两种不同的反作用反对这种相当枯燥的正统化。其一是理性主义。理性主义对正统化的许多理智基础表示怀疑。这种理性主义不是一个新的运动，而是文艺复兴思想的开花结果。文艺复兴既协助也抵制了16世纪的宗教改革。在17和18世纪，理性主义在法国和英国很有影响。然而，正像我们将在下一章看到的，理性主义只是到了18世纪末期才在德国有巨大影响。与此相反，敬虔主义，另一个主要的对严格正统化的反作用，于17世纪时在德国开始，而且只是在下一个世纪里，才在英国有其对等物——卫理公会（又译循道会主义）。因此，理性主义和敬虔主义是同
301 时发生的运动，虽然它们的年月顺序的关系随着国家的不同而不同。在

英国，理性主义先于敬虔主义，而在德国则相反。因此，很难确定先讨论哪一个运动。然而，由于19世纪的大部分新教神学，可以在紧接着讨论康德哲学里的理性主义的最后结果之后最好地加以理解，所以似乎最好是推迟研究新的哲学潮流，而先转向重新强调个人虔诚的做法，个人虔诚看起来是对新教正统化的主要反作用之一。

在德国作为对神学功能的正统理解的反作用，以及后来在英国作为对冷酷的理性主义的反作用，有几个互相关联的运动出现了。虽然这些运动在每个不同的地方采取了不同的形式，但很明显，这些运动是由这样一种思想感情联系在一起的，即基督教信仰要比经院神学家们的探究或哲学家们的推测更有生命力，而且必须找出方法来恢复这种生命力。

这些运动声称，它们不是怀疑那个时代被普遍接受的正统化。它们试图做的事情是，重新发现基督教信仰的深刻的个人含义。如果它们实际上只做了这一点，那么，它们就不配在基督教思想史上占据一个地位，因为基督教思想史必须论述其他种类的问题。但是，神学和基督徒生活的具体实践之间的这样一种明确的区分，实际上是不可能的。最初，一些正统的神学家同情地看待这种运动，但后来发现，这种运动里确实有深远的神学含义和预想，而且在许多方面基督徒实际生活里的新趋向，对正统神学的大部分观点表示怀疑。这就是这些运动配得上在基督教思想史上占据一个地位的原因之一。另一个原因是，20世纪大量的新教徒是这些运动的继承者，与此同时神学和哲学都受到了这些运动的深刻影响。

我们将在这里研究的种种运动是：敬虔主义（Pietism），摩拉维亚派（Moravians），循道公会主义（Methodism），以及英属北美殖民地的大觉醒运动（Great Awakening）。

敬虔主义

德国敬虔主义发起人是菲利普·雅各布·斯彭纳（Philipp Jakob 302

Spener,1635～1705 年)。① 他成长在一个虔诚的路德派家庭里,但看不出他在家庭里得到的对他来说是非常重要的信仰与各大学里所教导的神学之间有什么联系。他到瑞士去旅行时,接触到了琼·德·拉巴迪(Jean de Labadie)的教导。拉巴迪早先是耶稣会会士,他坚持说,圣灵的直接灵感是正确理解《圣经》所需要的。② 虽然斯彭纳从来没有接受拉巴迪的所有教义——尤其是关于基督徒和非信徒的婚姻,拉巴迪这个早先的耶稣会会士认为这种婚姻是无效的——但他对他在拉巴迪运动里看到的信仰的生命力有深刻印象,并且决定,他将试图在路德派教会里唤起类似的热情。他回德国之后,最初是在斯特拉斯堡,而后在法兰克福当牧师。正是在法兰克福,他开始用一些在他家里聚会做礼拜的小组进行试验。也是在法兰克福,他发表了(1675 年)简短的但有影响的书《虔诚的愿望》(*Pia desideria*),③ 这本书可以看做是敬虔主义运动的真正开端。他后来在德累斯顿(Dresden)当宫廷牧师,在那里他吸收奥古斯特·赫尔曼·弗兰克(August Hermann Francke)作为他的观点的追随者。路德正统化很快便起而反对敬虔主义。④ 不久之后,斯彭纳和弗兰克卷进了同莱比锡、维登堡和其他地方大学的神学家们的争论。维登堡神学家之一 J·多伊奇曼(J. Deutschmann)指责他们有二百八十三项异端教义,而且大多数正统

---

① P. Grünberg, *Philipp Jakob Spener*, 3 vols. (Göttingen: Vandenhoeck & Ruprecht, 1893～1906); H. Bruns, *Ein Reformator nach der Reformation: Leben und Wirken Philipp Jakob Speners* (Marburg an der Lahn: Spener-verlag, 1937); J. Wallmann, *Philipp Jakob Spener und die Anfänge des Pietismus* (Tübingen: Mohr, 1970); D. Blaufuss, *Spener-Arbeiten: Quellenstudien und Untersuchungen zu Philipp Jakob Spener und zur frühen Wirkung des lutherisches Pietismus* (Bern: Lang, 1980).

② 虽然是在上个世纪写的,但我所知道的对拉巴迪的最好的研究仍然是 H. Heppe 的书,*Geschichte des Pietismus und der Mystik in der reformierten Kirche* (Leiden: E. J. Brill, 1879), pp. 240～374。

③ 有关英文译本:*Pia desideria* (Philadelphia: Fortress Press, 1964)。

④ 然而,最初一些正统的神学家对彭斯纳(Spener)的《虔诚的愿望》(*Pia desideria*)作出了积极的反应。B. Hägglund, *History of Theology* (St. Louis: Concordia, 1966), p. 325.

神学家同意指责其中的许多教义。[5] 作为结果，敬虔派被迫创办哈利大学（University of Halle，1694 年），这个大学不久之后就变成一个中心，他们的灵感从这个中心扩散到德国各地，并且通过敬虔派对传教活动的兴 303
趣，甚至扩散到世界的其他地区。

斯彭纳的书因之而得名的六种“虔诚的愿望”，是这整个运动的纲领。第一个这样的愿望是，基督徒们通过在小集会或家庭集会里的虔诚的学习，可以更清楚地和更深刻地理解《圣经》，斯彭纳称这种集会为“敬虔学会”（*collegia pietatis*），因此，他的反对者们称他的追随者们为敬虔派。第二，斯彭纳希望，通过让平信徒在这些集会里担任负责的职务，而让平信徒重新发现信徒们人人可当牧师。第三，他敦促所有人看到，基督教的性质是这样的，它不能局限在教义的公式化里，而是信仰的全面的感受和整个人生的态度。教义是重要的——斯彭纳一再肯定，他接受所有的正统教义——但更为重要的是基督徒生活的实际的体验和实践。第四，作为他的第三个愿望的结果，斯彭纳希望，所有的争论——因为他并不怀疑，有的时候争论是必要的——都本着爱的精神来进行，因为否认这种精神，至少是和教义的错误一样严重的罪过。其次，斯彭纳希望，牧师的培训将超出冷酷的逻辑和正统的神学，而且包括深入到虔诚的作品和实践里面去，还包括实际的教牧工作中的一些培训和体验。最后，作为这种新的培训牧师工作的结果，斯彭纳希望看到，布道讲坛重新具有它原来的目的，即指导、感召和哺育信徒们，而不是被用来对隐藏有或不相干的教义论点进行学术探究。这样，《虔诚的愿望》已经表明，什么是敬虔主义的主要标志：强调个人的虔诚；组织一些小组来促进这种虔诚，同时暗示，一般的教会不能完成这个任务；强调个人阅读《圣经》；认为基督教教义的核心必须是简单的，而神学家们使之复杂化了；以及强调平信徒担任

⑤ K. Depperman, *Der hallesche Pietismus und der preussische Staat unter Friedrich III* (Göttingen: Vandenhoeck & Ruprecht, 1961), pp. 69 ~ 87.

教牧工作。所有这一切都放在这样一个认识论的范畴里，在这个范畴里个人的体验比共有的信仰更为重要，有时甚至比历史上的启示更为重要。

304 斯彭纳的朋友和追随者奥古斯特·赫尔曼·弗兰克（1633～1727年），[6]通过建立一些慈善中心，如一所穷孩子们的学校和一所孤儿院，而在社会事业方面延续了这个运动。当他加入新成立的哈利大学的时候，他把这个大学变成了培训敬虔派领导人的中心，这些领导人不久到德国各地去，甚至到海外去。他把斯彭纳对个人体验的强调推演到更远的地步。他声称，真正的信徒们必须能够指向他们自己的“悔悟的斗争”（struggle of repentance），在这种斗争里，面对着律法和他们自己的有罪，他们在他们能够指出的时间和地点，终于有了皈依的体验。他也强调用单纯的头脑阅读《圣经》的重要性，以致有时他似乎反对过多的学识。“我们可以向那些用虔诚和纯朴来阅读经文的人万无一失地保证，他们通过这样一种实践和通过把沉思默想同经文联系起来，将比通过苦心钻研没完没了的琐碎细节得到更多的启迪和好处”。[7]

虽然没有人怀疑，这种说法基本上是正确的，但这样一种主张确实引起了正统神学家们和教会领导人们的反对——虽然不是因为这种主张实际上表述的，而是因为这种主张所没有表述的。这里的强调之点完全落在个人信仰和他们同上帝的关系上，而教会似乎完全被绕过去了。虽然路德确实说过，一个有《圣经》的基督徒要比没有《圣经》的宗教会议或教皇更具有权威，但他还是非常重视教会和圣礼，他相信，教会圣礼是同福音牢牢地联系在一起的。这种把教会和教会的教牧工作放在一边的倾向，是正统路德派神学家们要攻击敬虔派运动的主要原因之一。

---

⑥ F. Ernest Stoeffler, *German Pietism during the Eighteenth Century* (Leiden: E. J. Brill, 1973), pp. 1～38; E. Peschke, *Studien zur Theologie August Hermann Franckes*, 2 vols. (Berlin: Verlagsanstalt, 1964～1966). 一本介绍的传记：E. Beyreuther, *August Hermann Francke (1633～1727) Zeuge des lebendigen Gottes* (Marburg an der Lahn: Francke－Buchhandlung, 1956)。

⑦ *A Guide to the Reading and Study of the Holy Scriptures* (Philadelphia: David Hogan, 1823), p. 83.

敬虔主义和正统新教之间的另一个重要的不同在于，他们对世界传教运动的不同态度。由于一些大都是同新教领导人的历史情况和政治情况有关的原因，16 世纪的主要新教领导人全部不赞成传教工作，有些人甚至还反对传教工作。在这一点上，像在其他大多数的问题上一样，新教正统化紧紧地追随他们。比方说，格哈特说，使徒们和今天的基督徒们的 305
不同，除了其他的不同之外，是使徒们被命令从一个地方走到另一个地方，而基督徒们这时必须停留在上帝放置他们的地方。[8] 和这种观点相反，斯彭纳和弗兰克都声称，基督把“伟大的使命”交给了所有的基督徒，而且所有的基督徒都有责任使非信徒皈依。因此，哈利大学也成了培训传教士的中心。这样，当丹麦的弗雷德里克四世决定在印度建立传教团的时候，他在他的国家的正统路德派中间找不到任何合格的人来率领这个传教团，并且不得不请求哈利大学派给他一些传教士，他再把这些传教士派到印度去。[9] 敬虔主义的这种兴趣以及它在传教工作方面的各种类似的运动，是甚至在 20 世纪世界各地的较年青的教会里其影响也是如此之大的原因之一。

亲岑道夫和摩拉维亚派

尼古拉·路德维格·冯·亲岑道夫伯爵（Nikolaus Ludwig von Zinzen-

---

⑧ *Loci theol.*，24.5.221～225.

⑨ Pedersen，*Pietismes Tid*：*1699～1746*，vol. 5 of H. Koch and Bjorn Kornerup，*Den Danske kirkes historie*（Copenhagen：Gyldendal，1951），pp. 36～40.

dorf,1700～1760 年)是有深刻宗教信仰的人。他曾在哈利大学学习。[10]他在那里受到了敬虔主义的影响,并且总是从那个角度来理解基督教的性质。[11] 1722 年,一群正在受迫害的波希米亚弟兄会会员接受他的邀请,到他在萨克森尼的一个领地来定居。起初,亲岑道夫甚至不是这个社团的成员;但是,最后他的真诚的宗教信仰加上他自己的个人天资,使他成了这个社团的领导人。这些波希米亚弟兄会会员由于他们的籍贯,而终于被称为"摩拉维亚派",并且按照他们在亲岑道夫领地里建立的赫恩哈特村,也被称为"赫恩哈特派"(Herrnhuters)。

306 和大多数敬虔派一样,亲岑道夫在他信仰方面是真正的路德派和正统派,虽然与此同时也反抗路德正统化的僵硬的精神。因此,摩拉维亚派终于接受《奥格斯堡认信文》作为他们的信仰声明。但是,他们总是坚持,虔诚的和道德的生活比神学的公式化重要。这种虔诚的生活集中在思念基督上和思念基督在十字架上受难。在基督里,他们找到了全部神学,因为不能靠任何自然的或哲学的手段来认识神,只能通过基督里的启示来认识神。这种对基督的不断思念,促使信徒为了罪的宽恕和为了整个人生而完全信赖主。这就是卫斯理在一次暴风雨中横渡大西洋时遇到的那些摩拉维亚派,由于他们对主的信赖而给他留下深刻印象的原因。

摩拉维亚派由于人数有限,因而对基督教历史可能无足轻重。然而,他们的重要性和他们的人数完全不成比例。他们对传教工作的兴趣促使

---

[10] Stoeffler, *German Pietism during the Eighteenth Century*, pp. 131～167; J. R. Weinlick, *Count Zinzendorf* (Nashville: Abingdon Press, 1956); E. Beyruether, *Der junge Zinzendorf* (Marburg an der Lahn: Francke－Buchhandlung, 1957); S. Hirzel, *Der Graf und die Brüder: Die Geschichte einer Gemeinschaft* (Gotha: Leopold Klotz, 1935); H. Plitt, *Zinzendorfs Theologie*, 3 vols. (Gotha; Friedrich Andreas Perthes, 1869～1874); L. Allen, *Die Theologie des jungen Zinzendorf* (Berlin: Lutherisches Verlaghaus, 1966); H. C. Hahn, *Quellen zur Geschichte der Brüder－Unitat von 1722 bis 1760* (Hamburg: Wittig, 1977).

[11] Bergmann, *Grev Zinzendorf og hans Indsats i Kirkens og Missionens Historie* (Copenhagen: Gyldendal, 1953), pp. 19～24.

他们把信仰传播到世界各地,[12] 在那里他们不但影响了他们自己的灵性上的直系后代,而且也影响了和他们并存的其他一些新教教会。他们对卫斯理(Wesley)的影响,不但可以从卫斯理本人看出来,而且——虽然不那么直接——可以从整个卫理公会传统中看出来。通过他们对弗雷德里克·施莱尔马赫(Friedrich Schleiermacher)的影响,他们对 19 和 20 世纪的神学作出了重要的贡献。

卫斯理和卫理公会

当敬虔派和摩拉维亚派在欧洲大陆设法提供另一种选择,以代替冷酷的、立论严谨的正统信仰的时候,英国的许多人也正在发现,他们所接受的传统形式的基督教没能够向他们和群众讲清道理。这是农村人口向城市大迁徙的时代,表面上的经济机会吸引了许多农村贫民到城市里来。但是,这产生了大批不属于教会的人,传统的英国国教的正统生活和礼拜
似乎和他们没有什么关系。英国国教徒和不信奉国教者似乎都满足于一 307
种温和形式的基督教,这种基督教停留在礼仪的和外表的例行公事上,但对哺育信徒们的信仰却没有做什么工作。讲道常常变成只不过是道德规劝。这之外还加上了理性主义的影响——我们将在下一章里研究理性主义——其结果是大家都信奉"自然神学"(natural theology),这种神学除了把耶稣基督当做道德典范之外,关于他似乎无话可谈。

因此,人们在英国提出的问题,虽然起因不同,但和人们在欧洲大陆提出的问题基本上是一样的,即,这种似乎很冷酷的传统基督教很少向群众讲话,怎样才能使它向群众讲话呢?怎样才能以简单而令人信服的和

---

[12] 到了 18 世纪末期,他们在西印度群岛有六十七个传教士,在北美印第安人中间有十个传教士,在南美有二十五个传教士,在格陵兰有十八个传教士,在拉布拉多尔有二十六个传教士,在好望角有十个传教士,在印度有五个传教士。*Periodical Accounts of the Missions of the Church of the United Brethren Established among the Heathen* (*1797 ~ 1800*), 2:502.

神学上正确的方式提出福音呢?

这个问题的种种答案来自四面八方。然而,特别有趣的是,答案的这些来源大都求助于那些和斯彭纳的“敬虔学会”(*collegia pietatis*)类似的方法。因此,比方说,在1678年,一系列宗教集会的第一个聚会在伦敦成立了。这些集会的目的不是要取代教会,而是要用小组的祈祷、学习和感受来补充教堂的礼拜。和德国的敬虔派小组的情况一样,这些聚会不久就参与了好善乐施的事业,它们设法减轻那些陷入时代的社会悲剧——贫穷、监禁、缺少根基,等等的人的痛苦。在苏格兰长老派中间也出现了类似的现象,在那里一些祈祷集会在18世纪初期变得很受欢迎。

循道公会(Methodists)正是得名于这些基督徒小组中的一个。早在1702年,约翰·卫斯理(John Wesley)的父亲塞缪尔·卫斯理(Samuel Wesley)在他的埃普沃思(Epworth)教区里组织了一个宗教集会。几年之后,当约翰·卫斯理(1703~1791年)和他的兄弟查理(Charles,1707~1788年)就读于牛津的时候,他们是一个小俱乐部的成员。这个小俱乐部原来是由查理和其他人为在学习上彼此帮助而组织的。[13] 然而,这个
308 俱乐部不久之后就变得和斯彭纳提倡的“敬虔学会”类似——有一个显著的不同是,这个原来的卫理公会俱乐部也继续是学院的和学术的活动的一个中心。由于他们的活动逐渐被同学们知道,他们最初的外号叫“神圣俱乐部”(the holy club),并且最终被称为“循道公会”。

约翰·卫斯理不久之后就成了循道公会俱乐部的领导人,他是非常有才能的学生,他的学术成就为他赢得了林肯学院研究员的职位。他也是一个认真的人,他像他父亲塞缪尔那样深深地信奉高教会派的英国国教,并且也像他母亲苏珊娜那样信奉宗教,极端敏感和极其虔诚。他也是

---

[13] 卫斯理派及其运动的书目提要太广泛了,不能在这里评论。见F. Baker,“Wesley and Methodism”,*The Duke Divinity School Review*,37(1972):82~83;R. J. Rogal,“The Wesleys: A Checklist of Critical Commentary”,*Bulletin of Bibliography*,28(1971),22:35。关于比较旧的材料,见G. Osborn, *Outlines of Wesleyan Bibliography* (London: Wesleyan Conference Office, 1869)。

一个精力充沛的人，一个天生的行动主义者，他和清教徒们一样有一种强烈的愿望，想要经常做一些建设性的事务，来为上帝服务。他在1725年当了英国国教的执事，在1728年当了牧师。七年之后，他到英属北美殖民地佐治亚去当传教士，正是在他横渡大西洋中暴风雨威胁船只安全时，他看到了旅客中一群摩拉维亚派对上帝的安祥的信赖。在佐治亚，不久之后就变得很明显，他不适合他所担任的工作。他在英国国教的礼拜和纪律方面拘泥细节——常常超过了人们在英国的实际做法——这在不久之后就给他招来了一些敌人。他和一个妇女已经订婚，到了谈婚论嫁的程度，但却决定在这个问题上拈阄——他总是有一点迷信的成分，并且据此断绝了双方的关系。而当这个妇女嫁给了另一个人，并且不再参加卫斯理模仿他父亲和“神圣俱乐部”而建立的宗教小圈子的时候，他又借口她没有准备好接受圣餐，而拒绝给她圣餐。这个事件以及许多类似的事件，使他成了几桩民事诉讼的对象。在这种情况下，卫斯理深信，他作为牧师失败了，便决定返回英国。回到不列颠后，他重新建立了和摩拉维亚派的联系，他们帮助他追求信仰和自我价值的斗争。最后，在1738年5月24日，发生了著名的奥尔德斯盖特(Aldersgate)的体验：“傍晚时分，我勉强地走到奥尔德斯盖特大街的一个集会，在那里一个人正在宣读路德写的《罗马人书》的前言。大约差一刻九点，当他描述上帝通过人们信仰基督而在人心中引起变化时，我感到我的心奇怪地温暖起来。我感到我
确实信赖基督，只靠基督得救：于是我被给予了一种保证，基督除去了我 309
的罪，甚至拿走了我的所有，并且把我从罪恶和死亡的律里拯救出来。”[14]

由于摩拉维亚派在若干场合里给卫斯理留下了深刻的印象，于是他决定到德国去旅行，在那里他会见了亲岑道夫，并且参观了赫恩哈特村。和以前一样，他被摩拉维亚派的信仰的深度以及他们的道德和宗教生活

---

⑭ *The Works of John Wesley*，1872年再版的影印本(Grand Rapids：Zondervan，1958～1959)，1：103。

感动了。然而,他并没有完全相信他应当在一切事情上追随他们,尤其是那种对他的积极的性格来说似乎是没有道理的清静无为和他们的神秘倾向。他返回英国后,有一个时期同摩拉维亚派保持友好的关系。但是,他终于被迫卷入同他们的争论,并且被迫把他的运动同他们的运动区分开。从一开始,他就反对摩拉维亚派的清静无为和神秘主义。在他同他们最后决裂的时候,他发表了他的日记的一些部分,他在其中写出了他对摩拉维亚派——尤其是因为他们存在于英国——的一些反对意见。很明显,卫斯理在这里所提出的,丑化了摩拉维亚派的信念。但无论如何,为了要了解他的反对意见的性质,引用他的一些话,可能是有益的。

在信仰方面,你们相信:

1. 在一切事情在人里面变成新的之前,在他有了信仰的充分保证之前,在他有了圣灵的永久的证据之前,或者在他清楚地感到基督寓居在他身上之前,不存在着任何程度的信仰,而且没有人有任何程度的信仰。

2. 因此你们相信,除了这之外……没有使人称义的信仰,也没有称义的状态。

而我们相信,

1. 在一切事情在人里面变成新的之前,在他有了信仰的充分保证之前,在他有了圣灵的永久的证据之前,或者在他清楚地感到基督寓居在他身上之前,存在着一定程度的信仰,而且一个人可能有某种程度的信仰。

2. 因此,我相信,除了这之外,而且通常是在这之前……有一定程度的使人称义的信仰(所以,也有称义的状态)。

310 至于得到信仰的方式,你们相信:

得到信仰的方式是,等待基督,并且安静;即,不去利用(我们所说的)恩典的手段;不去教堂;

不去分享圣餐；

不守斋戒；

不多利用私祷；

不读《圣经》；

（因为你们相信，这些手段不是恩典的手段；即，这些手段通常不把上帝的恩典传递给非信徒；而且，一个人利用这些手段，而不倚重这些手段，是不可能的）；

不做世俗的好事；

也不试图去做灵性上的好事。

（因为你们相信，那些其本身没有圣灵果实的人，不能给予圣灵的果实；而且，那些没有信仰的人是十足的瞎子，因此不能引领其他的人。）

而我相信，

得到信仰的方式是，利用恩典的一切手段，

等待基督和保持安静。

因此，我相信，对那些知道自己没有信仰（即，没有战胜一切的信仰）的人来说，这样做是对的；

去教堂；

分享圣餐；

斋戒；

尽可能多地利用私祷，并且

读《圣经》；

（因为我相信，这些手段是"恩典的手段"；即，这些手段通常确实把上帝的恩典传递给非信徒；而且一个人利用这些手段，而不倚重这些手段，是可能的）；

去做一个人所能做的世俗的好事；

并且尽力去做灵性上的好事。

(因为我知道,圣灵的许多果实是由那些其中本身没有圣灵的果实的人给予的;

而且那些没有信仰的人,或只有最低程度的信仰的人,可能有来自上帝的更多的启迪,更多的智慧,来引领其他的人,而许多有强烈信仰的人却不能。)⑮

311 在这些反对意见里人们可以看出卫斯理的虔诚和神学的大部分性质。他建立他的"卫理公会各协会"(Methodists societies)的目的,不是要同英国的教会对立或竞争。与此相反,他总是相信,英国的教会里施行的圣礼是恩典的正当的和有效的手段,而那些是英国教会成员而不是卫理公会运动成员的人,是真正的基督徒,他们确实有使人称义的信仰,虽然他们可能没有他在奥尔德斯盖特体验里所发现的那种程度的信仰和保证,而且他希望,他的讲道和他的各协会将一帆风顺。他把自己看成不是在异教的国度里宣讲福音,而是在基督徒同胞中间为了更新和加强他们的信仰而工作。

再者,虽然卫斯理是一个具有深刻的和真诚的信仰的人,但他强烈反对任何试图绕过有历史意义的恩典手段的神秘主义,这些手段是:教会的圣礼和教牧工作以及《圣经》的启示和上帝的使耶稣基督成为肉身。

由于这些考虑,可以预料,卫斯理的神学和英国教会持有的神学大体上一致。而且确实是这样,因为卫斯理总是肯定"三十九条教规"的教义,并且向他的追随者们推荐《公祷书》(*Book of Common Prayer*)。然而,在两点上,他的神学值得特别注意。这两点是他的有关基督徒生活的教义和他的教会学。

当卫斯理被指责为阿米尼乌派的时候,他不得不阐明他对基督徒生

---

⑮ *Works*,1:256~258.

活和得救过程的理解。他欣然同意这种指责，虽然他反对阿米尼乌派(Arminianism)和加尔文派(Calvinists)之间的没有意义的谩骂，并且指明，阿米尼乌主义被多特宗教会议的捍卫者们过分地诋毁了——他用讽刺的口吻说，多特宗教会议(Synod of Dort)“人数不多，学问不大，但和特伦特宗教会议一样公正”。⑯ 虽然有种种相反的指责，但他声称，无论他或阿米尼乌派都不否认原罪或因信称义。按照卫斯理的说法，争论中的三点是：预定论是绝对的抑或有条件的，恩典是不是不可抗拒的，以及圣 312
徒的持守。卫斯理声称，归根到底只有一个问题，即预定论的问题，因为其他两个问题只是它的必然结果。只有在这样的意义上卫斯理才接受绝对的和无条件的预定论，即有时上帝挑选某些个人从事特殊的任务，而且这些任务是不能避免的。但是，就和永恒的得救有关的意义来说，预定论永远是有条件的，并且取决于个人的信仰。

> 我将十分坦率地和简单明了地告诉你们。我相信，拣选通常意味着这两件事情之一：首先，神指定一些特殊的人，在世界上做一些特殊的工作。而且我相信，这种拣选不但是涉及个人的，而且是绝对的和无条件的。这样，赛勒斯(又译古列王，公元前600～529年)被拣选了……
>
> 其次，我相信，拣选意味着，神指定一些人去享有永恒的幸福。但是，我相信，这种拣选是有条件的，与之相反的被神摈弃(在救恩之外)也是有条件的。我相信，关于这两者的永恒的天命是用这样的话来表示的：“相信的人将被拯救；不相信的人将被罚入地狱。”而且毫无疑问，上帝将不改变这个天命，人也不能抗拒这个天命。⑰

---

⑯ *Works*, 10: 359.

⑰ 同上，第209～210页。

无条件的拣选他不能接受,因为这必然暗含着无条件的摈弃,而在他看来,这是和《圣经》关于上帝的本性的见证相抵触的。至于《圣经》谈到"创造天地之前"的拣选的那几段经文,卫斯理声称,因为上帝是永恒的,从神的角度来看,一切事务在实际上发生之前都被看成是已然发生的,就像上帝称亚伯拉罕为"多国之父"的时候那样。

这显然意味着,虽然在一些少有的事例里恩典可能是不可抗拒的,但这是例外的情况,而不是正常的情况,⑱ 而且一个人不能把没有提供不可抗拒的恩典当做是不去相信的理由。不去相信的原因恰恰是对恩典的抗拒。⑲

那么,卫斯理怎样避免声称,信仰的第一个动作(*initium fidei*)是在人
313 这一方面呢?这样一种声称他确实必须避免,因为要不然他就会被正当地指责有伯拉纠主义倾向,并且使上帝的恩典成为不必要的,或成为人的功德的结果。他对这个问题的答复只是,有一种普世的先行的恩典(prevenient grace)。由于这种恩典是给予所有人的,所有的人都能够——不靠他们自己,而是通过恩典在他们身上起作用——接受信仰的进一步的恩典,这种恩典将促使他们得到使人称义的信仰,并且最终得到他们得救的保证。

> 因为考虑到人们的所有的灵魂依照本性都沉沦在罪恶里,这并不能为任何人开脱,因为没有人是仅仅处于本性的状态里;没有任何人,除非他把圣灵泯灭了,是完全没有上帝恩典的。没有任何活着的人是完全没有"天然的良心"的东西的。但这不是天然的:称之为先行的恩典更为恰当。每个人都有或多或少的先行的恩典,先行的恩典并不等待人的请求……因此,任何人犯罪,不是因为他没有恩典,

⑱ *Works*,6:280.

⑲ 同上,10:254～255。

而是因为他没有利用他所有的恩典。[20]

卫斯理关于基督徒生活的观点里的另一个要素，在他的同时代人中间引起了一些争论，而且自那时以来一直被卫理公会辩论，这个要素是有关成圣的教义。卫斯理并没有把成圣理解为称义之后发生的某种事情，或是同善行有关的某种东西，而称义则同信仰有关。“我们因信仰不但称义而且也成圣”，而且“没有任何人在信仰之前是被圣洁化的：每一个人在他信仰的时候也成圣了。”[21]严格地说，成圣是我们被宣布为义的这件事情在我们身上的效果，因为通过一个单一的行动，上帝既使罪人称义，也开始使罪人成圣。但这不是一蹴而就的成圣。与此相反，成圣是一个过程，是每一个信徒都必须动身去完成的朝圣历程。其目标是完全的成圣，或基督徒的完美无缺。这种完美无缺并不意味着，达到完美无缺的基督徒不再犯错误，或不再需要来自上帝的恩典和支持。这种完美无缺实际上意味着，达到完美无缺的人不再故意触犯上帝的律法，而是出于爱心而行事。卫斯理并不相信，每一个基督徒在今生今世的过程中达到这种 314
状态。但是，他确实相信，应当宣讲成圣，既把这当做是为未来的天国的准备，也当做是在一切信徒面前经常保持的目标，以便他们能够稳步地走向成圣。因为，他坚持说，得救和基督徒生活不进则退。

这是把我们带到卫斯理对基督徒生活的理解的最后一个要素：他对基督徒的确信的观点。拒绝了有关无条件的预定论的教义之后，他不得不拒绝加尔文派的有关圣徒们的持守的理论，他把圣徒们的持守看成是预定论的必然结果。然而，这个教义在加尔文主义里扮演了重要的角色，尤其是在清教主义里，因为这个教义向信徒们保证，如果他们是在被拣选者中间，他们就不必再为他们的得救而担心。有关基督徒的确信的教义，

---

[20] 同上，6：512。

[21] E. H. Sugden, ed., *Wesley's Standard Sermons* (London: Epworth Press, 1961), 2:453.

或者有关圣灵的见证的教义，在卫斯理的神学里扮演了类似的角色。这意味着，圣灵向人的灵性证明，我们被宽恕了，并且被收容为上帝的儿女。毫无疑问，在创立这个教义的时候，卫斯理受到了他的奥尔德斯盖特的体验的影响，这种体验恰恰在于，突然相信他的种种罪行被宽恕了。但是，他并没有使他的这个特殊形式的体验成为一切基督徒的标准体验。“我并不否认，上帝难以察觉地在一些人里面起作用，使他们感到上帝的爱的逐渐增大的保证；但是我同样肯定，上帝在其他的人里面起作用，使他们刹那间感到充分的保证”。[22]

然而，这种保证和加尔文派的有关圣徒们的持守的教义的不同在于，卫斯理并不相信，这担保有了这种保证的人将永远是有圣徒持守。加尔文派的有关圣徒持守的教义是建立在一个人的被拣选上面的，既担保一个人的被救赎的目前状态，也担保一个人将来永远停留在这种状态里。卫斯理的关于保证的教义只是告诉我们，我们所有的罪都被宽恕了；但丝毫没有谈到从恩典那里落空的时刻存在的可能性。

如果卫斯理满足于宣讲这些教义，那么，循道公会运动本来是不会成为基督教教会内部一个独立教派的。诚然，卫斯理确实不希望发生这样的分裂，并且总是坚持他在英国教会里的会员身份。即使是卫斯理的满腔热情的讲道，虽然受到英国国教当局的斜眼看待，本来也不会导致一个
315 独立团体的产生。促使循道公会成为一个独立教派的原因是：卫斯理决定为他的追随者们按立牧师，以及他作为组织者的能力。起初，他依赖英国国教牧师向他的人们施行圣礼；而且他总是坚持说，他的各协会绝对不是英国国教教会的替代物，而是英国国教教会的补足物。但是，当他发现，只有很少的牧师参与这个运动，而且不得不派一些领导人到新大陆去管理英属殖民地的循道公会时，他和其他几个人就任命了这样的领导人。他采取这样一种步骤的神学的和历史的依据是，在早期的教会里，长老们

---

[22] *Works*, 12: 60.

和主教们之间没有差别，因此，由于他被任命为长老，他也可以任命其他的人担任同样的职务。他的论点从历史角度来看大概是正确的。但是在实际做法上，这意味着，这种同英国国教传统的决裂将是难于愈合的。这样，在声称没有建立一个新教会的同时，卫斯理采取了一些事实上促成这种教会建立的步骤。

这种含混不清后来在循道公会教会的教会论里反映出来。卫斯理建立的各协会，对他来说并不是教会，因此他能够保持他的大部分的高教会派的教会论，而不必让这种教会论来决定协会的形式。循道公会是英国国教派，而且他们的教会是英国的教会。然而，随着这两个团体的最后分离，循道公会成了一个组织机构，这个组织机构和其他的独立教会的传统极其相似。与此同时，在循道公会创始人的神学里继承了教会的一些观点，这些观点与循道公会的实际做法不大相同。试图解决这种含混不清的不同做法，部分地说明了英国循道公会和美国卫理公会之间的不同。(Methodist Church 在英国称为循道公会，在美国则称为卫理公会——译者)

在我们离开循道公会运动之前，必须谈一谈乔治·怀特菲尔德(George Whitefield，1714～1770 年)的贡献，他是牛津"神圣俱乐部"的成员，他的工作在许多方面和卫斯理的工作类似，虽然这两个人在他们的神学观点上有所不同。怀特菲尔德对基督教思想史的重要性只是在于，虽然他在其他每一个方面都是循道公会派，但他在他的神学方面是坚定的加尔文派，而不是阿米尼乌派——尽管他本人否认曾经读过加尔文的作品。[23] 他的同时代人认为，他是比约翰·卫斯理更有说服力的牧师，而且 316
他的工作终于导致了威尔士的加尔文派循道公会教会。人们很容易假定，阿米尼乌主义似乎比严格的加尔文主义更"适合宣讲"，但他作为牧师的成功说明这种假定是错误的。

㉓ S. C. Henry, *George Whitefield*: *Wayfaring Witness* (Nashville : Abingdon Press, 1957), p. 96.

大觉醒

英属北美各殖民地在18世纪目睹了一系列运动，这些运动在许多方面和我们刚才在欧洲看到的个人虔诚的复兴很相似。这两者之间有一些联系，因为乔治·怀特菲尔德是新世界的最有影响的牧师之一，[24]而且法兰西斯·阿斯伯里（Francis Asbury）和其他人也从大西洋彼岸带来了卫斯理的卫理公会。但是，各殖民地里也有一些情况在许多方面促使人们提出和敬虔派、摩拉维亚派以及卫理公会派类似的答案。在这里宗教也变得陈旧，并且局限在各教会和各教会的正统化里，而大批仍然有某种基督教信仰的人却和有组织的宗教没有什么关系。对这种局面作出的反应是，产生了和欧洲类似的运动，这个运动坚持个人的虔诚和得救，但和欧洲不同的是，这个运动冲破了一切教派的界线，从而有助于形成基督教新教在最终成为美国的那个地方的形式。

包括在"大觉醒"这个共同称号下的不同的运动，在其神学里提出了可能设想的形形色色的见解。然而，在实践方面，他们一致强调：皈依，个人的体验，私下里阅读《圣经》，以及倾向满腔热情的礼拜。

美洲大觉醒的最重要的神学家是乔纳森·爱德华兹（Jonathan Edwards，1703～1758年）。[25] 1717年在耶鲁大学当学生的时候，爱德华兹受到了洛克（Lock）哲学的影响——我们将在下章里讨论洛克的哲学——而且甚至在他的兴趣转向神学之后，洛克这个英国哲学家的影响仍然可以在他的方法论里看出来。若干年后，他有了和卫斯理类似的皈依的体验，
317 虽然较多地集中在上帝的压倒一切的荣耀上。这种体验以及他的教养，

[24] 见 J. C. Pollock, *George Whitefield and the Great Awakening* (Garden City, N. Y.: Doubleday, 1972)。

[25] D. Levin ed., *Jonathan Edwards: A Profile* (New York: Hill & Wang, 1969); P. Miller, *Jonathan Edwards* (Toronto: William Sloane, 1949); A. C. McGiffert, *Jonathan Edwards* (New York: Harper, 1932).

使他成为深信不疑的加尔文派,尤其是在有关拣选的教义方面,因为他认为,加尔文主义所教导的那样的无条件预定论是必然会随着上帝的至高无上而来的。作为马萨诸塞(Massachusetts)的北安普敦(Northampton)的公理会牧师和大觉醒的最有口才的演说者之一,他把有关神拣选的教义宣讲成为正确理解基督教生活的线索。然而,他的清教徒的加尔文主义促使他这样严格地执行教会的纪律,以致他被他的会众撤销了职务。在他作为牧师的最后几年里,他写出了他的《关于宗教感情的论文》(*Treatise concerning Religious Affections*,1746 年),[26]他在其中试图在那些谴责大觉醒的感情冲动的人和那些试图助长和利用这种感情冲动的人之间取得平衡。为了要在这件事情上引导他的读者们,他提出了若干标准,按照这些标准,那些是圣灵作用的结果的"感情"可以同那些不是圣灵作用的结果的"感情"区分开来。在他被撤离他的会众之后,他写出了《仔细地和严格地探究有关意志的自由的现行概念,意志的自由被认为是道德力量、善恶、奖惩、褒贬所必不可少的》(*A Careful and Strict Enquiry into the Modern Prevailing Notions of that Freedom of the Will Which is Supposed to be Essential to Moral Agency, Virtue and Vice, Reward and Punishment, Praise and Blame*,1754 年)。[27] 在这里他为无条件拣选进行辩护，无条件拣选成了加尔文主义的标记。按照他的说法，这种拣选并不损害自由，自由在于能够做一个人决心要做的事情，因为上帝的不可抗拒的恩典所做的，恰恰是引导意志去进行正确的选择。因此，虽然一个人因为恩典起作用而产生意念，但一个人仍然可以自由地按照他的意念进行选择和做事。

随着时间的推移,大觉醒呈现出了更多的感情色彩。虽然大觉醒最初出现在长老会派和卫理公会派中间,但不久之后就扩散到卫理公会派

---

[26] J. E. Smith (New Haven: Yale University Press, 1959).

[27] P. Ramsey (New Haven: Yale University Press, 1957).

和浸礼会派那里，在他们中间这个运动扎下了根，对他们来说大觉醒成了形成信仰的体验。在未来的年代里，尤其是在浸礼会派和卫理公会派中间，大觉醒的经历将大大影响各教会的生活和他们对自身使命的理解。

第十二章　转变中的哲学背景

本卷第一章提供了16世纪初期欧洲的酝酿中的事态的简短的大纲。318
由于一些明显的原因,我们把注意力集中在新教改革和天主教改革以及这些宗教改革内部出现的不同神学观点上。但是,16世纪巨大的动荡不安不能局限在教会的神学范畴里,不管是新教的神学也好,天主教的神学也好。当宗教改革出现在舞台上的时候,宗教兴趣之外的许多新的兴趣,正在吸引欧洲人的想象力。这些兴趣基本上属于两类:对自然界的发现和对头脑的能力的发现。自然界越来越吸引16世纪的人们的注意力。哥伦布开辟了一个崭新的世界。在旧世界里,印刷机、指南针和火药之类的发现表明,宇宙是有大量刚刚开始发掘的资源。这样,16世纪看到人们对科技越来越感兴趣。伦纳多·达·芬奇(Leonardo da Vinci)是新时代的象征,因为他不但是画家和数学家,而且是物理学家和工程师。与此同时,其他的人们正在发现头脑的其他能力。有的时候,这种发现同哲学资料的巨大财富有关,拜占庭人和人文主义者们把这种财富引进到拉丁
语世界里。这样,在16世纪,哲学又一次沿着它自己的道路前进,而很少 319
去注意神学家们的辩论和命令。

因此,对世界的兴趣和对人的头脑的兴趣,构成了思想的两种潮流,

这两种潮流在后来几代人期间将一再会合、缠绕和分离。这两种潮流在17世纪有很好的代表人物，第一种潮流由伽利略和培根代表，第二种潮流由笛卡儿代表。由于他们对神学的进一步发展很有影响，因此我们必须停下来简短地谈谈他们。

伽利略·加利莱（Galileo Galilei，1564～1642年）是一心一意地致力于观察宇宙的人。然而，这种观察不仅仅是边观察边记笔记的好奇的博物学家的观察。伽利略在内心里是数学家——事实上，他教数学多年，最初是在比萨大学，后来是在帕杜阿——而且他坚定地相信，“大自然的书籍是用数学的语言写成的”。按照他的说法，除了经验之外没有别的知识来源，经验向人类揭开了整个世界。如果经验里有一个似乎真实的错误。如：部分浸在水里的手杖似乎上折断了——那么，这个错误不是在经验主义的数据本身里，而是在头脑解释经验主义的数据的那种方式里。那么，经验必须是真正的哲学的源泉。伽利略不怎么喜欢这样一些“哲学家”，这些哲学家试图通过阅读亚里士多德的作品来发现宇宙的性质。他们的“书本世界”永远不能揭开真正的世界，而且任何蠢人的观察都能表明，古代的作者们常常是错误的。但是，经验必须归结为数学，才能成为真正的知识。质的语言不能恰当地描绘世界。只有能够用量的措辞来表达的事物才能正确地被理解。这就是比萨大教堂里的插曲的依据——这个插曲很可能是谣传——当时伽利略观察一个摇摆的灯而得出结论，钟摆的移动永远是等时的。他在比萨斜塔对降落物的速度进行的观察，情况也是如此。但是，人们一旦有了这种量的知识，他们就能够应用量的知识来发现新的知识；因此，伽利略发明了望远镜，并且通过他的观察而得出结论，哥白尼是正确的，地球是围绕太阳旋转的。概括地说，伽利略提出的是观察宇宙的一种严格的经验主义的和数学的方法。这大概是他对
320 现代科学的发展的最大的贡献。

法兰西斯·培根（Francis Bacon，1561～1662年）超过了伽利略，因为他不但把科学设想成了解宇宙的手段，而且把科学主要设想成统治自然

界的手段。如果人们设法了解了统治自然界现象的种种原理,那么,就有可能通过遵从和运用这些原理来控制自然现象。赖以得到这种知识的方法,在《新工具》(*Novum organum*)里被阐明,培根写这本书是用来反对亚里士多德的《工具》的。这是他计划的但从来没有写出的伟大作品的一部分,这个作品是打算用来作为庞大的科学百科全书的。这里所提出的方法基本上是实验的方法。仅有经验是不够的,因为人们必须按照某种次序来观察种种现象。通过实验,并且依靠一系列煞费苦心的步骤,就有可能发现现象下面的“形态”(forms)。

人们在这种探索里所发现的主要障碍,培根称之为“谬见”(idols)。这些谬见有四种:部落的谬见、洞穴的谬见、市场的谬见和剧场的谬见。第一种谬见是整个人类所常有的谬见,例如,从几个特殊的例子跳到总的结论上的这种倾向。洞穴的谬见和每一个人的特殊气质有关,因为每一个人都倾向于从一个特殊的角度来看待事物。市场的谬见之所以产生,是因为用来进行交谈的语言,把自己强加在头脑上,并且侵占了现实事物的地位。最后,剧场的谬见来自早期的哲学体系及其错误的和谬误的论点。在所有这些谬见里面,培根极力攻击的谬见是那些从大家所接受的见解里产生出来的谬见。为什么较老的见解一定是较好的呢? 事实上,如果人们对这件事情进行一些考虑,那么,很明显,所谓的较老的观点事实上是较年轻的观点,因为较老的观点是一个较年轻的世界的产物。随着世界变老,新的见解反映出较多的成熟性和经验,因此应当比老的观点受到更大的欢迎。这可以从这样一种习惯里看出来,即剧场的种种谬见仍然被大家接受,虽然事实上它们是错误的。要不是因为有这些谬见,那么,人们就会承认,亚里士多德只不过是一个诡辩家,他比较感兴趣的是,口头上给种种事物下定义,而不是寻求真理,而且柏拉图的作品只不过是哲学和神学的迷信的混合物。如果古代的所有这些错误的知识都被甩在
后面,那么,人类就能满怀信心地奔向“新的大西洋岛”——一个神话里 321
的岛屿,培根把这个岛屿设想成这样一个社会,这个社会完全致力于发现

那些统治自然界的原理,并且从这种发现中得到好处。

虽然培根的方法论从来没有完全被应用在科学研究上,但他的工作以及伽利略的工作的意义在于:他们的工作表明,16 世纪和 17 世纪初,现代技术的基础正在奠定。方法和手段可能还没有创立,但是在那时已经有了目标和不明言的价值观念。再者,培根对大家所接受的知识的批评——他的时代的许多知识分子都赞成这种批评——必然导向寻求探索的新手段,即不容易受到批评的方法,而古代哲学家们是常常受到这种批评的。培根试图在自然现象的领域里做的事,正是笛卡儿试图在形而上学的领域里做的事,他创立一种理性主义的唯心论作为理解整个现实事物的基础。

笛卡儿和理性主义的传统

勒内·笛卡儿(René Descartes,1596 ~ 1650 年)① 和伽利略一样,是一个非常好奇的人。在耶稣会会士们的指导下接受了传统的经院主义教育之后,笛卡儿感到,他必须得到对世界的更广阔的阅历,为此目的,他加入了纳索的莫里斯的部队,后来加入了巴伐利亚的马克西米利安的部队。他在荷兰的时候遇见了一个医学博士。他发现这个医学博士在科学和数学方面的研究和实验很吸引人,而且从那时起笛卡儿就用大部分时间来研究数学和物理现象。然而,1619 年 11 月 10 日当他在德国的一个小村子里的时候,他有了他的伟大的哲学发现。他本人描写这个体验的措辞,和奥古斯丁叙述他在米兰花园里的体验时所用的措辞相似,也和卫斯理描写奥尔德斯盖特的体验的措辞相似。② 虽然我们没有当时关于这个发

---

① 除了哲学的一般历史和笛卡尔本人的作品之外,下列作品也很有用:D. Cochin, *Descartes* (Paris: Félix Alcan, 1913);O. Hamelin, *Le système de Descartes* (Paris: Félix Alcan, 1911); J. Laporte, *Le rationalisme de Descartes* (Paris: Presses Universitaires de France, 1950)。

② *Oeuvres de Descartes*, ed. Ch. Adam and P. Tannery (Paris: Léopold Cerf, 1913), 10:179.

现的内容的报道，但我们可以有把握地假定，这个发现的内容是他后来在 322
他的《关于方法的讲话》(*Discourse on Method*, 1637 年)里和他的《关于哲学的沉思》(*Meditations on Philosophy*, 1641 年)里所概括和运用的方法。他并没有把他的发现理解成为在任何方面反对基督教教义，这一点可以从这个事实里看出来，即作为一个感恩的行动，他许愿要去参观洛雷托的贞女的圣殿。虽然他清楚地知道，他的哲学和他在拉弗莱彻(La Flèche)的耶稣会学校受到的教导大不相同，但他相信，他的哲学是完全符合天主教的信仰的，而且他指望，哲学家们和神学家们一样，都是心怀善意的人，因而将会欣然接受他的哲学。当伽利略的观点受到宗教法庭谴责时，他大为惊奇，因为那些观点构成了《关于世界的论文》(*Treatise on the World*)的大部分背景，这篇论文他是准备要出版的，但后来慎审地收藏起来。使他大为沮丧的是，他的观点受到乌得勒支的神学家们如此强烈的反对，以致在 1642 年人们禁止教导和讨论他的观点。在随后的年月里，其他的大学和学术中心采取了类似的步骤，与此同时笛卡儿申明和解释他的观点，但徒劳无益。

笛卡儿提出的方法由四点构成。第一，不接受任何事物为真实的，除非这种事物被清楚地证明为真实的。第二，分析和分解在前进途中所发现的每一个疑难之处，以便能够在不同的部分里解决这些疑难之处。第三，从简到繁，理清思路。第四，弄清楚每一件东西都是这样列举的和清点的，以致没有任何东西被遗漏。然而，如果人们记住，对笛卡儿来说，最确凿的知识莫过于数学的知识，因为数学的知识不是来自可能会错的经验主义的观察，而是来自推理的性质本身，那么，这四点就可以最好地加以理解。数学知识是真实的，即使撇开了数学知识可以应用在其上面的那些有形的物体。另一方面，经验主义的知识并不是绝对确凿的，因为我们大家都记得这样一些场合，那时我们的感官欺骗了我们，而且，如果我们感官欺骗了我们一次，那么，我们怎么能够知道，我们的感官不是始终在欺骗我们呢?

323 因此，笛卡儿的方法的出发点是，怀疑所有得自感官的知识，加上绝对肯定纯粹的推理的知识。他本人在他的方法的第一个原则里表明了这一点，即，任何事物在被证明毫无怀疑余地之前，不能信以为真。这也是他试图建立他自己的哲学体系时以无所不疑的态度开始的原因。

笛卡儿的这种怀疑被他的许多同时代人误解为纯粹的怀疑主义。但事实上，笛卡儿的怀疑和通常所说的怀疑主义大不相同。他的怀疑不像怀疑主义那样，不是出自一切知识都是可疑的这一概念和没有确实无疑可言的这一概念。

与此相反，他决心要怀疑，因为他相信，绝对的肯定是一种可能性，但这种肯定只有通过区分可能的事物和无疑的事物才能得到。这正是笛卡儿的怀疑的作用，因为这种怀疑被当做一个过滤器，只有绝对肯定的事物才能通过这个过滤器。

由于这种无所不疑的态度，哲学家寻求真理，必须从头脑本身开始。正是由于这个缘故，笛卡儿从他的“我思，故我在”（*cogito, ergo sum*）的著名论断里，开始推演出他的体系。当头脑决定要怀疑一切事物的时候，有一件事情是头脑所不能怀疑的，即，头脑自己的怀疑的行为。很明显，为了要怀疑，头脑必须存在。

具有特点的是，笛卡儿并没有接着试图证明经验主义的现实事物的存在。在他能够证明这种存在之前，他必须证明上帝的存在。他通过遵循圣托马斯的“五种方法”的任何一种方法，都显然做不到这一点，因为所有这些方法都把依情况而定的（contingent）存在物的存在当做出发点。因此，他遵循一条和圣安瑟伦类似的道路，试图在那些是肯定无疑的概念的唯一基础上证明上帝的存在。但是，笛卡儿提出的论点和安瑟伦的论点的不同在于，他并没有试图表明，有关上帝的概念逻辑上包括了存在。他所做的是，看一看他头脑里的有关上帝的概念，然后设法发现这个概念的起源是什么。在这样从依情况而定的事物——他自己关于上帝的概念——论证到必然的事物的时候，他的论点和圣托马斯的论点类似，因此,他在这一点上介于托马斯和安瑟伦之间。③ 他的论点是简单的,虽然他在不同的章节里以不同的方式重复了他的论点。他所说的实质上是,他在他的头脑里发现了有关一个无限的和完善的存在物的概念。他试图 324
怀疑这个概念,但他发现,他不能,因为他必须以某种方式来解释这个概念的存在,而且有关一个完善的存在物的这个概念能够被放置在他的头脑里的唯一方法,是由这样一个存在物来放置。他的有限的头脑靠它本身肯定不能设想出这样一个概念,这个概念显然比头脑本身大一些。那么,难道一个人不能声称,头脑只是把几个成分凑在一起,并且以一处不符合现实的方式把这些成分放在一起,就像有关马的要领和有关人的概念被放在一起,而形成了一个不存在的半人半马的怪物那样?肯定不能,因为有关上帝的概念是绝对简单的,并且不能被解释成为一些不连贯的想法的混合物。再者,上帝的存在也可以从这样一个事实来证明,即我们或多或少能够按照我们的概念的完善程度来整理我们的概念,而且如果有种种程度,那就必然有绝对的标准,即上帝——在这里笛卡儿接近于"出自比较程度"(*ex gradibus*)的传统论点,虽然不是把这个论点应用在事物上,而是应用在概念上。

"我思,故我在"已经使笛卡儿证明了他自己作为"思索的实体"(*res cogitans*)的存在。但是,他对他的身体的存在能够同样肯定吗?很清楚,身体的存在以及一般的物质世界的存在,并不是头脑以直接的和不容置疑的方式而知道的纯粹的推理的真理。那么,至于我们自己的身体的存在和世界的存在,我们要被迫停留在怀疑之中吗?绝对不是,因为我们这时能够肯定上帝的存在,而且不能设想,上帝会劝诱我们去相信这样大的一个谬误。这样,有趣的是,笛卡儿从灵魂的存在和上帝的存在出发,证明了身体的存在和世界的存在。

我们所能有的关于我们的身体的最清楚的概念,是身体的延伸,即,

---

③ *Oeuvres*,3:297;7:34~52;9: 209~211.

身体占据空间，而且有体积，就像几何学所研究的体积那样。因此，笛卡儿谈到人的身体时，把人的身体说成是“有延伸物的实体”（*res extensa*），而和“思索的实体”——即灵魂形成对照。他从来没有讲清楚的是，这两个实体怎样彼此联系起来。那么，问题是，思想怎么对身体产生作用，以及身体怎样对思想产生作用呢？当我的头脑产生一个思想的时候，头脑怎样把思想传递给我的身体呢？当我的身体遇到什么事情的时候，我的头脑怎么会知道呢？这就是“实体的交流”的问题，这个问题将引起后来的笛卡儿派的注意。

笛卡儿总是很小心，不去招致教会当局的不愉快。正像我们已经说
325 过的那样，当他听说伽利略的观点遭到谴责的时候，他克制住不去发表他自己的作品，因为这个作品提出了一些类似的观点（他后来发表了这个作品的一些部分，他认为这些部分不会触怒正统派）。再者，这不但是小心谨慎的事务，而且是深刻信仰的事务。他毕生都是一个虔诚的人，除了和神学知识小组有一些联系之外，他严格地忠实于正统的信念。可是，他和他的追随者常常受到教会当局和学院当局的斜眼看待，而且他的著作被不止一个大学取缔。这样做的原因是很明显的，如果人们考虑到，笛卡儿正在提倡这样一种体系，在这种体系里最终的权威不是启示，而是理智。诚然，在笛卡儿的框架里，如果人们相信历史上的启示的价值，那么，这种信仰只是在一个推理的过程之后才是可能的，这个推理过程证明物质世界的事物和事件是可以信赖的。因此，虽然笛卡儿本人相信，他实际上是在表明基督教信仰的合理性，但许多人在证明这种合理性的做法本身里看到了这样的含意，即启示不再是可以信赖的。在他之后，哲学家们倾向于试图把他们的整个体系只建立在理智的基础上，而且神学家们常常发现自己面对着这样的抉择：或者是建立在理性主义的哲学的基础上，或者是声称，理智靠它本身不是认识永恒的现实事物的有效工具，因此理性主义的哲学家们是错误的。

不久之后，笛卡儿主义就在欧洲各地有许多追随者。虽然大多数笛

卡儿派比较感兴趣的是笛卡儿的物理学、数学和生理学,而不是他的形而上学,但有若干神学家把他的哲学当做他们所致力的工作的工具。阿德里安·希尔博德(Adriaan Heerebord)和雅克·杜·鲁尔(Jacques du Roure)设法以传统的经院主义的形式提出他的论题。在罗马天主教徒们中间,尤其是在法国的神父团体成员们中间,有许多人试图表明,笛卡儿和奥古斯丁之间大体上一致——常常是通过对照摘自这两个作者的文章。在荷兰,若干新教神学家在笛卡儿主义里看到有可能表明正统加尔文主义的基本的合理性,尤其是因为数学对现实事物的探讨方法,似乎证实了加尔文的有关预定论的教义所演变成的宿命论。这些人里面最值得 326
注意的是克里斯托夫·威蒂克(Christoph Wittich),他在1659年发表了一篇论文,他在其中设法表明,《圣经》的真理和"笛卡儿所发现的哲学真理"一致。

然而,笛卡儿主义在神学里所采取的最有特点的形式,可以从奥拉托利会成员(Oratory——天主教在俗司铎修会——译者)尼古拉·德·马尔布兰奇(Nicolas de Malebranche,1638~1715年)的作品里看出来,[4]他几乎不能被称为笛卡儿派,因为他把哲学和奥古斯丁的灵感的强烈的神秘倾向结合在一起。然而,由于他影响了博休特(Bossuet)和费内伦(Fénelon)等法国的著名学者,并且被他们驳斥,因此,他的牌号的笛卡儿主义在法国变得最流行,而且将使法国天主教教会具有特色,在19世纪里法国天主教教会因为这种特色而引人注目。

马尔布兰奇的神秘主义促使他把他的整个哲学集中在上帝上。在这里他的最重要的贡献有两个:他认为,一切概念都是在上帝那儿被知晓

---

④ A. Cuvillier, *Essai sur la mystique de Malebranche* (Paris: J. Vrin, 1954); L. Labbas, *L'idée de science dans Malebranche et son originalité* (Paris: J. Vrin, 1931); B. K. Rome, *The Philosophy of Malebranche: A Study of His Integration of Faith, Reason, and Experimental Observation* (Chicago: Regnery, 1963); M. E. Hobart, *Science and Religion in the Thought of Nicolas Malebranche* (Chapel Hill: University of North Carolina, 1982).

的，而且他声称，上帝是一切事物的唯一“有效因”。在这两点上，他显然超过了笛卡儿。第一点意味着，上帝不但是一切知识的保证——这一点笛卡儿已经说过了——而且也是一切知识的对象。当我们想到二加二等于四的时候，正是在上帝那里，我们看到了这个真理，因为正是在神的光照中，我们看到了每一个真理，而且上帝也看到了我们所做的事情。[5] 他这个观点是建立在他自己对奥古斯丁的上帝光照理论的解释之上的。虽然这种解释在历史上是不正确的，但这种解释有助于为 18 世纪的法国的大部分神秘主义定下调子。

马尔布兰奇声称，上帝是一切事物的“有效因”，这种声称同实质(substances)交流的这个问题有关，我们已经提到，这个问题是后来的笛卡儿主义不得不解决的难题之一。笛卡儿的意思是说，灵魂同身体直接交流。但是，他把这两者对比起来的那种方式，使人们很难看出，这种交流是怎样发生的。马尔布兰奇解决这个难题时声称，灵魂和身体不是彼此直接交流，而只是通过上帝来交流。当我们的灵魂似乎要让我们的身体完成一个动作的时候，事实上发生的事情是，上帝鉴于我们的灵魂的愿
327 望，使身体完成相应的动作。当我的身体似乎要同我的灵魂交流的时候，甚至当一个物体似乎要向另一个物体起作用的时候，如两个台球，情况也是如此。在所有这些事例里，以及在每一个可以想象的事例里，上帝是每一个结果的有效因。在这里人们再一次看到马尔布兰奇感兴趣的是，把每一件事情都集中在上帝上，因为他声称，把有效性归给任何次要的起因，将使次要的起因具有某种程度的神性。

那么，人们怎样才能避免宇宙里没有秩序的这个结论呢？人们怎样解释这样的事实，即似乎有自然的规律，而且类似的物体在类似的情况下似乎以类似的方式作出反应，仿佛这些情况是它们的动作的起因？答案

⑤ *Recherche de la vérité* (éclaircissement 10) *Oeuvres*, 21 vols. (Paris: J. Vrin, 1962 ~ 1970), 3: 127 ~ 143。

是很简单的:上帝不是反复无常的。与此相反,上帝建立了一种秩序,在另一个生物行动的时候,这种秩序通常将指导神对一个生物的行动。因此,比方说,上帝决定,在一个物体来到另一个物体所占据的地方的时候,上帝将促使这另一个物体以某种方式移动。由于这个缘故,撞击另一个台球的那个台球,可以说是另一个台球的移动的“偶然的起因”(occasional cause);但是有效因永远是而且只是上帝。比笛卡儿稍微年长的同时代人是英国人托马斯·霍布斯(Thomas Hobbes,1588～1679年),[⑥]他创立了一种完全不同的理性主义体系。霍布斯也希望在完全理性的基础上建立他的哲学,但是,他的出发点是感官的感觉,而不是头脑在它本身里所发现的概念。在这一点上,他是英国的经验主义的先驱者,我们下面将在这一章里研究英国的经验主义。但是,他强调推论的思维是科学的目标,这种做法使他接近于笛卡儿。无论如何,对霍布斯来说,他的哲学的出发点是,除非有“运动中的变化”,不然没有任何东西能够被感官感觉出来。凡是和早先完全一样的东西,不能给我们的感官留下印象,因此不能通过感官来认识这些东西。运动的规律是惯性、因果关系和物质不灭。在这些规律上霍布斯建立了一个自然主义的体系,这个体系不但包括物理学,而且也包括伦理学、心理学和政治理论。由于这些原因,他常常被 328
认为是现代的心理学、社会学和政治科学的先驱者。然而,对神学历史来说,他的重要性在于,他致力于从自然知识里得出所有这些东西的时候,他用例子说明了理性主义的基调。比方说,他的全部伦理学和全部政治理论,是建立在自我保存的这个普遍的推动力上的。他认为,上帝和真正

---

⑥ F. Brandt, *Thomas Hobbes' Mechanical Conception of Nature* (Copenhagen: Levin & Munksgaard, 1928); T. E. Jessop, *Thomas Hobbes* (London: Longmans, 1960); J. Laird, *Hobbes* (London: E. Benn, 1934); B. Landry, *Hobbes* (Paris: Félix Alcan, 1930); Z. Lubienski, *Die Grundlagen des ethisch – politischen Systems von Hobbes* (Munich: E. Reinhardt, 1932); R. Polin, *Politique et philosophie chez Thomas Hobbes* (Paris: Presses Universitaires de France, 1953); T. A. Spragens, *The Politics of Motion: The World of Thomas Hobbes* (Lexington: University of Kentucky Press, 1973).

的知识完全无关,因为如果神学家们所说的是真实的,而且上帝里没有运动的变化,那么,随之而来的是,我们无从知道上帝。虽然在内容方面有所不同,但这种自然主义的和理性主义的态度,在整个18世纪在哲学家中间将是很普通的,并且将向神学提出挑战。

巴鲁克·斯宾诺莎(Baruch Spinoza,1632~1677年),⑦虽然肯定不是笛卡儿派,但他深受笛卡儿著作的影响,而且在一定的程度上受到霍布斯著作的影响。他是葡萄牙的隐蔽身份的犹太人父母在阿姆斯特丹生的,他的父母逃避宗教法庭而到了荷兰。斯宾诺莎是有深刻的神秘倾向的人。他早年在家庭和犹太会堂里所得到的有关至高无上的和唯一的上帝的概念,在他因为异端而在1656年被逐出犹太会堂之后很久还继续给他的哲学以灵感。斯宾诺莎认为,笛卡儿主义对他自己的哲学来说是良好的预备训练,因为他同意笛卡儿,获得真正的知识的最好方法,是数学所遵循的方法。但是,他比笛卡儿把数学的方法学推演到更远的地步。事实上,他的主要作品《几何学程序证明的伦理学》(1677年他去世后出版),包括一系列逻辑上互相联系的定理,这些定理的论证遵循了几何学的严格的原理。

但是,他和笛卡儿的分歧远远地超过了这一点。他认为,笛卡儿在灵
329 魂(*res cogitans*)和身体(*res extensa*)之间作出了没有道理的区分。这些在实际上不是两个不同的实体,而是一个单一的实体的两个属性。事实上,整个现实事物只不过是单一的神圣的实体,而且由于这个原因,斯宾诺莎

⑦ D. Bidney, *The Psychology and Ethics of Spinoza: A Study in the History and Logic of Ideas* (New York: Russell & Russell, 1962); L. Browne, *Blessed Spinoza: A Biography of the Philosopher* (New York: Macmillan, 1932); V. Delbos, *Le spinozisme* (Paris: J. Vrin, 1926); J. Martineau, *A Study of Spinoza* (London: Macmillan, 1883); L. Roth, *Spinoza, Descartes, and Maimonides* (Russell & Russell, 1963); H. H. Joachim, *A Study of the Ethics of Spinoza* (Russell & Russell, 1964); J. A. Picton, *Spinoza: A Handbook to the Ethics* (London: A. Constable, 1907); R. Kennington, *The Philosophy of Baruch Spinoza* (Washington: Catholic University of America Press, 1980); A. van der Linde, *Benedictus Spinoza: Bibliographie* (Nieuwkoop: A. de Graaf, 1961).

的哲学被正确地解释为泛神论的理性主义的表达方式。这个实体有无限的属性。思想和物质是这些属性中的两个属性，而且我们相信思想和物质包括了全部现实事物的唯一原因是，思想和物质是我们有能力知道的仅有的两个属性。上帝是现实事物的唯一的实体，是一切事物的唯一的本性，这个本性在我们通常称为“上帝”的东西里作为有创造力的本性而出现，在世界里则作为被创造的本性而出现。至于哲学家，或者，至于任何人，生活中的目标不是别的，而是这样去理解这个遍及一切的现实事物，以及这样去和现实事物协调起来，以致一切情欲都平静下来，以致一个人安于他的现状和命运。这个现状不是自由的现状，因为每一件事情都是预先确定了的，而且自由只不过是一种错觉，这种错觉是由于我们对现实事物的片面看法而产生的。我们的命运仅仅在于回归到“一体”那里，就像一滴水回归到大海里那样。

戈特弗里德·威廉·莱布尼兹（Gottfried Wilhelm Leibniz，1646 ~ 1716 年），⑧是一个博学多才的人，人们认为他发现了（与牛顿无关）微积分学的数学原理。他的神学工作虽然远远不像他的哲学那样重要，但致力于在理性主义所特有的那种“普遍常识的神学”的基础上，使天主教徒们和新教徒们重新联合起来。另一方面，他的哲学避开斯宾诺莎的一些难题，尤其是避开笛卡儿主义的一些难题。他发现斯宾诺莎的哲学里不可取的东西是这样一个概念：包括世界在内的每一件东西，是作为神的本性的必然结果，出于必然而发生的。这一点以及与此密切相关的泛神论

---

⑧ R. W. Meyer, *Leibnitz and the Seventeenth - century Revolution* (Cambridge: Bowes & Bowes, 1952); C. A. Thilo, *Leibniz's Religionsphilosophie* (Langensalza: Hermann Beyer and Söhne, 1906). 特别有趣的书，见 Bertrand R. Russell, *A Critical Exposition of the Philosophy of Leibniz with an Appendix of Leading Passages* (London: G. Allen & Unwin, 1937); H. G. Frankfurt, ed., *Leibniz: A Collection of Critical Essays* (Garden City, N. Y.: Doubleday, 1972); R. McRae, *Leibniz: Perception, Apperception and Thought* (Toronto: University of Toronto, 1976); J. Jalabaert, *La théorie leibnizienne de la substance* (New York: Garland, 1985)。

的教义，莱布尼兹认为是不能接受的。与斯宾诺莎相反，莱布尼兹提出了
330 “理性的真理”和“事实的真理”之间的区分。理性的真理是必然的真理，因为属性包含在主体里。因此，比方说，当我说一个三角里的各角加起来等于一百八十度的时候，我所作的只是说清楚了已经包含在三角的概念里的东西，因此这是必然的真理，与之相反的情况是不可能的。但是，当我说“这个特殊的东西如此这般地存在着”的时候，这是事实的真理。这是依情况而定的真理，因为与之相反的情况是可以设想的。再者，在现实事物的实际世界里，我们从来没有遇到像理性的真理所暗指的那样的赤裸裸的必然性。理性的真理属于逻辑的范畴，而事实的真理则属于现实的范畴。因此，世界的实际的秩序并不是必然的秩序。世界存在的原因，以及这个特殊世界存在的原因，并不是必然的原因。上帝满可以合乎逻辑地制造另一个世界，或根本不制造世界。但是，世界的存在有足够的原因，即，上帝决心要充分利用所有的可能存在的世界，仅此而已。结果是，上帝和世界之间的关系，虽然是合理的，但不是必然的。这样，斯宾诺莎的泛神论就被拒绝了。

然后，莱布尼兹转向了大家都知道的笛卡儿的关于实体的交流的这个难题。他用双重否定的方法来解决这个难题，否定有两种不同的实体，也否定身体和灵魂之间有任何交流。没有两种实体，因为所有存在着的东西都是灵性的。物质只不过是一些个别的实体的混合物，这些实体的每一个都是灵性的。这些实体的每一个，莱布尼兹称为单子(monads)，是完整的和自我包含(self－contained)的。正像莱布尼兹所说的，单子没有窗口；它们不同其他的单子交流。但是，这些单子的每一个，从它自己的看法出发，包含有整个宇宙的一种再现，即所有的其他的单子的一种再现。上帝是一个单子，虽然和其他的单子不同，第一，因为上帝是其存在是必然的真理的唯一的东西——在这里莱布尼兹提出了他自己的那种本体论的论点。第二，因为上帝对整个宇宙有一个普世的看法。

如果这些单子“没有窗口”，因此不能彼此交流，也不能受到外部的

影响，那么，我们通常称为“实体的交流”的东西，实际上是一种预先确定了的和谐。

我们现在不得不询问，灵魂怎样意识到身体的运动，因为我们看不出 331
有什么方法来解释，一个延伸的质体的活动通过什么渠道传入一个不可分割的存在物里。一般的笛卡儿派宣称，这种结合是不能给予解释的……就我来说，我以一种自然的方式来解释这种结合。有关一般的实体或具体物的概念宣称，实体或具体物的目前的状态，总是它的先前的状态的自然的结果，随着这个概念而来的是，每一个个别的实体的本性，因而也是每一个灵魂的本性，是表现宇宙。每一个实体自从最初被创造以来就是这样的，以致由于它自己的本性的规律，必然会发生的是，它和一些物体里发生的事情是和谐的，尤其是和它自己身体里发生的事情是和谐的。那么，我们发现这一点是不足为奇的，即实体有能力把针刺的感觉传递给它自己，当针刺发生在它的身体上的时候。[9]

在另一段文章里，莱布尼兹争论说，灵魂和身体应当被看成是两个时钟，这两者经常保持同一个时辰。有关实体的直接交流的理论仿佛是设想，为了能够保持同一个时辰，这两个时钟必须彼此联系在一起。有关上帝的偶然的主导作用的理论仿佛是说，钟表匠必须不断地摆弄这些时钟。有关预先确定了的和谐的理论只是断言，上帝好比是一个完善的钟表匠，他的创造是这样的，以致每部分和其他的部分保持同步，即使它们之间没有真正的联系。[10] 因此，“按照这个体系，身体行动时，仿佛（假定不可能的事情）没有灵魂似的，而灵魂行动时，仿佛没有身体似的，而且这两者行动时，仿佛是一个影响另一个似的”。[11]

按照他的有关单子的理论，人的灵魂没有窗口，不能通过窗口来获悉

⑨ 摘自写给阿诺尔德（Arnauld）的信（1687 年），R. Latta 编的书里引用，*The Monadology and other Philosophical Writings*（London: Oxford University Press, 1951），p. 200。

⑩ “Third explanation” in *Monadology*（ed. Latta, pp. 333～334）.

⑪ *Monadology*, 81（ed. Latta, p. 264）.

外部的世界,随之而来的是,对莱布尼兹来说,所有的概念都是固有的。这不但包括“理性的真理”——笛卡儿和整个笛卡儿传统会同意,“理性的真理”确实是固有的——而且也包括“事实的真理”。头脑通过经验学
332 不到任何东西,因为头脑对其本身之外的任何东西不能有任何体验。更确切地说,似乎是对外部世界的观感的东西,只不过是上帝所创造的那样的头脑自己的本性的展开。从这个角度来看,莱布尼兹——他不认为自己是笛卡儿派——是笛卡儿开始的趋向的顶点,这种趋向设法在固有的概念里发现真正的知识,而固有的概念是在头脑里而不是在感官感受的世界里找到的。

就某种意义来说,莱布尼兹的哲学是笛卡儿提出的方法论的自然的结论。笛卡儿从怀疑全部现实事物的存在着手,然后证明他不能否认他自己的思索本身的这个现实事物。他所建立的哲学的唯心主义传统的最典型特点是,头脑及其概念成了首要的现实事物。笛卡儿接着在我们头脑里有关上帝的概念的基础上表明,感觉的世界和身体确实是存在着。但是,那些追随他的灵感的人总是很难解释,这两个现实事物——头脑和身体——是怎样彼此交流的。马尔布兰奇提出了他的关于上帝是一切运动的偶然的起因的理论。斯宾诺莎提出,事实上头脑和身体只不过是一个单一的无所不包的存在物的两个属性。这时莱布尼兹快刀斩乱麻而简单地说,没有这样的交流。单子没有窗口。在我们看来是外部世界给我们的头脑留下印象的东西,只不过是我们身上已经有的东西的展开。因此,严格地说,不存在知识,因为知识暗含着被认识者和认识者之间的联系。这就是唯心主义传统在莱布尼兹那里发现自己所处的死胡同,而且只是等到唯心主义传统在康德及其后继者的作品里找到新方向的时候,唯心主义传统才从这个死胡同里走出来。但是,在我们转向这些后期的哲学家们之前,我们必须停下来考虑经验主义者们的工作,他们试图提供另一种选择来代替唯心主义,而且他们在休谟那里发现自己处在死胡同里,就像唯心主义在莱布尼兹那里发现自己处在死胡同里那样。

英国的经验主义传统

在这一章开始的时候，我们指出，促使理性主义产生的因素之一，是现代的种种发现太多了。这些发现表明，在许多方面现实事物的结构和头脑的结构一致，因此这些发现被当做笛卡儿方法的灵感，笛卡儿的方法 333
把对世界的认识建立在头脑的知识上。但是，这些发现也表明，仔细地观察自然现象有助于纠正许多错觉，这些错觉原来被头脑当做是真实的。这就是我们已经讨论过的法兰西斯·培根的工作的着重点。我们也表明，托马斯·霍布斯怎样试图把理性主义的体系建立在感官感觉的基础上。培根和霍布斯两人代表了经验主义的早期阶段，经验主义后来成为英国的另一种选择，来代替欧洲大陆的唯心主义。这种经验主义对英国的神学产生巨大的影响，英国的神学一再试图把一些理性的体系建立在经验主义者们对理智的理解的基础上。后来，正像我们将要看到的那样，这种经验主义对欧洲大陆的神学也产生了非常重要的影响，虽然这大部分是通过康德的间接影响，康德试图提供另一种选择，来代替经验主义在大卫·休谟那里发现自己所处的那个死胡同。

虽然英国的经验主义有培根和霍布斯作为它的先驱者，但约翰·洛克（John Locke，1632～1704年）[12]通常被认为使这个体系有了最具说服力的表达手段。他于1690年在他的《关于人的理解的论文》（*Essay Concerning Human Understanding*）里做到了这一点。在这里他断言，除了感觉之外，头脑就像一块白板，因为固有的概念是没有的。笛卡儿及其追随者所采纳的有关固有的概念的这一想法，最近在剑桥柏拉图派的作品里找到了新的和强有力的表达方式。例如，拉尔夫·卡德沃思（Ralph Cud-

⑫ R. I. Aaron, *John Locke* (3d ed., Oxford: Clarendon Press, 1971); K. MacLean, *John Locke and English Literature of the Eighteenth Century* (New York: Russell & Russell, 1936). 他的作品以四卷集出版（London: W. Straham, 1777）。很多版本中都收有《论文》（*Essay*）。

worth,1617～1688 年）在 1678 年发表了《宇宙的真实的理智体系》（*The True Intellectual System of the Universe*）。[13] 他在其中试图表明，有关上帝的概念，基本的道德原则以及有关自由和责任的想法，都是固有的，因此基督教是最合理的宗教。洛克确实相信基督教的合理性；但是他对理智本身有不同的看法，而且他相信，在试图表明这种合理性之前，必须澄清有关理智及其作用的这个想法。试图在所谓的固有的概念上面建立种种体系的做法是注定要失败的，因为这些做法把未经证实的原理当做是必然
334 有效的。与此相反，人们必须从拒绝一切事先想好的和未经证实的想法入手——“固有的”（innate）概念实际上就是这类想法——而且承认，一切知识都是来自经验。然而，这并不意味着，一切知识都是来自感官所提供的外部的信息，因为也有我们本身的内在的经验和我们自己的头脑的活动的内在的经验。

> 那么，让我们假定——正像我们所说的头脑是一张白纸，没有任何文字，没有任何概念；头脑是怎样有了这些东西的呢？……对这个问题我用一句话来回答，来自经验；在经验里我们找到了我们所有的知识，从经验里知识终于产生出来。我们对外部的可觉察的物体的观察，或者我们对我们的头脑的内部运转的观察，是我们自己看到的和思考的，正是这种观察向我们的理解能力提供了思索的一切材料。这两者是知识的源泉，从那里产生出了我们所有的或我们自然会有的一切概念。[14]

这并不是说，洛克在宗教事务方面是怀疑主义者。与此相反，他相信，即使在去掉固有的概念和首要的原则的时候，他仍然能够持有传统基

---

⑬ Reprint（London：R. Priestley，1820）.

⑭ *Essay*，2.1.2.

督教的基本教义。再者,使神学去掉固有的概念并表明所有的知识必须建立在经验上,这种做法将有助于使基督教恢复它原来的合理的简单纯朴,并且去掉各种各样的神学经院主义的没完没了和毫无用处的推测。因此,他试图表明,例如有关上帝的存在的教义,将不会因为他否认固有的概念而受损。很自然,他论证上帝存在的论点,采取了传统宇宙论的论点的形式,即,他从看到的种种事物开始,并且往回追溯到这些事物的原来的起因。再者,洛克并没有否认启示是知识的一个来源。他所说的"经验"不只是指普通的感官的体验。启示也是一种经验主义的现实事物,这不是说启示可以在实验室里加以控制和检验的意思——无论如何,这不是洛克所说的"经验主义"指的东西——而是说启示也是作为一种经验临到人类。

从这个角度来看,基督教一旦去掉了它的所有的经院主义的包裹,就 335
可以被表明是最合理形式的宗教。基督教基本上在于相信上帝和相信基督是弥赛亚,基督是被派来展示上帝和上帝对我们的旨意。基督的这种神圣的使命是由他的许多神迹证实了的——洛克并不否认神迹,虽然他清楚地表明,看到显圣的神迹,要求观看的人具有某些条件。

洛克试图使基督教简单化,与此同时又保留他认为对基督教来说是基本的那种东西,这种做法有非常实际的目的。他看到他的国家被神学的种种争论搞得四分五裂,这些争论涉及一些在他看来是无关紧要的和常常是不可理解的事物。因此,去揭示超过某些限度的神学探究是毫无用处的,以及界定基督教的实质,在他看来是使国家以及国家里的基督徒们和解的一项非常重要的工作。这一点可以在他的《论宽容的书信》(*Letters concerning Toleration*)里最清楚地看出来,他在其中提倡所有人的宗教自由,只有天主教徒和无神论者除外,他认为,他们对国家是起破坏作用的。

霍布斯和洛克在哲学里提倡的经验主义,在神学方面从自然神论表现出来。[15] 在这个范畴里，自然神论这个词不像它后来那样意味着这样的观点，即，虽然有上帝，但这个上帝并不关心当前人类的状况。更确切地说，这个词意味着，把宗教缩减为它的基本的、最被普遍接受的和最合理的组成部分。就这个意义来说，自然神论的主要先驱者是彻伯里的赫伯特勋爵(Lord Herbert of Cherbury，1538～1648 年)，他拒绝有关特别的启示的概念，并且试图表明，所有的宗教都有共同的五点：上帝的存在，礼拜上帝的义务，这种礼拜的道德性质，需要悔罪以及来世的奖赏和惩罚。这些就是 18 世纪英国自然神论者们的基本信条，他们的实力由于洛克批评教条主义的神学和坚持基督教的合理性而得到加强。

然而，自然神论者们远远超出了试图表明基督教的合理性。他们的
336 主题是自然宗教的合理性，一切宗教都必须符合自然宗教。只要基督教和自然宗教相一致，基督教就是真实的和合理的；但是，当基督教试图添加特殊的或明确的启示的这一成分时，基督教就陷入了迷信。这就是约翰·托兰(John Toland，1670～1722 年)在他的《基督教不是神秘的》(*Christianity not Mysterious*)一书里所表达的观点。他在书中试图表明，基督教里一切有价值的东西都是可以被人的头脑理解的，启示是不必要的，而且人们在传统基督教里找到的一切神秘的成分，要么是从异教那里借来的，要么就是牧师们编造的。与此类似，马修·廷德尔(Matthew Tindal，1655～1733 年)写了《基督教和创世一样古老》(*Christianity as Old as Creation*)一书。他在书中声称，福音的目的不是要带来客观的救赎，甚至也不是要给予新的启示，而只是要表明，有一个普遍的自然的规律，这个规律是一切宗教的基础和内容，从而使人类摆脱迷信。

自然神论者们的想象中的“普世宗教”，事实上是把选拣一些最相调

---

⑮ J. Orr, *English Deism: Its Roots and Its Fruits* (Grand Rapids: Eerdmans, 1934); P. Gay, *Deism: An Anthology* (Princeton: Van Nostrand, 1968); W. L. Craig, *The Historical Argument for the Resurrection of Jesus during the Deist Controversy* (Lewiston, N. Y.: E. Mellen, 1985).

合的传统的基督教教义，把它们凑在一起，而且他们相信，这些教义可以由运用理智来支持。因此，比方说，他们常常通过因果关系的次序来证明上帝的存在——这是传统的神学家们长期以来所作的事情——而且他们这样证明其存在的上帝，原来是和基督教正统化的上帝极其类似的。同样，他们相信，他们能够表明灵魂是不朽的，而且他们能够证明，死后善有善报和恶有恶报。他们的伦理学大都是从斯多葛的禁欲主义那里来的，在这种主义里有关自然律法的概念已经起了非常重要的作用；因此，《新约圣经》的伦理的禁令是按照斯多葛的关于自然律的理论来加以解释的——总之，这一点在基督教传统里有充分的先例。

虽然自然神论在不列颠找到了它的最肥沃的土壤，但不久之后自然神论就扩散到世界的其他部分。自然神论通过本杰明·富兰克林（Benjamin Franklin）、托马斯·杰斐逊（Thomas Jefferson）和托马斯·佩因（Thomas Paine）等人物而在美国的早期有塑造未来的影响——佩因宣 337
称，“我相信唯一的上帝，仅此而已”。[16] 在法国，自然神论在伏尔泰这个人身上有了特殊的性质，他嘲笑英国的自然神论者们，因为他们声称他们知道的比人们可能知的还要多。

自然神论从那些把它看成是对基督教信仰的威胁的人那里招来了许多攻击。这些攻击大都不去过问自然神论者们的论点和反对意见，而只是借助《圣经》的启示来驳斥他们。约瑟夫·巴特勒（Joseph Butler，1692～1752 年）在他的《宗教的类比法》（*Analogy of Religion*）里，从正统观点的角度提出了最有说服力的答复。[17] 在这个作品的第一部分里，巴特勒论

[16] G. A. Koch, *The Religion of the American Enlightment* (New York: Thomas Y. Crowell, 1968); H. M. Morais, *Deism in Eighteenth Century America* (New York: Russell and Russell, 1960).

[17] W. E. Gladston, *Studies Subsidiary to the Works of Bishop Butler* (Oxford: Clarendon Press, 1896); E. C. Mossner, *Bishop Butler and the Age of Reason: A Study in the History of Thought* (New York: Macmillan, 1936); W. J. Norton, *Bishop Butler: Moralist and Divine* (New Brunswick, N. J.: Rutgers University Press, 1940).

述了自然宗教。在这里他和自然神论者们一致，而且甚至重复了他们论证上帝的存在、灵魂的不朽、死后的奖惩等等的论点。在论述天启宗教的第二部分里，巴特勒试图表明，自然神论者们在拒绝启示的资料方面犯了错误。在这里他并没有证明启示的内容基本上是合理的。更确切地说，他承认，在有关特殊的启示的这个概念里有疑难之处；但是他又补充说，在宇宙是一个协调的和有序的体系的观点里也有疑难之处。在这两种情况中，人们必须凭或然性来指导。整个生命都是由这种或然性指导的，而且与此相似，我们对启示的信赖也必须遵循同一道路。在这样重新确定了启示之后，巴特勒接着表明，基督教里有若干成分，自然神论者们或者是拒绝了或者是忽略了，但这些成分对真正的宗教来说是基本的。巴特勒的书作为驳斥自然神论的工具，不久就很受欢迎。试图驳斥自然神论的这一做法，采取了“理性的超自然主义”的形式，人们希望在其中用理性的论点来证明，自然神论者们是错误的，而且理智迫使我们假定超自然的东西是真实的，尤其是假定有关创造天地万物和启示的教义以及《新约圣经》的种种神迹是真实的。这种主张的主要解说者是威廉·佩利（William Paley，1743～1805 年），他推广了这样的论点，即创造天地万物的复杂性指向了一个造物主，正像一个钟表要求有一个钟表匠那样。[18] 虽然这类论点立即很受欢迎，而且最晚到 19 世纪甚至 20 世纪还被人们使用，
338 但这些论点不久就被那些意识到康德作品的强烈冲击力的知识分子放弃了。

然而，对自然神论的最沉重的打击，不是来自反对自然神论的神学

⑱ 见 D. L. LeMahieu, *The Mind of William Paley: A Philosopher and His Age* (Lincoln: University of Nebraska, 1976)。

家,而是来自哲学家大卫·休谟(David Hume,1711～1776年)。[19] 休谟把洛克的经验主义当做他的出发点,把经验主义推演到其最后的结果,并且在这样做的时候表明经验主义本身的种种不当之处。在《关于人的理解的探究》(*Inquiry Concerning Human Understanding*)里,休谟在这样一点上同意经验主义的传统,即没有事先体验过的事情是无从知道的。头脑像一块白板,在那里没有固有的概念。但是,这意味着,我们并不真正知道若干事物,其存在被我们当做是理所当然的。尤其是,我们既不知道因果关系,也不知道实体。我们从来没有体验过一个事件引起另一个事件。我们体验过的事情是,在从前,某事件之后总是跟随着另一个特定的事件。于是,我们告诉自己,由于事件甲是事件乙的起因,因此,另一个和甲类似的事件将造成和乙类似的某种事情。在这里我们在两点上犯了错误。第一,我们并没有真正看到事件甲引起事件乙。我们所体验到的只是这两个事件的巧合,而且从来不是这两个事件的联系。第二,我们预先假定一个次序的未来的延续,而这显然是我们没有体验过的事。因此,因果关系可能是日常生活中的有用的知识概念——诚然,如果我们不把因果关系当做是理所当然的,我们就不能安排我们的生活——但是,因果关系既不是经验主义的现实事物,也不是推理的必然事物。同样,实体是我们从来没有体验过的,但我们不管怎样还是把某种东西当做是理所当然的。我们所察觉到的只是一系列印象——尺寸、颜色、气味,等等——然后,我们把所有这些归给一个我们从来没有体验过的"东西"或实体。我很可能察觉到一些质量,诸如尺寸、颜色等等;我也可能察觉到,在这些质量中间有时间和空间的巧合;然后我假定有一个实体X,并且认为这个实

---

[19] E. C. Mossner, *The Life of David Hume* (London: Thomas Nelson, 1955); H. H. Pierce, *Hume's Theory of the External World* (Oxford: Clarendon Press, 1940); V. C. Chappell, *Hume* (Garden City, N. Y.: Doubleday, 1966); J. H. Noxon, *Hume's Philosophical Development: A Study of His Methods* (Oxford: Clarendon, 1973); B. Stroud, *Hume* (London: Routledge and Kegan Paul, 1977).

体有这样的气味，有那样的尺寸，等等。再则，假定这类实体的存在，在我们的日常生活中可能是绝对必要的。但是，人们不应该声称拥有关于一
339 个实体的知识，因为知识来自经验，而且没有人曾经体验过实体。再者，不但被认为和外部感觉有关的种种实体的情况是如此，而且头脑的情况也是如此。我们从来没有看到我们自己的头脑。我们察觉到的是一些操作运转，我们把这些操作运转归给了一个叫做“头脑”的假定的实体。

休谟的重要性是双重的，因为他既表明了自然神论里所固有的疑难之处，也表明了纯粹的经验主义的认识论是不可能的事。

休谟敲响了自然神论的丧钟，他指出，自然神论试图用来证明自然宗教的合理性的那些论点，并不像原来看起来那样合理。比方说，论证上帝的存在的宇宙论证，是建立在有关因果关系的概念上的，而休谟这时表明，因果关系只不过是一个方便的假设。而且论证灵魂不朽的那些论点，是建立在灵魂是非物质的实体的这一概念上的，而当有关实体的这一概念受到怀疑的时候，这些论点就失去了大部分的说服力。

至于经验主义，休谟在这方面起的作用，和莱布尼兹在早期唯心主义方面起的作用相似：休谟把经验主义推演到了死胡同里。如果我们果真既不能体验实体，也不能体验因果关系，如果思维没有这类知识概念就果真不可能的，那么，很明显，严格的经验主义的认识论用来解释人的认识，就是不恰当的。哲学在休谟的经验主义那里和在莱布尼兹的唯心主义那里陷入了困境，而把哲学领出困境的任务则留给了伊曼纽尔·康德。

康德和他对现代神学的重要性

伊曼纽尔·康德(Imamanuel Kant,1724～1804年)[20]在东普鲁士度过整个一生,大部分是在柯尼斯堡(königsbarg)。他生活的地域局限性使他涉及宇宙范围的作品显得很惊人。他从欧洲各地的种种不同来源广泛汲 340
取材料,包括休谟和莱布尼兹的哲学,牛顿的物理学以及敬虔派的宗教信仰。然后,他在早期哲学的认识论和批判法里把以上这些拼凑在一起,反过来又在同样多样的范畴里改变了随后几代人的思想方式。

和许多同时代人一样,康德最初是受到笛卡儿和莱布尼兹的理性主义的影响。但是,正像他后来说的那样,休谟把他从"教条主义的睡梦"中唤醒。[21] 他不能接受怀疑主义,而怀疑主义是休谟的结论。另一方面,他同意休谟的说法,经验从来都不能知道因果关系和实体。再者,他不久之后就发现,这两者并不是经验所不能说明的知识的唯有的成分。于是,他着手罗列这些成分,并且设法给这些成分寻求一种解释。他把这种探索的结果写在他的不朽的《纯理性的批判》(*Critique of Pure Reason*,1781年)[22]和《未来形而上学导论》(*Prolegomena to Any Future Metaphysics*,1783年)里。

---

⑳ E. Caird, *The Critical Philosophy of Immanuel Kant* (Glasgow: J. Maclehose & Sons, 1909); R. Kroner, *Kant's Weltanshauung* (Chicago: University of Chicago Press, 1956); W. Schultz, *Kant als Philosoph des Protestantismus* (Hamburg: Herbert Reich, 1960); H. J. de Vleeschauwer, *The Development of Kantian Thought: The History of a Doctrine* (London: Thomas Nelson, 1962); R. M. Wenley, *Kant and His Philosophical Revolution* (Edinburgh: T. & T. Clark, 1910); C. D. Broad, *Kant: An Introduction* (Cambridge: University Press, 1978); E. Cassirer, *Kant's Life and Thought* (New Haven: Yale, 1981); H. E. Allison, *Kant's Transcendental Idealism: An Interpretation and Defense* (New Haven: Yale, 1983). 特别有趣的书,见 Martin Heidegger, *Kant and the Problem of Metaphysics* (Bloomington: Indiana University Press, 1962)。

㉑ *Prolegomena to Any Future Metaphysics* (Indianapolis: Bobbs - Merrill, 1950), p. 8.

㉒ 他在1787年出版了修订本。

康德同意经验主义者的观点：知识的所有数据都来自经验。他和休谟一样看到，人们从来都不能体验一个物体的存在——即他称为有别于"现象"（phenomena）的"本体"（noumenon）。感官知觉所给予我们的只是一系列现象。然而，这些现象并不是以有组织的方式来到我们这里的，因为声称宇宙里有这样的次序，将会再一次成为休谟提出的反对意见的对象。那么，人们怎样解释从感官的杂乱无章的数据到我们称之为知识的井井有条的和有意义的概念的这一转变呢？

这样的解释在笛卡儿主义和其他形式的唯心主义所提倡的固有概念里是找不到的。这样的解释在经验主义者的有关头脑像一块白板的概念里也是找不到的。康德的哲学的重要性恰恰在于，他既注意了这两方提出的有效之点，又提出了他自己的独一无二的解决方法。这个解决方法在于断言，在知识的一切数据有一个经验主义起源的同时，头脑本身里有一些结构，头脑在接受和组织这些数据的时候必须使用这些结构。头脑只有通过把种种现象放在时间和空间的基本结构里才能知道这种种现
341 象。时间和空间不是像知识的对象那样可以在"那里的什么地方"找到。时间和空间反倒是在我们里面，作为固有的格局，感官的杂乱无章的数据在其中被组织起来。如果有一些现象不适合这些格局，那么，头脑从来都不能知道这些现象，因为这些现象落在人的认识和经验的范围之外，就像呼唤狗的高音哨子那样，人的耳朵是听不见的。再者，除了时间和空间之外，还有认识的其他结构，康德称之为"范畴"。范畴有十二个，分成四组：关于量的（个体、复数以及全体），关于质的（现实、虚无以及局限性），关于关系的（实体、起因以及共同性），还有关于形态的（可能性、存在以及必然性）。这些是存在于每一个人的头脑里的基本结构。这些结构是普遍的和不可更改的。

感官知觉向头脑提供的东西不应当叫做"经验"。感官提供的只不过是一堆乱七八糟的感觉，这些感觉之间没有关系。"经验存在于意识里

的种种现象(种种感觉)的综合的联系,如果这种联系是必要的话”。[23]经验是头脑用来整理感觉数据的过程的结果。如果康德生活在两个世纪之后,那么,他或许会用电脑做例子,某些结构被当做程序编入电脑里。这个电脑能够接受、组织和利用向它提供的各种各样的数据,但只是在这样的程度上,即这类数据适合它的程序。因此,人的头脑有一些非常重要的局限,头脑的结构本身给予的局限性。但是康德所理解的那样的头脑,具有更为积极的和创造性的作用,其程度远远超过了经验主义者一直以来所愿意给予头脑的这种作用。

康德的哲学对神学和哲学的未来发展有巨大的意义。在哲学领域里,他的工作被比作哥白尼在天文学方面的革命。他的哲学的神学意义远远超过了他本人所预见的地步——我们将有机会回到这种意义上面来。然而,首先,我们必须注意,他在神学领域里实际上写了些什么,因为
在这一方面,他的作品不只是一个新时代的开端,更是18世纪理性主义 342
的顶点。由于他用有条理的彻底性探讨他的神学的任务,就像他用有条理的彻底性探讨认识论的问题那样,因此,他的神学思想作为神学的理性主义的有说服力的表达手段,值得在这里给予一些注意。

康德以典型的理性主义的方式把宗教看成是具有协助道德生活的唯一作用。这并不意味着,宗教是我们对道德责任的认识的来源。声称宗教有这样的作用,将有这样的含意:那些不信宗教的人,如果道德生活有缺欠,是可以原谅的。道德的基本原则,康德称之为“道德的最高律令(categorical imperative)”,是人所共知的。道德的基本原则坦率地告诉我们,我们行为的准则必须是我们愿意看到这些准则被提高到全人类的普遍规则的水平上。理智,而不是宗教,是我们认识这种绝对要求的来源。真正的宗教的作用是协助履行这种义务。宗教里有什么东西减损这种做法,或者是不致力于这种做法,那么,这种东西就是迷信。再者,真正的宗

---

[23] *Prolegomena to Any Future Metaphysics* (Indianapolis: Bobbs – Merrill, 1950), p. 52.

教是普世的和自然的宗教。真正的宗教不是建立在一个特定的或历史的启示上,而是建立在人类生活的本性上。

就某种意义来说,这种真正的宗教是理性的。但这并不意味着,宗教的信条可以用理智来论证。当涉及到宗教事务,诸如上帝的存在,灵魂的不朽,自我的自由时,纯理智只能是“二律背反”(antimonies)的。即在其中肯定的和否定的答案似乎是同样合理的。之所以如此,原因是不存在关于这些问题的经验主义的论据,因此也就不能有严格意义上的知识。然而,仍然有有效的理由来肯定上帝的存在、灵魂的不朽和自我的自由。这种肯定的根据超出了纯理性的限度,而要到康德称之为“实践的理性”里去寻找。在《实践理性批判》(*Critique of Practical Reason*,1788 年)里,康德争辩说,有某些信条必须被看成是真实的,因为这些信条是道德生活的基础。因此,肯定上帝作为道德行为的审判者的存在,肯定灵魂的来世
343 作为因果报应的时刻,肯定自我作为一个负责任的行动者的自由,在实践方面是合理的。这些构成了真正的、自然的宗教的核心,而基督教是这种宗教的一种表达手段。

虽然基督教是自然宗教的一种表达手段,但基督教也是历史的、特殊的宗教。基督教有其他宗教所没有的某些特点。拿撒勒的耶稣并没有创建一种宗教。真正的宗教是自然的和普世的,不能由任何一个人来创建。耶稣只是教导这种真正的宗教。然而,他确实创建了一个教会。基督教是结合了教会的、历史的组成部分的真正的宗教,这些教会的、历史的组成部分是为了要专门致力于实现普世的伦理的神召。这些教会的组成部分包括这样一些“恩典的手段”,如个人的私祷、参加教堂活动、洗礼。恰当的私祷帮助我们考虑我们的责任,并且加强我们完成责任的决心。去教堂使我们置身于一个献身于真正的宗教团契的场合里,去教堂也是当众证明,需要严肃承担道德义务。洗礼是我们借以加入团契的入会的行为。而圣餐礼则保持和加强教会内部的社团凝聚力。所有这些手段,在被恰当地运用的时候,对道德生活是非常有帮助的;但是,绝对不能让这

些手段本身变成目的。

康德的道德兴趣在这样的程度上确定了他对宗教的理解,这种程度可以从他论述恩典这个问题的方式里看出来。他确实有关于恩典的概念,他相信这种概念是必要的,因为要不然那些犯了罪的人将会得出结论,任何试图改正他们的生活的做法都是毫无意义的。恩典因而向信徒保证,在决定遵从道德的生活之前做的坏事,可以看成是被宽恕了。还有,甚至在这种决定之后,没有任何生活是完善的,因此,恩典在这里起的作用是向我们保证,如果我们竭尽全力去做,上帝将为我们的种种不足之处做好准备,而且给我们的奖赏将不会落空。这种对恩典的道德主义的理解,和路德所反对的那种理解极其相似,这种理解导致这样的断言:"必须反复谆谆教诲的是,真正的宗教不在于知道或考虑上帝为了我们得救在做什么或做了什么,而在于我们必须做什么才能配得上我们的得救。"㉔

康德的作品对后来哲学和神学发展的影响是巨大的。甚至在理论物 344
理学的领域里,阿尔伯特·爱因斯坦也赞扬康德对他的思想的影响。㉕

关于康德对神学的重要性,要说的第一件事情是,他的作品宣告了肤浅的和不费力气的理性主义的终结,而这种理性主义在前几代人期间是这样地居于统治地位。通过声称头脑不能穿透现象而达到本性,他使一切有关实体、上帝、灵魂、自由等等的谈论受到了怀疑。再者,在诸如上帝的存在、灵魂的不朽和道德的自由的问题上,他表明,头脑能够得出两套互相矛盾的结论,而且之所以如此的原因是,在这种情况下,头脑是试图

㉔ *Religion within the Limits of Reason Alone*, 3.2. English translation by T. M. Greene and H. H. Hudson (New York: Harper, 1960), p. 123. 参 R. M. Green, *Religious Reason: The Rational and Moral Basis of Religious Belief* (New York: Oxford University Press, 1978)。

㉕ "Remarks concerning the Essays Brought Together in This Co-operative Volume" in P. A. Schilpp, ed., *Albert Einstein: Philosopher-Scientist* (Evanston, Ill.: The Library of Living Philosophers, 1949), p. 674.

解决超出了它的掌握范围的问题。试图证明上帝存在的一切传统论点，似乎都失去了它们的价值。因此，18 世纪在英国盛行一时的自然神论，被证明在理性方面是和任何求助于天启真理的做法一样可疑的。这反过来意味着，在这些问题上后来的思想家们可以有若干选择。

第一个和最明显的选择是，试图把宗教建立在纯理性之外的头脑的某种本能上。康德本人在他的《实践理性批判》以及《在理性的范围内的宗教》(*Religion within the Bounds of Reason Alone*)里遵循了这个方向。对他来说，宗教的恰当的根源，不是纯理性的，而是伦理的。人依本性是有道德的人，而且这种道德证明有上帝的存在，有灵魂的不朽和自我的自由。因此，康德所作的只是试图营救宗教里理性主义传统的某种东西，而且不是通过求助于纯理性而是通过求助于实践的或道德的理性来这样做。在 19 世纪，有一些人——主要是里奇尔(Ritschl)及其一派——将追随这种榜样，试图把宗教建立在道德的价值观念上。其他的人在拒绝试图把宗教建立在伦理学上的这一做法的同时，仍然设法在人的头脑里寻找某种根源，这种根源既不同于推测的理性，也不同于道德的理性。在某种意义上，施莱尔马赫可以被看成是对康德作出了反应。

345 第二个选择是回到启示那里去。如果纯理性被证明不能解决最重要的宗教问题，那么，纯理性就不再能够指点那些断然相信神的启示的人。理性不再能够成为最高的裁判者。归根到底，这个问题是意志的一种决定。如果人们选择去相信启示，那么，理性不再能够宣称，这种相信是站不住脚的。另一方面，如果人们选择不去相信，那么，理性也不能做任何事情来证明启示的确实性。这就是 19 世纪索伦 · 克尔凯郭尔(Søren Kierkegaard)和 20 世纪卡尔 · 巴思(Karl Barth)所遵循的选择。可是，在康德之后，这不再能够简单地回到早期的神学公式化那里去。如果像康德所表明的那样，头脑在知识里以这样一种方式起着积极的作用，以致头脑实际上塑造了和确定了我们所能知道的东西，那么，随之而来的是，头脑在那一类和启示有关的认识里也起着作用。因此，启示的性质不再是由上帝独自确定。不是就我们创造了启示而是就启示将永远是上帝以人的措辞来讲话的这个意思来说,我们这些接受者也是启示的塑造者。全能的上帝本身,就像任何本体那样,是无从知道的。上帝只能在启示里被知道。很明显,这和路德的十字架神学之间有很大的近似之处,因此,在以往的一百年里,人们重新研究路德,是不足为奇的。[26]

第三种选择是同意康德的观点,头脑在知识里起着积极的作用,但后来又引申这一点,断言合理性是事物的本性——宇宙及其历史就像一个庞大的宇宙头脑那样行事。这就是黑格尔和德国唯心主义所遵循的道路。

这样,我们就将结束我们对改革中的哲学背景的非常迅速的观察,这种哲学的背景将成为 19 世纪神学的背景。这种观察必须是有限度的。可是,这种观察应当足以表明现代神学将被迫与之作斗争的一个大问题的起源和重要性。我们描写过的哲学的演变,以理性的名义,使对神所启示的基督教的传统看法受到怀疑。可是,到了 18 世纪末,这种理性本身开始怀疑它自己的种种预先假定。理性主义和法国大革命一样,正在毁 346
灭它自己的成果。那么,我们怎样理解人的处境以及基督教和人的处境相关的地位呢?我们超越了人类的笃信宗教的状态了吗,因而整个宗教都变得过时了吗?或者是作为人的生命有某种方面需要宗教,尽管我们有这些进步以及对教条和启示的怀疑?这就是 19 世纪神学背后的一个关键问题。

㉖ 有趣的是指出康德对早期哲学的批评和唯名论者们对早期经院主义的批评之间的类似之处。由于这种类似之处,路德和巴特可以被看成是对类似的情况作出了类似的反应。

第十三章　19 世纪的新教神学

347　19 世纪是一个很难说明其反差的时代。这个时代的政治、经济和文化的形势似乎宣布了基督教信仰的终结——至少是传统形式的基督教信仰的终结。开创了这个世纪的法国革命和美国革命，是这样一个过程的开端，在这个过程里越来越多的国家抛弃了任何支持教会的义务。工业革命这样彻底地打乱了早先的社会格局，以致有充分的理由怀疑教会旧有的结构将继续适用。工业发展本身是建立在一系列科学的发现上的，这些发现使基督教的大部分世界观——六天的创世，在上的天堂和在下的地狱，等等受到怀疑。新的科技似乎会带来物资大大丰富的时代，造成了人生目标的激烈变化，大多数教会领导人并不是热情地看待这些变化。可是，19 世纪也是新教各教会——新的情况在其中有最大影响的各教会——内部的宗教大觉醒的时代。这是新教传教活动的伟大世纪，在几十年里传教活动遍及全球各地。这个时代基督徒的良心被唤起来反对奴隶贸易，并且发誓要结束奴隶贸易。这也是 16 世纪以来新教内部最积极的和最有创见的神学作品的时期。

348　这种神学作品是这样宏大和多样，以致不可能在这里加以概括。这种神学作品包罗万象，从费尔巴哈试图表明所有的基督教教义都是人推测的结果，到最极端的蒙昧主义者试图压制和嘲笑进化论。再则，历史学、考古学、语言学等等神学辅助学科的重要发展，和这种神学活动并驾齐驱，并且支持了这种神学活动。神学无法避开发生在19和20世纪的知识大爆炸。

然而，在这种复杂的事物当中，有几个神学家对基督教思想的发展似乎是最重要的，而且也可作为例子说明在康德之后从事神学的一些可能存在的不同方法。在这些人里面，我选择了最重要的四位，我将用这一章来依次论述他们每一个人：弗里德里克·施莱尔马赫（Friedrich Schleiermacher，1768～1834年），G·W·F·黑格尔（G. W. F. Hegel，1770～1831年），索伦·克尔凯郭尔（Søren Kierkegaard，1813～1855年）以及阿尔布雷克特·里奇尔（Albrecht Ritschl，1822～1889年）。然后，我将转向其他一些值得给予某种考虑的问题和运动。

施莱尔马赫的神学

弗里德里克·丹尼尔·厄思斯特·施莱尔马赫① 是一个改革派随军牧师的儿子，这个随军牧师皈依了摩拉维亚派，并且相信，应当送年轻的弗里德里克去摩拉维亚派的学校，以便抑制他过分的自信。在这个学校的气氛里，施莱尔马赫形成了深深的罪恶感以及恩典的必要感和可得感。他然后去神学院，在那里他发现正统派用来反对宗教怀疑主义的论点是脆弱的，并且失去了他对基督神性的信仰和对用基督的血来救赎的信仰。

① 我所知道的最好的介绍的书是 M. Redeker, *Schleiermacher: Life and Thought* (Philadelphia: Fortress Press, 1973)。这本书包括有良好的书目提要。还见 C. Welch, *Protestant Thought in the Nineteenth Century* (New Haven: Yale University Press, 1972), 1:92～93; B. A. Gerrish, *A Prince of the Church: Schleiermacher and the Beginnings of Modern Theology* (Philadelphia: Fortress Press, 1981); A. B. Blackwell, *Schleiermacher's Early Philosophy of Life: Determinism, Freedom, and Phantasy* (Chico, Cal.: Scholars Press, 1982); K. Barth, *The Theology of Schleiermacher* (Grand Rapids: Eerdmans, 1982)。

他随后去哈利大学,在那里在受到康德哲学深刻影响的同时,他开始形成他自己对基督教信仰的理解。1794 年,他被任命为改革派牧师,而且当
349 他在柏林当牧师的时候,受到了浪漫主义运动的影响。1799 年,他发表了《论宗教,对宗教的有文化的鄙视者的讲话》(*On Religion*, *Speeches to Its Cultured Despisers*),书中已经出现了他的神学体系的大致轮廓,虽然浪漫主义对他的思想影响在当时要比后来大一些。最后,在 1821 年和 1822 年,他发表了《基督教信仰》(*The Christian Faith*,1830 年出版了修订本),他在其中阐述了他的成熟的神学思想。

1799 年的《讲话》在欧洲各地极受人们欢迎。施莱尔马赫在《讲话》里试图做的事情是,通过表明宗教的恰当的根源既不是知识也不是道德,而为宗教谋求一个位置。他对宗教的"有文化的鄙视者"说,"为了向你们讲清楚,宗教原来的和特有的所有物是什么,宗教当即放弃对任何属于科学或道德的东西的所有权。凡是宗教被借走的或被给予的东西,这时都被归还了"。② 那么,宗教的恰当的领域是感情——在这里我们看到摩拉维亚派的施莱尔马赫利用敬虔派的传统来感动他的浪漫主义的读者们。宗教是同"总体"结合的感情,以及随着这种感情而来的浑然一体的感觉。宗教是直接的意识,不是一系列理智上持有的教义,也不是道德体系。因此,在《讲话》里,施莱尔马赫不喜欢神学作为一种理智性的学科,不喜欢教会的传统,也不喜欢宗教的伦理原则。

然而,《讲话》的成功迫使施莱尔马赫去较多地考虑他没有包括在他的这时很出名的作品里的基督教信仰的一些成分,随着他的神学的逐渐成熟,他终于处于这样一个地位:在依然声称感情是宗教的恰当的根源的同时,他设法澄清感情的含意以及感情同生活的其他两个领域——知识和道德的关系,其成果是《基督教信仰》。这本书大概是 19 世纪最有影响的神学作品。

---

② *On Religion*: *Speeches to Its Cultured Despisers*, trans. J. Oman (New York: Harper, 1958), p. 35.

两个重要的新成分在《基督教信仰》的头几页里表现出来。其中的第一个成分是用更大的清晰性和准确性描写了宗教感情。第二个成分是这时给予教会和教会信仰的理智上的系统阐述以重要性。

在《讲话》里,宗教感情是以不准确的方式来描写的。宗教感情是同 350
"总体"的一体感。在《基督教信仰》里,我们明确地被告知,宗教感情——他称之为虔诚——是"对绝对依赖的状态的意识,或者,换句话说,对和上帝联系的状态的意识"。③ 这种对绝对依赖的意识是一切宗教里——甚至那些没有组织起来的宗教里的虔诚的性质。施莱尔马赫把虔诚进一步描写成"直接的自我意识",④ 他指的是,虔诚不是建立在理智的反思上,而是属于"感情"(*Gefühl*)的范畴。这不是我们日常使用"感情"这个词儿所表达的意思,不是转瞬即逝的情感。这反倒是我们对一个"他者"的经常的、深刻的意识,这个"他者"的存在是所有在世的东西——包括我们在内的源泉和基础。

然而,在这里施莱尔马赫主要感兴趣的不再是一般的宗教。他试图做的事情是描述基督教信仰,尤其是新教信仰。在《讲话》的第四篇里,他指出了特定的社团对宗教的钟爱之情的形成和发展的重要性。这种见识贯穿了《基督教信仰》全书,在其中施莱尔马赫以准确的、理智的措辞着手描述这样一些教义,新教教会用这些教义表达它绝对依赖上帝的特殊体验。有关教会的种种教义是重要的,因为这些教义有助于保持促使该社团产生的原来的体验的纯洁性。对新教徒们来说,有两个关键的历史时刻,而教义的任务是表达这些历史时刻的意义。其中的第一个时刻是拿撒勒的耶稣对他的直接的追随者们的影响。《新约圣经》是这种影响的直接见证。对新教会来说,第二个关键时刻是16世纪的宗教改革,这种宗教改革促成了几个教义陈述的产生,这些教义陈述表达了新教与

---

③ *The Christian Faith*, trans. of the 2nd ed. (Edinburgh: T. & T. Clark, 1928), p. 12.

④ 同上,第5页。

众不同的实质。在这个基础上，很明显，《旧约圣经》不能作为基督教社团的基本权威。[5] 同样明显的是，新教的系统神学的第一个来源是新教的信仰声明的陈述，只有当这些陈述不适用的时候，才有必要回到《新约
351 圣经》那里去。[6] 这表明了对传统的赞赏，这种赞赏在理性主义的神学里或敬虔派的神学里都是找不到的。

施莱尔马赫把基督教定义为“一神论的信仰，属于目的论类型的宗教，而且由于这样的事实而基本上有别于其他此类信仰，即在这种信仰里，每一件事情都和拿撒勒的耶稣所完成的救赎联系在一起”。[7] 这是一个经仔细斟酌得出的定义。基督教是一神论的，因为在基督教里我们的依赖的感情是针对一个单一的源泉的。基督教是目的论的，因为基督教导致了世界内部的有目的的活动，带有建立上帝国的目的。这种有目的的活动是基督教伦理学的内容——在这里我们看到了虔诚和伦理学之间的比较密切的联系，而这在《讲话》里是找不到的。最后，基督教里的每一件事情都和拿撒勒的耶稣联系在一起，因为他是新的宗教意识——特有的虔诚的源泉，这种意识是基督教信仰的特点。这种信仰是建立在对救赎的体验上的，这种体验不是一切宗教都有的组成部分。耶稣不止是教师，而且是我们的救赎者，因为通过他本人和他同我们的相互作用，我们被带到生存的新的水平上，即基督徒的生活。通过这样强调耶稣的本人和把他当做不仅仅是一个教师，施莱尔马赫向18世纪的理性主义传统提出了挑战，因为这种传统把耶稣看成主要是开明的自然道德的教师。

《基督教信仰》的结构是由施莱尔马赫根据对一般人的意识，尤其是对基督徒的意识的理解而确定的。人的自我意识有三个水平。第一个水平，施莱尔马赫称之为“动物的等级”。我们大家都在这个水平上开始。

---

⑤ 同上，第115页。

⑥ 同上，第112页。

⑦ *The Christian Faith*, trans. of the 2nd ed. (Edinburgh: T. & T. Clark, 1928), p. 52.

在这里，自我和世界之间没有区分。但是，随着人的发展，两个明显的过程便发生了。第一，自我和世界之间有越来越大的区分。然而，这种区分不是简单的对立，因为实际上发生的事情是，随着我们对自我的感觉的增长，我们对世界的感觉也发展了，而且反过来也是这样。在这里，人们可以看到康德对施莱尔马赫的影响，因为“世界”不单纯是“在那里的什么地方〔的什么身外之物（out there）〕”，而是由我们把我们的感官知觉组成有意义的统一体的那种能力确定的。这种对“世界”的理解对施莱尔马 352
赫来说是非常重要的，因为一神论只能在这样一个文化背景里产生出来，在这个背景里世界被看成是一个统一体，因此是一个单一的神的创造工作的结果。第二，随着自我和世界之间的区分的增长，我们对我们和世界相对自由的感觉——即我们对我们影响世界的能力的感觉——也增长了。另一方面，我们对我们依赖这个世界的感觉，情况也是如此。这就是有限自由的性质。世界是既定的，我们不能改变这种既定性。但是，与此同时这个世界本身是我们运用我们的自由的场所。作为有限的存在物，我们既不能体验也不能设想绝对的自由——即完全由我们创造的环境里的自由。由于意识的这第二个层次和感官知觉这样密切地联系在一起，因此，纯粹是在这个层次上作出的价值观点的判断，是由快乐和痛苦的对立来确定的。随着达到这第二个层次——这通常发生在人发展的自然过程中——早先的动物的层次就逐渐被取代了。然而，这第二个层次是永远留在今生里的一个经常的成分。⑧

人的意识的第三个层次——即对上帝的意识是明确的宗教方面的。这个层次和自由无关，而和依赖有关。在第二个水平上，不可能谈到人的绝对自由，而在这第三个层次上，则有可能而且必须谈到人的绝对依赖。在这里我们意识到，自我和世界都绝对依赖一个“他者”，这个“他者”我们或世界都不能影响。这个“他者”有绝对的自由。在这个“他者”面前，

---

⑧ *The Christian Faith*, trans. of the 2nd ed. (Edinburgh: T. & T. Clark, 1928), pp. 20～25.

我们是完全被动的。然而,关于这个世界,我们仍然被召唤来从事活动。

这样,宗教的自我意识就确定了这样的事实,即系统神学必须论述三个主要的题目:自我、世界和上帝。由于意识的第二个层次从来没有被克服,而且在这个层次上,一切事物都是建立在快乐和痛苦的对立上,因此,第三个层次——在基督教信仰里面——这时把这第二个层次的早先的存在和延续判断为罪恶。但是,基督教信仰是集中在对救赎的体验上,因此,从这第三个层次的角度出发,罪恶本身是在恩典的背景中加以看待的。

353 因此,施莱尔马赫的《基督教信仰》论述三个主要的题目:自我、世界和上帝。这三者在一个简短的引言里先是笼统地加以论述。然后这三者按照这个次序又从罪恶和恩典的对立的角度加以论述,这种对立是基督教的宗教意识的特定内容。

在引言里,施莱尔马赫首先讨论了有关创世和保持的教义;第二讨论了上帝那些和创世及保持有关的属性;第三讨论了世界和人类原来的完整无缺。有关上帝创世的教义说,上帝是一切存在着的东西的源泉,因此,我们对上帝的依赖应当是绝对的。上帝创世并不涉及史前学,也不涉及世界的起源的年代学,因为这不包括在我们目前的宗教体验里。然而,这个教义确实断言,从无有之中创造出天地万物,因为这是必要的,以便确保我们的绝对的依赖。有关保持的教义并不是和有关创世的教义分开的。保持和上帝继续支持一切存在着的东西和支持这些东西的全面的相互联系有关。存在于世界上的因果关系——即每一个东西都是和其他东西相关而不管是多细微地相关的这一事实——应当被看成是上帝创造天地万物的延续的工作。因此,在自然和超自然之间不能作出区分。上帝在一切时候,对于一切事物都是同样相关的。这样,虔诚和科学在它们对世界上的因果关系的兴趣上是吻合的。"在每一个情况里,我们应当意识到和同情地体验到对上帝的绝对依赖,正像我们设想每一个东西都完全是由自然界的互相依赖决定的那样”。[9] 施莱尔马赫用这些话反对“隙缝中的上帝”(God of the gaps)的观点,这种观点迫使我们在事件的自然起因和超自然起因之间进行选择。在这一点上,在反对理性主义者的同时,他表现出了康德的影响。

上帝与创世和保持有关的属性是永恒、无所不在、无所不能和无所不知的。很明显,这些和我们每时每地地绝对依赖上帝的感觉有直接关系。354

《基督教信仰》最有趣的部分之一是论述有关世界和人原来的完整无缺的教义的那个部分。正像我们看到的那样,第二个层次上的自我意识是建立在自我和世界之间的被动的和主动的——依赖的和自由的关系上的。有关原来的完整无缺的教义说,世界过去一直在,而且每时每刻仍然在向我们提供充分的促进因素,以便形成对上帝的意识。正是在这个意义上,世界是完整无缺的:世界足以引领我们奔向对上帝的意识。与此同时,我们对这个世界是主动的,而且世界永远有足够的可塑性,使我们能够在对上帝的意识的基础上塑造世界。世界是这种意识充分发挥作用的恰当的场所。因此,基督徒的自我意识告诉我们两件事情:第一,我们没有在事先形成对上帝的意识是我们这方面的罪过,因为我们为达到这个效果所需要的每一种东西都被提供了;第二,我们没能把世界塑造成上帝的国——或至少是开始这个过程——也是我们这方面的罪过,因为世界对我们作为人类大家庭的行动总是欣然接受的。有关人原来的完整无缺的教义同样意味着,我们总是能够具有对上帝的意识,而且我们缺少这种意识是一种罪过。因此,关于伊甸园的种种故事,不应当解释为在历史上是真实的;但是,这些故事应当被看成是对上帝的意识的有效表达手段,并且不应当被忽视。

施莱尔马赫然后转而从对罪过的意识的角度,后来又从对恩典的意识的角度,来考虑自我、世界和上帝。这样做的原因是,“基督徒的虔诚的

---

⑨ 同上,第 170 ~ 171 页。

与众不同的特点在于：在我们所经历的各阶段，只要存在任何疏远上帝的情况，我们都意识到这种疏远是我们里面产生出来的一种行动，我们称之为‘罪’；但是，只要存在任何与上帝的伙伴关系，我们都意识到这种伙伴关系是依赖于来自救赎者的信息，我们称之为‘恩典’”。[10]

关于自我，我们已经看到，对上帝的意识将把形成这种意识之前的整个生活称为罪。同样真实的是，在对上帝的意识开始之后，继续抵制对上帝的意识的增长，那么，在这种意识本身的基础上，这种抵制将被列为罪。但是，在我们看着救赎者耶稣的时候，最高程度的对罪的意识便来到我们这里。他向我们表明，要是我们从一开始就在完整无缺的种种可能性中
355 间活过来，生活对我们来说本来会是什么样的。正是通过看着耶稣，而不是通过看到史前的某个伊甸园，我们才看到原来的完整无缺的真正性质。有关原罪的教义表达了这样一个事实，即我们知道我们具有要抵制对上帝的意识的一种倾向，而这是我们的种种实际的罪的基础。有关原罪的教义也指向了存在于世界上的罪的共同的相关性，因为一切行动都是相互联系的。我的罪最终将影响整个世界，而且我也受到整个世界的种种罪的影响。

从罪的角度来看，世界被看成是阻碍对上帝的意识的。世界上的消极成分，即在意识的第二个层次里引起痛苦的那些成分，这时被认为是上帝由于我们的罪过而给予的惩罚。这并不意味着，所有这些成分要是没有罪就不会存在，而只是意味着，对这些成分的存在要给予不同的解释。这些成分可以很容易地被看成是对上帝的意识的进一步增长的促进因素。“因此，自然界的灾害，客观地加以考虑，并不是从罪里产生出来的；但是，因为人，要是他没有罪，是不会把仅仅是妨碍感官方面的功能的东西当做恶害的，而他确实把这种东西当做恶害是由于罪，因而这种类型的

---

[10] *The Christian Faith*, trans. of the 2nd ed. (Edinburgh: T. & T. Clark, 1928), p. 262.

恶害，主观地加以考虑，是对罪的惩罚”。[11]

有两个神的属性直接建立在对罪的意识上。这些属性是神圣和义。上帝的神圣和我们在上帝命令的仁慈面前的不恰当感有关。上帝的义建立在我们认识到我们不符合上帝旨意的意识上和我们感到世界上的恶害是对我们的罪的惩罚的感觉上。在这一点上，施莱尔马赫补充说，“怜悯”不是教义学里的有用的词，因为怜悯似乎暗指，上帝按照意识的第二个层次行事，增加我们的快乐和减少我们的痛苦。

最后，施莱尔马赫转而从对恩典的意识的角度来考虑自我、世界和上帝。

当观察处在对恩典的意识之下的自我的时候，有两个主题应当加以讨论：基督的位格和事工作为恩典的起因，以及自我通过恩典的改造。耶稣的救赎活动是由于他的无罪的完整无缺——也就是说，他对上帝的绝 356
对意识，这种意识从来都没有和他的意识的第二个层次发生冲突。这种完整无缺不能解释为是人类历史上完整无缺的种种先例造成的，因为人类历史中所有的都是罪。这种完整无缺只能用上帝在基督里的存在来加以解释。耶稣基督既是神也是人。“在神性和人性的结合中，只有神性是主动的或自我分享的，而且只有人性是被动的或处在被采取的过程中；但是，在结合状态中，每一个活动都是两性的共同活动”。[12] 在这个陈述里，我们再一次看到，人性被明确为对于上帝是完全被动的，而且上帝被明确为对于人性是完全主动的。耶稣作为人是完全被动的——因而是绝对地依赖的——这一事实是他的无罪的完整无缺。这也是手段，按照这种手段，上帝可以被看成在基督里是完全主动的，于是发生了结合。这样加以理解之后，关于耶稣里两性结合的传统说法，对施莱尔马赫来说是可以接

---

⑪ *The Christian Faith*, trans. of the 2nd ed. (Edinburgh: T. & T. Clark, 1928), p. 319.

⑫ 同上，第 398 页。

受的。[13] 然而,这种结合并不取决于有关童女生子的教义,这个教义是不应当刻板地加以理解的。有关复活、升天和再来审判的诸教义,情况也是如此,这些教义并不是基督徒的意识的必要的表达手段。十二门徒没有这些教义也知道耶稣是救赎者。很明显,在这里我们在施莱尔马赫那里找到了早期理性主义的一些常有的成分,这些成分在19世纪的大部分神学里继续存留下去。

救赎者的工作是建立在有关他的位格的这个定义上的。这个工作是他的绝对的对上帝的意识传递给了其他的人们。他是通过接纳信徒们进入他自己对上帝的意识而做这件事情的。救赎者在我们里面是主动的,正像上帝在他里面是主动的那样;我们对于他是被动的,正像他在他的人性里对于上帝是被动的那样。他的救赎活动是上帝通过他在我们里面的作用。听起来可能是似非而是的,但我们在我们的救赎里的行动是被动的,正像耶稣通过他自己的被动的人的行为而和上帝结合那样。我们变得对我们自己的生活无所知觉,而变得对他的生活有所知觉。这就是从罪到完整无缺的过渡。这对救赎者和对我们来说都是自由的行为。我们在他里面被形成了新人,因而变成了新的被造物的一部分,这种新的被造
357 物表现出了原来的完整无缺。这就是从对恩典的意识的角度来看的我们作为信徒的状态,但是我们必须记住,罪和恩典的对立仍然存在于基督徒的生活中。然而,即使如此,我们现在对恶害有了新的看法,因为恶害看上去不再是对罪的惩罚,而是我们在世界上进行活动的机会。我们对被宽恕的意识促使我们把消极的刺激——我们早先认为消极的刺激是惩罚——看成是在世界上从事伦理活动的号召。[14]

施莱尔马赫以典型的改革派的方式,在基督作为先知、祭司和君王的

---

⑬ 然而,关于"属性交流"的教义是不能接受的,因为这暗指这样一种神的性质,其属性是可以脱离人对上帝的意识而加以描述的。同上,第411～413页。

⑭ *The Christian Faith*, trans. of the 2nd ed. (Edinburgh: T. & T. Clark, 1928), p. 432.

三个职能的标题下，讨论了基督的工作。作为先知，基督宣告了上帝国的到来。但是，人们必须记住，他也迎来了他所宣告的国度，因此他也是预言的终结。人们不能把他的教导同他的位格和工作分开——在这里施莱尔马赫反对了理性主义的传统，这种传统把耶稣当成仅仅是教师，并且在耶稣的教导和有关耶稣的教导之间作出根本的区分。[15] 作为祭司，这个救赎者把整个世界的种种罪的负担加在他自己身上。这并不意味着，在确确实实的意义上，他代替我们而死去。这意味着，由于他的无罪的完整无缺是对我们的审判，他遭到了整个世界的敌视，并且为此而死去。由于他出自完全的对上帝的意识，不是出自罪而对这种局面作出反应，因此他在我们的世界和历史上开创了一种新的可能性——爱、宽恕以及重新和好的可能性。[16] 因此，他的受难是他作为我们的救赎者的工作的必然的顶点，并且结束了所有的祭司工作，只有那种是他的救赎工作的延续的祭司工作除外。[17] 在这些陈述里，施莱尔马赫反对有关救赎的所有的这样一些观点，这些观点把基督的工作集中在他的生命的一个特定的时刻上。[18] 作为君王，这个救赎者创造了人民，他通过他所建立的法令继续统治这些人民。[19] 他是一个为未来筹谋的统治者，他给了我们一切我们作为他的人民的生活所需要的东西。从这里得出来的结论是，不可能有政治的宗教、神权政治以及教会和国家的结合。[20]

然后，施莱尔马赫转而讨论自我通过恩典的改造。很明显，在基督的 358
位格和工作的标题下刚刚说过的大部分话都触及到了这个主题。《基督教信仰》的这个部分包括了从对上帝的意识的观点出发的传统教义的种

⑮ 同上。
⑯ 同上，第452～453页。
⑰ 同上，第465～466页。
⑱ 同上，第468页。
⑲ 同上，第466页。
⑳ 同上，第473页。

种定义。这个讨论包括了重生、称义、皈依、悔悟、信仰、宽恕、被收为嗣子、圣化和持守之类的词汇。通过这些词汇所指的自我改造,我们变成了世界上的积极的工具,通过这种工具基督的救赎活动被带给了其他的人。

正像在意识的第二个层次上,没有对"世界"的感觉,就不能有对自我的感觉那样,从恩典的角度来看,没有自我在其中存在的环境的改造,就不会有新的自我。再者,由于基督教的定义把新的对上帝的意识同拿撒勒的耶稣的位格和工作联系起来,因此必定有一个在历史上和这个救赎者联系在一起的社团,这个社团为基督徒的自我生活提供了上述环境。这个社团就是教会。因此,《基督教信仰》里从恩典的角度论述世界的那个部分包括有关教会的教义。在总结这个冗长的部分的内容的时候,施莱尔马赫说,"在全面总结我们基督徒的自我意识关于信徒们的团契所要说的话的时候,我们必须先论述教会的起源,教会成形以及教会使自己脱离世界的那种方式;然后是教会在同世界的对立中维持自己的那种方式;最后是这种对立的取消,或教会的尽善尽美的前景"。[21]

施莱尔马赫的《讲话》里所持有的见识,即孤独信仰的这种东西是没有的,在这里被延续和发展。虽然耶稣创建了一个团契,但是,直到他的个人活动结束为止,教会并没有变成一个有组织的统一的实体。这种新的实体的开端,就是说圣灵被给予时所指的那个意思。圣灵只是在基督离开之后才被给予,因为在他面前十二门徒必须是被动的,而且圣灵的任
359 务是促成建立在我们的对上帝的意识上的自发的活动。[22] 一个真正的社团在这时形成了,恰恰是因为没有任何人直接依赖任何其他的人,但所有的人都和所有的人联系在一起,而且全体的人都和救赎者联系在一起。

---

[21] *The Christian Faith*, trans. of the 2nd ed. (Edinburgh: T. & T. Clark, 1928), p. 528.

[22] 同上,第 565 ~ 569 页。

整个教会是基督的象征，而且每个人是这种象征的一个必然的部分。[23]

教会里面有可变的和不可变的成分。之所以如此的原因是，教会是历史里的一个社团，可是，在这个历史的整个过程中，教会保持了救赎者的同一的、不可变的、绝对的对上帝的意识。可变的成分是世界的和我们的人的本性的作用。不可变的成分是基督的经常的活动的结果。[24] 这些不变的特点共有六个。头两个，即《圣经》和关于上帝的话语的教牧工作——可以被看成是基督在这个社团里的见证，并且被看成是救赎者在他的教会里继续进行预言的活动。下面两个是洗礼和圣餐，既是这个社团用来同基督保持伙伴关系的方法，也是用来在这个社团里继续进行基督的祭司活动的方法。由于强调在圣餐里发生的同基督的伙伴关系，施莱尔马赫既拒绝了天主教的变质说的观点，也拒绝了新教的否认真正临在的极端观点。教会生活里的最后两个不可变的成分——钥匙的权力和以耶稣的名义进行的祈祷——是个人和这个社团用来相互联系的手段，也是基督的君王的活动借以在教会里继续下去的渠道。钥匙的权力——传统上称为开除教籍的权力——是这个社团在那些是社团里的人和那些不是社团里的人之间作出区别对待。“钥匙的权力是这样的权力，教会凭借这种权力而决定，什么是属于基督徒的生活的，并且按照每个人遵从这些决定的程度来处置每个人”。[25] 这个陈述——这在“自由主义神学之父”那里似乎是令人惊奇的——意味着，这个社团，而不是个人，是基督徒生活的性质的裁判者。祈祷绝对不能被理解成信徒用来影响上帝意旨的 360
一种手段，而是我们用来使自己更便于接受救赎者的改造活动的一个过程。由于这个缘故，真正的基督徒的祈祷是以耶稣的名义进行的祈祷，即

---

[23] 同上，第 578 页。有趣的是注意，正是在这个时候施莱尔马赫介绍了有关预定论的教义。虽然他归给这个教义的内容和加尔文的内容不大相同，但他把这个教义恢复到这个教义原来在加尔文神学里所占有的位置，即，在救赎的标题下。

[24] 同上，第 582 ~ 584 页。

[25] *The Christian Faith*, trans. of the 2nd ed. (Edinburgh: T. & T. Clark, 1928), p. 662.

符合教会作为社团对上帝的意识的祈祷。祈祷由于改变了我们对现实事物的感觉而确实影响了世界,而且世界恰恰是由这种感觉形成的一个构成物。[26]

教会可变的成分是分裂、谬误和罪恶。所有这些在都存在于目前状态的教会里。然而,所有这些在教会的真正的性质里没有地位,因此,基督教的社团将不断努力用团结克服分裂,用真理克服谬误,以及用恩典克服罪恶。施莱尔马赫使用了可见教会和不可见教会之间的传统区分,虽然他警告说,最真正的基督徒们在他们在世界上的行为方面通常是最引人注目的。[27]

与教会的最终极和顶点有关的教义是四个:基督复临,肉身复活,最后的审判以及永恒的福泽。这些指向了一个超出历史范围的目标,那时教会所有可变的成分将消逝,而且教会对上帝的意识将实现。对这些教义的字面理解是由于不加批判地利用传统。

最后,从对恩典的意识的角度来看,上帝的属性是两个:爱,即上帝要和我们联合的愿望,还有智慧,即一切事物是这样安排的,以致这种愿望将实现。

20 世纪,在卡尔·巴思的作品和新正统主义之后,批评施莱尔马赫似乎是很简单的事情。他被指责是自由主义神学所设计的"人的神化的伪装"的出发点。[28] 他在这样一点上受到最严厉的批评,即他强调的是人对上帝的意识,而不是启示,而且他愿意在这个基础上抛弃基督教福音的基本的"他者"。在这个基础上,他的批评者之一写道,"这样说大致上是
361 对的:他用发现代替启示,用宗教的意识代替上帝的话语,并且仅用'尚未

---

[26] 同上,第 671 ~ 675 页。

[27] 同上,第 677 页。

[28] K. Barth in "An Introductory Essay" to L. Feuerbach, *The Essence of Christianity* (New York: Harper, 1957), p. xxii.

完善'代替罪"。[29] 这同一个批评者也断言,"因此,只是在比较的意义上,我们可以把施莱尔马赫的《教义》说成是一本真正的基督教的书"。[30]

可是,这样的批评常常没能就事论事地看待施莱尔马赫,也没能考虑20世纪的神学在什么程度上受惠于他。巴特本人对这种受惠于他表示了敬意,他把施莱尔马赫的画像挂在他在巴塞尔的书房里。从19世纪初期的环境来看,施莱尔马赫对新教神学的贡献是有巨大意义的,而且直到今天还能被感觉出来。他出自敬虔派的背景,但他通过强调教会的重要性而克服了敬虔主义的个人主义。他是在浪漫主义的追随者中间作为基督教的辩护者而起家的,但他通过同样强调共同的经验以及共同的经验在传统里的反映而避免了浪漫主义者的主观主义。虽然受到了理性主义者和康德的巨大影响,但他纠正了理性主义者的主张,他坚持耶稣本人对基督教信仰的中心地位,并且坚持这种信仰不是仅仅赞成公民道德。

虽然自由主义神学确实是从施莱尔马赫那里得到它的出发点,但同样确实的是,在20世纪,甚至在标准的自由主义消亡之后,在许多积极的方面仍然可以感觉到他的影响。当代的大部分神学之以基督为中心,以及这种神学对教会的强调,都是施莱尔马赫的遗产。有关救赎的知识概念,现在被给予了重要性,也是施莱尔马赫的遗产。施莱尔马赫对传统的正面的评价——这促使一些人指责他有"罗马天主教信仰"——是对全基督教运动的有价值的贡献。他坚持罪的涉及全体的性质以及坚持基督徒有义务在世界上积极行动,促使现代的神学去关心福音的社会性。在不止一个方面,我们仍然在施莱尔马赫的影子下面从事神学。

---

[29] H. R. Mackintosh, *Types of Modern Theology*: *Schleiermacher to Barth* (New York: Scribner's, 1937), p. 100.

[30] 同上。

黑格尔的哲学

362 乔治·威廉·弗雷德里克·黑格尔(1770～1831年)[31]在图宾根以学习神学而开始他的学术生涯。在那里他论述了两个问题,这两个问题后来证明对他的体系是有决定作用的。[32] 第一个问题是基督教的历史性,以及一个和种种特殊事件如此密切相关的宗教,怎么能够声称有普世的有效性。另一个问题——他在其中看到了第一个问题的部分答案——是耶稣所教导的爱的作用。在这里他看到了对立面的调和,这样在上帝的爱里,罪恶和美德在律法上的对立被克服了,而且自由的新生活随之产生了。

黑格尔总是认为自己是神学家。然而,他所探索的神学,决不是仅仅说明传统形式所表达的基督教教义,而是彻底了解现实事物的性质,包括基督教在这个总体里的地位。

就某种意义来说,黑格尔实际上做的是,把康德对头脑的积极作用的设想推演到其最终的结果,而抛弃了康德体系的其他成分。因此,黑格尔把实在不是主要看成理智必须掌握的某种东西,而是看成理性的这一原则在宇宙里的展开——他称之为"精神"。不但实在是符合逻辑的,而且逻辑是实在。然而,这种逻辑不是希腊哲学家帕梅尼迪斯(Parmenides)或启蒙运动的理性主义者们的静态逻辑。这种逻辑是动态的逻辑,即经历

---

[31] E. Caird, *Hegel* (Edinburgh: W. Blackwood and Sons, 1901); W. A. Kaufmann, *Hegel: Reinterpretation, Texts and Commentary* (London: Weidenfeld and Nicolson, 1966); H. Küng, *Menschwerdung Gottes: Eine Einführung in Hegel's theolog. Denken* (Freiburg im Breisgau: Herder, 1970); W. Wallace, *Prolegomena to the Study of Hegel's Philosophy and Especially of His Logic* (Oxford: Clarendon Press, 1894); E. L. Fackenheim, *The Religious Dimension in Hegel's Thought* (Bloomington: Indiana University Press, 1967); Q. Lauer, *Hegel's Concept of God* (Albany: State University of New York, 1982); J. N. Findlay, *Hegel: A re-examination* (New York: Oxford University Press, 1976).

[32] C. Welch, *Protestant Thought*, 1: 92～93.

过辩证法的逻辑,永远寻求新的和更充分的真理。正是在这个范畴里才能理解黑格尔的关于肯定命题、对立命题和综合命题的著名的三合一的论断。这并不是一切思维都必须遵从的刻板的格局——实际上,黑格尔用这三个名词指的东西并不永远是始终如一的。更确切地说,辩证法是肯定了实在以及与其同在的理智是动态的。

正是对理智和实在的动态的性质的这种直觉,使得黑格尔能够创建他给人的深刻印象的历史哲学。整个历史是“精神”通过符合逻辑的过
程的展开,在这个过程里,一个肯定命题被提出来了,只落得在它自己里 363
面发现一个对立命题,然后在一个综合命题里解决这两者。但是,这个新的综合命题从来都不是最后的,因为它也是一个带有它自己的对立命题的肯定命题。这样,这个过程就继续下去。黑格尔由于在试图把每一件事情都包括在他的概念的框框里的做法中歪曲了历史,而受到严厉的批评。毫无疑问,他的体系确实倾向于过分简化历史的复杂的现实事物。但是,让我们为他说句好话,他对历史和实在之间关系的理解,大大地推动了历史的研究。黑格尔并没有把历史看成是揭开历史背后或历史之外的一个隐蔽的真相。与此相反,历史本身就是真相——动态的真相,辩证的真相。因此,研究历史变成了研究最终的、纯粹合乎逻辑的现实事物。研究历史不再是寻求历史的特殊性背后纯粹实质的一件事情。历史学家们设法理解种种事件的时候可以有这样的信心,即他们是在研究宇宙的性质本身。现代的历史研究——尤其是对神学事物的研究是在 F. C. 鲍尔(F. C. Baur,1792 ~ 1860 年)和 D. F. 斯特劳斯(D. F. Strauss,1808 ~ 1874 年)之类的黑格尔派的领导下在图宾根开始的,这绝不是巧合。虽然这种历史研究的很大部分将对传统上被大学接受的大部分基督教正统信仰表示怀疑,但这种历史研究最终将把基督教神学推回到它的历史的源泉那里。

在这种历史哲学的框框里,黑格尔进而以这样一种方式重新解释基督教,以致基督教被看成是“精神”的展开的顶点——因此,被看

成是绝对的宗教。他拒绝理性主义者这样的理论,即在所有的“积极的”(positive)宗教背后潜在一种普世的自然的宗教,而且被这些宗教遮掩了。所有的宗教都揭示了实在的最终性质,虽然必须在“精神”展开的这一历史过程中去看待这些宗教。这个过程在基督宗教里达到顶点,这种宗教里常常受到鄙视的教条事实上是实在的性质本身的深刻表现。因此,比方说,有关基督成为肉身的教义是上帝和人类最后来到一起的宗教上的表达方式,上帝和人类不再被认为是对立的。有关三位一体的教义是肯定最终的实在本身的辩证的特性。

黑格尔对基督教神学后来的发展的重要意义远远超过了他创立的给人如此深刻印象的体系。事实上,这个体系本身不久之后就垮台了,因为这个体系的无所不包,使得它很容易遭到各方的攻击。但是,黑格尔思想
364 的不同的组成部分,后来被其他的人采纳,这些人对基督教神学的影响是很大的。两个这样的例子是查理·达尔文(Charles Darwin,1809~1882年)的进化论的观点和卡尔·马克思(Karl Marx,1818~1883年)的辩证唯物主义。黑格尔关于“精神”逐渐展开的观点,是达尔文进化论的背景的一部分,而达尔文的理论对通俗神学的影响是人所共知的。马克思的辩证法是将黑格尔的唯心主义辩证法转换到了唯物主义的框架中。[33] 虽然19世纪中马克思普遍受到神学家们的忽视,但他对20世纪神学的影响至少在两点上是很明显的。第一点是基督教和马克思主义之间经常的对话,而马克思主义在当代世界上变成了政治的和意识形态的力量。第二点是我们越来越意识到,像马克思指出的那样,我们的思想和理想受到了经济的、社会的和政治的环境的影响——就像奥地利心理学家弗洛伊

---

[33] R. Cooper, *The Logical Influence of Hegel on Marx* (Seattle: University of Washington Press, 1925); S. Hook, *From Hegel to Marx: Studies in the Intellectual Development of Karl Marx* (New York: Humanities Press, 1958).

德使我们意识到这些思想和理想的不可测的心理深度那样。[34]

克尔凯郭尔的神学

索伦·奥比·克尔凯郭尔（Søren Aabye Kierkegaard，1813～1855年）[35]既是最有吸引力的，也是最令人反感的 19 世纪神学家。就某种意义来说，这正是他所希望的。他的一生是一个才华横溢的人的一出戏剧，他意识到他的天才，但他也非常不喜欢自己，并且极力唤起其他人对他类似的感情。他的自我贬低的评语在这里是有启发性的。他说，他出生的那一年政府破产了，他就像当时流通的一张钞票，空有巨额的票面，但实 365
际上没有价值。他把他的声音比做海鸥的吱吱乱叫。他的身体有点畸形，而且他意识到这一点。他预料在他父亲之前死去，因为他的兄弟姐妹有几个已经死了，而且他的父亲告诉他，这个家庭遭了殃，他所有的子女将在他之前死去。这个预言没能实现，克尔凯郭尔开始把自己说成是不大可能的和毫无价值的幸存者。另一方面，他深深知道他的聪明才智，而且他常常把自己说成是天才。他确信，他被给予了巨大的才能，是为了执行一个伟大的使命，而且他终于得出结论，这个使命是要讲清楚做一个基督徒所涉及的艰难险阻。他与里贾纳·奥尔森（Regina Olsen）订婚。他总是声称，他非常喜欢这个年轻的妇女，但由于一些和他自己的个性一样

---

[34] 当 19 世纪的大部分哲学和神学关心意识的性质，尤其是自我意识的性质的时候，西格蒙德·弗洛伊德（Sigmund Freud，1856～1939 年）把塑造人的生活的下意识的力量提到显著地位。他指向了人的大部分的"理性"活动的非理性的基础。虽然他的著述包括了一些宗教作品，但对神学有巨大影响的，尤其是在 20 世纪，是他的思想的整个趋势——就像康德、黑格尔和马克思的情况那样。

[35] 关于一般的介绍，见 W. Lowrie, *Kierkegaard*, 2 vols (New York: Harper, 1962); R. Jolivet, *Introduction à Kierkegaard* (Paris: Editions de Fontenelle, 1946)。在 Lowrie 的书里有良好的书目提要，2:619～625。还见 F. E. Wilde, *Kierkegaard and Speculative Idealism* (Copenhagen: C. A. Reitzel Boghandel, 1979); J. D. Colling, *The Mind of Kierkegaard* (Princeton: Princeton University Press, 1983)。

讲不清的原因而放弃了她——他不应当用他的病态的郁郁寡欢来增加她的负担；她不能像他矢志要过的那样去过紧张的和热烈的宗教生活；他像亚伯拉罕根据来自上天的非伦理的命令等而把他的亲爱的以撒献为燔祭那样献出了她。㊱ 他办事就好像他不在乎其他的人可能对他形成什么看法似的，但他又荒谬地费尽心机给自己制造一个几乎是神奇天才的形象。因此，比方说，他有时出现在歌剧院里，让大家都看到他，等到灯光一熄灭，他就回家去写作。然后，他在演出刚要结束之前回来，以便用他的似乎毫不费力的作品来使大家感到惊奇。

虽然克尔凯郭尔被欢呼为伟大的哲学家和现代存在主义的创始人，但他不是把自己看成哲学家，而是看成信仰的卫士，被给予了使基督教变
366 得艰难的使命。㊲ 他说这话不是指他希望阻止其他的人成为基督徒，而恰恰相反，他希望表明，基督教是多么艰苦的和花费一生的事情，以便促使有抱负的人来信奉基督教。“基督教世界的基督教”并不是真正的基督教。在他的路德派的丹麦，所有的人都因为出身的缘故而被称为基督徒，黑格尔主义和理性主义变成了用来表明基督教毕竟是最合理的宗教形式的流行的方法，克尔凯郭尔感到有责任使用他的笔杆子的力量来摧

㊱ 在这一点上同施莱尔马赫进行比较时是有启发性的。施莱尔马赫深信家庭生活对人的个性在社会里的充分发展的重要性。他爱上了埃利奥诺·格鲁诺（Eleonore Grunow），一个已婚妇女，她在长期斗争之后，决定不离婚。施莱尔马赫后来和其他的人结婚。他关于婚姻的著述强调需要在婚姻里面发展个性。他把家庭看成是这样一种手段，通过这种手段，虔诚被传递给了孩子们，这个看法可以在《讲话》（*Speeches*）里找到，也可以在他的短篇作品 *Christmas Eve*: *Dialogue on the Incarnation*（Richmond: John Knox Press, 1967）里找到。相形之下，克尔凯郭尔把婚姻和家庭生活看成是一种诱惑，我们借助这种诱惑而避免了个性的艰难实现。因此，他拒绝里贾纳·奥尔森也同他的作为“孤独的个人”（the solitary individual）的使命感有关。

㊲ *The Point of View for My Work as an Author*, trans. W. Lowrie (London: Oxford University Press, 1939), p. 95. 在这里他在解释了他的整个写作产品的原因之后讽刺地批评说：“现在——现在我不再引起兴趣了。成为一个基督徒的问题，这个问题在我作为作家的整个活动里真地应当成为基本的思想——这是多么令人厌倦！”

毁这样的概念，即基督徒的生活是与模范公民的美好的、有益的、体面的生活完全相同的。在 1854 年发表的一篇短文里，他抨击了与他同时代的受欢迎的和成功的牧师们，他说，“声称一个人由于宣讲基督教而在最大的程度上得到了和享有一切可能有的世间的物品和乐趣，声称他是真理的见证，就像说一个身边围绕着众多儿女的人是未婚女子那样荒唐可笑”。[38] 在其他的地方，他表明了真正的基督教对信奉基督教的人必须产生的根本的影响：

> 作为一个个人，确确实实地说作为一个个人，亲自使自己和上帝联系起来，是做一个基督徒的准则……如果这一旦发生了，那么，这是远比一场欧洲战争和一场涉及地球各个角落的战争更重要的事件，这是一个天翻地覆的大事件，这个事件使得天旋地转……其生活没有呈现出这种相对的大变动的人，从来没有，甚至一丝一毫都没有作为个人而求助于上帝的希望——这就像触摸电器而不受电击那样不可能。[39]

因此，一个人使基督教变得艰难的方式，是通过表明最高水平的人的正派行为和基督徒的生活之间有巨大的差距。确实有“生活道路的三个阶段”——审美的阶段、伦理的阶段和宗教的阶段。这三者并不是连续的，因此从一个过渡到另一个并不是因为较低阶段达到顶点而简单地发生。与此相反，这种过渡需要一个“飞跃”（leap）——这是克尔凯郭尔思 367
想里一个非常重要的范畴。这并不是黑格尔式的“过渡”（mediation），在其中通过早先的冲突的合乎逻辑的解决而达到一个较高的阶段。黑格尔的“过渡”作用，也确实是黑格尔的整个体系，抽象的推理代替人的真正

[38] *Attack upon "Christendom"*, trans. W. Lowrie (Boston: Beacon Press, 1956), pp. 10 ~ 11.

[39] 同上，第 274 页。

存在。这个“体系”(System)——克尔凯郭尔讽称为带引号的体系,给人的印象是,每一件事情都有其意义,每一件事情都各得其所。“既然这个‘体系’几乎完成了,或至少是在建造之中,并且将在下个星期天完工”,那么,一切难题似乎都解决了。[40] 但是,这个“体系”没有解决的一个难题——这个“体系”甚至没能看到的一个难题——是有关存在的难题。黑格尔的给人深刻印象的建造物仿佛是某个人兴建的、然后又用其余生从谷仓里观看的美丽的城堡。

黑格尔及其追随者必须忽略生活道路的各阶段的不连续性,因为这个“体系”给各阶段安排了先后次序。克尔凯郭尔争论说,存在是首要的,任何试图使现实事物系统化的做法,都必须去掉存在。像黑格尔所作的那样建立一个符合逻辑的体系是可能的。但是,“任何同存在有任何关系的东西,任何对存在不是无关紧要的东西,都不能被结合到一个符合逻辑的体系里面去”。[41] 另一方面,“一个关于存在的体系是不能被系统地提出的。这意味着不存在着这样的体系吗?绝对不是,我们的断言里也没有暗示这一点。现实事物本身是一个体系——对上帝来说是一个体系;但现实事物本身对任何存在着的精神来说不能是一个体系”。[42] 实际的人的存在总是卷进了自相矛盾的事物和感情因素(pathos)里,而这些是抽象逻辑所不能包括的两个范畴。

那么,生活道路的三个阶段并不是处在彼此的合乎逻辑的关系中。伦理的阶段绝对不能从审美的阶段里演变出来。同样地,宗教的阶段也不可能从伦理的阶段的夸大之中产生出来。这反过来意味着,一个生活在宗教的阶段里的人对另一个生活在审美的或伦理的阶段里的人的直接

---

[40] *Concluding Unscientific Postscript*, trans. D. F. Swenson and W. Lowrie (Princeton: Princeton University Press, 1941), p. 97.

[41] *Concluding Unscientific Postscript*, trans. D. F. Swenson and W. Lowrie (Princeton: Princeton University Press, 1941), p. 100.

[42] 同上,第 107 页。

号召将不会被聆听。生活在其他这些阶段之一的人很可能相信，他或她已经是一个基督徒。总之，“使基督教变得艰难”的任务必须间接地完成。“不，一个错觉永远不能直接地加以摧毁，只有通过间接的手段才能彻底消除一个错觉。如果这个错觉是认为所有的人都是基督徒的错觉——如果要对这种错觉做什么事情的话，那么，就必须间接地做这件事 368
情，不是由某人大声疾呼地宣称自己是一个非凡的基督徒的人来做，而是由一个受到较好的指导而愿意宣布他根本不是一个基督徒的人来做。即，人们必须从背后来接近那个处于错觉之下的人”。㊸

因此，需要趁读者们不提防而抓住他们，是克尔凯郭尔的作品大都采用假名的原因之一。他用假名出版的许多书籍，是从审美的和伦理的阶段的角度写的，并且试图促使处在这些阶段里的读者们进行飞跃，这种飞跃最终将引领他们到宗教的阶段。使用假名的另一个原因是，使读者们不去注意他自己，这样，读者们就不能说，“这是克尔凯郭尔的见解，”而将会直接由他们自己去面对真理。克尔凯郭尔用他典型的讽刺口吻说，“如果任何人这样有礼貌，以致假定我有一个见解，如果他把他的献殷勤推向极端而采纳这个见解，因为他相信这个见解是我的，那么，我会因为他的客气而感到遗憾”。㊹ 由于这个缘故，克尔凯郭尔的作品好像是“一个活动木偶的剧院”，在那里维克多·埃雷米塔（Victor Eremita）、引诱者约翰（John the Seducer）、约翰尼斯·德·西伦修（Johannes de Silentio）、约翰尼斯·克利马卡斯（Johannes Climacus）、反克利马卡斯（Anti - Climacus）以及其他的人，表达了一些常常不是克尔凯郭尔的不同观点——虽然大家都知道他是作者——但这些观点表明了对生活的不同看法。㊺ 在他发表这些署真名的作品的同时，他也用他自己的名字从宗教的观点发

㊸ *The Point of View*, pp. 24 ~ 25.

㊹ *Philosophical Fragments*, trans. D. F. Swenson (Princeton: Princeton University Press, 1936), p. 3.

㊺ T. H. Croxall, *Kierkegaard Commentary* (New York: Harper, 1956), pp. 254 ~ 255.

表了一系列《启发性的讲话》(*Edifying Discourses*)。

如果我们现在回到人生道路的各阶段上，我们将看到，克尔凯郭尔的全部作品，恰恰在于尽量设法号召他的读者们去进行相继的飞跃，这些飞跃将引领他们去过真正的基督徒的生活。他在《关于我作为作家的工作的观点》(*The Point of View for My Work as an Author*)里正是以这种态度来描写他的作品，虽然他明确地说，这个庞大的计划里的一些组成部分的准确位置，在他写作的时候对他来说并不是明显的，还说，是天意指导他沿途走去。[46] 他“因为她”——里贾纳·奥尔森——而写的那些书，情况尤其是如此。

这三个阶段的第一个是审美的阶段。那些生活在这个水平上的人，
369 没有目标，只是追求乐趣。他们为眼前的时刻而生活，因为正是在这一刻他们享受乐趣。然而，这种乐趣并不局限于粗俗的肉体方面的呵痒痒。这也包括追求美感的优雅的艺术家，甚至包括喜欢玩弄概念的哲学家。因此，人有可能既不是伦理的又不是宗教的阶段，从审美的角度去思考伦理和宗教。哲学家和艺术家可能不喜欢同享乐主义的伊壁鸠鲁派排列在一起。但是，所有这三者都是生活在同一个水平上，因为他们为了眼前的时刻所能给予的乐趣而生活。正是为了要说明，他所指的那些审美者不只是那些沉迷于酒色的人，他这里把他的注意力集中在较高形式的审美生活上。这种生活的最后结果是失望。为了眼前的时刻而生活最终意味着，眼前的时刻本身是没有意义的。生活只不过变成一系列快感，甚而这些快感也失去了它们的吸引力，因为审美者经常预想着未来的快感，或者回忆着以往的快感。因此，失望是审美生活的必然后果。然而，这种失望并不总是被意识到。有些审美者仍然处在这样一点上，以致他们甚至没有察觉到他们自己的失望。这些人是最没有希望的人，因为没有人能够被从未曾意识到的失望之中拯救出来。其他的人——大多数的人——对

[46] *The Point of View*, p. 92.

他们的失望秘而不宣，并且通过装出一副快乐的样子来设法隐藏这种失望。然而，失望并不是完全消极的，因为正是审美的生活受到怀疑，才促使人们飞跃到伦理的阶段上。

克尔凯郭尔关于伦理的阶段有许多积极的事情要说。生活在这个水平上的人遵循的原则是普遍真实的，而且在使生活符合这些原则的时候，发现了某种程度的真实性。审美者迷失在延续快乐时刻的烟消云散之中。伦理的生活涉及到发现自己处在他个人对一般原则的运用之中。"在伦理方面，最高的感情因素是关心个人利益的感情因素，是通过积极改造个人的整个生存方式以便与个人利益的目标相一致来表达的；在审美方面，最高的感情因素是不关心个人利益的。当一个人放弃他自己而去抓住外面的某种美妙的东西的时候，他的积极性是审美的；当他放弃一切来拯救他自己的时候，他的积极性是伦理的"。[47]

因此，在伦理的生活里，一个人遵循在社团里被认为是正派的和良好 370
的正常模式。这是承当义务和担负责任的生活。一个人是好的父亲或母亲，好的配偶，诚实的公民，以及负责任的雇员。这个阶段，和审美的阶段不同，涉及到承认其他人的生活对自己有一种要求。伦理的生活不应当被贬低，因为这是大多数人生活的基础，而且只有在这个基础上社会才是可能存在的。

但是，伦理的阶段也导致失望。伦理的阶段不能妥善处理罪恶和悔悟的事情。当一个人无法在具体的情况里运用伦理原则的时候，他怎么办呢？当一个人意识到，没能做到这一点不仅仅是一个错误，而且是他自己的素质的一部分的时候，他怎么办呢？这就是失望的根源，这种失望能够推动一个人去进行信仰的飞跃，而进入宗教的阶段。在这一点上，克尔凯郭尔拒绝了整个理性主义传统——包括康德在内——这种传统把宗教看成只是道德的辅助或向导。

---

[47] *Concluding Unscientific of Postscript*, p. 350.

从伦理的阶段向信仰的阶段的飞跃，是一种令人害怕的经历。当一个人不再把伦理看成是行动的指导，而看成是诱使自己去信赖人的，而非上帝的道德正派时，或者是去信赖普遍的原则，而非个人的神召时，信仰的飞跃就发生了。绝对信赖上帝——这是“信仰的卫士”的标志——意味着，在一个人仍然认为伦理原则普遍有效的同时，他也看到了这样的可能性，即，就某个特殊的情况来说，伦理原则可能被一个更高的诫命压倒了。当他在《恐惧与战抖》(*Fear and Trembling*)里写道，“亚伯拉罕所作的事情的伦理的表达方式是，他将杀害以撒；宗教的表达方式是，他将把以撒献为燔祭；但是，正是在这种矛盾里存在着那种能够使人失眠的畏惧，可是，亚伯拉罕要是没有他的畏惧就不成其为亚伯拉罕了”，[48] 毫无疑问，他脑子里想的是他处理他同里贾纳的婚约的那种非伦理的方式。添加到这种畏惧上的东西恰恰是，没有外部的迹象来向世人表明，一个人实际上是在神的“为达目的而暂时取消伦理”的基础上行事。因此，似乎是高度宗教性的事情，可能只是十足的非伦理的事情！亚伯拉罕可能即将杀害他自己的儿子。克尔凯郭尔在对待里贾纳方面可能只是不负责任
371 的。信仰的卫士没有办法避开这种畏惧——诚然，正是这种畏惧表明，一个人不仅仅是在伦理的水平上行事。唯一的出路是求助于信仰——而信仰依其性质永远是难于断定的。这就是做一个基督徒为什么是艰难的原因。

只有出自伦理的阶段所产生的对罪的意识才能达到宗教的阶段。但是，这不是伦理的生活所导致的失望的必然结果。在伦理阶段和宗教阶段之间没有连续性，没有黑格尔式的过渡作用，而是一个可怕的鸿沟，只有通过信仰的飞跃才能跨过这个鸿沟。伦理阶段和宗教阶段之间关键性的不同是，在前一阶段里，一个人的生活是由普世的原则指导的，而在后一阶段里，“绝对”进行最高的统治。普世的东西不应当和“绝对”等同起

---

[48] *Fear and Trembling* (Garden City, N. Y.: Doubleday, 1954), p. 41.

来,因为“绝对”在具体的和独特的情况里抓住了个人,并且在那里提出了它的独一无二的要求。生活在宗教的水平上的人知道,上帝的律法和上帝不是完全相同的。诚然,律法是从上帝那里来的,因此,普世的原则一般说来是有约束力的。但是,知道上帝处在律法之上意味着,人生道路的这第三个阶段的神学要旨是罪被宽恕。信仰和上帝直接有关,而不是和律法直接有关。由于这个缘故,伦理的人知道上帝的种种戒律,而不知道上帝的宽恕。另一方面,信仰宗教的人既知道上帝下命令,也知道上帝宽恕。伦理的人生活在失望之中,而且只知道善和恶,而信仰宗教的人坚持信仰,而信仰克服了失望。信仰确实是失望的对立面,因此唯一真正的罪是失望。最后克服罪恶的不是美德,因为美德和罪恶都是伦理阶段的组成部分。克服罪恶的东西——罪恶的真正的对立面——是信仰。美德并不拯救。只有信仰——个人和“绝对”的直接关系才能拯救。[49] 这样,很明显,克尔凯郭尔是在反驳整个理性主义传统——包括康德在内——这种传统把信仰看成只是美德的辅助。同样明显的是,克尔凯郭尔在这一点上深受路德的影响,路德对信仰、律法和得救的理解,在大部分路德传统里被长期忽视之后,由克尔凯郭尔重新断然肯定了。

然而,克尔凯郭尔不是为一般宗教信仰的某种扩散的形式辩护。他
认为自己是一个基督徒,号召其他的人接受基督里所揭示的“绝对”的要 372
求。那么,问题是,一个生活在 19 世纪的人怎样和某个生活在如此之早的时代中的人联系起来呢?这只是通过耶稣的那些存在于世世代代的和那些使他的信息存在的追随者们的继承吗?如果情况是这样,那么,随之而来的难道不是,原来的信息的力量经过世世代代的人而削弱了,因此我们和耶稣的同时代人比起来,是处于不利的地位?这就是克尔凯郭尔在《哲学片断》(*Philosophical Fragments*)里要解决的问题。他的答复是,即使对那些看到活着的耶稣的人来说,这种目睹对信仰也不一定是有益的。

[49] *The Sickness unto Death* (Princeton: Princeton University Press, 1941), p. 204.

看见耶稣只是使他们可能成为门徒；但是，这种可能性的实现只是在他们进行信仰的飞跃的时候才能发生。同样，我们这些生活在这件事情之后的若干世纪里的人，需要那些看到耶稣的人的证言，因为没有这样的真实的感觉，就显然不可能成为他的门徒。但是，使我们成为信徒的，仍然是信仰的飞跃，而不是这种证言的使人信服的力量。在这两种情况里，启示都是必要的。“正像历史上的事情使耶稣的同时代的人有机会成为一个门徒那样，只是必须注意，这是从上帝自己那里得到做门徒的条件……耶稣同时代的人的证言也使每个后继者有机会成为一个门徒，只是必须注意，这是从上帝自己那里得到做门徒的条件。”[50]

同样，成为一个门徒绝对不是容易的事情。在第一世纪做一个加利利的打渔人是不够的，而在19世纪做一个丹麦的路德派也是不够的。

克尔凯郭尔的时代并没有准备好听取他的信息。他所抨击的教会的组成部分以及“体系”，并没有被他的大多数同时代的人看成是问题。因此，他对19世纪的影响是很小的。但是，当他在20世纪重新被发现的时候，当早先几代人的许多古老的毫无疑问的事情分崩离析时，他的影响是很大的和深远的。

除了他的基督徒的使命之外，在哲学的一般领域里，克尔凯郭尔是现
373 代存在主义的主要来源之一。他所坚持的有关人的存在的范畴——这种范畴黑格尔的体系或任何其他的人类体系都不能掌握——是促使各种形式的当代存在主义产生的最初的见识。

在神学上，克尔凯郭尔的最重要的贡献是使人们注意到历史和信仰之间的不连续性以及伦理事务的等级和宗教事务的等级之间的不连续性。基督教并不是人里面的最好的东西的自然而然的顶点。这种见识的影响可以从年轻的巴特对自然和恩典之间的关系的理解里看出来。再者，克尔凯郭尔有助于表明，路德对恩典的彻底的“它者”（radical other-

---

[50] *Philosophical Fragments*, p. 84.

ness)的看法，被并非故意地放在一边了。在这方面，他有助于复兴路德的种种研究，这种复兴是20世纪神学的特点，尤其是在斯堪的纳维亚。

通过表明罪的对立面是信仰，而不是美德，克尔凯郭尔使20世纪的神学注意到了理性主义者探讨信仰和伦理学时所涉及到的道德主义，并且迫使随后几代人看到需要按照有关因信称义来发展基督教的伦理学。

克尔凯郭尔也着重指出，正统化是不够的。信仰不是教义的公式化的事情，而是和上帝的关系。

最后，克尔凯郭尔关于"间接的交流"的理论，以及他为这种交流提出的神学和心理学的根据，有助于促使人们试图通过戏剧、小说和其他这类间接的宣传工具来表达基督教的信仰。

然而，另一方面，克尔凯郭尔的思想里的一些组成部分必须被看成是消极的。其中最重要的是他夸大了个人主义。他不但是一个不合群的人，而且还把他的不合群反映到整个神学里。一个人必须单独面对上帝。信仰是个人的决定。在宗教的阶段，不可能把一个人的行动的原因传递给其他的人。这样一种对信仰生活的理解在两点上有缺欠：第一，这没有给有关教会的教义留下什么余地；第二，这忽视了罪和非正义的涉及全体的性质，因此无助于号召信徒在社会圈子里积极行动。由于20世纪被迫重新提出教会学的问题以及社会正义和社会行为的问题，因此克尔凯郭尔在这一点上帮助不大。

最后，虽然在克尔凯郭尔对宗教生活的抒情描写里有一些令人钦佩 374
的东西，但"信仰的卫士"是用这样的措辞描写的，以致有关恩典的教义有时被模糊了。他说重要的事情是，勇往直前，进行飞跃，接受随着信仰而来的畏惧。很难看出，这怎样和恩典联系起来。

概括地说，克尔凯郭尔里有许多东西在20世纪是很难遵从的。可是，这或许是他的最大的成功之处。因为他不是着手为自己谋求追随者，而是为"另一位他者"(Another)谋求门徒。他会高兴地知道，他的"海鸥般的声音"(seagull - like voice)只招来了极少的追随者，但却得到许多人的洗耳恭听。

里奇尔的神学

阿尔布雷克特·里奇尔(Albrecht Ritschl,1822～1889年)[51]是我们将在这一章里研究的第四个有代表性的神学家。他早年受到图宾根学派的影响——我们在这一章的下部分里还要谈到这个学派——但他很快就感到需要抛弃这个学派解释早期基督教时所依据的黑格尔主义。黑格尔主义以及任何其他形式的形而上学的推测,都必须从神学里排除出去,这个信念可以被看成是里奇尔自己的神学出发点。他认为,理智上的推测从来都不能导致基督教的教义。宗教的根源不是形而上学的知识,而是道德的价值观念。宗教基本上是实用的,而且宗教知识必须和理论知识区分开。理论知识是表达生存,宗教知识是表达价值观念。这种对宗教的实用性质的强调,显然是从康德那里得来的。拒绝形而上学,情况也是如此。因此,就某种意义来说,里奇尔所做的事情是,越过黑格尔而回到原来的康德那里去,并且比那些干脆把后期的唯心主义看成是哲学缩影的人更认真地对待他所遇到的挑战和机会。

另一方面,里奇尔希望尽可能清楚地把他的主张和施莱尔马赫的主
375 张区分开。他在施莱尔马赫身上看到的是,浪漫主义者试图回避康德所提出的挑战。他倾向于忽视施莱尔马赫关于历史上的耶稣和团契的重要性的所有言论,因此,他认为——施莱尔马赫的神学受到了主观主义的祸害,这种主观主义冒着向神秘主义敞开大门的危险。而且里奇尔认为,神秘主义是基督教可能有的最糟糕的歪曲之一,因为神秘主义促使个人脱离世界和道德责任,并且损害信徒们中间的团契感。由于这些原因,里奇

---

[51] P. J. Hefner, *Faith and the Vitalities of History: A Theological Study Based on the Work of Albrecht Ritschl* (New York: Harper, 1966); D. L. Mueller, *An Introduction to the Theology of Albrecht Ritschl* (Philadelphia: Westminster Press, 1969).

尔的作品里充满了对施莱尔马赫的攻击。可是，当人们现在从后来的时代的角度阅读这些作品的时候，很明显，他受惠于施莱尔马赫这个较早的神学家以及和这个神学家一致的地方，要比他所知道的大一些。

里奇尔神学的方法和总的要旨可以从他在 1870 年开始发表的《基督教关于称义和重新和好的教义》(*The Christian Doctrine of Justification and Reconciliation*)的三大卷里最好地看出来。他在书里说，基督教不是像从一个单一的中心那里画出来的图形，而是像一个椭圆形带有两个焦点：救赎和上帝的国。[52] 这两者之间的关系是这样密切，以致它们从来都不能分开。神学家们过于频繁地试图说，仿佛这两个焦点的第一个是神学的恰当的领域，而后一个是伦理学的基础。这是一个错误，因为这两个焦点的每一个只能“在另一个的建设性影响之下”才能正确地加以理解。[53]

罪的被宽恕意味着，和上帝分离的这一处分被撤销了。[54] 然而，这并不暗指，基督为我们的罪完成了抵罪的客观行动。实际上发生的事情反倒是，因为没有实现上帝为我们规定的道德的命运而产生的对罪的意识，失去了它使我们从上帝那里分开的力量。[55] 上帝无须和我们重新和好；我们才是需要重新和好的人。在这里，里奇尔拒绝了通常和安瑟伦(Anselm)的名字联系在一起的有关救赎的“客观的”(objective)或“司法的”(juridical)理论，而赞成现代化了的那种形式的阿伯拉尔(Abelard)的“主观的”理论。里奇尔和阿伯拉尔之间在这一点上的主要不同是，人们在里奇尔那里找不到对超自然的事物和对基督的基本的神性的强调，而这种强调在阿伯拉尔那里却是非常明显的。换句话说，里奇尔的关于救赎的理论是路德的“被归予的义”的夸大了的翻版，这个翻版变得很片面，因 376

[52] *The Christian Doctrine of Justification and Reconciliation* (New York: Scribner's, 1900), 3: 11~13.

[53] *The Christian Doctrine of Justification and Reconciliation* (New York: Scribner's, 1900), 3: 14.

[54] 同上，第 53 页。

[55] 同上，第 79 页。

为里奇尔相信,关于上帝的“义”或“愤怒”的任何谈论,都会和神的中心属性——爱——相抵触。

重新和好含有的意思比称义多一些,因为后者只是谈到罪的被宽恕,而前者指的是建立在这种宽恕上的新生活。

按照有关称义的概念,罪人们只是被动地被确定了,而且这没能告诉我们,通过神对他们的情况的处理,对他们施加了什么促进因素。另一方面,有关重新和好的概念表达了这样的事实,即那些早先主动和上帝作对的人,通过宽恕,被带进了奔向上帝的和谐的方向,而且在这样做的时候,首先是被带进了和上帝所抱的意图的完全一致。从这个观点来看,我们可以指望,上帝成功地施与的称义,在那些被重新和好的人的明确的活动里面得到表现和回应。[56]

正是在这里,上帝的国开始起作用,因为重新和好所带来的和上帝的新关系并不纯粹是个人的事务。这是共同的,既因为这是从信仰的团契里产生出来的,也是因为这是向着上帝国的。这个国度并不是通过来自天上的干预而将在未来某个时候产生的一个超自然的秩序。这反倒是耶稣开始的新秩序,耶稣的个人使命恰恰是创建这个国度。在内容方面,这个国度是一个共同的生活状态,在其中灵性统治自然本性,而且在人们之间有表示爱的和免费的互相服务。在这个国度里,每一个人都有特殊的使命,因此,道德的责任——这是宗教生活的实质——在于完成这种使命。

里奇尔的重要性——同施莱尔马赫和克尔凯郭尔形成对比——不是在严格说来是他的神学的东西里找到的,而是在他反映神学在 19 世纪下
377 半叶采取的方向的那种方式里找到的。这至少可以从下列四点上看出来。第一,他强调上帝的爱,达到了不顾神的公义和愤怒的程度,这是这个时期的特点。评判和过问人的一切活动的上帝的超然存在,在第一次

[56] 同上,第 78 页。

世界大战之前的自由主义神学里大都失去了。第二,作为第一点的结果,罪和恩典的重要性都大大地削减了。罪是从愚昧无知产生出来的,并且存在于邪恶的行为里,而不是存在于生存的状态里。恩典只不过是我们对上帝之爱的意识。第三,研究基督教基本性质的最好的方法是通过历史研究。这种强调和我们将在下一部分里谈到的历史的研究有直接的关系,而且就某种意义来说,是施莱尔马赫强调耶稣的中心地位和强调团契的信仰是系统神学的恰当课题的结果。最后,里奇尔强调道德是宗教的中心,这一点他是从康德那里汲取来的,这种强调在这个时期变得越来越重要。里奇尔本人把基督徒的道德和他的时代的流行做法这样等同起来,以致人们在谈到他关于基督徒生活的理想时说,他的理想是"俾斯麦时代的德国民族自由主义的资产阶级的缩影"。[57] 因此,他的神学很容易促使人们把德国文化和基督教等同起来,这种做法在 20 世纪有非常悲惨的后果。另一方面,他强调道德价值的判断,并且强调把这种判断应用在上帝的国上,这种强调导致了沃尔特·劳申布什的社会福音,并且在晚些时候促使人们把基督教信仰应用在重新安排社会的任务上。然而,在不止整整一代人的时间里,里奇尔是德国神学的领导人物,而且正是在他的追随者们身上,神学的历史学家们最严格地使用了"自由主义神学家"这个名字。

历史的问题

19 世纪贯穿在神学探究里的一个主题是历史。这有一部分是黑格尔试图把历史放在现实事物的中心的结果,有一部分是那时人们的乐观主义以及对进步的信心的反映,有一部分是历史领域里批判性的学术研
究的结果。在 18 世纪,自然神论者们以及其他的人已经对《圣经》的叙 378

[57] K. Barth, *From Rousseau to Ritschl* (London: SCM Press, 1959), p. 392.

述——尤其是有关神迹的叙述——的历史真实性提出疑问。赫尔曼·塞缪尔·雷马路斯(Hermann Samuel Reimarus,1694 ~ 1767 年)的作品《上帝的理性的礼拜者的辩护》(*Apology for the Rational Worshippers of God*)的一些部分在他逝世后发表,在德国引起很大震动。这促使圣经学者们去接受《圣经》的批判性学术研究的挑战。这个事业里值得注意的人是约翰·萨洛莫·塞姆勒(Johann Salomo Semler,1725 ~ 1791 年),他是哈利的神学教授,他在圣经研究里成了历史批判性方法的先驱者之一,还有约翰·奥古斯特·欧内斯蒂(Johann August Ernesti,1707 ~ 1781 年),他的作品集中在语法和语文学上。也是在 18 世纪,戈特霍尔德·伊弗雷姆·莱辛(Gotthold Ephraim Lessing,1729 ~ 1781 年)发表了《人类的教育》(*The Education of the Human Race*),他在书中争辩说,历史的整个过程是这样一个过程,人类在这个过程里正在奔向较高的和较精确的宗教的理解,因此,这样一个时刻正在到来,其时,《圣经》的传统教导以及信条将不再是必要的。这些教导和信条作为人类教育过程里的一种措施曾经是很重要的。但是,这样一种措施不应当加以绝对化。只有这种措施背后的原则——人们能够通过理性的手段逐渐接近这种原则——才应当被绝对化。

19 世纪采取了这些全都是指向历史的中心地位的不同趋向,并且以不同的方式把这些趋向汇总在一起。我们已经看到,克尔凯郭尔在十九个世纪之后提出了门徒的身份问题,施莱尔马赫强调了信仰团契的连续性,黑格尔创立了有关历史的整套哲学。

在图宾根,F. C. 鲍尔——我们已经提到他是黑格尔的追随者——设法把黑格尔的方法应用在《新约圣经》的研究上。这个“图宾根学派”研究了《新约圣经》里出现的不同的神学趋向,图宾根学派认为《新约圣经》是早期神学观点的综合物。尤其是,图宾根学派强调“彼得神学”和后来的“保罗神学”之间的反差。这种冲突的回声可以在《新约圣经》里听到,虽然正典本身的形成是将把这些回声一起带进早期基督教里的那个综合

物的一部分。后来在美国,菲利普·沙夫(Philip Schaff,1819～1893 年) 379
和“默瑟堡学派”(Mercersburg school)将把这些原则应用在教会历史上,同时提出,罗马天主教体现了彼得的原则,新教体现了保罗的原则,并且寻求一个新的综合物。

1835 年,D. F. 斯特劳斯发表了他的《耶稣的生平》(*Life of Jesus*),他在其中争辩说,那些认为神迹和涉及超自然事物的叙述是确确实实的人错了,而那些认为它们是杜撰的而干脆加以拒绝的人也错了。《新约圣经》不仅仅是编年史;它是那些相信耶稣的人的信仰证言。因此,《新约圣经》的记事不应当做事实的陈述来阅读。《新约圣经》的记事事实上是“种种神话”。神话,就斯特劳斯使用这个词的意思来说,并不是纯粹的谎言。与此相反,神话表达了最高等级的真理。因此,关于《新约圣经》,重要的不是耶稣本人,也不是他的神迹,甚至也不是他的教导,而是这些事物所指向的基本真理:上帝和人类的最终结合。

这就是阿尔伯特·施韦策(Albert Schweitzer)于 1906 年在他的名著《探索历史上的耶稣》(*The Quest for the Historical Jesus*)里所回顾的漫长过程的来龙去脉。这本书原来的全名是“从雷马路斯到里德(Wrede),耶稣生平研究的历史”。在这里施韦策指出,对耶稣的种种看法,以及对他的生平进行研究的那种方式,在这个世纪的进程中演变了。最初,争论集中在神迹和超自然事物的问题上。然后,人们试图发现耶稣头脑的内部活动,并且把他当成是表现我们大家内在的英雄气概的榜样而呈现出来。这种探索方法的最初例子是厄恩斯特·雷南(Ernst Renan)的《耶稣生平》,这本书许多年来是受欢迎的畅销书,并且向大多数受过教育的欧洲人提供了他们的耶稣形象。然后,鲍尔及其同事们的作品对早先的作者们从《新约圣经》里拿出来作为他们的耶稣传记依据的种种事实论据的可靠性提出疑问——尤其是对那些从“第四部福音”里找出来的事实论据的可靠性提出疑问。最后,在 1892 年,约翰尼斯·韦斯(Johannes Weiss)发表了《耶稣关于上帝国的讲道》(*The Preaching of Jesus on the*

Kingdom of God)，他在文中表明，有关耶稣的所有这些研究都未看到启示的成分，这种启示的成分对理解他的讲道和他的生平来说是极其重要的。耶稣早期的“种种传记”把他变成了 19 世纪的一种理想，忘记他的恰当的背景是他的犹太人的社会环境关于末世的期望。“种种耶稣传”里的友好的、经过润饰的耶稣从来都没有存在过；他只是他的传记作者们希望的投影。

施韦策本人深信，韦斯强调耶稣教导中关于末世的方面是正确的。他也认为，需要重新发现的重要的东西，不是历史上的耶稣，而是他所说
380 的“耶稣的精神”。这样，他就用下面这段著名的话作为结束语，然后他用在非洲舍己为人的生活来证明这些段落。

> 但真相是，对我们的时代来说是重要的，并且能够帮助我们的时代的，不是历史上所知道的耶稣，而是灵性上和人们一起来的耶稣。征服世界的，不是历史上的耶稣，而是从他那里发扬出来的并以人们的气概去谋求新的影响和统治的那种精神。
>
> 使耶稣的生存里的持久和永恒的东西脱离它得以生成的历史形态，并把它引入我们的世界作为现存的影响的工作，并没有交给历史去做……他作为一个陌生者来到我们这里，没有名字，在湖边他来到那些不认识他的人那里。他用同样的话对我们就：“来跟从我！”并且使我们去从事他要为我们的时代完成的任务。他发布命令。在他们与他同在时所经历的劳累、冲突和苦难里，他将向那些服从他的人——不管他们是聪明或是愚蠢——展现他自己，而作为一个无法表达的神秘，他们将在他们自己的经历里得知他是什么人。[58]

从这段引语里可以明显地看出，这些试图从现代的角度来描写耶稣

---

[58] *The Quest for the Historical Jesus* (New York: Macmillan, 1922), pp. 399,401.

的做法的失败,和巴特在几年之后响亮地宣布有一个谈到恩典和审判的至高无上的"他者"之间有一种联系。同样明显的是,施莱尔马赫被证明正确,而且试图把耶稣本人和耶稣的教导分离的做法,或者是试图超出基督教团契的信仰的做法,都是注定要失败的。在比较晚近的时代,人们对历史上的耶稣进行了新的探索。但是,虽然有较好的工具,这种新的探索从前一个世纪里学到了谦卑。

当对历史的兴趣促使19世纪去进行这种探索的时候,这种兴趣也在对基督教历史的大量研究中表现出来。这方面最值得注意的人物是阿道夫·冯·哈纳克(Adolf von Harnack,1851～1930年),他的《教条史》(*History of Dogma*)是历史研究的不朽作品。哈纳克是里奇尔的热心追随 381
者,他称里奇尔为"最后一个教父"。因此,他认为,耶稣的教导可以总结成三点:

> 第一,上帝的国以及这个国的到来。
>
> 第二,圣父上帝以及人的灵魂的无限价值。
>
> 第三,更高的义和爱的命令。[59]

当把这种观点应用在基督教思想史上的时候,这整个历史就呈现为一个扩大的希腊化过程,由此,注意力的焦点从耶稣的教导转移到耶稣的位格。这促使哈纳克号召新教徒们摆脱这个过程的教条主义的、礼拜仪式的和教会论的结论,回到耶稣原来的教导那里去。这也促使他去严厉批评东正教的传统[60]和罗马天主教的传统。[61]

⑸⑼ *What is Christianity*? (New York: Harper and Brothers, 1957), p. 51.

⑹⑽ "基督教从灵性上和真理上礼拜上帝变成了从符号上、公式上和偶像上礼拜上帝,没有任何景象比这种改变更可悲了"。*What is Christianity*? p. 238。

⑹⑴ "……作为一个外部的和可见的教会以及一个建立在法律和武力上的国家,罗马天主教与福音无关,不,罗马天主教是和福音根本冲突的"。同上,第264页。

另一个有关的发展是“宗教历史学派”(*Religionsgeschichtliche Schule*)。这个学派试图把基督教放在宗教的历史环境,尤其是放在基督教在其中诞生的那些宗教的环境里。正是在这个学派里出现了关于早期的灵智派神话和神秘的宗教对基督教的影响的最激进的理论。J. F. W. 布塞特的《*Kyrios Christos*(主基督)》于1913年出版。这本书是这个学派的探讨方法的典型例子,因为在这里布塞特设法揭示“Kyrios(主)”这个称号从其他的宗教传入基督教以及耶稣怎么被提高到主的崇高地位的过程。

这个学派产生的最有影响的作家是厄恩斯特·特罗尔契(Ernst Troeltsch,1865~1923年)。[62] 特罗尔契感兴趣的首先是宗教和文化之间的关系,或者是宗教在整个生活里的地位。他反对马克思在这方面的理解,并且坚持说,有一种影响社会的“先验的宗教感”(religious a priori),而且这不仅仅是社会和经济的关心造成的。与此同时,他感到,宗教和社
382 会之间的相互作用需要进一步研究,而且他着手在基督教的环境里这样做。虽然他作为一个神学教授,但他认为,许多系统神学的书,正是由于排除了文化的和历史的因素,所以即使被当做学术研究也是宗教虔诚的。他认为,德国人在用他们的信仰来影响政治的和社会的问题时所遇到的大部分困难,是在律法和福音之间作出严格区分的路德主义的影响造成的,因此他成了加尔文、加尔文主义及其与当代社会的关系的学者。他的最著名的著作是《基督教教会的社会教导》(*The Social Teachings of the Christian Churches*)。[63] 在这里他按照不同的基督教团体同周围社会的联系方式而把它们分为教会、教派和神秘团体——这种分类在宗教的社会学家们中间被广泛使用。

---

[62] 对特罗尔契(Troeltsch)的介绍,见 W. Pauck, *From Luther to Tillich: The Reformers and Their Heirs* (New York: Harper and Row, 1984), pp. 106~138。

[63] 1912年第一次出版。英译本,2卷本(New York: Macmillan, 1931)。

社会福音和沃尔特·劳申布什

美国对基督教思想发展的最重要的贡献之一是社会福音。社会福音是在 19 世纪末和 20 世纪初产生的。那时极端的资本主义大行其道,没有什么法律可以约束它。正是在这个时候,这种形式的工业的和经济的发展所造成的社会问题已经被感觉出来,而且社会方面没有设法对这种新的形势作出反应。这个新的国家是本着“为大家谋求自由和正义”的希望而在一个多世纪以前诞生的,这个国家开始受到显然是经济的和社会的非正义的结果的城市贫民窟的祸害。当这种情况发生的时候,各教会似乎满足于继续进行号召一些个人去悔悟和皈依的工作,并且常常声称,一些个人的皈依足以改造社会。

正是针对着对基督教工作的这种理解,社会福音运动提出了强有力的抗议。虽然这种运动是在几年前开始的,但这种运动在沃尔特·劳申
布什(Walter Rauschenbusch,1861 ~ 1918 年)[64]的工作里,尤其是在他的 383
两本书《基督教和社会危机》(*Christianity and the Social Crisis*)和《社会福音的神学》(*Theology for the Social Gospel*)里得到最清楚的和最有说服力的表达。劳申布什是德国一个浸礼派教授的儿子,这个事实意味着,他在系统阐述福音的社会性的时候,能够从德国的自由主义神学那里汲取材料。他在纽约市最糟糕的地区之一当了十一年牧师的这一经历,使他能够深入洞察折磨着这个国家的种种弊端的性质。正是由于他能够把他的经历和他的洞察结合在一起,才使他成了这个运动公认的领导人。

部分是通过里奇尔的影响,劳申布什才意识到罪的涉及全体的性质

---

[64] D. R. Sharpe, *Walter Rauschenbusch* (New York: Macmillan, 1942); R. Müller, *Walter Rauschenbusch: Ein Beitrag zur Begegnung des deutschen und das amerikanischen Protestantismus* (Leiden: E. J. Brill, 1957). 还见 C. H. Hopkins, *The Rise of the Social Gospel in American Protestantism 1865 ~ 1915* (New Haven: Yale University Press, 1940)。

和《新约圣经》里上帝的国的重要性。把这些见识和分析社会的科学方法的运用结合在一起，他得出结论，在纽约贫民窟里这样明显的问题，不能光靠慈善事业或靠一个接着一个的个人的皈依来解决。为了要向人的生活提供一个比较公正的环境，必须影响社会本身以及社会的法律和制度。

> 社会的宗教也要求悔悟和信仰：对我们的种种社会罪行的悔悟；对新的社会制度的可能性的信仰。只要一个人在我们目前的社会里只看到几种不可避免的弊端，并且不承认目前的制度的组成里有根深蒂固的罪恶和邪恶，那么，他就仍然处在道德上盲目和不相信有罪的状态中。那些相信一种较好的社会制度的人常常被告知，他们不知道人心的有罪。他们可以正当地反驳那种对福音派的人们的指责。[65]

基督徒们被号召来攻击的，正是社会制度里的这种根深蒂固的罪恶。这要通过宣讲福音来进行。但不是随着个人的得救和个人主义的道德而结束的那种福音。耶稣基督的真正的福音号召所有的信徒为上帝的国而工作，上帝的国是正义的国度。

对于这个国度，就像对于基督教信仰的其他许多方面一样，劳申布什是从基本上是自由主义的角度加以理解的。虽然在他的神学里有许多东
384 西超出了自由主义，但他的大多数同时代人没有看到这个事实，因此他的思想受到了第一次世界大战之后出现的自由主义的遮蔽。然而，在比较晚近的时候，由于社会问题再一次成为基督教关心的事物，由于人们从不同的角度来阅读他的作品，劳申布什被认为是 20 世纪的大部分神学的先驱者，并且被认为是比早先人们设想的远为深刻的神学家。

---

[65] *Christianity and the Social Crisis* (New York: Macmillan, 1919), p. 349.

新认信主义的发展

在对这些不同形式的神学——这些神学似乎对许多传统的假定提出了挑战——作出反应的时候，以及在对敬虔主义的个人主义作出反应的时候，人们在19世纪不同时期的各种各样的圈子里重新强调认信主义。[66] 在德国，认信主义采取了新路德派运动的形式，这个运动的领导人关心理性主义之侵入正统，敬虔主义之侵入对基督教和对教会的共同理解，以及自由主义的和民族主义的概念之侵入社会结构。

在美国，新的认信主义是对一些类似的挑战的反应。这些挑战是：理性主义——尤其是达尔文的进化论——奋兴运动的个人主义，以及政治自由主义和平均主义概念的增长。在这种情况下，由于这个国家的基督教团体的多元化，这种反应采取了两条截然不同的道路，这两条道路有时合并在一起。一条道路是某些传统——尤其是路德派传统、改革派传统和英国国教传统中间的一种运动，以便加强他们的信仰特点和立场，常常是通过加强同欧洲母国的联系来做到这一点。另一条道路是"基要主义"运动，之所以这样称呼是因为1895年尼亚加拉瀑布城的一次会议所宣布的五个"基本信仰"。这些基本信仰是《圣经》的绝对正确，以及与耶稣有关的四点：他为童贞女所生，他的替代性的死亡，他的肉体的复活，以及他的即将再临。虽然基要主义不是从新认信主义产生出来的，而是从信仰奋兴的成分里得到它的大部分力量，但基要主义有时也确实和认信主义联合起来，例如，当长老派教会的全体大会采纳了一个稍加修订的"基要主义"版本时。

---

[66] 对这个运动有良好的全球性的研究：W. H. Conser, *Church and Confession: Conservative Theologians in Germany, England and America, 1815~1866* (Atlanta: Mercer University Press, 1984)。

385 最后,关于牛津运动必须说几句话。[67] 这大部分是牛津和牛津周围一群能干的和虔诚的学者们的一种努力,以便抵销英国教会里的自由主义和福音派信仰的影响。虽然自由主义和福音派信仰在许多方面是对立的,但它们在缺乏传统观念方面和强调个人权威超过社团权威方面是一致的。牛津运动的成员也被称为"书册作者"(Tractarians)。他们认为,新教在拒绝传统和强调个人判断方面走得太远了。然而,对他们来说,这不仅仅是抽象神学的事情,而是具体信仰的事情。自由主义者和福音派由于脱离传统而失去了基督教礼拜的大部分丰富内容。他们对《圣经》的权威的强调,由于缺乏任何传统观念,而促使他们在无意之中把个别解释者的权威放在《圣经》的权威之上。传统本身将被证明是对这种情况的一种矫正措施,因为那时个别的基督徒将不会随便提出他们自己特殊的解释。使教会的教父时期的传统复活的礼拜仪式,将是把基督徒生活的共同性质重新恢复到恰当的位置上的手段。这也将由于英国的教会和东方的教会之间增加接触而得到帮助。再者,教会有神委托的目的和权威,因此国家不得干涉教会的事务。

这个运动在1833年显露出来,当时著名的学者和作家约翰·基布尔(John Keble)在牛津讲道,反对议会削减英国国教在爱尔兰的主教职位的数目。同一年,《时代的书册》(*Tracts for the Times*)开始面世。这些短文是若干学者的出版物,他们试图表明,与"教皇制度和不信奉国教者"(Popery and Dissent)相反,真正的天主教传统对英国教会的价值。第一篇短文和最后一篇短文—— 第九十篇短文——是约翰·亨利·纽曼(John Henry Newman)写的,他不久之后就成了这个运动的最知名的领导人。随着岁月的推移,很明显,这些《短文》变得越来越偏袒罗马天主教。

---

[67] O. Chadwick, ed., *The Mind of the Oxford Movement* (Stanford: Stanford University Press, 1960); C. H. Dawson, *The Spirit of the Oxford Movement* (London: Sheed & Ward, 1945); E. R. Fairweather, ed., *The Oxford Movement* (New York: Oxford University Press, 1964).

其中最后一篇于1841年发表，向罗马作出了这样的让步，以致牛津的主 386
教下命令结束这个短文系列。四年之后，纽曼宣布自己为罗马天主教徒，并且终于当了红衣主教。其他的人遵循同一条道路，从而增加了这个运动的反对者们的疑心。

然而，牛津运动（Oxford movement）的绝大多数成员留在英国的教会里面，并且在那里有很大的影响。由于他们的缘故，礼拜仪式大大地复兴了，修道士的团体恢复了，和一般教会的传统更为密切相关的一种形式的虔诚复苏了。最后，他们的影响超出了英国国教教派的范围，并且可以在其他几个新教团体里被感觉出来。这个运动的影响也可以从英国的教会终于对全基督教的事业作出的贡献里看出来。至于纽曼，我们讨论罗马天主教神学时将再一次提到他。

上述文章只是简短地回顾了19世纪新教里面的一些主要的神学家和运动。在随后两章里，当我们评述同一个时期里的罗马天主教神学和东正教神学时，那个时期的新教神学的生动性和独创性将变得越来越引人注目。当基督教教会的其他两个主要分支正在千方百计地使传统的正统化免于受到现代的污染的时候，若干新教神学家却寻找方法把神学和新思潮联系起来。想要创建综合的神学体系的愿望，是这个时期的最显著的特点之一。这种愿望促使人们彻底地重新系统阐述基督教信仰。新教神学家们试图不但考虑抽象的哲学和逻辑，而且也考虑当时的社会的、政治的和经济的条件。教会直接的政治影响由于世俗国家的成长而正在减少，但新教的影响由于更多地卷入世界事务而正在增加。

因此，虽然19世纪常常受到后来的神学家们的严厉批评，虽然19世纪里的很多东西不能用来作为我们的时代的指南，但19世纪连同16世纪仍然是新教神学的两个伟大的时代。

第十四章　第一次世界大战前的罗马天主教神学

387　正像我们看到的那样，罗马天主教教会在16世纪经历了一个紧张的神学活动和深刻的宗教改革的时期。罗马天主教教会在这个时期之后——至少在理论上成了高度集中的团体，因为经过一些犹豫之后，罗马在宗教改革运动中承担了领导地位。这种集中恰恰是在欧洲各新兴国家——常常是在独裁君主的统治之下——强调它们自己的自治权的时代发生的。这样的统治者们不会善意地看待他们自己的领土里存在着这样一个教会，它似乎是忠诚于另一个君主。因此，他们鼓励天主教教会里的这样一些人，这些人由于不同的原因而感到，教皇的权力应当受到约束。作为结果，17到19世纪主要的神学争论点之一是，教皇权威的确切的性质和范围。正像我们将要看到的那样，高卢主义(Gallicanism)、费布罗尼厄斯主义(Febronianism)和约瑟夫主义(Josephism)试图限制这种权威，而越山主义(ultramontanism)则持相反的态度。就某种意义来说，第一次梵蒂冈宗教会议是这个争论的结果，而胜利归于越山主义者的阵营。

这个时期神学家们的头脑所关心的第二件事情是，教会应当以什么方式向世界的种种新趋向作出反应。这个问题在这样一点上变得最为尖锐，这一点就是新的科学、哲学以及政治概念似乎对天主教的正统信仰构

成了威胁。在这一方面,这个时期的罗马教会的历史是一系列几乎不间 388
断的努力,试图肯定与新观点相对的传统观点的价值——这个趋势的发展终于导致了 1907 年对现代主义的谴责。另一方面,在基督教和社会正义的事务上,罗马教会在利奥十三世的领导下确实也采取了积极的态度。

前面两个段落将用做这一章的提纲。首先我们将讨论教皇权威的问题,直到这个问题在第一次梵蒂冈宗教会议里的最后结果。然后,我们将转向这样一些问题,我们把它们列为涉及到了教会和现代世界之间关系的问题。

然而,在我们转向其中的第一个问题之前,关于詹森主义(Jansenism)必须作些说明。在我们现在研究的这个阶段的早期,这个问题仍然十分突出。由于我们已经讨论了詹森主义的发展和最后结果,我们现在将不再讨论它。但是,我请读者们注意到 17 和 18 世纪詹森主义作为罗马天主教整个图景的一部分的重要性。

教皇权威的问题

当新教正在攻击教皇权威的时候,罗马天主教教会内部有许多人也对这种权威表示怀疑,并且试图给这种权威规定限度。15 世纪的教会公会议至上(conciliar)的观点从来都没有完全消逝——尤其是在法国。在那里,有一个时期,巴黎神学院继续教导这些观点。对英国、苏格兰、德国和荷兰的新教改革作出贡献的民族主义情绪,也存在于西班牙、葡萄牙和法国这样的天主教国家里。天主教的统治者们由于教会权威越来越集中在罗马而感到不安。许多高级教士也有这种不安,因为随着教皇权力和权威的增大,他们的权力和权威是一定要减少的。在这种观点上,他们得到了历史研究的支持。历史研究表明,在早期,教会并不像罗马这时所声称的那样集权。

虽然这种对教会过分集权的反对,在天主教的欧洲各地相当普遍,但

是这种反对在法国最为强烈,因此终于被称为高卢主义。那些反对高卢
389 派而捍卫教皇权威的人,被称为“越山派”(ultramontanes)——因为他们望着阿尔卑斯山的“山那边”去寻找教会权威的根源。

法国有充分的历史原因来变成反对罗马权力的中心。天主教廷居留在阿维农期间,曾向法国君王作出若干让步——这些让步历代国王急于保留。公会议至上运动的许多最能干的领导人是法国人,在法国国土上许多人仍然持有他们的想法。1516 年,由于一些复杂的政治原因,利奥十世和法兰西斯一世签署了一个契约,使国王及其后继者们对他们领地内的教会拥有很大的权力。因此,当法国人提到“高卢的自由权”的时候,他们说的不是未来的目标,而是这时似乎受到威胁的传统做法。

在法国人对特伦特宗教会议作出反应的那种态度里可以看到所有这些因素在起作用。① 当特伦特宗教会议正在筹备的时候,甚至当该宗教会议正在举行的时候,许多人在法国反对进行该宗教会议的那种方式。对他们来说,特伦特宗教会议只不过是意大利的宗教会议。作为结果,在法国领土上颁布该宗教会议的法令的问题,变成了高卢派和越山派之间斗争的早期阶段里的中心争论点。

法国反对颁布特伦特宗教会议法令,有几个方面的原因。那些仍然坚持教会公会议想法的人认为,这个特殊的宗教会议向教皇的权威作出了太多的让步。神职人员中间许多最热心提倡宗教改革的人相信,他们的目标在君主的支持下可以最好地实现,而且罗马通过它的特伦特会议的干预以及最后通过教皇的教令的干预,将妨碍他们得到他们心目中的宗教改革所需要的政治支持。国王们及其最密切的支持者们担心,颁布特伦特宗教会议的种种决定,将等于宣布罗马高于王室——至少是在教会事务方面。但是,最坚定的反对来自议会,议会是由年长的贵族们的多

① L. Willaert, *Après le concile de Trente: La restauration catholique* [vol. 18 of Fliche and Martin, *Histoire de l'église* (Paris: Bloud et Gay, 1960)], pp. 375 ~ 383.

数派控制的，这些贵族们绝对不会同意在法国国土上颁布外国的法律。

1580年，亨利三世按照那些希望看到他带头进行教会改革的人的劝 390
告，在布罗伊（Blois）发表了有关教会纪律的六十六条条例。这些条例大都是取自特伦特宗教会议的教令。但是，教皇格列高利十三世认为，这是民事当局擅自篡夺权力。按照他及其支持者们的说法，这个国王应当做的事情，不是给教会的改革下命令，而只是签署特伦特宗教会议的诸决定。随后发生的辩论无助于加强罗马在法国的地位。

当亨利三世被暗杀，王位空缺，继承人未定的时候，教皇通过宣布谁有资格和谁没有资格当君王而试图进行干涉。这引起了许多人的愤怒，并且进一步加强了高卢派的地位。当那瓦尔的前新教徒亨利变成了亨利四世的时候，他已经处在开除教籍的禁令之下，这是罗马把他当做堕落的异端教徒而加在他身上的。因此，严格根据法律意义，只有教皇才能恢复他同教会的交往。这使法国教会处于困难的地位，因为法国教会要么就得接受一个异端教徒作为国王，要么就得祈求罗马教廷撤销开除教籍的禁令——因而同意教皇在这类事务上的管辖权。法国的神职人员们所做的事情是，干脆根据他们自己的权威而恢复国王同教会的交往，而不同罗马教廷磋商。罗马由于这个行动而谴责法国的神职人员们和国王，并且施加了这样大的压力，以致两年之后，亨利四世不得不祈求教皇宽恕他，并且象征性地屈从罗马教廷的纪律。作为他恢复同罗马交往的交换条件，国王同意签署和颁布特伦特宗教会议的教令。他一再试图这样做，但是法国议会的坚决反对从来都不允许他这样做。当亨利在1610年被狂热者弗兰索瓦·拉瓦叶克（Fronçois Ravaillac）暗杀的时候——拉瓦叶克的动机和越山派赞成诛戮暴君的种种论点有关——高卢派作出了强烈的反应。结果是，特伦特宗教会议在法国仍然没有被认为是有约束力的。

1615年，法国的大多数神职人员——他们到了这时普遍相信，需要使特伦特宗教会议在法国成为有约束力的——采取了重大的步骤。他们决定，由于王室和议会都不准备颁布该宗教会议的法令，由于总的说来这

些法令涉及到灵性事务而不是世俗事务，所以他们作为王国里基督徒们
391 的灵性指导者，将干脆干下去和自行宣布，今后特伦特会议的教令将是有效的和对一切基督徒有约束力的。虽然这意味着，特伦特会议的权威的问题这时解决了——不是没受到民事当局的反对——但这也意味着，这个解决方法是来自法国的神职人员的。因此，在1615年采取的步骤是含糊不清的。这个步骤的大多数支持者是试图提高教皇在法国的权威的越山派，但这样做需要"高卢教会"的一个法令，这一事实终于被用做有利于高卢主义的一个先例。

在高卢主义的这个早期阶段，有四个人作为反对罗马权力的最初领导人而引人注目：盖伊·科奎尔，皮埃尔·皮图，埃德蒙·里谢尔，以及让·杜维吉埃·德·奥兰——他以圣西兰这个名字而更为人所知。

盖伊·科奎尔(Guy Coquille，1525～1603年)② 发表了《关于法国教会的自由权的论文》(*Treatise on the Liberties of the Church of France*)和《关于法国教会的自由权的讲话》(*Discourse on the Liberties of the Church of France*)。他是一个贵族、人文主义者和律师，他把他的论点建立在贵族对教会的理解上。主教们是确实有权威的人，教皇的首席地位，只是荣誉方面的，而不是权威方面的。因此，教皇没有废黜国王的权威。但是，国王确实有统治神职人员的权威，尤其是在财政和司法事务方面。

皮埃尔·皮图(Pierre Pithou，1539～1596年)③ 撰写了《高卢教会的自由权》(*The Liberties of the Gallican*)，这篇论文在这场争论期间印刷了五次。他的作品比科奎尔的作品更面向历史，而且他更加准确地运用了法理学——因为他也是律师。他的论点只是，教皇在"最真正的基督教国王"的领土上没有世俗的权威，而且教皇的灵性上的权威受到了古代宗教

② L. Willaert, *Après le concile de Trente*: *La restauration catholique* [vol. 18 of Fliche and Martin, *Histoire de l'église* (Paris: Bloud et Gay, 1960)], pp. 385.

③ 同上。J. Carreyre, "Pierre Pithou", *DTC*, 12: 2235～2238; H. R. Guggisberg, "Pithou, Pierre", *RGG*, 5: 389.

会议的教规的严格限制。“高卢的自由权”是八十三种——大都涉及到法国主教们和宗教会议的权威以及国王的教会方面的权威。皮图也是布罗伊条例的幕后策划者之一，并且是法国神职人员决定不同教皇磋商就宽恕亨利四世的幕后策划者之一。

埃德蒙·里谢尔（Edmond Richer，1559～1631 年）④改变了高卢主义 392
的调子。科奎尔和皮图是律师，因此主要是从司法的角度来讨论这件事情。另一方面，里谢尔是来自巴黎神学院的博士，并且是神学系的理事。因此，科奎尔和皮图的高卢主义主要是政治方面的，而里谢尔的高卢主义则显然是神学方面的。他的非常简短的书——三十页——《论教会的和政治的权力》（*On Ecclesiastical and Political Power*，1611 年），变成了整个争论期间的最有影响的作品。在某些方面，这本书彻底否认像贝拉明所阐述的那样的罗马至高无上的传统论点。里谢尔拒绝这样的概念，即教会是一个等级制度的实体。他引用公会议至上论者的早期论点声称，教会唯一的首脑是基督，他把他的权威委托给了全体信徒。这些信徒反过来又把他们的权威委托给了神职人员和主教们。神职人员各自在自己的教区里被给予了圣职的权威，在这里谢尔被指责接近于长老制。主教们被给予了管辖的权威，他们每个人在自己的主教管区里行使这种权威。主教们在宗教会议里联合在一起，是教会内部最高权威的中心。那么，教皇是宗教会议的教长，执行宗教会议的政策和命令，并且定期向宗教会议汇报。

里谢尔的主要对手是安德烈·杜瓦尔（André Duval，1564～1638 年），⑤他赞成可以在贝拉明那里找到的那种等级制的对教会的理解，也

---

④ Willaert, *Après le concile de Trente*, pp. 387～389; H. R. Guggisberg, “Richer, Edmond”, *RGG*, 5: 1093; J. Carreyre, “Richer, Edmond”, *DTC*, 13: 2698～2702; R. Golden, *The Godly Rebellion: Parisian Curés and the Religious Fronde, 1652～1662* (Chapel Hill: University of North Carolina Press, 1981), pp. 72～74.

⑤ A. Ingold, “Duval, André”, *DTC*, 4: 1967.

赞成颁布特伦特宗教会议的教令。然而,具有意义的是,尽管他的态度大体上是保守的,但他仍然捍卫“高卢的自由权”——虽然不是作为法国教会自身固有的权利,而是作为他希望罗马教廷遵从高卢教会的古老习惯而给予的特权。

圣西兰(Saint - Cyran,1581 ~ 1643 年)[6] 是詹森的朋友,而且是詹森主义借以在法国牢牢站住脚的工具之一。然而,他是从不同的角度来探讨高卢问题的。一些修道士的团体,尤其是耶稣会会士们,被看成是罗马教廷在不同国家里的军队。由于耶稣会会士和罗马的直接关系,他们不
393 但受到世俗的王子们的斜眼看待,而且也受到若干高级教士的斜眼看待。圣西兰在耶稣会会士们和统治集团之间因为管辖在英国的工作而引起辩论时提出了这个问题。在以彼得勒斯·奥里利厄斯(Peteris Aurelius)的名字发表的一篇论文里,圣西兰反对教皇和正规的神职人员而捍卫主教团的权威。主教们直接从上天接受他们的权威,而且一切权力都属于他们。他们和教区的神职人员分享这种权力,神职人员的权威反映出主教们的权威。在这个意思上,可以说神职人员是“较小的高级教士”。这种权威来自他们的被任命,而不是来自他们的誓言。不同团体的誓言和规则只是人所设立的制度,并不增添神职人员的权威。因此,教会里的权威的地位在于主教团及其神职人员,而不在于罗马的主教或声称从他那里得到委任的团体。

高卢理论的下一步发展,是在皮埃尔·德·马卡(Pierre de Marca)的作品里完成的。[7] 在里奇利厄统治期间,马卡是图卢兹的大主教。里奇利厄政策的准确目标是不确定的。但无论如何,在他同乌尔班八世的猫捉耗子的游戏中,有一个与此同时向教皇提供某种重新和好的希望的高

⑥ C. Constantin, “Du Vergier ou Du Verger de Hauranne, Jean”, *DTC*, 4: 1967 ~ 1975.

⑦ J. Carreyre, “Marca, Pierre de”, *DTC*, 9: 1987 ~ 1991; Willaert, *Après le concile de Trente*, pp. 402 ~ 403.

卢声明,对他是有好处的。这个声明是皮埃尔·德·马卡(1594～1662年)在他的论文《论全体教士和帝国之间的和谐》(*On the Concord between the Priesthood and the Empire*)里提供的,这个论文是奉国王的命令也就是奉里奇利厄的命令写的。他的理论的细节在这里是不重要的。概括地说,他赞成教皇的最高权力,拒绝公会议至上论者的旧观点,同时也坚持国王的最高的权威,并且坚持君主有义务维持法国教会的特殊的教规——这些教规教皇没有权力取消。这样,在德·马卡的作品里我们看到了一个例子,说明什么东西将永远是高卢主义遇到的最糟糕的诱惑之一:屈从于国家的支配,并且把它对国家教会自治权的捍卫变成一种手段,使教会成为国家政策的工具。

里奇利厄死后,正当法国在路易十四统治下达到权力顶点的时候,这场争论变得更加尖锐。教皇是否有权取消高卢教会的特殊教规这一问 394
题,促使一些越山派用比以往更加断然的措辞肯定教皇不会犯错误。在对此作出反应时,当局干脆试图用武力压制这类观点,因为这些观点反对路易十四的政策。虽然教皇权威的问题仍然在辩论之中,但压制的政策对建设性的对话是没有益处的。这个时期最有意义的神学文件——之所以有意义,不是因为有创见,这个文件缺乏创见,而是因为它后来的重要性——是1663年巴黎神学院发表的《六条教规》(*Six Articles*)。这些教规断言,在世俗事务方面,国王完全独立于教皇,而且按照古代的高卢教规,教皇没有权力废除法国主教。比较含糊的是,这些教规进而宣布,巴黎神学院的教职员并不肯定教皇凌驾于宗教会议之上,并且不相信教皇的不会犯错误应当被大家当成是一个教条。[8] 在这些陈述的非常胆怯的和含糊的性质里,人们可以看出,巴黎神学院的神学家们认为,国家的权力太

---

[8] E. Préclin, *Les luttes politiques et doctrinales aux XVIIe et XVIIIe siècles* [vol. 19 of Fliche and Martin, *Histoire de l'église* (Paris: Bloud et Gay, 1955)], p. 152;A. Sedwick, *Jansenism in Seventeeth – Century France: Voices from the Wilderness* (Charlottesville: University Press of Virginia, 1977), pp. 20～46.

大了，以致不能冒得罪国家的风险。这样，捍卫“高卢自由权”就造成了教会对国家的相对自由权的大大丧失。到了1682年，很明显，路易十四正在利用高卢主义作为一种手段，使教会从属他的旨意，尤其是在财政和用人的事务方面。在那时，由国王召开了一个破例的神职人员大会，满足了国王的愿望，然后又根据高卢的理论说明大会的行动是合理的。其结果是1682年的《四条教规》，是由著名的宫廷牧师雅克·博休特(Jaques Bossuet)撰写的。[9] 这些教规肯定了国王的世俗权力，通过断言教皇必须按照古老的高卢自由权行事而限制了教皇的权威，并且宣布，虽然教皇在信仰的事务方面是教会的首脑，但他的判断并不是没有被纠正余地的——换句话说，否认了教皇的不会犯错误，至少是就其最广的范围来说。教皇拒绝接受这些决定，宗教法庭谴责这些决定，若干神学家从其他地区写论文反驳这些决定。法国那些在这件事情上追随罗马的人，受到
395 了很大的压力。可是，甚至在法国本土，对这种新牌号的高卢主义——这种高卢主义是一种变相的国王高于教皇主义(caesaropapism)，也总是有反对的潜流，虽然这种反对大都没有采取越山主义的形式。

因此，18世纪标志着高卢主义的最高点。然而，到了那时，变得很明显，至少有两种高卢主义。一种是主教们和一些神职人员真正试图捍卫国家教会的权威和自治权。另一种是国王及其宫廷希望扩大他们对教会的权力。正像一些自由主义的历史学家所描述的那样，这两种高卢主义在性质方面基本上都不是民主的。无论如何，那些希望教会进行真正改革的人越来越相信，这种改革不能由王室来促成，这种信念是导致高卢主义终于衰亡的主要因素之一。另一个因素就是法国大革命。

但是，在我们转向法国大革命对教皇权威问题的影响之前，必须先说

⑨ 英文文件，见 H. Bettenson, ed., *Documents of the Christian Church* (New York: Oxford University Press, 1943), pp. 379～380。

说两个和高卢主义密切相关的运动:费布罗尼厄斯主义和约瑟夫主义。[10] 费布罗尼厄斯主义的名字来自贾斯廷·费布罗尼厄斯(Justin Febronius),他的真名是约翰·尼古拉·冯·杭泰姆(Johann Nikolaus von Hontheim, 1701～1790 年)。[11] 费布罗尼厄斯在 1763 年发表了一篇关于罗马教皇合法权威的论文,这篇论文说,君主们并不从属于教皇,教皇的权威直接来自整个教会。这意味着,教皇从属于整个教会,整个教会可以在宗教会议的集会上审判他和废黜他。再者,他并不高于其他的主教,而且他在不属他自己的主教管区里没有直接的权威。他在这方面所拥有的权威,只是作为教规的捍卫者和整个教会的命令的执行人才得到的。不难看出,费布罗尼厄斯主义只不过是德国方面的高卢主义。像在法国一样,在这里君主们也把这种教义看成是他们的政策的有价值的工具。这样,当神圣罗马皇帝约瑟夫二世决定在帝国内部应用费布罗尼厄斯主义的理 396
论时,费布罗尼厄斯主义就导致了约瑟夫主义。[12] 这同一系列反对一些宗教团体的措施结合在一起,约瑟夫不无理由地把这些宗教团体看成是教皇在他的领地上的军队。当约瑟夫的兄弟利奥波德(Leopold)在他的塔斯卡尼领地上应用同一些原则的时候,约瑟夫主义似乎扩大了。但事实上,在约瑟夫于 1790 年去世之后,约瑟夫主义几乎随即就消失不见了。费布罗尼厄斯主义在 1764 年受到宗教法庭的谴责,约瑟夫主义在 1794 年受到庇护六世(Pius VI)的谴责。

宣告高卢主义以及费布罗尼厄斯主义和约瑟夫主义的终结的,是法国大革命。波旁王朝被推翻,大革命血流成河,以及 19 世纪教会和国家分离的总的趋势,都导致了高卢主义的衰亡。正像 18 世纪目睹了高卢主义的顶点那样,19 世纪也看到了这样一个迅速的过程,在这个过程中越

---

⑩ Préclin, *Les luttes*, pp. 769～801.

⑪ T. Ortolan, "Febronius, Justin (ou Jean－Chrysostome－Nicholas de Hontheim)", *DTC*, 5: 2115～2124; E. Wolf, "Febronianismus", *RGG*, 2: 890～891.

⑫ G. Mollat, "Josephisme", *DTC*, 8: 1543～1547.

山主义占了上风。这个过程是随着约瑟夫·德·梅斯特(Joseph de Maistre)和 F. R. 德·拉门奈(F. R. de Lamennais)的作品而开始的,并且终于导致了第一次梵蒂冈宗教会议,该宗教会议宣称,教皇无讹论。

约瑟夫·马利·德·梅斯特伯爵(1753～1821 年)[13]体现了法国贵族对大革命的反应。他把秩序看成是社会里的最高价值,而且他相信,这种秩序是由上帝以固定的方式一劳永逸地建立起来的。由于现实事物既是物质的也是精神的,上帝规定了两种不同的等级制度来统治世界。这两种等级制度都是君主政体的,因为国王处于世俗权力的首位,而教皇是精神事务方面的最后权威。国王和教皇都是用神权进行统治的。然而,由于在事务的次序里精神事务总是高于物质事务,因此教皇有凌驾于国王之上的最后权威。他能够训斥和废黜国王,因为他是耶稣基督在世上的代表,而且他除了上帝之外不对其他的人负责。如果国王似乎办事公正,那么,他的臣民们没有权力反对或废黜他。他们所能做的只是诉诸更高的法庭,即教皇。抵制教皇是不合法的,而且没有比他更高的上诉法庭。

397 费利西特·罗伯特·德·拉门奈(Félicité Robert de Lamennais,1782～1854 年)[14]具有 19 世纪最有趣的神学经历之一。他的第一个重要的作品针对着拿破仑控制教会的计划。他后来成了法国保皇党的支持者,虽然他在这一点上的兴趣,不是王权本身的制度,而是这种制度将对真正的

---

⑬ S. Rocheblare, *Étude sur Joseph de Maistre* (Strasbourg: Istra, 1922); C. S. Phillips, *The Church in France, 1789～1848: A Study in Revival* (New York: Russell & Russell, 1966), pp. 207～213.

⑭ Phillips, *The Church in France, 1789～1848*, pp. 216～258; A. Dansette, *Religious History of Modern France*, vol. 1: *From the Revolution to the Third Republic* (Freiburg: Herder, 1961), pp. 207～226; A. R. Vidler, *Prophecy and Papacy: A Study of Lamennais, the Church and Revolution* (New York: Scribner, 1954); P. N. Stearns, *Priest and Revolutionary: Lamennais and the Dilemma of French Catholicism* (New York: Harper and Row, 1967); J. J. Oldfield, *The Problem of Tolerance and Social Existence in the Writings of Félicité Lamennais* (Leiden: Brill, 1973); L. LeGuillou, *La condamnation de Lamennais* (Paris: Beauchesne, 1982).

和有秩序的宗教作出的贡献。他把权威看成是这样一种推动力,没有它秩序和信仰都不能继续存在,因此,他把新教和高卢主义同宗教上的漠不关心联系起来,并且同无神论联系起来。他也因为笛卡儿主义相信个人的思维而攻击笛卡儿主义。高卢主义对他来说是“这样一个体系,它指的是在做异教徒的情况下,尽可能少地去相信,以便在不做叛乱的情况下,尽可能少地去服从”。[15] 在早年,他认为,天主教和民主主义之间不可能有联盟,因为天主教和民主主义信奉相反的原则,而且从长远来看,民主主义对社会本身是起破坏作用的。再者,教皇必须被宣布为不会犯错误的,而且一切权力必须归属于他,因为没有他,基督教的信仰就会崩溃,而且没有这种信仰,社会就不能继续存在。可能有的最好的制度是由教皇担任其首领的神权政制。

但另一方面,拉门奈把这些教义推演到更远的地步。反对教皇的权力的,恰恰是公认的民事当局。那么,为什么不拆散王室和教廷之间的传统联盟,而加入政治自由主义的势力呢?他早些时候说,臣民们不应当服从不按基督教原则办事的统治者。这时他又补充说,基督徒们遵循的最好的政策是,以教皇为他们的领袖,着手进行十字军运动,争取政治自由。归根到底,基督教必须保证政治自由,而保证这种自由的,恰恰是教皇的权力和权威。在他的事业的早期阶段,他得到了利奥十二世的支持,利奥十二世大概打算让他当红衣主教。这时他动身去罗马,设法使格列高利十六世支持他的观点和他的十字军运动。但是,与此相反,教皇在教皇通 398
谕 *Mirari vos*(1832 年)里谴责了他的教义。在这里格列高利里说,这类想法煽动叛乱,而且拉门奈提倡的出版自由和教会的准则相抵触。拉门奈接受了这种谴责,并且引退到他在拉切斯奈的庄园,他在那里写出了《一个信徒的话》(*Words of a Believer*),向教皇作出答复。当他的见解再一次被教皇通谕 *Singulari nos*(1834 年)谴责时,他的许多朋友屈服于教皇,但

---

⑮ Phillips, *The Church in France, 1789～1884*, p. 224.

拉门奈离开了教会。

在这之后，拉门奈把他的精力集中在政治领域里，他在 1848 年的大革命里终于成了议会的成员。在神学领域，他放弃了正统信仰，否认超自然的事物，并且倾向于泛神论。由于他在这个时期的作品，他可以被说成是现代的政治思想以及现代主义的先驱——我们在这一章后面将讨论现代主义。

虽然拉门奈受到了教皇的谴责，但他所被拒绝的观点正表明了在天主教教会里越山主义终于获得胜利。诚然，只要传统的制度站住了脚，只要教会和国家有密切的联系，民事政权就会千方百计地设法控制其领地内的教会。这在高卢运动中变得很明显，尤其是在高卢运动的后期阶段。但是，教会一旦开始失去它在各国的政治权力，统治者方面对教会集权的反对就会减少。因此，19 世纪期间两种似乎是相反的但实际上是互补的事态发展正在发生：在教皇正在增加他对整个天主教教会的权威的同时，这个教会的实际权力正在减少。

教皇权威的事态发展里的最重要的里程碑之一是庇护九世的训令 *Ineffabilis Deus*（1854 年）。[16] 几个世纪以来，圣母马利亚无原罪成胎的问题，一直在天主教的神学家们中间进行辩论。问题不是马利亚是否没有罪而怀耶稣——这在很早以前就由一致意见决定了——而是马利亚本人是否被保护而没有受到原罪的任何玷污，甚至在她怀胎的那个时刻。一些早期的神学家——其中有安瑟伦——反对在这方面不断提升圣母马利
399 亚的地位的倾向，并且说，她是在罪中受孕和被生出的。托马斯·阿奎那以及他之后的多米尼克会会士们认为，圣母马利亚是在原罪里被怀的，但在她出生之前被圣洁化了。和他们相反，法兰西斯会会士们坚持无原罪成胎。到了 15 世纪末，这场辩论变得这样剧烈，以致西克塔斯四世（Six-

---

[16] 部分英文文本，见 Bettenson, *Documents of the Christian Church*, pp. 380 ~ 381。拉丁文见 *Denzinger*, 1641。

tus IV)不得不进行干涉,在这样一件教会没有作出教义宣告的事情上,禁止任何人指责其他人有左道邪说。耶稣会会士们在马利亚的无原罪成胎方面和法兰西斯会会士们一致,而且通过这两个强有力的团体的影响,这个理论在保守的天主教徒中间得到发展。当庇护九世成为教皇的时候,事态就是如此。关于教皇无讹的理论,有一个类似的但比较新近的过程正在发生。和高卢主义相冲突,许多越山派断言,教皇是不会犯错误的。有些人超越了在教义问题上的教皇无派论,甚至声称教皇在伦理学和政治学问题上也不会犯错误。庇护九世这时决定,颁布有关无原罪成胎的教义,将是一个良好的时机,他可以借以肯定他在教义问题上的权威。在这一点上他是对的,因为有关马利亚是否没有原罪就成胎的问题,不大可能引起政治统治者方面很大的兴趣。政治统治者通常对于任何试图加强教皇权威的做法都投以怀疑的目光。因此,教皇训令 *Ineffabilis* 在没有大争辩的情况下被普遍接受了。在这里庇护断言,"通过无所不能的上帝的独一无二的恩典和特免,"马利亚受到保护而免受原罪的玷污,而且这个教义是上帝揭示的,因此所有的人都必须相信。然而,这个声明的意义远远超出了马利亚学的问题。这时,在教会历史上第一次,一个教皇根据他自己的权威而给教义下了规定。对这个声明,没有什么人反对,也没有什么消极的反应,这个事实促使越山派相信,在教义上正式宣布教皇不会犯错误的时机正在到来。这将是第一次梵蒂冈宗教会议的主要议题。

第一次梵蒂冈宗教会议⑰是教皇庇护九世在 1868 年正式召开的,而且在翌年无原罪受胎节(Feast of the Immaculate Conception,12 月 8 日)开始它的会议。梵蒂冈宗教会议在 1870 年末暂停,因为当时普鲁士和法国 400
之间的战争使得会议不能继续进行。虽然该宗教会议涉及很多问题,但

⑰ R. Aubert, *Vatican I* (Paris: Editions de l'orante, 1964); E. C. Butler, *The Vatican Council* (London: Longmans, Green, 1930); E. Cecconi, *Storia del concilio ecumenico vaticano scritta sui documenti originali*, 4 vols. (Rome: Vaticano, 1873 ~ 1879); *Actes et histoire du concile oecuménique de Rome MDCCCLXIX*, 7 vols. (Paris: A Pilon, 1870 ~ 1871).

最为重要的是教皇无派论。在这个问题上，意见分歧，虽然大多数人赞成宣布教皇无派论为教会的教条。一些赞成这个定义的人希望看到，对教皇无派论不加上任何限制，而且这一派里的极端主义者甚至断言，“当教皇沉思默想的时候，是上帝在他里面思索（*quando egli medita, è Dio che pensa in lui*）”。其他的人——多数派认为，教皇的不会犯错误应当被宣布为教会的信条，但应当以这样一种方式做这件事情，以致一些教皇曾经陷入异端——主要是利伯里乌和霍诺里厄斯的这一事实，将不会阻碍人们去接受该宗教会议的定义。从天主教徒居于少数派的地方——尤其是东欧来的很多主教们赞成这个教义本身，但认为颁布这个教义的时机尚未成熟。有一些人——诸如巴尔的摩的主教提出这样一个教义上的定义，在这个定义里不使用“不会犯错误”这个词儿。由维也纳和布拉格的大主教们率领的少数派，干脆完全反对这个教义。由于反对这个教义本身的人很少，由于该宗教会议在终止辩论方面采取了严格的规章，因此不久之后就很明显，该宗教会议将会颁布教皇的不会犯错误。这是在1870年7月18日作出的，五百二十二人投票赞成，两人反对，一百多人弃权。这个定义的一部分说：

> 因此，忠实地坚持从基督教信仰之初得来的传统，坚持我们的拯救者上帝的荣誉，坚持天主教的崇高地位，并且坚持基督教各国的得救，我们教导和明确，这是一个天启的教条：当罗马教皇执行他作为一切基督徒的牧者和长者的职务的时候，当他凭借他的最高的使徒传统的权威而给一个由普世的教会信奉的信仰或道德的教义下定义的时候，在蒙福的彼得里应许给他的神的帮助，给予了他这样一种不会犯错误，我们的神的救赎者愿意，教会在给信仰或道德的教义下定义的时候，被赋予这种不会犯错误；因此，有关罗马教皇的这类定义，

是不能自行更改的,而且不是基于教会的同意的。[18] 401

这样,那些希望看到这个教义被宣布的人获得了胜利。虽然这个定义本身明确了这样一点,即教皇不是永远不会犯错误——这就使得有可能解释利伯里乌和霍诺里厄斯的事例——但这个定义使他在信仰和道德的问题上有最后的权威。在同一个教会的另一个部分里,人们断言,教皇对整个教会有直接的管辖权,不但在信仰和道德事务方面是如此,而且在纪律和行政事务方面也是如此。公会议至上论运动终于衰亡,而给这个运动致命打击的,恰恰是一次宗教会议。

这个新的教义没有遇到什么抵制就被接受了。领导反对派的巴伐利亚的教会历史学家约翰·约瑟夫·I. 多林格(John Joseph I. Döllinger)拒绝接受这个定义,并且被开除教籍。荷兰、德国和奥地利的一些人,离开了罗马天主教教会,采用了“老天主教徒”(Old Catholics)这个名称,并且形成了一些小的国家教会。俄国东正教和希腊东正教以及许多新教徒,干脆把这个教义当成是罗马异端的进一步的证据。但是,在罗马天主教徒们本身中间没有什么骚动。

这样,高卢主义及其类似的运动终于结束了。可是,这是教廷的毫无意义的胜利,因为有关教皇不会犯错误的教义遇到这样少的抵制的主要原因是,教会在世界上失去了大部分的影响。这次宣布之后两个月,教皇把罗马城交给了意大利王国。教皇是否被宣布为不会犯错误,这时在传统的天主教各国的许多人看来,大体上是不相干的事务。这有一部分是由于罗马天主教对现代世界的挑战作出反应的那种方式。

---

⑱ C. J. Barry, ed., *Readings in Church History*, vol. 3: *The Modern Era: 1789 to the Present* (Westminster, Md.: Newman Press, 1965), pp. 78~79.

教会和现代世界

虽然最清楚地提出教会和世界之间的关系问题的，是具有新的哲学和政治观点的19世纪，但这个问题在早些时候在两场争论里已经出现，
402 这两场争论很少受到人们的注意，但却可以说明罗马天主教教会不得不处理的一些棘手的问题。这两场争论涉及到法国的寂静教（Quietism），并且涉及到耶稣会在中国和印度的传教活动。

寂静教是17世纪在法国发展起来的神秘主义的一种形式。[19] 寂静教起源于早些世纪在西班牙出现的神秘的虔诚的半异教的形式，而且这部分是受到了穆斯林神秘主义的影响。总之，西班牙人米格尔·德·莫利诺斯（Miguel de Molinos）把寂静教介绍到法国，他的门徒之一，让-玛丽·德·盖恩（Jeanne – Marie de Guyon）夫人，不久之后就把寂静教推广了。这种形式的神秘主义的主要信条是，基督徒要达到完美无缺在于不断默祷的状态，在这种状态中信徒变得对一切不是上帝的东西都漠不关心。在这种状态中，一个人不关心得救，一个人不需要施舍的善行，而且整个世界都被忘却。德·盖恩夫人把她的灵性上的顾问弗兰索尼·费内伦（François Fénelon）争取到这种形式的神秘主义上来。费内伦是法国最杰出的教会领导人之一，并且不久之后就成了坎布雷（Cambrai）的大主教。当布塞特——我们在谈到高卢主义时已经提到他——攻击寂静教时，费内伦起来为寂静教辩护，这样，这个国家里的两个最受尊敬的高级教士就卷进了激烈的争论。当罗马在1699年谴责费内伦的时候，这件事情就了结了。但是，寂静教的影响在法国持续下去。总之，这场争论的重要性是，它表明，天主教教会没有准备好接受那些提倡对世界完全不关心的人的理论。

---

⑲ Préclin, *Les luttes*, pp. 165 ~ 173.

耶稣会在中国的传教活动引起的争论根源于利马窦(Matteo Ricci)所采取的政策。1601 年利马窦在克服了极大的困难之后在北京建立了一个天主教传教团。[20] 他是通过对中国文化表示极大的赞赏并因此而得到皇帝的信任,才做到这一点的。虽然利马窦本人在这件事情上犹豫不决,[21] 但他的后继者们感到,中国人所实行的大多数的儒教礼仪,在性质上是民俗的和有教养的,因此基督教的皈依者们可以继续参加这些礼仪,而不陷入偶像崇拜和迷信。后来到达的多米尼克会会士们和法兰西斯会 403
会士们并不理解传教团借以在中国呆下去的那种不稳定的平衡力量,并且对耶稣会的让步困惑不解和大为反感。1645 年,一个多米尼克会会士从罗马那里得到一个反对中国礼仪的决定。耶稣会会士们让中国的皇帝作出一个庄严的声明说,所涉及的礼仪不是宗教的,但却是民俗的,而且这个声明在中国各地被宣布。结果,中国皇帝由于罗马的某个"野蛮人"坚持和他作对而感到亲身受辱。最后的结局只是到了 1742 年才发生,那时中国的礼仪受到天主教教会的正式谴责。[22] 所有这些的最后结果是,一个相当成功的传教团几乎完全消失了。虽然是在一个多少有些不寻常的环境里,但在这里我们看到,关于教会应当以什么态度和在什么程度上使自己适应不同的文化,罗马天主教教会内部是存在着各种各样的见解的。

然而,尖锐而紧迫地提出这个问题的,正是 19 世纪。我们在前几章

---

⑳ 同上,第 173～192 页;G. H. Dunne, *Generation of Giants: The Story of the Jesuits in China in the Last Decades of the Ming Dynasty* (London; Burns & Oates, 1962)。

㉑ *Della entrata della Compagnia di Giesù e Christianità nella Cina, in Fonti Ricciane* (Rome: La Libreria dello Stato, 1942～1949), paragraphs 55, 129～130, 178, 181, and 609.

㉒ 然而,在将近两百年之后,"梵蒂冈的传教部"宣称:"变得越来越明显的是,在远东,某些仪式原来是同异教的宗教礼拜联系在一起,这时变成了只不过是尊敬祖先的文明行为,或者是爱国的一种表示,或者是善待邻居的一种表示。"引自 Barry, *Readings in Church History*, 3:406。这样做的原因是,日本的神道教(Shintoism)所提出的难题,以及神道教和日本的日益增长的民族主义的联系。

里讨论的科学和哲学的新发展，对天主教教会造成了严重的威胁。越来越增长的理性主义向传统上对超自然事物的看法和对启示的看法提出了挑战。历史的研究对《圣经》的可靠性表示怀疑，并且对这时正在露出阴暗面的传统的权威表示疑惑。在正统信仰妨碍科学进步时期的那些不幸的岁月——诸如伽利略的案子，经常被人们指出来。但是，首先，教会感到最大的威胁是有关世俗国家的概念的扩散。罗马天主教的领导人们把所有这些潮流看成是提出了权威这一基本问题，因此，对他们来说，有关世俗国家的概念，连同出版自由和宗教多元化，是一切威胁和否认信仰的缩影。

教会方面的这种担心是有一些理由的。虽然法国大革命宣告了高卢主义终结的开始，但高卢主义关于一个世俗国家的理想得以保持，并且扩
404 散到欧洲各地。大部分拉丁美洲在 19 世纪初期独立了，而罗马在各国争取独立的斗争中及其后支持西班牙，这在新国家的统治阶级的许多人中间引起了强烈的反教士的感情。1848 年，《共产党宣言》(*Communist Manifesto*)发表了，1864 年"第一届国际工人协会"成立。也是在 1848 年，"法兰西第二共和国"宣告成立。同一年，意大利独立战争开始了。在罗马，人民揭竿而起，迫使教皇任命一个民主的代理者，并且宣告罗马共和国成立。1860 年，通过公民投票，大多数的教皇领地都移交到君主的权威之下。十年之后，教皇失去了罗马，他的世俗的统治只限于梵蒂冈。

天主教教会对这些威胁和损失作出的反应只是，捍卫它的传统地位和特权。在教皇和教会的权威仍然被承认的地方，这种权威被加强了。比方说，在西班牙，同教皇签署了一个契约，按照这个契约，天主教是唯一合法的宗教，而且教育和出版审查权完全放在教会手中。把书籍列入禁书目录(*Index*)的政策，以及谴责那些持有与教会相反观点的个人的政策，这时在欧洲各地被用来反对自由主义和民主主义分子。我们已经提到了拉门奈的例子，他是教皇权力的最坚定的支持者之一，可是，当他接受自由主义的政治思想，并且提出，支持政治上的自由主义最符合教会利

益的时候，他受到了谴责。

教会反对新概念，这在庇护九世于1864年发表的《谬误摘要》(*Syllabus of Errors*)里得了到最强烈的和最彻底的表达。这是各种不同派别的但都反对教会权威的人持有的，或被认为持有的八十种谬误的一览表。这个文件里所谴责的最后一种谬误，完全可以成为第一种谬误，因为它表达了整个一览表的基调。这种谬误是，“罗马教皇能够和应当使自己和进步协调一致，和自由主义协调一致，并且和现代文明协调一致”。[23] 这样断言也是一种谬误即“古代的学术大师们用来从事神学的方法和原则，不 405
适合我们的时代的需要，而且不适合科学的进步”，[24] 甚或“罗马教皇的过分专断的行为促成教会分裂为东方教会和西方教会”。[25] 然而，《谬误摘要》(*Syllabus*)着重强调的是从有关世俗的和多元的国家的概念里产生出来的那些问题。这可以从下面选录的《谬误摘要》里谴责的一些谬误里看出来：

> 45) 任何基督教国家的青年在其中受教育的公立学校的整个管理……可以和应当交给民事政权；而且是就这样的意思被交给的，即任何其他的当局参与学校的管理、教学的指导、学位的授予、教师的选择和试用等的权力，都不被承认。
>
> 47) 民事社会的最好的组成要求，向每一个阶层的儿童们开放的民众的学校，以及致力于教授文学和科学和致力于向青年提供教育的一般公立机构，都免于受到教会的任何权威的管辖……
>
> 55) 教会应当和国家分离，国家应当和教会分离。
>
> 57) 哲学和道德的科学，还有国家的法律，可以和应当从神的和

㉓ 谬误80，见 Barry，*Readings in Church History*，3：74。

㉔ 谬误13，同上，第70页。

㉕ 谬误30，同上，第72页。

教会的权威的管辖那里撤出来……

77）在我们这个时代里，天主教被当做是国家的唯一的宗教，所有其他的礼拜都被排除在外，这种做法不再是得当的。[26]

然而，《谬误摘要》并不反映所有的天主教徒的心情。在欧洲的不同地区——尤其是在法国和大不列颠，有一些天主教领导人对现代世界表现出比较开明的态度，并且表现得比较愿意在新时代的越来越多元化的背景下进行工作。在公布《谬误摘要》时候，这些人里面的最知名者是约翰·亨利·纽曼（John Henry Newman，1801～1890年），[27]这个人我们在讨论牛津运动的时候已经遇到了。在1845年皈依了罗马天主教之后，纽
406 曼在英国以及爱尔兰成了最著名的天主教领导人之一，他在爱尔兰当了四年都柏林大学校长。然而，在1858年，他和亨利·爱德华·曼宁（Henry Eward Manning）之间发生了冲突，曼宁是来自牛津运动的另一个罗马天主教的皈依者，他变成了教皇权威和教皇不会犯错误的发言人。作为结果，当《谬误摘要》问世的时候，纽曼同罗马的关系已经紧张起来。要不是他生活在一个新教的国家里，在那里他从事有利于罗马天主教重要的辩护工作，看来很可能，他将受到谴责。事实上，当罗马对纽曼的自由主义倾向眨眼示意的时候，他几乎对《谬误摘要》置之不理。他的最重要的作品是《关于教义的发展的短文》（*Essay on the Development of Doc-*

---

[26] 同上，第72～74页。

[27] L. Bouyer, *Newman: His Life and Spirituality* (New York: P. J. Kenedy, 1958); C. F. Harrold, *John Henry Newman: An Expository and Critical Study of His Mind, Thought, and Art* (Hamden, Conn.: Archon Books, 1966); M. Trevor, *Newman* (Garden City, N. Y.: Doubleday, 1962); J. H. Walgrave, *Newman the Theologian: The Nature of Belief and Doctrine as Exemplified in His Life and Works* (New York: Sheed & Ward, 1960); M. Misner, *Papacy and Development: Newman and the Primacy of the Pope* (Leiden: Brill, 1976); B. W. Martin, *John Henry Newman: His Life and Work* (New York: Oxford University Press, 1982). 进一步的参考资料，见J. R. Griffin, *Newman: A Bibliography of Secondary Studies* (Front Royal, Va.: Christendom Publications, 1980)。

trine)，《为人类信仰辩护》(*Apologia pro vita sua*)，以及《赞成的基本原理》(*Grammar of Assent*)。在这些书的第一本里，他试图表明，教义确实演变的与大多数罗马天主教神学家所持观点相反，但这种演变是在圣灵的指导下发生的，而且是原来的基督信仰的恰当的结果，就像橡树从橡子里成长起来那样。这些观点，以及他反对有关教皇不会犯错误的定义——这个教义刚被明确时他曾加以接受——使他在传统的罗马天主教徒们中间有许多反对者。然而，当利奥十三世在1879年让他当红衣主教时，他被证明是正确的。

比较年轻的一代天主教学者也试图把天主教信仰和现在的时代联系起来，他们是在19世纪末和20世纪初崭露头角。由于那时《圣经》和历史的考证在德国发展到怀疑主义的地步，因此他们的观点比纽曼的观点更为激进，常常对基督教的历史起源表示怀疑，并且批评在教会里盛行一时的"中世纪主义"。这些学者被比较合乎传统的天主教徒戏称为"现代主义者"，而且他们的观点终于在20世纪初受到谴责。[28] 在意大利，安东 407
尼奥·福加扎罗(Antonio Fogazzaro)在小说里表达了现代主义的观点；但是，他的最著名的小说《圣徒》(*The Saint*)在1905年被列入禁书目录。在不列颠，弗里德里克·冯·休格尔男爵(Friedrich von Hügel，1852～1924年)提倡《圣经》的批判研究，并且设法使天主教和现代文化协调起来。虽然他从来没有受到谴责，但他在罗马天主教圈子里的影响由于教会的

---

[28] J. Rivière, "*Modernisme*", *DTC*, 10: 2009～2047; L. da Veiga Coutinho, *Tradition et histoire dans la controverse moderniste* (*1898～1910*) (Rome: Universitas Gregoriannae, 1954); A. J. Loeppert, *Modernism and the Vatican* (Cincinnati: Jennings and Graham, 1912); M. Ranchetti, *The Catholic Modernists: A Study of the Religious Reform Movement, 1864～1907* (London: Oxford University Press, 1969); A. R. Vidler, *The Modernist Movement in the Roman Church: Its Origins and Outcome* (Cambridge: The University Press, 1934). 文选：B. M. G. Reardon, ed., *Roman Catholic Modernism* (London: A. & C. Black, 1970)。G. Daly, *Transcendence and Immanence: A Study in Catholic Modernism and Integralism* (Oxford: Clarendon, 1980); L. B. Gilkey, *Catholicism Confronts Modernity: A Protestant View* (New York: Seabury, 1975).

消极态度而受到阻碍，因此他在新教徒们中间的影响远比他在他的天主教徒伙伴中间的影响大。冯·休格尔的朋友，耶稣会会士乔治·蒂勒尔(George Tyrrell，1861～1909年)，并不是一帆风顺的。蒂勒尔是深切地和持久地赞赏天主教的虔诚信仰的前英国国教徒。他感到，他的时代的干巴巴的和教条的经院主义正在贬低天主教。然而，他一再试图给神学定一个新调子，使他被驱逐出这个团体，并且终于被开除教籍。在1908年，他的书《中世纪主义》(*Medievalism*)表明，他对这样一个教会怎样怀恨在心，这个教会是他所爱戴的，但这个教会不能接受他那种形式的爱戴。

然而，是在法国，现代主义吸引了最多的追随者。这个国家的现代主义的最重要的领导人是艾尔弗雷德·弗明·洛伊西(Alfred Firmin Loisy，1857～1940年)[29]，他是《圣经》和历史学者，受到了德国批判研究的巨大影响。从他的事业的开初，他就受到天主教教会里比较保守的分子的斜眼看待，天主教教会怀疑他持有和雷南在他的理性主义的《耶稣生平》(*Life of Jesus*，1863年)里提出的观点类似的观点。然而，洛伊西并不真的是传统意义上的理性主义者。他相信，教会的实际的宪章，尤其是弥撒，是有价值的，而且应当被保留。他不是寻求普世的和自然形式的基督教，而是试图使目前形式的信仰免于受到历史研究的挑剔。当他答复哈纳克的《基督教是什么?》(*What Is Christianity*?)的时候，上述这一点变得很清楚。在洛伊西的答复里，在《福音和教会》(*The Gospel and the Church*，1902年)的书名下，他声称，耶稣是否试图建立一个教会，或者是否试图制定种种圣礼，是不重要的。寻找基督教的实质，不是通过回溯它的起

---

[29] 最好的介绍是洛伊西(Loisy)的自传，*My Duel with the Vatican* (New York: E. P. Dutton, 1924). 还见 F. Heiler, *Der Vater des katholischen Modernismus: Alfred Loisy, 1857～1940* (Munich: Erasmus, 1947); M. D. M. Petry, *Alfred Loisy: His Religious Significance* (Cabridge: The University Press, 1944); A. H. Jones, *Independence and Exegesis: The Study of Early Christianity in the Work of Alfred Loisy (1857～1960), Charles Guignebert (1867～1939) and Maurice Goguel (1880～1955)* (Tübingen: Mohr, 1983)。

源，而是通过了解它在圣灵的指导下变成了什么。不用说，这本书立即遭 408
到教会当局的谴责，一年之后，洛伊西的几部作品出现在禁书目录里。1908 年，他被开除教籍，但是到了那个时候，他在法国成了最有影响的宗教作家之一。他把他的三十一年余生用在教学、写作、研究基督教起源、研究神秘崇拜、以及研究现代主义运动的历史上。虽然受到谴责，但洛伊西是使法国天主教教会具有独特的自由主义色彩的主要因素之一。

在洛伊西那里我们看到了现代主义运动的主要特点。其中的第一个和最重要的特点是，运用新教的《圣经》和历史学家们在德国形成的批判的方法。在这一点上，具有意义的是，洛伊西不是试图反驳哈纳克对基督教起源的全部理解，而只是试图否认这种理解的含意。他后来研究福音和研究神秘宗教，从同时代的德国学术研究那里汲取了很多材料。其次，洛伊西和现代主义者们与新教的自由主义的学术研究相反——并不认为，这些历史研究应当促使一个人去拒绝目前形式的基督教信仰，因为他们坚持圣灵按照上帝的目的和目标指引教会历史的作用。最后，现代主义者们和新教的自由主义一致肯定，需要一种新的神学，这种神学不同于传统的正统化——而且主要是和经院主义截然不同。这种新的神学应当配合基督徒生活的具体实践。

当利奥十三被选为教皇的时候，现代主义者抱着很大的希望，因为人们知道他是一个勤学的人，尊重健全的学术研究。[30] 利奥确实在 1893 年发布了教皇通告 *Providentissimus Deus*，这个通告赞成在《圣经》研究里使用现代的种种发现，但同时要人们提防滥用这些发现的危险。[31] 现代主义者们在这个通告里看到了来自罗马教廷的某种程度的鼓励，而传统主
义者则把这个通告看成是反对现代主义的一个警告。在后来的年月里，409

㉚ E. T. Gargan, ed., *Leo XIII and the Modern World* (New York: Sheed & Ward, 1961). 这一卷包括若干论述利奥(Leo)的作品的各个方面的较短的文章。

㉛ *Denzinger*, 1941 ~ 1953.

当传统主义者们占了上风的时候,这个通告一般是以最保守的方式加以解释的。利奥的后继者庇护十世回到庇护九世的毫不含糊的保守政策上。宗教法庭遵循教皇的指示,在1907年发布了教令 *Lamentabili*,[32] 在其中现代主义的六十七种主张受到谴责。同一年晚些时候,庇护十世在他的教皇通告 *Pascendi* 里肯定了对这些主张的谴责。[33]

教皇通告 *Providentissimus Deus* 在有关现代批判的学术研究方面的模棱两可,反映出了利奥十三对当时教会遇到的一系列挑战的态度。因此,虽然他绝对不是一个自由主义的教皇,但他可以被看成是一个开明的稳健派,试图寻找使传统的信仰能够影响现代的途径——而且在庇护九世和庇护十世的统治之间,这本身就是一个重要的喘息时机。他的教皇通告 *Aeterni Patris*(1879年)[34] 谴责了对托马斯·阿奎那的研究;然而,这样做的原因,不是由于需要干脆回到以往的时代,而是由于阿奎那的哲学似乎最适于把基督教的教义和人类的科学联系起来。这是托马斯研究的复兴的开始。在向学术研究敞开梵蒂冈的档案的这一做法上,他鼓励了对基督教起源和历史的批判研究。他的教皇通告 *Rerum Novarum*(1891年)[35] 是教会发表有关社会正义问题的公告的历史中的里程碑。这个教皇通告支持工人们和雇员们组织起来的权利,并且宣称,合理的工资应当足以使一个工人及其家庭过某种程度的舒适生活。通过勤俭节约,这样一个工人应当能够购买他自己的房地产。这个教皇通告也断言,妇女的位置是在家庭里——虽然这不应当只被看成是试图限制妇女的活动,但也应当被看成是给防止妇女被剥削的保护性立法的指示。这个教皇通告也肯定了拥有私有财产和继承私有财产的权利,而与正在兴起的社会主义相反。这个教皇通告意义是这样重大,以致四十年之后,庇护十一世在

---

[32] 同上,2001~2065。

[33] 同上,2071~2109;Barry, *Readings in Church History*, 3:112~120。

[34] Barry, *Readings in Church History*, 3:79~86.

[35] *Denzinger*,1938 a~d. 也有许多单独的英文译文。

*Quadragesimo anno*㊱ 里把这个通告应用在新的情况上，而且约翰二十三世在这个通告颁布七十周年之际在他的 *Mater et magistra*㊲ 里也做了类似的事情。然而，现代世界有一个方面，利奥认为是有义务拒绝的。这就是 410
有关世俗的和多元化的国家的概念。利奥在他的教皇通告 *Immortale Dei*（1885 年）里㊳，支持关于一个天主教国家的理想，他断言，谬误和真理并没有同等的权利，因此宗教的信仰自由只应当在非天主教各国里受到支持，而且只是作为权宜之计，并且不能认为其本身就是好的。良心的自由只应当为真理而存在，不应当为谬误而存在。这个陈述在美国有严重的反响，在那里外来的罗马天主教移民正在增加，在那里许多人开始担心，天主教徒们一旦得势，他们将试图实现利奥的关于一个天主教国家的理想。然而，从长远来看，结果正好相反，因为第二次梵蒂冈宗教会议（1965 年）的关于宗教自由的陈述，部分是由于来自美国的罗马天主教徒们的影响，他们中有许多人感受到了对利奥观点的消极反应。

有关罗马天主教神学的这个简短的评述应当足以表明，19 世纪是罗马天主教历史上最保守的世纪，甚至比 16 世纪还要保守。在日新月异的世界面前，天主教教会宁愿——至少是官方宁愿——系统地提出对它自己的这样一种理解，这种理解反映了那些不再存在于世界上的情况。在一个对每一种权威都越来越表示怀疑的时代里，教皇被宣布为不会犯错误。当耶稣的纯洁出生受到怀疑的时候，教皇宣布了马利亚的无原罪受胎。欧洲正在受到新的和激进的思想的冲击，而教会仍然依靠禁书目录和宗教法庭来同这些思想做斗争。当现代批判研究的形式确立的时候，罗马谴责那些设法把这种批判研究和宗教问题联系起来的人。所有这些都说明新教徒中间共同持有的观点是合理的，即天主教教会是世界上最

㊱ 同上，2253。

㊲ *The Encyclicals and Other Messages of John XXIII* (Washington, D. C.: TPS Press, 1964), pp. 250 ~ 315.

㊳ *Denzinger*, 1866 ~ 1888; Barry, *Readings in Church History*, 3: 93 ~ 106.

反动的势力之一。

可是,这些谴责本身也可作为见证,说明教会官方的保守主义绝对不是普遍的,而且在教会里仍然有很大的思想活力。这种尺度的和这样坚决的谴责,通常只是针对着那些已经存在于教会里的见解发布的。正像我们看到的那样,这些见解确实以各种各样的方式存在于罗马天主教的圈子里。在这种背景的映衬之下,约翰二十三世和第二次梵蒂冈宗教会议所带来的戏剧性的变化,就比较容易被理解。

第十五章　君士坦丁堡陷落后的东方神学

君士坦丁堡于1453年陷落之后，大部分的东方基督教所处的环境，411
是无益于伟大神学的创建的。土耳其的扩张并没有随着古老的牧首教廷的陷落而停止，而是进而征服希腊，并且入侵欧洲直到维也纳。这种政治扩张是同伊斯兰教狂热结合在一起的，这种伊斯兰教狂热对被征服地区的教会施加严格的限制。虽然基督徒由于是“圣经之民”而免于被迫皈依伊斯兰教，但土耳斯人把他们放在这样强大的压力之下，以致许多人放弃了他们的信仰，而成了穆罕默德的追随者。① 君士坦丁堡的牧首常常变成只不过是一个官员，其主要职责是在苏丹和他的基督教臣民之间充当联络员。能够在友好的政权下继续生存的唯一的东方教会，是俄国正教教会。其他的东方教会，这时进一步和西方隔离，延续着中世纪就已经开始的缓慢的衰落过程。

① 土耳其人对基督徒们采取的最令人痛苦和最令人屈辱的措施是，定期挑选一些最有希望的基督徒男孩，把他们从家里带走，并把他们培养成被称为近卫步兵(Janissaries)的穆斯林士兵的精选的和狂热的部队的成员。

希腊正教教会里的神学

412 像以前一样，希腊神学里的主要因素是同西方的关系问题。由于土耳其人征服后小亚细亚和希腊的大多数神学学校普遍衰落，因此许多希腊神学家是在西方受训的。由于16和17世纪西方被新教徒和天主教徒之间的冲突搞得四分五裂，因此，那场争论以及争论所涉及的争论点，被移植到了希腊教会里来。后来，当理性主义的问题以及科学和神学之间的关系问题在西方变得突出的时候，这些问题也被介绍到东方来。因此，虽然有若干其他的问题在希腊教会里进行讨论，但两个最突出的争论点是，第一，就应当对新教改革采取恰当态度而进行的辩论，其次，新的科学提出的种种问题。[②] 因为其中的第一个争论点是在西里尔·卢卡里斯当牧首期间达到了紧要关头，我们在讨论这个争论点的时候，将把我们的注意力集中在他的神学和事业上——同时还谈一谈争论的最后结果。然后，我们将转向现代哲学和科学对希腊神学的影响以及那些反对这种影响的人所作出的反应。

西里尔·卢卡里斯(Cyril Lucaris，1572～1638年)[③]可能从他的比较年长的朋友和教父梅勒提乌·佩加斯(Meletius Pegas，约1537～1601年)那里得到了他对罗马天主教的某些反感。佩加斯是亚历山大的牧首，他写了一篇论文《论真正的普世的教会及其真正的首脑》(*On the True*

---

② 其他的比较合乎传统的题目也被提出来了，但这些题目并没有反映出同样水平的创见。因此，比方说，耶路撒冷的多西塞斯(Dositheus，1707年)和雅典的梅勒提乌(Meletius，1714年)写了一些历史论文。早在19世纪，希腊教会独立于君斯坦丁堡的问题，就由君士坦丁·埃科诺莫斯(Constantine Economos)和西奥克莱塔斯·法马基德斯(Theocletus Pharmakides)进行了辩论，这两个人我们将在不同的环境里加以讨论。

③ G. A. Chatzeantoniou, *Protestant Patriarch: The Life of Cyril Lucaris* (Richmond: John Knox, 1961); Germanos of Thyateira, *Kyrillos Loukaris, 1572～1638: A Struggle for Preponderance between Protestant and Catholic Powers in the Orthodox East* (London: S. P. C. K., 1951).

Catholic Church and Its True Head)来反对罗马人。西里尔在意大利当学生时,尤其是后来他被派到波兰工作时,曾直接接触到罗马天主教。在那里罗马天主教正在早先是东正教派的人中间取得巨大进展,而奥斯特罗格(Ostrog)的君士坦丁王子则试图通过既偏袒东正教也偏袒新教来阻止这种潮流。卢卡里斯介入王子的策划达到这样的程度,以致他被指责信 413
奉加尔文主义,而且在1601年不得不拿出一个信仰声明来反驳这类指责——正像接下来的事件表明的那样,这类指责大概不是完全没有根据的。④ 卢卡里斯回到埃及后于1602年成了亚历山大的牧首,1620年,他被晋升到君士坦丁堡的牧首教座。在亚历山大任职期间,他遵循的政策是试图加强新教在东方教会里的影响,以此作为一种手段来抵消天主教的影响和促进某种程度的宗教改革。作为结果,他晋升到君士坦丁堡,得到英国和荷兰的大使们在苏丹面前的支持,但遭到法国、威尼斯和奥地利的代表们在苏丹面前的反对。接着而来的阴谋诡计使卢卡里斯失去他的牧首教座和自由,因为他被废黜了并被押往罗得斯岛——按照法国大使的说法,这样他就可以有闲暇来评注加尔文的《基督教要义》(*Institutes*)。但是,多亏了他的许多神职人员的忠诚的支持,他自己的政治才能,以及荷兰大使的斡旋,他不久之后就回到他的牧首教座上。

正是在当君士坦丁堡牧首的第二任期里,卢卡里斯发表了他的著名的《认信文》(*Confession of Faith*,1629年),这个文件不仅在西方而且在东方引起了轩然大波。诚然,一个君士坦丁堡牧首发表加尔文派信仰声明——许多人把这个文件解释为加尔文派认信文——并不是一般平常的事情。在这里,卢卡里斯断言,《圣经》的权威高于口头流传下来的教义的权威,因为口头流传下来的教义可能有错误,而圣灵通过《圣经》的话语是不会有错误的。按照《圣经》的说法,上帝预定一些人得救,一些人

④ 一些作者声称,在这个时期卢卡里斯(Lucaris)访问了维登堡(Wittenberg)和日内瓦(Geneva)。但现在的调查研究似乎不支持这种说法。

永世被罚入地狱，而且这样做不是由于神预知未来的信仰的行为，而是根据一个最高的，不因人的功德而定的谕令。虽然卢卡里斯没有明确地拒绝圣徒们的代祷，但他确实肯定耶稣基督是“我们的唯一的中保”（our sole mediator），而且是教会唯一的首脑。称义惟靠信仰，因为得救的唯一源泉是基督的义，基督的义是在有利于那些悔悟的人的情况下伸张的。但另一方面，这种悔悟不是人的自由意志的结果——在未重生的人那里不再有人的自由意志——而是预定论的结果。只有两种圣礼——洗礼和
414 圣餐。在圣餐里，基督真正地存在着，但以这样一种方式存在着，以致信徒们吃他的身体“不是用他们的牙齿，而是用他们灵魂的官能。”最后，虽然那些制造宗教圣像的人的艺术是应当嘉奖的，但崇拜这类偶像必须被当成是迷信而加以拒绝。

随着《认信文》的发表，围绕着牧首的宝座而搞的阴谋诡计变得更加尖锐了。西里尔一再被废黜和复位——他共计七次登上君士坦丁堡牧首的宝座——直到他在1638年被谋杀为止。他的后继者——这个后继者，连同土耳其当局，一些西方大使，以及甚至一些耶稣会会士，要对他的死亡负责——立即召开了一个宗教会议，谴责了卢卡里斯及其教导，然后新的牧首签署了罗马教会递交给他的一个信仰声明。然而，这件事情并没有就此了结，因为新的牧首不久之后就被谋杀，而卢卡里斯本人被当做殉教者而开始受到崇拜——虽然这时有一些人声称，他的著名的《认信文》是伪造的，而且他从来没有持有这类观点。最后，1672年在耶路撒冷召集的一个宗教会议宣布，“如果卢卡里斯确实是加尔文派的异教徒”，那么，他已经被谴责了。

西方在另一点上显然对东方基督教有巨大影响，这一点是以神学为一方和以新的哲学和科学为另一方之间的关系问题。18世纪末，当尤金尼厄斯·巴尔加里斯（Eugenios Bulgaris，1717～1806年）开始阐述笛卡

儿、洛克和莱布尼兹的观点时,他把新的哲学介绍到希腊教会里面来。⑤但是,他被迫离开他在阿索斯圣山(Mount Athos)的教学职位,因为他的努力在保守派中间没有博得什么同情,那时保守派在教会里占了上风。他后来响应凯瑟琳女皇的邀请前往俄国,在那里他终于成了大主教和皇家学院的成员。尼斯福罗斯·提奥托基斯(Nicephoros Theotokis, 1736 ~ 1800 年)⑥有类似的观点和相同的经历,因为他的后半生也是在俄国度过的——那时俄国对来自西方的新思想比较开放。

这个争论点因为 19 世纪在君士坦丁·埃科诺莫斯(Constantine Economos)和西奥克莱塔斯·法马基德斯(Theocletus Pharmakides)之间的对立成为一场危机。⑦ 埃科诺莫斯深信,一切传统的教导必须被当成是真实的,免得谬误乘虚而入和信仰的整个大厦被搞垮。在他的四卷集《论旧约圣经七十译者》(*On the Seventy Translators of the Old Testament*)里,他赞成有关"七十士希腊文旧约圣经"的起源的传说中的叙述,七十人的灵感由于这些叙述而得到证实。怀疑这些叙述将等于是怀疑圣经本身的灵感——因为"七十士希腊文旧约圣经"是神给予灵感的。作为必然结果,他反对把《圣经》翻译成现代希腊文。他也拒绝任何试图缩短礼拜仪式的做法,拒绝任何情况下的一切誓言,并且拒绝那样一些人的观点,那些人声称,既然希腊已经独立于土耳其,新国家里的教会也应当独立于君士坦丁堡的牧首——君士坦丁堡归根到底也是土耳其的伊斯坦布尔。 415

法马基德斯曾经在戈廷根学习神学,他在每个方面都同埃科诺莫斯对立。他在真正的传统和那种只不过是毫无根据的后来的添加物的东西之间作出区分。人们用来确定一个既定的见解或做法是否是真正的传统

⑤ A. Palmieri, "Bulgaris, Eugēne", *DTC*, 2: 1236 ~ 1244.

⑥ V. Grumel, "Nicéphore Theotokis", *DTC*, 11: 467 ~ 470.

⑦ Stephanides, Ἐκκλησιαστικὴ Ἱστορία, pp. 772 ~ 773.

的一部分的那种方式,是通过科学的历史研究。这种研究一定不能由于人们通常持有的成见的影响而受到阻碍,因为在那种情况下人们将冒着让假传统不受怀疑而保持下去的风险。“七十士希腊文旧约圣经”不是神给予灵感的,虽然上帝使用它来向教会讲话;因此,现代教会把《圣经》翻译成现代希腊文是合理的,就像古代教会使用“七十士希腊文旧约圣经”是合理的那样。由于目前的情况和由于现代世界里时间的紧迫,礼拜仪式应当缩短。最后,既然希腊在政治上独立于土耳其,新国家里的教会应当通过独立于君士坦丁堡的牧首来反映出新的情况。

埃科诺莫斯和法马基德斯之间的争论点,并不是全都立刻解决了。希腊的新政治地位以及它同西方的日益增进的接触,有利于法马基德斯
416 提出的更新的方案。虽然如此,但教会还是相当保守,以致法马基德斯从神学系被调到哲学系。从长远来看,虽然步伐不快,但 19 和 20 世纪的新科学世界观和西方哲学潮流,终于被希腊神学普遍接受。

俄罗斯神学⑧

正像我已经在前一卷里指出的那样,⑨在佛罗伦萨宗教会议(Council of Florence)上俄国教会根据法律是和罗马联合在一起的。然而,这件事情发生的那种方式是,那时莫斯科的大主教是君士坦丁堡当局提名的一个希腊人,这种安排恰好是要让他赞成在佛罗伦萨提出的联合——对于面临着土耳其威逼君士坦丁堡的希腊人来说,这种联合在政治上是重要

⑧ 在这整个部分里,我们参考的文章,见 J. Ledit and M. Gordillo,“Russie (Pensée religieuse)”, *DTC*, 14:207 ~ 371。其他有帮助的书,见 F. C. Conybeare, *Russian Dissenters* (New York: Russell & Russell, 1962);S. Bolshakoff, *Russian Nonconformity* (Philadelphia: Westminster Press, 1950)。

⑨ 2:294. 由于那时俄国教会处于君士坦丁堡牧首的领导之下,同罗马的联合根据法律是包括在这样一个法令里的,君士坦丁堡根据这个法令而同意这种联合。然而,考虑到俄国教会的重要性,希腊人和拉丁人也有兴趣让莫斯科的大主教亲自同意这种联合。

的。然而,当新的大主教及其随员到达莫斯科的时候,他们对罗马的屈从遭到俄国人的拒绝。君士坦丁堡牧首同罗马签署了一个有关联合的文件,这一事实使俄国人感到,希腊教会失败了,俄国这时成了正教的保护人。这种感情由于君士坦丁堡于 1453 年陷落而受到巨大鼓励。不但第一罗马,而且第二罗马,都陷入错误和成了非信徒们的俘获物。正教的火炬这时传递给了第三罗马——莫斯科。16 世纪初,普斯科夫的修道士菲洛西厄斯(Philotheus of Pskov)提出这个理论的时候,是把这个理论放在普世历史的巨大框框里,其目的是要表明,除了其他的事情之外,在野蛮人攻占罗马之前,君士坦丁把罗马转移到了君士坦丁堡,而现在轮到俄国的莫斯科。1547 年,伊凡四世采用了沙皇的称号,他根据这个称号声称,他是罗马和君士坦丁堡早先的皇帝的继承者。最后,在 1596 年,莫斯科 417
的大主教变成了牧首。这种对其历史命运的理解是几个世纪以来俄国教会生活里最重要的因素之一。然而,应当指出,在引用来支持这个理论的种种论点里,帝国比教会起了更重要的作用。莫斯科由于它的皇帝而成了第三罗马。正教是重要的,因为第三罗马的任务恰恰是支持正教的信仰。但是,正教的主要依靠是皇帝而很少提到牧首。作为这种理论的结果——同时也是因为政治形势和君士坦丁堡的前例——俄国的教会和国家之间的关系不久之后就以高度的君主高于主教主义(Caesaropapism,政权高于教权)为其标志。

在我们简短地纵观现代俄国神学进程的时候,我们将从观察它同其他基督徒的关系问题开始,这个问题似乎支配了 16 和 17 世纪。然后,随着 18 世纪一些新的神学学校的建立,我们将看到俄国神学采取了比较独立的行动方针。

虽然俄国教会总是写出相当数量的反天主教的论战作品,但同罗马天主教的关系问题在鲁里凯德(Rurikide)王朝结束和罗曼诺夫(Romanovs)王朝建立之间的艰难的空位期(1598 ~ 1631 年)起了很关键的作用。那时波兰人卷入了皇位继承的战争,试图把他们自己的人放在莫斯科的空缺的宝座上。最后，他们攻占了莫斯科，并且任命波兰国王西基斯蒙德（Sigismund）的独生子为沙皇。罗马天主教徒随着波兰人到来了，尤其是耶稣会会士们，他们试图使俄国教会和西方联合和保持一致，遭到了俄国人的强烈愤恨。然而，波兰的沙皇宝座觊觎者，从来都没有戴上他的皇冠，因为俄国修道士们领导的一次起义，把波兰人驱逐出莫斯科，并且推选迈克尔·罗曼诺夫（Michael Romanov）为沙皇（1613年），这样就结束了使俄国听任邻国摆布的无政府时期。

反天主教的反应并不是迟迟才作出的。在1620年召集的一个宗教会议上，人们宣称，罗马人是异教徒，而且他们施行的洗礼是无效的。人们声称，罗马人通过把有关圣灵所从出的“和子”（*Filioque*）条款包括在《使徒信经》里而破坏了三位一体。通过这样做，他们宣称三位一体里有两种分别的本原。这确实是反圣灵的罪，耶稣说，这种罪将不被宽恕。罗
418 马人是信仰犹太教者，因为他们在星期六斋戒；而且是孟他努主义者，因为他们拒绝婚礼，并且纳妾。他们改变了纪念复活节的日期，并且以真正的摩尼教的方式用星辰来确定这个日期——在某些情况下，他们甚至走向极端，而在和犹太人的逾越节相同的时候庆祝复活节！他们用洒水而不是用浸水进行洗礼，他们在告解之前不要求补赎，而且他们按照犹太人的方式，用不发酵的饼举行圣餐。因此，那些希望加入真正的正教教会而又曾经在西方的异教里受洗的人，在对西方皇帝、一长串教皇、圣灵的由来的“和子句”条款、未发酵的饼、认可牧师纳七个妾（！）等等进行一系列诅咒，并宣布放弃他们的一切错误之后，必须重新受洗。

俄国这时成了真正的信仰保护者，并且在它的新的角色里，它想当然地认为，所有其他的人都在一切可能的方面犯了错误，并且愿意在甚至不听取案情申诉的情况下，就相信对其他的基督徒的最糟糕的指责。这种孤立状态就是它为它声称是第三罗马所付出的代价。

在新教改革的早期，新教渗入了俄国西部的一些省，但新教并没有变成俄国教会的主要问题。虽然如此，在16世纪前半叶希腊人马克西

姆——他的籍贯可能是他对俄国外部的事务感兴趣的原因之一——已经写了《反对反崇拜圣像者路德的讲话》(*Discourse against Luther the Iconoclast*)以及《反对那些亵渎天主的最纯洁的母亲的人》(*Against Those Who Blaspheme the Most Pure Mother of God*)。

到了16世纪下半叶,莫斯科已经有了一个新教教会,虽然它的成员大都是旅居该城市的德国商人。说来奇怪,这个时期的最重要的反新教的论战文章是恐怖的伊凡(Ivan the Terrible)写的。伊凡对新教徒采取了比较宽容的政策,这促使摩拉维亚派约翰·罗基塔(Moravian John Rokita)试图使沙皇皈依新教。为此他要求谒见,伊凡(Ivan)准予接见,同时向这个摩拉维亚派的牧师保证,他将不会由于发表他的见解而受到惩罚。在这次会见中,伊凡被罗基塔的见解激怒了,他后来写了呵斥罗基塔的《来自国王的答复》(*Reply from the King*),他在其中把痛骂和《圣经》引语结合起来而为正教派的基督教进行辩护。然而,恐怖的伊凡虽然名声在外,并且十分震怒,但他饶了罗基塔的命,而且满足于命令他不在沙皇的 419
领土上教导他的异端。

1620年,为皈依的罗马天主教徒的洗礼规定出标准的同一个宗教会议,也为早先的新教徒的洗礼规定出类似的标准。这有一部分是对瑞典方面的做法的一种反应,因为在1598~1613年的空位期间和国内斗争期间,瑞典试图把它的信仰和它的影响带到俄国的几个省里来。在这里,人们再一次断言,新教的洗礼是无效的,并且向来自新教的皈依者们发出指示,要他们宣布放弃他们的异端。像罗马天主教的情况一样,该宗教会议对新教徒的实际上的信仰和实践似乎一无所知。

16世纪后期,波洛克的西门(Simeon of Polock),一个来自基辅的修道士,在莫斯科开办了一个学校,他写了一系列反新教的作品。西门曾经在波兰学习,在那里他受到了罗马天主教的经院主义的影响,以致他后来被指责为教皇的秘密追随者。虽然这类指责是错误的,而且他永远是俄国正教的忠实成员,但他确实非常赞赏地看待罗马天主教,而且他从来没有写文章反对罗马天主教。由于强烈地倾向于天主教的经院主义，他的反新教的论点大都是从拉丁人那里得来的，而且在他的神学里没有什么东西可以被说成是俄国对新教作出的反应。

反新教的论战的下一个阶段是在丹麦王子沃尔德马(Waldemar)去莫斯科和爱利尼·米哈伊洛夫娜(Irene Mikhailovna)公主联姻的时候发生的。虽然丹麦王子被许诺，他将被允许保留他的新教信仰，但他刚一到达莫斯科，人们就要求他信奉正教。他拒绝了，告诉沙皇，他愿意为沙皇而流血，但不愿意放弃新教信仰。于是，王子接到来自牧首的一封信——由神父伊凡纳塞德卡(Ivan Nasedka)写的——试图向他表明，为什么俄国正教是真正形式的基督教的种种原因。沃尔德马请求他的神父马修·维尔哈伯(Matthew Velhaber)作出答复，这样就开始了一系列神学辩论和谈判，这些辩论和谈判终于促使沃尔德马返回他的老家丹麦。然而，这场争论里的重要之点，像纳塞德卡——以及和他在一起的牧首——这样的神学家，为了要驳斥新教的观点，会走向什么样的极端。在纳塞德卡的一封信中，他甚至声称，教会的早期基督教作家们是和撰写《新约圣经》的信徒们一样被授予灵感的，因此，他们的教导应当被接受，就像人们接受《圣
420 经》的教导那样。后来，他又把教会里的口传教义添加到早期教父们的教导上。虽然他没有直说，所有口传的教义和《圣经》本身一样有权威性，但这就是他所说的话的明确含意。

作为信仰的新的保护人，俄国神学又一次把自己放在这样一个位置上，使自己很难——如果不是不可能——有助于教会的更新。《圣经》，“早期教父们”，以及口头流传下来的教义，都有相等的和确实可靠的权威，这种观点使得俄国教会即使是在似乎不重要的事务上也很难承认自己的错误。虽然是在不同的环境里，牧首尼康和他试图更新礼拜仪式所遇到的情况就是如此。

当尼康(Nikon，1605～1681年)于1652年成为莫斯科的牧首时，俄国正在蒸蒸日上和增加政治权力。这似乎符合莫斯科是第三罗马以及它

应当领导东正教的这一论点。但是，这个想法里有一个不言而喻的矛盾，因为有关第三罗马的这个概念本身是建立在君士坦丁堡犯错误和失败了的这一理论上的；只要莫斯科坚持这样一种对希腊教会的消极看法，希腊教会就不会接受俄国的领导。沙皇亚历克西斯（Czar Alexis）有为基督教重新征服君士坦丁堡的幻想，也有在所有五个牧首都参加感恩祈祷这一壮举的情况下再一次在圣索菲亚教堂举行圣餐的幻想。走向这个目标的第一批步骤之一，是必须得到其他的东方基督徒的信任。但是，只要俄国教会办起事来，仿佛基督教世界的其余部分全都陷入异端邪说，他就做不到上述这一些。牧首尼康命令把俄国的礼拜仪式修改得和希腊人的做法一致，其背后的政治考虑就是上述这些。

但是，反对尼康的命令，也有强有力的政治的和社会的动力。帮助俄国渡过无政府状态和外国侵略时期的，是修道士们和下层阶级的坚定的正教。结果正教变成了这时对俄国提出了权利要求的这些下层阶级的集合点。他们怀疑贵族们所喜爱的恰恰是他们反对过的外国的影响。铁匠
的儿子尼康成了牧首，这个事实是新生的俄国的象征。但这时尼康本人 421
似乎被权力腐化了，而且正在放弃使俄国获得自由的那种信仰。莫斯科，第三罗马，不应当迎合已陷落的君士坦丁堡及物质上富有但道德上破产的权贵们。让君士坦丁堡把它的礼拜仪式调整得适合莫斯科的礼拜仪式，并且因此而更接近于真理吧。[10]

那些反对尼康改革的人不久之后就成了一个强有力的和人数众多的教派，他们取名为“老信徒派”（Old Believers）——也称为斯塔罗维里（Staroveri）和拉斯科尔尼克派（Raskolniks）。他们的领导人是修道士阿伏瓦坎（Avvacum），他有这样一个对他有利的事实，即他被流放到西伯利

---

[10] 至少在这一点上，抵制尼康是正确的，因为罗马在拜占庭的影响促使希腊人引进了礼拜仪式的若干改变，因此在17世纪的俄国的礼拜仪式比希腊人的礼拜仪式更接近于11世纪的拜占庭仪式。N. Zernov, *Cristianismo oriental: Orígenes y desarrollo de la Iglesia Ortodoxa Oriental* (Madrid: Guadarrama, 1962), p. 171.

亚,因而带有殉教者的光环。[11] 1666~1667 年召集的莫斯科的大宗教会议谴责了他们,并且要求波洛克的西门——就是驳斥新教的那个人——写出教会官方的反驳来反对“老信徒派”。由于西门深受罗马天主教派基督教的影响,他的作品只是进一步地激怒了反对派。接着,武装力量被用来反对他们。一个被围困的修道院抵抗了几个月,当修道院终于被攻占的时候,修道士们惨遭屠杀。于是,“老信徒派”中许多人转而热烈盼望末世的到来。这些是大背教的最后的时刻,因为甚至第三罗马这时也陷入异端邪说。而且在这最后的时刻里,宁可死去,而不屈服于伪基督。结果是,数千人通过自我牺牲而自杀。这个运动里的其他人谴责这种做法。阿伏瓦坎从他的流放地开始教导奇怪的三位一体的教义,这个运动变得更加混乱。然而,随着一些比较极端的小组的消失,所有这些问题终于平静下来。继续使“老信徒派”分化的一个问题是神父圣职问题。有一些人接受来自牧首教会的神父们,而其他的人干脆决定,神父是不必要
422 的。前者被称为“拥神父派”(Popovtsy),后者得到“无神父派”(Bezpopovtsy)的名字。由于“无神父派”继续了一个因种种争论而分裂的复杂过程,因此仍然存在着的“老信徒派”是“拥神父派”。

西方对俄国神学的影响随着彼得大帝的登基(1682 年)而增加了,彼得大帝认为,俄国是一个野蛮的地方,因此想方设法使俄国接触到他认为是比较文明的西方。由于彼得废除了牧首职位,代之以他自己创造的“神圣宗教会议”(Holy Synod),所以他的政策对教会的影响是决定性的。彼得本人赞成同罗马天主教徒的比较密切的联系,因此他统治期间及其后的大部分俄国神学受到了这样一些人的支配,这些人在继续是俄国正教派的同时,从罗马天主教神学那里汲取了他们的大部分灵感。这种特殊的神学方向同彼得·莫吉拉(Peter Moglia)和基辅学派的名字联系在一

---

⑪ J. Harrison and H. Mirrlees, trans., *The Life of the Archpriest Avvakum, by Himself* (Archon Books; Hamden, Conn.: Shoe String Press, 1963).

起。同他们相反,西奥法尼斯·普罗科波维克(Theophanes Prokopovic)及其追随者们试图使俄国神学接近新教。普罗科波维克学派在19世纪初期达到顶点,在那时一种反作用开始了,这种反作用设法回到传统的正教的和俄国的源头那里去。

我们现在将把我们的注意力依次转向其中的每一件事情上。

虽然在彼得·莫吉拉(1596~1664年)[12]之前在基辅就有一个学派,但正是他使这个学派具有其独特的方向。莫吉拉是一个能干的学者,曾经研究和赞赏拉丁的经院学者们,然而,他抵制罗马天主教徒那时试图使乌克兰屈从教皇的做法。1633年,他成了基辅的大主教,于是他采取措施,确保他的牧师们得到可能受到的最好的教育。由于那时反天主教的反作用处于高峰,所以他对莫斯科神学的影响并不是直接的。他的《普世的和使徒的东方教会的正教信仰声明》(*Orthodox Confession of the Catholic and Apostolic Eastern Church*),被君士坦丁堡、耶路撒冷、亚历山大和安提阿的牧首们接受,并且是拉丁在东方的影响的主要来源之一。他对俄国神学的影响在彼得大帝的时代增加了,并且延续到整个18世纪。

莫吉拉和基辅学派是传统的俄国正教的严格追随者,但在一切尚待 423
辩论的事物上,他们都采取罗马天主教的立场。他们的文风和神学的方法论都是模仿中世纪的拉丁经院学者的。他们肯定马利亚无原罪成胎——这一点虽然还没有被宣布为一个教义,但正在西方得到普及。在圣餐什么时候化质的问题上,他们拒绝希腊人的观点,即化质是在祈求圣灵到来的祷告(epiclesis)的时刻发生的,而同意罗马人的说法,即化质在于基督设立圣礼时的话语。最后,他们肯定炼狱的存在——这个理论当时在东正教派中间并不是很普遍的。基辅人只在两个关键的点上不愿意追随罗马神学,这两点是教皇的最高权力和有关圣灵所从出的"和子句"的条款。

---

⑫ M. Jugie, "Moghila, Pierre", *DTC*, 10:2063~2081.

在彼得大帝统治期间，在基辅神学处于顶峰的时候，另一个学派正在形成，这个学派不久之后向基辅神学提出挑战。这另一个学派在西奥法尼斯·普罗科波维克的领导下，也向西方寻找神学灵感。但是，这个学派发现新教的神学学者比罗马天主教徒更志趣相投。普罗科波维克感到，未经调查的口传的教义压在俄国教会上的分量太大了，而且这种口传的教义包括许多其起源是可疑的东西。因此，为了要寻找纯正的基督教教义，就必须回到《圣经》那里去。虽然他确实常常提到古代教父及其教导，但他是以和路德或加尔文类似的方式这样做的，从来不肯定或甚至暗示，他们的权威是可以和《圣经》的权威相比拟的。他是良好的俄国正教派，因此他拒绝新教关于圣餐的观点，并且坚持圣像崇拜和圣灵只来自圣父。但是，在称义、善行的性质、《旧约圣经》的正典、预定论和自由意志之类的事物上，他的观点显然接近于新教徒所持的观点。到了 1715 年，普罗科波维克的种种教义大大地侵入了俄国的神学，以致莫吉拉在基辅教书的那个学校也被这些教义渗入了。二十五年后，莫斯科的都主教教座由普罗科波维克派的柏拉图·列夫辛(Plato Lefsin)占据。到了那时，凯瑟琳二世(Catherine II)正坐在沙皇的宝座上——当时是在圣彼得
424 堡——而她致力于使俄国更近地接触到世界的其余部分，有助于加强普罗科波维克派的实力。

19 世纪初期，普罗科波维克派在俄国教会里的影响达到顶点。连同新教的观点一起，启蒙运动和浪漫主义的哲学正在渗入俄国。最初，所有这些新的思想使俄国人不知所措，他们似乎认为，他们的国家必须按照西方的方式着手“现代化”。但是，到了 19 世纪中期，一种反作用明显地开始了。这种反作用采取了两个显著的形式：回到俄国基督教的早期的源头那里去，以及试图在哲学的理想主义的框框里发现做俄国人意味着什么。

回到俄国基督教的源头采取的形式是：进行历史探索，出版教会的文件和历史书，以及试图搞出这样一种神学，这种神学比较接近于彼得大帝

和外国影响高涨的时期之前人们在俄国所共同信奉的那种东西。这个运动产生出许多神学手册和教会历史手册,但没有产生出任何杰出的神学家。

试图把理想主义的范畴应用在俄国的认同上的做法,引起了"亲斯拉夫运动"。这个运动的主要发言人是亚历克西斯·柯米阿科夫(Alexis Khomyako),[13]他深受黑格尔和谢林的影响,柯米阿科夫着手搞出一种对传统的俄国教会学的看法,这种看法表明传统的俄国教会学是罗马天主教的肯定命题和新教的对立命题之间的综合命题。罗马天主教徒们和基辅神学家们一样,都强调教会的统一,而新教徒们和普罗科波维克派则强调福音所需要的自由。真正的正教的对普世性的理解,把这两者包括在一个完整无缺的综合物里。新教徒们有自由,但没有统一。天主教徒们有统一,但没有自由。正教有这两者,因为正教的成员所享有的统一是这样的,以致福音的自由仍然被允许,而统一本身是爱的统一,不是律法的统一,因而是一种自由的统一。因此,俄国教会无须乎在基督教的西方两
个分支之间进行选择。俄国教会已经包括了这两者最好的东西。柯米阿 425
科夫的理论并没有被俄国内部的教会当局欣然接受,因为这些理论似乎过分重视自由的精神,而自由的精神在俄国正教的实际结构里并不是容易吸收的。作为结果,亲斯拉夫者变成了统治集团的高压态度的批评者,他们把统治集团看成是俄国正教的真正精神相抵触的。在这一点上,他们最知名的和最有影响的讲解者是俄国著名小说家费德尔·陀斯妥耶夫斯基(Fëdor Dostoevski, 1821~1881年)。

1917年的俄国大革命为这个国家的神学创造了新的情况。这样说

---

[13] S. Bolshakoff, *The Doctrine of the Unity of the Church in the Works of Khomyakov and Moehler* (London: S. P. C. K., 1946); A. Gratieux, A. S. *Khomiakov et le mouvement slavophile* (Paris: Éditions du Cerf, 1939); A. Gratieux, *Le movement slavophile à la veille de la Révolution* (Paris: Éditions du Cerf, 1953).

就够了:大革命后的最初几十年,俄国正教的神学家们的最重要的神学作品是在流亡中写出的——尤其是在巴黎。然而,在20世纪晚些时候,俄国教会再一次开始产生出它自己的神学家,常常是论述基督教在一个马克思主义国家里的作用的问题。

景教和基督一性派的神学

蒙古人于1258年攻占了巴格达,景教(Nestorian,由聂斯脱利创始,否认马利亚是天主之母,认为人性和神性在耶稣身上分别存在等——译者)的社团从来没有从这样的打击中恢复过来。结果,景教的神学进一步衰落了。15和16世纪保存下来的景教作品,大都是把早期的圣徒传记、编年史和其他这类材料改写成诗。唯一比较重要的神学活动是在那些屈服于教皇的人——"迦勒底天主教徒"——中间进行的。其中最重要的人物是约瑟夫二世,土耳其的迪亚巴柯(Diyarbakir)的联合派牧首,他在《明镜》(*The Pure Mirror*)的标题下撰写了罗马天主教的辩护书。[14] 在比较晚近的年代里,景教徒们在近东遭到的迫害,使他们的人数减少到几千人。

在所有的基督一性派的教会里面,唯一表现出某种程度的神学活力的教会,是亚美尼亚教会。科普特人(古埃及人的后裔——译者)的教会,已经由于阿拉伯人的统治而削弱,在土耳其人的统治下(1517~1798年)进一步失去地盘。埃塞俄比亚的教会,以前和科普特人总有密切联系,但由于缺少同其他的基督徒的接触而受损失。当伊斯兰教徒于1520年侵入埃塞俄比亚时,基督教信仰成了民族主义情绪的集合点,因此教会
426 在这场冲突之后比早先更有力量。但是,在神学作品的领域里,这场冲突的环境本身,只产生了一些圣徒传记的材料,其目标是要使信徒们坚持斗

⑭ E. Tisserant, "Nestorienne (L'église)", *DTC*, 11:284~285.

争。在土耳其人挺进之后,叙利亚的雅各派没有产生出什么值得一提的东西。亚美尼亚的教会也命途多变,因为在16世纪这个国家被波斯征服了,而且再也没有恢复独立。然而,这造成了亚美尼亚神学的复兴,因为许多流亡的人接触到了新的思想,他们接着产生的作品,后来被介绍到亚美尼亚里面来。不久之后在维也纳、威尼斯、莫斯科、伊斯坦布尔、加尔各答和耶路撒冷,就有了亚美尼亚人的学习中心和出版中心。亚美尼亚的复兴大概在17世纪达到最高点,当时约翰·阿戈帕(John Agop)或霍洛夫(Holov)写出了重要的辩护的、注释的和系统的作品,而陶里兹的阿拉凯尔(Arakel of Tauriz)在他的《诸史书》(*Book of Histories*)里则叙述了亚美尼亚教会的遭遇和荣誉。19世纪,威尼斯的亚美尼亚人由于出版了非常有价值的古代文本而著称,这样,他们的教父时期的研究就对神学的学术研究作出了谦虚的但重要的贡献。然而,总的说来,这样说是公平的:整个基督一性派的传统里的神学在君士坦丁堡陷落后进一步衰落了。

这样,我们就该结束对16世纪以来东方神学的极其简短的评述了。我们希望,这个评述将表明,东方神学活动里有许多有趣的东西。比方说,西里尔·卢卡里斯的故事,将是那些关心新教在世界各地的影响的历史的人所感兴趣的,而且也将有助于表明,希腊教会里有一些人设法更新这个教会。莫吉拉学派和普罗科波维克学派之间的对立,表明一些相同的争论点在俄国也是非常热门的。“老信徒派”的兴起以及随后的历史,将使那些设法发现神学和社会斗争之间关系的人感兴趣。但更有甚者,这一整章将提醒西方基督徒,他们只不过是世界各地全体基督教信仰者 427
的一部分——将在他们同最近两个世纪在亚非拉兴起的较年青的教会的关系方面对他们有所帮助。可是,即使这么说也显然是从典型的西方观点说的,西方观点把神学的辩论和发展看成是生命力的基本标志。很可能,未来考验的时代将向西方基督徒表明东方观点的重要性。东方观点强调,礼拜仪式的虔诚行为是真正的教会生命力的核心。说实在的,当本书写到这里的时候,变得越来越明显的是,他们的传统力量——尤其是他们的礼拜仪式的力量——甚至在最艰难的年代里,已经支撑住,并仍将支撑住东方教会。同样明显的是,随着“基督教世界的终结”的全部后果在西方各教会里显示出来,他们将从他们的东方同行那里学到很多东西。

第十六章　20世纪的神学

在欧洲，19 世纪是前所未有的和平与繁荣的时期。19 世纪有相对说 428
来是局部的战争和未遂的革命的一些小的中断，但 19 世纪是进步和扩张的世纪。在美国，除了南北战争这个非常引人注目的事例之外，19 世纪也是这个新的国家的国界内的和平时期和西部边界继续扩张的时期。在大西洋两岸，科学和技术开始解决许多自古以来就折磨人类的难题。物质世界终于似乎处在人类的支配之下，并且似乎证明它是顺从人类的愿望和企图的。蒸汽和其他形式的动力的利用，使距离缩短了，并且使社会某些阶层——恰恰是那些进行大部分神学思考的阶层——可能有较多的闲暇。

在大西洋两岸，人们相信，西方文明世界特别被号召去创造历史的新时代，不但在其传统的地理区域里，而且也在世界各地。这个时期的种种扩张主义倾向，在美国是用“天定命运”的理论来证明其在思想上的合理性，在欧洲是用“白色人种的负担”（出自英国作家基普林，他污蔑有色人种是白色人种的负担——译者）那种欺骗性的利他主义概念来证明其在思想上的合理性。这两者都意味着，上帝赋予西方文明世界的使命，是作
为指引世界其余部分通向未来的灯塔。在这个基础上，美国从印第安人 429

和墨西哥人那里夺取土地，很少遭到国内的基督教领导人的抗议，而欧洲的扩张则受到这样一些人的巨大鼓励，这些人把扩张看成是基督教差会的机会。[1]

这就是19世纪的神学背景。正像我们看到的那样，罗马天主教神学和东正教神学一般没有像新教徒们那样用乐观主义来看待新形势及其所应许的东西。罗马天主教和东正教盛行的那些地方在新形势下所得到的好处，并不像传统上新教的那些地方从新形势中所得到的好处那样大。与天主教神学和正教神学方面的沉默或甚至敌意形成对照的是，新教神学家们倾向于用几乎是无限的乐观主义来看待新环境。施莱尔马赫、黑格尔、里奇尔和特罗尔契都同意，基督教是其他所有的人指向的最高形式的宗教——即去掉了以往时代遗留下来的迷信的新教派基督教。克尔凯郭尔独有的与众不同的声音，在一日千里的进步中很少被人注意。这是一个相信人类的才能和技术进步的时代，一个相信把人类带向其预定目标的进化过程的时代，一个相信西方文明是新时代的报晓雄鸡的时代。

接着，战争爆发了。这是人类所曾见过的代价最高的战争，因为这场战争席卷全球。在这场战争里，恰恰是那些其义务被假定为是要使人类走向文明的列强，实际上把整个世界拖进了它们的冲突中。在这场战争里，进步和科技表现出了它们的阴暗面，大大地增加了人类仇恨的破坏力。而且这场战争没有解决多少问题，因为在战争结束后几年，全球又卷进了另一场武装冲突，它与第一场战争的不同仅仅在于，它的规模甚至更大了，并且它所释放出来的破坏力，使早先那场战争的破坏力相形见绌。西方文明世界固有的种族主义——以及大部分的19世纪神学所理解的那样的基督教的种族主义——在几百万犹太人的死亡中，以及用原子弹轰炸日本城市的决定中清晰地表现了出来。第二次世界大战结束后不久，很清楚，人们第一次有能力毁掉全人类——以及连同人类一起的地球

---

① 见 Stephen Neill, *Colonialism and Christian Missions* (London: Lutterworth, 1966)。

的大部分。

两次战争及其后果也改变了世界其余部分对西方文明世界的看法。430
在西方扩张的高潮期间,这曾经被许多人接受,不但被当做是优越的物质力量的结果,而且也被当做是优越的文明的结果。西方的方式和宗教被亚非和太平洋沿岸各国的民众采纳,而在拉丁美洲,许多人遥望不列颠和美国,把它们看成是他们的政治上的未来模型。现在,在两次战争和几十年疯狂的和似乎不能停止的军备竞赛之后,变得很明显的是,在深受人们嘲笑的西方文明的优越性里有一些严重的缺点。一些国家和一些个人开始辨别这种文明的各个不同的方面,并且开始设法自行决定保留哪些方面和扬弃哪些方面。在政治上和经济上,"第三世界"争取独立。在非洲,1914年只有两个国家是独立的,而现在整个殖民体系已经解体。在亚非拉,两个超级大国有理由害怕彼此直接对抗,于是便通过代理人来打仗——这些战争使地球的一整片一整片的地区陷入恐怖和饥馑。结果,地球的其余部分日益感到,西方文明决不是幸福的新时代的报晓雄鸡,而是正在把整个世界拖进它的内部冲突里,而且这些冲突有摧毁全人类的危险。于是,这样一个问题被越来越频繁地和紧迫地提出来,即有可能接受西方的某些科技进步,而又用我们自己的丰富文化来使这些科技进步有利于人吗?

当所有这些正在全世界发生的时候,在教会里也发生着类似的变化。最值得注意的变化是,直到19世纪初一直同西方文明密切联系在一起的基督教,真的变成了一个世界范围的运动。在这一章后面,我们将看到,这是第二次梵蒂冈宗教会议的新的积极性背后的原因之一。在20世纪下半叶的某个时候,基督教的信徒从北大西洋扩及南半球,并且从白色人种扩及"有色"人种——非洲人、亚洲人和拉丁美洲人。来自教会的这些不同分支的人们,开始坚持他们从他们自己的角度从事神学的权利和义务,并且开始处理他们自己的问题和论述他们自己的见证。这样,一种真正的全基督教的神学就诞生了——在这种神学里有世界范围的对话,不

431 总是完全一致，但肯定是互相丰富。

与此同时，北大西洋的神学活动和教会活动的传统上的中心，也正经历着彻底的变化。当然，这些变化中最重大的变化是“基督教世界的终结”。自从君士坦丁(Constantine)的时代以来，基督教就依靠国家的支持和围绕着国家文化的支持。世界的那个其统治者和民众称自己为基督徒的部分，被称为“基督教世界”。各教会正是在这里有势力，各修道院和基督教各教学中心正是在这里建立起来，大部分的神学活动正是在这里进行。这时，通过一个在几个世纪之前就开始的过程，这些大都正在接近尾声。教会和国家的分离早些时候在美国、在法国以及在模仿它们的立宪形式的政府的各国里成了标准做法。在大不列颠，虽然这种分离不是正式的，但教会从国家那里得到的支持正在减少。19世纪末，当意大利王国夺取了罗马城的时候，罗马教廷失去了它的世俗权力的最后痕迹——只有它对梵蒂冈本身的统治除外。20世纪初期，正当第一次世界大战接近尾声的时候，俄国大革命结束了沙皇政权，并且结束了沙皇政权同俄国正教教会的合作。不久之后，只在很少几个国家里，国家正式支持教会。

在政治支持的层面上是与宗教分离，在更加个人的层面也是如此。在基督教的传统中心，越来越多的人感到，旧的信仰不再站得住脚了。在西欧，到教堂的人数和参加教会生活的人数急剧下降了。在美国有类似的下降，虽然不是那样显著，也不是那样经常。在大西洋两岸，在许多人看来，现代的世界观没有给基督教留下余地——也没有给任何一种宗教留下余地。这样，神学家们的社会越来越世俗化，将是20世纪西方神学家们关注的许多主题之一。

这就是20世纪期间基督教神学发展的背景。考虑到这种背景，我们将不会惊奇，20世纪的神学是以其生命力和以其多样化为特征的，而且即使不是不可能，但也是很难把神学思想的不同潮流组织到一个有条理
432 的系统或框框里面去。然而，看来确实清楚的是，人们可以在神学仍然受

到神学活动的传统中心支配的20世纪前期和第二次世界大战后开始的20世纪后期之间作出区分。

新的开端：卡尔·巴思的神学

毫无疑问，两次世界大战之间，基督教神学界出类拔萃的人物是卡尔·巴思（Karl Barth，1886～1968年）。巴思的父亲是一个有保守倾向——虽然不是在政治事务方面——的改革派神学家，他指导了巴思的早期研究，巴思对他总是非常尊敬和感激。巴思在伯尔尼、图宾根和马尔堡学习之后，在他的老家瑞士当了牧师，最初是在日内瓦（在该城的操德语的教区），然后是在萨芬威尔村（Safenwill，1911年）。作为他受的神学教育的结果，他担任牧师职务的时候，深信自由主义神学的许多信条，但不久之后就得出结论，有其他一些学科比神学更和他的工作有关。虽然在他当牧师的早些年，他继续阅读神学读物，但他后来宣称，在萨芬威尔，他变得深深卷入社会民主党的运动，以致他只是因为讲道和教学的需要才阅读神学，并且把他的大部分时间用来研究工业法规、工会组织以及类似的事物。他深信，上帝正在致力于带来上帝的王国，但不是通过死气沉沉的教会，而是通过社会民主主义。1915年，他正式加入社会民主党。

当他在关心他的农民和工人信徒的权利的时候，他周围的世界陷入灾难之中。第一次世界大战使他失望。他早先的老师以及所钦佩的他的同时代人，被穷兵黩武的精神冲昏了头脑。和他一起工作的许多社会主义者也是如此。再者，随着有关战争暴行的消息的不断传来，他发现越来越难于把他所学到的神学和他的时代的严峻现实联系起来。新的神学读物，尤其是J. C. 布隆哈特（J. C. Blumhardt）写的神学读物，使他意识到需要恢复基督教的末世论的方面。在与终身的朋友爱德华·特尼森（Eduard Thurneysen）交谈的时候，他深信，必须修改他所学过的大部分神学。最后，他答应特尼森，他要撰写《罗马人书注释》（*Commentary on Ro-* 433 mans)，不是为了出版，而是为了在一些志趣相投的朋友中间私下里传阅。然而，因此而写成的作品，在第一次世界大战结束后不久在1919年出版，并且很快就为作者博得广泛的声誉。

当巴思应邀在哥廷根大学教授改革宗神学的时候，他正在彻底修订他的《罗马人书注释》。他在1921年担任了这项教学职务，就这样开始了教学生涯，这种生涯使他离开哥廷根来到明斯特，然后来到波恩，最后——在因为希特勒而被迫离开德国之后——来到巴塞尔，在那里他度过了余生。

巴思在他的《注释》里，尤其是在该书经修订的第二版里，提出的神学，不是建立在人和神之间的连续性上，而是建立在他们的不连续性上。不像19世纪的许多人设想的那样，基督教并不是人类的最高成就。正像他后来说的那样，"谈论上帝与大声谈论人是不一样的"。和他的先辈们强调上帝存在于宇宙之中不同，巴思反而极其强调上帝的神圣超越性，以致他谈到上帝时，把上帝称为"完全的他者"——这促使这时已是风烛残年的哈纳克惊喊，"又一个彻头彻尾的马吉安(Marcion 2、3世纪的灵智教派创始人——译者)"！

罪恶和恩典之间，人类的成就和上帝的行动之间，我们在恩典下面的存在和我们试图在神学体系里或伦理学体系里表达这一点的做法之间，也有不连续性。

> 这样，罪恶和恩典不能并排地放在一起，也不能串联在一起，也不能被当做具有相同的重要性，就像生和死不能被当做具有相同的重要性那样。没有跨过把它们分开的鸿沟的桥梁。罪恶和恩典没有可以拼揍在一起的模糊的边缘。这个不可逾越的鸿沟十分明显地贯穿了善和恶之间、有价值的东西和无价值的东西之间、圣洁的东西和不圣洁的东西之间的裂缝……对上帝的认识——这是我们进行观察的条件——迫使我们在罪人和正直的人们之间作出明确的区分；但

> 是,产生的人类认识立刻被它赖以被创造出来的那个标准本身驱散了。只是因为我们处在顺从之中而得到力量,才使我们能够理解和抓住不可能中的可能性。②

由于这个缘故,巴思创始的神学流派被称为“辩证神学”(Dialectical 434
theology)——虽然人们在使用这个词儿的时候应当注意,人们所说的这种辩证法,比较接近于克尔凯郭尔的辩证法,而不是接近于黑格尔的辩证法。尤其是在早期阶段,巴思和他的同事们的神学也被描绘成“危机神学”(theology of crisis),意思是这种神学强调人类站在上帝面前时人性的危机。最后,尤其是在同存在主义决裂时,许多人称这种新的趋向为“新正统主义”(neo - orthodoxy),因为这种趋向设法恢复传统基督教教训里被 19 世纪领导人物们放弃在一边的许多东西。

不久之后巴思发现,其他一些人也同意他对自由主义神学的大部分批评。他的朋友特尼森、路德派神学家弗里德里克·戈加滕(Friedrich Gogarten, 1887 ~ 1967 年)以及其他的人,在 1922 年创办了神学杂志《时代之间》(*Zwischen den Zeiten*),这个杂志不久之后就成了当时最有影响的神学出版物之一。这个杂志的经常合作者之一,虽然不是创办人之一,是改革宗神学家埃米尔·布伦纳(Emil Brunner, 1889 ~ 1966 年),他在苏黎世教书。在那些早期的年月里,圣经学者鲁道夫·布尔特曼(Rudolf Bultmann, 1884 ~ 1976 年)也普遍被认为是新的“辩证神学”的领导人之一。

然而,巴思本人正在从他早期的见识那里得出推论,这些推论不久将促使他同这些早期伙伴中的大多数人决裂——只有特尼森是明显的例外,他始终是巴思亲密的朋友和同事。

第一次决裂是在 20 世纪 20 年代发生的,并且是以戈加滕和布尔特

② *The Epistle to the Romans*(译自第六版;London: Oxford University Press, 1933), P228。

曼为一方的坚持曾经也是巴思的早期主张的存在主义辩证法和以巴思和布伦纳为另一方的坚持需要离开人类学而进入神学本身的结果。如果像存在主义的神学倾向断言的那样，我们所有的只是"在上帝面前的瞬间"，而且我们不能谈论任何其他的事情，那么，神学的任务就是研究和阐明对信仰的体验和理解。巴思和布伦纳两人认为，这把神学归结成为对人的体验的研究，因此，他们两人便转向一种比较牢靠地建立在上帝的话语上的神学，而且尤其是集中在基督论上。

就巴思的情况来说，这是同他日益增长的信念密切相关的，他相信，
435 上帝的话语是有一个要旨的。这不仅仅是偶然相遇的事情。也有一种"道"，一种合理性，这样上帝的话语就引领我们去理解它自己。这既意味着，必须把强调在上帝面前的瞬间的存在主义哲学抛在后面，也意味着，神学能够和应当走向这样一个方向，而设法去理解上帝的话语，并且设法去阐明它的含意，但不是在存在主义或任何其他的哲学的基础上，而是在"信仰的逻辑"的基础上。1927 年，巴思发表了他希望是他伟大的系统作品的东西——《基督教教义学》(*Christian Dogmatics*)——的第一卷。但是，在他发表第二卷之前，他在 1931 年出版的对安瑟伦的"信仰寻求理解"的研究使他深信，③ 他必须走向"信仰的逻辑"的方向，而且存在主义不是达到这个目的的恰当的工具。因此，到了 1932 年，他放弃了他对系统神学的最初的尝试，并且发表了《教会教义学》(*Church Dogmatics*)的第一卷。

这种重新开始是一个明显的迹象，说明巴思的思想里有了重要的转变。这种转变基本上是在两个方向上发生的。如上所述，他对安瑟伦的研究以及他自己对上帝话语的意义的思考，促使他拒绝使用任何哲学作为神学的恰当的工具。第二个新的方向是，在神学的工作里更多地强调

③ 英译本：*Anselm: Fides Quarens Intellectum: Anselm's Proof of the Existence of God in the Context of His Theological Scheme* (Richmond: John Knox Press, 1960)。

教会的作用。

> 当书名里用“教会”这个词儿代替“基督教”这个词儿的时候，这意味着……教义学不是一种“自由的”科学，而是和教会的领域密切关联的科学。在教会的领域而且只有在教会的领域里，教义学才是可能的和切合实际的。④

在这样拒绝存在主义的时候，巴思就同戈加滕和布尔特曼决裂了。下一个决裂将是同布伦纳的决裂，而且在某些方面将是巴思的思想在发展的延续。随着时间的推移，巴思终于深信，“自然神学”必须被拒绝。要不然，他担心，人们将再一次把神和人之间的距离以及理智和启示之间的距离弄得模糊不清。

虽然在《时代之间》的一些早期文章里有可能看到越来越大的鸿沟，
但实际上的决裂是在 1933 年开始的，那时巴思发表了一篇论“神学原则 436
的第一诫命”的文章。这场辩论不久之后就导致了该杂志的停刊，并且导致了巴思和布伦纳之间的继续辩论。巴思在他的文章里发起了一个反对歪曲了神学的“异教诸神”（alien gods）的运动。所有这些神所共有的一件事情是，他们依靠“**和**”（and）这个简短的但极为重要的连接词而渗入神学。“**和**”这个词儿暗指，有别的东西可以放在上帝附近。“**和**”是盲目崇拜的第一标记。“**和**”是把神学引入歧途的谬误。

> 18 世纪这样说：启示**和**理智。施莱尔马赫是这样说：启示**和**宗教意识。里奇尔及其追随者们是这样说：启示**和**诸宗教的历史。而今天人们在各处是这样说的：启示**和**创世，启示**和**原先启示（protor-

---

④ *Church Dogmatics*, I/1, p. ix.

evelation),《新约圣经》和人类的存在,诫命和创造天地的命令。[5]

在提到"《新约圣经》以及人类的存在"的时候,是指他拒绝戈加滕和布尔特曼的神学纲领(我们将回到这个神学纲领上来),这一系列里的最后一对,"诫命以及创造天地的命令",是直接拒绝布伦纳,布伦纳在几个月以前用这个标题出版了一本书。[6] 几个月之后,巴思在他的文章"永别"里坚持他的主张,并且同那时停了刊的《时代之间》决裂。

1934 年,布伦纳用他的小册子《自然和恩典》(*Nature and Grace*)做了答复。这个小册子的语气是相当和解的,虽然布伦纳坚持说,巴思从有关上帝话语的教义里和有关"唯有恩典"(*sola gratia*)的教义里得出了若干错误的结论:(1)巴思,相信上帝在人们里面的形象被罪损坏了,而布伦纳则宁愿说,上帝在人们里面的形象在实质上被损坏了,但在形式上仍然存在;(2)巴思在把启示局限在基督里的启示方面犯错了,因为必须为上帝给异教徒们的证据留出余地;(3)巴思在拒绝布伦纳称之为"保护的恩典"的东西方面犯错了,因此巴思看起来只能从一时一刻的角度来讲话;
437 (4)同样地,在拒绝"创造天地的命令"或"保护的命令"的时候,巴思拒绝了基督教伦理学的关键性的基础之一;(5)巴思在拒绝人们里面和社会里面为了上帝的恩典和行动而存在着"接触点"("point of contact"——*Anknüpfungspunkt*)方面犯错了;(6)最后,巴思曲解了旧的创造和新的创造之间的关系。按照布伦纳的说法,这最后一点是辩论的基本争论点。巴思似乎深信,旧的秩序和新的秩序之间的任何连续性,都会把人类的罪减到最少,而且,更甚的是把上帝的恩典减到最少。另一方面,布伦纳希望以这样一种方式描述福音,即福音是上帝对人类需要的答复。在这一

---

⑤ "Das erste Gebot als theologisches Axiom", *Zwischen den Zeiten*, 12 (1933), p. 308.

⑥ *Das Gebot und die Ordnungen: Entwurf einer protestantisch – theologischen Ethik*,. Eng. Trans.: *The Divine Imperative* (Philadelphia: Westminster, 1947).

点上，布伦纳引证说，像托马斯·阿奎那宣称的那样，恩典不损坏自然（*gratia non tollit naturam sed perficit*），而是使自然完善。再者，布伦纳争辩说，巴思误解了他最近的作品的书名，因为那上面的"**和**"与巴思所罗列的其他的"**和**"不一样。"那是一个问题的'**和**'，一个提问的关系的'**和**'，而不是并列的'**和**'"。[7] 总之，布伦纳总结说，他的观点和巴思的观点，可能都有道理，而且他们的分歧可能是气质方面的，而不是意图方面的，因为"上帝既利用偏爱的天才……也利用中庸的精神"。[8]

然而，巴思不愿意被软化。他用《不对！答埃米尔·布伦纳》（*Nein! Antwort an Emil Brunner*）的赤裸裸的标题下的一篇短文做了答复。不对，布伦纳错了，他相信，把"和"假定成一个问题，这本身不是假定某种仅次于启示的东西。不对，布伦纳错了，他在上帝的道路和人类的种种道路之间寻找一条中间道路。不对，布伦纳错了，他认为，人们不根据事实本身去实践自然神学就能够讨论自然神学。自然神学不是恰当的神学问题，因为恰当的神学知道，它的题材不是别的，而是上帝的话语。"真正地否认自然神学是在这种做法抓不到一个独立的神学问题的知识概念的时候发生的"。[9] 因此，正像巴思看待这件事情那样，整个讨论不是关于一个特殊的神学争论点，而是关于某种先于任何神学作品的东西和某种必须用定义排除在外的东西。自然神学不能成为神学的一部分；自然神学不能成为一种平行的事业；自然神学不能成为一个神学问题；自然神学必须被看成是和上帝话语的神学截然相反的。

虽然这种辩论给人的印象可能是，巴思一味坚持他的极端主义，但如 438
果人们记得这时正是第三帝国（指 1933～1945 年纳粹统治的德国——译者）兴起的时候，那么，人们将会对这种辩论作出不同的理解。巴思深切

---

⑦ *Natur und Gnade* (Tübingen：J. C. B. Mohr, 1934), p. 6.

⑧ 同上。

⑨ *Nein! Antwort an Emil Brunner*, *Theologische Existenz heute*, 14, p. 12.

关注，自由主义者愿意把福音和人类的最高成就混淆起来，这种做法将有利于这样一种意识形态，这种意识形态设法利用教会来达到它自己称霸世界的目的。他深信，为了要抵制纳粹主义的诱惑，基督徒们应当弄清楚，权威的唯一来源是上帝的话语，而且他称之为“和”的神学的东西，可能被歪曲来达到第三帝国的目的。说实在的，当1934年一群改革派的和路德派的德国教会领导人，在巴门发表那个成了“认信教会”（Confessing Church）的集合点的“宣言”的时候，毫无疑问，“巴门宣言”（Barmen Declaration）从巴思那里汲取了它的大部分力量和灵感，这一点可以从该宣言的开场白里看出来：

> 耶稣基督，像《圣经》向我们证实的那样，是上帝唯一的话语，我们能够听到这种话语，我们今生今世应当信赖和服从这种话语。
>
> 我们拒绝接受这样错误的教导，即教会可以而且必须承认还有其他的事件和政权，形象和真理，是同上帝这唯一的话语并列的神的启示，是教会讲道的一个来源。⑩

这个宣言以及随后的事件，迫使巴思离开德国，返回老家瑞士，在那里他在巴塞尔度过了余生。作为这些动荡的后果，他的《教会教义学》的第二卷（更确切地说，是第一卷的第二部分）在第一卷之后六年才问世。从那时起，他继续定期出版这部伟大的作品，直到他在撰写第四卷第四部分时死去为止。

虽然不可能在这里提供《教义学》（它的四“卷”实际上是一些部分，把相当于十三厚卷的东西聚集在一起）的内容的哪怕是最概括性的轮

---

⑩ J. H. Leith, ed., *Creeds of the Churches*, 3rd edition (Atlanta: John Knox Press, 1982), p. 520.

廓,[11] 但人们至少必须指出它的一些一般特点。

第一个和最明显的特点,正是这件工作的浩大和范围。在许多人认为"总结性论文"的时代已经过去的时候,巴思写出的不朽的作品,可以 439
和中世纪的最好的作品或新教经院学者们的最好的作品媲美。在始终忠实于自己的方法和基本见识的同时,巴思不但论述了有关三位一体的教义和创世,而且也论述了天使和其他类似的话题。

其次,这部作品的显著特点是它的连贯性。在从一卷到另一卷的着重点里确实有发展和变化。尤其是,巴思慢慢地缓和了他早期对上帝的基本的"他者性"的一些强调的语气。[12] 虽然如此,给人的主要印象仍然是连续性的印象。巴思一旦第二次开始他的《教义学》,他的神学的基本路线已经大体上定下来,以致他能够继续写作三十多年,而始终忠实于自己。

最后,这部作品由于它的"集中于基督论"而显得突出。虽然这部作品的每卷都论述一个不同的话题,但归根到底它们都论述上帝在基督里的启示。它们不像一个梯子的相继的梯级,而像是一系列仔细的观察,从不同的角度看待一个主题。人们在谈到这四卷的主题的时候说:

> 这四卷不是作为论述相当个别的话题而被提出来的,这样,从一卷转移到另一卷就不是主题的改变,这四卷是作为贯彻始终的同一基调的四个同样基本的和连锁的方面而被提出来的,这个基调是:耶稣基督在时间上和历史上体现了和实现了上帝想要成为为了人的和与人同在的上帝的永恒的决定;耶稣基督本人是上帝同我们立的永恒的契约,被创造出来的宇宙的意义和目的就是包含在这个契约里;

---

⑪ H. Gollwitzer 出版了前三卷的选文:Karl Barth, *Church Dogmatics*: *A Selection* (New York: Harper Torchbooks, 1961)。

⑫ 这是他本人于 1956 年提出的和解释的一点。见 K. Barth, *The Humanity of God* (Richmond: John Knox, 1960), pp. 37 ~ 38。

> 而且依靠耶稣基督，通过神学否定十字架而肯定复活来揭露和克服人对上帝的疏远。
>
> 把重点集中在基督论上，这是巴思方法的实质，但是，他的神学成就的伟大之处，不仅仅在于整个作品的方法和形式，而是在于他通
> 440 过这种手段，在经典的正统信仰的一切首要的主题之上，都成功地进行了新的综合，并且投下了崭新的亮光。巴思对神学的影响被比做爱因斯坦对物理学的影响，这不是没有道理的。[13]

这种影响是如此之大，以致怎么说都不过分。他的神学不但推动了德国的“认信教会”，而且也推动了那时在成形的普世基督教运动。当第二次世界大战爆发不久，“世界教会联合会”（World Council of Churches）组成的时候（1948 年），该理事会的许多领导人深受巴思的神学的影响。“世界学生基督教联盟”的情况也是如此，该联盟为普世基督教运动以及世界各地的教会，提供了大部分的下一代的领导人。在第三世界的新教领导人中间，没有任何神学像卡尔·巴思的神学那样有影响——这种影响今天在第三世界的大部分新教神学里仍然可以看到。

巴思创立的神学超出了正统化的种种束缚，但没有因此而放弃正统主义的任何传统主题。同样地，他的神学避免了自由主义的极端的可变性，但没有因此而拒绝历史研究、圣经评论和其他现代事态发展的成就。这有助于恢复教父时期的和宗教改革的大部分遗产。这也意味着，巴思被同时代的天主教神学家们广泛阅读和尊敬，而且他的影响可以从大部分现代天主教思想里看出来。

鲁道夫·布尔特曼和非神话化

20 世纪初期，鲁道夫·布尔特曼由于他在圣经研究方面的领导作

---

⑬ A. I. C. Heron, *A Century of Protestant Theology* (Philadelphia: Westminster, 1980), p. 91.

用,尤其是在圣经学者们称为“体裁考证”方面的领导作用,而为人所周知。然而,他也认为自己是“辩证神学”的解说者之一——在他同巴思和布伦纳决裂后很久,他仍然要求用“辩证神学”这个词儿。他主要是《新约圣经》学者,但他特别感兴趣的是,把《新约圣经》的信息解释得能够被他的同时代人理解和接受。

为了要对《新约圣经》作如此解释,布尔特曼提出,第一个任务是使《新约圣经》“非神话化”(demythologizing)。布尔特曼争辩说,《新约圣经》是在神话的框框里写成的,必须在《新约圣经》神话的东西和基督教 441
早期教会基督福音宣讲(*kerygma*)的实质的东西之间作出区分。这个过程布尔特曼称为“非神话化”(*Entymythologisierung*)。一旦做了这件事情,我们将发现,《新约圣经》的信息是直接针对着我们的,即使我们处在现今的时代。另一方面,如果我们拒绝遵循这个过程,那么,我们就把《新约圣经》变成了种种思想、形象和事件的一个文集,这个文集我们的同时代人是可以正当地拒绝的。诚然,福音书是丑闻和绊脚石。但是,如果我们简单地决定,所有人必须把《新约圣经》说的一切话都当成是确确实实的,那么,我们就是把整整一系列伪造的绊脚石放在通往信仰的道路上——诸如奇迹、魔鬼、童贞女所生,等等——而这些将模糊福音书的真正的传闻。

然而,重要的是,澄清“神话”是什么意思,在这里批评者们指出,布尔特曼使用这个词儿有些含糊不清。一方面,布尔特曼在提出他的方案的时候,对《新约圣经》的神话性质做了如下的描绘:

> 《新约圣经》的宇宙论在性质方面基本上是神话的。世界被看成是三层的结构,大地在中间,天堂在上面,阴间在下面。天堂是上帝和天上的人们——天使们——住的地方。阴间是地狱,是折磨人的地方。即使是大地也不仅仅是自然的、日常的事件的场所,日常琐事和普通工作的场所。大地是以上帝及其天使们为一方面的和以撒

> 旦及其魔鬼们为另一方的超自然活动的场所。这些超自然的力量介入了大自然的过程，并且介入了人们思索的、意要的和所做的一切事情。神迹并不是罕见的。人不能控制自己的生命……⑭

在这段文章里，布尔特曼关心的是《新约圣经》涉及神迹的和显然是过时的性质。然而，在其他的段落里，布尔特曼提供了对神话的不同理解，这种理解同他自己的存在主义哲学密切相关。在其他段落里，他追随存在主义哲学家马丁·海德格尔（Martin Heidegger, 1889～1976年）而断
442 言，上帝是一切存在的第一存在。在这里他和海德格尔在两种形式的“存在”——*Dasein*（克尔凯郭尔有关这个词的意思里的“在那里”，“在一个境况里”的存在）和 *Vorhandenheit*（传统的和静态意义上的存在）——之间作出区分。一旦确定了这种区分，很明显，上帝的存在必须从 *Dasein* 的角度来谈论。《圣经》的上帝是一个有位格的存在。上帝的行动和启示的主体不是别的而是上帝。把上帝转变成一个客体，不管是多么细微的转变，都是神话。在这个背景下，神话的实质是把神的存在和行动转变成可以客观地证实的现实事物。因此，非神话化的任务在于阐明隐藏在使上帝和神的行动成为观察对象的种种神话后面的神的行动的真正性质。⑮

总之，布尔特曼提出的方案是，设法使《新约圣经》成为对他同时代人来说是可信的。按照布尔特曼的意思，现代人不再能够接受《新约圣经》的神话框架。我们不再生活在一个神灵居住的三层的宇宙里。我们不再相信神迹，而是深信，一切事件都可以用自然的起因来解释。《新约圣经》谈到了对我们来说是没有意义的一个“圣灵”和种种圣礼。死亡是对罪的惩罚的这一理论，是和一切现代思想相抵触的。我们大家都由于

---

⑭ H. W. Bartsch, ed., *Kerygma and Myth* (New York: Harper Torchbooks, 1961), p. 1。

⑮ 见 H. P. Owen, *Revelation and Existence; A Study in the Theology of Rudolf Bultmann* (Cardiff: University of Wales Press, 1957), pp. 20～24。

一个人的死去而得救的这一概念，是和我们的最高的道德观念相抵触的。而且耶稣肉体的复活也是遭到种种异议的。

所有这些使得早期教会基督福音的宣讲成为对现代的人们来说是不可信的，现代的人们深信，神话对世界的看法过时了。对他们来说，世界不是一个“开放的”实体，受到神秘的超自然的干预，而相反是一个“关闭的”实体，在其中每一件事情都是通过不间断的一连串因果而发生的。当然，意志凌驾于理智之上的力量能够使我们的一些人接受和相信理性上不可接受的东西。但是，这种强迫接受不可信事物的做法，使得着重点离开了真正的和存在主义的信仰，而转向同意一系列非理性的命题的信仰。当这种情况发生的时候，信徒躲藏在这种同意的后面，从而避免同《新约圣经》的真正信息的存在主义的相遇。布尔特曼通过剥夺我们的这种掩 443
蔽物，希望迫使我们同《新约圣经》的主直接相遇。

由于这就是他的目的，所以我们不能把布尔特曼的方案和19世纪设法去掉《新约圣经》的每一件和神话联系起来的事情的那些方案混淆起来。按照布尔特曼的说法，实施这后一类方案的方式必然会导致不但放弃神话，而且放弃《新约圣经》的信息本身。比方说，宗教历史学派把上帝在耶稣里的行动变成了只不过是永恒的现实事物的象征。这类探讨方法的错误在于剥夺了基督教的历史性，把《新约圣经》的种种事件变成了只是永恒真理的一个例子或证明。但是在这样做的时候，这类探讨方法取消和拒绝了《新约圣经》的信息本身，即上帝在耶稣里是为人类的救赎而行动。

布尔特曼深信，这些早期尝试的错误同这些尝试的哲学的预设密切相关，这些哲学的预设促使这些尝试去拒绝拯救事件的可能性。和这类早期的尝试相反，布尔特曼相信，通过利用存在主义哲学，他可以重新解释《新约圣经》的神话，而不失去早期教会基督福音的宣讲的基本性质，因为存在主义不是寻求“永恒的真理”，而是在具体事物里、在历史事物里、在存在里寻找真理。

布尔特曼并没有声称,他是在完成《新约圣经》的非神话化的整个任务。正像他所想的那样,这是需要整整一代的学者和神学家来完成的任务。他确实设法做的事情是,提出这种非神话化应当包括的工作的一个大纲。简言之,有三个主题必须是去掉了神话的早期教会基督福音所宣讲的内容:没有信仰的生活,有信仰的生活,以及使得有可能从没有信仰的生活过渡到有信仰的生活的事件:耶稣。

没有信仰的生活,《新约圣经》称为"按肉体"(according to flesh)而生活。这不是指有形的肉体,不是指身体及其感官。这反倒意味着建立在对我们周围事物的信赖、对不经久事物的信赖、对我们自己的信赖上的生活。那些"按肉体"而生活的人,一心只想着他们自己,想着他们自己的安全,并且受到焦虑的折磨。有的时候,我们诱使我们自己去认为,我们或多或少地得到了保证和安全。像保罗说的那样,正是在这个时候,我们
444 对自己"感到荣耀"。但结果是一种扭曲了的生活——或者,用海德格尔的措辞来说,整个创世变成了《新约圣经》称为"今世"的东西,即,由人们寓居的和甚至由邪恶力量操纵的一个实体,这些邪恶力量剥夺了人们的自由和真实性。

另一方面,有"真实的"(authentic)生活,"建立在不可见的实体上的"生活。这暗指放弃一切建立在我们自己上面的保证。这就是《新约圣经》所说的生活"在圣灵里"或生活"在信仰里"。在这种真实的生活里,人们把一切信赖都放在上帝的恩典里,上帝的恩典意味着对罪的宽恕。我们不再需要寻求我们自己的安全。我们不再需要把我们的信赖放在"客观的"现实事物的世界里。我们不再受到焦虑和苦恼的折磨。当保罗说,成为"对世界来说已经死去",或者成为"基督里的新人"的时候,他的意思就是上述这一点。而且这也是存在主义者称为"真实的"生活的东西。

第三,我们必须使这样一种手段非神话化,这种手段使得从不真实生活迈向真实生活的步子成为可能的。这就是"耶稣的事件"。这是关键

性的，因为《新约圣经》的信息的历史是不能否认的。《新约圣经》“声称，信仰只是由于某个事件——即基督的事件——的缘故才在历史的一个确切的时刻里成为可能的”。信仰就顺从的自我承担义务和内心脱离世界的意思来说，只是在信仰是信仰基督的时候才成为可能。[16] 然而，在这里我们必须再一次记住，“《新约圣经》是以神话的措辞提出耶稣基督的事件的”。而且“同钉十字架的历史事件并排的是复活的明确的非历史事件”。[17] 他的死亡就其本身来说是胜利，当《新约圣经》谈到复活的时候，是用神话的措辞来表达这种胜利的。通过他的死亡，他战胜了死亡的力量，死亡的力量也是不真实的生活的力量。因此，这种为我们而死的价值不应当从抵偿我们的罪或战胜魔王的神话的角度来加以理解，而从存在主义的角度来说，这种为我们而死的价值是“时刻存在的现实事物”，这个现实事物的意义在于，我们也能和他一起被钉在十字架上，从而分享真实的生活及其胜利。

布尔特曼的非神话化的努力有多少成功，取决于人们对他的存在主义的探讨方法的评价。诚然，他受到了人们的挑剔，因为他不但过分依赖存在主义，而且过分依赖一种特殊形式的存在主义，即海德格尔的存在主 445
义。但是，毫无疑问，通过提出将《新约圣经》的形象化描述和世界观解读到我们的时代所涉及的种种困难的问题，布尔特曼为现代神学提出了一个关键性的问题。

欧洲新教神学的其他潮流

就在巴思和他的《时代之间》的伙伴设法阐明他们的神学任务的性质的那几十年里，重要的事态发展正在瑞典发生，而同巴思的工作没有什么关系。在那里，终于被称为“伦德学派”(Lundensian School)的东西，深

---

⑯ *Kerygma and Myth*, p. 22.

⑰ 同上，p. 34。

深地扎根于在19世纪提出和实践的教义历史研究。诚然,古斯塔夫·奥伦(Gustaf Aulén)在1917年的第一个主要出版物是教义历史书。从这个基础开始,并且一部分是由于伦德学派的历史研究,伦德学派带头重新解释路德,并且带头重新发现艾雷尼厄斯。在这件工作中,他们遵循了伦德学派所特有的方法,即“主旨研究”(*Motivforschung*)的方法。这个方法寻求的东西是去发现各种各样的系统阐述背后的主旨和独特思想。在诸教的历史里,以及在基督教的历史里,这类主旨相互影响、冲突和结合。但是,历史学家和神学家必须在这类主旨中间进行辨别,以便把基本上是基督教的主旨和基本上不是基督教的主旨分开,从而澄清基督教信仰的性质。

有两本众所周知的作品可以说明伦德学派的工作:安德斯·尼格伦(Anders Nygren)在1930年和1936年发表的《挚爱与欲爱》(*Agape and Eros*),[18]以及古斯塔夫·奥伦在1948年发表的《胜利者基督》(*Christus Victor*)。[19]

在《挚爱与欲爱》里,尼格伦比较了两个希腊名词,这两个名词通常都作为“爱”译成英语和现代欧洲语言,并且争辩说,这两者代表了两种对生活和得救的看法,这两种看法在基督教历史里被混淆起来了,而且宗教改革——尤其是路德的神学——是企图恢复挚爱的独特性。

奥伦的《胜利者基督》是类似的对主旨的探究,虽然这时是涉及到基督的工作。有一段时间,尤其是自从里奇尔关于这个问题的作品以来,人
446 们习惯于对比两种相反的对基督工作的看法,即安瑟伦的“客观的”理论,以及阿伯拉尔的“主观的”理论。然而,奥伦声称,在古代的教会里有第三种对基督工作的看法。这就是“戏剧的”或“古典的”理论,而且这个理论是从不同于其他两种看法的“主旨”里产生出来的。安瑟伦的理论

---

[18] London: S. P. C. K., 1932 ~ 1939; revised ed., Philadelphia: Westminster, 1953.

[19] New York: Macmillan, 1957.

认为基督为我们的罪提供代替的抵偿,阿伯拉尔的理论把他看成是我们的榜样,而古典的或戏剧的理论则强调基督工作里的冲突和胜利的成分。基督是我们处在其统治下的邪恶势力的征服者。奥伦拒绝学者们把谈到基督是邪恶的征服者的那些古代文本解释成为仅仅是隐喻的倾向。恰恰相反,这类文本必须认真对待,因为这类文本是早期基督教对基督工作的理解的见证。

再者,这不仅仅是有关历史兴趣的事情。这涉及到信仰的核心,因为这些不同的理论表明了对人类的困境和对整个得救过程的不同看法。在"客观的"和"主观的"看法里,由于把邪恶同上帝的旨意的根本对抗放在一边而减少了罪的力量。与此对照,在"古典的"理论里,有真正的"救赎的戏剧",因为有对抗的势力彼此进行斗争。因此,人类的罪不是仅仅用一个榜样或仅仅用一次抵偿就能消除的某种东西。人类被邪恶的势力所奴役,只有通过战败邪恶的势力,才能消除。

这使我们看到伦德学派的另一个特点,即它的"有限的善恶二元论"。在没有因此而陷入摩尼教的善恶二元论的情况下,伦德学派坚持说,不认真对待上帝和邪恶势力之间的真正对抗、冲突和斗争,就不能理解《新约圣经》的信息。[20]

伦德学派的神学在几点上是重要的。伦德学派神学恢复了邪恶对理解基督教信息的重要性,这种做法对自由主义作出了一个答复,这个答复和巴思的答复类似和互补。伦德学派的神学不但是对邪恶涉及全体性质的理解,而且是对救赎涉及全体性质的理解,它把注意力集中在教会上,并且对后来的教会论讨论作出了贡献。最后,伦德学派神学重新发现早 447
期基督教和宗教改革里被遗忘的组成部分,以及伦德学派神学和瑞典教会的密切联系——伦德学派神学的几个领导人物成了瑞典教会的主

⑳ 这一对巴思和布尔特曼的主要评论,见 Gustaf Wingren, *Theology in Conflict* (Philadelphia: Muhlenberg, 1958)。

教——在普世基督教运动里是有影响的。

迪特里希·潘霍华(Dietrich Bonhoeffer, 1906～1945 年)大概是紧接在巴思之后的一代最有影响的德国神学家。在作为牧师、学者、教师和“认信教会”的领导人的光辉的和有希望的生涯之后,他在监禁他的地方在解放前几天被盖世太保处决。

潘霍华的早期作品不久之后就说明他既是一个杰出的神学家,也是一个对基督徒生活实践有深刻见识的人。1937 年,在《跟随基督》(*The Cost of Discipleship*)里,他写出了现在很出名的关于“廉价恩典”(cheap grace)的话,哀叹路德关于“唯有恩典”(*sola gratia*)的原理——对路德来说,这个原理是对苦恼斗争的答复——变成了一个使我们无须乎去斗争的教义的那种方式。确实,只有相信的人才是顺从的,但同样确实的是,只有顺从的人才相信。

> 廉价恩典意味着,恩典是一个教义,一个原理,一个体系。廉价恩典意味着,对罪的宽恕被当做一个普遍的真理来宣布,上帝的爱被当做基督徒对上帝的“概念”来教导。[21]

在《圣徒相通》(*Sanctorum Communio*)[22] 里,他强调了基督教信仰共有的性质,写出了常常被引用的名言:“教会是作为团契而存在的基督。”在《行动和存在》(*Act and Being*)[23] 里,他超出了他早期的巴思主义而坚持说,巴思在肯定上帝的全面统治权方面是正确的,上帝的启示永远是“法令”,但人们也须记住,通过进入历史,上帝在基督里和在教会里借我
448 们使用——这个主题后来被一些“上帝之死”的神学家推演到更远的地

[21] *The Cost of Discipleship* (New York: Macmillan, 1948), p. 35.

[22] 英译本:*The Communion of Saints: A Dogmatic Inquiry into the Sociology of the Church* (New York: Harper and Row, 1963)。

[23] New York: Harper, 1961.

步。在《共同生活》(*Life Together*)[24]里，在他所指导的一个“修道院似的”秘密的神学学派的体验的基础上，他对这种共同生活的价值和实践进行了思考。

然而，他最大的影响是通过强调一种“世俗的”基督教的价值。在他去世后出版的他给一篇伦理学论文写的注释里，已经断言：

> 在基督里我们被提供了这样的可能性：参与上帝的现实和参与世界的现实，但不是参与其中的一个而不参与另一个。上帝的现实提示其本身，只是通过把我完全放在世界的现实里，而且当我遇到世界的现实时，世界的现实总是已经在上帝的现实里被证实、被接受和被调解。这就是上帝在耶稣基督里对人的启示的内在意义。[25]

在他的《狱中书简》(*Letters and Papers from Prison*)[26]里，他用死来证明他服从福音的一生后出版的——他提出了他在这方面的最吸引人的评论——正像在任何通信里的情况一样，这些评论是片断的、探索性的和建议性的，而不是系统的和完整的，因而就更加吸引人。在那里他谈到了一个“成年的世界”(world come of age)，在其中人们依本性是笃信宗教的这一预设将不再有效。他自问，在“宗教的先天性”(religious a priori)一直是一切基督教讲道的预设的十九个世纪之后，当这个预设不再有效的时候，将发生什么事情呢？他的答案——他认为这个答案和他自己的神学观点完全一致——是将需要有一种“无宗教的基督教”(religionless Christianity)。

虽然潘霍华从来没有机会充分说明他所说的“无宗教的基督教”是

㉔ New York: Harper, 1954.

㉕ *Ethics* (New York: Macmillan, 1955), p. 61.

㉖ London: SCM, 1953 (enlarged edition, 1973).

什么意思，但很清楚，这不只是“成年的世界”里的一种为基督教辩护的方法。在更早的时候，巴思曾经坚持宗教和基督教之间的对比。潘霍华在这一点上和巴思一致，但走得更远。巴思大都是从人类的努力和神的恩典之间对比的角度来谈论宗教和基督教之间的对比，但潘霍华也从“世俗化了的”基督教的角度来谈论“无宗教的基督教”，即这样一种基督教，
449 这种基督教将不再从一种与一切生活在其中进行的领域相区别的某种“宗教的”领域，或者某种“信仰的”领域出发来思索和行事。他坚持说，《圣经》不是一本宗教的书，因为宗教关心个人，关心心灵深处，关心天外的世界，而《圣经》关心的事物是相反的东西。

正像可以想象的那样，潘霍华关于“成年的世界”和“无宗教的基督教”的评论，被人们以不同的方式进行解释，而且一些大不相同的和截然相反的思想派别把他看成是它们的先驱者之一。

总之，潘霍华对世俗化过程的正面评价是不能怀疑的。在这方面，有戈加滕在他之前和继他之后，戈加滕在几年之前就开始探索这个主题，但是戈加滕在这方面最重要的作品在战后才问世。

沿着这条路线的进一步探索是由沃尔夫哈特·潘南伯格（Wolfhart Pannenberg）进行的，他在1961年编辑了《作为历史的启示》（*Revelation as History*）[27]这卷书，这卷书拒绝“世界历史”（*Weltgeschichte*）和“得救的历史”（*Heilsgeschichte*）之间通常的区分。一个神学家能够从事的任何方面都不是超出历史的。历史本身是上帝启示的舞台，不过是以这样一种方式成为舞台，以致人们不能简单地推断这个历史的一些组成部分和时刻并把它们变换成一种较高的“得救的历史”。如果人们要认真地对待历史，那么，历史就必须有一种一致性，而且历史的一切事物必须是神学家关心的事物和基督徒关心的事物。同样，这样的历史，为了要有意义，必须有一个目的。这就是耶稣复活的意义，耶稣的复活是末世论的事件，靠

---

[27] New York：Macmillan，1968.

这个事件就能辨出这个目的，这样基督徒们就能断言，历史有意味和意义，并且也能声称有了这种意味和意义是什么的线索。

与此同时，神学探究的另一个领域正在发展，这个领域最后将和上述的领域结合在一起，形成 20 世纪后期的大部分神学。这就是马克思主义——基督教的对话。这种对话的早期阶段的一个领导人是约瑟夫·L. 赫罗马德卡（Josef L. Hromádka），他从 1920 年到他于 1964 年退休为止 450
在布拉格教授神学——1939 年和 1947 年之间有一个穿插事件，在那个期间他由于纳粹的占领而离开了捷克斯洛伐克，并且在普林斯顿神学院执教。[28] 在他返回布拉格之后的年代里，一部分是通过他编辑的杂志《共同的旅途》（*Communio Viatorum*），一部分是通过他的教学和他的书籍，他探索了在马克思主义者控制的社会里，顺从对基督徒们来说意味着什么。

赫罗马德卡的神学观点在许多方面和巴思的神学观点相似。像巴思那样，他感到，基督教神学家的主要任务是从上帝话语的角度来评论和纠正教会的声明和生活。像巴思那样，他深信，神学是教会的任务，单个神学家必须在教会的背景里和为了教会的利益而进行他们的工作。最后，也是像巴思那样，他把他的注意力集中在基督论上。虽然毫无疑问的是，巴思对赫罗马德卡有很大的影响——赫罗马德卡感激地承认这种影响——但这些类似之处不能全部解释成是这种影响的结果，因为也有其他的经历和思潮促使赫罗德卡的神学走上和巴思类似的方向。由于新教的捷克斯洛伐克的胡斯运动的传统（胡斯是 15 世纪捷克爱国者和宗教改革者——译者），他的神学永远是这样一种神学，这种神学看到了上帝的话语和社会的话语之间的悬殊差别。作为一个东欧人，他比大多数西欧人更意识到大部分西方文明的阴暗面。他大体上同意德国哲学家斯彭格

---

[28] 他最知名的著作是 *Theology between Yesterday and Tomorrow*（Philadelphia：Westminster, 1957）。另见他的 *Impact of History on Theology*：*Thoughts of a Czech Pastor*（Notre Dame, Ind.：Fides, 1970），以及 H. Ruh, *Geschichte und Theologie*：*Grundlinien der Theologie Hromadkas*（Zurich：EVZ, 1963）。

勒(Spengler)的论点,即西方的衰落近在咫尺,而且他感到,教会意识到这种事态发展,并且应当认为这是一个获得更大的顺从的机会。这样,当他开始阅读巴思作品的时候,他能够看出一种类似的精神,并且从中得到益处。

在道成肉身的基础上,赫罗马德卡感到,对于做人意味着什么这个问题的理解方法,是看一看在基督里的上帝话语。然而,这并不意味着,基督徒们应当只关心传统上的"宗教的"东西,因为在基督里我们被告知,上帝来到世界上。因此,相信基督必然使信徒立即介入上帝已经来到的世界。再者,这甚至不是因为教会和基督徒们存在于世界上的一种选择,
451 而且我们宣布任何对世界的评价,根据事实本身就是对我们自己和对教会的评价。

上帝创造这个世界的目标是上帝的国。赫罗马德卡的著述经常回到这个末世论的盼望上,这种盼望既意味着,人类的一切制度只能是设法接近上帝的目的,也意味着,在每一种制度里基督徒们必须为接近这个目的而工作。因此,基督徒们的任务,不管是在东方或者在西方,是同社会上致力于和平和正义的目标的那些人员和个人一起工作。尤其是,这意味着,做工作要有利于那些被压迫的人,饥饿的人,或在其他方面被剥夺了人类尊严的人。这也意味着,为了世界上和人类社会中那些被分裂的地方的重新和好而工作。基督前来使上帝和人们重新和好,而且也使人们在他们自己中间重新和好。因此,教会的使命首先必须是使人们重新和好的使命。

这就是赫罗马德卡为什么感到基督徒们应当拒绝反共产主义的原因之一。反共产主义是这样一种态度,这种态度寻求一些人的胜利和其他一些人的失败,而不是寻求重新和好。再者,反共产主义常常养成一种自以为公正善良的态度,在这种态度里只有共产主义的种种弊端受到指责,而反共产主义者在其中生活的社会的种种弊端则被忽略或被掩盖。虽然共产主义需要认真的纠正,但基督徒们必须小心,不要把他们的信仰和西

方的自由主义民主等同起来。

就马克思主义而论，赫罗马德卡由于马克思主义对人的有罪的肤浅理解而批评它，这种理解促使人们声称，在没有阶级的社会里，一种新的人类将诞生，而且贪婪和仇恨的种种问题将得到解决。还有，古典的马克思主义用这样一种历史观使人失去人性，这种历史观没有给自由和责任心留出什么余地。

至于马克思主义的无神论，赫罗马德卡争辩说，这必须被看成是一个既消极又积极的特点。消极的方面是促使人们产生这样一种对世界、对人们和对历史的看法，这种看法是肤浅的，而且到头来是没有意义的。然而，积极的方面是，基督徒们必须记住，马克思主义者否认其存在的上帝并不是基督教的上帝。它反倒是这样一个上帝，这个上帝像是《圣经》的先知已经攻击过的那些异教崇拜的神。虽然基督教的神学和实践确实常
常看不到这种区别，因而成了盲目崇拜的牺牲品，但消灭这样一个异教崇 452
拜的神必须被看成是马克思主义的一个积极贡献。

在马克思主义者致力于改善人类社会的地方，基督徒们必须在设法达到这个目标方面同他们合作。在具体的政治环境里，在决定支持什么人的时候，一个人不能简单地决定，他将支持那些称自己为基督徒的人。更确切地说，一个人必须支持那些在这个特殊的问题方面奔向和上帝国目标一致的人。自然，在不同的环境里，这将采取不同的具体形式。但是，在每一种环境里，基督徒们必须做的是，不是为了某个特殊的意识形态或党派的胜利和失败而工作，而是为了和平与和解的目标而工作。

无论如何，在这整个讨论里需要记住的最重要的事情是，基督教神学并不同马克思主义或同任何其他的意识形态竞争。基督教神学的言论基础是上帝的话语，上帝的话语不能被包含在任何意识形态里，但上帝的话语是作为对人类的每一种作为和人类的每一种形态的评判和恩典而到来的。

在简·M.洛克曼（Jan M. Lochman）的作品里巴思和赫罗马德卡的

神学甚至更加接近。洛克曼早先是赫罗马德卡的门徒,他教授神学,最初是在布拉格的科米尼厄斯神学院——赫罗马德卡也在那里教书——然后是在巴塞尔大学——巴思在那里度过了他的大部分教学生涯。和赫罗马德卡一样,洛克曼继续探索基督教和马克思主义之间的冲突。和巴思一样,他设法提出一种建立在上帝的话语上的系统神学,虽然他比巴思更多地注意世俗化所提出的挑战和机会。[29]

目前在活动中的最有影响的德国神学家,大概是朱尔根·莫尔特曼(Jürgen Moltmann),他自从 1958 年以来一直教授神学,目前在图宾根执教。不但通过他的书籍,而且通过经常的访问和讲课,他在美国很有影响。他也同拉丁美洲的解放神学家们进行活跃的对话。第二次世界大战
453 期间,他被英国人俘虏,而且正是作为战俘,开始了他的神学研究。后来,他受到了上面所说的大多数主要人物——尤其是巴思——的影响。但正是阅读马克思主义哲学家厄思斯·布洛克(Ernst Bloch)的作品,使他走上了新的神学方向。关于布洛克,他说:

> 我很清楚地记得,拿着他的书《希望的原理》(*Das Prinzip Hoffnung*),在特辛度过了整个假期,[30]而没有留意瑞士群山的美景。我自问:"为什么基督教神学避开了这个主题,而这个主题实际上应当是它自身的主题?原始基督教的希望的精神在当前的基督教里的地位是什么呢?"于是,我开始撰写我的《希望神学》。[31]

---

[29] Jan M. Lochman, *The Church in a Marxist Society: A Czechoslovak View* (New York: Harper and Row, 1970); *Encountering Marx: Bonds and Barriers between Christians and Marxists* (Philadelphia: Fortress, 1977); *The Faith We Confess: An Ecumenical Dogmatics* (Philadelphia: Fortress, 1984).

[30] 3 vols. (Cambridge: M. I. T. Press, 1982).

[31] In T. Cabestrero, *Conversations with Contemporary Theologians* (Maryknoll, N. Y.: Orbis, 1980), p. 123.

在1965年第一次出版的这部巨著,设法为基督教信仰恢复末世论的中心地位,与此同时也设法表明,末世论不只是“有关种种最后的事情的教义”。恰恰相反,末世论既包括教会所希望的事情,也包括教会赖以生活的希望本身。因此,“从头到尾,而且不仅仅是在结尾部分里,基督教是末世论,是希望”。[32] 而且,在说明了这种希望怎样和耶稣基督的复活联系起来,以及这种希望对启示和历史之间的关系来说意味着什么之后,莫尔特曼总结说:

> 作为这种对上帝未来的希望的结果,这个当今世界在信徒的眼里变得摆脱了一切通过劳动来自我救赎或自我生产的尝试,而且这个当今的世界变得开放了,敞开为了使种种状况变得仁慈博爱和为了从上帝的即将到来的正义的角度来实现正义而进行爱怜他人的、照顾他人的自我消耗。然而,这意味着,对复活的希望必然带来一种对世界的新的理解。这个世界不像理想主义里所说的那样,不是自我发挥才能的天堂。这个世界不像是浪漫主义和存在主义著述所说的那样,不是自我疏远的地狱。世界尚未终结,而是被理解正在撰写
> 一部历史。因此,世界是充满了种种可能性的世界,在这个世界里我 454
> 们能够为未来、被应许的真理和正义与和平而服务。这是一个人们散居各地、播种希望、自我投降和牺牲的时代,因为这个时代处在一个新的未来的地平线上。这样,世界里的自我消耗,希望里的日常的爱,在超越这个世界的期望的地平线上,变成可能的和变成凡人皆有的。[33]

---

[32] *Theology of Hope: On the Grounds and Implications of Christian Eschatology* (New York: Harper and Row, 1967), p. 16.

[33] 同上,p. 338。

由于基督教末世论的核心是对上帝的国的希望和应许,因此末世论的信仰必然是政治的。谈论一种无政治意义的福音是蠢事和自相矛盾的说法。与所有其他的宗教形成对照,基督教"从一开始就是政治的"。基督教信仰是政治的,因为基督由于政治的原因而被钉在十字架上,作为叛徒而被钉在十字架上。想起基督的这种政治的死亡,就迫使信仰去追随基督的救世主的工作,即也是在政治的意义上解放人类。[34]

这样,莫尔特曼提出的东西是,一种对基督教信仰的理解,这种理解发现上帝处在历史里——具体地说,处在历史的那些带有十字架的痕迹的方面里,即,处在那些被剥夺的人、被压迫的人和被折磨的人里。这种理解也是这样一种信仰,这种信仰号召我们在十字架那里加入基督。然而,这不是敬虔主义的神秘的十字架,也不是宗教感情的神秘的十字架,而是一部上帝在其中蒙难的历史的十字架。这是莫尔特曼的另一本最有影响的书的书名《被钉十架的上帝》(*The Crucified God*)[35],书中强调的和他早期的作品多少有些不同,虽然神学的方向是一样的。他坦白说,当他撰写《希望神学》时,他对立即的政治变革的可能性过分热心了。第二次梵蒂冈宗教会议正在给天主教教会开辟新的背景。世界教会联合会以及构成该联合会的一部分的大多数教派,对于用桥梁来连接许多使人类分裂的鸿沟的未来的可能性是乐观的。在铁幕后面,在捷克斯洛伐克,看来马克思主义的社会主义开始呈现出比较近乎人情的面貌。然而,接着回复原状开始了,而且在所有这些领域里,近距离的希望不像早先那样指日可待了。因此,莫尔特曼这时写了第二本书,不但把基督教的希望和复活联系起来,而且和钉在十字架上联系起来。然而,这两者是属于一件事
455 情,而且人们不应当过分强调它们之间的差别。正像莫尔特曼本人说的那样,"只有当你接受往昔,连同包裹在往昔里面的一切罪过,连同往昔所

[34] In Cabestrero, *Conversations*, p. 135.

[35] New York: Harper and Row, 1974.

包括的一切折磨人的经验时,才能有对新的未来的希望。这就是为什么我认为,《被钉十架的上帝》比《希望神学》有更多的希望。破坏的种种迹象成倍增加,而且我们的希望必须不再是幼稚地乐观的。"[36]

美国的新教神学

当人们观察美国的神学进程,尤其是各教会的实际生活的时候,人们会对美国同20世纪许多急剧变化隔绝的程度感到惊奇。虽然科技的变革在任何地方都不像在美国那样显著和有影响,但20世纪巨大的政治、经济和社会的动荡,没有在美国生活和思想的层面上激起浪花。因此,比方说,虽然美国是两次世界大战的交战国,但在这两个情况下的直接后果是胜利感和欢欣感,一种和欧洲的情绪——甚至那些可以算做"战胜国"的欧洲国家的情绪——截然不同的乐观主义。还有,殖民主义崩溃的冲击在美国也要微妙得多,美国在第三世界大部分地区的帝国是经济的,而不是明显属于政治性的。

由于这些原因,巴思及其教派在美国不像在欧洲那样甚至不像在第三世界的神学家和教会领导人中间那样有直接影响。只是在有了大萧条(指1929年到三十年代美国及其他国家的经济大萧条——译者)的令人清醒的效果的情况下,巴特——他的《上帝的话语和人的话语》(*The Word of God and the Word of Man*)[37]最近被翻译出来——才使自己在较大的美国教会圈子里被认识。除了巴思和布伦纳——他在美国比巴思有更多的读者——的作品的直接翻译之外,这种新的神学在莱因霍尔德·尼布尔(Reinhold Niebuhr, 1892~1971年)和H.理查德·尼布尔(H. Richard Niebuhr, 1894~1962年)兄弟两人的作品里表现出来。

莱因霍尔德·尼布尔是底特律的一个牧师,他在那里的经历和巴思

---

[36] In Cabestrero, *Conversations*, p. 124.

[37] New York: Harper, 1928.

456 在萨芬威尔的经历相似。面对着劳动阶级的苦难，面对着机器以及社会和经济结构的使他们失去人性，他转向了马克思主义对资本主义的批判。虽然他没有变成马克思主义者，但他深信，马克思关于资本主义的内在作用的大部分话是真实的，而且基督徒们必须拒绝那种把自由民主的资本主义和公正的经济制度等同起来的简易做法。他也变得深信，社会以这样一些方式起作用，这些方式同社会的个体成员们的原则和行动形成对照。这就是他的书《道德的人和不道德的社会》（*Moral Man and Immoral Society*）[38] 的论题，他后来开玩笑地说，这本书应当叫做"不道德的人和更加不道德的社会"。他说这话指的是，他发现了人的罪的一些深度，以及人的罪怎样不但在个人里面起作用，而且也以混合的方式在社会里面起作用。后来，在《人的本性和命运》（*The Nature and Destiny of Man*）[39] 里，他发展了这个主题，而且正是通过这本非常有影响的书，整整一代美国神学学者终于理解了罪的深度和恩典的意义。

与此同时，他的兄弟 H. 理查德·尼布尔一直在从事美国宗教生活的社会学的和神学的分析。在《宗派主义的社会根源》（*The Social Sources of Denominationalism*）里，他指责各教会向阶级和自我保存的诸神投降。

> 由于阶级的和自我保存的教会的伦理学凌驾于福音的伦理学之上，才造成了西方基督教大部分的道德无效。不但是因为或者主要是因为宗派主义分化了和分散了基督教世界的精力，而且更因为宗派主义突出地表明，社会等级的伦理学击败四海皆兄弟的基督教伦理学，是基督教道德弱点的根源。个人伦理的有效性，取决于他的性格的结合到他最崇高的精神所支配的体系里面去，取决于他的价值

---

[38] New York: Scribner's, 1932.

[39] 第一次出版分成两卷本（New York: Scribner's, 1941, 1943），后来以一卷本出版（New York: Scribner's, 1949）。

观念和愿望的综合到他的最崇高的精神所支配的体系里面去；群体伦理的有效性也同样取决于一种士气对这群人的控制，在这种士气里一切从属的目的都围绕着一个主导的理想而被组织起来。而各教会是无效力的，因为它们缺少这样一种共同的士气。[40]

尼布尔争辩说，宗派主义里所发生的事情是，基督教放弃了它的领导 457
作用，而且听任自己被“国家的和经济生活的社会力量”所铸造。当这种情况发生的时候教会就不能给世人什么希望，因为教会失去了它先知的特性。[41] 他在 1937 年在常常被引用的对温和神学的总结里重复了这种指责，按照他的说法，温和神学抓住了大部分国民：“一个没有愤怒的上帝通过一个没有十字架的基督的帮助把没有罪的人们带进了一个没有审判的王国。”[42]

从这个时候起，H. 理查德·尼布尔作为基督教伦理学教授而度过了余生，致力于摧毁文化的和社会的这样一些偶像，这些偶像妨碍基督徒和教会在上帝面前成为充分负责的。这就是他的比较成熟的作品《激进的一神论和西方的文化》(*Radical Monotheism and Western Culture*)[43] 的主题，在其中他探索了在上帝的统治权之下基于一切人的和文化的权威的相对性的伦理学意义。

由于纳粹主义正在德国取得进展，莱因霍尔德·尼布尔帮助保罗·蒂利希(Paul Tillich，1886～1965 年)前往美国并谋得协和神学院的教学职位，蒂利希在那里度过了大半生。蒂利希曾经招来了纳粹政权的敌意，而且不得不离开德国。很可能，尼布尔希望，他在协和神学院的新同事——这个新同事由于他在德国的社会主义立场而著称——将向他对美

---

[40] 1959 年再版(New York：Meridian)，pp. 21～22。

[41] 1959 年再版(New York：Meridian)，p. 275。

[42] *The Kingdom of God in America* (New York：Harper and Brothers，1937)，p. 193.

[43] New York：Harper and Row，1960.

国经济和社会结构的批判提供额外的支持。然而，情况并不是这样，因为蒂利希始终认为自己是“文化神学家”。作为这样的人，他对现代心理学非常感兴趣，也对存在主义和东方宗教感兴趣，而且不久之后这些成分就遮掩他对经济学和社会制度的兴趣。

和巴思形成对比，蒂利希感到，神学的任务首先是护教的任务，而且为了要这样做，神学必须立足于哲学。这就是为什么他赞成“关联的方法”，这种方法基本上在于分析人类生活所提出的关于存在的问题以及从福音的角度来答复这些问题。

> 系统神学使用关联的方法。系统神学始终是这样做的，有时比较自觉，有时比较不自觉，而且必须自觉地和坦率地这样做，尤其是
> 458 如果护教的观点要取胜的话。关联法通过互相依赖里的关于存在的问题和神学的答案而解释了基督教信仰的内容。㊹

当我们分析人的存在的时候，我们发现，人的存在是不完整的，在我们试图谋求安全的一切仓促的做法之外，在我们试图肯定我们自己的存在的一切仓促的做法之外，有一种“终极关怀”（ultimate concern）。无论现代的人们怎样设法掩盖这种终极关怀，或者设法逃离这种终极关怀，但终极关怀总是在那里，因为我们的存在不能立足于其本身，而是立足于“一切存在的基础”（ground of all being）。这个基础不是别的而是上帝。上帝不是一个存在物。上帝不像存在物那样存在着。上帝是一切存在物和一切实在的基础。

在我们的不完整之中，在我们寻找方向之中，我们可能会坚持我们自己的足够性。这就是蒂利希称为“自律”（autonomy）的东西，而这种东西是浅薄的和自我欺骗的，因为我们不是而且不能成为我们自己存在的基

㊹ *Systematic Theology*, vol. 1 (Chicago: University of Chicago Press, 1951), p. 60.

础。选择“他律”(heteronomy),把我们的存在立足在另一个人上,把我们的生活立足在另一个人的权威上,确实肯定了我们的不完整,但是又试图把我们的存在建立在一个虚假的立足之地上,从而产生了不真实的生活。唯一的选择是“神律”(theonomy),神律把我们的存在建立在它的恰当的基础上,从而使我们能够恰当地——不是“自律地”或“他律地”——和其他的人联系起来。

在这种背景里,基督教的信息是“新的存在”(New Being)的信息。这就是,“存在条件下的本质的存在,克服了本质和存在之间的鸿沟”。[45]这个“新的存在”是耶稣基督,他在他的整个存在里体现了这个新的存在。“新时期的带来者不会最终向旧时期的势力屈服”,正是从这个必然的事情出发,才产生了对复活的信仰。[46]“正是一个人自己战胜存在主义的疏远的死亡的必然性,创造了基督的复活作为事件和象征的必然性。”[47]这样,我们在这里有一种奇怪的颠倒,在其中耶稣的复活不是他的生命的象征,而是对他和对我们自己的胜利的信仰是他的复活的保证。

蒂利希在世时,他的神学是非常有影响的,尤其是在美国。然而,近 459
年来,这种影响衰落到这样的程度,以致当一个英国批评家宣称“他的高度有个性的作品已经有了奇怪的过时的性质”的时候,似乎是有道理的。[48]

虽然这种评价可能是真实的,但同样真实的是,还没有可以取代它的地位的相当的体系出现在美国神学的地平线上。诚然,最近二十年的美国神学可以很容易地描写成“支离破碎的光谱”(shattered spectrum)。[49]

---

[45] *Systematic Theology*, vol. 3 (Chicago: University of Chicago Press, 1951), pp. 118~119.

[46] 同上,p. 154。

[47] 同上,p. 153。

[48] Heron, *A Century*, p. 143.

[49] 这是一著作的书名,见 L. D. Kliever, *The Shattered Spectrum: A Survey of Contemporary Theology* (Atlanta: John Knox, 1981)。虽然 Kliever 的评述也包括了欧洲和拉丁美洲的神学,但他的书名看起来特别适用于最近几十年里的北美神学。

曾经有人追随查理·哈茨霍恩(Charles Hartshorne)的早期的榜样,试图在经过特殊加工的哲学的基础上提出一种神学。这就是约翰·B.科布(John B. Cobb)的工作,他争辩说,在这个基础上有可能搞出一种新形式的自然神学,而且这种自然神学是必要的,如果信仰要同当代生活积极联系起来的话。有几个神学家着手处理世俗化和世俗化的积极的保值作用的问题,并且从不同的方向继续探讨这个问题。黑人神学和女权运动神学正在对教会的整个生活作出显著的贡献——然而,这些神学如果和第三世界正在出现的神学放在一起讨论,那么,就可以最好地加以理解。

最后,必须注意,近年来美国最重要的神学发展,大概是甚至在福音派中间也存在的在一种新的福音派神学和另一种神学之间的日益扩大的鸿沟,这种新的福音派神学是坚定地反对共产主义的——有时达到接近于法西斯主义的程度——而且这种新的福音派神学把教会的主要任务看成是加强美国在世界各国中间的地位,而另一种神学响应巴门宣言,并且深受世界范围的福音社团的影响,则肯定基督对一切生活的绝对权威,并且设法把美国的生活和政策放在主耶稣的裁判之下。这后一种形式的福音派神学,深深地意识到世界上社会和经济的非正义,并且深深地意识到美国在这些非正义里的共犯关系,代表这后一种形式的福音派神学的是,"福音派信徒们采取社会行动"的运动,这个运动的基本观点在1973年的"芝加哥宣言"(Chicago Declaration)里清楚地表达出来。[50]

天主教神学的新方向

460 当我们在第十四章里最后讨论罗马天主教神学的时候,我们看到,在19世纪,面对着现代世界的各种各样的挑战,罗马天主教神学的总的趋向是保守的修筑防御工事的趋向——只有利奥十三的教皇通谕 *Rerum*

---

[50] R. J. Sider, ed., *The Chicago Declaration* (Carol Stream, Ill.: Creation House, 1974).

novarum 和受到教会当局谴责的“现代主义”是有限的例外。在20世纪前半叶，罗马教廷采取了类似的政策，虽然现在可以看出，即使在那时种种倾向也是致力于第二次梵蒂冈宗教会议的较大的开放性。

像以前一样，教皇们的神学保守主义可以从他们对现代世界作出反应的方式看出来。1903～1958年之间四个教皇中的三个用了庇护这个名字，从而表明他们想要仿效庇护九世的种种政策，他们是庇护十世(1903～1914年)，庇护十一世(1922～1939年)和庇护十二世(1939～1958年)。第四个教皇本尼狄克十五世(Benedict XV，1914～1922年)，曾经由庇护十世任命为大主教，他显然是要着手继续他的前任的种种政策。在这个世纪的早期，罗马教廷主要关心的事情之一是世俗的权力控制罗马城，教皇们对失去罗马城耿耿于怀。最后，在1929年，同墨索里尼达成了一项协议。能够解决这件事情的是墨索里尼，这个事实是重要的，因为当时的教皇庇护十一世支持早期的法西斯主义。

在比较严格意义的神学问题上，这些教皇的保守主义可以从他们设法压制正在天主教教会里出现的新思潮的那种做法里看出来。德日进(Pierre Teilhard de Chardin)大概是20世纪最有创造性的天主教思想家，但他被命令不得出版他的著述。他的作品在他于1955年去世后问世，并且被世界各地的知识分子圈子热情接受。但是在1962年，当耶稣会神学家亨利·德·吕巴克(Henri de Lubac)出版第一卷对德日进的研究时，他被禁止出版第二卷，也不得让人把已经用法文出版的第一卷翻译成其他语言。另一个主要的天主教神学家伊夫斯·康加(Yves Congar)也受到罗马的压制。

另一方面，有种种迹象预示着天主教神学的新时代。一个这样的迹 461
象恰恰是，德日进、吕巴克、康加以及他们周围的其他许多人，正是开辟教会统治集团认为太危险而不得探索的神学道路。第二个迹象是罗马天主教教会正在变成真正的普世性的宗教教派的程度。20世纪前半叶保守的教皇们不管怎样还是认识到了第三世界越来越大的重要性。庇护十一世任命了第一批中国本国主教。庇护十二世仿效他而设法把各教会置于当地主教的领导之下。他也意识到,殖民主义时代已经过去,而在将来,必须同世界各地的独立国家打交道,而不是像以前那样只同拥有殖民地的列强打交道。因此,他强化了民族教会,并且在不放弃自己最高权力的同时,在处理它们自己的问题方面给了它们一点自治权。最后,新时代的第三个迹象是礼拜仪式改革运动,这种运动又一次在非常严格的限制下受到教皇们的鼓励。虽然感觉到的这种改革需要,大都是来自内部的神学考虑,但这种需要有一部分确实反映出这样一种意识,即教会必须注意到现代世界。这些进行变革的应许将在第二次梵蒂冈宗教会议上实现。

20 世纪的早期受到了雅克·马里坦(Jaques Maritain, 1882 ~ 1973 年)和埃廷恩·吉尔森(Etienne Gilson, 1884 ~ 1978 年)这样的哲学神学家的新托马斯主义的支配,他们批评说,早期形式的托马斯主义从“本质先于存在的”角度而不是从“存在主义的”角度解释托马斯。托马斯所假定的存在先于本质,被这新一代的托马斯者看成是提供了同存在主义对话的机会。

然而,到了 20 世纪 30 年代,出现了神学的不平静和更新的其他迹象。那时正在新教徒中间迅速发展的历史的和考证的科学,在天主教神学家中间也找到了位置。1942 年,人们作出新的努力来出版早期的基督教著述。在亨利·德·吕巴克和琼·丹尼诺(Jean Daniélou)的指导之下,《基督教来源》(*Sources chrétiennes*)这套丛书不久之后就超出了一百
462 卷。科学和神学的种种问题由若干神学家着手处理,其中的第一位是耶稣会神学家德日进,他论述人种起源和进化概念的文章,在他的古生物学领域的同事们中间受到广泛推崇。[51] 1933 年,伊夫斯·康加发表了他的

[51] 他于 1916 年开始的一些文章里,在 *Annales de paléontologie* 与 *Revue de philosophie*, 以及其他的定期刊物里发表。

论述平信徒神学的第一部主要作品。[52]

到了 1946 年,这种"新神学"变成了争论的主题。多米尼克会神学家 M. M. 拉布德特(M. M. Labourdette)指责说,《基督教来源》的编辑者们选来出版的那些文本,似乎是要使经院神学的有效性受到怀疑,或者是要和现代思想的种种组成部分一致。R. 加里古 - 拉格兰奇(R. Garrigou-Lagrange)指责说,"新神学"向来自现代世界的有关进步和进化的思想投降。有一个时期,这个问题作为耶稣会会士们和比较保守的多米尼克会会士们之间的辩论而出现。其结果是对许多"新神学家"的压制,还有 1950 年发出的教皇通谕 *Humani generis* 的颁布,这个教皇通谕重申了早先对现代主义的谴责,并且警告说不要在神学里标新立异。1950 年教皇庇护十二世颁布有关圣母马利亚升天的教义,这个教义进一步增加了天主教徒和新教徒之间的距离。

在这个时期被压制的神学家们中间,最有创造性的和最有创见的神学家是德日进。他的神学在广义上是护教的,因为他试图向科学世界表明基督教的有效性。但是,他的神学超出了传统的辩护,因为他的神学也寻求对基督教的新的理解,并且感到,现代的科学可以对这种理解作出重要贡献。德日进宣称,现代思想的基础是有关进化的原理,而且他全心全意地同意这个原理。然而,他不同意达尔文对这个原理的理解,达尔文的理解把这个原理看成是在"适者生存"的基础上起作用。与此相反,德日进提出,宇宙的进化是由"复杂化——意识的规律"(law of complexity - consciousness)指引的。一切现实事物都朝着更大的复杂性进化,较大的复杂性和较高程度的意识是同样的。物质和意识不是像笛卡儿说的那样,不是两种不同的"东西"。与此相反,在"宇宙的要素"(stuff of the universe)里,甚至在它的最细微的粒子里,也有一种向意识召唤的力量。在这种规律的基础上,原来的"地理领域"(geosphere)进化成了"生物领域"

---

[52] *Jalons pour une théologie du laicat* (Paris: Editions du Cerf, 1953).

463 (biosphere),在其中生命出现了和发展了,而这反过来促成了“思维领域”(noosphere)的产生,即智力生活的领域。

这整个过程并不是直线发展的。有种种摸索,在其中各种各样的实体沿着一些将不再延伸的道路进化,因为这些道路是死胡同。但是,这类摸索终于产生了一个较高的实体,而这反过来又产生了新的摸索。这就是为什么当分开来看的时候,这个过程似乎是无意义的,而当总的来看的时候,人们可以看出这个过程的移动。

这种移动的目的地是“最后终点”(omega point),这个最后终点不是别的而是耶稣基督。耶稣是“未来的人”(*homo futurus*),即进化的目的地本身,因为目的是同上帝交流的目的,而且在耶稣里这种交流达到其最高点。依照耶稣的形象,在这个最高点上,既有同上帝的完善的联合,又有完善的自我验明身分。这样,从一个观点来看,进化的过程是“宇宙产生经过”(cosmogenesis)——物质进化成一个宇宙,并且朝着上帝进化——但就另一个意思来说,进化的过程是“基督产生经过”(Christogenesis)——上帝来到物质那里,道成肉身。

这个过程也可以在历史里看出来。有可能把人类的兴起和人类的种种文明当做朝着“未来的人”的摸索中的进化来加以研究。在这种摸索中,地中海文明世界和西方文明世界被带到这样一个点 ,在那里耶稣能够在这些文明世界里出现和工作。但是,现在我们处在“行星化”(planetization)的时代,朝着这样一个新的文明世界摸索,这个文明世界将是进化过程的新阶段。教会作为基督的团体,作为基督的头脑所统治的社团,被号召来在这个过程中起中心的作用。

德日进的著述在他在世的时候受到压制,而且在他去世后的头几年里他受到教会当局的斜眼看待,这个事实推迟了他的影响,因此就一个奇怪的意思来说,他变成了在他去世十年之后开始发现他的许多哲学家和神学家的同时代人和指路人。这种影响可以从各种各样的当代神学里看出来,这些神学拒绝早期形式的善恶二元论,也可以从那些坚持“这个目的”正是神学的最好出发点的人那里看出来。（英语中“目的”（end）也是“终点”的意思——译者。）

虽然德日进的高瞻远瞩在这些问题和其他问题上影响了当代神学，但20世纪天主教神学的伟大教师和使系统化者是卡尔·拉纳（Karl Rah- 464
ner，1904～1984年）。拉纳早先是海德格尔的学生，他保留了存在主义的一些着重点，但他超出了存在主义侧重于“瞬间”（moment）和“遭遇”（encounter）的偏见，他认为这种偏见是对人类存在的看法的过分化大为小。他是极其正统的，与此同时他坚持每一代人都需要重新理解隐藏在正统化的公式后面的真理。这样，他就能够把无可指摘的正统信体和令人震惊的创造性结合在一起。神学的传统主题他几乎都检查了、讨论了、重新解释了和重新使之有活力。他的卷帙浩繁的著述以及他编辑的许多百科作品和期刊，[53]论述了基督教教义的每一个标题，也论述了若干常常被现代神学家忽略了的主题。贯穿着他的著述的一个明显的基调是“神秘”。神秘使神学家在神学的题材面前战战兢兢。但是，神秘决不是使人在脑力方面懒惰和在信仰方面抱着蒙昧主义的借口，而是使人去振奋和去思考的一种召唤。这样，他在他的一本书的开场白里写道：

> 信仰的旧的神学总是知道，对粗鲁的人或未受教育的人来说，通过对可信性的一切智力依据进行适当思考而走向信仰，是不可能的，而且是不必要的。
>
> 所以我愿意系统地提出，在今天的情况下，我们大家虽进行很多神学研究，但在某种意义上，我们不可避免地是而且继续是粗鲁的人，而且我们应当坦率地和勇敢地向我们自己承认这一点，也向世人

[53] 包括第二版的 *Lexikon für Theologie und Kirche*，而且和 E. Schillebeeckx 一起，还包括了非常有影响的杂志 *Concilium*，他的短文集被译成英文：*Theological Investigations*（New York：Crossroad，1961～1983）。

承认这一点。[54]

由于拉纳的作品太庞大,不能在这里总结,所以最好是集中在两个具有特殊意义的话题上。第一个是拉纳的基督论,以及来自基督论的对人论和对恩典的理解。在同意卡尔西顿公会议(于451年召开,是基督教分裂前的第四次也是最后一次会议——译者)的定义的同时,拉纳感到,人们过于频繁地以基督一性论的方式或者几乎以基督幻影说的方式解释基督论,仿佛基督成为肉身或多或少地减少了或缩减了耶稣真正的人性。
465 与此相反,他在《新约圣经》里找到了真正有人性的耶稣的见证。这对拉纳来说是重要的,因为基督教的人论必须建立在我们在耶稣里看到的真正的和充分的人性是什么上面。基督成为肉身不仅仅是上帝对人类的罪作出的反应,而是创造天地的目标本身,是人类的存在的原因本身。这种存在是可能的,只是因为上帝愿意是通人情的。然而,这并不意味着,我们应当把自己说成或当成是微不足道的,因为——由于基督成为肉身——这将是过低地谈论和想象上帝。这确实意味着,我们的存在本身是恩典的一个作为。没有恩典的"自然"人之类的东西是没有的。因此,虽然不得搞混教会及其圣礼作为恩典手段的作用,但同样真实的是,每一个良好的人类的行动,不管是在什么地方完成的或由什么人作出的,都是恩典的一个作为。

拉纳神学里的另一个非常有意义的主题是,他对教会普世性的理解。他周围的大多数神学家从一致性的角度来理解这种普世性,而拉纳则从世界各地各种各样的情况里道成肉身的角度来理解这种普世性。他也深深地意识到一些比较年轻的国家的兴起,并且意识到它们坚持它们自己的文化和传统的价值。这样,在其他的人把使用拉丁语看成是普世性的

---

[54] *Foundations of Christian Faith: An Introduction to the Idea of Christianity* (New York: Seabury, 1978), p. 9.

一个标志的时候，拉纳则欢迎人们使用本国语言作为这样一种形式的普世性的一个标志，这种形式的普世性表现为教会真正存在于——即，道成肉身地存在于——世界的每一个部分里。还有，也是关于普世性这个主题，在其他人坚持把教皇的权力和集中的权威当做是这种普世性的保证的时候，拉纳则提出有关所有主教的同事关系（collegiality）的主题，这种同事关系不是作为对教皇权威的一种限制，而是作为教会的普世性的另一个标志。正像众所周知的那样，这两个主题都被第二次梵蒂冈宗教会议采纳和支持，并且在世界各地的天主教徒生活中有重要的影响。

这样，在教会的统治集团仍然设法压制人们以积极的方式把基督教和现代世界联系起来的几乎每一种努力的时候，整个神学观点正在发展，最后将成为20世纪天主教生活中最重要的事件——第二次梵蒂冈宗教会议——的推动力。

当1958年教皇约翰二十三世被选出来的时候，人们希望，枢机主教秘密会议选择的这个老人将只是一个“过渡的教皇”，对教会生活没有什 466
么影响。但是，正像教皇约翰明显地表现出来的那样，他有别的想法，在他当选后不到三个月，他宣布了召开教会全体宗教会议的计划。罗马教廷和教会保守分子不久便提出反对意见；但是，教皇的权威占了上风，第二次梵蒂冈宗教会议终于在1962年10月11日开始。

从一开始，很清楚，关键的事情是，天主教教会至少在本世纪其余时间将要采取的整个方向，尤其是在有关它同现代世界关系的事务方面。准备种种文件供该宗教会议考虑的神学委员会，是由保守分子控制的。在该宗教会议召开前一年的一次讲话里，神学委员会的秘书宣称，与会者的目的将是保护信仰的积累，免受现代谬误的威胁，并且加强教会队伍内部的纪律，以此对“权威的危机”作出反应。

然而，教皇对该宗教会议的目标的理解是不同的。他早先曾经谈到需要现代化（*aggiornamento*）。1962年10月11日，向与会者宣读的开幕词里，他敦促那些出席的人寻求两个目标：使启示的积累适应当代的需要，而又继续忠实于传统，并且把“怜悯的药物”而不是把权威之武器施加在那些不是教会的忠实儿女的人身上。[55]

该宗教会议的人员组成情况是这样的，以致与会者热情地接受了教皇的邀请，而不怎么热情地接受了筹备委员会提交给与会者的陈旧的文件。多亏早先几个教皇致力于使教会国际化，出席该宗教会议的主教大多数是从第三世界来的。还有，若干欧洲的主教感到，“新的神学”有许多东西可以贡献给教会的生活。结果，应邀到该宗教会议来的神学专家包括有拉纳、康加和德·吕巴克。因此，该宗教会议的早期会议的特点是
467 以筹备委员会和罗马教廷为一方和以该宗教会议本身为另一方之间的经常斗争。在与会者的一再坚持之下，新的文件草拟出来了，其结果是给天主教神学带来了新的一天。

该宗教会议发出了有关礼拜仪式改革的重要文件（包括授权使用本国语言举行弥撒，并且鼓励来自世界各个部分的主教的协商会议按照每种文化的需要修改礼拜仪式），有关宗教自由和宽容的重要文件（在其中该宗教会议完全撤销了庇护九世的《谬误摘要》），有关普世主义、东方教会、宗教团体、非基督教宗教的重要文件，还有有关其他问题的重要文件。然而，最清楚的地表达了教会新的精神状态的文件是“主教的有关现代世界的教会的章程”，也根据该章程的每个字的开头字母而被称为 *Gaudium et spes*。这个文件甚至不在筹备委员会最初提交的种种问题中间，但论述了最近几代里发生的变化，并且看到了这些变化中有许多是基督徒们应当支持的，这一点可以从文件开头几行和最后几段之一里看出来：

我们时代的人们——尤其是那些在任何方面贫穷或遭难的

[55] J. Comblin 在他的文章里比较了这两个发言，见“La teología católica desde el final del pontificado de Pío XII” in H. Vorgrimler and R. van der Gucht, *La teología en el siglo XX*, vol. 2 (Madrid: BAC, 1973), p. 61。

> 人——的欢乐和希望,悲伤和苦恼,也是基督的追随者们的欢乐和希望,悲伤和苦恼。任何真正有人性的都不会不在他们的心灵里找到回声……这就是为什么基督徒们怀有一种同人类及其历史休戚相关的感情。[56]
>
> 大批的人尖锐地意识到,他们由于非正义的和不公平的分配而被剥夺了世界上的物品,并且强烈要求得到这些物品中他们应得的一份。像最近独立的国家那样的发展中国家,急于要分享现代文明的政治的和经济的好处,并且急于要在世界上自由地扮演它们的角色,但是,它们由于在经济上依赖迅速扩张的较富有的国家和由于它们之间的日益扩大的鸿沟而受到阻碍。各饥饿的国家向它们的富裕的邻国大声疾呼:在妇女尚未得到平等的地方,妇女要求不但在权利上和男人平等,而且在事实上和男人平等;农民和工人不仅仅坚持要有生活的必需品,而且坚持在组织经济的、社会的、政治的和文化的生活方面要有机会通过他们的劳动来发挥他们个人的才能和起到他 468
> 们应有的作用。现在在历史上第一次,人们敢于设想,文化的好处是为了所有人的,而且每一个人都应当能够得到。[57]

这些话标志着 20 世纪下半叶天主教大部分神学的精神状态。第二次梵蒂冈会议的精神并不总是占上风,而且一再出现这样的事例,即教皇权威设法抑制那些违背教皇的意愿而把这种新的开放性的结果推演到更远的地方的人。当该宗教会议仍在开会的时候,保罗六世认为,甚至在与会者批准了有关普世基督教主义的教令后,把他自己的谨慎的插话添加到该教会会议上面是恰当的。最近,在约翰·保罗二世统治期间,对欧洲、拉丁美洲和美国的神学家们采取了纪律措施。但是,该宗教会议在使

[56] A. P. Flannery, ed., *Documents of Vatican II* (Grand Rapids: Eerdmans, 1975), pp. 903～904.

[57] 同上,p. 909。

教会面向现代世界方面——尤其是在使教会面向第三世界的各种各样的问题方面——的种种行动,在整个天主教教会上留下了痕迹,并且使天主教神学有了新的新鲜性和多样性以及新的从事普世教会运动的开放性。

第三世界的神学

神学里的这种新的精神状态或许可以在这样一点上最清楚地看出来,这一点是第三世界神学的发展。这里所指的神学——天主教神学和新教神学,以及常常是广泛的普世基督教神学——是由这样一些人创立,这些人由于他们传统上的无权,通常不是处在神学对话的最前方。因此,这包括了来自第三世界国家的神学以及"发达"世界里表达妇女们和被压迫少数民族们的经历、抱负和观点的神学。

这类神学早些时候在美国的"黑人民权运动"中——尤其是在马丁·路德·金(Martin Luther King, Jr.)的布道和著述中——部分地表现出来。虽然金作为演说家和领导人的天才以及勇气,常常被人们着重指
469 出,但他也应当被看成是重要的神学家。[58] 他在波士顿大学得到他的博士学位,他熟悉白人新教神学的最新进展,并且常常利用这些进展。但是,他自己的神学深深地扎根在黑人教会的传统里,这种传统强调《出埃及记》和抱着激进的末世论的希望。这样,后来被称为"黑人神学"的,大都可以在金的著述里找到。[59]

在大约同一个时期,部分是作为第二次世界大战的结果,女权运动正在得到新的动力。最初是在北大西洋,最后是在世界各地,妇女们坚持她

---

[58] 见 J. J. Ansbro, *Martin Luther King, Jr.: The Making of a Mind* (Maryknoll, N. Y.: Orbis, 1982); E. Smith, *The Ethics of Martin Luther King, Jr.* (New York: E. Mellen, 1981)。

[59] 关于黑人神学,见 James H. Cone, *A Black Theology of Liberation* (Philadelphia: J. B. Lippincott, 1970); *God of the Oppressed* (New York: Seabury, 1975); *For My People: Black Theology and the Black Church* (Maryknoll, N. Y.: Orbis, 1984); J. Deotis Roberts, *Black Theology Today: Liberation and Contextualization* (New York: E. Mellen, 1983)。

们有权在人类的事业上被看成是平等的伙伴和参加者。在神学领域里，有一些人得出结论说，基督教是如此偏向男人，以致必须加以拒绝，[60]而其他的人则朝着比较全面地理解基督教信仰作出重要贡献。[61]

最后，在通常被称为“第三世界”的各国里，新的神学也正在发展。在不同的地区，神学采取了不同的方向。在亚洲，社会正义永远是一个问题，而中心主题则是基督教同每个国家的文化传统的关系。[62] 在非洲，问题是类似的，[63] 而在南非共和国，神学是围绕着种族隔离这个主题以及黑人和“有色人种”对种族隔离的反应而发展的。[64] 在拉丁美洲，压倒一切的问题是社会的和经济的正义，通常是利用马克思主义的分析来理解当

---

[60] Mary Daly, *Beyond God the Father: Toward a Theology of Women's Liberation* (Boston: Beacon Press, 1973).

[61] 例如，见 Letty M. Russell, *Human Liberation in a Feminist Perspective: A Theology* (Phiaildelphia: Westiminster, 1974); *The Future of Partnership* (Philadelphia: Westminster, 1979); *Becoming Human* (Philadelphia: Westminster, 1982); Rosemary R. Ruether, *The Church against Itself: An Inquiry into the Conditions of Historical Existence for the Eschatological Community* (New York: Herder, 1967); *Liberation Theology: Human Hope Confronts Christian History and American Power* (New York: Paulist, 1972); *To Change the World: Christology and Cultural Criticism* (New York: Crossroad, 1981); *Disputed Questions: On Being a Christian* (Nashville: Abingdon, 1982); Elsa Támez, *Bible of the Oppressed* (Maryknoll, N. Y.: Orbis, 1982)。

[62] 见 Kazo Kitamori, *Theology of the Pain of God* (Richmond: John Knox, 1965); Kosuke Koyama, *Waterbuffalo Theology* (Maryknoll, N. Y.: Orbis, 1974); C. S. Song, *Third – eye Theology: Theology in Formation in Asian Settings* (Maryknoll, N. Y.: Orbis, 1979); *Mission in Reconstruction: An Asian Analysis* (Maryknoll, N. Y.: Orbis, 1977); 亚洲基督教议会:*Minjung Theology: People as the Subjects of History* (Maryknoll, N. Y.: Orbis, 1983)。

[63] John S. Mbiti, *New Testament Eschatology in an African Background: A Study of the Encounter between New Testament Theology and African Traditonal Concepts* (London: Oxford University Press, 1971); G. H. Muzorewa, *The Origins and Development of African Theology* (Maryknoll, N. Y.: Orbis, 1985).

[64] Allan A. Boesak, *Black and Reformed: Apartheid, Liberation, and the Calvinist Tradition* (Maryknoll, N. Y.: Orbis, 1984).

470 前压迫的性质。[65]

虽然这些神学本身差别很大，但它们有一些共同的特点。它们大都拒绝把古典的自由主义当做是一个特殊时期的、文化的和社会的形势的表达方式，并且设法把它们的言论建立在上帝的话语上。在这一点上，尤其是在新教徒中间，可以看到巴思的影响。在第三世界的几种神学里也有强烈的末世论的成分——在这一点上，它们发现德日进和莫尔特曼的作品特别重要。第三，这些神学的大多数基本上是强调基督道成肉身的。这不只是意味着，它们在耶稣基督里看到了基督教信仰的核心，而且也意味着，从有关道成肉身的教义里，它们设法得出它们对上帝在世界上的作为的性质的理解，对人类历史的一致性的理解——“世界历史”和“得救历史”之间没有二分法——对基督徒同非基督徒一起参加政治的和其他的舞台的理解，等等。第四，有强烈的普世教会运动的侧重点。第三世界的大多数神学或者是设法克服或者是干脆不顾若干在传统上使西方基督教分裂的争论点。最后，虽然这些神学的每一种都专门致力于它所关心的具体问题——社会正义，基督教和文化，妇女权利，等等——但他们通常超出了只是试图把传统神学和所关心的这些问题联系起来的做法。确切地说，它们设法以这样一种方式重新构成全部神学，以致所关心的这些事物在每一点上都被反映出来。在这方面，它们不同于早先试图把神学“应用”在各种各样的人类问题和情况上的做法，而是把这些问题和情况看成是对神学新发展的挑战和召唤。

这些神学由于它们的“地方观念”（parochialism）而常常受到批评，但

---

[65] 虽然有关拉丁美洲的解放神学的书目提要过于庞大，不能在这里罗列，但下列的书是基本的：Gustavo Gutiérrez, *A Theology of Liberation* (Maryknoll, N. Y.: Orbis, 1985); Juan Luis Segundo, *Theology for Artisans of a New Humanity*, 5 *vols* (Maryknoll, N. Y.: Orbis, 1973～1974)；一个基本的新教的介绍是 José Míguez Bonino, *Doing Theology in a Revolutionary Situation* (Philadelphia: Fortress, 1975)。另见 Richard Shaull, *Heralds of a New Reformation: The Poor of South and North America* (Maryknoll, N. Y.: Orbis, 1984)。这本书向第一世界提供了对这种神学的重要性的有价值的思考。

这些神学指出,所谓的传统神学也是狭隘的地方观念的,因为传统神学反 471
映了北大西洋的情况和观点,而且传统的神学看上去之所以不像是狭隘的地方观念的,是因为北大西洋传统上的优势地位。总之,当本书写到这里的时候,这些不同的神学正在进行越来越多的对话,这些神学中的每一种和北大西洋的男性神学家之间也有越来越多的对话。

最后总的看法

472 20世纪向基督教思想的历史学家提出的问题，和早先19个世纪提出的问题大不相同。之所以如此，不是由于本世纪的神学场景的复杂性——这种复杂性是很大的——而是由于这个特殊的世纪是历史学家观察基督教教会历史的每一个其他时期的有利的出发点。因此，当我们涉及到20世纪的时候，我们的方法学必须是完全不同的。正是由于这个缘故，研究当代的神学在正常情况下是由不同于历史神学的学科进行的。作为一种假想的练习，让我们设法想象，某个处在21世纪的人将怎样看待我们这个时代。然而，必须强调这纯粹是假想的构思，因为我们不可能知道21世纪提出的问题将是什么，而且这些问题将确定人们从什么角度看待我们。说实在的，正像我们的20世纪的观点影响我们对早先各时期的理解那样，当我们的后继者看待我们的时候，他们的情况也将如此。

我们假想的观察者将在我们这个世纪里注意到的第一件事情，大概是神学赖以发言的权力基础被大大地削弱了。俄国大革命及其在东欧、
473 远东、拉丁美洲和其他地方的反响意味着，现在比第四世纪以来的任何时候，人们更必须从政治上软弱的立场来从事神学。关于我们已经在19世纪看到其起源的世俗的自由主义状态的发展，也同样如此。在法国、波兰

和拉丁美洲，变得越来越明显的是，一些最有创造性的罗马天主教神学，恰恰是作为对这种挑战作出的反应而写出来的，并且是在接受这种新情况的基础上写出来的。新教徒们的情况也是如此，这一点可以从神学对纳粹德国、社会主义的捷克斯洛伐克和世俗的北美洲作出的反应里看出来。撇开了这些环境，就不能理解任何当代的神学家。

其次，部分是作为上述情况的结果，神学的范围也被缩小了，因为在大多数情况下神学的读者越来越受到限制。神学不再是“一切科学的佼佼者”，而且神学家将最先断言，神学从来都不该如此。总之，神学家主要是向教会讲话，或者是向那些正在考虑信教的可能性的处在教会边缘的人讲话。但是，他们在人类论坛上的声音，常常几乎是听不见的。这种新形势的影响可以从卡尔·巴思拒绝从事护教的神学的做法里看出来，也可以从许多其他的人试图从事这种神学的大都不成功的做法里看出来。神学在这样一点上在整个世界里最经常被人们感兴趣地——或至少是好奇地聆听，这一点是神学的有关社会正义以及暴力、革命等等之类的问题的声明。各种各样试图把基督教福音和我们的时代的种种哲理联系起来的做法，将由未来的几代人来评价。这些做法可能有助于向一些信徒提供一种对他们的信仰的较深刻的理解。但是，这些做法同整个世界交谈的能力，仍然是大可怀疑的。各种各样试图从存在主义、新托马斯主义、过程哲学、逻辑实证论等等的角度来阐述神学问题的做法，情况也是如此。

然而，另一方面，神学的范围有很大的扩张。这种扩张是地理上的，教派上的和社会学上的。神学范围的地理上的扩张从长远来看可能证明是20世纪的最重要的事态发展。神学不再是北大西洋的事业。亚非拉的所谓较年轻的教会正在对神学作出重要贡献。神学的这种扩大了的范围由于几种原因将证明是重要的。这显然将有助于抵消以往常常使神学
家们发生兴趣的狭隘的地方主义和甚至民族主义。这也将以这样一种激 474
进的方式提出基督教和文化的问题，而这个问题自从教会的早期几个世

纪以来就一直没有以这种方式被提出来过。基督教思想的整个发展是在希腊的哲学背景中产生的，因此，较年轻的教会将要询问的问题和将对基督教神学有巨大后果的问题是，是否需要变成一个希腊人，就像一个人变成基督徒那样。其他的哲学的和文化的观点能不能被看成是“福音的准备”(*praeparatio evangelica*)，就像早期希腊“基督教教父”看待他们在其中诞生的那个文化那样？与此相比，西方神学在16和19世纪提出的种种问题似乎一点都不激进。而且这对神学的未来的形态所可能有的影响，很可能由于这样一个事实而加大了，即从人数上说，基督教的中心从北大西洋那里移开了。

神学的范围在教派上也扩大了。总的说来，直到目前为止有可能沿着种种教派的路线来叙述基督教神学的发展。虽然一个教派和另一个教派之间有辩论，有时甚至有积极的影响，但是，和存在于基督教每个主要传统神学里的内聚性比起来，这些辩论和影响是次要的。在20世纪里，情况不再是这样。我们假想的一百年以后的历史学家将发现，撰写一个有关“20世纪改革派神学”的篇章而撇开了改革派神学在罗马天主教、路德宗等等里的对等物是不可能的。跨越教派界限的对话变得太活跃了和太重要了，以致不能作出这种简易的划分。神学家们正在阅读他们的其他传统里的同事们的作品，这不仅仅是出于好奇，也甚至不是要反驳他们，而是为了向他们学习和同他们对话。19世纪新教的情况已经大致如此，但20世纪使得罗马天主教徒和东正教派的情况也是如此。第二次梵蒂冈宗教会议和第一次截然不同，反映出了罗马天主教里的新的精神状态——尤其是当人们想起在该会议的教令被发给全体与会者之前新教神
475 学家能够在其中某些教会中添加内容的时候。东正教也由于种种政治事件以及这样一个事实而被迫脱离它在最近几个世纪里孤立主义，这个事实就是东正教的广大成员现在居住在这样一些国家里，在那里基督徒们的大多数或者是罗马天主教徒或者是新教徒。不可能预言这将对整个神学产生的影响。已经变得明显的是，《圣经》的和教父时期的种种研究从

这种新的形势里得到好处。同样变得明显的是，神学家正在被迫重新看待表明他们自己的教派的与众不同之处的那些信仰声明的标准，并且询问这些信仰声明的标准能否以比较合乎普世基督教的方式重新加以解释。这可以从当代罗马天主教神学家解释特伦特会议和第一次梵蒂冈会议的那种方式里看出来，可以从新教徒中间路德研究的复兴所取的形式里看出来，甚至可以从正统神学家和所谓的基督一性论神学家之间关于卡尔西顿会议的决定的一些比较新近的谈话里看出来。当所有这些都结出果实的时候，基督教会的整个历史将不得不改写。

最后，我在这里所说的"社会学上的扩张"意味着两件事情。首先，这意味着神学题材的扩张，以便包括基督徒在争取社会正义的斗争中的态度这一关键问题。这之前的一些章表明，这并不是神学圈子里的崭新的主题。新的东西是现在用来从事这项工作的更强的政治的、经济的和社会学的现实主义，而且这种现实主义促使神学家们得出结论，问题不再是基督徒靠他们自己能为改造社会做些什么，而是他们应当怎样看待和发现上帝已经在社会里做的事情。人们应当在这个背景里看待基督教神学家和各种各样的意识形态之间的当前的对话。可能也应当在这里指出，心理学的种种研究对神学也有类似的影响，而且这个过程的最后结果还未见分晓。

其次，当代神学的社会学上的扩张意味着，早先被排除在神学事业中心之外的所有群体，现在得到了自己依名分应得的东西。这在美国最为明显，在那里黑人和妇女正在对神学作出独一无二的和重要的贡献。拉丁美洲新教徒的情况也是如此，他们的声音现在被罗马天主教徒和其他的人聆听。在某种意义上，我们已经在上面提到的较年轻的各教会的贡献，是这个运动的一部分。不过我们仍然不可能预言，我们假想的未来的 476
历史学家将在这种新的形势里看到什么。然而，看来重要的是，像我们已经指出的那样，在大部分神学思考要从政治上软弱的立场来进行的时候，这些传统上属于社会的无权者的人，正在使人们听到他们的声音。

如果所有这些确实是真实的，那么，很可能，我们未来的历史学家将回顾我们的时代，并且将能够断言，在我们的神学场景的几乎难以置信的复杂性中间——这种复杂性使我们困惑不解——一种跨越教派、阶级、民族、种族和性别的传统界限的团结正在发展，而且这种增长中的团结是一个迹象，说明像在以往的每一代那样，上帝又一次在利用教会来宣告基督教信仰的最初的和中心的信息，即上帝在基督里正在使世人与他重新和好。

附　　录

进一步阅读书目

Ⅰ.路德（第二章）

A. *Ninety-five Theses*

1. H. T. Lehman, ed., *Luther's Works*, vol. 31 (Philadelphia: Muhlenberg, 1957), pp. 25～33
2. C. J. Barry, ed., *Readings in Church History*, 3 vols. (Westminster, Maryland: Newman Press, 1965), 2: 15～20
3. B. L. Woolf, ed., *Reformation Writings of Martin Luther*, vol. 1 (London: Lutterworth, 1952), pp. 32～43
4. J. Dillenberger, ed., *Martin Luther: Selections from His Writings* (Garden City, New York: Doubleday, 1961), pp. 490～500
5. E. G. Rupp and B. Drewery, eds., *Martin Luther* (New York: St. Martin's Press, 1970), pp. 19～25

B. *The Freedom of a Christian*

1. *Luther's Works*, 31: 343 ~ 377

2. Woolf, pp. 357 ~ 379

3. Dillenberger, pp. 52 ~ 85

4. Rupp and Drewery, pp. 50 ~ 54(选集)

C. *Heidelberg Disputation*

1. LCC, 16: 276 ~ 307

2. *Luther's Works*, 31: 39 ~ 70

3. Rupp and Drewery, pp. 27 ~ 29(选集)

Ⅱ. 慈温利(第三章)

A. *On the Clarity and Certainty of the Word of God*, LCC, 24: 59 ~ 95

B. *On the Lord's Supper*, LCC, 24: 185 ~ 238

Ⅲ. 再洗礼派与激进的宗教改革运动(第四章)

A. Conrad Grebel, *Letters to Thomas Müntzer*, LCC, 23: 73 ~ 85

B. Menno Simons, *On the Ban*, LCC, 23: 263 ~ 271

Ⅳ. 路德宗神学(第五章和第九章)

A. *The Augsburg Confession*

1. T. G. Tappert, ed., *The Book of Concord* (Philadelphia: Muhlenberg, 1959 and other printings), pp. 24 ~ 96

2. 同一版本的不同印刷(Philadelphia: Fortress, 1980), pp. 5 ~ 57

3. H. T. Kerr, ed., *Readings in Christian Thought* (Nashville: Abingdon, 1966), pp. 158 ~ 160(选集)

B. *The Formula of Concord*, Part I: Tappert, pp. 464 ~ 501

C. Martin Chemnitz, *The Lord's Supper*, chapter 5 (St. Louis: Concordia, 1979), pp. 57 ~ 64

Ⅴ. 加尔文(第六章)

A. *Reply to Sadolet*

1. Calvin, *Tracts and Treatises on the Reformation of the Church*, 3 vols

(Grand Rapids: Eerdmans, 1958), 1: 25 ~ 68

2. LCC, 22: 221 ~ 256

B. *Institutes*, 1.1 ~ 7

1. LCC, 20: 35 ~ 81

2. H. Beveridge, trans., 2 vols (London: James Clarke and Co., 1957 and other printings), 1: 37 ~ 73

3. H. T. Kerr, ed., *A Compendium of the Institutes of the Christian Religion* (Philadelphia: Presbyterian Board of Christian Education, 1939), pp. 3 ~ 29 (总结了主要论点的优秀选集)

Ⅵ. 英国的宗教改革(第七章)

A. Thomas Cranmer, selection, Kerr, pp. 175 ~ 177

B. Richard Hooker, *Laws of Ecclesiastical Polity*

1. Barry, 2: 79 ~ 87(选集)

2. Kerr, pp. 178 ~ 179(不同的选集)

Ⅶ. 天主教改革运动(第八章)

A. Council of Trent, *Decree on Justification*

1. J. H. Leith, ed., *Creeds of the Churches*, 3d ed. (Atlanta: John Knox, 1982), pp. 408 ~ 425

2. C. L. Manschreck, ed., *A History of Christianity: Readings in the History of the Church from the Reformation to the Present* (Englewood Cliffs, N. J.: Prentice-Hall, 1964), pp. 133 ~ 135 (选集)

B. Ignatius of Loyola, *Autobiography*, Chapter 1

1. J. N. Tylenda, *A Pilgrim's Journey: The Autobiography of Ignatius of Loyola* (Wilmington: Michael Glacier, 1985), pp. 7 ~ 19

2. 最近关于 *Autobiography* 许多其他优秀翻译的版本见下:

a. W. J. Young (Chicago: Regnery, 1956)

b. J. F. O'Callaghan (New York: Harper, 1974)

c. P. R. Divarkar (Rome: Gregorian University, 1983)

C. St. Teresa, *The Interior Castle* (New York: Paulist Press, 1979), Prologue and "First Dwelling," pp. 33 ~ 48

Ⅷ. 改革派的正统化(第十章)

A. Synod of Dort, Canons, in H. Petersen, ed., *The Canons of Dort: A Study Guide* (Grand Rapids: Baker Book House, 1968), pp. 93 ~ 115

B. *Westminster Confession*, Leith, pp. 193 ~ 230

Ⅸ. 敬虔派传统(第十一章)

A. P. J. Spener, *Pia Desideria* (Philadelphia: Fortress, 1964), pp. 87 ~ 122

B. J. Wesley, *The Principles of a Methodist*, in *The Works of John Wesley*, vol. 8 (Grand Rapids: Zondervan, 1872 年版本的重印), pp. 359 ~ 374

Ⅹ. 哲学中的新运动(第十二章)

A. Descartes, *Arguments Demonstrating the Existence of God*, in E. S. Haldane and G. R. T. Ross, eds., *The Philosophical Works of Descartes*, vol. 2 (New York: Dover Publications, 1955), pp. 52 ~ 59

B. Kant, *Religion Within the Limits of Reason Alone*, selections in Kerr, pp. 213 ~ 216

Ⅺ. 十九世纪的新教神学(第十三章)

A. Schleiermacher, *The Christian Faith*, chapter 1, sections Ⅰ and Ⅲ

1. H. R. Mackintosh and J. S. Stewart, trans (Edinburgh: T. & T. Clark, 从 1928 年起多次印刷), pp. 5 ~ 31, 52 ~ 76

2. Kerr, *Readings*, pp. 221 ~ 222 (选集)

B. Hegel, *Lectures on the Philosophy of Religion*, ed. by P. C. Hodgson

(Berkeley: University of California Press, 1984), selection on pp. 83 ~ 109

C. Kierkegaard, *Concluding Unscientific Postscript*, Book 2, Part Ⅰ, Chapter Ⅱ, Section 4 (Princeton: Princeton University Press, 1941), pp. 97 ~ 113

D. Ritschl, *The Christian Doctrine of Justification and Reconciliation*, selection in Kerr, *Readings*, pp. 232 ~ 234

E. Schweitzer, *The Quest of the Historical Jesus*, selection in Kerr, *Readings*, pp. 288 ~ 291

F. Rauschenbush, selections in Kerr, *Readings*, pp. 266 ~ 270

G. Newman, *An Essay on the Development of Christian Doctrine*, selections in Kerr, pp. 241 ~ 244

Ⅻ. 罗马天主教神学(第十四章)

A. *Syllabus or Errors*

1. Barry, 3: 70 ~ 74

2. Manschreck, pp. 372 ~ 374

B. Leo XIII, *Rerum Novarum*

1. E. Gilson, ed., *The Church Speaks to the Modern World: The Social Teachings of Leo XIII* (Garden City, N. Y.: Doubleday, 1954), pp. 205 ~ 240

2. G. C. Treacy, ed., *Five Great Encyclicals* (New York: Paulist Press, 1939), pp. 1 ~ 30

3. Kerr, pp. 246 ~ 249(选集)

XIII. 东方神学(第十五章)

V. Lossky, *In the Image and Likeness of God* (New York: St. Vladimir's Seminary Press, 1974), chapter 8: "Tradition and traditions," pp. 141 ~ 168

XIV. 二十世纪神学(第十六章)

A. Barth, *Church Dogmatics*, selections in Kerr, Readings, pp. 293 ~ 310

B. Bultmann, "New Testament and Mythology," selections in Kerr, *Readings*, pp. 330 ~ 337

C. Bonhoeffer, selections in Kerr, *Readings*, pp. 357 ~ 366

D. Tillich, *Systematic Theology*, selections in Kerr, *Readings*, 338 ~ 356

E. K. Rahner, *Foundations of Christian Faith* (New York: Seabury, 1978), selection on pp. 39 ~ 43

F. Second Vatican Council, *Pastoral Constitution on the Church and the Modern World* (also known as *Gaudium et spes*), 1 ~ 32, 63 ~ 93

1. W. M. Abbott, ed., *The Documents of Vatican II* (New York: Herder, 1966), pp. 199 ~ 231, 271 ~ 308
2. A. P. Flannery, ed., *Documents of Vatican II* (Grand Rapids: Eerdmans, 1975), pp. 903 ~ 932, 968 ~ 1001
3. G. Baum and D. Campion, eds., *Pastoral Constitution on the Church and the Modern World* (New York: Paulist Press, 1967), pp. 81 ~ 125, 183 ~ 232

G. E. Cardenal, *The Gospel in Solentiname*, vol. 2 (Maryknoll, N. Y.: Orbis, 1978), pp. 147 ~ 157

索　引

(条目后的数字为英文原书页码,即中译本的边码)